山西省圖書館

古籍普查登記目録

（下）

索引

全國古籍普查登記目録

國家圖書館出版社
National Library of China Publishing House

書名筆畫字頭索引

五畫

六畫

七畫

4

八畫

九畫

7

8

9

10

十二畫

12

十四畫

14

十五畫

十六畫

書名筆畫索引

一畫

二畫

23

四畫

五畫

53

58

六畫

71

七畫

八畫

九畫

106

107

十畫

113

十一畫

十二畫

144

153

155

171

172

177

十六畫

二十畫

二十二畫

二十八畫

二十九畫

三十畫

中華古籍保護計劃

ZHONG HUA GU JI BAO HU JI HUA CHENG GUO

·成果·

山西省圖書館古籍普查登記目録（上）

全國古籍普查登記目録

國家圖書館出版社

National Library of China Publishing House

圖書在版編目(CIP)數據

　　山西省圖書館古籍普查登記目録:全二册/《山西省圖書館古籍普查登記目録》編委會編. --北京:國家圖書館出版社,2016.11
　　(全國古籍普查登記目録)
　　ISBN 978 - 7 - 5013 - 5927 - 1

　　Ⅰ.①山…　Ⅱ.①山…　Ⅲ.①公共圖書館—古籍—圖書館目録—山西　Ⅳ.①Z838

　　中國版本圖書館 CIP 數據核字(2016)第 204083 號

書　　名　山西省圖書館古籍普查登記目録(全二册)
著　　者　《山西省圖書館古籍普查登記目録》編委會　編
責任編輯　趙　嫄

出　　版　國家圖書館出版社(100034　北京市西城區文津街 7 號)
　　　　　　(原書目文獻出版社　北京圖書館出版社)
發　　行　010 – 66114536　66126153　66151313　66175620
　　　　　　66121706(傳真)　66126156(門市部)
E-mail　　nlcpress@ nlc. cn(郵購)
Website　 www. nlcpress. com→投稿中心
經　　銷　新華書店
印　　裝　河北三河弘翰印務有限公司
版　　次　2016 年 11 月第 1 版　2016 年 11 月第 1 次印刷

開　　本　787 毫米 × 1092 毫米　1/16
印　　張　53
字　　數　1000 千字

書　　號　ISBN 978 - 7 - 5013 - 5927 - 1
定　　價　480. 00 圓

《全國古籍普查登記目録》

工作委員會

主　任：周和平

副主任：張永新　詹福瑞　劉小琴　李致忠　張志清

委　員（按姓氏筆畫排序）：

于立仁　王水喬　王　沛　王紅蕾　王筱雯

方自今　尹壽松　包菊香　任　競　全　勤

李西寧　李　彤　李忠昊　李春來　李　培

李曉秋　吳建中　宋志英　努　木　林世田

易向軍　周建文　洪　琰　倪曉建　徐欣禄

徐　蜀　高文華　郭向東　陳荔京　陳紅彦

張　勇　湯旭巖　楊　揚　賈貴榮　趙　嫄

鄭智明　劉洪輝　歷　力　鮑盛華　韓　彬

魏存慶　鍾海珍　謝冬榮　謝　林　應長興

《全國古籍普查登記目録》

序　言

　　全國古籍普查登記工作是“中華古籍保護計劃”的首要任務，是全面開展古籍搶救、保護和利用工作的基礎，也是有史以來第一次由政府組織、參加收藏單位最多的全國性古籍普查登記工作。

　　2007 年國務院辦公廳發佈《關於進一步加强古籍保護工作的意見》（國辦發〔2007〕6 號），明確了古籍保護工作的首要任務是對全國公共圖書館、博物館和教育、宗教、民族、文物等系統的古籍收藏和保護狀況進行全面普查，建立中華古籍聯合目録和古籍數字資源庫。2011 年 12 月，文化部下發《文化部辦公廳關於加快推進全國古籍普查登記工作的通知》（文辦發〔2011〕518 號），進一步落實了全國古籍普查登記工作。根據文化部 2011 年 518 號文件精神，國家古籍保護中心擬訂了《全國古籍普查登記工作方案》，進一步規範了古籍普查登記工作的範圍、内容、原則、步驟、辦法、成果和經費。目前進行的全國古籍普查登記工作的中心任務是通過每部古籍的身份證——“古籍普查登記編號”和相關信息，建立古籍總臺賬，全面瞭解全國古籍存藏情況，開展全國古籍保護的基礎性工作，加强各級政府對古籍的管理、保護和利用。

　　《全國古籍普查登記工作方案》規定了全國古籍普查登記工作的三個主要步驟：一、開展古籍普查登記工作；二、在古籍普查登記基礎上，編纂出版館藏古籍普查登記目録，形成《全國古籍普查登記目録》；三、在古籍普查登記工作基本完成的前提下，由省級古籍保護中心負責編纂出版本省古籍分類聯合目録《中華古籍總目》分省卷，由國家古籍保護中心負責編纂出版《中華古籍總目》統編卷。

　　在党和政府領導下，在各地區、各有關部門和全社會共同努力下，古籍普查登記工作得以扎實推進。古籍普查已在除臺、港、澳之外的全國各省級行政區域開展，普查内容除漢文古籍外，還包括各少數民族文字古籍，特別是於 2010 年分別啓動了新疆古籍保護和西藏古籍保護專項，因地制宜，開展古籍普查登記工作；國家古籍保護中心研製的“全國古籍普查登記平臺”已覆蓋到全國各省級古籍保護中心，並進一步研發了“中華古籍索引庫”，爲及時展現古籍普查成果提供有力支持；截至目前，已有 11375 部古籍進入《國家珍貴古籍名録》，浙江、江蘇、山東、河北等省公佈了省級《珍貴古籍名録》，古籍分級保護機制初步形成。

　　《全國古籍普查登記目録》是古籍普查工作的階段性成果，旨在摸清家底，揭示館藏，反映古籍的基本信息。原則上每申報單位獨立成冊，館藏量少不能獨立成冊者，則在本省範圍内幾個館目合併成冊。無論獨立成冊還是合併成冊，均編製獨立的書名筆畫索引附於書後。著録的必填基本項目有：古籍普查登記編號、索書號、題名卷數、著者（含著作方式）、版本、冊數及存缺卷數。其他擴展項目有：分類、批校題跋、版式、裝幀形式、叢書子目、書影、破損狀況等。有條件的收藏單位多著録的一些擴展項目，也反映在《全國古籍普查登記目録》上。目録編排按古籍普查登記編號排序，内在順序給予各古籍收藏單位較大自由度，可按分類排列古籍普查登記編號，也可按排架號、按同書名等排列古籍普查登記編號，以反映各館特色。

　　此次全國古籍普查登記工作，克服了古籍數量多、普查人員少、普查難度大等各種困難，也得到了全國古籍保護工作者的極大支持。在古籍普查登記過程中，國家古籍保護中心、各省古籍保護中心爲此舉辦了多期古籍普查、古籍鑒定、古籍普查目録審校等培訓班，全國共 1600 餘家單位參加了培訓，爲古籍普查登記工作培養了大量人才。同時在古籍普查登記工作中，也鍛煉了普查員的實踐能力，爲將來古籍保護事業發展奠定了良好的基礎。

　　《全國古籍普查登記目録》的出版，將摸清我國古籍家底，爲古籍保護和利用工作提供依據，也將是古籍保護長期工作的一個里程碑。

國家古籍保護中心

2013 年 10 月

《全國古籍普查登記目錄》

編纂凡例

一、收録範圍爲我國境内各收藏機構或個人所藏，產生於 1912 年以前，具有文物價值、學術價值和藝術價值的文獻典籍，包括漢文古籍和少數民族文字古籍以及甲骨、簡帛、敦煌遺書、碑帖拓本、古地圖等文獻。其中，部分文獻的收録年限適當延伸。

二、以各收藏機構爲分冊依據，篇幅較小者，適當合併出版。

三、一部古籍一條款目，複本亦單獨著録。

四、著録基本要求爲客觀登記、規範描述。

五、著録款目包括古籍普查登記編號、索書號、題名卷數、著者、版本、冊數、存缺卷等。古籍普查登記編號的組成方式是：省級行政區劃代碼—單位代碼—古籍普查登記順序號。

六、以古籍普查登記編號順序排序。

七、編製各館藏目録書名筆畫索引附於書後，以便檢索。

《山西省圖書館古籍普查登記目録》

編委會

主　　編：魏存慶

副 主 編：王開學

執行主編：范月珍

編　　委（按姓氏筆畫排序）：

　　李海燕　孫乾婧　鄭梅玲　樊佳琦　劉亞男

《山西省圖書館古籍普查登記目録》

前　言

　　山西省圖書館始建於清宣統元年（1909），歷經了"山西教育圖書博物館""山西省立圖書館""山西省立民衆教育館""山西省立新民教育館""太原市圖書博物館""山西省圖書博物館"等名稱及隸屬的更迭，1960 年新館建成開放，名稱變更爲現名。

　　作爲山西主要的古籍收藏單位，山西省圖書館的古籍藏書主要來源於山西省圖書博物館，獨立建館後又接收了張籟等三晉鄉賢名士的捐贈與轉讓，加上多年來的廣泛徵集，現有古籍、民國綫裝書、碑帖拓片等約 30 萬冊（件）。

　　山西省圖書館古籍藏量豐富，以年代久遠、版本珍貴、類型多樣、特色鮮明而備受矚目。唐敦煌寫本《維摩詰所說經》，日本奈良寫本《大般若波羅蜜經》，目前山西境內最早的雕版印刷品、北宋雍熙三年（986）絳州刻《佛說北斗七星經》，僞齊政權留存的唯一文獻典籍、阜昌八年（1137）刻《成唯識論了義燈鈔科文》，元刻《龍龕法寶大藏》殘葉，明正統刻《道藏》等珍貴古籍有着很高的版本與文物價值。另如明嘉靖、清康熙、雍正版《山西通志》，喬應甲、傅山、董文煥、劉大鵬等山西名人手稿，張穆、徐繼畬、郭象升等批校題跋，都是研究山西地方史的珍貴史料，具有很高的學術資料價值。

　　藏以致用是現代圖書館與古代藏書樓的實質區別，在重視古籍藏書的基礎上，積極向社會揭示館藏，以更好地爲學術研究和讀者服務是圖書館義不容辭的責任。而編製書目則是揭示館藏最常見的手法。1958 年，籌備中的山西省圖書館開始對原山西省圖書博物館接收綫裝書並進行編目，1959 年編印了《綫裝書書本目録初編》；1964 年，在初編的基礎上又編印了《綫裝書書目續編》。這兩部目録均採用《北京圖書館中文普通綫裝書分類表》進行分類。1998 年，以卡片目録爲主要依據，編輯出版了《山西省圖書館普通綫裝書目録》，該書目收録範圍爲清乾隆六十年（1795）以後的館藏普通綫裝圖書，共收書 14961 種，同樣依據《北京圖書館中文普通綫裝書分類表》進行分類。2007 年，編輯出版了《山西省圖書館古籍善本書目》，收録了清乾隆六十年以前古籍圖書 3000 餘種，依據《中國古籍善本總目》分類表進行分類。2010年，爲了方便全省古籍普查工作的開展，山西省圖書館將省内 28 家主要古籍收藏單位的古籍目録進行彙集，建成了 MARK 格式的"山西省古籍聯合目録數據庫"，並於2012 年編纂了《山西省古籍普查目録初編》，對全省的古籍編目和普查起到了重要的參考作用。2013 年，山西省圖書館在繼續牽頭組織開展全省古籍普查工作的同時，對本館古籍目録進行入庫核查、補項校對，2015 年整理編纂完成了《山西省圖書館古籍普查登記目録》。

《山西省圖書館古籍普查登記目録》按普查編號排序，遵循《古籍普查登記表格整理規範》的要求，收録範圍包括山西省圖書館藏 1912 年之前出版、產生於中國境内的古籍文獻共 13218 種 16 萬餘冊（民國綫裝書、碑帖拓片、境外刻書及未編書均未收録）。《山西省圖書館古籍普查登記目録》結合山西省圖書館館藏特點，著録了索書號、題名卷數、著者、版本、冊數、存缺卷數諸項，力求多方面反映館藏古籍的信息。

《山西省圖書館古籍普查登記目録》是山西省圖書館古籍普查工作的階段性總結和成果呈現，對於摸清家底、揭示館藏，更好地保護和利用古籍文獻起到了重要的基礎性作用。囿於學識與經驗，也由於古籍書庫改造和館藏古籍打包搬遷等原因，其中難免有疏漏之處，懇請大家諒解並不吝指正。《山西省圖書館古籍普查登記目録》的出版，標志着我省古籍普查登記工作有了一個良好的開端。我們將以此爲契機，以更加豐富的普查成果與社會共享。希望通過我們的努力，使歷久彌珍的古籍善本得到應有的重視和更好的保護；同時也希望通過我們的努力，讓書寫在古籍裏的文字活起來，爲實現山西優秀的歷史文化創造性轉化、創新性發展聊盡綿薄。

魏存慶
2016 年 8 月

目　　録

上册

下册

清道光十年(1830)刻武英殿聚珍版書本　七十冊

140000－0501－0000023　445－80

岱南閣叢書十六種　（清）孫星衍輯　清乾隆、嘉慶蘭陵孫氏刻本　三十六冊

140000－0501－0000024　481－96

敬業堂詩集五十卷　（清）查慎行撰　清康熙五十八年(1719)刻本　十六冊

140000－0501－0000025　534－553

山谷詩内集二十卷外集十七卷別集二卷　（宋）黃庭堅撰　清光緒二十一年(1895)義寧陳氏刻宣統二年(1910)印本　二十冊

140000－0501－0000026　554－61

學津討原　（清）張海鵬輯　清嘉慶十年(1805)虞山張氏照曠閣刻本　八冊　存九種三十卷

140000－0501－0000027　562－67

孫氏養正樓印存六卷　（清）孟介臣鐫篆　（清）孫阜昌鑒藏　清道光二十一年(1841)養正樓鈐印本　六冊

140000－0501－0000028　568－75

李二曲先生全集二十六卷　（清）李顒撰　惲遜庵先生遺集一卷　（清）惲日初撰　清道光八年(1828)芸蔭堂刻本　八冊

140000－0501－0000029　577－78

百將圖傳二卷　（清）丁日昌輯　清同治九年(1870)石印本　二冊

140000－0501－0000030　591－626

通典二百卷　（唐）杜佑撰　清咸豐九年(1859)崇仁謝氏刻本　三十六冊

140000－0501－0000031　627－680

文獻通考三百四十八卷　（元）馬端臨撰　清咸豐九年(1859)崇仁謝氏刻本　五十四冊

140000－0501－0000032　681－842

通志二百卷　（宋）鄭樵撰　清咸豐九年(1859)崇仁謝氏刻本　一百五十二冊

140000－0501－0000033　843－69

古經解彙函十六種小學彙函十四種　（清）鍾謙鈞輯　清同治十二年(1873)粵東書局刻本　二十七冊　缺二種十九卷(春秋繁露十五卷、鄭志三卷補遺一卷)

140000－0501－0000034　870－99

晉書一百三十卷音義三卷　（唐）房玄齡撰　（唐）何超音義　清乾隆四年(1739)武英殿刻二十四史本　三十冊

140000－0501－0000035　900－35

湖海樓叢書十二種　（清）陳春撰　清嘉慶二十四年(1819)蕭山陳氏湖海樓刻本　三十六冊

140000－0501－0000036　936－55

草廬吳文正公集四十九卷首一卷道學基統一卷外集三卷　（元）吳澄撰　清乾隆二十一年(1756)刻本　二十冊

140000－0501－0000037　956－1003

方望溪全集　（清）方苞撰　清乾隆八年(1743)抗希堂刻本　四十八冊

140000－0501－0000038　1004－07

圖繪寶鑑六卷　（元）夏文彥纂　明汲古閣刻本　四冊

140000－0501－0000039　1008－09

南唐書十八卷音釋一卷　（宋）陸游撰　（元）戚光音釋　明毛氏汲古閣刻本　二冊

140000－0501－0000040　1010－19

隸篇十五卷附續十五卷再續十五卷　（清）翟雲升輯　清道光十八年(1838)東萊陳官俊等刻本　十冊

140000－0501－0000041　1020－29

何大復集三十八卷附錄一卷　（明）何景明撰　清乾隆十五年(1750)刻本　十冊

140000－0501－0000042　1030－34

水田居文集五卷　（清）賀貽孫撰　清康熙十六年(1677)敕書樓刻本　五冊

140000－0501－0000043　1035－42

晉政輯要八卷　（清）鄭源璹　（清）海寧纂輯

清乾隆五十四年(1789)刻本　八冊

140000 - 0501 - 0000044　1043 - 46
李文饒文集二十卷別集十卷外集四卷 （唐）
李德裕撰　（明）韓敬批點　明天啟四年
(1624)刻本　四冊

140000 - 0501 - 0000045　1047 - 70
**淵雅堂編年詩稿二十卷慟甫未定稿二十六卷
詩外集一卷瑤想詞一卷文外集四卷文續稿一
卷編年詩續稿一卷** （清）王芑孫撰　**寫韻軒
小稿二卷** （清）曹貞秀撰　**波餘遺稿一卷首
一卷附錄二卷** （清）王翼孫撰　清嘉慶八年
(1803)刻二十五年(1820)刻本　二十四冊

140000 - 0501 - 0000046　1077 - 96
三國演義五十一卷一百二十回 （明）羅貫中
撰　（清）毛宗崗評　清經綸堂刻本　二十冊

140000 - 0501 - 0000047　1097 - 100
松陵集十卷 （唐）皮日休輯　清毛氏汲古閣
刻本　四冊

140000 - 0501 - 0000048　1107 - 22
通雅五十二卷首三卷 （清）方以智撰　清康
熙五年(1666)浮山此藏軒刻本　十六冊

140000 - 0501 - 0000049　1123 - 30
國朝山左詩彙鈔後集三十卷 （清）余正西輯
清道光二十九年(1849)海堂書屋刻本
八冊

140000 - 0501 - 0000050　1131 - 35
春秋三十卷 （宋）胡安國撰　清內府刻本
五冊

140000 - 0501 - 0000051　1136 - 39
絳雪園古方選注二卷 （清）王子接注　清雍
正九年(1731)行素堂刻本　四冊

140000 - 0501 - 0000052　1140 - 63
李杜全集四十五卷年譜一卷 （明）許自昌輯
明雲林五雲堂刻本　二十四冊

140000 - 0501 - 0000053　1209 - 14
黃帝內經素問二十四卷 （明）吳崐注　明萬
曆二十二年(1594)刻本　六冊

140000 - 0501 - 0000054　1215 - 24
**黃帝內經素問注證發微九卷補遺一卷黃帝內
經靈樞注證發微九卷** （明）馬蒔注　清嘉慶
十年(1805)古歙鮑漱芳刻本　十冊　存九卷
(黃帝內經素問注證發微九卷)

140000 - 0501 - 0000055　1225 - 29
**黃帝內經太素三十卷黃帝內經太素遺文并楊
上善注一卷內經明堂一卷** （隋）楊上善注
清光緒二十三年(1897)通隱堂刻本　五冊
缺七卷(一、四、七、十六、十八、二十至二十
一)

140000 - 0501 - 0000056　1230 - 33
靈樞經九卷 （清）張志聰集注　清康熙十一
年(1672)錢塘張氏刻本　四冊

140000 - 0501 - 0000057　1234 - 37
黃帝內經素問集注九卷 （清）張志聰集注
清康熙十一年(1672)刻本　四冊

140000 - 0501 - 0000058　1248 - 57
類證治裁八卷附一卷 （清）林珮琴著　清光
緒十年(1884)研經堂刻本　十冊

140000 - 0501 - 0000059　1258 - 75
**世補齋醫書前集六種三十三卷後集四種二十
五卷** （清）陸懋修撰　清光緒十年(1884)山
左書局刻本　十八冊

140000 - 0501 - 0000060　1276 - 87
名醫類案十二卷 （明）江瓘集　清光緒二十
年(1894)著易堂刻本　十二冊

140000 - 0501 - 0000061　1288 - 95
傷寒準繩八卷 （明）王肯堂輯　明末清初刻
本　八冊

140000 - 0501 - 0000062　1296 - 303
傷寒論三注十七卷 （清）周揚俊撰　（清）劉
廷實刪補　清乾隆八年(1743)世德堂刻本
八冊

140000 - 0501 - 0000063　1304 - 13
類證普濟本事方十卷 （宋）許叔微撰　（清）
葉桂釋義　清嘉慶十九年(1814)刻本　十冊

140000－0501－0000064　1314－17

醫無閭子醫貫六卷殷九峰經驗方一卷宦邸千金異方一卷　（清）趙獻可纂　清三多齋刻本　四冊

140000－0501－0000065　1318－21

立生急要篇四卷　（明）張三丰編　清光緒三十三年（1907）漢鎮原善堂刻本　四冊

140000－0501－0000066　1328－31

麻科活人全書四卷　（清）謝玉瓊纂輯　清光緒十九年（1893）江西李福田刻本　四冊

140000－0501－0000067　1332－37

傷寒論注四卷傷寒附翼二卷　（清）柯琴編注　清三多齋刻本　六冊

140000－0501－0000068　1338－47

丹溪心法五卷論一卷附錄一卷證治要訣類四卷金匱鉤玄三卷脈訣指掌病式圖說一卷醫學發明一卷　（元）朱震亨撰　清尚德堂刻本　十冊

140000－0501－0000069　1348－51

再重訂傷寒集注十四卷　（清）舒馳遠撰　清乾隆四十六年（1781）刻本　四冊

140000－0501－0000070　1358－61

明醫雜著六卷　（明）王綸撰　（明）薛己注　清刻本　四冊

140000－0501－0000071　1362－65

保赤彙編七種十六卷　（清）朱之榛輯　清光緒五年（1879）蘇州刻本　四冊

140000－0501－0000072　1366－73

豫醫雙璧二種　（清）吳重熹輯　清宣統元年（1909）河南梁園節署鉛印本　八冊

140000－0501－0000073　1374－79

醫方易簡新編六卷　（清）龔自璋輯　清同治十二年（1873）浙江溫處道署刻本　六冊

140000－0501－0000074　1380－85

溫病條辨六卷　（清）吳瑭撰　清嘉慶十六年（1811）寧波犛玉山房刻本　六冊

140000－0501－0000075　1386－89

傷寒撮要四卷　（清）王夢祖撰　清道光十九年（1839）富順縣刻本　四冊

140000－0501－0000076　1390－93

時病論八卷　（清）雷豐撰　清光緒十年（1884）慎修堂石印本　四冊

140000－0501－0000077　1394－99

增注類證活人書二十二卷目錄二十一卷釋音一卷　（宋）朱肱撰　清光緒十二年（1886）刻本　六冊

140000－0501－0000078　1400－05

新刊良朋彙集六卷補遺一卷　（清）孫偉輯　清乾隆三年（1738）吳氏善成堂刻本　六冊

140000－0501－0000079　1406－09

醫宗說約四卷　（清）蔣示吉撰　清康熙二年（1663）二酉堂刻本　四冊

140000－0501－0000080　1410－13

救偏瑣言七卷　（清）費啟泰撰　清順治十六年（1659）惠迪堂刻本　四冊

140000－0501－0000081　1414－19

醫經原旨六卷　（清）薛雪集注　清乾隆十九年（1754）簡香齋刻本　六冊

140000－0501－0000082　1420－29

針灸大成十卷　（明）楊繼洲撰　清綠蔭山房刻本　十冊

140000－0501－0000083　1430－35

敷潤堂詳校醫宗必讀十卷　（明）李中梓撰　清嘉慶二十年（1815）敷潤堂刻本　六冊

140000－0501－0000084　1436－43

嵩厓尊生全書十五卷　（清）景日昣纂　清上海掃葉山房刻本　八冊

140000－0501－0000085　1444－49

瘟疫論類編五卷　（清）吳有性著　（清）劉秉錦編釋　松峰說疫六卷備用良方一卷　（清）劉奎著輯　清道光二十年（1840）寶慶仁記書局刻本　六冊

140000－0501－0000086　1450－53

增補醫方一盤珠全集十卷　（清）洪金鼎纂

清光緒二十二年(1896)宏道堂刻本　四冊

140000－0501－0000087　1454－65

喻氏醫書三種　(清)喻昌撰　清光緒三十一年(1905)新化三味書局石印本　十二冊

140000－0501－0000088　1466－71

醫醇賸義四卷醫方論四卷　(清)費伯雄著　清光緒三年(1877)李氏刻本　六冊

140000－0501－0000089　1472－77

本草三家合注六卷　(清)郭汝聰輯注　神農本草經百種錄一卷　(清)徐大椿著　清宣統元年(1909)益元書屋刻本　六冊

140000－0501－0000090　1478－79

湯液本草三卷　(元)王好古撰　明刻本　二冊　存二卷(上、下)

140000－0501－0000091　1480－85

本草從新十八卷　(清)吳儀洛編　清恆德堂刻本　六冊

140000－0501－0000092　1486－89

增訂本草備要四卷　(清)汪昂輯　清刻本　四冊

140000－0501－0000093　1490－95

食物本草會纂十二卷　(清)沈李龍撰　清道光元年(1821)浙江蕭山裕文堂刻本　六冊

140000－0501－0000094　1496－501

傷寒六書　(明)陶華撰　明萬曆敦化堂刻本　六冊

140000－0501－0000095　1502－05

吳醫彙講十一卷　(清)唐大烈輯　清嘉慶十九年(1814)校經山房刻本　四冊

140000－0501－0000096　1547－50

引經證醫四卷　(清)程櫟撰　清光緒八年(1882)刻本　四冊

140000－0501－0000097　1551－53

錢氏小兒藥證直訣三卷　(宋)錢乙撰　清起秀堂刻本　三冊

140000－0501－0000098　1554－55

備急灸法一卷附針灸擇日編集一卷　(宋)張渙撰　(明)金義孫　(明)金循義編　清光緒十六年(1890)上杭羅氏十瓣同心室影刻本　二冊

140000－0501－0000099　1556－61

傅氏眼科審視瑤函六卷首一卷　(明)傅仁宇輯　明崇禎十七年(1644)醉耕堂刻清補刻本　六冊

140000－0501－0000100　1563－74

重刊經史證類大觀本草三十一卷　(宋)唐慎微撰　明萬曆二十八年(1600)籍山書院刻本　十二冊

140000－0501－0000101　1607－12

外科正宗十二卷　(明)陳實功撰　(清)許楣訂　(清)徐大椿評　清咸豐十年(1860)刻本　六冊

140000－0501－0000102　1613－20

痘疹心法二十三卷　(明)萬全撰　(清)翁仲仁輯　清乾隆十三年(1748)刻本　八冊

140000－0501－0000103　1621－36

西藥大成十卷首一卷　(英國)海得蘭　(英國)來拉撰　(清)趙元益筆述　(英國)傅蘭雅口譯　清光緒十年(1884)上海機器製造局刻本　十六冊

140000－0501－0000104　1637－46

古今醫案十卷　(清)俞震輯　清光緒九年(1883)刻本　十冊

140000－0501－0000105　1647－86

重訂唐王燾先生外臺秘要方四十卷目錄一卷　(唐)王燾撰　(明)程衍道重訂　清同治十三年(1874)廣東翰墨園刻本　四十冊

140000－0501－0000106　1687－98

徐氏醫書八種　(清)徐大椿編　清光緒四年(1878)上海掃葉山房刻本　十二冊

140000－0501－0000107　1699－1710

醫門棒喝四卷二集九卷　(清)章楠撰　清同治六年(1867)聚文堂刻本　十二冊

140000－0501－0000108　1711－16

石室秘錄六卷　（清）陳士鐸撰　清康熙二十八年(1689)文淵堂刻本　六冊

140000－0501－0000109　1717－20

洞天奧旨十六卷　（清）陳士鐸撰　清乾隆五十五年(1790)大雅堂刻本　四冊

140000－0501－0000110　1721－24

圖注八十一難經辨真四卷脈訣附方一卷　（明）張世賢注　清乾隆二年(1737)武林瀛經堂刻本　四冊

140000－0501－0000111　1725－40

東垣十書　（金）李杲等撰　明敦化堂刻本　十六冊

140000－0501－0000112　1741－46

醫經原旨六卷　（清）薛雪集注　清乾隆十九年(1754)簡香齋刻本　六冊

140000－0501－0000113　1747－60

黃氏醫書八種七十七卷　（清）黃元御撰　清咸豐十年(1860)長沙燮穌精舍刻本　十四冊

140000－0501－0000114　1761－70

聖濟總錄纂要二十六卷　（清）程林纂　清康熙二十年(1681)刻本　十冊

140000－0501－0000115　1771－82

瘡瘍經驗全書十二卷　（宋）竇漢卿撰　清浩然樓刻本　十二冊

140000－0501－0000116　1783－94

臨證指南醫案十卷　（清）葉桂撰　清乾隆三十一年(1766)刻朱墨套印本　十二冊

140000－0501－0000117　1795－97

金匱心典三卷　（漢）張仲景撰　（清）尤怡注　清同治八年(1869)陸氏雙白燕堂刻本　三冊

140000－0501－0000118　1798－1801

景岳全書發揮四卷　（清）葉桂撰　清道光二十四年(1844)眉壽堂刻本　四冊

140000－0501－0000119　1802－07

問齋醫案五卷　（清）蔣寶素撰　清道光三十

年(1850)鎮江快志堂刻本　六冊

140000－0501－0000120　1808－15

證治彙補八卷　（清）李用粹撰　清光緒九年(1883)萬卷樓刻本　八冊

140000－0501－0000121　1816－19

金匱翼八卷　（清）尤怡集　清嘉慶十八年(1813)心太平軒刻本　四冊

140000－0501－0000122　1820－23

張仲景傷寒論貫珠集八卷　（清）尤怡注　清嘉慶十五年(1810)蘇州來青閣刻本　四冊

140000－0501－0000123　1824－27

陶節庵傷寒全生集四卷　（明）陶華撰　（清）葉桂評　清嘉慶二十四年(1819)眉壽堂刻本　四冊

140000－0501－0000124　1828－33

注解傷寒論十卷論圖一卷　（晉）王叔和撰　傷寒明理論四卷　（金）成無己撰述　清步月樓刻本　六冊

140000－0501－0000125　1834－37

刪注脈訣規正二卷　（清）沈鏡撰　圖注八十一難經辨真四卷　（明）張世賢撰　清宣統元年(1909)仁記書局刻本　四冊

140000－0501－0000126　1838－41

麻科活人全書四卷　（清）謝玉瓊纂輯　清光緒十九年(1893)江西李福田刻本　四冊

140000－0501－0000127　1842－53

全體通考十八卷人身全體解剖學志一卷全體通考圖二卷　（英國）德貞著　清光緒十二年(1886)鉛印本　十二冊

140000－0501－0000128　1854－56

串雅內編四卷　（清）趙學敏撰　清光緒十四年(1888)仁和榆園刻本　三冊

140000－0501－0000129　1857－60

痧脹玉衡書三卷後一卷　（清）郭志遂撰　清康熙十四年(1675)刻本　四冊

140000－0501－0000130　1861－68

瘍科選粹八卷　（明）陳文治輯　清乾隆二十

六年(1761)潯溪達尊堂刻本　八冊

140000－0501－0000131　1869－76

濟陰綱目十四卷　(明)武之望撰　(清)汪淇箋釋　清上洋校經山房刻本　八冊

140000－0501－0000132　1877－82

鼎鍥幼幼集成六卷　(清)陳復正輯　清乾隆十六年(1751)翰墨園刻本　六冊

140000－0501－0000133　1883－87

婦科精蘊五卷　(美國)妥瑪氏撰　(清)孔慶高譯　清光緒十五年(1889)羊城博濟醫局刻本　五冊

140000－0501－0000134　1888－95

痘疹傳心錄十八卷　(明)朱惠明撰　清光緒三十一年(1905)陸起鳳抄本　八冊

140000－0501－0000135　1896－99

金匱要略方論本義三卷　(清)魏荔彤釋義　清抄本　四冊

140000－0501－0000136　1900－03

西藥略釋四卷總論一卷　(清)孔慶高譯撰　(英國)嘉約翰校　清光緒十二年(1886)羊城博濟醫局刻本　四冊

140000－0501－0000137　1904－07

傷寒指掌四卷　(清)吳坤安撰　清抄本　四冊

140000－0501－0000138　1908－13

西醫內科全書十五卷　(清)孔慶高譯　清光緒八年(1882)羊城博濟醫局刻本　六冊

140000－0501－0000139　1914－15

天花精言六卷　(清)袁句撰　清同治七年(1868)山陰陳氏刻本　二冊

140000－0501－0000140　1925－42

徐靈胎醫略六書三十二卷　(清)徐大椿撰　清光緒二十九年(1903)上海趙翰香居鉛印本　十八冊

140000－0501－0000141　1943－62

千金翼方三十卷千金要方三十卷　(唐)孫思邈撰　清光緒四年(1878)上海靈芬閣影印本

二十冊

140000－0501－0000142　1963

經效產寶三卷續一卷　(唐)咎殷撰集　清光緒七年(1881)凌氏刻本　一冊

140000－0501－0000143　1964－67

傳信適用方四卷急救仙方六卷諸方一卷　(宋)吳彥夔撰　清刻本　四冊

140000－0501－0000144　1968－72

醫方彙編四卷　(英國)梅縢更口譯　(清)劉庭楨筆述　清光緒二十一年(1895)廣濟書局鉛印本　五冊

140000－0501－0000145　1976－77

注解傷寒論十卷運乞圖解一卷　(漢)張仲景撰　(晉)王叔和輯　(金)成無己注釋　清吳門蘊古堂刻本　二冊

140000－0501－0000146　1978－81

醫學心悟六卷　(清)程國彭撰　清刻本　四冊

140000－0501－0000147　1983

胡慶餘堂丸散膏丹全集　(清)胡光墉輯　清光緒三年(1877)浙杭胡慶餘堂雪記刻本　一冊

140000－0501－0000148　1984－87

絳雪園古方選注不分卷　(清)王子接注　清雍正十年(1732)刻本　四冊

140000－0501－0000149　1988－95

新刊增補萬病回春八卷　(明)龔廷賢編　清大文堂刻本　八冊

140000－0501－0000150　1996－2023

千金方衍義三十卷目錄一卷　(清)張璐撰　清嘉慶五年(1800)掃葉山房刻本　二十八冊

140000－0501－0000151　2104－19

驗方新編二十四卷　(清)鮑相璈編　清光緒四年(1878)浙江東璧齋刻本　十六冊

140000－0501－0000152　2120－25

易簡方便醫書六卷　(清)周茂五輯　清光緒二十七年(1901)上海書局石印本　六冊

140000－0501－0000153　2198－206

［桃塢］謝氏彙刻方書九種十七卷　（清）謝綏
之輯　清光緒蘇州謝氏刻本　九冊

140000－0501－0000154　2207－46

本草綱目五十二卷本草綱目圖三卷瀕湖脈學
一卷奇經八脈考一卷　（明）李時珍撰　本草
萬方針線八卷　（清）蔡烈先輯　本草綱目拾
遺十卷　（清）趙學敏輯　清光緒十一年
（1885）合肥張氏味古齋刻本　四十冊

140000－0501－0000155　2248－55

原富五卷　（英國）斯密亞丹撰　嚴復譯　清
光緒二十八年（1902）南洋公學譯書院鉛印本
八冊

140000－0501－0000156　2261－69、2271－80

野叟曝言二十卷一百五十回　（清）夏敬源
撰　清光緒八年（1882）毘陵彙珍樓刻本
二十冊　缺六卷（七、九至十、十七、十九至
二十）

140000－0501－0000157　2281－82

先醒齋廣筆記不分卷　（明）繆希雍撰　（明）
丁元荐輯　明崇禎十五年（1642）刻本　二冊

140000－0501－0000158　2283－354

御纂醫宗金鑑九十卷首一卷　（清）吳謙等編
纂　清刻本　七十二冊

140000－0501－0000159　2355－66

玉機微義五十卷　（明）徐彥純　（明）劉宗厚
編　明刻本　十二冊

140000－0501－0000160　2380－81

溫疫明辨四卷附方一卷　（清）鄭奠一編　清
江左書林刻本　二冊

140000－0501－0000161　2382－87

三家醫案合刻三卷　（清）吳金壽編　醫效秘
傳三卷　（清）葉桂撰　溫熱贅言一卷　（清）
寄瓢子撰　清道光十一年（1831）吳氏貯春僊
館刻本　六冊

140000－0501－0000162　2390－91

醫林改錯二卷　（清）王清任撰　清光緒二十

九年（1903）宏道堂刻本　二冊

140000－0501－0000163　2392

養生經驗合集四種四卷　（清）毛世洪輯
（清）汪瑜增訂　清光緒元年（1875）平江吳志
恭刻本　一冊

140000－0501－0000164　2393－95

三指禪三卷　（清）周學霆著　（清）歐陽輯瑞
評注　清道光十二年（1832）星沙換鵞堂刻本
三冊

140000－0501－0000165　2397－99

痘書大全三卷附一卷　（清）史錫節撰　清刻
本　三冊

140000－0501－0000166　2400－07

萬國藥方八卷　（美國）洪士提譯　清光緒二
十四年（1898）上海美華書館石印本　八冊

140000－0501－0000167　2408－11

婦嬰三書十八卷　（清）沈金鰲　（清）強健撰
（清）朱增惠校　清同治元年（1862）醉六堂
刻本　四冊　存二種十二卷（婦科玉尺六卷、
幼科釋謎六卷）

140000－0501－0000168　2412－14

痘科類編釋意三卷　（清）翟良輯　清雍正六
年（1728）刻本　三冊

140000－0501－0000169　2415－20

邵氏醫書三種　（清）邵登瀛撰　清光緒六年
（1880）邵氏刻本　六冊　存一卷

140000－0501－0000170　2421－26

本草醫方合編三卷　（清）汪昂著輯　清敦仁
堂刻本　六冊

140000－0501－0000171　2427－30

傷寒心法大成四卷　（清）陳法昂撰　清康熙
四十三年（1704）藝蘭堂刻本　四冊

140000－0501－0000172　2431

内外兩科諸病雜症統論綱目　（清）吳星甫抄
清抄本　一冊

140000－0501－0000173　2433－44

内科理法十六卷　（英國）虎伯撰　舒高第□

譯　（清）趙元益筆述　清光緒江南製造總局刻本　十二冊

140000－0501－0000174　2450－59
元文類七十卷目錄三卷　（元）蘇天爵編　清光緒十五年(1889)江蘇書局刻本　十冊

140000－0501－0000175　2464－67
荀子二十卷校勘補遺一卷　（戰國）荀況撰（唐）楊倞注　清乾隆五十一年(1786)嘉善謝氏安雅堂刻本　四冊

140000－0501－0000176　2468－77
補注黃帝内經素問二十四卷素問遺篇一卷靈樞十二卷　（唐）王冰撰　清光緒三年(1877)浙江書局刻本　十冊

140000－0501－0000177　2478－82
敦艮齋遺書十七卷　（清）徐潤第撰　清道光二十八年(1848)徐繼畬刻本　五冊

140000－0501－0000178　2483－93
于清端公政書八卷首編一卷外集一卷　（清）于成龍撰　（清）蔡方炳　（清）諸匡鼎編次續集一卷　（清）金岳撰　（清）于大梃輯　清康熙四十六年(1707)江蘇撫署刻乾隆二十六年(1761)于準補刻彙印本　十一冊

140000－0501－0000179　2494－99
汪龍莊先生遺書八種　（清）汪輝祖撰　清光緒八年(1882)山東書局刻十二年(1886)續刻本　六冊

140000－0501－0000180　2500－05
嶺南三大家詩選二十四卷　（清）王隼選　清康熙三十一年(1692)刻本　六冊

140000－0501－0000181　2506－15
熊襄愍公集十卷首一卷末一卷　（明）熊廷弼撰　清同治三年(1864)熊氏家祠刻本　十冊

140000－0501－0000182　2516－27
養知書屋文集二十八卷詩集十五卷　（清）郭嵩燾著　清光緒十八年(1892)湘陰郭氏刻本　十二冊

140000－0501－0000183　2528－35

數學五書十九卷　（清）安清翹編　清嘉慶二十三年(1818)樹人堂刻本　八冊

140000－0501－0000184　2536－39
札逡十二卷　（清）孫詒讓撰　清光緒二十年(1894)籀廎刻本　四冊

140000－0501－0000185　2540－41
白虎通四卷闕文一卷補遺一卷通義考一卷（漢）班固撰　（清）莊述祖輯　清乾隆四十九年(1784)抱經堂刻本　二冊

140000－0501－0000186　2542－45
蘿藦亭札記八卷　（清）喬松年撰　清同治十二年(1873)刻本　四冊

140000－0501－0000187　2546－49
古韻發明不分卷切字肆考不分卷　（清）張畊撰　清道光六年(1826)芸心堂刻本　四冊

140000－0501－0000188　2550－65
金石摘十卷　（清）陳善墀撰　清光緒二年(1876)刻本　十六冊

140000－0501－0000189　2566－75
貸園叢書初集十二種　（清）周永年輯　清乾隆刻本　十冊

140000－0501－0000190　2576－91
重刻張太岳先生文集四十八卷目錄一卷（明）張居正撰　浩氣吟一卷附錄一卷　（明）瞿式耜撰　清道光八年(1828)安陸李廷錫刻本　十六冊

140000－0501－0000191　2592－97
清綺軒詞選十三卷　（清）夏秉衡選編　清乾隆十六年(1751)華亭夏氏清綺軒刻本　六冊

140000－0501－0000192　2598－605
唐宋花庵絕妙詞選十卷　（宋）黃昇輯　明琴川毛氏汲古閣刻本　八冊

140000－0501－0000193　2612－15
薛文清公行實錄五卷　（明）王鴻輯　明萬曆十六年(1588)吳氏正學書院刻本　四冊

140000－0501－0000194　2616－47
司馬文正公傳家集八十卷目錄二卷附錄一卷

（宋）司馬光撰　**年譜一卷**　（清）陳宏謀撰
清乾隆六年（1741）培遠堂刻本　三十二册

140000－0501－0000195　2660－75

廿一史四譜五十四卷　（清）沈炳震編　清同
治十年（1871）武林吳氏清來堂刻本　十六册

140000－0501－0000196　2676－91

午亭文編五十卷　（清）陳廷敬撰　清乾隆四
十三年（1778）平陽府學刻本　十六册

140000－0501－0000197　2692－704

寒松堂全集十二卷年譜一卷　（清）魏象樞著
清嘉慶十六年（1811）蔚州魏氏刻本　十
三册

140000－0501－0000198　2705－22

紀文達公遺集文十六卷詩十六卷　（清）紀昀
撰　清嘉慶十七年（1812）紀樹馨刻本　十
八册

140000－0501－0000199　2723－42

震川先生集三十卷別集十卷目錄一卷　（明）
歸有光著　清光緒六年（1880）常熟歸氏刻本
二十册

140000－0501－0000200　2743－46

范施梁程四先生授子譜不分卷　（清）鄧元鏸
輯　清光緒十一年（1885）奕潛齋刻本　四册

140000－0501－0000201　2763－67

攝生眾妙方十一卷急救良方二卷　（明）張時
徹輯　明嘉靖二十九年（1550）刻本　五册

140000－0501－0000202　2768－91

宋王忠文公文集五十卷目錄三卷　（宋）王十
朋撰　清道光十二年（1832）刻本　二十四册

140000－0501－0000203　2792－93

韓詩外傳十卷　（漢）韓嬰撰　清刻本　二册

140000－0501－0000204　2794－99

薛文清公讀書錄二十卷　（明）薛瑄撰　明萬
曆二十七年（1599）薛氏刻本　六册

140000－0501－0000205　2806－37

重訂唐王燾先生外臺秘要方四十卷目錄一卷
（唐）王燾撰　明崇禎刻本　三十二册

140000－0501－0000206　2838－51

楊龜山先生集四十二卷首一卷末一卷　（宋）
楊時撰　清光緒九年（1883）延平張氏刻本
（原缺末一卷）　十六册

140000－0501－0000207　2854－58

小蓬萊閣金石文字不分卷　（清）黃易輯　清
道光十四年（1834）刻本　五册

140000－0501－0000208　2869－84

欽定書經圖說五十卷　（清）孫家鼐撰　（清）
詹秀林繪圖　清光緒三十一年（1905）京師大
學堂編書局石印本　十六册

140000－0501－0000209　2885－932

大學衍義補一百六十卷首一卷　（明）丘濬撰
（明）陳仁錫評　明刻清印本　四十八册

140000－0501－0000210　2933－56

**學海堂集初集十六卷二集二十二卷三集二十
四卷**　（清）阮元　（清）吳蘭珍　（清）張維
屏輯　清道光五年至咸豐九年（1825－1859）
啟秀山房刻本　二十四册　存三十八卷（初
集十六卷、二集二十二卷）

140000－0501－0000211　2957－68

禹貢錐指二十卷　（清）胡渭撰　清康熙四十
四年（1705）漱六軒刻本　十二册

140000－0501－0000212　2975－3094

榕村全書四十六種　（清）李光地撰　清光緒
二十二年（1896）李氏家刻本　一百二十册

140000－0501－0000213　3095－98

文心雕龍七卷　（南朝梁）劉勰撰　（清）黃叔
琳注　（清）紀昀評　清道光十三年（1833）兩
廣節署刻朱墨套印本　四册

140000－0501－0000214　3099－102

呂子節錄四卷補遺二卷　（明）呂坤撰　（清）
陳宏謀輯　清道光八年（1828）靈石樑壖刻本
四册

140000－0501－0000215　3103－14

學案小識十四卷首一卷末一卷　（清）唐鑑著
清光緒十年（1884）四砭齋刻本　十二册

140000 - 0501 - 0000216　3115 - 18

涑水記聞十六卷　（宋）司馬光撰　清光緒九
年(1883)山西解梁書院刻本　四冊

140000 - 0501 - 0000217　3133 - 44

見庵錦官錄八種　（清）李錫書撰　清嘉慶、
道光寫刻本　十二冊

140000 - 0501 - 0000218　3161 - 68

宋四子鈔釋四種二十一卷　（明）呂柟撰　清
惜陰軒刻惜陰軒叢書本　八冊

140000 - 0501 - 0000219　3169 - 74

呻吟語六卷　（明）呂坤著　清同治七年
(1868)邵陽曾氏刻本　六冊

140000 - 0501 - 0000220　3175 - 78

清八家四六文鈔九卷　（清）吳鼒輯　清嘉慶
二十四年(1819)江左書林刻本　四冊

140000 - 0501 - 0000221　3179 - 84

實政錄七卷　（明）呂坤著　清道光七年
(1827)開封府署刻本　六冊

140000 - 0501 - 0000222　3267 - 76

白香山詩長慶集二十卷後集十七卷別集一卷補遺
二卷年譜一卷年譜舊本一卷　（唐）白居易撰　清
康熙四十二年(1703)汪立名一隅草堂刻本　十冊

140000 - 0501 - 0000223　3277 - 78

玉笥山詩鈔八卷　（清）何嘉珝撰　清乾隆三
十四年(1769)大觀堂刻本　二冊

140000 - 0501 - 0000224　3279 - 80

水屋賸稿二卷　（清）張道渥撰　清同治十一
年(1872)慶鐘刻本　二冊

140000 - 0501 - 0000225　3281 - 88

南亭詩鈔十二卷　（清）范士熊編輯　清道光
二十九年(1849)石竹齋刻本　八冊

140000 - 0501 - 0000226　3289

清芬集五卷續刻一卷　（清）徐得厚編　清咸
豐四年(1854)刻本　一冊

140000 - 0501 - 0000227　3292 - 97

省軒考古類編十二卷　（清）柴紹炳纂　清雍
正四年(1726)澹成堂刻本　六冊

140000 - 0501 - 0000228　3308 - 19

漁洋山人古詩選五言詩十七卷七言詩歌行鈔
十五卷　（清）王士禎選　惜抱軒今體詩鈔五
言九卷七言九卷　（清）姚鼐選　清同治七年
(1868)湘鄉曾氏刻本　十二冊

140000 - 0501 - 0000229　3320 - 27

學海堂集初集十六卷二集二十二卷三集二十四
卷　（清）阮元　（清）吳蘭珍　（清）張維屏輯
　清道光五年至咸豐九年(1825 - 1859)啟秀山
房刻本　八冊　存十六卷(初集十六卷)

140000 - 0501 - 0000230　3328 - 33

雁門集六卷　（元）薩都剌撰　清康熙十九年
(1680)半野軒刻本　六冊

140000 - 0501 - 0000231　3334

雙柏齋女史吟三卷　（清）劉世奇著　金印齋
女史吟一卷　（清）楊秀芝著　清光緒三年
(1877)三原劉傳經堂刻本　一冊

140000 - 0501 - 0000232　3335 - 38

豔雪堂詩集四卷　（清）張晉撰　清嘉慶十二
年(1807)刻本　四冊

140000 - 0501 - 0000233　3345

白沙子古詩教解二卷　（明）陳獻章撰　清乾
隆三十六年(1771)刻本　一冊

140000 - 0501 - 0000234　3356

白氏諷諫一卷　（唐）白居易撰　清光緒十九
年(1893)刻本　一冊

140000 - 0501 - 0000235　3357 - 58

唐中興閒氣集二卷　（唐）高仲武輯　清光緒
武進費氏刻本　二冊

140000 - 0501 - 0000236　3359 - 64

六經圖十二卷　（清）鄭之僑輯　清乾隆八年
(1743)述堂刻本　六冊

140000 - 0501 - 0000237　3365 - 66

橢經廬詩集初編八卷　（清）王軒著　清同治
十三年(1874)洪洞董氏刻本　二冊

140000 - 0501 - 0000238　3369 - 70

敦艮吉齋詩存二卷　（清）徐子苓撰　清同治

五年(1866)刻本　二冊

140000－0501－0000239　3371－72

堯峰文鈔詩十卷文四十卷　（清）汪琬撰　清康熙三十二年(1693)林佶寫刻本　二冊　存十卷(詩十卷)

140000－0501－0000240　3383－88

唐四家詩八卷　（清）汪立名選　清康熙三十四年(1695)天都汪氏刻本　六冊

140000－0501－0000241　3403－12

新鐫玉茗堂批評按鑑參補南北宋志傳十卷北宋楊家將傳十卷　（明）熊大木撰　清經元堂刻本　十冊

140000－0501－0000242　3413－60

御纂醫宗金鑑九十卷首一卷　（清）吳謙等纂　清光緒九年(1883)上海掃葉山房刻本　四十八冊

140000－0501－0000243　3461－62

春秋公羊經傳解詁十二卷附音本校記一卷（漢）何休注　清光緒二十一年(1895)金陵書局刻本　二冊

140000－0501－0000244　3463－68

[乾隆]臨晉縣志八卷　（清）王正茂纂修 [光緒]續修臨晉縣志二卷　（清）艾紹濂（清）吳曾榮修　（清）姚東濟纂　清乾隆三十八年(1773)刻光緒六年(1880)增修本　六冊

140000－0501－0000245　3469－76

[乾隆]臨晉縣志八卷　（清）王正茂纂修　清乾隆三十八年(1773)刻本　八冊

140000－0501－0000246　3477－86

[光緒]汾陽縣志十四卷首一卷　（清）方家駒（清）慶文修　（清）王文員纂　清光緒十年(1884)刻本　十冊

140000－0501－0000247　3487－94

[乾隆]汾陽縣志十四卷首一卷　（清）李文起修　（清）戴震纂　清乾隆三十七年(1772)刻本　八冊

140000－0501－0000248　3495－502

[嘉慶]介休縣志十四卷　（清）徐品山修（清）熊兆占　（清）陸元鏸纂　清嘉慶二十四年(1819)刻本　八冊

140000－0501－0000249　3503－07

莊子南華真經三卷　（戰國）莊周撰　列子冲虛真經一卷　（戰國）列禦寇撰　（明）閔齊伋校輯　明刻朱墨套印本　五冊

140000－0501－0000250　3508－09

關尹子九篇二卷　（宋）陳顯微注　清光緒七年(1881)香山鄭觀應刻本　二冊

140000－0501－0000251　3510－11

孔氏家語十卷　（明）何孟春注　（清）盧文弨校補　清同治十二年(1873)經綸堂刻本　二冊

140000－0501－0000252　3512－17

韓非子集解二十卷首一卷　（清）王先慎撰　清光緒二十二年(1896)刻本　六冊

140000－0501－0000253　3518－23

淮南鴻烈集解二十一卷　（漢）劉安撰　（漢）高誘注　（清）劉文典集解　清刻本　六冊

140000－0501－0000254　3537－52

東坡全集一百十五卷目錄七卷　（宋）蘇軾撰　東坡先生年譜一卷　（宋）王宗稷編　清刻本(卷末有抄補)　十六冊　殘

140000－0501－0000255　3553－60

河南二程全書七種　（宋）程顥　（宋）程頤撰　（明）康紹宗編　清刻本　八冊

140000－0501－0000256　3561－3600

朱子全書六十六卷　（宋）朱熹撰　（清）李光地等編　清康熙五十三年(1714)內府刻本　四十冊

140000－0501－0000257　3601－12

梅村詩集箋注十八卷　（清）吳偉業撰　（清）吳翌鳳注　清嘉慶十九年(1814)滄浪吟榭刻本　十二冊

140000－0501－0000258　3613－24

紀文達公遺集文十六卷詩十六卷　（清）紀昀

撰　清嘉慶十七年(1812)紀樹馨刻本　十二冊

140000－0501－0000259　3625－54

鮚埼亭集三十八卷首一卷世譜一卷經史問答十卷外編五十卷　(清)全祖望撰　年譜一卷　(清)董秉純編　清同治十一年(1872)姚江借樹山房刻本　三十冊

140000－0501－0000260　3655－737

二十二子　(清)浙江書局輯　清光緒浙江書局刻本　八十三冊

140000－0501－0000261　3738－849

船山遺書六十六種　(清)王夫之撰　清同治四年(1865)湘鄉曾國荃刻本　一百十二冊

140000－0501－0000262　3850－959

子書百家　清光緒元年(1875)湖北崇文書局刻本　一百十冊

140000－0501－0000263　3960－62

經學源流考八卷　(清)甘鵬雲著　清潛江崇雅堂木活字印本　三冊

140000－0501－0000264　3963－64

林和靖先生詩集四卷附錄詩話酬唱題詠詩一卷　(宋)林逋撰　清光緒二十一年(1895)俞氏清蔭堂刻本　二冊

140000－0501－0000265　3965

省心錄一卷　(宋)李邦獻撰　清光緒二十二年(1896)俞氏清蔭堂刻本　一冊

140000－0501－0000266　3986－89

楊忠愍公全集四卷　(明)楊繼盛撰　清康熙三十三年(1694)朱氏刻本　四冊

140000－0501－0000267　3990－4003

曝書亭集八十卷附錄一卷　(清)朱彝尊撰　清光緒十五年(1889)會稽陶氏寒梅館刻本　十四冊　存八十卷(曝書亭集八十卷)

140000－0501－0000268　4004－07

戴東原集十二卷年譜一卷劄記一卷　(清)戴震撰　清宣統二年(1910)渭南嚴氏孝義堂家塾刻本　四冊

140000－0501－0000269　4008－11

戴東原集十二卷　(清)戴震撰　清光緒十年(1884)秋樹根齋刻戴段合刻本　四冊

140000－0501－0000270　4012－13

春秋穀梁傳十二卷考異一卷　(晉)范甯集解　楊守敬考異　清光緒日本東京遵義黎氏刻本　二冊

140000－0501－0000271　4142－241

[光緒]江西通志一百八十卷首五卷　(清)劉坤一修　(清)趙之謙纂　清光緒七年(1881)刻本　一百冊

140000－0501－0000272　4242－46

[乾隆]渾源州志十卷　(清)桂敬順纂修　清乾隆二十八年(1763)刻本　五冊

140000－0501－0000273　4247－56

[乾隆]長治縣志二十八卷首一卷末一卷　(清)吳九齡修　(清)蔡履豫纂　清乾隆二十八年(1763)榮暉堂刻本　十冊

140000－0501－0000274　4257－62

荀子集解二十卷首一卷　(唐)楊倞注　王先謙集解　清光緒十七年(1891)思賢講舍刻本　六冊

140000－0501－0000275　4263－72

管子補注二十四卷　(唐)房玄齡注　(明)劉績補　清嘉慶十一年(1806)黃丕烈刻本　十冊

140000－0501－0000276　4273－75

鬼谷子三卷　(南朝梁)陶弘景注　清嘉慶十年(1805)江都秦氏刻本　三冊

140000－0501－0000277　4276－87

霜紅龕集四十卷附錄三卷年譜一卷　(清)傅山撰　清宣統三年(1911)丁氏刻本　十二冊

140000－0501－0000278　4396－401

[光緒]壽陽縣志十三卷首一卷　(清)馬家鼎修　(清)祁世長　(清)張嘉言纂　清光緒八年(1882)受川書院刻本　六冊

140000－0501－0000279　4402－09

[同治]榆次縣志十六卷首一卷末一卷　（清）
俞世銓　（清）陶良駿修　（清）王平格
（清）王序賓纂　清同治元年（1862）鳳鳴書院
刻本　八冊

140000－0501－0000280　4410－13

北夢瑣言二十卷　（宋）孫光憲撰　明刻本
四冊

140000－0501－0000281　4418－21

春秋公羊經傳解詁十二卷　（漢）何休注　清
道光四年（1824）揚州汪氏問禮堂刻本　四冊

140000－0501－0000282　4422－27

五經圖十二卷　（清）王皞輯　清雍正二年
（1724）盧氏刻本　六冊

140000－0501－0000283　4428－35

[光緒]蔚州志二十卷首一卷　（清）慶之金
（清）楊篤纂　清光緒三年（1877）尉州州署刻
本　八冊

140000－0501－0000284　4436－535

[雍正]陝西通志一百卷首一卷　（清）劉於義
修　（清）沈青崖纂　清雍正十三年（1735）刻
本　一百冊

140000－0501－0000285　4536－95

[光緒]順天府志一百三十卷附錄一卷　（清）
周家楣修　（清）張之洞　繆荃孫纂　清光緒
十年（1884）修十五年（1889）刻本　六十冊

140000－0501－0000286　4596－835

[同治]畿輔通志三百卷首一卷　（清）李鴻章
（清）張樹聲修　（清）黃彭年纂　清宣統二
年（1910）北洋官書局石印本　二百四十冊

140000－0501－0000287　4842－939

讀史方輿紀要一百三十卷　（清）顧祖禹撰
清嘉慶十七年（1812）刻本　九十八冊

140000－0501－0000288　4948－52

山西志輯要十卷首一卷清涼山志輯要二卷
（清）雅德修　（清）汪本直纂　清乾隆四十五
年（1780）晉撫署刻本　五冊

140000－0501－0000289　5001－04

易經體注　（清）來爾繩纂輯　清嘉慶十五年
（1810）聚文堂刻本　四冊

140000－0501－0000290　5005－14

茹氏經學十二種　（清）茹敦和撰　清乾隆三
十九年（1774）刻本　十冊　存十種

140000－0501－0000291　5015－26

御纂周易折中二十二卷首一卷　（清）李光地
纂　清康熙五十四年（1715）武英殿刻御纂五
經本　十二冊

140000－0501－0000292　5031－40

周易孔義集說二十卷　（清）沈起元撰　清乾
隆十九年（1754）學易堂刻本　十冊

140000－0501－0000293　5041－42

周易本義四卷　（宋）程頤注　清光緒七年
（1881）江蘇書局刻本　二冊

140000－0501－0000294　5043－44

周易四卷附新增圖說一卷　（宋）程頤注　清
光緒十二年（1886）湖北官書處刻本　二冊

140000－0501－0000295　5045－46

周易四卷筮儀一卷本義卦歌一卷圖說一卷
（宋）程頤注　清光緒六年（1880）山西濬文書
局刻本　二冊

140000－0501－0000296　5047－54

周易爻徵廣義七卷首一卷　（清）閻汝弼輯
清光緒元年（1875）山西刻本　八冊

140000－0501－0000297　5055－60

壽山堂易說不分卷　（唐）呂巖撰　清嘉慶四
年（1799）刻本　六冊

140000－0501－0000298　5061－62

易說六卷　（宋）司馬光撰　清光緒解梁書院
刻本　二冊

140000－0501－0000299　5063－72

易經揆一十四卷易學啟蒙補二卷　（清）梁錫
璵撰　清乾隆十六年（1751）內府刻本　十冊

140000－0501－0000300　5073－82

易經揆一十四卷易學啟蒙補二卷　（清）梁錫
璵撰　清乾隆十六年（1751）內府刻本　十冊

140000－0501－0000301　5083－88

周易本義啟蒙通刊十四卷首一卷周易經二卷
（清）吳世尚撰　清嘉慶七年（1802）敦化堂
刻本　六冊

140000－0501－0000302　5089－94

易義前選六卷　（清）李光地選　清康熙四十
二年（1703）嘉谷軒刻本　六冊

140000－0501－0000303　5095－102

周易詳說十八卷　（清）劉紹攽撰　清乾隆十
三年（1748）傳經堂刻本　八冊

140000－0501－0000304　5103－26

**易經解注傳義辨正四十四卷首一卷附易經圖
說辨正二卷**　（清）彭申甫輯　清光緒十二年
（1886）刻本　二十四冊

140000－0501－0000305　5127－34

周易詳說十八卷　（清）劉紹攽撰　清乾隆十
三年（1748）傳經堂刻本　八冊

140000－0501－0000306　5135－38

易經精華六卷首一卷末一卷　（清）薛嘉穎選
清同治三年（1864）寶華樓刻本　四冊

140000－0501－0000307　5139－44

易經精華六卷首一卷末一卷　（清）薛嘉穎選
清道光元年（1821）光霽堂刻本　六冊

140000－0501－0000308　5145－52

周易詮疑八卷　（清）夏應銓著　清道光十年
（1830）江安縣署刻本　八冊

140000－0501－0000309　5153－54

周易四卷　（宋）程頤注　清嘉慶二十三年
（1818）祁縣書業堂刻本　二冊

140000－0501－0000310　5157－60

讀易大旨五卷　（清）孫奇逢撰　清康熙六十
年（1721）刻本　四冊

140000－0501－0000311　5161－64

焦氏易林四卷　（漢）焦延壽撰　清汲古閣刻
本　四冊

140000－0501－0000312　5165－68

李氏易傳十二卷　（唐）李鼎祚集解　清乾隆

二十一年（1756）雅雨堂刻本　四冊

140000－0501－0000313　5169－70

周易本義爻徵二卷　（清）吳日慎著　清刻惜
陰軒叢書本　二冊

140000－0501－0000314　5171－74

皇極經世心易發微八卷末一卷　（清）楊體仁
撰　清刻本　四冊

140000－0501－0000315　5175－82

周易觀象通論大旨合刻三種十八卷　（清）李
光地注　清道光七年（1827）寶翰樓刻本
八冊

140000－0501－0000316　5183

易傳偶解　（清）彭作邦撰　清同治五年
（1866）刻本　一冊

140000－0501－0000317　5184－85

周易四卷　（宋）程頤注　清同治八年（1869）
書業德記刻本　二冊

140000－0501－0000318　5186－95

御纂周易折中二十二卷首一卷　（清）李光地
纂　清光緒十九年（1893）湖南漱芳閣刻本
十冊

140000－0501－0000319　5196－05

御纂周易折中二十二卷首一卷　（清）李光地
纂　清同治六年（1867）浙江撫署刻本　十冊

140000－0501－0000320　5206－15

御纂周易折中二十二卷首一卷　（清）李光地
纂　清同治六年（1867）浙江撫署刻本　十冊

140000－0501－0000321　5216－25

御纂周易折中二十二卷首一卷　（清）李光地
纂　清光緒十九年（1893）湖南漱芳閣刻本
十冊

140000－0501－0000322　5226－29

易經恆解五卷首一卷　（清）劉沅著　清宣統
元年（1909）凝善堂刻民國六年（1917）重印本
四冊

140000－0501－0000323　5230－37

周易傳義音訓八卷首一卷末一卷　（宋）程頤

傳　（宋）朱熹本義　（宋）呂祖謙音訓　清光緒八年(1882)山西濬文書局刻本　八冊

140000－0501－0000324　5238－45

周易傳義音訓八卷首一卷末一卷　（宋）程頤傳　（宋）朱熹本義　（宋）呂祖謙音訓　清光緒八年(1882)山西濬文書局刻本　八冊

140000－0501－0000325　5246－52

周易傳義音訓八卷首一卷末一卷　（宋）程頤傳　（宋）朱熹本義　（宋）呂祖謙音訓　清光緒十六年(1890)解州解梁書院刻本　七冊

140000－0501－0000326　5253－54

易說六卷　（宋）司馬光撰　清光緒解州解梁書院刻本　二冊

140000－0501－0000327　5255－56

易經本義附音訓十二卷首一卷末一卷　（宋）朱熹本義　清同治四年(1865)金陵書局刻本　二冊

140000－0501－0000328　5264－65

易釋四卷　（清）黃式三撰　清光緒十四年(1888)黃氏家塾刻儆居遺書本　二冊

140000－0501－0000329　5266－67

易原八卷　（宋）程大昌撰　清刻本　二冊

140000－0501－0000330　5268－70

周易象義集成三卷　（清）陳洪冠輯　清咸豐八年(1858)羣玉書屋刻本　三冊

140000－0501－0000331　5271－74

易象數理分解八卷　（清）謝維岳纂　清宣統三年(1911)中道齋刻本　四冊

140000－0501－0000332　5279－82

費氏古易訂文十二卷　王樹柟撰　清光緒十五年(1889)文莫室刻本　四冊

140000－0501－0000333　5285－86

易元圖二卷　（清）張祖房撰　清順治十四年(1657)刻本　二冊

140000－0501－0000334　5287－90

讀易大旨五卷　（清）孫奇逢撰　清康熙六十年(1721)刻本　四冊

140000－0501－0000335　5292－93

易緯八種十二卷　（漢）鄭玄注　清道光八年(1828)南海吳榮光補刻本　二冊

140000－0501－0000336　5295

易經旁訓辨體三卷　（清）徐立綱輯　清乾隆五十三年(1788)循陔堂刻本　一冊

140000－0501－0000337　5296

易象致用說二卷　（清）秦東萊撰　清光緒十三年(1887)刻本　一冊

140000－0501－0000338　5297

易象致用說二卷　（清）秦東萊撰　清光緒十三年(1887)刻本　一冊

140000－0501－0000339　5298－300

易經八卷　（宋）程頤集傳　清光緒九年(1883)江南書局刻本　三冊

140000－0501－0000340　5319－21

易緯八種十二卷　（漢）鄭玄注　清刻本　三冊

140000－0501－0000341　5325

三易三統辨證二卷　（清）郭籛齡撰　清同治九年(1870)刻本　一冊

140000－0501－0000342　5334－37

鄭氏爻辰補六卷　（清）戴棠著　清道光二十九年(1849)燕山書屋刻本　四冊

140000－0501－0000343　5338－41

焦氏易林十六卷附元龠十測一卷　（漢）焦延壽撰　清嘉慶十三年(1808)知白齋刻本　四冊

140000－0501－0000344　5349

周易從周述正一卷　（清）郭籛齡撰　清同治刻本　一冊

140000－0501－0000345　5350－51

周易述禮二卷附繫辭一卷　（明）黃鞏撰　清同治五年(1866)存幾堂刻本　二冊

140000－0501－0000346　5352－53

周易述禮二卷附繫辭一卷　（明）黃鞏撰　清同治五年(1866)存幾堂刻本　二冊

140000－0501－0000347　5354－56

周易通解三卷附釋義一卷　（清）卞斌撰　清吳興劉氏嘉業堂刻吳興叢書本　三冊

140000－0501－0000348　5357－58

周易四卷附校勘記一卷　（宋）程頤注　清光緒六年(1880)山西濬文書局刻本　二冊

140000－0501－0000349　5359－60

周易四卷附新增圖說　（宋）程頤注　清光緒十二年(1886)湖北官書處刻本　二冊

140000－0501－0000350　5366－75

周易從周十卷　（清）郭篯齡撰　清光緒十一年(1885)郭氏刻本　十冊

140000－0501－0000351　5378－79

逸周書十卷　（晉）孔晁注　清乾隆五十一年(1786)抱經堂刻本　二冊

140000－0501－0000352　5380

尚書駢枝一卷　（清）孫詒讓撰　清光緒鉛印本　一冊

140000－0501－0000353　5383

尚書既見三卷附書說一卷　（清）莊存與撰　清刻味經齋遺書本　一冊

140000－0501－0000354　5385

書考辨二卷　（清）劉紹攽撰　清乾隆十六年(1751)劉氏傳經堂刻本　一冊

140000－0501－0000355　5386

尚書大傳四卷考異一卷補遺一卷續補遺一卷　（漢）鄭玄注　（清）盧文弨補注　清光緒三年(1877)湖北崇文書局刻本　一冊

140000－0501－0000356　5387

書傳補義三卷　（清）方宗誠撰　清光緒二年(1876)刻本　一冊

140000－0501－0000357　5389－92

書經六卷校刊記一卷　（宋）蔡沈集傳　清光緒五年(1879)山西濬文書局刻本　四冊

140000－0501－0000358　5393－404

欽定書經傳說彙纂二十一卷首二卷書序一卷　（清）王頊齡等纂　清同治七年(1868)閩浙總督馬新貽、浙江巡撫李瀚章刻本　十二冊

140000－0501－0000359　5405－08

書經六卷　（宋）蔡沈集傳　清道光二十九年(1849)晉祁書業堂刻本　四冊

140000－0501－0000360　5409－26

欽定書經傳說彙纂二十一卷首二卷書序一卷　（清）王頊齡纂　清雍正八年(1730)內府刻本　十八冊

140000－0501－0000361　5427－30

書經六卷　（宋）蔡沈集傳　清潯陽萬氏蓮峰書屋刻本　四冊

140000－0501－0000362　5431－44

欽定書經傳說彙纂二十一卷首二卷書序一卷　（清）王頊齡等纂　清雍正八年(1730)內府刻本　十四冊

140000－0501－0000363　5445－52

尚書古文疏證八卷　（清）閻若璩撰　**朱子古文書疑一卷**　（清）閻詠撰　清乾隆十年(1745)閻氏眷西堂刻同治六年(1867)錢塘汪氏振綺堂補刻本　八冊

140000－0501－0000364　5453－64

欽定書經傳說彙纂二十一卷首二卷書序一卷　（清）王頊齡等纂　清光緒十九年(1893)湖南漱芳閣刻本　十二冊

140000－0501－0000365　5465－68

寄傲山房塾課纂輯書經備旨蔡注捷錄七卷　（清）鄒聖脈輯　清光緒務本堂刻本　四冊

140000－0501－0000366　5469－76

書傳音釋六卷首一卷末一卷　（宋）蔡沈集傳　（元）鄒季友音釋　清光緒八年(1882)山西濬文書局刻本　八冊

140000－0501－0000367　5477－78

尚書大傳四卷考異一卷補遺一卷續補遺一卷　（漢）鄭玄注　（清）盧文弨補注　清嘉慶五年(1800)愛日草廬刻本　二冊

140000－0501－0000368　5479－82

書經六卷首一卷末一卷　（宋）蔡沈傳　清光

緒七年(1881)金陵書局刻本　四冊

140000－0501－0000369　5483－86

尚書今古文注疏十二卷　（清）孫星衍撰　清嘉慶二十年(1815)冶城山館刻本　四冊

140000－0501－0000370　5487－90

書古微十二卷　（清）魏源著　清光緒四年(1878)淮南書局刻本　四冊

140000－0501－0000371　5491－502

欽定書經傳說彙纂二十一卷首二卷書序一卷　（清）王頊齡等纂　清同治七年(1868)閩浙總督馬新貽、浙江巡撫李瀚章刻本　十二冊

140000－0501－0000372　5503－14

欽定書經傳說彙纂二十一卷首二卷書序一卷　（清）王頊齡等纂　清同治十年(1871)湖北崇文書局刻本　十二冊

140000－0501－0000373　5515－18

書經六卷首一卷末一卷　（宋）蔡沈傳　清光緒江南城李光明莊刻本　四冊

140000－0501－0000374　5519－24

書經六卷　（宋）蔡沈集傳　清光緒三十四年(1908)學部圖書局影印本　六冊

140000－0501－0000375　5525－30

書經六卷　（宋）蔡沈集傳　清光緒三十四年(1908)學部圖書局影印本　六冊

140000－0501－0000376　5531－38

書傳音釋六卷首一卷末一卷　（宋）蔡沈集傳　（元）鄒季友音釋　清光緒八年(1882)山西濬文書局刻本　八冊

140000－0501－0000377　5539

周書斠補四卷　（清）孫詒讓撰　清光緒二十六年(1900)瑞安廣明書社刻本　一冊

140000－0501－0000378　5540－45

尚書要義二十卷　（宋）魏了翁撰　清光緒十年(1884)江蘇書局刻本　六冊

140000－0501－0000379　5546－61

欽定書經圖說五十卷　（清）孫家鼐撰　（清）詹秀林繪圖　清光緒三十一年(1905)京師大

學堂編書局石印本　十六冊

140000－0501－0000380　5562－77

欽定書經圖說五十卷　（清）孫家鼐撰　（清）詹秀林繪圖　清光緒三十一年(1905)京師大學堂編書局石印本　十六冊

140000－0501－0000381　5578－97

毛詩訓詁傳三十卷　（漢）鄭玄注　（唐）陸德明音義　（唐）孔穎達疏　清光緒四年(1878)淮南書局刻本　二十冊

140000－0501－0000382　5598－605

毛詩稽古編三十卷　（清）陳啟源撰　清光緒九年(1883)上海同文書局影印本　八冊

140000－0501－0000383　5606－11

毛詩質疑六種　（清）牟應震著　清嘉慶二十三年(1818)刻本　六冊

140000－0501－0000384　5612－15

詩經體注圖考八卷　（清）高朝瓔撰　清道光十五年(1835)晉祁書業誠刻本　四冊

140000－0501－0000385　5616－19

詩經體注圖考大全八卷　（清）高朝瓔撰　清嘉慶十七年(1812)山西文會堂銅版刻本　四冊

140000－0501－0000386　5620－35

欽定詩經傳說彙纂二十一卷首二卷詩序二卷　（清）王鴻緒纂　清同治七年(1868)閩浙總督馬新貽刻本　十六冊

140000－0501－0000387　5636－41

毛詩復古錄十二卷首一卷　（清）吳懋清著　清光緒二十年(1894)廣州刻本　六冊

140000－0501－0000388　5642－45

詩經八卷　（宋）朱熹集傳　清光緒九年(1883)湖南文昌書局刻本　四冊

140000－0501－0000389　5646－57

詩序廣義二十四卷　（清）姜炳璋輯　清嘉慶二十年(1815)尊行堂刻本　十二冊

140000－0501－0000390　5658－65

詩序廣義二十四卷　（清）姜炳璋輯　清嘉慶

二十年(1815)刻本　八冊

140000 – 0501 – 0000391　5666 – 73
詩故考異三十二卷　(清)徐華嶽撰　清道光
十二年(1832)恩聞齋刻本　八冊

140000 – 0501 – 0000392　5674 – 79
詩經精華十卷　(清)薛嘉穎編　清道光七年
(1827)姑蘇步月樓刻本　六冊

140000 – 0501 – 0000393　5680 – 81
詩經精華十卷　(清)薛嘉穎編　清道光五年
(1825)光韡堂刻本　二冊

140000 – 0501 – 0000394　5682 – 89
詩經精華十卷　(清)薛嘉穎編　清道光十八
年(1838)同文堂刻本　八冊

140000 – 0501 – 0000395　5690 – 97
詩經精華十卷　(清)薛嘉穎編　清道光十八
年(1838)同文堂刻本　八冊

140000 – 0501 – 0000396　5698 – 701
重訂三家詩拾遺十卷　(清)范家相原輯
(清)葉鈞重訂　清嘉慶十五年(1810)詒谷堂
刻本　四冊

140000 – 0501 – 0000397　5702 – 05
詩毛氏傳疏三十卷釋毛詩音四卷毛詩說一卷
傳義類十九篇一卷鄭氏箋考徵一卷　(清)陳
奐撰　清光緒三十三年(1907)上海石印本
四冊

140000 – 0501 – 0000398　5706 – 09
狀元詩經八卷　(宋)朱熹集傳　清光緒十五
年(1889)晉祁書業德刻本　四冊

140000 – 0501 – 0000399　5710 – 13
詩經體注圖考八卷　(清)高朝瓔撰　清道光
十五年(1835)晉祁書業誠刻本　四冊

140000 – 0501 – 0000400　5714 – 19
御纂詩義折中二十卷　(清)傅恆纂　清刻本
六冊

140000 – 0501 – 0000401　5720 – 23
御纂詩義折中二十卷　(清)傅恆纂　清刻本
四冊

140000 – 0501 – 0000402　5724 – 27
詩經八卷　(宋)朱熹集傳　清成裕堂刻本
四冊

140000 – 0501 – 0000403　5728
毛詩音義三卷　(唐)陸德明撰　清刻本
一冊

140000 – 0501 – 0000404　5729 – 31
毛詩二十卷　(漢)毛亨傳　(漢)鄭玄箋　清
光緒十年(1884)金陵書局刻本　三冊

140000 – 0501 – 0000405　5732 – 37
御案詩經備旨八卷　(清)鄒聖脈輯　清芸生
堂刻本　六冊

140000 – 0501 – 0000406　5738 – 41
詩經八卷　(宋)朱熹集傳　清光緒三十一年
(1905)上海掃葉山房刻本　四冊

140000 – 0501 – 0000407　5742 – 45
明堂陰陽夏小正經傳考釋叢刊　(清)莊述祖
撰　清嘉慶十九年(1814)刻本　四冊

140000 – 0501 – 0000408　5746 – 49
尚書今文二十八篇解　(清)楊鍾泰撰　清道
光十八年(1838)載德堂刻本　四冊

140000 – 0501 – 0000409　5750 – 53
詩經八卷　(宋)朱熹集傳　清道光元年
(1821)晉祁書業堂刻本　四冊

140000 – 0501 – 0000410　5754 – 57
周易兼義九卷　(三國魏)王弼注　(唐)孔穎
達疏　明崇禎十二年(1639)毛氏汲古閣刻十
三經注疏本　四冊

140000 – 0501 – 0000411　5758 – 77
毛詩訓詁傳三十卷　(漢)鄭玄注　(唐)陸德
明音義　(唐)孔穎達疏　清光緒四年(1878)
淮南書局刻本　二十冊

140000 – 0501 – 0000412　5778 – 85
詩古微三編首一卷　(清)魏源撰　清光緒十
三年(1887)掃葉山房刻本　八冊

140000 – 0501 – 0000413　5786 – 89
詩經繹傳八卷　(清)陳抒孝纂　清乾隆四十

年(1775)三多齋刻本　四冊

140000－0501－0000414　5790－93

詩經八卷　（宋）朱熹集傳　清潯陽萬氏蓮峰
書屋刻本　四冊

140000－0501－0000415　5794－809

毛詩訓詁傳三十卷　（漢）鄭玄注　（唐）陸德
明音義　（唐）孔穎達疏　清光緒四年(1878)
淮南書局刻本　十六冊

140000－0501－0000416　5810－25

欽定詩經傳說彙纂二十一卷首二卷詩序二卷
　（清）王鴻緒纂　清同治七年(1868)閩浙總
督馬新貽刻本　十六冊

140000－0501－0000417　5826－41

欽定詩經傳說彙纂二十一卷首二卷詩序二卷
　（清）王鴻緒纂　清同治七年(1868)閩浙總
督馬新貽刻本　十六冊

140000－0501－0000418　5854－71

欽定詩經傳說彙纂二十一卷首二卷詩序二卷
　（清）王鴻緒編　清同治十年(1871)湖北崇
文書局刻本　十八冊

140000－0501－0000419　5875－81

詩問七卷詩經拾遺一卷　（清）郝懿行撰　清
光緒八年(1882)東路廳署刻本　七冊

140000－0501－0000420　5882－99

毛詩訓詁傳三十卷　（漢）鄭玄注　（唐）陸德
明音義　（唐）孔穎達疏　清光緒四年(1878)
淮南書局刻本　十八冊

140000－0501－0000421　5900－03

詩經體注圖考八卷　（清）高朝瓔撰　清乾隆
四十年(1775)江南文會堂刻本　四冊

140000－0501－0000422　5905－06

毛詩音義三卷　（唐）陸德明撰　清刻本
二冊

140000－0501－0000423　5907

讀詩一得　（清）吳棠撰　清同治三年(1864)
刻本　一冊

140000－0501－0000424　5921

詩經不分卷　（宋）朱熹集傳　清江南製造總
局刻本　一冊

140000－0501－0000425　5922－24

毛詩昀訂十卷　（清）苗夔撰　清咸豐元年
(1851)漢甎亭刻本　三冊

140000－0501－0000426　5925－30

詩集傳音釋二十卷　（宋）朱熹集傳　（元）許
謙音釋　清光緒七年(1881)山西濬文書局刻
本　六冊

140000－0501－0000427　5934

詩傳補義三卷　（清）方宗誠撰　清光緒元年
(1875)刻本　一冊

140000－0501－0000428　5935－41

毛詩紬義二十四卷　（清）李黼平著　清道光
七年(1827)雙桐軒刻本　七冊

140000－0501－0000429　5942－45

詩經八卷附校刊記　（宋）朱熹集傳　清光緒
五年(1879)山西濬文書局刻本　四冊

140000－0501－0000430　5946－49

詩經八卷附校刊記　（宋）朱熹集傳　清光緒
五年(1879)山西濬文書局刻本　四冊

140000－0501－0000431　5950－65

毛詩注疏二十卷　（漢）鄭玄注　（唐）孔穎達
疏　明毛氏汲古閣刻本　十六冊

140000－0501－0000432　6086－109

欽定周官義疏四十八卷首一卷　（清）鄂爾泰
等撰　清光緒十九年(1893)湖南漱芳閣刻本
　二十四冊

140000－0501－0000433　6110－29

周禮注疏三十卷　（明）王志長輯　（明）葉培
恕定　明崇禎十二年(1639)函三堂刻本　二
十冊

140000－0501－0000434　6130－49

周禮注疏刪翼三十卷　（明）王志長輯　（明）
葉培恕定　明崇禎十二年(1639)天德堂刻本
　二十冊

140000－0501－0000435　6150－55

周禮精華六卷 （清）陳龍標編 清道光元年(1821)書業成刻本 六冊

140000－0501－0000436 6156－61

周禮精華六卷 （清）陳龍標編 清嘉慶十八年(1813)三益堂刻本 六冊

140000－0501－0000437 6162－67

周官精義十二卷 （清）連斗山編 清嘉慶二年(1797)致和堂刻本 六冊

140000－0501－0000438 6168－73

周禮六卷 （漢）鄭玄注 （唐）陸德明音義 清光緒六年(1880)山西濬文書局刻本 六冊

140000－0501－0000439 6174－79

周禮六卷 （漢）鄭玄注 （唐）陸德明音義 清嘉慶十一年(1806)清芬閣刻本 六冊

140000－0501－0000440 6180－81

周禮節訓六卷 （清）黃叔琳輯注 清光緒山西濬文書局鉛印本 二冊

140000－0501－0000441 6182－83

周禮政要二卷 （清）孫詒讓著 清光緒二十八年(1902)瑞安普通學堂刻本 二冊

140000－0501－0000442 6184

周禮三家佚注一卷 （清）孫詒讓輯 清光緒二十年(1894)瑞安廣明書社刻本 一冊

140000－0501－0000443 6185－86

周禮精義六卷首一卷 （清）黃淦纂 清嘉慶十二年(1807)上海掃葉山房刻七經精義本 二冊

140000－0501－0000444 6187－92

周禮六卷 （漢）鄭玄注 （唐）陸德明音義 清光緒二十九年(1903)新化三昧堂刻本 六冊

140000－0501－0000445 6193－98

周禮六卷 （漢）鄭玄注 （唐）陸德明音義 清嘉慶十一年(1806)江南李光明莊刻本 六冊

140000－0501－0000446 6199－202

周禮十八卷附考工記二卷 （明）陳深撰 清刻本 四冊

140000－0501－0000447 6203－05

周禮會通六卷 （漢）鄭玄注 （清）胡翹元輯 清刻本 三冊

140000－0501－0000448 6206－11

周禮六卷 （漢）鄭玄注 （唐）陸德明音義 清光緒六年(1880)山西濬文書局刻本 六冊

140000－0501－0000449 6212－17

周禮六卷 （漢）鄭玄注 （唐）陸德明音義 清光緒六年(1880)山西濬文書局刻本 六冊

140000－0501－0000450 6218－23

周禮六卷 （漢）鄭玄注 （唐）陸德明音義 清光緒六年(1880)山西濬文書局刻本 六冊

140000－0501－0000451 6224－47

儀禮經傳通解三十七卷首一卷續二十九卷 （宋）朱熹撰 （清）賀瑞麟補訂 清光緒十七年(1891)三原東里劉氏傳經堂刻本 二十四冊

140000－0501－0000452 6248－83

儀禮經傳通解六十九卷 （宋）朱熹撰 （宋）黃幹續撰 （清）梁萬方考訂 （清）梁開宗參訂 清末聚錦堂刻本 三十六冊

140000－0501－0000453 6284－311

欽定儀禮義疏四十八卷首二卷 （清）朱軾等纂 清乾隆十三年(1748)內府刻御纂七經本 二十八冊

140000－0501－0000454 6312－39

欽定儀禮義疏四十八卷首二卷 （清）朱軾等纂 清乾隆十三年(1748)內府刻御纂七經本 二十八冊

140000－0501－0000455 6340－67

欽定儀禮義疏四十八卷首二卷 （清）朱軾等纂 清乾隆十三年(1748)內府刻御纂七經本 二十八冊

140000－0501－0000456 6368－403

儀禮經傳通解六十九卷 （宋）朱熹撰 （清）梁萬方考訂 清乾隆十八年(1753)聚錦堂刻

本　三十六冊

140000－0501－0000457　6404－09
儀禮章句十七卷　（清）吳廷華撰　清乾隆五十九年(1794)金閶書業堂刻本　六冊

140000－0501－0000458　6410－11
儀禮十七卷儀校一卷　（漢）鄭玄注　清嘉慶二十年(1815)吳門黃氏讀未見書齋刻本　二冊

140000－0501－0000459　6412－14
儀禮圖六卷　（清）張惠言述　清同治九年(1870)湖北崇文書局刻本　三冊

140000－0501－0000460　6435－40
儀禮十七卷附監本正誤一卷　（漢）鄭玄注　（清）張爾岐句讀　清光緒六年(1880)山西濬文書局刻本　六冊

140000－0501－0000461　6441－42
儀禮十七卷儀校一卷　（漢）鄭玄注　清同治九年(1870)湖北崇文書局刻本　二冊

140000－0501－0000462　6443－45
儀禮圖六卷　（清）張惠言述　清同治九年(1870)湖北崇文書局刻本　三冊

140000－0501－0000463　6446－55
儀禮注疏十七卷　（漢）鄭玄注　（唐）陸德明音義　（唐）賈公彥疏　清乾隆四年(1739)武英殿刻十三經注疏本　十冊

140000－0501－0000464　6456－65
儀禮注疏十七卷　（漢）鄭玄注　（唐）賈公彥疏　明崇禎九年(1636)汲古閣刻十三經注疏本　十冊

140000－0501－0000465　6466－72
儀禮析疑十七卷　（清）方苞撰　清乾隆十一年(1746)刻本　七冊

140000－0501－0000466　6473－78
儀禮十七卷　（漢）鄭玄注　（清）張爾岐句讀　清乾隆六年(1741)尚德堂刻本　六冊

140000－0501－0000467　6479－80
儀禮精義一卷　（清）黃淦纂　清嘉慶十二年

(1807)上海掃葉山房刻本　二冊

140000－0501－0000468　6481－84
儀禮釋官九卷首一卷　（清）胡匡衷著　清同治八年(1869)研六閣刻本　四冊

140000－0501－0000469　6485－86
檀氏儀禮韻言塾課藏本不分卷　（清）檀萃撰　清光緒九年(1883)山西濬文書局刻本　二冊

140000－0501－0000470　6487－88
儀禮十七卷　（漢）鄭玄注　清通志堂刻本　二冊

140000－0501－0000471　6489
儀禮問津十七篇　（清）孟先穎撰　清道光十五年(1835)思退堂刻本　一冊

140000－0501－0000472　6490－91
儀禮十七卷儀校一卷　（漢）鄭玄注　清同治九年(1870)湖北崇文書局刻本　二冊

140000－0501－0000473　6492－95
儀禮十七卷　（漢）鄭玄注　（清）張爾岐句讀　清同治七年(1868)金陵書局刻本　四冊

140000－0501－0000474　6496－99
儀禮十七卷　（漢）鄭玄注　（清）張爾岐句讀　清同治七年(1868)金陵書局刻本　四冊

140000－0501－0000475　6500－03
儀禮疏五十卷　（唐）賈公彥撰　清道光十年(1830)閩原觀察所刻本　四冊

140000－0501－0000476　6504－09
儀禮十七卷附監本正誤一卷　（漢）鄭玄注　（清）張爾岐句讀　清光緒六年(1880)山西濬文書局刻本　六冊

140000－0501－0000477　6510－15
儀禮十七卷附監本正誤一卷　（漢）鄭玄注　（清）張爾岐句讀　清光緒六年(1880)山西濬文書局刻本　六冊

140000－0501－0000478　6516－18
儀禮圖六卷　（清）張惠言述　清同治九年(1870)湖北崇文書局刻本　三冊

140000－0501－0000479　6519－22

儀禮十七卷　（清）吳廷華注　清乾隆二十二年(1757)刻本　四冊

140000－0501－0000480　6523－26

儀禮十七卷　（漢）鄭玄注　（唐）陸德明音義　清光緒二十四年(1898)淮南書局刻本　四冊

140000－0501－0000481　6527－32

周官精義十二卷　（清）連斗山著　清嘉慶七年(1802)學源堂刻本　六冊

140000－0501－0000482　6533－48

周禮注疏四十二卷　（漢）鄭玄注　（唐）賈公彥疏　明崇禎元年(1628)毛氏汲古閣刻本　十六冊

140000－0501－0000483　6549－58

禮記十卷　（元）陳澔集說　清光緒十二年(1886)湖北官書處刻本　十冊

140000－0501－0000484　6559－68

禮記十卷　（元）陳澔集說　清同治十一年(1872)山東書局刻本　十冊

140000－0501－0000485　6569－600

禮書通故五十卷　（清）黃以周撰　清光緒十九年(1893)黃氏試館刻本　三十二冊

140000－0501－0000486　6601－20

儀禮正義四十卷　（清）胡培翬疏　清咸豐二年(1852)陸建瀛刻本　二十冊

140000－0501－0000487　6621－26

儀禮十七卷　（漢）鄭玄注　（清）張爾岐句讀　清乾隆八年(1743)和衷堂刻本　六冊

140000－0501－0000488　6627－36

禮記十卷　（元）陳澔集說　清道光八年(1828)晉祁聚錦文刻本　十冊

140000－0501－0000489　6637－46

禮記十卷　（元）陳澔集說　清嘉慶三年(1798)世德堂刻本　十冊

140000－0501－0000490　6647－78

欽定禮記義疏八十二卷首一卷　（清）朱軾等

纂　清乾隆十三年(1748)內府刻本　三十二冊

140000－0501－0000491　6679－82

大戴禮記補注十三卷　（清）孔廣森撰　清同治十三年(1874)淮南書局刻本　四冊

140000－0501－0000492　6683－84

大戴禮記十三卷　（漢）戴德撰　（北周）盧辯注　清宣統三年(1911)貴池劉氏玉海堂影印本　二冊

140000－0501－0000493　6685－704

禮記注疏六十三卷附考證　（漢）鄭玄注（唐）孔穎達疏　（唐）陸德明音義　清乾隆四年(1739)武英殿刻十三經注疏本　二十冊

140000－0501－0000494　6705－36

欽定禮記義疏八十二卷首一卷　（清）朱軾等纂　清乾隆十三年(1748)內府刻本　三十二冊

140000－0501－0000495　6737－44

昏禮通考二十四卷　（清）曹庭棟撰　清刻本　八冊

140000－0501－0000496　6745－54

禮記訓纂四十九卷　（清）朱彬輯　清宣統元年(1909)北京學部圖書局石印本　十冊

140000－0501－0000497　6755－64

禮記訓纂四十九卷　（清）朱彬輯　清宣統元年(1909)北京學部圖書局石印本　十冊

140000－0501－0000498　6768－75

御纂內則衍義十六卷　（清）世祖福臨編　清順治十三年(1656)刻本　八冊

140000－0501－0000499　6776－85

禮記十卷　（元）陳澔集說　清金陵奎壁齋刻本　十冊

140000－0501－0000500　6786－89

大戴禮記補注十三卷　（北周）盧辯注　（清）孔廣森補注　清同治十三年(1874)淮南書局刻本　四冊

140000－0501－0000501　6794－809

禮書一百五十卷附圖 （宋）陳祥道撰 清嘉慶九年(1804)福清郭氏校經堂刻本 十六冊

140000－0501－0000502 6810－17

禮書附錄十二卷 （清）陳寶泉輯 清道光六年(1826)重慶朱氏刻本 八冊

140000－0501－0000503 6818－25

月令粹編二十四卷 （清）秦嘉謨編 清嘉慶十七年(1812)江都琳琅仙館刻本 八冊

140000－0501－0000504 6827

禮經通論 （清）邵懿辰撰 清宣統三年(1911)上海國學扶輪社鉛印適園叢書本 一冊

140000－0501－0000505 6828

檀弓二卷 （清）孫濩孫評訂 清康熙六十一年(1722)天心閣刻本 一冊

140000－0501－0000506 6831－930

五禮通考二百六十二卷 （清）秦蕙田編 清光緒六年(1880)江蘇書局刻本 一百冊

140000－0501－0000507 6931－7030

五禮通考二百六十二卷 （清）秦蕙田編 清光緒六年(1880)江蘇書局刻本 一百冊

140000－0501－0000508 7031－130

五禮通考二百六十二卷 （清）秦蕙田編 清光緒二十二年(1896)新化三味堂刻本 一百冊

140000－0501－0000509 7131－62

讀禮通考一百二十卷 （清）徐乾學編 清光緒二十四年(1898)新化三味堂刻本 三十二冊

140000－0501－0000510 7163－94

讀禮通考一百二十卷 （清）徐乾學編 清光緒七年(1881)江蘇書局刻本 三十二冊

140000－0501－0000511 7197

夏小正集說一卷 （清）程鴻詔集說 清黟縣聚奎書坊刻有恒心齋初集本 一冊

140000－0501－0000512 7198

夏小正通釋一卷 （清）梁章鉅輯 清光緒十

三年(1887)浙江書局刻本 一冊

140000－0501－0000513 7199

釋拜不分卷 （清）段玉裁撰 清嘉慶十二年(1807)陽城張敦仁刻本 一冊

140000－0501－0000514 7200

四禮翼不分卷 （明）呂坤撰 清道光十年(1830)來鹿堂刻本 一冊

140000－0501－0000515 7201

禮書初編不分卷 （清）江永編 清江楚書局刻本 一冊

140000－0501－0000516 7202

天子肆獻祼饋食禮三卷 （清）任啟運著 清光緒十一年(1885)浙江書局刻本 一冊

140000－0501－0000517 7204

九旗古義述一卷 （清）孫詒讓釋 清光緒二十八年(1902)刻本 一冊

140000－0501－0000518 7205－06

書儀十卷 （宋）司馬光撰 清光緒八年(1882)解州解梁書院刻本 二冊

140000－0501－0000519 7207－08

三禮圖二十卷 （宋）聶崇義集注 清康熙十五年(1676)通志堂刻本 二冊

140000－0501－0000520 7210－17

律音彙考八卷補正一卷崇祀鄉賢錄一卷琴旨申邱一卷 （清）邱之稑著 清宣統三年(1911)鉛印本 八冊

140000－0501－0000521 7218

詩經古譜二卷 （清）陳蘭甫編 清光緒三十四年(1908)學部圖書局石印本 一冊

140000－0501－0000522 7219－26

泰律十二卷 （明）葛中選著 清光緒二十八年(1902)經正書院刻本 八冊

140000－0501－0000523 7229－32

直省釋奠禮樂記六卷首一卷末一卷 （清）應寶時輯 清光緒十七年(1891)廣東藩署刻本 四冊

140000 – 0501 – 0000524　7233 – 44

禮記十卷首一卷　（漢）鄭玄注　清稽古樓刻本　十二冊

140000 – 0501 – 0000525　7245 – 60

鍾評杜林春秋左傳合注三十卷　（晉）杜預（宋）林堯叟注　（明）鍾伯敬批評　明常熟毛氏汲古閣刻本　十六冊

140000 – 0501 – 0000526　7261 – 76

欽定春秋左傳讀本三十卷　（清）英和撰　清光緒八年(1882)山西濬文書局刻本　十六冊

140000 – 0501 – 0000527　7277 – 91

春秋左傳三十六卷　（晉）杜預撰　（宋）林堯叟注　（唐）陸德明音義　清嘉慶二十一年(1816)吳郡山淵堂刻本　十五冊

140000 – 0501 – 0000528　7292 – 303

春秋左傳三十卷春秋年表一卷年表考證一卷名號歸一圖二卷　（晉）杜預注　（唐）陸德明音釋　（清）馮李驊集解　清同治八年(1869)楚北崇文書局刻本　十二冊

140000 – 0501 – 0000529　7304 – 19

欽定春秋左傳讀本三十卷　（清）英和纂　清同治十一年(1872)山東書局刻本　十六冊

140000 – 0501 – 0000530　7320 – 23

左傳舊疏考證八卷　（清）劉文淇著　清光緒三年(1877)湖北崇文書局刻本　四冊

140000 – 0501 – 0000531　7324 – 27

春秋繁露義證十七卷首一卷考證一卷　（清）蘇輿撰　清宣統二年(1910)刻本　四冊

140000 – 0501 – 0000532　7328 – 33

春秋左氏傳賈服注輯述二十卷　（清）李貽德撰　清同治五年(1866)刻本　六冊

140000 – 0501 – 0000533　7334 – 49

左繡三十卷首一卷　（清）馮李驊（清）陸浩評輯　清晉祁書業堂刻本　十六冊

140000 – 0501 – 0000534　7356 – 65

左通補釋三十二卷　（清）梁履繩撰　清道光九年(1829)振綺堂刻光緒元年(1875)補刻本

十冊

140000 – 0501 – 0000535　7366 – 81

讀左補義五十卷　（清）姜炳璋輯　清乾隆三十四年(1769)三多堂刻本　十六冊

140000 – 0501 – 0000536　7382 – 97

讀左補義五十卷首一卷　（清）姜炳璋輯　清光緒二十七年(1901)晉祁書業德刻本　十六冊

140000 – 0501 – 0000537　7398 – 401

春秋公羊經何氏釋例十卷解詁箋一卷發墨守評一卷左氏春秋考證二卷　（清）劉逢祿著　清嘉慶十六年(1811)太清樓刻本　四冊

140000 – 0501 – 0000538　7402 – 03

春秋公羊經傳解詁十二卷附音本校記一卷　（漢）何休注　清同治二年(1863)揚州汪氏問禮堂刻本　二冊

140000 – 0501 – 0000539　7404 – 13

監本附音春秋公羊注疏二十八卷附校勘記一卷　（漢）何休注　（唐）徐彥疏　清光緒十八年(1892)湖南寶慶務本書局刻本　十冊

140000 – 0501 – 0000540　7414 – 23

監本附音春秋公羊注疏二十八卷附校勘記一卷　（漢）何休注　（唐）徐彥疏　清同治十二年(1873)江西書局刻本　十冊

140000 – 0501 – 0000541　7424

左傳義法舉要一卷　（清）王兆符　（清）程崟傳述　清雍正六年(1728)金匱廉氏刻本　一冊

140000 – 0501 – 0000542　7425

春秋左氏古義六卷　（清）臧壽恭述　清同治十三年(1874)刻本　一冊

140000 – 0501 – 0000543　7427 – 28

左傳補注六卷　（清）惠棟著　清乾隆三十九年(1774)潮陽縣衙刻本　二冊

140000 – 0501 – 0000544　7430 – 37

監本附音春秋穀梁注疏二十卷附校勘記一卷　（晉）范甯集解　（唐）楊士勳疏　清嘉慶二

十年（1815）江西南昌府學刻本　八冊

140000－0501－0000545　7438－43

監本附音春秋穀梁注疏二十卷附校勘記一卷　（晉）范甯集解　（唐）楊士勛疏　清同治十二年（1873）江西書局刻本　六冊

140000－0501－0000546　7444－45

春秋繁露十七卷　（漢）董仲舒撰　清光緒三年（1877）湖北崇文書局刻本　二冊

140000－0501－0000547　7446－51

春秋筆削微旨二十六卷　（清）劉紹攽撰　清乾隆十九年（1754）劉傳經堂刻本　六冊

140000－0501－0000548　7452－63

春秋經傳類求十二卷　（清）孫從添纂輯　清乾隆二十四年（1759）舊名堂刻本　十二冊

140000－0501－0000549　7464－87

春秋大事表五十卷輿圖一卷附錄一卷　（清）顧棟高輯　清乾隆十二年（1747）萬卷樓刻本　二十四冊

140000－0501－0000550　7512－15

春秋日月考四卷　（清）譚澐著　清同治九年（1870）譚氏家塾刻本　四冊

140000－0501－0000551　7516－35

欽定春秋傳說彙纂三十八卷首二卷　（清）王掞纂　清同治九年（1870）浙江刻本　二十冊

140000－0501－0000552　7536－59

欽定春秋傳說彙纂三十八卷首二卷　（清）王掞纂　清刻本　二十四冊

140000－0501－0000553　7560－91

春秋屬辭辨例編六十卷首二卷　（清）張應昌編　清同治十二年（1873）江蘇書局刻本　三十二冊

140000－0501－0000554　7593－98

左國類典詳注六卷　（清）吳模輯　清乾隆五十二年（1787）餘慶堂刻本　六冊

140000－0501－0000555　7599－618

春秋三傳十六卷附錄經傳一卷首一卷　（清）萬青銓集　清江右潯陽萬氏蓮峰書屋刻本

二十冊

140000－0501－0000556　7619－32

春秋三傳十六卷附錄經傳一卷首一卷　（清）萬青銓集　清光緒六年（1880）山西濬文書局刻本　十四冊

140000－0501－0000557　7633－40

御纂春秋直解十二卷　（清）傅恆等纂　（清）梁錫璵輯　清乾隆二十三年（1758）內府刻本　八冊

140000－0501－0000558　7641－48

御纂春秋直解十二卷　（清）傅恆等纂　（清）梁錫璵輯　清乾隆二十三年（1758）內府刻本　八冊

140000－0501－0000559　7649－58

春秋筆削大義微言考十一卷附發凡一卷　康有為著　清光緒二十七年（1901）萬木草堂刻本　十冊

140000－0501－0000560　7659－90

春秋屬辭辨例編六十卷首二卷　（清）張應昌編　清同治十二年（1873）江蘇書局刻本　三十二冊

140000－0501－0000561　7691－92

春秋精義四卷首一卷　（清）黃淦纂　清嘉慶九年（1804）上海掃葉山房刻本　二冊

140000－0501－0000562　7693－94

春秋世論五卷　（清）王夫之撰　清同治四年（1865）金陵節署曾氏刻船山遺書本　二冊

140000－0501－0000563　7695

穀梁大義述一卷　（清）柳興恩撰　清光緒八年（1882）木犀軒李氏刻本　一冊

140000－0501－0000564　7696－99

春秋朔閏日至考三卷日食辨正一卷朔閏表一卷弢園著述總目一卷　（清）王韜撰　清光緒十五年（1889）淞隱廬弢園老民刻本　四冊

140000－0501－0000565　7700－01

春秋通論六卷　（清）劉紹攽撰　清乾隆八年（1743）劉傳經堂刻本　二冊

140000－0501－0000566　7702

公羊逸禮考徵一卷　（清）陳奐撰　清同治七年(1868)刻本　一冊

140000－0501－0000567　7703－06

春秋公羊經何氏釋例十卷解詁箋一卷左氏春秋考證二卷　（清）劉逢祿著　清光緒二十三年(1897)廣州太清樓刻本　四冊

140000－0501－0000568　7707－36

孝經衍義一百卷首二卷　（清）葉方藹　（清）張英撰　清康熙二十九年(1690)內府刻本　三十冊

140000－0501－0000569　7737－66

孝經衍義一百卷首二卷　（清）葉方藹　（清）張英撰　清康熙二十九年(1690)內府刻本　三十冊

140000－0501－0000570　7768

孝經質疑一卷　（清）徐紹楨撰　清光緒十年(1884)刻本　一冊

140000－0501－0000571　7773－77

孝經詳說六卷　（清）冉覲祖撰　清光緒七年(1881)大梁書局刻本　五冊

140000－0501－0000572　7778－79

孝經注疏九卷正義一卷　（唐）玄宗李隆基注　明崇禎汲古閣刻本　二冊

140000－0501－0000573　7780

孝經一卷　（唐）玄宗李隆基注　清光緒十四年(1888)上海蜚英館石印本　一冊

140000－0501－0000574　7814－19

說文解字斠詮十四卷　（清）錢坫撰　清刻本　六冊

140000－0501－0000575　7820－31

說文解字通釋四十卷附繫傳校勘記三卷　(宋)徐鍇傳釋　（宋）朱翱反切　清光緒六年(1880)刻本　十二冊

140000－0501－0000576　7832－59

王氏說文三種八十卷　（清）王筠撰集　清同治四年(1865)刻本　二十八冊

140000－0501－0000577　7860－67

苗氏說文四種　（清）苗夔撰　清道光、咸豐壽陽祁寯藻漢專亭刻本　八冊

140000－0501－0000578　7868－75

苗氏說文四種　（清）苗夔撰　清道光、咸豐壽陽祁寯藻漢專亭刻本　八冊

140000－0501－0000579　7876－87

重刊許氏說文解字五音韻譜十二卷　（宋）李燾撰　明萬曆刻本　十二冊

140000－0501－0000580　7888－911

王氏說文三種八十卷　（清）王筠撰集　清同治四年(1865)刻本　二十四冊　存六十四卷

140000－0501－0000581　7912－23

說文解字十五卷說文通檢十四卷首一卷末一卷　（漢）許慎撰　（清）黎永椿編　清光緒九年(1883)山西書局刻本　十二冊

140000－0501－0000582　7924－33

說文釋例二十卷　（清）王筠撰　清道光十七年(1837)刻本　十冊

140000－0501－0000583　7934－65

說文解字義證五十卷　（清）桂馥撰　清同治九年(1870)湖北崇文書局刻本　三十二冊

140000－0501－0000584　7966－97

說文解字義證五十卷　（清）桂馥撰　清同治九年(1870)湖北崇文書局刻本　三十二冊

140000－0501－0000585　7998－8013

說文解字注三十二卷　（清）段玉裁注　清同治十一年(1872)蘇州保息局刻本　十六冊

140000－0501－0000586　8014－31

說文解字十五卷附六書音均表一卷汲古閣說文訂一卷　（清）段玉裁注　清同治十一年(1872)湖北崇文書局刻本　十八冊

140000－0501－0000587　8032－55

說文通訓定聲十八卷柬韻一卷行狀一卷說雅一卷古今韻準一卷　（清）朱駿聲撰　（清）朱鏡蓉參訂　清同治九年(1870)臨嘯閣刻本　二十四冊

140000 - 0501 - 0000588　8056 - 63

說文古本考十四卷 （清）沈濤纂　清光緒九年(1883)潺喜齋刻本　八冊

140000 - 0501 - 0000589　8064 - 88

說文通訓定聲十八卷 （清）朱駿聲撰　（清）朱鏡蓉參訂　清咸豐刻本　二十五冊

140000 - 0501 - 0000590　8089 - 92

說文字源考略六卷 （清）吳照撰　清乾隆五十七年(1792)吳氏刻本　四冊

140000 - 0501 - 0000591　8093 - 94

說文解字均隸十二卷 （清）丁杲五撰　清光緒二十三年(1897)襄殷堂石印本　二冊

140000 - 0501 - 0000592　8095 - 118

說文解字三十卷 （漢）許慎撰　（宋）徐鉉補注　明汲古閣刻本　二十四冊

140000 - 0501 - 0000593　8119 - 26

說文繫傳四十卷 （宋）徐鍇釋　**附校勘記三卷** （清）祁寯藻撰　清光緒十五年(1889)湘南書局刻小學彙函本　八冊

140000 - 0501 - 0000594　8131 - 36

雷刻四種十六卷 （清）雷浚輯　清光緒十年(1884)吳縣雷氏刻本　六冊

140000 - 0501 - 0000595　8137 - 44

說文段注訂補十四卷 （清）王紹蘭著　（清）胡爌㷊編　清光緒十四年(1888)刻本　八冊

140000 - 0501 - 0000596　8145 - 46

說文引經考證八卷 （清）陳瑑撰　清刻本　二冊

140000 - 0501 - 0000597　8147 - 48

說文引經考二卷 （清）吳玉搢著　清道光元年(1821)刻咫進齋叢書本　二冊

140000 - 0501 - 0000598　8149 - 50

說文古籀補十四卷 （清）吳大澂撰　清光緒二十四年(1898)刻本　二冊

140000 - 0501 - 0000599　8151 - 54

說文聲訂二十八卷 （清）苗夔撰　清道光二十一年(1841)漢專亭刻本　四冊

140000 - 0501 - 0000600　8155 - 58

說文拈字七卷附補遺一卷 （清）王玉樹撰　清嘉慶八年(1803)芳椶堂刻本　四冊

140000 - 0501 - 0000601　8159 - 62

說文古籀疏證六卷 （清）莊述祖撰　清光緒二十年(1894)津郡明文堂刻本　四冊

140000 - 0501 - 0000602　8163 - 66

說文審音十六卷 （清）張行孚撰　清光緒十六年(1890)芳郭里通隱堂刻本　四冊

140000 - 0501 - 0000603　8167 - 68

說文答問疏證六卷 （清）錢大昕撰　（清）薛傳均注　清道光十七年(1837)刻本　二冊

140000 - 0501 - 0000604　8169 - 72

說文新附考六卷 （清）鄭珍記　清光緒七年(1881)刻本　四冊

140000 - 0501 - 0000605　8175 - 78

說文外編十五卷補遺一卷 （清）雷浚撰　**劉氏碎金一卷** （清）劉禧延撰　清光緒二年(1876)刻本　四冊

140000 - 0501 - 0000606　8207 - 12

雷刻四種十六卷 （清）雷浚輯　清光緒十年(1884)吳縣雷氏刻本　六冊

140000 - 0501 - 0000607　8213 - 16

增訂金壺字考十九卷 （宋）釋適之輯　（清）田朝恒增訂　清乾隆二十四年(1759)刻本　四冊

140000 - 0501 - 0000608　8217 - 20

字林考逸八卷補一卷 （清）任大椿撰　清光緒十六年(1890)江蘇書局刻本　四冊

140000 - 0501 - 0000609　8221 - 22

說文發疑六卷 （清）張行孚撰　清光緒九年(1883)邠上刻本　二冊

140000 - 0501 - 0000610　8223 - 26

釋名疏證補八卷疏證補附一卷續釋名一卷釋名補遺一卷 （漢）劉熙撰　王先謙集　清光緒二十二年(1896)刻本　四冊

140000 - 0501 - 0000611　8227 - 30

說文辨字正俗八卷　（清）李富孫撰　清嘉慶二十一年(1816)刻本　四冊

140000－0501－0000612　8232－33

說文引經考二卷　（清）吳玉搢撰　清道光元年(1821)刻悶進齋叢書本　二冊

140000－0501－0000613　8234－35

說文引經考證八卷　（清）陳瑑撰　清同治十三年(1874)湖北崇文書局刻本　二冊

140000－0501－0000614　8236－40

說文外編十六卷　（清）雷浚撰　清光緒元年(1875)刻本　五冊

140000－0501－0000615　8241－44

說文古籀疏證六卷　（清）莊述祖撰　清光緒二十年(1894)津郡明文堂刻本　四冊

140000－0501－0000616　8245

說文管見三卷　（清）胡秉虔撰　清光緒七年(1881)申江望益山房書局刻本　一冊

140000－0501－0000617　8250－51

說文聲母歌括四卷　（清）宣澍甘輯　清宣統元年(1909)上海會文學社石印本　二冊

140000－0501－0000618　8252－53

說文聲讀表七卷說文建首字讀一卷　（清）苗夔撰　清道光二十二年(1842)理董居刻本　二冊

140000－0501－0000619　8254

仿唐寫本說文解字木部箋異不分卷　（清）莫友芝撰　清同治二年(1863)曾國藩署刻本　一冊

140000－0501－0000620　8255－56

段氏說文注訂八卷　（清）鈕樹玉著　清同治十三年(1874)湖北崇文書局刻本　二冊

140000－0501－0000621　8259－60

段氏說文注訂四卷　（清）鈕樹玉撰　清道光四年(1824)碧螺山館刻本　二冊

140000－0501－0000622　8264

名原二卷　（清）孫詒讓撰　清光緒三十一年(1905)刻本　一冊

140000－0501－0000623　8272

說文通論一卷　（清）錢樹棠　（清）雷琳輯六書說一卷　（清）江聲撰　轉注古義考二卷　（清）曹仁虎纂　清萩林山房刻本　一冊

140000－0501－0000624　8273

說文補考附說文又考　（清）戚學標撰　清刻本　一冊

140000－0501－0000625　8274

說文辨疑一卷　（清）顧廣圻撰　清光緒三年(1877)湖北崇文書局刻本　一冊

140000－0501－0000626　8275

讀說文雜識不分卷　（清）許槤撰　清光緒七年(1881)刻本　一冊

140000－0501－0000627　8276

說文字原一卷　（漢）許慎撰　（宋）徐鉉切音　清乾隆四十四年(1779)福禮堂刻本　一冊

140000－0501－0000628　8277

引申義舉例二卷　程先甲撰　清光緒二十二年(1896)千一齋刻千一齋全書本　一冊

140000－0501－0000629　8278

孝經一卷　（唐）玄宗李隆基注　（唐）陸德明音義　清光緒六年(1880)山西濬文書局刻本　一冊

140000－0501－0000630　8279－81

爾雅三卷　（晉）郭璞注　（唐）陸德明音釋　清光緒五年(1879)山西濬文書局刻本　三冊

140000－0501－0000631　8282－89

爾雅郭注佚存補訂二十卷廣雅補疏四卷離騷注一卷　王樹枏撰　清光緒十八年(1892)資陽文莫室刻本　八冊

140000－0501－0000632　8290－97

爾雅義疏二十卷　（清）郝懿行撰　清光緒十三年(1887)湖北官書局刻本　八冊

140000－0501－0000633　8298－305

爾雅義疏二十卷　（清）郝懿行撰　清光緒十年(1884)冬榮縣蜀南閣刻本　八冊

140000－0501－0000634　8306－13

爾雅郭注義疏二十卷 （清）郝懿行撰 清同治四年(1865)刻本 八册

140000－0501－0000635 8314－16

爾雅三卷 （晉）郭璞注 （唐）陸德明音釋 清光緒五年(1879)山西濬文書局刻本 三册

140000－0501－0000636 8317－19

爾雅三卷 （晉）郭璞注 （唐）陸德明音義 清嘉慶二十二年(1817)金陵書局刻本 三册

140000－0501－0000637 8320－35

爾雅郭注義疏二十卷 （清）郝懿行撰 清咸豐六年(1856)上海鴻章書局石印本 十六册

140000－0501－0000638 8336－39

疊雅十三卷附雙名錄 （清）史夢蘭輯 清同治三年(1864)止園刻本 四册

140000－0501－0000639 8340

孝經一卷 （唐）玄宗李隆基注 （唐）陸德明音義 清光緒六年(1880)山西濬文書局刻本 一册

140000－0501－0000640 8341－43

爾雅三卷 （晉）郭璞注 （唐）陸德明音釋 清光緒六年(1880)山西濬文書局刻本 三册

140000－0501－0000641 8344－51

廣雅疏證十卷博雅音十卷 （清）王念孫撰 清光緒五年(1879)淮南書局刻本 八册

140000－0501－0000642 8352－59

爾雅正義二十卷 （清）邵晉涵撰 爾雅釋文三卷 （唐）陸德明撰 清金陵文炳齋劉德文刻本 八册

140000－0501－0000643 8360－71

爾雅正義二十卷 （清）邵晉涵撰 清乾隆五十四年(1789)邵氏家塾刻本 十二册

140000－0501－0000644 8375－82

選雅二十卷附報丹徒陳善餘明經慶年書一卷選雅略例一卷 程先甲撰 清光緒二十八年(1902)千一齋刻千一齋全書本 八册

140000－0501－0000645 8383－86

爾雅匡名二十卷 （清）嚴元照撰 清光緒十

六年(1890)廣雅書局刻本 四册

140000－0501－0000646 8388－95

廣雅疏證十卷博雅音十卷附上廣雅表一卷 （清）王念孫撰 清光緒五年(1879)淮南書局刻本 八册

140000－0501－0000647 8397－99

爾雅音圖三卷 （晉）郭璞注 清嘉慶六年(1801)藝學軒刻本 三册

140000－0501－0000648 8401－02

小爾雅疏證五卷 （清）葛其仁撰 清道光十九年(1839)刻本 二册

140000－0501－0000649 8407－12

康熙字典十二集備考一卷補遺一卷 （清）張玉書等纂 清光緒十六年(1890)上海鴻文書局石印本 六册

140000－0501－0000650 8419－58

康熙字典十二集三十六卷檢字辨似一卷等韻一卷補遺一卷備考一卷 （清）張玉書 （清）淩紹雯纂修 清刻本 四十册

140000－0501－0000651 8483－90

草字彙不分卷 （清）石梁輯 清乾隆五十二年(1787)刻本 八册

140000－0501－0000652 8491－98

澄衷蒙學堂字課圖說四卷檢字一卷類字一卷 （清）劉樹屏撰 （清）吳子城繪圖 清光緒三十年(1904)澄衷蒙學堂印書處石印本 八册

140000－0501－0000653 8499－506

澄衷蒙學堂字課圖說四卷檢字一卷類字一卷 （清）劉樹屏撰 （清）吳子城繪圖 清光緒三十年(1904)澄衷蒙學堂印書處石印本 八册

140000－0501－0000654 8510－22

六書分類十二卷 （清）傅世垚纂 清乾隆五十四年(1789)聽松閣刻本 十三册

140000－0501－0000655 8523－35

六書分類十二卷 （清）傅世垚纂 清乾隆五

十四年(1789)聽松閣刻本　十三冊

140000－0501－0000656　8536－41

六書通十卷　(明)閔齊伋纂　(清)畢弘述篆訂　清光緒四年(1878)留耕堂刻本　六冊

140000－0501－0000657　8542－46

六書通五卷　(明)閔齊伋纂　(清)畢弘述篆訂　清乾隆刻本　五冊

140000－0501－0000658　8563－66

字林古今正俗異同通考四卷六書辨異二卷
(清)湯容煴輯　清嘉慶三年(1798)四明滋德堂刻本　四冊

140000－0501－0000659　8567

簡字叢錄　勞乃宣編　清光緒三十二年(1906)金陵刻本　一冊

140000－0501－0000660　8569

正字略定本一卷　(清)王筠撰　清道光二十五年(1845)山西鄉寧刻本　一冊

140000－0501－0000661　8573

字辨證篆一卷　(清)易本烺纂　清五知軒刻本　一冊

140000－0501－0000662　8574

文字蒙求四卷　(清)王筠撰　清道光十八年(1838)刻本　一冊

140000－0501－0000663　8575

偏旁變省考二卷　(清)易本烺撰　清咸豐十年(1860)易氏一粟齋刻本　一冊

140000－0501－0000664　8582

字學舉隅一卷　(清)黃本驥增輯　清光緒五年(1879)山西濬文書局摹刻本　一冊

140000－0501－0000665　8583

翰林要訣一卷　(清)祁世長編　清光緒五年(1879)京都西山堂書坊刻本　一冊

140000－0501－0000666　8584－89

增訂金壺字考十九卷二集二十一卷補錄一卷補注一卷　(宋)釋適之輯　(清)田朝恒增訂　清乾隆二十四年(1759)刻本　六冊

140000－0501－0000667　8590－91

文字蒙求四卷　(清)王筠撰　清光緒十三年(1887)梁溪浦氏刻本　二冊

140000－0501－0000668　8592

臨文便覽二卷　(清)張仰山輯　清光緒五年(1879)山西濬文書局摹刻本　一冊　存一卷

140000－0501－0000669　8594

切韻指掌圖一卷附圖　(宋)司馬光撰　清刻本　一冊

140000－0501－0000670　8595－600

汗簡箋正七卷書目箋正一卷目錄一卷　(五代)郭忠恕撰　(清)鄭珍箋正　清光緒十五年(1889)廣東廣雅書局刻本　六冊

140000－0501－0000671　8601－16

六書故三十三卷通釋一卷　(宋)戴侗撰　清乾隆四十九年(1784)李氏刻本　十六冊

140000－0501－0000672　8617

六書說一卷　(清)江聲著　**轉注古義考一卷**　(清)曹仁虎著　清光緒十五年(1889)蔣氏求實齋刻本　一冊

140000－0501－0000673　8618－19

六書音韻表五卷　(清)段玉裁撰　清同治十一年(1872)湖北崇文書局刻本　二冊

140000－0501－0000674　8620－39

小學考五十卷　(清)謝啟昆撰　清光緒十四年(1888)浙江書局刻本　二十冊

140000－0501－0000675　8640－59

小學考五十卷　(清)謝啟昆撰　清光緒十四年(1888)浙江書局刻本　二十冊

140000－0501－0000676　8665－66

古籀拾遺三卷附宋政和禮器文字考一卷
(清)孫詒讓撰　清光緒十四年(1888)永嘉戴鍾毓刻本　二冊

140000－0501－0000677　8667－68

古籀拾遺三卷附宋政和禮器文字考一卷
(清)孫詒讓撰　清光緒十四年(1888)永嘉戴鍾毓刻本　二冊

140000 - 0501 - 0000678　8669 - 70

汗簡七卷　（五代）郭忠恕撰　清光緒十一年
(1885)朱氏槐廬家塾刻本　二冊

140000 - 0501 - 0000679　8671 - 702

小學彙函十四種　（清）鍾謙鈞輯　清同治十
二年(1873)粵東書局刻本　三十二冊

140000 - 0501 - 0000680　8703

小學答問一卷　（清）章炳麟撰　清宣統元年
(1909)石印本　一冊

140000 - 0501 - 0000681　8704 - 05

急就篇四卷首一卷　（漢）史游撰　（唐）顏師
古注　（宋）王應麟補注　清光緒六年(1880)
福山王氏刻本　二冊

140000 - 0501 - 0000682　8706

小學韻語一卷　（清）羅澤南撰　清光緒五年
(1879)江蘇書局刻本　一冊

140000 - 0501 - 0000683　8707

百家姓考略一卷　（清）王相纂　清金閶書業
堂刻本　一冊

140000 - 0501 - 0000684　8708

三字經訓詁不分卷　（宋）王應麟撰　（清）王
相注　清金閶書業堂刻本　一冊

140000 - 0501 - 0000685　8709

儀小經一卷　（清）李因篤著　清光緒十年
(1884)傳經堂刻本　一冊

140000 - 0501 - 0000686　Nov - 10

小學鉤沈十九卷　（清）任大椿撰　清光緒十
三年(1887)書華閣刻本　二冊

140000 - 0501 - 0000687　8712 - 16

小學句讀記六卷讀小學法一卷朱子行實一卷
圖一卷或問一卷小學題辭一卷　（清）王建常
記　清同治七年(1868)三原傳經堂刻本
五冊

140000 - 0501 - 0000688　8717 - 23

大宋重修廣韻五卷　（宋）陳彭年等修　清同
治十二年(1873)粵東書局刻小學彙函本
七冊

140000 - 0501 - 0000689　8724 - 26

大宋重修廣韻五卷　（宋）陳彭年撰　清康熙
四十三年(1704)張氏刻澤存堂五種本　三冊

140000 - 0501 - 0000690　8727 - 29

大廣益會玉篇三十卷　（南朝梁）顧野王撰
（唐）孫強增字　（宋）陳彭年重修　清康熙張
氏澤存堂刻澤存堂五種本　三冊

140000 - 0501 - 0000691　8730 - 33

覆宋本重修廣韻五卷校劄一卷覆元泰定本廣
韻五卷　（宋）陳彭年等修　（清）黎庶昌輯
清光緒日本東京遵義黎氏刻本　四冊

140000 - 0501 - 0000692　8734 - 49

音學五書三十八卷　（清）顧炎武撰　清光緒
十六年(1890)思賢講舍刻本　十六冊

140000 - 0501 - 0000693　8750 - 61

音學五書三十八卷　（清）顧炎武撰　清光緒
十六年(1890)思賢講舍刻本　十二冊

140000 - 0501 - 0000694　8762 - 75

類篇四十五卷　（宋）司馬光撰　清光緒二年
(1876)川東官舍刻本　十四冊

140000 - 0501 - 0000695　8776 - 85

集韻十卷　（宋）丁度撰　清光緒二年(1876)
川東官舍刻本　十冊

140000 - 0501 - 0000696　8790 - 99

草韻彙編二十六卷　（清）陶南望輯　清乾隆
二十年(1755)刻本　十冊

140000 - 0501 - 0000697　8800 - 05

韻詁不分卷　（清）方濬頤輯　清光緒四年
(1878)淮南書局刻本　六冊

140000 - 0501 - 0000698　8806 - 07

學韻紀要二卷　（清）劉紹攽撰　清乾隆五年
(1740)傳經堂刻本　二冊

140000 - 0501 - 0000699　8810 - 13

繆篆分韻五卷附繆篆補一卷　（清）桂馥編
清嘉慶元年(1796)姚氏咫進齋刻本　四冊

140000 - 0501 - 0000700　8814 - 15

經韻集字析解二卷全韻字數一卷　（清）彭良

敞撰　清道光十年（1830）濼源書院刻本
二冊

140000－0501－0000701　8816－17

經韻集字析解二卷全韻字數一卷　（清）彭良
敞撰　清道光十年（1830）濼源書院刻本
二冊

140000－0501－0000702　8818－22

詩韻珠璣五卷　（清）余照輯　清嘉慶五年
（1800）一枝山房刻本　五冊

140000－0501－0000703　8823－26

大廣益會玉篇三十卷　（南朝梁）顧野王撰
清道光三十年至咸豐元年（1850－1851）邵州
東山精舍劉氏摹刻本　四冊

140000－0501－0000704　8827－32

**韻字釋同廣義六卷古韻考一卷詞韻式一卷韻
部四聲分配圖一卷**　（清）張對墀輯　清嘉慶
十二年（1807）變化軒刻本　六冊

140000－0501－0000705　8833－36

別弊廣增分韻五方元音三卷首一卷　（清）樊
騰鳳輯　（清）趙培梓新編　清嘉慶十五年
（1810）石印本　四冊

140000－0501－0000706　8837－40

附釋文互注禮部韻略五卷　（宋）丁度撰　清
光緒二年（1876）川東官舍姚覲元刻本　四冊

140000－0501－0000707　8841－60

新增說文韻府羣玉二十卷　（元）陰時夫編輯
　清康熙五十五年（1716）天德堂刻本　二
十冊

140000－0501－0000708　8861－62

韻補五卷　（宋）吳棫撰　**韻補正一卷**　（清）
顧炎武撰　清光緒九年（1883）邵武徐氏刻本
　二冊

140000－0501－0000709　8863－66

韻辨三卷　（清）竇階平撰　（清）竇溁澄輯
清道光二十八年（1848）五桂齋刻本　四冊

140000－0501－0000710　8867－70

五方元音全書二卷　（清）樊騰鳳輯　（清）年

希堯增補　清光緒九年（1883）上海掃葉山房
刻本　四冊

140000－0501－0000711　8871－74

李氏音鑑六卷　（清）李汝珍撰　（清）劉駿發
音義　清嘉慶十五年（1810）寶善堂刻本
四冊

140000－0501－0000712　8875－80

輶軒使者絕代語釋別國方言箋疏十三卷
（晉）郭璞注　（清）錢繹撰集　清光緒十六年
（1890）紅蝠山房刻本　六冊

140000－0501－0000713　8881

續方言二卷　（清）杭世駿輯　清刻本　一冊

140000－0501－0000714　8883－85

越諺三卷越諺賸語二卷　（清）范寅輯　（清）
黃以周審定　清光緒八年（1882）谷應山房刻
民國二十一年（1932）重印本　三冊

140000－0501－0000715　8886－87

韻辨附文五卷　（清）沈兆霖撰　清光緒三年
（1877）刻本　二冊

140000－0501－0000716　8888－90

等韻一得二卷等韻一得補篇二卷　勞乃宣編
　清光緒二十四年（1898）刻本　三冊

140000－0501－0000717　8897－991

佩文韻府一百六卷　（清）張玉書纂　清刻本
　九十五冊

140000－0501－0000718　8992－9086

佩文韻府一百六卷　（清）張玉書纂　清刻本
　九十五冊

140000－0501－0000719　9087－88

古音類表九卷　（清）傅壽彤撰　清同治三年
（1864）宛南郡署刻本　二冊

140000－0501－0000720　9092

毛詩古音述一卷聲韻轉移略一卷　（清）顧淳
撰著　清光緒二十六年（1900）刻本　一冊

140000－0501－0000721　9093

釋名四卷　（漢）劉熙著　（清）王謨輯　清刻
本　一冊

140000 – 0501 – 0000722　9094 – 95

切韻考六卷　（清）陳澧撰　清成都書局刻本
　二冊

140000 – 0501 – 0000723　9096

詩雙聲疊韻譜一卷　（清）鄧廷楨撰　清道光
十八年(1838)刻本　一冊

140000 – 0501 – 0000724　9097

聲類四卷　（清）錢大昕述　清道光五年
(1825)金陵吳儀董刻本　一冊

140000 – 0501 – 0000725　9098 – 457

皇清經解一千四百卷續刻十二卷　（清）阮元
輯　清道光九年(1829)廣東學海堂刻咸豐十
年(1860)補刻本　三百六十冊

140000 – 0501 – 0000726　9458 – 817

皇清經解一千四百卷續刻十二卷　（清）阮元
輯　清道光九年(1829)廣東學海堂刻咸豐十
年(1860)補刻本　三百六十冊

140000 – 0501 – 0000727　9818 – 977

十三經注疏　明崇禎十二年(1639)毛氏汲古
閣刻本　一百六十冊

140000 – 0501 – 0000728　10018 – 132

十三經注疏　清乾隆十二年(1747)武英殿刻
本　一百十五冊

140000 – 0501 – 0000729　10233 – 710

通志堂經解一百四十四種一千七百九十二卷
　（清）納蘭成德編輯　清同治十二年(1873)
廣東粵東書局刻本　四百七十八冊

140000 – 0501 – 0000730　10711 – 60

經義考三百卷目錄二卷　（清）朱彝尊撰　清
光緒二十三年(1897)浙江書局刻本　五十冊

140000 – 0501 – 0000731　10761 – 810

經義考三百卷目錄二卷　（清）朱彝尊撰　清
光緒二十三年(1897)浙江書局刻本　五十冊

140000 – 0501 – 0000732　10811 – 58

經籍纂詁一百六卷首一卷補遺一卷　（清）阮
元撰　清光緒六年(1880)淮南書局刻本　四
十八冊

140000 – 0501 – 0000733　10859 – 906

經籍纂詁一百六卷首一卷補遺一卷　（清）阮
元撰　清光緒六年(1880)淮南書局刻本　四
十八冊

140000 – 0501 – 0000734　10907 – 22

經義述聞三十二卷　（清）王引之撰　清道光
七年(1827)京師西江米巷壽藤書屋刻本　十
六冊

140000 – 0501 – 0000735　10923 – 38

經義述聞三十二卷　（清）王引之撰　清道光
七年(1827)京師西江米巷壽藤書屋刻本　十
六冊

140000 – 0501 – 0000736　10939 – 58

經典釋文三十卷　（唐）陸德明撰　清光緒十
五年(1889)湘南書局刻本　二十冊

140000 – 0501 – 0000737　10959 – 74

經典釋文三十卷　（唐）陸德明撰　清同治十
年(1871)廣州刻本　十六冊

140000 – 0501 – 0000738　10975 – 86

經典釋文三十卷附考證　（唐）陸德明撰　清
同治八年(1869)楚北崇文書局刻本　十二冊

140000 – 0501 – 0000739　10987 – 96

經傳釋義五十卷　（清）陳煒撰　清嘉慶九年
(1804)校字齋刻本　十冊

140000 – 0501 – 0000740　10997 – 1016

經傳釋義五十卷　（清）陳煒撰　清嘉慶九年
(1804)校字齋刻本　二十冊

140000 – 0501 – 0000741　11017 – 50

古經解彙函十六種小學彙函十四種　（清）鍾
謙鈞輯　清同治十二年(1873)粵東書局刻本
　三十四冊

140000 – 0501 – 0000742　11051 – 70

古經解彙函十六種小學彙函十四種續附十種
　（清）鍾謙鈞輯　清光緒十四年(1888)上海
蜚英館石印本　二十冊

140000 – 0501 – 0000743　11071 – 90

古經解彙函十六種小學彙函十四種續附十種

（清）鍾謙鈞輯　清光緒十四年(1888)上海蜚英館石印本　二十冊

140000－0501－0000744　11091－122

皇清經解續編一千四百三十卷　王先謙輯　清光緒十五年(1889)上海蜚英館石印本　三十二冊

140000－0501－0000745　11123－90

皇清經解一千四百八卷皇清經解縮本編目十六卷　（清）阮元編　清光緒十三年(1887)上海書局石印本　六十八冊

140000－0501－0000746　11191－254

皇清經解一千四百八卷　（清）阮元編　清光緒十八年(1892)上海古香閣石印本　六十四冊

140000－0501－0000747　11255－86

皇清經解分經合纂一百七十三種十六卷　（清）船山主人編　清光緒二十一年(1895)上洋鴻寶齋石印本　三十二冊

140000－0501－0000748　11287－318

皇清經解續編一千四百三十卷　王先謙輯　清光緒十五年(1889)上海蜚英館石印本　三十二冊

140000－0501－0000749　11319－22

皇清經解縮本編目十六卷　（清）凌忠照編（清）張紹銘輯　清光緒十八年(1892)上海古香閣石印本　四冊

140000－0501－0000750　11323－26

皇清經解縮本編目十六卷　（清）凌忠照編（清）張紹銘輯　清光緒二十二年(1896)上海鴻文書局石印本　四冊

140000－0501－0000751　11327－30

皇清經解續編目錄十七卷　清光緒二十二年(1896)上海蜚英書局石印本　四冊

140000－0501－0000752　11334－49

目耕帖三十一卷　（清）馬國翰撰　清光緒九年(1883)長沙嫏嬛館刻本　十六冊

140000－0501－0000753　11350－69

目耕帖三十一卷　（清）馬國翰撰　清光緒九年(1883)長沙嫏嬛館刻本　二十冊

140000－0501－0000754　11370－402

皇朝五經彙解二百七十卷　清光緒十九年(1893)寶文書局石印本　三十三冊

140000－0501－0000755　11403－34

皇朝五經彙解二百七十卷　清光緒十九年(1893)同文書局石印本　三十二冊

140000－0501－0000756　11467－68

經傳釋詞十卷　（清）王引之著　清道光二十七年(1847)刻本　二冊

140000－0501－0000757　11471－72

經傳釋詞十卷　（清）王引之著　清道光二十七年(1847)刻本　二冊

140000－0501－0000758　11473－504

仿宋相臺五經九十三卷附考證　（宋）岳珂輯　清光緒二年(1876)江南書局刻本　三十二冊

140000－0501－0000759　11505－18

重訂七經精義　（清）黃淦撰　清太原令德堂刻本　十四冊

140000－0501－0000760　11519－32

七經精義　（清）黃淦撰　清嘉慶八年(1803)晉祁書業堂刻本　十四冊

140000－0501－0000761　11533－46

七經精義　（清）黃淦撰　清嘉慶八年(1803)晉祁書業堂刻本　十四冊

140000－0501－0000762　11547－62

五經類編二十八卷　（清）周世樟編　清乾隆四十八年(1783)刻五十年(1785)印本　十六冊

140000－0501－0000763　11563－74

五經類編二十八卷　（清）周世樟編　清乾隆四十八年(1783)刻本　十二冊

140000－0501－0000764　11575－90

五經類編二十八卷　（清）周世樟編　清乾隆四十六年(1781)友益齋刻本　十六冊

140000－0501－0000765　11591－602

六經圖定本六卷　（清）王皜著　清乾隆五年(1740)向山堂刻本　十二冊

140000－0501－0000766　11603

欽定七經綱領不分卷　清宣統元年(1909)學部圖書局鉛印本　一冊

140000－0501－0000767　11604

欽定七經綱領不分卷　清宣統元年(1909)學部圖書局鉛印本　一冊

140000－0501－0000768　11606

重校十三經不貳字一卷　（清）程鼇撰　清光緒三十三年(1907)土稅總局石印本　一冊

140000－0501－0000769　11607－10

五經讀五卷　（明）陳標泰撰　清乾隆五十二年(1787)刻本　四冊

140000－0501－0000770　11611－14

經義考補正十二卷　（清）翁方綱撰　清道光三十年(1850)廣東粵雅堂刻本　四冊

140000－0501－0000771　11615－32

五經備旨四十五卷　（清）鄒聖脈輯　清同治四年(1865)同文堂刻本　十八冊

140000－0501－0000772　11633

讀十三經管見草一卷　（清）王尚槤著　清宣統元年(1909)鉛印王羲川遺書本　一冊

140000－0501－0000773　11634－39

十三經劄記二十二卷　（清）朱亦棟撰　清光緒四年(1878)武林竹簡齋刻本　六冊

140000－0501－0000774　11640－45

十三經劄記二十二卷　（清）朱亦棟撰　清光緒四年(1878)武林竹簡齋刻本　六冊

140000－0501－0000775　11646

九經三傳沿革例一卷　（宋）岳珂撰　清光緒三年(1877)湖北崇文書局刻本　一冊

140000－0501－0000776　11647－48

戴東原先生經考五卷　（清）戴震撰　清嘉慶九年(1804)天壤閣刻本　二冊

140000－0501－0000777　11649

儀禮選要一卷　（清）孔傳性選編　清道光十年(1830)陽邑近思堂刻本　一冊

140000－0501－0000778　11650

讀易入門便鈔一卷　（清）樊錫貴撰　清道光十年(1830)陽邑近思堂刻本　一冊

140000－0501－0000779　11669－70

經餘必讀八卷　（清）雷琳　（清）錢樹棠（清）錢樹立輯　清嘉慶八年(1803)大中堂刻本　二冊

140000－0501－0000780　11676－89

經學通論五卷　（清）皮錫瑞著　清光緒三十三年(1907)思賢書局刻本　十四冊

140000－0501－0000781　11690－97

十三經集字摹本　（清）彭玉雯撰　清咸豐二年(1852)江右彭氏刻本　八冊

140000－0501－0000782　11699－700

九經今義二十八卷　（清）成本璞著　清光緒三十一年(1905)通雅齋鉛印通雅齋叢書本二冊

140000－0501－0000783　11702－03

羣經宮室圖二卷　（清）焦循撰　清光緒十一年(1885)刻焦氏叢書本　二冊

140000－0501－0000784　11704－07

漢學商兌三卷　（清）方東樹撰　清光緒二十六年(1900)浙江書局刻本　四冊

140000－0501－0000785　11708－15

緯攟十四卷　（清）喬松年輯　清光緒三年(1877)強恕堂刻本　八冊

140000－0501－0000786　11716－23

緯攟十四卷　（清）喬松年輯　清光緒三年(1877)強恕堂刻本　八冊

140000－0501－0000787　11724－39

御纂五經　（清）李光地編　清道光二十八年(1848)積山書局石印本　十六冊

140000－0501－0000788　11740－41

毛詩故訓傳定本三十卷　（清）段玉裁撰　清

嘉慶二十一年(1816)衍祥堂段氏刻本　二冊

140000－0501－0000789　11742－43

詩經小學三十卷　（清）段玉裁撰　清道光五年(1825)抱經堂刻本　二冊

140000－0501－0000790　11744

春秋左氏古經十二卷　（清）段玉裁撰　清道光元年(1821)經韻樓刻本　一冊

140000－0501－0000791　11745－48

聯經四卷　（清）李學禮撰　清乾隆四十三年(1778)刻本　四冊

140000－0501－0000792　11749－50

經韻集字析解二卷　（清）彭良敞撰　清道光二十四年(1844)開封府署刻本　二冊

140000－0501－0000793　11751－58

爾雅郭注義疏二十卷　（清）郝懿行撰　清咸豐六年(1856)湯漱芳齋胡氏刻本　八冊

140000－0501－0000794　11759

周禮集解節要六卷　（明）鄧凱纂　清刻本　一冊

140000－0501－0000795　11760－69

禮記十卷　（元）陳澔集說　清金陵敦化堂刻本　十冊

140000－0501－0000796　11770－79

六書通十卷　（明）閔齊伋撰　（清）畢弘述篆訂　清刻本　十冊

140000－0501－0000797　11780－81

說文新附考六卷說文續考一卷　（清）鈕樹玉編　清嘉慶六年(1801)非石居刻本　二冊

140000－0501－0000798　11782－89

授堂遺書八種附錄一卷　（清）武億撰　清道光二十三年(1843)偃師武氏刻本　八冊　殘

140000－0501－0000799　11791－96

御纂詩義折中二十卷　（清）傅恆纂　清東昌書業德刻本　六冊

140000－0501－0000800　11797－806

說文釋例二十卷　（清）王筠撰　清道光十七

年(1837)刻本　十冊

140000－0501－0000801　11807－18

大學衍義四十三卷　（宋）真德秀輯　清同治十三年(1874)金陵書局刻本　十二冊

140000－0501－0000802　11819－48

大學衍義補一百六十卷首一卷　（明）丘濬撰　（明）陳仁錫評閱　明萬曆三十三年(1605)陳氏刻本　三十冊

140000－0501－0000803　11849－50

說文蟲箋十四卷　（清）潘奕雋撰　清道光二十年(1840)三松堂刻本　二冊

140000－0501－0000804　11851－56

說文字通十四卷附說文經典異字釋一卷　（清）高翔麟撰　清道光十八年(1838)吳青霞齋刻本　六冊

140000－0501－0000805　11857－58

詩雙聲韻譜一卷許氏說文解字雙聲疊韻譜一卷　（清）鄧廷楨撰　清道光十九年(1839)刻本　二冊

140000－0501－0000806　11859

籀書內篇二卷　（清）曹金籀纂　清同治九年(1870)啟蔀刻本　一冊

140000－0501－0000807　11860－63

說文解字十五卷　（漢）許慎撰　（宋）徐鉉校定　清嘉慶十二年(1807)藤花榭刻本　四冊

140000－0501－0000808　12366－97

四書大全三十七卷　（清）陸隴其點定　清嘉慶十六年(1811)當湖書院刻本　三十二冊

140000－0501－0000809　12398－421

大學衍義補一百六十卷首一卷　（明）丘濬撰　（明）陳仁錫評閱　明萬曆三十三年(1605)陳氏刻本　二十四冊

140000－0501－0000810　12442－49

大學衍義四十三卷　（宋）真德秀輯　清同治十三年(1874)金陵書局刻本　八冊

140000－0501－0000811　12450－59

大學衍義四十三卷　（宋）真德秀撰　清同治

十一年(1872)浙江書局刻本　十冊

140000－0501－0000812　12460－67

大學衍義四十三卷　（宋）真德秀撰　清光緒
十三年(1887)柏經正堂刻本　八冊

140000－0501－0000813　12468－91

四書味根錄三十七卷　（清）金澍著　清道光
二十六年(1846)粲花吟館刻本　二十四冊

140000－0501－0000814　12492－99

大學衍義輯要六卷　（宋）真德秀原本　（清）
陳弘謀纂　**大學衍義補輯要十二卷**　（明）邱
濬原本　（清）陳弘謀纂　清乾隆二年(1737)
刻本　八冊

140000－0501－0000815　12500－01

大學衍義約旨二卷　（清）慶恕撰　清光緒二
十五年(1899)刻本　二冊

140000－0501－0000816　12502－09

大學衍義體要十六卷　（宋）真德秀編　（清）
徐桐輯　清刻本　八冊

140000－0501－0000817　12510－17

大學衍義輯要六卷　（宋）真德秀原本　（清）
陳弘謀纂　**大學衍義補輯要十二卷**　（明）邱
濬原本　（清）陳弘謀纂　清乾隆二年(1737)
刻本　八冊

140000－0501－0000818　12518－26

大學衍義補輯要十二卷首一卷　（清）陳宏謀
輯纂　清宣統元年(1909)大學堂刻本　九冊

140000－0501－0000819　12547－66

四書句讀釋義十九卷　（清）范凝鼎著　清道
光六年(1826)箕陽述善堂刻本　二十冊

140000－0501－0000820　12567－98

朱子四書本義彙參不分卷　（清）王步青輯
清乾隆十年(1745)敦復堂刻本　三十二冊

140000－0501－0000821　12599－630

朱子四書本義彙參不分卷　（清）王步青輯
清乾隆十年(1745)敦復堂刻本　三十二冊

140000－0501－0000822　12631－54

四書大全摘要不分卷　（清）李又冉輯　清雍

正九年(1731)四友堂刻本　二十四冊

140000－0501－0000823　12655－78

增訂四書析疑二十八卷　（清）張權時輯　清
嘉慶十七年(1812)崇文堂刻本　二十四冊

140000－0501－0000824　12679－94

四書經注集證十八卷　（清）吳昌宗輯　清嘉
慶三年(1798)江都汪氏刻本　十六冊

140000－0501－0000825　12695－702

增補四書精繡圖像人物備考十二卷　（明）薛
應旂輯　（明）陳仁錫增定　清乾隆四十四年
(1779)刻五十九年(1794)補刻本　八冊

140000－0501－0000826　12703－22

增訂四書諸儒輯要四十卷　（清）李沛霖修訂
清乾隆五年(1740)三樂齋刻本　二十冊

140000－0501－0000827　12723－38

四書典制類聯音注三十三卷　（清）閻其淵編
輯　清嘉慶元年(1796)函三堂刻本　十六冊

140000－0501－0000828　12739－46

四書約旨十七卷　（清）任啟運著　清乾隆五
年(1740)汾陽耿毓孝刻本　八冊

140000－0501－0000829　12747－54

四書離句正本十九卷　（宋）朱熹集注　清光
緒十年(1884)善成堂刻本　八冊

140000－0501－0000830　12755－58

四書說約三十三卷　（明）鹿善繼著　清咸豐
十一年(1861)吳興留餘草堂刻留餘草堂叢書
本　四冊

140000－0501－0000831　12759－68

四書恆解不分卷　（清）劉沅集注　清光緒十
年(1884)豫誠堂刻本　十冊

140000－0501－0000832　12769－73

四書朱子語類三十八卷　（清）張履祥　（清）
呂留良輯　清康熙四十年(1701)南陽講習堂
刻本　五冊

140000－0501－0000833　12774－79

漱芳軒合纂四書體注十四卷　（清）范翔訂
清嘉慶十三年(1808)姑蘇聚文堂刻本　六冊

140000－0501－0000834　12780－85

四書松陽講義十二卷　（清）陸隴其撰　清康熙十一年（1672）天德堂刻本　六冊

140000－0501－0000835　12786－87

四書說略四卷附教童子法一卷　（清）王筠著　清刻本　二冊

140000－0501－0000836　12809－20

連理堂重訂四書存疑十四卷　（明）林希元撰　明崇禎八年（1635）酉酉山房刻本　十二冊

140000－0501－0000837　12821－25

朱太史先生新纂四書主意會宗十五卷　（清）朱之俊著　清順治十五年（1658）朱氏碧山草堂刻本　五冊

140000－0501－0000838　12826－29

四書釋地不分卷　（清）閻若璩撰　清乾隆五十二年（1787）眷西堂刻本　四冊

140000－0501－0000839　12830－33

四書釋地不分卷　（清）閻若璩撰　清乾隆五十二年（1787）眷西堂刻本　四冊

140000－0501－0000840　12834－39

四書釋地一卷續一卷又續一卷三續一卷附孟子生卒年月考一卷　（清）閻若璩撰　清乾隆五十三年（1788）聽雨齋刻本　六冊

140000－0501－0000841　12840－43

四書釋地不分卷　（清）閻若璩撰　清乾隆五十三年（1788）聽雨齋刻本　四冊

140000－0501－0000842　12844－49

四書釋地補一卷續補一卷又續補一卷三續補一卷　（清）閻若璩撰　清嘉慶二十一年（1816）梅陽海涵堂刻本　六冊

140000－0501－0000843　12855－58

四書圖考十三卷　（清）杜炳輯　清光緒十三年（1887）鴻文書局石印本　四冊

140000－0501－0000844　12859－90

四書撮音大全三十七卷　（清）胡蓉芝輯　（清）紀昀批校　清乾隆二十八年（1763）文畲德記刻本　三十二冊

140000－0501－0000845　12891－95

四書識小錄不分卷　（清）張必達錄　清乾隆二十一年（1756）映湖堂刻本　五冊

140000－0501－0000846　12896－900

四書近指二十卷　（清）孫奇逢纂　清康熙元年（1662）中州學署刻本　五冊

140000－0501－0000847　12901－04

四書反身錄八卷附二孟續補一卷　（清）李顒著　（清）王心敬錄　清光緒十一年（1885）西安馬雜貨鋪刻本　四冊

140000－0501－0000848　12907

四書字類釋義六卷　（清）李毓秀撰　清光緒十六年（1890）柏經正堂刻本　一冊

140000－0501－0000849　12908

四書字類釋義六卷　（清）李毓秀撰　清光緒十六年（1890）柏經正堂刻本　一冊

140000－0501－0000850　12909－24

朱子四書本義彙參不分卷　（清）王步青輯　清光緒十五年（1889）上海廣百宋齋鉛印本　十六冊

140000－0501－0000851　12925－30

高頭四書不分卷　（宋）朱熹章句　清乾隆二十年（1755）合志堂刻本　六冊

140000－0501－0000852　12932－43

四書典制類聯音注三十三卷　（清）閻其淵編輯　清嘉慶元年（1796）蕭山縣署刻本　十二冊

140000－0501－0000853　12944－55

四書典制類聯音注三十三卷　（清）閻其淵編輯　清乾隆五十九年（1794）鳳藻書屋刻本　十二冊

140000－0501－0000854　12956－61

學源堂四書體注合講十九卷圖說一卷　（宋）朱熹輯注　（清）翁復編　清雍正八年（1730）寶文堂刻本　六冊

140000－0501－0000855　12962－75

四書集注十九卷　（宋）朱熹撰　清光緒十二

年(1886)鉛印本　十四冊

140000－0501－0000856　12978
大學或問一卷　（宋）朱熹撰　清光緒元年(1875)乾州王氏刻本　一冊

140000－0501－0000857　12979
大學或問一卷　（宋）朱熹撰　清光緒元年(1875)乾州王氏刻本　一冊

140000－0501－0000858　12984－89
大學章句一卷大學或問二卷中庸章句一卷中庸或問三卷中庸輯略二卷　（宋）朱熹撰　清光緒二十九年(1903)湖南尚志齋刻本　六冊

140000－0501－0000859　12991
古本大學編次一卷　（清）李佩箴撰　清宣統三年(1911)花溪潛園刻本　一冊

140000－0501－0000860　12992
大學古本質言一卷　（清）劉沅撰　清咸豐二年(1852)豫誠堂刻本　一冊

140000－0501－0000861　12995－97
大學衍義輯要六卷　（清）陳宏謀輯纂　清宣統元年(1909)鉛印本　三冊

140000－0501－0000862　12998－3001
四書義經正篇二卷首一卷　（清）掃葉山房主人編　清光緒二十七年(1901)上海掃葉山房石印本　四冊

140000－0501－0000863　13002－05
四書習解辨大學全篇四卷首一卷　（清）蕭蔚源輯　清嘉慶二十四年(1819)師儉堂刻本　四冊

140000－0501－0000864　13006－11
求自得之室讀書記六卷　（清）吳嘉賓撰　清咸豐二年(1852)刻本　六冊

140000－0501－0000865　13012
四書小參一卷四書問答一卷　（明）朱斯行著　清光緒三年(1877)姑蘇刻經處刻本　一冊

140000－0501－0000866　13015－16
四子書三十六卷　（宋）朱熹注　清江南製造總局刻本　二冊

140000－0501－0000867　13017
成均課講大學一卷　（清）崔紀撰　清乾隆五年(1740)刻本　一冊

140000－0501－0000868　13018
慎獨軒大學析疑一卷　（清）齊德五撰　清同治八年(1869)長沙府湘鄉縣刻本　一冊

140000－0501－0000869　13019－34
畿輔三家四書講義三十六卷　（清）王文泉輯　四書近指十三卷　（清）孫奇逢批　清光緒十四年(1888)京都攟華書局鉛印本　十六冊

140000－0501－0000870　13035－46
四書古注羣義彙解　清光緒十六年(1890)上海珍藝書局石印本　十二冊

140000－0501－0000871　13047
論語贅解二卷　（清）秦東萊著　清同治六年(1867)刻本　一冊

140000－0501－0000872　13048
論語贅解二卷　（清）秦東萊著　清同治六年(1867)刻本　一冊

140000－0501－0000873　13049－50
朱柏廬先生中庸講義二卷　（清）朱用純編　清刻本　二冊

140000－0501－0000874　13051
中庸解辨一卷　（清）王縡著　清同治六年(1867)刻本　一冊

140000－0501－0000875　13052
十先生中庸集解二卷附錄一卷　（宋）石𡪅編　清道光二十九年(1849)莫氏景山草堂刻本　一冊

140000－0501－0000876　13053
中庸注一卷　康有為撰　清光緒二十七年(1901)中國圖書公司鉛印演孔叢書本　一冊

140000－0501－0000877　13054
中庸直指一卷　（明）史德清撰　清光緒十年(1884)金陵刻經處刻本　一冊

140000－0501－0000878　13057－62
學庸說文十二卷　（清）李凱編　清嘉慶十五

年(1810)文畬堂刻本　六冊

140000－0501－0000879　13063－72

論語後案二十卷　(清)黃式三注　清光緒九年(1883)浙江書局刻本　十冊

140000－0501－0000880　13087

論語補注三卷　(清)劉開撰　清同治七年(1868)桐城劉氏刻本　一冊

140000－0501－0000881　13088－89

論語說四卷　(清)程廷祚撰　清道光十七年(1837)東山草堂刻本　二冊

140000－0501－0000882　13094－104

論語經正錄二十卷年譜一卷　(清)王肇晉注　清光緒二十年(1894)刻本　十一冊

140000－0501－0000883　13105

孟子要略五卷　(宋)朱熹注　清光緒二十八年(1902)廣東廣雅書局刻本　一冊

140000－0501－0000884　13106－09

朱子原編孟子要略五卷首一卷　(宋)朱熹撰　(清)孫光庭注　清光緒二十九年(1903)雲南官書局刻本　四冊

140000－0501－0000885　13110－11

中庸時習錄二卷　(清)馬鑾宇撰　清光緒二十年(1894)冀以龢刻本　二冊

140000－0501－0000886　13112－13

中庸時習錄二卷　(清)馬鑾宇撰　清光緒二十年(1894)冀以龢刻本　二冊

140000－0501－0000887　13116－19

論語集注旁證二十卷　(清)梁章鉅撰　清光緒十七年(1891)上海廣百宋齋鉛印本　四冊

140000－0501－0000888　13120

論語偶記一卷　(清)方觀旭著　清光緒七年(1881)成都瀹雅齋刻本　一冊

140000－0501－0000889　13121

論語補注三卷　(清)劉開撰　清同治七年(1868)桐城劉氏刻本　一冊

140000－0501－0000890　13131

孟子外書集證五卷　(清)施彥士注　清道光十年(1830)刻本　一冊

140000－0501－0000891　13132

孟子編略六卷　(清)孫葆田撰　清光緒十六年(1890)刻本　一冊

140000－0501－0000892　13133－38

鄉黨圖考十卷　(清)江永著　清嘉慶二十一年(1816)吳郡山淵堂刻本　六冊

140000－0501－0000893　13139－44

鄉黨圖考十卷　(清)江永著　清嘉慶二十一年(1816)吳郡山淵堂刻本　六冊

140000－0501－0000894　13145－50

鄉黨圖考十卷　(清)江永撰　清乾隆五十二年(1787)致和堂刻本　六冊

140000－0501－0000895　13151－56

鄉黨圖考十卷　(清)江永撰　清乾隆五十二年(1787)致和堂刻本　六冊

140000－0501－0000896　13159－60

論語傳注一卷　(清)李塨撰　清光緒二十五年(1899)鉛印本　二冊

140000－0501－0000897　13161

論語傳注問一卷　(清)李塨撰　清光緒鉛印本　一冊

140000－0501－0000898　13162－63

讀學庸筆記二卷　(清)方宗誠撰　清光緒八年(1882)刻柏堂遺書本　二冊

140000－0501－0000899　13164

增補鄉黨文菣二卷　(清)雷啟輯　清道光二十七年(1847)刻本　一冊

140000－0501－0000900　13165

論語類編一卷　(日本)松田東編　**孟子要略五卷**　(宋)朱熹編　清光緒二年(1876)山西師範學堂鉛印本　一冊

140000－0501－0000901　13166－73

思辨錄輯要前集二十二卷後集十三卷　(清)陸世儀撰　清光緒三年(1877)江蘇書局刻本　八冊

140000－0501－0000902　13174－79

參訂四書備旨善本十卷　（明）鄧林著　清嘉慶五年(1800)登雲堂刻本　六冊

140000－0501－0000903　13182－89

增廣新訂四書補注備旨十卷　（明）鄧林著　清光緒二十年(1894)晉祁書業德刻本　八冊

140000－0501－0000904　13190－201

四書題鏡不分卷　（清）汪鯉翔撰　清乾隆五十一年(1786)書業堂刻本　十二冊

140000－0501－0000905　13202－13

四書讀本十九卷圖一卷句辨一卷字辨一卷疑字辨一卷　（宋）朱熹集注　（清）童槭校補　清光緒六年(1880)山西濬文書局刻本　十二冊

140000－0501－0000906　13214－19

四書集注十九卷　（宋）朱熹撰　清同治十三年(1874)蘭州府署刻本　六冊

140000－0501－0000907　13220－25

四書集注十九卷附校勘記　（宋）朱熹撰　清光緒五年(1879)山西濬文書局刻本　六冊

140000－0501－0000908　13226－29

松陽講義十二卷　（清）陸隴其著　清光緒十三年(1887)固始張氏刻朱印本　四冊

140000－0501－0000909　13230－35

四書集注十九卷　（宋）朱熹撰　清光緒十二年(1886)湖北官書處刻本　六冊

140000－0501－0000910　13246－49

四書左國輯要四卷　（清）周龍官輯　清乾隆二十三年(1758)寶樹堂刻本　四冊

140000－0501－0000911　13250－51

論語十卷　（宋）朱熹集注　清光緒三十二年(1906)上海商務印書館鉛印四書集注本　二冊

140000－0501－0000912　13252－53

載詠樓重鎸朱批孟子二卷　（宋）蘇洵批　清嘉慶元年(1796)慎詒堂刻朱墨套印本　二冊

140000－0501－0000913　13254

載詠樓重鎸朱批孟子二卷　（宋）蘇洵批　清嘉慶元年(1796)慎詒堂刻朱墨套印本　一冊　殘

140000－0501－0000914　13255－58

書經近指六卷　（清）孫奇逢編　清康熙十五年(1676)孤竹趙氏刻本　四冊

140000－0501－0000915　13260－67

增補四書精繡圖像人物備考十二卷　（明）薛應旂輯　（明）陳仁錫增定　清乾隆四十四年(1779)光霽堂刻本　八冊

140000－0501－0000916　13268－69

授經圖二十卷　（明）朱睦㮮撰　清道光十九年(1839)刻惜陰軒叢書本　二冊

140000－0501－0000917　13270－72

漢儒通義七卷　（清）陳澧撰　清咸豐六年(1856)刻蔭立堂叢書本　三冊

140000－0501－0000918　13273－74

董子春秋繁露十七卷　（漢）董仲舒撰　清光緒二年(1876)浙江書局刻本　二冊

140000－0501－0000919　13279－318

康熙字典十二集三十六卷檢字辨似一卷等韻一卷補遺一卷備考一卷　（清）張玉書　（清）淩紹雯纂修　清刻本　四十冊

140000－0501－0000920　13333－37

讀易傳心十二卷附圖說三卷　（清）韓怡撰　清嘉慶十三年(1808)木存堂刻本　五冊

140000－0501－0000921　13338

說文辨疑一卷　（清）顧廣圻撰　**讀說文雜識一卷**　（清）許域撰　清光緒十一年(1885)長州張炳翔刻本　一冊

140000－0501－0000922　13339

儀小經一卷　（清）李因篤著　清光緒十年(1884)傳經堂刻本　一冊

140000－0501－0000923　13340

切韻指掌圖一卷　（宋）司馬光撰　清光緒九年(1883)上海同文書局石印本　一冊

140000－0501－0000924　13350－73

御纂七經二百八十卷 （清）李光地編 清光緒三十年（1904）上海育文書局石印本 二十四冊

140000－0501－0000925 13374
深衣釋例三卷 （清）任大椿撰 清乾隆四十八年（1783）刻本 一冊

140000－0501－0000926 13375－77
春秋公法比義發微六卷 （清）藍光策述 清宣統三年（1911）南洋印刷官廠鉛印本 三冊

140000－0501－0000927 13382－401
四書古注十種 清光緒三十一年（1905）上海慎記石印本 二十冊

140000－0501－0000928 13402－13
古經解鉤沉三十卷 （清）余蕭客輯 清光緒二十一年（1895）杭州竹簡齋石印本 十二冊

140000－0501－0000929 13417
四聲切韻表一卷 （清）江永編 清應雲堂石印本 一冊

140000－0501－0000930 13418－33
四書古注羣義彙解 清光緒十四年（1888）上海點石齋石印本 十六冊

140000－0501－0000931 13436－41
羣經字考四卷 （清）曾廷枚輯 羣經音辨七卷 （宋）賈昌朝撰 清光緒三年（1877）刻本 六冊

140000－0501－0000932 13442－49
雪樵經解三十三卷 （清）馮世瀛輯 清光緒十一年（1885）上海修文書局鉛印本 八冊

140000－0501－0000933 13450－93
經籍纂詁一百六卷首一卷補遺一卷 （清）阮元撰 清光緒六年（1880）淮南書局刻本 四十四冊

140000－0501－0000934 13495
易象致用說二卷 （清）秦東萊撰 清光緒十三年（1887）刻本 一冊

140000－0501－0000935 13497－98
說文通檢十四卷首一卷末一卷 （清）黎永椿編 清光緒二年（1876）崇文書局刻本 二冊

140000－0501－0000936 13499
詩玉尺二卷 （清）林昌彝著 清同治八年（1869）廣州海天琴舫刻本 一冊

140000－0501－0000937 13502
四書管窺大學批要不分卷 （清）席樹庸撰 清乾隆四十年（1775）古鈞存誠齋刻本 一冊

140000－0501－0000938 13504－13
說文釋例二十卷 （清）王筠撰 清道光十七年（1837）刻本 十冊

140000－0501－0000939 13519－84
古經解彙函十六種小學彙函十四種 （清）鍾謙鈞輯 清同治十二年（1873）粵東書局刻本 六十六冊

140000－0501－0000940 13585－600
四書圖考十三卷 （清）杜炳輯 清道光七年（1827）刻本 十六冊

140000－0501－0000941 13605
七經掌訣一卷 （清）孟超然撰 清道光十四年（1834）刻本 一冊

140000－0501－0000942 13606－09
易象數理分解八卷 （清）謝維岳纂 清宣統三年（1911）中道齋刻本 四冊

140000－0501－0000943 13615－16
爾雅音圖四卷 （晉）郭璞注 清光緒十年（1884）上海同文書局石印本 二冊

140000－0501－0000944 13617－40
許學叢書三集十四種五十七卷 （清）張炳翔輯 清光緒十三年（1887）長州張炳翔刻本 二十四冊

140000－0501－0000945 13641－48
駢雅訓纂十六卷 （明）朱謀㙔撰 （清）魏茂林纂 清道光二十四年（1844）有不為齋刻本 八冊

140000－0501－0000946 13653
毛詩雙聲疊韻說一卷 （清）王筠撰 清刻本 一冊

140000 – 0501 – 0000947　13654 – 55

十三經注疏校勘記識語四卷　（清）汪文臺撰
清光緒三年（1877）江西書局刻本　二冊

140000 – 0501 – 0000948　13656 – 59

禮記省度四卷　（清）彭頤撰　清康熙十一年
（1672）金閶書業堂刻朱墨套印本　四冊

140000 – 0501 – 0000949　13660 – 83

御纂七經二百八十卷　（清）李光地編　清光
緒二十九年（1903）上海慎記書莊石印本　二
十四冊

140000 – 0501 – 0000950　13684

名原二卷　（清）孫詒讓撰　清光緒三十一年
（1905）刻本　一冊

140000 – 0501 – 0000951　13685 – 96

**公羊春秋經傳驗推補證十一卷大統春秋條例
圖表一卷何氏公羊解詁三十論一卷**　廖平著
清光緒三十二年（1906）則柯軒刻本　十
二冊

140000 – 0501 – 0000952　13710 – 21

十三經劄記二十二卷　（清）朱亦棟撰　清光
緒四年（1878）武林竹簡齋刻本　十二冊

140000 – 0501 – 0000953　13722 – 29

說文段注訂補十四卷　（清）王紹蘭撰　（清）
胡燏棻編　清光緒十四年（1888）刻本　八冊

140000 – 0501 – 0000954　13730 – 41

廣雅疏證十卷博雅音十卷　（清）王念孫撰
清嘉慶元年（1796）刻本　十二冊

140000 – 0501 – 0000955　13742 – 43

春秋繁露十七卷　（漢）董仲舒撰　清乾隆五
十年（1785）抱經堂刻本　二冊

140000 – 0501 – 0000956　13744 – 47

焦氏易林四卷　（漢）焦延壽撰　清光緒元年
（1875）湖北崇文書局刻本　四冊

140000 – 0501 – 0000957　13748 – 53

國語二十一卷　（三國吳）韋昭注　（宋）宋庠
補音　清乾隆二十七年（1762）文盛堂刻本
六冊

140000 – 0501 – 0000958　13770

六書舊義　廖平撰　清光緒十三年（1887）刻
本　一冊

140000 – 0501 – 0000959　13772 – 73

說文聲系十四卷　（清）姚文田撰　清嘉慶九
年（1804）粵東督學使者署刻本　二冊

140000 – 0501 – 0000960　13774

詩本誼一卷　（清）龔橙著　清光緒十五年
（1889）復堂刻復堂半廠叢書本　一冊

140000 – 0501 – 0000961　13779 – 80

儀禮十七卷儀校一卷　（漢）鄭玄注　清嘉慶
二十年（1815）吳門黃氏讀未見書齋刻本
二冊

140000 – 0501 – 0000962　13781

博雅十卷　（三國魏）張楫輯纂　清刻本
一冊

140000 – 0501 – 0000963　13782 – 91

集韻十卷　（宋）丁度撰　清嘉慶十九年
（1814）刻本　十冊

140000 – 0501 – 0000964　13792 – 803

隸釋二十七卷　（宋）洪适撰　清乾隆四十二
年（1777）汪氏刻本　十二冊

140000 – 0501 – 0000965　13804 – 06

大廣益會玉篇三十卷　（南朝梁）顧野王撰
（宋）陳彭年重修　清同治蘇州張氏澤存堂刻
本　三冊

140000 – 0501 – 0000966　13807 – 08

隸書正譌二卷　（明）吳元滿編輯　清刻本
二冊

140000 – 0501 – 0000967　13809 – 13

集韻編雅十卷　（清）董文煥輯注　清同治十
二年（1873）刻本　五冊

140000 – 0501 – 0000968　13814 – 25

經典釋文三十卷附考證　（唐）陸德明輯　清
乾隆五十六年（1791）抱經堂刻本　十二冊
缺二葉（卷一之一至二）

140000 – 0501 – 0000969　13828 – 43

經義述聞三十二卷　（清）王引之撰　清道光七年（1827）京師西江米巷壽藤書屋刻本　十六冊

140000－0501－0000970　13844
釋例補正二十卷　（清）王筠纂　清刻本　一冊

140000－0501－0000971　13845
松陽鈔存二卷　（清）陸隴其撰　（清）楊開基編　清乾隆三十三年（1768）太平趙熟典刻本　一冊

140000－0501－0000972　13846
尚書駢枝一卷　（清）孫詒讓撰　清光緒鉛印本　一冊

140000－0501－0000973　13847
六書說一卷　（清）江聲撰　轉注古義考一卷　（清）曹仁虎撰　聲調譜一卷　（清）趙執信纂　清光緒十六年（1890）蔣氏求實齋刻本　一冊

140000－0501－0000974　13848
潛碻錄一卷　（清）李慎言撰　清刻本　一冊

140000－0501－0000975　13854－56
釋名疏證補八卷疏證補附一卷續釋名一卷釋名補遺一卷　（漢）劉熙撰　王先謙集　清光緒二十二年（1896）刻本　三冊

140000－0501－0000976　13857－61
五經經解萃精一卷　（清）丁午撰　清光緒二十五年（1899）上海點石齋石印本　五冊

140000－0501－0000977　13862－66
經解萃精二集　（清）丁午撰　清光緒十九年（1893）上海點石齋石印本　五冊

140000－0501－0000978　13867－68
夏小正附弟子職正音一卷毛詩重言一卷毛詩雙聲疊韻說一卷　（清）王筠輯　清咸豐二年（1852）刻本　二冊

140000－0501－0000979　13869－72
大戴禮記補注十三卷　（清）孔廣森撰　清同治十三年（1874）淮南書局刻本　四冊

140000－0501－0000980　13873－76
九經古義十六卷　（清）惠棟撰　清常熟蔣氏省吾堂刻本　四冊

140000－0501－0000981　13877－78
治平大略四卷　（清）張秉直撰　清光緒二年（1876）傳經堂刻本　二冊

140000－0501－0000982　13879－81
五經異義疏證三卷　（漢）許慎撰　（清）陳壽祺疏證　清嘉慶十八年（1813）三山陳氏刻本　三冊

140000－0501－0000983　13882－83
述學内篇三卷外篇一卷補遺一卷別錄一卷　（清）汪中撰　清同治八年（1869）揚州書局刻本　二冊

140000－0501－0000984　13884－89
四書釋地補一卷續補一卷又續補一卷三續補一卷　（清）閻若璩撰　清嘉慶二十一年（1816）刻本　六冊

140000－0501－0000985　13890－93
御纂周易述義十卷　（清）傅恆纂　清乾隆二十年（1755）刻本　四冊

140000－0501－0000986　13894－99
春秋繁露義證十七卷首一卷考證一卷　（漢）董仲舒撰　（清）蘇輿學　清宣統二年（1910）刻本　六冊

140000－0501－0000987　13900－05
書經六卷　（宋）蔡沈集傳　清光緒三十四年（1908）學部圖書局影印本　六冊

140000－0501－0000988　13914
尚書駢枝一卷　（清）孫詒讓撰　清光緒鉛印本　一冊

140000－0501－0000989　13917
尚書大傳四卷考異一卷補遺一卷續補遺一卷　（漢）鄭玄注　（清）盧文弨補注　清光緒三年（1877）湖北崇文書局刻本　一冊

140000－0501－0000990　13918－4309
二十四史　清光緒十四年（1888）上海圖書集

成印書局鉛印本　三百九十二冊

140000－0501－0000991　14310－709

二十四史　清光緒三十四年(1908)上海集成
圖書公司鉛印本　四百冊

140000－0501－0000992　14710－15289

二十四史　清同治、光緒五省官書局刻光緒
五年(1879)彙印本　五百八十冊

140000－0501－0000993　15290－16000

二十四史　(清)弘晝等編校　清光緒十年
(1884)上海同文書局石印本　七百十一冊

140000－0501－0000994　16491－586

弘簡錄二百五十四卷　(明)邵經邦撰　清康
熙二十七年(1688)邵遠平刻本　九十六冊

140000－0501－0000995　16623－24

校刊史記集解索隱正義劄記五卷　(清)張文
虎撰　清同治十一年(1872)金陵書局刻本
二冊

140000－0501－0000996　16625－26

校刊史記集解索隱正義劄記五卷　(清)張文
虎撰　清同治十一年(1872)金陵書局刻本
二冊

140000－0501－0000997　16627－74

漢書評林一百卷目錄一卷　(明)凌稚隆輯評
　清光緒十四年(1888)山西濬文書局刻本
四十八冊

140000－0501－0000998　16724－31

史記一百三十卷　(漢)司馬遷撰　清光緒三
十年(1904)武林竹簡齋石印本　八冊

140000－0501－0000999　16732－43

漢書一百卷　(漢)班固撰　(唐)顏師古注
清光緒三十年(1904)武林竹簡齋石印本　十
二冊

140000－0501－0001000　16744－51

後漢書一百二十卷　(南朝宋)范曄撰　(唐)
李賢注　(晉)司馬彪續撰　清光緒三十年
(1904)武林竹簡齋石印本　八冊

140000－0501－0001001　16752－55

三國志六十五卷　(晉)陳壽撰　(南朝宋)裴
松之注　清光緒三十年(1904)上海武林竹簡
齋石印本　四冊

140000－0501－0001002　16756－65

國朝先正事略六十卷首一卷　(清)李元度纂
　清光緒十二年(1886)鉛印本　十冊

140000－0501－0001003　16766－75

金史詳校十卷史論五答一卷　(清)施國祁撰
　清光緒六年(1880)會稽章氏刻本　十冊

140000－0501－0001004　16776－81

南北史補志十四卷　(清)汪士鐸撰　清光緒
四年(1878)揚州淮南書局刻本　六冊

140000－0501－0001005　16910

皇朝直省府廳州縣歌括一卷附皇朝地輿全圖
　(清)蔣升撰　清光緒二十九年(1903)上海
慈母堂印書局鉛印本　一冊

140000－0501－0001006　16911

御覽闕史二卷　(唐)高彥休撰　清光緒三年
(1877)湖北崇文書局刻本　一冊

140000－0501－0001007　16912－14

兩漢書刊誤補遺十卷　(宋)吳仁傑撰　清乾
隆四十三年(1778)印武英殿聚珍版書本
三冊

140000－0501－0001008　16915

歷代輿地沿革險要圖一卷　楊守敬　饒敦秩
撰　清光緒十一年(1885)刻朱墨套印本
一冊

140000－0501－0001009　16916－19

漢書地理志校本二卷　(漢)班固撰　清道光
二十八年(1848)汪氏振綺堂刻本　四冊

140000－0501－0001010　16921－44

欽定歷代職官表七十二卷首一卷　(清)紀昀
等纂　清光緒二十二年(1896)廣東廣雅書局
刻本　二十四冊

140000－0501－0001011　16945－50

歷代史表五十九卷首一卷　(清)萬斯同撰
清光緒十五年(1889)廣東廣雅書局刻本

六冊

140000－0501－0001012　16951－53

諸史考異十八卷　（清）洪頤煊撰　清光緒十五年(1889)廣東廣雅書局刻本　三冊

140000－0501－0001013　16954－57

元豐九域志十卷　（宋）王存等刪定　清光緒八年(1882)金陵書局刻本　四冊

140000－0501－0001014　16958－61

漢西域圖考七卷首一卷　（清）李光廷撰　清同治八年(1869)廣東富文齋刻本　四冊

140000－0501－0001015　16962－71

李氏五種合刊　（清）李兆洛輯　清光緒十四年(1888)上海掃葉山房刻本　十冊

140000－0501－0001016　16974

史目表一卷　（清）洪飴孫撰　清光緒四年(1878)啟秀山房刻本　一冊

140000－0501－0001017　16975－76

帝王年系都邑便覽六卷附帝王世系分合圖一卷帝王分合總論一卷　（清）劉元一輯　清咸豐八年(1858)榆邑鳳鳴書院刻本　二冊

140000－0501－0001018　16977－84

歷代史表五十九卷首一卷　（清）萬斯同撰　清光緒十九年(1893)上海古香閣石印本　八冊

140000－0501－0001019　16985－92

歷代史表五十九卷首一卷　（清）萬斯同撰　清光緒十九年(1893)上海古香閣石印本　八冊

140000－0501－0001020　16993－96

諸史拾遺五卷三史拾遺五卷　（清）錢大昕撰　清嘉慶十二年(1807)嘉興郡齋稻香吟館刻本　四冊

140000－0501－0001021　16997－7000

史筌五卷　（清）楊銘柱編　清光緒八年(1882)京都明道堂刻本　四冊

140000－0501－0001022　17002－04

紀元編四卷　（清）李兆洛撰　清光緒十四年

(1888)上海蜚英館石印本　三冊

140000－0501－0001023　17006－09

南北史捃華八卷　（清）周嘉猷撰　清光緒二年(1876)退補齋刻本　四冊

140000－0501－0001024　17010－33

二十二史考異一百卷　（清）錢大昕撰　清光緒二十六年(1900)長沙龍氏家塾刻本　二十四冊

140000－0501－0001025　17034－49

後漢書一百二十卷　（南朝宋）范曄撰　（唐）李賢注　（晉）司馬彪續撰　（南朝梁）劉昭補注　清光緒十三年(1887)金陵書局刻湖北書局彙印二十四史本　十六冊

140000－0501－0001026　17050－57

三國志六十五卷　（晉）陳壽撰　（南朝宋）裴松之注　清光緒十三年(1887)江南書局刻湖北書局彙印二十四史本　八冊

140000－0501－0001027　17058－77

晉書一百三十卷音義三卷　（唐）房玄齡撰　（唐）何超音義　清同治十年(1871)金陵書局刻光緒五年(1879)湖北書局彙印二十四史本　二十冊

140000－0501－0001028　17078－93

宋書一百卷　（南朝梁）沈約撰　清同治十一年(1872)金陵書局刻光緒五年(1879)湖北書局彙印二十四史本　十六冊

140000－0501－0001029　17094－99

南齊書五十九卷　（南朝梁）蕭子顯撰　清同治十三年(1874)金陵書局刻光緒五年(1879)湖北書局彙印二十四史本　六冊

140000－0501－0001030　17100－05

梁書五十六卷　（唐）姚思廉撰　清同治十三年(1874)金陵書局刻光緒五年(1879)湖北書局彙印二十四史本　六冊

140000－0501－0001031　17106－25

魏書一百十四卷　（北齊）魏收撰　清同治十一年(1872)金陵書局刻光緒五年(1879)彙印

二十四史本　二十册

140000 - 0501 - 0001032　17126 - 29
北齊書五十卷　（唐）李百藥撰　清同治十三年(1874)金陵書局刻光緒五年(1879)彙印二十四史本　四册

140000 - 0501 - 0001033　17130 - 33
周書五十卷　（唐）令狐德棻撰　清同治十三年(1874)金陵書局刻光緒五年(1879)湖北書局彙印二十四史本　四册

140000 - 0501 - 0001034　17134 - 49
隋書八十五卷附考異　（唐）魏徵撰　清同治十年(1871)淮南書局刻光緒五年(1879)湖北書局彙印二十四史本　十六册

140000 - 0501 - 0001035　17150 - 61
南史八十卷　（唐）李延壽撰　清同治十一年(1872)金陵書局刻光緒五年(1879)湖北書局彙印二十四史本　十二册

140000 - 0501 - 0001036　17162 - 81
北史一百卷　（唐）李延壽撰　清同治十一年(1872)金陵書局刻光緒五年(1879)湖北書局彙印二十四史本　二十册

140000 - 0501 - 0001037　17182 - 97
舊五代史一百五十卷目録二卷附考證　（宋）薛居正撰　清同治十一年(1872)湖北崇文書局彙印二十四史本　十六册

140000 - 0501 - 0001038　17198 - 205
五代史七十四卷　（宋）歐陽修撰　（宋）徐無黨注　清同治十一年(1872)湖北崇文書局刻彙印二十四史本　八册

140000 - 0501 - 0001039　17206 - 17
遼史一百十五卷　（元）脱脱撰　清同治十二年(1873)江蘇書局刻二十四史本　十二册

140000 - 0501 - 0001040　17218 - 37
金史一百三十五卷　（元）脱脱撰　欽定國語解一卷　（清）高宗弘曆撰　清同治十三年(1874)江蘇書局刻光緒五年(1879)湖北書局彙印二十四史本　二十册

140000 - 0501 - 0001041　17238 - 317
明史三百三十二卷　（清）張廷玉撰　清光緒三年(1877)湖北崇文書局刻五年(1879)湖北書局彙印二十四史本　八十册

140000 - 0501 - 0001042　17318 - 49
漢書一百卷附考證　（漢）班固撰　（唐）顏師古注　清同治十年(1871)成都書局刻本　三十二册

140000 - 0501 - 0001043　17350 - 77
後漢書一百二十卷附考證　（南朝宋）范曄撰　（晉）司馬彪續撰　（唐）李賢注　（南朝梁）劉昭補注　清同治十年(1871)成都書局刻本　二十八册

140000 - 0501 - 0001044　17378 - 91
三國志六十五卷附考證　（晉）陳壽撰　（南朝宋）裴松之注　清同治十年(1871)成都書局刻本　十四册

140000 - 0501 - 0001045　17392 - 431
五代史記七十四卷首一卷　（宋）歐陽修撰　（清）彭元瑞注　清刻本　四十册

140000 - 0501 - 0001046　17432 - 47
漢書一百二十卷　（漢）班固撰　（唐）顏師古注　清同治八年(1869)金陵書局刻本　十六册

140000 - 0501 - 0001047　17448 - 63
後漢書九十卷　（南朝宋）范曄撰　（唐）李賢注　續漢志三十卷　（晉）司馬彪撰　（南朝梁）劉昭補注　清同治八年(1869)金陵書局刻本　十六册

140000 - 0501 - 0001048　17464 - 71
三國志六十五卷　（晉）陳壽撰　（南朝宋）裴松之注　清同治九年(1870)金陵書局刻二十四史本　八册

140000 - 0501 - 0001049　17472 - 87
舊五代史一百五十卷目録二卷附考證　（宋）薛居正撰　清同治十一年(1872)湖北崇文書局彙印二十四史本　十六册

140000－0501－0001050　17488－95

五代史七十四卷　（宋）歐陽修撰　（宋）徐無黨注　清同治十一年(1872)湖北崇文書局刻彙印二十四史本　八冊

140000－0501－0001051　17496－503

五代史七十四卷　（宋）歐陽修撰　（宋）徐無黨注　清同治十一年(1872)湖北崇文書局刻彙印二十四史本　八冊

140000－0501－0001052　17504－11

五代史七十四卷　（宋）歐陽修撰　（宋）徐無黨注　清同治十一年(1872)湖北崇文書局刻彙印二十四史本　八冊

140000－0501－0001053　17512－23

遼史一百十五卷　（元）脫脫撰　清同治十二年(1873)江蘇書局刻光緒五年(1879)湖北書局彙印二十四史本　十二冊

140000－0501－0001054　17524－43

金史一百三十五卷　（元）脫脫撰　**欽定國語解一卷**　（清）高宗弘曆撰　清同治十二年(1873)江蘇書局刻光緒五年(1879)湖北書局彙印二十四史本　二十冊

140000－0501－0001055　17544－83

元史二百十卷目錄二卷附考證　（明）宋濂撰　**元史氏族表三卷元史藝文志四卷**　（清）錢大昕撰　清同治十三年(1874)江蘇書局刻光緒五年(1879)湖北書局彙印二十四史本　四十冊

140000－0501－0001056　17584－847

十七史　清道光蘇州趙氏書業堂刻本　二百六十四冊　缺(史記、五代史)

140000－0501－0001057　17848－53

五代史七十四卷　（宋）歐陽修撰　（宋）徐無黨注　明崇禎三年(1630)琴川毛氏汲古閣刻十七史本　六冊

140000－0501－0001058　17854－59

西魏書二十四卷　（清）謝啟昆撰　清光緒九年(1883)樹經堂刻本　六冊

140000－0501－0001059　17860－67

廿一史約編　（清）鄭元慶編　清大文堂刻本　八冊

140000－0501－0001060　17868－87

十七史商榷一百卷　（清）王鳴盛撰　清乾隆五十二年(1787)洞涇草堂刻本　二十冊

140000－0501－0001061　17888－903

廿二史蒙求疊韻四集　（清）陳樾撰　清道光十六年(1836)竹平安齋刻本　十六冊

140000－0501－0001062　17904－19

廿一史四譜五十四卷　（清）沈炳震編　清同治十年(1871)武林吳氏清來堂刻本　十六冊

140000－0501－0001063　17920－23

漢西域圖考七卷圖一卷　（清）李光廷撰　清同治九年(1870)陽湖趙氏壽諼草堂刻本　四冊

140000－0501－0001064　17926

廿一史提綱歌二卷　（清）李兆洛編　清同治十年(1871)御香書屋刻本　一冊

140000－0501－0001065　17927－86

二十四史九通政典類要合編三百二十卷　（清）黃書霖輯　清光緒二十八年(1902)約雅堂石印本　六十冊

140000－0501－0001066　17987－8010

欽定明鑑二十四卷首一卷　（清）托津撰　清嘉慶十八年(1813)內府刻本　二十四冊

140000－0501－0001067　18011－16

南北史補志十四卷　（清）汪士鐸撰　清光緒四年(1878)揚州淮南書局刻本　六冊

140000－0501－0001068　18017－28

廿二史劄記三十六卷首一卷　（清）趙翼撰　清光緒二十年(1894)廣東廣雅書局刻本　十二冊

140000－0501－0001069　18029－74

建炎以來繫年要錄二百卷　（宋）李心傳撰　清光緒二十六年(1900)廣東廣雅書局刻本　四十六冊

140000－0501－0001070　18075－98

續後漢書九十卷　（元）郝經撰　清光緒六年（1880）刻本　二十四冊

140000－0501－0001071　18099－110

西國近事彙編三十六卷　（美國）金楷理譯（清）姚棻筆述　清光緒二十三年（1897）慎記書莊石印本　十二冊

140000－0501－0001072　18111－17

日本新史攬要七卷　（日本）石村貞一編（清）游瀛主人譯　清光緒元年（1875）石印本　七冊

140000－0501－0001073　18118－21

歐羅巴通史四部十二篇　（日本）箕作元八（日本）峰岸米造合纂　（清）徐有成等譯　清光緒二十六年（1900）東亞譯書會鉛印本　四冊

140000－0501－0001074　18132－33

程氏家塾讀書分年日程二卷綱領一卷　（元）程端禮撰　清同治八年（1869）江蘇書局刻本　二冊

140000－0501－0001075　18134－43

欽定遼史語解十卷欽定金史語解十二卷欽定元史語解二十四卷　（清）高宗弘曆撰　清光緒四年（1878）江蘇書局刻本　十冊

140000－0501－0001076　18144－67

輿地沿革表四十卷首一卷　（清）楊丕復撰　清光緒十四年（1888）楊琪光刻本　二十四冊

140000－0501－0001077　18171－78

新斠注地理志十六卷　（清）錢坫撰　（清）徐松集釋　清同治十三年（1874）會稽章氏刻本　八冊

140000－0501－0001078　18179－84

隋書地理志考證九卷　楊守敬撰　清光緒二十七年（1901）刻本　六冊

140000－0501－0001079　18215－24

資治通鑑目錄三十卷　（宋）司馬光編　清同治八年（1869）江蘇書局刻本　十冊

140000－0501－0001080　18225－352

資治通鑑綱目前編二十五卷辨疑一卷　（明）南軒撰　正編五十九卷　（宋）朱熹撰　續編二十七卷　（明）商輅撰　（明）陳仁錫評　清嘉慶九年（1804）姑蘇聚文堂刻本　一百二十八冊

140000－0501－0001081　18413－28、18437－60

歷代通鑑纂要九十二卷　（明）李東陽纂　清光緒二十三年（1897）廣東廣雅書局刻本　四十冊

140000－0501－0001082　18461－520

續資治通鑑二百二十卷　（清）畢沅編　清同治六年（1867）江蘇書局刻本　六十冊

140000－0501－0001083　18521－30

資治通鑑外紀十卷目錄五卷　（宋）劉恕編集（清）胡克家注補　清同治十年（1871）江蘇書局刻本　十冊

140000－0501－0001084　18531－34

通鑑綱目釋地糾謬六卷補注六卷　（清）張庚撰　清乾隆十八年（1753）強恕齋刻本　四冊

140000－0501－0001085　18535－82

繹史一百六十卷世系圖一卷年表一卷　（清）馬驌撰　清同治七年（1868）姑蘇亦西齋刻本　四十八冊

140000－0501－0001086　18583－622

明通鑑一百卷首一卷　（清）夏燮撰　清同治十二年（1873）宜黃官廨刻本　四十冊

140000－0501－0001087　18623－42

明紀六十卷　（清）陳鶴撰　（清）陳克家訂清同治十年（1871）江蘇書局刻本　二十冊

140000－0501－0001088　18643－62

明朝紀事本末八十卷　（清）谷應泰撰　清兩浙學政衙門刻本　二十冊

140000－0501－0001089　18663－74

左傳紀事本末五十三卷　（清）高士奇撰　清同治十二年（1873）江西書局刻紀事本末五種

本　十二册

140000－0501－0001090　18675－94
宋史紀事本末一百九卷　（明）馮琦編　（明）
陳邦瞻纂　（明）張溥論正　清同治十三年
（1874）江西書局刻紀事本末五種本　二十册

140000－0501－0001091　18695－98
遼史紀事本末四十卷首一卷　（清）李有棠撰
　清光緒二十六年（1900）廣東廣雅書局彙刻
紀事本末五種本　四册

140000－0501－0001092　18699－704
金史紀事本末五十二卷首一卷　（清）李有棠
纂　清光緒二十七年（1901）廣東廣雅書局刻
彙刻紀事本末五種本　六册

140000－0501－0001093　18705－08
元史紀事本末二十七卷　（明）陳邦瞻撰
（明）張溥論正　清同治十三年（1874）江西書
局刻本　四册

140000－0501－0001094　18709－28
明史紀事本末八十卷　（清）谷應泰撰　清同
治十三年（1874）江西書局刻紀事本末五種本
　二十册

140000－0501－0001095　18765－68
五代史校刊劄記七十四卷　（清）劉光蕡撰
清光緒十七年（1891）陝甘味經刊書處刻本
四册

140000－0501－0001096　18780－83
柔遠新書四卷　（清）朱克敬撰　清光緒十年
（1884）上海刻本　四册

140000－0501－0001097　18784－87
司馬溫公稽古錄二十卷　（宋）司馬光撰　清
乾隆五十二年（1787）靈石梁元㷆奉思堂刻本
　四册

140000－0501－0001098　18788－91
稽古錄二十卷　（宋）司馬光撰　清光緒九年
（1883）解州解梁書院刻本　四册

140000－0501－0001099　18792－97
國朝柔遠記十八卷附編二卷　（清）王之春編

清光緒十七年（1891）廣東廣雅書局刻本
六册

140000－0501－0001100　18798－821
聖武記十四卷　（清）魏源撰　清道光二十四
年（1844）古微堂刻本　二十四册

140000－0501－0001101　18822－33
聖武記十四卷　（清）魏源撰　清道光二十六
年（1846）古微堂刻本　十二册

140000－0501－0001102　18842－53
豫軍紀略十二卷　（清）尹耕雲纂　清同治十
一年（1872）刻本　十二册

140000－0501－0001103　18854－57
湘軍志十六卷　王闓運撰　清光緒十二年
（1886）成都墨香書屋刻本　四册

140000－0501－0001104　18868－71
戡靖教匪述編十二卷　（清）石香村居士編
平定猺匪述略二卷　（清）周存義撰　清道光
十四年（1834）京都刻本　四册

140000－0501－0001105　18872－75
中東戰紀本末續編四卷首一卷末一卷　蔡爾
康輯　清光緒二十三年（1897）上海廣學會譯
著圖書集成局鉛印本　四册

140000－0501－0001106　18877
如諫果室叢刻四種　（清）王延釗撰　清宣統
二年（1910）京師益森書館鉛印本　一册

140000－0501－0001107　18878
韻史二卷　（清）許遴翁撰　清光緒十五年
（1889）上海廣百宋齋鉛印本　一册

140000－0501－0001108　18882－85
周季編略九卷　（清）黃式三纂　清同治十二
年（1873）浙江書局刻本　四册

140000－0501－0001109　18886－905
小腆紀年附考二十卷　（清）徐鼒撰　清光緒
四年（1878）京都龍威閣書坊刻本　二十册

140000－0501－0001110　18916－20
國語二十一卷　（三國吳）韋昭注　國語明道
本考異四卷　（清）汪遠孫撰　清同治八年

（1869）湖北崇文書局刻本　　五冊

140000－0501－0001111　18921－25

戰國策三十三卷　（漢）高誘注　（宋）姚宏校
注　重刻剡川姚氏本戰國策劄記三卷　　（清）
黃丕烈撰　清同治八年（1869）湖北崇文書局
刻本　　五冊

140000－0501－0001112　18926－31

國語二十一卷　（三國吳）韋昭注　（宋）宋庠
補音　清林蘭堂刻本　　六冊

140000－0501－0001113　18932－35

戰國策三十三卷　（漢）高誘注　清乾隆二十
一年（1756）雅雨堂刻本　　四冊

140000－0501－0001114　18940－45

慈溪黃氏日鈔分類九十七卷附古今紀要十九
卷　（宋）黃震編著　清乾隆三十二年（1767）
汪氏刻本　　六冊

140000－0501－0001115　18946－77

大清一統史略十一卷　　（日本）佐藤楚材編
清光緒二十八年（1902）上海世界譯書局石印
本　　三十二冊

140000－0501－0001116　18978－81

欽定蒙古源流八卷　（清）小徹辰薩囊撰　清
刻本　　四冊

140000－0501－0001117　18982－85

蒙古遊牧記十六卷　（清）張穆撰　清同治六
年（1867）壽陽祁氏刻本　　四冊

140000－0501－0001118　18989－9052

十朝東華錄　王先謙編　清光緒二十五年
（1899）石印本　　六十四冊

140000－0501－0001119　19053－76

東華續錄一百卷　王先謙編　清光緒二十七
年（1901）煥文書局石印本　　二十四冊

140000－0501－0001120　19077－92

十一朝東華錄詳節二十四卷　（清）鄔樹庭編
清光緒二十六年（1900）上海東文學堂石印
本　　十六冊

140000－0501－0001121　19093－108

十一朝東華錄詳節二十四卷　（清）鄔樹庭編
清光緒二十六年（1900）上海東文學堂石印
本　　十六冊

140000－0501－0001122　19109

讀東華錄不分卷　（清）寶士鏞撰　清宣統三
年（1911）鉛印本　　一冊

140000－0501－0001123　19112－23

史記菁華錄六卷　（清）姚祖恩輯　清道光四
年（1824）姚氏扶荔山房刻本　　十二冊

140000－0501－0001124　19291－96

元朝秘史十卷續集二卷　　（元）佚名撰　清光
緒三十四年（1908）葉氏觀古堂刻本　　六冊

140000－0501－0001125　19330

萬里行程記一卷　（清）祁韻士編　清刻本
一冊

140000－0501－0001126　19331

萬里行程記一卷　（清）祁韻士編　清刻本
一冊

140000－0501－0001127　19332

西陲要略四卷　（清）祁韻士輯　清道光十七
年（1837）筠淥山房刻本　　一冊

140000－0501－0001128　19333

西陲要略四卷　（清）祁韻士輯　清道光十七
年（1837）筠淥山房刻本　　一冊

140000－0501－0001129　19336－45

晉略六十六卷　（清）周濟撰　清光緒三年
（1877）味雋齋刻本　　十冊

140000－0501－0001130　19346－55

于清端公政書八卷續集一卷外集一卷　　（清）
于成龍撰　（清）蔡方炳編　清康熙四十六年
（1707）刻本　　十冊

140000－0501－0001131　19364－83

路史四十七卷　（宋）羅泌撰　明萬曆三十九
年（1611）喬可傳刻本　　二十冊

140000－0501－0001132　19384－92

明季北略二十四卷　（清）計六奇輯　清道光
都城琉璃廠半松居士刻本　　九冊

140000－0501－0001133　19393－99

明季南略十八卷　（清）計六奇編輯　清都城
琉璃廠半松居士木活字印本　七冊

140000－0501－0001134　19404－08

鑑撮附讀史論略四卷　（清）曠敏本編　清刻
本　五冊

140000－0501－0001135　19418

六合紀事四卷　（清）慕平圍撰　清宣統三年
(1911)鉛印本　一冊

140000－0501－0001136　19432－35

山海經十八卷　（晉）郭璞撰　清光緒三年
(1877)浙江書局刻本　四冊

140000－0501－0001137　19462－65

四裔編年表不分卷　（美國）林樂知　嚴良勳
譯　（清）李鳳苞彙編　清光緒二十三年
(1897)石印本　四冊

140000－0501－0001138　19467－70

禹貢會箋十二卷　（清）徐文靖輯　清乾隆十
八年(1753)志寧堂刻本　四冊

140000－0501－0001139　19471－74

竹書紀年統箋十二卷前編一卷雜述一卷
(清)徐文靖撰　清乾隆十五年(1750)刻本
四冊

140000－0501－0001140　19475－76

逸周書十卷　（晉）孔晁注　清乾隆五十一年
(1786)抱經堂刻本　二冊

140000－0501－0001141　19477－81

國語校注本三種　（清）汪遠孫撰　清道光二
十六年(1846)武林汪氏振綺堂刻本　五冊

140000－0501－0001142　19482－87

國語二十一卷　（三國吳）韋昭注　清嘉慶十
一年(1806)姑蘇書業堂刻本　六冊

140000－0501－0001143　19488

剡川姚氏本戰國策劄記三卷　（清）黃丕烈撰
清嘉慶八年(1803)吳門黃氏讀未見書齋刻
本　一冊

140000－0501－0001144　19489－92

歸潛志十四卷　（元）劉祁撰　清乾隆福州官
書局刻本　四冊

140000－0501－0001145　19493－500

錦里新編十六卷首一卷　（清）張邦伸纂輯
清嘉慶五年(1800)敦彝堂刻本　八冊

140000－0501－0001146　19501

明夷待訪錄一卷　（清）黃宗羲撰　清末山西
大學堂印書局鉛印本　一冊

140000－0501－0001147　19502

明夷待訪錄一卷　（清）黃宗羲撰　清末山西
大學堂印書局鉛印本　一冊

140000－0501－0001148　19503

覆瓿叢談二卷　（清）吳曾英撰　清光緒十二
年(1886)東倉書庫刻本　一冊

140000－0501－0001149　19504

聖安紀事二卷附顧氏譜系考一卷　（清）顧炎
武撰　清光緒十一年(1885)吳縣孫谿槐廬家
塾刻本　一冊

140000－0501－0001150　19505

讀史紀略四卷　（清）蕭濬輯　清道光二十年
(1840)靈石楊氏澹靜齋刻本　一冊

140000－0501－0001151　19507

野記四卷　（明）祝允明撰　清同治十三年
(1874)元和祝氏刻本　一冊

140000－0501－0001152　19508－09

唐摭言十五卷　（五代）王定保撰　清乾隆二
十一年(1756)德州盧氏雅雨堂刻本　二冊

140000－0501－0001153　19510－11

孝史二卷　（清）王錫編輯　清同治四年
(1865)刻本　二冊

140000－0501－0001154　19512－21

普法戰紀二十卷　（清）張忠良口譯　（清）王
韜輯　清光緒二十一年(1895)刻本　十冊

140000－0501－0001155　19522－23

節本泰西新史攬要八卷　（英國）馬懇西撰
(英國)李提摩太合譯　蔡爾康　周慶雲節編
清光緒二十七年(1901)夢坡室刻本　二冊

140000 – 0501 – 0001156　19524 – 25

英吉利史三卷　（日本）須永金三郎撰　清光緒二十九年（1903）廣智書局鉛印本　二冊

140000 – 0501 – 0001157　19532 – 35

新刊古列女傳八卷　（漢）劉向撰　（晉）顧愷之圖畫　清道光五年（1825）刻本　四冊

140000 – 0501 – 0001158　19536 – 647

硃批諭旨不分卷　（清）世宗胤禛撰　（清）鄂爾泰輯　清乾隆三年（1738）內府刻朱墨套印本　一百十二冊

140000 – 0501 – 0001159　19748 – 81

雍正上諭不分卷　（清）允祿編　清刻本　三十四冊

140000 – 0501 – 0001160　19782 – 901

史緯三百三十卷首一卷　（清）陳允錫撰　清湖海樓刻本　一百二十冊

140000 – 0501 – 0001161　19986 – 20009

歷代名臣奏議選三十卷　（清）趙承恩輯　清光緒五年（1879）舊學山房刻本　二十四冊

140000 – 0501 – 0001162　20018 – 19

唐陸宣公奏議讀本四卷首一卷　（唐）陸贄撰　（清）汪銘謙編　清光緒二十六年（1900）會稽馬氏石印本　二冊

140000 – 0501 – 0001163　20020 – 23

孝肅奏議十卷　（宋）包拯撰　（宋）張田輯　清同治二年（1863）合肥李氏刻本　四冊

140000 – 0501 – 0001164　20024 – 103

皇清名臣奏議六十八卷首一卷　琴川居士編　清都城國史館琴川居士木活字印本　八十冊

140000 – 0501 – 0001165　20104 – 11

皇朝名臣奏議彙編初集六十八卷首一卷　琴川居士編　清光緒二十八年（1902）麗澤學會石印本　八冊

140000 – 0501 – 0001166　20112 – 43

駱文忠公奏議十六卷續十一卷附錄一卷挽言錄一卷　（清）駱秉章撰　清光緒刻本　三十

二冊

140000 – 0501 – 0001167　20144 – 47

同治中興京外奏議約編八卷　（清）陳弢編　清光緒元年（1875）京都小酉山房刻本　四冊

140000 – 0501 – 0001168　20148 – 55

同治中興京外奏議約編八卷　（清）陳弢輯　清光緒元年（1875）浙江陳氏篋劍囊琴之室刻本　八冊

140000 – 0501 – 0001169　20156 – 179

丁文誠公奏稿二十六卷首一卷　（清）丁寶楨撰　清光緒十九年（1893）刻本　二十四冊

140000 – 0501 – 0001170　20180 – 87

彭剛直公奏稿八卷　（清）彭玉麟撰　清光緒十七年（1891）吳下刻本　八冊

140000 – 0501 – 0001171　20188 – 91

閣鈔彙編不分卷　清光緒華北書局鉛印本　四冊

140000 – 0501 – 0001172　20192 – 95

曾文正公奏議十卷　（清）曾國藩撰　補編四卷首一卷末一卷　（清）薛福成編　清光緒二十二年（1896）上海圖書集成印書局鉛印本　四冊

140000 – 0501 – 0001173　20196

王文敏公奏疏一卷　（清）王懿榮撰　清宣統三年（1911）江寧印刷廠鉛印本　一冊

140000 – 0501 – 0001174　20197 – 200

錢敏肅公奏疏七卷　（清）錢鼎銘撰　清光緒六年（1880）存策堂刻本　四冊

140000 – 0501 – 0001175　20213 – 24

歷代名臣言行錄續集四十卷首一卷　（清）張兆蓉編　清光緒二十八年（1902）上海通文局石印本　十二冊

140000 – 0501 – 0001176　20225 – 88

漢名臣傳三十二卷　（清）國史館編　清京都榮錦書房木活字印本　六十四冊

140000 – 0501 – 0001177　20289 – 96

闕里文獻考一百卷首一卷末一卷　（清）孔繼

汾撰　清乾隆二十七年(1762)刻本　八冊

140000－0501－0001178　20297－308

文獻徵存錄十卷　(清)錢林輯　(清)王藻編
　清咸豐八年(1858)王氏有嘉樹軒刻本　十
二冊

140000－0501－0001179　20309－20

鄂國金佗稡編二十八卷續編三十卷　(宋)岳
珂編　清光緒九年(1883)浙江書局刻本　十
二冊

140000－0501－0001180　20323－26

忠武祠墓志七卷首一卷末一卷　(清)李復心
輯　清同治五年(1866)沔署刻本　四冊

140000－0501－0001181　20327－50

歷代名儒傳八卷　(清)朱軾　(清)蔡世遠編
輯　(清)李清植分纂　歷代名臣傳三十五卷
續編五卷　(清)朱軾　(清)蔡世遠編輯
(清)張江分纂　歷代循吏傳八卷　(清)朱軾
　(清)蔡世遠編輯　(清)張福昶分纂　清同
治三年(1864)刻本　二十四冊

140000－0501－0001182　20351－440

皇朝經世文編一百二十卷姓名總目二卷
(清)賀長齡編　清光緒十七年(1891)邵州經
緝書局刻本　九十冊

140000－0501－0001183　20441－70

皇朝經世文續編一百二十卷姓名總目一卷
(清)葛士濬編　(清)管窺居士輯　清光緒十
四年(1888)邵州經緝書局刻本　三十冊

140000－0501－0001184　20471－94

國朝先正事略六十卷　(清)李元度纂　清同
治五年(1866)循陔草堂刻本　二十四冊

140000－0501－0001185　20495

羅公出處紀事一卷　(清)董清峻撰　清光緒
二十八年(1902)鉛印本　一冊

140000－0501－0001186　20496－507

十六國春秋一百卷　(北魏)崔鴻撰　(清)汪
日桂重訂　清光緒十二年(1886)湖北官書處
刻本　十二冊

140000－0501－0001187　20508－13

瀛環志略十卷　(清)徐繼畬撰　清同治五年
(1866)總理衙門刻本　六冊

140000－0501－0001188　20514－37

欽定授時通考七十八卷　(清)張廷玉撰　清
江西書局刻本　二十四冊

140000－0501－0001189　20550－53

國朝先正事略續編四卷　朱孔彰撰　清光緒
二十六年(1900)石印本　四冊

140000－0501－0001190　20554－61

中州人物考八卷　(清)孫奇逢輯　清道光二
十四年(1844)孫氏刻本　八冊

140000－0501－0001191　20563－74

國朝先正事略六十卷　(清)李元度纂　中興
名臣事略八卷　朱孔彰撰　清光緒二十五年
(1899)上海圖書集成印書局鉛印本　十二冊

140000－0501－0001192　20575－82

史外八卷附錄一卷　(清)汪有典撰　清光緒
三年(1877)刻本　八冊

140000－0501－0001193　20583－84

朱子為學次第考二卷　(清)童能靈撰　清光
緒十九年(1893)劉氏傳經堂刻本　二冊

140000－0501－0001194　20586－89

關帝志四卷　(清)張鎮輯　清乾隆二十一年
(1756)刻本　四冊

140000－0501－0001195　20590－95

湯陰精忠廟志十卷　(明)張應登輯　清乾隆
刻本　六冊

140000－0501－0001196　20596－619

吳郡名賢圖傳贊二十卷附聖廟祀典圖考五卷
古聖賢像傳略十六卷　(清)顧沅輯　清道光
九年(1829)長洲顧氏刻本　二十四冊

140000－0501－0001197　20620－39

明紀六十卷　(清)陳鶴撰　(清)陳克家訂
清同治十年(1871)江蘇書局刻本　二十冊

140000－0501－0001198　20640－63

尚史七十卷首一卷末一卷　(清)李鍇撰　清

乾隆三十八年(1773)刻本　二十四冊

140000－0501－0001199　20664－71
貳臣傳十二卷逆臣傳四卷　(清)國史館編
清京都半松居士木活字印本　八冊

140000－0501－0001200　20672－79
貳臣傳十二卷逆臣傳四卷　(清)國史館編
清京都半松居士木活字印本　八冊

140000－0501－0001201　20680－91
大清中外一統輿圖三十卷首一卷中一卷
(清)胡林翼編　清同治二年(1863)湖北景桓
樓刻本　十二冊

140000－0501－0001202　20692－701
資治通鑑目錄三十卷　(宋)司馬光編　清同
治八年(1869)江蘇書局刻本　十冊

140000－0501－0001203　20705－07
西夏紀事本末三十六卷首二卷　(清)張鑑撰
　清光緒十一年(1885)金陵刻本　三冊

140000－0501－0001204　20708－13
道光乙未恩科直省同年錄不分卷　清道光十
五年(1835)文奎齋刻本　六冊

140000－0501－0001205　20714－20
明題名碑錄不分卷　清刻本　七冊

140000－0501－0001206　20721－29
明清題名碑錄　(清)錢維城輯　清乾隆十一
年(1746)刻本　九冊

140000－0501－0001207　20730－36
國朝歷科題名碑錄初集不分卷附明洪武至崇
禎各科題名錄不分卷　(清)李周望輯　(清)
德沛校補　清乾隆十一年(1746)刻本　七冊

140000－0501－0001208　20737－41
國朝歷科題名碑錄初集不分卷附明洪武至崇
禎各科題名錄不分卷　(清)李周望輯　(清)
德沛校補　清乾隆十一年(1746)刻本　五冊

140000－0501－0001209　20742－47
國朝歷科題名碑錄初集不分卷附明洪武至崇
禎各科題名錄不分卷　(清)李周望輯　(清)
德沛校補　清乾隆十一年(1746)刻本　六冊

140000－0501－0001210　20748－51
道光二十七年丁未科宗室會試同年齒錄不分
卷　清道光二十七年(1847)北京梓文齋刻本
　四冊

140000－0501－0001211　20752
[光緒庚子辛丑恩正併科]山西鄉試同年齒錄
一卷　清光緒二十七年(1901)刻本　一冊

140000－0501－0001212　20753－54
三立閣史鈔二卷　(清)李鎔經輯　清道光十
七年(1837)晉陽書院刻本　二冊

140000－0501－0001213　20755－59
明督撫年表五卷　(清)吳廷燮編　清鉛印本
　五冊

140000－0501－0001214　20760－61
國朝先正學規彙鈔不分卷　(清)黃舒昺編
清光緒十九年(1893)學署刻本　二冊

140000－0501－0001215　20762－63
國朝先正學規彙鈔不分卷　(清)黃舒昺編
清光緒十九年(1893)學署刻本　二冊

140000－0501－0001216　20764－67
於越先賢像傳贊二卷　(清)王齡撰　清咸豐
六年(1856)王氏敬和堂刻本　四冊

140000－0501－0001217　20768－89
續中州名賢文表六十八卷　邵松年輯　清光
緒三十一年(1905)鴻文書局石印本　二十
二冊

140000－0501－0001218　20810－49
通典二百卷　(唐)杜佑撰　清同治十年
(1871)學海堂刻本　四十冊

140000－0501－0001219　20850－89
欽定續通典一百五十卷　(清)嵇璜撰　清光
緒元年(1875)學海堂刻本　四十冊

140000－0501－0001220　20890－921
皇朝通典一百卷　(清)嵇璜撰　(清)曹仁虎
編　清光緒元年(1875)廣東學海堂刻本　三
十二冊

140000－0501－0001221　20922－33

皇朝通典一百卷 （清）曹仁虎等纂修 清光緒二十七年（1901）上海圖書集成局鉛印本 十二冊

140000 – 0501 – 0001222　20934 – 93

通志二百卷欽定三通考證三卷 （宋）鄭樵撰 清光緒二十七年（1901）上海圖書集成局鉛印本 六十冊

140000 – 0501 – 0001223　20994 – 1053

欽定續通志六百四十卷 （清）曹仁虎等纂修 清光緒二十七年（1901）上海圖書集成局鉛印本 六十冊

140000 – 0501 – 0001224　21054 – 253

欽定續通志六百四十卷 （清）曹仁虎等纂修 清光緒十二年（1886）浙江書局刻本 二百冊

140000 – 0501 – 0001225　21254 – 93

皇朝通志一百二十六卷 （清）嵇璜 （清）曹仁虎纂 清光緒八年（1882）浙江書局刻本 四十冊

140000 – 0501 – 0001226　21294 – 413

欽定續文獻通考二百五十卷 （清）曹仁虎纂 清光緒十三年（1887）浙江書局刻本 一百二十冊

140000 – 0501 – 0001227　21414 – 573

皇朝文獻通考三百卷 （清）嵇璜 （清）曹仁虎纂 清光緒八年（1882）浙江書局刻本 一百六十冊

140000 – 0501 – 0001228　21574 – 617

文獻通考三百四十八卷考證三卷 （元）馬端臨撰 清光緒二十七年（1901）上海圖書集成局鉛印本 四十四冊

140000 – 0501 – 0001229　21618 – 53

欽定續文獻通考二百五十卷 （清）嵇璜纂修 清光緒二十七年（1901）上海圖書集成局鉛印本 三十六冊

140000 – 0501 – 0001230　21654 – 77

文獻通考纂二十二卷 （元）馬端臨撰 續文

獻通考纂二十二卷 （明）王圻撰 （清）郎星纂 清康熙三年（1664）金匱山房刻本 二十四冊

140000 – 0501 – 0001231　21678 – 79

三通序 不分卷 （唐）杜佑 （宋）鄭樵 （元）馬端臨撰 清光緒十九年（1893）文英閣刻本 二冊

140000 – 0501 – 0001232　21680 – 709

三通考輯要七十六卷 湯壽潛輯 清光緒二十五年（1899）上海圖書集成局鉛印本 三十冊

140000 – 0501 – 0001233　21710 – 59

通典二百卷附考證 （唐）杜佑撰 清光緒二十二年（1896）浙江書局刻本 五十冊

140000 – 0501 – 0001234　21760 – 99

欽定續通典一百五十卷 （清）嵇璜 （清）曹仁虎纂 清光緒十二年（1886）浙江書局刻本 四十冊

140000 – 0501 – 0001235　21800 – 32

皇朝通典一百卷 （清）嵇璜 （清）曹仁虎纂 清光緒八年（1882）浙江書局刻本 三十三冊

140000 – 0501 – 0001236　21833 – 959

文獻通考三百八十四卷考證三卷 （元）馬端臨撰 清光緒二十二年（1896）浙江書局刻本 一百二十七冊

140000 – 0501 – 0001237　21960 – 2076

皇朝文獻通考三百卷 （清）嵇璜 （清）曹仁虎纂 清光緒八年（1882）浙江書局刻本 一百十七冊

140000 – 0501 – 0001238　22077 – 219

通志二百卷考證三卷 （宋）鄭樵撰 清光緒二十二年（1896）浙江書局刻本 一百四十三冊

140000 – 0501 – 0001239　22220 – 27

皇朝文獻通考詳節二十六卷 （清）嵇璜纂 清光緒二十七年（1901）鴻寶齋書局石印本

八冊

140000－0501－0001240　22228－31

文獻通考紀要四卷　清光緒二十八年（1902）
石印本　四冊

140000－0501－0001241　22232－41

西漢會要七十卷　（宋）徐天麟撰　清光緒十
年（1884）江蘇書局刻本　十冊

140000－0501－0001242　22242－49

東漢會要四十卷　（宋）徐天麟撰　清光緒十
年（1884）江蘇書局刻本　八冊

140000－0501－0001243　22250－55

五代會要三十卷　（宋）王溥撰　清光緒十二
年（1886）江蘇書局刻本　六冊

140000－0501－0001244　22256－79

唐會要一百卷　（宋）王溥撰　清光緒十年
（1884）江蘇書局刻本　二十四冊

140000－0501－0001245　22280－315

欽定大清會典圖一百三十二卷目錄二卷
（清）托津撰　清嘉慶十六年（1811）內府刻本
三十六冊

140000－0501－0001246　22376－423

資治通鑑補正二百九十四卷首一卷　（宋）司
馬光編　（元）胡三省注　（明）嚴衍補證　清
光緒二十八年（1902）上海益智書局石印本
四十八冊

140000－0501－0001247　22424－59

欽定大清會典一百卷首一卷　（清）崑岡撰
清光緒二十五年（1899）石印本　三十六冊

140000－0501－0001248　22460－71

左傳紀事本末五十三卷　（清）高士奇纂　清
光緒二十六年（1900）廣東廣雅書局刻紀事本
末五種本　十二冊

140000－0501－0001249　22472－81

晉略六十六卷　（清）周濟撰　清道光十八年
（1838）刻本　十冊

140000－0501－0001250　22482－93

日涉編十二卷　（明）陳堦撰　（明）徐養量校

清乾隆三十四年（1769）清畏堂刻本　十
二冊

140000－0501－0001251　22494－95

三立閣史鈔二卷　（清）李鎔經輯　清道光十
七年（1837）晉陽書院刻本　二冊

140000－0501－0001252　22496－502

岱史十八卷　（明）查志隆輯　明刻清康熙三
十八年（1699）山東補刻本　七冊

140000－0501－0001253　22503－06

帝王世紀纂要四卷目錄一卷　（清）遊昌灼輯
清嘉慶十七年（1812）刻本　四冊

140000－0501－0001254　22515－46

漢名臣傳三十二卷　（清）國史館編　清京都
榮錦書房木活字印本　三十二冊

140000－0501－0001255　22547－78

東萊先生唐書詳節六十卷　（宋）呂祖謙撰
明建陽慎獨齋刻本　三十二冊

140000－0501－0001256　22579－83

**國語二十一卷校刊明道本韋氏解國語札記一
卷**　（三國吳）韋昭注　**國語明道本考異四卷**
（清）汪遠孫撰　清同治八年（1869）湖北崇
文書局刻本　五冊

140000－0501－0001257　22584－85

皇朝謚法考五卷續編一卷補編一卷　（清）鮑
康輯　**續補編一卷**　（清）徐士鑾輯　清同治
三年至十一年（1864－1872）刻本　二冊

140000－0501－0001258　22586－89

正義先生言行略八卷　（清）呂文櫬撰　清乾
隆二十三年（1758）延義堂刻本　四冊

140000－0501－0001259　22590－605

十國春秋一百十四卷　（清）吳任臣撰　清康
熙十七年（1678）彙賢齋刻本　十六冊

140000－0501－0001260　22608－13

集古錄跋尾十卷　（宋）歐陽修撰　**集古錄目
五卷**　（宋）歐陽棐撰　清道光二十四年
（1844）三長物齋刻本　六冊

140000－0501－0001261　22614－17

史通削繁四卷 （清）紀昀撰 清道光十三年(1833)兩廣節署刻朱墨套印本 四冊

140000－0501－0001262 22618－22

戰國策三十三卷 （漢）高誘注 重刻剡川姚氏本戰國策剳記三卷 （清）黃丕烈撰 清同治八年(1869)湖北崇文書局刻本 五冊

140000－0501－0001263 22623－26

南北史捃華八卷 （清）周嘉猷輯 清乾隆十四年(1749)刻本 四冊

140000－0501－0001264 22627－34

史通通釋二十卷 （清）浦起龍撰 清光緒十九年(1893)上海文瑞樓石印本 八冊

140000－0501－0001265 22635

西京雜記六卷 （晉）葛洪撰 漢武帝內傳一卷 （漢）班固撰 飛燕外傳一卷 （漢）伶元撰 雜事秘辛一卷 （漢）□□撰 清乾隆刻增訂漢魏叢書本 一冊

140000－0501－0001266 22636－44

撫豫宣化錄四卷 （清）田文鏡撰 清雍正五年(1727)田氏刻本 九冊

140000－0501－0001267 22645

奏定京內官制全案一卷 清太原濬文書局鉛印本 一冊

140000－0501－0001268 22646

聖諭廣訓一卷 （清）世宗胤禛撰 清宣統二年(1910)貴州學政嚴修石印本 一冊

140000－0501－0001269 22647－48

聖諭廣訓十六條 （清）世宗胤禛撰 清光緒三十四年(1908)學部圖書局石印本 二冊

140000－0501－0001270 22649

改元記不分卷 （清）張含性輯 清滋德堂刻本 一冊

140000－0501－0001271 22650－53

度隴記四卷 （清）董醇撰 清咸豐元年(1851)刻隨軺載筆本 四冊

140000－0501－0001272 22654－57

三立祠傳二卷 （明）袁繼咸纂 （清）劉梅重輯 （清）和其衷重編 清乾隆刻嘉慶十八年(1813)劉贊續刻本 四冊

140000－0501－0001273 22658－61

三立祠傳二卷 （明）袁繼咸纂 （清）劉梅重輯 （清）和其衷重編 清乾隆劉贊刻嘉慶、道光遞修本 四冊

140000－0501－0001274 22662－709

欽定大清通禮五十四卷首一卷目錄一卷 （清）來保 （清）李玉鳴纂 （清）穆克登額續修 清道光六年(1826)刻本 四十八冊

140000－0501－0001275 22710－15

熙朝紀政六卷 （清）王慶雲述 清光緒二十四年(1898)影印本 六冊

140000－0501－0001276 22716－17

太平經國之書十一卷首一卷 （宋）鄭伯謙撰 清康熙刻通志堂經解本 二冊

140000－0501－0001277 22718－41

弇山堂別集一百卷 （明）王世貞撰 清廣東廣雅書局刻本 二十四冊

140000－0501－0001278 22742－65

欽定臺規四十二卷 （清）延煦纂 清光緒十八年(1892)都察院刻本 二十四冊

140000－0501－0001279 22766－81

欽定學政全書八十六卷首一卷 （清）童璜纂 清嘉慶十七年(1812)武英殿刻本 十六冊

140000－0501－0001280 22782－85

明貢舉考略二卷國朝貢舉考略二卷 （清）黃崇蘭輯 清嘉慶八年(1803)刻本 四冊

140000－0501－0001281 22786－97

欽定吏部銓選章程三十二卷 清刻本 十二冊

140000－0501－0001282 22798－818

牧令書二十三卷保甲書四卷 （清）徐棟輯 清道光二十八年(1848)解虛齋刻本 二十一冊

140000－0501－0001283 22819－20

名法指掌增訂二卷　（清）沈辛田纂輯　清乾隆八年(1743)蓮西草堂刻本　二冊

140000－0501－0001284　22821－30

牧令書輯要十卷　（清）徐棟編　（清）丁日昌重編　清同治八年(1869)湖北崇文書局刻本　十冊

140000－0501－0001285　22831－36

入幕須知　（清）張廷驤輯　清光緒十三年(1887)刻本　六冊

140000－0501－0001286　22837－41

宦海指南五種　（清）許乃普輯　清咸豐九年(1859)刻本　五冊

140000－0501－0001287　22842－43

莅政摘要二卷　（清）陸隴其編　清蘭州官書局鉛印本　二冊

140000－0501－0001288　22844－57

欽頒州縣事宜五種　（清）田文鏡輯　清同治七年(1868)江蘇書局刻本　十四冊

140000－0501－0001289　22858－61

吳柳堂先生誄文正續合編不分卷　（清）傅巖霖編　清光緒九年(1883)刻本　四冊

140000－0501－0001290　22862－69

勅修河東鹽法志十二卷　（清）覺羅石麟纂（清）朱一鳳輯　清雍正五年(1727)刻本　八冊

140000－0501－0001291　22870－79

增修河東鹽法備覽八卷首一卷　（清）張元鼎纂　清光緒八年(1882)刻本　十冊

140000－0501－0001292　22880－82

續增河東鹽法備覽三卷　（清）寶棻修　（清）姚楷纂　清宣統元年(1909)刻本　三冊

140000－0501－0001293　22883

治鄉三約一卷　（清）陸世儀撰　清同治四年(1865)成都志古堂刻本　一冊

140000－0501－0001294　22885

宰廬實蹟一卷　（清）魏獻編輯　清同治六年(1867)梁榆式硯齋刻本　一冊

140000－0501－0001295　22886

救荒六十策一卷　（清）寄湘漁父輯　清光緒六年(1880)山西濬文書局刻本　一冊

140000－0501－0001296　22887

隴蜀餘聞一卷　（清）王士禛撰　清刻本　一冊

140000－0501－0001297　22888－911

四川官運鹽案類編九十卷首一卷　（清）華國英增輯　清光緒二十八年(1902)瀘州總局刻本　二十四冊

140000－0501－0001298　22912－13

己庚編二卷　（清）祁韻士纂輯　清道光二十八年(1848)筠淥山房刻本　二冊

140000－0501－0001299　22914

中國度支考　（英國）哲美森　（清）上海廣學會編　清光緒二十三年(1897)上海圖書集成局鉛印本　一冊

140000－0501－0001300　22916－21

吾學錄初編二十四卷　（清）吳榮光述　清光緒七年(1881)三原李氏桐蔭軒刻本　六冊

140000－0501－0001301　22922－27

吾學錄初編二十四卷　（清）吳榮光撰　清同治九年(1870)江蘇書局刻本　六冊

140000－0501－0001302　22928

湖南省城育嬰堂條規一卷　清同治八年(1869)長沙育嬰堂刻本　一冊

140000－0501－0001303　22929－36

籌濟編三十二卷首一卷　（清）楊景仁輯　清光緒十三年(1887)山西濬文書局刻本　八冊

140000－0501－0001304　22937－40

歐美政治要義十八章　（清）戴鴻慈編　清光緒三十四年(1908)上海商務印書館石印本　四冊

140000－0501－0001305　22941－43

政績彙覽十四卷　（清）糜奇瑜纂　清道光十年(1830)毓德堂刻本　三冊

140000－0501－0001306　22944

籌防輯略一卷 （清）沈鐘撰 清同治二年(1863)介邑文翰堂刻本 一冊

140000－0501－0001307 22945－60

安吳四種三十六卷首一卷 （清）包世臣撰 清光緒十四年(1888)刻本 十六冊

140000－0501－0001308 22967－72

聖廟祀典圖考五卷首一卷附聖跡圖一卷孟子聖跡圖一卷 （清）顧沅輯 清道光六年(1826)吳門賜硯堂顧氏刻本 六冊

140000－0501－0001309 22973－78

聖廟祀典圖考五卷首一卷附聖跡圖一卷孟子聖跡圖一卷 （清）顧沅輯 清道光六年(1826)吳門賜硯堂顧氏刻本 六冊

140000－0501－0001310 22979－88

欽定國子監則例四十四卷首六卷 （清）劉墉纂修 清嘉慶二年(1797)刻本 十冊

140000－0501－0001311 22989－3004

欽定國子監志八十二卷首二卷附引用書目一卷 （清）文慶纂 清道光十二年(1832)刻本 十六冊 存四十七卷(一至四十五、首二卷)

140000－0501－0001312 23005－36

欽定禮部則例一百九十四卷 （清）闍泰和纂修 清乾隆四十九年(1784)禮部刻本 三十二冊

140000－0501－0001313 23037－40

饗宮敬事錄六卷 （清）桂良輯 清同治十一年(1872)刻本 四冊

140000－0501－0001314 23041－63

欽定科場條例六十卷續增科場條例一卷首一卷 （清）麟桂纂 清道光十四年至二十二年(1834－1842)刻本 二十三冊

140000－0501－0001315 23064－79

欽定武場條例十六卷 （清）景清撰 清光緒二十一年(1895)兵部刻本 十六冊

140000－0501－0001316 23080－95

欽定武場條例十六卷 （清）景清撰 清光緒二十一年(1895)兵部刻本 十六冊

140000－0501－0001317 23096－97

武場條例八卷 清光緒元年(1875)刻本 二冊

140000－0501－0001318 23107－11

薜蘿亭札記八卷 （清）喬松年撰 清同治十二年(1873)刻本 五冊

140000－0501－0001319 23111－18

史通削繁四卷 （清）紀昀撰 清道光十三年(1833)兩廣節署刻朱墨套印本 八冊

140000－0501－0001320 23119－22

李恕谷先生[塨]年譜五卷附傳記 （清）馮辰纂 （清）惲鶴生修訂 （清）李鍇 （清）劉調贊續編 清道光十六年(1836)刻本 四冊

140000－0501－0001321 23123

雙節堂庸訓四卷 （清）汪輝祖纂 清道光二十二年(1842)刻本 一冊

140000－0501－0001322 23124－31

養吉齋叢錄二十六卷餘錄十卷 （清）吳振棫纂 清光緒二十二年(1896)刻本 八冊

140000－0501－0001323 23132

聞善錄三卷 （清）牛樹梅編輯 清同治三年(1864)刻本 一冊

140000－0501－0001324 23133

秦蜀驛程後記二卷 （清）王士禛撰 清刻本 一冊

140000－0501－0001325 23134

吏楚事略三卷 （清）饒拱辰撰 清同治四年(1865)刻本 一冊

140000－0501－0001326 23135－38

唐才子傳十卷 （元）辛文房撰 （清）陸芝榮撰考異 清嘉慶十年(1805)三間草堂刻本 四冊

140000－0501－0001327 23142－43

圖民錄四卷 （清）袁守定著 清咸豐七年(1857)錦官城陝甘公所刻本 二冊

140000－0501－0001328　23144－45

讀書脞錄七卷　（清）孫志祖撰　清蘇州文學山房木活字印本　二冊

140000－0501－0001329　23146－51

史記菁華錄六卷　（清）姚祖恩輯　清光緒九年(1883)廣州翰墨園刻朱墨套印本　六冊

140000－0501－0001330　23152－53

鹽鐵論十卷附校勘小識一卷　（漢）桓寬撰　清光緒十七年(1891)思賢講舍刻本　二冊

140000－0501－0001331　23157－96

讀例存疑五十四卷律目一卷　（清）薛允升著　清光緒三十一年(1905)北京翰茂齋刻本　四十冊

140000－0501－0001332　23197－260

刑案匯覽六十卷首一卷末一卷續增刑案匯覽十六卷律目一卷　（清）祝慶祺　（清）祝松庵編　清道光十四年(1834)棠樾慎思堂刻本　六十四冊

140000－0501－0001333　23261－293

大清律例彙輯便覽四十卷附二卷　（清）何瞻纂修　清光緒三年(1877)浙杭讀律山館刻本　三十三冊

140000－0501－0001334　23294－317

大清律例增修統纂集成四十卷附督捕則例二卷　（清）吳煦輯　（清）陶駿　（清）陶念霖增輯　清光緒二十五年(1899)鉛印本　二十四冊

140000－0501－0001335　23318－27

三省邊防備覽十八卷　（清）嚴如熤輯　清道光十年(1830)來鹿堂刻本　十冊

140000－0501－0001336　23332－35

判語錄存四卷　（清）李鈞集　清道光十三年(1833)刻本　四冊

140000－0501－0001337　23336－37

式敬編五卷　（清）楊景仁輯　清光緒十六年(1890)位思軒刻本　二冊

140000－0501－0001338　23338－45

學案初模不分卷　（清）伊里布輯　清光緒六年(1880)雲南書局刻本　八冊

140000－0501－0001339　23346－53

學案初模續編不分卷　（清）伊里布輯　清光緒六年(1880)刻本　八冊

140000－0501－0001340　23354－56

大清刑律草案附律目考一編十七章二編三十六章　沈家本編　清光緒山西濬文書局鉛印本　三冊

140000－0501－0001341　23357－59

大清刑律草案附律目考一編十七章二編三十六章　沈家本編　清光緒山西濬文書局鉛印本　三冊

140000－0501－0001342　23360－67

秋讞輯要六卷　（清）剛毅編　清光緒十二年(1886)山西濬文書局刻本　八冊

140000－0501－0001343　23368

處分則例圖要四卷　（清）蔡逢年撰　清同治十一年(1872)刻朱墨套印本　一冊

140000－0501－0001344　23369－92

欽定吏部處分則例五十二卷　（清）文孚編　清道光二十三年(1843)刻本　二十四冊

140000－0501－0001345　23393－94

晉陽明備錄不分卷　（清）紹誠輯　清光緒八年(1882)山西濬文書局刻本　二冊

140000－0501－0001346　23397

聖門禮志一卷　（清）孔令貽彙輯　清光緒十三年(1887)闕里硯寬亭刻本　一冊

140000－0501－0001347　23398

聖門樂志　（清）孔尚任纂　清光緒十三年(1887)闕里硯寬亭刻本　一冊

140000－0501－0001348　23400

文廟從祀位次考一卷　（清）陳錦撰　清光緒十二年(1886)橋蔭軒刻本　一冊

140000－0501－0001349　23401

文廟祀位一卷　（清）劉廷琛編　清光緒二十五年(1899)山西濬文書局刻本　一冊

140000－0501－0001350　23436－44

樊山批判十二卷樊山公牘三卷　樊增祥撰
清光緒二十三年(1897)刻本　九冊

140000－0501－0001351　23445－46

折獄龜鑑八卷首一卷　(宋)鄭克撰　清光緒
十六年(1890)粤東瑞元堂刻本　二冊

140000－0501－0001352　23447－50

歷代循吏傳八卷　(清)朱軾　(清)蔡世遠訂
(清)張福昶分纂　清刻本　四冊

140000－0501－0001353　23451－62

明季稗史彙編十六種二十七卷　(清)留雲居
士輯　清都城琉璃廠刻本　十二冊

140000－0501－0001354　23463

夢痕錄節鈔一卷　(清)何士祁撰　清蘭州官
書局鉛印本　一冊

140000－0501－0001355　23464－67

華陽國志十卷　(晉)常璩撰　清嘉慶十九年
(1814)題襟館刻本　四冊

140000－0501－0001356　23468

土耳基志附新志　清光緒三十三年(1907)鉛
印本　一冊

140000－0501－0001357　23469

土耳基志附新志　清光緒三十三年(1907)鉛
印本　一冊

140000－0501－0001358　23470－75

南天痕全集二十六卷　題西亭凌雪纂修　清
宣統二年(1910)復古社鉛印本　六冊

140000－0501－0001359　23476－81

校正尚友錄續集二十二卷　(清)退思主人編
纂　清光緒二年(1876)上海著易堂刻本
六冊

140000－0501－0001360　23482－97

校正尚友錄全集二十二卷　(清)廖用賢編
(清)張伯琮輯　清光緒二十八年(1902)上海
通文書局石印本　十六冊

140000－0501－0001361　23498－507

廣治平略正集三十六卷續集八卷　(清)蔡方

炳撰　清光緒八年(1882)茹古齋石印本
十冊

140000－0501－0001362　23508－31

資治新書二十卷　(清)李漁編　清康熙二年
(1663)書業堂刻本　二十四冊

140000－0501－0001363　23540－59

國朝先正事略六十卷　(清)李元度纂　清同
治五年(1866)循陔草堂刻本　二十冊

140000－0501－0001364　23568－71

元豐九域志十卷　(宋)王存撰　清光緒八年
(1882)金陵書局刻本　四冊

140000－0501－0001365　23572－83

路史四十九卷　(宋)羅泌纂　(宋)羅苹注
清光緒二年(1876)紅杏山房刻本　十二冊

140000－0501－0001366　23584－89

瀛環志略十卷　(清)徐繼畬撰　清同治五年
(1866)總理衙門刻本　六冊

140000－0501－0001367　23590－97

東都事略一百三十卷　(宋)王偁撰　清光緒
九年(1883)淮南書局刻本　八冊

140000－0501－0001368　23598－621

皇朝經濟文新編六十一卷　(清)宜今室主人
編輯　清光緒二十七年(1901)上海宜今室石
印本　二十四冊

140000－0501－0001369　23622－27

列國歲計政要十三卷　(英國)麥丁富得力編
(美國)林樂知口譯　(清)鄭昌棪筆述　清
光緒元年(1875)刻本　六冊

140000－0501－0001370　23628－29

國政貿易相關二卷　(英國)法拉撰　(英國)
傅蘭雅口譯　(清)徐家寶筆述　清光緒九年
(1883)刻本　二冊

140000－0501－0001371　23630

各國金銀銅三品貨幣表附說略一卷　(清)楊
模編　(清)許同藺輯　清光緒二十四年
(1898)譯書公會鉛印本　一冊

140000－0501－0001372　23632－34

歷代職官表六卷　（清）黃本驥節錄　清光緒
八年(1882)王氏刻本　三冊

140000－0501－0001373　23635－36

藤陰雜記十二卷　（清）戴璐撰　清光緒三年
(1877)北京吳興會館刻本　二冊

140000－0501－0001374　23637－40

潛夫論十卷　（漢）王符撰　（清）汪繼培箋
清光緒十七年(1891)思賢講舍刻本　四冊

140000－0501－0001375　23641－44

例案備較四卷　清道光九年(1829)刻本
四冊

140000－0501－0001376　23645－64

大清律集解附例三十卷　（清）常鼐纂　清雍
正三年(1725)刻本　二十冊

140000－0501－0001377　23665－72

大清律例總類不分卷　清光緒十三年(1887)
山西濬文書局刻本　八冊

140000－0501－0001378　23673－76

壹是紀始二十二卷補遺一卷　（清）魏崧著
清光緒十四年(1888)甬北寄廬刻本　四冊

140000－0501－0001379　23677－80

審看擬式四卷首一卷末一卷　（清）剛毅輯
清光緒十三年(1887)晉陽課吏館刻本　四冊

140000－0501－0001380　23681－88

史通通釋二十卷　（清）浦起龍撰　清光緒十
九年(1893)上海文瑞樓石印本　八冊

140000－0501－0001381　23689－92

居濟一得八卷河塘類纂一卷　（清）張伯行撰
　清康熙四十七年(1708)刻本　四冊

140000－0501－0001382　23694－95

覺迷要錄四卷　葉德輝輯　清光緒三十一年
(1905)刻本　二冊

140000－0501－0001383　23696－700

大清搢紳全書四卷　清宣統三年(1911)榮錄
堂刻本　五冊

140000－0501－0001384　23701－06

大清中樞備覽二卷大清搢紳全書四卷　清光
緒三十三年(1907)榮錄堂刻本　六冊

140000－0501－0001385　23707

金剛山志一卷東游詩一卷游金剛日表一卷
（清）趙成夏撰　清同治四年(1865)刻本
一冊

140000－0501－0001386　23708－43

［康熙］山西通志三十二卷　（清）穆爾賽修
（清）劉梅　（清）温敞纂　清康熙刻本　三十
六冊

140000－0501－0001387　23744－863

［雍正］山西通志二百三十卷　（清）覺羅石麟
修　（清）儲大文纂　清嘉慶十六年(1811)刻
本　一百二十冊

140000－0501－0001388　23864－959

［光緒］山西通志一百八十四卷首一卷　（清）
曾國荃　（清）張煦修　（清）王軒　（清）楊
篤纂　清光緒十八年(1892)刻本　九十六冊

140000－0501－0001389　23960－4055

［光緒］山西通志一百八十四卷　（清）曾國荃
　（清）張煦修　（清）王軒　（清）楊篤纂
清光緒十八年(1892)刻本　九十六冊

140000－0501－0001390　24056－65

［道光］陽曲縣志十六卷　（清）李培謙修
（清）閻士驤　（清）鄭起昌纂　清道光二十三
年(1843)葛英繁刻本　十冊

140000－0501－0001391　24066－75

［道光］陽曲縣志十六卷　（清）李培謙修
（清）閻士驤　（清）鄭起昌纂　清道光二十三
年(1843)葛英繁刻本　十冊

140000－0501－0001392　24096－101

［道光］太原縣志十八卷圖一卷　（清）員佩蘭
修　（清）楊國泰纂　清道光六年(1826)刻本
六冊

140000－0501－0001393　24102－09

［道光］太原縣志十八卷　（清）員佩蘭修
（清）楊國泰纂　［光緒］續太原縣志二卷

(清)薛元剑續修 （清)王效尊續纂 清道光
六年(1826)刻光緒八年(1882)續刻本 八冊

140000－0501－0001394 24110－11
[光緒]續太原縣志二卷 （清)薛元剑修
(清)王效尊纂 清光緒八年(1882)刻本
二冊

140000－0501－0001395 24112－16
[乾隆]榆次縣志十四卷首一卷 （清)錢之青
修 （清)張天澤 （清)王系纂 清乾隆十五
年(1750)刻本 五冊

140000－0501－0001396 24117－24
[同治]榆次縣志十六卷首一卷末一卷 （清)
俞世銓 （清)陶良駿修 （清)王平格
(清)王序賓纂 清同治二年(1863)鳳鳴書院
刻本 八冊

140000－0501－0001397 24125－32
[同治]榆次縣志十六卷首一卷末一卷 （清)
俞世銓 （清)陶良駿修 （清)王平格
(清)王序賓纂 清同治二年(1863)鳳鳴書院
刻本 八冊

140000－0501－0001398 24133－42
[同治]榆次縣志十六卷首一卷 （清)俞世詮
修 （清)王平格纂 [光緒]榆次縣續志四卷
（清)吳師祁等修 清同治元年(1862)鳳鳴
書院刻光緒十一年(1885)續修本 十冊

140000－0501－0001399 24143－52
[同治]榆次縣志十六卷首一卷 （清)俞世詮
修 （清)王平格纂 [光緒]榆次縣續志四卷
（清)吳師祁等修 清同治元年(1862)鳳鳴
書院刻光緒十一年(1885)續修本 十冊

140000－0501－0001400 24171－78
[乾隆]祁縣志十六卷 （清)陳時纂修 清乾
隆四十五年(1780)刻本 八冊

140000－0501－0001401 24179－86
[乾隆]祁縣志十六卷 （清)陳時纂修 清乾
隆四十五年(1780)刻本 八冊

140000－0501－0001402 24187－96

[光緒]祁縣志十六卷 （清)劉發岏修
(清)李芬纂 清光緒八年(1882)刻本 十冊

140000－0501－0001403 24197－206
[光緒]祁縣志十六卷 （清)劉發岏修
(清)李芬纂 清光緒八年(1882)刻本 十冊

140000－0501－0001404 24207－16
[光緒]祁縣志十六卷 （清)劉發岏修
(清)李芬纂 清光緒八年(1882)刻本 十冊

140000－0501－0001405 24217－24
[乾隆]太谷縣志八卷 （清)郭晉修 （清)
管粵秀纂 清乾隆六十年(1795)刻本 八冊

140000－0501－0001406 24233－36
[咸豐]太谷縣志八卷首一卷末一卷 （清)章
青選 （清)汪和修 （清)章嗣衡纂 清咸豐
五年(1855)刻本 四冊 殘

140000－0501－0001407 24241－48
[咸豐]太谷縣志八卷首一卷末一卷 （清)章
青選 （清)汪和修 （清)章嗣衡纂 清咸豐
五年(1855)刻本 八冊

140000－0501－0001408 24249－56
[光緒]太谷縣志八卷首一卷末一卷 （清)恩
浚修 （清)王效尊纂 清光緒十二年(1886)
鳳山書院刻本 八冊

140000－0501－0001409 24257－64
[光緒]太谷縣志八卷首一卷末一卷 （清)恩
浚修 （清)王效尊纂 清光緒十二年(1886)
鳳山書院刻本 八冊

140000－0501－0001410 24281－84
[康熙]徐溝縣志四卷 （清)王嘉謨纂修 清
康熙五十一年(1712)刻本 四冊

140000－0501－0001411 24285－90
[光緒]補修徐溝縣志六卷 （清)王勳祥修
(清)秦憲纂 清光緒八年(1882)刻朱印本
六冊

140000－0501－0001412 24291－96
[光緒]補修徐溝縣志六卷 （清)王勳祥修
(清)秦憲纂 清光緒八年(1882)刻朱印本

六冊

140000－0501－0001413　24297－302
[光緒]補修徐溝縣志六卷　（清）王勳祥修
（清）秦憲纂　清光緒八年(1882)刻朱印本
六冊

140000－0501－0001414　24303－08
[光緒]補修徐溝縣志六卷　（清）王勳祥修
（清）秦憲纂　清光緒八年(1882)刻朱印本
六冊

140000－0501－0001415　24309－14
[光緒]清源鄉志十八卷首一卷　（清）王勳祥
修　（清）王效尊纂　清光緒七年(1881)梗陽
書院刻本　六冊

140000－0501－0001416　24315－20
[光緒]清源鄉志十八卷首一卷　（清）王勳祥
修　（清）王效尊纂　清光緒七年(1881)梗陽
書院刻本　六冊

140000－0501－0001417　24321－28
[光緒]交城縣志十卷首一卷　（清）夏肇庸修
（清）許惺南纂　清光緒八年(1882)刻本
八冊

140000－0501－0001418　24329－36
[光緒]交城縣志十卷首一卷　（清）夏肇庸修
（清）許惺南纂　清光緒八年(1882)刻本
八冊

140000－0501－0001419　24337－42
[光緒]文水縣志十二卷　（清）范啟埅
（清）王煒修　（清）陰步霞纂　清光緒九年
(1883)刻本　六冊

140000－0501－0001420　24343－48
[光緒]文水縣志十二卷首一卷末一卷　（清）
范啟埅　（清）王煒修　（清）陰步霞纂　清光
緒九年(1883)刻本　六冊

140000－0501－0001421　24349－52
[光緒]續修岢嵐州志十二卷　（清）吳光熊修
（清）史文炳纂　清光緒十年(1884)刻本
四冊

140000－0501－0001422　24353－56
[光緒]續修岢嵐州志十二卷　（清）吳光熊修
（清）史文炳纂　清光緒十年(1884)刻本
四冊

140000－0501－0001423　24357－58
[雍正]重修嵐縣志十六卷　（清）沈繼賢修
（清）常大升纂　清雍正八年(1730)刻本(有
抄配葉)　二冊

140000－0501－0001424　24359－63
[乾隆]興縣志十八卷　（清）程雲修　（清）
藍山增修　[光緒]興縣續志二卷　（清）張啟
蘊修　（清）孫福昌　（清）溫亮珠纂　清乾隆
刻光緒六年(1880)張啟蘊永興齋續修本　五
冊　缺一卷(續志下)

140000－0501－0001425　24364－79
[乾隆]汾州府志三十四卷首一卷　（清）孫和
相修　（清）戴震纂　清乾隆三十六年(1771)
刻本　十六冊

140000－0501－0001426　24380－95
[乾隆]汾州府志三十四卷首一卷　（清）孫和
相修　（清）戴震纂　清乾隆三十六年(1771)
刻本　十六冊

140000－0501－0001427　24396－403
[道光]汾陽縣志十四卷首一卷　（清）周貽纓
（清）曹文錦纂修　清道光三十年(1850)刻
咸豐元年(1851)重修本　八冊

140000－0501－0001428　24404－11
[乾隆]汾陽縣志十四卷首一卷　（清）李文起
修　（清）戴震纂　清乾隆三十七年(1772)刻
本　八冊

140000－0501－0001429　24412－19
[道光]汾陽縣志十四卷首一卷　（清）周貽纓
（清）曹文錦纂修　清道光三十年(1850)刻
咸豐元年(1851)重修本　八冊

140000－0501－0001430　24420－27
[道光]汾陽縣志十四卷首一卷　（清）周貽纓
（清）曹文錦纂修　清道光三十年(1850)刻
咸豐元年(1851)重修本　八冊

140000－0501－0001431　24428－37
[光緒]汾陽縣志十四卷首一卷　（清）方家駒
　（清）慶文修　（清）王文員纂　清光緒十年
(1884)刻本　十冊

140000－0501－0001432　24438－47
[光緒]汾陽縣志十四卷首一卷　（清）方家駒
　（清）慶文修　（清）王文員纂　清光緒十年
(1884)刻本　十冊

140000－0501－0001433　24448－51
[康熙]重修平遙縣志八卷　（清）王綏修
(清)康乃心纂　清康熙四十六年(1707)刻本
　四冊

140000－0501－0001434　24452－59
[光緒]平遙縣志十二卷首一卷　（清）恩端修
　（清）武達材　（清）王舒萼纂　清光緒九年
(1883)刻本　八冊

140000－0501－0001435　24460－67
[光緒]平遙縣志十二卷　（清）恩端修
(清)武達材　（清）王舒萼纂　清光緒九年
(1883)刻本　八冊

140000－0501－0001436　24468－75
[嘉慶]介休縣志十四卷　（清）徐品山修
(清)熊兆占　（清）陸元鏸纂　清嘉慶二十四
年(1819)刻本　八冊

140000－0501－0001437　24476－83
[嘉慶]介休縣志十四卷　（清）徐品山修
(清)熊兆占　（清）陸元鏸纂　清嘉慶二十四
年(1819)刻本　八冊

140000－0501－0001438　24492－97
[乾隆]孝義縣志二十卷　（清）鄧必安修
(清)鄧常纂　[光緒]孝義縣續志二卷首一卷
末一卷　（清）孔廣熙修　（清）何之煌纂　清
乾隆三十五年(1770)刻光緒六年(1880)續修
本　六冊

140000－0501－0001439　24498－503
[乾隆]孝義縣志二十卷　（清）鄧必安修
(清)鄧常纂　[光緒]孝義縣續志二卷首一卷
末一卷　（清）孔廣熙修　（清）何之煌纂　清

乾隆三十五年(1770)刻光緒六年(1880)續修
本　六冊

140000－0501－0001440　24504－07
[康熙]臨縣志八卷首一卷　（清）楊飛熊修
(清)崔鶴齡　（清）李思豫纂　清康熙五十七
年(1718)刻本　四冊

140000－0501－0001441　24524－31
[雍正]石樓縣志八卷首一卷　（清）袁學謨修
　（清）秦燮等纂　清雍正八年(1730)刻本
八冊

140000－0501－0001442　24532－37
[光緒]永寧州志三十二卷首一卷　（清）姚啟
瑞修　（清）方淵如　劉子俊纂　清光緒七年
(1881)刻本　六冊

140000－0501－0001443　24538－39
[康熙]寧鄉縣志十卷首一卷　（清）呂履恆纂
修　清康熙四十一年(1702)刻本　二冊

140000－0501－0001444　24516－23
[雍正]石樓縣志八卷首一卷　（清）袁學謨修
　（清）秦燮等纂　清雍正十年(1732)刻本
八冊

140000－0501－0001445　24540－41
[康熙]寧鄉縣志十卷首一卷　（清）呂履恆纂
修　清康熙四十一年(1702)刻本　二冊

140000－0501－0001446　24542－43
[康熙]寧鄉縣志十卷首一卷　（清）呂履恆纂
修　清康熙四十一年(1702)刻本　二冊

140000－0501－0001447　24544－45
[康熙]寧鄉縣志十卷首一卷　（清）呂履恆纂
修　清康熙四十一年(1702)刻本　二冊

140000－0501－0001448　24556－65
[乾隆]平定州志十卷圖一卷　（清）金明源
(清)寶忻　（清）張佩芳纂　清乾隆五十五年
(1790)涌雲樓刻本　十冊

140000－0501－0001449　24566－75
[乾隆]平定州志十卷圖一卷　（清）金明源
(清)寶忻　（清）張佩芳纂　清乾隆五十五年

(1790)涌雲樓刻本　十冊

140000－0501－0001450　24576－91

[光緒]平定州志十六卷首一卷　（清）賴昌期
　（清）張彬纂修　清光緒八年(1882)刻本
十六冊

140000－0501－0001451　24592－607

[光緒]平定州志十六卷首一卷　（清）賴昌期
　（清）張彬纂修　清光緒八年(1882)刻本
十六冊

140000－0501－0001452　24608－11

[乾隆]壽陽縣志十卷首一卷　（清）龔導江纂
修　清乾隆三十六年(1771)刻本　四冊

140000－0501－0001453　24612－15

[乾隆]壽陽縣志十卷首一卷　（清）龔導江纂
修　清乾隆三十六年(1771)刻本　四冊

140000－0501－0001454　24616－21

[光緒]壽陽縣志十三卷首一卷　（清）馬家鼎
修　（清）祁世長　（清）張嘉言纂　清光緒八
年(1882)受川書院刻本　六冊

140000－0501－0001455　24622－27

[光緒]壽陽縣志十三卷首一卷　（清）馬家鼎
修　（清）祁世長　（清）張嘉言纂　清光緒八
年(1882)受川書院刻本　六冊

140000－0501－0001456　24628－33

[光緒]壽陽縣志十三卷首一卷　（清）馬家鼎
修　（清）祁世長　（清）張嘉言纂　清光緒八
年(1882)受川書院刻本　六冊

140000－0501－0001457　24634－44

[光緒]盂縣志二十二卷首一卷末一卷　（清）
張嵐奇　（清）劉鴻達修　（清）武續緒
(清)劉懋功纂　清光緒七年(1881)刻本　十
一冊

140000－0501－0001458　24645－55

[光緒]盂縣志二十二卷首一卷末一卷　（清）
張嵐奇　（清）劉鴻達修　（清）武續緒
(清)劉懋功纂　清光緒七年(1881)刻本　十
一冊

140000－0501－0001459　24664－79

[乾隆]大同府志三十二卷　（清）吳輔宏修
（清）王飛藻纂　清乾隆四十七年(1782)刻本
十六冊

140000－0501－0001460　24680－95

[乾隆]大同府志三十二卷　（清）吳輔宏修
（清）王飛藻纂　清乾隆四十七年(1782)刻本
十六冊

140000－0501－0001461　24696－703

[道光]大同縣志二十卷首一卷末一卷　（清）
崔允昭修　（清）黎中輔纂　清道光十年
(1830)刻本　八冊

140000－0501－0001462　24704－11

[道光]大同縣志二十卷首一卷末一卷　（清）
崔允昭修　（清）黎中輔纂　清道光十年
(1830)刻本　八冊

140000－0501－0001463　24712－15

[光緒]懷仁縣新志十二卷首一卷續刻一卷
(清)李長華修　（清）姜利仁纂　（清）江大
浣續修　（清）馬蕃續纂　清光緒九年(1883)
修三十一年(1905)增修本　四冊

140000－0501－0001464　24716

[崇禎]山陰縣志六卷　（明）劉以守纂修　明
崇禎二年(1629)刻清補版重印本　一冊

140000－0501－0001465　24717－21

[乾隆]應州續志十卷首一卷　（清）吳炳纂修
　[光緒]應州再續志二卷　（清）湯學治纂修
　清乾隆三十四年(1769)修光緒八年(1882)
續修本　五冊

140000－0501－0001466　24732－36

[乾隆]渾源州志十卷　（清）桂敬順纂修　清
乾隆二十八年(1763)刻同治九年(1870)孔廣
培補刻本　五冊

140000－0501－0001467　24737－42

[光緒]渾源州續志十卷附恆山續志一卷
(清)賀澍恩修　（清）程繼等纂　清光緒七年
(1881)刻本　六冊

140000－0501－0001468　24743－48

[光緒]渾源州續志十卷附恆山續志一卷
（清）賀澍恩修　（清）程繽等纂　清光緒七年
(1881)刻本　六冊

140000－0501－0001469　24749－53

恆山志五卷　（清）桂敬順纂修　清乾隆二十
八年(1763)刻本　五冊

140000－0501－0001470　24754－57

王太初先生五嶽遊草十二卷　（明）王士性撰
　清康熙三十年(1691)刻本　四冊

140000－0501－0001471　24758－61

[康熙]靈邱縣志四卷　（清）宋起鳳纂修
（清）岳宏譽增修　清康熙二十三年(1684)刻
光緒八年(1882)重印本　四冊

140000－0501－0001472　24762－63

[光緒]靈邱縣補志十卷　（清）雷棟榮修
（清）陸泰元纂　清光緒七年(1881)京都吉潤
齋刻本　二冊

140000－0501－0001473　24764－67

[康熙]靈邱縣志十卷　（清）宋起鳳原本
（清）岳宏譽增訂　補志十卷　（清）雷棟榮修
　（清）陸泰元纂　清光緒七年(1881)刻本
四冊

140000－0501－0001474　24768－73

[乾隆]廣靈縣志十卷首一卷末一卷　（清）郭
磊纂修　[光緒]廣靈縣補志十卷首一卷末一
卷　（清）楊亦銘纂修　清乾隆十九年(1754)
刻光緒七年(1881)續刻本　六冊

140000－0501－0001475　24774－79

[乾隆]廣靈縣志十卷首一卷末一卷　（清）郭
磊纂修　[光緒]廣靈縣補志十卷首一卷末一
卷　（清）楊亦銘纂修　清乾隆十九年(1754)
刻光緒七年(1881)續刻本　六冊

140000－0501－0001476　24780－83

[雍正]陽高縣志六卷　（清）房裔蘭修
（清）蘇之芬纂　清雍正七年(1729)刻本
四冊

140000－0501－0001477　24784－87

[雍正]陽高縣志六卷　（清）房裔蘭修
（清）蘇之芬纂　清雍正七年(1729)刻本
四冊

140000－0501－0001478　24788－91

[光緒]天鎮縣志四卷首一卷　（清）洪汝霖
（清）魯彥光修　（清）楊篤纂　清光緒十六年
(1890)刻本　四冊

140000－0501－0001479　24792－95

[光緒]天鎮縣志四卷首一卷　（清）洪汝霖
（清）魯彥光修　（清）楊篤纂　清光緒十六年
(1890)刻本　四冊

140000－0501－0001480　24796－805

[乾隆]保德州志十二卷首一卷　（清）王克昌
修　（清）王秉韜增纂　清乾隆五十年(1785)
刻本　十冊

140000－0501－0001481　24806－15

[乾隆]保德州志十二卷首一卷　（清）王克昌
修　（清）王秉韜增纂　清乾隆五十年(1785)
刻本　十冊

140000－0501－0001482　24816－23

[同治]河曲縣志八卷　（清）金福增修
（清）金鍾彥　（清）張兆魁纂　清同治十一年
(1872)河曲縣署刻本　八冊

140000－0501－0001483　24824－31

[同治]河曲縣志八卷　（清）金福增修
（清）金鍾彥　（清）張兆魁纂　清同治十一年
(1872)刻本　八冊

140000－0501－0001484　24832－41

[雍正]朔平府志十二卷　（清）劉士銘修
（清）王霨纂　清雍正十一年(1733)刻本
十冊

140000－0501－0001485　24842－51

[雍正]朔平府志十二卷　（清）劉士銘修
（清）王霨纂　清雍正十一年(1733)刻本
十冊

140000－0501－0001486　24852－61

[雍正]朔州志十二卷　（清）汪嗣聖修　（清）王霨纂　清雍正十三年（1735）刻本　十册

140000－0501－0001487　24862－71
[雍正]朔州志十二卷　（清）汪嗣聖修　（清）王霨纂　清雍正十三年（1735）刻本　十册

140000－0501－0001488　24872－76
[康熙]馬邑縣志五卷　（清）秦橫修　（清）霍燡纂　清嘉慶二十四年（1819）刻本　五册

140000－0501－0001489　24877－82
[乾隆]寧武府志十二卷首一卷　（清）魏元樞　（清）周景柱纂修　清乾隆十五年（1750）刻本　六册

140000－0501－0001490　24883－88
[乾隆]寧武府志十二卷首一卷　（清）魏元樞　（清）周景柱纂修　清乾隆十五年（1750）刻本　六册

140000－0501－0001491　24889－95
[乾隆]寧武府志十二卷首一卷　（清）魏元樞　（清）周景柱纂修　[咸豐]續寧武府志不分卷　（清）常文遴纂修　清乾隆十五年（1750）刻咸豐七年（1857）續修本　七册

140000－0501－0001492　24896－902
[乾隆]寧武府志十二卷首一卷　（清）魏元樞　（清）周景柱纂修　[咸豐]續寧武府志不分卷　（清）常文遴纂修　清乾隆十五年（1750）刻咸豐七年（1857）續修本　七册

140000－0501－0001493　24907－08
[嘉慶]五寨縣志二卷　（清）秦雄褒纂修　（清）朱青選增修　清乾隆十六年（1751）居安堂刻嘉慶十四年（1809）增刻本　二册

140000－0501－0001494　24909－10
[嘉慶]五寨縣志二卷　（清）秦雄褒纂修　（清）朱青選增修　清乾隆十六年（1751）居安堂刻嘉慶十四年（1809）增刻本　二册

140000－0501－0001495　24911－14
[乾隆]五寨縣志二卷　（清）秦雄褒纂修　清乾隆十六年（1751）刻本　四册

140000－0501－0001496　24923－28
[光緒]代州志十二卷首一卷　（清）俞廉三修纂　（清）楊篤參訂　清光緒八年（1882）代山書院刻本　六册

140000－0501－0001497　24929－34
[光緒]代州志十二卷首一卷　（清）俞廉三修纂　（清）楊篤參訂　清光緒八年（1882）代山書院刻本　六册

140000－0501－0001498　24935－40
[光緒]代州志十二卷首一卷　（清）俞廉三修纂　（清）楊篤參訂　清光緒八年（1882）代山書院刻本　六册

140000－0501－0001499　24941－44
[乾隆]五臺縣志八卷　（清）王秉韜纂修　清乾隆四十五年（1780）刻本　四册

140000－0501－0001500　24945－48
[光緒]五臺新志四卷首一卷　（清）徐繼畬原輯　（清）孫汝明　（清）王步墀續修　（清）楊篤續纂　清光緒九年至十年（1883－1884）刻本　四册

140000－0501－0001501　24949－52
[光緒]五臺新志四卷首一卷　（清）徐繼畬原輯　（清）孫汝明　（清）王步墀續修　（清）楊篤續纂　清光緒九年至十年（1883－1884）刻本　四册

140000－0501－0001502　24953－56
清涼山志十卷　（明）釋鎮澄修　清乾隆二十年（1755）淮陰祁豐元刻光緒十三年（1887）印本　四册

140000－0501－0001503　24957－60
清涼山志十卷　（明）釋鎮澄修　清乾隆二十年（1755）淮陰祁豐元刻光緒十三年（1887）印本　四册

140000－0501－0001504　24965－72

［光緒］續修崞縣志八卷　（清）趙冠卿
（清）龍朝言修　（清）潘肯堂纂　清光緒八年
（1882）刻本　八冊

140000－0501－0001505　24973－80
［光緒］續修崞縣志八卷　（清）趙冠卿
（清）龍朝言修　（清）潘肯堂纂　清光緒八年
（1882）刻本　八冊

140000－0501－0001506　24981－88
［光緒］續修崞縣志八卷　（清）趙冠卿
（清）龍朝言修　（清）潘肯堂纂　清光緒八年
（1882）刻本　八冊

140000－0501－0001507　24989－94
［道光］繁峙縣志六卷　（清）吳其均纂修　清
道光十六年（1836）刻本　六冊

140000－0501－0001508　24995－5000
［道光］繁峙縣志六卷　（清）吳其均纂修　清
道光十六年（1836）刻本　六冊

140000－0501－0001509　25001－04
［光緒］繁峙縣志四卷首一卷　（清）何才價修
　（清）楊篤纂　清光緒七年（1881）刻本
四冊

140000－0501－0001510　25005－08
［光緒］繁峙縣志四卷首一卷　（清）何才價修
　（清）楊篤纂　清光緒七年（1881）刻本
四冊

140000－0501－0001511　25009－14
［乾隆］忻州志六卷　（清）周人龍原本
（清）竇容邃纂修　清乾隆十二年（1747）刻本
　六冊

140000－0501－0001512　25015－20
［乾隆］忻州志六卷　（清）周人龍原本
（清）竇容邃纂修　清乾隆十二年（1747）刻本
　六冊

140000－0501－0001513　25021－28
［光緒］忻州志四十二卷　（清）方戊昌修
（清）方淵如纂　清光緒六年（1880）刻本
八冊

140000－0501－0001514　25029－36
［光緒］忻州志四十二卷　（清）方戊昌修
（清）方淵如纂　清光緒六年（1880）刻本
八冊

140000－0501－0001515　25037－40
［雍正］定襄縣志八卷首一卷　（清）王時炯原
本　（清）王會隆增修　清雍正五年（1727）增
修本　四冊

140000－0501－0001516　25041－44
［雍正］定襄縣志八卷首一卷　（清）王時炯原
本　（清）王會隆增修　清雍正五年（1727）增
修本　四冊

140000－0501－0001517　25045－52
［光緒］定襄縣補志十三卷　（清）鄭繼修修
（清）邢澍田纂　清光緒六年（1880）刻本
八冊

140000－0501－0001518　25053－60
［光緒］定襄縣補志十三卷　（清）鄭繼修修
（清）邢澍田纂　清光緒六年（1880）刻本
八冊

140000－0501－0001519　25061－64
［康熙］靜樂縣志十卷　（清）黃圖昌纂修　清
康熙三十九年（1700）刻本　四冊

140000－0501－0001520　25065－66
［同治］靜樂縣續志二卷　（清）張朝瑋纂修
清同治五年（1866）刻本　二冊

140000－0501－0001521　25067－90
［乾隆］潞安府志四十卷　（清）張淑渠
（清）姚學瑛修　（清）姚學甲纂　清乾隆三十
五年（1770）刻本　二十四冊

140000－0501－0001522　25091－100
［乾隆］長治縣志二十八卷首一卷末一卷
（清）吳九齡修　（清）蔡履豫纂　清乾隆二十
八年（1763）榮暉堂刻本　十冊

140000－0501－0001523　25101－10
［乾隆］長治縣志二十八卷首一卷末一卷
（清）吳九齡修　（清）蔡履豫纂　清乾隆二十

八年(1763)榮暉堂刻本　十册

140000－0501－0001524　25111－20
［光緒］長治縣志八卷首一卷　（清）李楨
（清）馬鑒修　（清）楊篤纂　清光緒二十年
(1894)刻本　十册

140000－0501－0001525　25121－30
［光緒］長治縣志八卷首一卷　（清）李楨
（清）馬鑒修　（清）楊篤纂　清光緒二十年
(1894)刻本　十册

140000－0501－0001526　25131－40
［光緒］長治縣志八卷首一卷　（清）李楨
（清）馬鑒修　（清）楊篤纂　清光緒二十年
(1894)刻民國二十二年(1933)重印本　十册

140000－0501－0001527　25141－48
［嘉慶］長子縣志二十一卷首一卷　（清）劉樾
修　（清）樊兌纂　清嘉慶二十一年(1816)刻
本　八册

140000－0501－0001528　25149－56
［光緒］長子縣志十二卷首一卷　（清）豫謙修
（清）楊篤纂　清光緒八年(1882)刻本
八册

140000－0501－0001529　25157－64
［光緒］長子縣志十二卷首一卷　（清）豫謙修
（清）楊篤纂　清光緒八年(1882)刻本
八册

140000－0501－0001530　25165－72
［光緒］長子縣志十二卷首一卷　（清）豫謙修
（清）楊篤纂　清光緒八年(1882)刻本
八册

140000－0501－0001531　25173－80
［光緒］屯留縣志八卷首一卷　（清）劉鍾麟修
（清）楊篤纂　清光緒六年(1880)刻十一年
(1885)續修本　八册

140000－0501－0001532　25181－90
［乾隆］襄垣縣志八卷　（清）李廷芳修
（清）徐珏　（清）陳于廷纂　［光緒］襄垣縣
續志二卷　（清）李汝霖修　清乾隆四十七年

(1782)刻光緒六年(1880)增補重印本　十册

140000－0501－0001533　25191－200
［乾隆］襄垣縣志八卷　（清）李廷芳修
（清）徐珏　（清）陳于廷纂　［光緒］襄垣縣
續志二卷　（清）李汝霖修　清乾隆四十七年
(1782)刻光緒六年(1880)增補重印本　十册

140000－0501－0001534　25209－16
［光緒］潞城縣志四卷首一卷　（清）崔曉然
（清）曾雲章修　（清）楊篤纂　清光緒十年
(1884)刻本　八册

140000－0501－0001535　25217－24
［光緒］潞城縣志四卷首一卷　（清）崔曉然
（清）曾雲章修　（清）楊篤纂　清光緒十年
(1884)刻本　八册

140000－0501－0001536　25225－28
［康熙］黎城縣志四卷　（清）程大夏修
（清）李御　（清）李吉纂　清康熙二十一年
(1682)刻本　四册

140000－0501－0001537　25229－32
［光緒］黎城縣續志四卷　（清）鄭灝修
（清）楊恩樹纂　清光緒九年(1883)刻本
四册

140000－0501－0001538　25233－38
［道光］壺關縣志十卷　（清）茹金修　（清）
申瑤纂　清道光十四年(1834)刻本　六册

140000－0501－0001539　25239－44
［道光］壺關縣志十卷　（清）茹金修　（清）
申瑤纂　清道光十四年(1834)刻本　六册

140000－0501－0001540　25245－52
［道光］壺關縣志十卷首一卷　（清）茹金修
（清）申瑤纂　［光緒］壺關縣續志二卷
（清）胡燕昌續修　（清）楊篤續纂　清道光十
四年(1834)刻光緒七年(1881)續修本　八册

140000－0501－0001541　25253－60
［道光］壺關縣志十卷首一卷　（清）茹金修
（清）申瑤纂　［光緒］壺關縣續志二卷
（清）胡燕昌續修　（清）楊篤續纂　清道光十

四年(1834)刻光緒七年(1881)續修本　八冊

140000－0501－0001542　25261－64
[康熙]平順縣志十卷　（清）杜之昂修
（清）路躋垣纂　清康熙三十二年(1693)刻本　四冊

140000－0501－0001543　25265－80
[雍正]澤州府志五十二卷　（清）朱樟修
（清）田嘉穀纂　清雍正十三年(1735)刻本　十六冊

140000－0501－0001544　25281－96
[雍正]澤州府志五十二卷　（清）朱樟修
（清）田嘉穀纂　清雍正十三年(1735)刻本　十六冊

140000－0501－0001545　25297－312
[乾隆]鳳臺縣志二十卷首一卷　（清）林荔修
（清）姚學甲纂　[光緒]鳳臺縣續志四卷首一卷　（清）張貽琯修　（清）郭維垣纂　清乾隆四十九年(1784)刻光緒八年(1882)續修本　十六冊

140000－0501－0001546　25313－22
[乾隆]鳳臺縣志二十卷首一卷　（清）林荔修
（清）姚學甲纂　清乾隆四十九年(1784)刻本　十冊

140000－0501－0001547　25323－32
[乾隆]鳳臺縣志二十卷首一卷　（清）林荔修
（清）姚學甲纂　清乾隆四十九年(1784)刻本　十冊

140000－0501－0001548　25333－36
[光緒]鳳臺縣續志四卷　（清）張貽琯修
（清）郭維垣纂　清光緒八年(1882)刻本　四冊

140000－0501－0001549　25337－44
[乾隆]高平縣志二十二卷末一卷　（清）傅德宜修　（清）戴純纂　清乾隆三十九年(1774)刻本　八冊

140000－0501－0001550　25345－48
[光緒]續高平縣志十六卷　（清）陳學富修

（清）李廷一纂　清光緒六年(1880)刻本　四冊

140000－0501－0001551　25349－52
[光緒]續高平縣志十六卷　（清）陳學富修
（清）李廷一纂　清光緒六年(1880)刻本　四冊

140000－0501－0001552　25353－60
[乾隆]陽城縣志十六卷　（清）楊善慶修
（清）田懋纂　清乾隆二十年(1755)刻本　八冊

140000－0501－0001553　25361－68
[同治]陽城縣志十八卷首一卷　（清）賴昌期修　（清）譚澐　（清）盧廷棻纂　清同治十三年(1874)刻本　八冊

140000－0501－0001554　25369－76
[同治]陽城縣志十八卷首一卷　（清）賴昌期修　（清）譚澐　（清）盧廷棻纂　清同治十三年(1874)刻本　八冊

140000－0501－0001555　25377－85
[同治]陽城縣志十八卷首一卷　（清）賴昌期修　（清）譚澐　（清）盧廷棻纂　清同治十三年(1874)刻本　九冊

140000－0501－0001556　25386－94
[同治]陽城縣志十八卷首一卷　（清）賴昌期修　（清）譚澐　（清）盧廷棻纂　[光緒]陽城縣新增志一卷　（清）郭學謙增修　清同治十三年(1874)刻本(新增志爲抄本)　九冊

140000－0501－0001557　25397－408
[光緒]陵川縣志三十卷首一卷　（清）徐炀修
（清）梁寅纂　清光緒八年(1882)刻本　十二冊

140000－0501－0001558　25409－420
[光緒]陵川縣志三十卷首一卷　（清）徐炀修
（清）梁寅纂　清光緒八年(1882)刻本　十二冊

140000－0501－0001559　25421－28
[光緒]沁水縣志十二卷首一卷　（清）秦丙煃

修 （清）李疇纂 清光緒七年(1881)刻本
八冊

140000－0501－0001560 25429－36

[光緒]沁水縣志十二卷首一卷 （清）秦丙煋
修 （清）李疇纂 清光緒七年(1881)刻本
八冊

140000－0501－0001561 25451－58

[光緒]重修遼州志八卷首一卷 （清）陳棟修
（清）劉鶴翔纂 清光緒十六年(1890)刻民
國十八年(1929)印本 八冊

140000－0501－0001562 25459－62

[乾隆]和順縣志八卷首一卷 （清）黃玉衡修
（清）賈訒纂 清乾隆三十三年(1768)刻本
四冊

140000－0501－0001563 25469－72

[光緒]榆社縣志十卷首一卷末一卷 （清）王
家坊修 （清）葛士達纂 清光緒七年(1881)
刻本 四冊

140000－0501－0001564 25473－82

[乾隆]沁州志十卷首一卷 （清）姚學瑛續修
（清）姚學甲續纂 清乾隆三十六年(1771)
刻本 十冊

140000－0501－0001565 25483－94

[乾隆]沁州志十卷首一卷 （清）姚學瑛續修
（清）姚學甲續纂 [光緒]沁州復續志四卷
（清）吳承恩纂修 清乾隆三十六年(1771)
刻光緒六年(1880)續修本 十二冊

140000－0501－0001566 25495－502

[乾隆]沁州志十卷首一卷 （清）姚學瑛續修
（清）姚學甲續纂 [光緒]沁州復續志四卷
（清）吳承恩纂修 清乾隆三十六年(1771)
刻光緒六年(1880)續修本 八冊

140000－0501－0001567 25503－06

[光緒]沁州復續志四卷末一卷 （清）吳承恩
纂修 清光緒六年(1880)刻本 四冊

140000－0501－0001568 25507－10

[雍正]沁源縣志十卷首一卷 （清）韓嬰修

（清）王廷倫纂 清雍正八年(1730)刻本
四冊

140000－0501－0001569 25511－18

[雍正]沁源縣志十卷首一卷 （清）韓嬰修
（清）王廷倫纂 [光緒]沁源縣續志四卷
（清）董餘三修 （清）郭維誠纂 清雍正八年
(1730)刻光緒七年(1881)續修本 八冊

140000－0501－0001570 25519－26

[雍正]沁源縣志十卷首一卷 （清）韓嬰修
（清）王廷倫纂 [光緒]沁源縣續志四卷
（清）董餘三修 （清）郭維誠纂 清雍正八年
(1730)刻光緒七年(1881)續修本 八冊

140000－0501－0001571 25543－48

[乾隆]武鄉縣志六卷首一卷 （清）白鶴修
（清）史傳遠纂 清乾隆五十五年(1790)刻本
六冊

140000－0501－0001572 25549－54

[乾隆]武鄉縣志六卷首一卷 （清）白鶴修
（清）史傳遠纂 清乾隆五十五年(1790)刻本
六冊

140000－0501－0001573 25555－64

[乾隆]武鄉縣志六卷首一卷 （清）白鶴修
（清）史傳遠纂 [光緒]武鄉縣續志四卷
（清）吳匡修 （清）鈕增垚纂 清乾隆五十五
年(1790)刻光緒五年(1879)續修本 十冊

140000－0501－0001574 25565－69

[乾隆]武鄉縣志六卷首一卷 （清）白鶴修
（清）史傳遠纂 清乾隆五十五年(1790)刻本
五冊

140000－0501－0001575 25570－74

[光緒]武鄉縣續志四卷 （清）吳匡修
（清）鈕增垚纂 清光緒五年(1879)刻本
五冊

140000－0501－0001576 25583－601

[雍正]平陽府志三十六卷首一卷 （清）章廷
珪修 （清）范安治纂 清雍正十三年(1735)
修乾隆元年(1736)刻本 十九冊

140000－0501－0001577　25602－20

[雍正]平陽府志三十六卷首一卷　（清）章廷珪修　（清）范安治纂　清雍正十三年(1735)修乾隆元年(1736)刻本　十九冊

140000－0501－0001578　25621－38

[雍正]平陽府志三十六卷首一卷　（清）章廷珪修　（清）范安治纂　清雍正十三年(1735)修乾隆元年(1736)刻本　十八冊

140000－0501－0001579　25639－45

[乾隆]臨汾縣志十卷首一卷末一卷　（清）高墡　（清）吳士淳修　（清）呂淙　（清）吳克元纂　清乾隆四十四年(1779)刻本　七冊

140000－0501－0001580　25646－52

[乾隆]臨汾縣志十卷首一卷末一卷　（清）高墡　（清）吳士淳修　（清）呂淙　（清）吳克元纂　清乾隆四十四年(1779)刻本　七冊

140000－0501－0001581　25677－84

[雍正]洪洞縣志九卷　（清）余世堂修（清）蔡行仁纂　清雍正八年(1730)刻本　八冊

140000－0501－0001582　25685－92

[雍正]洪洞縣志九卷　（清）余世堂修（清）蔡行仁纂　清雍正八年(1730)修同治十一年(1872)艾紹濂刻本　八冊

140000－0501－0001583　25721－26

[乾隆]浮山縣志三十七卷　（清）賈酉（清）張乾元修　（清）張華　（清）皇甫奎纂　清乾隆十年(1745)刻本　六冊

140000－0501－0001584　25727－34

[光緒]浮山縣志三十四卷　（清）鹿學典修（清）武克明纂　清光緒六年(1880)刻本　八冊

140000－0501－0001585　25735－42

[光緒]浮山縣志三十四卷　（清）鹿學典修（清）武克明纂　清光緒六年(1880)刻本　八冊

140000－0501－0001586　25755－58

[乾隆]續修曲沃縣志八卷　（清）侯長熺修（清）王安恭纂　清嘉慶二年(1797)刻本　四冊　存四卷(五至八)

140000－0501－0001587　25759－64

[光緒]續修曲沃縣志三十二卷　（清）張鴻逵修　（清）韓子泰纂　清光緒六年(1880)刻本　六冊

140000－0501－0001588　25765－70

[光緒]續修曲沃縣志三十二卷　（清）張鴻逵修　（清）韓子泰纂　清光緒六年(1880)刻本　六冊

140000－0501－0001589　25808－15

[光緒]翼城縣志二十八卷　（清）王耀章（清）龔履坦纂修　清光緒七年(1881)刻本　八冊

140000－0501－0001590　25816－23

[光緒]翼城縣志二十八卷　（清）王耀章（清）龔履坦纂修　清光緒七年(1881)刻本　八冊

140000－0501－0001591　25840－47

[道光]太平縣志十六卷首一卷　（清）李炳彥修　（清）梁棲鸞纂　清道光五年(1825)刻本　八冊

140000－0501－0001592　25848－55

[道光]太平縣志十六卷首一卷　（清）李炳彥修　（清）梁棲鸞纂　清道光五年(1825)刻本　八冊

140000－0501－0001593　25856－65

[光緒]太平縣志十四卷首一卷　（清）勞文慶（清）朱光綬修　（清）婁道南纂　清光緒八年(1882)刻本　十冊

140000－0501－0001594　25866－75

[光緒]太平縣志十四卷首一卷　（清）勞文慶（清）朱光綬修　（清）婁道南纂　清光緒八年(1882)刻本　十冊

140000－0501－0001595　25876－83

[光緒]襄陵縣志二十四卷　（清）錢塘修

（清）郝登雲纂　清光緒七年（1881）刻本
八冊

140000－0501－0001596　25884－91

[光緒]襄陵縣志二十四卷　（清）錢墉修
（清）郝登雲纂　清光緒七年（1881）刻本
八冊

140000－0501－0001597　25892－95

[光緒]汾西縣志八卷首一卷　（清）曹憲修
（清）周桐軒纂　清光緒八年（1882）刻本
四冊

140000－0501－0001598　25896－99

[光緒]汾西縣志八卷首一卷　（清）曹憲修
（清）周桐軒纂　清光緒八年（1882）刻本
四冊

140000－0501－0001599　25900－05

[乾隆]鄉寧縣志十五卷　（清）葛清纂修
[光緒]鄉寧縣續志十五卷　（清）馮安瀾修
清乾隆四十九年（1784）修光緒七年（1881）續
修本　六冊

140000－0501－0001600　25906－11

[乾隆]鄉寧縣志十五卷　（清）葛清纂修
[光緒]鄉寧縣續志十五卷　（清）馮安瀾修
清乾隆四十九年（1784）修光緒七年（1881）續
修本　六冊

140000－0501－0001601　25924－27

[光緒]吉州全志八卷　（清）吳葵之修
（清）裴國苞纂　清光緒抄本　四冊

140000－0501－0001602　25932－41

[乾隆]蒲州府志二十四卷圖一卷　（清）周景
柱纂修　清乾隆二十年（1755）刻光緒二十九
年（1903）補版重印本　十冊

140000－0501－0001603　25942－51

[乾隆]蒲州府志二十四卷圖一卷　（清）周景
柱纂修　清乾隆二十年（1755）刻光緒二十九
年（1903）補版重印本　十冊

140000－0501－0001604　25952－61

[乾隆]蒲州府志二十四卷圖一卷　（清）周景

柱纂修　清乾隆二十年（1755）刻光緒二十九
年（1903）補版重印本　十冊

140000－0501－0001605　25962－75

[光緒]永濟縣志二十四卷　（清）李榮和
（清）劉鍾麟修　（清）胡仰廷纂　清光緒十二
年（1886）刻本　十四冊

140000－0501－0001606　25976－89

[光緒]永濟縣志二十四卷　（清）李榮和
（清）劉鍾麟修　（清）胡仰廷纂　清光緒十二
年（1886）刻本　十四冊

140000－0501－0001607　25990－95

[乾隆]臨晉縣志八卷　（清）王正茂纂　[光
緒]續修臨晉縣志二卷　（清）艾紹濂　（清）
吳曾榮修　（清）姚東濟纂　清乾隆三十八年
（1773）刻光緒六年（1880）增修本　六冊

140000－0501－0001608　25996－6001

[乾隆]臨晉縣志八卷　（清）王正茂纂　[光
緒]續修臨晉縣志二卷　（清）艾紹濂　（清）
吳曾榮修　（清）姚東濟纂　清乾隆三十八年
（1773）刻光緒六年（1880）增修本　六冊

140000－0501－0001609　26010－13

[光緒]虞鄉縣志十二卷　（清）崔鑄善修
（清）金謀愷　（清）陳鼎隆纂　清光緒十二年
（1886）刻本　四冊

140000－0501－0001610　26014－17

[光緒]虞鄉縣志十二卷　（清）崔鑄善修
（清）金謀愷　（清）陳鼎隆纂　清光緒十二年
（1886）刻本　四冊

140000－0501－0001611　26024－27

[雍正]猗氏縣志八卷　（清）潘鉞修　（清）
宋之樹纂　清雍正七年（1729）刻本　四冊

140000－0501－0001612　26028－31

[雍正]猗氏縣志八卷　（清）潘鉞修　（清）
宋之樹纂　清雍正七年（1729）刻本　四冊

140000－0501－0001613　26032－37

[雍正]猗氏縣志八卷　（清）潘鉞修　（清）
宋之樹纂　[同治]續修猗氏縣志四卷　（清）

周之楨修　（清）崔曾頤纂　清雍正七年(1729)刻同治續修本　六冊

140000－0501－0001614　26038－45

[雍正]猗氏縣志八卷　（清）潘鉱修　（清）宋之樹纂　[同治]續修猗氏縣志四卷　（清）周之楨修　（清）崔曾頤纂　[光緒]續猗氏縣志二卷　（清）徐浩修　（清）潘夢龍纂　清雍正七年(1729)刻同治、光緒續修本　八冊

140000－0501－0001615　26046－49

[乾隆]萬泉縣志八卷　（清）畢宿燾修（清）張史筆纂　清乾隆二十三年(1758)刻本　四冊

140000－0501－0001616　26050－53

[乾隆]萬泉縣志八卷　（清）畢宿燾修（清）張史筆纂　清乾隆二十三年(1758)刻本　四冊

140000－0501－0001617　26070－75

[光緒]榮河縣志十四卷首一卷　（清）馬鑑（清）王希濓修　（清）尋鑾煒纂　清光緒七年(1881)刻本　六冊

140000－0501－0001618　26076－81

[光緒]榮河縣志十四卷首一卷　（清）馬鑑（清）王希濓修　（清）尋鑾煒纂　清光緒七年(1881)刻本　六冊

140000－0501－0001619　26098－103

[光緒]解州志十八卷首一卷　（清）馬丕瑤（清）魏象乾修　（清）張承熊纂　清光緒七年(1881)刻本　六冊

140000－0501－0001620　26104－09

[光緒]解州志十八卷首一卷　（清）馬丕瑤（清）魏象乾修　（清）張承熊纂　清光緒七年(1881)刻本　六冊

140000－0501－0001621　26126－29

[乾隆]解州安邑縣運城志十六卷首一卷（清）言如泗修　（清）呂瀲纂　清乾隆二十九年(1764)刻光緒六年(1880)刻本　四冊

140000－0501－0001622　26130－37

[乾隆]解州安邑縣志十六卷首一卷　（清）言如泗修　（清）呂瀲　（清）鄭必陽纂　[乾隆]解州安邑縣運城志十六卷首一卷　（清）言如泗修　（清）呂瀲等纂　清乾隆二十九年(1764)刻本　八冊

140000－0501－0001623　26138－47

[乾隆]解州安邑縣志十六卷首一卷　（清）言如泗修　（清）呂瀲　（清）鄭必陽纂　[光緒]安邑縣續志六卷首一卷　（清）趙輔堂修　（清）張承熊纂　清乾隆二十九年(1764)刻光緒六年(1880)重修本　十冊

140000－0501－0001624　26148－51

[光緒]安邑縣續志六卷首一卷　（清）趙輔堂修　（清）張承熊纂　清光緒六年(1880)刻本　四冊

140000－0501－0001625　26152－55

[乾隆]解州安邑縣志十六卷首一卷　（清）言如泗修　（清）呂瀲　（清）鄭必陽纂　[光緒]安邑縣續志六卷首一卷　（清）趙輔堂修　（清）張承熊纂　清乾隆二十九年(1764)刻光緒六年(1880)重修解州全志本　四冊

140000－0501－0001626　26156－57

[光緒]安邑縣續志六卷首一卷　（清）趙輔堂修　（清）張承熊纂　清光緒六年(1880)刻解州全志本　二冊

140000－0501－0001627　26158－61

[乾隆]解州夏縣志十六卷　（清）李遵唐纂修　清乾隆二十九年(1764)刻本　四冊

140000－0501－0001628　26162－65

[光緒]夏縣志十卷首一卷　（清）黃繒榮（清）萬啟鈞修　（清）張承熊纂　清光緒六年(1880)刻本　四冊

140000－0501－0001629　26166－69

[光緒]夏縣志十卷首一卷　（清）黃繒榮（清）萬啟鈞修　（清）張承熊纂　清光緒六年(1880)刻本　四冊

140000－0501－0001630　26170－73

[乾隆]解州平陸縣志十六卷首一卷　（清）言

如泗修 （清）韓夔典等纂 清乾隆二十九年
(1764)刻本 四冊

140000－0501－0001631 26174－77
[乾隆]解州平陸縣志十六卷首一卷 （清）言
如泗修 （清）韓夔典等纂 清乾隆二十九年
(1764)刻本 四冊

140000－0501－0001632 26178－84
[乾隆]解州平陸縣志十六卷首一卷 （清）言
如泗修 （清）韓夔典等纂 [光緒]平陸縣續
志二卷首一卷末一卷 （清）劉鴻逵修 （清）
沈承恩纂 清乾隆二十九年(1764)修光緒六
年(1880)續修本 七冊

140000－0501－0001633 26185－88
[乾隆]解州芮城縣志十六卷首一卷 （清）言
如泗修 （清）莫溥等纂 清乾隆二十九年
(1764)刻光緒七年(1881)印本 四冊

140000－0501－0001634 26189－90
[光緒]芮城縣續志四卷首一卷 （清）馬丕瑤
修 （清）萬啟鈞 （清）張承熊纂 清光緒六
年(1880)刻本 二冊

140000－0501－0001635 26199－206
[乾隆]直隸絳州志二十卷首一卷 （清）張成
德修 （清）李友洙 （清）張我觀纂 清乾隆
三十年(1765)刻本 八冊

140000－0501－0001636 26207－14
[乾隆]直隸絳州志二十卷首一卷 （清）張成
德修 （清）李友洙 （清）張我觀纂 清乾隆
三十年(1765)刻本 八冊

140000－0501－0001637 26215－24
[光緒]直隸絳州志二十卷首一卷 （清）李煥
揚修 （清）張于鑄纂 清光緒五年(1879)刻
本 十冊

140000－0501－0001638 26225－34
[光緒]直隸絳州志二十卷首一卷 （清）李煥
揚修 （清）張于鑄纂 清光緒五年(1879)刻
本 十冊

140000－0501－0001639 26255－64

[同治]稷山縣志十卷 （清）沈鳳翔修
（清）鄧嘉紳纂 [光緒]續修稷山縣志二卷
（清）馬家鼎修 （清）武光曷纂 清同治四年
(1865)刻光緒十一年(1885)續刻本 十冊

140000－0501－0001640 26265－74
[同治]稷山縣志十卷 （清）沈鳳翔修
（清）鄧嘉紳纂 [光緒]續修稷山縣志二卷
（清）馬家鼎修 （清）武光曷纂 清同治四年
(1865)刻光緒十一年(1885)續刻本 十冊

140000－0501－0001641 26275－84
[光緒]河津縣志十四卷首一卷 （清）茅丕熙
（清）楊漢章修 （清）韓秉鈞 （清）程象
濂纂 清光緒六年(1880)刻本 十冊

140000－0501－0001642 26285－94
[光緒]河津縣志十四卷首一卷 （清）茅丕熙
（清）楊漢章修 （清）韓秉鈞 （清）程象
濂纂 清光緒六年(1880)刻本 十冊

140000－0501－0001643 26295－300
[乾隆]聞喜縣志十二卷圖一卷 （清）李遵唐
修 （清）王肇書纂 清乾隆三十一年(1766)
刻本 六冊

140000－0501－0001644 26301－10
[光緒]聞喜縣志十二卷 （清）李遵唐修
（清）王肇書纂 [光緒]聞喜縣志補四卷續四
卷斠三卷 （清）陳作哲修 （清）楊深秀纂
清光緒六年(1880)刻本 十冊

140000－0501－0001645 26311－20
[乾隆]聞喜縣志十二卷 （清）李遵唐修
（清）王肇書纂 [光緒]聞喜縣志補四卷續四
卷斠三卷 （清）陳作哲修 （清）楊深秀纂
清光緒六年(1880)刻本 十冊

140000－0501－0001646 26333－36
[乾隆]絳縣志十四卷 （清）拉昌阿修
（清）王本智纂 清乾隆三十年(1765)刻本
四冊

140000－0501－0001647 26337－42
[光緒]絳縣志十四卷 （清）劉斌修 （清）
張于鑄纂 清光緒六年(1880)刻本 六冊

140000－0501－0001648　26343－46

[光緒]絳縣志二十一卷　（清）胡延纂修　清光緒二十五年（1899）刻本　四冊

140000－0501－0001649　26347－50

[光緒]絳縣志二十一卷　（清）胡延纂修　清光緒二十五年（1899）刻本　四冊

140000－0501－0001650　26351－58

[光緒]垣曲縣志十四卷　（清）薛元釗修（清）張于鑄纂　清光緒六年（1880）刻本　八冊

140000－0501－0001651　26359－72

[光緒]垣曲縣志十四卷　（清）薛元釗修（清）張于鑄纂　清光緒六年（1880）刻本　十四冊

140000－0501－0001652　26373－82

[道光]直隸霍州志二十五卷首一卷　（清）崔允昭修　（清）李培謙纂　清道光六年（1826）刻本　十冊

140000－0501－0001653　26383－94

[道光]直隸霍州志二十五卷首一卷　（清）崔允昭修　（清）李培謙纂　[光緒]續刻直隸霍州志二卷　（清）楊立旭修　（清）白天章纂　清道光六年（1826）刻光緒六年（1880）續刻本　十二冊

140000－0501－0001654　26395－406

[道光]直隸霍州志二十五卷首一卷　（清）崔允昭修　（清）李培謙纂　[光緒]續刻直隸霍州志二卷　（清）楊立旭修　（清）白天章纂　清道光六年（1826）刻光緒六年（1880）續刻本　十二冊

140000－0501－0001655　26411－18

[乾隆]趙城縣志二十四卷首一卷末一卷（清）李升階纂修　清乾隆二十五年（1760）刻本　八冊

140000－0501－0001656　26419－26

[道光]趙城縣志三十七卷首一卷附圖一幅（清）楊延亮纂輯　清道光七年（1827）刻本　八冊

140000－0501－0001657　26427－34

[道光]趙城縣志三十七卷首一卷　（清）楊延亮纂輯　清道光七年（1827）刻本　八冊

140000－0501－0001658　26435－42

[道光]趙城縣志三十七卷首一卷　（清）楊延亮纂輯　清道光七年（1827）刻本　八冊

140000－0501－0001659　26443－48

[嘉慶]靈石縣志十二卷　（清）王志瀜修（清）黃憲臣纂　清嘉慶二十二年（1817）刻本　六冊

140000－0501－0001660　26449－54

[嘉慶]靈石縣志十二卷　（清）王志瀜修（清）黃憲臣纂　清嘉慶二十二年（1817）刻本　六冊

140000－0501－0001661　26455－62

[嘉慶]靈石縣志十二卷圖考一卷　（清）王志瀜修　（清）黃憲臣纂　[光緒]續修靈石縣志二卷　（清）謝均修　（清）白星煒纂　清嘉慶二十二年（1817）刻光緒元年（1875）續修本　八冊

140000－0501－0001662　26463－70

[嘉慶]靈石縣志十二卷圖考一卷　（清）王志瀜修　（清）黃憲臣纂　[光緒]續修靈石縣志二卷　（清）謝均修　（清）白星煒纂　清嘉慶二十二年（1817）刻光緒元年（1875）續修本　八冊

140000－0501－0001663　26483－86

[康熙]隰州志二十四卷　（清）錢以塏纂修清康熙四十九年（1710）刻本　四冊

140000－0501－0001664　26487－90

[康熙]隰州志二十四卷　（清）錢以塏纂修清康熙四十九年（1710）刻本　四冊

140000－0501－0001665　26491－98

[光緒]續修隰州志四卷　（清）崔澄寰修（清）王嘉會纂　清光緒二十四年（1898）刻本　八冊

140000－0501－0001666　26499－502

[光緒]大寧縣志八卷　（清）崔同綏修
（清）李華棠纂　清光緒九年（1883）刻本
四册

140000－0501－0001667　26503－07
[乾隆]蒲縣志十卷首一卷　（清）巫慧修
（清）王居正纂　[光緒]蒲縣續志　（清）托
克托歡修　（清）羅良栓纂　清乾隆十八年
（1753）刻光緒六年（1880）續修本　五册

140000－0501－0001668　26508－13
[乾隆]蒲縣志十卷首一卷　（清）巫慧修
（清）王居正纂　[光緒]蒲縣續志　（清）托
克托歡修　（清）羅良栓纂　清乾隆十八年
（1753）刻光緒六年（1880）續修本　六册

140000－0501－0001669　26514－18
[乾隆]蒲縣志十卷首一卷　（清）巫慧修
（清）王居正纂　[光緒]蒲縣續志　（清）托
克托歡修　（清）羅良栓纂　清乾隆十八年
（1753）刻光緒六年（1880）續修本（卷六爲抄
配）　五册

140000－0501－0001670　26519－22
[康熙]永和縣志二十四卷　（清）王士儀纂修
　清康熙四十九年（1710）刻本　四册　缺一
卷（十二）

140000－0501－0001671　26523－762
[同治]畿輔通志三百卷首一卷　（清）李鴻章
　（清）張樹聲修　（清）黃彭年纂　清宣統二
年（1910）北洋官書局石印本　二百四十册

140000－0501－0001672　26763－70
宸垣識略十六卷　（清）吳長元輯　清乾隆五
十三年（1788）池北草堂刻本　八册

140000－0501－0001673　26771－86
日下舊聞四十二卷　（清）朱彝尊輯　清康熙
五十五年（1716）六峰閣刻本（有抄配葉）　十
六册

140000－0501－0001674　26787－94
宸垣識略十六卷　（清）吳長元輯　清乾隆五
十三年（1788）池北草堂刻本　八册

140000－0501－0001675　26795－802
宸垣識略十六卷　（清）吳長元輯　清光緒二
年（1876）刻本　八册

140000－0501－0001676　26803－42
[雍正]河南通志八十卷　（清）田文鏡
（清）王士俊修　（清）孫灝纂　清雍正十三年
（1735）刻本　四十册

140000－0501－0001677　26843－74
[乾隆]續河南通志八十卷首四卷　（清）阿思
哈纂修　清乾隆三十二年（1767）刻本　三十
二册

140000－0501－0001678　26881－980
[雍正]陝西通志一百卷首一卷　（清）劉於義
修　（清）沈青崖纂　清雍正十三年（1735）刻
本　一百册

140000－0501－0001679　26981－7080
[雍正]陝西通志一百卷首一卷　（清）劉於義
修　（清）沈青崖纂　清雍正十三年（1735）刻
本　一百册

140000－0501－0001680　27203－38
[乾隆]甘肅通志五十卷首一卷　（清）許容修
　（清）李迪纂　清乾隆元年（1736）刻本（卷
十至十六爲抄配）　三十六册

140000－0501－0001681　27239－318
[乾隆]江南通志二百卷首四卷　（清）尹繼善
　（清）趙國麟修　（清）黃之雋　（清）章士
鳳纂　清乾隆元年（1736）刻本　八十册

140000－0501－0001682　27319－418
[道光]安徽通志二百六十卷首六卷　（清）蔣
攸銛　（清）張師誠修　（清）李振庸纂　清道
光十年（1830）刻本　一百册

140000－0501－0001683　27427－546
[雍正]浙江通志二百八十卷首三卷　（清）李
衛修　（清）嵇曾筠纂　清光緒二十五年
（1899）浙江書局刻本　一百二十册

140000－0501－0001684　27547－610
[雍正]江西通志一百六十二卷首三卷　（清）

高其倬修 （清）陶成纂 清雍正十年(1732)
刻本 六十四册

140000－0501－0001685 27611－24
[宣統]江西全省輿圖 清宣統元年(1909)石
印本 十四册

140000－0501－0001686 27733－900
[光緒]湖南通志二百八十八卷首八卷末十九
卷 （清）李瀚章等修 （清）曾國荃等纂 清
光緒十一年(1885)刻本 一百六十八册

140000－0501－0001687 27901－8020
[嘉慶]四川通志二百四卷首二十二卷 （清）
常明修 （清）楊芳燦 （清）譚光祜纂 清嘉
慶二十一年(1816)刻本 一百二十册

140000－0501－0001688 28021－25
長江圖說十二卷首一卷 （清）馬徵麟撰 清
同治十年(1871)湖北崇文書局刻本 五册

140000－0501－0001689 28026－205
[道光]福建通志二百七十八卷首七卷圖一卷
 （清）孫爾準修 （清）陳壽祺纂 （清）程
祖洛續修 （清）魏敬中續纂 清同治七年
(1868)福建正誼書局刻本 一百八十册

140000－0501－0001690 28206－325
[道光]廣東通志三百三十四卷首一卷 （清）
阮元 （清）江藩修 （清）陳昌齊 （清）劉
彬華纂 清同治三年(1864)刻本 一百二
十册

140000－0501－0001691 28328－407
[嘉慶]廣西通志二百七十九卷首一卷 （清）
吉慶 （清）謝啟昆修 （清）胡虔纂 清嘉慶
六年(1801)修同治四年(1865)增補刻本 八
十册

140000－0501－0001692 28408－507
[光緒]續雲南通志一百九十四卷首六卷
(清)王文韶 （清）魏光燾修 （清）唐炯等
纂 清光緒二十六年(1900)四川岳池刻本
一百册

140000－0501－0001693 28508－607

[光緒]續雲南通志一百九十四卷首六卷
(清)王文韶 （清）魏光燾修 （清）唐炯等
纂 清光緒二十七年(1901)四川岳池刻本
一百册

140000－0501－0001694 28626－45
[乾隆]貴州通志四十六卷首一卷 （清）鄂爾
泰 （清）張廣泗修 （清）靖道謨纂 清乾隆
六年(1741)刻本 二十册

140000－0501－0001695 28646－49
黔南識略三十二卷 （清）愛必達纂 清道光
二十七年(1847)刻本 四册

140000－0501－0001696 28650－69
[乾隆]盛京通志四十八卷首一卷 （清）宋筠
修 （清）魏樞纂 清乾隆元年(1736)内府刻
本 二十册

140000－0501－0001697 28670－718
[光緒]吉林通志一百二十二卷 （清）長順
(清)訥欽修 （清）李桂林 （清）顧雲纂
清光緒十七年(1891)刻本 四十九册

140000－0501－0001698 28719－20
[道光]吉林外紀十卷 （清）薩英額纂 清光
緒二十一年(1895)漸西村舍彙刻本 二册

140000－0501－0001699 28785－86
[光緒]黑龍江述略六卷 （清）徐宗亮纂 清
光緒十七年(1891)石埭徐氏觀自得齋刻本
二册

140000－0501－0001700 28825－941
[宣統]新疆圖志一百十六卷首一卷 王樹枬
 （清）王學曾纂 清宣統三年(1911)刻本
一百十七册

140000－0501－0001701 28980－87
衛藏通志十六卷首一卷 （清）和琳輯 （清）
龍松岑校 清光緒二十一年(1895)漸西村舍
彙刻本 八册

140000－0501－0001702 28988－91
西藏通覽二編 （日本）山縣初男編 清宣統
元年(1909)成都文倫書局石印本 四册

140000－0501－0001703　28992－97

衛藏圖識五卷　（清）盛繩祖纂　清乾隆五十
七年(1792)刻本　六冊

140000－0501－0001704　28998－9002

西域水道記五卷附題詞一卷新疆賦一卷
（清）徐松撰　清道光三年(1823)刻本　五冊

140000－0501－0001705　29003

漢書西域傳補注二卷　（清）徐松注　清道光
九年(1829)刻本　一冊

140000－0501－0001706　29004－67

[光緒]順天府志一百三十卷首一卷　（清）周
家楣修　（清）張之洞　繆荃孫纂　清光緒十
二年(1886)刻本　六十四冊

140000－0501－0001707　29068－91

[光緒]重修天津府志五十四卷首一卷末一卷
　（清）徐宗亮　（清）蔡啟盛纂修　清光緒二
十一年(1895)刻二十五年(1899)續刻本　二
十四冊

140000－0501－0001708　29092－105

[光緒]正定縣志四十六卷圖一卷首一卷末一
卷　（清）慶之金　（清）賈孝彰修　（清）趙
文濂纂　清光緒元年(1875)刻本　十四冊

140000－0501－0001709　29106－19

[光緒]正定縣志四十六卷圖一卷首一卷末一
卷　（清）慶之金　（清）賈孝彰修　（清）趙
文濂纂　清光緒元年(1875)刻本　十四冊

140000－0501－0001710　29120－31

[道光]直隸定州志二十二卷首一卷　（清）寶
琳　（清）勞沅恩纂修　清道光二十九年
(1849)刻本　十二冊

140000－0501－0001711　29132－39

[光緒]開州志八卷首一卷圖一卷　（清）陳兆
麟纂修　清光緒八年(1882)刻本　八冊

140000－0501－0001712　29140－45

[咸豐]開縣志二十七卷首一卷　（清）李兆奎
修　（清）陳崑纂　清咸豐三年(1853)刻本
六冊

140000－0501－0001713　29146－51

[光緒]直隸趙州志十六卷首一卷末一卷
（清）孫傳栻修　（清）王景美纂　清光緒二十
三年(1897)刻本　六冊

140000－0501－0001714　29152－55

[光緒]趙州屬邑志八卷　（清）孫傳栻纂修
清光緒二十三年(1897)刻本　四冊

140000－0501－0001715　29156－63

[同治]磁州志十八卷續志六卷　（清）蔣擢修
　（清）樂玉聲　（清）程光瀅纂　清同治十三
年(1874)刻本　八冊

140000－0501－0001716　29169－204

[道光]濟南府志七十二卷首一卷　（清）王贈
芳　（清）王鎮修　（清）成瓘　（清）冷烜纂
　清道光二十年(1840)濟南府刻本　三十
六冊

140000－0501－0001717　29205－24

[乾隆]濟寧直隸州志三十四卷首一卷　（清）
胡德林修　（清）王道享續修　（清）盛百二補
輯　清乾隆五十年(1785)刻本　二十冊

140000－0501－0001718　29225－32

[康熙]青州府志二十一卷　（清）陶錦修
（清）王昌學纂　清康熙六十年(1721)刻本
八冊

140000－0501－0001719　29233－44

[乾隆]沂州府志三十六卷　（清）李希賢
（清）潘遇莘修　（清）丁愷曾纂　清乾隆二十
五年(1760)刻本　十二冊

140000－0501－0001720　29245－56

[康熙]開封府志四十卷　（清）管竭忠修
（清）張沐纂　清康熙三十四年(1695)刻本
十二冊

140000－0501－0001721　29257－68

[康熙]開封府志四十卷　（清）管竭忠修
（清）張沐纂　清康熙三十四年(1695)刻本
十二冊

140000－0501－0001722　29269－81

[同治]直隸陝州志二十卷圖考一卷附志二卷 （清）龔崧林修　清同治六年(1867)刻本　十三冊

140000－0501－0001723　29282－84

[光緒]陝州直隸州續志十卷首一卷　（清）黃景修　（清）慶增　（清）李本穌纂　清光緒十八年(1892)刻本　三冊

140000－0501－0001724　29285－304

[乾隆]陳州府志三十卷首一卷　（清）崔應階修　（清）姚之琅纂　清乾隆十二年(1747)刻本　二十冊

140000－0501－0001725　29305－20

[嘉慶]延安府志八十卷　（清）洪蕙纂修　清嘉慶七年(1802)刻本　十六冊

140000－0501－0001726　29321－38

[咸豐]同州府志三十四卷首一卷文徵錄三卷　（清）文廉修　（清）蔣湘南纂　清咸豐二年(1852)刻本　十八冊

140000－0501－0001727　29339－78

[乾隆]蘇州府志八十卷首一卷　（清）雅爾哈善　（清）傅椿修　（清）習寯　（清）王峻纂　清乾隆十三年(1748)刻本　四十冊

140000－0501－0001728　29379－90

[宣統]新修固原直隸州志十一卷　（清）王學伊纂修　硝河城志一卷　（清）楊修德撰　清宣統元年(1909)官報書局鉛印本　十二冊

140000－0501－0001729　29391－414

[嘉慶]江寧府志五十六卷　（清）呂燕昭修　（清）姚鼐纂　清嘉慶十六年(1811)刻本　二十四冊

140000－0501－0001730　29415－24

[同治]續纂江寧府志十五卷首一卷　（清）蔣啟勳修　（清）汪士鐸纂　清光緒六年(1880)刻本　十冊

140000－0501－0001731　29425－40

[光緒]淮安府志四十卷首一卷　（清）孫雲錦修　（清）吳昆田纂　清光緒十年(1884)刻本　十六冊

140000－0501－0001732　29441－48

淮安藝文志十卷　清同治十二年(1873)刻本　八冊

140000－0501－0001733　29449－58

[嘉慶]海州直隸州志三十二卷首一卷　（清）唐仲冕修　（清）汪梅鼎纂　清嘉慶十六年(1811)刻本　十冊

140000－0501－0001734　29459－90

[嘉慶]重修揚州府志七十二卷　（清）阿克當阿修　（清）姚文田　（清）江藩纂　清嘉慶十五年(1810)刻本　三十二冊

140000－0501－0001735　29491－500

[同治]揚州府志二十四卷　（清）方濬頤修　（清）錢振倫纂　清同治十三年(1874)刻本　十冊

140000－0501－0001736　29501－02

廣陵通典十卷　（清）汪中撰　清同治八年(1869)揚州書局刻本　二冊

140000－0501－0001737　29503－42

[嘉慶]松江府志八十四卷首二卷　（清）宋如林修　（清）孫星衍纂　清嘉慶二十一年(1816)明倫堂刻本　四十冊

140000－0501－0001738　29543－90

[光緒]續修廬州府志一百卷首一卷末一卷　（清）黃雲修　（清）林之望　（清）汪宗沂纂　清光緒十一年(1885)刻本　四十八冊

140000－0501－0001739　29687－714

[同治]南昌府志六十卷首一卷末一卷　（清）許應鑅　（清）王之藩修　（清）曾作舟　（清）杜防纂　清同治十二年(1873)刻本　二十八冊

140000－0501－0001740　29715－54

[光緒]撫州府志八十六卷首一卷　（清）許應鑅　（清）朱澄瀾修　（清）謝煌纂　清光緒二年(1876)刻本　四十冊

140000－0501－0001741　29755－74

[乾隆]漢陽府志五十卷首一卷　（清）陶士僎
修　（清）劉湘煃纂　清乾隆十二年(1747)刻
本　二十冊

140000－0501－0001742　29775－78

[光緒]施南府志續編十卷附施南府前志瑣言
一卷　（清）王庭楨　（清）李謙修　（清）雷
春沼　（清）尹壽衡纂　清光緒十一年(1885)
施南府刻本　四冊

140000－0501－0001743　29779－836

[道光]寶慶府志一百四十三卷首二卷末三卷
　（清）黃宅中修　（清）鄧顯鶴纂　清道光二
十九年(1849)刻本　五十八冊

140000－0501－0001744　29837－54

[道光]夔州府志三十六卷首一卷　（清）恩成
修　（清）劉德銓纂　清道光七年(1827)刻本
十八冊

140000－0501－0001745　29855－68

[乾隆]續修臺灣府志二十六卷　（清）六十七
　（清）范咸修　（清）覺羅四明　（清）余文
儀纂　清乾隆十二年(1747)刻本　十四冊

140000－0501－0001746　29869－908

[道光]貴陽府志八十八卷首二卷餘編二十卷
　（清）周作楫修　（清）蕭琯　（清）鄒漢勳
纂　清咸豐二年(1852)刻本　四十冊

140000－0501－0001747　29909－24

[咸豐]安順府志五十四卷首一卷　（清）常恩
修　（清）鄒漢勳　（清）吳寅邦纂　清光緒十
七年(1891)安順知府文海補刻本　十六冊

140000－0501－0001748　29930－53

[道光]承德府志六十卷首二十六卷　（清）海
忠纂修　清光緒刻本　二十四冊

140000－0501－0001749　29954－59

[光緒]綏遠旗志十卷首一卷　（清）貽穀修
高賡恩纂　清光緒三十四年(1908)刻本
六冊

140000－0501－0001750　29969－84

增訂廣輿記二十四卷　（明）陸應陽撰　（清）

蔡方炳輯　清康熙二十五年(1686)聚秀堂刻
本　十六冊

140000－0501－0001751　29985－94

欽定新疆識略十二卷首一卷　（清）松筠纂
清道光元年(1821)武英殿修書處刻本　十冊

140000－0501－0001752　30001

藏輶隨記　（清）陶澍撰　清宣統二年(1910)
鉛印本　一冊

140000－0501－0001753　30002－17

[光緒]通州直隸州志十六卷首一卷末一卷
（清）莫祥芝　（清）梁悅馨修　（清）季念詒
　（清）沈鍠纂　清光緒元年(1875)刻本　十
六冊

140000－0501－0001754　30018－21

[乾隆]直隸遵化州志十二卷　（清）劉靖修
（清）邊中寶纂　清乾隆二十一年(1756)刻本
四冊

140000－0501－0001755　30022－33

[道光]薊州志十卷首一卷　（清）沈銳纂修
清道光十一年(1831)刻本　十二冊

140000－0501－0001756　30034－41

[乾隆]武清縣志十二卷首一卷末一卷　（清）
吳翀纂修　清乾隆七年(1742)刻本　八冊

140000－0501－0001757　30042－49

[光緒]蔚州志二十卷首一卷　（清）慶之金
（清）楊篤纂　清光緒三年(1877)蔚州州署刻
本　八冊

140000－0501－0001758　30055－60

[同治]欒城縣志十四卷首一卷末一卷　（清）
陳詠修　（清）張惇德纂　清同治十二年
(1873)刻本　六冊

140000－0501－0001759　30067－72

[雍正]井陘縣志八卷　（清）鍾文英修
（清）吳觀白纂　清雍正八年(1730)刻本
六冊

140000－0501－0001760　30073－76

[康熙]靈壽縣志十卷末一卷　（清）陸隴其修

（清）傅維枟纂 清康熙二十五年(1686)刻本 四冊

140000－0501－0001761 30095－104

[光緒]蠡縣志十卷 （清）韓志超 （清）何雲誥修 （清）王其衡纂 清光緒二年(1876)刻本 十冊

140000－0501－0001762 30113－16

[道光]内邱縣志四卷 （清）汪匡鼎修 （清）和羹纂 清道光十二年(1832)刻本 四冊

140000－0501－0001763 30117－24

[同治]遷安縣志十八卷首一卷末一卷 （清）韓耀光修 （清）史夢蘭纂 清同治十二年(1873)文峰書院刻本 八冊

140000－0501－0001764 30125－30

[光緒]撫寧縣志十六卷首一卷 （清）張上龢 （清）史夢蘭纂修 清光緒三年(1877)刻本 六冊

140000－0501－0001765 30139－43

[乾隆]曲周縣志十九卷 （清）勞宗發修 （清）王今遠纂 （清）周治輅續纂 清乾隆十二年(1747)刻本 五冊

140000－0501－0001766 30144－49

[康熙]懷來縣志十八卷首一卷 （清）許隆遠纂修 清康熙五十一年(1712)刻本 六冊

140000－0501－0001767 30150－55

[光緒]懷來縣志十八卷首一卷 （清）朱乃恭修 （清）席之瓚編輯 清光緒八年(1882)刻本 六冊

140000－0501－0001768 30158－61

[康熙]威縣志十六卷 （清）李之棟纂修 清康熙十二年(1673)刻本 四冊

140000－0501－0001769 30162

[同治]西寧新志十卷首一卷 （清）韓志超修 （清）楊篤纂 清同治十二年(1873)刻本 一冊

140000－0501－0001770 30187－94

[乾隆]安肅縣志十六卷 （清）張鈍修 （清）史元善纂 清乾隆四十三年(1778)刻嘉慶十三年(1808)刻本 八冊

140000－0501－0001771 30195－98

[乾隆]肅寧縣志十卷 （清）尹侃 （清）范森修 （清）談有典纂 清乾隆十九年(1754)刻本 四冊

140000－0501－0001772 30199－210

[光緒]大城縣志十二卷首一卷 （清）趙炳文 （清）徐國禎纂 清光緒二十三年(1897)刻本 十二冊

140000－0501－0001773 30211－20

[乾隆]泰安縣志十二卷首一卷末一卷 （清）黃鈴修 （清）蕭儒林 （清）宋圻纂 清乾隆四十七年(1782)刻本 十冊

140000－0501－0001774 30221－36

[乾隆]歷城縣志五十卷首一卷 （清）胡德琳修 （清）李文藻纂 清乾隆三十八年(1773)刻本 十六冊

140000－0501－0001775 30237－48

[道光]東阿縣志二十四卷首一卷 （清）李賢書裁定 （清）吳怡纂 清道光九年(1829)刻本 十二冊

140000－0501－0001776 30249－60

[乾隆]曲阜縣志一百卷 （清）潘相纂修 清乾隆三十九年(1774)聖化堂刻本 十二冊

140000－0501－0001777 30270－73

[康熙]堂邑縣志二十卷 （清）盧承琰修 （清）劉淇纂 清光緒十八年(1892)雀城書院刻本 四冊

140000－0501－0001778 30274－81

[宣統]聊城縣志十二卷首一卷耆獻文徵三卷 （清）陳慶藩修 （清）葉錫麟 （清）靳維熙纂 清宣統二年(1910)刻本 八冊

140000－0501－0001779 30290－97

[道光]重修平度州志二十七卷 （清）保忠修 （清）李圖纂 清道光二十九年(1849)刻本

八冊

140000－0501－0001780　30298－307
[嘉慶]長山縣志十六卷首一卷　（清）倪企望
修　（清）鍾廷瑛纂　清嘉慶六年(1801)刻本
十冊

140000－0501－0001781　30308－13
[光緒]壽張縣志十卷首一卷　（清）莊鴻烈
（清）劉文煒修　（清）王守謙纂　清光緒二十
六年(1900)刻本　六冊

140000－0501－0001782　30336－43
[道光]輝縣志二十卷首一卷末一卷　（清）周
際華修　（清）戴銘纂　清道光十五年(1835)
百泉書院刻本　八冊

140000－0501－0001783　30344－47
[道光]舞陽縣志十二卷　（清）王德瑛纂修
清道光十五年(1835)刻本　四冊

140000－0501－0001784　30348－59
[乾隆]祥符縣志二十二卷　（清）張淑載纂修
清乾隆四年(1739)刻本　十二冊

140000－0501－0001785　30360－65
[乾隆]濟源縣志十六卷首一卷末一卷　（清）
蕭應植纂修　清乾隆二十六年(1761)刻本
六冊

140000－0501－0001786　30366－69
[嘉慶]濟源縣志十二卷　（清）何荇芳修
（清）劉大觀纂　清嘉慶十六年(1811)刻本
四冊

140000－0501－0001787　30370－75
[乾隆]獲嘉縣志十六卷首一卷　（清）吳喬齡
修　（清）李棟纂　清道光二十五年(1845)刻
本　六冊

140000－0501－0001788　30376－81
[乾隆]重修靈寶縣志六卷　（清）周慶增修
（清）敖啟潛纂　清乾隆十二年(1747)刻本
六冊

140000－0501－0001789　30382－85
[康熙]内鄉縣志十二卷　（清）寶鼎望纂修

清康熙三十二年(1693)刻本　四冊

140000－0501－0001790　30386－93
[光緒]續修閿鄉縣志十二卷首一卷末一卷
（清）劉思恕　（清）汪鼎臣修　（清）王維國
（清）王守恭纂　清光緒二十年(1894)刻本
八冊

140000－0501－0001791　30442－49
[光緒]南陽縣志十二卷首一卷　（清）潘守廉
修　（清）張嘉謀撰　清光緒三十年(1904)刻
本　八冊

140000－0501－0001792　30450－53
[乾隆]嵩縣志三十卷　（清）康基淵纂修　清
乾隆三十一年(1766)刻本　四冊

140000－0501－0001793　30458－61
[乾隆]林縣志十卷首一卷末一卷　（清）楊潮
觀纂　清乾隆十七年(1752)黃華書院刻本
四冊

140000－0501－0001794　30462－71
[道光]修武縣志十卷首一卷　（清）馮繼照修
（清）金皋纂　清道光十九年(1839)刻本
十冊

140000－0501－0001795　30488－93
[道光]泌陽縣志十二卷首一卷　（清）倪明進
修　（清）栗郢纂　清道光八年(1828)刻本
六冊

140000－0501－0001796　30494－501
[嘉慶]濬縣志二十二卷補遺一卷金石錄二卷
（清）熊象階修　（清）武穆淳纂　[光緒]
續濬縣志八卷　（清）黃璟修　（清）李作霖
（清）喬景濂纂　清光緒十三年(1887)刻本
八冊

140000－0501－0001797　30502－06
[道光]重修略陽縣志四卷　（清）譚瑀修
（清）黎成德纂　[光緒]新續略陽縣志一卷
（清）桂超纂修　清光緒三十年(1904)刻本
五冊

140000－0501－0001798　30507－12

[乾隆]重修周屋縣志十四卷 （清）楊儀纂修 （清）鄧秉綸補纂 清乾隆五十八年(1793)刻本 六冊

140000 – 0501 – 0001799 30513 – 16
[光緒]三原縣新志八卷 （清）焦雲龍修 （清）賀瑞麟纂 清光緒六年(1880)刻本 四冊

140000 – 0501 – 0001800 30525 – 28
[宣統]重修涇陽縣志十六卷首一卷末一卷 （清）劉懋官修 （清）宋伯魯 （清）周斯億纂 清宣統三年(1911)天津華新印刷局鉛印本 四冊

140000 – 0501 – 0001801 30529 – 30
[正德]武功縣志三卷首一卷 （明）康海纂 （清）孫景烈評注 清乾隆二十六年(1761)瑪星阿刻本 二冊

140000 – 0501 – 0001802 30531 – 34
[同治]三水縣志十二卷首一卷 （清）姜桐岡修 （清）郭四維纂 清同治十一年(1872)刻本 四冊

140000 – 0501 – 0001803 30535 – 38
[嘉慶]扶風縣志十七卷 （清）宋世犖修 （清）王樹棠 （清）吳鵬翔纂 清嘉慶二十四年(1819)刻本 四冊

140000 – 0501 – 0001804 30539 – 42
[道光]重修汧陽縣志十二卷首一卷 （清）羅日璧編輯 [光緒]增續汧陽縣志二卷 （清）焦思善修 （清）張元璧 （清）王潤纂 清道光二十一年(1841)刻光緒十三年(1887)續修本 六冊

140000 – 0501 – 0001805 30545 – 51
[乾隆]興平縣志二十五卷 （清）顧聲雷修 （清）張塤纂 興平縣士女續志三卷 （清）王權撰 清光緒二年(1876)刻本 七冊

140000 – 0501 – 0001806 30556 – 61
[嘉慶]漢陰廳志十卷首一卷 （清）錢鶴年修 （清）董詔纂 清嘉慶二十三年(1818)刻本 六冊

140000 – 0501 – 0001807 30562 – 68
[乾隆]韓城縣志十六卷首一卷 （清）傅應奎修 （清）錢坫 （清）周克麟纂 [嘉慶]韓城縣續志五卷 （清）冀蘭泰修 （清）陸耀通纂 清乾隆四十九年(1784)刻嘉慶二十三年(1818)增修本 七冊

140000 – 0501 – 0001808 30569 – 73
[道光]保安州志八卷首一卷 （清）楊桂森纂 [光緒]保安州續志四卷目錄一卷 （清）張毓生纂 清道光十五年(1835)刻光緒三年(1877)續刻本 五冊

140000 – 0501 – 0001809 30574 – 79
[光緒]綏德直隸州志八卷首一卷 （清）孔繁樸修 高維嶽纂 清光緒三十一年(1905)刻朱印本 六冊

140000 – 0501 – 0001810 30580 – 83
[乾隆]商南縣志十二卷 （清）羅文思纂修 清乾隆十七年(1752)刻本 四冊

140000 – 0501 – 0001811 30584 – 89
[光緒]興平縣鄉土志六卷 （清）王廷琰修 張元際纂 清光緒三十三年(1907)木活字印本 六冊

140000 – 0501 – 0001812 30594 – 97
[乾隆]續修靜寧州志八卷 （清）王煊纂修 清乾隆十一年(1746)刻本 四冊

140000 – 0501 – 0001813 30598 – 611
[光緒]重修皋蘭縣志三十卷首一卷 （清）張國常纂修 清光緒十八年(1892)甘肅政報局石印本 十四冊

140000 – 0501 – 0001814 30612 – 27
[光緒]重纂秦州直隸州新志二十四卷首一卷 （清）余澤春 （清）匡翼之纂 清光緒十五年(1889)隴南書院刻本 十六冊

140000 – 0501 – 0001815 30628 – 34
[乾隆]韓城縣志十六卷首一卷 （清）傅應奎修 （清）錢坫 （清）周克麟纂 [嘉慶]韓城縣續志五卷 （清）冀蘭泰修 （清）陸耀通纂 清乾隆四十九年(1784)刻嘉慶二十三年

(1818)增修本　七冊

140000－0501－0001816　30635－50
[同治]上海縣志三十二卷首一卷補遺一卷敘
錄一卷　（清）應寶時修　（清）俞樾纂　清同
治十一年（1872）南園志局刻本　十六冊

140000－0501－0001817　30661－68
[咸豐]重修興化縣志十卷　（清）梁園棣總修
（清）趙彥俞　（清）鄭之僑分修　清咸豐二
年（1852）刻本　八冊

140000－0501－0001818　30669－78
[嘉慶]如皋縣志二十四卷　（清）楊受廷
（清）左元縝修　（清）馬汝舟　（清）江大鍵
纂　清嘉慶十三年（1808）刻本　十冊

140000－0501－0001819　30679－82
[光緒]海門廳圖志二十卷首一卷　（清）俞麟
年　（清）王賓修　（清）孫壽祺　（清）王汝
騏纂　清光緒二十六年（1900）刻本　四冊

140000－0501－0001820　30683－90
[咸豐]清河縣志二十四卷首一卷　（清）魯一
同纂　清河縣志附編二卷　（清）吳棠纂　清
咸豐四年（1854）刻同治元年（1862）補刻民國
八年（1919）再補刻本　八冊

140000－0501－0001821　30691－94
[咸豐]甘棠小志四卷首一卷末一卷　（清）董
醇撰　清咸豐五年（1855）甘棠董氏刻本
四冊

140000－0501－0001822　30695－98
[咸豐]邳州志二十卷首一卷　（清）董用威修
（清）魯一同纂　清咸豐元年（1851）刻本
四冊

140000－0501－0001823　30699－710
[光緒]青浦縣志三十卷首二卷末一卷　（清）
陳其元　（清）黎庶昌修　（清）熊其英纂　清
光緒五年（1879）刻本　十二冊

140000－0501－0001824　30715－22
彙刻太倉舊志五種　繆荃孫等輯　清宣統元
年（1909）太倉繆氏刻本　八冊

140000－0501－0001825　30746－57
[乾隆]徐州府志三十卷首一卷　（清）石杰修
（清）王峻纂　清乾隆七年（1742）刻本　十
二冊

140000－0501－0001826　30758－77
[光緒]武進陽湖縣志三十卷首一卷　（清）張
球修　（清）湯成烈纂　清光緒五年（1879）刻
本　二十冊

140000－0501－0001827　30778－85
[光緒]江都續志三十卷首一卷　（清）謝延庚
修　（清）劉壽曾纂　清光緒十年（1884）刻本
八冊

140000－0501－0001828　30786－91
[同治]如皋縣續志十六卷　（清）周際霖
（清）胡維藩修　（清）周頊　（清）吳開陽纂
清同治十二年（1873）刻本　六冊

140000－0501－0001829　30792－95
[嘉慶]江都縣續志十二卷首一卷　（清）王逢
源修　（清）李保泰輯　清光緒七年（1881）刻
本　四冊

140000－0501－0001830　30796－803
[咸豐]重修興化縣志十卷　（清）梁園棣總修
（清）趙彥俞　（清）鄭之僑分修　清咸豐二
年（1852）刻本　八冊

140000－0501－0001831　30804－08
[道光]來安縣志十四卷首一卷末一卷　（清）
劉廷槐修　（清）歐陽泉纂　清道光十年
（1830）刻本　五冊

140000－0501－0001832　30809－16
[乾隆]鳳陽縣志十六卷首一卷　（清）于萬培
纂修　清乾隆四十年（1775）刻本　八冊

140000－0501－0001833　30825－36
[光緒]寧海縣志二十四卷首一卷　（清）王瑞
成　（清）程雲驥修　（清）張濬纂　清光緒二
十八年（1902）刻民國四年（1915）重印本　十
二冊

140000－0501－0001834　30837－52

[光緒]寧海縣志二十四卷首一卷　（清）王瑞成　（清）程雲驥修　（清）張濬纂　清光緒二十八年(1902)刻本　十六冊

140000－0501－0001835　30877－92

[光緒]黃巖縣志四十卷首一卷附黃巖集三十二卷　（清）陳寶善修　（清）陳鍾英續修　（清）王詠霓續纂　清光緒三年(1877)刻本　十六冊　存四十一卷(黃巖縣志四十卷、首一卷)

140000－0501－0001836　30893－900

[光緒]太平續志十八卷首一卷　（清）陳汝霖修　（清）王棻纂　清光緒二十二年(1896)刻本　八冊

140000－0501－0001837　30901－10

[嘉慶]太平縣志十八卷　（清）慶霖修　（清）戚學標纂　清光緒二十二年(1896)陳其昌重修本　十冊

140000－0501－0001838　30911－20

[道光]蓮花廳志八卷首一卷末一卷　（清）李其昌輯　（清）李蔭樞　（清）李素珠續修　清道光六年(1826)刻本　十冊

140000－0501－0001839　30921－30

[同治]雩都縣志十六卷首一卷　（清）顏壽芝　（清）王穎修　（清）何戴任　（清）洪霖纂　清同治十三年(1874)刻本　十冊

140000－0501－0001840　30931－50

[乾隆]廬陵縣志四十五卷首一卷　（清）平觀瀾修　（清）黃有恆纂　清乾隆四十六年(1781)刻本　二十冊

140000－0501－0001841　30951－58

[康熙]寧化縣志七卷　（清）祝文郁修　（清）李世熊纂　清同治八年(1869)蔣澤沄刻本　八冊

140000－0501－0001842　30959－78

[乾隆]興化府莆田縣志三十六卷首一卷　（清）汪大經　（清）王恆修　（清）廖心琦　（清）林黌纂　清光緒五年(1879)潘文鳳補刻本　二十冊

140000－0501－0001843　30991－1002

[同治]黃陂縣志十六卷附圖一張　（清）劉昌緒修　（清）徐瀛纂　清同治十年(1871)刻本　十二冊

140000－0501－0001844　31003－11

[同治]江夏縣志十三卷　（清）王庭楨修　（清）彭崧毓纂　清同治八年(1869)刻本　九冊

140000－0501－0001845　31012－23

[光緒]黃梅縣志四十卷首一卷　（清）覃瀚元修　（清）宛名昌纂　清光緒二年(1876)刻本　十二冊

140000－0501－0001846　31024－31

[同治]竹溪縣志十六卷首一卷　（清）陶壽嵩修　（清）楊兆熊纂　清同治六年(1867)刻本　八冊

140000－0501－0001847　31032－43

[同治]鄖西縣志二十卷首一卷　（清）程光第修　（清）葉年菜　（清）楊卿雲纂　清同治五年(1866)刻本　十二冊

140000－0501－0001848　31044－51

[同治]茶陵州志二十四卷　（清）福昌修　（清）譚鍾麟纂　清同治十年(1871)刻本　八冊

140000－0501－0001849　31052－69

[同治]武岡州志五十四卷首一卷　（清）黃維瓚　（清）潘清修　（清）鄧繹纂　清同治十二年(1873)刻本　十八冊

140000－0501－0001850　31070－79

[同治]城步縣志十卷　（清）盛鎰源修　（清）戴聯璧　（清）陳志升纂　清同治六年(1867)刻本　十冊

140000－0501－0001851　31084－91

[同治]漵浦縣志二十四卷首一卷　（清）齊德五修　（清）舒其錦纂　清同治十二年(1873)刻本　八冊

140000－0501－0001852　31106－21

[同治]武陵縣志四十八卷 （清）惲世臨（清）孫翹澤修 （清）陳啟邁纂 清同治二年(1863)刻本 十六冊

140000－0501－0001853 31122－31
[咸豐]簡州志十四卷 （清）濮瑗修 （清）黃樸纂 清咸豐三年(1853)刻本 十冊

140000－0501－0001854 31132－33
[光緒]簡州續志十四卷 （清）易家霖修（清）傅為霖纂 清光緒二十三年(1897)刻本 二冊

140000－0501－0001855 31134－39
[道光]重修昭化縣志四十八卷 （清）張紹齡纂修 清道光二十五年(1845)刻本 六冊

140000－0501－0001856 31140－51
[咸豐]雲陽縣志十二卷 （清）江錫麟修（清）陳昆纂 清咸豐四年(1854)刻本 十二冊

140000－0501－0001857 31152－61
[光緒]岳池縣志二十卷首一卷 （清）何其泰 （清）范懋修 （清）吳新德纂 清光緒元年(1875)刻本 十冊

140000－0501－0001858 31162－81
[同治]潯州府志三十八卷首一卷 （清）魏篤修 （清）王俊臣纂 清同治十三年(1874)刻本 二十冊

140000－0501－0001859 31182－201
[道光]廉州府志二十六卷首一卷 （清）張堉春修 （清）陳治昌纂 清道光十三年(1833)刻本 二十冊

140000－0501－0001860 31202－13
[同治]南海縣志二十六卷首一卷 （清）鄭夢玉修 （清）梁紹獻纂 清同治十一年(1872)刻本 十二冊

140000－0501－0001861 31224－31
[光緒]新寧縣志二十六卷首一卷 （清）何福海修 （清）林國賡纂 清光緒十九年(1893)刻本 八冊

140000－0501－0001862 31232－37
[乾隆]連州志十二卷 （清）楊楚枝修（清）吳光纂 清乾隆三十六年(1771)刻本 六冊

140000－0501－0001863 31264－77
[光緒]荔波縣志十一卷 （清）蘇忠廷修（清）李肇同 （清）董成列纂 清光緒元年(1875)抄本 十四冊

140000－0501－0001864 31278－85
[光緒]增修仁懷廳志首一卷 （清）張正煒（清）崇俊修 （清）王椿纂 （清）王培森校補 清光緒二十一年(1895)修二十八年(1902)增修刻本 八冊

140000－0501－0001865 31293
鎮安縣鄉土志一卷 （清）張霽編 清光緒三十三年(1907)鉛印本 一冊

140000－0501－0001866 31304－09
[乾隆]臨榆縣志十四卷首一卷 （清）鍾和梅纂修 清乾隆二十一年(1756)刻本 六冊

140000－0501－0001867 31316－19
[道光]萬全縣志十卷首一卷 （清）左承業纂修 清道光刻民國十九年(1930)重印本 四冊

140000－0501－0001868 31320－25
[光緒]綏遠旗志十卷首一卷 （清）貽穀修 高賡恩纂 清光緒三十四年(1908)刻本 六冊

140000－0501－0001869 31326－27
[光緒]土默特旗志十卷 （清）貽穀修 高賡恩纂 清光緒三十四年(1908)刻本 二冊

140000－0501－0001870 31337－40
[光緒]豐鎮廳志四卷 （清）德溥修 （清）麻麗五纂 清光緒抄本 四冊

140000－0501－0001871 31349－50
澳門記略二卷首一卷末一卷 （清）印光任（清）張汝霖纂 清嘉慶五年(1800)刻本 二冊

140000 – 0501 – 0001872　31369 – 80

欽定皇輿西域圖志四十八卷首四卷　（清）傅
恆纂修　清光緒十九年（1893）杭州便益書局
石印本　十二冊

140000 – 0501 – 0001873　31383 – 84

齊乘六卷音釋一卷　（元）于欽纂　（元）于潛
音釋　清乾隆四十六年（1781）刻本　二冊

140000 – 0501 – 0001874　31396

藍田縣文徵錄四卷　（清）胡元煐編　清道光
十九年（1839）刻本　一冊

140000 – 0501 – 0001875　31397 – 40

[光緒]邵陽縣鄉土志四卷首一卷　（清）陳吳
萃　（清）上官廉修　（清）姚炳奎纂　清光緒
三十三年（1907）刻本　四冊

140000 – 0501 – 0001876　31401 – 04

[宣統]溫江縣鄉土志十二卷　曾學傳輯　清
宣統元年（1909）刻本　四冊

140000 – 0501 – 0001877　31405

[光緒]郫縣鄉土志　（清）黃德潤修　（清）
姜士諤纂　清光緒三十四年（1908）鉛印本
一冊

140000 – 0501 – 0001878　31406 – 13

[光緒]武緣縣圖經八卷　（清）黃君鉅述
（清）黃誠沅編次　清宣統三年（1911）增修鉛
印本　八冊

140000 – 0501 – 0001879　31414

泰山小史一卷　（明）蕭協中撰　清乾隆五十
四年（1789）泰安知府宋思仁刻本　一冊

140000 – 0501 – 0001880　31415

泰山道里記一卷　（清）聶鈫輯　清道光六年
（1826）杏雨山堂刻本　一冊

140000 – 0501 – 0001881　31416 – 25

泰山志二十卷　（清）金榮纂輯　清光緒二十
四年（1898）刻本　十冊

140000 – 0501 – 0001882　31426

西遊錄一卷　（元）耶律楚材撰　（清）李文田
略　清光緒二十一年（1895）陝西味經售書處

刻本　一冊

140000 – 0501 – 0001883　31427 – 30

[道光]華嶽志八卷首一卷　（清）李榕纂輯
清道光十一年（1831）刻光緒九年（1883）湘鄉
楊氏增修本　四冊

140000 – 0501 – 0001884　31431 – 34

[道光]華嶽志八卷首一卷　（清）李榕纂輯
清道光十一年（1831）刻光緒九年（1883）湘鄉
楊氏增修刻本　四冊

140000 – 0501 – 0001885　31435 – 44

說嵩三十二卷　（清）景日昣撰　清康熙五十
五年（1716）嶽生堂刻本　十冊

140000 – 0501 – 0001886　31445 – 48

盤山志十卷首一卷補遺四卷　（清）釋智樸纂
輯　（清）王士禎　（清）朱彝尊校訂　清同治
十一年（1872）刻本　四冊

140000 – 0501 – 0001887　31449 – 52

寶華山志十五卷　（清）劉名芳纂修　清乾隆
四十九年（1784）刻本　四冊

140000 – 0501 – 0001888　31453 – 54

崆峒山志二卷　（清）張伯魁纂修　清同治十
一年（1872）刻本　二冊

140000 – 0501 – 0001889　31455 – 56

潭柘山岫雲寺志二卷　（清）神穆德纂輯
(清)義庵續纂　清乾隆四年（1739）刻光緒九
年（1883）續刻本　二冊

140000 – 0501 – 0001890　31457 – 58

潭柘山岫雲寺志二卷　（清）神穆德纂輯
(清)義庵續纂　清乾隆四年（1739）刻光緒九
年（1883）續刻本　二冊

140000 – 0501 – 0001891　31459 – 66

南嶽志八卷　（清）高自位　（清）曠敏本纂修
清乾隆十八年（1753）開雲樓刻本　八冊

140000 – 0501 – 0001892　31467 – 68

九疑山志四卷　（清）吳繩祖重編　（清）樊在
廷纂輯　清嘉慶元年（1796）刻本　二冊

140000 – 0501 – 0001893　31469 – 70

九疑山志四卷 （清）吳繩祖重編 （清）樊在廷纂輯 清嘉慶元年(1796)刻本 二冊

140000－0501－0001894 31471
吳地記一卷附後集一卷 （唐）陸廣微撰 清同治十二年(1873)江蘇書局刻本 一冊

140000－0501－0001895 31472－73
京口三山志十卷 （明）張萊輯 （明）史魯修 清宣統三年(1911)刻本 二冊

140000－0501－0001896 31474－77
攝山志八卷首一卷 （清）陳毅撰 清乾隆五十五年(1790)蘇州府刻本 四冊

140000－0501－0001897 31480－83
普陀山志二十卷首一卷 （清）秦耀曾編輯 清道光十二年(1832)刻本 四冊

140000－0501－0001898 31488－97
焦山志二十六卷首一卷 （清）吳雲輯 焦山續志八卷 （清）陳任暘輯 清光緒三十年(1904)刻本 十冊

140000－0501－0001899 31498－503
麻姑山志十二卷 （清）黃家駒編 清同治五年(1866)刻本 六冊

140000－0501－0001900 31504－11
石鐘山志十六卷首一卷 （清）李成謀 （清）丁義方輯 清光緒九年(1883)聽濤眺雨軒刻本 八冊

140000－0501－0001901 31512
廬山紀遊一卷 （清）蔣湘南撰 清光緒十四年(1888)刻本 一冊

140000－0501－0001902 31513－28
廬山志十五卷 （清）毛德琦撰 清康熙四十九年(1710)順德堂刻本 十六冊

140000－0501－0001903 31529－33
九華山志十二卷首一卷 （清）喻成龍 （清）李燦纂修 清刻本 五冊

140000－0501－0001904 31534－35
黃山紀勝四卷 （清）徐璈輯 清刻本 二冊

140000－0501－0001905 31540－45
武夷九曲志十六卷 （清）王復禮纂修 清康熙五十七年(1718)景獻堂刻本 六冊

140000－0501－0001906 31560－75
永定河志三十二卷 （清）李逢亨編 清嘉慶二十年(1815)刻本 十六冊

140000－0501－0001907 31578－79
揚州北湖小志六卷首一卷 （清）焦循著 清嘉慶十三年(1808)刻本 二冊

140000－0501－0001908 31586－97
太湖備考十六卷首一卷 （清）金友理纂 太湖備考續編四卷 （清）鄭言紹纂 清光緒二十九年(1903)芝蘭圃刻本 十二冊

140000－0501－0001909 31598－607
洞庭湖志十四卷 （清）陶澍撰 （清）沈筠堂纂 清道光五年(1825)刻本 十冊

140000－0501－0001910 31608－27
西湖志四十八卷 （清）李衛纂修 清雍正刻本 二十冊

140000－0501－0001911 31641－44
三江水利紀略四卷 （清）蘇爾德纂修 清乾隆刻本 四冊

140000－0501－0001912 31645－46
虎丘山志十卷首一卷 （清）顧湄纂 清宣統三年(1911)鉛印本 二冊

140000－0501－0001913 31647
阿達曼羣島志一卷婆羅島志附新志一卷 （清）學部編譯圖書局編纂 清光緒三十四年(1908)鉛印本 一冊

140000－0501－0001914 31648
莫愁湖楹聯便覽一卷 （清）釋壽安輯 清光緒五年(1879)刻本 一冊

140000－0501－0001915 31649－54
京口山水志十八卷首一卷末一卷 （清）楊棨撰 清道光二十四年(1844)刻本 六冊

140000－0501－0001916 31655－66
西湖遊覽志二十四卷志餘二十六卷 （明）田

汝成撰 清光緒二十二年(1896)錢塘丁氏嘉惠堂刻本 十二冊

140000－0501－0001917 31675－78
禹貢水道考異南條五卷北條五卷首一卷
(清)方墢著 清道光五年(1825)文經堂刻本 四冊

140000－0501－0001918 31679－738
大清一統志五百卷 (清)和珅編 清光緒二十三年(1897)杭州竹簡齋石印本 六十冊

140000－0501－0001919 31739－798
大清一統志五百卷 (清)和珅編 清光緒二十七年(1901)上海寶善齋石印本 六十冊

140000－0501－0001920 31799－858
大清一統志五百卷 (清)和珅編 清光緒二十三年(1897)杭州竹簡齋石印本 六十冊

140000－0501－0001921 31859－70
大清中外一統輿圖三十卷首一卷中一卷
(清)胡林翼編 清同治二年(1863)湖北景桓樓刻本 十二冊

140000－0501－0001922 31871－80
大清一統志表 (清)徐午輯校 **朝代紀元表**
(清)萬廷蘭編 清刻本 十冊

140000－0501－0001923 31881－96
大清中外一統輿圖三十卷首一卷中一卷
(清)胡林翼編 清同治二年(1863)湖北景桓樓刻本 十六冊

140000－0501－0001924 31897－912
廣輿記二十四卷附圖一卷 (明)陸應陽撰
(清)蔡方炳輯 清嘉慶七年(1802)聚文堂刻本 十六冊

140000－0501－0001925 31913－24
增訂廣輿記二十四卷 (明)陸應陽原纂
(清)蔡方炳輯 清光緒四年(1878)綠蔭晉記刻本 十二冊

140000－0501－0001926 31925－2020
太平寰宇記二百卷目錄二卷附大清一統志表
(宋)樂史撰 清嘉慶八年(1803)萬廷蘭刻

本 九十六冊

140000－0501－0001927 32021－127
大清一統志三百五十六卷 (清)蔣廷錫纂修
清乾隆九年(1744)刻本 一百七冊

140000－0501－0001928 32128－287
大清一統志三百五十六卷 (清)蔣廷錫纂修
清道光木活字印本 一百六十冊

140000－0501－0001929 32288－319
大清中外一統輿圖三十卷首一卷中一卷
(清)胡林翼編 清同治二年(1863)湖北景桓樓刻本 三十二冊

140000－0501－0001930 32320－43
海國圖志六十卷 (清)魏源撰 清道光二十七年(1847)刻本 二十四冊

140000－0501－0001931 32344－51
籌海圖編十三卷 (明)胡宗憲纂 明天啟四年(1624)刻本 八冊

140000－0501－0001932 32352－61
海道圖說十六卷 (英國)金約翰輯 (英國)傅蘭雅口譯 (清)王德均筆述 清同治四年(1865)刻本 十冊

140000－0501－0001933 32362－71
海道圖說十六卷 (英國)金約翰輯 (英國)傅蘭雅口譯 (清)王德均筆述 清同治四年(1865)刻本 十冊

140000－0501－0001934 32372－83
水經注彙校四十卷首一卷 (北魏)酈道元撰
清光緒七年(1881)刻本 十二冊

140000－0501－0001935 32384－89
水經注疏要刪四十卷補遺一卷 楊守敬編
清光緒三十一年(1905)宜都楊氏觀海堂刻本 六冊

140000－0501－0001936 32390－95
水經注疏要刪四十卷補遺一卷 楊守敬編
清光緒三十一年(1905)宜都楊氏觀海堂刻本 六冊

140000－0501－0001937 32396－401

水經注疏要刪四十卷補遺一卷　楊守敬編
清宣統元年(1909)刻本　六冊

140000－0501－0001938　32402－03
水經注圖一卷附錄一卷　（清）汪士鐸纂輯
清咸豐十一年(1861)抱芳閣石印本　二冊

140000－0501－0001939　32404－27
水經注釋四十卷首一卷附錄二卷水經注釋刊
誤十二卷　（清）趙一清撰　清光緒六年
(1880)蛟川花雨樓張氏刻本　二十四冊　缺
（刊誤第十葉）

140000－0501－0001940　32428
今水經一卷　（清）黃宗羲撰　清光緒三十年
(1904)六有齋刻本　一冊

140000－0501－0001941　32429－32
[咸豐]壬癸志稿二十八卷　（清）錢寶琛纂
清光緒六年(1880)武昌太倉錢氏刻本　四冊

140000－0501－0001942　32433－46
水經注四十卷　（北魏）酈道元撰　清乾隆刻
本　十四冊

140000－0501－0001943　32455－60
鴻雪因緣圖記三集　（清）麟慶撰　清道光二
十七年(1847)揚州刻本　六冊

140000－0501－0001944　32462－77
日知錄集釋三十卷刊誤二卷續刊誤二卷
(清)顧炎武撰　（清）黃汝成集釋　清光緒二
十五年(1899)京都刻本　十六冊

140000－0501－0001945　32478－541
小方壺齋輿地叢鈔十二帙　王錫祺　（清）王
錫祺輯　清光緒三年(1877)南清河王氏鉛印
本　六十四冊

140000－0501－0001946　32542－605
小方壺齋輿地叢鈔十二帙　王錫祺　（清）王
錫祺輯　清光緒三年(1877)南清河王氏鉛印
本　六十四冊

140000－0501－0001947　32606－40
晉乘蒐略三十二卷　（清）康基田撰　清嘉慶
十六年(1811)霞蔭堂刻本　三十五冊

140000－0501－0001948　32641－76
水經注疏四十卷首一卷附錄二卷刊誤十二卷
　（清）趙一清撰　清光緒六年(1880)會稽章
氏刻本　三十六冊

140000－0501－0001949　32677－92
水經注四十卷首一卷末二卷　（北魏）酈道元
撰　清光緒十八年(1892)思賢講舍刻本　十
六冊

140000－0501－0001950　32693－716
水經注四十卷　（北魏）酈道元撰　清刻本
二十四冊

140000－0501－0001951　32717－26
海道圖說十六卷　（英國）金約翰輯　（英國）
傅蘭雅口譯　（清）王德均筆述　清同治四年
(1865)刻本　十冊

140000－0501－0001952　32727－38
水經注四十卷補遺一卷附錄二卷　（北魏）酈
道元撰　（清）全祖望校　清光緒十四年
(1888)寧波崇實書院刻本　十二冊

140000－0501－0001953　32739－52
水經注四十卷　（北魏）酈道元撰　清乾隆刻
本　十四冊

140000－0501－0001954　32753－84
方輿類纂二十八卷首一卷圖一卷九邊圖一卷
　（清）顧祖禹撰　（清）溫汝能編　清嘉慶十
三年(1808)文畬堂刻本　三十二冊

140000－0501－0001955　32785－86
揚州北湖小志六卷首一卷　（清）焦循著　清
嘉慶十三年(1808)刻本　二冊

140000－0501－0001956　32787－96
乾隆府廳州縣圖志五十卷　（清）洪亮吉撰
清乾隆五十三年至嘉慶八年(1788－1803)刻
本　十冊

140000－0501－0001957　32797－804
新斠注地理志十六卷　（清）錢坫撰　（清）徐
松集釋　清同治十三年(1874)會稽章氏刻本
八冊

140000 - 0501 - 0001958　32805 - 26

今古地理述十八卷首三卷末一卷　（清）王子音撰　清嘉慶十二年（1807）文會堂刻本　二十二冊

140000 - 0501 - 0001959　32827 - 32

江蘇海運全案十二卷　（清）賀長齡纂輯（清）陳鑾編　清道光刻本　六冊

140000 - 0501 - 0001960　32833

寰瀛一覽　（清）王之春撰　（清）彭玉麟定　清刻本　一冊

140000 - 0501 - 0001961　32834 - 37

續琉球國志略五卷首一卷　（清）齊鯤　（清）費錫章輯　清嘉慶十三年（1808）刻本　四冊

140000 - 0501 - 0001962　32838 - 41

漢書地理志校本二卷　（漢）班固撰　清道光二十八年（1848）汪氏振綺堂刻本　四冊

140000 - 0501 - 0001963　32842 - 49

水道提綱二十八卷　（清）齊召南纂　清乾隆四十一年（1776）傳經書屋刻本　八冊

140000 - 0501 - 0001964　32850 - 73

升庵全蜀藝文志六十四卷首一卷　（明）楊慎編　（清）譚言藹校　清嘉慶二十二年（1817）犍為張氏小書樓刻本　二十四冊

140000 - 0501 - 0001965　32874 - 81

三州日記八卷　（清）張蔭桓撰　清光緒二十二年（1896）京都刻本　八冊

140000 - 0501 - 0001966　32882 - 87

瀛環志略十卷　（清）徐繼畬撰　清道光二十八年（1848）福建刻本　六冊

140000 - 0501 - 0001967　32888 - 92

中國江海險要圖志二十二卷　（清）陳壽彭編　清光緒二十七年（1901）經世文社石印本　五冊

140000 - 0501 - 0001968　32893 - 94

皇朝輿地水道源流五卷圖史提綱三卷　（清）胡宣慶纂　清光緒十七年（1891）刻本　二冊

140000 - 0501 - 0001969　32895 - 910

方輿紀要簡覽三十四卷　（清）潘鐸輯錄　清咸豐八年（1858）紅杏書屋刻本　十六冊

140000 - 0501 - 0001970　32911 - 14

讀史方輿紀要輿圖要覽四卷首一卷　（清）顧祖禹撰　清敷文閣刻本　四冊

140000 - 0501 - 0001971　32915 - 18

讀史方輿紀要輿圖要覽四卷首一卷　（清）顧祖禹撰　清敷文閣刻本　四冊

140000 - 0501 - 0001972　32919 - 20

蜀輶日記四卷　（清）陶澍撰　清光緒七年（1881）刻本　二冊

140000 - 0501 - 0001973　32922

秦輶日記一卷　（清）潘祖蔭撰　清咸豐八年（1858）刻本　一冊

140000 - 0501 - 0001974　32923 - 32

中國江海險要圖志二十二卷　（清）陳壽彭編　清光緒二十七年（1901）經世文社石印本　五冊

140000 - 0501 - 0001975　32933 - 42

防河奏議十卷　（清）嵇曾筠撰　清雍正刻本　十卷

140000 - 0501 - 0001976　32943 - 50

西域水道記五卷漢書西域傳補注一卷新疆賦一卷　（清）徐松撰　清道光三年（1823）刻本　八冊

140000 - 0501 - 0001977　32951 - 58

西域水道記五卷漢書西域傳補注一卷新疆賦一卷　（清）徐松撰　清道光三年（1823）刻本　八冊

140000 - 0501 - 0001978　32959 - 64

防海新論十八卷　（德國）希理哈撰　（英國）傅蘭雅口譯　（清）華蘅芳筆述　清同治十二年（1873）江南製造總局刻本　六冊

140000 - 0501 - 0001979　32965 - 72

瀛環志略十卷續集四卷末一卷續補一卷　（清）徐繼畬撰　清光緒二十三年（1897）上海掃葉山房鉛印本　八冊

140000－0501－0001980　32975－76

燕京歲時記一卷　（清）富察敦崇編　清光緒
三十二年(1906)北京文德齋刻本　二冊

140000－0501－0001981　32977－84

皇朝藩部要略十八卷附世系表四卷　（清）祁
韻士纂　清道光二十六年(1846)筠淥山房刻
本　八冊

140000－0501－0001982　32985－92

皇朝藩部要略十八卷附世系表四卷　（清）祁
韻士纂　清道光二十六年(1846)筠淥山房刻
本　八冊

140000－0501－0001983　32993－96

星軺考轍四卷　（清）劉啟彤譯　清光緒十五
年(1889)上海同文書局石印本　四冊

140000－0501－0001984　32997

西輶日記四卷印度劄記二卷　（清）黃懋材撰
清光緒十二年(1886)夢花軒刻本　一冊

140000－0501－0001985　33001

瀋陽紀程一卷　（清）潘祖蔭撰　清同治六年
(1867)刻本　一冊

140000－0501－0001986　33002

地理初桄　（美國）卜舫濟譯著　清光緒二十
五年(1899)鉛印本　一冊

140000－0501－0001987　33003－22

八述奇二十卷　張德彝撰　清光緒三十四年
(1908)石印本　二十冊

140000－0501－0001988　33023－30

輿地學課程附戊戌游記　（清）姚炳奎撰　清
光緒二十七年(1901)經心書院刻本　八冊

140000－0501－0001989　33031－38

輿地學課程附戊戌游記　（清）姚炳奎撰　清
光緒二十七年(1901)經心書院刻本　八冊

140000－0501－0001990　33039－40

歐洲族類源流略五卷　王樹枏編　清光緒二
十八年(1902)中衛縣署刻本　二冊

140000－0501－0001991　33043－54

五洲地理志三十六卷首一卷　王先謙撰　清

宣統二年(1910)湖南學務公所刻本　十二冊

140000－0501－0001992　33055－62

輿地學課程附戊戌游記　（清）姚炳奎撰　清
光緒二十七年(1901)經心書院刻本　八冊

140000－0501－0001993　33063－64

中外交涉類要表四卷光緒通商綜覈表十六卷
附中西紀年周始表　（清）錢學嘉輯　清光緒
二十年(1894)鉛印本　二冊

140000－0501－0001994　33065

宦游紀略二卷　（清）高廷瑤撰　清光緒九年
(1883)刻本　一冊

140000－0501－0001995　33066－85

奉使金鑑續編四十卷　呂海寰編　清宣統元
年(1909)無錫福壽堂刻本　二十冊

140000－0501－0001996　33086－89

四書地記六卷　（清）汪在中輯　清道光十年
(1830)得心齋刻本　四冊

140000－0501－0001997　33090－91

圓津禪院小志六卷　（清）釋慧昭纂　清嘉慶
七年(1802)刻本　二冊

140000－0501－0001998　33092

五省溝洫圖說附補錄　（清）沈夢蘭撰　清光
緒七年(1881)刻所願學齋書鈔六種本　一冊

140000－0501－0001999　33093

廣西團練事宜　（清）朱孫詒編　清同治二年
(1863)刻本　一冊

140000－0501－0002000　33094－97

東槎紀略五卷　（清）姚瑩撰　清道光十二年
(1832)刻本　四冊

140000－0501－0002001　33098－99

澳門記略二卷首一卷末一卷　（清）印光任
（清）張汝霖纂　清嘉慶五年(1800)刻本
二冊

140000－0501－0002002　33100－01

契丹國志二十七卷首一卷　（宋）葉隆禮撰
清乾隆五十八年(1793)承恩堂刻本　二冊

140000 – 0501 – 0002003　33102 – 05

西域水道記五卷附題詞一卷新疆賦一卷
（清）徐松撰　清道光三年（1823）刻本　四册

140000 – 0501 – 0002004　33106 – 07

西征紀略二卷　（清）王萬祥述　清雍正十二
年（1734）采韻堂刻本　二册

140000 – 0501 – 0002005　33108 – 09

大英國志八卷　（英國）慕維廉編譯　清光緒
七年（1881）上海益智書局刻本　二册

140000 – 0501 – 0002006　33110 – 11

大英國志八卷　（英國）慕維廉編譯　清光緒
七年（1881）上海益智書局刻本　二册

140000 – 0501 – 0002007　33112

**緬甸國志一卷英領緬甸志一卷緬甸新志一卷
暹羅國志一卷布哈爾志一卷**　（清）學部編譯
圖書局編　清光緒三十三年（1907）鉛印本
一册

140000 – 0501 – 0002008　33113

印度志一卷　（清）學部編譯圖書局編　清光
緒三十三年（1907）鉛印本　一册

140000 – 0501 – 0002009　33114

印度新志一卷　（清）學部編譯圖書局編　清
光緒三十三年（1907）鉛印本　一册

140000 – 0501 – 0002010　33115

波斯志一卷　（清）學部編譯圖書局編　清光
緒三十三年（1907）鉛印本　一册

140000 – 0501 – 0002011　33116

西北里亞志附新志　（清）學部編譯圖書局編
清光緒三十三年（1907）鉛印本　一册

140000 – 0501 – 0002012　33117

**阿富汗土耳基斯坦志一卷阿富汗斯坦志一卷
土耳基斯坦志一卷東土耳基斯坦志一卷**
（清）學部編譯圖書局編　清光緒三十三年
（1907）鉛印本　一册

140000 – 0501 – 0002013　33118

**俾路基志一卷馬留土股志一卷紐吉尼亞島志
一卷西思伯島志一卷附新志**　（清）學部編譯

圖書局編　清光緒三十三年（1907）鉛印本
一册

140000 – 0501 – 0002014　33119

亞拉伯志一卷附新志　（清）學部編譯圖書局
編　清光緒三十三年（1907）鉛印本　一册

140000 – 0501 – 0002015　33120

阿達曼羣島志一卷婆羅島志附新志一卷
（清）學部編譯圖書局編　清光緒三十四年
（1908）鉛印本　一册

140000 – 0501 – 0002016　33121

亞細亞洲志一卷新志一卷　（清）學部編譯圖
書局編　清光緒三十四年（1908）鉛印本
一册

140000 – 0501 – 0002017　33122

爪哇志一卷附新志蘇門答拉志一卷附新志
（清）學部編譯圖書局編　清光緒三十三年
（1907）鉛印本　一册

140000 – 0501 – 0002018　33123 – 25

世界地理志　（日本）中村五六編　（日本）頓
野廣太郎補　（日本）樋田保熙譯　清光緒三
十一年（1905）金粟齋譯書社鉛印本　三册

140000 – 0501 – 0002019　33126

羅馬志略十三卷　清光緒二十四年（1898）石
印本　一册

140000 – 0501 – 0002020　33127

希臘志略七卷　清光緒二十四年（1898）石印
本　一册

140000 – 0501 – 0002021　33128 – 29

法國新志四卷　（英國）陔勒低輯　（英國）傅
蘭雅口譯　清光緒二十四年（1898）上海製造
局刻本　二册

140000 – 0501 – 0002022　33130 – 41

出使美日秘國日記十六卷　（清）崔國因撰
清光緒二十年（1894）刻本　十二册

140000 – 0501 – 0002023　33146 – 49

使俄草八卷　（清）王之春撰　清光緒二十一
年（1895）上海石印本　四册

140000 – 0501 – 0002024　33150 – 59

出使日記續編十卷　（清）薛福成編　清光緒二十七年（1901）石印本　十冊

140000 – 0501 – 0002025　33174 – 81

徐霞客遊記十卷　（明）徐霞客撰　（明）徐寄輯　補編一卷　（清）葉廷甲輯　清光緒三十四年（1908）上海集成圖書公司鉛印本　八冊

140000 – 0501 – 0002026　33182 – 87

欽定授時通考七十八卷　（清）張廷玉撰　清光緒二十八年（1902）富文局石印本　六冊

140000 – 0501 – 0002027　33188 – 91

二申野錄八卷　（清）孫之騄撰　清光緒二十七年（1901）吟香館刻本　四冊

140000 – 0501 – 0002028　33192 – 99

中外紀年通表六卷　（清）齊召南編　清光緒二十三年（1897）上海著易堂石印本　八冊

140000 – 0501 – 0002029　33216 – 17

薛星使海外文編四卷　（清）薛福成撰　清光緒二十二年（1896）石印本　二冊

140000 – 0501 – 0002030　33218 – 20

武備輯要六卷　（清）許乃釗纂　荒政輯要九卷首一卷　（清）汪志伊纂　清道光十二年（1832）廣州刻本　三冊

140000 – 0501 – 0002031　33221 – 56

欽定大清會典一百卷首一卷　（清）崑岡撰　清光緒二十五年（1899）石印本　三十六冊

140000 – 0501 – 0002032　33257 – 330

大清會典圖二百七十卷附地圖　（清）崑岡纂修　清光緒二十五年（1899）石印本　七十四冊

140000 – 0501 – 0002033　33331 – 714

欽定大清會典事例一千二百二十卷目錄八卷　（清）崑岡撰　清光緒二十五年（1899）石印本　三百八十四冊

140000 – 0501 – 0002034　33715 – 4098

欽定大清會典事例一千二百二十卷目錄八卷　（清）崑岡撰　清光緒二十五年（1899）石印本　三百八十四冊

140000 – 0501 – 0002035　34099 – 118

續修大清會典八十卷　（清）托津　（清）朱鴻纂修　清嘉慶二十三年（1818）內府刻本　二十冊

140000 – 0501 – 0002036　34119 – 58

欽定大清會典圖一百三十二卷　（清）慶桂等纂修　清嘉慶十六年（1811）內府刻本　四十冊

140000 – 0501 – 0002037　34159 – 96

續修大清會典八十卷　（清）托津　（清）朱鴻纂修　清嘉慶二十三年（1818）內府刻本　三十八冊

140000 – 0501 – 0002038　34197 – 236

欽定大清會典圖一百三十二卷目錄一卷　（清）慶桂修　清嘉慶十八年（1813）內府刻本　四十冊

140000 – 0501 – 0002039　34237 – 598

大清會典事例九百二十卷目錄八卷　（清）托津撰　清嘉慶二十三年（1818）內府刻本　三百六十二冊

140000 – 0501 – 0002040　34599 – 610

大清中外一統輿圖三十卷首一卷中一卷　（清）胡林翼編　清同治二年（1863）湖北景桓樓刻本　十二冊

140000 – 0501 – 0002041　34611 – 34

大清律例刑案匯纂集成四十卷督捕則例二卷　（清）姚雨薌纂輯　（清）胡仰山增修　清道光十二年（1832）刻本　二十四冊

140000 – 0501 – 0002042　34635 – 98

天下郡國利病書一百二十卷　（清）顧炎武輯　清道光三年（1823）敷文閣刻本　六十四冊

140000 – 0501 – 0002043　34699 – 746

[雍正]畿輔通志一百二十卷首一卷　（清）唐執玉　（清）李衛修　（清）陳儀纂　清雍正十三年（1735）刻本　四十八冊

140000 – 0501 – 0002044　34747 – 846

[雍正]山西通志二百三十卷　（清）覺羅石麟修　（清）儲大文纂　清嘉慶十六年(1811)刻本　一百冊

140000－0501－0002045　34847－74

[光緒]重修天津府志五十四卷首一卷末一卷　（清）徐宗亮　（清）蔡啟盛纂修　清光緒二十一年(1895)刻光緒二十五年(1899)續刻本　二十八冊

140000－0501－0002046　34875－914

[雍正]河南通志八十卷　（清）田文鏡　（清）王士俊修　（清）孫灝纂　清同治八年(1869)秦堯曦補刻本　四十冊

140000－0501－0002047　34915－38

[乾隆]續河南通志八十卷首四卷　（清）阿思哈纂修　清乾隆三十二年(1767)刻光緒二十八年(1902)、民國三年(1914)海南補刻本　二十四冊

140000－0501－0002048　34939－5018

[宣統]甘肅新通志一百卷首五卷　（清）升允修　（清）安維峻纂　清宣統元年(1909)刻本　八十冊

140000－0501－0002049　35019－138

[光緒]重修安徽通志三百五十卷　（清）沈葆楨　（清）吳坤修修　（清）何紹基　（清）楊沂孫纂　（清）馮焌補　清光緒七年(1881)刻本　一百二十冊

140000－0501－0002050　35139－258

[雍正]浙江通志二百八十卷首三卷　（清）李衛修　（清）嵇曾筠纂　清光緒二十五年(1899)浙江書局刻本　一百二十冊

140000－0501－0002051　35259－378

[光緒]江西通志一百八十卷首五卷　（清）劉坤一修　（清）趙之謙纂　清光緒七年(1881)刻本　一百二十冊

140000－0501－0002052　35379－442

[嘉慶]湖北通志一百卷首五卷　（清）吳熊光　（清）吳烜修　（清）陳詩　（清）張承龍纂　清嘉慶九年(1804)刻本　六十四冊

140000－0501－0002053　35551－99

[雍正]四川通志四十七卷首一卷　（清）查郎阿修　（清）張晉生　（清）王一正纂　清乾隆元年(1736)刻本　四十九冊

140000－0501－0002054　35600－742

[道光]福建通志二百七十八卷首七卷圖一卷　（清）孫爾準修　（清）陳壽祺纂　（清）程祖洛續修　（清）魏敬中續纂　清同治十年(1871)福建正誼書局刻本　一百四十三冊

140000－0501－0002055　35743－822

[嘉慶]廣西通志二百七十九卷首一卷　（清）吉慶　（清）謝啟昆修　（清）胡虔纂　清嘉慶六年(1801)修同治四年(1865)增補刻本　八十冊

140000－0501－0002056　35823－38

[道光]雲南備徵志二十一卷　（清）王崧纂修　清宣統二年(1910)雲南官報局鉛印本　十六冊

140000－0501－0002057　35839－86

[光緒]吉林通志一百二十二卷　（清）長順　（清）訥欽修　（清）李桂林　（清）顧雲纂　清光緒十七年(1891)刻本　四十八冊

140000－0501－0002058　35899－902

蒙古遊牧記十六卷　（清）張穆撰　清同治六年(1867)壽陽祁氏刻本　四冊

140000－0501－0002059　35903－06

蒙古遊牧記十六卷　（清）張穆撰　清同治六年(1867)壽陽祁氏刻本　四冊

140000－0501－0002060　35907－14

三省邊防備覽十四卷　（清）嚴如熤輯　清道光二年(1822)刻本　八冊

140000－0501－0002061　35921－60

[道光]濟南府志七十二卷首一卷　（清）王贈芳　（清）王鎮修　（清）成瓘　（清）冷烜纂　清道光二十年(1840)濟南府刻本　四十冊

140000－0501－0002062　35973－78

[光緒]邢臺縣志八卷首一卷　（清）戚朝卿修

（清）周祐纂　清光緒三十一年(1905)刻本
六冊

140000－0501－0002063　35979

[正德]武功縣志三卷首一卷　（明）康海纂
（清）孫景烈評注　清乾隆二十六年(1761)瑪
星阿刻本　一冊

140000－0501－0002064　35980－87

[同治]遷安縣志十八卷首一卷末一卷　（清）
韓耀光修　（清）史夢蘭纂　清同治十二年
(1873)文峰書院刻光緒十一年(1885)朱昶煦
補刻本　八冊

140000－0501－0002065　35993－6000

[道光]武陟縣志三十六卷　（清）王榮陛修
（清）方履籛纂　清道光九年(1829)刻本
八冊

140000－0501－0002066　36007－12

[乾隆]邯鄲縣志十二卷首一卷　（清）王炯纂
修　清乾隆二十一年(1756)刻本　六冊

140000－0501－0002067　36013－16

[光緒]趙州屬邑志八卷　（清）孫傳栻纂修
清光緒二十三年(1897)刻本　四冊

140000－0501－0002068　36017－20

[康熙]龍門縣志十六卷　（清）章焞纂修　清
康熙五十一年(1712)刻本　四冊

140000－0501－0002069　36021－26

[雍正]完縣志十卷　（清）朱嶷德修　（清）
田瑗等纂　清雍正九年(1731)刻本　六冊

140000－0501－0002070　36043－52

[嘉慶]如皋縣志二十四卷　（清）楊受廷
（清）左元縝修　（清）馬汝舟　（清）江大鍵
纂　清嘉慶十三年(1808)刻本　十冊

140000－0501－0002071　36053－54

[道光]如皋縣續志十二卷　（清）范仕義修
（清）吳鎧纂　清道光十七年(1837)刻本
二冊

140000－0501－0002072　36055－56

[道光]如皋縣續志十二卷　（清）范仕義修

（清）吳鎧纂　清道光十七年(1837)刻本
二冊

140000－0501－0002073　36057－62

[同治]如皋縣續志十六卷　（清）周際霖
（清）胡維藩修　（清）周頊　（清）吳開陽纂
清同治十二年(1873)刻本　六冊

140000－0501－0002074　36063－68

瀛環志略十卷　（清）徐繼畬撰　清同治五年
(1866)總理衙門刻本　六冊

140000－0501－0002075　36069－74

[光緒]邵陽縣鄉土志四卷首一卷　（清）陳吳
萃　（清）上官廉修　（清）姚炳奎纂　清光緒
三十三年(1907)刻本　六冊

140000－0501－0002076　36082－85

羊城古鈔八卷首一卷　（清）仇池石撰　清嘉
慶十一年(1806)大賚堂刻本　四冊

140000－0501－0002077　36089－93

恆山志五卷　（清）桂敬順纂修　清乾隆二十
八年(1763)刻本　五冊

140000－0501－0002078　36094－99

恆山志四卷圖一卷　（清）桂敬順修　恆山續
志　（清）賀澍思修　清光緒五年(1879)刻本
六冊

140000－0501－0002079　36100－03

清涼山志十卷　（明）釋鎮澄修　清乾隆二十
年(1755)淮陰祁豐元刻民國十四年(1925)重
印本　四冊

140000－0501－0002080　36109－12

盤山志十卷補遺四卷　（清）釋智樸纂輯
（清）王士禎　（清）朱彝尊校訂　清康熙三十
五年(1696)刻本　四冊

140000－0501－0002081　36113－20

盤山志十卷首一卷補遺四卷　（清）釋智樸纂
輯　（清）王士禎　（清）朱彝尊校訂　清同治
十一年(1872)刻本　八冊

140000－0501－0002082　36121－24

[道光]華嶽志八卷首一卷　（清）李榕纂輯

清道光十一年(1831)刻光緒九年(1883)湘鄉楊氏增修刻本　四冊

140000－0501－0002083　36125－28

[道光]華嶽志八卷首一卷　(清)李榕纂輯　清道光十一年(1831)刻光緒九年(1883)湘鄉楊氏增修本　四冊

140000－0501－0002084　36129－30

潭柘山岫雲寺志不分卷　(清)神穆德編　清光緒十一年(1885)刻本　二冊

140000－0501－0002085　36131－32

九疑山志四卷　(清)吳繩祖重編　(清)樊在廷纂輯　清嘉慶元年(1796)退思齋刻本　二冊

140000－0501－0002086　36138－39

莫愁湖志六卷首一卷　(清)馬士圖輯　清光緒八年(1882)刻本　二冊

140000－0501－0002087　36140－47

西湖志纂十五卷首一卷　(清)梁詩正纂　(清)沈德潛　(清)傅王露輯　清乾隆刻本　八冊

140000－0501－0002088　36148－67

西湖志四十八卷　(清)李衛纂修　清雍正十三年(1735)兩浙鹽驛道庫刻本　二十冊

140000－0501－0002089　36168－87

西湖志四十八卷　(清)李衛纂修　清雍正十三年(1735)兩浙鹽驛道庫刻本　二十冊

140000－0501－0002090　36202－25

水經注四十卷首一卷　(北魏)酈道元撰　清刻本　二十四冊

140000－0501－0002091　36226－45

水經注四十卷首一卷末二卷附錄二卷附識一卷　(北魏)酈道元注　清光緒二十三年(1897)三味書室刻本　二十冊

140000－0501－0002092　36246－48

山海經十八卷　(晉)郭璞撰　清光緒三年(1877)浙江書局刻本　三冊

140000－0501－0002093　36249－51

山海經十八卷　(晉)郭璞撰　清光緒三年(1877)浙江書局刻本　三冊

140000－0501－0002094　36252－75

海國圖志一百卷　(清)魏源撰　清同治六年(1867)郴州陳氏刻本　二十四冊

140000－0501－0002095　36276－87

水經注四十卷　(北魏)酈道元撰　清乾隆十八年(1753)黃氏槐蔭堂刻本　十二冊

140000－0501－0002096　36288－303

水經注四十卷首一卷末二卷　(北魏)酈道元撰　清光緒十八年(1892)思賢講舍刻本　十六冊

140000－0501－0002097　36304－09

[光緒]皇朝中外一統輿圖　(清)胡林翼編　清光緒二十二年(1896)上海書局石印本　六冊

140000－0501－0002098　36310－17

宸垣識略十六卷　(清)吳長元輯　清光緒二年(1876)刻本　八冊

140000－0501－0002099　36318－20

世界地理志　(日本)中村五六編　(日本)頓野廣太郎補　(日本)樋田保熙譯　清光緒二十八年(1902)鉛印本　三冊

140000－0501－0002100　36321－23

世界地理志　(日本)中村五六編　(日本)頓野廣太郎補　(日本)樋田保熙譯　清光緒二十八年(1902)鉛印本　三冊

140000－0501－0002101　36324－27

瀛環志略十卷　(清)徐繼畬撰　清道光二十八年(1848)上海掃葉山房鉛印本　四冊

140000－0501－0002102　36328－31

瀛環志略十卷續集四卷末一卷續補一卷　(清)徐繼畬撰　清光緒二十三年(1897)上海掃葉山房鉛印本　四冊

140000－0501－0002103　36332－35

新撰亞細亞洲大地志　(日本)山上萬次郎編　(清)葉翰譯　清光緒二十七年(1901)新學

書會石印本　四冊

140000－0501－0002104　36336－39
新撰亞細亞洲大地志　（日本）山上萬次郎編
　（清）葉翰譯　清光緒二十七年(1901)新學
書會石印本　四冊

140000－0501－0002105　36340－45
瀛環志略十卷　（清）徐繼畬撰　清同治五年
(1866)刻本　六冊

140000－0501－0002106　36348－53
國朝柔遠記十八卷附編二卷　（清）王之春編
　清光緒十七年(1891)廣東廣雅書局刻本
六冊

140000－0501－0002107　36354－93
通典二百卷　（唐）杜佑撰　清同治十年
(1871)學海堂刻本　四十冊

140000－0501－0002108　36394－433
欽定續通典一百五十卷　（清）嵇璜撰　清光
緒元年(1875)學海堂刻本　四十冊

140000－0501－0002109　36434－65
皇朝通典一百卷　（清）嵇璜　（清）曹仁虎纂
　清光緒元年(1875)廣東學海堂刻本　三十
二冊

140000－0501－0002110　36466－77
皇朝三通目錄十四卷正三通目錄十二卷續三
通目錄十四卷　（清）雷君彥輯　清光緒二十
九年(1903)上海圖書集成局石印本　十二冊

140000－0501－0002111　36478－500
皇朝通典一百卷皇朝通志一百二十六卷
（清）曹仁虎纂修　清光緒二十七年(1901)上
海圖書集成局石印本　二十三冊

140000－0501－0002112　36501－48
皇朝文獻通考三百卷　（清）嵇璜　（清）曹仁
虎纂　清光緒二十七年(1901)上海圖書集成
局鉛印本　四十八冊

140000－0501－0002113　36549－607
鄭氏通志二百卷　（宋）鄭樵撰　清光緒二十
七年(1901)上海圖書集成局石印本　五十

九冊

140000－0501－0002114　36608－23
杜氏通典二百卷附考證　（唐）杜佑撰　清光
緒二十七年(1901)上海圖書集成局鉛印本
十六冊

140000－0501－0002115　36624－67
文獻通考三百四十八卷考證三卷　（元）馬端
臨撰　清光緒二十七年(1901)上海圖書集成
局鉛印本　四十四冊

140000－0501－0002116　36668－83
欽定續通典一百五十卷　（清）曹仁虎　（清）
蔡廷衡纂修　清光緒二十七年(1901)鉛印本
　十六冊

140000－0501－0002117　36684－743
欽定續通志六百四十卷　（清）曹仁虎等纂修
　清光緒二十七年(1901)上海圖書集成局鉛
印本　六十冊

140000－0501－0002118　36744－81
欽定續文獻通考二百五十卷　（清）嵇璜纂修
　清光緒二十八年(1902)上海圖書集成局鉛
印本　三十八冊

140000－0501－0002119　37038－137
[光緒]續雲南通志一百九十四卷首六卷
（清）王文韶　（清）魏光燾修　（清）唐炯等
纂　清光緒二十七年(1901)四川岳池刻本
一百冊

140000－0501－0002120　37138－85
皇朝通典一百卷　（清）嵇璜　（清）曹仁虎纂
　清乾隆三十二年(1767)浙江書局刻本　四
十八冊

140000－0501－0002121　37186－233
皇朝通志一百二十六卷　（清）嵇璜　（清）曹
仁虎纂　清光緒八年(1882)浙江書局刻本
四十八冊

140000－0501－0002122　37234－377
皇朝文獻通考三百卷　（清）嵇璜　（清）曹仁
虎纂　清光緒八年(1882)浙江書局刻本　一

百四十四冊

140000－0501－0002123　37380－415
荊駝逸史五十種　（清）陳湖逸士輯　清刻本
　　三十六冊

140000－0501－0002124　37416－27
平定粵匪紀略十八卷賊名記一卷邪說記一卷
逆跡記一卷瑣聞記一卷　（清）杜文瀾撰　清
光緒元年(1875)詒谷堂刻本　十二冊

140000－0501－0002125　37428－35
平定粵匪紀略十八卷賊名記一卷邪說記一卷
逆跡記一卷瑣聞記一卷　（清）杜文瀾輯　清
同治十年(1871)京都聚珍齋木活字印本
八冊

140000－0501－0002126　37436－756
欽定剿平捻匪方略三百二十卷首一卷　（清）
沈桂芬　（清）朱學勤纂　清同治十一年
(1872)刻本　三百二十一冊

140000－0501－0002127　37757－8178
欽定剿平粵匪方略四百二十卷首一卷　（清）
沈桂芬　（清）朱學勤纂　清同治十一年
(1872)刻本　四百二十二冊

140000－0501－0002128　38179－290
硃批諭旨不分卷　（清）世宗胤禛撰　（清）鄂
爾泰輯　清乾隆三年(1738)內府刻朱墨套印
本　一百十二冊

140000－0501－0002129　38291－312
欽定歷代職官表七十二卷首一卷　（清）紀昀
等纂　清光緒二十二年(1896)廣東廣雅書局
刻本　二十二冊

140000－0501－0002130　38313－20
廿一史彈詞注十一卷　（明）楊慎撰　明史彈
詞注二卷　（清）張三異編　（清）張仲瑃注
清乾隆五十一年(1786)視履堂刻本　八冊

140000－0501－0002131　38321－44
欽定明鑑二十四卷首一卷　（清）托津纂　清
嘉慶二十三年(1818)內府刻本　二十四冊

140000－0501－0002132　38345－68

繹史一百六十卷　（清）馬驌撰　清康熙九年
(1670)刻本　二十四冊

140000－0501－0002133　38369－416
十國春秋一百十四卷補遺二卷　（清）吳任臣
撰　（清）周昂補撰　清乾隆五十八年(1793)
此宜閣刻本　四十八冊

140000－0501－0002134　38417－48
繹史一百六十卷世系圖一卷年表一卷　（清）
馬驌撰　清光緒十五年(1889)金匱浦氏刻本
　　三十二冊

140000－0501－0002135　38449－68
十六國春秋一百卷　（北魏）崔鴻撰　（清）汪
日桂重訂　清乾隆四十六年(1781)仁和汪氏
欣託山房刻本　二十冊

140000－0501－0002136　38469－632
九朝東華全錄四百二十五卷　王先謙編　清
光緒十三年(1887)欽文書局刻本　一百六十
四冊

140000－0501－0002137　38633－40
綏寇紀略十二卷補遺三卷　（清）吳偉業撰
清嘉慶十一年(1806)照曠閣刻本　八冊

140000－0501－0002138　38641－44
唐鑑十二卷　（宋）范祖禹撰　（宋）呂祖謙注
　　清解州解梁書院刻本　四冊

140000－0501－0002139　38645－54
欽定明鑑二十四卷首一卷　（清）托津纂　清
同治九年(1870)湖北崇文書局刻本　十冊

140000－0501－0002140　38655－74
海國圖志五十卷圓圖橫圖一卷　（清）魏源撰
　　清道光二十二年(1842)古微堂木活字印本
二十冊

140000－0501－0002141　38675－90
史記志疑三十六卷　（清）梁玉繩撰　補遺一
卷　（清）梁學昌輯　清光緒十四年(1888)餘
姚朱氏刻本　十六冊

140000－0501－0002142　38691－700
漢唐事箋十二卷後集八卷　（元）朱禮著　清

道光二年(1822)山陰李鐵橋刻本　十册

140000－0501－0002143　38701－20
乾隆府廳州縣圖志五十卷　(清)洪亮吉撰
清光緒二十三年(1897)新化三味書室刻本
二十册

140000－0501－0002144　38721－30
西漢會要七十卷　(宋)徐天麟撰　清光緒十
年(1884)江蘇書局刻本　十册

140000－0501－0002145　38731－38
東漢會要四十卷　(宋)徐天麟撰　清光緒十
年(1884)江蘇書局刻本　八册

140000－0501－0002146　38739－44
三國會要二十二卷首一卷　(清)楊晨纂　清
光緒二十六年(1900)江蘇書局刻本　六册

140000－0501－0002147　38745－50
五代會要三十卷　(宋)王溥撰　清光緒十二
年(1886)江蘇書局刻本　六册

140000－0501－0002148　38751－56
五代會要三十卷　(宋)王溥撰　清光緒十二
年(1886)江蘇書局刻本　六册

140000－0501－0002149　38757－80
唐會要一百卷　(宋)王溥撰　清光緒十年
(1884)江蘇書局刻本　二十四册

140000－0501－0002150　38781－86
練兵實紀九卷雜集六卷　(明)戚繼光撰　清
京都琉璃廠刻本　六册

140000－0501－0002151　38787－818
國朝先正事略六十卷目錄一卷　(清)李元度
纂　清同治五年(1866)循陔草堂刻本　三十
二册

140000－0501－0002152　38819－34
明季稗史彙編十六種二十七卷　(清)留雲居
士編　清都城琉璃廠刻本　十六册

140000－0501－0002153　38835－54
大清光緒新法令十三類附錄一卷　商務印書
館編譯所編　清宣統元年(1909)上海商務印
書館鉛印本　二十册

140000－0501－0002154　38855－70
漢書注校補五十六卷附後漢書注補正八卷三
國志證遺補四卷五代史記纂誤補遺一卷
(清)周壽昌撰　清光緒十年(1884)小對竹軒
刻本　十六册

140000－0501－0002155　38871－74
稽古錄二十卷　(宋)司馬光撰　清光緒九年
(1883)解州解梁書院刻本　四册

140000－0501－0002156　38875－82
熙朝新語十六卷　(清)余金輯　清道光四年
(1824)鳴盛堂刻本　八册

140000－0501－0002157　38883－90
遼史拾遺二十四卷首一卷　(清)厲鶚撰　清
光緒元年(1875)江蘇書局刻本　八册

140000－0501－0002158　38891－902
易知摘要類編十二卷　(清)富俊撰　清同治
十三年(1874)紹衣堂刻本　十二册

140000－0501－0002159　38907－22
十七史商榷一百卷　(清)王鳴盛撰　清乾隆
五十二年(1787)洞涇草堂刻本　十六册

140000－0501－0002160　38923－46
歷代名儒傳八卷　(清)朱軾　(清)蔡世遠編
輯　(清)李清植分纂　歷代名臣傳三十五卷
續編五卷　(清)朱軾　(清)蔡世遠編輯
(清)張江分纂　歷代循吏傳八卷　(清)朱軾
　(清)蔡世遠編輯　(清)張福昶分纂　清光
緒江蘇書局刻本　二十四册

140000－0501－0002161　38947－70
歷代統紀表十三卷　(清)段長基編　清嘉慶
二十二年(1817)味古山房刻本　二十四册

140000－0501－0002162　38971－76
歷代疆域表三卷　(清)段長基編　清嘉慶二
十年(1815)味古山房刻本　六册

140000－0501－0002163　38977－82
歷代沿革表三卷　(清)段長基編　清嘉慶二
十年(1815)味古書房刻本　六册

140000－0501－0002164　38983－92

忠武志八卷臥龍崗志二卷　（清）張鵬翮輯
清康熙四十五年(1706)刻本　十冊

140000－0501－0002165　38993－96

三國郡縣表補正八卷　（清）吳增僅撰　楊守
敬補正　清光緒三十三年(1907)鄂城刻本
四冊

140000－0501－0002166　38997－9000

四裔編年表四卷　（美國）林樂知　嚴良勳譯
（清）李鳳苞彙編　清江南製造總局刻本
四冊

140000－0501－0002167　39001－04

史鑿一卷改元考一卷　（清）一山氏輯　清刻
本　四冊

140000－0501－0002168　39005－12

史通削繁四卷　（清）紀昀撰　清道光十三年
(1833)兩廣節署刻朱墨套印本　八冊

140000－0501－0002169　39013－32

小腆紀年附考二十卷　（清）徐鼒撰　清光緒
四年(1878)京都龍威閣書坊刻本　二十冊

140000－0501－0002170　39033－44

明季北略二十四卷　（清）計六奇輯　清道光
都城琉璃廠半松居士刻本　十二冊

140000－0501－0002171　39045－54

明季南略十八卷　（清）計六奇編　清道光都
城琉璃廠半松居士刻本　十冊

140000－0501－0002172　39055－90

歷代名儒傳八卷　（清）朱軾　（清）蔡世遠編
輯　（清）李清植分纂　歷代名臣傳三十五卷
續編五卷　（清）朱軾　（清）蔡世遠編輯
（清）張江分纂　歷代循吏傳八卷　（清）朱軾
　（清）蔡世遠編輯　（清）張福昶分纂　清雍
正七年(1729)刻本　三十六冊

140000－0501－0002173　39091－94

同治中興京外奏議約編八卷　（清）陳弢編
清光緒元年(1875)京都小酉山房刻本　四冊

140000－0501－0002174　39095－106

孫文定公奏疏十二卷附錄一卷　（清）孫嘉淦

撰　清敦和堂刻本　十二冊

140000－0501－0002175　39107－22

明大司馬盧公奏議十卷附錄一卷　（明）盧象
昇著　清道光九年(1829)刻本　十六冊

140000－0501－0002176　39123－86

曾忠襄公奏議三十二卷文集二卷榮哀錄二卷
書劄二十二卷批牘五卷　（清）曾國荃撰　年
譜四卷　（清）王定安撰　（清）蕭榮爵增訂
清光緒二十九年(1903)零陵許氏刻本　六十
四冊

140000－0501－0002177　39187－94

籌濟編三十二卷首一卷　（清）楊景仁編　清
光緒十二年(1886)刻本　八冊

140000－0501－0002178　39195－96

風俗通義十卷　（漢）應劭撰　清刻本　二冊

140000－0501－0002179　39197－206

于清端公政書八卷首編一卷外集一卷　（清）
于成龍撰　（清）蔡方炳　（清）諸匡鼎編次
續集一卷　（清）金岳撰　（清）于大梃輯　清
康熙四十六年(1707)江蘇撫署刻乾隆二十六
年(1761)于準補刻彙印本　十冊

140000－0501－0002180　39207－14

闕里文獻考一百卷首一卷末一卷　（清）孔繼
汾撰　清乾隆二十七年(1762)刻本　八冊

140000－0501－0002181　39215－18

澄懷園語四卷年譜六卷　（清）張廷玉撰　篤
素堂文集四卷　（清）張英撰　清光緒六年
(1880)龐山刻本　四冊

140000－0501－0002182　39219－20

荒政輯要九卷首一卷　（清）汪志伊纂　清道
光二十一年(1841)刻本　二冊

140000－0501－0002183　39221－32

史外八卷　（清）汪有典撰　清乾隆十三年
(1748)刻本　十二冊

140000－0501－0002184　39233－44

宋稗類鈔八卷　（清）潘永因輯　清康熙八年
(1669)刻本　十二冊

140000 – 0501 – 0002185　39245 – 48

古史輯要六卷首一卷　清道光二十五年(1845)刻海山仙館叢書本　四冊

140000 – 0501 – 0002186　39269 – 84

讀史兵略四十六卷　(清)胡林翼纂　清咸豐十一年(1861)武昌官府刻本　十六冊

140000 – 0501 – 0002187　39285 – 308

明儒學案六十二卷　(清)黃宗羲撰　清道光元年(1821)會稽莫氏刻本　二十四冊

140000 – 0501 – 0002188　39309 – 18

撫豫宣化錄四卷　(清)田文鏡撰　清雍正五年(1727)田氏刻本　十冊

140000 – 0501 – 0002189　39319 – 23

文史通義八卷校讎通義三卷　(清)章學誠撰　清道光十九年(1839)浙江書局刻本　五冊

140000 – 0501 – 0002190　39332 – 39

明大司馬盧公奏議十卷附錄一卷　(明)盧象昇著　清道光九年(1829)刻本　八冊

140000 – 0501 – 0002191　39340 – 47

御纂資治通鑑綱目三編二十卷　(清)張廷玉撰　清乾隆十一年(1746)武英殿刻本　八冊

140000 – 0501 – 0002192　39348 – 49

校刊史記集解索隱正義劄記五卷　(清)張文虎撰　清同治十一年(1872)金陵書局刻本　二冊

140000 – 0501 – 0002193　39350 – 53

元朝秘史注十五卷　(清)李文田注　清光緒二十二年(1896)通隱堂刻本　四冊

140000 – 0501 – 0002194　39354 – 57

周季編略九卷　(清)黃式三纂　清同治十二年(1873)浙江書局刻本　四冊

140000 – 0501 – 0002195　39358 – 63

十種古逸書　(清)茆泮林輯　清道光十四年(1834)梅瑞軒刻本　六冊

140000 – 0501 – 0002196　39377 – 80

列女傳七卷　(漢)劉向撰　**續列女傳一卷**　(清)梁端續注　清道光二十三年(1843)汪氏

振綺堂刻同治十三年(1874)增補本　四冊

140000 – 0501 – 0002197　39381 – 86

王先生十七史蒙求十六卷　(宋)王令撰　**李氏蒙求補注六卷附考證**　(清)金三俊輯　清道光二十八年(1848)文奎堂刻本　六冊

140000 – 0501 – 0002198　39387 – 92

平灘紀略六卷蜀江指掌一卷　(清)李本忠撰　清道光二十年(1840)青蓮堂刻本　六冊

140000 – 0501 – 0002199　39393 – 96

戰國策三十三卷　(漢)高誘注　清乾隆二十一年(1756)雅雨堂刻本　四冊

140000 – 0501 – 0002200　39397 – 98

文獻通考紀要二卷　(元)馬端臨原本　清刻本　二冊

140000 – 0501 – 0002201　39399 – 404

綱鑑會通明紀十五卷　(明)陳志襄輯　清書業德刻本　六冊

140000 – 0501 – 0002202　39405 – 08

西夏紀事本末三十六卷年表一卷　(清)張鑑著　清光緒十年(1884)江蘇書局刻本　四冊

140000 – 0501 – 0002203　39409 – 24

讀史兵略四十六卷　(清)胡林翼纂　清咸豐十一年(1861)武昌官府刻本　十六冊

140000 – 0501 – 0002204　39425 – 26

文獻通考紀要二卷　(清)胡錦麒撰　清乾隆四年(1739)刻本　二冊

140000 – 0501 – 0002205　39427 – 42

文獻通考纂二十二卷　(元)馬端臨撰　清康熙三年(1664)會益堂刻本　十六冊

140000 – 0501 – 0002206　39443 – 48

古聖賢像傳略十六卷　(清)顧沅撰　清道光十年(1830)刻本　六冊

140000 – 0501 – 0002207　39449 – 52

關帝聖跡圖志全集十卷　(清)王玉樹編　清嘉慶十二年(1807)廣東山陝會館刻本　四冊

140000 – 0501 – 0002208　39453 – 56

樊山公牘三卷樊山批判五卷　樊增祥撰　清光緒二十年(1894)刻二十三年(1897)續刻本　四冊

140000－0501－0002209　39457－66

平定關隴紀略十三卷　(清)楊昌濬撰　清光緒十三年(1887)刻本　十冊

140000－0501－0002210　39467－78

平定關隴紀略十三卷　(清)楊昌濬撰　清光緒十三年(1887)刻本　十二冊

140000－0501－0002211　39479－502

史記一百三十卷　(漢)司馬遷撰　(南朝宋)裴駰集解　清宣統三年(1911)貴池劉氏玉海堂影印本　二十四冊

140000－0501－0002212　39503－746

大清會典事例九百二十卷目錄八卷　(清)托津撰　清嘉慶二十三年(1818)內府刻本　二百四十四冊

140000－0501－0002213　39747－906

欽定大清會典事例一千二百二十卷首一卷續修大清會典一百卷　(清)崑岡撰　清宣統元年(1909)上海商務印書館石印本　一百六十冊

140000－0501－0002214　39907－26

大清光緒新法令十三類附錄一卷　商務印書館編譯所編　清宣統元年(1909)上海商務印書館鉛印本　二十冊

140000－0501－0002215　39987－92

元朝秘史十卷續集二卷　(元)忙豁侖紐察(元)脫察安編　清光緒三十四年(1908)葉氏觀古堂刻本　六冊

140000－0501－0002216　39997－40004

李文襄公集奏議二卷奏疏十卷別錄六卷　(清)李之芳撰　年譜一卷　(清)程光矩撰　清康熙刻本　八冊　缺二卷(奏疏九至十)

140000－0501－0002217　40005－44

二十二史文鈔一百九卷　(清)納蘭常安輯

清乾隆十二年(1747)受宜堂刻本　四十冊

140000－0501－0002218　40045－84

三朝北盟會編二百五十卷附校勘記　(宋)徐夢莘編　清光緒四年(1878)木活字印本　四十冊

140000－0501－0002219　40085－144

皇朝經世文編一百二十卷首一卷附生存姓名一卷姓名總目二卷　(清)賀長齡輯　清道光六年(1826)刻本　六十冊

140000－0501－0002220　40145－76

岑襄勤公奏稿三十卷首一卷總目一卷　(清)岑毓英撰　清光緒二十三年(1897)武昌止復園刻本　三十二冊

140000－0501－0002221　40177－78

明宮史八卷　(明)劉若愚編　清宣統二年(1910)上海國學扶輪社鉛印本　二冊

140000－0501－0002222　40179－80

玉坡奏議六卷　(明)張原撰　清道光十八年(1838)惜陰軒刻本　二冊

140000－0501－0002223　40181－84

包孝肅公奏議十卷　(宋)張田集編　清同治二年(1863)省心閣刻本　四冊

140000－0501－0002224　40185－90

粵東剿匪紀略十四卷治潮芻言一卷鱷渚迴瀾記八卷　(清)陳坤編　清同治十年(1871)粵東藝苑樓刻如不及齋彙抄本　六冊

140000－0501－0002225　40191－95

漢雋十卷　(宋)林鉞輯　清嘉慶十七年(1812)固陵吳繼安刻本　五冊

140000－0501－0002226　40196－201

平灘紀略六卷蜀江指掌一卷　(清)李本忠撰　清道光二十年(1840)青蓮堂刻本　六冊

140000－0501－0002227　40202－03

啟東錄六卷　(清)林壽圖編　清光緒五年(1879)黃鵠山人歐齋刻本　二冊

140000－0501－0002228　40204－05

六朝事蹟編類十四卷　(宋)張敦頤撰　清光

緒十三年(1887)寶章閣刻本　二冊

140000－0501－0002229　40206－09

諸史拾遺五卷三史拾遺五卷　（清）錢大昕撰
清嘉慶十二年(1807)嘉興郡齋稻香吟館刻
本　四冊

140000－0501－0002230　40210－11

蜀碧四卷附一卷　（清）彭遵泗撰　清刻本
二冊

140000－0501－0002231　40212－19

闕里述聞十四卷　（清）鄭曉如述　清同治七
年(1868)廣州華文堂刻本　八冊

140000－0501－0002232　40220－31

宋名臣言行錄前集十卷後集十四卷續集八卷
別集二十六卷外集十七卷　（宋）朱熹撰　清
同治七年(1868)臨川桂氏刻本　十二冊

140000－0501－0002233　40232－47

讀通鑑論三十卷末一卷　（清）王夫之撰　清
光緒二十五年(1899)武昌黃慶曾、董其達刻
船山遺書本　十六冊

140000－0501－0002234　40248－77

光緒政要三十四卷　（清）沈桐生輯　清宣統
元年(1909)南洋官書局鉛印船山遺書本　三
十冊

140000－0501－0002235　40278－81

錢塘遺事十卷　（元）劉一清撰　清上海掃葉
山房刻本　四冊

140000－0501－0002236　40282－89

聖武記十四卷　（清）魏源撰　清道光二十二
年(1842)古微堂刻本　八冊

140000－0501－0002237　40290

平臺紀略不分卷　（清）藍鼎元撰　清雍正十
年(1732)刻本　一冊

140000－0501－0002238　40291－306

東都事略一百三十卷　（宋）王偁撰　清寶華
堂刻本　十六冊

140000－0501－0002239　40307－72

歷代名臣言行錄二十四卷　（清）朱桓編　清

嘉慶七年(1802)刻本　六十六冊

140000－0501－0002240　40373－80

徐霞客遊記十卷　（明）徐霞客撰　（明）徐寄
輯　補編一卷　（清）葉廷甲輯　清光緒三十
四年(1908)上海集成圖書公司鉛印本　八冊

140000－0501－0002241　40381－82

南遊記一卷　（清）孫嘉淦撰　清嘉慶十年
(1805)守意龕刻朱墨套印本　二冊

140000－0501－0002242　40387－90

司馬溫公稽古錄二十卷　（宋）司馬光撰　清
同治十一年(1872)湖北崇文書局刻本　四冊

140000－0501－0002243　40391－96

巾經纂二十卷　（清）宋宗元著　清同治十年
(1871)陸川李廷璋刻本　六冊

140000－0501－0002244　40397

皇朝謚法考五卷續編一卷補編一卷　（清）鮑
康輯　清光緒三年(1877)永康退補齋胡氏刻
本　一冊

140000－0501－0002245　40398－400

紀元編三卷末一卷　（清）李兆洛撰　（清）六
承如集錄　清道光十一年(1831)蕫學齋刻本
三冊

140000－0501－0002246　40401－02

洙泗考信錄四卷　（清）崔述著　清嘉慶二十
三年(1818)太谷益恭堂刻本　二冊

140000－0501－0002247　40406－37

晉政輯要四十卷　（清）剛毅纂　清光緒十四
年(1888)刻本　三十二冊

140000－0501－0002248　40438

孟子時事略一卷　（清）任兆麟編　清光緒十
三年(1887)朱氏家塾刻槐廬叢書本　一冊

140000－0501－0002249　40439

經學歷史一卷　（清）皮錫瑞撰　清光緒三十
二年(1906)思賢書局刻本　一冊

140000－0501－0002250　40440－43

仙屏書屋初集年記三十一卷　（清）黃爵滋撰
清道光二十九年(1849)刻本　四冊

140000 – 0501 – 0002251　40444 – 47

程氏家塾讀書分年日程三卷　　（元）程端禮撰
　清康熙二十八年(1689)三漁堂刻本　　四冊

140000 – 0501 – 0002252　40448 – 49

春秋世族譜一卷補鈔一卷　（清）陳厚耀編
(清)葉蘭補鈔　清嘉慶五年(1800)刻本
二冊

140000 – 0501 – 0002253　40450 – 53

庸書內篇二卷外篇二卷　（清）陳熾撰　清光
緒二十二年(1896)刻本　四冊

140000 – 0501 – 0002254　40454 – 57

新刊古列女傳八卷　（漢）劉向撰　（晉）顧愷
之圖畫　清道光五年(1825)揚州阮氏刻本
四冊

140000 – 0501 – 0002255　40458 – 59

表忠錄二卷　（清）李書升編　清道光元年
(1821)誦芬堂刻本　二冊

140000 – 0501 – 0002256　40460

佐治藥言一卷續佐治藥言一卷　（清）汪輝祖
纂　清道光刻知不足齋叢書本　一冊

140000 – 0501 – 0002257　40461

會典簡明錄一卷　（清）張祥河訂　清光緒二
十三年(1897)刻本　一冊

140000 – 0501 – 0002258　40463

三吳水利條議一卷　（清）錢中諧撰　水學贅
言一卷　（清）錢泳輯　清道光三年至四年
(1823 – 1824)虞山錢氏刻本　一冊

140000 – 0501 – 0002259　40464 – 79

李氏五種合刊　（清）李兆洛撰　清光緒十八
年(1892)長沙草素書局刻本　十六冊

140000 – 0501 – 0002260　40480 – 83

涑水記聞十六卷　（宋）司馬光撰　清光緒九
年(1883)解梁書院刻本　四冊

140000 – 0501 – 0002261　40484

史目表一卷　（清）洪飴孫撰　清光緒四年
(1878)啟秀山房刻本　一冊

140000 – 0501 – 0002262　40485

松壺畫贅二卷畫憶二卷　（清）錢杜撰　清光
緒十四年(1888)榆園刻本　一冊

140000 – 0501 – 0002263　40486 – 91

新纂氏族箋釋八卷　（清）熊峻運撰　清雍正
二年(1724)英德堂刻本　六冊

140000 – 0501 – 0002264　40492

明夷待訪錄一卷　（清）黃宗羲撰　清光緒北
洋官報局鉛印本　一冊

140000 – 0501 – 0002265　40493

豐清敏公遺事一卷附錄一卷　（宋）李樸撰
清咸豐二年(1852)金山錢氏刻小萬卷樓叢書
本　一冊

140000 – 0501 – 0002266　40494

律呂元音一卷附復畢子筠明府書一卷　（清）
畢華珍撰　清道光二十八年(1848)刻小萬卷
樓叢書本　一冊

140000 – 0501 – 0002267　40495 – 502

陸宣公翰苑集注二十四卷　（唐）陸贄撰
(清)張佩芳注釋　清光緒九年(1883)刻本
八冊

140000 – 0501 – 0002268　40503 – 10

陸宣公翰苑集注二十四卷　（唐）陸贄撰
(清)張佩芳注釋　清光緒九年(1883)刻本
八冊

140000 – 0501 – 0002269　40511 – 20

欽定明鑑二十四卷首一卷　（清）托津纂　清
同治九年(1870)湖北崇文書局刻本　十冊

140000 – 0501 – 0002270　40521 – 28

[嘉慶]澠池縣志十六卷圖一卷　（清）甘揚聲
修　（清）劉文遠纂　清嘉慶十五年(1810)刻
本　八冊

140000 – 0501 – 0002271　40529 – 38

[道光]汝州全志十卷首一卷　（清）白明義修
　(清)趙林成纂　清道光二十年(1840)刻本
十冊

140000 – 0501 – 0002272　40539 – 54

[乾隆]秦州新志十二卷首一卷末一卷　（清）

費廷珍纂修　（清）胡鈫　（清）陶奕曾編次
清乾隆二十九年(1764)刻本　十六冊

140000－0501－0002273　40555－60
五代會要三十卷　（宋）王溥撰　清光緒十二
年(1886)江蘇書局刻本　六冊

140000－0501－0002274　40563－72
欽定遼史語解十卷欽定金史語解十二卷欽定
元史語解二十四卷　（清）高宗弘曆撰　清光
緒四年(1878)江蘇書局刻本　十冊

140000－0501－0002275　40576－607
御製全史詩六十四卷首二卷　（清）仁宗顒琰
撰　（清）張師誠注　清嘉慶十六年(1811)刻
本　三十二冊

140000－0501－0002276　40608－703
歷代名臣奏議三百二十卷　（明）黃淮　（明）
楊士奇輯　（明）陳明卿鑒定　明崇禎八年
(1635)聚英堂刻本　九十六冊

140000－0501－0002277　40704－05
潭柘山岫雲寺志二卷　（清）神穆德編　清光
緒十一年(1885)刻本　二冊

140000－0501－0002278　40706－09
南北史捃華八卷　（清）周嘉猷撰　清同治四
年(1865)鑑止水齋刻本　四冊

140000－0501－0002279　40713－18
曾文正公奏議十卷首一卷補編四卷　（清）曾
國藩撰　（清）薛福成編　清同治十三年
(1874)上海醉六堂刻本　六冊

140000－0501－0002280　40719－21
歷代帝王年表三卷　（清）齊召南撰　（清）阮
福續編　清光緒十二年(1886)上海掃葉山房
刻本　三冊

140000－0501－0002281　40722－23
皇朝諡法考五卷續編一卷補編一卷　（清）鮑
康輯　續補編一卷　（清）徐士鑾輯　清同治
三年至十一年(1864－1872)刻本　二冊

140000－0501－0002282　40724－31
廿二史紀事提要八卷　（清）吳綏編　清乾隆

十一年(1746)刻本　八冊

140000－0501－0002283　40732
七十二候表一卷　（清）羅以智撰　清光緒八
年(1882)海昌羊氏刻本　一冊

140000－0501－0002284　40733－822
刑案匯覽八十八卷目錄二卷　（清）祝慶祺
（清）鮑書雲編　清道光二十四年(1844)金谷
園刻本　九十冊

140000－0501－0002285　40823－46
朔方備乘六十八卷首十二卷目錄一卷　（清）
何秋濤纂輯　清光緒七年(1881)刻本　二十
四冊

140000－0501－0002286　40847－70
朔方備乘六十八卷首十二卷目錄一卷　（清）
何秋濤纂輯　清光緒七年(1881)刻本　二十
四冊

140000－0501－0002287　40871－76
前漢紀三十卷　（漢）荀悅撰　清光緒二年
(1876)嶺南述古堂刻本　六冊

140000－0501－0002288　40877－82
後漢紀三十卷　（晉）袁宏撰　清光緒二年
(1876)嶺南述古堂刻本　六冊

140000－0501－0002289　40883－84
校刊史記集解索隱正義劄記五卷　（清）張文
虎撰　清同治十一年(1872)金陵書局刻本
二冊

140000－0501－0002290　40886－87
西陲要略四卷　（清）祁韻士輯　清道光十七
年(1837)筠淥山房刻本　二冊

140000－0501－0002291　40888－903
續資治通鑑長編拾補六十卷　（清）黃以周等
輯注　清光緒九年(1883)浙江書局刻本　十
六冊

140000－0501－0002292　40904－05
胡曾二公集要略四卷　（清）張瑛編　清光緒
四年(1878)刻本　二冊

140000－0501－0002293　40910－17

五種遺規 （清）陳宏謀撰 清同治七年(1868)崇文書局刻本 八冊

140000－0501－0002294 40918－29

文廟丁祭譜十卷首一卷 （清）藍鍾瑞編 清光緒五年(1879)雲南書局刻本 十二冊

140000－0501－0002295 40930－1625

二十四史 清光緒十年(1884)上海同文書局石印本 六百九十六冊

140000－0501－0002296 41626－1825

二十四史 清光緒十八年(1892)武林竹簡齋石印本 二百冊

140000－0501－0002297 41826－945

史緯三百三十卷首一卷 （清）陳允錫撰 清湖海樓刻本 一百二十冊

140000－0501－0002298 41946－2041

明史三百三十二卷目錄四卷 （清）張廷玉撰 清乾隆四年(1739)武英殿刻本 九十六冊

140000－0501－0002299 42042－65

守令垂範十二卷 （清）屈天成撰 清乾隆二十二年(1757)刻本 二十四冊

140000－0501－0002300 42066－161

皇朝經世文編一百二十卷目錄一卷 （清）賀長齡輯 清道光七年(1827)刻本 九十六冊

140000－0501－0002301 42162－289

資治通鑑綱目前編二十五卷 （明）南軒撰 正編五十九卷 （宋）朱熹撰 續編二十七卷 （明）商輅撰 （明）陳仁錫評 清嘉慶十三年(1808)同人堂刻本 一百二十八冊

140000－0501－0002302 42290－452

歷代名賢列女氏姓譜一百五十七卷 （清）蕭智漢纂輯 清乾隆五十七年(1792)聽濤山房刻嘉慶二十年(1815)重印本 一百六十三冊

140000－0501－0002303 42453－532

通鑑紀事本末二百三十九卷 （宋）袁樞編 （明）張溥論正 清同治十二年(1873)江西書局刻本 八十冊

140000－0501－0002304 42533－52

宋史紀事本末一百九卷 （明）馮琦編 （明）陳邦瞻纂 （明）張溥論正 清同治十三年(1874)江西書局刻紀事本末五種本 二十冊

140000－0501－0002305 42553－56

元史紀事本末二十七卷 （明）陳邦瞻編 清同治十三年(1874)江西書局刻紀事本末五種本 四冊

140000－0501－0002306 42557－76

明史紀事本末八十卷 （清）谷應泰撰 清同治十三年(1874)江西書局刻紀事本末五種本 二十冊

140000－0501－0002307 42577－696

資治通鑑二百九十四卷釋文辨誤十二卷 （宋）司馬光撰 （元）胡三省音注 清嘉慶二十一年(1816)胡克家刻本 一百二十冊

140000－0501－0002308 42697－806

御批歷代通鑑輯覽一百二十卷目錄一卷 （清）傅恆撰 清同治十年(1871)潯陽萬氏刻本 一百十冊

140000－0501－0002309 42807－18

御撰資治通鑑綱目三編四十卷 （清）朱珪 （清）翁方綱纂 清同治十一年(1872)江西書局刻本 十二冊

140000－0501－0002310 42819－90

續資治通鑑二百二十卷目錄一卷 （清）畢沅編 清嘉慶六年(1801)德裕堂刻本 七十二冊

140000－0501－0002311 42891－94

資治通鑑後編校勘記十五卷 夏震武撰 清光緒二十四年(1898)刻本 四冊

140000－0501－0002312 42895－3134

[同治]畿輔通志三百卷首一卷 （清）李鴻章 （清）張樹聲修 （清）黃彭年纂 清同治十年(1871)修光緒十二年(1886)保定刻本 二百四十冊

140000－0501－0002313 43194－217

史記一百三十卷 （漢）司馬遷撰 （南朝宋）

裴駰集解 （唐）司馬貞索隱 （唐）張守節正
義 清光緒元年(1875)湖北崇文書局刻本
二十四冊

140000－0501－0002314　43218－41
史記一百三十卷 （漢）司馬遷撰 （南朝宋）
裴駰集解 （唐）司馬貞索隱 （唐）張守節正
義 清同治九年(1870)湖北崇文書局刻本
二十四冊

140000－0501－0002315　43242－61
明史紀事本末八十卷 （清）谷應泰撰 清同
治十三年(1874)江西書局刻紀事本末五種本
二十冊

140000－0501－0002316　43262－319
御批歷代通鑑輯覽一百二十卷 （清）傅恆撰
清光緒五年(1879)天津煮字山房刻朱墨套
印本 五十八冊

140000－0501－0002317　43320－59
明通鑑九十卷首一卷前編四卷附編六卷
(清)夏爕撰 清同治十二年(1873)宜黃官廨
刻本 四十冊

140000－0501－0002318　43360－455
明史三百三十二卷目錄四卷 （清）張廷玉撰
清乾隆四年(1739)武英殿刻本 九十六冊

140000－0501－0002319　43456－513
御批歷代通鑑輯覽一百二十卷 （清）傅恆撰
清光緒五年(1879)天津煮字山房刻朱墨套
印本 五十八冊

140000－0501－0002320　43514－37
綱鑑正史約三十六卷甲子紀元一卷 （明）顧
錫疇編 （清）陳宏謀增訂 清乾隆二年
(1737)培遠堂刻本 二十四冊

140000－0501－0002321　43538－43
實政錄七卷 （明）呂坤著 清道光七年
(1827)開封府署刻本 六冊

140000－0501－0002322　43544－47
御撰資治通鑑綱目三編二十卷 （清）張廷玉
撰 清乾隆十一年(1746)刻本 四冊

140000－0501－0002323　43548－71
歷代名儒傳八卷 （清）朱軾 （清）蔡世遠編
輯 （清）李清植分纂 **歷代名臣傳三十五卷
續編五卷** （清）朱軾 （清）蔡世遠編輯
(清)張江分纂 **歷代循吏傳八卷** （清）朱軾
（清）蔡世遠編輯 （清）張福昶分纂 清雍
正七年(1729)刻本 二十四冊

140000－0501－0002324　43572－87
讀史兵略四十六卷 （清）胡林翼纂 清咸豐
十一年(1861)武昌官府刻本 十六冊

140000－0501－0002325　43588－99
**林文忠公政書三十七卷滇軺紀程一卷荷戈紀
程一卷政書蒐遺一卷畿輔水利議一卷** （清）
林則徐撰 **林文忠公事略一卷** （清）李元度
撰 清咸豐元年(1851)刻本 十二冊 存三
十七卷(林文忠公政書三十七卷)

140000－0501－0002326　43600－09
于清端公政書八卷續集一卷外集一卷 （清）
于成龍撰 （清）蔡方炳編 清康熙刻本
十冊

140000－0501－0002327　43610－19
于清端公政書八卷續集一卷外集一卷 （清）
于成龍撰 （清）蔡方炳編 清康熙刻本
十冊

140000－0501－0002328　43620－739
**資治通鑑二百九十四卷目錄三十卷釋文辨誤
十二卷外紀十卷外紀目錄五卷** （宋）司馬光
撰 （元）胡三省注 清光緒十三年(1887)長
沙石印本 一百二十冊

140000－0501－0002329　43740－861
**[清光緒二十八年七月訖三十年正月]諭摺彙
存** 清光緒三十年(1904)鉛印本 一百二十
二冊

140000－0501－0002330　43862－901
東三省政略十二卷附圖十套 徐世昌輯 清
宣統三年(1911)鉛印本 四十冊

140000－0501－0002331　43902－13
二十二史劄記三十六卷 （清）趙翼撰 清光

緒二十年(1894)廣東廣雅書局刻本　十二冊

140000－0501－0002332　43954－4013

大清一統志五百卷　(清)和珅編　清光緒二十三年(1897)杭州竹簡齋石印本　六十冊

140000－0501－0002333　44025－60

史記評林一百三十卷首一卷　(明)凌稚隆輯　清光緒十五年(1889)山西濬文書局刻本　三十六冊

140000－0501－0002334　44061－80

明史紀事本末八十卷　(清)谷應泰撰　清同治十三年(1874)江西書局刻紀事本末五種本　二十冊

140000－0501－0002335　44081－100

明史紀事本末八十卷　(清)谷應泰撰　清同治十三年(1874)江西書局刻紀事本末五種本　二十冊

140000－0501－0002336　44101－110

五代史七十四卷　(宋)歐陽修撰　清光緒十年(1884)上海同文書局石印本　十冊

140000－0501－0002337　44111－14

諸史拾遺五卷三史拾遺五卷　(清)錢大昕撰　清嘉慶十二年(1807)嘉興郡齋稻香吟館刻本　四冊

140000－0501－0002338　44115－22

湘軍記二十卷　(清)王定安撰　清光緒十五年(1889)江南書局刻本　八冊

140000－0501－0002339　44123－26

湘軍志十六卷　王闓運撰　清光緒十二年(1886)成都墨香書屋刻本　四冊

140000－0501－0002340　44127－30

湘軍志十六卷　王闓運撰　清光緒十二年(1886)成都墨香書屋刻本　四冊

140000－0501－0002341　44131－32

校刊史記集解索隱正義劄記五卷　(清)張文虎撰　清同治十一年(1872)金陵書局刻本　二冊

140000－0501－0002342　44135－44

資治通鑑目錄三十卷　(宋)司馬光編　清同治八年(1869)江蘇書局刻本　十冊

140000－0501－0002343　44145－202

御批歷代通鑑輯覽一百二十卷　(清)楊述曾等撰　清光緒五年(1879)天津煮字山房刻朱墨套印本　五十八冊

140000－0501－0002344　44203－66

御批歷代通鑑輯覽一百二十卷　(清)傅恆纂　(清)楊述曾修　清光緒二十年(1894)湖南澹雅書局刻本　六十四冊

140000－0501－0002345　44267－90

御批歷代通鑑輯覽一百二十卷　(清)傅恆纂　(清)楊述曾修　清光緒三十年(1904)上海通元書局石印本　二十四冊

140000－0501－0002346　44291－322

國朝先正事略六十卷　(清)李元度纂　清同治五年(1866)循陔草堂刻本　三十二冊

140000－0501－0002347　44323－34

元朝秘史十卷續集二卷　(元)佚名撰　清光緒三十四年(1908)葉氏觀古堂刻本　十二冊

140000－0501－0002348　44335－44

晉略六十六卷　(清)周濟撰　清光緒三年(1877)味雋齋刻本　十冊

140000－0501－0002349　44345－60

舊五代史一百五十卷目錄二卷附考證　(宋)薛居正撰　清同治十一年(1872)湖北崇文書局彙印二十四史本　十六冊

140000－0501－0002350　44363－94

大清律例四十七卷首一卷　(清)三泰纂　(清)唐紹祖修　清嘉慶七年(1802)武英殿刻本　三十二冊

140000－0501－0002351　44395－418

大清律例四十七卷首一卷　(清)劉統勳　(清)依蘭泰纂修　清乾隆四十三年(1778)全士潮刻本　二十四冊

140000－0501－0002352　44419－46

後漢書一百二十卷附考證　(南朝宋)范曄撰

（晉）司馬彪續撰　（唐）李賢注　（南朝梁）劉昭補注　清同治十年(1871)成都書局刻本　二十八冊

140000－0501－0002353　44447－76

資治通鑑綱目五十九卷　（宋）朱熹撰　清光緒二年(1876)述荆堂刻本　三十冊

140000－0501－0002354　44477－96

漕運則例纂二十卷　（清）楊錫紱編　清乾隆三十二年(1767)刻本　二十冊

140000－0501－0002355　44497－500

國語二十一卷戰國策三十三卷　（清）吳汝綸點勘　清宣統二年(1910)鉛印本　四冊

140000－0501－0002356　44509－14

史通通釋二十卷附新唐書劉知幾本傳　（清）浦起龍撰　史通通釋舉例一卷　（清）蔡焯撰　清翰墨園刻本　六冊

140000－0501－0002357　44515－24

李氏五種合刊　（清）李兆洛輯　清光緒十四年(1888)上海掃葉山房刻本　十冊

140000－0501－0002358　44525－624

資治通鑑二百九十四卷　（宋）司馬光撰（元）胡三省注　通鑑釋文辯誤十二卷　（元）胡三省撰　清同治十年(1871)湖北崇文書局刻本　一百冊

140000－0501－0002359　44625－26

漢口山陝西會館志二卷　（清）侯培峻　（清）冀麟書編　清光緒二十二年(1896)漢口景慶義石印本　二冊

140000－0501－0002360　44629－30

三立閣史鈔二卷　（清）李鎔經輯　清道光十七年(1837)晉陽書院刻本　二冊

140000－0501－0002361　44631－32

三立閣史鈔二卷　（清）李鎔經輯　清道光十七年(1837)晉陽書院刻本　二冊

140000－0501－0002362　44633－40

河東鹽法備覽十二卷　（清）蔣兆奎編輯　清乾隆五十五年(1790)刻本　八冊

140000－0501－0002363　44641－44

[光緒]虞鄉縣志十二卷　（清）崔鑄善修（清）金謀愷　（清）陳鼎隆纂　清光緒十二年(1886)刻本　四冊

140000－0501－0002364　44645－68

[同治]宜黃縣志五十卷首一卷　（清）張興言修　（清）謝煌　（清）黃秋韶纂　清同治十年(1871)刻本　二十四冊

140000－0501－0002365　44669－716

漢書評林一百卷目錄一卷　（明）凌稚隆輯評　清光緒十四年(1888)山西濬文書局刻本　四十八冊

140000－0501－0002366　44717－40

欽定臺規四十二卷首一卷　（清）延熙纂　清光緒十八年(1892)都察院刻本　二十四冊

140000－0501－0002367　44741－45

戰國策三十三卷　（漢）高誘注　重刻剡川姚氏本戰國策劄記三卷　（清）黃丕烈撰　清同治八年(1869)湖北崇文書局刻本　五冊

140000－0501－0002368　44778－93

皇朝經世文三編八十卷　（清）陳忠倚輯　清光緒二十三年(1897)寶善書局石印本　十六冊

140000－0501－0002369　44794－809

皇朝經世文三編八十卷　（清）陳忠倚輯　清光緒二十七年(1901)上海書局石印本　十六冊

140000－0501－0002370　44810－25

史姓韻編六十四卷　（清）汪輝祖撰　清光緒十年(1884)耕餘樓書局鉛印本　十六冊

140000－0501－0002371　44826－39

國語二十一卷　（三國吳）韋昭注　戰國策三十三卷　（宋）鮑彪注　清嘉慶十一年(1806)姑蘇書業堂刻本　十四冊

140000－0501－0002372　44840－45

歷代名儒傳八卷　（清）朱軾　（清）蔡世遠編

輯　(清)李清植分纂　**顔氏家訓二卷二十篇**
（北齊)顔之推撰　**大戴禮記十三卷**　(清)
戴德撰　**溫公家範十卷**　(宋)司馬光撰　清
雍正刻本　六冊

140000－0501－0002373　44846－61
疇人傳四十六卷　(清)阮元撰　**續疇人傳六
卷**　(清)羅士琳撰　清光緒八年(1882)海鹽
張氏常惺齋刻本　十六冊

140000－0501－0002374　44892－99
朔方備乘六十八卷首一卷　(清)何秋濤纂輯
清咸豐十年(1860)寶善書局石印本　八冊

140000－0501－0002375　44916－39
繹史一百六十卷　(清)馬驌撰　清光緒二十
三年(1897)武林尚友齋石印本　二十四冊

140000－0501－0002376　44944－47
四裔編年表不分卷　(美國)林樂知　嚴良勳
譯　(清)李鳳苞彙編　清光緒二十三年
(1897)石印　四冊

140000－0501－0002377　44948－50
紀元編四卷　(清)李兆洛撰　清光緒十四年
(1888)上海蜚英館石印本　三冊

140000－0501－0002378　44951－53
紀元編四卷　(清)李兆洛撰　清光緒十四年
(1888)上海蜚英館石印本　三冊

140000－0501－0002379　44958－61
文史通義八卷校讎通義三卷　(清)章學誠著
清宣統三年(1911)上海廣益書局鉛印本
四冊

140000－0501－0002380　44962－67
山海經廣注二十四卷　(晉)郭璞撰　(清)吳
任臣注　清康熙六年(1667)崇義書院刻本
六冊

140000－0501－0002381　44968－78
于清端公政書八卷續集一卷外集一卷　(清)
于成龍撰　(清)蔡方炳編　清康熙刻本　十
一冊

140000－0501－0002382　44979－86

沈文肅公政書七卷首一卷　(清)沈葆楨撰
清光緒十八年(1892)烏石山祠刻本　八冊

140000－0501－0002383　44987－98
**林文忠公政書三十七卷滇軺紀程一卷荷戈紀
程一卷政書蒐遺一卷畿輔水利議一卷**　(清)
林則徐撰　**林文忠公事略一卷**　(清)李元度
撰　清光緒二年至五年(1876－1879)刻本
十二冊

140000－0501－0002384　44999－5012
三國志六十五卷附考證　(晉)陳壽撰　(南
朝宋)裴松之注　清同治十年(1871)成都書
局刻本　十四冊

140000－0501－0002385　45013－32
宋史紀事本末一百九卷　(明)馮琦編　(明)
陳邦瞻纂　(明)張溥論正　清同治十三年
(1874)江西書局刻本　二十冊

140000－0501－0002386　45033－36
元史紀事本末二十七卷　(明)陳邦瞻撰
(明)張溥論正　清同治十三年(1874)江西書
局刻本　四冊

140000－0501－0002387　45037－40
元史紀事本末二十七卷　(明)陳邦瞻撰
(明)張溥論正　清同治十三年(1874)江西書
局刻本　四冊

140000－0501－0002388　45041－50
西漢會要七十卷　(宋)徐天麟撰　清光緒十
年(1884)江蘇書局刻本　十冊

140000－0501－0002389　45051－58
東漢會要四十卷　(宋)徐天麟撰　清光緒十
年(1884)江蘇書局刻本　八冊

140000－0501－0002390　45059－82
唐會要一百卷　(宋)王溥撰　清光緒十年
(1884)江蘇書局刻本　二十四冊

140000－0501－0002391　45083－162
通鑑紀事本末二百三十九卷　(宋)袁樞編
(明)張溥論正　清同治十二年(1873)江西書
局刻本　八十冊

140000－0501－0002392　45163－242

通鑑紀事本末二百三十九卷　（宋）袁樞編
(明)張溥論正　清同治十二年(1873)江西書
局刻本　八十冊

140000－0501－0002393　45243－54

左傳紀事本末五十三卷　（清）高士奇撰　清
同治十二年(1873)江西書局刻本　十二冊

140000－0501－0002394　45255－308

欽定戶部則例一百三十四卷總類一卷　（清）
慶明撰　清嘉慶七年(1802)寶訓書屋刻本
五十四冊

140000－0501－0002395　45309－412

資治通鑑二百九十四卷　（宋）司馬光編集
(元)胡三省注　通鑑釋文辯誤十二卷　（元）
胡三省撰　清光緒元年(1875)湖北崇文書局
刻本　一百四冊

140000－0501－0002396　45413－36

欽定禮部則例二百二卷　（清）特登額等修
清道光二十四年(1844)刻本　二十四冊

140000－0501－0002397　45437－69

大清律例彙輯便覽四十卷附二卷　（清）何瞻
纂修　清光緒三年(1877)浙杭讀律山館刻本
三十三冊

140000－0501－0002398　45470－81

欽定大清通禮五十四卷首一卷　（清）來保
(清)李玉鳴纂　（清）穆克登額續纂　清道光
四年(1824)刻本　十二冊

140000－0501－0002399　45482－521

明通鑑九十卷首一卷前編四卷附編六卷
(清)夏燮編　清光緒二十三年(1897)湖北官
書處刻本　四十冊

140000－0501－0002400　45522－28

明洪武至崇禎進士題名錄　清刻本　七冊

140000－0501－0002401　45529－38

欽定國子監則例四十四卷首六卷　（清）劉墉
纂修　清嘉慶二年(1797)刻本　十冊

140000－0501－0002402　45539－48

增修河東鹽法備覽八卷首一卷　（清）張元鼎
纂　清光緒八年(1882)刻本　十冊

140000－0501－0002403　45549－51

續增河東鹽法備覽三卷　（清）寶棻修　（清）
姚楷纂　清宣統元年(1909)刻本　三冊

140000－0501－0002404　45552－711

資治通鑑綱目前編二十五卷　（明）南軒撰
正編五十九卷　（宋）朱熹撰　續編二十七卷
（明）商輅撰　（明）陳仁錫評　清嘉慶九年
(1804)刻本　一百六十冊

140000－0501－0002405　45712－27

水師章程十四卷續編六卷　（美國）林樂知口
譯　（清）鄭昌棪筆述　清光緒江南製造總局
刻本　十六冊

140000－0501－0002406　45728－43

水師章程十四卷續編六卷　（美國）林樂知口
譯　（清）鄭昌棪筆述　清光緒江南製造總局
刻本　十六冊

140000－0501－0002407　45744－63

四川鹽法志四十卷首一卷　（清）丁寶楨纂
(清)羅文彬編輯　清光緒八年(1882)刻本
二十冊

140000－0501－0002408　45764－67

四裔編年表四卷　（美國）林樂知　嚴良勳譯
（清）李鳳苞彙編　清江南製造總局刻本
四冊

140000－0501－0002409　45783－92

資治通鑑目錄三十卷　（宋）司馬光編　清同
治八年(1869)江蘇書局刻本　十冊

140000－0501－0002410　45793－808

資治通鑑綱目前編十八卷舉要三卷外紀一卷
(元)金履祥撰　（清）吳夢齡編輯　清光緒
七年(1881)山東書局刻本　十六冊

140000－0501－0002411　45809－12

資治通鑑後編校勘記十五卷　夏震武撰　清
光緒二十四年(1898)刻本　四冊

140000－0501－0002412　45813－24

御撰資治通鑑綱目三編四十卷　（清）朱珪
（清）翁方綱纂　清同治十一年(1872)江西書局刻本　十二冊

140000－0501－0002413　45825－84

續資治通鑑二百二十卷　（清）畢沅編　清同治六年(1867)江蘇書局刻本　六十冊

140000－0501－0002414　45885－912

明大政纂要六十三卷　（明）譚希思編輯　清光緒二十一年(1895)湖南思賢書局刻本　二十八冊

140000－0501－0002415　45913－44

續後漢書九十卷　（元）郝經撰　**續後漢書劄記四卷**　（清）郁松年撰　清道光二十一年(1841)宜稼堂刻本　三十二冊

140000－0501－0002416　46005－28

國朝先正事略六十卷　（清）李元度纂　清同治五年(1866)循陔草堂刻本　二十四冊

140000－0501－0002417　46029－108

刑案匯覽六十卷目錄一卷首一卷末一卷續增刑案匯覽十六卷　（清）祝慶祺　（清）祝松庵編　清道光十四年(1834)棠樾愼思堂刻本　八十冊

140000－0501－0002418　46109－20

十六國春秋一百卷　（北魏）崔鴻撰　（清）汪日桂重訂　清光緒十二年(1886)湖北官書處刻本　十二冊

140000－0501－0002419　46121－48

續資治通鑑綱目二十七卷　（明）商輅撰　清光緒八年(1882)山東書局刻本　二十八冊

140000－0501－0002420　46149－72

欽定學政全書八十六卷首一卷　（清）童璜纂　清嘉慶十七年(1812)武英殿刻本　二十四冊

140000－0501－0002421　46173－80

盛世危言八卷　鄭觀應撰　清光緒二十六年(1900)鉛印本　八冊

140000－0501－0002422　46181－216

歷代名臣言行錄二十四卷　（清）朱桓編輯　清嘉慶十二年(1807)刻本　三十六冊

140000－0501－0002423　46217－22

歐洲列國戰事本末二十二卷　王樹枬撰　清光緒二十八年(1902)中衛縣署刻本　六冊

140000－0501－0002424　46223－27

萬國通鑑四卷地圖一卷　（美國）謝衛樓撰　（清）趙如光譯　清光緒八年(1882)刻本　五冊

140000－0501－0002425　46228－32

萬國通鑑四卷地圖一卷　（美國）謝衛樓撰　（清）趙如光譯　清光緒八年(1882)刻本　五冊

140000－0501－0002426　46233－72

通典二百卷　（唐）杜佑撰　清同治十年(1871)學海堂刻本　四十冊

140000－0501－0002427　46273－312

欽定續通典一百五十卷　（清）嵇璜　（清）曹仁虎等修　清光緒十二年(1886)浙江書局刻本　四十冊

140000－0501－0002428　46313－352

皇朝通典一百卷　（清）嵇璜　（清）曹仁虎纂　清光緒八年(1882)浙江書局刻本　四十冊

140000－0501－0002429　46353－64

欽定大清通禮五十卷　（清）來保　（清）李玉鳴纂修　清刻本　十二冊

140000－0501－0002430　46372－79

籌濟編三十二卷首一卷　（清）楊景仁輯　清光緒十三年(1887)山西濬文書局刻本　八冊

140000－0501－0002431　46380－427

欽定日下舊聞考一百六十卷附譯語總目（清）朱彝尊輯　（清）于敏中修　（清）寶光鼐纂　清刻本　四十八冊

140000－0501－0002432　47190－886

二十四史　清光緒十年(1884)上海同文書局影印本　六百九十七冊

140000－0501－0002433　47887－912

史記一百三十卷 （漢）司馬遷撰 清光緒二
十年(1894)上海同文書局石印本 二十六冊
缺十三卷（六至七、四十四至四十八、八十
二至八十七）

140000－0501－0002434 47913－44
前漢書一百二十卷附考證 （漢）班固撰
（漢）班昭續撰 （唐）顏師古注 清光緒二十
年(1894)上海同文書局石印本 三十二冊

140000－0501－0002435 47945－72
後漢書九十卷附考證 （南朝宋）范曄撰
（唐）李賢注 續志三十卷 （晉）司馬彪撰
（南朝梁）劉昭注 清光緒二十年(1894)上海
同文書局石印本 二十八冊

140000－0501－0002436 47973－86
三國志六十五卷附考證 （晉）陳壽撰 （南
朝宋）裴松之注 清光緒二十年(1894)上海
同文書局石印本 十四冊

140000－0501－0002437 47987－8016
晉書一百三十卷音義三卷 （唐）房玄齡撰
（唐）何超音義 清光緒二十年(1894)上海同
文書局石印本 三十冊

140000－0501－0002438 48017－24
南齊書五十九卷附考證 （南朝梁）蕭子顯撰
清光緒二十年(1894)上海同文書局石印二
十四史本 八冊

140000－0501－0002439 48025－32
梁書五十六卷附考證 （唐）姚思廉撰 清光
緒二十年(1894)上海同文書局石印二十四史
本 八冊

140000－0501－0002440 48033－38
陳書三十六卷附考證 （唐）姚思廉撰 清光
緒二十年(1894)上海同文書局石印二十四史
本 六冊

140000－0501－0002441 48039－62
魏書一百十四卷附考證 （北齊）魏收撰 清
光緒二十年(1894)上海同文書局石印二十四
史本 二十四冊

140000－0501－0002442 48063－70
北齊書五十卷附考證 （唐）李百藥撰 清光
緒二十年(1894)上海同文書局石印二十四史
本 八冊

140000－0501－0002443 48071－78
欽定周書五十卷附考證 （唐）令狐德棻撰
清光緒二十年(1894)上海同文書局石印本
八冊

140000－0501－0002444 48079－102
隋書八十五卷附考證 （唐）魏徵撰 清光緒
二十年(1894)上海同文書局石印二十四史本
二十四冊

140000－0501－0002445 48103－26
北史一百卷附考證 （唐）李延壽撰 清光緒
二十年(1894)上海同文書局石印二十四史本
二十四冊

140000－0501－0002446 48127－74
舊唐書二百卷附考證 （五代）劉昫撰 清光
緒二十年(1894)上海同文書局石印二十四史
本 四十八冊

140000－0501－0002447 48175－223
唐書二百二十五卷附考證釋音二十五卷
（宋）歐陽修 （宋）宋祁撰 （宋）董衝釋音
清光緒二十年(1894)上海同文書局石印二
十四史本 四十九冊

140000－0501－0002448 48224－47
舊五代史一百五十卷目錄二卷附考證 （宋）
薛居正撰 清光緒二十年(1894)上海同文書
局石印二十四史本 二十四冊

140000－0501－0002449 48248－57
五代史七十四卷附考證 （宋）歐陽修撰
（宋）徐無黨注 清光緒二十年(1894)上海同
文書局石印二十四史本 十冊

140000－0501－0002450 48258－357
宋史四百九十六卷目錄三卷附考證 （元）脫
脫修 清光緒二十年(1894)上海同文書局石
印二十四史本 一百冊

140000 - 0501 - 0002451　48358 - 65

遼史一百十六卷附考證　（元）脫脫修　清光緒二十年(1894)上海同文書局石印二十四史本　八冊

140000 - 0501 - 0002452　48366 - 89

金史一百三十五卷附考證　（元）脫脫修　清光緒二十年(1894)上海同文書局石印二十四史本　二十四冊

140000 - 0501 - 0002453　48390 - 440

元史二百十卷目錄二卷附考證　（明）宋濂修　清光緒二十年(1894)上海同文書局石印二十四史本　五十一冊

140000 - 0501 - 0002454　48441 - 760

十七史　清道光蘇州趙氏書業堂刻本　三百二十冊

140000 - 0501 - 0002455　48761 - 840

弘簡錄二百五十四卷　（明）邵經邦撰　清道光蘇州趙氏書業堂刻本　八十冊

140000 - 0501 - 0002456　48841 - 920

明史稿三百十卷　（清）王鴻緒撰　清道光蘇州趙氏書業堂刻本　八十冊

140000 - 0501 - 0002457　48921 - 46

史記一百三十卷附考證　（漢）司馬遷撰　（南朝宋）裴駰集解　（唐）司馬貞索隱　（唐）張守節正義　清光緒二十年(1894)上海同文書局石印本　二十六冊

140000 - 0501 - 0002458　48947 - 78

漢書一百二十卷附考證　（漢）班固撰　（唐）顏師古注　清光緒二十年(1894)上海同文書局石印本　三十二冊

140000 - 0501 - 0002459　48979 - 92

三國志六十五卷附考證　（晉）陳壽撰　（南朝宋）裴松之注　清光緒二十年(1894)上海同文書局石印本　十四冊

140000 - 0501 - 0002460　48993 - 9120

資治通鑑綱目前編二十五卷　（明）南軒撰　**正編五十九卷**　（宋）朱熹撰　**續編二十七卷**

（明）商輅撰　（明）陳仁錫評　清嘉慶九年(1804)姑蘇聚文堂刻本　一百二十八冊

140000 - 0501 - 0002461　49121 - 225

資治通鑑二百九十四卷　（宋）司馬光撰　（元）胡三省音注　清刻本　五冊

140000 - 0501 - 0002462　49226 - 35

資治通鑑目錄三十卷　（宋）司馬光編　清同治八年(1869)江蘇書局刻本　十冊

140000 - 0501 - 0002463　49236 - 335

資治通鑑二百九十四卷　（宋）司馬光撰　（元）胡三省注　**通鑑釋文辯誤十二卷**　（元）胡三省撰　清同治八年(1869)鄱陽胡氏江蘇書局補刻本　一百冊

140000 - 0501 - 0002464　49336 - 439

資治通鑑二百九十四卷　（宋）司馬光撰　（元）胡三省注　**通鑑釋文辯誤十二卷**　（元）胡三省撰　清同治十年(1871)湖北崇文書局刻本　一百四冊

140000 - 0501 - 0002465　49440 - 49

資治通鑑目錄三十卷　（宋）司馬光編　清同治八年(1869)江蘇書局刻本　十冊

140000 - 0501 - 0002466　49450 - 87

史記一百三十卷　（漢）司馬遷撰　（南朝宋）裴駰集解　（唐）司馬貞索隱　（唐）張守節正義　清光緒二十年(1894)陝甘味經書院刻本　三十八冊

140000 - 0501 - 0002467　49488 - 93

前漢書鈔四卷後漢書鈔二卷　（清）高峋集評　清乾隆五十三年(1788)廣郡永邑培元堂刻本　六冊

140000 - 0501 - 0002468　49494 - 97

元史紀事本末二十七卷　（明）陳邦瞻撰　（明）張溥論正　清同治十三年(1874)江西書局刻本　四冊

140000 - 0501 - 0002469　49498 - 501

元史紀事本末二十七卷　（明）陳邦瞻編　（明）張溥論正　清光緒十三年(1887)廣東廣

雅書局刻紀事本末五種本　　四冊

140000－0501－0002470　49502－21

明史紀事本末八十卷　（清）谷應泰撰　清同治十三年(1874)江西書局刻紀事本末五種本　二十冊

140000－0501－0002471　49638－45

欽定史記一百三十卷附考證　（漢）司馬遷撰　（南朝宋）裴駰集解　（唐）司馬貞索隱　（唐）張守節正義　清光緒三十一年(1905)上海久敬齋石印本　　八冊

140000－0501－0002472　49646－57

漢書一百卷附考證　（漢）班固撰　（唐）顏師古注　清光緒三十一年(1905)上海久敬齋石印本　十二冊

140000－0501－0002473　49658－65

後漢書一百二十卷附考證　（南朝宋）范曄撰　（唐）李賢注　（晉）司馬彪續撰　（南朝梁）劉昭補注　清光緒三十一年(1905)上海久敬齋石印本　　八冊

140000－0501－0002474　49666－69

三國志六十五卷　（晉）陳壽撰　（南朝宋）裴松之注　清光緒三十一年(1905)上海久敬齋石印本　四冊

140000－0501－0002475　49670－709

皇朝經世文編一百二十卷　（清）賀長齡輯　清光緒二十七年(1901)上海愼記書局石印本　四十冊

140000－0501－0002476　49710－41

列國政要一百三十二卷首一卷　（清）戴鴻慈　（清）端方輯　清光緒三十三年(1907)上海商務印書館石印本　三十二冊

140000－0501－0002477　49742－73

列國政要一百三十二卷首一卷　（清）戴鴻慈　（清）端方輯　清光緒三十三年(1907)上海商務印書館石印本　三十二冊

140000－0501－0002478　49774－81

二十一史約編八卷首一卷　（清）鄭元慶編

清康熙三十五年(1696)魚計亭刻本　　八冊

140000－0501－0002479　49782－89

歷代史論十二卷宋史論三卷元史論一卷　（明）張溥撰　（清）孫琮評　**明史論四卷**　（清）谷應泰撰　**左傳史論二卷**　（清）高士奇撰　清光緒十三年(1887)上海掃葉山房刻本　　八冊

140000－0501－0002480　49790－849

天下郡國利病書一百二十卷　（清）顧炎武輯　清道光三年(1823)敷文閣刻本　六十冊

140000－0501－0002481　49850－916

天下郡國利病書一百二十卷　（清）顧炎武輯　清道光三年(1823)敷文閣刻本　六十七冊

140000－0501－0002482　49917－93

資治通鑑綱目五十九卷首一卷　（宋）朱熹撰　清光緒五年(1879)山東書局刻本　七十七冊

140000－0501－0002483　49994－50025

史記評林一百三十卷首一卷　（明）凌稚隆輯　清光緒十五年(1889)山西濬文書局刻本　三十二冊

140000－0501－0002484　50069－78

[乾隆]泰安縣志十二卷首一卷末一卷　（清）黃鈐修　（清）蕭儒林　（清）宋圻纂　清乾隆四十七年(1782)刻本　　十冊

140000－0501－0002485　50079－89

沈文肅公政書七卷首一卷　（清）沈葆楨撰　清光緒六年(1880)吳門節署刻本　　十一冊

140000－0501－0002486　50102－07

讀史方輿紀要一百三十卷　（清）顧祖禹著　清光緒二十八年(1902)湖南書局刻本　六冊　存十卷(歷代州域形勢十卷)

140000－0501－0002487　50108－66

讀史方輿紀要一百三十卷輿圖要覽四卷首一卷　（清）顧祖禹著　清嘉慶石印本　五十九冊

140000－0501－0002488　50167－82

林文忠公政書三集三十七卷　（清）林則徐撰
　清咸豐元年（1851）刻本　十六冊

140000－0501－0002489　50183－94

三省邊防備覽十八卷　（清）嚴如熤輯　清道
光十年（1830）來鹿堂刻本　十二冊

140000－0501－0002490　50195－226

晉政輯要四十卷　（清）剛毅纂　清光緒十四
年（1888）刻本　三十二冊

140000－0501－0002491　50227

今水經一卷表一卷　（清）黃宗羲撰　清光緒
三年（1877）湖北崇文書局刻本　一冊

140000－0501－0002492　50228－32

萬國通鑑四卷地圖一卷　（美國）謝衛樓撰
（清）趙如光譯　清光緒八年（1882）刻本
五冊

140000－0501－0002493　50233－36

[同治十三年甲戌科]會試同年齒錄不分卷
（清）李汝霖纂修　清同治刻本　四冊

140000－0501－0002494　50237－60

欽定明鑑二十四卷首一卷　（清）托津纂　清
嘉慶二十三年（1818）內府刻本　二十四冊

140000－0501－0002495　50261－68

皇朝藩部要略十八卷附世系表四卷　（清）祁
韻士纂　清道光二十五年（1845）筠淥山房刻
本　八冊

140000－0501－0002496　50269－76

歷代名臣言行錄二十四卷首一卷　（清）朱桓
編　清光緒三十年（1904）上海商務印書館鉛
印本　八冊

140000－0501－0002497　50281－88

賑紀八卷　（清）方觀承撰　清乾隆十九年
（1754）刻本　八冊

140000－0501－0002498　50313－16

天下山河兩戒考十四卷首一卷　（清）徐文靖
注　清雍正元年（1723）刻本　四冊

140000－0501－0002499　50317－23

日本新史攬要七卷　（日本）石村貞一編

（清）游瀛主人譯　清光緒元年（1875）石印本
　七冊

140000－0501－0002500　50324－29

國語二十一卷　（三國吳）韋昭注　（宋）宋庠
補音　清乾隆十一年（1746）文盛堂刻本
六冊

140000－0501－0002501　50330－37

晉政輯要八卷　（清）鄭源璹　（清）海甯纂輯
　清乾隆五十四年（1789）刻本　八冊

140000－0501－0002502　50358

六十年交涉記略一卷　清光緒華英書館鉛印
本　一冊

140000－0501－0002503　50359

朱子為學次第考二卷　（清）童能靈撰　清光
緒十九年（1893）劉氏傳經堂刻本　一冊

140000－0501－0002504　50360－61

皇朝武功紀盛四卷　（清）趙翼撰　清乾隆五
十七年（1792）湛貽堂刻本　二冊

140000－0501－0002505　50362

五州教案紀略五卷　（英國）李提摩太撰
（清）林朝圻編　清光緒二十七年（1901）上海
廣學會鉛印本　一冊

140000－0501－0002506　50363

五州教案紀略五卷　（英國）李提摩太撰
（清）林朝圻編　清光緒二十七年（1901）上海
廣學會鉛印本　一冊

140000－0501－0002507　50369

亞細亞洲志一卷新志一卷　（清）學部編譯圖
書局編　清光緒三十四年（1908）學部編譯圖
書局鉛印本　一冊

140000－0501－0002508　50370

亞細亞洲志一卷新志一卷　（清）學部編譯圖
書局編　清光緒三十四年（1908）學部編譯圖
書局鉛印本　一冊

140000－0501－0002509　50371

小亞細亞志一卷附新志一卷　（清）學部編譯
圖書局編　清光緒三十三年（1907）學部編譯

圖書局鉛印本　一冊

140000－0501－0002510　50373

學校制度一卷　（清）程家檉編　清光緒三十二年（1906）京師學部官書局鉛印本　一冊

140000－0501－0002511　50374

學校制度一卷　（清）程家檉編　清光緒三十二年（1906）京師學部官書局鉛印本　一冊

140000－0501－0002512　50378－437

續資治通鑑二百二十卷　（清）畢沅編　清同治六年（1867）江蘇書局刻本　六十冊

140000－0501－0002513　50438－43

教案奏議彙編八卷首一卷　（清）程宗裕編　清光緒二十七年（1901）上海書局石印本　六冊

140000－0501－0002514　50444－55

吾學錄初編二十四卷　（清）吳榮光述　清光緒十年（1884）刻本　十二冊

140000－0501－0002515　50456－59

俄史輯譯　（英國）闞斐迪　（清）徐景羅譯　清光緒十四年（1888）益智書會刻本　四冊

140000－0501－0002516　50483－92

桐城吳先生日記十六卷　（清）吳汝綸撰　吳闓生編　清同治七年（1868）蓮池書社刻本　十冊

140000－0501－0002517　50493－95

續增河東鹽法備覽三卷　（清）寶棻修　（清）姚楷纂　清宣統二年（1910）刻本　三冊

140000－0501－0002518　50496－99

圖治要篇　清同治九年（1870）湖南省藩署刻本　四冊

140000－0501－0002519　50500－08

聖諭像解二十卷　（清）梁延年編　清光緒二十八年（1902）江蘇撫署石印本　九冊　存十八卷（一至十八）

140000－0501－0002520　50510－15

[清光緒三十年七月初一訖三十日]諭摺彙存　清光緒三十年（1904）木活字印本　六冊

140000－0501－0002521　50516－31

杜氏通典二百卷附考證　（唐）杜佑撰　清光緒二十七年（1901）上海圖書集成局鉛印本　十六冊

140000－0501－0002522　50532－91

通志二百卷欽定三通考證三卷　（宋）鄭樵撰　清光緒二十七年（1901）上海圖書集成局鉛印本　六十冊

140000－0501－0002523　50592－631

通志二百卷考證三卷　（宋）鄭樵撰　清光緒二十八年（1902）上海鴻寶書局石印本　四十冊

140000－0501－0002524　50632－71

欽定續通志六百四十卷　（清）嵇璜修　（清）曹仁虎纂　清石印本　四十冊

140000－0501－0002525　50672－75

文獻通考紀要四卷　清光緒二十八年（1902）石印本　四冊

140000－0501－0002526　50676－83

皇朝文獻通考詳節二十六卷　（清）嵇璜纂　清光緒二十七年（1901）鴻寶齋書局石印本　八冊

140000－0501－0002527　50684－95

文獻通考纂二十二卷　（元）馬端臨撰　**續文獻通考纂二十二卷**　（明）王圻撰　（清）郎星纂　清康熙三年（1664）金匱山房刻本　十二冊

140000－0501－0002528　50714－16

求己錄三卷　（清）蘆涇遁士（陶葆廉）編　清光緒二十七年（1901）志強書舍石印本　三冊

140000－0501－0002529　50717

聖諭廣訓一卷　（清）世宗胤禛撰　清光緒十四年（1888）山西撫署刻本　一冊

140000－0501－0002530　50718

聖諭廣訓十六條　（清）世宗胤禛撰　清光緒三十四年（1908）學部圖書局石印本　一冊

140000－0501－0002531　50779－98

十七史商榷一百卷目錄一卷 （清）王鳴盛撰 清乾隆五十二年(1787)洞涇草堂刻本 二十冊

140000－0501－0002532 50799－806
畿輔人物考二十卷 （清）孫奇逢輯 清同治八年(1869)孫氏兼山堂刻本 八冊

140000－0501－0002533 50807－08
中俄界約斠注七卷首一卷 （清）錢恂著 清光緒二十年(1894)上海醉六堂刻本 二冊

140000－0501－0002534 50809－10
中俄界約斠注七卷首一卷 （清）錢恂著 清光緒二十年(1894)上海醉六堂刻本 二冊

140000－0501－0002535 50813－18
九通提要十二卷 （清）柴紹炳纂 清光緒二十八年(1902)鴻寶齋石印本 六冊

140000－0501－0002536 50827－38
通商條約章程成案彙編三十卷 （清）李鴻章撰 清光緒十二年(1886)鉛印本 十二冊

140000－0501－0002537 50839－50
西國近事彙編三十二卷 （美國）金楷理口譯 （清）姚棻筆述 清光緒二十三年(1897)慎記書莊石印本 十二冊

140000－0501－0002538 50877－78
河工簡要四卷 （清）邱步洲輯 清光緒十三年(1887)刻本 二冊

140000－0501－0002539 50881－92
增廣尚友錄統編二十二卷 應祖錫 （清）韓卿甫編輯 清光緒二十八年(1902)鴻寶齋石印本 十二冊

140000－0501－0002540 50893－912
史記一百三十卷劄記五卷 （漢）司馬遷撰 (南朝宋)裴駰集解 （唐）司馬貞索隱 （唐）張守節正義 清同治五年至九年(1866－1870)金陵書局刻本 二十冊

140000－0501－0002541 50913－28
後漢書九十卷 （南朝宋）范曄撰 （唐）李賢注 續漢志三十卷 （晉）司馬彪撰 （南朝梁）劉昭補注 清同治八年(1869)金陵書局刻本 十六冊

140000－0501－0002542 50929－52
三國志六十五卷 （晉）陳壽撰 （南朝宋）裴松之注 清蘇州趙氏書業堂刻本 二十四冊

140000－0501－0002543 50953－60
三國志六十五卷 （晉）陳壽撰 （南朝宋）裴松之注 清同治九年(1870)金陵書局刻二十四史本 八冊

140000－0501－0002544 50961－80
晉書一百三十卷音義三卷 （唐）房玄齡撰 （唐）何超音義 清同治十年(1871)金陵書局刻湖北書局彙印二十四史本 二十冊

140000－0501－0002545 50981－96
宋書一百卷 （南朝梁）沈約撰 清同治十一年(1872)金陵書局刻光緒五年(1879)湖北書局彙印二十四史本 十六冊

140000－0501－0002546 50997－1012
宋書一百卷 （南朝梁）沈約撰 清同治十一年(1872)金陵書局刻光緒五年(1879)湖北書局彙印二十四史本 十六冊

140000－0501－0002547 51013－28
宋書一百卷 （南朝梁）沈約撰 清同治十一年(1872)金陵書局刻光緒五年(1879)湖北書局彙印本 十六冊

140000－0501－0002548 51029－34
南齊書五十九卷 （南朝梁）蕭子顯撰 清同治十三年(1874)金陵書局刻光緒五年(1879)彙印二十四史本 六冊

140000－0501－0002549 51035－40
南齊書五十九卷 （南朝梁）蕭子顯撰 清同治十三年(1874)金陵書局刻光緒五年(1879)彙印二十四史本 六冊

140000－0501－0002550 51041－46
南齊書五十九卷 （南朝梁）蕭子顯撰 清同治十三年(1874)金陵書局刻光緒五年(1879)

彙印二十四史本　　六冊

140000－0501－0002551　51047－52

梁書五十六卷　（唐）姚思廉撰　清同治十三年(1874)金陵書局刻光緒五年(1879)湖北書局彙印二十四史本　　六冊

140000－0501－0002552　51053－56

陳書三十六卷　（唐）姚思廉撰　清同治十一年(1872)金陵書局刻光緒五年(1879)彙印二十四史本　　四冊

140000－0501－0002553　51057－60

周書五十卷　（唐）令狐德棻撰　清同治十三年(1874)金陵書局刻光緒五年(1879)湖北書局彙印二十四史本　　四冊

140000－0501－0002554　51061－66

梁書五十六卷　（唐）姚思廉撰　清同治十三年(1874)金陵書局刻光緒五年(1879)湖北書局彙印二十四史本　　六冊

140000－0501－0002555　51067－70

陳書三十六卷　（唐）姚思廉撰　清同治十一年(1872)金陵書局刻光緒五年(1879)彙印二十四史本　　四冊

140000－0501－0002556　51071－90

魏書一百十四卷　（北齊）魏收撰　清同治十一年(1872)金陵書局刻光緒五年(1879)彙印二十四史本　　二十冊

140000－0501－0002557　51091－110

魏書一百十四卷　（北齊）魏收撰　清同治十一年(1872)金陵書局刻光緒五年(1879)彙印二十四史本　　二十冊

140000－0501－0002558　51111－18

梁書五十六卷　（唐）姚思廉撰　明崇禎六年(1633)毛氏汲古閣刻本　　八冊

140000－0501－0002559　51119－22

陳書三十六卷　（唐）姚思廉撰　明崇禎四年(1631)毛氏汲古閣刻十七史本　　四冊

140000－0501－0002560　51123－30

周書五十卷　（唐）令狐德棻撰　明崇禎五年

(1632)毛氏汲古閣刻十七史本　　八冊

140000－0501－0002561　51131－36

北齊書五十卷　（唐）李百藥撰　明崇禎十一年(1638)毛氏汲古閣刻十七史本　　六冊

140000－0501－0002562　51137－40

北齊書五十卷　（唐）李百藥撰　清同治十三年(1874)金陵書局刻光緒五年(1879)彙印二十四史本　　四冊

140000－0501－0002563　51141－44

北齊書五十卷　（唐）李百藥撰　清同治十三年(1874)金陵書局刻光緒五年(1879)彙印二十四史本　　四冊

140000－0501－0002564　51145－48

周書五十卷　（唐）令狐德棻撰　清同治十三年(1874)金陵書局刻光緒五年(1879)湖北書局彙印二十四史本　　四冊

140000－0501－0002565　51149－52

周書五十卷　（唐）令狐德棻撰　清同治十三年(1874)金陵書局刻光緒五年(1879)湖北書局彙印二十四史本　　四冊

140000－0501－0002566　51153－62

隋書八十五卷附考異　（唐）魏徵撰　清同治十年(1871)淮南書局刻光緒五年(1879)彙印二十四史本　　十冊

140000－0501－0002567　51163－202

舊唐書二百卷　（五代）劉昫撰　清同治十一年(1872)浙江書局刻光緒五年(1879)彙印二十四史本　　四十冊

140000－0501－0002568　51203－10

五代史七十四卷　（宋）歐陽修撰　（宋）徐無黨注　清同治十一年(1872)湖北崇文書局刻本　　八冊

140000－0501－0002569　51211－22

遼史一百十五卷　（元）脫脫撰　清同治十二年(1873)江蘇書局刻光緒五年(1879)彙印二十四史本　　十二冊

140000－0501－0002570　51223－32

遼史一百十五卷　（元）脫脫撰　清同治十二年(1873)江蘇書局刻光緒五年(1879)彙印二十四史本　十冊

140000－0501－0002571　51233－40
遼史拾遺二十四卷　（清）厲鶚撰　清光緒十三年(1887)江蘇書局刻本　八冊

140000－0501－0002572　51241－43
遼史拾遺五卷補遼史語解五卷　（清）楊復吉輯　清光緒三年(1877)江蘇書局刻本　三冊

140000－0501－0002573　51244－83
唐書二百二十五卷　（宋）歐陽修撰　清同治十二年(1873)浙江書局刻光緒五年(1879)湖北書局彙印二十四史本　四十冊

140000－0501－0002574　51284－303
欽定前漢書一百二十卷　（漢）班固撰　（漢）班昭續撰　（唐）顏師古注　清光緒三十四年(1908)上海集成圖書公司鉛印本　二十冊

140000－0501－0002575　51304－19
後漢書九十卷　（南朝宋）范曄撰　（唐）李賢注　續志三十卷　（晉）司馬彪撰　（南朝梁）劉昭注　清光緒三十四年(1908)上海集成圖書公司刻本　十六冊

140000－0501－0002576　51320－31
宋書一百卷　（南朝梁）沈約撰　清光緒三十四年(1908)上海集成圖書公司鉛印本　十二冊

140000－0501－0002577　51332－43
隋書八十五卷　（唐）魏徵撰　清光緒三十四年(1908)上海集成圖書公司鉛印本　十二冊

140000－0501－0002578　51344－73
舊唐書二百卷　（五代）劉昫撰　清光緒三十四年(1908)上海集成圖書公司鉛印本　三十冊

140000－0501－0002579　51374－453
明史三百三十二卷　（清）張廷玉撰　清光緒三年(1877)湖北崇文書局刻五年(1879)湖北書局彙印二十四史本　八十冊

140000－0501－0002580　51574－83
資治通鑑外紀十卷目錄五卷　（宋）劉恕編集　（清）胡克家注補　清同治十年(1871)江蘇書局刻本　十冊

140000－0501－0002581　51584－643
資治通鑑二百九十四卷目錄三十卷　（宋）司馬光撰　（元）胡三省注　續資治通鑑二百二十卷　（清）畢沅撰　清光緒二十二年(1896)上海蜚英館石印本　六十冊

140000－0501－0002582　51644－91
綱鑑易知錄九十二卷　（清）吳乘權編　御撰資治通鑑綱目三編二十卷　（清）張廷玉等撰　清康熙五十年(1711)尺木堂刻本　四十八冊

140000－0501－0002583　51692－779
歷朝通鑑紀事本末　清鬱岡山房刻本　八十八冊

140000－0501－0002584　51780－829
歷朝紀事本末九種六百五十八卷　（清）陳如升　（清）朱記榮輯　清光緒二十五年(1899)慎記書莊石印本　五十冊　存五百六十六卷

140000－0501－0002585　51830－57
天下郡國利病書一百二十卷　（清）顧炎武輯　清光緒二十七年(1901)上海圖書集成局鉛印本　二十八冊

140000－0501－0002586　51858－73、51879－80、51882－89
讀史方輿紀要一百三十卷方輿全圖總說五卷　（清）顧祖禹撰　清光緒二十七年(1901)上海圖書集成局鉛印本　二十六冊　缺二十九卷(六十六至八十八、一百至一百五)

140000－0501－0002587　51890－921
漢書一百卷附考證　（漢）班固撰　（唐）顏師古注　清同治十年(1871)成都書局刻本　三十二冊

140000－0501－0002588　51922－49
後漢書九十卷附考證　（南朝宋）范曄撰　（唐）李賢注　續志三十卷　（晉）司馬彪續撰

（南朝梁）劉昭注　清同治十年（1871）成都書局刻本　二十八冊

140000－0501－0002589　51950－59

新五代史七十四卷　（宋）歐陽修撰　清光緒元年（1875）成都書局刻本　十冊

140000－0501－0002590　51960－2017

御批歷代通鑑輯覽一百二十卷　（清）傅恆撰　清光緒五年（1879）天津煮字山房刻朱墨套印本　五十八冊

140000－0501－0002591　52018－117

宋史四百九十六卷　（元）脫脫撰　清光緒元年（1875）浙江書局刻五年（1879）湖北書局彙印二十四史本　一百冊

140000－0501－0002592　52118－37

綱鑑正史約三十六卷　（明）顧錫疇編　（清）陳宏謀訂　清同治八年（1869）浙江書局刻本　二十冊

140000－0501－0002593　52154－63

資治通鑑外紀十卷目錄五卷　（宋）劉恕編集　（清）胡克家注補　清同治十年（1871）江蘇書局刻本　十冊

140000－0501－0002594　52164－213

歷朝紀事本末　（清）陳如升　（清）朱記榮輯　清光緒二十五年（1899）上海積山書局石印本　五十冊　存七種

140000－0501－0002595　52214－21

御撰資治通鑑綱目三編二十卷　（清）張廷玉撰　清乾隆十一年（1746）刻本　八冊

140000－0501－0002596　52222－27

讀通鑑綱目條記二十卷首一卷　（清）李述來撰　清光緒八年（1882）羣玉山房刻本　六冊

140000－0501－0002597　52228－29

明鑑擇要經世略二卷　（清）侯紹瀛輯　清光緒十三年（1887）寥山草堂刻本　二冊

140000－0501－0002598　52230－39

歷代史論十二卷　（明）張溥撰　清光緒五年（1879）西江裴氏刻本　十冊

140000－0501－0002599　52240－44

文史通義八卷校讎通義三卷　（清）章學誠撰　清道光十九年（1839）浙江書局刻本　五冊

140000－0501－0002600　52245－50

東萊先生左氏博議二十五卷　（宋）呂祖謙撰　（清）朱學程批　清光緒三十年（1904）清吟閣刻本　六冊

140000－0501－0002601　52251－54

東萊先生左氏博議四卷增補虛字注釋六卷　（宋）呂祖謙撰　（清）張文炳評　清嘉慶三年（1798）致和堂刻本　四冊

140000－0501－0002602　52255－78

史記論文一百三十卷　（清）吳見思評點　清康熙二十五年（1686）吳氏尺木堂刻本　二十四冊

140000－0501－0002603　52279－300

讀通鑑論三十卷末一卷　（清）王夫之撰　清同治四年（1865）金陵曾氏刻船山遺書本　二十二冊

140000－0501－0002604　52301－06

御批增補了凡綱鑑四十卷　（明）王世貞（明）袁黃纂　**資治通鑑綱目三編六卷**　（清）張廷玉纂　清光緒二十五年（1899）上海著易堂石印本　六冊

140000－0501－0002605　52307－26

綱鑑會纂三十九卷首一卷　（明）王世貞（明）袁黃編　**御撰資治通鑑綱目三編二十卷**　（清）張廷玉編　清光緒二十五年（1899）上海掃葉山房鉛印本　二十冊

140000－0501－0002606　52327－50

明朝紀事本末八十卷　（清）谷應泰編　清順治十五年（1658）郁岡山房刻本　二十四冊

140000－0501－0002607　52351

晚香書札二卷　（清）潘道根撰　（清）王德森趙詒琛編錄　清昆山趙氏峭帆樓刻本　一冊

140000－0501－0002608　52352－53

史鑑節要便讀六卷　（清）鮑東里編　清光緒
十年(1884)並垣毋自欺書室刻本　二冊

140000－0501－0002609　52354－432
西國近事彙編七十九卷　（美國）林樂知口譯
（清）蔡錫齡筆述　清鉛印本　七十九冊

140000－0501－0002610　52433－96
十朝東華錄　王先謙編　清光緒二十五年
(1899)仿泰西法石印本　六十四冊

140000－0501－0002611　52497－524
十朝東華錄攬要一百十四卷　（清）汪文安輯
清光緒二十九年(1903)上海商務印書館鉛
印本　二十八冊

140000－0501－0002612　52525－40
十一朝東華錄詳節二十四卷　（清）鄔樹庭編
清光緒二十六年(1900)上海東文學堂石印
本　十六冊

140000－0501－0002613　52541－64
東華續錄一百卷　王先謙編　清光緒元年
(1875)公記書莊石印本　二十四冊

140000－0501－0002614　52565－88
東華續錄一百卷　王先謙編　清光緒元年
(1875)公記書莊石印本　二十四冊

140000－0501－0002615　52589－600
西國近事彙編三十二卷　（美國）金楷理口譯
（清）姚棻筆述　清光緒二十三年(1897)慎
記書莊石印本　十二冊

140000－0501－0002616　52601－16
明通鑑九十卷附記六卷　（清）夏燮編　清光
緒二十六年(1900)上海掃葉山房石印本　十
六冊

140000－0501－0002617　52617－32
明通鑑九十卷附記六卷　（清）夏燮撰　清光
緒二十九年(1903)上海點石齋書局石印本
十六冊

140000－0501－0002618　52633－38
鴻雪因緣圖記　（清）麟慶撰　清光緒十二年
(1886)上海點石齋石印本　六冊

140000－0501－0002619　52639－44
十一朝聖武記二十卷　張謇編　清光緒二十
九年(1903)上海鴻寶齋石印本　六冊

140000－0501－0002620　52677－88
水東日記四十卷　（明）葉盛撰　清康熙十九
年(1680)刻本　十二冊　存十九卷(一至十
九)

140000－0501－0002621　52740－99
碑傳集一百六十卷首二卷末二卷　（清）錢儀
吉編　清光緒十九年(1893)江蘇書局刻本
六十冊

140000－0501－0002622　52800－23
續碑傳集八十六卷首二卷　繆荃孫編輯　清
宣統二年(1910)江楚編譯書局刻本　二十
四冊

140000－0501－0002623　52824－63
曾文正公手書日記　（清）曾國藩撰　清宣統
元年(1909)上海中國圖書公司石印本　四
十冊

140000－0501－0002624　52864－3053
東華全錄四百二十五卷　王先謙編　東華續
錄六十九卷(咸豐朝)　（清）潘頤福編　清光
緒十三年(1887)欽文書局刻本　一百九十冊

140000－0501－0002625　53054－117
讀史方輿紀要一百三十卷　（清）顧祖禹撰
清道光三年(1823)宏道堂刻本　六十四冊

140000－0501－0002626　53118－37
左文襄公奏疏初編三十八卷續編七十六卷三
編六卷　（清）左宗棠撰　清光緒十六年
(1890)上海圖書集成局鉛印本　二十冊

140000－0501－0002627　53138－57
李肅毅伯奏議二十卷　（清）李鴻章撰　（清）
章洪鈞　（清）吳汝綸輯　清光緒二十五年
(1899)上海鴻文書局石印本　二十冊

140000－0501－0002628　53158－237
滿洲名臣傳四十八卷漢名臣傳三十二卷　清
京都榮錦書房木活字印本　八十冊

140000－0501－0002629　53238－301

康熙雍正上諭不分卷　（清）弘晝編　清乾隆
六年（1741）內府刻本　六十四冊

140000－0501－0002630　53302－17

東華續錄六十九卷（咸豐朝）　（清）潘頤福編
　清光緒十八年（1892）上海圖書集成印書局
鉛印本　十六冊

140000－0501－0002631　53318－77

大清一統志五百卷　（清）和珅編　清光緒二
十三年（1897）杭州竹簡齋石印本　六十冊

140000－0501－0002632　53378－93

增訂廣輿記二十四卷　（明）陸應陽撰　（清）
蔡方炳輯　清嘉慶七年（1802）聚文堂刻本
十六冊

140000－0501－0002633　53394－401

讀史方輿紀要九卷附摘錄一卷　（清）顧祖禹
著　清刻本　六冊

140000－0501－0002634　53402－03

船山公［王夫之］年譜二編不分卷　（清）王之
春編　清光緒十九年（1893）刻本　二冊

140000－0501－0002635　53404－09

合肥相國七十賜壽圖附壽言　盛宣懷　（清）
楊宗濂　（清）羅豐祿編　清光緒十八年
（1892）松竹齋石印本　六冊

140000－0501－0002636　53410－15

合肥相國七十賜壽圖附壽言　盛宣懷　（清）
楊宗濂　（清）羅豐祿編　清光緒十八年
（1892）松竹齋石印本　六冊

140000－0501－0002637　53416－28

宣講集要十三卷首一卷　（清）王文選編　清
光緒二十七年（1901）漢口陳明德刻本　十
三冊

140000－0501－0002638　53429－588

歷代名賢列女氏姓譜一百五十七卷　（清）蕭
智漢纂輯　清乾隆五十七年（1792）聽濤山房
刻嘉慶二十年（1815）重印本　一百六十冊

140000－0501－0002639　53589

施愚山先生［閏章］年譜四卷　（清）施念曾編
　外集二卷　（清）施閏章撰　清乾隆十二年
（1747）刻本　一冊

140000－0501－0002640　53590－93

初使泰西記四卷　（清）志剛撰　清光緒三年
（1877）避熱窩刻本　四冊

140000－0501－0002641　53594－99

晏子春秋七卷附音義二卷　（春秋）晏嬰撰
（清）孫星衍校並音義　校勘二卷　（清）黃以
周注　清上海掃葉山房石印本　六冊

140000－0501－0002642　53600－03

晏子春秋七卷附音義二卷　（春秋）晏嬰撰
（清）孫星衍校並音義　校勘二卷　（清）黃以
周注　清光緒二年（1876）浙江書局刻本
四冊

140000－0501－0002643　53604－05

校邠廬抗議二卷　（清）馮桂芬著　清光緒十
八年（1892）敏德堂刻本　二冊

140000－0501－0002644　53606－07

校邠廬抗議二卷　（清）馮桂芬著　清光緒九
年（1883）津河廣仁堂刻本　二冊

140000－0501－0002645　53608－11

環游地球新錄四卷　（清）李圭撰　清光緒四
年（1878）刻本　四冊

140000－0501－0002646　53612－15

度隴記四卷　（清）董醇撰　清咸豐元年
（1851）刻隨軺載筆本　四冊

140000－0501－0002647　53616

汲古閣珍藏秘本書目一卷延令宋版書目藏書
記要一卷　（清）毛扆編　（清）黃丕烈校　清
嘉慶十六年（1811）吳門黃氏士禮居刻本
一冊

140000－0501－0002648　53619－20

明史彈詞一卷　（清）龍柏撰　清道光七年
（1827）金閶步月樓刻本　二冊

140000－0501－0002649　53621－22

晏子春秋七卷附音義二卷校勘二卷　（春秋）

晏嬰撰　（清）孫星衍校並識　清乾隆五十三年(1788)陽湖孫氏刻本　二冊

140000－0501－0002650　53623－32

文獻徵存錄十卷　（清）錢林輯　（清）王藻編　清咸豐八年(1858)王氏有嘉樹軒刻本　十冊

140000－0501－0002651　53633－37

文史通義八卷校讎通義三卷　（清）章學誠撰　清光緒十九年(1893)貴陽刻本　五冊

140000－0501－0002652　53638－45

國朝文苑傳二卷國朝儒林傳四卷國朝循吏傳二卷　（清）高詠撰　清抄本　八冊

140000－0501－0002653　53646－53

史姓韻編二十四卷　（清）汪輝祖撰　清光緒二十九年(1903)上海文瀾書局石印本　八冊

140000－0501－0002654　53654－63

新鐫旁批詳注總斷廣名將譜二十卷　（明）陳元素原本　（明）黃道周注　明崇禎十六年(1643)崇善堂刻本　十冊

140000－0501－0002655　53664－73

山西志輯要十卷首一卷　（清）雅德修　（清）汪本直纂　清乾隆四十五年(1780)刻本　十冊

140000－0501－0002656　53674－83

山西志輯要十卷首一卷　（清）雅德修　（清）汪本直纂　清乾隆四十五年(1780)刻本　十冊

140000－0501－0002657　53684－95

山西志輯要十卷首一卷清涼山志輯要二卷　(清)雅德修　（清)汪本直纂　清乾隆四十五年(1780)晉撫署刻本　十二冊

140000－0501－0002658　53696－707

山西志輯要十卷首一卷清涼山志輯要二卷　(清)雅德修　（清)汪本直纂　清乾隆四十五年(1780)晉撫署刻本　十二冊

140000－0501－0002659　53713

左忠毅公[光斗]年譜定本二卷　馬其昶纂

清光緒十五年(1889)京師刻本　一冊

140000－0501－0002660　53714

王伯申[引之]行狀一卷　（清）王壽昌等撰　清刻本　一冊

140000－0501－0002661　53715

疑年錄四卷　（清）錢大昕編　清同治十三年(1874)虞山顧氏刻小石山房叢書本　一冊

140000－0501－0002662　53722－23

憨山老人年譜自敘實錄二卷東游集法語三則一卷曹溪中興憨山肉祖後事因緣一卷　（明）釋福善錄　（明）釋福徵疏　清光緒十七年(1891)紅螺山刻本　二冊

140000－0501－0002663　53724－28

岑襄勤公[毓英]年譜十卷　（清）趙藩編　清光緒二十五年(1899)河朔使署刻本　五冊

140000－0501－0002664　53729－36

朱子[熹]年譜綱目十二卷首一卷末一卷　（清）李元祿編　清嘉慶七年(1802)敬修齋刻本　八冊

140000－0501－0002665　53737－68

阿文成公[桂]年譜三十四卷　（清）王昶　（清）那彥成編　（清）盧蔭溥增修　清嘉慶十九年(1814)刻本　三十二冊

140000－0501－0002666　53773

祁幼章行略一卷　（清）祁寯藻撰　清咸豐六年(1856)刻本　一冊

140000－0501－0002667　53774

祁文端公自訂年譜一卷　（清）祁寯藻編　(清)祁世長續編　清同治五年(1866)祁氏刻本　一冊

140000－0501－0002668　53776

西征錄不分卷　（清）李燧著　清道光十三年(1833)河南府署刻本　一冊

140000－0501－0002669　53782

吳門七孝子傳像贊題辭一卷　（清）萬承紫輯　清道光十二年(1832)蕿蔭堂刻本　一冊

140000－0501－0002670　53783

故河南鄧州知州朱君事狀一卷　（清）王鵬運
撰　清刻本　一冊

140000－0501－0002671　53784－85

王貞文先生遺事一卷　（清）康乃心述　王氏
宗祠志一卷　（清）康凌霄補刻　清光緒二十
二年（1896）華陰王敬義堂刻本　二冊

140000－0501－0002672　53790

從祀錄不分卷附先賢歷履先儒歷履　（清）程
轍輯　清雍正六年（1728）介山尊經閣刻本
一冊

140000－0501－0002673　53801

鶴皋[祁韻士]年譜一卷　（清）祁韻士編　清
嘉慶二十年（1815）刻本　一冊

140000－0501－0002674　53802－07

歸顧朱三先生年譜合刻　（清）金吳瀾輯　清
光緒六年（1880）嘉興金氏刻本　六冊

140000－0501－0002675　53808

霞蔭堂詩集二卷茂園自撰年譜二卷　（清）康
基田撰　清道光七年（1827）刻本　一冊

140000－0501－0002676　53810－11

劉忠介公[宗周]年譜二卷　（清）劉汋編
（清）劉毓德輯　清乾隆四十一年（1776）證人
堂刻本　二冊

140000－0501－0002677　53815

疑年錄四卷　（清）錢大昕編　續疑年錄四卷
　（清）吳修編　清同治元年（1862）福山王氏
天壤閣刻本　一冊

140000－0501－0002678　53816

錢警石先生[泰吉]年譜一卷　（清）錢應溥編
　清同治三年（1864）刻本　一冊

140000－0501－0002679　53817

林子[兆恩]年譜一卷　（清）林兆珂撰　清光
緒十九年（1893）林兆珂刻本　一冊

140000－0501－0002680　53818

林子[兆恩]年譜一卷　（清）林兆珂撰　清光
緒十九年（1893）林兆珂刻本　一冊

140000－0501－0002681　53822

薛文清公從政名言一卷　（明）薛瑄撰　清刻
本　一冊

140000－0501－0002682　53823

薛文清公從政名言一卷　（明）薛瑄撰　清刻
本　一冊

140000－0501－0002683　53824

征實錄一卷　（清）李方保撰　清宣統二年
（1910）石印本　一冊

140000－0501－0002684　53825

遺山先生[元好問]年譜二卷　（清）凌廷堪編
　清嘉慶元年（1796）讀書山房刻本　一冊

140000－0501－0002685　53827

頤志齋四譜　（清）丁晏編　清道光二十三年
（1843）刻本　一冊

140000－0501－0002686　53828

潭西精舍紀年一卷　（清）陳秉灼　（清）沈默
輯　清嘉慶元年（1796）刻本　一冊

140000－0501－0002687　53829

潭西精舍紀年一卷　（清）陳秉灼　（清）沈默
輯　清嘉慶元年（1796）刻本　一冊

140000－0501－0002688　53831－77

太平寰宇記二百卷目錄二卷　（宋）樂史撰
清嘉慶八年（1803）萬廷蘭計樹園刻本　四十
七冊

140000－0501－0002689　53878－941

輿地紀勝二百卷　（宋）王象之撰　輿地紀勝
校勘記五十二卷　（清）劉文淇撰　輿地紀勝
補闕十卷　（清）岑建功輯　清道光二十九年
（1849）懼盈齋刻本　六十四冊

140000－0501－0002690　53942－47

鶴徵錄八卷首一卷　（清）李集撰　鶴徵後錄
十二卷首一卷　（清）李富孫撰　清同治十一
年（1872）刻本　六冊

140000－0501－0002691　53948

國史賢良祠王大臣小傳二卷　（清）阮元編
清刻本　一冊

140000－0501－0002692　53949

國史儒林傳二卷 （清）阮元編 清同治刻本
一冊

140000－0501－0002693 53950
國史文苑傳二卷 （清）阮元編 清刻本
一冊

140000－0501－0002694 53961－62
王船山先生［夫之］年譜二卷 （清）劉毓崧編
清光緒十二年(1886)江南書局刻本 二冊

140000－0501－0002695 53963－64
孔子編年五卷 （宋）胡仔撰 清嘉慶二十三
年(1818)胡氏刻本 二冊

140000－0501－0002696 53965
祁文端公自訂年譜一卷 （清）祁寯藻編
（清）祁世長續編 清同治五年(1866)祁氏刻
本 一冊

140000－0501－0002697 53969－72
李恕谷先生［塨］年譜五卷附傳記 （清）馮辰
纂 （清）惲鶴生修訂 （清）孫鍇 （清）劉
調贊續編 清道光十六年(1836)刻本 四冊

140000－0501－0002698 53973
薛文清公［瑄］年譜一卷 （明）楊鶴編 清康
熙五十二年(1713)薛氏刻本 一冊 殘

140000－0501－0002699 53981－82
顧亭林先生［炎武］年譜一卷閻潛丘先生［若
璩］年譜一卷 （清）張穆編 清道光二十七
年(1847)壽陽祁氏刻本 二冊

140000－0501－0002700 53983
武氏家譜 （清）武先慎編 清乾隆五十六年
(1791)聚順堂刻本 一冊

140000－0501－0002701 53988－91
朱子［熹］年譜四卷考異四卷附錄二卷 （清）
王懋竑編 清乾隆十七年(1752)白田草堂刻
本 四冊

140000－0501－0002702 53992
顏習齋先生［元］年譜二卷 （清）李塨編 清
光緒三十四年(1908)國學保存會鉛印國粹叢
書本 一冊

140000－0501－0002703 53993
顧亭林先生［炎武］年譜一卷 （清）張穆編
清道光二十四年(1844)壽陽祁氏刻本 一冊

140000－0501－0002704 53994
閻潛丘先生［若璩］年譜一卷 （清）張穆編
清道光二十七年(1847)壽陽祁氏刻本 一冊

140000－0501－0002705 53995
孫文清平叔府君年譜一卷 （清）孫慧惇
（清）孫慧翼編 清道光刻本 一冊

140000－0501－0002706 54003－04
疑年錄四卷 （清）錢大昕編 清同治十三年
(1874)虞山顧氏刻小石山房叢書本 二冊

140000－0501－0002707 54005
補疑年錄四卷 （清）錢椒撰 清同治、光緒
刻潛園總集本 一冊

140000－0501－0002708 54006－08
三續疑年錄十卷補遺一卷 （清）陸心源編
清光緒五年(1879)刻潛園總集本 三冊

140000－0501－0002709 54009
疑年賡錄二卷 （清）張鳴珂編 清光緒二十
四年(1898)寒松閣刻本 一冊

140000－0501－0002710 54010－13
孫徵君日譜錄存三十六卷 （清）孫奇逢輯
清光緒十一年(1885)孫世玫刻本 四冊 存
六卷(一至六)

140000－0501－0002711 54014－15
南海學正黃氏家譜十二卷首一卷末一卷
（清）黃任恆編 清宣統三年(1911)保粹堂刻
本 二冊

140000－0501－0002712 54027－31
歷代名人年譜十卷附存疑及生卒年月無考一
卷 （清）吳榮光編 清光緒張蔭桓刻本
五冊

140000－0501－0002713 54032－41
歷代名人年譜十卷附存疑及生卒年月無考一
卷 （清）吳榮光撰 清咸豐二年(1852)刻本
十冊

140000－0501－0002714　54042－43

國朝先正事略續編四卷　朱孔彰撰　清光緒
二十六年(1900)石印本　二冊

140000－0501－0002715　54045

何雙溪先生暨德配梁太夫人家儀一卷　(清)
姚鼐　(清)史致光撰　清光緒石印本　一冊

140000－0501－0002716　54048

瀼峰自記一卷　(清)于培元撰　清道光二十
五年(1845)刻本　一冊

140000－0501－0002717　54051－52

張氏宗譜二卷　(清)牛兆濂編　清宣統三年
(1911)尊經堂刻本　二冊

140000－0501－0002718　54055

斯未信齋主人自訂年譜一卷　(清)徐宗幹撰
　清同治刻本　一冊

140000－0501－0002719　54078

徐氏本支敘傳一卷　(清)徐繼畬編　清咸豐
十年(1860)刻本　一冊

140000－0501－0002720　54079

玉池老人自敘一卷　(清)郭嵩燾　後述一卷
　(清)郭焯瑩撰　清光緒十九年(1893)養知
書屋刻本　一冊

140000－0501－0002721　54082

朱厚齋先生[孫貽]年譜一卷附錄一卷　(清)
符葆森編　清道光十八年(1838)刻本　一冊

140000－0501－0002722　54085

閻潛丘先生[若璩]年譜一卷　(清)張穆編
清道光二十七年(1847)壽陽祁氏刻本　一冊

140000－0501－0002723　54086－89

李恕谷先生[塨]年譜五卷附傳記　(清)馮辰
纂　(清)惲鶴生修訂　(清)孫鍇　(清)劉
調贊續編　清道光十六年(1836)刻本　四冊

140000－0501－0002724　54090－91

延平四先生年譜四卷　(清)毛念恃編　清康
熙五年(1666)刻本　二冊

140000－0501－0002725　54112

[咸豐]山西選拔同年齒錄　清咸豐十一年

(1861)刻本　一冊

140000－0501－0002726　54114－17

唐御史臺精舍題名考三卷附錄一卷　(清)趙
鉞　(清)勞格撰　清月河精舍刻本　四冊

140000－0501－0002727　54118－23

清儒學案十四卷首一卷末一卷　(清)唐鑑撰
　清光緒十年(1884)上海文瑞樓石印本
六冊

140000－0501－0002728　54124－35

左文襄公奏疏初編三十八卷續編七十六卷三
編六卷　(清)左宗棠撰　清光緒二十八年
(1902)上海古香閣石印本　十二冊

140000－0501－0002729　54136

潛齋尚書六十賜壽圖一卷附錄三卷　(清)李
伯至編修　清光緒三十三年(1907)京師官書
局鉛印本　一冊

140000－0501－0002730　54148

曾文正公榮哀錄一卷　(清)黃翼升撰　清同
治十一年(1872)刻本　一冊

140000－0501－0002731　54156－58

歸顧朱三先生年譜合刻　(清)金吳瀾輯　清
光緒六年(1880)嘉興金氏刻本　三冊

140000－0501－0002732　54161

孔子編年五卷　(宋)胡仔撰　清嘉慶二十三
年(1818)胡氏刻本　一冊

140000－0501－0002733　54162－67

鶴徵錄八卷首一卷鶴徵後錄十二卷首一卷
(清)李集　(清)李富孫撰　清同治十一年
(1872)刻本　六冊

140000－0501－0002734　54169－288

欽定四庫全書總目二百卷首一卷　(清)紀昀
纂　清同治七年(1868)廣東書局刻本　一百
二十冊

140000－0501－0002735　54289－96

四庫全書目錄四十五卷　(清)何遵先編　清
光緒十二年(1886)祁縣對蒙軒刻本　八冊

140000－0501－0002736　54297－366

欽定四庫全書考證一百卷　（清）王太岳纂
清道光十年(1830)福建刻武英殿聚珍版書本
　七十冊

140000－0501－0002737　54368

違礙書籍目錄不分卷　清乾隆四十三年
(1778)江寧布政司刻本　一冊

140000－0501－0002738　54384－87

士禮居藏書題跋記六卷　（清）黃丕烈撰
（清）潘祖蔭輯　清光緒八年(1882)吳縣潘祖
蔭刻本　四冊

140000－0501－0002739　54388－93

直齋書錄解題二十二卷　（宋）陳振孫撰　清
光緒九年(1883)江蘇書局刻本　六冊

140000－0501－0002740　54394－401

欽定四庫全書簡明目錄二十卷　（清）紀昀纂
　清刻本　八冊

140000－0501－0002741　54402－13

欽定四庫全書簡明目錄二十卷　（清）紀昀纂
　清刻本　十二冊

140000－0501－0002742　54414－19

昭德先生郡齋讀書志五卷　（宋）晁公武著
（宋）姚應績編　王先謙重編　清刻本　六冊

140000－0501－0002743　54420－35

八史經籍志　（日本）佚名輯　清光緒九年
(1883)鎮海張壽榮刻本　十六冊

140000－0501－0002744　54439－42

星軺指掌三卷續一卷　（清）聯芳　（清）慶常
譯　清光緒二年(1876)刻本　四冊

140000－0501－0002745　54443－52

行素草堂目睹書錄十集　（清）朱記榮輯　清
光緒十年(1884)孫谿槐廬刻本　十冊

140000－0501－0002746　54453－64

彙刻書目二百六十種補編九種　（清）顧修輯
　清光緒元年(1875)長洲陳氏無夢園刻本
十二冊

140000－0501－0002747　54465－74

欽定四庫全書簡明目錄二十卷　（清）紀昀纂

清抄本　十冊

140000－0501－0002748　54475－90

欽定天祿琳琅書目十卷續編二十卷　（清）于
敏中編　清光緒十年(1884)長沙王氏刻本
十六冊

140000－0501－0002749　54491－500

鐵琴銅劍樓藏書目錄二十四卷　（清）瞿鏞編
　清光緒二十四年(1898)常熟瞿氏家塾刻本
十冊

140000－0501－0002750　54505－40

皕宋樓藏書志一百二十卷續志四卷　（清）陸
心源編　（清）李宗蓮校　清光緒八年(1882)
十萬卷樓刻本　三十六冊

140000－0501－0002751　54541－88

皕宋樓藏書志一百二十卷續志四卷　（清）陸
心源編　（清）李宗蓮校　清光緒八年(1882)
十萬卷樓刻本　四十八冊

140000－0501－0002752　54589－608

永樂大典目錄六十卷　（明）姚廣孝纂　清靈
石楊尚文刻連筠簃叢書本　二十冊

140000－0501－0002753　54609－10

文瑞樓藏書目錄十二卷　（清）金星軺編　清
嘉慶十六年(1811)刻讀畫齋叢書本　二冊

140000－0501－0002754　54620－23

古今算學書錄七卷附錄一卷　（清）劉鐸輯
清光緒二十四年(1898)上海算學書局石印本
　四冊

140000－0501－0002755　54650－59

天一閣書目四卷附碑目一卷　（清）范懋柱編
　（清）阮元重編　清嘉慶十三年(1808)文選
樓刻本　十冊

140000－0501－0002756　54674－83

愛日精廬藏書志三十六卷續志四卷　（清）張
金吾編　清光緒十三年(1887)吳縣靈芬閣徐
氏木活字印本　十冊

140000－0501－0002757　54684－89

直齋書錄解題二十二卷　（宋）陳振孫撰　清

刻本　六冊

140000－0501－0002758　54690－93

江刻書目三種　（清）江標輯　清光緒元和江
氏靈鶼閣刻本　四冊

140000－0501－0002759　54698－705

日本訪書志十六卷　楊守敬撰　清光緒二十
七年(1901)鄰蘇園刻本　八冊

140000－0501－0002760　54706－15

行素草堂目睹書錄十集　（清）朱記榮輯　清
光緒十年(1884)孫谿槐廬刻本　十冊

140000－0501－0002761　54732－41

昭德先生郡齋讀書志二十卷校補一卷考異一
卷　（宋）晁公武著　（宋）姚應績編　王先謙
重編　清光緒十年(1884)長沙刻本　十冊

140000－0501－0002762　54743

科學書目提要初編一卷　（清）王景沂編　清
光緒二十九年(1903)北洋官報局鉛印本
一冊

140000－0501－0002763　54744－45

書目答問不分卷　（清）張之洞編　清光緒刻
本　二冊

140000－0501－0002764　54746－47

書目答問不分卷　（清）張之洞編　清光緒刻
本　二冊

140000－0501－0002765　54751－54

皇清經解續編目錄十七卷　清光緒二十二年
(1896)上海蜚英書局石印本　四冊

140000－0501－0002766　54755－66

欽定四庫全書簡明目錄二十卷　（清）紀昀纂
清光緒五年(1879)墨潤堂鉛印本　十二冊

140000－0501－0002767　54767－74

經籍訪古志六卷補遺二卷　（日本）澀江全善
（日本）森立之撰　清光緒十一年(1885)鉛
印本　八冊

140000－0501－0002768　54785－90

開有益齋讀書志六卷續志一卷金石文字記一
卷　（清）朱緒曾撰　清光緒六年(1880)金陵

翁氏茹古閣刻本　六冊

140000－0501－0002769　54794－801

經籍訪古志六卷補遺二卷　（日本）澀江全善
（日本）森立之撰　清光緒十一年(1885)鉛
印本　八冊

140000－0501－0002770　54802－17

八史經籍志　（日本）佚名輯　清光緒九年
(1883)鎮海張壽榮刻本　十六冊

140000－0501－0002771　54818－19

藝風藏書記八卷　繆荃孫編　清光緒二十六
年(1900)刻本　二冊

140000－0501－0002772　54820

味經書院藏書目一卷　（清）劉光蕡編　清光
緒二十一年(1895)刻本　一冊

140000－0501－0002773　54821

蘇溪漁隱讀書譜四卷　（清）耿文光編　清光
緒十五年(1889)刻耿氏叢書本　一冊

140000－0501－0002774　54842－43

式古堂目錄十七卷　（清）尤瑩編　清光緒十
九年(1893)西湖詁經精舍石印本　二冊

140000－0501－0002775　54844－49

拜經樓藏書題跋記五卷　（清）吳壽暘纂　清
道光二十七年(1847)蘇州文學山房木活字印
本　六冊

140000－0501－0002776　54850－65

善本書室藏書志四十卷　（清）丁丙輯　清光
緒二十七年(1901)錢塘丁氏刻本　十六冊

140000－0501－0002777　54866－71

四庫簡明目錄標注二十卷　（清）邵懿辰注
清宣統三年(1911)仁和邵氏刻本　六冊

140000－0501－0002778　54889

書目答問一卷　（清）張之洞編　清光緒刻本
一冊

140000－0501－0002779　54894

經籍舉要一卷附錄一卷跋一卷再跋一卷家塾
課程一卷告示一卷　（清）龍啟瑞編　清光緒
十九年(1893)中江講院刻本　一冊

140000－0501－0002780　54908

宋元舊本書經眼錄三卷附錄二卷　（清）莫友
芝著　清同治十二年（1873）獨山莫氏刻本
一冊

140000－0501－0002781　54909－10

揅經室經進書錄四卷　（清）阮元撰　（清）傅
以禮編　清光緒八年（1882）大興傅氏刻本
二冊

140000－0501－0002782　54911－22

欽定四庫全書簡明目錄二十卷　（清）紀昀纂
　清光緒五年（1879）墨潤堂刻本　十二冊

140000－0501－0002783　54937－41

行素草堂目睹書錄十集　（清）朱記榮輯　清
光緒十年（1884）孫谿槐廬刻本　五冊

140000－0501－0002784　54942

西學書目表三卷附錄一卷讀西學書法一卷
梁啟超編　清光緒二十三年（1897）沔陽盧氏
刻本　一冊

140000－0501－0002785　54943

西學書目表三卷附錄一卷讀西學書法一卷
梁啟超編　清光緒二十三年（1897）沔陽盧氏
刻本　一冊

140000－0501－0002786　54944

中西普通書目表一卷　（清）黃慶澄撰　清光
緒二十四年（1898）算學報館刻本　一冊

140000－0501－0002787　54946

九華日錄不分卷　（清）周天度編　清乾隆刻
本　一冊

140000－0501－0002788　54991

西學書目表三卷附錄一卷讀西學書法一卷
梁啟超編　清光緒二十三年（1897）沔陽盧氏
刻本　一冊

140000－0501－0002789　54993

先大父泗州府君事輯一卷　（清）張穆編　清
咸豐張氏刻本　一冊

140000－0501－0002790　55002

學古堂捐藏書目一卷藏書目一卷　清光緒刻
本　一冊

140000－0501－0002791　55006

學部第一次審定高等小學暫同書目一卷　清
光緒三十三年（1907）山西濬文印書局鉛印本
　一冊

140000－0501－0002792　55013

**袁氏藝文志一卷文錄一卷詩錄一卷金石錄一
卷附錄一卷**　（清）袁寶璜撰　清光緒二十三
年（1897）漸西村舍刻本　一冊

140000－0501－0002793　55019

古今偽書考一卷　（清）姚際恆著　清光緒十
八年（1892）浙江書局刻本　一冊

140000－0501－0002794　55021－22

古今偽書考一卷　（清）姚際恆著　清光緒三
年（1877）蘇州文學山房刻本　二冊

140000－0501－0002795　55023

农務要書簡明目錄　（英國）傅蘭雅口譯
（清）王樹善筆述　清光緒二十七年（1901）上
海製造局刻本　一冊

140000－0501－0002796　55024

欽定四庫全書總目提要四部類敘一卷　（清）
紀昀編　清光緒二十二年（1896）貴州官書局
刻本　一冊

140000－0501－0002797　55025

茂園自撰年譜二卷霞蔭堂詩集二卷　（清）康
基田撰　清道光七年（1827）康亮鈞刻本
一冊

140000－0501－0002798　55028

四庫全書敘一卷　（清）紀昀撰　**姚房長觀書
例一卷**　（清）姚晉圻撰　**田隴初觀書後例一
卷**　（清）田明昶撰　清刻慎始基齋叢書本
一冊

140000－0501－0002799　55031－32

書目答問一卷　（清）張之洞編　清光緒刻本
　二冊

140000－0501－0002800　55035－38

壬子文瀾閣所存書目五卷　（清）章篯編　清

刻本　四冊

140000－0501－0002801　55042－45

隋書經籍志考證十三卷　（清）章宗源撰　清
光緒三年（1877）湖北崇文書局刻本　四冊

140000－0501－0002802　55047－52

直齋書錄解題二十二卷　（宋）陳振孫撰　清
光緒九年（1883）江蘇書局刻本　六冊

140000－0501－0002803　55053

科學書目提要初編一卷　（清）王景沂編　清
光緒二十九年（1903）北洋官報局鉛印本
一冊

140000－0501－0002804　55054

西學書目表三卷附一卷讀西學書法一卷　梁
啟超編　清光緒二十三年（1897）時務報館刻
本　一冊

140000－0501－0002805　55055

古今算學叢書編目一卷　（清）劉鐸輯　清光
緒二十二年（1896）上海算學書局石印本
一冊

140000－0501－0002806　55069

台州藝文略一卷台州金石略一卷　（清）楊晨
編並纂　清刻本　一冊

140000－0501－0002807　55092－103

觀古堂書目叢刻十五種　葉德輝編　清光緒
二十九年（1903）葉氏觀古堂刻本　十二冊

140000－0501－0002808　55222

海源閣藏書目一卷　（清）楊紹和編　清光緒
十四年（1888）元和江氏刻本　一冊

140000－0501－0002809　55223－24

鐵琴銅劍樓藏宋元本書目四卷　（清）瞿鏞編
清光緒二十三年（1897）元和江氏刻本
二冊

140000－0501－0002810　55225

豐順丁氏持靜齋書目四卷　（清）丁日昌編
清光緒二十一年（1895）元和江氏刻本　一冊

140000－0501－0002811　55226

欽定四庫全書總目提要四部類敘一卷　（清）

紀昀編　清光緒二十二年（1896）貴州官書局
刻本　一冊

140000－0501－0002812　55227

欽定四庫全書總目提要四部類敘一卷　（清）
紀昀編　清光緒二十二年（1896）貴州官書局
刻本　一冊

140000－0501－0002813　55233－35

書目答問不分卷輶軒語一卷　（清）張之洞編
清光緒刻本　三冊

140000－0501－0002814　55245－357

欽定四庫全書總目二百卷首一卷　（清）紀昀
纂　清同治七年（1868）廣東書局刻本　一百
十三冊

140000－0501－0002815　55358－73

日下舊聞四十二卷　（清）朱彝尊編　清康熙
十三年（1674）刻本　十六冊

140000－0501－0002816　55374－405

列國政要一百三十二卷首一卷　（清）戴鴻慈
（清）端方輯　清光緒三十三年（1907）上海
商務印書館石印本　三十二冊

140000－0501－0002817　55406－77

四季條例不分卷　清光緒刻本　七十二冊

140000－0501－0002818　55480

西學書目表三卷附錄一卷讀西學書法一卷
梁啟超編　清光緒二十三年（1897）沔陽盧氏
刻愼始基齋叢書本　一冊

140000－0501－0002819　55481

西學書目表三卷附錄一卷讀西學書法一卷
梁啟超編　清光緒二十三年（1897）沔陽盧氏
刻本　一冊

140000－0501－0002820　55487

史目表一卷　（清）洪飴孫撰　清光緒四年
（1878）啟秀山房刻本　一冊

140000－0501－0002821　55491－93

補疑年錄四卷三續疑年錄六卷　（清）錢椒撰
（清）陸心源編　清刻本　三冊

140000－0501－0002822　55494－98

文史通義八卷校讎通義三卷　（清）章學誠撰　清道光十九年(1839)浙江書局刻本　五冊

140000－0501－0002823　55499－508

國朝先正事略六十卷　（清）李元度纂　清同治八年(1869)山東官印局鉛印本　十冊

140000－0501－0002824　55509－604

欽定四庫全書總目二百卷首一卷　（清）紀昀纂　清同治七年(1868)廣東書局刻本　九十六冊

140000－0501－0002825　55610

山西文水縣聚眾滋事始末記一卷　清宣統二年(1910)山西濬文書局鉛印本　一冊

140000－0501－0002826　55611－22

增廣古今人物論三十六卷　（明）鄭賢編　增廣古今人物續編十二卷　（清）願學齋同人輯　清光緒二十八年(1902)富文書局石印本　十二冊

140000－0501－0002827　55623－30

盛世危言十四卷　鄭觀應撰　清光緒二十一年(1895)鉛印本　八冊

140000－0501－0002828　55631－38

呂新吾先生實政錄七卷　（明）呂坤撰　清光緒二十九年(1903)汴梁朱聚文齋刻本　八冊

140000－0501－0002829　55643－50

綱鑑擇語十卷　（清）司徒修輯　清同治六年(1867)品蓮書屋刻本　八冊

140000－0501－0002830　55655－56

鳳川壯遊記二卷　（明）劉良臣著　清孝弟堂刻本　二冊

140000－0501－0002831　55657

輶軒語書目答問七卷　（清）張之洞撰　清光緒六年(1880)文琳堂刻本　一冊

140000－0501－0002832　55672－79

南巡盛典一百二十卷　（清）高晉纂輯　清光緒八年(1882)上海點石齋石印本　八冊

140000－0501－0002833　55688

朱子[熹]年譜一卷　（清）鄭士範編　清光緒六年(1880)刻本　一冊

140000－0501－0002834　55689－92

御撰資治通鑑綱目三編二十卷　（清）張廷玉撰　清乾隆十一年(1746)刻本　四冊

140000－0501－0002835　55693－94

二十二史感應錄二卷　（清）彭希涑輯　清宣統元年(1909)刻本　二冊

140000－0501－0002836　55696

聖諭廣訓一卷　（清）世宗胤禛撰　清光緒三年(1877)松竹齋刻本　一冊

140000－0501－0002837　55697

莅政摘要二卷　（清）陸隴其輯　清光緒二十六年(1900)蘭州官書局鉛印本　一冊

140000－0501－0002838　55701

鐵石齋記事一卷　（清）黃璟撰　清光緒二十三年(1897)刻本　一冊

140000－0501－0002839　55702

帝範四卷　（唐）太宗李世民撰　（清）紀昀（清）林澍蕃纂　清刻本　一冊

140000－0501－0002840　55705

周列士傳一卷　（清）顧壽楨著　清同治五年(1866)見素抱樸齋刻本　一冊

140000－0501－0002841　55706

夢痕餘錄一卷　（清）汪輝祖撰　清刻本　一冊

140000－0501－0002842　55708

旌表孝子李茂才歸喪記一卷　（清）李慎修編　清光緒二十四年(1898)刻本　一冊

140000－0501－0002843　55709

旌表孝子李茂才歸喪記一卷　（清）李慎修編　清光緒二十四年(1898)刻本　一冊

140000－0501－0002844　55710

明夷待訪錄一卷　（清）黃宗羲撰　清山西大學堂印書局鉛印本　一冊

140000－0501－0002845　55711

楊忠愍公遺書一卷　（明）楊繼盛撰　清道光

三十年(1850)張文會堂刻本　一冊

140000－0501－0002846　55712－13

三國志證聞三卷　（清）錢儀吉撰　清光緒十
一年(1885)江蘇書局刻本　二冊

140000－0501－0002847　55715－20

東三省交涉輯要十二卷　（清）劉瑞霖編
（清）孫鳳翔輯　清宣統二年(1910)鉛印本
六冊

140000－0501－0002848　55722

使蜀日記一卷　（清）郭尚先撰　清同治七年
(1868)刻本　一冊

140000－0501－0002849　55723

教諭語五卷　（清）謝金鑾撰　清光緒七年
(1881)津河廣仁堂刻本　一冊

140000－0501－0002850　55726

鳳臺祇謁筆記一卷　（清）董恂撰　清同治九
年(1870)刻本　一冊

140000－0501－0002851　55728－37

綱鑑擇語十卷　（清）司徒修輯　清光緒八年
(1882)江右本立堂刻本　十冊

140000－0501－0002852　55753

亞細亞洲志一卷新志一卷　（清）學部編譯圖
書局編　清光緒三十四年(1908)學部圖書局
鉛印本　一冊

140000－0501－0002853　55754

亞細亞洲志一卷新志一卷　（清）學部編譯圖
書局編　清光緒三十四年(1908)學部圖書局
鉛印本　一冊

140000－0501－0002854　55756－57

海國圖志續集二十五卷首一卷　（英國）麥高
爾撰　（美國）林樂知譯　清光緒二十一年
(1895)上海書局石印本　二冊

140000－0501－0002855　55764

地理初桄十八章　（美國）卜舫濟譯著　清光
緒二十五年(1899)刻本　一冊

140000－0501－0002856　55765

地理初桄十八章　（美國）卜舫濟譯著　清光

緒二十五年(1899)刻本　一冊

140000－0501－0002857　55768－79

水師章程十四卷　（美國）林樂知口譯　（清）
鄭昌棪筆述　清刻本　十二冊

140000－0501－0002858　55780－83

五洲圖考四卷　（清）龔柴　（清）徐勵
（清）許彬編譯　清光緒二十八年(1902)上海
徐家匯印書館鉛印本　四冊

140000－0501－0002859　55784－89

中西紀事二十四卷首一卷　（清）夏燮撰　清
同治七年(1868)刻本　六冊

140000－0501－0002860　55790－91

晚笑堂竹莊畫傳不分卷　（清）上官周撰並繪
圖　清乾隆八年(1743)刻本　二冊

140000－0501－0002861　55792－93

劉雪湖梅譜二卷　（明）王思任編輯　明萬曆
刻康熙墨妙山房印本　二冊

140000－0501－0002862　55794－99

歷代政治類編十二卷　（清）柴紹炳纂　清光
緒二十七年(1901)上海自強書局石印本
六冊

140000－0501－0002863　55800－03

五代詩話十二卷漁洋詩話三卷　（清）王士禛
輯　清乾隆十三年(1748)養素堂刻本　四冊

140000－0501－0002864　55804－09

各國政治考八卷　（清）錢恂輯　清光緒二十
七年(1901)石印本　六冊

140000－0501－0002865　55810－15

讀史大略六十卷　（清）沙張白著　清光緒三
十年(1904)石印本　六冊

140000－0501－0002866　55817－35

欽定吏部銓選滿官員品級考四卷漢官品級考
四卷滿洲官員則例四卷　（清）施人鏡纂　清
光緒十二年(1886)刻本　十九冊

140000－0501－0002867　55836－39

歐美政治要義十八章　（清）戴鴻慈編　清光
緒三十四年(1908)上海商務印書館石印本

四册

140000－0501－0002868　55840－47

各國交涉公法論十六卷　（英國）費利摩羅巴德撰　（清）俞世爵編　清光緒二十二年（1896）慎記書莊石印本　八冊

140000－0501－0002869　55848－49

吳越備史四卷　（清）錢儼撰　清刻本　二冊

140000－0501－0002870　55850－51

籌蒙芻議二卷　（清）姚錫光撰　清光緒三十四年（1908）京師寓齋刻本　二冊

140000－0501－0002871　55855－60

公法便覽四卷續一卷　（美國）丁韙良譯　清光緒三年（1877）鉛印本　六冊

140000－0501－0002872　55861－72

通商條約章程成案彙編三十卷　（清）李鴻章撰　清光緒十二年（1886）鉛印本　十二冊

140000－0501－0002873　55879－83

支那通史四卷　（日本）那珂通世編　清光緒二十五年（1899）東文學社石印本　五冊

140000－0501－0002874　55884－85

續支那通史二卷　（日本）山峰峻藏撰　清光緒二十九年（1903）石印本　二冊

140000－0501－0002875　55886－92

廿一史約編不分卷　（清）鄭元慶編　清嘉慶二十一年（1816）魚計亭刻本　七冊

140000－0501－0002876　55893－96

俄史輯譯　（英國）闞裴迪　（清）徐景羅譯　清光緒十四年（1888）益智書會刻本　四冊

140000－0501－0002877　55897－901

洗冤錄詳義四卷首一卷　攟遺二卷　（清）許槤撰　（清）葛元煦輯　清光緒五年（1879）刻本　五冊

140000－0501－0002878　55902

三省入藏程站紀一卷　（清）范壽金編　清光緒三十年（1904）石印本　一冊

140000－0501－0002879　55903－04

三河創業記五卷　（清）范壽金編　清光緒三十年（1904）石印本　二冊

140000－0501－0002880　55905

土耳基史十三章　（日本）北村三郎編　趙必振譯　清光緒二十八年（1902）上海廣智書局鉛印本　一冊

140000－0501－0002881　55906

土耳基史十三章　（日本）北村三郎編　趙必振譯　清光緒二十八年（1902）上海廣智書局鉛印本　一冊

140000－0501－0002882　55907－30

漢書一百卷　（漢）班固撰　（唐）顏師古注　明崇禎十五年（1642）刻清順治十二年（1655）毛氏汲古閣補刻本　二十四冊

140000－0501－0002883　55931－36

吾學錄初編二十四卷　（清）吳榮光撰　清同治九年（1870）江蘇書局刻本　六冊

140000－0501－0002884　55937

劉簾舫先生吏治三書　（清）劉衡撰　清同治七年（1868）江蘇書局刻本　一冊

140000－0501－0002885　55941－42

世界地理統計表二卷　鄒興鉅編　清宣統元年（1909）武昌亞新地學社刻本　二冊

140000－0501－0002886　55943

唐陸宣公奏議讀本四卷首一卷　（唐）陸贄撰　（清）汪銘謙編　清光緒二十六年（1900）會稽馬氏石印本　一冊

140000－0501－0002887　55944

御覽闕史二卷　（唐）高彦休撰　清光緒三年（1877）湖北崇文書局刻本　一冊

140000－0501－0002888　55945

征西紀略四卷　（清）曾毓瑜撰　清光緒二十年（1894）京師官書局鉛印本　一冊

140000－0501－0002889　55947

竹書穆天子傳六卷　（晉）郭璞注　清嘉慶九年（1804）臨海洪氏鄂不館刻本　一冊

140000－0501－0002890　55949

唐山旅行記五章　（清）王慶祚撰　清光緒三十四年（1908）山西大學堂西齋鉛印本　一冊

140000－0501－0002891　55953

日遊筆記一卷　（清）王景禧撰　清光緒三十年（1904）學務處鉛印本　一冊

140000－0501－0002892　55958

通商各關華洋貿易總冊二卷　上海通商海關造冊處編譯　清光緒二十七年（1901）上海通商海關造冊處鉛印本　一冊

140000－0501－0002893　55959－63

公法會通十卷　（美國）丁韙良撰　（日本）岸田吟香校　清光緒六年（1880）樂善堂鉛印本　五冊

140000－0501－0002894　55974

六合紀事四卷　（清）慕平園撰　清宣統三年（1911）鉛印本　一冊

140000－0501－0002895　55975

四川省城尊經書院記一卷　（清）張之洞撰　清光緒二十一年（1895）石印本　一冊

140000－0501－0002896　55976－77

唐陸宣公奏議讀本四卷首一卷　（唐）陸贄撰　（清）汪銘謙編　清光緒二十六年（1900）會稽馬氏石印本　二冊

140000－0501－0002897　55980－81

蜀碧四卷附一卷　（清）彭遵泗撰　清刻本　二冊

140000－0501－0002898　55982－93

地球政要通考三十六帙　（清）丁日昌編　清光緒二十四年（1898）上海著易堂鉛印本　十二冊

140000－0501－0002899　55994－6009

各國交涉公法論十六卷附校勘記一卷中西紀年一卷　（英國）費利摩羅巴德撰　（清）俞世爵編　清光緒二十四年（1898）江南機器製造總局鉛印本　十六冊

140000－0501－0002900　56010－25

各國交涉公法論十六卷附校勘記一卷中西紀年一卷　（英國）費利摩羅巴德撰　（清）俞世爵編　清光緒二十四年（1898）江南機器製造總局鉛印本　十六冊

140000－0501－0002901　56026－31

俄遊彙編八卷　（清）繆祐孫纂　清光緒二十四年（1898）上海書局石印本　六冊

140000－0501－0002902　56032－37

俄遊彙編八卷　（清）繆祐孫纂　清光緒二十四年（1898）上海書局石印本　六冊

140000－0501－0002903　56038－41

學宮景仰編八卷　（清）黃見三輯　清同治十三年（1874）知足知不足齋刻本　四冊

140000－0501－0002904　56042－45

欽定吏部稽勳司則例八卷　（清）吏部編　清嘉慶二十五年（1820）刻本　四冊

140000－0501－0002905　56046－55

上諭內閣不分卷　（清）弘晝編　清乾隆內府刻本　十冊

140000－0501－0002906　56062－69

歷代史表五十九卷首一卷　（清）萬斯同撰　清光緒十九年（1893）上海古香閣石印本　八冊

140000－0501－0002907　56070

世界歷史問答四編　（日本）酒井勉撰　清光緒三十二年（1906）上海商務印書館鉛印本　一冊

140000－0501－0002908　56071－94

欽定科場條例六十卷首一卷　（清）杜受田等修　（清）英匯等纂　清咸豐二年（1852）刻本　二十四冊

140000－0501－0002909　56095－97

富國策三卷　（美國）丁韙良　（清）汪鳳藻編譯　清光緒二十四年（1898）山西大學堂西齋刻本　三冊

140000－0501－0002910　56098－100

富國策三卷　（美國）丁韙良　（清）汪鳳藻編譯　清光緒二十四年（1898）山西大學堂西齋

刻本　三冊

140000－0501－0002911　56101－08

泰西新史攬要二十三卷附記一卷　（英國）馬
懇西撰　（英國）李提摩太譯　蔡爾康述　清
光緒二十一年（1895）上海廣學會鉛印本
八冊

140000－0501－0002912　56109－16

泰西新史攬要二十三卷附記一卷　（英國）馬
懇西撰　（英國）李提摩太譯　蔡爾康述　清
光緒二十一年（1895）上海廣學會鉛印本
八冊

140000－0501－0002913　56117－32

欽定吏部處分則例四十七卷　清刻本　十
六冊

140000－0501－0002914　56133－34

武場條例八卷　清光緒十四年（1888）刻本
二冊

140000－0501－0002915　56135－36

武場條例八卷　清光緒十四年（1888）刻本
二冊

140000－0501－0002916　56137－40

外國師船圖表十二卷　（清）許景澄編　清光
緒十四年（1888）上海蜚英館石印本　四冊

140000－0501－0002917　56201－02

節本泰西新史攬要八卷　（英國）馬懇西撰
（英國）李提摩太譯　周慶雲節錄　清光緒二
十七年（1901）鉛印本　二冊

140000－0501－0002918　56203－08

中州人物考八卷　（清）孫奇逢輯　清道光二
十四年（1844）孫氏刻本　六冊

140000－0501－0002919　56209

滿洲財力論　（日本）松本敬之撰　（清）施爾
常譯　清光緒三十二年（1906）京師學部官書
局鉛印本　一冊

140000－0501－0002920　56210

滿洲財力論　（日本）松本敬之撰　（清）施爾
常譯　清光緒三十二年（1906）京師學部官書

局鉛印本　一冊

140000－0501－0002921　56211

五州教案紀略五卷　（英國）李提摩太撰
（清）林朝圻編　清光緒二十七年（1901）上海
廣學會石印本　一冊

140000－0501－0002922　56212

埃及近世史　（日本）柴四郎撰　（清）麥鼎華
譯　清光緒二十八年（1902）廣智書局鉛印本
一冊

140000－0501－0002923　56213

天下五洲各國志要　（英國）李提摩太撰　清
光緒二十三年（1897）上海廣學會鉛印本
一冊

140000－0501－0002924　56214－17

萬國公法四卷　（美國）惠頓撰　清光緒二十
七年（1901）鑄記書莊石印本　四冊

140000－0501－0002925　56218－21

萬國公法四卷　（美國）惠頓撰　清光緒二十
七年（1901）鑄記書莊石印本　四冊

140000－0501－0002926　56222

歐洲八大帝王傳　（英國）李提摩太編　清光
緒二十五年（1899）上海廣學會鉛印本　一冊

140000－0501－0002927　56225

西洋史要圖一卷　清光緒金粟齋石印本
一冊

140000－0501－0002928　56226

歐洲最近政治史　（日本）森山守次撰　清光
緒二十九年（1903）上海商務印書館鉛印歷代
小叢書本　一冊

140000－0501－0002929　56227

希臘獨立史　（日本）柳井絅齋撰　（清）秦嗣
宗譯　清光緒二十八年（1902）廣智書局鉛印
本　一冊

140000－0501－0002930　56228－29

新譯各國刑律考　（清）沈炳儒譯　清光緒二
十七年（1901）石印本　二冊

140000－0501－0002931　56230－31

西洋史要 （日本）小川銀次郎撰 樊炳清
（清）薩端譯 清光緒二十九年（1903）金粟齋
鉛印本 二冊

140000－0501－0002932 56232－33

英國財政提要七卷 （英國）懷爾森撰 清光
緒二十九年（1903）南洋公學譯書院鉛印本
二冊

140000－0501－0002933 56234

亞拉伯志一卷附新志 （清）學部編譯圖書局
編 清光緒三十三年（1907）鉛印本 一冊

140000－0501－0002934 56235

蒙古地志一卷 （日本）下川修介 （日本）關
口長之編 （清）王宗炎譯 清光緒二十九年
（1903）鉛印本 一冊

140000－0501－0002935 56236－38

國憲汎論三卷 （日本）小野梓撰 陳鵬譯
清光緒二十八年（1902）上海廣智書局鉛印本
三冊

140000－0501－0002936 56239－41

國憲汎論三卷 （日本）小野梓撰 陳鵬譯
清光緒二十八年（1902）上海廣智書局鉛印本
三冊

140000－0501－0002937 56242－45

宋元科舉三錄不分卷 清同治二年（1863）南
陵徐乃昌影印本 四冊

140000－0501－0002938 56246－75

約章分類輯要三十八卷首一卷 蔡乃煌纂
清光緒二十六年（1900）湖南商務局刻本 三
十冊

140000－0501－0002939 56280

楊守敬雜著一卷 楊守敬撰 清光緒三十一
年（1905）刻本 一冊

140000－0501－0002940 56281

萬國地理志 （日本）中村五六編 （清）周起
鳳譯 清光緒二十八年（1902）上海廣益書局
鉛印本 一冊

140000－0501－0002941 56283

餘生錄一卷 （清）邊大綬撰 清刻本 一冊

140000－0501－0002942 56284

皇朝直省府廳州縣歌括一卷附皇朝地輿全圖
（清）蔣升撰 清光緒二十九年（1903）上海
慈母堂印書局鉛印本 一冊

140000－0501－0002943 56287

何博士備論二卷 （宋）何去非撰 宋丞相李
忠定公輔政本末一卷 （宋）佚名撰 清光緒
元年（1875）湖北崇文書局刻子書百家本
一冊

140000－0501－0002944 56289－90

南宋制撫年表二卷 （清）吳廷燮編 清宣統
三年（1911）鉛印本 二冊

140000－0501－0002945 56291－92

北宋經撫年表二卷 （清）吳廷燮編 清宣統
三年（1911）鉛印本 二冊

140000－0501－0002946 56294

東亞各港口岸志 日本參謀本部編 清光緒
二十八年（1902）上海廣智書局鉛印本 一冊

140000－0501－0002947 56297－98

大同書十部 康有為撰 清光緒鉛印本
二冊

140000－0501－0002948 56299－308

[光緒]蘭溪縣志八卷首一卷補遺一卷 （清）
秦簧 （清）邵秉經修 （清）唐壬森纂 清光
緒七年（1881）修十五年（1889）續刻本 十冊

140000－0501－0002949 56309－14

出使英法意比四國日記六卷 （清）薛福成撰
清光緒二十年（1894）孫谿校經堂刻本
六冊

140000－0501－0002950 56315－78

東華續錄二百二十卷（光緒朝） （清）朱壽朋
編 清宣統元年（1909）上海集成圖書公司鉛
印本 六十四冊

140000－0501－0002951 56379－90

五大洲政治通考四十八卷 題（清）急先務齋
主人撰 清光緒二十七年（1901）石印本 十

二冊

140000 – 0501 – 0002952　56391 – 410

各國通商條約稅則章程　奕劻撰　清光緒十六年（1890）刻本　二十冊

140000 – 0501 – 0002953　56411

大清光緒三十三年航海通書　（清）賈文浩譯　清光緒三十四年（1908）江南製造局鉛印本　一冊

140000 – 0501 – 0002954　56412 – 14

大清宣統航海通書不分卷　（清）賈文浩譯　清宣統三年（1911）江南製造局鉛印本　三冊

140000 – 0501 – 0002955　56415 – 18

歐美政治要義十八章　（清）戴鴻慈編　清光緒三十四年（1908）上海商務印書館石印本　四冊

140000 – 0501 – 0002956　56419 – 22

歐美政治要義十八章　（清）戴鴻慈編　清光緒三十四年（1908）上海商務印書館石印本　四冊

140000 – 0501 – 0002957　56423 – 46

國朝先正事略六十卷　（清）李元度纂　清同治五年（1866）循陔草堂刻本　二十四冊

140000 – 0501 – 0002958　56447 – 62

欽定臺規四十卷　（清）松筠纂　清道光七年（1827）刻本　十六冊

140000 – 0501 – 0002959　56463 – 66

元史紀事本末二十七卷　（明）陳邦瞻撰　（明）張溥論正　清同治十三年（1874）江西書局刻本　四冊

140000 – 0501 – 0002960　56467 – 70

籌餉事例三卷現行常例一卷　（清）戶部編　清同治五年（1866）刻本　四冊

140000 – 0501 – 0002961　56471 – 506

約章成案彙覽乙篇四十二卷　（清）北洋洋務局纂輯　清光緒上海點石齋石印本　三十六冊

140000 – 0501 – 0002962　56507 – 09

各國學校制度三編　（日本）寺田勇吉撰　（清）白作霖譯　清光緒二十七年（1901）上海上譯書社鉛印本　三冊

140000 – 0501 – 0002963　56510 – 12

東西學書錄二卷附錄一卷　（清）徐維則編　清光緒二十五年（1899）刻本　三冊

140000 – 0501 – 0002964　56513

歐洲最近政治史十六章　（日本）森山守次撰　清光緒二十九年（1903）上海商務印書館鉛印歷代小叢書本　一冊

140000 – 0501 – 0002965　56514 – 15

英國通典二十卷　（英國）高爾敦撰　（清）華文祺譯　清光緒二十八年（1902）上海文明書局鉛印本　二冊

140000 – 0501 – 0002966　56516

日本現勢論一卷　（清）養潔齋主人譯　清光緒二十八年（1902）上海廣智書局鉛印史學小叢書本　一冊

140000 – 0501 – 0002967　56517

日本近世豪傑小史四卷　上海商務印書館編輯所編　清光緒二十九年（1903）上海商務印書館鉛印本　一冊

140000 – 0501 – 0002968　56518 – 19

日本憲法疏證四卷附皇室典範六十二條　清光緒三十四年（1908）政治官報局鉛印本　二冊

140000 – 0501 – 0002969　56522 – 23

大日本中興先覺志二卷　（日本）岡本監輔編　清光緒二十七年（1901）開導社刻本　二冊

140000 – 0501 – 0002970　56524

法國革命戰史八編　（日本）澀江保撰　清光緒二十九年（1903）上海商務印書館鉛印戰史叢書本　一冊

140000 – 0501 – 0002971　56525

埃及慘狀　（美國）濮因約翰撰　清光緒二十八年（1902）上海文明書局鉛印本　一冊

140000 – 0501 – 0002972　56526 – 27

威廉振興荷蘭紀略四卷　清光緒二十七年
(1901)上海美華書館鉛印本　二冊

140000－0501－0002973　56529
忠貞錄一卷　(清)顧雲編　清光緒二十二年
(1896)刻本　一冊

140000－0501－0002974　56530－31
忠孝編六卷　(清)姚敦詒編　清光緒十一年
(1885)孱守山齋刻本　二冊

140000－0501－0002975　56532
憲法古義三卷　(清)衛石生撰　清光緒三十
一年(1905)江蘇通州翰墨林書局鉛印本
一冊

140000－0501－0002976　56533
預備立憲京內官制全案一卷　(清)載澤纂
清鉛印本　一冊

140000－0501－0002977　56534
憲政編查館會奏各省諮議局章程及案語並議
員選舉章程折單　奕劻訂　清光緒三十四年
(1908)鉛印本　一冊

140000－0501－0002978　56536
古今法制考一卷　清光緒鉛印本　一冊

140000－0501－0002979　56540
恪靖侯盾鼻餘瀋　(清)左宗棠撰　(清)柳葆
元編　(清)易策謙編　清光緒十三年(1887)
刻本　一冊

140000－0501－0002980　56541
各國度量權衡考一卷　(清)楊模編　清光緒
二十五年(1899)山右武備學堂鉛印本　一冊

140000－0501－0002981　56542
奏定度量權衡畫一制度圖說總表推行章程一
卷　清光緒三十四年(1908)農工商部鉛印本
一冊

140000－0501－0002982　56544
漢官儀三卷　(宋)劉攽撰　清道光四年
(1824)揚州歙鮑氏穆西堂刻本　一冊

140000－0501－0002983　56549
左忠毅公[光斗]年譜一卷　清噉蔗堂刻本

一冊

140000－0501－0002984　56550
五洲地名略一卷附國名異同考　(清)高篤隋
編　清光緒二十八年(1902)刻本　一冊

140000－0501－0002985　56552
築圩圖說一卷　(清)孫峻撰　清同治六年
(1867)刻本　一冊

140000－0501－0002986　56553
探杏譜一卷附磨勘條例摘要　(清)程恭壽撰
清光緒二年(1876)刻本　一冊

140000－0501－0002987　56554
爐餘錄二卷　(元)徐大焯撰　平江記事林一
卷　(元)高德基撰　吳中舊事一卷　(元)陸
友仁撰　清光緒十七年(1891)刻本　一冊

140000－0501－0002988　56556
大清道光四年至七年時憲書　(清)欽天監編
清道光三年至六年(1823－1826)刻朱墨套
印本　一冊

140000－0501－0002989　56557
大清道光八年至十一年時憲書　(清)欽天監
編　清道光七年至十年(1827－1830)刻朱墨
套印本　一冊

140000－0501－0002990　56558
大清道光十二年至十五年時憲書　(清)欽天
監編　清道光十一年至十四年(1831－1834)
刻朱墨套印本　一冊

140000－0501－0002991　56559
大清道光二十年至二十三年時憲書　(清)欽
天監編　清道光十九年至二十二年(1839－
1842)刻朱墨套印本　一冊

140000－0501－0002992　56560
大清道光二十四年至二十七年時憲書　(清)
欽天監編　清道光二十三年至二十六年
(1843－1846)刻朱墨套印本　一冊

140000－0501－0002993　56561
大清咸豐二年至五年時憲書　(清)欽天監編
清咸豐元年至四年(1851－1854)刻朱墨套

印本　一冊

140000 – 0501 – 0002994　56562

大清咸豐六年至九年時憲書　（清）欽天監編
清咸豐五年至九年（1855 – 1859）刻朱墨套印本　一冊

140000 – 0501 – 0002995　56563

大清咸豐十年至十一年時憲書　清咸豐九年至十年（1859 – 1860）刻本　一冊

140000 – 0501 – 0002996　56564

大清同治三年至六年時憲書　（清）欽天監編
清同治三年至六年（1864 – 1867）刻本
一冊

140000 – 0501 – 0002997　56565 – 72

地學淺釋三十八卷　（英國）雷俠兒撰　（美國）瑪高溫口譯　（清）華蘅芳筆述　清同治十二年（1873）江南機器製造總局刻本　八冊

140000 – 0501 – 0002998　56573

明季國初進士履歷跋後　（清）邵懿辰撰　清咸豐七年（1857）仁和邵氏半巖廬刻本　一冊

140000 – 0501 – 0002999　56576 – 615

皇朝通典一百卷　（清）嵇璜撰　（清）曹仁虎纂　清光緒八年（1882）浙江書局刻本　四十冊

140000 – 0501 – 0003000　56616 – 55

欽定續通典一百五十卷　（清）嵇璜　（清）曹仁虎等修　清光緒十二年（1886）浙江書局刻本　四十冊

140000 – 0501 – 0003001　56656 – 95

皇朝通志一百二十六卷　（清）嵇璜撰　（清）曹仁虎纂　清光緒八年（1882）浙江書局刻本　四十冊

140000 – 0501 – 0003002　56696 – 815

欽定續文獻通考二百五十卷　（清）曹仁虎纂　清光緒十三年（1887）浙江書局刻本　一百二十冊

140000 – 0501 – 0003003　56816 – 975

皇朝文獻通考三百卷　（清）嵇璜　（清）曹仁

虎纂　清光緒八年（1882）浙江書局刻本　一百六十冊

140000 – 0501 – 0003004　57206 – 08

俄國新志八卷　（英國）傅蘭雅口譯　（清）潘松筆述　清光緒二十四年（1898）上海製造局刻本　三冊

140000 – 0501 – 0003005　57209 – 15

日本新史攬要七卷　（日本）石村貞一編（清）游瀛主人譯　清光緒元年（1875）石印本　七冊

140000 – 0501 – 0003006　57216 – 22

日本新史攬要七卷　（日本）石村貞一編（清）游瀛主人譯　清光緒元年（1875）石印本　七冊

140000 – 0501 – 0003007　57223 – 26

東洋史要二卷　（日本）桑原隲藏撰　樊炳清譯　清光緒二十五年（1899）東文學社石印本　四冊

140000 – 0501 – 0003008　57227 – 30

東洋史要二卷　（日本）桑原隲藏撰　樊炳清譯　清光緒二十五年（1899）東文學社石印本　四冊

140000 – 0501 – 0003009　57231 – 40

日本國志四十卷首一卷　（清）黃遵憲編　清光緒二十四年（1898）上海圖書集成印書局鉛印本　十冊

140000 – 0501 – 0003010　57241

明治政黨小史一卷　（日本）日日新聞社編（清）陳超譯　清光緒二十八年（1902）上海廣智書局鉛印本　一冊

140000 – 0501 – 0003011　57242 – 43

俄羅斯史不分卷　（日本）山本利喜雄撰（清）麥鼎華譯　清光緒二十九年（1903）上海廣智書局鉛印本　二冊

140000 – 0501 – 0003012　57244 – 55

中外政治類編十五卷　（清）汪鳳藻編　清光緒二十五年（1899）上海圖書集成印書局鉛印

本　十二册

140000 - 0501 - 0003013　57256 - 79

經濟學滙集成四十卷　（清）慶安瀾主人輯　清光緒二十七年（1901）上海涵碧軒石印本　二十四册

140000 - 0501 - 0003014　57280 - 85

公法便覽四卷續一卷　（美國）丁韙良譯　清光緒三年（1877）鉛印本　六册

140000 - 0501 - 0003015　57286 - 90

公法會通十卷　（瑞士）步倫著　清光緒二十四年（1898）北洋書局鉛印本　五册

140000 - 0501 - 0003016　57291 - 93

[道光]吳堡縣志四卷首一卷　（清）譚瑀纂修　清道光二十七年（1847）刻本　三册

140000 - 0501 - 0003017　57294 - 99

張子正蒙注九卷　（宋）張載撰　（清）王夫之注　清同治四年（1865）金陵曾氏刻本　六册

140000 - 0501 - 0003018　57300 - 03

帝鑑圖說不分卷　（明）張居正撰　清江陵鄧氏刻本　四册

140000 - 0501 - 0003019　57309

古史探源二卷　（英國）克羅德撰　（清）任廷旭譯　清光緒二十九年（1903）上海美華書館鉛印本　一册

140000 - 0501 - 0003020　57310 - 11

談瀛錄六卷　（清）袁祖志撰　清光緒十年（1884）上海同文書局刻本　二册

140000 - 0501 - 0003021　57312 - 19

泰西新史攬要二十三卷附記一卷　（英國）馬懇西撰　（英國）李提摩太譯　蔡爾康述　清光緒二十三年（1897）上海美華書館鉛印本　八册

140000 - 0501 - 0003022　57320 - 21

時務摭言四卷　（清）蔡鈞撰　清光緒二十三年（1897）六先書局石印本　二册

140000 - 0501 - 0003023　57322 - 23

時務摭言四卷　（清）蔡鈞撰　清光緒二十年

（1894）松隱樓鉛印本　二册

140000 - 0501 - 0003024　57324 - 27

英軺日記十二卷　載振撰　清光緒二十九年（1903）上海文明譯書局鉛印本　四册

140000 - 0501 - 0003025　57334

日國鐵路條例一卷　（清）胡德望譯　清咸豐五年（1855）郵傳部圖書通譯局鉛印路政叢書本　一册

140000 - 0501 - 0003026　57335

駐奧使館報告書一卷　（清）李季高撰　清光緒三十三年（1907）政治官報局鉛印本　一册

140000 - 0501 - 0003027　57338 - 41

四川官運鹽案類編續編十五卷　（清）唐炯編　清光緒三十四年（1908）瀘州總局刻本　四册

140000 - 0501 - 0003028　57343 - 44

歐洲東方交涉記十二卷　（英國）麥高爾撰　（美國）林樂知　（清）瞿昂來譯　清光緒六年（1880）江南機器製造總局刻本　二册

140000 - 0501 - 0003029　57345 - 46

晉飢篇二卷首一卷　清光緒十九年（1893）刻本　二册

140000 - 0501 - 0003030　57347 - 48

日本議會詁法六卷　清光緒三十三年（1907）政治官報局鉛印本　二册

140000 - 0501 - 0003031　57349

萬國通商史一卷　（英國）瑣米爾士撰　（日本）古城貞吉譯　清南洋公學譯書院鉛印本　一册

140000 - 0501 - 0003032　57350

法蘭西政治要覽三編　清光緒三十三年（1907）政治官報局鉛印本　一册

140000 - 0501 - 0003033　57351 - 52

英興記二卷首一卷末一卷　（英國）鄧理槎（英國）慕理海著　（美國）林樂知　（清）任廷旭譯　清光緒二十四年（1898）鉛印本　二册

140000－0501－0003034　57353

埃及近世史二十六章　（日本）柴四郎撰　（清）章起謂譯　清光緒二十九年(1903)上海商務印書館鉛印本　一冊

140000－0501－0003035　57354

埃及近世史　（日本）柴四郎撰　（清）麥鼎華譯　清光緒二十八年(1902)廣智書局鉛印本　一冊

140000－0501－0003036　57355－62

中外經世緒言十六卷　（清）余貽範輯　清光緒二十八年(1902)京都刻本　八冊

140000－0501－0003037　57364

奏定城鎮鄉地方自治並選舉章程一卷　奕劻擬訂　清宣統元年(1909)山西諮議局鉛印本　一冊　殘

140000－0501－0003038　57367－70

庸書內篇二卷外篇二卷　（清）陳熾撰　清光緒二十四年(1898)知今齋石印本　四冊

140000－0501－0003039　57371

法學通論二卷　（日本）鈴木喜三郎撰　（清）震生譯　清光緒二十八年(1902)上海廣智書局鉛印本　一冊

140000－0501－0003040　57372－73

羅馬史二卷　（日本）占部百太郎撰　清光緒二十九年(1903)上海商務印書館鉛印本　二冊

140000－0501－0003041　57374

英吉利史四卷　（美國）李佳白原譯　（清）吳清徽編訂　（清）王振民續纂　清宣統二年(1910)麥美倫圖書公司鉛印本　一冊

140000－0501－0003042　57375

朝鮮史略　清光緒二十九年(1903)上海作新社鉛印本　一冊

140000－0501－0003043　57376－79

歐羅巴通史四卷首一卷　（日本）箕作元八　（日本）峰岸米造合纂　（清）徐有成等譯　清光緒二十六年(1900)東亞譯書會鉛印本

四冊

140000－0501－0003044　57380－81

大美國史略八卷附一卷　（美國）蔚利高著並譯　清光緒二十五年(1899)福州美華書局鉛印本　二冊

140000－0501－0003045　57382－83

節本泰西新史攬要八卷　（英國）馬懇西撰　（英國）李提摩太譯　周慶雲節錄　清光緒二十八年(1902)北洋官報局鉛印本　二冊

140000－0501－0003046　57384

歐洲十九世紀史不分卷　（美國）軒利普格質頓撰　（清）麥鼎華譯　清光緒二十八年(1902)上海廣智書局鉛印本　一冊

140000－0501－0003047　57385－87

原富三卷　（英國）斯密亞丹撰　嚴復譯　清光緒二十七年(1901)南洋公學譯書院鉛印本　三冊

140000－0501－0003048　57392

蒙墾續供一卷　（清）貽穀撰　清宣統元年(1909)鉛印本　一冊

140000－0501－0003049　57400－80

日本法規大全二十五類　劉崇杰譯　清光緒三十三年(1907)上海商務印書館鉛印本　八十一冊

140000－0501－0003050　57481

明治法制史三編　（日本）清浦奎吾撰　清光緒二十九年(1903)上海商務印書館鉛印本　一冊

140000－0501－0003051　57482

明治法制史三編　（日本）清浦奎吾撰　清光緒二十九年(1903)上海商務印書館鉛印本　一冊

140000－0501－0003052　57484－89

秋讞輯要六卷　（清）剛毅編　清光緒十二年(1886)山西濬文書局刻本　六冊

140000－0501－0003053　57490－95

秋讞輯要六卷　（清）剛毅編　清光緒十二年

（1886）山西濬文書局刻本 六冊

140000－0501－0003054 57496－99

審看擬式四卷首一卷末一卷 （清）剛毅輯
清光緒十三年（1887）晉陽課吏館刻本 四冊

140000－0501－0003055 57505－12

朱子[熹]年譜綱目十二卷首一卷末一卷
（清）李元祿編 清嘉慶七年（1802）敬修齋刻
本 八冊

140000－0501－0003056 57513－18

李恕谷先生[塨]年譜五卷附傳記 （清）馮辰
纂 （清）惲鶴生修訂 （清）孫鍇 （清）劉
調贊續編 清道光十六年（1836）刻本 六冊

140000－0501－0003057 57519－21

資治通鑑地理今釋十六卷 （清）吳熙載撰
清光緒八年（1882）江蘇書局刻本 三冊

140000－0501－0003058 57523

姚惜抱先生前漢書評點一卷 （清）姚鼐撰
清光緒十六年（1890）鉛印本 一冊

140000－0501－0003059 57531

萬國電報通例 （清）上海電政局譯 清宣統
元年（1909）上海電政局鉛印本 一冊

140000－0501－0003060 57534

大清道光三十年歲次庚戌時憲書一卷 （清）
欽天監編 清道光二十九年（1849）刻朱墨套
印本 一冊

140000－0501－0003061 57536－39

大清搢紳全書 清嘉慶五年（1800）京都榮錦
堂刻本 四冊

140000－0501－0003062 57549－54

明史攬要八卷 （清）張景星 （清）姚培謙錄
清嘉慶二十三年（1818）寶寧堂刻本 六冊

140000－0501－0003063 57555－59

鄉賢家乘四卷 （清）徐暹撰 （清）王青安輯
清道光十年（1830）貴定徐氏宗祠刻本
五冊

140000－0501－0003064 57566

廬山紀遊一卷 （清）蔣湘南撰 清光緒十四

年（1888）刻本 一冊

140000－0501－0003065 57568

蜀道驛程記二卷 （清）王士禎撰 清康熙三
十年（1691）刻本 一冊

140000－0501－0003066 57569

增補最新職官全錄一卷 清光緒刻本 一冊

140000－0501－0003067 57577－90

三國志六十五卷附考證 （晉）陳壽撰 （南
朝宋）裴松之注 清光緒十年（1884）上海同
文書局石印本 十四冊

140000－0501－0003068 57603

明夷待訪錄一卷 （清）黃宗羲撰 清京師晉
華書局刻本 一冊

140000－0501－0003069 57609

航海章程 （美國）弗蘭克林纂 （美國）蒙鳳
儀口譯 （清）徐家寶筆述 清光緒十五年
（1889）刻本 一冊

140000－0501－0003070 57610

**緬甸國志一卷英領緬甸志一卷緬甸新志一卷
暹羅國志一卷布哈爾志一卷** （清）學部編譯
圖書局編 清光緒三十三年（1907）鉛印本
一冊

140000－0501－0003071 57611

**緬甸國志一卷英領緬甸志一卷緬甸新志一卷
暹羅國志一卷布哈爾志一卷** （清）學部編譯
圖書局編 清光緒三十三年（1907）鉛印本
一冊

140000－0501－0003072 57612－13

大英國志八卷 （英國）慕維廉編譯 清光緒
七年（1881）上海益智書局刻本 二冊

140000－0501－0003073 57614－15

大英國志八卷 （英國）慕維廉編譯 清光緒
七年（1881）上海益智書局刻本 二冊

140000－0501－0003074 57616

爪哇志一卷附新志蘇門答拉志一卷附新志
（清）學部編譯圖書局編 清光緒三十三年
（1907）鉛印本 一冊

140000－0501－0003075　　57617

爪哇志一卷附新志蘇門答拉志一卷附新志
(清)學部編譯圖書局編　　清光緒三十三年
(1907)鉛印本　　一冊

140000－0501－0003076　　57618

俾路基志一卷馬留土股志一卷紐吉尼亞島志
一卷西思伯島志一卷附新志　　(清)學部編譯
圖書局編　　清光緒三十三年(1907)鉛印本
一冊

140000－0501－0003077　　57619

阿富汗土耳基斯坦志一卷阿富汗斯坦志一卷
土耳基斯坦志一卷東土耳基斯坦志一卷
(清)學部編譯圖書局編　　清光緒三十三年
(1907)鉛印本　　一冊

140000－0501－0003078　　57620

印度國志一卷　　(清)學部編譯圖書局編　　清
光緒三十三年(1907)鉛印本　　一冊

140000－0501－0003079　　57621

印度國志一卷　　(清)學部編譯圖書局編　　清
光緒三十三年(1907)鉛印本　　一冊

140000－0501－0003080　　57622

印度國志一卷　　(清)學部編譯圖書局編　　清
光緒三十三年(1907)鉛印本　　一冊

140000－0501－0003081　　57623

印度國志一卷　　(清)學部編譯圖書局編　　清
光緒三十三年(1907)鉛印本　　一冊

140000－0501－0003082　　57624

忠貞錄一卷　　(清)顧雲編　　清光緒二十二年
(1896)刻本　　一冊

140000－0501－0003083　　57625－26

大美國史略八卷附一卷　　(美國)蔚利高著並
譯　　清光緒二十五年(1899)福州美華書局鉛
印本　　二冊

140000－0501－0003084　　57627

波斯志一卷　　(清)學部編譯圖書局編　　清光
緒三十三年(1907)鉛印本　　一冊

140000－0501－0003085　　57630

救荒六十策一卷　　(清)寄湘漁父輯　　清光緒
六年(1880)山西濬文書局刻本　　一冊

140000－0501－0003086　　57631

救荒六十策一卷　　(清)寄湘漁父輯　　清光緒
六年(1880)山西濬文書局刻本　　一冊

140000－0501－0003087　　57638

雲南初勘緬界記一卷　　姚文棟撰　　清光緒十
七年(1891)刻本　　一冊

140000－0501－0003088　　57641－44

歷代史論十二卷　　(明)張溥撰　　清光緒五年
(1879)西江裴氏刻本　　四冊

140000－0501－0003089　　57645－50

山右金石記十卷　　(清)張煦修　　清光緒十五
年(1889)刻本　　六冊

140000－0501－0003090　　57652

泊如齋重修宣和博古圖三十卷　　(宋)王黼撰
　　明萬曆十六年(1588)泊如齋刻本　　一冊
存二卷(二十四至二十五)

140000－0501－0003091　　57654－55

寰宇碑目鈔二卷　　(清)宋琦編　　清光緒二十
二年(1896)刻本　　二冊

140000－0501－0003092　　57659

窯器辨附古玉類　　(清)高濂輯　　清抄本
一冊

140000－0501－0003093　　57693－702

皇朝文獻通考輯要二十六卷　　湯壽潛編輯
清光緒二十五年(1899)圖書集成局鉛印本
十冊

140000－0501－0003094　　57703－08

文獻通考輯要二十四卷　　湯壽潛輯　　清光緒
二十五年(1899)通雅堂鉛印本　　六冊

140000－0501－0003095　　57709－18

欽定續文獻通考輯要二十六卷　　湯壽潛輯
清光緒二十五年(1899)通雅堂鉛印本　　十冊

140000－0501－0003096　　57720－23

各國交涉便法論六卷　　(英國)費利摩羅巴德
撰　　(英國)傅蘭雅譯　　清光緒二十四年

149

（1898）上海書局石印本　　四冊

140000－0501－0003097　57724－26

印度史攬要三卷　（英國）寶星亨德偉良撰
（清）任廷旭譯　清光緒二十七年（1901）上海
美華書館鉛印本　　三冊

140000－0501－0003098　57727－29

印度史攬要三卷　（英國）寶星亨德偉良撰
（清）任廷旭譯　清光緒二十七年（1901）上海
美華書館鉛印本　　三冊

140000－0501－0003099　57730

鹽法議略二卷　（清）王守基纂　清宣統元年
（1909）鉛印本　　一冊

140000－0501－0003100　57731

歐洲史略十三卷　清光緒二十二年（1896）上
海著易堂書局鉛印本　　一冊

140000－0501－0003101　57732－33

英法義比志譯略四卷　　（清）薛福成鑒定
（清）薛瑩中輯　清光緒二十五年（1899）無錫
薛氏石印本　　二冊

140000－0501－0003102　57734

湘軍水陸戰記十六卷　（清）曾國藩撰　（清）
鮑叔衡編　清光緒十一年（1885）京都同文堂
石印本　　一冊

140000－0501－0003103　57739

御製勸善要言一卷　（清）傅以漸撰　　清刻本
　　一冊

140000－0501－0003104　57740

歷代輿地沿革險要圖一卷　楊守敬　饒敦秩
撰　清光緒五年（1879）東湖饒氏刻朱墨套印
本　　一冊

140000－0501－0003105　57746－49

庸書内篇二卷外篇二卷　（清）陳熾撰　　清光
緒二十二年（1896）刻本　　四冊

140000－0501－0003106　57764

普通新歷史十章附歷代帝王總紀一卷　　（清）
普通學書室編　清光緒二十九年（1903）上海
普通學書室鉛印本　　一冊

140000－0501－0003107　57765－66

都門紀略四卷　（清）楊靜亭編　清同治三年
（1864）榮錄堂刻本　　二冊

140000－0501－0003108　57767－68

清朝萬年書二卷　清光緒十三年（1887）樹德
堂刻本　　二冊

140000－0501－0003109　57769－72

清涼山志十卷　（明）釋鎮澄修　清乾隆二十
年（1755）淮陰祁豐元刻民國十四年（1925）重
印本　　四冊

140000－0501－0003110　57773－74

澳門記略二卷首一卷末一卷　（清）印光任
（清）張汝霖纂　清嘉慶五年（1800）刻本
二冊

140000－0501－0003111　57775－76

蜀道驛程記二卷蜀道驛程後記二卷　（清）王
士禎撰　清康熙三十年（1691）刻本　　二冊

140000－0501－0003112　57777－80

增訂泰西名人傳六卷　（比利時）赫斯師慎等
編譯　（清）徐心鏡增訂　清光緒二十九年
（1903）上海鴻寶齋石印本　　四冊

140000－0501－0003113　57781－92

通商條約章程成案彙編三十卷　（清）李鴻章
撰　清光緒十二年（1886）鉛印本　　十二冊

140000－0501－0003114　57794－99

日本維新三十年史　廣智書局譯　清光緒二
十九年（1903）上海廣智書局鉛印本　　六冊

140000－0501－0003115　57801－12

資治新書十四卷首一卷二集二十卷　（清）李
漁輯　清光緒二十年（1894）上海圖書集成印
書局鉛印本　　十二冊

140000－0501－0003116　57813－14

出使奏疏二卷　（清）薛福成撰　清光緒二十
年（1894）刻本　　二冊

140000－0501－0003117　57816

泰西風土記一卷　（英國）立溫斯敦撰　（清）
史錦鏞　（清）沈定年譯　清光緒五年（1879）

上海時務書局鉛印本　一冊

140000－0501－0003118　57817

財政四綱四卷　（清）錢恂撰　清光緒十七年
（1891）鉛印財政叢書本　一冊

140000－0501－0003119　57819

航海章程一卷　（美國）弗蘭克林纂　（美國）
蒙鳳儀口譯　（清）徐家寶筆述　清光緒十五
年（1889）刻本　一冊

140000－0501－0003120　57823

山西師範學堂章程　清光緒三十三年（1907）
鉛印本　一冊

140000－0501－0003121　57824

日本武備教育九章　（清）商務印書館譯　清
光緒二十九年（1903）上海商務印書館鉛印本
一冊

140000－0501－0003122　57825

日本學校源流　（美國）路義思撰　（美國）衛
理口譯　（清）范熙庸筆述　清光緒二十五年
（1899）江南製造局刻本　一冊

140000－0501－0003123　57836－8035

通志二百卷考證三卷　（宋）鄭樵撰　清光緒
二十二年（1896）浙江書局刻本　二百冊

140000－0501－0003124　58036－183

文獻通考三百四十八卷考證三卷　（元）馬端
臨撰　清光緒二十二年（1896）浙江書局刻本
一百四十八冊

140000－0501－0003125　58184－86

國朝御史題名不分卷　（清）黃叔璥編　清刻
本　三冊

140000－0501－0003126　58201－12

二十四史論贊七十八卷　（清）陳闌編　清光
緒二十八年（1902）文淵山房石印本　十二冊

140000－0501－0003127　58213－20

二十四史論新編二十三卷　（清）朱鈞輯　清
光緒二十七年（1901）煥文書局石印本　八冊

140000－0501－0003128　58221－28

西學軍政全書十二種　清光緒石印本　八冊

140000－0501－0003129　58237－42

各國通商始末記二十卷　（清）王之春編　清
光緒二十一年（1895）寶善書局石印本　六冊

140000－0501－0003130　58243－46

水道提綱二十八卷　（清）齊召南撰　清上海
古香閣書局石印本　四冊

140000－0501－0003131　58247－78

五洲列國志彙　（清）麗澤學會輯　清光緒二
十八年（1902）麗澤學會石印本　三十二冊

140000－0501－0003132　58279－84

萬國公法四卷　（美國）丁韙良譯　（清）張斯
桂編　清光緒二十四年（1898）天津維新書局
石印本　六冊

140000－0501－0003133　58285－96

各國新政輯覽十二卷　清光緒二十八年
（1902）上海商務書館石印本　十二冊

140000－0501－0003134　58297－306

萬國史記二十卷　（日本）岡本監輔撰　清光
緒二十一年（1895）讀有用書齋石印本　十冊

140000－0501－0003135　58307－12

困學紀聞注二十卷首一卷　（宋）王應麟撰
（清）翁元圻輯注　清光緒十三年（1887）上海
同文書局石印本　六冊

140000－0501－0003136　58329－33

金石契不分卷附石鼓文釋存補注　（清）張燕
昌撰　清光緒二十二年（1896）貴池劉氏聚學
軒刻本　五冊

140000－0501－0003137　58334－37

金石三例　（清）盧見曾輯　（清）王芑孫評
清光緒十八年（1892）讀有用書齋刻朱墨套印
本　四冊

140000－0501－0003138　58338－53

金石全例十種　（清）朱記榮輯　清光緒十八
年（1892）吳縣朱氏槐廬刻朱墨套印本　十
六冊

140000－0501－0003139　58360－423

金石萃編一百六十卷　（清）王昶撰　清嘉慶

十年(1805)經訓堂刻本　六十四冊

140000－0501－0003140　58456－79

金石索十二卷首一卷　（清）馮雲鵬　（清）馮雲鵷輯　清光緒三十二年(1906)上海文新局石印本　二十四冊

140000－0501－0003141　58480－85

石索六卷　（清）馮雲鵬　（清）馮雲鵷輯　清道光十五年(1835)邃古齋刻本　六冊

140000－0501－0003142　58486－91

積古齋鐘鼎彝器款識十卷　（清）阮元編錄　清光緒五年(1879)武昌刻本　六冊

140000－0501－0003143　58492－95

積古齋鐘鼎彝器款識十卷　（清）阮元編　清光緒九年(1883)常熟後知不足齋刻本　四冊

140000－0501－0003144　58496－99

歷代鐘鼎彝器款識法帖二十卷　（宋）薛尚功撰　清嘉慶二年(1797)儀徵阮氏刻本　四冊

140000－0501－0003145　58500－23

山右石刻叢編四十卷　（清）胡聘之撰　清光緒二十五年至二十七年(1899－1901)刻本　二十四冊

140000－0501－0003146　58524－47

山右石刻叢編四十卷　（清）胡聘之撰　清光緒二十五年至二十七年(1899－1901)刻本　二十四冊

140000－0501－0003147　58613－28

金石全例十種　（清）朱記榮輯　清光緒十八年(1892)吳縣朱氏槐廬刻朱墨套印本　十六冊

140000－0501－0003148　58629－32

語石十卷　葉昌熾撰　清宣統元年(1909)蘇城徐氏刻本　四冊

140000－0501－0003149　58651－57

山東考古錄一卷　（清）顧炎武撰　續山東考古錄三十二卷首一卷　（清）葉圭綬撰　清光緒八年(1882)山東書局刻本　七冊

140000－0501－0003150　58658－69

考訂陶齋藏石記四十四卷藏磚記二卷　（清）端方編　清宣統元年(1909)石印本　十二冊

140000－0501－0003151　58670－73

金石識別十二卷　（美國）代那撰　（美國）瑪高溫口譯　（清）華蘅芳筆述　清光緒二十三年(1897)上海著易堂石印本　四冊

140000－0501－0003152　58674－79

金石識別十二卷　（美國）代那撰　（美國）瑪高溫口譯　（清）華蘅芳筆述　清同治十一年(1872)江南製造局刻本　六冊

140000－0501－0003153　58680－83

稽古日鈔八卷　（清）郁文等輯　清乾隆二十九年(1764)秋曉山房刻本　四冊

140000－0501－0003154　58686－87

補寰宇訪碑錄五卷附失編一卷刊誤一卷　（清）趙之謙纂　清光緒十二年(1886)朱氏槐廬刻本　二冊

140000－0501－0003155　58689

古籀餘論三卷　（清）孫詒讓撰　清光緒二十九年(1903)籀經樓刻本　一冊　缺一卷(上)

140000－0501－0003156　58691

京畿金石考二卷　（清）孫星衍撰　清光緒十二年(1886)吳縣朱氏家塾刻槐廬叢書本　一冊

140000－0501－0003157　58696

漢魏石經考三篇　（清）劉傳瑩撰　清光緒十二年(1886)沌城黃氏試館刻本　一冊

140000－0501－0003158　58697

漢魏石經考三篇　（清）劉傳瑩撰　清光緒十二年(1886)沌城黃氏試館刻本　一冊

140000－0501－0003159　58700

至聖林廟碑目六卷　（清）孔昭薰編　清光緒二十二年(1896)積學齋刻本　一冊

140000－0501－0003160　58703－04

葉氏存古叢書四種　（清）葉銘輯　清宣統二年(1910)西泠印社鉛印本　二冊

140000－0501－0003161　58705－09

積古齋鐘鼎彝器款識十卷　（清）阮元編　清光緒三十三年（1907）上海醉六堂石印本五冊

140000－0501－0003162　58714－19

金石續編二十一卷　（清）陸耀適纂　清光緒十九年（1893）上海醉六堂石印本　六冊

140000－0501－0003163　58723－24

金石圖二卷　（清）褚峻摹圖　（清）牛運震補說　清乾隆八年（1743）刻本　二冊

140000－0501－0003164　58735

枕經堂金石書畫題跋三卷　（清）方朔編　清同治三年（1864）刻本　一冊

140000－0501－0003165　58736－39

蒼崖先生金石例十卷剳記一卷　（元）潘昂霄撰　（元）楊本輯　清光緒三十四年（1908）南陵徐氏刻本　四冊

140000－0501－0003166　58746－49

江寧金石記八卷附待訪目三卷　（清）嚴觀輯　清嘉慶九年（1804）刻本　四冊

140000－0501－0003167　58750－53

安陽縣金石錄十二卷　（清）武億著　清安陽貴泰刻本　四冊

140000－0501－0003168　58754－57

安徽金石略十卷　（清）趙紹祖輯　清光緒貴池劉氏刻聚學軒叢書本　四冊

140000－0501－0003169　58759－64

寰宇訪碑錄十二卷刊謬一卷　（清）孫星衍撰　清光緒十七年（1891）朱氏槐廬刻本　六冊

140000－0501－0003170　58765－66

補寰宇訪碑錄五卷附失編一卷刊誤一卷　(清)趙之謙纂　清光緒十二年（1886）朱氏槐廬刻本　二冊

140000－0501－0003171　58767

金石訂例四卷　（清）鮑振方撰　清光緒十年（1884）常熟後知不足齋刻後知不足齋叢書本　一冊

140000－0501－0003172　58772－83

考訂陶齋藏石記四十四卷藏磚記二卷　（清）端方編　清宣統元年（1909）石印本　十二冊

140000－0501－0003173　58784－85

東巡金石錄八卷　（清）崔應階集　清崔氏刻本　二冊

140000－0501－0003174　58786－87

九鐘精舍金石跋尾二篇　（清）吳士鑑撰　清宣統二年（1910）刻本　二冊

140000－0501－0003175　58790－93

千甓亭古磚圖釋二十卷　（清）陸心源輯　清光緒十七年（1891）吳興陸氏影印本　四冊

140000－0501－0003176　58813

齊陳氏韶舞樂罍通釋二篇　（清）陳慶鏞撰　清道光二十六年（1846）一鐙書舍刻本　一冊

140000－0501－0003177　58827

金石學錄補四卷　（清）陸心源編　清光緒十二年（1886）刻本　一冊

140000－0501－0003178　58828－29

歷代石經略二卷　（清）桂馥撰　清光緒九年（1883）陳州郡齋刻本　二冊

140000－0501－0003179　58832

石鼓然疑一卷　（清）莊述祖撰　清光緒八年（1882）循陔堂刻本　一冊

140000－0501－0003180　58836

京畿金石考二卷　（清）孫星衍撰　清滂喜齋刻本　一冊

140000－0501－0003181　58840

台州藝文略一卷台州金石略一卷校勘表一卷　（清）楊晨編並纂　清黃山黃巖友成局刻崇雅堂叢書本　一冊

140000－0501－0003182　58847

鄭庵所藏泥封一卷　羅振玉輯　清光緒二十九年（1903）影印本　一冊

140000－0501－0003183　58851－54

缶廬印存初集不分卷　（清）吳昌碩刻　清西泠印社鈐印本　四冊

140000－0501－0003184　58877－78

選集漢印分韻二卷續集二卷　（清）袁日省撰
（清）謝景卿　（清）謝雲生摹錄　清嘉慶二
年至八年（1797－1803）粵東謝氏漱藝堂刻本
二冊

140000－0501－0003185　58885－90

孫氏養正樓印存六卷　（清）孟介臣鐫篆
（清）孫阜昌鑒藏　清道光二十一年（1841）養
正樓鈐印本　六冊

140000－0501－0003186　58891－96

汲古堂印譜十二卷　（清）王潤翰輯　清嘉慶
二十二年（1817）刻本　六冊

140000－0501－0003187　58897

山右金石存略目錄摘要一卷　（清）宋琦輯
清光緒二十年（1894）刻本　一冊

140000－0501－0003188　58898－99

墨妙亭碑目考二卷附一卷　（清）張鑑撰　清
光緒十年（1884）江蘇書局刻本　二冊

140000－0501－0003189　58900

晉陽金正隆鐘鼎款識一卷　（清）徐石卿輯
清光緒二十九年（1903）皖北徐氏刻本　一冊

140000－0501－0003190　58948－51

文房肆考圖說八卷　（清）唐秉鈞纂　清乾隆
四十三年（1778）刻本　四冊

140000－0501－0003191　59214－19

草聖彙辨不分卷　（清）白芬彙編　清順治九
年（1652）刻本　六冊

140000－0501－0003192　59982－60007

昭代名人尺牘二十四卷附小傳二十四卷
（清）吳修輯　清光緒三十四年（1908）上海集
古齋石印本　二十六冊

140000－0501－0003193　60073

史夔先生明堂詩一卷　（清）史夔撰　清康熙
四十三年（1704）稿本　一冊

140000－0501－0003194　60082－107

昭代名人尺牘二十四卷附小傳二十四卷
（清）吳修輯　清光緒三十四年（1908）上海集
古齋石印本　二十六冊

140000－0501－0003195　60376

祁氏奏稿一卷　（清）祁𡒥撰　清道光十一年
（1831）稿本　一冊

140000－0501－0003196　60377

陶澍奏稿一卷　（清）陶澍撰　清道光十五年
（1835）稿本　一冊

140000－0501－0003197　60449

明大參陳公手集同人尺牘一卷　清光緒三十
四年（1908）上海國學保存會石印本　一冊

140000－0501－0003198　60469

明東林八賢遺劄一卷　（明）趙南星書　清光
緒三十三年（1907）上海國學保存會石印本
一冊

140000－0501－0003199　60474

明王守仁高攀龍兩大儒手帖　清光緒三十二
年（1906）上海國學保存會石印本　一冊

140000－0501－0003200　60518

樂饑齋詩草一卷　（清）傅山書　清宣統元年
（1909）上海國粹學報館影印本　一冊

140000－0501－0003201　60563

國朝四十名家墨蹟不分卷　（清）江開等書
（清）沈鈞編　清光緒三十四年（1908）上海教
育圖書館影印本　一冊

140000－0501－0003202　60619－24

名人尺牘墨寶第一集六卷　清宣統二年
（1910）上海文明書局石印本　五冊

140000－0501－0003203　60812

張月齋急就章一卷　（清）張穆書　清太原賈
氏家塾刻本　一冊

140000－0501－0003204　60936

錢南園先生法書格言　（清）錢灃書　清刻本
一冊

140000－0501－0003205　60959

勸孝篇　（清）王軒書　清光緒元年（1875）石
印本　一冊

140000 – 0501 – 0003206　61018 – 19

名賢手劄不分卷　（清）郭慶藩輯　清光緒十年(1884)湘陰郭氏岵瞻堂摹刻本　二冊

140000 – 0501 – 0003207　61063 – 76

昭代名人尺牘二十四卷　（清）吳修輯　清光緒三十四年(1908)上海西泠印社影印本　十四冊

140000 – 0501 – 0003208　61092

金臚策楷　（清）王仁堪書　清光緒十九年(1893)同文書局石印本　一冊

140000 – 0501 – 0003209　61109

張之洞書五箴　（清）張之洞撰　清宣統元年(1909)上海大眾書局影印本　一冊

140000 – 0501 – 0003210　61116

沈文恪公妙法蓮華經楷書墨跡　（清）沈荃書　清光緒上海有正書局影印本　一冊

140000 – 0501 – 0003211　61121

李申耆先生手劄　（清）李兆洛書　清光緒上海有正書局影印本　一冊

140000 – 0501 – 0003212　61128

王虛舟先生墨跡　（清）王澍書　清光緒上海有正書局影印本　一冊

140000 – 0501 – 0003213　61144 – 45

漢碑範八卷　（清）張祖翼選臨　清宣統三年(1911)上海文明書局石印本　二冊

140000 – 0501 – 0003214　61147 – 48

銅官感舊集四卷　（清）章壽麟輯　清宣統二年(1910)長沙章氏盦山舊館石印本　二冊

140000 – 0501 – 0003215　61150

閒樂集　（清）樊山書　清光緒二十三年(1897)琴天閣影印本　一冊

140000 – 0501 – 0003216　61167 – 69

碑聯集搨　（唐）顏真卿書　清宣統二年(1910)上海藝苑真賞社影印本　三冊

140000 – 0501 – 0003217　61321

王懿榮墨跡　（清）王懿榮書　清光緒十九年(1893)寫本　一冊

140000 – 0501 – 0003218　61323

朱子治家格言　（清）馬星輝書　清光緒三十三年(1907)寫本　一冊

140000 – 0501 – 0003219　61324

楊二酉先生墨跡　（清）楊二酉書　清寫本　一冊

140000 – 0501 – 0003220　61325 – 26

五臺徐潤第墨跡　（清）徐潤第書　清寫本　二冊

140000 – 0501 – 0003221　61327

栗恭勤公墓志　（清）祁寯藻書　清道光二十年(1840)寫本　一冊

140000 – 0501 – 0003222　61328

淳化閣帖集釋十卷　（清）徐朝弼集釋　清嘉慶八年(1803)同心堂刻本　一冊

140000 – 0501 – 0003223　61329

淳化秘閣法帖考證附二卷　（清）王澍著　清刻本　一冊

140000 – 0501 – 0003224　61332 – 37

御刻三希堂石渠寶笈法帖釋文十六卷　（清）陳焯纂　清光緒二十三年(1897)上海鴻寶齋石印本　六冊

140000 – 0501 – 0003225　61338 – 39

淳化閣帖釋文十卷　（清）朱家標校　清康熙二十二年(1683)龍潭朱氏綱錦堂刻本　二冊

140000 – 0501 – 0003226　61340 – 41

淳化閣帖釋文十卷　（清）朱家標校　清康熙二十二年(1683)龍潭朱氏綱錦堂刻本　二冊

140000 – 0501 – 0003227　61342 – 43

漢隸分韻七卷　清乾隆三十七年(1772)辨志堂刻本　二冊

140000 – 0501 – 0003228　61344 – 45

小山畫譜二卷　（清）鄒一桂撰　清抄本　二冊

140000 – 0501 – 0003229　61346 – 409

佩文齋書畫譜一百卷　（清）孫岳頒輯　清康熙四十七年(1708)静永堂刻本　六十四冊

140000－0501－0003230　61410－25

佩文齋書畫譜一百卷　（清）孫岳頒纂輯　清光緒九年(1883)上海同文書局石印本　十六冊

140000－0501－0003231　61436－41

江村銷夏錄三卷　（清）高士奇輯　清康熙三十二年(1693)博文堂刻本　六冊

140000－0501－0003232　61442－46

辛丑銷夏記五卷　（清）吳榮光撰　清光緒三十一年(1905)長沙葉德輝郎園刻本　五冊

140000－0501－0003233　61455－56

庚子銷夏記八卷閑者軒帖考一卷　（清）孫承澤撰　清乾隆二十六年(1761)鮑氏知不足齋刻本　二冊

140000－0501－0003234　61457－58

庚子銷夏記八卷閑者軒帖考一卷　（清）孫承澤撰　清乾隆二十六年(1761)鮑氏知不足齋刻本　二冊

140000－0501－0003235　61459－82

歷代畫史彙傳七十二卷首一卷附錄二卷　(清)彭蘊璨編　清光緒八年(1882)上海掃葉山房刻本　二十四冊

140000－0501－0003236　61483－506

歷代畫史彙傳七十二卷首一卷附錄二卷　(清)彭蘊璨編　清光緒八年(1882)上海掃葉山房刻本　二十四冊

140000－0501－0003237　61543－45

董文敏公畫禪隨筆四卷　（明）董其昌撰　(清)汪如禄編　清乾隆十八年(1753)刻本　三冊

140000－0501－0003238　61547

六如居士畫譜三卷　（明）唐寅輯　清光緒五年(1879)嘯園刻本　一冊

140000－0501－0003239　61548

六如居士畫譜三卷　（明）唐寅輯　清光緒五年(1879)嘯園刻本　一冊

140000－0501－0003240　61553－58

桐陰論畫三編附桐陰畫訣　（清）秦祖永撰　清宣統二年(1910)上海中國書畫會石印本　六冊

140000－0501－0003241　61561

國朝畫徵錄三卷　（清）張庚撰　清乾隆四年(1739)蔣氏湯氏刻本　一冊

140000－0501－0003242　61566－69

桐陰論畫三編附桐陰畫訣　（清）秦祖永撰　清同治三年(1864)刻朱墨套印本　四冊

140000－0501－0003243　61570－73

甌缽羅室書畫過目考四卷首一卷　（清）李玉棻編　清光緒二十四年(1898)上海江南圖書局石印本　四冊

140000－0501－0003244　61586－91

鐵網珊瑚二十卷　（明）都穆編　清乾隆二十三年(1758)都氏刻本　六冊

140000－0501－0003245　61592

冬心先生題畫記　（清）金農著　清同治十一年(1872)潘氏桐西書屋刻本　一冊

140000－0501－0003246　61593－94

趙似昇長生冊　周嵩堯著　清宣統三年(1911)鉛印本　二冊

140000－0501－0003247　61604－09

揚州畫舫錄十八卷　（清）李斗撰　清同治十一年(1872)刻本　六冊

140000－0501－0003248　61616－19

漢溪書法通解八卷　（清）戈守智纂　清乾隆十五年(1750)霽雲閣刻本　四冊

140000－0501－0003249　61627－32

印典八卷　（清）朱象賢輯　清康熙六十一年(1722)就閑堂刻本　六冊

140000－0501－0003250　61633－44

西泠四家印譜附存四家　（清）丁丙輯　清光緒十一年(1885)百石齋鈐印本　十二冊

140000－0501－0003251　61657－60

壽山印存不分卷　鈐印本　四冊

140000－0501－0003252　61677－80

文房肆考圖說八卷　（清）唐秉鈞撰　（清）唐愷繪圖　清乾隆四十三年(1778)刻本　四冊

140000－0501－0003253　61681－86

聲調四譜圖說十二卷首一卷末一卷　（清）董文煥撰　清同治三年(1864)洪洞董氏刻本　六冊

140000－0501－0003254　61688

松風閣琴譜大全二卷　（清）莊臻鳳撰　（清）程雄訂　清三槐堂刻本　一冊

140000－0501－0003255　61689－90

樂律心得二卷　（清）安清翹撰　清嘉慶二十四年(1819)刻本　二冊

140000－0501－0003256　61693

樂典　（清）李燮羲編譯　清宣統元年(1909)學部圖書局石印本　一冊

140000－0501－0003257　61694

樂典　（清）李燮羲編譯　清宣統元年(1909)學部圖書局石印本　一冊

140000－0501－0003258　61695－97

琴學入門二卷　（清）張鶴輯　清同治六年(1867)上海張氏心向往齋刻本　三冊

140000－0501－0003259　61698－701

賞奇軒四種合編　清刻本　四冊

140000－0501－0003260　61702－703

桃花泉奕譜不分卷　（清）范世勳撰　清乾隆三十年(1765)越城敬藝堂刻本　二冊

140000－0501－0003261　61704－05

四子棋譜二卷　（清）過文年輯　清宣統三年(1911)上海千頃堂石印本　二冊

140000－0501－0003262　61710－13

六也曲譜初集　（清）張芬編　清光緒三十四年(1908)蘇州振新書社石印本　四冊

140000－0501－0003263　61726－27

受子譜選二卷首一卷　（清）李汝珍輯　清嘉慶二十二年(1817)刻本　二冊

140000－0501－0003264　61728－32

芥子園畫傳初集五卷　（清）王概輯　清康熙十八年(1679)刻本　五冊

140000－0501－0003265　61739－43

梅花易數五卷　（宋）邵雍撰　清光緒十二年(1886)掃葉山房刻本　五冊

140000－0501－0003266　61761－68

揚州畫舫錄十七卷　（清）李斗撰　清嘉慶二年(1797)刻本　八冊

140000－0501－0003267　61769

張石州先生墨跡　（清）張穆書　清稿本　一冊

140000－0501－0003268　61770－73

虛白堂墨跡　（清）韓索仁書　清乾隆五十九年(1794)稿本　四冊

140000－0501－0003269　61774

劉文正公家書　（清）劉統勳撰　清稿本　一冊

140000－0501－0003270　61775

劉文清公家書　（清）劉墉撰　清稿本　一冊

140000－0501－0003271　61776－839

御纂醫宗金鑑九十卷首一卷　（清）吳謙（清）李毓清纂修　清刻本　六十四冊

140000－0501－0003272　61860－79

御纂醫宗金鑑九十卷首一卷　（清）吳謙撰　清光緒三十一年(1905)上海錦章書局石印本　二十冊

140000－0501－0003273　61886－88

黃帝內經靈樞十二卷　（清）黃以周校　清刻本　三冊

140000－0501－0003274　61889－90

金匱方歌括六卷　（清）陳念祖定　清咸豐五年(1855)重慶書業堂刻本　二冊

140000－0501－0003275　61896

對山醫話四卷　（清）毛祥麟撰　清光緒三十一年(1905)上海醫報館鉛印本　一冊

140000－0501－0003276　61897－902

補注黃帝內經素問二十四卷靈樞十二卷
（唐）王冰注　清光緒二十二年(1896)上海圖
書集成局鉛印本　六冊

140000－0501－0003277　61903－12

補注黃帝內經素問二十四卷素問靈樞十二卷
（唐）王冰撰　遺編一卷　清光緒三年
(1877)浙江書局刻本　十冊

140000－0501－0003278　61913－22

補注黃帝內經素問二十四卷靈樞十二卷
（唐）王冰注　遺編一卷　清光緒三十三年
(1907)京師醫局刻醫統正脈全書本　十冊

140000－0501－0003279　61923－46

黃帝內經素問注證發微九卷補遺一卷黃帝內
經靈樞注證發微九卷　（明）馬蒔注　清嘉慶
十年(1805)古歙鮑氏慎餘堂刻本　二十四冊

140000－0501－0003280　61950－52

黃帝內經靈樞十二卷　（唐）王冰注　清光緒
三年(1877)刻本　三冊

140000－0501－0003281　61953－60

補注黃帝內經素問二十四卷素問靈樞十二卷
（唐）王冰撰　遺編一卷　清光緒三年
(1877)浙江書局刻本　八冊

140000－0501－0003282　61961－67

補注黃帝內經素問二十四卷　（唐）王冰撰
遺編一卷　清光緒三年(1877)浙江書局刻本
七冊

140000－0501－0003283　61984－85

內經知要二卷　（明）李念莪輯　清光緒九年
(1883)上洋江左書林刻本　二冊

140000－0501－0003284　61986－89

黃帝內經素問二十四卷　（明）吳崑注　明萬
曆三十七年(1609)石室刻本　四冊

140000－0501－0003285　61990－95

黃帝內經素問二十四卷　（明）吳崑注　明萬
曆三十七年(1609)隆文堂刻本　六冊

140000－0501－0003286　61996－99

靈樞經九卷　（清）張志聰注　清光緒十六年
(1890)浙江書局刻本　四冊　存五卷(一至
五)

140000－0501－0003287　62004－08

靈樞經九卷　（清）張志聰集注　清康熙十一
年(1672)錢塘張氏刻本　五冊

140000－0501－0003288　62021－23

素問靈樞類纂約注二卷　（清）汪昂輯　清嘉
慶二十二年(1817)巽記刻光緒六年(1880)重
印本　三冊

140000－0501－0003289　62024－26

素問靈樞類纂約注二卷　（清）汪昂輯　清嘉
慶二十二年(1817)巽記刻光緒六年(1880)重
印本　三冊

140000－0501－0003290　62027－30

補注黃帝內經素問二十四卷　（唐）王冰注
遺編一卷　清光緒二十二年(1896)上海圖書
集成局鉛印本　四冊

140000－0501－0003291　62031

素靈微蘊四卷　（清）黃元御著　清道光九年
(1829)長沙徐氏刻本　一冊

140000－0501－0003292　62032

素靈微蘊四卷　（清）黃元御著　清道光九年
(1829)長沙徐氏刻本　一冊

140000－0501－0003293　62033－36

靈素提要淺注八卷　（清）陳念祖集注　清同
治五年(1866)南雅堂刻本　四冊

140000－0501－0003294　62037－58

黃帝內經靈樞素問集注十八卷補遺一卷
（清）張志聰集注　清光緒五年(1879)太醫院
刻本　二十二冊

140000－0501－0003295　62062－71

靈樞經九卷　（清）張志聰集注　清康熙十一
年(1672)錢塘張氏刻本　十冊

140000－0501－0003296　62072－83

黃帝內經素問注證發微九卷補遺一卷黃帝內
經靈樞注證發微九卷　（明）馬蒔注　清嘉慶

十年(1805)古歙鮑氏慎餘堂刻本　十二冊

140000－0501－0003297　62084－85

扁鵲心書三卷首一卷附神方一卷　（宋）竇材
集　清江左書林刻本　二冊

140000－0501－0003298　62086－91

醫學窮源集六卷　（明）王肯堂撰　清嘉慶十
三年(1808)寶仁堂刻本　六冊

140000－0501－0003299　62092－95

類經纂要三卷壽芝醫案一卷　（清）虞庠輯
（清）王廷俊注　清同治六年(1867)刻本
四冊

140000－0501－0003300　62106－09

四診抉微八卷管窺附餘一卷　（清）林之翰撰
　清雍正元年(1723)林氏刻本　四冊

140000－0501－0003301　62110－15

四診抉微八卷管窺附餘一卷　（清）林之翰撰
　清雍正四年(1726)玉映堂刻本　六冊

140000－0501－0003302　62117－18

奇經八脈考一卷瀕湖脈學一卷　（明）李時珍
撰　清光緒五年(1879)掃葉山房刻本　二冊

140000－0501－0003303　62119－20

圖注脈訣辨真四卷　（晉）王叔和撰　（明）張
世賢注　清掃葉山房刻本　二冊

140000－0501－0003304　62123－24

增輯難經本義二卷　（元）滑壽注　（清）周學
海增輯　清光緒十七年(1891)池陽周氏刻本
　二冊

140000－0501－0003305　62125－26

難經本義二卷　（戰國）秦越人著　（元）滑壽
注　清刻本　二冊

140000－0501－0003306　62127－28

圖注八十一難經辨真四卷附難經彙考　（明）
張世賢注　清瀛津沈氏刻本　二冊

140000－0501－0003307　62129－30

圖注八十一難經辨真四卷　（明）張世賢注
清掃葉山房刻本　二冊

140000－0501－0003308　62138－43

圖注八十一難經辨真四卷　（戰國）秦越人著
（明）張世賢注　圖注脈訣辨真四卷　（晉）
王叔和撰　（明）張世賢注　脈訣考證一卷
清書業堂刻本　六冊

140000－0501－0003309　62144－47

圖注八十一難經辨真四卷　（戰國）秦越人著
　圖注脈訣辨真四卷　（晉）王叔和撰　（明）
張世賢注　清懷德堂刻本　四冊

140000－0501－0003310　62148

廣成先生玉函經一卷　（五代）杜光庭撰　清
光緒二年(1876)南陵徐乃昌刻本　一冊

140000－0501－0003311　62151－52

家傳太素脈秘訣二卷　（明）張太素撰　明致
和堂刻本　二冊

140000－0501－0003312　62153

脈訣考證一卷瀕湖脈學一卷　（明）李時珍撰
　清光緒五年(1879)掃葉山房刻本　一冊

140000－0501－0003313　62154

瀕湖脈學一卷脈訣考證一卷奇經八脈考一卷
　（明）李時珍撰　清刻本　一冊

140000－0501－0003314　62155－57

金匱要略直解三卷　（漢）張仲景撰　（清）程
林注　清康熙十二年(1673)刻本　三冊

140000－0501－0003315　62158－63

金匱要略論注二十四卷　（清）徐彬注　清光
緒五年(1879)上海掃葉山房刻本　六冊

140000－0501－0003316　62164－69

張仲景金匱要略編注二十四卷　（清）沈明宗
編注　清道光二十二年(1842)掃葉山房刻本
　六冊

140000－0501－0003317　62170－73

金匱玉函經二注二十二卷附補方一卷十藥神
書一卷　（宋）趙以德衍義　（清）周揚俊補注
　清道光十八年(1838)吳郡經義齋刻本
四冊

140000－0501－0003318　62174－76

159

金匱懸解二十二卷　（清）黃元御撰　清刻本
三冊

140000－0501－0003319　62177－82

金匱要略淺注十卷金匱方歌括六卷　（清）陳
念祖集注　清道光十七年(1837)南雅堂刻本
六冊

140000－0501－0003320　62184

金匱方歌括六卷　（清）陳念祖著　清光緒十
八年(1892)上海圖書集成印書局鉛印本
一冊

140000－0501－0003321　62185－87

金匱心典三卷　（漢）張仲景撰　（清）尤怡注
清光緒七年(1881)崇德書院刻本　三冊

140000－0501－0003322　62200－01

新編張仲景注解發微論二卷傷寒百證歌五卷
（宋）許叔微撰　清光緒七年(1881)刻本
二冊

140000－0501－0003323　62203－06

仲景傷寒補亡論二十卷　（宋）郭雍撰　清宣
統三年(1911)武昌醫館刻本　四冊

140000－0501－0003324　62207－10

陶節庵傷寒全生集四卷　（明）陶華撰　（清）
葉桂評　清嘉慶二十四年(1819)眉壽堂刻本
四冊

140000－0501－0003325　62211－14

證治準繩八卷　（明）王肯堂輯　清光緒十八
年(1892)上海圖書集成印書局鉛印六科準繩
本　四冊

140000－0501－0003326　62215－18

傷寒論注四卷　（清）柯琴編注　清乾隆二十
年(1755)金閶經義堂刻本　四冊

140000－0501－0003327　62219－20

傷寒論注四卷　（清）柯琴編注　清乾隆二十
年(1755)崑山綏福堂刻本　二冊

140000－0501－0003328　62221

傷寒論翼二卷　（清）柯琴撰　清乾隆三十一
年(1766)博古堂刻本　一冊

140000－0501－0003329　62222－23

傷寒論翼二卷　（清）柯琴撰　清乾隆三十一
年(1766)博古堂刻本　二冊

140000－0501－0003330　62225－28

傷寒懸解十四卷首一卷末一卷　（清）黃元御
撰　清咸豐十年(1860)長沙徐氏刻本　四冊

140000－0501－0003331　62229－32

傷寒懸解十四卷首一卷末一卷　（清）黃元御
撰　清咸豐十年(1860)長沙徐氏刻本　四冊

140000－0501－0003332　62233－34

傷寒說意十卷首一卷　（清）黃元御撰　清道
光十四年(1834)刻本　二冊

140000－0501－0003333　62235

傷寒說意十卷首一卷　（清）黃元御撰　清咸
豐十年(1860)長沙燮穌精舍刻本　一冊

140000－0501－0003334　62240

傷寒醫訣串解六卷十藥神書注解一卷　（清）
陳念祖撰注　清咸豐六年(1856)東冶林氏刻
本　一冊

140000－0501－0003335　62241

傷寒真方歌括六卷　（清）陳念祖撰　清咸豐
九年(1859)東冶林氏味齋刻本　一冊

140000－0501－0003336　62242－47

傷寒第一書四卷附餘二卷　（清）車宗輅
（清）胡憲豐編　清光緒十一年(1885)紹興奎
照樓刻本　六冊

140000－0501－0003337　62256－67

傷寒證治準繩八卷　（明）王肯堂輯　清修敬
堂刻本　十二冊

140000－0501－0003338　62268－75

傷寒論綱目十六卷首二卷　（清）沈金鰲輯
清乾隆三十九年(1774)刻沈氏尊生書本
八冊

140000－0501－0003339　62280－83

余注傷寒論翼四卷　（清）柯琴撰　（清）余景
和評注　清光緒十九年(1893)古越掃閒居士
刻本　四冊

140000－0501－0003340　62284

傷寒論類方一卷 （清）徐大椿編　清光緒上海圖書集成印書局鉛印本　一冊

140000－0501－0003341　62285－87

尚論篇四卷首一卷後篇四卷 （清）喻昌撰　清光緒二十年(1894)上海圖書集成印書局鉛印本　三冊

140000－0501－0003342　62288－91

尚論篇四卷首一卷後篇四卷 （清）喻昌撰　清乾隆四年(1739)黎川陳守誠刻本　四冊

140000－0501－0003343　62310－11

瘟疫論二卷 （清）吳有性撰　清康熙葆真堂刻本　二冊

140000－0501－0003344　62312－13

瘟疫論二卷 （清）吳有性撰　清康熙葆真堂刻本　二冊

140000－0501－0003345　62314－15

痧脹玉衡書三卷後一卷 （清）郭志遂撰　清光緒善成堂刻本　二冊

140000－0501－0003346　62316－21

寒溫條辨六卷附溫病壞症一卷 （清）楊璿撰　清光緒十九年(1893)江右醉芸軒刻本　六冊

140000－0501－0003347　62322－27

傷寒溫疫條辨六卷附溫病壞症一卷 （清）楊璿撰　清乾隆四十九年(1784)刻本　六冊

140000－0501－0003348　62329－32

溫熱經緯五卷 （清）王士雄纂　清同治十三年(1874)湖北崇文書局刻本　四冊

140000－0501－0003349　62333－36

溫熱經緯五卷 （清）王士雄纂　清同治十三年(1874)湖北崇文書局刻本　四冊

140000－0501－0003350　62337－40

說疫全書六卷 （清）劉奎編　清光緒十七年(1891)善成堂刻本　四冊

140000－0501－0003351　62341

溫症痧疹辨證一卷 （清）許汝楫撰　清光緒

十四年(1888)京都篆雲齋刻本　一冊

140000－0501－0003352　62343

溫病條辨六卷 （清）吳瑭撰　清宣統三年(1911)上海會文堂石印本　一冊

140000－0501－0003353　62353－54

增補瘟疫論五卷 （清）吳有性撰　（清）劉秉錦編　清乾隆五十二年(1787)善成堂刻本　二冊

140000－0501－0003354　62355－60

瘡瘍經驗全書六卷 （元）竇漢卿撰　（明）竇夢鱗增訂　清康熙五十六年(1717)浩然樓刻本　六冊

140000－0501－0003355　62361－66

外科準繩六卷 （明）王肯堂輯　清光緒十八年(1892)上海圖書集成印書局鉛印六科準繩本　六冊

140000－0501－0003356　62367－72

外科準繩六卷 （明）王肯堂輯　清光緒十八年(1892)上海圖書集成印書局鉛印六科準繩本　六冊

140000－0501－0003357　62373－80

外科大成四卷 （清）祁坤撰　清康熙四年(1665)江南聚錦堂李氏書林刻本　八冊

140000－0501－0003358　62381－82

外科證治全生集六卷 （清）王維德輯　清道光二十八年(1848)三餘堂刻本　二冊

140000－0501－0003359　62383－84

王洪緒先生外科證治全生集不分卷 （清）王維德輯　清咸豐十一年(1861)武昌節署刻本　二冊

140000－0501－0003360　62385

王洪緒先生外科證治全生集不分卷 （清）王維德輯　清光緒五年(1879)山西濬文書局刻本　一冊

140000－0501－0003361　62386

王洪緒先生外科證治全生集不分卷 （清）王維德輯　清光緒五年(1879)山西濬文書局刻

本　一册

140000 - 0501 - 0003362　62387

外科切要一卷　（清）王文選編　清道光二十七年（1847）刻本　一册

140000 - 0501 - 0003363　62388 - 90

外科正宗十二卷　（明）陳實功著　（清）徐大椿評　清光緒十九年（1893）上海圖書集成印書局鉛印本　三册

140000 - 0501 - 0003364　62405

太乙神針方一卷　（清）范培蘭撰　清同治九年（1870）鄭慶崧刻本　一册

140000 - 0501 - 0003365　62406

太乙神針方一卷　（清）范培蘭撰　清同治九年（1870）鄭慶崧刻本　一册

140000 - 0501 - 0003366　62409 - 12

勉學堂針灸集成四卷　（清）廖潤鴻編　清光緒五年（1879）刻本　四册

140000 - 0501 - 0003367　62413 - 16

勉學堂針灸集成四卷　（清）廖潤鴻編　清光緒五年（1879）刻本　四册

140000 - 0501 - 0003368　62425 - 28

銀海精微四卷　（唐）孫思邈輯　清道光八年（1828）文淵堂刻本　四册

140000 - 0501 - 0003369　62429 - 32

葆光道人秘傳眼科十卷首一卷　（明）葆光道人撰　明萬曆三年（1575）黃氏刻本　四册

140000 - 0501 - 0003370　62433

眼科切要一卷　（清）王文選撰　**醫學一統一卷**　（清）黃為良編　清道光二十七年（1847）重慶府較場刻本　一册

140000 - 0501 - 0003371　62434 - 35

喉症全科紫珍集二卷　（清）朱翔宇輯　清咸豐十一年（1861）雲陽文會堂刻本　二册

140000 - 0501 - 0003372　62436

咽喉脈證通論一卷　清光緒十年（1884）潘文書局刻咫進齋叢書本　一册

140000 - 0501 - 0003373　62437

咽喉脈證通論一卷　清光緒十年（1884）太原潘文書局刻本　一册

140000 - 0501 - 0003374　62445 - 46

錢氏小兒直訣四卷　（宋）錢乙撰　清刻本　二册

140000 - 0501 - 0003375　62451 - 52

推拿廣意三卷　（清）熊應雄輯　清道光二年（1822）金閭三友堂刻本　二册

140000 - 0501 - 0003376　62453 - 54

痘疹活幼心法不分卷　（明）聶尚恆撰　清大文堂刻本　二册

140000 - 0501 - 0003377　62455 - 60

鼎鍥幼幼集成六卷　（清）陳復正輯訂　清吳三讓信記刻本　六册

140000 - 0501 - 0003378　62461

幼科切要一卷　（清）王文選編輯　清道光二十七年（1847）重慶較場壩草藥街書坊刻本　一册

140000 - 0501 - 0003379　62462

幼科鐵鏡二卷　（清）夏鼎撰　清宣統元年（1909）掃葉山房石印本　一册

140000 - 0501 - 0003380　62465

遂生編一卷福幼編一卷　（清）莊一夔撰　清道光四年（1824）湖北荆宜施道公所刻本　一册

140000 - 0501 - 0003381　62473 - 76

慈幼新書三種附秘訣　（清）莊一夔撰　清道光九年（1829）資善堂刻本　四册　存二種

140000 - 0501 - 0003382　62477 - 86

幼科準繩九卷　（明）王肯堂輯　清光緒十八年（1892）上海圖書集成印書局鉛印六科準繩本　十册

140000 - 0501 - 0003383　62503 - 04

痘症精言四卷　（清）袁句撰　清美錦堂刻本　二册

140000 - 0501 - 0003384　62505 - 06

痘症精言四卷 （清）袁句撰 清美錦堂刻本
二冊

140000－0501－0003385 62507－10

推拿秘書五卷 （清）駱如龍撰 推拿廣意三
卷 （清）熊應雄輯 清抄本 四冊

140000－0501－0003386 62511－12

幼科釋謎六卷 （清）沈金鰲輯 清乾隆三十
九年(1774)刻沈氏尊生書本 二冊

140000－0501－0003387 62514－15

活幼心法九卷附林文忠公諱則徐戒煙神效方
（明）聶尚恒撰 （清）周雨郇編 清杭城聚
文堂刻本 二冊

140000－0501－0003388 62517

痘疹定論三卷 （清）朱純嘏輯 清光緒十八
年(1892)粵東儒雅堂刻本 一冊

140000－0501－0003389 62518－23

痘書大全三卷附一卷 （清）史錫節撰 清康
熙四十六年(1707)尺木堂刻本 六冊

140000－0501－0003390 62524－29

種痘新書十二卷 （清）張琰編輯 清同治十
年(1871)善成堂刻本 六冊

140000－0501－0003391 62531

沈氏麻科一卷 （清）趙開泰輯 清光緒二年
(1876)黃邑管氏刻本 一冊

140000－0501－0003392 62532－37

痧痘集解六卷 （清）俞茂鯤集解 清乾隆五
十二年(1787)懷德堂刻本 六冊

140000－0501－0003393 62538－41

痧痘集解六卷 （清）俞茂鯤集解 清乾隆五
十二年(1787)懷德堂刻本 四冊

140000－0501－0003394 62542－45

痘科類編釋意三卷 （清）翟良輯 疹科纂要
一卷 （明）馬之騏撰 清乾隆三十七年
(1772)敬業堂刻本 四冊

140000－0501－0003395 62546－55

摘星樓治痘全書十八卷 （明）朱一麟撰 清
道光六年(1826)耕樂堂刻本 十冊

140000－0501－0003396 62556－61

女科準繩五卷 （明）王肯堂輯 清光緒十八
年(1892)上海圖書集成印書局鉛印六科準繩
本 六冊

140000－0501－0003397 62562－65

傅氏女科全集四卷 （清）傅山撰 清光緒十
六年(1890)善成堂刻本 四冊

140000－0501－0003398 62568

保生編一卷 （清）巫齋居士撰 慈幼編一卷
（清）莊大椿輯 清道光四年(1824)公所刻
本 一冊

140000－0501－0003399 62569－72

新編女科指掌五卷 （清）葉其蓁輯 清雍正
二年(1724)書業堂刻本 四冊

140000－0501－0003400 62573－74

傅氏女科二卷 （清）傅山撰 清道光七年
(1827)李纘唐刻本 二冊

140000－0501－0003401 62576－81

竹林女科證治四卷 清光緒十七年(1891)皖
江節署刻本 六冊

140000－0501－0003402 62585－86

資生鏡四種 （清）王珠 （清）錢大治編 清
嘉慶二十五年(1820)嘉定汗笴齋刻本 二冊

140000－0501－0003403 62587

產科心法二卷 （清）汪喆輯 清道光九年
(1829)嘉郡九思堂刻本 一冊

140000－0501－0003404 62588－89

婦科玉尺六卷 （清）沈金鰲輯 清乾隆三十
九年(1774)刻沈氏尊生書本 二冊

140000－0501－0003405 62590－92

中藏經八卷附華佗內照法一卷 （漢）華佗撰
清光緒六年(1880)上虞徐氏刻本 三冊

140000－0501－0003406 62593－96

增注類證活人書二十二卷釋音一卷 （宋）朱
肱撰 清光緒十年(1884)上海江南機器製造
總局刻本 四冊

140000－0501－0003407 62602－03

慎柔五書五卷　(明)胡慎柔撰　清乾隆五十一年(1786)修敬堂刻本　二冊

140000－0501－0003408　62604－27

弦雪居重訂遵生八箋十九卷　(明)高濂編　清道光十二年(1832)步月樓刻本　二十四冊

140000－0501－0003409　62640－44

明醫雜著六卷　(明)王綸撰　(明)薛己注　清刻本　五冊

140000－0501－0003410　62645

原機啟微二卷附錄一卷　(元)倪維德著　清刻本　一冊

140000－0501－0003411　62646

正體類要二卷　(明)薛己著　清刻本　一冊

140000－0501－0003412　62647－52

醫林繩墨大全九卷　(明)方穀撰　清嘉慶二十年(1815)向山堂刻本　六冊

140000－0501－0003413　62653

韓氏醫通二卷　(明)韓懋撰　清乾隆四十二年(1777)程永培刻本　一冊

140000－0501－0003414　62654－57

趙氏醫貫六卷附殷九峰經驗方宦邸千金異方　(清)趙獻可纂　清三多齋刻本　四冊

140000－0501－0003415　62670－75

訂補明醫指掌十卷　(明)皇甫中注　診家樞要一卷　(元)滑壽編纂　清道光二十三年(1843)維楊寶翰樓刻本　六冊

140000－0501－0003416　62676－91

醫學入門七卷首一卷　(明)李梴編注　清寶仁堂刻本　十六冊

140000－0501－0003417　62692－97

丹臺玉案六卷　(明)孫文胤撰　清五風樓刻本　六冊

140000－0501－0003418　62698－701

救偏瑣言五卷附瑣言備用良方一卷　(清)費啟泰撰　清順治刻本　四冊

140000－0501－0003419　62702－05

救偏瑣言五卷附瑣言備用良方一卷　(清)費啟泰撰　清道光二十一年(1841)大文堂刻本　四冊

140000－0501－0003420　62706－07

傅青主男科二卷女科產後編二卷　(清)傅山撰　清光緒十年(1884)京都文益堂刻本　二冊

140000－0501－0003421　62708－11

傅青主男科二卷女科產後編二卷　(清)傅山撰　清光緒十一年(1885)善成堂刻本　四冊

140000－0501－0003422　62712－17

石室秘籙六卷　(清)陳士鐸撰　清嘉慶三年(1798)刻本　六冊

140000－0501－0003423　62718－23

醫宗必讀十卷　(明)李中梓撰　清光緒六年(1880)上海掃葉山房刻本　六冊

140000－0501－0003424　62724－29

石室秘籙六卷　(清)陳士鐸撰　清嘉慶三年(1798)崇文堂刻本　六冊

140000－0501－0003425　62730－35

石室秘籙六卷　(清)陳士鐸撰　清道光三年(1823)刻本　六冊

140000－0501－0003426　62736－47

辨證錄十四卷脈訣闡微一卷　(清)陳士鐸撰　清乾隆十三年(1748)喻義堂刻本　十二冊

140000－0501－0003427　62748－53

醫門法律六卷　(清)喻昌撰　清乾隆二十八年(1763)宏道堂刻本　六冊

140000－0501－0003428　62754－57

醫門法律六卷　(清)喻昌撰　清光緒二十年(1894)上海圖書集成印書局鉛印本　四冊

140000－0501－0003429　62758

四聖懸樞五卷　(清)黃元御撰　清咸豐十年(1860)長沙燮龢精舍刻黃氏醫書本　一冊

140000－0501－0003430　62759

四聖懸樞五卷　(清)黃元御撰　清咸豐十年(1860)長沙燮龢精舍刻黃氏醫書本　一冊

140000 - 0501 - 0003431　62760 - 61

四聖心源十卷　（清）黃元御撰　清刻本
二冊

140000 - 0501 - 0003432　62762 - 63

四聖心源十卷　（清）黃元御撰　清刻本
二冊

140000 - 0501 - 0003433　62764 - 67

四聖心源十卷　（清）黃元御撰　清道光二十
九年(1849)諸城李氏刻本　四冊

140000 - 0501 - 0003434　62768 - 74

三家醫案合刻三卷　（清）吳金壽編　**醫效秘
傳三卷**　（清）葉桂撰　**溫熱贅言一卷**　（清）
寄瓢子撰　清道光十一年(1831)吳氏貯春僊
館刻本　七冊

140000 - 0501 - 0003435　62776

隨息居重訂霍亂論一卷　（清）王士雄撰　清
刻本　一冊

140000 - 0501 - 0003436　62777

愼柔五書五卷　（明）胡愼柔撰　清乾隆五十
一年(1786)修敬堂刻本　一冊

140000 - 0501 - 0003437　62778 - 82

醫學心悟五卷　（清）程國彭撰　清光緒二十
一年(1895)學庫山房刻本　五冊

140000 - 0501 - 0003438　62783

醫學源流論二卷　（清）徐大椿撰　清光緒十
八年(1892)上海圖書集成印書局鉛印本
一冊

140000 - 0501 - 0003439　62784 - 86

蘭臺軌範八卷　（清）徐大椿著　清光緒十八
年(1892)上海圖書集成印書局鉛印本　三冊

140000 - 0501 - 0003440　62787 - 90

三纂壽世編二卷　（清）丞齋居士編　清道光
十二年(1832)經國堂刻本　四冊

140000 - 0501 - 0003441　62793 - 94

吳醫彙講十一卷　（清）唐大烈輯　清宣統二
年(1910)上海掃葉山房石印本　二冊

140000 - 0501 - 0003442　62795

醫林改錯二卷　（清）王清任撰　清道光二十
七年(1847)晉祁書業德記刻本　一冊

140000 - 0501 - 0003443　62797 - 801

養生肇要十三卷首一卷　題(清)鳳山迂叟編
輯　清道光十六年(1836)山陝會館刻本
五冊

140000 - 0501 - 0003444　62805

時方妙用四卷　（清）陳念祖撰　清光緒十八
年(1892)上海圖書集成印書局鉛印本　一冊

140000 - 0501 - 0003445　62806 - 08

時方妙用四卷景岳新方砭四卷女科要旨四卷
　（清）陳念祖撰　清嘉慶八年(1803)樁蔭書
屋刻本　三冊

140000 - 0501 - 0003446　62809

醫學三字經四卷　（清）陳念祖撰　清光緒十
八年(1892)上海圖書集成印書局鉛印本
一冊

140000 - 0501 - 0003447　62811

景岳新方砭四卷　（清）陳念祖撰　清嘉慶九
年(1804)大文堂刻本　一冊

140000 - 0501 - 0003448　62812 - 13

醫學三字經四卷　（清）陳念祖撰　清光緒十
五年(1889)孫谿逸士刻本　二冊　缺一冊
(一)

140000 - 0501 - 0003449　62814 - 21

醫略稿六十七卷　（清）蔣寶素撰　清道光三
十年(1850)快志堂刻本　八冊

140000 - 0501 - 0003450　62822 - 25

醫學求是三卷附醫案一卷　（清）吳達撰　清
光緒十一年(1885)江陽方橋餘慶堂刻本
四冊

140000 - 0501 - 0003451　62826 - 33

醫學摘粹八卷　（清）慶恕撰　清光緒二十三
年(1897)五涼文社刻本　八冊

140000 - 0501 - 0003452　62838 - 39

證治針經四卷　（清）郭誠勳輯　清道光八年
(1828)得且堂刻本　二冊

140000－0501－0003453　62840－41

醫學讀書記三卷附醫案一卷續記一卷　（清）
尤怡撰　清光緒十四年（1888）行素草堂刻本
二冊

140000－0501－0003454　62842－43

王氏醫存十七卷附新選驗方一卷　（清）王燕
昌撰　清同治十三年（1874）皖城黃竹友齋刻
本　二冊

140000－0501－0003455　62844－49

醫學實在易八卷　（清）陳念祖撰　清道光二
十四年（1844）南雅堂刻本　六冊

140000－0501－0003456　62850－53

醫學從眾錄八卷　（清）陳念祖撰　清光緒二
十六年（1900）陳心典南雅堂刻本　四冊

140000－0501－0003457　62854－57

平法寓言十卷　（清）與樵山客撰　清光緒十
三年（1887）刻本　四冊

140000－0501－0003458　62858－59

中西彙通醫經精義二卷　唐宗海著　清光緒
三十四年（1908）上海千頃堂書局石印本
二冊

140000－0501－0003459　62861－62

血證論八卷　唐宗海撰　清光緒三十四年
（1908）上海千頃堂書局石印本　二冊

140000－0501－0003460　62863－64

血證論八卷　唐宗海撰　清光緒三十四年
（1908）上海千頃堂書局石印本　二冊

140000－0501－0003461　62865

醫林獵要一卷　（清）黃保康輯　清宣統三年
（1911）南海黃氏刻霄鵬先生遺著本　一冊

140000－0501－0003462　62870－85

喻氏醫書四種　（清）喻昌撰　清乾隆六十年
（1795）博古堂刻本　十六冊

140000－0501－0003463　62886

慎疾芻言一卷　（清）徐大椿撰　清同治刻本
一冊

140000－0501－0003464　62888－92

丹溪心法五卷附錄一卷　（明）吳勉學校　清
尚德堂刻本　五冊

140000－0501－0003465　62893－96

葛仙翁肘後備急方八卷　（晉）葛洪撰　清道
光十年（1830）依雲堂刻本　四冊

140000－0501－0003466　62897

元和紀用經一卷　（唐）王冰著　清光緒十七
年（1891）廣州儒雅堂刻六醴齋醫書本　一冊

140000－0501－0003467　62898

元和紀用經一卷　（唐）王冰著　清光緒十七
年（1891）廣州儒雅堂刻六醴齋醫書本　一冊

140000－0501－0003468　62899－910

千金翼方三十卷　（唐）孫思邈撰　清乾隆二
十八年（1763）金匱華氏保元堂刻本　十二冊

140000－0501－0003469　62911－26

千金翼方三十卷目錄一卷　（唐）孫思邈撰
清同治七年（1868）姑蘇掃葉山房刻本　十
六冊

140000－0501－0003470　62939－74

孫真人千金方衍義三十卷　（清）張璐撰　清
同治六年（1867）賓邑利濟裕號刻本　三十
六冊

140000－0501－0003471　63095－97

蘇沈內翰良方十卷　（宋）蘇軾　（宋）沈括撰
清光緒十七年（1891）廣州儒雅堂刻六醴齋
醫書本　三冊

140000－0501－0003472　63098－103

集驗良方五卷　（清）梁文科輯　清雍正二年
（1724）廣寧年氏刻本　六冊

140000－0501－0003473　63104－13

新刊醫林狀元壽世保元十卷　（明）龔廷賢編
清光緒十二年（1886）上洋江左書林刻本
十冊

140000－0501－0003474　63114－21

新刊增補萬病回春原本八卷　（明）龔廷賢編
清道光十七年（1837）崇讓堂刻本　八冊

140000－0501－0003475　63122－27

新刊良朋彙集六卷　（清）孫偉輯　清康熙五十年(1711)吳氏善成堂刻本　六冊

140000－0501－0003476　63128－35

衛生鴻寶六卷　（清）祝補齋輯　（清）高味卿增補　清咸豐七年(1857)上海寶賢堂刻本　八冊

140000－0501－0003477　63136－41

衛生鴻寶六卷　（清）祝補齋輯　（清）高味卿增補　清咸豐七年(1857)上海寶賢堂刻本　六冊

140000－0501－0003478　63142－66

東醫寶鑑二十五卷目錄二卷　（朝鮮）許浚輯　清光緒十六年(1890)校經山房刻本　二十五冊

140000－0501－0003479　63167－74

雜病證治類方八卷　（明）王肯堂輯　清光緒十八年(1892)上海圖書集成印書局石印本　八冊

140000－0501－0003480　63175－78

醫醇賸義四卷醫方論四卷　（清）費伯雄撰　清光緒三年(1877)李氏刻本　四冊

140000－0501－0003481　63179－82

醫醇賸義四卷醫方論四卷　（清）費伯雄撰　清光緒三年(1877)李氏刻本　四冊

140000－0501－0003482　63183－90

增廣驗方新編十六卷續集五卷　（清）鮑相璈編　（清）張紹棠增編　清上海廣益書局石印本　八冊

140000－0501－0003483　63191－96

類證普濟本事方十卷　（宋）許叔微撰　（清）葉桂釋義　清嘉慶十九年(1814)上海掃葉山房刻本　六冊

140000－0501－0003484　63197

十藥神書一卷　（元）葛乾孫撰　加減靈秘十八方一卷　（明）胡嗣廉纂　清光緒十七年(1891)廣州儒雅堂刻六醴齋醫書本　一冊

140000－0501－0003485　63198－99

筆花醫鏡二卷　（清）江涵暾撰　清光緒三十三年(1907)刻本　二冊

140000－0501－0003486　63200

時方歌括二卷　（清）陳念祖撰　清嘉慶八年(1803)大文堂刻本　一冊

140000－0501－0003487　63201

醫方論二卷　（清）費伯雄撰　清光緒三年(1877)刻本　一冊

140000－0501－0003488　63204

奇方纂要一卷　（清）王錫鑫編　清道光二十七年(1847)重慶刻本　一冊

140000－0501－0003489　63205－07

新編救急奇方六卷附回生集　（清）徐文弼輯　清道光四年(1824)刻本　三冊　回生集殘

140000－0501－0003490　63208－09

普濟良方八卷　（清）德軒氏纂輯　清道光四年(1824)刻本　二冊

140000－0501－0003491　63211

經驗方彙一卷　（清）熊家驥編　清光緒十九年(1893)江右乙照齋刻本　一冊

140000－0501－0003492　63212－17

本草醫方合編六卷首一卷　（清）汪昂撰　清宣統元年(1909)書業德刻本　六冊

140000－0501－0003493　63221－23

蘭臺軌範八卷　（清）徐大椿著　清光緒十八年(1892)上海圖書集成印書局鉛印本　三冊

140000－0501－0003494　63224－31

蒼生司命八卷首一卷　（明）虞摶輯　清同德堂刻本　八冊

140000－0501－0003495　63232－37

醫醇賸義四卷醫方論四卷　（清）費伯雄撰　清同治二年(1863)耕心堂刻本　六冊

140000－0501－0003496　63238－41

丹方彙編八卷附集驗良方　（清）錢峻　（清）黃朝遴編　清嘉慶十五年(1810)文畲堂德記刻本　四冊

140000－0501－0003497　63242－47

回生集二卷續二卷　（清）陳傑輯　清道光二十二年（1842）寶仁堂刻本　六冊

140000－0501－0003498　63248－50

回生集二卷續二卷附信驗方　（清）陳傑輯　清嘉慶七年（1802）樂天堂刻本　三冊

140000－0501－0003499　63251－54

仙拈集四卷　（清）李文炳輯　清同德堂刻本　四冊

140000－0501－0003500　63255－58

仙拈集四卷　（清）李文炳集　清嘉慶十五年（1810）姑蘇聚文堂刻本　四冊

140000－0501－0003501　63260－65

醫方集解不分卷　（清）汪昂撰　清刻本　六冊

140000－0501－0003502　63280－83

醫方易簡新編六卷　（清）龔自璋輯　清咸豐四年（1854）刻本　四冊

140000－0501－0003503　63284－87

醫方易簡新編六卷　（清）龔自璋輯　清咸豐四年（1854）刻本　四冊

140000－0501－0003504　63288－95

驗方新編十六卷　（清）鮑相璈編　清光緒五年至九年（1879－1883）山西濬文書局刻本　八冊

140000－0501－0003505　63297

中西救急奇方一卷　（英國）秀耀春著　清石印本　一冊

140000－0501－0003506　63298

吳鞠通方歌一卷陳修園方歌一卷　（清）黃保康撰　（清）黃任恆注　清宣統三年（1911）南海黃氏刻本　一冊

140000－0501－0003507　63299

急救神方一卷　（清）李元度編　清光緒十一年（1885）刻本　一冊

140000－0501－0003508　63300

急救神方一卷　（清）李元度編　清光緒十一年（1885）刻本　一冊

140000－0501－0003509　63303

醫方捷徑二卷　（清）王宗顯輯　清蔭香堂刻本　一冊

140000－0501－0003510　63307

羅芝園應驗惡核良方一卷紀慎齋易學求雨圖說一卷附蠱脹腳氣兩症經驗良方一卷　（清）勞守慎纂　清光緒二十九年至三十二年（1903－1906）南海勞氏禮安堂刻本　一冊

140000－0501－0003511　63309－13

良朋彙集五卷　（清）孫偉輯　清康熙五十年（1711）京都琉璃廠嵩秀堂刻本　五冊

140000－0501－0003512　63322－27

名醫類案十二卷　（明）江瓘輯　清乾隆三十五年（1770）知不足齋刻本　六冊

140000－0501－0003513　63352－53

寓意草一卷　（清）喻昌撰　清刻本　二冊

140000－0501－0003514　63362－63

吳門治驗錄四卷　（清）顧金壽撰　清道光五年（1825）澄懷堂刻本　二冊

140000－0501－0003515　63365－67

王氏醫案續編八卷　（清）王士雄撰　（清）張鴻輯　清光緒十八年（1892）上海醉六堂刻本　三冊

140000－0501－0003516　63370－85

經史證類大觀本草三十一卷目錄一卷　（宋）唐慎微撰　（宋）艾晟重訂　清光緒三十年（1904）武昌柯氏刻本　十六冊

140000－0501－0003517　63386－88

要藥分劑十卷　（清）沈金鰲撰　清刻本　三冊

140000－0501－0003518　63389－92

珍珠囊指掌補遺藥性賦四卷　（金）李杲編　**雷公炮製藥性解六卷**　（明）李中梓編　清道光三年（1823）武林五德堂刻本　四冊

140000－0501－0003519　63393－96

珍珠囊指掌補遺藥性賦四卷　（金）李杲編

雷公炮製藥性解六卷　（明）李中梓編　清刻本　四冊

140000－0501－0003520　63397－444

本草綱目五十二卷圖三卷瀕湖脈學一卷奇經八脈考一卷　（清）李時珍撰　**本草萬方針線八卷**　（清）蔡烈先輯　清同治十一年（1872）春明堂刻本　四十八冊

140000－0501－0003521　63445－92

本草綱目五十二卷圖三卷瀕湖脈學一卷奇經八脈考一卷　（明）李時珍撰　**本草萬方針線八卷**　（清）蔡烈先輯　清學庫山房刻本　四十八冊

140000－0501－0003522　63493－514

本草綱目五十二卷圖三卷　（明）李時珍撰　**本草萬方針線八卷**　（清）蔡烈先輯　清芥子園刻本　二十二冊

140000－0501－0003523　63515－38

本草綱目五十二卷圖三卷瀕湖脈學一卷奇經八脈考一卷　（明）李時珍撰　**本草萬方針線八卷**　（清）蔡烈先輯　**本草綱目拾遺十卷**　（清）趙學敏撰　清光緒上海錦章圖書局石印本　二十四冊

140000－0501－0003524　63540－47

食物本草會纂十二卷　（清）沈李龍撰　清乾隆四十八年（1783）金閶書業堂刻本　八冊

140000－0501－0003525　63553－54

長沙藥解四卷　（清）黃元御撰　清長沙徐樹銘刻本　二冊　殘

140000－0501－0003526　63555－58

玉楸藥解四卷　（清）黃元御解　（清）畢維新輯　清抄本　四冊

140000－0501－0003527　63559

玉楸藥解八卷　（清）黃元御撰　清刻本　一冊

140000－0501－0003528　63560

玉楸藥解八卷　（清）黃元御撰　清刻本　一冊

140000－0501－0003529　63561－72

本經疏證十二卷本經續疏六卷本經序疏要八卷　（清）鄒澍撰　清道光二十九年（1849）常州長年醫局刻本　十二冊

140000－0501－0003530　63573－78

本經疏證十二卷　（清）鄒澍撰　清同治十二年（1873）友經堂刻本　六冊

140000－0501－0003531　63579－84

本經疏證十二卷本經續疏六卷本經序疏要八卷　（清）鄒澍撰　清道光二十九年（1849）常州長年醫局刻本　八冊

140000－0501－0003532　63585－96

本經疏證十二卷本經續疏六卷本經序疏要八卷　（清）鄒澍撰　清道光二十九年（1849）常州長年醫局刻本　十二冊

140000－0501－0003533　63597－98

本經續疏六卷　（清）鄒澍撰　清常郡韓文煥齋刻本　二冊

140000－0501－0003534　63599

神農本草經百種錄一卷　（清）徐大椿撰　清刻本　一冊

140000－0501－0003535　63600

神農本草經讀四卷　（清）陳念祖撰　清光緒十八年（1892）上海圖書集成印書局鉛印本　一冊

140000－0501－0003536　63601－06

草木春秋演義五卷三十二回　（清）雲間子編　清最樂堂刻本　六冊

140000－0501－0003537　63612－15

理瀹駢文一卷略言一卷續增略言一卷廿一膏良方一卷補錄收濕散一卷　（清）吳尚先撰　清光緒五年（1879）刻本　四冊

140000－0501－0003538　63616

同仁堂虔修諸門應症丸散膏丹總目一卷　清光緒十五年（1889）京都同仁堂刻本　一冊

140000－0501－0003539　63617

同仁堂虔修諸門應症丸散膏丹總目一卷　清

光緒十五年(1889)京都同仁堂刻本　一冊

140000－0501－0003540　63618

胡慶餘堂丸散膏丹全集一卷　清光緒三年(1877)浙杭胡慶餘堂雪記刻本　一冊

140000－0501－0003541　63619

胡慶餘堂丸散膏丹全集一卷　清光緒三年(1877)浙杭胡慶餘堂雪記刻本　一冊

140000－0501－0003542　63621－28

劉河間醫書八種　(金)劉完素撰　清刻本　八冊

140000－0501－0003543　63637－52

東垣十書　(金)李杲等撰　(明)王肯堂訂正　清萃華堂刻本　十六冊

140000－0501－0003544　63653－60

合鐫增補士材三書　(明)李中梓撰　(明)尤乘增補　清康熙六年(1667)雲萃堂刻本　八冊

140000－0501－0003545　63685－92

醫林指月十二種　(清)王琦輯　清光緒二十二年(1896)上海圖書集成印書局鉛印本　八冊

140000－0501－0003546　63693－700

醫林指月十二種　(清)王琦輯　清光緒二十二年(1896)上海圖書集成印書局鉛印本　八冊

140000－0501－0003547　63701－08

世補齋醫書前集六種三十三卷　(清)陸懋修撰　清光緒十年(1884)刻本　八冊

140000－0501－0003548　63709－18

世補齋醫書後集四種　(清)陸懋修訂　清宣統二年(1910)元和陸氏刻本　十冊

140000－0501－0003549　63719－28

世補齋醫書後集四種　(清)陸懋修訂　清宣統二年(1910)元和陸氏刻本　十冊

140000－0501－0003550　63745－56

中西彙通醫書五種　唐宗海撰　清光緒三十四年(1908)千頃堂書局石印本　十二冊

140000－0501－0003551　63793－94

醫理略述二卷　(清)尹端模筆譯　清光緒十八年(1892)羊城博濟醫局刻本　二冊

140000－0501－0003552　63795－96

醫理略述二卷　(清)尹端模筆譯　清光緒十八年(1892)羊城博濟醫局刻本　二冊

140000－0501－0003553　63797－808

全體通考十八卷　(英國)德貞著　清光緒十二年(1886)鉛印本　十二冊

140000－0501－0003554　63809－20

全體通考十八卷　(英國)德貞著　清光緒十二年(1886)鉛印本　十二冊

140000－0501－0003555　63821－23

全體闡微三卷　(美國)柯為良撰　清光緒十五年(1889)石印本　三冊

140000－0501－0003556　63824

保全生命論一卷　(英國)古蘭肥勒撰　(清)趙元益筆述　(英國)秀耀春口譯　清光緒二十七年(1901)上海製造局刻本　一冊

140000－0501－0003557　63825

西醫略論三卷　(英國)合信　(清)管茂材撰　清咸豐七年(1857)刻本　一冊

140000－0501－0003558　63826－27

體用十章　(英國)哈士烈著　(清)孔慶高譯　清光緒十年(1884)羊城博濟醫局刻本　二冊

140000－0501－0003559　63828－29

體用十章　(英國)哈士烈著　(清)孔慶高譯　清光緒十年(1884)羊城博濟醫局刻本　二冊

140000－0501－0003560　63830－33

儒門醫學三卷附一卷　(英國)海得蘭撰　(清)趙元益筆述　(英國)傅蘭雅口譯　清光緒江南製造總局刻本　四冊

140000－0501－0003561　63834－37

儒門醫學三卷附一卷　(英國)海得蘭撰　(清)趙元益筆述　(英國)傅蘭雅口譯　清光

緒江南製造總局刻本　四冊

140000－0501－0003562　63840

體學易知　（美國）賈德美著　清光緒二十年(1894)上海美華書館鉛印本　一冊

140000－0501－0003563　63841

體學易知　（美國）賈德美著　清光緒二十年(1894)上海美華書館鉛印本　一冊

140000－0501－0003564　63842－44

體學新編三卷　（美國）惠亨通著　劉功宇譯　清光緒三十年(1904)福州美部公會鉛印本　三冊

140000－0501－0003565　63845－47

體學新編三卷　（美國）惠亨通著　劉功宇譯　清光緒三十年(1904)福州美部公會鉛印本　三冊

140000－0501－0003566　63848－53

西醫內科全書十五卷　（清）孔慶高譯　清光緒八年(1882)羊城博濟醫局刻本　六冊

140000－0501－0003567　63854－59

西醫內科全書十五卷　（清）孔慶高譯　清光緒八年(1882)羊城博濟醫局刻本　六冊

140000－0501－0003568　63860－71

內科理法十六卷　（英國）虎伯撰　舒高第口譯　（清）趙元益筆述　清光緒江南製造總局刻本　十二冊

140000－0501－0003569　63872－83

內科理法十六卷　（英國）虎伯撰　舒高第口譯　（清）趙元益筆述　清光緒江南製造總局刻本　十二冊

140000－0501－0003570　63884

內科新說二卷　（英國）合信氏撰　清咸豐八年(1858)上海仁濟醫館刻本　一冊

140000－0501－0003571　63885

內科闡微一卷　（美國）嘉約翰口譯　（清）林湘東筆述　清光緒十五年(1889)羊城博濟醫局刻本　一冊

140000－0501－0003572　63886

內科闡微一卷　（美國）嘉約翰口譯　（清）林湘東筆述　清光緒十五年(1889)羊城博濟醫局刻本　一冊

140000－0501－0003573　63887

皮膚新編一卷　（美國）嘉約翰口譯　（清）林湘東筆述　清光緒十四年(1888)羊城博濟醫局刻本　一冊

140000－0501－0003574　63888

皮膚新編一卷　（美國）嘉約翰口譯　（清）林湘東筆述　清光緒十四年(1888)羊城博濟醫局刻本　一冊

140000－0501－0003575　63889－92

臨陣傷科捷要四卷　（英國）帕脫編　舒高第（清）鄭昌棪校譯　清鉛印本　四冊

140000－0501－0003576　63893－99

割症全書七卷　（美國）嘉約翰撰　清光緒十六年(1890)羊城博濟醫局刻本　七冊

140000－0501－0003577　63900－06

割症全書七卷　（美國）嘉約翰撰　清光緒十六年(1890)羊城博濟醫局刻本　七冊

140000－0501－0003578　63907

增訂花柳指迷一卷　（美國）嘉約翰輯　（清）林應祥筆述　清光緒十五年(1889)羊城博濟醫局刻本　一冊

140000－0501－0003579　63909

眼科證治一卷　（英國）稻惟德口譯　（清）劉星垣筆述　清光緒二十三年(1897)石印本　一冊

140000－0501－0003580　63910

眼科證治一卷　（美國）聶會東口譯　（清）尚寶臣筆述　清光緒二十九年(1903)上海美華書館鉛印本　一冊

140000－0501－0003581　63911－15

婦科精蘊五卷　（美國）妥瑪氏撰　（清）孔慶高譯　清光緒十五年(1889)羊城博濟醫局刻本　五冊

140000－0501－0003582　63916－20

婦科精蘊五卷　（美國）妥瑪氏撰　（清）孔慶高譯　清光緒十五年（1889）羊城博濟醫局刻本　五冊

140000－0501－0003583　63921－26

婦科附圖　（美國）湯麥斯撰　（清）鄭昌棪舒高第譯　清光緒二十六年（1900）江南機器製造局鉛印本　六冊

140000－0501－0003584　63927－32

婦科附圖　（美國）湯麥斯撰　（清）鄭昌棪舒高第譯　清光緒二十六年（1900）江南機器製造局鉛印本　六冊

140000－0501－0003585　63933

胎内教育一卷　（日本）伊東琴次郎撰　清光緒二十八年（1902）上海廣智書局鉛印本　一冊

140000－0501－0003586　63934－35

產科不分卷　（英國）密爾撰　舒高第　（清）鄭昌棪譯　清光緒江南機器製造局鉛印本　二冊

140000－0501－0003587　63936－37

西醫產科心法二卷附產科圖說　（英國）梅滕更撰　（清）劉庭楨譯　清光緒二十三年（1897）廣濟醫局鉛印本　二冊

140000－0501－0003588　63938－39

西醫產科心法二卷附產科圖說　（英國）梅滕更撰　（清）劉庭楨譯　清光緒二十三年（1897）廣濟醫局鉛印本　二冊

140000－0501－0003589　63940－41

西醫胎產舉要二卷　（美國）阿庶頓輯　（清）尹端模譯　清刻本　二冊

140000－0501－0003590　63942－43

兒科撮要二卷　（清）尹端模譯　清光緒十八年（1892）羊城博濟醫局刻本　二冊

140000－0501－0003591　63944－45

兒科撮要二卷　（清）尹端模譯　清光緒十八年（1892）羊城博濟醫局刻本　二冊

140000－0501－0003592　63946

藥品中西名目表一卷　（英國）來拉撰　清光緒十三年（1887）江南製造總局石印本　一冊

140000－0501－0003593　63947

藥品中西名目表一卷　（英國）來拉撰　清光緒十三年（1887）江南製造總局石印本　一冊

140000－0501－0003594　63948－51

西藥略釋四卷　（清）孔慶高譯撰　（英國）嘉約翰校　清光緒十二年（1886）羊城博濟醫局刻本　四冊

140000－0501－0003595　63952－55

西藥略釋四卷　（清）孔慶高譯撰　（英國）嘉約翰校　清光緒十二年（1886）羊城博濟醫局刻本　四冊

140000－0501－0003596　63956－71

西藥大成十卷首一卷　（英國）海得蘭　（英國）來拉撰　（清）趙元益筆述　（英國）傅蘭雅口譯　清光緒十年（1884）上海機器製造局刻本　十六冊

140000－0501－0003597　63972－87

西藥大成十卷首一卷　（英國）海得蘭　（英國）來拉撰　（清）趙元益筆述　（英國）傅蘭雅口譯　清光緒十年（1884）上海機器製造局刻本　十六冊

140000－0501－0003598　63988－92

西藥大成補編十卷　（英國）哈拉撰　（清）趙元益筆述　（英國）傅蘭雅口譯　清光緒三十年（1904）江南製造局刻本　五冊　存六卷（一至三、五、七、九）

140000－0501－0003599　63993－4000

萬國藥方八卷　（美國）洪士提譯　清光緒二十四年（1898）上海美華書館石印本　八冊

140000－0501－0003600　64001－08

萬國藥方八卷　（美國）洪士提譯　清光緒二十四年（1898）上海美華書館石印本　八冊

140000－0501－0003601　64009

霍亂症防治法　清抄本　一冊

140000－0501－0003602　64010－13

金匱要略方論本義二十二卷　（清）魏荔彤釋
義　清康熙六十年（1721）刻本　四冊

140000－0501－0003603　64014－17
針灸甲乙經十二卷　（晉）皇甫謐撰　明吳勉
學刻本　四冊

140000－0501－0003604　64336－444
子書百家　清光緒元年（1875）湖北崇文書局
刻本　一百九冊

140000－0501－0003605　64445
敷文鄭氏書說一卷　（宋）鄭伯熊撰　洪範統
一一卷　（宋）趙善湘撰　清乾隆綿州李氏刻
本　一冊

140000－0501－0003606　64446
東原錄一卷　（宋）龔鼎臣撰　肯綮錄一卷
（宋）趙叔向撰　燕魏雜記一卷　（宋）呂頤浩
撰　清綿州李氏刻本　一冊

140000－0501－0003607　64447
勸學篇二卷　（清）張之洞撰　清光緒二十四
年（1898）中江書院刻本　一冊

140000－0501－0003608　64448
十三經獨斷一卷　（清）趙曾望著　清光緒十
八年（1892）鉛印本　一冊

140000－0501－0003609　64450－53
孔子家語十卷　（三國魏）王肅注　清乾隆四
十五年（1780）刻本　四冊

140000－0501－0003610　64460－65
南華贅解不分卷　（清）劉鳳苞撰　清光緒三
年（1877）抄本　六冊

140000－0501－0003611　64466－71
四書說六卷　（明）辛全著　清道光十一年
（1831）刻本　六冊

140000－0501－0003612　64472－75
養正類編十七卷　（清）張伯行纂　清康熙四
十六年（1707）正誼堂刻本　四冊

140000－0501－0003613　64476－77
莊子十卷　（戰國）莊周撰　（清）周汝綸點勘
　清宣統元年（1909）鉛印本　六冊

140000－0501－0003614　64478－79
管子二十四卷　（唐）房玄齡注　（清）吳汝綸
點勘　清宣統鉛印本　二冊

140000－0501－0003615　64486－87
儒林宗派十六卷　（清）萬斯同撰　清宣統三
年（1911）上海國學扶輪社鉛印本　二冊

140000－0501－0003616　64488－95
莊子解三十三卷附莊子通一卷　（清）王夫之
集解　清同治四年（1865）湘鄉曾氏刻船山遺
書本　八冊

140000－0501－0003617　64500－03
漢學商兌三卷　（清）方東樹撰　清光緒二十
六年（1900）浙江書局刻本　四冊

140000－0501－0003618　64504－09
荀子集解二十卷首一卷　（唐）楊倞注　王先
謙集解　清光緒十七年（1891）思賢講舍刻本
　六冊

140000－0501－0003619　64510－15
韓非子集解二十卷首一卷　（清）王先慎撰
清光緒二十二年（1896）刻本　六冊

140000－0501－0003620　64516－17
諸子粹白四卷　（清）何文明輯　清光緒七年
（1881）閩南節署刻本　二冊

140000－0501－0003621　64518－19
太玄經集注十卷　（漢）揚雄撰　（宋）司馬光
集注　清光緒元年（1875）湖北崇文書局刻本
　二冊

140000－0501－0003622　64520－23
墨子十六卷　（戰國）墨翟撰　（清）畢沅注
清光緒元年（1875）湖北崇文書局刻本　四冊

140000－0501－0003623　64524－27
抱朴子八卷　（晉）葛洪撰　清光緒元年
（1875）湖北崇文書局刻本　四冊

140000－0501－0003624　64534－43
理學宗傳二十六卷　（清）孫奇逢輯　清康熙
六年（1667）刻本　十冊

140000－0501－0003625　64544－83

十子全書　（清）王子興輯　清光緒新化三味堂刻本　四十冊

140000－0501－0003626　64620－22

逸語十卷　（清）曹庭棟輯注　清乾隆十二年（1747）刻本　三冊

140000－0501－0003627　64623－26

呂子節錄四卷補遺二卷　（明）呂坤撰　（清）陳宏謀輯　清嘉慶二十三年（1818）嘉興錢臻潤齋刻本　四冊

140000－0501－0003628　64627－32

南華發覆八卷　（明）釋性通注　清乾隆十四年（1749）雲林懷德堂刻本　六冊

140000－0501－0003629　64633－40

懷幽雜俎叢書十二種　徐乃昌輯　清光緒、宣統南陵徐氏刻本　八冊

140000－0501－0003630　64641－53

高子遺書十二卷附錄一卷年譜一卷　（明）高攀龍撰　清光緒二年（1876）無錫東林書院刻本　十三冊

140000－0501－0003631　64654－61

合刻周張二先生全書二十二卷　（宋）周敦頤　（宋）張載撰　明萬曆三十四年（1606）徐必達刻本　八冊

140000－0501－0003632　64662－65

張子全書十五卷　（宋）張載撰　（宋）朱熹注釋　清康熙五十八年（1719）高安朱氏刻本　四冊

140000－0501－0003633　64666－71

道德經評注二卷　（漢）河上公注　（明）歸有光評　南華真經十卷　（晉）郭象注　清嘉慶九年（1804）姑蘇聚文堂刻本　六冊

140000－0501－0003634　64672－75

管子補注二十四卷　（唐）房玄齡注　（明）劉績補　清光緒二十三年（1897）上海圖書集成局鉛印本　四冊

140000－0501－0003635　64676－83

浪跡叢談十一卷續談八卷　（清）梁章鉅撰

清道光二十七年（1847）亦東園刻本　八冊

140000－0501－0003636　64684－89

荀子集解二十卷首一卷　（唐）楊倞注　王先謙集解　清光緒十七年（1891）思賢講舍刻本　六冊

140000－0501－0003637　64690－95

莊子因六卷　（清）林雲銘撰　清康熙五十五年（1716）刻本　六冊

140000－0501－0003638　64696－99

淳化閣帖釋文十卷　（清）朱家標釋文　（清）陳奕禧書　清康熙二十二年（1683）龍潭朱氏絅錦堂刻本　四冊

140000－0501－0003639　64700－09

賦彙錄要二十八卷補遺錄要一卷外集一卷　（清）吳光昭箋略　（清）陳書輯　清乾隆二十三年（1758）汲古齋刻本　十冊

140000－0501－0003640　64710－17

重訂述記八卷　（清）任兆麟輯　清嘉慶十五年（1810）金閶濂溪閣刻本　八冊

140000－0501－0003641　64718－23

讀書雜識十二卷　（清）勞格著　清光緒四年（1878）吳興丁氏刻月河精舍叢鈔本　六冊

140000－0501－0003642　64724－29

讀書雜識十二卷　（清）勞格著　清光緒四年（1878）吳興丁氏刻月河精舍叢鈔本　六冊

140000－0501－0003643　64730－33

程氏家塾讀書分年日程三卷　（元）程端禮述　清刻本　四冊

140000－0501－0003644　64734－39

荀子二十卷校勘補遺一卷　（戰國）荀況撰　（唐）楊倞注　清乾隆五十一年（1786）嘉善謝氏安雅堂刻本　六冊

140000－0501－0003645　64740－43

莊子南華經十卷　（晉）郭象注　（唐）陸德明音義　清嘉慶九年（1804）金閶聚文堂刻本　四冊

140000－0501－0003646　64750－55

南華真經旁注五卷　（戰國）莊周撰　（晉）向秀注　（晉）郭象評　清康熙五十五年(1716)世榮堂刻本　六冊

140000－0501－0003647　64756－59

近思錄原本集解十四卷　（宋）朱熹編　（宋）葉采集解　朱子節要十四卷　（明）高攀龍節要　清雍正九年(1731)高郵王氏刻本　四冊

140000－0501－0003648　64760－63

潛書四卷　（清）唐甄撰　（清）王聞遠編　清光緒三十二年(1906)山東全省官印書局刻本　四冊

140000－0501－0003649　64764－66

先聖大訓六卷　（宋）楊簡撰　明萬曆四十三年(1615)刻本　三冊

140000－0501－0003650　64769－72

浮邱子十二卷　（清）湯鵬撰　清同治四年(1865)刻本　四冊

140000－0501－0003651　64773－74

釋名疏證八卷續一卷補遺一卷略例附錄一卷校議一卷　（清）畢沅撰　清光緒二十年(1894)廣東廣雅書局刻本　二冊

140000－0501－0003652　64775－86

劉子全書遺編二十四卷首一卷　（明）劉宗周撰　（清）沈復粲編輯　清道光三十年(1850)會稽鍾氏刻本　十二冊

140000－0501－0003653　64787－92

舸騰八卷續編四卷　（清）鈕琇撰　清康熙三十九年至四十一年(1700－1702)臨野堂刻本　六冊

140000－0501－0003654　64793－98

讀書錄十一卷續錄十二卷　（明）薛瑄撰　清道光七年(1827)沃州梁氏刻本　六冊

140000－0501－0003655　64799－802

墨子十五卷目錄一卷　（戰國）墨翟撰　（清）畢沅校注　清乾隆四十九年(1784)靈巖山館刻本　四冊

140000－0501－0003656　64803

養蒙金鑑二卷　（清）林之望編　清光緒元年(1875)刻本　一冊

140000－0501－0003657　64804－11

文公家禮儀節八卷四禮初稿四卷四禮約言四卷　（宋）朱熹編　（明）楊慎輯　清康熙四十年(1701)金閶多文堂刻本　八冊

140000－0501－0003658　64812－13

恆言錄六卷　（清）錢大昕纂　清嘉慶十年(1805)揚州阮氏刻本　二冊

140000－0501－0003659　64814－19

輶軒使者絕代語釋別國方言箋疏十三卷　（晉）郭璞注　（清）錢繹撰集　清光緒十六年(1890)紅蝠山房刻本　六冊

140000－0501－0003660　64820－51

諸子彙函二十六卷　（明）歸有光輯　明天啟六年(1626)刻本　三十二冊

140000－0501－0003661　64852－55

新纂門目五臣音注揚子法言十卷　（漢）揚雄撰　（唐）柳宗元注　（宋）司馬光重添注　清嘉慶九年(1804)姑蘇聚文堂刻本　四冊

140000－0501－0003662　64856－59

莊子南華真經十卷　（戰國）莊周撰　（晉）郭象注　明刻本　四冊

140000－0501－0003663　64860－63

莊子獨見不分卷　（清）胡文英評釋　清乾隆十七年(1752)聚文堂刻本　三冊

140000－0501－0003664　64865－70

管子補注二十四卷　（唐）房玄齡注　（明）劉績補注　清光緒二年(1876)浙江書局刻本　六冊

140000－0501－0003665　64871－74

孔氏家語十卷　（三國魏）王肅注　清嘉慶十九年(1814)寶善堂刻本　四冊

140000－0501－0003666　64875－76

潛室劄記二卷　（清）刁包撰　清道光二十三年(1843)順積樓刻本　二冊

140000－0501－0003667　64877－82

淮南子二十一卷　（漢）劉安撰　（漢）高誘注
清光緒二年(1876)浙江書局刻本　六冊

140000－0501－0003668　64883－88

淮南子二十一卷　（漢）劉安撰　（漢）高誘注
清光緒二年(1876)浙江書局刻本　六冊

140000－0501－0003669　64893－98

孫子十家注十三卷遺說一卷敘錄一卷　（宋）
吉天保撰　（清）孫星衍輯　清光緒三年
(1877)浙江書局刻本　六冊

140000－0501－0003670　64899－904

孫子十家注十三卷遺說一卷敘錄一卷　（宋）
吉天保撰　（清）孫星衍輯　清光緒三年
(1877)浙江書局刻本　六冊

140000－0501－0003671　64905－12

張子全書十五卷　（宋）張載撰　（宋）朱熹注
釋　清同治九年(1870)鳳翔府祠堂刻本
八冊

140000－0501－0003672　64961－66

管子補注二十四卷　（唐）房玄齡注　（明）劉
績補　清刻本　六冊

140000－0501－0003673　64967－70

莊子獨見不分卷　（清）胡文英評釋　清乾隆
十七年(1752)聚文堂刻本　四冊

140000－0501－0003674　64971－76

莊子解三十三卷　（清）王夫之集解　清同治
四年(1865)湘鄉曾氏刻本　六冊

140000－0501－0003675　64977

南華真經正義一卷　（清）陳壽昌輯　清光緒
十九年(1893)怡顏齋刻本　一冊

140000－0501－0003676　64978－79

南華發覆八卷　（明）釋性通注　清乾隆十四
年(1749)雲林懷德堂刻本　二冊

140000－0501－0003677　64980－83

呂子節錄四卷補遺二卷　（明）呂坤撰　（清）
陳宏謀輯　清乾隆五十九年(1794)遼海朱氏
刻本　四冊

140000－0501－0003678　64992－97

荀子二十卷校勘補遺一卷　（戰國）荀況撰
（唐）楊倞注　清光緒二年(1876)浙江書局刻
本　六冊　存十七卷(一至三、七至二十)

140000－0501－0003679　64998－5003

荀子集解二十卷首一卷　（唐）楊倞注　王先
謙集解　清光緒十七年(1891)思賢講舍刻本
六冊

140000－0501－0003680　65004－09

荀子集解二十卷首一卷　（唐）楊倞注　王先
謙集解　清光緒十七年(1891)思賢講舍刻本
六冊

140000－0501－0003681　65013－16

文中子中說十卷　（隋）王通撰　（宋）阮逸注
清道光二年(1822)并州閣士驤力恕堂刻本
四冊

140000－0501－0003682　65019－22

唐子潛書二卷　（清）唐甄撰　（清）王聞遠編
清光緒九年(1883)中江李氏刻本　四冊

140000－0501－0003683　65025－28

孔子集語十七卷　（清）孫星衍輯　清光緒三
年(1877)浙江書局刻本　四冊

140000－0501－0003684　65048－51

刪定管荀不分卷　（清）方苞刪定　清乾隆元
年(1736)刻本　四冊

140000－0501－0003685　65052

陰符經發隱一卷道德經發隱一卷南華經發隱
一卷沖虛經發隱一卷補一卷　（清）楊文會注
清光緒三十年(1904)金陵刻經處刻本
一冊

140000－0501－0003686　65053

陰符經發隱一卷道德經發隱一卷南華經發隱
一卷沖虛經發隱一卷補一卷　（清）楊文會注
清光緒三十年(1904)金陵刻經處刻本
一冊

140000－0501－0003687　65074－83

六子書六十二卷　（明）許宗魯編　明嘉靖六
年(1527)芸窗書院刻本　十冊　存四子(莊

子、荀子、揚子、文中子）

140000－0501－0003688　65090
道德真經注一卷　（元）吳澄注　清嘉慶八年
(1803)刻本　一冊

140000－0501－0003689　65091－96
韓非子集解二十卷首一卷　（清）王先慎撰
清光緒二十二年(1896)刻本　六冊

140000－0501－0003690　65097－104
墨子閒詁十五卷目錄一卷附錄一卷後語二卷
　（清）孫詒讓撰　清光緒三十三年(1907)瑞
安孫氏刻本　八冊

140000－0501－0003691　65105－12
墨子閒詁十五卷目錄一卷附錄一卷後語二卷
　（清）孫詒讓撰　清光緒三十三年(1907)瑞
安孫氏刻本　八冊

140000－0501－0003692　65113－17
孔子集語十七卷　（清）孫星衍輯　清光緒三
年(1877)浙江書局刻本　五冊

140000－0501－0003693　65118－21
墨子十六卷　（戰國）墨翟撰　（清）畢沅注
清光緒二年(1876)浙江書局刻本　四冊

140000－0501－0003694　65122－27
淮南子二十一卷　（漢）劉安撰　（漢）高誘注
　清光緒二年(1876)浙江書局刻本　六冊

140000－0501－0003695　65128－43
二程全書七種　（宋）程顥　（宋）程頤撰
(宋)朱熹輯　清刻本　十六冊

140000－0501－0003696　65144
程氏家塾讀書分年日程二卷綱領一卷　（元）
程端禮撰　清光緒十八年(1892)文英閣刻本
　一冊

140000－0501－0003697　65147
老子道德經二卷　（春秋）李耳撰　（三國魏）
王弼注　清光緒元年(1875)湖北崇文書局刻
本　一冊

140000－0501－0003698　65148
沖虛經發隱一卷南華經發隱一卷　（戰國）列

禦寇撰　（清）楊文會注　清光緒三十年
(1904)美園林石印本　一冊

140000－0501－0003699　65149－56
墨子閒詁十五卷目錄一卷附錄一卷後語二卷
　（清）孫詒讓輯　清末民國上海掃葉山房石
印本　八冊

140000－0501－0003700　65161－64
墨子十六卷　（戰國）墨翟撰　（清）畢沅注
清光緒二年(1876)浙江書局刻本　四冊

140000－0501－0003701　65165－72
莊子集釋十卷　（清）郭慶藩輯　清光緒二十
年(1894)湘陰郭氏思賢講舍刻本　八冊

140000－0501－0003702　65173－78
朱子文語纂編十四卷　（清）嚴鴻逵輯　清康
熙刻本　六冊

140000－0501－0003703　65179－83
二程語錄十八卷　（清）張伯行訂　清康熙四
十八年(1709)刻本　五冊

140000－0501－0003704　65184－223
子書二十三種　清光緒二十三年(1897)上海
文瑞樓鉛印本　四十冊

140000－0501－0003705　65264－69
文公家禮儀節八卷　（宋）朱熹撰　（明）楊慎
輯　清大文堂刻本　六冊

140000－0501－0003706　65281－90
莊子集釋十卷　（清）郭慶藩輯　清光緒二十
年(1894)上海掃葉山房石印本　十冊

140000－0501－0003707　65291－96
南華發覆八卷　（明）釋性通注　清乾隆十四
年(1749)雲林懷德堂刻本　六冊

140000－0501－0003708　65297－302
南華經解不分卷　（清）宣穎注　清康熙六十
年(1721)積秀堂刻本　六冊

140000－0501－0003709　65303－08
韓非子集解二十卷首一卷　（清）王先慎撰
清光緒二十二年(1896)刻本　六冊

140000－0501－0003710　65309－12

墨子十六卷　（戰國）墨翟撰　（清）畢沅注
清光緒元年(1875)湖北崇文書局刻本　四冊

140000－0501－0003711　65313－16

老子翼八卷首一卷　（明）焦竑輯　清光緒二
十一年(1895)漸西村舍刻本　四冊

140000－0501－0003712　65317－22

朱子家禮十卷首一卷　（宋）朱熹撰　（明）丘
濬輯　清嘉慶六年(1801)寶寧堂刻本　六冊

140000－0501－0003713　65323－28

南華經解不分卷　（清）宣穎注　清康熙六十
年(1721)積秀堂刻本　六冊

140000－0501－0003714　65329－38

五子近思錄發明十四卷　（清）施璜輯注　清
光緒十四年(1888)新繁沈氏家塾刻本　十冊

140000－0501－0003715　65339－86

九子全書　（清）王子興輯　清嘉慶九年
(1804)姑蘇聚文堂刻本　四十八冊

140000－0501－0003716　65387－90

周濂溪先生全集十三卷　（宋）周敦頤撰
（清）張伯行編　清同治五年(1866)福州正誼
書院刻本　四冊

140000－0501－0003717　65391－92

二程文集十二卷　（宋）程顥　（宋）程頤撰
（清）張伯行訂　清同治五年(1866)福州正誼
書局刻本　二冊

140000－0501－0003718　65393－94

張橫渠先生文集十二卷　（宋）張載撰　（清）
張伯行編　清同治五年(1866)福州正誼書局
刻本　二冊

140000－0501－0003719　65395－402

朱子文集十八卷　（宋）朱熹撰　（清）張伯行
編　清同治五年(1866)福州正誼書局刻本
八冊

140000－0501－0003720　65403

楊龜山先生集六卷　（宋）楊時著　（清）張伯
行重訂　清同治五年(1866)福州正誼書局刻

本　一冊

140000－0501－0003721　65404

尹和靖先生集一卷　（宋）尹焞撰　（清）張伯
行編　清同治五年(1866)福州正誼書局刻本
一冊

140000－0501－0003722　65405－06

羅豫章先生文集十卷　（宋）羅從彥撰　（清）
張伯行訂　清同治五年(1866)福州正誼書局
刻本　二冊

140000－0501－0003723　65407

李延平先生文集四卷　（宋）李侗撰　（清）張
伯行編　清同治五年(1866)福州正誼書局刻
本　一冊

140000－0501－0003724　65408－11

荀子二十卷校勘補遺一卷　（戰國）荀況撰
（唐）楊倞注　清乾隆五十一年(1786)嘉善謝
氏安雅堂刻本　四冊

140000－0501－0003725　65420－21

莊子內篇注四卷　（明）釋德清注　清光緒十
四年(1888)金陵刻經處刻本　二冊

140000－0501－0003726　65422－24

莊子集解八卷　王先謙撰　清宣統元年
(1909)上海涵芬樓影印本　三冊

140000－0501－0003727　65426

桐城先生點勘老子讀本一卷　（清）吳汝綸點
勘　清宣統元年(1909)鉛印本　一冊

140000－0501－0003728　65427

老子章義二卷　（清）姚鼐注　清同治九年
(1870)桐城吳紀刻本　一冊

140000－0501－0003729　65429－34

韓非子集解二十卷首一卷　（清）王先慎撰
清光緒二十二年(1896)刻本　六冊

140000－0501－0003730　65435

孔子集語十七卷附鬼谷子一篇　（清）孫星衍
輯　清光緒十九年(1893)鴻文書局石印本
一冊

140000－0501－0003731　65436－43

墨子閒詁十五卷目錄一卷附錄一卷後語二卷
（清）孫詒讓撰　清光緒三十三年(1907)瑞
安孫氏刻本　八冊

140000－0501－0003732　65445－46
莊子南華經十卷　（晉）郭象注　（唐）陸德明
音義　清嘉慶九年(1804)金閶聚文堂刻本
二冊

140000－0501－0003733　65447－94
朱子語類一百四十卷　（宋）黎靖德編　清同
治十一年(1872)應元書院刻本　四十八冊

140000－0501－0003734　65495－542
朱子語類一百四十卷正譌一卷記疑一卷
（宋）黎靖德輯　清光緒二年(1876)傳經堂刻
本　四十八冊

140000－0501－0003735　65543－78
御纂朱子全書六十六卷　（宋）朱熹撰　（清）
李光地等編　清道光刻本　三十六冊

140000－0501－0003736　65579－610
新輯各國政治藝學全書　（美國）丁韙良譯
清光緒二十八年(1902)上海東山書局石印本
三十二冊

140000－0501－0003737　65611－26
五種遺規　（清）陳宏謀輯　清光緒十九年
(1893)刻本　十六冊

140000－0501－0003738　65627－29
晦庵先生朱文公續集十一卷　（宋）朱熹撰
清刻本　三冊

140000－0501－0003739　65630－32
朱子家禮五卷首一卷附錄一卷　（宋）朱熹撰
清光緒五年(1879)守禮書堂武氏刻本
三冊

140000－0501－0003740　65662－69
莊子集釋十卷　（清）郭慶藩輯　清光緒二十
年(1894)湘陰郭氏思賢講舍刻本　八冊

140000－0501－0003741　65670－73
韓非子二十卷　（戰國）韓非撰　清光緒元年
(1875)湖北崇文書局刻本　四冊

140000－0501－0003742　65677－79
鬼谷子三卷　（南朝梁）陶弘景注　清乾隆六
十年(1795)江都秦氏石研齋刻本　三冊

140000－0501－0003743　65680－712
御纂朱子全書六十六卷　（宋）朱熹撰　（清）
李光地等編　清康熙五十三年(1714)刻本
三十三冊

140000－0501－0003744　65713－26
潛菴先生遺稿五卷疏稿一卷擬明史稿二十卷
洛學編五卷　（清）湯斌撰并輯　清乾隆懷潤
堂刻本　十四冊

140000－0501－0003745　65729－30
孔子家語十卷　（三國魏）王肅註　清乾隆四
十六年(1781)書業堂刻本　二冊

140000－0501－0003746　65731－36
莊子因六卷　（清）林雲銘撰　清乾隆四十五
年(1780)刻本　六冊

140000－0501－0003747　65737
沖虛經發隱一卷南華經發隱一卷　（清）楊文
會注　清光緒三十年(1904)美園林石印本
一冊

140000－0501－0003748　65738－39
參讀禮志疑二卷　（清）汪紱撰　清乾隆三十
六年(1771)栖碧山房刻本　二冊

140000－0501－0003749　65740－71
湯子遺書十卷首一卷續編二卷洛學編五卷明
史稿二十卷乾坤兩卦解一卷年譜二卷　（清）
湯斌撰　清同治九年(1870)湯氏刻本　三十
二冊

140000－0501－0003750　65772－83
二程全書五十一卷　（宋）程顥　（宋）程頤撰
（宋）朱熹輯　清康熙二十五年(1686)刻本
十二冊

140000－0501－0003751　65784－99
河南二程全書　（宋）朱熹輯　清乾隆五十二
年(1787)呂氏寶誥堂刻本　十六冊

140000－0501－0003752　65800－15

二程全書七種　（宋）程顥　（宋）程頤撰
（宋）朱熹輯　清刻本　十六冊

140000－0501－0003753　65816－21

周子全書　（宋）周敦頤撰　清乾隆二十一年
（1756）刻本　六冊

140000－0501－0003754　65822－25

西齋語錄四卷　（清）郭元鎬撰　清乾隆二十
四年（1759）介休嘀嘀堂刻本　四冊

140000－0501－0003755　65874－79

清儒學案十四卷首一卷末一卷　（清）唐鑑撰
清光緒十年（1884）上海文瑞樓石印本
六冊

140000－0501－0003756　65880－927

宋元學案一百卷首一卷　（清）黃宗羲撰
（清）全祖望補　清光緒五年（1879）長沙寄廬
刻本　四十八冊

140000－0501－0003757　65928－67

宋元學案一百卷首一卷　（清）黃宗羲撰
（清）全祖望補　清光緒五年（1879）長沙寄廬
刻本　四十八冊

140000－0501－0003758　65968－6007

宋元學案一百卷首一卷　（清）黃宗羲撰
（清）全祖望補　清光緒五年（1879）長沙寄廬
刻本　四十八冊

140000－0501－0003759　66008－31

明儒學案六十二卷　（清）黃宗羲撰　清道光
元年（1821）會稽莫氏刻本　二十四冊

140000－0501－0003760　66032－55

明儒學案六十二卷　（清）黃宗羲撰　清道光
元年（1821）會稽莫氏刻本　二十四冊

140000－0501－0003761　66056－79

明儒學案六十二卷　（清）黃宗羲撰　清乾隆
四年（1739）慈溪鄭氏刻本　二十四冊

140000－0501－0003762　66080－91

學案小識十四卷首一卷末一卷　（清）唐鑑著
清光緒十年（1884）四砭齋刻本　十二冊

140000－0501－0003763　66092－103

學案小識十四卷首一卷末一卷　（清）唐鑑著
清光緒十年（1884）四砭齋刻本　十二冊

140000－0501－0003764　66104－17

理學備考三十四卷　（清）范鄗鼎編　清康熙
四十二年（1703）五經堂刻本　十四冊

140000－0501－0003765　66118－65

廣理學備考四十八卷　（清）范鄗鼎編　清道
光五年（1825）修業齋刻本　四十八冊

140000－0501－0003766　66166－69

關學編五卷　（明）馮從吾撰　（清）李元春續
編　清同治七年（1868）三原劉氏傳經堂寫刻
本　四冊

140000－0501－0003767　66170－91

朱子遺書重刻合編不分卷　（宋）朱熹撰
（清）賀瑞麟輯　清光緒十二年（1886）傳經堂
刻本　二十二冊

140000－0501－0003768　66192－223

西山先生真文忠公讀書記四十卷　（宋）真德
秀撰　清乾隆四年（1739）真西山祠刻本　三
十二冊

140000－0501－0003769　66224－65

西山先生真文忠公讀書記四十卷目錄一卷
（宋）真德秀撰　清乾隆四年（1739）刻本　四
十二冊

140000－0501－0003770　66272－79

五種遺規不分卷　（清）陳宏謀撰　清乾隆四
年（1739）刻本　八冊

140000－0501－0003771　66280－99

五種遺規不分卷　（清）陳宏謀輯　清光緒十
五年（1889）山西濬文書局刻本　二十冊

140000－0501－0003772　66300－19

五種遺規　（清）陳宏謀輯　清光緒十五年
（1889）山西濬文書局刻本　二十冊

140000－0501－0003773　66320－22

張子全書十五卷　（宋）張載撰　（宋）朱熹注
釋　清康熙五十八年（1719）高安朱氏刻本
三冊

140000－0501－0003774　66333－52

諸子品節五十卷　（明）陳深輯　明萬曆十八年(1590)刻本　二十冊

140000－0501－0003775　66353－56

國朝漢學師承記八卷國朝宋學淵源記二卷國朝經師經義目錄一卷　（清）江藩纂并輯　清光緒九年(1883)山西書局刻本　四冊

140000－0501－0003776　66357－60

國朝漢學師承記八卷國朝宋學淵源記二卷國朝經師經義目錄一卷　（清）江藩纂并輯　清光緒九年(1883)山西書局刻本　四冊

140000－0501－0003777　66369－84

理學宗傳二十六卷　（清）孫奇逢編　清康熙六年(1667)刻本　十六冊

140000－0501－0003778　66385－408

慈溪黃氏日鈔分類十八卷　（宋）黃震編著　清乾隆三十二年(1767)汪佩鍔刻本　二十四冊

140000－0501－0003779　66409－32

慈溪黃氏日鈔分類九十七卷附古今紀要十九卷　（宋）黃震編著　清乾隆三十二年(1767)汪佩鍔刻本　二十四冊

140000－0501－0003780　66433－68

子書二十二種　（三國魏）王弼注　清光緒二十三年(1897)上海文瑞樓鉛印本　三十六冊

140000－0501－0003781　66469－70

學蔀通辨十二卷　（明）陳建撰　清光緒十八年(1892)三原傳經堂刻本　二冊

140000－0501－0003782　66471－86

學統五十六卷　（清）熊賜履編　清康熙二十四年(1685)刻本　十六冊

140000－0501－0003783　66487－502

學統五十六卷　（清）熊賜履編　清康熙二十四年(1685)下學堂刻本　十六冊

140000－0501－0003784　66503－06

養正摘要不分卷勸戒歌俗二卷劍州防剿紀略不分卷　（清）王煌纂　清同治十三年(1874)江津曾公祠刻本　四冊

140000－0501－0003785　66507－10

莊子獨見不分卷　（清）胡文英評釋　清乾隆十七年(1752)聚文堂刻本　四冊

140000－0501－0003786　66511－34

權衡一書四十一卷　（清）王植輯　清乾隆崇雅堂刻本　二十四冊

140000－0501－0003787　66535

朱子五書一卷　（宋）朱熹撰　清光緒十一年(1885)傳經堂刻本　一冊

140000－0501－0003788　66536－39

近思錄集解十四卷　（宋）朱熹撰　（宋）葉采集解　清吳郡邵仁泓刻本　四冊

140000－0501－0003789　66540－42

近思錄集注十四卷首一卷校勘記一卷考訂朱子世家一卷　（宋）朱熹撰　（清）江永集注　清光緒二十七年(1901)書業德刻本　三冊

140000－0501－0003790　66543－46

近思錄集注十四卷附考訂朱子世家一卷　（宋）朱熹撰　（清）江永集注　清光緒十九年(1893)刻本　四冊

140000－0501－0003791　66547－50

近思錄集注十四卷　（宋）朱熹撰　（清）江永集注　清光緒十四年(1888)山西濬文書局刻本　四冊

140000－0501－0003792　66551－54

近思錄集注十四卷　（宋）朱熹撰　（清）江永集注　清光緒十四年(1888)山西濬文書局刻本　四冊

140000－0501－0003793　66555－58

近思錄補注十四卷　（宋）朱熹撰　（清）陳沆補注　清光緒刻本　四冊

140000－0501－0003794　66559－64

五子近思錄輯要十四卷　（清）孫嘉淦輯　清雍正五年(1727)刻本　六冊

140000－0501－0003795　66565－70

近思錄集注十四卷附考訂朱子世家一卷　（宋）朱熹撰　（清）江永集注　清咸豐三年

(1853)刻本　六冊

140000－0501－0003796　66571－78

五子近思錄發明十四卷　（清）施璜輯注　清
光緒十四年(1888)刻本　八冊

140000－0501－0003797　66579－80

廣近思錄十四卷　（清）張伯行輯　清光緒二
十年(1894)宛平邵氏刻本　二冊

140000－0501－0003798　66581－85

呂子節錄四卷續四卷附宗約歌一卷　（明）呂
坤撰　（清）陳宏謀輯　身世準繩二卷　（清）
李光迪纂輯　六事箴言一卷　（清）李天錫撰
清道光刻本　五冊

140000－0501－0003799　66586－97

桐城吳先生點勘諸子七種　（清）吳汝綸注
清宣統二年(1910)衍星社鉛印本　十二冊

140000－0501－0003800　66598－601

孔叢子七卷　（漢）孔鮒撰　（宋）宋咸注　清
光緒海昌陳氏刻本　四冊

140000－0501－0003801　66602－07

朱子家禮八卷首一卷　（明）丘濬輯　清三多
齋刻本　六冊

140000－0501－0003802　66608－09

朱子約編八卷　（清）鄭士範輯　清光緒十九
年(1893)鳳翔周氏正誼堂刻本　二冊

140000－0501－0003803　66610－13

國朝漢學師承記八卷國朝宋學淵源記二卷國
朝經師經義目錄一卷　（清）江藩撰　清光緒
六年(1880)成都志古堂刻本　四冊

140000－0501－0003804　66614－17

白虎通疏證十二卷　（清）陳立撰　清光緒元
年(1875)淮南書局刻本　四冊

140000－0501－0003805　66618－19

莊子獨見不分卷　（清）胡文英評釋　清乾隆
十七年(1752)聚文堂刻本　二冊

140000－0501－0003806　66620－21

正蒙二卷　（宋）張載撰　清康熙刻本　二冊

140000－0501－0003807　66622－25

弟子箴言十六卷　（清）胡達源撰　清道光十
五年(1835)妙香軒刻本　四冊

140000－0501－0003808　66626－27

原善三卷緒言三卷　（清）戴震撰　清刻本
二冊

140000－0501－0003809　66628－30

呻吟語六卷　（明）呂坤撰　清道光十年
(1830)平湖沈氏刻本　三冊

140000－0501－0003810　66631－34

經世石畫三卷　（明）辛全輯　明崇禎二年
(1629)洪洞韓居貞刻本　四冊

140000－0501－0003811　66635－38

河洛精蘊九卷　（清）江永撰　清乾隆三十九
年(1774)刻本　四冊

140000－0501－0003812　66639

念台先生人譜一卷　（明）劉宗周撰　清道光
十九年(1839)大梁書院刻本　一冊

140000－0501－0003813　66646－57

新鐫分類評注文武合編百子金丹十卷　（明）
郭偉注　清經國堂刻本　十二冊

140000－0501－0003814　66672－77

淮南子二十一卷　（漢）劉安撰　清乾隆五十
三年(1788)咸寧官署刻本　六冊

140000－0501－0003815　66678－83

御纂性理精義十二卷　（清）李光地編　清刻
本　六冊

140000－0501－0003816　66684－89

御纂性理精義十二卷　（清）李光地編　清道
光三十年(1850)刻本　六冊

140000－0501－0003817　66690－97

御纂性理精義十二卷　（清）李光地編　清咸
豐二年(1852)刻本　八冊

140000－0501－0003818　66698－705

御纂性理精義十二卷　（清）李光地編　清刻
本　八冊

140000－0501－0003819　66706－11

御纂性理精義十二卷　（清）李光地編　清道光三十年(1850)刻本　六册

140000－0501－0003820　66712－17

呻吟語六卷　（明）呂坤撰　清乾隆五十九年(1794)刻本　六册

140000－0501－0003821　66718－23

呻吟語六卷　（明）呂坤著　清同治七年(1868)邵陽曾氏刻本　六册

140000－0501－0003822　66724－29

呻吟語六卷　（明）呂坤著　清同治七年(1868)邵陽曾氏刻本　六册

140000－0501－0003823　66730－35

呻吟語六卷　（明）呂坤撰　清道光七年(1827)開封府署刻本　六册

140000－0501－0003824　66736－43

思辨録輯要前集二十二卷後集十三卷　（清）陸世儀撰　清光緒三年(1877)江蘇書局刻本　八册

140000－0501－0003825　66744－47

思辨録輯要前集二十二卷後集十三卷　（清）陸世儀撰　清光緒三年(1877)江蘇書局刻本　八册

140000－0501－0003826　66750－53

養正摘要不分卷勸戒歌俗二卷劍州防勦紀略一卷　（清）王煌纂　清同治十三年(1874)江津曾公祠刻本　四册

140000－0501－0003827　66754－55

延平李先生師弟子答問二卷　（宋）朱熹編
楊羅李朱四先生年譜　（清）毛念恃編　清光緒五年(1879)延平府署刻本　二册

140000－0501－0003828　66756－59

濂溪志七卷　（清）周誥纂　清道光十九年(1839)愛蓮堂刻本　四册

140000－0501－0003829　66760－63

潛夫論十卷　（漢）王符撰　（清）汪繼培箋　清光緒十七年(1891)思賢講舍刻本　四册

140000－0501－0003830　66764－65

人範六卷　（清）蔣元輯　（清）陶模校　清光緒二十六年(1900)江南格致書院鉛印本　二册

140000－0501－0003831　66766－67

人範六卷　（清）蔣元輯　（清）陶模校　清光緒二十六年(1900)江南格致書院鉛印本　二册

140000－0501－0003832　66768－69

蕺山先生人譜一卷人譜類記二卷　（明）劉宗周撰　（清）洪正治編　清道光十五年(1835)京都永盛齋刻本　二册

140000－0501－0003833　66770

道德陰符眼三卷　（清）花尚注　清康熙四十三年(1704)樂善堂刻本　一册

140000－0501－0003834　66771－72

雷塘庵主弟子記八卷　（清）張鑒録　（清）阮常生　（清）阮福續編　清咸豐刻本　二册

140000－0501－0003835　66773

清窑齋心賞編一卷　（明）王象晉輯　清萬卷樓清窑齋刻本　一册

140000－0501－0003836　66774

勸學篇二篇　（清）張之洞撰　清光緒二十四年(1898)襄陽府鹿門書院黃氏刻本　一册

140000－0501－0003837　66775

勸學篇二卷　（清）張之洞撰　清光緒二十四年(1898)山西濬文書局刻本　一册

140000－0501－0003838　66776

兒童矯弊論　（日本）大村仁太郎編　清光緒三十一年(1905)京師學務處官書局鉛印本　一册

140000－0501－0003839　66777－78

俟後編六卷　（明）王敬臣撰　清康熙三十八年(1699)刻本　二册

140000－0501－0003840　66779－84

呻吟語六卷　（明）呂坤撰　清道光七年(1827)開封府署刻本　六册

140000－0501－0003841　66785－832

性理大全會通七十卷　（明）鍾瑞補註　清刻本　四十八冊

140000－0501－0003842　66833－36

漢學商兌三卷　（清）方東樹撰　清光緒二十年（1894）傳經堂刻本　四冊

140000－0501－0003843　66837－40

國朝漢學師承記八卷國朝宋學淵源記二卷國朝經師經義目錄一卷　（清）江藩纂并輯　清光緒九年（1883）山西書局刻本　四冊

140000－0501－0003844　66841－42

孝經大義一卷　（元）董鼎注　**刊誤一卷**（宋）朱熹撰　（明）程一礎重訂　**引證一卷**（明）楊起元纂　**宗旨一卷**　（明）羅汝芳著

老子道經四卷　（漢）河上公注　明崇禎四年（1631）閑拙齋刻本　二冊

140000－0501－0003845　66843－44

中說十卷　（隋）王通撰　（宋）阮逸注　明嘉靖敬忍居刻本　二冊

140000－0501－0003846　66845－56

讀書錄十一卷續錄十二卷行實錄五卷　（明）薛瑄撰　清乾隆十一年（1746）河津薛氏刻本　十二冊

140000－0501－0003847　66861－66

讀書錄十一卷續錄十二卷　（明）薛瑄撰　清呂留良刻本　六冊

140000－0501－0003848　66867－74

薛文清公讀書錄類編二十卷　（明）侯鶴齡編　清光緒十九年（1893）解梁刻本　八冊

140000－0501－0003849　66875

朱子為學次第考二卷　（清）童能靈撰　清光緒十九年（1893）劉氏傳經堂刻本　一冊

140000－0501－0003850　66876－79

潛夫論十卷　（漢）王符撰　（清）汪繼培箋　清嘉慶二十二年（1817）蕭山陳氏湖海樓刻本　四冊

140000－0501－0003851　66880－81

新序十卷　（漢）劉向撰　清刻本　二冊

140000－0501－0003852　66890－93

說苑二十卷　（漢）劉向撰　（明）鍾惺評　清光緒元年（1875）湖北崇文書局刻本　四冊

140000－0501－0003853　66894－97

訓俗遺規五卷　（清）陳宏謀輯　清培遠堂刻本　四冊

140000－0501－0003854　66898－99

道德真經注不分卷　（元）吳澄注　清乾隆三年（1738）致和堂刻本　二冊

140000－0501－0003855　66902－05

西齋語錄四卷　（清）郭元鎬撰　清乾隆二十四年（1759）介休嘀嘀堂刻本　四冊

140000－0501－0003856　66906－11

莊子獨見三卷　（清）胡文英評釋　清乾隆十七年（1752）三多齋刻本　六冊

140000－0501－0003857　66912－15

困學錄集粹八卷　（清）張伯行撰　清雍正刻本　四冊

140000－0501－0003858　66916－23

得一錄十六卷　（清）余治編　清光緒八年（1882）山西濬文書局刻本　八冊

140000－0501－0003859　66926

雙節堂庸訓六卷　（清）汪輝祖纂　清光緒二年（1876）刻本　一冊

140000－0501－0003860　66927

教諭語四卷　（清）謝金鑾撰　清光緒解州解梁書院刻本　一冊

140000－0501－0003861　66928

明辨錄一卷　梁啟超撰　清光緒二十四年（1898）鉛印本　一冊

140000－0501－0003862　66929

小學稽業五卷　（清）李恭纂　清宣統二年（1910）江楚編譯書局刻本　一冊

140000－0501－0003863　66932

讀近思錄一卷　（清）汪紱撰　清光緒十年

（1884）紫陽書院刻本　一冊

140000－0501－0003864　66933－34
養正遺規二卷補編一卷　（清）陳宏謀撰　清光緒三十四年（1908）學部圖書局石印本二冊

140000－0501－0003865　66941
教女遺規三卷　（清）陳宏謀撰　清乾隆七年（1742）刻本　一冊

140000－0501－0003866　66942－43
衛道編二卷　（清）劉紹攽輯　清乾隆二十九年（1764）劉氏傳經堂刻本　二冊

140000－0501－0003867　66952－55
關學編五卷首一卷　（明）馮從吾撰　（清）李元春續編　清道光十年（1830）三原劉氏傳經堂增刻本　四冊

140000－0501－0003868　66962－63
小學集解六卷輯說一卷　（清）張伯行撰　清同治四年（1865）晉陽藩署刻本　二冊

140000－0501－0003869　66964－71
知本提綱十卷　（清）楊屾撰　清光緒三十年（1904）刻本　八冊

140000－0501－0003870　66972
薛文清公理學粹言一卷　（明）薛瑄撰　清刻本　一冊

140000－0501－0003871　66988－89
明儒粹語四卷　（清）楊聲達輯　清道光二十九年（1849）刻本　二冊

140000－0501－0003872　66990－93
開知錄十四卷　（清）張秉直撰　清光緒元年（1875）三原劉氏刻本　四冊

140000－0501－0003873　66994－95
炳燭編四卷　（清）李廣芸編　清同治十一年（1872）滂喜齋刻本　二冊

140000－0501－0003874　66997－98
讀書隨筆四卷　（清）吳大廷著　清同治十二年（1873）刻本　二冊

140000－0501－0003875　66999
松陽鈔存二卷　（清）陸隴其撰　（清）楊開基編　清同治九年（1870）傳經堂刻本　一冊

140000－0501－0003876　67002
證學編一卷　（清）彭希洛撰　清光緒八年（1882）刻本　一冊

140000－0501－0003877　67004
小學韻語一卷　（清）羅澤南撰　清光緒五年（1879）江蘇書局刻本　一冊

140000－0501－0003878　67005
自勉編二卷　（清）秦篤新編　清同治九年（1870）刻本　一冊

140000－0501－0003879　67006
小學六卷　（宋）朱熹撰　清道光十九年（1839）祁寯藻刻本　一冊

140000－0501－0003880　67007－08
小學集解六卷輯說一卷　（清）張伯行撰　清同治四年（1865）晉陽藩署刻本　二冊

140000－0501－0003881　67011
養正俚吟七種　（清）薛子瑛撰　清光緒十四年（1888）刻本　一冊　缺一種（糾師吟）

140000－0501－0003882　67012
求闕齋語摘錄一卷　（清）曾國藩撰　清解梁書院刻本　一冊

140000－0501－0003883　67013
聖祖仁皇帝庭訓格言一卷　（清）聖祖玄燁撰　清光緒解州解梁書院刻本　一冊

140000－0501－0003884　67014
恥言一卷　（明）徐禎稷撰　荊園小語一卷進語一卷　（明）申涵光撰　張楊園初學備忘一卷　（清）張履祥撰　清光緒三十二年（1906）解梁書院正本堂刻本　一冊

140000－0501－0003885　67015
輶軒語七卷　（清）張之洞撰　清光緒元年（1875）解州解梁書院刻本　一冊

140000－0501－0003886　67016
桐閣性理十三論一卷　（清）李元春撰　清光

緒十七年(1891)福州正誼書院刻本　一冊

140000－0501－0003887　67017－22

史鑑節要六卷　（清）鮑東里著　**皇朝掌故二卷**　（清）張一鵬著　**地球韻言四卷**　（清）張士瀛著　清光緒二十七年(1901)杞盧齋刻本　六冊

140000－0501－0003888　67023－24

養蒙金鑑二卷首一卷　（清）林之望輯　清光緒元年(1875)鄂垣藩署刻本　二冊

140000－0501－0003889　67030－33

白下瑣言十卷　（清）甘熙撰　清江寧甘氏刻民國十五年(1926)重印本　四冊

140000－0501－0003890　67034－39

聖學源流四卷隆砂證學記六卷　（明）涂宗濬輯　明萬曆三十二年至三十六年(1604－1608)刻本　六冊

140000－0501－0003891　67040

養正吟一卷　（清）婁杰編　清光緒二十五年(1899)聚文齋刻本　一冊

140000－0501－0003892　67041

願學編一卷　（明）胡纘宗撰　（清）楊廷棟輯　清刻本　一冊

140000－0501－0003893　67042

教童子法一卷　（清）王筠撰　清光緒十六年(1890)平遙李氏刻本　一冊

140000－0501－0003894　67046－47

誨兒編二卷　（清）賀瑞麟輯　**楊園訓子語**　(清)張履祥撰　清光緒十六年(1890)勉學堂刻本　二冊

140000－0501－0003895　67048－49

課子隨筆二卷續編一卷　（清）張師載撰　(清)徐桐輯　**聰訓齋語一卷**　（清）張英撰　清光緒二年(1876)解州解梁書院刻本　二冊

140000－0501－0003896　67050－51

教諭語一卷　（清）謝金鑾撰　**弟子箴言二卷**　(清)胡達源撰　清光緒解州解梁書院刻本　二冊

140000－0501－0003897　67052

雙節堂庸訓六卷　（清）汪輝祖纂　清光緒二年(1876)解州解梁書院刻本　一冊

140000－0501－0003898　67053

先喆格言　（清）朱用純撰　清光緒七年(1881)津河廣仁堂刻本　一冊

140000－0501－0003899　67057－59

蘿藦亭劄記八卷　（清）喬松年撰　清同治十二年(1873)刻本　三冊

140000－0501－0003900　67060－65

呂氏春秋二十六卷　（秦）呂不韋撰　清乾隆五十四年(1789)靈巖山館刻本　六冊

140000－0501－0003901　67066－67

童蒙記誦編二卷　（清）周保璋編　清光緒二十七年(1901)刻本　二冊

140000－0501－0003902　67068

顏氏家訓二卷　（北齊）顏之推撰　清刻本　一冊

140000－0501－0003903　67071

楊忠愍公寶訓一卷　（明）楊繼盛撰　清道光二十六年(1846)晚香堂刻本　一冊

140000－0501－0003904　67072－75

富陽夏氏叢刻　夏震武　夏鼎武撰　清光緒刻本　四冊

140000－0501－0003905　67076－78

求己錄三卷　（清）蘆涇遁士(陶葆廉)編　清光緒二十七年(1901)志強書舍石印本　三冊

140000－0501－0003906　67079－80

人譜一卷人譜類記增訂六卷　（明）劉宗周撰　清同治七年(1868)濟南吳興丁氏刻本　二冊

140000－0501－0003907　67081－82

人範六卷　（清）蔣元輯　清光緒二十六年(1900)金陵使署羅恩燾鉛印本　二冊

140000－0501－0003908　67087

小兒語一卷　（明）呂得勝撰　**續小兒語一卷**　(明)呂坤撰　**老學究語一卷**　(清)李惺撰

清江楚書局刻本　一冊

140000－0501－0003909　67088

俟解一卷　（清）王夫之撰　清光緒三十三年
（1907）通州王氏鉛印本　一冊

140000－0501－0003910　67090

姚江釋毀錄一卷密證錄一卷　（清）彭定求撰
不�錄一卷　（清）彭紹升編　清光緒七年
（1881）刻本　一冊

140000－0501－0003911　67091－92

管子義證八卷　（清）洪頤煊撰　清光緒十五
年（1889）徐氏積餘堂刻本　二冊

140000－0501－0003912　67093

願學編一卷　（明）胡纘宗撰　（清）楊廷棟輯
清光緒二十五年（1899）刻本　一冊

140000－0501－0003913　67098－99

人範六卷　（清）蔣元輯　清光緒二十六年
（1900）金陵使署羅恩壽鉛印本　二冊

140000－0501－0003914　67100－03

道德經元翼不分卷　（明）焦竑輯　清乾隆五
年（1740）三多齋刻本　四冊

140000－0501－0003915　67107

家庭談話五卷　清光緒三十三年（1907）學部
圖書局鉛印本　一冊

140000－0501－0003916　67108

治家格言繹義一卷　（清）戴翊清撰　清宣統
元年（1909）無錫大文齋印刷所石印本　一冊

140000－0501－0003917　67109

格言聯璧一卷　（清）金纓輯　清光緒六年
（1880）山西濬文書局刻本　一冊

140000－0501－0003918　67122－29

資治新書十四卷首一卷　（清）李漁輯　清康
熙二年（1663）文錦堂刻本　八冊

140000－0501－0003919　67132－33

顏氏家訓七卷考證一卷　（北齊）顏之推撰
清光緒十六年（1890）善化章經濟堂刻本
二冊

140000－0501－0003920　67134

孟子外書不分卷　（清）辛炳喬輯　清乾隆五
十一年（1786）南浦齋刻本　一冊

140000－0501－0003921　67135－50

讀史兵略四十六卷　（清）胡林翼纂　清咸豐
十一年（1861）武昌官府刻本　十六冊

140000－0501－0003922　67151－66

讀史兵略四十六卷　（清）胡林翼纂　清咸豐
十一年（1861）武昌官府刻本　十六冊

140000－0501－0003923　67167－214

登壇必究四十卷　（明）王鳴鶴編輯　清刻本
四十八冊

140000－0501－0003924　67215－20

紀效新書十八卷首一卷　（明）戚繼光撰　清
道光十年（1830）張鵬翂刻本　六冊

140000－0501－0003925　67221－24

紀效新書十八卷首一卷　（明）戚繼光撰　清
京都琉璃廠刻本　四冊

140000－0501－0003926　67225－30

紀效新書十八卷首一卷　（明）戚繼光撰　清
道光二十一年（1841）虎林西宗氏刻本　六冊

140000－0501－0003927　67231－36

練兵實紀九卷雜集六卷　（明）戚繼光撰　清
道光十四年（1834）張鵬翂刻本　六冊

140000－0501－0003928　67237－48

練兵實紀九卷雜集六卷　（明）戚繼光撰　清
京都琉璃廠刻本　十二冊

140000－0501－0003929　67249－54

武備志略五卷　（清）傅禹輯　清康熙刻本
六冊

140000－0501－0003930　67265－76

武經七書彙解七卷首一卷末一卷　（清）朱塘
輯著　清刻本　十二冊

140000－0501－0003931　67277－84

虎鈐經二十卷　（宋）許洞撰　清刻本　八冊

140000－0501－0003932　67291－306

兵鏡類編四十卷首一卷　（清）李蕊編　清光
緒十年(1884)三吾李氏刻本　十六冊

140000－0501－0003933　67307－10

火龍經四卷　清咸豐七年(1857)抱樸山房刻
本　四冊

140000－0501－0003934　67311－14

火攻挈要三卷圖一卷　（明）焦勗纂　清灤州
汪氏刻本　四冊

140000－0501－0003935　67315－34

讀史兵略四十六卷　（清）胡林翼纂　清光緒
二十一年(1895)儷峰書屋刻本　二十冊

140000－0501－0003936　67335－38

紀效新書十八卷首一卷　（明）戚繼光撰　清
光緒二十一年(1895)上海醉經樓石印本
四冊

140000－0501－0003937　67345－52

農政全書六十卷　（明）徐光啟撰　清光緒二
十六年(1900)文海書局石印本　八冊

140000－0501－0003938　67353－55

農務公牘六卷　清光緒二十九年(1903)鉛印
本　三冊

140000－0501－0003939　67356－65

泲澼百金方十四卷首一卷　（清）惠麓酒民編
清刻本　十冊

140000－0501－0003940　67366－75

泲澼百金方十二卷　（清）惠麓酒民編　清刻
本　十冊

140000－0501－0003941　67376－80

泲澼百金方十四卷首一卷　（清）惠麓酒民編
（清）陳階平校　清道光二十年(1840)刻本
五冊

140000－0501－0003942　67381－85

泲澼百金方十四卷首一卷　（清）惠麓酒民編
（清）陳階平校　清道光二十年(1840)刻本
五冊

140000－0501－0003943　67386

握奇經一卷　（清）李光地注　清刻本　一冊

140000－0501－0003944　67387

行軍要訣二卷　（明）王鳴鶴編　清光緒十年
(1884)上海文藝齋刻本　一冊

140000－0501－0003945　67393－453

武備志二百四十卷　（明）茅元儀撰　明天啟
元年(1621)刻本（有配本）　六十一冊

140000－0501－0003946　67454

風后握奇經一卷　（漢）公孫弘解　六韜三卷
（戰國）呂望（姜尚）撰　清光緒元年
(1875)湖北崇文書局刻本　一冊

140000－0501－0003947　67455

孫子三卷　（春秋）孫武撰　吳子二卷　（戰
國）吳起撰　司馬法一卷　（春秋）司馬穰苴
撰　清光緒元年(1875)湖北崇文書局刻百子
全書本　一冊

140000－0501－0003948　67456

尉繚子三卷　（周）尉繚撰　心書一卷　（三
國蜀）諸葛亮撰　清光緒元年(1875)湖北崇
文書局刻本　一冊

140000－0501－0003949　67458－60

保甲書四卷　（清）徐棟輯　清道光二十八年
(1848)刻本　三冊

140000－0501－0003950　67461－84

湖北武學　（德國）瑞乃爾口譯　（清）蕭誦芬
筆述　清光緒二十八年(1902)上海掃葉山房
石印本　二十四冊

140000－0501－0003951　67485

炮法畫譜　（清）丁乃文撰　清光緒十四年
(1888)江南製造局鉛印本　一冊

140000－0501－0003952　67486

美國水師考一卷　（英國）巴那比　（美國）克
理撰　（清）鍾天緯譯　清末江南製造總局鉛
印本　一冊

140000－0501－0003953　67487

炮乘新法圖一卷　清光緒石印本　一冊

140000－0501－0003954　67488

爆藥記要六卷　（美國）水電局撰　舒高第口

譯　（清）趙元益筆述　清刻本　一冊

140000－0501－0003955　67489－90

鐵甲叢譚五卷　（英國）黎特撰　舒高第
（清）鄭昌棪譯　清刻本　二冊

140000－0501－0003956　67491－514

農政全書六十卷　（明）徐光啟撰　清道光二
十三年(1843)上海太原氏刻本　二十四冊

140000－0501－0003957　67515－42

二如亭羣芳譜二十八卷　（明）王象晉輯　明
刻本　二十八冊

140000－0501－0003958　67543－66

二如亭羣芳譜二十九卷　（明）王象晉輯　明
刻本　二十四冊

140000－0501－0003959　67567－86

農政全書六十卷　（明）徐光啟纂輯　清同治
十三年(1874)山東書局刻本　二十冊

140000－0501－0003960　67587－602

康濟譜二十五卷氏籍一卷　（明）潘遊龍輯著
　清道光十六年(1836)京都琉璃廠刻本　十
六冊

140000－0501－0003961　67723

植物圖說四卷　（英國）傅蘭雅著　清光緒二
十一年(1895)刻本　一冊

140000－0501－0003962　67724

植物圖說四卷　（英國）傅蘭雅著　清光緒二
十一年(1895)刻本　一冊

140000－0501－0003963　67725－60

佩文齋廣羣芳譜一百卷　（清）汪灝等輯　清
康熙四十七年(1708)刻本　三十六冊

140000－0501－0003964　67761－92

廣博物志五十卷　（明）董斯張纂　清光緒五
年(1879)學海堂刻本　三十二冊

140000－0501－0003965　67793－94

御製耕織圖不分卷　（清）聖祖玄燁題詩　清
光緒二十九年(1903)北洋官報局石印本
二冊

140000－0501－0003966　67795－800

秘傳花鏡六卷　（清）陳淏子撰　清金閶書業
堂刻本　六冊

140000－0501－0003967　67801－04

齊民要術十卷　（北魏）賈思勰撰　清光緒二
十二年(1896)中江權署刻本　四冊

140000－0501－0003968　67805－08

齊民要術十卷　（北魏）賈思勰撰　清光緒二
十二年(1896)中江權署刻本　四冊

140000－0501－0003969　67809－12

齊民要術十卷　（北魏）賈思勰撰　清光緒元
年(1875)湖北崇文書局刻本　四冊

140000－0501－0003970　67813－16

齊民要術十卷　（北魏）賈思勰撰　清光緒元
年(1875)湖北崇文書局刻本　四冊

140000－0501－0003971　67818

百獸圖說一卷附圖一卷　（清）韋門道氏撰
清光緒八年(1882)益智書會刻本　一冊

140000－0501－0003972　67819

百獸圖說一卷附圖一卷　（清）韋門道氏撰
清光緒八年(1882)益智書會刻本　一冊

140000－0501－0003973　67822

救荒百策一卷　（清）寄湘漁父輯　清光緒二
十四年(1898)刻本　一冊

140000－0501－0003974　67823

救荒百策一卷　（清）寄湘漁父輯　清光緒二
十四年(1898)刻本　一冊

140000－0501－0003975　67824－34

農工商新論十一種二十四卷　（清）宜今室輯
　清光緒二十五年(1899)上海實事求是齋石
印本　十一冊

140000－0501－0003976　67835

樗繭譜一卷　（清）鄭珍纂　（清）莫友芝注
清光緒十五年(1889)山西濬文書局刻本
一冊

140000－0501－0003977　67840－42

原富三卷　（英國）斯密亞丹撰　嚴復譯　清

光緒二十七年(1901)南洋公學譯書院鉛印本
三冊

140000－0501－0003978　67843
农學初級　（英國）旦爾恆理撰　（清）范熙庸
筆述　（英國）秀耀春口譯　清光緒二十四年
(1898)上海製造局刻本　一冊

140000－0501－0003979　67844
致富紀實一卷　（清）黃皖撰　清光緒二十二
年(1896)刻本　一冊

140000－0501－0003980　67845
农務要書簡明目錄一卷　（英國）傅蘭雅口譯
　（清）王樹善筆述　清光緒二十七年(1901)
上海製造局刻本　一冊

140000－0501－0003981　67846
百鳥圖說一卷附圖　（清）韋門道氏撰　清光
緒八年(1882)益智書會刻本　一冊

140000－0501－0003982　67847
百鳥圖說一卷附圖　（清）韋門道氏撰　清光
緒八年(1882)益智書會刻本　一冊

140000－0501－0003983　67852－54
富國策三卷　（英國）法思德撰　（美國）丁韙
良口述　（清）汪鳳藻譯　清光緒八年(1882)
上海美華書館鉛印本　三冊

140000－0501－0003984　67855－86
管窺輯要八十卷天文步天歌一卷　（清）黃鼎
輯　清順治十年(1653)刻本　三十二冊

140000－0501－0003985　67887－91
圓天圖說三卷續編二卷首一卷　（清）李明徹
述　清嘉慶二十四年(1819)松梅軒刻本
五冊

140000－0501－0003986　67892－909
天文算法纂要二十卷首一卷　（清）陳松撰
清光緒十三年(1887)樹德堂刻本　十八冊

140000－0501－0003987　67910－27
天文算法纂要二十卷首一卷　（清）陳松撰
清光緒十三年(1887)樹德堂刻本　十八冊

140000－0501－0003988　67928－32

高厚蒙求四集　（清）徐朝俊纂　清嘉慶十二
年(1807)雲間徐氏刻本　五冊

140000－0501－0003989　67933－47
御製曆象考成上編十六卷下編十卷　（清）允
祿等纂修　清光緒二十一年(1895)湖北官書
局刻本　十五冊

140000－0501－0003990　67948－51
推步惟是四卷　（清）安清翹撰　清嘉慶十六
年(1811)樹人堂刻本　四冊

140000－0501－0003991　67952－54
推步續解四卷　（清）南秉哲撰　清同治元年
(1862)刻本　三冊

140000－0501－0003992　67955－56
海鏡細草解十二卷　（清）南秉哲撰　清咸豐
十一年(1861)刻本　二冊

140000－0501－0003993　67957－98
御製數理精蘊五十三卷　（清）聖祖玄燁撰
清光緒八年(1882)梅啟照等刻本　四十二冊

140000－0501－0003994　68001－02
衍元小草二卷　（清）孔慶霱　（清）孔慶鼉著
　清光緒二十四年(1898)清苑官廨刻本
二冊

140000－0501－0003995　68003－04
勾股圖解四卷　（清）焦騰鳳撰　清咸豐四年
(1854)曲沃藝成堂刻本　二冊

140000－0501－0003996　68005－08
增刪算法統宗十一卷　（明）程大位編　（清）
梅毅成增刪　清光緒三年(1877)江南製造總
局刻本　四冊

140000－0501－0003997　68009－12
增刪算法統宗十一卷　（明）程大位編　（清）
梅毅成增刪　清光緒三年(1877)江南製造總
局刻本　四冊

140000－0501－0003998　68013－22
算經十書　（清）孔繼涵輯　清光緒十六年
(1890)上海刻本　十冊

140000－0501－0003999　68023－26

西算新法直解八卷附丈田繪圖章程一卷
(清)馮桂芬編　清光緒二年(1876)吳縣馮氏
校邠廬刻本　四冊

140000 – 0501 – 0004000　68027 – 30
西算新法直解八卷附丈田繪圖章程一卷
(清)馮桂芬編　清光緒二年(1876)吳縣馮氏
校邠廬刻本　四冊

140000 – 0501 – 0004001　68031 – 38
幾何原本十五卷　(意大利)利瑪竇　(英國)
偉烈亞力譯　(明)徐光啟　(清)李善蘭筆述
清同治四年(1865)金陵刻本　八冊

140000 – 0501 – 0004002　68039 – 48
四元玉鑑細草三卷　(元)朱世傑編述　附一
卷　(清)羅士琳補　釋例二卷　(清)易之瀚
撰　清道光十六年(1836)揚州宋敦五刻本
十冊

140000 – 0501 – 0004003　68049 – 60
四元玉鑑細草三卷　(元)朱世傑編述　附一
卷　(清)羅士琳補　釋例二卷　(清)易之瀚
撰　清道光十六年(1836)揚州宋敦五刻本
十二冊

140000 – 0501 – 0004004　68061 – 63
新編算學啟蒙三卷　(元)朱世傑編　(清)羅
士琳識誤　清道光十九年(1839)揚州羅氏刻
本　三冊

140000 – 0501 – 0004005　68064 – 65
新編算學啟蒙三卷　(元)朱世傑編　(清)羅
士琳識誤　清道光十九年(1839)揚州羅氏刻
本　二冊

140000 – 0501 – 0004006　68066 – 71
鄒徵君遺書　(清)鄒伯奇撰　夏氏算學四種
(清)夏鸞翔撰　徐氏算學三種　(清)徐有
壬撰　清同治十二年(1873)鄒達泉拾芥園刻
本　六冊

140000 – 0501 – 0004007　68072 – 73
東塾遺書四種　(清)陳澧撰　清光緒廣東廣
雅書局刻民國九年(1920)番禺徐紹榮重印本
二冊

140000 – 0501 – 0004008　68074 – 79
推測易知四卷國朝萬年書二卷　(清)陳松錄
清光緒十三年(1887)樹德堂刻本　六冊

140000 – 0501 – 0004009　68080 – 83
數學理九卷附一卷　(英國)棣麼甘撰　(清)
趙元益筆述　(英國)傅蘭雅譯　清刻本
四冊

140000 – 0501 – 0004010　68084 – 87
數學理九卷附一卷　(英國)棣麼甘撰　(清)
趙元益筆述　(英國)傅蘭雅譯　清刻本
四冊

140000 – 0501 – 0004011　68088 – 89
衍元小草二卷　(清)孔慶霱　(清)孔慶霱著
清光緒二十四年(1898)清苑官廨刻本
二冊

140000 – 0501 – 0004012　68090 – 95
三角數理十二卷　(英國)海麻士輯　(英國)
傅蘭雅口譯　(清)華蘅芳筆述　清刻本
六冊

140000 – 0501 – 0004013　68096 – 101
古籌算考釋六卷　勞乃宣撰　清光緒十二年
(1886)完縣官舍刻朱墨套印本　六冊

140000 – 0501 – 0004014　68102 – 03
籌算淺釋二卷　勞乃宣撰　清光緒二十三年
(1897)清苑官廨刻墨紫二色套印本　二冊

140000 – 0501 – 0004015　68104 – 11
數學五書十九卷　(清)安清翹編　清嘉慶樹
人堂刻本　八冊

140000 – 0501 – 0004016　68112 – 19
格物測算八卷　(美國)丁韙良著　清光緒九
年(1883)刻本　八冊

140000 – 0501 – 0004017　68120 – 27
翠薇山房數學十五種　(清)張作楠輯　清光
緒二十三年(1897)上海鴻寶齋石印本　八冊

140000 – 0501 – 0004018　68128 – 63
測海山房中西算學叢刻初編　(清)測海山房
主人輯　清光緒二十二年(1896)上海璣衡堂

石印本　三十六冊

140000－0501－0004019　68164－65

平三角和較術一卷開諸乘方捷術一卷　（清）
項名達撰　清光緒十三年（1887）刻本　二冊

140000－0501－0004020　68166－73

數度衍二十三卷首三卷　（清）方中通撰　清
道光九年（1829）桐城隨衍室刻本　八冊

140000－0501－0004021　68174－79

容圓通義四卷首一卷曲綫朡義八卷　（清）沈
保樞撰　清光緒二十七年（1901）常州里舍刻
朱印陽湖沈氏算學本　六冊

140000－0501－0004022　68180－85

代數備旨全草十三章　（美國）狄考文選譯
清光緒二十九年（1903）浙紹特別書局石印本
六冊

140000－0501－0004023　68186

學計韻言一卷　（清）江衡撰　清光緒二十一
年（1895）陝西味經售書處刻本　一冊

140000－0501－0004024　68187－98

數度衍二十三卷首三卷　（清）方中通撰　清
光緒十六年（1890）太原王氏成都刻本　十
二冊

140000－0501－0004025　68199－234

測海山房中西算學叢刻初編　（清）測海山房
主人輯　清光緒二十二年（1896）上海璣衡堂
石印本　三十六冊

140000－0501－0004026　68235－37

幾何原本四卷　（英國）偉烈亞力　（意大利）
利瑪竇譯　（清）徐光啟　（清）李善蘭筆述
清光緒十九年（1893）江南製造總局鉛印御製
數理精蘊本　三冊

140000－0501－0004027　68238－45

算經十書　（清）孔繼涵輯　清光緒二十二年
（1896）上海鴻寶齋石印本　八冊

140000－0501－0004028　68246－53

算經十書　（清）孔繼涵輯　清光緒二十二年
（1896）上海鴻寶齋石印本　八冊

140000－0501－0004029　68254－57

開方釋例四卷藝游錄二卷　（清）駱騰鳳撰
清道光二十三年（1843）刻本　四冊

140000－0501－0004030　68258

天文圖說四卷　（英國）柯雅各撰　（美國）摩
嘉立　（清）薛承恩譯　清光緒九年（1883）益
智書會刻本　一冊

140000－0501－0004031　68259－62

談天十八卷首一卷　（英國）侯失勒著　（英
國）偉烈亞力口譯　（清）李善蘭刪述　（清）
徐建寅續述　清刻本　四冊

140000－0501－0004032　68263－66

代微積拾級十八卷　（美國）羅密士著　（英
國）偉烈亞力口譯　（清）李善蘭筆述　清光
緒二十三年（1897）石印本　四冊

140000－0501－0004033　68267－69

學算筆談十二卷　（清）華蘅芳撰　清光緒二
十二年（1896）上海文海書局石印本　三冊

140000－0501－0004034　68270－75

疇人傳四十六卷　（清）阮元撰　續疇人傳六
卷　（清）羅士琳撰　疇人傳三編七卷　（清）
諸可寶纂　清光緒二十二年（1896）上海璣衡
堂石印本　六冊

140000－0501－0004035　68276－81

疇人傳四十六卷　（清）阮元撰　續疇人傳六
卷　（清）羅士琳撰　疇人傳三編七卷　（清）
諸可寶纂　清光緒二十二年（1896）上海璣衡
堂石印本　六冊

140000－0501－0004036　68282－93

疇人傳四十六卷　（清）阮元撰　續疇人傳六
卷　（清）羅士琳撰　清光緒八年（1882）海鹽
張氏常惺齋刻本　十二冊

140000－0501－0004037　68294－305

疇人傳四十六卷　（清）阮元撰　續疇人傳六
卷　（清）羅士琳撰　清光緒八年（1882）海鹽
張氏常惺齋刻本　十二冊

140000－0501－0004038　68306－17

西學大成十二編 （清）王西清 （清）盧梯青輯 清光緒十四年(1888)上海大同書局石印本 十二冊

140000 – 0501 – 0004039 68318 – 21
西算新法直解八卷附丈田繪圖章程一卷 （清）馮桂芬編 清同治二年(1863)吳縣馮氏校邠廬刻本 四冊

140000 – 0501 – 0004040 68322 – 27
原本直指算法統宗十二卷 （明）程大位編 清光緒九年(1883)上海掃葉山房刻本 六冊

140000 – 0501 – 0004041 68332 – 33
緝古算經考注二卷 （唐）王孝通撰 （清）李潢述 清道光十二年(1832)刻本 二冊

140000 – 0501 – 0004042 68334 – 39
李氏遺書 （清）李銳撰 清光緒十六年(1890)上海醉六堂刻本 六冊

140000 – 0501 – 0004043 68342 – 45
衍元海鑒經算十一種十五卷經算二種二卷 （清）李鏐撰 清光緒二十四年(1898)習琴書堂石印本 四冊

140000 – 0501 – 0004044 68346 – 51
容圓通義四卷首一卷曲綫賸義八卷 （清）沈保樞撰 清光緒二十七年(1901)常州里舍刻朱印陽湖沈氏算學本 六冊

140000 – 0501 – 0004045 68352 – 55
算學課藝四卷 （清）席淦 （清）貴榮編 清光緒二十二年(1896)上海著易堂石印本 四冊

140000 – 0501 – 0004046 68356 – 61
微積溯源八卷 （英國）華里司輯 （英國）傅蘭雅譯 （清）華蘅芳筆述 清光緒二十三年(1897)積山書局石印本 六冊

140000 – 0501 – 0004047 68362 – 65
比例彙通四卷 （清）羅士琳撰 清光緒二十二年(1896)三魚書屋石印本 四冊

140000 – 0501 – 0004048 68366 – 69
比例彙通四卷 （清）羅士琳撰 清光緒二十年(1896)三魚書屋石印本 四冊

140000 – 0501 – 0004049 68370 – 73
數學理九卷附一卷 （英國）棣麼甘撰 （清）趙元益筆述 （英國）傅蘭雅譯 清光緒二十三年(1897)上海積山書局石印本 四冊

140000 – 0501 – 0004050 68374 – 83
御製曆象考成十卷 （清）允禄等纂修 清乾隆七年(1742)武英殿刻本 十冊

140000 – 0501 – 0004051 68384 – 85
圓天圖說續編二卷首一卷 （清）李明徹述 清道光元年(1821)松梅軒刻本 二冊

140000 – 0501 – 0004052 68386
圓錐曲綫 （美國）路密司撰 （美國）求德生選譯 （清）劉維師筆述 清光緒二十七年(1901)上海美華書館鉛印本 一冊

140000 – 0501 – 0004053 68387 – 89
圓天圖說三卷續編二卷首一卷 （清）李明徹述 清嘉慶二十四年(1819)松梅軒刻本 二冊 缺二卷(續編二卷)

140000 – 0501 – 0004054 68390
對數表 （美國）路密斯著 （清）朱葆琛述 （美國）赫士譯 清光緒三十四年(1908)上海美華書館鉛印本 一冊

140000 – 0501 – 0004055 68391
算學報比例新術一卷 （清）黃慶澄撰 清光緒二十三年(1897)溫州算學報館石印本 一冊

140000 – 0501 – 0004056 68392
代形合參三卷附一卷 （美國）羅密士著 （美國）潘慎文譯 （清）謝洪賚述 清光緒二十八年(1902)上海美華書館鉛印本 一冊

140000 – 0501 – 0004057 68394 – 95
遊藝錄三卷 （清）蔣子瀟撰 清光緒十四年(1888)湘南臬署會心閣刻本 二冊

140000 – 0501 – 0004058 68396 – 99
數學啟蒙二卷附對數表 （英國）偉烈亞力撰 清光緒二十八年(1902)善成堂刻本 四冊

140000－0501－0004059　68400

算學書目提要三卷　丁福保述　清光緒元年(1875)無錫竣實學堂刻疇隱廬叢書本　一冊

140000－0501－0004060　68407

割錐術課本二篇　(英國)威理孫著　(清)陳洟譯　清光緒三十二年(1906)京師學部編譯書局鉛印本　一冊

140000－0501－0004061　68408－31

大唐開元占經一百二十卷　(唐)釋悉達撰　清道光北京恆德堂刻本　二十四冊

140000－0501－0004062　68432

先天三皇大數演易副冊三卷　(清)王金聲撰　清刻本　一冊

140000－0501－0004063　68435

三才紀要一卷　清光緒江南機器製造總局刻本　一冊

140000－0501－0004064　68436－37

天文揭要二卷　(美國)赫士口譯　(清)周文源筆述　清光緒二十五年(1899)上海美華書館鉛印本　二冊

140000－0501－0004065　68438－39

天文揭要二卷　(美國)赫士口譯　(清)周文源筆述　清光緒二十五年(1899)上海美華書館鉛印本　二冊

140000－0501－0004066　68440－47

格致須知初集八種　(英國)傅蘭雅輯　清光緒十三年(1887)刻本　八冊

140000－0501－0004067　68448－55

格致須知初集八種　(英國)傅蘭雅輯　清光緒十三年(1887)刻本　八冊

140000－0501－0004068　68456－61

格致須知初集八種　(英國)傅蘭雅輯　清光緒十三年(1887)刻本　六冊

140000－0501－0004069　68462－63

經心書院算學課程二卷　(清)曹汝川纂　清刻本　二冊

140000－0501－0004070　68464

運規約指三卷　(英國)白起德輯　(英國)傅蘭雅口譯　(清)徐建寅筆述　清光緒二十六年(1900)刻本　一冊

140000－0501－0004071　68465

三角須知　(英國)傅蘭雅著　清光緒十四年(1888)刻本　一冊

140000－0501－0004072　68468

元代合參三編　(清)胡豫　(清)沈光烈撰　清光緒二十七年(1901)紹興墨潤堂石印本　一冊

140000－0501－0004073　68469－74

九章算術細草圖說九卷　(三國魏)劉徽注　海島算經細草圖說一卷　(唐)李淳風釋　(清)李潢細草　清嘉慶二十五年(1820)語鴻堂刻本　六冊

140000－0501－0004074　68475－76

算式解法十四卷　(美國)好敦司　(美國)開奈利著　(英國)傅蘭雅口譯　(清)華蘅芳筆述　清光緒二十五年(1899)江南製造局刻本　二冊

140000－0501－0004075　68477

八線備旨四卷　(美國)羅密士著　(美國)潘慎文選譯　(清)謝洪賚校錄　清光緒三十年(1904)上海美華書館鉛印本　一冊

140000－0501－0004076　68478－79、81

數學上編十三卷答數一卷　(清)曹汝英撰　清光緒三十二年(1906)北洋官報局石印本　三冊　存十卷(一至七、十一至十三)

140000－0501－0004077　68482－85

比例彙通四卷　(清)羅士琳撰　清光緒二十二年(1896)三魚書屋石印本　四冊

140000－0501－0004078　68486－89

比例彙通四卷　(清)羅士琳撰　清光緒二十二年(1896)三魚書屋石印本　四冊

140000－0501－0004079　68490－91

算草叢存四卷　(清)華蘅芳撰　清光緒二十二年(1896)文海書局石印本　二冊

140000－0501－0004080　68492－93

算草叢存四卷　（清）華蘅芳撰　清光緒二十
二年(1896)文海書局石印本　二冊

140000－0501－0004081　68494－96

新編算學啟蒙三卷　（元）朱世傑編　清光緒
二十一年(1895)上海著易堂石印本　三冊

140000－0501－0004082　68497－99

新編算學啟蒙三卷　（元）朱世傑編　清光緒
二十一年(1895)上海著易堂石印本　三冊

140000－0501－0004083　68500－03

格致啟蒙四卷　（英國）羅斯古纂　（清）鄭昌
棪　（美國）林樂知譯　清光緒二十二年
(1896)石印本　四冊

140000－0501－0004084　68504－07

格致啟蒙四卷　（英國）羅斯古纂　（清）鄭昌
棪　（美國）林樂知譯　清光緒二十二年
(1896)石印本　四冊

140000－0501－0004085　68508－11

格致啟蒙四卷　（英國）羅斯古纂　（清）鄭昌
棪　（美國）林樂知譯　清光緒二十二年
(1896)石印本　四冊

140000－0501－0004086　68512－17

困學紀聞二十卷　（宋）王應麟撰　（清）閻若
璩等箋注　清同治九年(1870)揚州書局刻本
六冊

140000－0501－0004087　68518－25

困學紀聞二十卷　（宋）王應麟撰　清汪垕桐
華書塾刻本　八冊

140000－0501－0004088　68526－31

校訂困學紀聞五箋二十卷　（宋）王應麟撰
（清）閻若璩等箋注　清嘉慶十三年(1808)刻
本　六冊

140000－0501－0004089　68532－47

校訂困學紀聞集證二十卷　（宋）王應麟撰
（清）閻若璩等箋注　（清）萬希槐集證　清嘉
慶二十四年(1819)胡氏山壽齋刻本　十六冊

140000－0501－0004090　68548－59

校訂困學紀聞集證二十卷　（宋）王應麟撰
（清）閻若璩等箋　（清）萬希槐集證　清嘉慶
十八年(1813)上海掃葉山房刻本　十二冊

140000－0501－0004091　68560－71

困學紀聞注二十卷　（宋）王應麟撰　（清）翁
元圻輯　清道光五年(1825)餘姚守福堂刻本
十二冊

140000－0501－0004092　68572－87

困學紀聞注二十卷　（宋）王應麟撰　（清）翁
元圻輯　清道光五年(1825)餘姚守福堂刻本
十六冊

140000－0501－0004093　68588－93

困學紀聞二十卷　（宋）王應麟撰　清汪垕桐
華書塾刻本　六冊

140000－0501－0004094　68594－601

困學紀聞二十卷　（宋）王應麟撰　清乾隆三
年(1738)祁門馬氏叢書樓刻本　八冊

140000－0501－0004095　68602－05

全謝山先生經史問答十卷　（清）全祖望撰
清乾隆三十年(1765)董秉純刻本　四冊

140000－0501－0004096　68606－09

求闕齋讀書錄十卷　（清）曾國藩撰　（清）王
定安編　清光緒二年(1876)京都龍文齋刻本
四冊

140000－0501－0004097　68610－21

管城碩記十四卷經言拾遺三十卷　（清）徐文
靖撰　清乾隆九年(1744)徐氏志寧堂刻本
十二冊

140000－0501－0004098　68622－35

容齋隨筆十六卷續筆十六卷三筆十六卷四筆
十六卷五筆十卷首一卷　（宋）洪邁撰　清同
治十一年(1872)刻光緒九年(1883)重印本
十四冊

140000－0501－0004099　68636－49

容齋隨筆十六卷續筆十六卷三筆十六卷四筆
十六卷五筆十卷首一卷　（宋）洪邁撰　清同
治十一年(1872)刻光緒九年(1883)重印本

十四冊

140000－0501－0004100　68650－61

日知錄三十二卷　（清）顧炎武撰　清道光十
二年(1832)鄂山刻本　十二冊

140000－0501－0004101　68663－78

日知錄集釋三十二卷刊誤二卷續刊誤二卷
（清）顧炎武撰　（清）黄汝成集釋　清同治十
一年(1872)湖北崇文書局刻本　十六冊

140000－0501－0004102　68687－90

夢溪筆談二十六卷補筆談三卷續筆談一卷
（宋）沈括撰　清光緒三十二年(1906)番禺陶
氏刻本　四冊

140000－0501－0004103　68691－94

郎潛紀聞十四卷　（清）陳康祺撰　清光緒十
年(1884)琴川刻本　四冊

140000－0501－0004104　68695－98

燕下鄉脞錄十六卷　（清）陳康祺撰　清光緒
十一年(1885)暨陽刻本　四冊

140000－0501－0004105　68699－702

求闕齋讀書錄十卷　（清）曾國藩撰　（清）王
定安編　清光緒二年(1876)京都龍文齋刻本
四冊

140000－0501－0004106　68703－26

日知錄三十二卷　（清）顧炎武撰　清經義齋
刻本　二十四冊

140000－0501－0004107　68727－42

日知錄三十二卷　（清）顧炎武撰　清康熙三
十四年(1695)遂初堂刻本　十六冊

140000－0501－0004108　68743－50

十駕齋養新錄二十卷餘錄三卷　（清）錢大昕
撰　清嘉慶錢氏刻本　八冊

140000－0501－0004109　68751－58

十駕齋養新錄二十卷餘錄三卷　（清）錢大昕
撰　錢辛楣先生年譜一卷竹汀居士年譜續編
一卷　（清）錢慶曾校并述　清道光十一年
(1831)刻本　八冊

140000－0501－0004110　68759－66

十駕齋養新錄二十卷餘錄三卷　（清）錢大昕
撰　錢辛楣先生年譜一卷竹汀居士年譜續編
一卷　（清）錢慶曾校并述　清光緒二年
(1876)浙江書局刻本　八冊

140000－0501－0004111　68767－71

東塾讀書記二十五卷　（清）陳澧撰　清光緒
二十四年(1898)北京琉璃廠文瀾堂刻本（原
缺卷十三至十四、十七至二十、二十二至二十
五）　五冊

140000－0501－0004112　68772－77

東塾讀書記二十五卷　（清）陳澧撰　清刻本
（原缺卷十三至十四、十七至二十、二十二至
二十五）　六冊

140000－0501－0004113　68778－83

東塾讀書記二十五卷　（清）陳澧撰　清刻本
（原缺卷十三至十四、十七至二十、二十二至
二十五）　六冊

140000－0501－0004114　68784－88

東塾讀書記二十五卷　（清）陳澧撰　清光緒
三十四年(1908)山西師範學院鉛印本（原缺
卷十三至十四、十七至二十、二十二至二十
五）　五冊

140000－0501－0004115　68789－812

讀書雜志八十二卷餘編二卷　（清）王念孫撰
清同治九年(1870)金陵書局刻本　二十
四冊

140000－0501－0004116　68813－36

讀書雜志八十二卷餘編二卷　（清）王念孫撰
清同治九年(1870)金陵書局刻本　二十
四冊

140000－0501－0004117　68837－52

陔餘叢考四十三卷　（清）趙翼撰　清乾隆五
十五年(1790)湛貽堂刻本　十六冊

140000－0501－0004118　68853－64

陔餘叢考四十三卷　（清）趙翼撰　清乾隆五
十五年(1790)湛貽堂刻本　十二冊

140000－0501－0004119　68865－69

東塾讀書記二十五卷 （清）陳澧撰 清光緒三十四年(1908)山西師範學堂鉛印本（原缺卷十三至十四、十七至二十、二十二至二十五） 五冊

140000－0501－0004120 68870－75

因樹屋書影十卷 （清）周亮工撰 清雍正三年(1725)懷德堂刻本 六冊

140000－0501－0004121 68876－87

因樹屋書影十卷 （清）周亮工撰 清嘉慶十九年(1814)賴古堂刻本 十二冊

140000－0501－0004122 68888－99

校訂困學紀聞集證二十卷 （宋）王應麟撰 （清）閻若璩等箋注 （清）萬希槐集證 清嘉慶二十四年(1819)胡氏山壽齋刻本 十二冊

140000－0501－0004123 68900－11

義門讀書記五十八卷 （清）何焯編 清光緒六年(1880)苕溪吳氏重修本 十二冊

140000－0501－0004124 68912－15

定香亭筆談四卷 （清）阮元記 （清）吳文溥錄 清光緒二十五年(1899)浙江書局刻本 四冊

140000－0501－0004125 68916－23

硯耕緒錄十六卷 （清）林昌彝撰 清同治五年(1866)廣東刻本 八冊

140000－0501－0004126 68924－27

唐語林八卷附校勘記 （宋）王讜撰 清光緒十九年(1893)湖北官書局刻本 四冊

140000－0501－0004127 68928－31

賓退錄十卷 （宋）趙與時撰 清江陰繆氏刻對雨樓叢書本 四冊

140000－0501－0004128 68932－36

東塾讀書記二十五卷 （清）陳澧撰 清光緒二十四年(1898)紉蘭書館刻本（原缺卷十三至十四、十七至二十、二十二至二十五） 五冊

140000－0501－0004129 68937－40

周書十一卷 （清）朱右曾校釋 **老學庵筆記**

十卷 （宋）陸游撰 清光緒三年(1877)湖北崇文書局刻本 四冊

140000－0501－0004130 68941－46

潛邱劄記六卷 （清）閻若璩撰 **左汾近稿一卷** （清）閻詠撰 清乾隆十年(1745)眷西堂刻本 六冊

140000－0501－0004131 68947－50

札迻十二卷 （清）孫詒讓撰 清光緒二十年(1894)籀廎刻本 四冊

140000－0501－0004132 68951－56

札樸十卷 （清）桂馥撰 清光緒九年(1883)長洲蔣氏心矩齋刻本 六冊

140000－0501－0004133 68963－70

校訂困學紀聞五箋二十卷 （宋）王應麟撰 （清）閻若璩等箋注 （清）萬希槐集證 清經正堂刻本 八冊

140000－0501－0004134 68971－78

池北偶談二十六卷 （清）王士禎撰 清康熙三十九年(1700)臨汀郡署刻本 八冊

140000－0501－0004135 68979－81

潛邱劄記六卷 （清）閻若璩撰 清乾隆十年(1745)眷西堂刻本 三冊

140000－0501－0004136 68982－93

居易錄三十四卷 （清）王士禎撰 清刻本 十二冊

140000－0501－0004137 68994－97

涑水記聞十六卷 （宋）司馬光撰 清光緒九年(1883)山西解梁書院刻本 四冊

140000－0501－0004138 68998－9003

讀書叢錄二十四卷 （清）洪頤煊撰 清道光元年(1821)刻本 六冊 缺（卷二十四缺葉）

140000－0501－0004139 69004－15

記事珠十卷 （清）張以謙撰 清嘉慶二十一年(1816)知不足軒刻本 十二冊

140000－0501－0004140 69016－19

述記不分卷 （清）任兆麟纂 清乾隆五十三年(1788)映雪草堂刻本 四冊

140000 – 0501 – 0004141　69020 – 25

述記不分卷　（清）任兆麟纂　清乾隆五十三年(1788)映雪草堂刻本　六冊

140000 – 0501 – 0004142　69026 – 31

困學紀聞二十卷　（宋）王應麟撰　（清）閻若璩等箋注　清同治九年(1870)揚州書局刻本　六冊

140000 – 0501 – 0004143　69033 – 34

勸學篇二篇　（清）張之洞撰　清光緒二十四年(1898)廣東廣雅書局刻本　二冊

140000 – 0501 – 0004144　69035 – 42

稱謂錄三十二卷　（清）梁章鉅撰　清光緒元年至十年(1875 – 1884)福州梁氏刻本　八冊

140000 – 0501 – 0004145　69043 – 44

東坡先生志林十二卷　（宋）蘇軾撰　（清）李穆堂輯　清刻本　二冊

140000 – 0501 – 0004146　69045 – 52

文家稽古編十卷　（清）劉旃錫　（清）程夢元纂　清乾隆二十年(1755)慎詒堂刻本　八冊

140000 – 0501 – 0004147　69053 – 60

盛世危言十四卷　鄭觀應撰　清光緒二十一年(1895)鉛印本　八冊

140000 – 0501 – 0004148　69061 – 69

家寶二集　（清）石成金撰　清刻本　九冊

140000 – 0501 – 0004149　69070 – 75

人壽金鑑二十二卷　（清）程得齡輯　清嘉慶二十五年(1820)刻本　六冊

140000 – 0501 – 0004150　69076 – 77

菉友蛾術編二卷　（清）王筠撰　清咸豐十年(1860)宋官疃刻本　二冊

140000 – 0501 – 0004151　69078 – 97

通雅五十二卷首三卷　（清）方以智輯　清康熙五年(1666)姚文燮立教館刻本　二十冊

140000 – 0501 – 0004152　69098 – 102

槐廳載筆二十卷　（清）法式善編　清嘉慶四年(1799)刻本　五冊

140000 – 0501 – 0004153　69103 – 04

吹網錄六卷　（清）葉廷琯撰　清同治八年(1869)刻本　二冊

140000 – 0501 – 0004154　69105 – 18

容齋隨筆十六卷續筆十六卷三筆十六卷四筆十六卷五筆十卷首一卷　（宋）洪邁撰　清同治十一年(1872)刻光緒九年(1883)重印本　十四冊

140000 – 0501 – 0004155　69119 – 23

無邪堂答問五卷　（清）朱一新撰　清光緒二十一年(1895)廣雅書局刻本　五冊

140000 – 0501 – 0004156　69124 – 25

薑露庵雜記六卷　（清）施山撰　清宣統三年(1911)金陵刻本　二冊

140000 – 0501 – 0004157　69126 – 27

竹葉亭雜記八卷　（清）姚元之撰　清光緒十九年(1893)桐城姚氏刻本　二冊

140000 – 0501 – 0004158　69128 – 31

楹聯叢話十二卷　（清）梁章鉅輯　清道光二十年(1840)桂林署齋刻本　四冊

140000 – 0501 – 0004159　69132 – 35

嘯亭雜錄八卷續錄二卷　（清）昭槤輯　清光緒二十七年(1901)上海掃葉山房石印本　四冊

140000 – 0501 – 0004160　69136

吳門銷夏記三卷　（清）江翰撰　清光緒二十年(1894)刻本　一冊

140000 – 0501 – 0004161　69145 – 47

家塾蒙求五卷　（清）康基淵輯　清光緒八年(1882)汗青簃刻本　三冊

140000 – 0501 – 0004162　69148 – 49

家塾蒙求五卷　（清）康基淵纂輯　清嘉慶七年(1802)霞蔭堂刻本　二冊

140000 – 0501 – 0004163　69150 – 51

竹葉亭雜記八卷　（清）姚元之撰　（清）姚穀編　清光緒十九年(1893)桐城姚氏刻本　二冊

140000 - 0501 - 0004164　69152 - 61

埤雅二十卷　（宋）陸佃撰　清刻本　十冊

140000 - 0501 - 0004165　69170 - 71

人海記二卷　（清）查慎行輯　清宣統二年
（1910）掃葉山房石印本　二冊

140000 - 0501 - 0004166　69172 - 73

中華古今注三卷　（五代）馬縞集　清刻本
二冊

140000 - 0501 - 0004167　69175

先正讀書訣一卷　（清）周永年輯　清光緒四
年（1878）刻本　一冊

140000 - 0501 - 0004168　69176 - 77

六藝綱目二卷附字原一卷劄記一卷　（元）舒
天民撰　（元）舒恭注　（明）趙宜中附注　清
光緒解梁書院刻本　二冊

140000 - 0501 - 0004169　69183 - 98

日知錄集釋三十二卷刊誤二卷續刊誤二卷
（清）顧炎武撰　（清）黃汝成集釋　清光緒三
年（1877）刻本　十六冊

140000 - 0501 - 0004170　69199 - 214

日知錄集釋三十二卷刊誤二卷續刊誤二卷
（清）顧炎武撰　（清）黃汝成集釋　清光緒三
年（1877）刻本　十六冊

140000 - 0501 - 0004171　69215 - 26

困學紀聞注二十卷　（清）翁元圻輯注　清咸
豐元年（1851）經綸堂刻本　十二冊

140000 - 0501 - 0004172　69227 - 32

翁注困學紀聞二十卷首一卷　（清）翁元圻輯
注　清光緒十九年（1893）上海積山書房石印
本　六冊

140000 - 0501 - 0004173　69239 - 54

寄園寄所寄十二卷　（清）趙吉士輯　清康熙
三十四年（1695）刻本　十六冊

140000 - 0501 - 0004174　69255 - 58

東塾讀書記十五卷　（清）陳澧撰　清光緒二
十七年（1901）煥文書局石印本　四冊

140000 - 0501 - 0004175　69259 - 62

人譜一卷附劉子行狀二卷　（明）劉宗周撰
清道光六年（1826）慈溪四吉草堂刻金渭補刻
本　四冊

140000 - 0501 - 0004176　69263 - 64

螴緯瑣言　（清）厲之鍔纂　清階州邢氏刻本
二冊

140000 - 0501 - 0004177　69265

緝古算經三卷　（唐）王孝通撰　（清）張敦仁
細草　清嘉慶八年（1803）藝學軒刻本　一冊

140000 - 0501 - 0004178　69266 - 69

泖東草堂筆記二十卷　（清）沈鏡賢撰　清宣
統二年（1910）鉛印本　四冊

140000 - 0501 - 0004179　69270

宰廬實蹟一卷　（清）魏獻編輯　清同治六年
（1867）梁榆式硯齋刻本　一冊

140000 - 0501 - 0004180　69271 - 72

忠孝編六卷　（清）姚敦詒編　清光緒十一年
（1885）屧守山齋刻本　二冊

140000 - 0501 - 0004181　69273

札樸十卷　（清）桂馥撰　清嘉慶十八年
（1813）山陰李柯溪小李山房刻本　一冊　存
二卷（一至二）

140000 - 0501 - 0004182　69275

王學質疑四卷附朱陸同異論一卷史法質疑一
卷讀史質疑五卷　（清）張烈撰　清光緒十八
年（1892）魯橋刻本　一冊

140000 - 0501 - 0004183　69276

大意尊聞　（清）方東樹撰　清光緒元年
（1875）解州解梁書院刻本　一冊

140000 - 0501 - 0004184　69277

大意尊聞　（清）方東樹撰　清光緒元年
（1875）解州解梁書院刻本　一冊

140000 - 0501 - 0004185　69278 - 83

彙纂功過格注釋錄要四卷　（清）喬元春錄
清嘉慶十一年（1806）錦蔭堂刻本　六冊

140000 - 0501 - 0004186　69284 - 85

唐摭言十五卷　（五代）王定保撰　清乾隆二

十一年(1756)德州盧氏雅雨堂刻本　二冊

140000－0501－0004187　69286－87

風俗通義十卷　（漢）應劭撰　清刻本　二冊

140000－0501－0004188　69292－303

寄園寄所寄十二卷　（清）趙吉士輯　清康熙二十四年(1685)刻本　十二冊

140000－0501－0004189　69314－19

古事比五十二卷　（清）方中德輯　清光緒三十一年(1905)上海點石齋石印本　六冊

140000－0501－0004190　69320－29

盛世危言六卷　鄭觀應纂著　**續編四卷**（清）杞尤生輯著　清光緒二十一年(1895)煥文書局石印本　十冊

140000－0501－0004191　69330－35

日知錄集釋三十卷首一卷刊誤二卷續刊誤二卷　（清）顧炎武撰　（清）黃汝成集釋　清光緒三十一年(1905)上海點石齋石印本　六冊

140000－0501－0004192　69336－39

羣學肄言十六章　（英國）斯賓塞爾撰　嚴復譯　清光緒二十九年(1903)上海文明編譯書局鉛印本　四冊

140000－0501－0004193　69342－57

西學啟蒙十六種　（英國）艾約瑟譯　清光緒二十四年(1898)上海盈記書莊石印本　十六冊

140000－0501－0004194　69358－63

楹聯叢話十二卷楹聯續話四卷　（清）梁章鉅輯　清道光二十年(1840)桂林署齋刻本　六冊

140000－0501－0004195　69364－71

智囊補二十八卷　（明）馮夢龍重輯　清乾隆五十四年(1789)聯經堂刻本　八冊

140000－0501－0004196　69372－77

新鎸神峰張先生通考闢謬命理正宗大全六卷（明）張楠集　清光緒十四年(1888)蘇州綠蔭堂刻本　六冊

140000－0501－0004197　69378－87

五種秘竅全書十八卷　（明）甘霖撰　明崇禎刻本　十冊　缺二卷(奇門遁甲秘訣二卷)

140000－0501－0004198　69388－89

八宅明鏡二卷　（清）箬冠道人撰　清乾隆五十五年(1790)青黎閣刻本　二冊

140000－0501－0004199　69390－93

六壬經解六卷　（清）毛志道撰　清雍正三年(1725)刻本　四冊

140000－0501－0004200　69394－05

三命通會十二卷　（明）萬民英撰　清刻本十二冊

140000－0501－0004201　69406－09

集注太玄經十卷　（漢）揚雄撰　（宋）司馬光集注　清道光二十四年(1844)刻本　四冊

140000－0501－0004202　69410－13

集注太玄經十卷　（漢）揚雄撰　（宋）司馬光集注　清嘉慶三年(1798)吳門五柳居陶氏刻本　四冊

140000－0501－0004203　69414－17

律例館校正洗冤錄四卷　（清）律例館編校清刻本　四冊

140000－0501－0004204　69418－21

補注洗冤錄集證四卷檢骨圖格一卷　（宋）宋慈撰　（清）阮其新補注　**作吏要言一卷**（清）葉玉屏著　清道光二十三年(1843)江都鍾氏刻三色套印本　四冊

140000－0501－0004205　69422－25

補注洗冤錄集證四卷檢骨圖格一卷　（宋）宋慈撰　（清）阮其新補注　**作吏要言一卷**（清）葉玉屏著　清道光二十三年(1843)江都鍾氏刻三色套印本　四冊

140000－0501－0004206　69426－28

檢驗集證一卷檢驗合參一卷　（清）郎錦騏輯清道光十五年(1835)蘇州周氏刻本　三冊

140000－0501－0004207　69429－32

洗冤錄詳義四卷　（宋）宋慈撰　（清）許槤詳義　**摭遺二卷**　（清）葛元煦輯　清光緒二年

(1876)嘯園刻本　四冊

140000－0501－0004208　69433－38
補注洗冤錄集證六卷　(清)王又槐增補
(清)李觀瀾補輯　(清)阮其新補注　清光緒
八年(1882)京都文寶齋刻五色套印本　六冊

140000－0501－0004209　69439－44
重刊補注洗冤錄集證六卷　(宋)宋慈撰
(清)王又槐增補　(清)李觀瀾補輯　(清)
阮其新補注　清道光二十四年(1844)翰墨園
刻五色套印本　六冊

140000－0501－0004210　69445－50
補注洗冤錄集證六卷　(清)王又槐增輯
(清)李觀瀾補輯　(清)阮其新補注　清同治
十一年(1872)刻五色套印本　六冊

140000－0501－0004211　69452
葬經內篇一卷黃帝宅經二卷　(晉)郭璞撰
清光緒三年(1877)湖北崇文書局刻本　一冊

140000－0501－0004212　69453－56
名法指掌新例增訂四卷　(清)沈辛田撰　清
道光六年(1826)培蔭軒刻本　四冊

140000－0501－0004213　69457－60
名法指掌四卷　(清)徐瀨撰　清光緒五年
(1879)雲南書局刻本　四冊

140000－0501－0004214　69461－64
名法指掌四卷　(清)徐瀨撰　清同治十年
(1871)刻本　四冊

140000－0501－0004215　69465－68
審看擬式四卷首一卷末一卷　(清)剛毅輯
清光緒十三年(1887)晉陽課吏館刻本　四冊

140000－0501－0004216　69469
學治臆說二卷春陵褒貞錄一卷　(清)汪輝祖
撰　清乾隆五十八年(1793)雙節堂刻本
一冊

140000－0501－0004217　69470－71
折獄龜鑑八卷首一卷　(宋)鄭克撰　清光緒
十六年(1890)廣州府讞局刻本　二冊

140000－0501－0004218　69472－77

居官日省錄六卷　(清)覺羅烏爾通阿編輯
清咸豐四年(1854)刻本　六冊

140000－0501－0004219　69478
學治一得編附賑饑十二善　(清)何耿繩編
清道光二十一年(1841)刻本　一冊

140000－0501－0004220　69489
學治一得編附賑饑十二善　(清)何耿繩編
清道光二十二年(1842)眉壽堂刻本　一冊

140000－0501－0004221　69490
最新醒世歌謠　題(清)痛國遺民編　清光緒
三十二年(1906)上海新學會社鉛印本　一冊

140000－0501－0004222　69491
最新醒世歌謠　題(清)痛國遺民編　清光緒
三十二年(1906)上海新學會社鉛印本　一冊

140000－0501－0004223　69492
憲法精理二卷　(清)周達編譯　清光緒二十
九年(1903)上海廣智書局鉛印本　一冊

140000－0501－0004224　69493－97
萬法精理五卷　(法國)孟德斯鳩撰　(清)張
湘文譯　清光緒二十九年(1903)上海文明書
局鉛印本　五冊

140000－0501－0004225　69498－501
干支集錦二十四卷　(清)秦嘉謨輯　清嘉慶
二十年(1815)琳瑯僊館刻本　四冊

140000－0501－0004226　69507－10
諏吉便覽寶鏡圖　(清)費淳輯　清光緒五年
(1879)京都二酉堂刻二色套印本　四冊

140000－0501－0004227　69511－14
諏吉便覽寶鏡圖　(清)費淳輯　清光緒五年
(1879)京都二酉堂刻二色套印本　四冊

140000－0501－0004228　69516
法學通論二卷　(日本)鈴木喜三郎撰　(清)
震生譯　清光緒二十八年(1902)上海廣智書
局鉛印本　一冊

140000－0501－0004229　69517－18
新刻洗家蕭曹兩造雪案鳴冤律四卷　題管見
子編　清刻本　二冊

140000 - 0501 - 0004230　69519

牧令芻言一卷　（清）陳際唐撰　清光緒三十二年（1906）鉛印本　一冊

140000 - 0501 - 0004231　69520

仕學初桄雜記一卷　（清）陳錫麟撰　清光緒二十四年（1898）鉛印本　一冊

140000 - 0501 - 0004232　69521

仕學初桄雜記一卷　（清）陳錫麟撰　清光緒三十二年（1906）鉛印本　一冊

140000 - 0501 - 0004233　69524 - 25

求己錄三卷　（清）蘆涇遁士（陶葆廉）編　清光緒二十七年（1901）志強書舍石印本　二冊　缺一卷（中）

140000 - 0501 - 0004234　69526

節本天演論　（英國）赫胥黎著　嚴復譯　清光緒二十七年（1901）富文書局石印本　一冊

140000 - 0501 - 0004235　69538 - 45

得一錄八卷首一卷　（清）余治輯　清光緒十一年（1885）寶善堂刻本　八冊

140000 - 0501 - 0004236　69546

四教考略八章　（英國）季理斐撰　清宣統二年（1910）上海廣學會鉛印本　一冊

140000 - 0501 - 0004237　69547 - 48

聖賢像贊四卷　明刻清同治三年（1864）積賢書舫補刻本　二冊

140000 - 0501 - 0004238　69549 - 56

國朝書畫家筆錄四卷名媛附錄一卷方外附錄一卷　竇鎮輯　清宣統三年（1911）蘇州文學山房木活字印本　八冊

140000 - 0501 - 0004239　69557

養蒙正軌　（英國）秀耀春　（清）汪振聲譯　清光緒二十二年（1896）鉛印本　一冊

140000 - 0501 - 0004240　69573 - 80

皇極經世書八卷首一卷　（宋）邵雍撰　（清）王植輯　清乾隆二十一年（1756）刻本　八冊

140000 - 0501 - 0004241　69581

論墨絕句詩一卷　（清）謝崧岱撰　清光緒十

九年（1893）湘鄉孿經樹謝氏刻本　一冊

140000 - 0501 - 0004242　69586 - 87

治平大略四卷　（清）張秉直撰　清光緒二年（1876）傳經堂刻本　二冊

140000 - 0501 - 0004243　69596 - 99

青煙錄八卷　（清）王訢編　清嘉慶十年（1805）百尺樓刻本　四冊

140000 - 0501 - 0004244　69600

輶軒語　（清）張之洞撰　清光緒三年（1877）濛上書齋刻本　一冊

140000 - 0501 - 0004245　69601 - 04

經餘必讀續編八卷　（清）雷琳　（清）錢樹棠　（清）錢樹立輯　清嘉慶十一年（1806）經餘堂刻本　四冊

140000 - 0501 - 0004246　69605 - 12

國語校注本三種　（清）汪遠孫撰　清道光二十六年（1846）武林汪氏振綺堂刻本　八冊

140000 - 0501 - 0004247　69613 - 15

國朝漢學師承記八卷國朝宋學淵源記二卷附記一卷　（清）江藩撰　清光緒十九年（1893）上海積山書局石印本　三冊

140000 - 0501 - 0004248　69616

夢痕錄節鈔一卷　（清）何士祁撰　清蘭州官書局鉛印本　一冊

140000 - 0501 - 0004249　69618

格言聯璧一卷　（清）金纓輯　清光緒六年（1880）山西濬文書局刻本　一冊

140000 - 0501 - 0004250　69619 - 26

奚囊寸錦　（清）張潮撰　清嘉慶二十五年（1820）刻本　八冊

140000 - 0501 - 0004251　69627

教化議五卷　（德國）花之安撰　清光緒元年（1875）羊城書小會真寶堂刻本　一冊

140000 - 0501 - 0004252　69628

率性闡微　（清）素陽子著　（清）自然子注　清同治三年（1864）釣魚臺刻本　一冊

140000 – 0501 – 0004253　69630

思舊錄不分卷　（清）黃宗羲撰　清光緒五桂樓刻本　一冊

140000 – 0501 – 0004254　69632 – 33

曹李尺牘合選二卷　（清）曹溶　（清）李良年撰　（清）茅渡輯　清慎餘堂刻本　二冊

140000 – 0501 – 0004255　69644 – 47

習苦齋畫絮十卷　（清）戴熙撰　清光緒十九年(1893)上海文瑞樓石印本　四冊

140000 – 0501 – 0004256　69648 – 50

濂學編三卷　（清）黃嗣東編　清光緒二十三年(1897)漢陽黃氏刻本　三冊

140000 – 0501 – 0004257　69651 – 56

西藝知新正續合編二十二卷　（英國）諾格德撰　（清）徐壽述　（英國）傅蘭雅譯　清光緒二十二年(1896)上海璣衡堂石印本　六冊

140000 – 0501 – 0004258　69657 – 62

西藝知新正續合編二十二卷　（英國）諾格德撰　（清）徐壽述　（英國）傅蘭雅譯　清光緒二十二年(1896)上海璣衡堂石印本　六冊

140000 – 0501 – 0004259　69663 – 72

西學格致大全　清光緒二十三年(1897)香港書局石印本　十冊

140000 – 0501 – 0004260　69673 – 78

代數通藝錄十六卷　（清）方愷撰　清光緒二十四年(1898)上海石印本　六冊

140000 – 0501 – 0004261　69679 – 83

高厚蒙求四集　（清）徐朝俊纂　清嘉慶十二年(1807)雲間徐氏刻本　五冊

140000 – 0501 – 0004262　69684 – 86

庸庵筆記六卷　（清）薛福成撰　清宣統二年(1910)上海掃葉山房石印本　三冊

140000 – 0501 – 0004263　69687 – 90

韜略元機百局棋譜八卷　（清）張惠春等編　清山潤堂刻本　四冊

140000 – 0501 – 0004264　69695 – 98

律呂原音四卷　（清）永恩編　清乾隆四十七年(1782)會稽山陰刻本　四冊

140000 – 0501 – 0004265　69699 – 704

孫子十家注十三卷遺說一卷敘錄一卷　（宋）吉天保　（清）孫星衍輯　清光緒三年(1877)浙江書局刻本　六冊

140000 – 0501 – 0004266　69705

商君書五卷　（清）嚴可均輯校　清光緒二年(1876)浙江書局刻本　一冊

140000 – 0501 – 0004267　69706

尸子二卷　（清）汪繼培輯　清光緒三年(1877)浙江書局刻本　一冊

140000 – 0501 – 0004268　69707

尸子二卷　（清）汪繼培輯　清光緒三年(1877)浙江書局刻本　一冊

140000 – 0501 – 0004269　69708 – 11

莊子十卷　（晉）郭象注　（唐）陸德明音義　清光緒二年(1876)浙江書局刻本　四冊

140000 – 0501 – 0004270　69712 – 15

晏子春秋七卷附音義二卷校勘二卷　（清）孫星衍校并音義　清光緒元年至二年(1875 – 1876)浙江書局刻本　四冊

140000 – 0501 – 0004271　69716 – 21

韓非子二十卷　（戰國）韓非撰　識誤二卷（清）顧廣圻撰　清光緒元年(1875)浙江書局刻本　六冊

140000 – 0501 – 0004272　69722 – 27

管子補注二十四卷　（唐）房玄齡注　（明）劉績補　清光緒二年(1876)浙江書局刻本　六冊

140000 – 0501 – 0004273　69728 – 34

呂氏春秋二十六卷附考一卷　（漢）高誘注（清）畢沅校　清光緒元年(1875)浙江書局刻本　七冊

140000 – 0501 – 0004274　69735 – 40

呂氏春秋二十六卷附考一卷　（漢）高誘注（清）畢沅校　清光緒元年(1875)浙江書局刻本　六冊

140000－0501－0004275　69741－42

新書十卷　（漢）賈誼撰　清光緒元年（1875）浙江書局刻本　二冊

140000－0501－0004276　69743－44

新書十卷　（漢）賈誼撰　清光緒元年（1875）浙江書局刻本　二冊

140000－0501－0004277　69745

揚子法言十三卷音義一卷　（漢）揚雄撰（晉）李軌注　清光緒二年(1876)浙江書局刻本　一冊

140000－0501－0004278　69746－61

二十五子彙函　（清）鴻文書局輯　清光緒十九年(1893)鴻文書局石印本　十六冊

140000－0501－0004279　69762

天文地理歌略　（清）葉瀾　葉瀚撰　清山西濬文書局刻本　一冊

140000－0501－0004280　69763

天文地理歌略　（清）葉瀾　葉瀚撰　清山西濬文書局刻本　一冊

140000－0501－0004281　69764－65

蒙學課本地球歌韻四卷　（清）張士瀛撰　清光緒二十九年(1903)上海書局石印本　二冊

140000－0501－0004282　69766－69

小四書五卷　（明）朱升輯　清康熙三魚堂刻本　四冊

140000－0501－0004283　69770－71

書儀十卷　（宋）司馬光撰　清光緒八年(1882)解梁書院刻本　二冊

140000－0501－0004284　69772－76

重修正文對音捷要真傳琴譜大全十卷　（明）楊表正撰　明萬曆十三年(1585)積秀堂刻本　五冊

140000－0501－0004285　69777－80

程史十五卷　（宋）岳珂撰　明萬曆刻本　四冊

140000－0501－0004286　69781－804

鮚埼亭集三十八卷首一卷世譜一卷經史問答

十卷外編五十卷　（清）全祖望撰　**年譜一卷**（清）董秉純編　清同治十一年(1872)姚江借樹山房刻本　二十四冊

140000－0501－0004287　69817－40

蘇文忠公詩合注五十卷首一卷目錄二卷（宋）蘇軾撰　（清）馮應榴集注　清乾隆五十八年(1793)踵息齋刻本　二十四冊

140000－0501－0004288　69841－52

蘇文忠公詩集五十卷目錄二卷　（宋）蘇軾撰（清）紀昀點評　清道光十四年(1834)兩廣節署刻朱墨套印本　十二冊

140000－0501－0004289　69853－58

頻羅庵遺集十六卷　（清）梁同書撰　清光緒十三年(1887)鎮海鮑氏刻本　六冊

140000－0501－0004290　69859－64

堵文忠公集十卷年譜一卷附錄一卷　（明）堵允錫撰　清光緒十三年(1887)宜興堵氏刻本　六冊

140000－0501－0004291　69865

未谷詩集四卷　（清）桂馥撰　清嘉慶元年(1796)刻本　一冊

140000－0501－0004292　69866－73

劍南詩鈔不分卷　（宋）陸游撰　（清）楊大鶴選　清康熙二十四年(1685)武進楊氏刻本　八冊

140000－0501－0004293　69874－91

紀文達公遺集文十六卷詩十六卷　（清）紀昀撰　清嘉慶十七年(1812)紀樹馨刻本　十八冊

140000－0501－0004294　69892－93

茗柯文初編一卷二編二卷三編一卷四編一卷（清）張惠言撰　清光緒七年(1881)刻本　二冊

140000－0501－0004295　69894－97

亨甫詩選八卷　（清）張際亮撰　（清）徐軒選　清光緒八年(1882)邵武徐氏刻本　四冊

140000－0501－0004296　69898－909

古文辭類纂七十四卷　（清）姚鼐輯　清道光合河康氏家塾刻本　十二冊

140000－0501－0004297　69910－37

郭侍郎集奏疏十二卷養知書屋文集二十八卷詩集十五卷　（清）郭嵩燾撰　清光緒十八年（1892）湘陰郭氏刻本　二十八冊

140000－0501－0004298　69938－43

太乙舟文集八卷　（清）陳用光撰　觀象居詩鈔二卷　（清）陳蘭瑞撰　清道光二十三年（1843）孝友堂刻本　六冊

140000－0501－0004299　69944－46

任勇烈公遺集　（清）任舉撰　二峨草堂學稿一卷遺稿一卷　（清）任承恩撰　清嘉慶九年（1804）錦山范氏刻本　三冊

140000－0501－0004300　69947－50

月齋文集八卷詩集四卷　（清）張穆撰　（清）吳履敬編　清咸豐八年（1858）刻本　四冊

140000－0501－0004301　69951－53

唐賢三昧集三卷　（清）王士禛選　（清）吳煊　（清）胡棠輯注　清乾隆五十二年（1787）聽雨齋刻本　三冊

140000－0501－0004302　69954－57

桂馨堂集　（清）張廷濟撰　清道光十九年至三十年（1839－1850）嘉興張氏清儀閣刻本　四冊

140000－0501－0004303　69958－71

望溪先生文集十八卷集外文十卷　（清）方苞撰　方望溪先生年譜一卷附錄一卷　（清）蘇惇元撰　清咸豐元年（1851）刻本　十四冊

140000－0501－0004304　69972－70071

全上古三代秦漢三國六朝文　（清）嚴可均輯　清光緒二十年（1894）黃岡王氏刻本　一百冊

140000－0501－0004305　70072－79

李二曲先生全集二十六卷　（清）李顒撰　悕逐庵先生遺集一卷　（清）惲日初撰　清道光八年（1828）刻本　八冊

140000－0501－0004306　70080－84

趙恭毅公賸稿八卷　（清）趙申喬撰　趙裘萼公賸稿四卷　（清）趙熊詔撰　清乾隆三年（1738）刻本　五冊

140000－0501－0004307　70085－92

許文正公遺書十二卷首一卷末二卷　（元）許衡撰　清乾隆五十五年（1790）楊氏刻本　八冊

140000－0501－0004308　70093－100

詩禮堂古文五卷雜詠二卷雜集二卷　（清）王又樸撰　清乾隆十九年（1754）詩禮堂刻本　八冊

140000－0501－0004309　70101－06

蘭韻堂詩集十二卷御覽集六卷經進文稿二卷文集五卷　（清）沈初撰　清乾隆五十九年（1794）刻本　六冊　存十八卷（蘭韻堂詩集十二卷御覽集六卷）

140000－0501－0004310　70107－14

近光集二十八卷　（清）汪士鋐輯　（清）徐修仁注　清康熙五十八年（1719）刻本　八冊

140000－0501－0004311　70115－20

漁洋山人精華錄箋注十二卷補遺一卷　（清）王士禛撰　（清）金榮編　年譜一卷　（清）金榮箋注　清乾隆金氏鳳翔堂刻本　六冊

140000－0501－0004312　70121－24

篋衍集十二卷　（清）陳維崧編　清康熙三十一年（1692）刻本　四冊

140000－0501－0004313　70125－28

七子詩選十四卷　（清）沈德潛輯　清乾隆三十二年（1767）東官翟氏涵鏡齋刻本　四冊

140000－0501－0004314　70129－42

古詩箋三十二卷　（清）王士禛選　（清）閏人倓箋　清乾隆三十一年（1766）芝蘭堂刻本　十四冊

140000－0501－0004315　70143－52

檉華館文集六卷駢體文一卷詩集四卷雜錄一卷　（清）路德撰　清光緒七年（1881）解州解梁書院刻本　十冊

140000－0501－0004316　70153－58

丹徒張氏家集　（清）張深輯　清道光二十年
(1840)刻本　六冊

140000－0501－0004317　70159－63

中晚唐詩叩彈集十二卷續集三卷　（清）杜詔
（清）杜庭珠輯　清康熙採山亭刻本　五冊

140000－0501－0004318　70164－83

御選唐宋詩醇四十七卷　（清）高宗弘曆編
清乾隆二十五年(1760)紫陽書院刻本　二
十冊

140000－0501－0004319　70184－97

震川先生集三十卷別集十卷首一卷　（明）歸
有光撰　附錄一卷　（清）錢謙益撰　清康熙
十四年(1675)歸莊歸玠等刻本　十四冊

140000－0501－0004320　70198－99

戒亭詩草六卷補遺二卷戒亭詩集補遺一卷
(清)劉壬撰　清乾隆三十二年(1767)内省齋
刻本　二冊

140000－0501－0004321　70200－01

謫麐堂遺集文二卷詩二卷　（清）戴望撰　清
宣統三年(1911)歸安陸樹聲刻本　二冊

140000－0501－0004322　70202－05

任勇烈公遺詩一卷遺集一卷　（清）任舉撰
二峨草堂學稿一卷遺稿一卷　（清）任承恩撰
　清同治十三年(1874)近文齋刻本　四冊

140000－0501－0004323　70206－21

陸象山先生文集三十六卷　（宋）陸九淵撰
校勘略一卷　（清）喻震孟撰　少湖徐先生學
則辨一卷　（明）徐階撰　清道光三年(1823)
金溪槐堂書屋刻本　十六冊

140000－0501－0004324　70226－35

政餘書屋文鈔二十卷　（清）王泉之撰　清道
光十年(1830)刻本　十冊

140000－0501－0004325　70236－39

柳渠文集六卷詩集六卷　（清）胡豹變撰　清
同治七年(1868)胡氏燕翼樓刻本　四冊

140000－0501－0004326　70240－43

李太白全集三十卷　（唐）李白撰　清光緒十

四年(1888)湖北官書局刻本　四冊

140000－0501－0004327　70244－55

分類補注李太白詩二十五卷　（唐）李白撰
(宋)楊齊賢集注　（元）蕭士贇補注　年譜一
卷　（明）薛仲邕編　清雲林五雲堂刻本　十
二冊

140000－0501－0004328　70256－59

德蔭堂集十六卷首一卷　（清）阿克敦撰　清
嘉慶二十一年(1816)那彥成刻本　四冊

140000－0501－0004329　70260－63

陶淵明集八卷首一卷末一卷　（晉）陶潛撰
清光緒六年(1880)刻三色套印本　四冊

140000－0501－0004330　70264－77

涇野先生文集三十八卷首一卷續八卷　（明）
呂柟撰　清道光十二年(1832)陝西關中書院
刻本　十四冊

140000－0501－0004331　70278－81

歐陽文忠公文選十卷　（宋）歐陽修撰　（明）
歸有光選　明萬曆鹿城徐氏刻本　四冊

140000－0501－0004332　70282－91

古文載道編十八卷　（清）張伯行選　清康熙
正誼堂刻本　十冊

140000－0501－0004333　70292－306

陶園文集八卷詩集二十四卷詩餘二卷六如亭
二卷　（清）張九鉞撰　清道光二十三年
(1843)賜錦樓刻本　十五冊

140000－0501－0004334　70307－10

居官寡過錄四卷　題(清)盤嶠野人輯　清乾
隆四年(1739)刻本　四冊

140000－0501－0004335　70311－22

穆堂初稿五十卷　（清）李紱撰　清乾隆無怒
軒刻本　十二冊

140000－0501－0004336　70323－26

寒松閣詩八卷詞四卷駢體文一卷續一卷
(清)張鳴珂撰　清光緒三十二年(1906)江西
書局刻本　四冊

140000－0501－0004337　70327－29

萬善花室文稿六卷附錄一卷 （清）方履籛撰
清道光十二年(1832)溧陽繆德菜小岯山館
刻本 三冊

140000－0501－0004338 70330－45

元明八大家古文選 （清）劉肇虞選評 清乾隆
二十九年(1764)步月樓刻本 十六冊 存七種

140000－0501－0004339 70346－53

屺思堂文集六卷詩集二卷劉克猷先生真稿六
卷續稿五卷 （清）劉子壯撰 清道光二十八
年(1848)宛平劉氏刻本 八冊

140000－0501－0004340 70354－61

二娛小廬詩鈔五卷詩鈔補編一卷詞鈔二卷
（清）尤維熊撰 清嘉慶十七年(1812)刻本
八冊

140000－0501－0004341 70362－65

貞素齋文集八卷附錄一卷 （元）舒頔撰 清
道光十八年(1838)刻本 四冊

140000－0501－0004342 70366－75

龍岡山人古文鈔十卷駢體文鈔四卷詩鈔十八
卷古今體詩鈔二卷 （清）洪良品撰 清光緒
十八年(1892)刻本 十冊

140000－0501－0004343 70376－79

南宋雜事詩七卷 （清）沈嘉轍撰 清同治十
一年(1872)淮南書局刻本 四冊

140000－0501－0004344 70380－85

宋大家蘇文定公文鈔二十卷 （宋）蘇轍撰
（明）茅坤評 明刻本 六冊

140000－0501－0004345 70386－93

有竹居集十五卷 （清）任兆麟撰 蒼頡篇二
卷三蒼二卷 （清）任大椿考逸 （清）任兆麟
補正 清嘉慶二十四年(1819)兩廣節署刻本
八冊

140000－0501－0004346 70394－403

思綺堂文集十卷 （清）章藻功撰 清康熙六
十一年(1722)聚錦堂刻本 十冊

140000－0501－0004347 70404－09

黃葉樓初集四卷首一卷末一卷 （清）喬煐撰

題贈詩詞二卷 （清）蔡新撰 清嘉慶十七
年(1812)越雪齋刻本 六冊

140000－0501－0004348 70410－15

嶺南三大家詩選二十四卷 （清）王隼選 清
康熙三十一年(1692)刻本 六冊

140000－0501－0004349 70416－27

樊榭山房集十卷續集十卷文集八卷集外詩三
卷又一卷集外詞四卷又一卷集外曲二卷集外
文一卷 （清）厲鶚撰 振綺堂詩存一卷
（清）汪憲撰 松聲池館詩存四卷 （清）汪璐
撰 清光緒十五年(1889)錢塘汪氏振綺堂刻
本 十二冊

140000－0501－0004350 70428－43

曝書亭集八十卷附錄一卷 （清）朱彝尊撰
笛漁小稿十卷 （清）朱昆田撰 清光緒十五
年(1889)會稽陶氏寒梅館刻本 十六冊

140000－0501－0004351 70444－49

小謨觴館詩集八卷續集二卷詩餘附錄一卷文
集四卷文續集二卷 （清）彭兆蓀撰 清同治
十三年(1874)刻本 六冊

140000－0501－0004352 70450－55

唐駢體文鈔十七卷 （清）陳均受輯 清嘉慶
二十五年(1820)刻本 六冊

140000－0501－0004353 70504－99

古文奇賞二十二卷續古文奇賞三十四卷奇賞
齋廣文苑英華二十六卷四續古文奇賞五十三
卷明文奇賞四十卷 （明）陳仁錫輯 明萬曆
四十六年(1618)至天啟間刻本 九十六冊

140000－0501－0004354 70600－709

奇賞齋古文彙編二百三十六卷 （明）陳仁錫
輯並評 明崇禎七年(1634)刻本 一百十冊

140000－0501－0004355 70710－12

唐賢三昧集三卷 （清）王士禛選 （清）吳煊
 （清）胡棠輯注 清乾隆五十二年(1787)聽
雨齋刻本 三冊

140000－0501－0004356 70713－24

文選旁證四十六卷 （清）梁章鉅撰 清道光

十八年(1838)刻本　十二冊

140000－0501－0004357　70725－48

古文眉詮七十九卷　（清）浦起龍輯　清乾隆九年(1744)靜寄東軒刻本　二十四冊

140000－0501－0004358　70749－58

三魚堂文集十二卷外集六卷附錄一卷　（清）陸隴其撰　清刻本　十冊

140000－0501－0004359　70759－74

恩餘堂經進初稿十二卷續稿二十二卷　（清）彭元瑞撰　清刻本　十六冊

140000－0501－0004360　70775－78

六如居士全集七卷　（明）唐寅撰　清光緒十一年(1885)鎮江文成堂刻本　四冊

140000－0501－0004361　70779－80

虞伯生選杜律七言注三卷　（唐）杜甫撰（元）虞集　（清）查弘道　（清）金集補注

趙子常選杜律五言注三卷　（唐）杜甫撰（元）趙仿注　（清）查弘道　（清）金集補注　清懷德堂刻本　二冊

140000－0501－0004362　70781－90

陳忠裕全集三十卷首一卷末一卷年譜三卷（明）陳子龍撰　（清）王昶輯　清嘉慶八年(1803)鞞山草堂刻本　十冊

140000－0501－0004363　70791－92

陶淵明集八卷首一卷末一卷　（晉）陶潛撰清光緒五年(1879)廣州翰墨園刻朱墨套印本　二冊

140000－0501－0004364　70793－94

陶淵明集八卷首一卷末一卷　（晉）陶潛撰清光緒五年(1879)廣州翰墨園刻朱墨套印本　二冊

140000－0501－0004365　70795－810

五家評注杜工部集二十卷首一卷　（唐）杜甫撰　（清）盧坤編　清道光十四年(1834)芸葉庵刻五色套印本　十六冊

140000－0501－0004366　70811－22

文選補遺四十卷首一卷　（宋）陳仁子輯

（宋）譚紹烈纂類　清道光二十五年(1845)瑯環館刻本　十二冊

140000－0501－0004367　70823－34

霜紅龕全集七種　（清）傅山撰　清宣統二年(1910)平遙王氏刻本　十二冊

140000－0501－0004368　70835－44

呂新吾先生去偽齋文集十卷　（明）呂坤撰清道光六年(1826)繩其居刻本　十冊

140000－0501－0004369　70845－56

榕村全集四十卷別集四卷　（清）李光地撰清乾隆元年(1736)刻本　十二冊

140000－0501－0004370　70857－68

榕村全集四十卷別集四卷　（清）李光地撰清乾隆元年(1736)刻本　十二冊

140000－0501－0004371　70869－1068

乾坤正氣集五百七十四卷首一卷　（清）姚瑩（清）顧沅　（清）潘錫恩輯　清道光二十八年(1848)袁江節署求是齋刻本　二百冊

140000－0501－0004372　71069－76

楚辭集注八卷　（宋）朱熹集注　（明）楊慎評清聽雨齋刻朱墨套印本　八冊

140000－0501－0004373　71077－100

文選六十卷　（南朝梁）蕭統撰　（唐）李善注文選考異十卷　（清）胡克家撰　清嘉慶十四年(1809)鄱陽胡氏刻本　二十四冊

140000－0501－0004374　71101－02

六朝唐賦讀本　（清）馬傳庚選注　清同治十三年(1874)京都玉燕書巢馬氏刻本　二冊

140000－0501－0004375　71103－18

李太白文集輯注三十六卷　（唐）李白撰（清）王琦注　清乾隆二十四年(1759)聚錦堂刻本　十六冊

140000－0501－0004376　71119－22

夢月巖詩集二十卷詩餘一卷　（清）呂履恆撰（清）周稚廉　（清）沈德潛編　清雍正刻本四冊

140000－0501－0004377　71123－32

白香山詩長慶集二十卷後集十七卷別集一卷補遺二卷年譜一卷年譜舊本一卷 （唐）白居易撰 清康熙一隅草堂刻本 十冊

140000－0501－0004378 71133－42

東岜草堂評定唐詩鼓吹十卷 （元）郝天挺注（明）廖文炳解 清康熙二十七年(1688)自怡居刻本 十冊

140000－0501－0004379 71143－46

諸葛丞相集四卷 （三國蜀）諸葛亮撰 清抄本 四冊

140000－0501－0004380 71147－48

箋注陶淵明集六卷 （晉）陶潛撰 （明）張自烈評 總論一卷和陶律一卷 （宋）蘇軾撰明崇禎五年(1632)敦化堂刻本 二冊

140000－0501－0004381 71149－60

古文翼八卷 （清）唐德宜編 清道光二十七年(1847)秋曝樓刻本 十二冊

140000－0501－0004382 71161－68

大雲山房文稿初集四卷二集四卷言事二卷（清）惲敬撰 清同治二年(1863)刻本 八冊

140000－0501－0004383 71169－72

楊椒山先生集四卷 （明）楊繼盛撰 清道光二十一年(1841)京都松筠庵刻本 四冊

140000－0501－0004384 71175－76

金詩選四卷 （清）顧嗣立選 清乾隆十六年(1751)刻本 二冊

140000－0501－0004385 71182－91

王龍溪先生全集二十卷 （明）王畿撰 清道光二年(1822)會稽莫氏刻本 十冊

140000－0501－0004386 71192－99

四焉齋文集八卷詩集六卷 （清）曹一士撰梯仙閣餘課一卷 （清）陸鳳池撰 清乾隆十五年(1750)刻石倉世纂本 八冊

140000－0501－0004387 71200－98

漢魏六朝百三家集一百十八卷 （明）張溥編清光緒五年(1879)信述堂刻本 九十九冊

140000－0501－0004388 71299－399

國朝文匯五集二百卷 （清）王文濡編 清宣統二年(1910)上海國學扶輪社石印本 一百一冊

140000－0501－0004389 71400－99

涵芬樓古今文鈔一百卷文體芻言一卷 吳曾祺纂 清宣統二年(1910)上海商務印書館鉛印本 一百冊

140000－0501－0004390 71500－99

涵芬樓古今文鈔一百卷文體芻言一卷 吳曾祺纂 清宣統二年(1910)上海商務印書館鉛印本 一百冊

140000－0501－0004391 71600－11

庾子山集十六卷總釋一卷本傳一卷 （北周）庾信撰 （清）倪璠編 庾子山年譜一卷（清）倪璠注 清金閶書業堂刻本 十二冊

140000－0501－0004392 71612－15

四家賦鈔四卷 （清）景其濬編 清咸豐三年(1853)誦芬堂刻本 四冊

140000－0501－0004393 71616－18

王會篇箋釋三卷 （清）何秋濤撰 清光緒十七年(1891)江蘇書局刻本 三冊

140000－0501－0004394 71619－22

絕妙好詞箋七卷續鈔二卷 （宋）周密輯（清）查為仁 （清）厲鶚箋 續鈔 （清）徐懋補錄 清道光八年(1828)錢塘徐氏愛日軒刻本 四冊

140000－0501－0004395 71623－28

夢樓詩集二十四卷 （清）王文治撰 清乾隆六十年(1795)食舊堂刻本 六冊

140000－0501－0004396 71629－40

夢樓詩集二十四卷 （清）王文治撰 清乾隆六十年(1795)食舊堂刻本 十二冊

140000－0501－0004397 71641－45

巾經纂二十卷 （清）宋宗元撰 清光緒十六年(1890)刻本 五冊

140000－0501－0004398 71646－50

巾經纂二十卷 （清）宋宗元撰 清光緒十六

年(1890)刻本　五冊

140000－0501－0004399　71651－58
船山詩草二十卷　(清)張問陶撰　清嘉慶二
十年(1815)刻本　八冊

140000－0501－0004400　71659－67
劉孟塗文集十卷駢體文二卷詩前集十卷詩後
集二十二卷論語補注三卷　(清)劉開撰　清
道光六年(1826)姚氏檗山草堂刻同治七年
(1868)增刻本(原缺詩後集卷八)　九冊

140000－0501－0004401　71668－73
陳檢討四六二十卷　(清)陳維崧撰　清乾隆
三十五年(1770)亦園刻本　六冊

140000－0501－0004402　71674－79
本事詩十二卷　(清)徐釚輯　清乾隆二十二
年(1757)刻本　六冊

140000－0501－0004403　71684－90
道腴堂詩編三十卷續集三卷　(清)鮑鉁撰
清乾隆刻本　七冊

140000－0501－0004404　71691－95
篤素堂文集十六卷　(清)張英撰　清康熙四
十年(1701)刻本　五冊

140000－0501－0004405　71696－743
寧都三魏全集四十八卷首一卷附錄二十四卷
　(清)林時益輯　清刻本　四十八冊

140000－0501－0004406　71744－55
初唐四傑集三十七卷　(清)項家達編　清同
治十二年(1873)星渚項氏叢雅居刻本　十
二冊

140000－0501－0004407　71756－79
文選六十卷　(南朝梁)蕭統撰　(唐)李善注
　文選考異十卷　(清)胡克家撰　清同治八
年(1869)湖北崇文書局刻本　二十四冊

140000－0501－0004408　71780－803
文選六十卷　(南朝梁)蕭統撰　(唐)李善注
　(清)何焯評點　文選考異十卷　(清)胡克
家撰　清同治八年(1869)潯陽萬氏刻本　二
十四冊

140000－0501－0004409　71804－27
文選六十卷　(南朝梁)蕭統撰　(唐)李善注
　文選考異十卷　(清)胡克家撰　清同治八
年(1869)湖北崇文書局刻本　二十四冊

140000－0501－0004410　71828－47
淵雅堂編年詩稿二十卷惕甫未定稿二十六卷
詩外集一卷瑤想詞一卷讀賦啟言一卷文外集
四卷文續稿一卷編年詩續稿一卷　(清)王芑
孫撰　寫韻軒小稿二卷　(清)曹貞秀撰　波
餘遺稿一卷首一卷附錄二卷　(清)王翼孫撰
　清嘉慶二十五年(1820)刻本　二十冊

140000－0501－0004411　71848－51
李義山詩集十六卷　(唐)李商隱撰　(清)姚
培謙箋注　清乾隆四年(1739)姚氏讀書堂刻
本　四冊

140000－0501－0004412　71852－67
有正味齋詩集十六卷詞八卷外集五卷駢體文
集二十四卷續集八卷詩續集八卷詞續集二卷
外集二卷　(清)吳錫麒撰　清嘉慶十三年
(1808)刻本　十六冊

140000－0501－0004413　71868－71
昌黎先生詩集注十一卷本傳一卷　(清)顧嗣
立刪補　清道光二十五年(1845)膚德堂刻朱
墨套印本　四冊

140000－0501－0004414　71872－907
蘇文忠公詩編注集成四十六卷首一卷本傳一
卷諸家雜綴酌存一卷蘇海識餘四卷　(宋)蘇
軾撰　(清)王文治注　清嘉慶二十四年
(1819)武林韻山堂刻本　三十六冊

140000－0501－0004415　71908－23
蘇文忠公詩合注五十卷首一卷目錄二卷
(宋)蘇軾撰　(清)馮應榴集注　清乾隆五十
八年(1793)踵息齋刻本　十六冊

140000－0501－0004416　71924－35
杜工部詩集注解二十卷文集注解二卷編年詩
史譜目一卷　(唐)杜甫撰　(清)張溍注　清
讀書堂刻本　十二冊

140000－0501－0004417　71936－61

宋詩紀事一百卷　（清）厲鶚輯　清乾隆十一年(1746)黃氏琴趣軒刻本　二十六冊

140000－0501－0004418　71962－69

塾課古文彙選八卷　（清）溫承惠選　清嘉慶十八年(1813)保陽督署刻本　八冊

140000－0501－0004419　71970－73

鮚埼亭詩集十卷　（清）全祖望撰　清光緒十六年(1890)慈溪童氏大鄆山館刻本　四冊

140000－0501－0004420　71974－79

松泉文集二十卷　（清）汪由敦撰　清乾隆二十三年(1758)刻本　六冊

140000－0501－0004421　71980－87

葦間詩集五卷　（清）姜宸英撰　（清）唐執玉編　清道光四年(1824)慈溪葉氏刻本　八冊

140000－0501－0004422　71988－99

漁洋山人精華錄訓纂十卷金氏精華錄箋注辨訛一卷漁洋山人年譜二卷　（清）王士禛撰　漁洋山人年譜二卷　（清）惠棟訓纂　清光緒十七年(1891)南皮張氏刻本　十二冊

140000－0501－0004423　72000－03

樊南文集箋注八卷　（唐）李商隱撰　清乾隆三十年(1765)德聚堂刻本　四冊

140000－0501－0004424　72004－23

楚蒙山房集十二卷　（清）晏斯盛撰　清乾隆新喻晏氏刻本　二十冊

140000－0501－0004425　72024－35

葆淳閣全集二十六卷　（清）王杰撰　年譜一卷　（清）阮元編　清嘉慶二十年(1815)刻本　十二冊

140000－0501－0004426　72036－51

道園學古錄六十卷虞文靖公道園全集四十四卷詩八卷遺稿八卷　（元）虞集撰　清道光十七年(1837)岷陽孫氏古棠書屋刻本　十六冊

140000－0501－0004427　72052－57

擬山園詩選集二十卷　（清）王鐸撰　（清）王鶴輯　清初刻本　六冊

140000－0501－0004428　72058－63

九靈山房集二十三卷　（元）戴良撰　清乾隆三十六年(1771)戴氏刻本　六冊

140000－0501－0004429　72064－75

宋張宣公詩文集論孟解合刻三種　（宋）張栻撰　清咸豐四年(1854)綿邑南軒祠刻本　十二冊

140000－0501－0004430　72076－115

牧齋全集初學集一百十卷有學集五十卷補遺二卷投筆集一卷　（清）錢謙益撰　清宣統二年(1910)邃漢齋鉛印本　四十冊

140000－0501－0004431　72128－47

東谷全集四種　（清）白胤謙撰　清順治、康熙刻本　二十冊

140000－0501－0004432　72148－53

李太白全集三十卷　（唐）李白撰　清康熙五十六年(1717)刻本　六冊

140000－0501－0004433　72154－77

杜詩詳注二十五卷首一卷　（唐）杜甫撰　（清）仇兆鰲輯注　諸家詠杜一卷諸家論杜一卷　清懷德堂刻本　二十四冊

140000－0501－0004434　72178－90

存素堂詩稿十四卷文稿四卷文稿補遺一卷續編四卷年譜二卷壬癸志稿二十八卷　（清）錢寶琛撰　清同治七年至光緒十年(1868－1884)刻本　十三冊

140000－0501－0004435　72191－98

壹齋集二十四圖品一卷奏御集二卷詩二十七卷賦一卷　（清）黃鉞撰　清嘉慶二十年(1815)刻本　八冊

140000－0501－0004436　72199－222

駱文忠公奏議十六卷續十一卷附錄一卷輯言錄一卷　（清）駱秉章撰　清光緒刻本　二十四冊

140000－0501－0004437　72223－28

香樹齋詩集十八卷　（清）錢陳羣撰　清乾隆十六年(1751)嘉興錢氏刻本　六冊

140000－0501－0004438　72229－32

211

尊聞居士集八卷 （清）羅有高撰 清光緒六
年(1880)長洲彭氏刻本 四冊

140000－0501－0004439 72233－38
尹文端公詩集十卷 （清）尹繼善撰 清嘉慶
五年(1800)刻本 六冊

140000－0501－0004440 72239－44
詒晉齋集八卷後集一卷隨筆一卷 （清）永瑆
撰 清道光二十八年(1848)載銳刻本 六冊

140000－0501－0004441 72245－60
瀛奎律髓刊誤四十九卷 （元）方回選 （清）
紀昀批點 清嘉慶五年(1800)李光垣約齋刻
本 十六冊

140000－0501－0004442 72261－76
范文正公集二十卷首一卷別集四卷奏議二卷
尺牘三卷 （宋）范仲淹撰 年譜補遺一卷
（元）范國儁撰 言行拾遺事錄四卷鄱陽遺事
錄一卷遺跡一卷義莊規矩一卷褒賢集五卷范
文正公集補編五卷范忠宣公二十卷附錄一卷
奏議二卷遺文一卷范侍郎公遺文一卷補編一
卷 （宋）范純仁撰 清道光十年(1830)歲寒
堂刻本 十六冊

140000－0501－0004443 72277－300
頤道堂詩選二十八卷文鈔十三卷詩外集十卷
（清）陳文述撰 清道光八年(1828)刻本
二十四冊

140000－0501－0004444 72301－24
紫竹山房詩集十二卷文集二十卷 （清）陳兆
崙撰 年譜一卷 （清）陳玉繩編 清乾隆四
十八年(1783)刻本 二十四冊

140000－0501－0004445 72325－40
唐詩別裁集引典備注二十卷 （清）沈德潛選
（清）俞汝昌增注 清道光十八年(1838)富
春堂刻本 十六冊

140000－0501－0004446 72341－52
朱子文集十八卷 （宋）朱熹撰 （清）張伯行
編 清康熙四十七年(1708)正誼書院刻本
十二冊

140000－0501－0004447 72353－400
柏堂遺書(柏堂經說) （清）方宗誠撰 清光
緒桐城方氏刻本 四十八冊

140000－0501－0004448 72401－36
揅經室集一集十四卷二集八卷三集五卷四集
二卷四集詩十一卷續集十一卷再續集六卷外
集五卷 （清）阮元撰 清道光三年(1823)文
選樓刻本 三十六冊

140000－0501－0004449 72437－40
溫飛卿詩集箋注九卷 （唐）溫庭筠撰 （明）
曾益注 （明）顧予咸補注 清光緒八年
(1882)錢塘汪氏刻本 四冊

140000－0501－0004450 72441－44
銅鼓書堂遺稿三十二卷 （清）查禮撰 清乾
隆五十七年(1792)刻本 四冊

140000－0501－0004451 72445－52
存硯樓文集十六卷附行略 （清）儲大文撰
清光緒元年(1875)靜遠堂刻本 八冊

140000－0501－0004452 72453－56
銅鼓書堂遺稿三十二卷 （清）查禮撰 清乾
隆五十七年(1792)刻本 四冊

140000－0501－0004453 72457－542
馮元成選集八十三卷目錄四卷 （明）馮時可
撰 明刻本 八十六冊

140000－0501－0004454 72543－46
溫飛卿詩集箋注九卷 （唐）溫庭筠撰 （明）
曾益注 清康熙十六年(1677)秀野草堂刻本
四冊

140000－0501－0004455 72547－62
潛庵先生遺稿五卷疏稿一卷家書一卷困學錄
一卷志學會約一卷 （清）湯斌撰 年譜一卷
（清）方苞撰 清道光十九年(1839)湯氏刻
本 十六冊

140000－0501－0004456 72563－66
謙受堂集十五卷 （清）邵大業撰 清嘉慶二
年(1797)刻本 四冊

140000－0501－0004457 72567－74

本朝應制排律漱芳集六卷首一卷 　（清）李光
理輯　清乾隆二十七年（1762）三多齋刻本
八冊

140000－0501－0004458　72575－78

溫飛卿詩集九卷　（唐）溫庭筠撰　（明）曾益
注　（清）顧予咸補注　清康熙三十六年
（1697）秀野草堂刻本　四冊

140000－0501－0004459　72579－82

夢餘偶鈔四卷　（清）史策先撰　清同治四年
（1865）棗陽史氏家刻本　四冊

140000－0501－0004460　72583－602

吳詩集覽二十卷　（清）吳偉業撰　清乾隆四
十年（1775）刻道光九年（1829）重印本　二
十冊

140000－0501－0004461　72603－10

素餘堂集三十四卷　（清）于敏中撰　清嘉慶
十一年（1806）金壇于氏刻本　八冊

140000－0501－0004462　72611－16

聲調四譜圖說十二卷首一卷末一卷　（清）董
文煥撰　清同治三年（1864）洪洞董氏刻本
六冊

140000－0501－0004463　72617－24

思適齋集十八卷　（清）顧廣圻撰　清道光二
十九年（1849）蘇州文學山房木活字印本
八冊

140000－0501－0004464　72625－28

雙藤書屋詩集十二卷試帖二卷　（清）何道生
撰　清道光元年（1821）靈石耿氏刻本　四冊

140000－0501－0004465　72629－44

范文正范忠宣二公集　（宋）范仲淹　（宋）范
純仁撰　清宣統二年（1910）刻本　十六冊

140000－0501－0004466　72645－48

受宜堂駐淮集十二卷　（清）納蘭常安撰　清
刻本　四冊

140000－0501－0004467　72649－54

用六集十二卷　（清）刁包著　清道光二十二
年（1842）順積樓刻本　六冊

140000－0501－0004468　72655－60

壯悔堂文集十卷　（清）侯方域撰　清康熙三
十四年（1695）刻本　六冊

140000－0501－0004469　72661－64

詩學指南八卷　（清）顧龍振編　清乾隆六十
年（1795）敦本堂刻本　四冊

140000－0501－0004470　72665－72

顯志堂稿十二卷夢奈詩稿一卷　（清）馮桂芬
撰　清光緒二年（1876）校邠廬刻本　八冊

140000－0501－0004471　72673－74

詩比興箋四卷　（清）陳沆撰　清光緒九年
（1883）長洲彭氏刻本　二冊

140000－0501－0004472　72675－80

二娛小廬詩鈔五卷詩鈔補編一卷詞鈔二卷
（清）尤維熊撰　清嘉慶十七年（1812）刻本
六冊

140000－0501－0004473　72681－96

國朝詩人徵略六十卷　（清）張維屏輯　清道
光十年（1830）刻本　十六冊

140000－0501－0004474　72697－704

甌北詩鈔十七卷　（清）趙翼撰　清乾隆五十
六年（1791）湛貽堂刻甌北全集本　八冊

140000－0501－0004475　72705－12

缾水齋詩集十七卷別集二卷　（清）舒位撰
清嘉慶二十一年（1816）刻本　八冊　缺二卷
（別集二卷）

140000－0501－0004476　72713－36

歐陽文忠公全集一百五十三卷本傳一卷附錄
五卷　（宋）歐陽修撰　（宋）周必大編　清乾
隆十一年（1746）孝思堂刻本　二十四冊

140000－0501－0004477　72737－40

杜韓詩句集韻三卷　（清）汪文柏輯　清光緒
八年（1882）姑蘇古香樓刻本　四冊

140000－0501－0004478　72741－45

顏魯公文集十五卷　（唐）顏真卿撰　家誡四
卷家乘一卷年譜行狀本傳一卷樂輔集七卷
（清）顏光敏著　清嘉慶七年（1802）曲阜顏氏

刻本　五冊

140000－0501－0004479　72746－57

梅村詩集箋注十八卷　（清）吳偉業撰　（清）
吳翌鳳注　清嘉慶十九年（1814）滄浪吟榭刻
本　十二冊

140000－0501－0004480　72758－69

王右丞集二十八卷首一卷末一卷　（唐）王維
撰　（清）趙殿成注　清乾隆二年（1737）刻本
十二冊

140000－0501－0004481　72770－93

蘇文忠公詩集五十卷目錄二卷　（宋）蘇軾撰
（清）紀昀點評　清道光十四年（1834）兩廣
節署刻朱墨套印本　二十四冊

140000－0501－0004482　72794－806

寒松堂全集十二卷年譜一卷　（清）魏象樞著
清嘉慶十六年（1811）蔚州魏氏刻本　十
三冊

140000－0501－0004483　72807－14

三魚堂文集十二卷外集六卷附錄一卷　（清）
陸隴其撰　清康熙四十年（1701）刻後印本
八冊

140000－0501－0004484　72815－22

如蘭集二十卷　（清）董柴輯　清嘉慶四年
（1799）補刻本　八冊

140000－0501－0004485　72823－24

留影龕餘草二卷　（清）閻南圖撰　清太谷孫
豫昌刻本　二冊

140000－0501－0004486　72825－28

楊忠愍公全集四卷　（明）楊繼盛撰　章鈺輯
清道光二十五年（1845）刻本　四冊

140000－0501－0004487　72829－36

孫文恭公遺書　（明）孫應鰲撰　清宣統二年
（1910）國學扶輪社鉛印本　八冊

140000－0501－0004488　72837－48

**朱子經濟文衡前集十四卷後集二十五卷續集
二十二卷**　（宋）滕珙編　清乾隆四年（1739）
徽州府署刻本　十二冊

140000－0501－0004489　72849－58

**龍川文集三十卷目錄一卷辨訛考異二卷附錄
一卷**　（宋）陳亮撰　清光緒元年（1875）湖北
崇文書局刻本　十冊

140000－0501－0004490　72859－66

蓮洋集二十卷附錄一卷　（清）吳雯撰　**年譜
一卷**　（清）翁方綱撰　清乾隆三十九年
（1774）浮山荊圃草堂刻本　八冊

140000－0501－0004491　72867－90

切問齋文鈔三十卷　（清）陸燿著　清乾隆四
十年（1775）吳門劉萬傳局刻本　二十四冊

140000－0501－0004492　72891－905

吳詩集覽二十卷首一卷　（清）吳偉業撰
（清）靳榮藩補注　清乾隆四十年（1775）凌雲
亭刻本　十五冊

140000－0501－0004493　72906－29

詞綜三十八卷　（清）朱彝尊纂　**明詞綜十二
卷國朝詞綜四十八卷二集八卷**　（清）王昶纂
清嘉慶八年（1803）三泖漁莊刻本　二十
四冊

140000－0501－0004494　72930－49

西堂全集三十一種　（清）尤侗撰　清康熙二
十五年（1686）刻本　二十冊

140000－0501－0004495　72950－57

二娛小廬詩鈔五卷詩鈔補編一卷詞鈔二卷
（清）尤維熊撰　清嘉慶十七年（1812）刻本
八冊

140000－0501－0004496　72958－67

紫竹山房詩集十二卷文集二十卷　（清）陳兆
崙撰　**年譜一卷**　（清）陳玉繩編　清乾隆四
十八年（1783）刻本　十冊

140000－0501－0004497　72968－71

吳中女士詩鈔不分卷　（清）任兆麟編　清乾
隆五十四年（1789）刻本　四冊

140000－0501－0004498　72972－95

沈歸愚詩文全集十四種　（清）沈德潛撰　清
乾隆教忠堂刻本　二十四冊

140000－0501－0004499　72996－3003

天下才子必讀書十五卷末一卷　（清）金聖歎
評選　清敦化堂刻本　八冊

140000－0501－0004500　73004－19

林文忠公政書三集三十七卷　（清）林則徐撰
清咸豐元年(1851)刻本　十六冊

140000－0501－0004501　73020－35

湖海文傳七十五卷　（清）王昶輯　清道光十
九年(1839)經訓堂刻本　十六冊

140000－0501－0004502　73040－45

李翰林集三十卷　（唐）李白撰　清光緒三十
二年(1906)黃岡陶氏影宋刻本　六冊

140000－0501－0004503　73046－50

翁山文外十六卷　（清）屈大均撰　清宣統二
年(1910)上海國學扶輪社鉛印本　五冊

140000－0501－0004504　73051－54

小倉山房外集七卷　（清）袁枚撰　清乾隆三
十四年(1769)刻本　四冊

140000－0501－0004505　73055－58

高平祁氏三世遺稿　（清）祁思元　（清）祁思
成輯　清光緒十七年(1891)石印本　四冊

140000－0501－0004506　73059－62

海峰文集八卷詩集十一卷　（清）劉大櫆撰
清醒園刻本　四冊　存十一卷(詩集十一卷)

140000－0501－0004507　73063－66

柈湖文集十二卷首一卷　（清）吳敏樹著　清
光緒十九年(1893)思賢講舍刻本　四冊

140000－0501－0004508　73067－70

榆石山樵詩草一卷源池小草一卷隨意吟草一
卷晚香亭詞草一卷　（清）甯述俞輯著　清光
緒十一年(1885)刻本(漢鎮永寶齋書局藏板)
四冊

140000－0501－0004509　73071－78

寶綸堂集十卷附拾遺一卷　（明）陳洪綬著
清光緒十四年(1888)會稽董氏取斯堂木活字
印本　八冊

140000－0501－0004510　73079－87

拾遺集九卷　（清）吳德光輯　元遺山志四卷
（清）樊煥章輯　清光緒元年(1875)定襄集
賢樓刻本　九冊

140000－0501－0004511　73088－93

柏梘山房文集十六卷續集一卷駢體文二卷詩
集十卷續集二卷　（清）梅曾亮撰　清光緒二
十七年(1901)刻本　六冊

140000－0501－0004512　73094－101

缾水齋詩集十七卷別集二卷詩話一卷　（清）
舒位撰　清光緒十二年(1886)刻本　八冊

140000－0501－0004513　73102－13

養一齋文集二十卷詩集四卷賦一卷詩餘一卷
（清）李兆洛撰　清光緒四年至八年(1878－
1882)刻本　十二冊

140000－0501－0004514　73114－15

古詩源十四卷　（清）沈德潛選　清刻本
二冊

140000－0501－0004515　73116－21

唐詩三百首注疏六卷　（清）孫洙編　（清）章
燮注　清道光二十七年(1847)林雲書屋刻本
六冊

140000－0501－0004516　73122－29

唐詩三百首注疏六卷　（清）孫洙編　（清）章
燮注　唐詩三百首續選不分卷　（清）于慶元
編　清光緒十七年(1891)上海掃葉山房刻本
八冊

140000－0501－0004517　73130－89

淵雅堂編年詩稿二十卷惕甫未定稿二十六卷
詩外集一卷瑤想詞一卷讀賦啟言一卷文外集
四卷文續稿一卷編年詩續稿一卷　（清）王芑
孫撰　清嘉慶八年至二十五年(1803－1820)
刻本　六十冊

140000－0501－0004518　73190－97

徐騎省集三十卷補遺一卷　（宋）徐鉉撰　校
勘記一卷　（清）李英元纂　清光緒十九年
(1893)黔南李氏刻本　八冊

140000－0501－0004519　73198－209

三魚堂文集十二卷外集六卷附錄一卷　（清）
陸隴其撰　清康熙四十年（1701）琴川書屋刻
本　十二冊

140000－0501－0004520　73210－21

海雅堂集二十二卷　（清）凌揚藻撰　清道光
八年至十年（1828－1830）狎鷗亭刻本　十
二冊

140000－0501－0004521　73222－23

飛香圃詩集四卷文集四卷　（清）安詩撰　清
嘉慶二十四年（1819）刻本　二冊

140000－0501－0004522　73224－35

方正學先生遜志齋集二十四卷目錄一卷
（明）方孝孺撰　清同治八年（1869）松郡方氏
刻本　十二冊

140000－0501－0004523　73236－43

穆堂詩文鈔十一卷　（清）李紱撰　清道光元
年（1821）臨川李氏容軒刻本　八冊

140000－0501－0004524　73244－59

弘正四傑詩集　（清）張祖同輯　清光緒二十
一年（1895）長沙張氏湘雨樓刻本　十六冊

140000－0501－0004525　73260－75

唐文粹一百卷　（宋）姚鉉纂　清光緒九年
（1883）江蘇書局刻本　十六冊

140000－0501－0004526　73276－79

唐文粹補遺二十六卷　（清）郭麐纂　清光緒
十一年（1885）江蘇書局刻本　四冊

140000－0501－0004527　73280－83

唐文粹補遺二十六卷　（清）郭麐纂　清光緒
十一年（1885）江蘇書局刻本　四冊

140000－0501－0004528　73284－307

宋文鑑一百五十卷目錄三卷　（宋）呂祖謙編
　清光緒十二年（1886）江蘇書局刻本　二十
四冊

140000－0501－0004529　73308－31

歐陽文忠公全集一百五十八卷首一卷附錄五
卷　（宋）歐陽修撰　（宋）周必大編　清嘉慶
二十四年（1819）友善書屋刻本　二十四冊

216

140000－0501－0004530　73332－47

道古堂文集四十八卷詩集二十六卷集外詩一
卷集外文一卷軼事一卷　（清）杭世駿撰　清
光緒十四年（1888）錢塘汪氏振綺堂刻本　十
六冊

140000－0501－0004531　73348－59

讀畫齋題畫詩十九卷　（清）顧修輯　清嘉慶
十四年（1809）東山草堂刻本　十二冊

140000－0501－0004532　73360－71

寒松堂全集十二卷　（清）魏象樞撰　清康熙
四十七年（1708）刻本　十二冊

140000－0501－0004533　73372－77

南宋文錄二十四卷　（清）董兆熊輯　清光緒
十七年（1891）蘇州書局刻本　六冊

140000－0501－0004534　73378－93

重刊五百家注音辯昌黎先生文集四十卷
（唐）韓愈撰　（宋）魏仲舉輯　清乾隆四十九
年（1784）觀樓氏刻本　十六冊

140000－0501－0004535　73394－417

躬恥齋文鈔二十卷後編六卷詩鈔十四卷後編
七卷殘稿一卷　（清）宗稷辰撰　清光緒十四
年（1888）刻本　二十四冊

140000－0501－0004536　73418－49

胡文忠公遺集八十六卷首一卷　（清）胡林翼
撰　（清）鄭敦謹　（清）曾國荃輯　清同治六
年（1867）刻本　三十二冊

140000－0501－0004537　73450－55

太平三書十二卷　（清）張萬選編　清乾隆三
年（1738）襄古堂刻本　六冊

140000－0501－0004538　73456－63

陳臥子先生安雅堂稿十六卷兵垣奏議二卷
（明）陳子龍撰　清宣統二年（1910）上海時中
書局鉛印本　八冊

140000－0501－0004539　73464－79

金文最六十卷　（清）張金吾輯　清光緒二十
一年（1895）蘇州書局刻本　十六冊

140000－0501－0004540　73480－87

獨善堂文集八卷 （清）王大經著 （清）周右編 清嘉慶二十二年（1817）春暉堂刻本 八冊

140000－0501－0004541 73488－95

晚邨精選八大家古文八卷 （清）呂留良輯 清康熙四十三年（1704）文會堂刻本 八冊

140000－0501－0004542 73496－507

居業堂文集二十卷首一卷 （清）王源著 清道光十一年（1831）讀雪山房刻本 十二冊

140000－0501－0004543 73508－15

西漢文二十卷 （明）張采輯 明崇禎刻本 八冊

140000－0501－0004544 73516－17

思誠堂集二卷附祠堂記四首 （清）吳琠撰 清乾隆三十四年（1769）趙熟典刻本 二冊

140000－0501－0004545 73518－23

聰山集五種 （清）申涵光撰 清康熙二年（1663）渾脫居刻本 六冊

140000－0501－0004546 73524－29

淮海集四十卷首一卷後集六卷長短句三卷詩餘一卷 （宋）秦觀撰 （明）徐渭評 清同治十二年（1873）秦氏家塾刻本 六冊

140000－0501－0004547 73530－35

鑑止水齋集二十卷 （清）許宗彥撰 清刻本 六冊

140000－0501－0004548 73536－45

孫淵如先生全集二十一卷 （清）孫星衍撰 長離閣集一卷 （清）王采薇撰 清光緒二十年（1894）湖南思賢書局刻本 十冊

140000－0501－0004549 73546－69

學海堂集初集十六卷二集二十二卷三集二十四卷 （清）阮元 （清）吳蘭珍 （清）張維屏輯 清道光五年至咸豐九年（1825－1859）啟秀山房刻本 二十四冊

140000－0501－0004550 73570－77

琴隱園詩集三十六卷詞集四卷 （清）湯貽汾撰 清光緒元年（1875）上元宗氏心遠樓刻本 八冊

140000－0501－0004551 73578－89

讀書堂綵衣全集四十六卷目錄一卷 （清）趙士麟著 清光緒十九年（1893）浙江書局刻本 十二冊

140000－0501－0004552 73590－94

代耕堂中稿二十五卷 （清）李嘉績撰 清光緒二十七年（1901）華州趙氏刻本 五冊 存二十一卷（一至二十一）

140000－0501－0004553 73595－98

枏湖文集十二卷首一卷 （清）吳敏樹著 清光緒十九年（1893）思賢講舍刻本 四冊

140000－0501－0004554 73599－602

文心雕龍十卷 （南朝梁）劉勰撰 （清）黃叔琳注 （清）紀昀評 清道光十三年（1833）兩廣節署刻朱墨套印本 四冊

140000－0501－0004555 73603－08

思益堂詩鈔六卷詞鈔一卷古文二卷日札十卷 （清）周壽昌撰 清光緒十四年（1888）刻本 六冊

140000－0501－0004556 73609－12

適可齋記言一卷記行六卷 （清）馬建忠撰 清光緒二十二年（1896）刻本 四冊

140000－0501－0004557 73613－18

波餘遺稿一卷首一卷附錄二卷 （清）王翼孫撰 寫韻軒小稿二卷 （清）曹貞秀撰 清嘉慶九年（1804）刻本 六冊

140000－0501－0004558 73619－21

玉井山館文略五卷文續二卷 （清）許宗衡著 清同治四年至九年（1865－1870）益平姚正鏞刻本 三冊

140000－0501－0004559 73622－24

陸象山先生集節要六卷首一卷 （宋）陸九淵撰 （清）方宗誠編 清同治七年（1868）皖城撫署刻本 三冊

140000－0501－0004560 73625－30

饘飱亭集三十二卷 （清）祁寯藻撰 清咸豐

七年（1857）刻本　六冊

140000－0501－0004561　73631

鐵瓶詩鈔四卷　（清）張岳齡撰　清光緒元年（1875）刻本　一冊

140000－0501－0004562　73636－39

雙藤書屋詩集十二卷試帖二卷　（清）何道生撰　清道光元年（1821）靈石耿氏刻本　四冊

140000－0501－0004563　73640－43

忠雅堂文集二十二卷　（清）蔣士銓撰　清嘉慶刻本　四冊

140000－0501－0004564　73644－49

三十家詩鈔六卷首一卷末一卷　（清）曾國藩纂　（清）王定安輯　清同治十三年（1874）都門刻本　六冊

140000－0501－0004565　73650－57

文山全集二十卷　（宋）文天祥撰　清康熙十二年（1673）焉文堂刻本　八冊

140000－0501－0004566　73658－81

國朝正雅集九十九卷首一卷　（清）符葆森輯　清咸豐七年（1857）京師半畝園刻本　二十四冊

140000－0501－0004567　73682－85

曾文正公文鈔四卷　（清）曾國藩撰　（清）張瑛編　清同治十二年（1873）刻本　四冊

140000－0501－0004568　73686－89

瑤華閣詩草一卷詞一卷詞補遺一卷閩南雜詠一卷　（清）袁綏撰　清同治六年（1867）金陵吳氏刻本　四冊

140000－0501－0004569　73690－95

六如居士全集七卷補遺一卷外集六卷畫譜三卷花塢聯吟四卷補一卷制義一卷墨亭新賦一卷　（明）唐寅撰并輯　（清）唐仲冕編　清嘉慶六年（1801）刻本（果克山房藏板）　六冊

140000－0501－0004570　73696－99

莊子雪三卷　（清）陸樹芝輯注　清嘉慶四年（1799）刻本　四冊

140000－0501－0004571　73700－05

國朝駢體正宗十二卷　（清）曾燠輯　清嘉慶十一年（1806）賞雨茆屋刻本　六冊

140000－0501－0004572　73706－11

潎潭山房古文存稿四卷詩集十七卷附刻一卷　（清）程襄龍撰　清嘉慶二年（1797）歙縣程氏刻本　六冊

140000－0501－0004573　73712－19

蓮洋集二十卷附錄一卷年譜一卷　（清）吳雯撰　（清）翁方綱撰　清乾隆三十九年（1774）浮山荊圃草堂刻本　八冊

140000－0501－0004574　73720－35

古文約選不分卷　（清）方苞選　清同治八年（1869）盱眙望三益齋刻本　十六冊

140000－0501－0004575　73736－43

山谷詩內集注二十卷目錄一卷　（宋）黃庭堅撰　年譜一卷　（宋）任淵注　清乾隆五十三年（1788）樹經堂刻本　八冊

140000－0501－0004576　73744－49

集虛齋集十二卷附離騷經解略　（清）方楘如撰　清乾隆十九年（1754）方氏佩古堂刻本　六冊

140000－0501－0004577　73750－55

王氏漁洋詩鈔十二卷　（清）王士禛撰　清康熙三十四年（1695）刻本　六冊

140000－0501－0004578　73756－59

漁洋山人詩續集十六卷　（清）王士禛撰　清康熙二十三年（1684）刻本　四冊

140000－0501－0004579　73760－63

漁洋山人詩續集十六卷　（清）王士禛撰　清康熙刻雍正印本　四冊

140000－0501－0004580　73764－69

漁洋山人文略十四卷　（清）王士禛撰　清康熙刻本　六冊

140000－0501－0004581　73770－74

漁洋山人文略十四卷　（清）王士禛撰　清康熙三十四年（1695）刻本　五冊

140000－0501－0004582　73775－80

鼄尾集十卷續集二卷後集二卷　（清）王士禛
撰　清康熙刻雍正印本　六冊

140000－0501－0004583　73781－82

唐人萬首絕句選七卷　（宋）洪邁元本　（清）
王士禛選編　清康熙刻本　二冊

140000－0501－0004584　73783－84

邗江三百吟十卷　（清）林蘇門撰　清嘉慶十
三年（1808）刻本　二冊

140000－0501－0004585　73785－90

二希堂文集十一卷首一卷　（清）蔡世遠撰
清乾隆刻本　六冊

140000－0501－0004586　73791－96

陶詩彙評四卷東坡和陶合箋四卷　（清）溫汝
能纂訂　清嘉慶十二年（1807）溫若璣刻本
六冊

140000－0501－0004587　73797－806

廬陵宋丞相信國公文忠烈先生全集十六卷附
從祀錄一卷　（宋）文天祥撰　清雍正三年
（1725）文五桂堂刻本　十冊

140000－0501－0004588　73807－12

白沙子全集六卷首一卷　（明）陳獻章撰　清
康熙四十八年（1709）刻本　六冊

140000－0501－0004589　73813－16

西庵集八卷首一卷　（明）孫蕡著　清道光十
年（1830）姑蘇葉初春刻本　四冊

140000－0501－0004590　73819－20

橫經廬詩集初編八卷　（清）王軒著　清同治
十三年（1874）洪洞董氏刻本　二冊

140000－0501－0004591　73821－26

金詩選四卷元詩選六卷補遺一卷　（清）顧嗣
立輯　清乾隆十六年（1751）錫山顧氏刻本
六冊

140000－0501－0004592　73827－28

蟫廬詩鈔八卷　（清）王蔭槐撰　清道光二十
二年（1842）盱眙王氏紫藤花館刻本　二冊

140000－0501－0004593　73829－32

拙修集十卷　（清）吳廷棟撰　清同治十年

（1871）六安求我齋刻本　四冊

140000－0501－0004594　73835－38

釀蜜集四卷　（清）浦起龍著　清光緒二十七
年（1901）浦氏靜寄東軒刻本　四冊

140000－0501－0004595　73840－45

饅飣亭集三十二卷後集十二卷　（清）祁寯藻
撰　清咸豐七年（1857）刻本　六冊

140000－0501－0004596　73846－53

羅忠節公遺集八卷首一卷周易附說一卷人極
衍義一卷讀孟子札記一卷小學韻語一卷西銘
講義一卷姚江學辨二卷　（清）羅澤南撰　羅
忠節公年譜二卷　清咸豐九年（1859）長河刻
本　八冊

140000－0501－0004597　73854－61

湘綺樓文集八卷詩集十四卷　王闓運撰　清
光緒二十六年至三十三年（1900－1907）刻本
八冊

140000－0501－0004598　73862－65

紅蕉館詩鈔十二卷　（清）潘曾瑩撰　清道光
刻本　四冊

140000－0501－0004599　73866－67

秋塍文鈔十二卷　（清）魯曾煜撰　清乾隆十
年（1745）刻本　二冊

140000－0501－0004600　73879－84

金陵名勝詩鈔四卷秦淮詩鈔二卷　（清）李鰲
輯　清道光十二年（1832）寶仁堂刻本　六冊

140000－0501－0004601　73895－906

太師誠意伯劉文成公集二十卷首一卷　（明）
劉基撰　清光緒二十六年（1900）浙江書局刻
本　十二冊

140000－0501－0004602　73907－36

兩浙輶軒錄正編四十卷補遺十卷　（清）阮元
編　清光緒十六年（1890）浙江書局刻本　三
十冊　缺三卷（一至三）

140000－0501－0004603　73937－76

兩浙輶軒續錄五十四卷補遺六卷　（清）潘衍
桐編　清光緒十七年（1891）浙江書局刻本

四十冊

140000 - 0501 - 0004604　73977 - 90

潛研堂文集五十卷詩集十卷詩續集十卷
（清）錢大昕撰　清嘉慶十一年（1806）刻本
十四冊

140000 - 0501 - 0004605　73991 - 96

潛研堂詩集十卷續集十卷　（清）錢大昕撰
清長沙龍氏家塾刻本　六冊

140000 - 0501 - 0004606　73997 - 4015

元遺山先生全集四十卷首一卷末一卷樂府四
卷續夷堅志四卷　（金）元好問撰　**考證三卷**
　（清）趙培因撰　**凌輯年譜二卷翁輯年譜一**
卷施輯年譜一卷　（清）張穆訂　**廣年譜二卷**
　（清）李光廷編　清光緒七年（1881）讀書山
房刻民國十三年（1924）增補本　十九冊

140000 - 0501 - 0004607　74016 - 21

施愚山先生別集四卷外集二卷　（清）施閏章
撰　**隨村先生遺集六卷**　（清）施瑮撰　清乾
隆四年（1739）刻本　六冊

140000 - 0501 - 0004608　74022 - 27

柏香書屋詩鈔二十四卷　（清）張鳳孫撰　清
道光二十年（1840）廣州簡書齋刻本　六冊

140000 - 0501 - 0004609　74028 - 31

榕園詞韻一卷發凡一卷　（清）吳寧撰　清乾
隆四十九年（1784）冬青山館刻本　四冊

140000 - 0501 - 0004610　74040 - 49

元豐類稿五十卷首一卷　（宋）曾鞏撰　清光
緒十六年（1890）慈利漁浦書院刻本　十冊

140000 - 0501 - 0004611　74050 - 69

司馬文正公集八十二卷目錄二卷首一卷
（宋）司馬光撰　清乾隆九年（1744）臨汾劉氏
百祿堂刻本　二十冊

140000 - 0501 - 0004612　74070 - 73

吳會英才集二十四卷　（清）畢沅編　清嘉慶
刻本　四冊

140000 - 0501 - 0004613　74074 - 97

宋王忠文公文集五十卷目錄四卷　（宋）王十

朋撰　（清）徐炯文編　**年譜一卷**　清雍正六
年（1728）唐傳鉎刻本　二十四冊

140000 - 0501 - 0004614　74098 - 105

悅親樓詩集三十卷外集二卷　（清）祝德麟撰
　清嘉慶二年（1797）祝氏刻本　八冊

140000 - 0501 - 0004615　74106 - 13

向日堂詩集十六卷　（清）陳寅撰　清道光二
年（1822）刻本　八冊

140000 - 0501 - 0004616　74114 - 29

李太白文集三十卷附錄六卷　（唐）李白撰
（清）王琦注　清乾隆二十三年（1758）刻本
十六冊

140000 - 0501 - 0004617　74130 - 41

駢體文鈔三十一卷　（清）李兆洛輯　清光緒
八年（1882）滬上刻本　十二冊

140000 - 0501 - 0004618　74142 - 53

駢體文鈔三十一卷　（清）李兆洛輯　清同治
六年（1867）合河康氏家塾刻本　十二冊

140000 - 0501 - 0004619　74154 - 70

元遺山先生全集四十卷首一卷譜樂府四卷續
夷堅志四卷　（金）元好問撰　**考證三卷**
（清）趙培田撰　**凌輯年譜二卷翁輯年譜一卷**
施輯年譜一卷　（清）張穆訂　**廣年譜二卷**
（清）李光廷編　清光緒七年（1881）忻州讀書
山房刻本　十七冊

140000 - 0501 - 0004620　74171 - 81

中州集十卷首一卷中州樂府一卷　（金）元好
問撰　清光緒七年（1881）讀書山房刻本　十
一冊

140000 - 0501 - 0004621　74182 - 205

王陽明先生全集二十二卷首一卷　（明）王守
仁撰　（清）俞嶙輯　清康熙十二年（1673）餘
姚敦厚堂刻本　二十四冊

140000 - 0501 - 0004622　74206 - 07

童子吟六卷　（清）劉霂輯　清咸豐二年
（1852）鄭大成刻本　二冊

140000 - 0501 - 0004623　74208 - 39

黃文節公文集首四卷正集三十二卷外集二十四卷別集十九卷伐檀集二卷 （宋）黃庭堅撰 清乾隆三十年(1765)寧州緝香堂刻本 三十二冊

140000 – 0501 – 0004624　74240 – 43
李長吉歌詩四卷首一卷外集一卷 （唐）李賀撰 （清）王琦解 清乾隆二十五年(1760)寶笏樓王氏刻本 四冊

140000 – 0501 – 0004625　74244 – 51
戴東原集十二卷 （清）戴震撰 經韻樓集十二卷 （清）段玉裁撰 清光緒十年(1884)鎮海張壽榮刻本 八冊

140000 – 0501 – 0004626　74252 – 64
壹齋集四十卷賦一卷畫品一卷記一卷畫友錄一卷蕭湯二老遺詩合編一卷奏御集二卷年譜一卷 （清）黃鉞撰 禮部遺集九卷 （清）黃富民撰 清同治九年(1870)刻本 十三冊

140000 – 0501 – 0004627　74265 – 70
勉行堂詩集二十四卷首一卷 （清）程晉芳撰 清嘉慶刻本 六冊

140000 – 0501 – 0004628　74271 – 72
研六室文鈔十卷 （清）胡培翬撰 清道光十七年(1837)涇川書院刻本 二冊

140000 – 0501 – 0004629　74273 – 76
蛾述集十六卷 （清）陳庭學纂輯 清嘉慶二十年(1815)六君子齋刻本 四冊

140000 – 0501 – 0004630　74277 – 82
宛鄰書屋古詩錄十二卷 （清）張琦輯 清嘉慶二十年(1815)刻本 六冊

140000 – 0501 – 0004631　74283 – 94
施注蘇詩四十二卷目錄二卷 （宋）蘇轍撰 (宋)施元之注 清康熙三十八年(1699)商邱宋氏刻本 十二冊

140000 – 0501 – 0004632　74295 – 306
施注蘇詩四十二卷目錄二卷 （宋）蘇轍撰 (宋)施元之注 清康熙三十八年(1699)商邱宋氏刻本 十二冊

140000 – 0501 – 0004633　74307 – 22
施注蘇詩四十二卷本傳一卷目錄二卷 （宋）蘇軾撰 （宋）施元之注 年譜一卷 （清）王宗稷撰 王注正訛一卷 （清）邵長蘅撰 續補遺補注二卷 （清）馮景撰 清康熙三十八年(1699)商邱宋氏刻光緒二十九年(1903)重印本 十六冊

140000 – 0501 – 0004634　74323 – 70
唐宋十大家全集錄二十五卷 （清）儲欣編 清康熙四十四年(1705)遺清堂刻本 四十八冊

140000 – 0501 – 0004635　74371 – 82
文選六十卷 （南朝梁）蕭統編 （唐）李善注 （清）何焯評點 文選考異十卷 （清）胡克家撰 清光緒元年(1875)撫州饒玉成雙峰書屋刻朱墨套印本 十二冊

140000 – 0501 – 0004636　74383 – 88
曝書亭詩箋注十二卷 （清）朱彝尊撰 （清）江浩然注 清乾隆三十年(1765)惇裕堂刻本 六冊

140000 – 0501 – 0004637　74389 – 98
太師誠意伯劉文成公集二十卷首一卷 （明）劉基撰 清光緒二十六年(1900)浙江書局刻本 十冊

140000 – 0501 – 0004638　74399 – 402
葉忠節公遺稿八卷 （清）葉映榴撰 清雍正刻本 四冊

140000 – 0501 – 0004639　74403 – 12
宋忠獻韓魏王安陽集五十卷首一卷 （宋）韓琦撰 清乾隆三十五年(1770)刻本 十冊

140000 – 0501 – 0004640　74413 – 28
宋四六選二十四卷 （清）曹振鏞編 清乾隆四十一年(1776)曹振鏞刻本 十六冊

140000 – 0501 – 0004641　74429 – 44
養知書屋文集二十八卷詩集十五卷 （清）郭嵩燾著 清光緒十八年(1892)湘陰郭氏刻本 十六冊

140000－0501－0004642　74445－50

樊山集二十四卷　樊增祥撰　清光緒十九年
(1893)渭南縣署刻本　六冊

140000－0501－0004643　74451－60

重刊校正唐荆川先生文集十二卷補遺五卷新
刊荆川先生外集三卷附錄一卷　（明）唐順之
撰　清光緒三十年(1904)江南書局刻本
十冊

140000－0501－0004644　74461－70

杜詩鏡銓二十卷年譜一卷附錄一卷　（清）楊
倫編　讀書堂杜工部文集注解二卷　（清）張
溍注　清同治十一年(1872)望三益齋刻本
十冊

140000－0501－0004645　74471－82

呂東萊先生文集二十卷　（宋）呂祖謙撰
(清)王崇炳輯　清雍正金華陳氏敬勝堂刻本
十二冊

140000－0501－0004646　74483－85

李義山詩集三卷詩譜一卷詩評一卷　（唐）李
商隱撰　（清）朱鶴齡注　（清）沈厚塽輯評
清同治九年(1870)羊城萃文堂刻朱墨藍三色
套印本　三冊

140000－0501－0004647　74486－93

金忠節公文集八卷　（明）金聲撰　（清）邵勳
編　清道光七年(1827)嘉魚官署刻本　八冊

140000－0501－0004648　74494－509

東甌先正文錄十五卷甌栝先正文錄補遺一卷
　（清）陳遇春編　清道光十八年(1838)東甌
郭博古齋刻本　十六冊

140000－0501－0004649　74510－33

范文正公集二十卷首一卷別集四卷奏議二卷
尺牘三卷　（宋）范仲淹著　年譜補遺一卷
(元)范國儁撰　言行拾遺事錄四卷鄱陽遺事
錄一卷遺跡一卷義莊規矩一卷褒賢集五卷范
文正公集補編五卷范忠宣公二十卷附錄一卷
奏議二卷遺文一卷范侍郎公遺文一卷補編一
卷　（宋）范純仁撰　清道光十年(1830)歲寒
堂刻本　二十四冊

140000－0501－0004650　74534－39

吳學士文集四卷詩集五卷　（清）吳鼒撰　清
光緒八年(1882)江寧藩署刻本　六冊

140000－0501－0004651　74540－43

楚辭評注十七卷　（宋）洪興祖補注　清同治
十一年(1872)金陵書局刻本　四冊

140000－0501－0004652　74544－55

霜紅龕集四十卷附錄三卷年譜一卷　（清）
傅山撰　清宣統三年(1911)丁氏刻本　十
二冊

140000－0501－0004653　74556－67

霜紅龕集四十卷附錄三卷年譜一卷　（清）
傅山撰　清宣統三年(1911)丁氏刻本　十
二冊

140000－0501－0004654　74568－71

霜紅龕集十二卷　（清）傅山撰　我詩集六卷
　（清）傅眉撰　附錄一卷　（清）袁繼咸撰
清乾隆十二年(1747)張耀先刻本　四冊

140000－0501－0004655　74588－603

黎雲館類定袁中郎全集二十四卷目錄一卷
(明)袁宏道著　清道光九年(1829)培原書房
刻本　十六冊

140000－0501－0004656　74604－05

練溪集四卷　（明）凌震著　（清）凌鳴喈校
清嘉慶十九年(1814)刻本　二冊

140000－0501－0004657　74606－07

杜工部草堂詩箋十卷　（宋）蔡夢弼撰　清光
緒十一年(1885)巴陵方氏碧琳瑯館刻本
二冊

140000－0501－0004658　74608－10

扁善齋文存二卷詩存一卷　（清）鄧嘉緝著
清光緒二十七年(1901)刻本　三冊

140000－0501－0004659　74615－16

樵川二家詩六卷　（清）徐幹輯　清光緒七年
(1881)刻本　二冊

140000－0501－0004660　74617

缶廬詩四卷別存一卷　（清）吳昌碩撰　清光

緒十九年(1893)安吉吳氏刻本　一冊

140000 – 0501 – 0004661　74620 – 21

餘甘軒詩鈔十三卷首一卷　(清)何日愈撰
清光緒七年(1881)閩南節署刻本　二冊

140000 – 0501 – 0004662　74622 – 33

朱子文集十八卷　(宋)朱熹撰　(清)張伯行
編　清康熙四十七年(1708)正誼書院刻本
十二冊

140000 – 0501 – 0004663　74634 – 35

六朝唐賦讀本　(清)馬傳庚選注　清光緒二
年(1876)京都松竹齋石印本　二冊

140000 – 0501 – 0004664　74636 – 41

網師園唐詩箋十八卷　(清)宋宗元輯　清乾
隆刻本　六冊

140000 – 0501 – 0004665　74642 – 45

杜律通解四卷　(清)李文煒箋釋　清刻本
四冊

140000 – 0501 – 0004666　74646 – 47

**翠柏山房詩草初編一卷續編一卷醉芙詩餘一
卷補刻一卷**　(清)王汝純撰　清光緒十八年
至二十年(1892 – 1894)刻本　二冊

140000 – 0501 – 0004667　74648 – 49

**翠柏山房詩草初編一卷續編一卷醉芙詩餘一
卷補刻一卷**　(清)王汝純撰　清光緒十八年
至二十年(1892 – 1894)刻本　二冊

140000 – 0501 – 0004668　74650 – 51

拙尊園叢稿六卷　(清)黎庶昌撰　清光緒十
九年(1893)上海醉六堂石印本　二冊

140000 – 0501 – 0004669　74652 – 59

變雅堂文集四卷詩集十卷附錄一卷　(清)杜
濬撰　清同治九年(1870)鄂垣旅次刻本
八冊

140000 – 0501 – 0004670　74660 – 63

味經書屋詩稿十二卷　(清)張燮撰　清道光
十一年(1831)奉勤堂刻本　四冊

140000 – 0501 – 0004671　74664 – 95

古文淵鑒六十四卷　(清)聖祖玄燁選　(清)

徐乾學輯注　清康熙刻五色套印本　三十
二冊

140000 – 0501 – 0004672　74696 – 99

栟湖文集十二卷首一卷　(清)吳敏樹著　清
光緒十九年(1893)思賢講舍刻本　四冊

140000 – 0501 – 0004673　74700

雙清閣袖中詩本二卷附擁翠詞稿一卷　(清)
朱福清撰　清光緒十九年(1893)刻本　一冊

140000 – 0501 – 0004674　74701 – 02

恆春吟館詩集二卷　(清)趙佩湘撰　清道光
十四年(1834)刻本　二冊

140000 – 0501 – 0004675　74703 – 08

**白田草堂存稿二十四卷崇祀鄉賢錄一卷行狀
一卷**　(清)王懋竑撰　清乾隆刻本　六冊

140000 – 0501 – 0004676　74709 – 14

虛受齋詩鈔二十卷　(清)李光庭撰　(清)張
維屏選評　清道光十一年(1831)刻本　六冊
　　　存十二卷(一至十二)

140000 – 0501 – 0004677　74715 – 19

御製全韻詩五卷　(清)高宗弘曆撰　清乾隆
寫刻本　五冊

140000 – 0501 – 0004678　74720 – 22

雅雨堂文集四卷詩集二卷　(清)盧見曾著
清道光二十年(1840)清雅堂刻本　三冊

140000 – 0501 – 0004679　74723 – 24

古文一隅三卷　(清)朱宗洛評選　清光緒十
五年(1889)祁縣喬晉枬家塾刻本　二冊

140000 – 0501 – 0004680　74725 – 26

蘇詩續補遺二卷　(宋)蘇軾撰　(清)馮景補
注　清刻本　二冊

140000 – 0501 – 0004681　74727 – 40

**海峰文集八卷詩集十一卷精選八家文鈔一卷
劉海峰稿一卷**　(清)劉大櫆著　**惜抱軒稿一
卷**　(清)姚鼐撰　清光緒二年(1876)桐城劉
氏邢邱刻本　十四冊

140000 – 0501 – 0004682　74741 – 46

二林居集二十四卷　(清)彭紹升著　清光緒

七年（1881）長洲彭氏家刻本　　六冊

140000－0501－0004683　74747－54
新刻譚友夏合集十二卷　　（明）譚元春撰　清
刻本　　八冊

140000－0501－0004684　74755－58
朱九江先生集十卷首四卷　　（清）朱次琦撰
清光緒二十三年（1897）刻本　　四冊

140000－0501－0004685　74759－62
樹廬文鈔十卷　　（清）彭士望撰　清道光四年
（1824）冠石山房刻本　　四冊

140000－0501－0004686　74763－68
恩無邪室遺集六卷　　（清）顧蒓著　清光緒十
九年（1893）仁壽硯齋刻本　　六冊

140000－0501－0004687　74777－82
西沚居士集二十四卷　　（清）王鳴盛撰　清道
光三年（1823）自怡山房刻本　　六冊

140000－0501－0004688　74783－88
月齋文集八卷詩集四卷　　（清）張穆撰　（清）
吳履敬編　清咸豐八年（1858）刻本　　六冊

140000－0501－0004689　74789－92
賜綺堂詩集二卷續集二卷　　（清）蘇於沛撰
清道光二十年（1840）徐溝蘇氏刻本　　四冊

140000－0501－0004690　74793
劉葆真太史遺稿二卷　　（清）劉可毅撰　清宣
統二年（1910）刻本　　一冊

140000－0501－0004691　74794
劉葆真太史遺稿二卷　　（清）劉可毅撰　清宣
統二年（1910）刻本　　一冊

140000－0501－0004692　74795－800
校經廎文稿十八卷　　（清）李富孫撰　清道光
元年（1821）讀書臺刻本　　六冊

140000－0501－0004693　74801－04
王摩詰詩集七卷孟浩然詩集二卷附孟浩然詩
集跋一卷王孟詩評跋一卷　　（宋）劉辰翁評
清光緒五年（1879）碧琳瑯館刻朱墨套印本
四冊

224

140000－0501－0004694　74805－14
郝文忠公陵川文集三十九卷　　（元）郝經撰
附錄一卷　　（明）宋濂撰　年譜一卷　　（清）張
壽撰　　（清）王緡輯　清乾隆三年（1738）王緡
刻道光十六年（1836）補刻本　　十

140000－0501－0004695　74815－38
文選六十卷　　（南朝梁）蕭統撰　　（唐）李善注
　（清）何焯評點　文選考異十卷　　（清）胡克
家撰　清同治八年（1869）潯陽萬氏刻本　　二
十四冊

140000－0501－0004696　74839－42
松泉文集二十卷　　（清）汪由敦撰　清乾隆二
十三年（1758）刻本　　四冊

140000－0501－0004697　74843－62
蘇文忠公詩合注五十卷首一卷目錄二卷
（宋）蘇軾撰　　（清）馮應榴集注　清乾隆五十
八年（1793）踵息齋刻本　　二十冊

140000－0501－0004698　74863－64
澤雅堂文集八卷　　（清）施補華著　清光緒十
九年（1893）刻本　　二冊

140000－0501－0004699　74865
紫雲山房文鈔一卷　　（清）曹學閔撰　清嘉慶
十四年（1809）汾陽曹氏刻本　　一冊

140000－0501－0004700　74868
雪虛聲堂詩鈔三卷　　（清）楊深秀撰　清光緒
七年（1881）太原刻本　　一冊

140000－0501－0004701　74869－70
姚文敏遺稿十卷奏議補缺一卷附錄一卷
（明）姚夔撰　清光緒二十四年（1898）長夏水
明廎刻本　　二冊　　缺二卷（十、附錄一卷）

140000－0501－0004702　74885－900
養知書屋文集二十八卷詩集十五卷　　（清）郭
嵩燾著　清光緒十八年（1892）湘陰郭氏刻本
十六冊

140000－0501－0004703　74908－31
宋文鑑一百五十卷目錄三卷　　（宋）呂祖謙編
清光緒十二年（1886）江蘇書局刻本　　二十

四冊

140000 – 0501 – 0004704　74932 – 55

宋文鑑一百五十卷目錄三卷　（宋）呂祖謙編
　清光緒十二年(1886)江蘇書局刻本　二十
四冊

140000 – 0501 – 0004705　74960 – 61

六朝文絜四卷　（清）許槤評選　清光緒三年
(1877)讀有用書齋刻朱墨套印本　二冊

140000 – 0501 – 0004706　74962 – 78

午亭文編五十卷　（清）陳廷敬撰　清康熙四
十七年(1708)林佶寫刻本　十七冊

140000 – 0501 – 0004707　74980 – 87

孟塗文集十卷駢體文二卷前集十卷後集二十
二卷　（清）劉開撰　清道光六年(1826)姚氏
檗山草堂刻光緒二年(1876)刻本　八冊

140000 – 0501 – 0004708　74988 – 5027

新刊五百家注音辯昌黎先生文集四十卷外集
十卷類譜十卷考異十卷　（宋）魏仲舉編　清
光緒上海商務印書館影印本　四十冊

140000 – 0501 – 0004709　75028 – 35

變雅堂詩文集文四卷詩十卷附錄一卷　（清）
杜濬撰　清同治九年(1870)鄂垣黃岡劉維楨
刻本　八冊

140000 – 0501 – 0004710　75036 – 43

雁門集十四卷詩餘一卷倡和錄一卷別錄一卷
　（元）薩都剌撰　（清）薩龍光編　清嘉慶十
二年(1807)福建侯官薩氏刻本　八冊

140000 – 0501 – 0004711　75044 – 47

徐孝穆全集六卷　（南朝陳）徐陵撰　（清）吳
兆宜注　清善化經濟書堂刻本　四冊

140000 – 0501 – 0004712　75048 – 53

李翰林集三十卷　（唐）李白撰　清光緒三十
二年(1906)黃岡陶氏影印本　六冊

140000 – 0501 – 0004713　75064 – 65

二思齋文存六卷　（清）何文明著　清光緒七
年(1881)何氏閩南節署刻本　二冊

140000 – 0501 – 0004714　75066 – 68

四溟山人詩集十卷　（明）謝榛著　清宣統元
年(1909)問影樓鉛印本　三冊

140000 – 0501 – 0004715　75069

水流雲在館百哀詩鈔一卷詞鈔一卷　（清）周
天麟撰　清光緒二十七年(1901)刻本　一冊

140000 – 0501 – 0004716　75070 – 85

秋實春華賦集八卷詩集七卷文集二十三卷首
一卷　（清）張善勳選　清光緒二十六年
(1900)山右德潤堂刻本　十六冊

140000 – 0501 – 0004717　75086 – 95

杜工部集二十卷首一卷諸家詩話一卷唱酬題
詠附錄一卷　（唐）杜甫撰　清乾隆四十九年
(1784)玉勾草堂刻本　十冊

140000 – 0501 – 0004718　75096 – 98

袁文箋正十六卷附錄一卷增訂四卷補注一卷
　（清）袁枚撰　（清）石韞玉箋　（清）魏大
緒增訂　清光緒十四年(1888)上海蜚英館石
印本　三冊

140000 – 0501 – 0004719　75099 – 102

稼蓀山館偶存初集四卷　（清）胡粟海撰　清
道光二十三年(1843)稼蓀山館刻本　四冊

140000 – 0501 – 0004720　75103 – 06

拜梅山房几上書二十一種　（清）白福申輯
清道光六年(1826)刻本　四冊

140000 – 0501 – 0004721　75107 – 10

有正味齋駢文二十四卷首一卷　（清）吳錫麒
撰　（清）王廣業箋　（清）葉聯芬注　清光緒
十五年(1889)上海蜚英館石印本　四冊

140000 – 0501 – 0004722　75111 – 18

許文正公遺書十二卷首一卷末二卷　（元）許
衡撰　清乾隆五十五年(1790)楊氏刻本
八冊

140000 – 0501 – 0004723　75119 – 20

錢南園先生遺集五卷　（清）錢灃撰　清同治
十一年(1872)刻本　二冊

140000 – 0501 – 0004724　75121

五畝園小志四卷　（清）謝家福輯　桃陽百詠

一卷　（清）淩泗撰　**五畝園懷古一卷**　（清）吳寶鎔撰　**題詠一卷**　（清）任艾生撰　清光緒十六年(1890)蘇城徐文藝齋刻本　一冊

140000－0501－0004725　75128－43

湖海詩傳四十六卷　（清）王昶輯　清同治四年(1865)綠蔭堂刻本　十六冊

140000－0501－0004726　75144－51

㥅飢亭集三十二卷　（清）祁寯藻撰　清咸豐七年(1857)刻本　八冊

140000－0501－0004727　75152－53

鶴樓堂詩集四卷　（清）李錫麟撰　清道光二十六年(1846)半耕山房刻本　二冊

140000－0501－0004728　75154－57

朗陵詩集十二卷　（清）王士桓撰　清道光二十四年(1844)半耕山房刻本　四冊

140000－0501－0004729　75158－61

詩藪内編六卷外編四卷雜編六卷　（明）胡應麟撰　清光緒廣雅書局刻本　四冊

140000－0501－0004730　75164

敬學堂詩鈔一卷　（清）馮廷丞撰　**勖齋詩鈔四卷**　（清）馮宬撰　清咸豐十年(1860)刻本　一冊

140000－0501－0004731　75165

幔坡詩鈔不分卷　（清）田六善撰　清康熙二十四年(1685)陽城田氏刻本　一冊

140000－0501－0004732　75166－69

文心雕龍十卷　（南朝梁）劉勰撰　（清）黃叔琳注　（清）紀昀評　清光緒十九年(1893)思賢講舍刻本　四冊

140000－0501－0004733　75170－77

大雲山房文稿初集四卷二集四卷　（清）惲敬撰　清光緒十四年(1888)官書處刻本　八冊

140000－0501－0004734　75178－83

李衛公文集二十卷別集十卷外集四卷補遺一卷本傳一卷　（唐）李德裕撰　清光緒十六年(1890)常慊慊齋刻本　六冊

140000－0501－0004735　75185

我詩集十一卷　（清）傅眉撰　清咸豐四年(1854)壽陽王氏刻本　一冊　存九卷(一至二、四至八、十至十一)

140000－0501－0004736　75186

我詩集十一卷　（清）傅眉撰　清咸豐四年(1854)壽陽王氏刻本　一冊　存九卷(一至二、四至八、十至十一)

140000－0501－0004737　75193－200

樊山分類公牘二卷樊山分類批判六卷　樊增祥撰　清宣統三年(1911)榮錄堂刻本　八冊

140000－0501－0004738　75201－06

韋蘇州集十卷　（唐）韋應物撰　清宣統三年(1911)冰雪山房石印本　六冊

140000－0501－0004739　75207－08

孟浩然詩集二卷　（唐）孟浩然撰　（宋）劉辰翁評　清光緒六年(1880)碧琳瑯館刻朱墨套印本　二冊

140000－0501－0004740　75209－10

王摩詰詩集七卷　（唐）王維撰　（宋）劉辰翁評　清碧琳瑯館刻朱墨套印本　二冊

140000－0501－0004741　75221－26

自愉堂文集六卷附詩集四卷　（明）來儼然著　清道光二十一年(1841)宏道書院刻本　六冊

140000－0501－0004742　75227－33

溪田文集十一卷補遺一卷續補遺一卷搜遺一卷首一卷　（明）馬理撰　清道光二十年(1840)宏道書院刻本　七冊

140000－0501－0004743　75234－41

二曲全集二十六卷　（清）李顒撰　清光緒二十六年(1900)小嬛嬛山館刻本　八冊

140000－0501－0004744　75242－361

六十種曲一百二十卷　（明）毛晉輯　明毛氏汲古閣刻本　一百二十冊

140000－0501－0004745　75362－65

楊忠愍公全集四卷　（明）楊繼盛撰　清宣統二年(1910)守政書局刻本　四冊

140000－0501－0004746　75366

秋庵詩草一卷詞草一卷題跋一卷　（清）黃易著　清宣統二年(1910)石印本　一冊

140000－0501－0004747　75369－70

清綺詩堂題照集不分卷　（清）潘鎔輯　清嘉慶十八年(1813)清綺詩堂刻本　二冊

140000－0501－0004748　75387－98

初學集二十卷　（清）錢謙益撰　**牧翁先生年譜一卷**　（清）葛萬里編　清宣統三年(1911)上海國學扶輪社石印本　十二冊

140000－0501－0004749　75399－406

秋水集十六卷　（清）馮如京撰　清乾隆五年(1740)清暉堂刻本　八冊

140000－0501－0004750　75407－08

板橋集　（清）鄭燮撰　清乾隆清暉書屋刻本　二冊

140000－0501－0004751　75409

萬青閣詩餘一卷　（清）趙吉士撰　清刻本一冊

140000－0501－0004752　75410－11

昭代名人尺牘小傳二十四卷　（清）吳修編清光緒七年(1881)刻本　二冊

140000－0501－0004753　75412－15

述古堂文集十二卷　（清）錢兆鵬撰　清光緒元年(1875)湖北崇文書局刻本　四冊

140000－0501－0004754　75416

東洲草堂詩鈔三卷　（清）何紹基撰　清咸豐五年(1855)刻本　一冊

140000－0501－0004755　75417

綠蔭亭集二卷　（清）陳亦禧著　清光緒十一年(1885)懺花庵刻本　一冊

140000－0501－0004756　75418－19

謫麐堂遺集文二卷詩二卷　（清）戴望撰　清宣統三年(1911)歸安陸樹聲刻本　二冊

140000－0501－0004757　75420

周文忠公尺牘二卷雜文附錄一卷　（清）周天爵撰　清同治七年(1868)蘇松太道署刻本一冊

140000－0501－0004758　75421－22

散原精舍詩二卷　（清）陳三立撰　清宣統元年(1909)鉛印本　二冊

140000－0501－0004759　75423－24

倪注庾賦約選不分卷　（北周）庾信撰　清道光二十九年(1849)忠興堂刻本　二冊

140000－0501－0004760　75425－30

曝書亭詩箋注十二卷　（清）朱彝尊撰　（清）江浩然注　清乾隆三十年(1765)惇裕堂刻本六冊

140000－0501－0004761　75432－35

雲臥山莊尺牘八卷　（清）郭崑燾撰　清同治九年(1870)湘陰郭氏清聞山館刻本　四冊

140000－0501－0004762　75439

濂亭遺集詩二卷文五卷　（清）張裕釗著　清宣統二年(1910)鄂城刻本　一冊

140000－0501－0004763　75440－41

學治臆說二卷學治續說一卷說贅一卷自著佐治藥言一卷續一卷　（清）汪輝祖編　清道光二年(1822)槐石堂刻本　二冊

140000－0501－0004764　75442－47

儀顧堂集十六卷　（清）陸心源撰　清同治十三年(1874)福州刻本　六冊

140000－0501－0004765　75448－59

古文辭類纂七十四卷　（清）姚鼐輯　清道光合河康氏家塾刻本　十二冊

140000－0501－0004766　75460－71

古文辭類纂七十四卷　（清）姚鼐輯　清光緒二十七年(1901)滁州李氏求要堂刻本　十二冊

140000－0501－0004767　75472－83

續古文辭類纂二十八卷　（清）黎庶昌輯　清光緒二十一年(1895)金陵狀元閣刻本　十一冊

140000－0501－0004768　75500－11

古文辭類纂七十四卷　（清）姚鼐輯　清道光

合河康氏家塾刻本　十二冊

140000 – 0501 – 0004769　75512 – 23
古文辭類纂七十四卷　（清）姚鼐輯　清道光
合河康氏家塾刻本　十二冊

140000 – 0501 – 0004770　75524 – 47
御選唐宋詩醇四十七卷　（清）高宗弘曆選
清乾隆二十五年(1760)珊城遠安堂刻朱墨套
印本　二十四冊

140000 – 0501 – 0004771　75548 – 54
詞綜三十八卷　（清）朱彝尊　（清）汪森編
明詞綜十二卷　（清）王昶編　清光緒二十八
年(1902)刻本　七冊　殘

140000 – 0501 – 0004772　75560 – 67
容齋文鈔八卷詩集二十六卷古香詞一卷
（清）茹綸常撰　清乾隆三十五年至嘉慶四年
(1770 – 1799)刻本　八冊

140000 – 0501 – 0004773　75568 – 73
詞學全書十六卷　（清）查培繼輯　清乾隆十
一年(1746)世德堂刻本　六冊

140000 – 0501 – 0004774　75574 – 93
黃漳浦集五十卷首一卷目錄二卷　（明）黃道
周撰　（清）陳壽祺編　**年譜二卷**　（清）莊起
儔編　清道光九年(1829)福建刻本　二十冊

140000 – 0501 – 0004775　75594 – 601
養一齋文集二十卷　（清）李兆洛著　清光緒
四年(1878)刻本　八冊

140000 – 0501 – 0004776　75602 – 11
篋中詞今集五卷類集一卷今集續四卷　（清）
譚獻纂錄　清光緒八年(1882)仁和譚氏刻本
十冊

140000 – 0501 – 0004777　75612 – 15
白香詞譜箋四卷　（清）舒夢蘭輯　（清）謝朝
徵箋　清光緒十一年(1885)仁和譚氏刻本
四冊

140000 – 0501 – 0004778　75616 – 17
漱玉詞附錄一卷　（宋）李清照撰　清光緒七
年(1881)臨桂王氏影印本　二冊

140000 – 0501 – 0004779　75618 – 25
琴隱園詩集三十六卷詞集四卷　（清）湯貽汾
撰　清光緒元年(1875)上元宗氏心遠樓刻本
八冊

140000 – 0501 – 0004780　75626 – 33
飴山文集十二卷　（清）趙執信撰　清乾隆刻
本　八冊

140000 – 0501 – 0004781　75634 – 35
抱犢山房集四卷　（清）嵇永仁撰　清同治元
年(1862)長沙刻本　二冊

140000 – 0501 – 0004782　75636 – 51
國朝詩人徵略六十卷　（清）張維屏輯　清道
光十年(1830)刻本　十六冊

140000 – 0501 – 0004783　75652 – 55
聲調四譜圖說十二卷首一卷末一卷　（清）董
文煥撰　清同治三年(1864)洪洞董氏刻本
四冊

140000 – 0501 – 0004784　75656 – 61
聲調四譜圖說十二卷首一卷末一卷　（清）董
文煥撰　清同治三年(1864)洪洞董氏刻本
六冊

140000 – 0501 – 0004785　75662 – 65
柳河東詩集二卷目錄一卷　（唐）柳宗元撰
清宣統二年(1910)上海時中書局石印本
四冊

140000 – 0501 – 0004786　75666 – 71
**趙文敏公松雪齋全集十卷外集一卷附錄一卷
目錄一卷**　（元）趙孟頫撰　（清）趙維編　清
光緒八年(1882)洞庭楊氏刻本　六冊

140000 – 0501 – 0004787　75672 – 77
康對山先生文集十卷　（明）康海撰　清乾隆
二十六年(1761)武功縣刻本　六冊

140000 – 0501 – 0004788　75678 – 87
明文在一百卷　（清）薛熙纂　（清）何潔輯
清光緒三年(1877)江蘇書局刻本　十冊

140000 – 0501 – 0004789　75688 – 97
明文在一百卷　（清）薛熙纂　（清）何潔輯

清光緒三年(1877)江蘇書局刻本　十冊

140000－0501－0004790　75698－701

笑竹集十卷　（清）秦武域撰　清乾隆三十六年(1771)四樂草堂刻本　四冊

140000－0501－0004791　75702－10

存素堂詩稿十四卷文稿四卷補遺一卷奏疏四卷年譜一卷　（清）錢寶琛撰　清光緒十年(1884)刻本　九冊

140000－0501－0004792　75711－13

篋中詞今集五卷類集一卷今集續四卷　（清）譚獻纂錄　清光緒八年(1882)仁和譚氏刻本　三冊

140000－0501－0004793　75714－25

王文成公全書三十八卷　（明）王守仁撰　清光緒鉛印本　十二冊

140000－0501－0004794　75726－33

陶庵集二十二卷首一卷末一卷　（明）黃淳耀撰　清光緒八年(1882)周氏刻本　八冊

140000－0501－0004795　75736－37

唐賢三昧集三卷　（清）王士禎輯　清康熙二十七年(1688)刻本　二冊

140000－0501－0004796　75738－57

漁洋山人精華錄訓纂十卷年譜注補二卷金氏精華錄箋注辨訛一卷　（清）王士禎撰　（清）惠棟注　清惠氏紅豆齋刻本　二十冊

140000－0501－0004797　75758－73

漁洋山人精華錄訓纂十卷訓纂補十卷年譜二卷目錄二卷　（清）王士禎撰　（清）惠棟編　清光緒十七年(1891)會稽徐氏述史樓刻本　十六冊

140000－0501－0004798　75774－76

三百三十二喜箋序目三卷　（清）徐琪輯　清光緒仁和徐氏刻本　三冊

140000－0501－0004799　75777－80

曝書亭集詞注七卷　（清）朱彝尊撰　（清）李富孫注　清嘉慶十九年(1814)李氏校經廎刻本　四冊

140000－0501－0004800　75781－90

文獻徵存錄十卷　（清）錢林輯　（清）王藻編　清咸豐八年(1858)王氏有嘉樹軒刻本　十冊

140000－0501－0004801　75791－800

倚晴樓七種曲　（清）黃燮清撰　清海鹽黃氏刻本　十冊

140000－0501－0004802　75801－16

詞律二十卷拾遺八卷　（清）萬樹撰　（清）徐立本輯　補遺一卷　（清）杜文瀾輯　清光緒二年(1876)吳下刻本　十六冊

140000－0501－0004803　75817－26

梅村詩集箋注十八卷　（清）吳偉業撰　（清）吳翌鳳注　清嘉慶十九年(1814)滄浪吟榭刻本　十冊

140000－0501－0004804　75827－48

納書楹曲譜正集四卷續集四卷外集二卷補遺四卷牡丹亭全譜二卷紫釵記全譜二卷南柯記全譜二卷邯鄲記全譜二卷　（清）葉堂撰　清道光二十八年(1848)文德堂刻本　二十二冊

140000－0501－0004805　75849－52

宋氏綿津詩鈔八卷　（清）宋犖撰　（清）邵長蘅選　清乾隆刻本　四冊

140000－0501－0004806　75853－64

思綺堂文集十卷　（清）章藻功撰　清康熙六十一年(1722)聚錦堂刻本　十二冊

140000－0501－0004807　75865－70

漁洋山人精華錄箋注十二卷補遺一卷　（清）王士禎撰　（清）金榮編　年譜一卷　（清）金榮箋注　清乾隆金氏鳳翔堂刻本　六冊

140000－0501－0004808　75871－76

湖海樓詞集二十卷　（清）陳維崧撰　（清）陳懿本編校　清刻本　六冊

140000－0501－0004809　75885－90

劉禮部集十二卷　（清）劉逢祿撰　清道光十年(1830)思誤齋刻本　六冊

140000－0501－0004810　75891－900

宋忠獻韓魏王安陽集五十卷首一卷　（宋）韓琦撰　清乾隆三十五年（1770）刻本　十冊

140000－0501－0004811　75903－08

文章練要左傳真本十卷　（清）王源評訂　清刻本　六冊

140000－0501－0004812　75909－18

范文正公集二十卷別集四卷政府奏議二卷尺牘三卷義莊規矩一卷褒賢祠記二卷遺跡一卷言行拾遺事錄一卷鄱陽遺事錄一卷補編三卷　（宋）范仲淹撰　年譜一卷補遺一卷　（宋）樓鑰撰　清褒賢世家家塾歲寒堂刻本　十冊

140000－0501－0004813　75919－22

瞿忠宣公集十卷　（明）瞿式耜撰　清光緒七年（1881）常熟許氏刻本　四冊

140000－0501－0004814　75923－34

元豐類稿五十卷　（宋）曾鞏撰　清光緒十六年（1890）慈利漁浦書院刻本　十二冊

140000－0501－0004815　75935－44

宛陵先生文集六十卷　（宋）梅堯臣撰　清宣統二年（1910）上海石印本　十冊

140000－0501－0004816　75945－54

太師誠意伯劉文成公集二十卷首一卷　（明）劉基撰　清光緒二十六年（1900）浙江書局刻本　十冊

140000－0501－0004817　75955－56

西廬文集四卷　（清）張儁撰　清宣統二年（1910）上海國學扶輪社鉛印本　二冊

140000－0501－0004818　75961－92

胡文忠公遺集八十六卷首一卷　（清）胡林翼撰　清光緒元年（1875）湖北崇文書局刻本　三十二冊

140000－0501－0004819　75993－97

蔡中郎集十卷外紀一卷外集四卷列傳一卷年表一卷　（漢）蔡邕撰　（清）高均儒輯　清光緒十六年（1890）番禺陶氏愛廬刻本　五冊

140000－0501－0004820　75998－99

唐中興閒氣集二卷　（唐）高仲武輯　清光緒

武進費氏刻本　二冊

140000－0501－0004821　76000－07

玉溪生詩集詳注三卷文集箋注八卷年譜一卷詩話一卷　（唐）李商隱撰　（清）馮浩箋注　清乾隆四十五年（1780）德聚堂刻本　八冊

140000－0501－0004822　76008－11

李義山詩集三卷詩譜一卷詩評一卷　（唐）李商隱撰　（清）朱鶴齡注　（清）沈厚塽輯　清同治九年（1870）羊城萃文堂刻朱墨藍三色套印本　四冊

140000－0501－0004823　76012－13

李義山詩集三卷　（唐）李商隱著　清宣統元年（1909）刻本　二冊

140000－0501－0004824　76014－17

李義山詩集箋注三卷年譜一卷詩話一卷　（唐）李商隱撰　清同治五年（1866）江都程氏刻本　四冊

140000－0501－0004825　76018－19

陳記室集二卷附錄一卷　（三國魏）陳琳撰　（明）張燮纂　明天啟五年（1625）刻本　二冊

140000－0501－0004826　76020－23

鉅鹿東觀集十卷附錄一卷　（宋）魏野撰　清宣統二年（1910）趙氏峭帆樓刻本　四冊

140000－0501－0004827　76024－29

蔡中郎集十卷外集四卷外紀一卷列傳一卷年表一卷　（漢）蔡邕撰　清咸豐二年（1852）東郡楊氏海源閣刻本　六冊

140000－0501－0004828　76030－32

陶淵明集十卷　（晉）陶潛撰　清光緒五年（1879）番禺俞秀山刻本　三冊

140000－0501－0004829　76033－40

徐騎省集三十卷補遺一卷　（宋）徐鉉撰　校勘記一卷　（清）李英元纂　清光緒十九年（1893）黔南李氏刻本　八冊

140000－0501－0004830　76041－44

湘綺樓詩集十四卷　王闓運撰　清光緒三十三年（1907）衡陽刻本　四冊

140000－0501－0004831　76051－56

涇野先生別集十三卷　（明）呂柟撰　清道光二十年(1840)三原李氏刻本　六冊

140000－0501－0004832　76078－85

忠雅堂評選四六法海八卷　（明）王志堅編（清）蔣士銓評　清光緒十八年(1892)湖南書局刻本　八冊

140000－0501－0004833　76086－89

陶淵明集十卷　（晉）陶潛撰　清宣統元年(1909)上海著易堂書局石印本　四冊

140000－0501－0004834　76090－93

陶詩彙評四卷東坡和陶合箋四卷　（清）溫汝能撰　清宣統元年(1909)上海掃葉山房石印本　四冊

140000－0501－0004835　76094－98

袁文箋正十六卷附錄一卷增訂四卷補注一卷（清）袁枚撰　（清）石韞玉箋　（清）魏大緒增訂　清光緒十四年(1888)上海蜚英館石印本　五冊

140000－0501－0004836　76103－06

鄭板橋全集六編　（清）鄭燮撰　清宣統元年(1909)上海掃葉山房石印本　四冊

140000－0501－0004837　76107－12

船山詩草二十卷　（清）張問陶撰　清宣統二年(1910)上海掃葉山房石印本　六冊

140000－0501－0004838　76113－16

左文襄公文集五卷詩集一卷聯語一卷說帖一卷　（清）左宗棠撰　清光緒十八年(1892)廣益書局刻本　四冊

140000－0501－0004839　76117－24

紀文達公遺集十六卷首一卷　（清）紀昀撰　清宣統二年(1910)上海保粹樓石印本　八冊

140000－0501－0004840　76125－28

冬心先生集四卷　（清）金農撰　清宣統二年(1910)京師書業公司影印本　四冊

140000－0501－0004841　76129－36

三蘇文集四十四卷　（宋）蘇洵等撰　（清）邵

希雍輯　清宣統二年(1910)上海會文學社石印本　八冊

140000－0501－0004842　76137－56

王臨川全集一百卷目錄二卷本傳一卷　（宋）王安石撰　清光緒九年(1883)粟陽繆氏小㠫山館刻本　二十冊

140000－0501－0004843　76157－66

石笥山房文集六卷補遺一卷詩集十一卷詩餘一卷詩補遺二卷詩續補遺一卷　（清）胡天游撰　年譜紀略一卷　（清）胡元琢撰　清咸豐二年(1852)聊城楊氏刻本　十冊

140000－0501－0004844　76167－76

石笥山房文集六卷補遺一卷詩集十一卷詩餘一卷詩補遺二卷詩續補遺一卷　（清）胡天游撰　年譜紀略一卷　（清）胡元琢撰　清咸豐二年(1852)聊城楊氏刻本　十冊

140000－0501－0004845　76177－86

韓苑洛全集二十二卷　（明）韓邦奇撰　清道光八年(1828)朝邑縣西河書院刻本　十冊

140000－0501－0004846　76187－88

曝書亭詞拾遺三卷志異一卷　（清）朱彝尊撰（清）翁之潤輯　清光緒二十二年(1896)常熟翁氏刻本　二冊

140000－0501－0004847　76189－94

危太樸文集十卷附錄一卷續集十卷續集附錄一卷雲林集二卷補遺一卷　（明）危素撰　清乾隆五十九年(1794)吳興嘉業堂刻嘉業堂叢書本　六冊

140000－0501－0004848　76223－46

古文斷十六卷後集十八卷　（清）姚培謙輯清乾隆三十九年(1774)清華齋刻本　二十四冊

140000－0501－0004849　76247－62

湖海樓全集五十卷補遺一卷　（清）陳維崧著清光緒十九年(1893)弇山鐸署刻本　十六冊

140000－0501－0004850　76263－66

胡天游文集五卷補遺一卷 （清）胡天游撰
清宣統元年(1909)上海國學扶輪社鉛印本
四冊

140000－0501－0004851　76267－69

戴南山文鈔六卷 （清）戴名世撰　清宣統二
年(1910)上海國學扶輪社鉛印本　三冊

140000－0501－0004852　76270－74

方望溪文鈔六卷首一卷 （清）方苞撰　清宣
統二年(1910)上海國學扶輪社鉛印本　五冊

140000－0501－0004853　76275－76

顧燭齋文集初刻一卷續刻一卷 （明）顧大韶
撰　清宣統元年(1909)上海國學扶輪社鉛印
本　二冊

140000－0501－0004854　76277－78

雨花臺傳奇二卷 （清）徐昆撰　清乾隆貯書
樓刻本　二冊

140000－0501－0004855　76285－90

**定庵文集三卷續集四卷文集補二卷雜詩一卷
別集一卷文集補編四卷** （清）龔自珍撰　清
光緒二十三年(1897)萬本書堂刻本　六冊

140000－0501－0004856　76291－300

詞律二十卷 （清）萬樹撰　清康熙二十六年
(1687)萬樹堆絮園刻本　十冊

140000－0501－0004857　76301－04

思居堂集十三卷 （清）喬于洞撰　清乾隆二
十一年(1756)刻本　四冊

140000－0501－0004858　76305－28

**鮚埼亭集三十八卷首一卷世譜一卷經史問答
十卷外編五十卷** （清）全祖望撰　**年譜一卷**
　（清）董秉純編　清同治十一年(1872)姚江
借樹山房刻本　二十四冊

140000－0501－0004859　76329－31

空同詩鈔十六卷 （明）李夢陽撰　清乾隆十
五年(1750)誦芬堂刻本　三冊

140000－0501－0004860　76332－34

正氣集三卷 （清）王夫之撰　清光緒三十年
(1904)刻本　三冊

140000－0501－0004861　76335－39

綿上四山人詩集十卷 （清）董柴輯　清乾隆
二十四年(1759)半壁山房刻本　五冊

140000－0501－0004862　76340－41

傅徵君霜紅龕詩鈔一卷附錄一卷 （清）傅山
撰　（清）蘇爾治　（清）劉贄訂　清乾隆三十
二年(1767)仰止軒蘇氏刻本　二冊

140000－0501－0004863　76342－49

**漁洋山人古詩選五言詩十七卷七言詩歌行鈔
十五卷** （清）王士禛選　清光緒七年(1881)
山西濬文書局刻本　八冊

140000－0501－0004864　76358－63

忠雅堂文集十二卷 （清）蔣士銓撰　清道光
二十三年(1843)藏園蔣氏刻本　六冊

140000－0501－0004865　76364－75

**去偽齋集十卷首一卷附錄一卷闕疑一卷呂書
四種合刻** （明）呂坤撰　清道光七年(1827)
開封府署刻本　十二冊

140000－0501－0004866　76384－87

玉函山房詩集四卷 （清）馬國翰撰　清道光
十三年(1833)刻本　四冊

140000－0501－0004867　76388－93

吳學士文集四卷詩集五卷 （清）吳騫撰　清
光緒八年(1882)江寧藩署刻本　六冊

140000－0501－0004868　76398－407

詞綜三十六卷 （清）朱彝尊輯　（清）汪森增
輯　清康熙十七年(1678)碧梧書屋刻本
十冊

140000－0501－0004869　76408－11

**虎谷集賦詩十卷文四卷行錄一卷輯寓別集四
集** （明）王雲鳳撰　清嘉慶二十二年(1817)
刻本　四冊

140000－0501－0004870　76412－22

高文襄公文集四十四卷 （明）高拱撰　清康
熙二十五年(1686)籠春堂刻本　十一冊

140000－0501－0004871　76423－32

而庵說唐詩二十二卷 （清）徐增撰　清乾隆

二十三年（1758）文茂堂刻本　十册

140000－0501－0004872　76433－38

唐陸宣公奏議二十二卷　（唐）陸贄撰　明光
裕堂刻本　六册

140000－0501－0004873　76439－49

昌黎先生集四十卷外集十卷遺文一卷傳一卷
（唐）韓愈撰　**韓集點勘四卷**　（清）陳景雲
撰　清同治八年（1869）江蘇書局刻本　十
一册

140000－0501－0004874　76450－60

昌黎先生集四十卷外集十卷遺文一卷傳一卷
（唐）韓愈撰　**韓集點勘四卷**　（清）陳景雲
撰　清同治八年（1869）江蘇書局刻本　十
一册

140000－0501－0004875　76477－84

韓文起十二卷年譜一卷　（唐）韓愈撰　（清）
林雲銘評注　清康熙三十二年（1693）建陽林
氏刻本　八册

140000－0501－0004876　76485－86

昌黎文定三卷　（清）董堤編　清刻本　二册

140000－0501－0004877　76487－90

昌黎先生詩集注十一卷年譜一卷　（唐）韓愈
撰　（清）顧嗣立删補　清康熙三十八年
（1699）顧氏秀野草堂刻本　四册

140000－0501－0004878　76491－94

昌黎先生詩集注十一卷　（清）顧嗣立删補
清光緒九年（1883）廣州翰墨園刻三色套印本
四册

140000－0501－0004879　76495－98

昌黎先生詩集注十一卷　（清）顧嗣立删補
清光緒九年（1883）廣州翰墨園刻三色套印本
四册

140000－0501－0004880　76499－506

昌黎先生全集四十卷外集十卷遺文一卷
（唐）韓愈撰　明萬曆刻清乾隆六年（1741）印
本　八册

140000－0501－0004881　76507－10

昌黎先生詩增注證訛十一卷　（清）顧嗣立删
補　（清）黃鉞證訛　清道光二十八年（1848）
二客軒刻本　四册

140000－0501－0004882　76511－22

新刊五百家注音辯昌黎先生文集四十卷
（唐）韓愈撰　（宋）魏仲舉輯注　清乾隆四十
九年（1784）刻本　十二册

140000－0501－0004883　76523－32

**朱文公校昌黎先生文集四十卷集傳一卷遺文
一卷外集十卷**　（唐）韓愈撰　（明）朱吾弼重
編　清刻本　十册

140000－0501－0004884　76533－44

**昌黎先生集四十卷外集十卷首一卷遺文一卷
末一卷**　（唐）韓愈撰　（宋）朱熹考異　清光
緒十八年（1892）傳經堂刻本　十二册

140000－0501－0004885　76545－50

河東先生全集錄六卷　（唐）柳宗元撰　（清）
儲欣編　清松麟堂刻本　六册

140000－0501－0004886　76571－618

東坡七集一百十卷　（宋）蘇軾撰　**校記二卷**
繆荃孫撰　清宣統二年（1910）寶華庵刻本
四十八册

140000－0501－0004887　76619－42

蘇文忠公詩編注集成一百三卷附箋詩圖一卷
（宋）蘇軾撰　（清）王文誥注　清光緒十四
年（1888）浙江書局刻本　二十四册

140000－0501－0004888　76643－48

二林居集二十四卷　（清）彭紹升著　清光緒
七年（1881）長洲彭氏家刻本　六册

140000－0501－0004889　76649－72

蘇文忠公詩編注集成一百三卷附箋詩圖一卷
（宋）蘇軾撰　（清）王文誥注　清光緒十四
年（1888）浙江書局刻本　二十四册

140000－0501－0004890　76673－96

蘇文忠公詩合注五十卷首一卷目錄二卷
（宋）蘇軾撰　（清）馮應榴集注　清乾隆五十
八年（1793）踵息齋刻本　二十四册

140000－0501－0004891　76697－712

施注蘇詩四十二卷目錄一卷　（宋）蘇軾撰
（宋）施元之注　年譜一卷　（宋）王宗稷撰
續補遺補注二卷　（清）馮景撰　清康熙三十
八年（1699）金閶步月樓刻本　十六冊

140000－0501－0004892　76713－20

宋大家蘇文忠公文鈔二十八卷　（宋）蘇軾撰
（明）茅坤評選　清刻本　八冊

140000－0501－0004893　76721－39

欒城集四十八卷後集二十四卷三集十卷應詔
集十二卷本傳一卷　（宋）蘇轍撰　清道光十
二年（1832）眉州三蘇祠刻本　十九冊

140000－0501－0004894　76740－63

歐陽文忠公全集一百五十八卷首一卷附錄五
卷　（宋）歐陽修撰　（宋）周必大編　清嘉慶
二十四年（1819）友善書屋刻本　二十四冊

140000－0501－0004895　76764－99

歐陽文忠公全集一百五十八卷首一卷附錄五
卷　（宋）歐陽修撰　（宋）周必大編　清嘉慶
二十四年（1819）友善書屋刻本　三十六冊

140000－0501－0004896　76811－26

王臨川全集一百卷目錄二卷本傳一卷　（宋）
王安石撰　清光緒九年（1883）粟陽繆氏小岯
山館刻本　十六冊

140000－0501－0004897　76827－42

王臨川全集一百卷目錄二卷本傳一卷　（宋）
王安石撰　清光緒九年（1883）聽香館刻本
十六冊

140000－0501－0004898　76843－54

王臨川全集一百卷目錄二卷本傳一卷　（宋）
王安石撰　清光緒九年（1883）聽香館刻本
十二冊

140000－0501－0004899　76855－58

宋大家王文公文鈔十六卷　（宋）王安石撰
（明）茅坤注評　清刻本　四冊

140000－0501－0004900　76859－62

歐陽文忠公五代史鈔二十卷　（宋）歐陽修撰

（明）茅坤注評　清刻本　四冊

140000－0501－0004901　76863－72

曾文定公集二十卷首一卷末一卷　（宋）曾鞏
撰　清康熙三十二年（1693）南豐石鐘山房劉
氏刻本　十冊

140000－0501－0004902　76873－82

元豐類稿五十卷　（宋）曾鞏撰　清光緒十六
年（1890）慈利漁浦書院刻本　十冊

140000－0501－0004903　76883－92

元豐類稿五十卷　（宋）曾鞏撰　清光緒十六
年（1890）慈利漁浦書院刻本　十冊

140000－0501－0004904　76893－916

司馬溫公文集八十二卷目錄二卷　（宋）司馬
光撰　（清）劉祖曾編　清同治九年（1870）刻
本　二十四冊

140000－0501－0004905　76921－22

楚辭集注八卷首一卷　（宋）朱熹注　清光緒
三年（1877）湖北崇文書局刻本　二冊

140000－0501－0004906　76923－24

楚辭集注八卷首一卷　（宋）朱熹注　清光緒
三年（1877）湖北崇文書局刻本　二冊

140000－0501－0004907　76925－32

楚辭集注八卷　（宋）朱熹集注　（明）楊慎評
清聽雨齋刻本　八冊

140000－0501－0004908　76933－44

楚辭集注八卷　（宋）朱熹集注　（明）楊慎評
清聽雨齋刻本　十二冊

140000－0501－0004909　76958－63

楚辭章句十七卷　（漢）劉向編集　（漢）王逸
撰　清嘉慶六年（1801）大小雅堂刻本　六冊

140000－0501－0004910　76964－67

楚辭十卷　（清）胡濬源增注　清嘉慶二十五
年（1820）務本堂刻本　四冊

140000－0501－0004911　76968－71

楚辭評注十七卷　（宋）洪興祖補注　清吳郡
寶翰樓刻本　四冊

140000－0501－0004912　76972

楚辭辯證二卷　（宋）朱熹撰　清光緒三年
(1877)湖北崇文書局刻本　一冊

140000－0501－0004913　76973

離騷注一卷　王樹枏撰　清光緒文莫室刻陶
廬叢刻本　一冊

140000－0501－0004914　76974

離騷集傳　（宋）錢杲之撰　清光緒三年
(1877)湖北崇文書局刻本　一冊

140000－0501－0004915　76975

離騷草木疏四卷　（宋）吳仁傑撰　清光緒三
年(1877)湖北崇文書局刻本　一冊

140000－0501－0004916　76976－87

杜詩注釋二十四卷首一卷　（唐）杜甫撰
（清）許寶善編　清光緒三年(1877)吳縣自怡
軒朱氏刻本　十二冊

140000－0501－0004917　77000－09

杜工部集二十卷首一卷諸家詩話一卷唱酬題
詠附錄一卷　（唐）杜甫撰　清同治十一年
(1872)致一齋刻本　十冊

140000－0501－0004918　77010－19

杜工部集二十卷首一卷　（唐）杜甫撰　（清）
盧坤編　清光緒二年(1876)粵東翰墨園刻五
色套印本　十冊

140000－0501－0004919　77020－21

杜詩偶評四卷　（清）沈德潛撰　清乾隆十二
年(1747)潘承松賦閑草堂刻本　二冊

140000－0501－0004920　77022－33

讀杜心解六卷首二卷　（唐）杜甫撰　（清）浦
起龍注　清雍正二年(1724)浦氏寧我齋刻本
十二冊

140000－0501－0004921　77034－45

讀杜心解六卷首二卷　（唐）杜甫撰　（清）浦
起龍注　清雍正二年(1724)浦氏寧我齋刻本
十二冊

140000－0501－0004922　77046－47

蔡中郎文集十卷外傳一卷　（漢）蔡邕撰　清

光緒七年（1881）吳興陸氏十萬卷樓刻本
二冊

140000－0501－0004923　77048－49

陶淵明集十卷　（晉）陶潛撰　清光緒二年
(1876)獨山莫氏刻本　二冊

140000－0501－0004924　77056－57

陶淵明集八卷首一卷末一卷　（晉）陶潛撰
清刻朱黑套印本　二冊

140000－0501－0004925　77058－61

箋注陶淵明集十卷總論一卷　（晉）陶潛撰
（宋）李公煥箋　清宣統三年(1911)貴池劉氏
玉海堂影印本　四冊

140000－0501－0004926　77062－65

諸葛丞相集四卷　（三國蜀）諸葛亮撰　（清）
朱璘輯　清康熙三十七年(1698)萬卷樓刻本
四冊

140000－0501－0004927　77066－69

諸葛忠武侯文集六卷首一卷年譜一卷　（三
國蜀）諸葛亮撰　清同治十二年(1873)三原
劉質慧述荊堂刻本　四冊

140000－0501－0004928　77072－73

六朝文絜箋注十二卷　（清）許槤評選　（清）
黎經誥注　清光緒十五年(1889)柴桑黎氏刻
本　二冊

140000－0501－0004929　77074－77

隋煬帝集　（隋）煬帝楊廣撰　明婁東張溥刻
漢魏六朝百三名家集本　四冊

140000－0501－0004930　77078－85

王子安集注二十卷首一卷末一卷　（唐）王勃
撰　（清）蔣清翊注　清光緒九年(1883)吳縣
蔣氏雙唐碑館刻本　八冊

140000－0501－0004931　77086－97

顏魯公文集三十卷首一卷世系表補遺一卷年
譜一卷　（唐）顏真卿撰　（清）黃本驥編　清
道光二十五年(1845)三長物齋刻本　十二冊

140000－0501－0004932　77098－113

李太白文集輯注三十六卷　（唐）李白撰

（清）王琦輯注　清乾隆二十四年（1759）賢笏樓刻本　十六冊

140000 - 0501 - 0004933　77114 - 29

李太白文集輯注三十六卷　（唐）李白撰　（清）王琦輯注　清乾隆二十四年（1759）賢笏樓刻本　十六冊

140000 - 0501 - 0004934　77130 - 33

重訂李義山詩集箋注三卷年譜一卷詩話一卷　（唐）李商隱撰　（清）朱鶴齡箋注　（清）程夢星輯　清乾隆十一年（1746）東柯草堂刻本　四冊

140000 - 0501 - 0004935　77134 - 37

重訂李義山詩集箋注三卷外集一卷年譜一卷　（唐）李商隱撰　（清）朱鶴齡箋注　（清）程夢星輯　清乾隆八年（1743）東柯草堂刻本　四冊

140000 - 0501 - 0004936　77138 - 40

李義山詩集三卷詩譜一卷詩評一卷　（唐）李商隱撰　（清）朱鶴齡注　（清）沈厚塽輯　清同治九年（1870）羊城萃文堂刻朱墨藍三色套印本　三冊

140000 - 0501 - 0004937　77141 - 44

李義山詩集三卷詩譜一卷詩評一卷　（唐）李商隱撰　（清）朱鶴齡注　（清）沈厚塽輯　清同治九年（1870）羊城萃文堂刻朱墨藍三色套印本　四冊

140000 - 0501 - 0004938　77145 - 52

玉溪生詩集詳注三卷文集箋注八卷年譜一卷詩話一卷　（唐）李商隱撰　（清）馮浩箋注　清乾隆四十五年（1780）德聚堂刻本　八冊

140000 - 0501 - 0004939　77153 - 60

玉溪生詩集詳注三卷文集箋注八卷年譜一卷詩話一卷　（唐）李商隱撰　（清）馮浩箋注　清乾隆四十五年（1780）德聚堂刻本　八冊

140000 - 0501 - 0004940　77161 - 64

樊南文集補編十二卷首一卷附錄一卷　（唐）李商隱撰　（清）錢振倫箋　（清）錢振常注　清同治五年（1866）望三益齋刻本　四冊

140000 - 0501 - 0004941　77165 - 76

白香山詩長慶集二十卷後集十七卷別集一卷補遺二卷年譜一卷年譜舊本一卷　（唐）白居易撰　清康熙四十二年（1703）一隅草堂刻本　十二冊

140000 - 0501 - 0004942　77178 - 83

夫椒山館詩集二十二卷　（清）周儀暐撰　清道光二十七年（1847）味塵軒刻本　六冊

140000 - 0501 - 0004943　77184 - 87

溫飛卿詩集九卷　（唐）溫庭筠撰　清宣統二年（1910）上海國學扶輪社影印本　四冊

140000 - 0501 - 0004944　77198 - 203

陸宣公集二十二卷首一卷附錄一卷　（唐）陸贄撰　清光緒二年（1876）江蘇書局刻本　六冊

140000 - 0501 - 0004945　77204 - 15

陸宣公集二十二卷年譜一卷　（唐）陸贄撰　清嘉慶二十三年（1818）春暉堂刻本　十二冊

140000 - 0501 - 0004946　77216 - 23

陸宣公集二十四卷　（唐）陸贄撰　清道光七年（1827）醉文堂刻本　八冊

140000 - 0501 - 0004947　77224 - 29

陸宣公翰苑集二十二卷　（唐）陸贄撰　清咸豐十一年（1861）崇仁謝氏刻本　六冊

140000 - 0501 - 0004948　77230 - 57

山谷詩內集注二十卷外集注十七卷外集補四卷別集二卷別集補二卷　（宋）黃庭堅撰　（宋）任淵等注　**年譜十四卷**　（宋）黃𮓙編　清光緒二年（1876）敘郡山谷祠刻本　二十八冊

140000 - 0501 - 0004949　77258 - 77

山谷詩內集二十卷外集十七卷別集二卷　（宋）黃庭堅撰　清光緒二十一年（1895）義寧陳氏刻本　二十冊

140000 - 0501 - 0004950　77294 - 99

陸宣公集二十二卷　（唐）陸贄撰　清光緒二十年（1894）上海鴻寶齋石印本　六冊

140000－0501－0004951　77300－03

後山詩注十二卷目錄一卷　（宋）陳師道撰
（宋）任淵注　清乾隆四十一年(1776)印武英
殿聚珍版書本　四冊

140000－0501－0004952　77304－09

杜樊川詩註四卷外集一卷別集一卷補遺一卷
本傳一卷　（唐）杜牧撰　（清）馮集梧注　清
嘉慶六年(1801)德裕堂刻本　六冊

140000－0501－0004953　77310－12

嘉祐集二十卷　（宋）蘇洵撰　清道光十三年
(1833)眉州三蘇祠刻本　三冊

140000－0501－0004954　77315－24

龍川文集三十卷目錄一卷辨訛考異二卷附錄
二卷　（宋）陳亮撰　清光緒元年(1875)湖北
崇文書局刻本　十冊

140000－0501－0004955　77325－28

白石道人詩集二卷附詩說一卷歌曲四卷別集
一卷　（宋）姜夔撰　清光緒十年(1884)許氏
娛園刻本　四冊

140000－0501－0004956　77329－30

夢窗甲乙丙丁稿四卷補遺一卷　（宋）吳文英
撰　清光緒元年(1875)臨桂王氏四印齋刻本
二冊

140000－0501－0004957　77331－38

劍南詩鈔　（宋）陸游撰　（清）楊大鶴選　清
康熙二十四年(1685)敬業齋刻本　八冊

140000－0501－0004958　77351－66

安陽集五十卷家傳十卷別錄二卷遺事一卷
（宋）韓琦撰　清乾隆五年(1740)崑山徐氏晚
香書屋補刻本　十六冊

140000－0501－0004959　77367－76

宋忠獻韓魏王安陽集五十卷首一卷　（宋）韓
琦撰　清乾隆三十五年(1770)刻本　十冊

140000－0501－0004960　77377－80

河南先生文集二十七卷附錄一卷　（宋）尹洙
撰　清宣統二年(1910)守政書局木活字印本
四冊

140000－0501－0004961　77381－92

道鄉公文集四十卷補遺一卷附錄一卷　（宋）
鄒浩撰　清光緒六年(1880)蘇州嘉魚坊西寶
華山房刻本　十二冊

140000－0501－0004962　77393－404

道鄉公文集四十卷補遺一卷附錄一卷　（宋）
鄒浩撰　清光緒六年(1880)蘇州嘉魚坊西寶
華山房刻本　十二冊

140000－0501－0004963　77405－16

鶴山文鈔三十二卷周禮折衷四卷師友雅言一
卷　（宋）魏了翁撰　清宣統二年(1910)望三
益齋刻本　十二冊

140000－0501－0004964　77417－26

鶴山文鈔三十二卷周禮折衷四卷師友雅言一
卷　（宋）魏了翁撰　清宣統二年(1910)望三
益齋刻本　十冊

140000－0501－0004965　77427－30

宋宗忠簡公文集四卷首一卷補遺一卷遺事二
卷　（宋）宗澤撰　清同治十二年(1873)述荊
堂刻本　四冊

140000－0501－0004966　77431－32

忠簡公集七卷辨訛考異一卷　（宋）宗澤撰
清同治八年(1869)退補齋刻本　二冊

140000－0501－0004967　77433－36

河南程氏文集十三卷遺文一卷附錄一卷
（宋）程顥　（宋）程頤著　清刻本　四冊

140000－0501－0004968　77437－40

二劉文集九卷　（宋）劉安節　（宋）劉安上著
清刻本　四冊

140000－0501－0004969　77441－60

宋張宣公詩文集論孟合刻三種　（宋）張栻
撰　清咸豐四年(1854)綿邑南軒祠刻本　二
十冊

140000－0501－0004970　77461－76

瀛奎律髓四十九卷　（元）方回選　清康熙
五十二年(1713)吳寶芝黃葉邨莊刻本　十
六冊

237

140000－0501－0004971　77481－84

岳忠武王文集八卷首一卷附錄一卷　（宋）岳
飛撰　清乾隆三十五年(1770)彰德黃氏刻本
四冊

140000－0501－0004972　77485－88

岳忠武王文集八卷首一卷附錄一卷　（宋）岳
飛撰　清乾隆三十五年(1770)彰德黃氏刻本
四冊

140000－0501－0004973　77489－92

岳忠武王文集八卷首一卷附錄一卷　（宋）岳
飛撰　（清）劉質慧編　清道光二十七年
(1847)揚州刻本　四冊

140000－0501－0004974　77493－96

岳忠武王文集八卷首一卷附錄一卷　（宋）岳
飛撰　（清）劉質慧編　清同治十二年(1873)
述荊堂刻本　四冊

140000－0501－0004975　77497－506

船山詩草二十卷補遺六卷　（清）王夫之撰
清同治十三年(1874)味經堂刻本　十冊

140000－0501－0004976　77507－10

**新雕徂徠石先生文集二十卷補遺一卷附錄一
卷**　（宋）石介撰　清光緒九年(1883)濰縣張
氏尚志堂刻本　四冊

140000－0501－0004977　77511－22

文信國公集二十卷首一卷　（宋）文天祥撰
清同治七年(1868)楚醴景萊書室刻本　十
二冊

140000－0501－0004978　77523－38

**元遺山先生全集翁輯年譜施輯年譜四十卷首
一卷末一卷樂府四卷續夷堅志四卷**　（金）元
好問撰　**考證三卷**　（清）趙培因撰　**凌輯年
譜二卷翁輯年譜一卷施輯年譜一卷**　（清）張
穆訂　**廣年譜二卷**　（清）李光廷編　清光緒
七年(1881)忻州讀書山房刻本　十六冊

140000－0501－0004979　77558－65

遺山集四十卷附錄一卷　（金）元好問撰　清
道光二十七年(1847)定襄李氏刻本　八冊

140000－0501－0004980　77566－71

元遺山詩集箋注十四卷首一卷末一卷　（金）
元好問撰　（清）施國祁箋注　清道光二年
(1822)南潯蔣氏瑞松堂刻本　六冊

140000－0501－0004981　77572－77

元遺山詩集箋注十四卷首一卷末一卷　（金）
元好問撰　（清）施國祁注　清道光七年
(1827)茹溪吳氏醉六堂刻本　六冊

140000－0501－0004982　77578－88

中州集十卷首一卷中州樂府一卷　（金）元好
問撰　清光緒七年(1881)讀書山房刻本　十
一冊

140000－0501－0004983　77589－99

中州集十卷首一卷中州樂府一卷　（金）元好
問撰　清光緒七年(1881)讀書山房刻本　十
一冊

140000－0501－0004984　77606－07

眉庵詩集二卷　（明）楊基撰　清光緒三十四
年(1908)上海有正書局石印本　二冊

140000－0501－0004985　77608

牧民忠告二卷　（元）張養浩撰　清光緒九年
(1883)鉛印本　一冊

140000－0501－0004986　77609－12

許文正公遺書十二卷首一卷末一卷　（元）許
衡撰　清光緒十三年(1887)傳經堂刻本
四冊

140000－0501－0004987　77613－26

楊龜山先生集四十二卷首一卷末一卷　（宋）
楊時撰　清光緒九年(1883)延平張氏刻本
十四冊

140000－0501－0004988　77627－36

楊龜山先生集四十二卷首一卷末一卷　（宋）
楊時撰　清光緒七年(1881)道南祠玉華山館
刻本　十冊

140000－0501－0004989　77637－42

莊靖先生遺集十卷　（金）李俊民撰　清陵川
刻本　六冊

140000 - 0501 - 0004990　77643 - 48

莊靖先生遺集十卷　（金）李俊民撰　清陵川刻本　六冊

140000 - 0501 - 0004991　77649 - 58

至正集八十一卷附錄一卷　（元）許有壬著清宣統三年（1911）河南教育總會石印本十冊

140000 - 0501 - 0004992　77675 - 84

郝文忠公陵川文集三十九卷　（元）郝經撰附錄一卷　（明）宋濂撰　年譜一卷　（清）張瓚撰　（清）王繆輯　清乾隆三年（1738）王繆刻道光十六年（1836）補刻本　十冊

140000 - 0501 - 0004993　77685 - 94

郝文忠公陵川文集三十九卷首一卷　（元）郝經撰　附錄一卷　（明）宋濂撰　年譜一卷（清）張瓚撰　（清）王繆輯　清乾隆三年（1738）王繆刻本　十冊

140000 - 0501 - 0004994　77695 - 704

郝文忠公陵川文集三十九卷　（元）郝經撰附錄一卷　（明）宋濂撰　年譜一卷　（清）張瓚撰　（清）王繆輯　清乾隆三年（1738）王繆刻道光十六年（1836）補刻本　十冊

140000 - 0501 - 0004995　77705 - 14

郝文忠公陵川文集三十九卷首一卷　（元）郝經撰　附錄一卷　（明）宋濂撰　年譜一卷（清）張瓚撰　（清）王繆輯　清乾隆三年（1738）王繆刻本　十冊

140000 - 0501 - 0004996　77715 - 30

方正學先生遜志齋集二十四卷拾補一卷補遺一卷外紀一卷校勘記一卷　（明）方孝孺撰（清）張紹謙纂定　清同治十二年（1873）武林任有容齋刻本　十六冊

140000 - 0501 - 0004997　77731 - 50

方正學先生遜志齋集二十四卷拾補一卷補遺一卷外紀一卷校勘記一卷　（明）方孝孺撰（清）張紹謙纂定　清同治十二年（1873）武林任有容齋刻本　二十冊

140000 - 0501 - 0004998　77751 - 66

遜志齋集二十四卷拾補一卷外紀一卷　（明）方孝孺撰　年譜一卷　（明）盧演　（明）翁明英輯纂　清康熙淮南俞氏刻本　十六冊

140000 - 0501 - 0004999　77767 - 82

震川先生集三十卷別集十卷目錄一卷　（明）歸有光著　清光緒六年（1880）常熟歸氏刻本十六冊

140000 - 0501 - 0005000　77783 - 99

震川先生集四十一卷　（明）歸有光撰　清康熙五十九年（1720）刻本　十七冊

140000 - 0501 - 0005001　77800 - 15

震川先生集三十卷別集十卷首一卷　（明）歸有光撰　附錄一卷　（清）錢謙益撰　清康熙五十九年（1720）刻本（卷一有抄配葉）　十六冊

140000 - 0501 - 0005002　77816 - 19

內方先生集八卷附鈔錄一卷　（明）童承敘撰清道光二十四年（1844）沔陽盧氏刻本四冊

140000 - 0501 - 0005003　77820 - 21

萬忠貞公遺集三卷首一卷　（明）萬燝撰　清道光十七年（1837）春暉樓刻本　二冊

140000 - 0501 - 0005004　77822 - 29

變雅堂文集四卷詩集十卷附錄一卷　（清）杜濬撰　清同治九年（1870）黃崗劉氏刻本八冊

140000 - 0501 - 0005005　77830 - 39

熊襄愍公集十卷首一卷末一卷　（明）熊廷弼撰　清同治三年（1864）熊氏家祠刻本　十冊

140000 - 0501 - 0005006　77840 - 49

熊襄愍公集十卷首一卷末一卷　（明）熊廷弼撰　清嘉慶十八年（1813）退補齋刻本　十冊

140000 - 0501 - 0005007　77876 - 79

嶠雅集四卷赤雅集三卷　（明）鄺露撰　清咸豐十年（1860）海雪堂刻本　四冊

140000 - 0501 - 0005008　77880 - 83

楊忠愍公全集四卷　（明）楊繼盛著　清道光

二十三年（1843）容城思補堂刻本　四冊

140000－0501－0005009　77884－85
史忠正公文集四卷首一卷　（明）史可法撰
清同治十二年（1873）述荊堂刻本　二冊

140000－0501－0005010　77886－89
**白谷山人詩鈔二卷遺墨一卷鑒勞錄一卷附忠
節錄一卷**　（明）孫傳庭著　清道光二十七年
（1847）刻本　四冊

140000－0501－0005011　77908－09
史忠正公文集四卷首一卷　（明）史可法撰
清同治十二年（1873）述荊堂刻本　二冊

140000－0501－0005012　77922－25
滄溟先生集十四卷　（明）李攀龍撰　明隆慶
六年（1572）西蜀張氏刻本　四冊

140000－0501－0005013　77926－33
滄溟先生集三十卷附錄一卷　（明）李攀龍撰
清道光二十七年（1847）景福堂刻本　八冊

140000－0501－0005014　77934－39
東州草堂文鈔三十卷　（清）何紹基撰　**眠琴
閣遺文一卷遺詩二卷**　（清）何慶涵撰　**浣月
樓遺詩二卷**　（清）李楣撰　清光緒十八年
（1892）刻本　六冊

140000－0501－0005015　77940－45
花宜館詩鈔十六卷詞二卷　（清）吳振棫撰
清咸豐十一年（1861）刻本　六冊

140000－0501－0005016　77946－50
飲月軒詩文鈔八卷　（清）唐廷詔撰　清道光
二十一年（1841）刻本　五冊

140000－0501－0005017　77951－56
秋水集十六卷　（清）馮如京撰　清乾隆五年
（1740）清暉堂刻本　六冊

140000－0501－0005018　77975－90
荊川文集十八卷　（明）唐順之撰　清康熙五
十一年（1712）唐執玉刻本　十六冊

140000－0501－0005019　77991－96
飛六亭稿五卷首一卷　（明）陳所志著　清咸
豐五年（1855）惟正堂刻本　六冊

140000－0501－0005020　77997－8000
瞿忠宣公集十卷　（明）瞿式耜撰　清光緒七
年（1881）常熟許氏刻本　四冊

140000－0501－0005021　78017－28
重刻張太岳先生文集四十八卷目錄一卷
（明）張居正撰　清道光八年（1828）安陸李廷
錫刻本　十二冊

140000－0501－0005022　78029－40
張太岳先生詩文集四十七卷目錄一卷　（明）
張居正撰　明萬曆四十年（1612）繡谷唐國達
刻後印本　十二冊

140000－0501－0005023　78061－64
王太史夢澤集摘刊九卷首一卷附錄五卷
（明）王廷陳著　清道光十七年（1837）江漢書
院刻本　四冊

140000－0501－0005024　78065－68
王太史夢澤集摘刊九卷首一卷附錄五卷
（明）王廷陳著　清道光十七年（1837）江漢書
院刻本　四冊

140000－0501－0005025　78069－70
枝山文集四卷　（明）祝允明撰　清同治十三
年（1874）元和祝氏刻本　二冊

140000－0501－0005026　78071－80
天傭子集十二卷首一卷末一卷　（明）艾南英
撰　清康熙艾氏家塾刻本　十冊

140000－0501－0005027　78087－90
張龍湖先生文集十五卷　（明）張治撰　清雍
正四年（1726）彭思睿刻本　四冊

140000－0501－0005028　78107－12
康對山先生文集十卷　（明）康海撰　清乾隆
二十六年（1761）武功縣刻本　六冊

140000－0501－0005029　78113－22
韓苑洛全集二十二卷　（明）韓邦奇撰　清道
光八年（1828）朝邑縣西河書院刻本　十冊

140000－0501－0005030　78123－34
文清公薛先生文集二十四卷目錄一卷　（明）
薛瑄撰　清雍正十二年（1734）稷山刻本　十

二册

140000 - 0501 - 0005031　78135 - 50

夏峰先生集十四卷首一卷補遺二卷　（清）孫
奇逢撰　清道光二十五年(1845)大梁書院刻
本　十六册

140000 - 0501 - 0005032　78151 - 58

句注山房集二十卷　（明）張鳳翼撰　明雁門
孫氏刻本　八册

140000 - 0501 - 0005033　78179 - 86

何大復先生集三十八卷附錄一卷　（明）何景
明撰　清宣統元年(1909)石印本　八册

140000 - 0501 - 0005034　78189 - 92

陳少陽集二卷首一卷　（宋）陳東撰　清光緒
十六年(1890)敦善堂刻本　四册

140000 - 0501 - 0005035　78207 - 16

盧忠肅公集十二卷首一卷　（明）盧象昇撰
清光緒元年(1875)會稽施氏刻本　十册

140000 - 0501 - 0005036　78217 - 20

楊忠愍公全集四卷　（明）楊繼盛撰　清康熙
三十七年(1698)古吳三樂齋刻本　四册

140000 - 0501 - 0005037　78225 - 26

疎菴先生率意稿二卷　（明）王國光撰　明萬
曆三十七年(1609)竹石山房刻清重印本
二册

140000 - 0501 - 0005038　78227

學古齋集三卷末一卷　（明）瞿俊撰　清嘉慶
七年(1802)常熟瞿氏刻本　一册

140000 - 0501 - 0005039　78228 - 29

咳唾珠玉二卷　（清）傅山撰　（清）張靜生拾
遺　清光緒三十二年(1906)平遙王氏刻本
二册

140000 - 0501 - 0005040　78230

霜紅龕文四卷　（清）傅山著　清光緒三十三
年(1907)平遙王氏刻本　一册

140000 - 0501 - 0005041　78231

霜紅龕文四卷　（清）傅山著　清光緒三十三
年(1907)平遙王氏刻本　一册

140000 - 0501 - 0005042　78236 - 47

霜紅龕集四十卷附錄三卷年譜一卷　（清）傅
山撰　清宣統三年(1911)丁氏刻本　十二册

140000 - 0501 - 0005043　78260 - 75

望溪先生文集十八卷外集十卷補遺二卷
（清）方苞撰　**年譜一卷附錄一卷**　（清）蘇惇
元輯　清咸豐元年(1851)刻本　十六册

140000 - 0501 - 0005044　78276 - 95

望溪先生文集十八卷外集十卷補遺二卷
（清）方苞撰　**年譜一卷附錄一卷**　（清）蘇惇
元輯　清咸豐元年(1851)刻本　二十册

140000 - 0501 - 0005045　78296 - 303

望溪集　（清）方苞撰　（清）王兆符輯
（清）程崟輯　清乾隆十一年(1746)程崟刻本
　八册

140000 - 0501 - 0005046　78304 - 08

方望溪文鈔六卷首一卷　（清）方苞撰　清宣
統二年(1910)上海國學扶輪社鉛印本　五册

140000 - 0501 - 0005047　78317 - 32

**晉國垂棘一卷續晉國垂棘編六卷二集十卷三
集十卷四集九卷**　（明）范弘嗣輯　（清）范鄗
鼎重訂　清康熙五十七年(1718)洪洞范氏五
經堂刻本　十六册

140000 - 0501 - 0005048　78333 - 50

**晉國垂棘一卷續晉國垂棘編六卷二集十卷三
集十卷四集九卷**　（明）范弘嗣輯　（清）范鄗
鼎重訂　清康熙五十七年(1718)洪洞范氏五
經堂刻本　十八册

140000 - 0501 - 0005049　78351 - 59

三晉詩選十四卷　（清）范鄗鼎輯　清康熙十
二年(1673)洪洞范氏刻本　九册

140000 - 0501 - 0005050　78360 - 69

**樓山堂集二十七卷峰桐詩文集二十卷附錄二
卷年譜二卷**　劉世珩編　清光緒二十五年
(1899)貴池劉氏刻貴池二妙集本(有配本)
十册

140000 - 0501 - 0005051　78370 - 89

241

唐中丞遺集二十八卷首一卷　（清）唐訓方撰
　清光緒十一年（1885）歸吾廬刻本　二十冊

140000 - 0501 - 0005052　78390 - 97
中山文鈔四卷奏議四卷詩鈔四卷史論二卷首
一卷　（清）郝浴著　清刻本　八冊

140000 - 0501 - 0005053　78398 - 407
沈歸愚詩文全集十四種　（清）沈德潛撰　清
乾隆教忠堂刻本　十冊

140000 - 0501 - 0005054　78422 - 34
寒松堂全集十二卷年譜一卷　（清）魏象樞著
　清嘉慶十六年（1811）蔚州魏氏刻本　十
三冊

140000 - 0501 - 0005055　78435 - 47
寒松堂全集十二卷年譜一卷　（清）魏象樞著
　清嘉慶十六年（1811）蔚州魏氏刻本　十
三冊

140000 - 0501 - 0005056　78448 - 59
寒松堂全集十二卷年譜一卷　（清）魏象樞著
　清嘉慶十六年（1811）蔚州魏氏刻本　十
二冊

140000 - 0501 - 0005057　78469 - 74
白鶴山房詩鈔十八卷詞鈔二卷　（清）葉紹本
撰　清道光七年（1827）桂林使廨刻本　六冊

140000 - 0501 - 0005058　78475 - 86
讀書堂綵衣全集四十六卷目錄一卷　（清）趙
士麟著　清光緒十九年（1893）浙江書局刻本
十二冊

140000 - 0501 - 0005059　78487 - 98
讀書堂綵衣全集四十六卷目錄一卷　（清）趙
士麟著　清光緒十九年（1893）浙江書局刻本
十二冊

140000 - 0501 - 0005060　78499 - 514
湖海文傳七十五卷　（清）王昶輯　清同治五
年（1866）經訓堂刻本　十六冊

140000 - 0501 - 0005061　78515 - 23
養一齋集二十六卷首一卷試帖一卷詞三卷
（清）潘德輿撰　清咸豐十年（1860）刻本

九冊

140000 - 0501 - 0005062　78524 - 33
養一齋文集二十卷　（清）李兆洛著　清光緒
四年（1878）刻本　十冊

140000 - 0501 - 0005063　78534 - 43
養一齋文集二十卷詩集四卷賦一卷詩餘一卷
（清）李兆洛撰　清光緒四年至八年（1878 -
1882）刻本　十冊

140000 - 0501 - 0005064　78544 - 51
曾惠敏公奏疏六卷文集五卷詩集四卷日記二
卷　（清）曾紀澤撰　清光緒十九年（1893）江
南製造總局刻本　八冊

140000 - 0501 - 0005065　78552 - 55
集虛齋學古文十二卷附離騷經解略　（清）方
㨾如撰　清乾隆十九年（1754）刻本　四冊

140000 - 0501 - 0005066　78556 - 63
知足齋詩集二十卷　（清）朱珪撰　清嘉慶十
年（1805）大興朱氏刻本　八冊

140000 - 0501 - 0005067　78564 - 67
濂亭文集八卷遺詩二卷遺文五卷　（清）張裕
釗著　清宣統二年（1910）鄂城刻本　四冊

140000 - 0501 - 0005068　78568 - 69
濂亭文集八卷　（清）張裕釗撰　清光緒八年
（1882）蘇州查氏木漸齋刻本　二冊

140000 - 0501 - 0005069　78570 - 73
任勇烈公遺詩一卷遺集一卷　（清）任舉撰
二峨草堂學稿一卷遺稿一卷　（清）任承恩撰
　清同治十三年（1874）近文齋刻本　四冊

140000 - 0501 - 0005070　78574 - 77
西庵集八卷首一卷　（明）孫蕡撰　清道光十
年（1830）姑蘇葉初春刻本　四冊

140000 - 0501 - 0005071　78582 - 85
三餘堂存稿二卷館課偶存一卷經進稿一卷
（清）胡長齡著　清嘉慶十五年（1810）刻本
四冊

140000 - 0501 - 0005072　78586 - 89
才調集十卷　（五代）韋縠集　清康熙四十三

年(1704)垂雲樓刻本　　四冊

140000－0501－0005073　78590－95

才調集十卷　（五代）韋縠集　清康熙四十三年(1704)垂雲樓刻本　　六冊

140000－0501－0005074　78610－15

寒松閣詩八卷詞四卷駢體文一卷續一卷說文佚字考四卷疑年賡錄二卷　（清）張鳴珂撰　清光緒十九年至二十四年(1893－1898)寒松閣刻本　　六冊

140000－0501－0005075　78616－31

湖海樓全集五十卷補遺一卷　（清）陳維崧著　清光緒十九年(1893)弇山鐸署刻本　　十六冊

140000－0501－0005076　78632－41

頻羅庵遺集十六卷　（清）梁同書撰　清嘉慶二十二年(1817)錢塘梁氏刻本　　十冊

140000－0501－0005077　78642－48

定庵文集三卷續集四卷補編四卷文集補五卷附孝珙手抄詞拾遺一卷　（清）龔自珍撰　定庵先生年譜一卷　吳昌綬編　清宣統二年(1910)上海國學扶輪社鉛印本　　七冊

140000－0501－0005078　78649－54

薛氏五種　（清）薛時雨輯　清同治七年至十一年(1868－1872)藤香館刻本　　六冊

140000－0501－0005079　78655－66

桐閣先生文鈔十二卷首一卷　（清）李元春著　（清）賀瑞麟編輯　清光緒十年(1884)朝邑同義文會刻本　　十二冊

140000－0501－0005080　78667－74

趙文蕭公文集二十三卷目錄一卷　（明）趙貞吉撰　清光緒十七年(1891)刻本　　八冊

140000－0501－0005081　78679－84

蓮洋集十二卷年譜一卷附錄一卷補遺一卷　（清）吳雯撰　清乾隆五十五年(1790)夢崔艸堂刻本　　六冊

140000－0501－0005082　78697－700

鴻爪集四卷　（清）郭維翰撰　附錄一卷

（清）王爾敏撰　清嘉慶十五年(1810)刻本　四冊

140000－0501－0005083　78701－04

鴻爪集四卷　（清）郭維翰撰　附錄一卷（清）王爾敏撰　清嘉慶十五年(1810)刻本　四冊

140000－0501－0005084　78705－17

寒松堂全集十二卷年譜一卷　（清）魏象樞著　清嘉慶十六年(1811)蔚州魏氏刻本　　十三冊

140000－0501－0005085　78718－19

蕉窗囈語續集不分卷　（清）汪丙新著　清光緒九年(1883)并州王氏刻本　　二冊

140000－0501－0005086　78720－29

養一齋文集二十卷　（清）李兆洛著　清光緒四年(1878)刻本　　十冊

140000－0501－0005087　78730－31

水屋賸稿二卷　（清）張道渥撰　清道光八年(1828)張氏夢覺草堂刻本　　二冊

140000－0501－0005088　78732－35

黃葉樓初集四卷首一卷末一卷　（清）喬煌撰　題贈詩詞二卷　（清）蔡新撰　清嘉慶十七年(1812)越雪齋刻本　　四冊

140000－0501－0005089　78736－39

後樂堂集文選九卷詩存一卷　（清）陳玉樹撰　清光緒二十五年(1899)鉛印本　　四冊

140000－0501－0005090　78740－43

研六室文鈔十卷補遺一卷　（清）胡培翬撰　清光緒四年(1878)世澤樓刻本　　四冊

140000－0501－0005091　78744－53

儀衛軒文集十二卷外集一卷詩集五卷大意尊聞三卷附錄一卷遺書一卷　（清）方東樹撰　方儀衛年譜一卷　（清）鄭福照輯　清光緒刻本　　十冊

140000－0501－0005092　78754－63

孝思堂全集十卷首一卷　（清）侯七乘撰　清光緒二十八年(1902)六安程氏補刻本　　十冊

140000－0501－0005093　78764－73

孝思堂全集十卷首一卷　（清）侯七乘撰　清光緒二十八年（1902）六安程氏補刻本　十冊

140000－0501－0005094　78782－801

松風閣詩鈔二十六卷歸樸庵叢稿二十四卷續編四卷年譜一卷　（清）彭蘊章撰　**嗣雅堂詩存五卷**　（清）王嘉祿撰　**酌雅齋文集一卷汲雅山館詩鈔二卷**　（清）彭希鄭撰　**無近名齋集九卷**　（清）彭翊著　**仙心閣詩文鈔十卷**（清）彭慰高撰　清同治七年（1868）刻本　二十冊

140000－0501－0005095　78802－16

湯子遺書十卷首一卷　（清）湯斌撰　清同治九年（1870）湯氏刻本　十五冊

140000－0501－0005096　78817－24

如蘭集二十卷　（清）董柴輯　清乾隆介休刻本　八冊

140000－0501－0005097　78825－32

復堂類集二十六卷　（明）譚獻撰　清光緒十一年（1885）刻本　八冊

140000－0501－0005098　78833－44

敬業堂詩集五十卷　（清）查愼行撰　清康熙五十八年（1719）刻本　十二冊

140000－0501－0005099　78845－54

敬業堂集五十卷　（清）查愼行撰　清康熙五十八年（1719）刻本　十冊

140000－0501－0005100　78855－70

曝書亭集八十卷附錄一卷　（清）朱彝尊撰　**笛漁小稿十卷**　（清）朱昆田撰　清光緒十五年（1889）會稽陶氏寒梅館刻本　十六冊

140000－0501－0005101　78871－86

曝書亭集詩注二十二卷　（清）朱彝尊撰　（清）楊謙注　**朱竹垞先生年譜一卷**　（清）楊謙撰　清刻本　十六冊

140000－0501－0005102　78887－91

曝書亭集詩注二十二卷　（清）朱彝尊撰　（清）楊謙注　**朱竹垞先生年譜一卷**　（清）楊

謙撰　清刻本　五冊

140000－0501－0005103　78892－903

曝書亭集二十三卷　（清）朱彝尊撰　（清）孫銀槎注　清嘉慶九年（1804）刻本　十二冊

140000－0501－0005104　78904－35

鮚埼亭集三十八卷首一卷經史問答十卷外編五十卷　（清）全祖望撰　**年譜一卷**　（清）董秉純編　清同治十一年（1872）姚江借樹山房刻本　三十二冊

140000－0501－0005105　78936－59

鮚埼亭集三十八卷首一卷經史問答十卷外編五十卷　（清）全祖望撰　**年譜一卷**　（清）董秉純編　清同治十一年（1872）姚江借樹山房刻本　二十四冊

140000－0501－0005106　79088－95

倭文端公遺書十一卷首二卷　（清）倭仁撰　清刻本　八冊

140000－0501－0005107　79096－103

倭文端公遺書十一卷首二卷　（清）倭仁撰　清刻本　八冊

140000－0501－0005108　79104－15

樂善堂全集定本三十卷目錄一卷　（清）高宗弘曆撰　清乾隆二十四年（1759）刻本　十二冊

140000－0501－0005109　79116－39

樂善堂全集四十卷目錄四卷　（清）高宗弘曆撰　清乾隆刻本　二十四冊

140000－0501－0005110　79152－67

樂府詩集一百卷目錄二卷　（宋）郭茂倩撰　清同治十三年（1874）湖北崇文書局刻本　十六冊　缺三卷（一至三）

140000－0501－0005111　79168－72

潛庵先生遺稿五卷蕘談錄一卷困學錄一卷志學會約一卷　（清）湯斌撰　**年譜一卷**　（清）方苞撰　清道光十九年（1839）湯氏刻本　五冊

140000－0501－0005112　79173－204

湯文正公全集四種 （清）湯斌撰 清同治九年(1870)蘇廷魁刻本 三十二冊

140000－0501－0005113 79205－16

潛庵先生全集五卷疏稿一卷困學錄一卷志學會約一卷 （清）湯斌撰 年譜一卷 （清）方苞撰 清同治十年(1871)繡谷麗澤書屋刻本 十二冊

140000－0501－0005114 79217－22

潛庵先生遺稿五卷疏稿一卷洛學編五卷志學會約一卷家書一卷 （清）湯斌撰 清康熙刻本 六冊

140000－0501－0005115 79223－24

丹魁堂詩集五卷 （清）季芝昌撰 茗韻軒遺詩一卷 （清）王甥植撰 清咸豐六年(1856)江陰季氏刻本 二冊

140000－0501－0005116 79225－32

南雷文定前集十一卷後集四卷三集三卷四集四卷 （清）黃宗羲撰 清康熙二十七年(1688)黃氏家塾刻本 八冊

140000－0501－0005117 79233－52

中道全書六十二卷 （清）謝維岳輯 清宣統二年(1910)中道齋刻本 二十冊

140000－0501－0005118 79253－58

損齋文鈔十五卷外集一卷首一卷語錄三卷附錄一卷 （清）楊樹椿著 清光緒十九年(1893)柏經正堂刻本 六冊

140000－0501－0005119 79273－76

虎谷集賦詩十卷文四卷行錄一卷輯寓別集四集 （明）王雲鳳撰 清嘉慶二十二年(1817)刻本 四冊

140000－0501－0005120 79277－80

壯學齋文集十二卷 （清）周樹槐撰 清咸豐八年(1858)長沙周氏刻本 四冊

140000－0501－0005121 79281－84

邁堂文略四卷 （清）李祖陶撰 清同治四年(1865)江右學使何氏刻本 四冊

140000－0501－0005122 79285－304

陸桴亭先生遺書 （清）陸世儀撰 清光緒二十五年(1899)京師太倉唐受祺刻本 二十冊

140000－0501－0005123 79305－06

蓮浩詩翰釋文一卷詩存一卷續集一卷 （清）謝舫撰 清咸豐六年(1856)刻本 二冊

140000－0501－0005124 79307－08

衛道編二卷 （清）劉紹攽輯 清乾隆二十九年(1764)劉氏傳經堂刻本 二冊

140000－0501－0005125 79313－16

柈湖文集十二卷首一卷 （清）吳敏樹著 清光緒十九年(1893)思賢講舍刻本 四冊

140000－0501－0005126 79317－20

柈湖文集十二卷首一卷 （清）吳敏樹著 清光緒十九年(1893)思賢講舍刻本 四冊

140000－0501－0005127 79323－28

太乙舟文集八卷附觀象居詩鈔二卷 （清）陳用光撰 清道光二十三年(1843)孝友堂刻本 六冊

140000－0501－0005128 79329－30

謝梅莊先生遺集八卷附西北域記一卷 （清）謝濟世撰 清光緒三十四年(1908)金州謝氏鉛印本 二冊

140000－0501－0005129 79331－40

青草堂集十二卷二集十六卷 （清）趙國華撰 清刻本 十冊

140000－0501－0005130 79341－50

切問齋文鈔三十卷 （清）陸燿著 清道光四年(1824)崇陽楊氏刻本 十冊

140000－0501－0005131 79351－54

錢牧齋文鈔 （清）錢謙益撰 清宣統元年(1909)上海國學扶輪社鉛印本 四冊

140000－0501－0005132 79355－66

湘綺樓全集三十卷 王闓運撰 清宣統二年(1910)上海國學扶輪社石印本 十二冊

140000－0501－0005133 79371－78

屺思堂文集六卷詩集二卷劉克猷先生真稿六卷續稿五卷 （清）劉子壯撰 清道光二十八

年（1848）宛平劉氏刻本　八冊

140000－0501－0005134　79379－82

二南遺音四卷　（清）劉紹攽輯　清乾隆二十
八年（1763）劉傳經堂刻本　四冊

140000－0501－0005135　79383－86

左文襄公文集五卷詩集一卷聯語一卷說帖一
卷　（清）左宗棠撰　清光緒十八年（1892）廣
益書局刻本　四冊

140000－0501－0005136　79393－96

桂馨堂集　（清）張廷濟撰　清道光十九年至
三十年（1839－1850）嘉興張氏清儀閣刻本
四冊

140000－0501－0005137　79397－404

垫柏先生類稿　（清）宋在詩撰　清乾隆三十
年（1765）刻本　八冊　存七種

140000－0501－0005138　79405－26

清麓文集二十二卷日記五卷　（清）賀瑞麟著
清三原劉嗣曾刻本　二十二冊

140000－0501－0005139　79427－38

南畇文稿十二卷詩稿二十一卷年譜一卷
（清）彭定求撰　清光緒七年（1881）彭氏刻本
十二冊

140000－0501－0005140　79439－46

綠野齋前後合集六卷太湖詩草一卷制藝一卷
（清）劉鴻翱著　清道光二十四年（1844）刻
本　八冊

140000－0501－0005141　79447－50

壯悔堂文集十卷首一卷遺稿一卷四憶堂詩集
六卷　（清）侯方域撰　清宣統元年（1909）中
國圖書公司鉛印本　四冊

140000－0501－0005142　79457－60

壯悔堂文集十卷　（清）侯方域撰　清嘉慶二
十二年（1817）強忍堂刻本　四冊

140000－0501－0005143　79461－67

壯悔堂文集十卷四憶堂詩集六卷遺稿一卷
（清）侯方域撰　清康熙三十四年（1695）刻本
七冊

140000－0501－0005144　79468－73

忠雅堂文集十二卷　（清）蔣士銓撰　清嘉慶
二十一年（1816）鉛山蔣氏藏園刻本　六冊

140000－0501－0005145　79474－79

崇雅堂詩鈔十卷駢體文鈔四卷刪餘詩一卷應
制存稿一卷首一卷　（清）胡敬撰　清道光二
十六年（1846）刻本　六冊

140000－0501－0005146　79480－87

帶經堂詩話三十卷首一卷　（清）王士禎撰
清同治十二年（1873）廣州藏修堂刻本　八冊

140000－0501－0005147　79488－95

存悔齋集二十八卷外集四卷　（清）劉鳳誥撰
清道光十年（1830）萍鄉劉氏刻本　八冊

140000－0501－0005148　79496－519

揅經室集一集十四卷二集八卷三集五卷四集
二卷四集詩十一卷續集十一卷再續集六卷外
集五卷　（清）阮元撰　清道光三年（1823）文
選樓刻本　二十四冊

140000－0501－0005149　79520－23

儀顧堂題跋十六卷續跋十六卷　（清）陸心源
著　清光緒十六年（1890）刻本　四冊

140000－0501－0005150　79524－43

三魚堂全集四十二卷　（清）陸隴其撰　清同
治七年（1868）武林薇署刻本　二十冊

140000－0501－0005151　79544－49

䬩飱亭集三十二卷　（清）祁寯藻撰　清咸豐
七年（1857）刻本　六冊

140000－0501－0005152　79550－53

呂晚邨先生文集八卷　（清）呂留良撰　清刻
本　四冊

140000－0501－0005153　79554－57

無逸集六卷首一卷　（清）靳之隆撰　清道光
十年（1830）洪洞靳氏忠恕堂刻本　四冊

140000－0501－0005154　79558－62

問梅堂詩文存合刻詩二卷文一卷附遺墨一卷
（清）錢灃撰　清光緒七年（1881）昆明錢氏
刻本　五冊　存三卷（詩二卷、文一卷）

140000－0501－0005155　79563－68

古伴柳亭續稿六卷　（清）田秌撰　清道光二十七年(1847)田氏刻本　六冊

140000－0501－0005156　79569－74

復堂類集二十六卷　（明）譚獻撰　清光緒十一年(1885)刻本　六冊

140000－0501－0005157　79575－80

芝庭先生集十八卷附錄一卷　（清）彭啟豐撰並輯　清光緒二年(1876)彭氏刻長洲彭氏家集本　六冊

140000－0501－0005158　79644－47

集虛齋學古文十二卷附離騷經解略　（清）方楘如撰　清乾隆十九年(1754)方氏佩古堂刻本　四冊

140000－0501－0005159　79648－55

大雲山房文稿初集四卷二集四卷　（清）惲敬撰　清光緒十四年(1888)官書處刻本　八冊

140000－0501－0005160　79656－59

柳渠文集六卷詩集六卷　（清）胡豹變撰　清同治七年(1868)胡氏燕翼樓刻本　四冊

140000－0501－0005161　79660

畏廬文集一卷　林紓著　清宣統二年(1910)上海商務印書館鉛印本　一冊

140000－0501－0005162　79693－714

清麓文集二十二卷日記五卷　（清）賀瑞麟著　清三原劉嗣曾刻本　二十二冊

140000－0501－0005163　79725－26

赤堇遺稿六卷附文二篇　（清）葉元堦撰　清道光二十五年(1845)退一居刻本　二冊

140000－0501－0005164　79727－30

文莫書屋詹詹言二卷捕蝗彙編四卷南山保甲書一卷王深寧年譜一卷　（清）陳僅著　清道光二十五年(1845)繼雅堂刻本　四冊

140000－0501－0005165　79733－38

倚雲山房文集二卷試帖二卷南遊吟草四卷　（清）王發越撰　清咸豐三年(1853)黎城王氏刻本　六冊

140000－0501－0005166　79739－40

怡志堂文初編六卷　（清）朱琦撰　清同治七年(1868)運甓軒刻本　二冊

140000－0501－0005167　79749－53

攜雪堂全集　（清）吳可讀著　（清）郭嵐（清）李崇洸編輯　清光緒十九年(1893)吳氏刻本　五冊

140000－0501－0005168　79754－61

二曲集二十六卷　（清）李顒撰　清鄂縣王氏刻本　八冊

140000－0501－0005169　79762－77

二曲集四十六卷　（清）李顒著　清光緒三年(1877)信述堂刻本　十六冊

140000－0501－0005170　79778－877

李文忠公全集　（清）李鴻章撰　清光緒三十一年至三十四年(1905－1908)金陵刻本　一百冊

140000－0501－0005171　79878－88

中州集十卷首一卷中州樂府一卷　（金）元好問撰　清光緒七年(1881)讀書山房刻本　十一冊

140000－0501－0005172　79889－900

遺山集四十卷附錄一卷　（金）元好問撰　清道光二十七年(1847)定襄李氏刻本　十二冊

140000－0501－0005173　79901－19

元遺山先生全集四十卷首一卷末一卷樂府四卷續夷堅志四卷　（金）元好問撰　考證三卷（清）趙培因撰　淩輯年譜二卷翁輯年譜一卷施輯年譜一卷（清）張穆訂　廣年譜二卷（清）李光廷編　清光緒七年(1881)讀書山房刻民國十三年(1924)忻州補刻本　十九冊

140000－0501－0005174　79920－29

梨洲遺著彙刊二十九種　（清）黃宗羲撰　清宣統二年(1910)上海時中書局鉛印本　十冊　存五種

140000－0501－0005175　79940－43

遜學齋文鈔十二卷首一卷末一卷　（清）孫衣

言撰　清同治十二年(1873)刻本　四册

140000－0501－0005176　79948－53

校經廎文稿十八卷　（清）李富孫撰　清道光
元年(1821)讀書臺刻本　六册

140000－0501－0005177　79956－59

怡志堂詩文初編文六卷詩八卷　（清）朱琦撰
清光緒十八年(1892)刻本　四册

140000－0501－0005178　79960－79

笠翁一家言全集　（清）李漁撰　清雍正八年
(1730)芥子園刻本　二十册

140000－0501－0005179　79992－80007

笠翁一家言全集　（清）李漁撰　清雍正八年
(1730)芥子園刻本　十六册

140000－0501－0005180　80008－11

清尊集十六卷　（清）汪遠孫輯　清道光十九
年(1839)錢塘汪氏振綺堂刻本　四册

140000－0501－0005181　80022－25

義門先生集十二卷附錄一卷　（清）何焯撰
清宣統三年(1911)中華圖書舘影印本　四册

140000－0501－0005182　80026

一鐙精舍甲部稿五卷　（清）何秋濤撰　清光
緒五年(1879)淮南書局刻本　一册

140000－0501－0005183　80027

一鐙精舍甲部稿五卷　（清）何秋濤撰　清光
緒五年(1879)淮南書局刻本　一册

140000－0501－0005184　80040－45

小峴山人文集六卷　（清）秦瀛撰　清嘉慶刻
本　六册

140000－0501－0005185　80046－47

錢南園先生遺集五卷　（清）錢灃撰　清同治
十一年(1872)刻本　二册

140000－0501－0005186　80048

復初堂文集二卷　（清）秦東萊撰　清同治七
年(1868)刻本　一册

140000－0501－0005187　80049

復初堂文集二卷　（清）秦東萊撰　清同治七

年(1868)刻本　一册

140000－0501－0005188　80050－57

海峰文集八卷詩集十一卷　（清）劉大櫆著
清光緒二年(1876)桐城劉氏邢邱刻本　八册

140000－0501－0005189　80058－67

海峰文集八卷詩集十一卷　（清）劉大櫆撰
清醒園刻本　十册

140000－0501－0005190　80078－85

容齋文鈔八卷詩集二十六卷古香詞一卷
（清）茹綸常撰　清乾隆三十五年至嘉慶四年
(1770－1799)刻本　八册

140000－0501－0005191　80086－95

**容齋詩集二十八卷補遺一卷文鈔十卷古香詞
一卷**　（清）茹綸常撰　清乾隆三十五年至嘉
慶十三年(1770－1808)刻本　十册

140000－0501－0005192　80100－107

**水流雲在館詩鈔十二卷詞鈔八卷集唐詩鈔八
卷詞鈔一卷集蘇詩鈔二卷百哀詩鈔一卷詞鈔
一卷試帖二卷**　（清）周天麟　**月樓琴語一卷**
（清）蕭恆貞撰　清光緒二十七年(1901)刻
本　八册　殘

140000－0501－0005193　80108－31

**吳詩集覽二十卷吳詩補注二十卷談藪二卷拾
遺一卷**　（清）吳偉業撰　（清）靳榮藩補注
清乾隆四十六年(1781)凌雲亭刻本　二十
四册

140000－0501－0005194　80132－52

吳詩集覽二十卷　（清）吳偉業撰　清道光七
年(1827)刻本　二十一册

140000－0501－0005195　80153－64

吳詩集覽二十卷　（清）吳偉業撰　清道光七
年(1827)凌雲亭刻本　十二册

140000－0501－0005196　80175－86

桐閣先生文鈔十二卷首一卷　（清）李元春著
（清）賀瑞麟編輯　清光緒十年(1884)朝邑
同義文會刻本　十二册

140000－0501－0005197　80187

復初堂文集二卷 （清）秦東萊撰 清同治七年(1868)刻本 一冊

140000－0501－0005198 80188－91

定軒古文豹斑集四卷 （清）楊國泰著 清咸豐二年(1852)離石王象辰刻本 四冊

140000－0501－0005199 80192－93

四憶堂詩集六卷 （清）侯方域撰 （清）賈開宗注 清刻本 二冊

140000－0501－0005200 80194－201

螢窗草集八卷 （清）朱瑤撰 清乾隆五十三年(1788)玉衡堂刻本 八冊

140000－0501－0005201 80202－03

陸次山集二卷 （清）陸璣撰 清道光十四年(1834)刻本 二冊

140000－0501－0005202 80212－14

信好錄四卷 （清）賀瑞麟編 清光緒十六年(1890)柏經正堂刻本 三冊

140000－0501－0005203 80215－16

著花庵集八卷 （清）李黼平著 清嘉慶十二年(1807)廣州程鄉李氏刻本 二冊

140000－0501－0005204 80228－37

檉華館文集六卷駢體文一卷詩集四卷雜錄一卷 （清）路德撰 清光緒七年(1881)解梁刻本 十冊

140000－0501－0005205 80238－41

汪子文錄十卷詩錄四卷二錄二卷三錄三卷附集評一卷 （清）汪縉撰 清光緒八年(1882)刻本 四冊

140000－0501－0005206 80242

秋士先生遺集六卷 （清）彭績撰 清光緒七年(1881)蘇州瑪瑙經房刻本 一冊

140000－0501－0005207 80247－56

補學軒詩集八卷文集四卷文集駢體二卷 （清）鄭獻甫撰 清咸豐十年(1860)采菽堂刻本 十冊

140000－0501－0005208 80257－58

適齋居士集四卷 （清）覺羅舒敏撰 清道光

二十二年(1842)家刻本 二冊

140000－0501－0005209 80259－61

池陽吟草二卷續一卷 （清）余庚陽撰 清同治十年(1871)傳經堂刻本 三冊

140000－0501－0005210 80263－67

香樹齋詩續集十八卷 （清）錢陳羣撰 清乾隆刻本 五冊

140000－0501－0005211 80268－75

梧溪集七卷補遺一卷 （明）王逢撰 困學齋雜錄一卷 （元）鮮于樞撰 清同治十三年(1874)木活字印本 八冊

140000－0501－0005212 80280－81

閑闊錄十卷 （明）程瞳輯 清光緒十八年(1892)清麓山房刻本 二冊

140000－0501－0005213 80284－85

羅鄂州小集六卷 （宋）羅願撰 羅鄂州遺文一卷 （宋）羅頌撰 清光緒十九年(1893)黟縣李氏刻本 二冊

140000－0501－0005214 80327－28

尊聞居士集八卷 （清）羅有高撰 清光緒八年(1882)長洲彭氏刻本 二冊

140000－0501－0005215 80329－30

悔言二卷悔言辨正六卷首一卷附記一卷 夏震武 夏鼎武撰 清光緒七年(1881)刻本 二冊

140000－0501－0005216 80331－32

詩比興箋四卷 （清）陳沆撰 清光緒九年(1883)長洲彭氏刻本 二冊

140000－0501－0005217 80333－38

蓮洋集十二卷年譜一卷附錄一卷補遺一卷 （清）吳雯撰 清乾隆五十五年(1790)夢崔艸堂刻本 六冊

140000－0501－0005218 80339－42

復初齋詩錄 （清）翁方綱撰 清光緒三十四年(1908)并州常贊春抄本 四冊

140000－0501－0005219 80343－48

賴古堂名賢尺牘新鈔十二卷 （清）高阜輯

清康熙元年(1662)周氏賴古堂刻本　六冊

140000－0501－0005220　80349－52

惜抱軒詩集十卷詩後集一卷詩外集一卷法帖
題跋三卷筆記八卷　（清）姚鼐撰　清會文堂
石印本　四冊

140000－0501－0005221　80353－62

樊榭山房集十卷續集十卷文集八卷集外詩三
卷集外詞四卷集外曲二卷　（清）厲鶚撰　清
光緒十年(1884)汪氏振綺堂刻本　十冊

140000－0501－0005222　80363－70

高季迪先生大全集十八卷　（明）高啟撰　清
光緒十四年(1888)木活字印本　八冊

140000－0501－0005223　80371

蓬萊閣詩錄四卷　（清）陳克家撰　清同治二
年(1863)海寧蔣氏刻同治八年(1869)印本
一冊

140000－0501－0005224　80372－73

安雅堂拾遺文集二卷　（清）宋琬撰　清乾隆
十一年(1746)刻本　二冊

140000－0501－0005225　80374－79

有懷堂文稿二十二卷詩稿六卷　（清）韓菼撰
　清康熙四十二年(1703)刻本　六冊

140000－0501－0005226　80380－89

蜀秀集九卷　（清）譚宗浚輯　清光緒五年
(1879)成都試院刻本　十冊

140000－0501－0005227　80390－97

小謨觴館詩集八卷續集二卷詩餘附錄二卷文
集四卷續集二卷　（清）彭兆蓀撰　（清）孫元
培注　清光緒二年(1876)觀自得齋刻本
八冊

140000－0501－0005228　80398－404

覆瓿集十卷餘集一卷　（清）張昭民撰　清雍
正四年(1726)浙江省府衙刻本　七冊

140000－0501－0005229　80405－10

袁文箋正十六卷補注一卷　（清）袁枚撰
（清）石韞玉注　清嘉慶十七年(1812)吳縣石
氏刻本　六冊

140000－0501－0005230　80411－15

前明河南道監察御史誠所公文集八卷　（明）
馬經綸撰　清康熙四十三年(1704)刻本
五冊

140000－0501－0005231　80416－19

九柏山房詩十六卷　（清）楊倫撰　清道光二
十六年(1846)陽湖楊氏刻本　四冊

140000－0501－0005232　80420－23

含谿詩草二十卷　（清）王秉韜撰　清嘉慶元
年(1796)王氏刻本　四冊

140000－0501－0005233　80444－45

李長吉集四卷外集一卷　（唐）李賀撰　（明）
黃淳耀評　清光緒十八年(1892)羊城葉氏刻
朱墨套印本　二冊

140000－0501－0005234　80446－69

蘇文忠公詩合注五十卷首一卷目錄二卷
（宋）蘇軾撰　（清）馮應榴集注　清乾隆五十
八年(1793)蹞息齋刻本　二十四冊

140000－0501－0005235　80470－79

古歡堂集二十二卷黔書二卷長河志籍考十卷
年譜一卷續年譜一卷　（清）田雯撰　清康熙
刻本　十冊

140000－0501－0005236　80480－85

吳會英才集二十四卷　（清）畢沅編　清嘉慶
刻本　六冊

140000－0501－0005237　80510－33

山谷詩內集注二十卷外集注十七卷外集補四
卷別集注二卷　（宋）黃庭堅撰　（宋）任淵等
注　年譜十四卷　（宋）黃營編　清光緒二年
(1876)敘郡山谷祠刻本　二十四冊

140000－0501－0005238　80534－41

胡文忠公遺集八十六卷首一卷　（清）胡林翼
撰　清光緒二十七年(1901)上海圖書集成印
書局石印本　八冊

140000－0501－0005239　80542－54

東谷全集四種　（清）白胤謙撰　清順治、康
熙刻本　十三冊

140000－0501－0005240　80555－58

古文四象四卷　（清）曾國藩輯　清光緒三十四年(1908)北新書局鉛印本　四冊

140000－0501－0005241　80559－60

周忠介公燼餘集三卷　（明）周順昌撰　**忠介遺事一卷周吏部年譜一卷**　（明）殷獻臣輯　清光緒二十九年(1903)太倉唐氏刻本　二冊

140000－0501－0005242　80561－62

周忠介公燼餘集三卷　（明）周順昌撰　**忠介遺事一卷周吏部年譜一卷**　（明）殷獻臣輯　清光緒二十九年(1903)太倉唐氏刻本　二冊

140000－0501－0005243　80564－65

半可集四卷　（清）戴廷栻撰　清刻本　二冊

140000－0501－0005244　80566－69

樊南詩鈔四卷　（清）延君壽輯　清道光十八年(1838)刻本　四冊

140000－0501－0005245　80601

詒煒集五卷　清道光十八年(1838)西坪書屋刻本　一冊

140000－0501－0005246　80604

翠薇仙館詩稿二卷詞稿一卷　（清）孫瑩培撰　**遲齋遺詩一卷**　（清）阮達元撰　清光緒二十七年(1901)吳中刻本　一冊

140000－0501－0005247　80609

五畝園小志一卷　（清）謝家福輯　**桃隝百詠一卷**　（清）凌泗著　**五畝園懷古一卷**　（清）吳寶鎔著　**題詠一卷**　（清）任艾生撰　清光緒十六年(1890)蘇城徐文藝齋刻本　一冊

140000－0501－0005248　80610

明賢蒙正錄二卷　（清）彭定求輯　清同治九年(1870)長州彭氏四明權舍刻本　一冊

140000－0501－0005249　80611－14

山木居士外集四卷　（清）魯仕驥撰　清嘉慶二年(1797)刻本　四冊

140000－0501－0005250　80621－22

留影龕餘草二卷　（清）閻南圖撰　清太谷孫豫昌刻本　二冊

140000－0501－0005251　80623－24

留影龕餘草二卷　（清）閻南圖撰　清抄本　二冊

140000－0501－0005252　80625－28

少鶴內集十卷鶴再南飛集一卷龍城集一卷賓山續集一卷　（清）李憲喬撰　清刻本　四冊

140000－0501－0005253　80629－36

存硯樓文集十六卷　（清）儲大文撰　清乾隆九年(1744)存硯樓刻本　八冊

140000－0501－0005254　80637－44

存硯樓文集十六卷　（清）儲大文撰　清乾隆九年(1744)存硯樓刻本　八冊

140000－0501－0005255　80645－48

玉臺新詠十卷　（南朝陳）徐陵編　（清）吳兆宜注　（清）程琰刪補　清乾隆三十九年(1774)稻香樓刻本　四冊

140000－0501－0005256　80649－60

梅村詩集箋注十八卷　（清）吳偉業撰　（清）吳翌鳳注　清光緒十年(1884)湖北官書局刻本　十二冊

140000－0501－0005257　80661－66

明詩別裁集十二卷　（清）沈德潛輯　清乾隆四年(1739)刻本　六冊

140000－0501－0005258　80667－70

無逸集六卷首一卷　（清）靳之隆撰　清道光十年(1830)洪洞靳氏忠恕堂刻本　四冊

140000－0501－0005259　80671－76

熊學士詩文集三卷　（清）熊伯龍撰　清乾隆五十一年(1786)漢陽熊氏補刻本　六冊

140000－0501－0005260　80677－80

芝龕記六卷　（清）董榕撰　清乾隆十六年(1751)府衙刻本　四冊

140000－0501－0005261　80683－86

縵雅堂駢體文八卷笙月詞五卷花影詞一卷　（清）王詒壽撰　清光緒六年(1880)娛園刻本　四冊

140000－0501－0005262　80687－90

後邨居士詩二十卷　(宋)劉克莊撰　清康熙五十九年(1720)遂安堂刻本　四冊

140000－0501－0005263　80691－98
宋陳文節公詩集五卷文集十九卷首一卷末一卷　(宋)陳傅良撰　清乾隆十年(1745)愛日樓刻本　八冊

140000－0501－0005264　80699－722
有正味齋詩集十六卷詞八卷外集五卷駢體文集二十四卷續集八卷詩續集八卷詞續集二卷外集二卷　(清)吳錫麒撰　清嘉慶十三年(1808)刻本　二十四冊

140000－0501－0005265　80723－32
元文類七十卷目錄三卷　(元)蘇天爵編　清光緒十五年(1889)江蘇書局刻本　十冊

140000－0501－0005266　80733－35
絕妙好詞箋七卷續鈔二卷　(宋)周密輯　(清)查為仁　(清)厲鶚箋　**續鈔**　(清)徐懋補錄　清道光八年(1828)錢塘徐氏愛日軒刻本　三冊

140000－0501－0005267　80736－37
槈經廬詩集續編十三卷　(清)王軒著　清光緒刻本　二冊

140000－0501－0005268　80738－39
藍澗詩集六卷　(明)藍智撰　(明)程嗣祖編　清光緒十六年(1890)金匱宣氏刻本　二冊

140000－0501－0005269　80740－45
柏梘山房文集十六卷詩集十卷詩續集二卷駢體文二卷　(清)梅曾亮撰　清咸豐六年(1856)聊城楊氏刻本　六冊

140000－0501－0005270　80746－61
紀文達公遺集文十六卷詩十六卷　(清)紀昀撰　清嘉慶十七年(1812)紀樹馨刻本　十六冊

140000－0501－0005271　80762－65
詠樓盍戠集十一卷　(清)沈秉成輯　清同治十年(1871)歸安沈氏刻本　四冊

140000－0501－0005272　80766－67
五家宮詞　(明)毛晉輯　清光緒五年(1879)授經堂刻本　二冊

140000－0501－0005273　80768－69
納蘭詞五卷補遺一卷　(清)納蘭性德撰　清光緒六年(1880)娛園刻本　二冊

140000－0501－0005274　80770－75
玉井山館集文集五卷詩十五卷詩餘一卷文續二卷筆記一卷　(清)許宗衡撰　清同治四年至十三年(1865－1874)滂喜齋刻本　六冊

140000－0501－0005275　80780－81
求闕齋文鈔八卷　(清)曾國藩撰　清同治十二年(1873)刻本　二冊

140000－0501－0005276　80782－85
受經堂彙稿　(清)楊紹文輯　清道光三年(1823)刻本　四冊

140000－0501－0005277　80786－95
鐵崖三種　(元)楊維楨撰　(清)樓卜瀍注　清宣統二年(1910)上海掃葉山房石印本　十冊

140000－0501－0005278　80796－803
鐵崖樂府注十卷鐵崖詠史注八卷　(元)楊維楨撰　(明)樓卜瀍注　清乾隆三十九年(1774)聯桂堂刻本　八冊

140000－0501－0005279　80804－05
楊鐵崖先生詠史古樂府四卷　(元)楊維楨撰　清乾隆三十七年(1772)刻本　二冊

140000－0501－0005280　80806－09
七十家賦鈔六卷　(清)張惠言輯　清道光元年(1821)合河康氏刻本　四冊

140000－0501－0005281　80810－12
輶軒使者絕代語釋別國方言十三卷首一卷　(漢)揚雄撰　(晉)郭璞注　**續方言二卷**　(清)杭世駿纂輯　**續方言補一卷**　(清)程際盛補纂　清光緒十七年(1891)思賢講舍刻本　三冊

140000－0501－0005282　80813－28
樂府詩集一百卷目錄二卷　(宋)郭茂倩撰

清同治十三年(1874)湖北崇文書局刻本　十六冊　缺三卷(一至三)

140000－0501－0005283　80829－34

繼雅堂詩集三十四卷　(清)陳僅撰　清道光二十七年(1847)刻本　六冊

140000－0501－0005284　80835－40

御製詩集八卷文集二卷　(清)文宗奕詝撰　清咸豐內府刻本　六冊

140000－0501－0005285　80841－42

遜學齋詩鈔十卷　(清)孫衣言撰　清同治三年(1864)刻本　二冊

140000－0501－0005286　80848－51

容齋詩集二十八卷補遺一卷文鈔一卷古香詞一卷　(清)茹綸常撰　清乾隆三十五年至嘉慶十三年(1770－1808)刻本　四冊　缺一卷(古香詞一卷)

140000－0501－0005287　80852－55

覺生詩鈔十卷感舊詩鈔二卷詠物詩鈔四卷詠史詩鈔三卷　(清)鮑桂星撰　清嘉慶二十五年(1820)刻本　四冊　缺二卷(覺生詩鈔五至六)

140000－0501－0005288　80856－59

有正味齋詩集十六卷　(清)吳錫麒撰　清刻本　四冊

140000－0501－0005289　80860－67

甌北詩鈔十七卷　(清)趙翼撰　清乾隆五十六年(1791)湛貽堂刻甌北全集本　八冊

140000－0501－0005290　80868－69

七子詩選十四卷　(清)沈德潛輯　清乾隆十八年(1753)刻本　二冊

140000－0501－0005291　80870－71

放翁先生詩鈔　(宋)陸游撰　(清)周之鱗(清)柴升選　清弘訓堂刻本　二冊

140000－0501－0005292　80872

罍餘集二卷　(清)蕭霖撰　清刻本　一冊

140000－0501－0005293　80877－78

彭剛直公詩集八卷　(清)彭玉麟撰　清光緒

十七年(1891)吳下謝氏刻本　二冊

140000－0501－0005294　80879－82

寄影軒詩鈔四卷末一卷　(清)志潤撰　清光緒三十年(1904)上海新昌書局鉛印本　四冊

140000－0501－0005295　80883－86

高平祁氏三世遺稿　(清)祁思元　(清)祁思成輯　清光緒十七年(1891)石印本　四冊

140000－0501－0005296　80887－90

古泉山館詩集八卷　(清)瞿中溶撰　清同治十年(1871)刻本　四冊

140000－0501－0005297　80895－96

梵隱堂詩存十卷　(清)釋祖觀撰　清同治五年(1866)通濟庵刻本　二冊

140000－0501－0005298　80897－900

惜抱軒今體詩鈔五言九卷七言九卷　(清)姚鼐撰　清光緒七年(1881)山西濬文書局刻本　四冊

140000－0501－0005299　80901－04

惜抱軒今體詩鈔五言九卷七言九卷　(清)姚鼐撰　清光緒七年(1881)山西濬文書局刻本　四冊

140000－0501－0005300　80905－08

滄溟先生集十四卷附錄一卷　(明)李攀龍撰　清光緒二十一年(1895)長沙張氏湘雨樓刻本　四冊

140000－0501－0005301　80909－10

稻香吟館詩稿七卷　(清)李廣芸撰　清道光四年(1824)刻本　二冊

140000－0501－0005302　80923－26

四百三十二峰草堂詩鈔三十卷　(清)趙希璜撰　清乾隆五十八年(1793)安陽縣署刻本　四冊

140000－0501－0005303　80927－34

知足齋詩集二十卷　(清)朱珪撰　清嘉慶十年(1805)大興朱氏刻本　八冊

140000－0501－0005304　80935－62

國朝中州文徵五十四卷首一卷　(清)蘇源生

編　清道光二十五年(1845)刻本　二十八冊

140000－0501－0005305　80963

華山遊草一卷　（清）林壽圖　（清）謝章鋌撰　清同治八年(1869)黃鵠山人歐齋刻本　一冊

140000－0501－0005306　80964

海國勝遊草一卷　（清）斌椿撰　清同治八年(1869)刻本　一冊

140000－0501－0005307　80965－68

息軒草四卷　（清）王樛撰　清康熙十年(1671)刻本　四冊

140000－0501－0005308　80969

念堂詩鈔一卷　（清）崔旭撰　樹君詩鈔一卷（清）梅成棟撰　清道光刻本　一冊

140000－0501－0005309　80970－71

小鷗波館詩鈔十卷詞鈔一卷　（清）潘曾瑩撰　清道光二十五年(1845)刻本　二冊

140000－0501－0005310　80977－78

羣芳外譜二卷　題(清)壺隱癡人輯　清嘉慶二年(1797)刻本　二冊

140000－0501－0005311　80979－80

倚晴樓詩集十六卷　（清）黃燮清撰　清咸豐七年(1857)海鹽拙宜園刻本　二冊

140000－0501－0005312　80981

倚晴樓詩餘四卷　（清）黃燮清撰　清同治六年(1867)黃鶴樓刻本　一冊

140000－0501－0005313　80982－83

濾月軒詩集二卷詩續集二卷文集一卷文續集一卷詩餘一卷　（清）趙棻撰　荔牆詞一卷(清)汪曰楨撰　清同治十二年(1873)刻本　二冊

140000－0501－0005314　80984

曉夢春紅詞一卷　（清）潘介繁撰　清同治八年(1869)刻本　一冊

140000－0501－0005315　80985

秋湄詩鈔一卷　（清）楊篤撰　清同治十二年(1873)宏州東川書院刻本　一冊

140000－0501－0005316　80986－87

九水山房文存二卷後序一卷　（清）畢亨著　清咸豐二年(1852)海源閣刻本　二冊

140000－0501－0005317　80988

玉泫詞一卷　（清）潘曾瑋撰　清咸豐四年(1854)吳縣潘氏刻本　一冊

140000－0501－0005318　80989

虛白齋古近體詩二卷　（清）劉蘊輝撰　鋤月山房遺稿一卷　（清）何淳撰　清同治十一年(1872)刻本　一冊

140000－0501－0005319　80990－91

小鷗波館詩鈔十卷詞鈔一卷　（清）潘曾瑩撰　清道光二十五年(1845)刻本　二冊

140000－0501－0005320　80992－95

銅鼓書堂遺稿三十二卷　（清）查禮撰　清乾隆五十七年(1792)刻本　四冊

140000－0501－0005321　80996－1000

滄州詩集三十卷　（清）陳鵬年撰　清光緒四年(1878)道榮堂刻本　五冊

140000－0501－0005322　81001－02

微尚齋詩集初編四卷續集二卷適適齋文集二卷　（清）馮志沂撰　清同治八年(1869)洪洞董氏刻本　二冊

140000－0501－0005323　81003－04

樊榭山房集十卷　（清）厲鶚撰　清乾隆四年(1739)刻本　二冊

140000－0501－0005324　81005－06

瑤華閣詩草一卷詞一卷　（清）袁綬撰　清同治六年(1867)刻本　二冊

140000－0501－0005325　81008

花王閣賸稿一卷　（明）紀坤著　清嘉慶九年(1804)樂敘堂刻本　一冊

140000－0501－0005326　81009

愛吾廬文鈔一卷　（清）呂世宜撰　清光緒三年(1877)刻本　一冊

140000－0501－0005327　81010－11

重刻近月亭詩稿四卷　（清）紀玘文撰　十三

254

名媛詩草一卷 （清）紀巽中撰 清嘉慶十九年(1814)雲香書屋刻本 二冊

140000－0501－0005328 81012－41
昭明文選集成六十卷 （南朝梁）蕭統輯 （清）方廷珪評點 清乾隆三十年(1765)倣範軒刻本 三十冊

140000－0501－0005329 81042－65
文選六十卷 （南朝梁）蕭統撰 （唐）李善注 文選考異十卷 （清）胡克家撰 清同治八年(1869)湖北崇文書局刻本 二十四冊

140000－0501－0005330 81066－89
文選六十卷 （南朝梁）蕭統撰 （唐）李善注 文選考異十卷 （清）胡克家撰 清同治八年(1869)湖北崇文書局刻本 二十四冊

140000－0501－0005331 81090－121
增訂昭明文選集成詳注六十卷 （南朝梁）蕭統輯 （唐）李善注 （清）方廷珪評點 （清）張伯起評論 清乾隆四十八年(1783)龍江書屋吳氏刻本 三十二冊

140000－0501－0005332 81122－37
文選六十卷 （南朝梁）蕭統編 （唐）李善注 清羊城翰墨園刻朱墨套印本 十六冊

140000－0501－0005333 81138－49
文選六十卷 （南朝梁）蕭統輯 （唐）李善注 （清）葉樹藩參訂 （清）何焯評點 清乾隆三十七年(1772)海錄軒刻本 十二冊

140000－0501－0005334 81150－73
文選六十卷 （南朝梁）蕭統輯 （唐）李善注 （清）葉樹藩訂 清乾隆三十七年(1772)長州葉氏海錄軒刻朱墨套印本 二十四冊

140000－0501－0005335 81174－97
文選六十卷 （南朝梁）蕭統輯 （唐）李善注 （清）葉樹藩訂 清乾隆三十七年(1772)長州葉氏海錄軒刻朱墨套印本 二十四冊

140000－0501－0005336 81198－213
重訂文選集評十五卷首一卷附注一卷 （清）于光華編 清嘉慶十年(1805)刻本 十六冊

140000－0501－0005337 81214－29
重訂文選集評十五卷首一卷附注一卷 （清）于光華編 清同治十一年(1872)江蘇書局刻本 十六冊

140000－0501－0005338 81230－33
文選集腋六卷 （清）胥斌輯 清嘉慶二十一年(1816)聚錦書屋刻本 四冊

140000－0501－0005339 81234－37
文選考異十卷 （清）胡克家撰 清嘉慶十四年(1809)鄱陽胡氏刻本 四冊

140000－0501－0005340 81238－397
乾坤正氣集一百一種五百七十四卷首一卷 （清）姚瑩 （清）顧沅 （清）潘錫恩輯 清道光二十八年(1848)袁江節署求是齋刻本 一百六十冊

140000－0501－0005341 81398－413
唐文粹一百卷 （宋）姚鉉纂 清光緒九年(1883)江蘇書局刻本 十六冊

140000－0501－0005342 81414－37
宋文鑑一百五十卷目錄三卷 （宋）呂祖謙編 清光緒十二年(1886)江蘇書局刻本 二十四冊

140000－0501－0005343 81438－73
御製古文淵鑒六十四卷 （清）聖祖玄燁選 （清）徐乾學輯注 清康熙二十年(1681)刻五色套印本 三十六冊

140000－0501－0005344 81474－505
古文淵鑒六十四卷 （清）聖祖玄燁選 （清）徐乾學輯注 清康熙刻五色套印本 三十二冊

140000－0501－0005345 81506－29
古文淵鑒六十四卷 （清）聖祖玄燁選 （清）徐乾學輯注 清光緒影印本 二十四冊

140000－0501－0005346 81530－46
世宗憲皇帝御製文集三十卷目錄四卷 （清）世宗胤禛撰 交輝園遺稿一卷 （清）允祥撰 清乾隆五年(1740)刻本 十七冊

140000－0501－0005347　81547－76

御製文初集三十卷目錄二卷　（清）高宗弘曆撰　清乾隆刻本　三十冊

140000－0501－0005348　81577－96

御選唐宋文醇五十八卷　（清）允祿纂　清光緒三年(1877)浙江書局刻本　二十冊

140000－0501－0005349　81597－608

古文辭類纂七十四卷　（清）姚鼐輯　清光緒八年(1882)山西濬文書局刻本　十二冊

140000－0501－0005350　81609－24

古文辭類纂七十四卷　（清）姚鼐輯　清光緒二十年(1894)湖南書局刻本　十六冊

140000－0501－0005351　81625－32

續古文辭類纂三十四卷　王先謙纂　清光緒八年(1882)王氏虛受堂刻本　八冊

140000－0501－0005352　81633－44

古文辭類纂七十四卷　（清）姚鼐輯　清光緒八年(1882)山西濬文書局刻本　十二冊

140000－0501－0005353　81677－88

續古文辭類纂二十八卷　（清）黎庶昌輯　清光緒二十一年(1895)金陵狀元閣刻本　十二冊

140000－0501－0005354　81689－700

續古文辭類纂二十八卷　（清）黎庶昌輯　清光緒十六年(1890)金陵書局刻本　十二冊

140000－0501－0005355　81733－804

奇賞齋古文彙編二百三十六卷　（明）陳仁錫輯並評　明崇禎七年(1634)刻本　七十二冊

140000－0501－0005356　81805－68

御定歷代賦彙一百四十卷外集二十卷逸句二卷補遺二十二卷目錄四卷　（清）陳元龍輯　清康熙四十五年(1706)刻本　六十四冊

140000－0501－0005357　81869－76

唐宋八家鈔八卷　（清）高塘集評　清乾隆五十三年(1788)刻本　八冊

140000－0501－0005358　81877－84

三宋人集　（清）方功惠輯　清光緒七年

(1881)巴陵方氏碧琳瑯館刻本　八冊

140000－0501－0005359　81885－900

南宋文範七十卷外編四卷作者考二卷　（清）莊仲方編　清光緒十四年(1888)江蘇書局刻本　十六冊

140000－0501－0005360　81901－16

金文最六十卷　（清）張金吾輯　清光緒十四年(1888)江蘇書局刻本　十六冊

140000－0501－0005361　81917－20

金文雅十六卷　（清）莊仲方編　清光緒十七年(1891)江蘇書局刻本　四冊

140000－0501－0005362　81921－30

元文類七十卷目錄三卷　（元）蘇天爵編　清光緒十五年(1889)江蘇書局刻本　十冊

140000－0501－0005363　81931－40

明文在一百卷　（清）薛熙纂　（清）何潔輯　清光緒三年(1877)江蘇書局刻本　十冊

140000－0501－0005364　81975－78

古文苑二十一卷　（宋）章樵注　清光緒十二年(1886)江蘇書局刻本　四冊

140000－0501－0005365　81979－82

古文苑二十一卷　（宋）章樵注　清光緒十二年(1886)江蘇書局刻本　四冊

140000－0501－0005366　81983－88

續古文苑二十卷　（清）孫星衍輯　清光緒九年(1883)江蘇書局刻本　六冊

140000－0501－0005367　81989－94

續古文苑二十卷　（清）孫星衍輯　清光緒九年(1883)江蘇書局刻本　六冊

140000－0501－0005368　81997－2014

昭明文選六十卷考異十卷　（南朝梁）蕭統編　（唐）李善注　清宣統三年(1911)上海會文堂書局影印本　十八冊

140000－0501－0005369　82031－38

續古文苑二十卷　（清）孫星衍輯　清嘉慶十七年(1812)冶城山館刻本　八冊

140000－0501－0005370　82039－50

文選補遺四十卷首一卷　（宋）陳仁子輯
（宋）譚紹烈纂類　清道光二十五年（1845）瑯
環館刻本　十二冊

140000－0501－0005371　82051－82

儲選七種古文四十八卷唐宋八大家文選十四
卷　（清）儲欣輯　清嘉慶十八年（1813）靜遠
堂刻本　三十二冊

140000－0501－0005372　82103－22

文萃　（清）張道緒評　清嘉慶十六年（1811）
人境軒刻本　二十冊

140000－0501－0005373　82123－38

合諸名家評注三蘇文選十八卷　（明）楊慎選
　（清）李維禎評注　清乾隆二年（1737）積秀
堂刻本　十六冊

140000－0501－0005374　82139－50

三賢集十二卷　（清）張裴然輯　清光緒二十
四年（1898）臨安俞廷獻刻本　十二冊

140000－0501－0005375　82151－62

三賢集十二卷　（清）張裴然輯　清光緒十六
年（1890）正義書院刻本　十二冊

140000－0501－0005376　82163－67

五大家文粹五種　（清）徐德立選　清光緒三
十二年（1906）長沙徐氏石耕山房刻本　五冊

140000－0501－0005377　82168－71

清八家四六文鈔　（清）吳鼒輯　清光緒五年
（1879）京都肄雅堂刻本　四冊

140000－0501－0005378　82172－87

八家四六文鈔八卷首一卷　（清）吳鼒　（清）
許貞幹注　清光緒十七年（1891）味青齋刻本
　十六冊

140000－0501－0005379　82192－99

國朝二十四家文鈔二十四卷　（清）徐斐然輯
　清乾隆六十年（1795）刻本　八冊

140000－0501－0005380　82200－03

國朝十家四六文鈔十種　王先謙輯　清光緒
十五年（1889）長沙王氏刻本　四冊

140000－0501－0005381　82204－09

國朝嶺南文鈔十八卷　（清）陳在謙輯　清學
海堂刻本　六冊

140000－0501－0005382　82236－41

歷代宮閨文選二十六卷　（清）周壽昌輯　清
宣統三年（1911）上海羣學社鉛印本　六冊

140000－0501－0005383　82242－57

國朝文錄八十二卷　（清）姚椿輯　清光緒二
十六年（1900）上海掃葉山房石印本　十六冊

140000－0501－0005384　82278－82

古文詞略二十四卷　（清）梅曾亮選　清光緒
二十四年（1898）學部圖書局鉛印本　五冊

140000－0501－0005385　82285－92

古文雅正十四卷　（清）蔡世遠選評　清光緒
二十八年（1902）湘鄉曾氏刻本　八冊

140000－0501－0005386　82293－98

古文析義十四卷　（清）林雲銘評注　清乾隆
五十年（1785）書業堂刻本　六冊

140000－0501－0005387　82299－302

文章練要左傳真本十卷　（清）王源評訂　清
乾隆九年（1744）居業堂刻本　四冊

140000－0501－0005388　82303－07

四大家文選二十六卷　（清）陳維崧選　清康
熙六年（1667）旌邑汪玉如刻本　五冊

140000－0501－0005389　82308－09

東萊先生古文關鍵二卷　（宋）呂祖謙編　清
光緒二十六年（1900）柏經正堂刻本　二冊

140000－0501－0005390　82310－429

全唐詩九百卷　（清）曹寅編　清康熙四十六
年（1707）揚州詩局刻本　一百二十冊

140000－0501－0005391　82430－548

全唐詩九百卷　（清）曹寅編　清康熙四十六
年（1707）揚州詩局刻本　一百十九冊

140000－0501－0005392　82549－80

全唐詩九百卷　（清）曹寅集　清光緒十三年
（1887）上海同文書局石印本　三十二冊

140000－0501－0005393　82581－612

全唐詩九百卷　（清）曹寅集　清光緒十三年
(1887)上海同文書局石印本　三十二冊

140000－0501－0005394　82613－20

御定全唐詩錄一百卷　（清）徐倬輯　清康熙
四十五年(1706)揚州詩局刻本　八冊

140000－0501－0005395　82645－62

御定全唐詩錄一百卷　（清）徐倬輯　清康熙
四十五年(1706)揚州詩局刻本　十八冊

140000－0501－0005396　82663－82

御選唐宋詩醇四十七卷目錄二卷　（清）高宗
弘曆選　清光緒七年(1881)江蘇書局刻本
二十冊

140000－0501－0005397　82683－98

御選唐宋詩醇四十七卷目錄二卷　（清）高宗
弘曆選　清光緒二十一年(1895)上海鴻文書
局石印本　十六冊

140000－0501－0005398　82699－706

而庵說唐詩二十二卷　（清）徐增撰　清乾隆
二十三年(1758)文茂堂刻本　八冊

140000－0501－0005399　82707－14

而庵說唐詩二十二卷　（清）徐增撰　清乾隆
二十三年(1758)文茂堂刻本　八冊

140000－0501－0005400　82715－22

唐詩英華二十三卷　（清）顧有孝編　清康熙
五十六年(1717)學海樓刻本　八冊

140000－0501－0005401　82723－46

唐詩貫珠箋六十卷　（清）胡以梅撰　清素心
堂刻本　二十四冊

140000－0501－0005402　82747－54

唐詩歸三十七卷　（明）鍾惺（明）譚元春選
　清刻本　八冊　存三十六卷(一至三十六)

140000－0501－0005403　82755－64

重訂唐詩別裁集二十卷　（清）沈德潛輯　清
乾隆二十八年(1763)教忠堂刻本　十冊

140000－0501－0005404　82777－80

唐詩金粉十卷　（清）沈炳震纂輯　清雍正十

二年(1734)刻本　四冊

140000－0501－0005405　82781－84

宋金元詩選六卷　（清）吳翌鳳輯　清乾隆五
十八年(1793)古歡堂吳氏刻本　四冊

140000－0501－0005406　82785－92

宋四名家詩　（清）周之鱗　（清）柴升選　清
有文堂刻本　八冊

140000－0501－0005407　82793－800

宋四名家詩　（清）周之鱗　（清）柴升選　清
有文堂刻本　八冊

140000－0501－0005408　82821－24

古詩源十四卷　（清）沈德潛選　清嘉慶八年
(1803)酉山堂刻本　四冊

140000－0501－0005409　82825－28

古詩源十四卷　（清）沈德潛選　清康熙五十
八年(1719)霽月山房刻本　四冊

140000－0501－0005410　82829－34

古詩源十四卷　（清）沈德潛選　清刻本
六冊

140000－0501－0005411　82835－36

古唐詩選七卷　（明）李攀龍選　（清）吳逸注
　清刻本　二冊

140000－0501－0005412　82837－38

唐人萬首絕句選七卷　（宋）洪邁元本　（清）
王士禛選編　清光緒六年(1880)山西濬文書
局刻本　二冊

140000－0501－0005413　82839－40

唐人萬首絕句選七卷　（宋）洪邁元本　（清）
王士禛選編　清光緒六年(1880)山西濬文書
局刻本　二冊

140000－0501－0005414　82841－44

古詩源十四卷　（清）沈德潛選　清嘉慶八年
(1803)酉山堂刻本　四冊

140000－0501－0005415　82845－900

列朝詩集八十一卷　（清）錢謙益輯　清宣統
二年(1910)上海神州國光社鉛印本　五十
六冊

140000－0501－0005416　82901－16

皇朝駢文類苑十四卷首一卷目錄一卷 （清）
姚燮輯　清光緒九年(1883)建中林氏刻本
十六冊

140000－0501－0005417　82937－42

國朝六家詩鈔八卷 （清）劉執玉選　清乾隆
三十二年(1767)詒燕樓刻本　六冊

140000－0501－0005418　82943－50

忠雅堂評選四六法海八卷 （明）王志堅編
（清）蔣士銓評　清光緒十八年(1892)湖南書
局刻本　八冊

140000－0501－0005419　82951－60

詞學全書十六卷 （清）查培繼輯　清乾隆十
一年(1746)世德堂刻本　十冊

140000－0501－0005420　82975－76

南宋雜事詩七卷 （清）沈嘉轍撰　清同治十
一年(1872)淮南書局刻本　二冊

140000－0501－0005421　82981－90

**草堂詩餘正集六卷續集二卷別集四卷新集五
卷** （明）顧從敬輯　明天啟聚錦堂刻本
十冊

140000－0501－0005422　82995－3000

同岑五家詩鈔十四卷 （清）趙函撰　清道光
九年(1829)刻本　六冊

140000－0501－0005423　83001－04

七十家賦鈔六卷 （清）張惠言輯　清光緒四
年(1878)宏達堂刻本　四冊

140000－0501－0005424　83005－10

四賦體裁箋注十二卷 （清）盧文弨重輯
（清）何秀毓　（清）王鴻緒箋注　清乾隆三十
九年(1774)衣德堂刻本　六冊

140000－0501－0005425　83021－26

潞安詩鈔後編十二卷 （清）常煜輯　清道光
十九年(1839)寡過未能齋刻本　六冊

140000－0501－0005426　83037－38

看雲山房詩草二卷 （清）折遇蘭撰　清嘉慶
十七年(1812)看雲山房刻本　二冊

140000－0501－0005427　83042－51

空同子集六十六卷附錄二卷目錄三卷 （明）
李夢陽撰　明萬曆刻本　二十四冊

140000－0501－0005428　83052－79

杜詩詳注二十五卷首一卷附編二卷 （唐）杜
甫撰　（清）仇兆鰲輯注　清康熙刻本　二十
八冊

140000－0501－0005429　83080－85

東坡詩選十二卷本傳一卷 （宋）蘇軾撰
（明）譚元春選　**年譜一卷** （宋）王宗稷編
清文盛堂刻本　六冊

140000－0501－0005430　83086－93

甌北詩鈔十七卷 （清）趙翼撰　清乾隆五十
六年(1791)湛貽堂刻甌北全集本　八冊

140000－0501－0005431　83094－97

蜀詩十五卷 （明）費經虞輯　清道光十三年
(1833)古棠書屋刻本　四冊

140000－0501－0005432　83098－101

仙樵詩鈔十二卷補遺 （清）劉文麟撰　清同
治九年(1870)劉氏刻本　四冊

140000－0501－0005433　83102－07

退思軒詩集六卷補遺一卷 （清）張百熙撰
清宣統三年(1911)武昌刻本　六冊

140000－0501－0005434　83108－19

抱沖齋詩集三十六卷眠琴仙館詞一卷 （清）
斌良撰　**年譜一卷** （清）法良撰　清光緒五
年(1879)薇垣官署刻本　十二冊

140000－0501－0005435　83120－23

六硯草堂詩集四卷 （清）延君壽撰　清道光
六年(1826)刻本　四冊

140000－0501－0005436　83124－29

三十家詩鈔六卷首一卷末一卷 （清）曾國藩
纂　（清）王定安輯　清同治十三年(1874)都
門刻本　六冊

140000－0501－0005437　83130－34

綿上四山人詩集十卷 （清）董柴輯　清乾隆
二十四年(1759)半壁山房刻本　五冊

140000－0501－0005438　83135－40

夢樓詩集二十四卷　（清）王文治撰　清乾隆
六十年（1795）食舊堂刻本　六冊

140000－0501－0005439　83141－44

述古堂文集十二卷　（清）錢兆鵬撰　清光緒
七年（1881）刻本　四冊

140000－0501－0005440　83145－46

閑闢錄十卷　（明）程瞳輯　清光緒十八年
（1892）清麓山房刻本　二冊

140000－0501－0005441　83156－65

養默山房詩稿三十八卷　（清）謝元淮撰　清
道光十五年（1835）刻本　十冊

140000－0501－0005442　83172－75

孟東野集十卷附一卷　（唐）孟郊撰　**追昔遊**
集三卷　（唐）李紳撰　清宣統二年（1910）上
海著易堂書局石印本　四冊

140000－0501－0005443　83182－83

六朝唐賦讀本　（清）馬傳庚選注　清光緒二
年（1876）京都松竹齋刻本　二冊

140000－0501－0005444　83184－87

宛鄰書屋古詩錄十二卷　（清）張琦輯　清同
治八年（1869）刻本　四冊

140000－0501－0005445　83188－89

橀經廬詩集初編八卷　（清）王軒著　清同治
十三年（1874）洪洞董氏刻本　二冊

140000－0501－0005446　83190－95

蒼谷全集十二卷附錄一卷　（明）王尚絅撰
清乾隆二十三年（1758）密止堂刻本　六冊

140000－0501－0005447　83208－13

唐詩三百首注疏六卷　（清）孫洙輯　（清）章
燮注　清道光二十一年（1841）桐石山房刻本
六冊

140000－0501－0005448　83214－25

尊經書院初集十二卷　王闓運輯　清光緒十
一年（1885）四川刻本　十二冊　卷末缺葉

140000－0501－0005449　83229－34

雙藤書屋詩集十二卷試帖二卷　（清）何道

生撰　清道光元年（1821）靈石耿氏刻本
六冊

140000－0501－0005450　83235－38

雙藤書屋詩集十二卷試帖二卷　（清）何道生
撰　清道光元年（1821）靈石耿氏刻本　四冊

140000－0501－0005451　83239－54

類林新詠三十六卷　（清）姚之駰編　清康熙
四十六年（1707）錢塘姚氏刻本　十六冊

140000－0501－0005452　83255－56

藝槩六卷　（清）劉熙載撰　清宣統三年
（1911）山西兩級師範學堂鉛印本　二冊

140000－0501－0005453　83257－58

藝槩六卷　（清）劉熙載撰　清宣統三年
（1911）山西兩級師範學堂鉛印本　二冊

140000－0501－0005454　83259－63

衍石齋記事稿十卷　（清）錢儀吉撰　清道光
十四年（1834）嘉興錢氏刻本　五冊

140000－0501－0005455　83264－71

古文翼八卷　（清）唐德宜編　清光緒十九年
（1893）湖南經國書局刻本　八冊

140000－0501－0005456　83272－79

陳學士文集十八卷　（清）陳儀撰　清乾隆十
八年（1753）文安陳氏刻本　八冊

140000－0501－0005457　83280－83

冬心先生集四卷續集一卷拾遺一卷三體詩一
卷雜著一卷　（清）金農撰　清同治七年
（1868）丁氏刻光緒四年至六年（1878－1880）
增刻本　四冊

140000－0501－0005458　83284－89

古微堂内集二卷外集八卷　（清）魏源撰　清
宣統元年（1909）上海國學扶輪社鉛印本
六冊

140000－0501－0005459　83290－95

文心雕龍十卷　（南朝梁）劉勰撰　（明）梅慶
生注　明天啟二年（1622）金陵聚錦堂刻本
六冊

140000－0501－0005460　83296－97

文心雕龍十卷　（南朝梁）劉勰撰　（明）梅慶
生注　明天啟二年(1622)金陵聚錦堂刻本
二冊

140000－0501－0005461　83298－301

文心雕龍十卷　（南朝梁）劉勰撰　（清）黃叔
琳注　（清）紀昀評　清道光十三年(1833)兩
廣節署刻朱墨套印本　四冊

140000－0501－0005462　83302－05

文心雕龍十卷　（南朝梁）劉勰撰　（清）黃叔
琳注　（清）紀昀評　清道光十三年(1833)兩
廣節署刻朱墨套印本　四冊

140000－0501－0005463　83306－13

文心雕龍十卷　（南朝梁）劉勰撰　（清）黃叔
琳注　（清）紀昀評　清道光十三年(1833)兩
廣節署刻朱墨套印本　八冊

140000－0501－0005464　83314－19

陳檢討集二十卷　（清）陳維崧撰　清康熙刻
本　六冊

140000－0501－0005465　83320－25

小謨觴館詩集八卷續集二卷詩餘附錄一卷文
集四卷文續集二卷　（清）彭兆蓀撰　清同治
十三年(1874)刻本　六冊

140000－0501－0005466　83326－31

缾水齋詩集十七卷別集二卷詩話一卷　（清）
舒位撰　清光緒十二年(1886)刻本　六冊

140000－0501－0005467　83332－47

國朝詩人徵略六十卷　（清）張維屏輯　清道
光十年(1830)刻本　十六冊

140000－0501－0005468　83348－51

清容外集　（清）蔣士銓撰　清刻本　四冊

140000－0501－0005469　83352－53

六朝唐賦讀本　（清）馬傳庚選注　清同治十
三年(1874)京都玉燕書巢馬氏刻本　二冊

140000－0501－0005470　83354－57

知白齋詩鈔四卷雙橋小築詞存五卷集餘一卷
　（清）江人鏡撰　清光緒二十三年(1897)刻
本　四冊

140000－0501－0005471　83362－85

古文淵鑒六十四卷　（清）聖祖玄燁選　（清）
徐乾學輯注　清光緒影印本　二十四冊

140000－0501－0005472　83396－97

香雪齋詩鈔四卷　（清）嚴紛撰　清光緒十九
年(1893)桐谿嚴氏刻本　二冊

140000－0501－0005473　83398－99

兩當軒詩鈔十四卷　（清）黃景仁撰　清嘉慶
四年(1799)安陽縣署刻本　二冊

140000－0501－0005474　83400－01

澹粹軒詩草二卷　（清）王志瀜撰　清嘉慶二
十五年(1820)絳州王氏守居刻本　二冊

140000－0501－0005475　83402－07

白雲文集五卷詩集二卷續集八卷　（清）陳斌
撰　清嘉慶十二年(1807)刻本　六冊

140000－0501－0005476　83412－21

詩林韶濩二十卷　（清）顧嗣立選　清康熙四
十四年(1705)刻本　十冊

140000－0501－0005477　83422－33

詩林韶濩二十卷　（清）顧嗣立選　清康熙四
十四年(1705)刻本　十二冊

140000－0501－0005478　83434－37

宋元名家詞十四種　（清）江標輯　清光緒二
十一年(1895)湖南思賢書局刻本　四冊

140000－0501－0005479　83438－43

全史宮詞二十卷　（清）史夢蘭撰　清咸豐六
年(1856)刻本　六冊

140000－0501－0005480　83444

匏廬詩話三卷　（清）沈濤撰　清道光二十年
(1840)刻本　一冊

140000－0501－0005481　83453－59

冷吟仙館詩稿八卷詩餘一卷文存一卷附錄一
卷　（清）左錫嘉撰　吟雲仙館詩稿一卷
(清)曾詠撰　清光緒十七年(1891)刻本
七冊

140000－0501－0005482　83460－62

清平山館詩鈔九卷　（清）徐訒著　（清）葉元

261

楷選　清道光二十年(1840)刻本　三冊

140000－0501－0005483　83463－70

白蕋詩集十六卷附錄一卷　(清)張開東撰
(清)張兆騫編　清乾隆五十四年(1789)刻本
八冊

140000－0501－0005484　83471－72

陶山詩錄二十八卷前錄二卷露蟬吟詞鈔一卷
　(清)唐仲冕撰　清嘉慶十六年(1811)江南
通州酌民言堂刻本　二冊

140000－0501－0005485　83473－76

綿津山人詩集二十七卷　(清)宋犖撰　清康
熙二十七年(1688)刻後印本　四冊

140000－0501－0005486　83477－83

章門萍約詩選十四種　(清)黃鳳題撰　清道
光二年(1822)文壽齋刻本　七冊

140000－0501－0005487　83484－87

巢經巢詩鈔九卷後集四卷　(清)鄭珍撰　清
宣統刻本　四冊

140000－0501－0005488　83490－91

慎庵詩鈔二卷　(清)左宗植撰　清光緒元年
(1875)刻本　二冊

140000－0501－0005489　83496－503

天香全集十二種　(清)舒夢蘭撰　清嘉慶十
八年(1813)蓮根詩社刻本　八冊

140000－0501－0005490　83504－15

欽定國朝詩別裁集三十二卷　(清)沈德潛輯
　清乾隆二十六年(1761)刻本　十二冊

140000－0501－0005491　83516－21

國朝古文正的七卷　(清)楊彝珍輯　清光緒
六年(1880)獨山莫氏木活字印本　六冊

140000－0501－0005492　83522－27

國朝古文正的七卷　(清)楊彝珍輯　清光緒
六年(1880)獨山莫氏木活字印本　六冊

140000－0501－0005493　83528－43

東甌先正文錄十五卷甌栝先正文錄補遺一卷
　(清)陳遇春編　清道光十八年(1838)東甌
郭博古齋刻本　十六冊

140000－0501－0005494　83544－47

全史宮詞二十卷　(清)史夢蘭撰　清咸豐六
年(1856)史氏刻本　四冊

140000－0501－0005495　83548－61

新刻諸葛宗岳史四公文集六卷首一卷宋宗忠
簡公文集四卷首一卷年譜一卷遺事二卷岳忠
武王文集八卷首一卷末一卷史忠正公文集四
卷首一卷　(清)劉質慧輯　清同治十三年
(1874)三原劉氏述荊堂刻本　十四冊

140000－0501－0005496　83562－65

隋煬帝集一卷　(隋)煬帝楊廣撰　(明)張溥
編　清光緒十八年(1892)善化章氏刻本
四冊

140000－0501－0005497　83566－81

宋王忠文公文集五十卷目錄三卷　(宋)王十
朋撰　清光緒二年(1876)梅溪書院刻本　十
六冊

140000－0501－0005498　83582－85

館課我法詩箋四卷　(清)紀昀撰　(清)郭斌
注　清嘉慶九年(1804)匯源堂刻本　四冊

140000－0501－0005499　83586－87

慎庵文鈔二卷　(清)左宗植撰　清光緒元年
(1875)刻本　二冊

140000－0501－0005500　83588－89

食古齋詩錄四卷詩餘一卷文錄一卷　(清)柳
以蕃撰　清光緒十八年(1892)刻本　二冊

140000－0501－0005501　83590－96

知足齋詩集二十卷　(清)朱珪撰　清嘉慶十
年(1805)大興朱氏刻本　七冊

140000－0501－0005502　83603－08

龍壁山房詩草十七卷　(清)王拯撰　清同治
十一年(1872)桂林楊博文堂刻本　六冊

140000－0501－0005503　83609－16

存悔齋集二十八卷外集四卷　(清)劉鳳誥撰
　清道光十年(1830)萍鄉劉氏刻本　八冊

140000－0501－0005504　83617－18

晦明軒稿一卷壬癸金石跋一卷　楊守敬撰

清光緒二十七年至三十三年（1901－1907）鄰蘇園刻本　二冊

140000－0501－0005505　83619－26
夢月巖詩集二十卷詩餘一卷　（清）呂履恆撰（清）周稚廉　（清）沈德潛編　清雍正刻本八冊

140000－0501－0005506　83627－28
甌北詩話十二卷　（清）趙翼編　清嘉慶湛貽堂刻本　二冊

140000－0501－0005507　83629－34
香草齋詩注六卷　（清）黃任撰　（清）陳應魁注　清嘉慶十九年（1814）永陽戀窩刻本六冊

140000－0501－0005508　83635－42
有正味齋駢文箋注十六卷　（清）吳錫麒撰（清）王廣業箋　（清）葉聯芬注　清同治七年（1868）慈北葉氏刻本　八冊

140000－0501－0005509　83649－51
句東三家詩合刻十二卷　（清）姚燮輯　清道光十五年（1835）刻本　三冊

140000－0501－0005510　83652－57
唐詩三百首補注八卷　（清）陳婉俊輯　唐詩三百首續選　（清）于慶元續編　清光緒十九年（1893）書業德刻本　六冊

140000－0501－0005511　83658－65
古唐詩合解十二卷古歌四卷　（清）王士禎選（清）王堯衢注　清雍正十年（1732）刻本八冊

140000－0501－0005512　83666－71
網師園唐詩箋十八卷　（清）宋宗元輯　清乾隆刻本　六冊

140000－0501－0005513　83672－75
明詩別裁集十二卷　（清）沈德潛　（清）周準輯　清乾隆五十九年（1794）刻本　四冊

140000－0501－0005514　83676－83
象山先生全集三十六卷　（宋）陸九淵撰　清宣統二年（1910）江左書林鉛印本　八冊

140000－0501－0005515　83684－89
夢綠草堂詩鈔十二卷首一卷末一卷附鳳簫集一卷　（清）蔡壽祺撰　清咸豐七年（1857）娜嬛別館刻本　六冊

140000－0501－0005516　83690－97
缾水齋詩集十七卷別集二卷　（清）舒位撰清嘉慶二十一年（1816）刻本　八冊

140000－0501－0005517　83699－702
金源紀事詩八卷　（清）湯運泰撰　（清）湯顯業　（清）湯顯幹注　清同治十二年（1873）淮南書局刻本　四冊

140000－0501－0005518　83703－10
敦夙好齋詩初編十二卷首一卷續編十一卷首一卷　（清）葉名灃撰　清光緒十六年（1890）漢陽葉氏刻本　八冊

140000－0501－0005519　83711－16
國朝六家詩鈔八卷　（清）劉執玉選　清乾隆三十二年（1767）詒燕樓刻本　六冊

140000－0501－0005520　83717－24
射鷹樓詩話二十四卷　（清）林昌彝輯　清咸豐元年（1851）刻本　八冊

140000－0501－0005521　83741－44
評選古詩源四卷　（清）沈德潛選　清光緒二十年（1894）上海圖書集成印書局鉛印本四冊

140000－0501－0005522　83745－48
圍爐詩話六卷　（清）吳喬撰　清道光四年（1824）三槐堂刻本　四冊

140000－0501－0005523　83749－51
圍爐詩話六卷　（清）吳喬撰　清道光四年（1824）三槐堂刻本　三冊

140000－0501－0005524　83752－59
蠡莊詩話十卷　（清）袁潔撰　清嘉慶二十年（1815）濟上袁氏刻本　八冊

140000－0501－0005525　83764－69
七子詩選十四卷　（清）沈德潛輯　清乾隆三十二年（1767）刻本　六冊

140000－0501－0005526　83812－17

蘇文忠公詩集擇粹十八卷　（宋）蘇軾撰
（清）紀昀批　（清）趙古農選　清嘉慶二十二
年(1817)芸香堂刻本　六冊

140000－0501－0005527　83818－23

海峰文集八卷　（清）劉大櫆撰　清同治十三
年(1874)桐城劉氏刻本　六冊

140000－0501－0005528　83824－27

李義山詩集三卷詩譜一卷詩評一卷　（唐）李
商隱撰　（清）朱鶴齡注　（清）沈厚塽輯　清
同治九年(1870)羊城萃文堂刻朱墨藍三色套
印本　四冊

140000－0501－0005529　83828－31

昌黎先生詩集注十一卷本傳一卷　（清）顧嗣
立刪補　清道光二十五年(1845)膺德堂刻朱
墨套印本　四冊

140000－0501－0005530　83838－45

陸陳二先生詩文鈔二十八卷　（清）葉裕仁編
　清同治九年(1870)安道書院刻本　八冊

140000－0501－0005531　83846－49

古文快筆貫通解三卷　（清）杭永年評解　清
令德堂刻本　四冊

140000－0501－0005532　83850－61

道園學古錄五十卷　（元）虞集撰　清刻本
十二冊

140000－0501－0005533　83862－63

儀衛軒詩集五卷　（清）方東樹撰　清同治八
年(1869)合肥李氏刻本　二冊

140000－0501－0005534　83864－67

小蘭雪堂吟稿十一卷　（清）王步蟾撰　清光
緒二十七年(1901)石印本　四冊

140000－0501－0005535　83876－79

詠物詩選八卷　（清）俞琰輯　清雍正刻本
四冊

140000－0501－0005536　83880－87

篤舊集十八卷　（清）劉存仁輯　清咸豐十年
(1860)刻本　八冊

140000－0501－0005537　83888－91

棣華吟館詩文集四卷　（清）王元晉撰　清光
緒二十五年(1899)長葛官廨刻本　四冊

140000－0501－0005538　83905－08

國朝駢體正宗續編八卷　（清）張鳴珂輯　清
光緒十四年(1888)寒松閣刻本　四冊

140000－0501－0005539　83927－50

古文分編集評初集五卷二集五卷三集八卷四
集四卷　（清）于光華編　清乾隆四十年
(1775)刻本　二十四冊

140000－0501－0005540　83951－56

徐騎省集三十卷補遺一卷　（宋）徐鉉撰　校
勘記一卷　（清）李英元纂　清光緒十九年
(1893)黔南李氏刻本　六冊

140000－0501－0005541　83957－68

經史百家雜鈔二十六卷首一卷　（清）曾國藩
纂　清光緒三十二年(1906)上海商務印書館
刻本　十二冊

140000－0501－0005542　83969－74

思益堂詩鈔六卷詞鈔一卷古文二卷日札十卷
　（清）周壽昌撰　清光緒十四年(1888)刻本
六冊

140000－0501－0005543　83977－78

濂亭文集八卷　（清）張裕釗撰　清光緒八年
(1882)蘇州查氏木漸齋刻本　二冊

140000－0501－0005544　83979－82

壯悔堂文集十卷首一卷遺稿一卷四憶堂詩集
六卷　（清）侯方域撰　清宣統元年(1909)中
國圖書公司鉛印本　四冊

140000－0501－0005545　83996－4015

吳詩集覽二十卷談藪二卷補注二十卷　（清）
吳偉業撰　清乾隆四十年(1775)刻本　二
十冊

140000－0501－0005546　84016－23

古唐詩合解淺注十六卷　（清）王士禎選
（清）王堯衢注　清嘉慶九年(1804)金閶函三
堂刻本　八冊

140000 – 0501 – 0005547　84024

鳴原堂論文二卷　（清）曾國藩輯　清同治十二年(1873)勵志齋刻本　一冊

140000 – 0501 – 0005548　84030 – 37

何大復先生集三十八卷附錄一卷　（明）何景明撰　清宣統元年(1909)石印本　八冊

140000 – 0501 – 0005549　84042 – 45

二南遺音四卷　（清）劉紹攽輯　清乾隆二十八年(1763)劉傳經堂刻本　四冊

140000 – 0501 – 0005550　84050 – 55

升庵詩話十二卷補遺二卷詞品六卷拾遺一卷　（明）楊慎撰　清光緒七年(1881)廣漢鍾登甲樂道齋刻本　六冊

140000 – 0501 – 0005551　84112 – 14

通隱堂詩存四卷　（清）張京度撰　**梵隱堂詩存十卷**　（清）釋祖觀撰　清同治六年(1867)刻本　三冊

140000 – 0501 – 0005552　84121 – 24

最樂堂文集六卷　（清）喬光烈撰　清乾隆刻本　四冊

140000 – 0501 – 0005553　84135 – 38

岳忠武王文集八卷首一卷附錄一卷　（宋）岳飛撰　清乾隆三十五年(1770)彰德黃氏刻本　四冊

140000 – 0501 – 0005554　84143 – 56

南軒文集四十四卷論語解十卷孟子說七卷　（宋）張栻撰　清光緒十七年(1891)綿邑南軒祠刻本　十四冊

140000 – 0501 – 0005555　84157 – 61

南宋雜事詩七卷　（清）沈嘉轍輯　**十國宮詞一百首**　（清）吳省蘭撰　清同治十二年(1873)淮南書局刻本　五冊

140000 – 0501 – 0005556　84162 – 201

古文淵鑒六十四卷　（清）聖祖玄燁選　（清）徐乾學輯注　清光緒刻五色套印本　四十冊

140000 – 0501 – 0005557　84202 – 25

古文淵鑒六十四卷　（清）聖祖玄燁選　（清）徐乾學輯注　清光緒影印本　二十四冊

140000 – 0501 – 0005558　84226 – 57

儲選七種古文四十八卷唐宋八大家文選十四卷　（清）儲欣輯　清嘉慶十八年(1813)靜遠堂刻本　三十二冊

140000 – 0501 – 0005559　84258 – 354

漢魏六朝百三名家集一百十八卷　（明）張溥編　清光緒十八年(1892)善化章經濟堂刻本　九十七冊

140000 – 0501 – 0005560　84379 – 82

板橋集　（清）鄭燮著　清清暉書屋刻本　四冊

140000 – 0501 – 0005561　84383 – 87

板橋全集　（清）鄭燮著　清刻本　五冊

140000 – 0501 – 0005562　84388 – 99

讀杜心解六卷首二卷　（唐）杜甫撰　（清）浦起龍注　清雍正二年(1724)浦氏寧我齋刻本　十二冊

140000 – 0501 – 0005563　84400 – 02

初唐四傑文集二十一卷　（唐）王勃　（唐）楊炯　（唐）盧照鄰　（唐）駱賓王撰　清光緒五年(1879)淮南書局刻本　三冊

140000 – 0501 – 0005564　84417 – 32

有正味齋詩集十六卷詞六卷詩外集五卷駢體文二十四卷詩續集八卷詞續集二卷詞外集二卷　（清）吳錫麒撰　清嘉慶文德堂刻本　十六冊

140000 – 0501 – 0005565　84433 – 44

五百家注音辯昌黎先生文集四十卷　（唐）韓愈撰　清乾隆二十八年(1763)刻本　十二冊

140000 – 0501 – 0005566　84445 – 48

樂園文鈔八卷首一卷　（清）嚴如熤撰　清道光二十四年(1844)刻本(卷首至卷二係抄配)　四冊

140000 – 0501 – 0005567　84449 – 56

三餘堂古文觀止十二卷　（清）吳乘權　（清）吳大職輯　清乾隆三十三年(1768)武林三餘

堂刻本　八冊

140000－0501－0005568　84467－68

唐詩三百首續選　（清）于慶元輯　清道光二十年（1840）味菜軒刻本　二冊

140000－0501－0005569　84476－83

存硯樓文集十六卷附行略　（清）儲大文撰　清光緒元年（1875）靜遠堂刻本　八冊

140000－0501－0005570　84484－89

東洲草堂詩鈔三十卷附詞一卷　（清）何紹基撰　清同治六年（1867）長沙無園刻本　六冊

140000－0501－0005571　84490－505

望溪先生文集十八卷外集十卷補遺二卷（清）方苞撰　**年譜二卷**　（清）蘇惇元輯　清咸豐元年（1851）刻本　十六冊

140000－0501－0005572　84506－07

寇忠愍公詩集三卷附寇忠愍公旌忠之碑一卷　（宋）寇準撰　清宣統三年（1911）上海中華圖書館影印本　二冊

140000－0501－0005573　84508－19

湘綺樓全集三十卷　王闓運撰　清宣統二年（1910）上海國學扶輪社石印本　十二冊

140000－0501－0005574　84532－41

樊榭山房集十卷續集十卷文集八卷集外詩三卷又一卷集外詞四卷又一卷集外曲二卷集外文一卷　（清）厲鶚撰　**振綺堂詩存一卷**（清）汪憲撰　**松聲池館詩存四卷**　（清）汪璐撰　清光緒十五年（1889）錢塘汪氏振綺堂刻本　十冊

140000－0501－0005575　84542－44

唐賢三昧集三卷　（清）王士禛選　（清）吳煊（清）胡棠輯注　清乾隆五十二年（1787）聽雨齋刻本　三冊

140000－0501－0005576　84545－60

江左三大家詩鈔九卷　（清）錢謙益等撰　清刻本　六冊

140000－0501－0005577　321850－55

五經類編二十八卷　（清）周世樟編　清乾隆

四十六年（1781）友益齋刻本　六冊　存十五卷（一至十五）

140000－0501－0005578　84635－42

杜詩鏡銓二十卷　（清）楊倫輯　清乾隆五十六年（1791）九柏山房刻本　八冊

140000－0501－0005579　84643－48

宋四名家詩選六卷　（清）周之鱗　（清）柴升選　清同治五年（1866）望雲草樓刻本　六冊

140000－0501－0005580　84649－52

彙纂詩法度鍼十卷　（清）徐文弼編　清乾隆四十二年（1777）天德堂刻本　四冊

140000－0501－0005581　84653－64

四六叢話三十三卷選詩叢話一卷　（清）孫梅輯　清光緒七年（1881）吳下刻本　十二冊

140000－0501－0005582　84665－74

安雅堂全集七種　（清）宋琬撰　清順治、康熙刻本　十冊

140000－0501－0005583　84675－86

白香山詩長慶集二十卷後集十七卷別集一卷補遺二卷年譜一卷年譜舊本一卷　（唐）白居易撰　清康熙一隅草堂刻本　十二冊

140000－0501－0005584　84687－94

古文喈鳳新編八卷　（清）汪基輯　清嘉慶二十五年（1820）崇文堂刻本　八冊

140000－0501－0005585　84695－702

立雪軒評注古文集解八卷　（清）程念伊編（清）程潤德評注　清三多齋刻本　八冊

140000－0501－0005586　84703－06

拜石山巢詩鈔八卷　（清）陳光緒撰　清道光二十六年（1846）刻本　四冊

140000－0501－0005587　84707－10

佳山堂詩二集九卷　（清）馮溥撰　清康熙刻本　四冊

140000－0501－0005588　84739－50

陸象山先生文集三十六卷　（宋）陸九淵撰**校勘略一卷**　（清）喻震孟撰　**少湖徐先生學則辨一卷**　（明）徐階著　清同治二年（1863）

大儒家廟刻本　十二冊

140000－0501－0005589　84751－58
制義叢話二十五卷題名一卷　(清)梁章鉅撰　清咸豐九年(1859)知足知不足齋刻本　八冊

140000－0501－0005590　84783－90
李太白全集三十卷　(唐)李白撰　清光緒十四年(1888)上海江左書林影印本　八冊

140000－0501－0005591　84825－27
袁文箋正十六卷增訂四卷補注一卷　(清)袁枚撰　(清)石韞玉箋　清光緒十四年(1888)上海蜚英館石印本　三冊

140000－0501－0005592　84828－33
船山詩草二十卷　(清)張問陶撰　清道光元年(1821)刻本　六冊

140000－0501－0005593　84834－39
船山詩草二十卷　(清)張問陶撰　清宣統二年(1910)上海掃葉山房石印本　六冊

140000－0501－0005594　84840－49
鐵崖三種　(元)楊維楨撰　(清)樓卜瀍注　清宣統二年(1910)上海掃葉山房石印本　十冊

140000－0501－0005595　84874－77
惜抱先生尺牘八卷　(清)姚鼐撰　(清)陳用光輯　清宣統元年(1909)小萬柳堂刻本　四冊

140000－0501－0005596　84895－99
章太炎文鈔四卷　(清)章炳麟撰　**譚復生文鈔二卷**　(清)譚嗣同撰　清宣統二年(1910)上海國學扶輪社鉛印本　五冊

140000－0501－0005597　84900－05
唐丞相曲江張文獻公集十二卷首一卷附錄一卷千秋金鑑錄五卷　(唐)張九齡撰　清光緒十八年(1892)曲江張氏刻本　六冊

140000－0501－0005598　84906－15
復初齋文集三十五卷　(清)翁方綱撰　清光緒四年(1878)李彥章刻本　十冊

140000－0501－0005599　84916－20
郭文簡公文集六卷　(明)郭樸撰　清康熙十三年(1674)思齊齋刻本　五冊

140000－0501－0005600　84929－30
小北堂詩略四卷　(清)虞錦撰　清刻本　二冊

140000－0501－0005601　84931
纂喜堂詩稿一卷青芙館詞鈔一卷二韭室詩餘一卷　(清)陳壽祺撰　清同治八年(1869)吳縣潘氏刻本　一冊

140000－0501－0005602　84932－35
無近名齋文鈔四卷二編二卷外編一卷雜著一卷雜著二編一卷　(清)彭翊著　清光緒十年(1884)彭氏刻本　四冊

140000－0501－0005603　84936－39
國朝論策類編六卷經義附一卷　(清)朱鍾琪輯　清光緒二十四年(1898)識小社刻本　四冊

140000－0501－0005604　84940－43
秋笳集八卷　(清)吳兆騫撰　清乾隆四十一年(1776)衷白堂刻本　四冊

140000－0501－0005605　84944－46
秋笳集八卷補遺一卷　(清)吳兆騫撰　清宣統三年(1911)順德鄧氏依衍厚堂鉛印本　三冊

140000－0501－0005606　84947－50
斯文精萃不分卷　(清)尹繼善輯　清乾隆二十九年(1764)京都三槐堂刻本　四冊

140000－0501－0005607　84951
南村詩集四卷　(明)陶宗儀撰　清刻本　一冊

140000－0501－0005608　84952－55
平齋文集三十二卷附拾遺一卷附錄一卷　(宋)洪咨夔撰　**空同詞一卷**　(宋)洪瑹撰　清同治十一年(1872)杉直懷清館刻本　四冊

140000－0501－0005609　84956
綏安二布衣詩鈔一卷　(清)丁之賢　(清)朱仕琇撰　**樵川二家詩二卷**　(清)徐幹輯　清

康熙五十四年(1715)綏安何氏刻本　一冊

140000－0501－0005610　84957－62

悦親樓詩集三十卷外集二卷　（清）祝德麟撰
清嘉慶二年(1797)祝氏刻本　六冊　缺二
卷(外集二卷)

140000－0501－0005611　84963－74

遜學齋文鈔十二卷首一卷末一卷文續鈔五卷
詩鈔十卷詩續鈔五卷　（清）孫衣言撰　清同
治三年至十二年(1864－1873)石印本　十
二冊

140000－0501－0005612　84975

可之先生文集二卷　（唐）孫樵撰　清宣統二
年(1910)會文堂粹記石印本　一冊

140000－0501－0005613　84976

三家宮詞一卷二家宮詞一卷　（明）毛晉輯
清宣統三年(1911)上海掃葉山房石印本
一冊

140000－0501－0005614　84977

菉斐軒詞韻一卷　清光緒二十六年(1900)盛
山官舍刻本　一冊

140000－0501－0005615　84978

詞選二卷附錄一卷　（清）張惠言錄　續詞選
二卷　（清）董毅錄　清同治六年(1867)刻本
一冊

140000－0501－0005616　84979

斷腸詞一卷　（宋）朱淑真撰　清光緒十五年
(1889)榠華館刻本　一冊

140000－0501－0005617　84980－81

白香詞譜箋四卷　（清）舒夢蘭輯　（清）謝朝
徵箋　清光緒十一年(1885)仁和譚氏刻本
二冊

140000－0501－0005618　84982－89

古文喈鳳新編八卷　（清）汪基輯　清嘉慶六
年(1801)晉祁書業堂刻本　八冊

140000－0501－0005619　84990－93

寶興堂重訂古文釋義新編八卷　（清）余誠注
清光緒十三年(1887)寶興堂刻本　四冊

140000－0501－0005620　84999－5000

玉磬山房詩集六卷　（清）劉大觀撰　清嘉慶
十五年(1810)刻本　二冊

140000－0501－0005621　85007

朱子四時讀書樂詩集字一卷　（清）沈敦韶
（清）孫長燾集　清道光十九年(1839)奐香齋
刻本　一冊

140000－0501－0005622　85008

松陽鈔存二卷　（清）陸隴其撰　（清）楊開基
編　清同治三年(1864)錢塘丁氏當歸草堂刻
本　一冊

140000－0501－0005623　85009

願學編一卷　（明）胡纘宗撰　（清）顧文翰輯
清宣統元年(1909)洗翠軒鉛印本　一冊

140000－0501－0005624　85013－18

魏伯子文集十卷　（清）魏際瑞撰　清道光二
十五年(1845)寧都謝庭綏絩園書塾刻本
六冊

140000－0501－0005625　85019－40

魏叔子文集外篇二十二卷日錄三卷詩集八卷
（清）魏禧撰　清著易堂刻本　二十二冊

140000－0501－0005626　85041－51

魏季子文集十六卷　（清）魏禮撰　清道光二
十五年(1845)寧都謝庭綏絩園書塾刻寧都三
魏全集本　十一冊

140000－0501－0005627　85172－91

夷堅志十集二十卷　（宋）洪邁撰　清乾隆四
十三年(1778)耕煙草堂刻本　二十冊

140000－0501－0005628　85192－203

夷堅志甲志二十卷乙志二十卷丙志二十卷丁
志二十卷　（宋）洪邁撰　清光緒五年(1879)
刻本　十二冊

140000－0501－0005629　85224－29

剪燈新話二卷　（明）瞿佑撰　剪燈餘話三卷
（明）李禎撰　覓燈因話二卷　（明）邵景詹
撰　清乾隆五十六年(1791)刻本　六冊

140000－0501－0005630　85232－39

快心編初集五卷二集五卷　題(清)天花才子編　清課花書屋刻本　八冊

140000-0501-0005631　85240-55

聊齋志異新評十六卷　(清)蒲松齡撰　(清)呂湛恩注　(清)但明倫評　清同治八年(1869)羊城青雲樓刻朱墨套印本　十六冊

140000-0501-0005632　85256-63

詳注聊齋志異圖詠十六卷　(清)蒲松齡撰　(清)呂湛恩注　清光緒十二年(1886)上海同文書局石印本　八冊

140000-0501-0005633　85264-67

聊齋志異注十六卷　(清)蒲松齡撰　(清)呂湛恩注　清道光五年(1825)姑蘇步月樓石印本　四冊

140000-0501-0005634　85268-71

閱微草堂筆記二十四卷　(清)紀昀撰　清光緒上海圖書集成局鉛印本　四冊

140000-0501-0005635　85274-77

閱微草堂筆記二十四卷　(清)紀昀撰　清光緒十三年(1887)上海廣百宋齋鉛印本　四冊

140000-0501-0005636　85278-85

閱微草堂筆記二十四卷　(清)紀昀撰　清嘉慶五年(1800)北平盛氏望益書屋刻本　八冊

140000-0501-0005637　85296-311

閱微草堂筆記二十四卷首一卷　(清)紀昀撰　清道光二十七年(1847)小蓬萊山館刻本　十六冊

140000-0501-0005638　85313

聲調前譜一卷續譜一卷後譜一卷談龍錄一卷　(清)趙執信撰　清光緒四年(1878)獲訓堂刻本　一冊

140000-0501-0005639　85316-17

詞鏡平仄圖譜　(清)賴損菴撰　清嘉慶十五年(1810)刻本　二冊

140000-0501-0005640　85318-19

香禪詞四卷　(清)潘鍾瑞撰　清光緒八年(1882)刻本　二冊

140000-0501-0005641　85320

唐五代詞選三卷　(清)成肇麐輯　清光緒十三年(1887)刻本　一冊

140000-0501-0005642　85321

詞源二卷　(宋)張炎撰　詞旨一卷　(元)陸輔之述　樂府指迷一卷　(宋)沈義父撰　清道光八年(1828)刻本　一冊

140000-0501-0005643　85335-38

醉高歌傳奇　(清)張雍敬撰　清乾隆三年(1738)靈雀軒刻本　四冊

140000-0501-0005644　85339

帝女花二卷題辭二卷詩餘二卷　(清)黃燮清填詞　(清)查仲誥正譜　清同治四年(1865)刻本　一冊

140000-0501-0005645　85340

桃谿雪二卷　(清)黃燮清填詞　(清)李光溥評　(清)瞿傳鼎　(清)余炘正譜　清道光二十七年(1847)馴雲閣刻本　一冊

140000-0501-0005646　85341

曲品二卷　(明)呂天成撰　傳奇品二卷　(清)高奕輯　清宣統二年(1910)暖紅室刻彙刻傳奇本　一冊

140000-0501-0005647　85350-59

西廂記九卷附錄三卷　(元)王實甫撰　(元)關漢卿補　清夢鳳樓暖紅室刻彙刻傳奇第二種本　十冊

140000-0501-0005648　85360-61

藝槩六卷　(清)劉熙載撰　清宣統三年(1911)山西兩級師範學堂鉛印本　二冊

140000-0501-0005649　85362-63

藝槩六卷　(清)劉熙載撰　清同治十二年(1873)刻本　二冊

140000-0501-0005650　85364-67

退菴詩話十二卷　(清)何日愈撰　清光緒九年(1883)香山何氏刻本　四冊

140000-0501-0005651　85402-07

詩觸五卷　(清)賀貽孫撰　漁洋詩話二卷

（清）王士禛撰　　說詩晬語二卷　（清）沈德潛撰　（清）朱琰編校　清嘉慶三年(1798)刻本　六冊

140000－0501－0005652　85408－09
抱真書屋詩鈔八卷　（清）陸應穀撰　清道光二十四年(1844)刻本　二冊

140000－0501－0005653　85410－15
蔡中郎集十卷外紀一卷外集四卷列傳一卷年表一卷　（漢）蔡邕撰　（清）高均儒輯　清光緒十六年(1890)番禺陶氏愛廬刻本　六冊

140000－0501－0005654　85420－23
楊忠愍公全集四卷　（明）楊繼盛撰　清康熙三十三年(1694)朱氏刻本　四冊

140000－0501－0005655　85424－29
湖海樓儷體文集十二卷　（清）陳維崧撰　清刻本　六冊

140000－0501－0005656　85430－35
湖海樓詞集二十卷　（清）陳維崧撰　清乾隆六十年(1795)浩然堂刻本　六冊　存十四卷（一至十四）

140000－0501－0005657　85436－39
青草堂集十二卷　（清）趙國華著　清同治十一年(1872)濟南趙氏刻本　四冊

140000－0501－0005658　85440－41
竹巖詩草二卷　（清）邊中寶撰　清乾隆四十年(1775)寫刻本　二冊

140000－0501－0005659　85442－45
瑤華閣詩草一卷詞一卷詞補遺一卷閩南雜詠一卷　（清）袁綬撰　清同治六年(1867)金陵吳氏刻本　四冊

140000－0501－0005660　85454－65
再造天十六卷　（清）香葉閣主撰　清道光十年(1830)香葉閣刻本　十二冊

140000－0501－0005661　85466－81
林蘭香八卷六十四回　（清）隨緣下士輯（清）寄旅散人批點　清道光十八年(1838)刻本　十六冊

140000－0501－0005662　85482－85
庸閒齋筆記八卷　（清）陳其元撰　清同治十三年(1874)上海申報館石印本　四冊

140000－0501－0005663　85486－93
女世說四卷補遺一卷　（清）李清輯　清道光五年(1825)經義齋刻本　八冊

140000－0501－0005664　85494－503
世說新語補二十卷　（南朝宋）劉義慶撰（明）何良俊補　清乾隆二十七年(1762)刻本　十冊

140000－0501－0005665　85504－09
世說新語六卷　（南朝宋）劉義慶撰　（南朝梁）劉孝標注　世說新語注引用書目一卷世說新語佚文一卷　葉德輝輯　校勘小識一卷補一卷考證一卷　王先謙撰　清光緒十七年(1891)思賢講舍刻本　六冊

140000－0501－0005666　85510－19
世說新語六卷　（南朝宋）劉義慶撰　（南朝梁）劉孝標注　補世說新語四卷　（明）何良俊補　清康熙十五年(1676)承德堂刻本　十冊

140000－0501－0005667　85520－24
世說新語六卷　（南朝宋）劉義慶撰　（南朝梁）劉孝標注　世說新語注引用書目一卷世說新語佚文一卷　葉德輝輯　校勘小識一卷補一卷考證一卷　王先謙撰　清光緒十七年(1891)思賢講舍刻本　五冊

140000－0501－0005668　85525－28
世說新語六卷首一卷　（南朝宋）劉義慶撰（南朝梁）劉孝標注　清光緒三年(1877)湖北崇文書局刻本　四冊

140000－0501－0005669　85529
司馬文正公傳家集八十卷目錄二卷附錄一卷　（宋）司馬光撰　年譜一卷　（清）陳宏謀撰　清光緒十二年(1886)山西解梁書院刻本　一冊　存五卷（一至五）

140000－0501－0005670　85531－32
正志稿十卷　（明）林貴兆著　清宣統二年

（1910）浙江太平陳氏鉛印本 二冊

絕妙好詞箋七卷 （宋）周密輯 （清）查為仁
（清）厲鶚箋 續鈔 （清）徐懋補錄 清道
光八年（1828）錢塘徐氏愛日軒刻本 二冊

140000－0501－0005672 85535
青霞館論畫絕句一百首一卷 （清）吳修撰
清光緒二年（1876）葛氏嘯園刻本 一冊

140000－0501－0005673 85536
青霞館論畫絕句一百首一卷 （清）吳修撰
清光緒二年（1876）葛氏嘯園刻本 一冊

140000－0501－0005674 85537－38
明史彈詞一卷 （清）龍柏編輯 清嘉慶十三
年（1808）姑蘇醒愚閣刻本 二冊

140000－0501－0005675 85539－50
廿一史彈詞注十一卷 （明）楊慎撰 明史彈
詞注二卷 （清）張三異編 （清）張仲璜注
清乾隆五十一年（1786）視履堂刻本 十二冊

140000－0501－0005676 85551－60
重刻繡像說唐演義全傳六十八回 （清）如蓮
居士編 清乾隆元年（1736）崇德書屋刻本
十冊

140000－0501－0005677 85561－66
草堂詩餘正集六卷續集二卷新集五卷別集四
卷 （明）沈際飛輯評 明翁少麓刻本 六冊
存六卷（續集二卷、別集四卷）

140000－0501－0005678 85583－86
玉溪生詩意八卷附錄諸家詩評一卷 （唐）李
商隱撰 （清）屈復注 清同治十二年（1873）
蒲城屈氏刻本 四冊

140000－0501－0005679 85587－602
求闕齋弟子記三十二卷 （清）王定安撰 清
光緒二年（1876）都門龍文齋刻本 十六冊

140000－0501－0005680 85603－05
千叟宴詩四卷 （清）聖祖玄燁撰 清康熙六
十一年（1722）內府刻本 三冊

140000－0501－0005681 85606－17

去偽齋集十卷首一卷附錄一卷闕疑一卷呂書
四種合刻 （明）呂坤撰 清道光七年（1827）
開封府署刻本 十二冊

140000－0501－0005682 85618－24
曾文正公家書十卷大事記四卷 （清）曾國藩
撰 清末石印本 六冊

140000－0501－0005683 85625－29
古文詞略二十四卷 （清）梅曾亮選 清光緒
二十四年（1898）學部圖書局鉛印本 五冊

140000－0501－0005684 85630－37
古文翼八卷 （清）唐德宜編 清同治十二年
（1873）常熟黃氏藝文堂刻本 八冊

140000－0501－0005685 85641
新疆賦一卷 （清）徐松撰 清道光讀有用書
齋刻本 一冊

140000－0501－0005686 85642
新疆賦一卷 （清）徐松撰 清道光讀有用書
齋刻本 一冊

140000－0501－0005687 85643－48
林蕙堂文集十二卷 （清）吳綺撰 清康熙二
十三年（1684）刻本 六冊

140000－0501－0005688 85649－56
駢體文鈔三十一卷 （清）李兆洛輯 清光緒
八年（1882）蘇州振興書社刻本 八冊

140000－0501－0005689 85657－64
駢體文鈔三十一卷 （清）李兆洛輯 清光緒
八年（1882）蘇州振興書社刻本 八冊

140000－0501－0005690 85717－18
吳門集八卷 （清）李黼平著 清道光六年
（1826）刻本 二冊

140000－0501－0005691 85727－32
如面談新集十卷首一卷 （清）李光祚輯 清
鋤經書屋刻本 六冊

140000－0501－0005692 85734
黃花晚節圖題詞一卷續輯一卷再徵詩啟一卷
（清）黃榮康撰 清光緒二十八年（1902）黃
雲初堂刻本 一冊

271

140000－0501－0005693　85735－38

金文雅十六卷　（清）莊仲方編　清光緒十七年(1891)江蘇書局刻本　四冊

140000－0501－0005694　85753－58

增補箋注繪像第六才子西廂釋解八卷　（元）王實甫撰　（清）金聖歎批點　清光緒文盛堂刻本　六冊

140000－0501－0005695　85775－82

西遊記一百回　（明）吳承恩撰　（清）張書紳注　清光緒十四年(1888)邗江味潛齋石印本　八冊

140000－0501－0005696　85783－98

金玉緣一百二十回首一卷　（清）曹雪芹著　清光緒三十四年(1908)求不負齋石印本　十六冊

140000－0501－0005697　85799－800

味和堂詩集六卷　（清）高其倬撰　清乾隆十四年(1749)鐵嶺高氏刻本　二冊

140000－0501－0005698　85802

敦艮齋詩存三卷　（清）秦茂林撰　清光緒十三年(1887)盱眙秦氏刻本　一冊

140000－0501－0005699　85803

話雲軒詠史詩二卷　（清）曹振鏞撰　清嘉慶五年(1800)刻本　一冊

140000－0501－0005700　85804－08

翁山文外十六卷　（清）屈大均撰　清宣統二年(1910)上海國學扶輪社鉛印本　五冊

140000－0501－0005701　85812－23

雪月梅傳十卷五十回　（清）陳朗輯　（清）董孟汾評釋　清道光二十二年(1842)芸香堂刻本　十二冊

140000－0501－0005702　85824－35

鏡花緣二十卷一百回圖一卷　（清）李汝珍撰　（清）謝葉梅繪圖　清道光二十二年(1842)厚德堂刻本　十二冊

140000－0501－0005703　85836－45

鏡花緣二十卷一百回　（清）李汝珍撰　清光

緒三年(1877)刻本　十冊

140000－0501－0005704　85850－51

桃花扇傳奇二卷　（清）孔尚任撰　（清）雲亭山人編　清西園刻本　二冊

140000－0501－0005705　85864

憶山堂詩錄八卷　（清）宋翔鳳撰　清道光刻本　一冊

140000－0501－0005706　85865

雲谿樂府二卷　（清）趙懷玉著　清光緒十二年(1886)梧州江陰金氏刻本　一冊

140000－0501－0005707　85869

三唐詩品三首　宋育仁撰　清考雋堂刻本　一冊

140000－0501－0005708　85873

濯絳宧存稿　（清）劉毓盤撰　清宣統二年(1910)刻本　一冊

140000－0501－0005709　85876

塵思一卷　（清）余棨撰　清宣統三年(1911)鉛印本　一冊

140000－0501－0005710　85878

南有吟亭詩草二卷　（清）于士祜撰　清光緒十四年(1888)刻本　一冊

140000－0501－0005711　85879

梅湖吟稿　（清）林棟撰　清宣統二年(1910)共和印刷局鉛印本　一冊

140000－0501－0005712　85881

畏廬文集一卷　林紓著　清宣統二年(1910)上海商務印書館鉛印本　一冊

140000－0501－0005713　85883－84

史忠正公集四卷首一卷末一卷　（明）史可法撰　清咸豐六年(1856)史氏道遠堂刻本　二冊

140000－0501－0005714　85887

悅雲山房駢體文存四卷　（清）劉敦元撰　清咸豐六年(1856)天津徐氏刻本　一冊

140000－0501－0005715　85893

未谷詩集四卷　（清）桂馥撰　清道光二十一年(1841)刻本　一冊

140000－0501－0005716　85894－95

羅鄂州小集六卷　（宋）羅願撰　羅鄂州遺文一卷　（宋）羅頌撰　清光緒十九年(1893)黟縣李氏刻本　二冊

140000－0501－0005717　85896

讀書堂杜工部文集注解二卷附編年詩史譜目一卷　（唐）杜甫撰　（清）張溍評注　清讀書堂刻本　一冊

140000－0501－0005718　85897－98

二家詞鈔五卷　（清）李慈銘　樊增祥撰　清光緒二十八年(1902)刻本　二冊

140000－0501－0005719　85900

迦陵先生填詞圖題詞不分卷　（清）陳維崧撰　清乾隆刻本　一冊

140000－0501－0005720　85902－03

眉山詩案廣證六卷　（清）張鑑撰　清光緒十年(1884)江蘇書局刻本　二冊

140000－0501－0005721　85904－05

華豫庵先生集　（明）華啟直撰　清宣統三年(1911)存裕堂刻本　二冊

140000－0501－0005722　85906－08

巢經巢詩鈔九卷後集四卷　（清）鄭珍撰　清光緒二十三年(1897)遵義黎氏刻本　三冊

140000－0501－0005723　85909－10

唐人萬首絕句選七卷　（宋）洪邁元本　（清）王士禛選編　清光緒六年(1880)山西濬文書局刻本　二冊

140000－0501－0005724　85911－16

才調集十卷　（五代）韋縠集　清康熙四十三年(1704)垂雲樓刻本　六冊

140000－0501－0005725　85917－24

世說新語補二十卷　（南朝宋）劉義慶撰　（明）何良俊補　清乾隆二十七年(1762)茂清書屋刻本　八冊

140000－0501－0005726　85925－29

庚辰集五卷　（清）紀昀編　清嘉慶六年(1801)刻本　五冊

140000－0501－0005727　85930－32

庚辰集五卷附唐人試律說一卷　（清）紀昀輯　清乾隆二十五年(1760)二南堂刻本　三冊

140000－0501－0005728　85933－35

庚辰集五卷附唐人試律說一卷　（清）紀昀輯　清嘉慶山淵堂刻本　三冊

140000－0501－0005729　85936－41

庚辰集五卷附唐人試律說一卷　（清）紀昀編　清乾隆、嘉慶刻本　六冊

140000－0501－0005730　85942－45

槐西雜志二卷　（清）紀昀撰　清乾隆五十七年(1792)河間紀氏刻本　四冊

140000－0501－0005731　85946－49

文選考異十卷　（清）胡克家撰　清同治八年(1869)湖北崇文書局刻本　四冊

140000－0501－0005732　85959－60

濂亭文集八卷　（清）張裕釗撰　清光緒八年(1882)蘇州查氏木漸齋刻本　二冊

140000－0501－0005733　85961－62

濂亭遺集詩二卷文五卷　（清）張裕釗著　清宣統二年(1910)鄂城刻本　二冊

140000－0501－0005734　85965－66

七頌堂詩集十卷　（清）劉體仁撰　清同治九年(1870)刻本　二冊

140000－0501－0005735　85967－68

七頌堂文集二卷　（清）劉體仁撰　清同治七年(1868)刻本　二冊

140000－0501－0005736　85969－76

龍川文集三十卷　（宋）陳亮撰　龍川文集辨訛考異二卷　（清）胡鳳丹纂輯　清同治七年(1868)永康胡氏退補齋刻金華文萃本　八冊

140000－0501－0005737　85987－88

姜白石詩詞合集八卷　（宋）姜夔撰　清乾隆三十六年(1771)隨月讀書樓刻本　二冊

140000－0501－0005738　85989－96

覺生詩鈔十卷詠物詩鈔四卷詠史詩鈔三卷感舊詩鈔二卷試律鈔一卷賦鈔一卷進奉文鈔一卷時文鈔一卷　（清）鮑桂星撰　清嘉慶二十五年(1820)刻本　八冊

140000－0501－0005739　85997－6004

倭文端公遺書十一卷首二卷　（清）倭仁撰　清同治元年(1862)刻本　八冊

140000－0501－0005740　86005－08

金詩選四卷　（清）顧奎光輯選　清乾隆十六年(1751)刻本　四冊

140000－0501－0005741　86009－14

唐四家詩集二十卷採輯歷朝詩話四卷唐四家詩集辨訛考異一卷　（清）胡鳳丹輯並述　清同治九年(1870)退補齋刻本　六冊

140000－0501－0005742　86019

南有吟亭詩草二卷　（清）于士祐撰　清光緒十四年(1888)刻本　一冊

140000－0501－0005743　86020－21

枝山文集四卷　（明）祝允明撰　清同治十三年(1874)元和祝氏刻本　二冊

140000－0501－0005744　86022－23

隨園女弟子詩選五卷　（清）袁枚著　清嘉慶元年(1796)刻本　二冊

140000－0501－0005745　86024

南村詩鈔　（清）郭譜著　（清）郭逢編　清光緒六年(1880)補梅書屋刻本　一冊

140000－0501－0005746　86025

庚子都門紀事詩六卷首一卷　（清）延清撰　清光緒二十八年(1902)京江刻本　一冊

140000－0501－0005747　86029

雲柯館學詩　（清）桑庭枑撰　清嘉慶十三年(1808)錢塘桑氏刻本　一冊

140000－0501－0005748　86037

宮閨艷集六卷　（清）唐桂輯　清光緒三十二年(1906)山西濬文書局鉛印本　一冊

140000－0501－0005749　86038

鄭齋剹論　（清）孫雄撰　清光緒石印本　一冊

140000－0501－0005750　86050－53

章圖文蜕八卷首一卷末一卷　（清）姜曾撰　清同治三年(1864)南昌姜氏刻本　四冊

140000－0501－0005751　86054

雪堂唱和集三卷　（清）鄧琛撰　清光緒九年(1883)刻本　一冊

140000－0501－0005752　86055－56

樸巢詩選二卷　（清）冒襄撰　（清）張明弼（清）杜濬選　清光緒二十年(1894)刻本　二冊

140000－0501－0005753　86057－58

改亭集六卷　（清）計東撰　清康熙四十七年(1708)吳江計氏刻本　二冊

140000－0501－0005754　86063

問琴閣詩錄二卷詞一卷　（清）宋育仁撰　清刻本　一冊

140000－0501－0005755　86064

雅雨堂文集四卷詩集二卷　（清）盧見曾著　清道光二十年(1840)清雅堂刻本　一冊

140000－0501－0005756　86065

適龕詩稿　（清）彭湘撰　清同治七年(1868)山西學使署刻本　一冊

140000－0501－0005757　86073－80

南莊類稿八卷奉使集一卷白雪詩鈔二卷（清）黃靜山撰　清乾隆刻本　八冊

140000－0501－0005758　86081－83

西堂樂府六卷鈞天樂二卷　（清）尤侗撰　清刻本　三冊

140000－0501－0005759　86084－86

小倉山房外集八卷　（清）袁枚撰　清乾隆刻本(卷八爲補配本)　三冊

140000－0501－0005760　86088

花山九老詩存　（清）林丙恭編輯　清光緒三十二年(1906)太平可園林氏木活字印本　一冊

140000－0501－0005761　86090

夜雪集一卷　王闓運撰　清光緒九年(1883)
成都石室刻本　一冊

140000－0501－0005762　86096

味澹軒詩草十卷　(清)文鴻著　清道光十七
年(1837)刻本　一冊

140000－0501－0005763　86103

享帚齋詩鈔四卷　(清)周恩綬撰　清同治十
三年(1874)解梁官廨刻本　一冊

140000－0501－0005764　86104

海門文鈔　(清)李符清撰　清嘉慶三年
(1798)鏡古堂刻本　一冊

140000－0501－0005765　86105

復堂詩三卷詞二卷　(明)譚獻撰　清咸豐九
年(1859)三山剡氏吳玉田刻本　一冊

140000－0501－0005766　86106－07

廣雅碎金四卷附錄一卷　(清)張之洞撰　清
光緒二十三年(1897)水明樓刻本　二冊

140000－0501－0005767　86108

槐蔭書屋詩鈔　(明)李湘撰　清光緒十九年
(1893)石印本　一冊

140000－0501－0005768　86111－12

樊山集十二卷　樊增祥編輯　清光緒十九年
(1893)陝西渭南縣署刻本　二冊

140000－0501－0005769　86113－17

弢園文錄外編十卷　(清)王韜撰　清光緒九
年(1883)香海弢園老民鉛印本　五冊

140000－0501－0005770　86118

漁洋詩話二卷　(清)王士禎撰　清刻本
一冊

140000－0501－0005771　86123

缶廬詩四卷別存一卷　(清)吳昌碩撰　清光
緒十九年(1893)刻本　一冊

140000－0501－0005772　86130

蓁林詩集　(清)談遷撰　清宣統三年(1911)
上海國學扶輪社鉛印適園叢書本　一冊

140000－0501－0005773　86136

南槎吟草　(清)龍啟瑞撰　清道光二十四年
(1844)效文堂刻本　一冊

140000－0501－0005774　86139

清抱居剩稿一卷　(清)畢庭杰撰　清光緒十
三年(1887)東倉書庫刻本　一冊

140000－0501－0005775　86141

憩園詩草　(清)徐嘉言撰　清光緒二十一年
(1895)魁文齋刻本　一冊

140000－0501－0005776　86144

玩春黃閣八代雜言詩鈔二卷　(清)陳崇哲編
清光緒十年(1884)富順考雋堂刻本　一冊

140000－0501－0005777　86145

雅雨山人出塞集　(清)盧見曾撰　清乾隆十
一年(1746)刻本　一冊

140000－0501－0005778　86146

鄧尉探梅詩四卷　(清)謝家福輯　清光緒二
十年(1894)刻本　一冊

140000－0501－0005779　86155

退思軒詩集六卷補遺一卷　(清)張百熙撰
清宣統三年(1911)鉛印本　一冊

140000－0501－0005780　86157

嫏雅堂詩集八卷　(清)趙文喆著　清宣統三
年(1911)江浦陳氏房山山房刻本　一冊

140000－0501－0005781　86158－59

海棠仙館詩草四卷　(清)宋伯魯撰　清光緒
二十二年(1896)醴泉宋氏京師刻本　二冊

140000－0501－0005782　86160

磨綺室詩存一卷　(清)丁蓉綬撰　壽梅山房
詩存一卷　(清)李謨撰　清光緒十年(1884)
長沙王氏刻本　一冊

140000－0501－0005783　86162

半巖廬遺詩二卷　(清)邵懿辰撰　清同治十
年(1871)吳縣潘氏刻本　一冊

140000－0501－0005784　86163－64

雲左山房詩鈔八卷附詩餘試帖一卷　(清)林
則徐撰　清光緒十二年(1886)福州林氏刻本

二冊

140000－0501－0005785　86165

張都護詩存一卷　張錫鑾撰　清宣統二年
(1910)鄭氏鉛印本　一冊

140000－0501－0005786　86167

香隱庵詞二卷　（清）潘遵璈撰　清咸豐八年
(1858)蘇州潘氏刻本　一冊

140000－0501－0005787　86172

香隱庵詞二卷　（清）潘遵璈撰　清咸豐八年
(1858)蘇州潘氏刻本　一冊

140000－0501－0005788　86177

麋園詩鈔　（清）毛國翰撰　清光緒十六年
(1890)長沙王氏刻本　一冊

140000－0501－0005789　86178

西行草　（清）汪廷楷撰　清道光十九年
(1839)丹徒汪氏刻本　一冊

140000－0501－0005790　86179

冰梅詞　（清）夏慎大輯　清光緒二十八年
(1902)刻本　一冊

140000－0501－0005791　86187

逢吉堂焚餘稿一卷題詞一卷　（清）黃錫深撰
清光緒三十年(1904)刻本　一冊

140000－0501－0005792　86188

詩學要言三卷　（清）鄔啟祚撰　清宣統三年
(1911)番禺鄔氏刻本　一冊

140000－0501－0005793　86189－90

揖山樓詩集十二卷　（清）畢憲曾撰　清培遠
堂刻本　二冊

140000－0501－0005794　86191

啟禎宮詞二卷　（明）秦蘭徵　（明）王譽昌撰
清嘉慶十六年(1811)海隅鐵琴銅劍樓刻本
一冊

140000－0501－0005795　86193

芸香館遺詩二卷　（清）那遜蘭保撰　清同治
十三年(1874)刻本　一冊

140000－0501－0005796　86199－200

荔雨軒文集六卷　（清）華翼綸撰　清光緒九
年(1883)梁溪華氏刻本　二冊

140000－0501－0005797　86201

窳翁文鈔四卷　（清）陸懋修撰　清道光刻本
一冊

140000－0501－0005798　86205

樂府新編陽春白雪五卷　（元）楊朝英輯　清
光緒刻本　一冊

140000－0501－0005799　86208

金陵賦一卷　程先甲著　清光緒刻本　一冊

140000－0501－0005800　86212

明史詠　（清）李元滬撰　清嘉慶十一年
(1806)刻本　一冊

140000－0501－0005801　86216

茂陵秋雨詞四卷　（清）王錫振撰　清同治三
年(1864)馬平王氏刻本　一冊

140000－0501－0005802　86218－19

百末詞五卷詞餘一卷　（清）尤侗撰　清刻本
二冊

140000－0501－0005803　86221

文公朱先生感興詩一卷　（宋）朱熹撰　（宋）
蔡模注　武夷櫂歌一卷　（宋）陳普注　清同
治四年(1865)劉氏刻本　一冊

140000－0501－0005804　86222

槐蔭書屋詩鈔　（明）李湘撰　清光緒十九年
(1893)石印本　一冊

140000－0501－0005805　86229

環天室古近體詩類選五卷後集一卷　（清）曾
廣鈞撰　清宣統元年(1909)刻本　一冊

140000－0501－0005806　86230－31

青埵山人詩十卷　（清）洪飴孫撰　清光緒十
年(1884)閩縣陳氏刻本　二冊

140000－0501－0005807　86232－33

枝山文集四卷　（明）祝允明撰　清同治十三
年(1874)元和祝氏刻本　二冊

140000－0501－0005808　86234－35

七頌堂詩集十卷 （清）劉體仁撰 清同治九年(1870)刻本 二冊

140000－0501－0005809 86237－38

慎庵詩鈔二卷 （清）左宗植撰 清光緒元年(1875)刻本 二冊

140000－0501－0005810 86240

常州賦一卷 （清）褚邦慶編注 清光緒四年(1878)刻本 一冊

140000－0501－0005811 86241

吟碧山館詞一卷 （清）王壽廷撰 香隱庵詞一卷 （清）潘遵璈撰 清光緒十年(1884)吳越潘氏香禪精舍刻本 一冊

140000－0501－0005812 86244

素蘭集二卷補遺一卷 （明）翁孺安撰 清光緒三十三年(1907)南城草堂鉛印本 一冊

140000－0501－0005813 86246－47

聰山詩集八卷 （清）申涵光撰 清康熙二年(1663)渾脫居刻本 二冊

140000－0501－0005814 86248

守柔齋行河草二卷 （清）蘇廷魁撰 清光緒元年(1875)刻本 一冊

140000－0501－0005815 86249

鬱華閣遺集四卷詩三卷詞一卷 （清）盛昱撰 清光緒二十八年(1902)刻朱印本 一冊

140000－0501－0005816 86258

使黔草三卷 （清）何紹基撰 清咸豐刻本 一冊

140000－0501－0005817 86259

覆瓿草二卷 （清）劉其清撰 清光緒二十二年(1896)申江葛氏刻本 一冊

140000－0501－0005818 86263

北遊草一卷東遊草一卷 （清）江瀚撰 清光緒二十九年(1903)刻本 一冊

140000－0501－0005819 86265

月塘書屋詩存十一卷 （清）楊延亮撰 清道光二十四年(1844)刻本 一冊

140000－0501－0005820 86266

海秋詩錄二卷 （清）許宗衡撰 清刻本 一冊

140000－0501－0005821 86272

宋四家詞選一卷 （清）周濟編 清道光十二年(1832)刻本 一冊

140000－0501－0005822 86274

南有吟亭詩草二卷 （清）于士祐撰 清光緒十四年(1888)刻本 一冊

140000－0501－0005823 86283

東里生燼餘集三卷 （清）汪家禧撰 清嘉慶二十五年(1820)刻本 一冊

140000－0501－0005824 86286

乖崖集存六卷 （宋）張詠撰 清光緒十五年(1889)西安李氏代耕堂刻本 一冊

140000－0501－0005825 86287－88

羅鄂州小集六卷 （宋）羅願撰 羅鄖州遺文一卷 （宋）羅頌撰 清光緒十九年(1893)黟縣李氏刻本 二冊

140000－0501－0005826 86289

碧螺山館詩鈔八卷補遺一卷 （清）金蘭撰 清咸豐六年(1856)刻民國十年(1921)重印本 一冊

140000－0501－0005827 86293

蕙西先生遺稿 （清）邵懿辰撰 清同治八年(1869)潘氏安順堂刻本 一冊

140000－0501－0005828 86296

使黔草三卷 （清）何紹基撰 清咸豐刻本 一冊

140000－0501－0005829 86298

江忠烈公遺集二卷附錄一卷 （清）江忠源撰 清同治三年(1864)四川藩署刻本 一冊

140000－0501－0005830 86302

巖下放言三卷附玉澗集書 （宋）葉夢得撰 清宣統元年(1909)葉氏觀古堂刻本 一冊

140000－0501－0005831 86307

笠雲槐里遺文 （清）王權撰 清宣統二年

(1910)尊經堂刻本　一冊

140000－0501－0005832　86308

芸暉小閣吟草　（清）顧韞玉撰　清光緒二年(1876)惠州郡齋刻長洲彭氏家集本　一冊

140000－0501－0005833　86310

峴南道唱演一卷　題丹徒樵隱授　清宣統三年(1911)刻本　一冊

140000－0501－0005834　86312

崔翰林遺集二卷　（清）崔舜球著　清光緒十四年(1888)刻本　一冊

140000－0501－0005835　86315

綺雲樓雜著詩草二卷楹聯一卷詞集一卷（清）竇士鏞撰　曇花吟一卷　（清）杜敬撰清宣統二年(1910)鉛印本　一冊

140000－0501－0005836　86321

八十一寒詞一卷　何震彝撰　清宣統元年(1909)江陰何氏鉛印本　一冊

140000－0501－0005837　86326

詩存四卷　（清）金德瑛撰　清同治五年(1866)如心堂刻本　一冊

140000－0501－0005838　86337

圭塘倡和詩　袁克文輯　清宣統二年(1910)豹龕石印本　一冊

140000－0501－0005839　86346

聽桐廬殘草　（清）王繼毅撰　清光緒六年(1880)會稽王氏刻本　一冊

140000－0501－0005840　86347

抱山草堂詩存一卷文存一卷　（清）楊寶彝撰　清光緒二年(1876)刻本　一冊

140000－0501－0005841　86348

梅麓詩鈔　（清）齊彥槐撰　清道光二十五年(1845)刻本　一冊

140000－0501－0005842　86349

樗亭詩草五卷　（清）徐璈撰　清嘉慶刻本一冊

140000－0501－0005843　86357

石遺室詩集三卷補遺一卷　陳衍撰　清光緒三十一年(1905)武昌陳氏刻本　一冊

140000－0501－0005844　86358－59

晚香書屋遺稿四卷首一卷末一卷　（清）黃誠撰　清光緒五年(1879)雙井黃氏石印本二冊

140000－0501－0005845　86360

李林彭曾文鈔四卷　（清）彭以增撰　清彭以增校刻本　一冊

140000－0501－0005846　86361－62

測海集六卷　（清）彭紹升撰　清同治四年(1865)長洲彭氏刻本　二冊

140000－0501－0005847　86371

道腴室遺稿二卷　（清）江懷廷撰　清光緒二十一年(1895)刻本　一冊

140000－0501－0005848　86380

遲鴻軒詩存一卷文存一卷　（清）楊峴撰　清光緒二年(1876)歸安楊氏刻本　一冊

140000－0501－0005849　86383－87

螘蟓集五卷　（明）盧柟撰　清光緒二十年(1894)刻本　五冊

140000－0501－0005850　86389－94

砥齋集十二卷　（清）王弘撰　清光緒二十七年(1901)敬義堂刻本　六冊

140000－0501－0005851　86395－96

虛一齋集五卷　（清）莊培因撰　清光緒九年(1883)刻本　二冊

140000－0501－0005852　86404－09

四憶堂詩集六卷遺稿一卷　（清）侯方域撰（清）賈開宗注　清刻本　六冊

140000－0501－0005853　86412－14

漸西村人初集十三卷　（清）袁昶撰　清光緒二十年(1894)避舍蓋公堂刻本　三冊

140000－0501－0005854　86415－18

海桐書屋詩鈔八卷　（清）岳夢淵撰　清嘉慶二十四年(1819)刻本　四冊

140000－0501－0005855　86419－22

弱水集二十二卷　（清）屈復撰　清乾隆七年(1742)刻本　四冊

140000－0501－0005856　86423－38

曝書亭集八十卷附錄一卷　（清）朱彝尊撰　笛漁小稿十卷　（清）朱昆田撰　清光緒十五年(1889)會稽陶氏寒梅館刻本　十六冊

140000－0501－0005857　86441－42

雅雨堂文集四卷詩集二卷　（清）盧見曾著　清道光二十年(1840)清雅堂刻本　二冊　存四卷(文集四卷)

140000－0501－0005858　86464－65

楚辭燈四卷　（清）林雲銘編　清康熙三十六年(1697)龍文書屋刻本　二冊

140000－0501－0005859　86470－77

杜工部草堂詩箋四十卷目錄一卷外集一卷詩史補遺十卷補外集一卷　（唐）杜甫撰　（宋）蔡夢弼箋　清遵義黎氏日本東京刻古逸叢書本　八冊

140000－0501－0005860　86478－87

元文類七十卷目錄三卷　（元）蘇天爵編　清光緒十五年(1889)江蘇書局刻本　十冊

140000－0501－0005861　86488－97

元文類七十卷目錄三卷　（元）蘇天爵編　清光緒十五年(1889)江蘇書局刻本　十冊

140000－0501－0005862　86498－507

明文在一百卷　（清）薛熙纂　（清）何潔輯　清光緒十五年(1889)江蘇書局刻本　十冊

140000－0501－0005863　86508－23

義門讀書記五十八卷　（清）何焯編　清光緒六年(1880)苕溪吳氏刻本　十六冊

140000－0501－0005864　86524－29

述庵詩鈔十二卷　（清）王昶撰　清乾隆五十五年(1790)刻本　六冊

140000－0501－0005865　86530－41

居業堂文集二十卷首一卷　（清）王源著　清道光十一年(1831)讀雪山房刻本　十二冊

140000－0501－0005866　86542

宮閨艷集六卷　（清）唐桂輯　清光緒三十二年(1906)山西濬文書局鉛印本　一冊

140000－0501－0005867　86547

漁洋山人秋柳詩詮解一卷　（清）王士禛撰　（清）王祖源輯錄　清同治五年(1866)刻本　一冊

140000－0501－0005868　86548－51

詞選八種　（清）張琦輯　清光緒十三年(1887)刻本　四冊

140000－0501－0005869　86552－55

沈忠敏公龜谿集十二卷　（宋）沈與求撰　清南林劉氏求恕齋刻朱印本　四冊

140000－0501－0005870　86557－58

洪北江詩話六卷　（清）洪亮吉撰　清光緒三十四年(1908)上海掃葉山房石印本　二冊

140000－0501－0005871　86559

施愚山先生別集四卷　（清）施閏章撰　清康熙、乾隆刻本　一冊

140000－0501－0005872　86560

經進稿　（清）王懿榮撰　清宣統三年(1911)江寧印廠鉛印本　一冊

140000－0501－0005873　86564－67

瞿文慎公詩選墨跡　（清）瞿文慎撰　清光緒二十一年(1895)長沙瞿氏超覽樓影印本　四冊

140000－0501－0005874　86580－95

國朝山右詩存二十四卷附集八卷　（清）李錫麟輯　清嘉慶六年(1801)刻本　十六冊

140000－0501－0005875　86596－611

國朝山右詩存二十四卷附集八卷　（清）李錫麟輯　清嘉慶六年(1801)刻本　十六冊

140000－0501－0005876　86612－19

元遺山集九卷　（清）吳德光輯　元遺山志四卷　（清）樊煥章輯　清光緒元年(1875)定襄集賢樓刻本　八冊

140000－0501－0005877　86630

小眷西堂近體詩鈔 （清）蘇晉撰 清光緒三
十三年(1907)鉛印本 一冊

140000－0501－0005878 86631
小眷西堂近體詩鈔 （清）蘇晉撰 清光緒三
十三年(1907)鉛印本 一冊

140000－0501－0005879 86633
聊自娛齋詩草二卷附研農山房試帖 （清）馮
嘉謨撰 清光緒八年(1882)洪洞董氏刻本
一冊

140000－0501－0005880 86634
宰婁隨筆一卷 （清）毛應觀撰 清刻本
一冊

140000－0501－0005881 86635
稍可軒吟草一卷 （清）張其信撰 清光緒二
十九年(1903)京都粹文齋刻本 一冊

140000－0501－0005882 86636
春谿詩鈔二卷詞鈔一卷 （清）李季昌撰 清
咸豐十年(1860)餘三堂刻本 一冊

140000－0501－0005883 86637－40
樊南詩鈔四卷 （清）延君壽輯 清道光十八
年(1838)西坪書屋刻本 四冊

140000－0501－0005884 86643－44
趨庭遺草二卷 （清）康志儒撰 清光緒二十
年(1894)興縣康氏刻本 二冊

140000－0501－0005885 86645
百怍齋文集二卷 （清）朱鎬撰 清宣統元年
(1909)擷華館石印本 一冊

140000－0501－0005886 86646
山西詠古詩附湖山鄉試分詠 （清）丁公路輯
清道光五年(1825)刻本 一冊

140000－0501－0005887 86647
鶴舫詩鈔二卷 （清）張映宿著 清道光三年
(1823)陽曲張氏刻本 一冊

140000－0501－0005888 86648
鶴舫詩鈔二卷 （清）張映宿著 清道光三年
(1823)陽曲張氏刻本 一冊

140000－0501－0005889 86651
老生常談一卷 （清）延君壽撰 清刻本
一冊

140000－0501－0005890 86652
老生常談一卷 （清）延君壽撰 清刻本
一冊

140000－0501－0005891 86653
率性篇二卷首一卷 （清）李慎修撰 清宣統
三年(1911)鉛印本 一冊

140000－0501－0005892 86654
率性篇二卷首一卷 （清）李慎修撰 清宣統
三年(1911)鉛印本 一冊

140000－0501－0005893 86658
欲自得齋詩草 （清）楊履晉撰 清宣統二年
(1910)石印本 一冊

140000－0501－0005894 86659
欲自得齋詩草 （清）楊履晉撰 清宣統二年
(1910)石印本 一冊

140000－0501－0005895 86660
增補宋名臣狄武襄公功行錄三卷 （明）王中
丞輯 （清）申季莊補 清光緒二十一年
(1895)刻本 一冊

140000－0501－0005896 86670
留夢閣詩鈔 （清）康惠蘭著 清嘉慶三年
(1798)合河康氏刻本 一冊

140000－0501－0005897 86672－73
內省堂全集四卷 （清）燕申撰 清乾隆三十
八年(1773)刻本 二冊

140000－0501－0005898 86674－75
續內省堂全集六卷 （清）燕申撰 清乾隆三
十八年(1773)刻本 二冊

140000－0501－0005899 86706－09
豔雪堂詩集四卷 （清）張晉著 清咸豐元年
(1851)長子縣學署刻本 四冊

140000－0501－0005900 86710－13
豔雪堂詩集四卷 （清）張晉著 清咸豐元年
(1851)長子縣學署刻本 四冊

140000－0501－0005901　86715

幔坡詩鈔　（清）田六善撰　清康熙二十四年(1685)陽城田氏刻本　一冊

140000－0501－0005902　86716

幔坡詩鈔　（清）田六善撰　清康熙二十四年(1685)陽城田氏刻本　一冊

140000－0501－0005903　86717

續尤西堂擬明史樂府一卷附論詩絕句　（清）張晉撰　（清）楊履道注　清湘潭周易刻本　一冊

140000－0501－0005904　86718－23

寄魂谷詩草十二卷　（清）王錫疇撰　清同治九年(1870)忻州王氏刻本　六冊

140000－0501－0005905　86724－31

藐雪山房全集　（清）范鶴年撰　清嘉慶元年(1796)范氏刻本　八冊

140000－0501－0005906　86744－46

排青樓詩一卷硯廬詩一卷賦一卷　（清）朱之俊撰　清刻本　三冊

140000－0501－0005907　86747

峪園近草一卷　（清）朱之俊撰　清刻本　一冊

140000－0501－0005908　86748－51

賜綺堂詩集二卷續集二卷　（清）蘇於沛撰　清道光二十年(1840)徐溝蘇氏刻本　四冊

140000－0501－0005909　86752－53

西北文集三卷補遺一卷　（清）畢振姬撰　清刻本(配民國鉛印本)　二冊

140000－0501－0005910　86758－61

榑經廬詩集續編十三卷　（清）王軒著　清光緒刻本　四冊

140000－0501－0005911　86762－65

榑經廬詩集續編十三卷　（清）王軒著　清光緒刻本　四冊

140000－0501－0005912　86766－70

三晉語錄十卷　（清）范鄗鼎輯　清康熙十三年(1674)五經堂刻本　五冊

140000－0501－0005913　86771－75

嶠山集四卷補刻一卷兩論學庸二卷詩集一卷　（清）田從典撰　清賜書樓刻本　五冊

140000－0501－0005914　86778－83

龍塢集五十五卷　（明）王時濟撰　清順治荊溪一樂堂馬氏刻本　六冊

140000－0501－0005915　86784－85

倚雲山房文集二卷　（清）王發越撰　清咸豐三年(1853)黎城王氏刻本　二冊

140000－0501－0005916　86786－90

東山堂集八卷　（清）馮文止撰　清道光八年(1828)刻民國十年(1921)張廷誘重印本　五冊

140000－0501－0005917　86811－12

半可集四卷　（清）戴廷栻撰　清刻本　二冊

140000－0501－0005918　86813－14

傅徵君霜紅龕詩鈔一卷附錄一卷　（清）傅山撰　清乾隆三十二年(1767)仰止軒蘇氏刻本　二冊

140000－0501－0005919　86815－16

我詩集十一卷仙儒外紀五卷　（清）傅眉撰　（清）劉霨補輯　清咸豐四年(1854)壽陽王氏刻本　二冊

140000－0501－0005920　86817－28

霜紅龕全集　（清）傅山撰　清宣統二年(1910)平遙王氏刻本　十二冊

140000－0501－0005921　86837

綠溪詩四卷　（清）靳榮藩撰　清乾隆四十二年(1777)刻綠溪全集本　一冊

140000－0501－0005922　86838

綠溪詩四卷　（清）靳榮藩撰　清乾隆四十二年(1777)刻綠溪全集本　一冊

140000－0501－0005923　86839

詠史偶稿　（清）靳榮藩撰　清乾隆四十二年(1777)刻綠溪全集本　一冊

140000－0501－0005924　86840－43

定軒古文豹斑集四卷　（清）楊國泰著　清咸

豐二年(1852)離石王象辰刻本　四冊

140000－0501－0005925　86844－45

童子吟六卷　(清)劉霬輯　清嘉慶二十四年
(1819)刻本　二冊

140000－0501－0005926　86846－50

有融齋遺稿四卷時藝二卷補遺一卷　(清)喬
超五撰　清光緒十七年(1891)祁縣劉氏刻本
五冊

140000－0501－0005927　86851

槐堂雜詠一卷雜文一卷　(清)閆士驤撰　清
道光七年(1827)力恕堂刻本　一冊

140000－0501－0005928　86860－65

月齋文集八卷詩集四卷　(清)張穆撰　(清)
吳履敬編　清咸豐八年(1858)刻本　六冊

140000－0501－0005929　86866－69

月齋文集八卷詩集四卷　(清)張穆撰　(清)
吳履敬編　清咸豐八年(1858)刻本　四冊

140000－0501－0005930　86872

解頤軒詩鈔一卷賦鈔一卷　(清)張振翮撰
清道光十八年(1838)師竹軒刻本　一冊

140000－0501－0005931　86873－74

驚鄰詩草二卷　(清)程林宗撰　清道光二十
六年(1846)刻本　二冊

140000－0501－0005932　86876

西山遊草　(清)王軒著　清同治八年(1869)
洪洞王氏刻本　一冊

140000－0501－0005933　86877

進修堂詩集十四卷　(清)白恩佑撰　清光緒
六年(1880)刻本　一冊

140000－0501－0005934　86883

雪虛聲堂詩鈔三卷　(清)楊深秀撰　清光緒
七年(1881)太原刻本　一冊

140000－0501－0005935　86884

秋湄詩鈔一卷　(清)楊篤撰　清同治十二年
(1873)刻本　一冊

140000－0501－0005936　86886－87

介山文編二卷　(清)程林宗撰　清道光十九
年(1839)麟趾堂刻本　二冊

140000－0501－0005937　86888

鴛水絲聲　(清)沈廷標撰　清乾隆十八年
(1753)介休馬氏刻本　一冊

140000－0501－0005938　86889

孝義竹枝詞一卷　(清)葉瑞茂撰　清道光二
十二年(1842)刻本　一冊

140000－0501－0005939　86892

元配王恭人行略一卷悼亡詩一卷　(清)康亮
鈞撰　紅睍吟草一卷　(清)王素瑜撰　清嘉
慶刻本　一冊

140000－0501－0005940　86893

成介愍公集一卷　(明)成德撰　清光緒十九
年(1893)晉陽皖北石氏刻本　一冊

140000－0501－0005941　86894－95

憪巖詩稿四卷　(清)梁繪章著　清嘉慶十六
年(1811)靈石梁氏刻本　二冊

140000－0501－0005942　86896

並門題壁詩錄　(清)徐石卿輯　清光緒十四
年(1888)皖北東海館刻本　一冊

140000－0501－0005943　86897

嶺南存草五卷　(清)姚秉哲撰　清乾隆五十
九年(1794)碧雲樓刻本　一冊

140000－0501－0005944　86898－99

嵐溪詩鈔二卷　(清)王如玉撰　清道光十四
年(1834)靈石王氏刻本　二冊

140000－0501－0005945　86904

紫雲山房文鈔一卷　(清)曹學閔撰　清嘉慶
十四年(1809)汾陽曹氏刻本　一冊

140000－0501－0005946　86906

復初堂文集二卷　(清)秦東萊撰　清同治七
年(1868)刻本　一冊

140000－0501－0005947　86907－08

疎菴先生率意稿二卷　(明)王國光撰　明萬
曆三十七年(1609)竹石山房刻清重印本
二冊

140000－0501－0005948　86916－17

留影龕餘草二卷　（清）閻南圖撰　清太谷孫
豫昌刻本　二冊

140000－0501－0005949　86931－32

聞見瓣香錄四卷　（清）秦武域撰　清嘉慶八
年(1803)郁文堂刻本　二冊

140000－0501－0005950　86943－46

蘿蔄亭遺詩四卷附詞一卷　（清）喬松年撰
清光緒七年(1881)上元劉氏刻本　四冊

140000－0501－0005951　86947－54

容齋文鈔八卷詩集二十六卷古香詞一卷
（清）茹綸常撰　清乾隆三十五年至嘉慶四年
(1770－1799)刻本　八冊

140000－0501－0005952　86957

河汾諸老詩集八卷　（元）房祺輯　清乾隆四
十三年(1778)敬翼堂刻本　一冊

140000－0501－0005953　86959

裹古堂偶存詩稿二卷　（清）宋在詩撰　清乾
隆三十年(1765)刻墊柏先生類稿本　一冊

140000－0501－0005954　86960－63

豔雪堂詩集四卷　（清）張晉著　清咸豐元年
(1851)長子縣學署刻本　四冊

140000－0501－0005955　86964－65

慵巖詩稿四卷　（清）梁繪章著　清嘉慶十六
年(1811)靈石梁氏刻本　二冊

140000－0501－0005956　86968－71

榆石山樵詩草一卷源池小草一卷隨意吟草一
卷晚香亭詞草一卷　（清）甯述俞輯著　清光
緒十一年(1885)刻本(漢鎮永寶齋書局藏板)
　四冊

140000－0501－0005957　86972－75

榆石山樵詩草一卷源池小草一卷隨意吟草一
卷晚香亭詞草一卷　（清）甯述俞輯著　清光
緒十一年(1885)刻本(漢鎮永寶齋書局藏板)
　四冊

140000－0501－0005958　86978－83

古伴柳亭續稿六卷　（清）田秋撰　清道光二

十七年(1847)田氏刻本　六冊

140000－0501－0005959　86989

續尤西堂擬明史樂府一卷論詩絕句一卷
（清）張晉撰　清嘉慶十七年(1812)刻本　一
冊　缺一卷(論詩絕句一卷)

140000－0501－0005960　86991

津門紀遊　（清）張體乾撰　清乾隆寫刻本
一冊

140000－0501－0005961　87007－10

雙藤書屋詩集十二卷試帖二卷　（清）何道
生撰　清道光元年(1821)靈石耿氏刻本
四冊

140000－0501－0005962　87011

吳詩談藪二卷談藪拾遺一卷　（清）吳偉業撰
　（清）靳榮藩輯　清乾隆三十五年(1770)靳
氏凌雲亭刻本　一冊

140000－0501－0005963　87026

松溪詩稿一卷　（清）李毅撰　清六研草堂刻
本　一冊

140000－0501－0005964　87028－31

菜根軒詩鈔十四卷續集一卷　（清）王省山著
　清咸豐四年(1854)吳門刻本　四冊

140000－0501－0005965　87035－39

古文詞略二十四卷　（清）梅曾亮選　清光緒
二十四年(1898)學部圖書局鉛印本　五冊

140000－0501－0005966　87044－45

緯堂詩鈔四卷　（清）湯大奎撰　清乾隆三十
八年(1773)寫刻本　二冊

140000－0501－0005967　87046－47

陳秋坪先生遺墨題詠不分卷　（清）陳登龍撰
　（清）甘樹滋輯　清道光二十六年(1846)西
泠官廨刻本　二冊

140000－0501－0005968　87049

通隱堂詩存四卷　（清）張京度撰　清同治六
年(1867)五百梅花草堂刻本　一冊

140000－0501－0005969　87051－52

怡志堂詩初編八卷　（清）朱琦撰　清咸豐七

年(1857)刻本　二冊

140000－0501－0005970　87056
正香簃吟草四卷　（清）康奉珏撰　清光緒二十六年(1900)萬泉縣署刻本　一冊

140000－0501－0005971　87062
雪籟集一卷　（清）宋廷魁撰　清稿本　一冊

140000－0501－0005972　87063－66
文山別集四種十二卷附錄二卷　（宋）文天祥撰　清宣統二年(1910)東雅社鉛印本　四冊

140000－0501－0005973　87067－70
文山別集四種十二卷附錄二卷　（宋）文天祥撰　清宣統二年(1910)東雅社鉛印本　四冊

140000－0501－0005974　87072－73
濂亭遺集詩二卷文五卷　（清）張裕釗著　清宣統二年(1910)鄂城刻本　二冊

140000－0501－0005975　87078
小重山房詩續錄三種　（清）張祥河撰　清刻本　一冊

140000－0501－0005976　87081
退學詩齋詩集五卷　（清）何耿繩著　清同治十二年(1873)刻本　一冊

140000－0501－0005977　87082
退學詩齋詩集五卷　（清）何耿繩著　清同治十二年(1873)刻本　一冊

140000－0501－0005978　87085
夢綠山莊集四卷　（清）沈星煒撰　清道光三年(1823)刻本　一冊

140000－0501－0005979　87091
廬山紀遊詩一卷武夷紀遊詩一卷　（清）吳嵩梁撰　清嘉慶十九年(1814)刻本　一冊

140000－0501－0005980　87092
香草山房遺稿一卷附平猺十策一卷　（清）陸思謙撰　清光緒十七年(1891)拜五經樓刻本　一冊

140000－0501－0005981　87093
詠史詩百首一卷　清刻本　一冊

140000－0501－0005982　87094
甓湖草堂近集一卷　（清）吳世杰撰　清刻本　一冊

140000－0501－0005983　87095
刻楮集四卷　（清）錢儀吉撰　清光緒六年(1880)錢彝甫刻本　一冊

140000－0501－0005984　87097
觀河集四卷　（清）彭紹升著　清光緒四年(1878)長洲彭氏刻本　一冊

140000－0501－0005985　87098
香聞遺集四卷　（清）薛起鳳撰　清光緒十一年(1885)湖北撫署刻本　一冊

140000－0501－0005986　87100
倭文端公日記類鈔一卷　（清）倭仁著　（清）孫昌烈編　清光緒三年(1877)抄本　一冊

140000－0501－0005987　87101
暗香疏影齋詞鈔一卷　（清）白石撰　清光緒三十年(1904)上海新昌書局鉛印本　一冊

140000－0501－0005988　87102
瑞雲詞一卷　（清）徐其志撰　**鏡心齋詞鈔一卷**　（清）李鑾揚撰　清咸豐四年(1854)刻本　一冊

140000－0501－0005989　87103－04
檗隖詩存四卷詞存一卷　（清）王以敏撰　清刻本　二冊

140000－0501－0005990　87108
春酒堂文集一卷　（清）周容著　清宣統二年(1910)上海國學扶輪社鉛印本　一冊

140000－0501－0005991　87109
三釜齋唱酬小錄一卷　（清）姚濬昌輯　清光緒十五年(1889)桐城姚氏刻本　一冊

140000－0501－0005992　87110
浮雲集一卷　（清）胡琳章輯　清光緒刻本　一冊

140000－0501－0005993　87111
心嚮往齋詩集二卷　（清）孔繼鑅撰　清道光二十九年(1849)刻本　一冊

140000－0501－0005994　87112

修月山房詩鈔四卷　（清）吳麗生著　清光緒二十二年(1896)丹徒吳氏刻本　一冊

140000－0501－0005995　87113－14

玉井山館文續二卷西行日記一卷　（清）許宗衡著　清同治九年(1870)上元許氏刻本　二冊

140000－0501－0005996　87116

禽昌遊草一卷　（清）甘恪信著　（清）亢勛選　清道光十三年(1833)刻本　一冊

140000－0501－0005997　87123

適盦詩稿　（清）彭湘撰　清同治七年(1868)山西學使署刻本　一冊

140000－0501－0005998　87124

等閑集詩鈔一卷　（清）張敬謂著　清光緒六年(1880)錢塘張氏刻本　一冊

140000－0501－0005999　87127

振素庵詩鈔九卷　（清）蔣士超著　清宣統元年(1909)鉛印本　一冊

140000－0501－0006000　87128

海棠仙館詩草一卷　（清）宋伯魯撰　清刻本　一冊

140000－0501－0006001　87129

小鷗波館詩鈔十卷詞鈔一卷　（清）潘曾瑩撰　清道光二十五年(1845)刻本　一冊

140000－0501－0006002　87130

湘帆詩稿二卷賦稿一卷　（清）張畿著　清道光十四年(1834)聚文堂刻本　一冊

140000－0501－0006003　87131

百二名家合稿題詞　清抄本　一冊

140000－0501－0006004　87132

覺生詩鈔一卷　（清）鮑桂星撰　清同治十三年(1874)抄本　一冊

140000－0501－0006005　87133

伴鶴吟草　（清）王蓮溪撰　清咸豐抄本　一冊

140000－0501－0006006　87134

庚子都門紀事詩補一卷　（清）延清撰　清宣統三年(1911)鉛印本　一冊

140000－0501－0006007　87135

清儀閣雜詠一卷　（清）張廷濟輯　清道光十九年(1839)靜園張氏刻本　一冊

140000－0501－0006008　87136

水仙亭詞集二卷　（清）項瑣撰　清光緒十二年(1886)瑞安項氏刻本　一冊

140000－0501－0006009　87137

跋南雷文定一卷　（清）方東樹著　玉井攀蓮集一卷　（清）嚴長明著　岱游集一卷　（清）陳文述著　同文集一卷　（清）黃超曾編　清宣統元年(1909)江浦陳氏刻本　一冊

140000－0501－0006010　87138

龍川先生詩鈔一卷　（清）李晴峰著　清光緒三十三年(1907)南禊草堂鉛印本　一冊

140000－0501－0006011　87146

夢華圖夢雜詩一卷　題茶艷樓主人撰　僑居看花詩一卷　（清）許旹撰　清光緒八年(1882)菊隱山房刻本　一冊

140000－0501－0006012　87147－48

許魯齋先生集六卷　（元）許衡撰　（清）張伯行輯　清康熙四十七年(1708)正誼堂刻本　二冊

140000－0501－0006013　87153

詞辨二卷介存齋論詞雜著一卷　（清）周濟輯　清光緒四年(1878)刻本　一冊

140000－0501－0006014　87154

俞樓詩記一卷　（清）俞樾撰　清光緒七年(1881)仁和徐氏草瓶齋刻本　一冊

140000－0501－0006015　87156－58

玉磬山房詩稿六卷文集一卷　（清）劉大觀撰　清嘉慶十五年(1810)刻本　三冊

140000－0501－0006016　87159

鄧尉探梅詩四卷　（清）謝家福輯　清光緒二十年(1894)刻本　一冊

140000 – 0501 – 0006017　87160

燈庵遺詩三卷補遺一卷　（清）吳文暉著　匏
齋詩鈔一卷補編一卷　（清）吳以敬著　清道
光二十三年(1843)海鹽吳氏刻本　一冊

140000 – 0501 – 0006018　87161 – 62

周忠介公燼餘集三卷　（明）周順昌撰　忠介
遺事一卷周吏部年譜一卷　（明）殷獻臣輯
清光緒二十九年(1903)太倉唐氏刻本　二冊

140000 – 0501 – 0006019　87163

順所然齋詩鈔　（清）李增秋撰　清同治抄本
　一冊

140000 – 0501 – 0006020　87165

南歸集四卷　（清）李黼平著　清道光六年
(1826)刻本　一冊

140000 – 0501 – 0006021　87166

考闈唱和詩集一卷　（清）善佺輯　清宣統二
年(1910)石印本　一冊

140000 – 0501 – 0006022　87168 – 91

四大奇書第一種六十卷一百二十回首一卷
（明）羅貫中撰　（清）毛宗崗評　清大文堂刻
本　二十四冊

140000 – 0501 – 0006023　87222 – 29

東周列國志二十七卷首一卷一百八回　（清）
蔡昇評　清光緒二十年(1894)上海煮石齋石
印本　八冊

140000 – 0501 – 0006024　87238 – 61

東周列國全志二十三卷首一卷一百八回
(清)蔡昇評　清咸豐四年(1854)書成山房刻
本　二十四冊

140000 – 0501 – 0006025　87262 – 65

春燈新謎　（清）俞培元撰　清光緒二年
(1876)刻本　四冊

140000 – 0501 – 0006026　87266 – 79

虞初新志二十卷　（清）張潮輯　虞初續志十
二卷　（清）鄭澍若編　清咸豐元年(1851)小
瑯嬛山館刻本　十四冊

140000 – 0501 – 0006027　87280 – 87

都市新談八卷六十回　（清）陳森撰　清光緒
十五年(1889)石印本　八冊

140000 – 0501 – 0006028　87288 – 93

康對山先生文集十卷　（明）康海撰　清乾隆
二十六年(1761)武功縣刻本　六冊

140000 – 0501 – 0006029　87294 – 99

朱子古文六卷　（宋）朱熹撰　（清）周大璋輯
　清道光二十八年(1848)長沙小瑯嬛山館刻
本　六冊

140000 – 0501 – 0006030　87300 – 03

精選八大家古文八卷　（清）呂留良輯　清康
熙四十三年(1704)呂氏刻本　四冊

140000 – 0501 – 0006031　87907 – 14

大藏妙珍集八卷　（清）釋心興集錄　清嘉慶
二十一年(1816)京都德勝門内拈花寺刻本
八冊

140000 – 0501 – 0006032　87915

六祖大師法寶壇經一卷　（唐）釋法海編集
清刻本　一冊

140000 – 0501 – 0006033　88329 – 35

翻譯名義集十四卷　（宋）釋法雲編　清刻本
　七冊

140000 – 0501 – 0006034　88336 – 42

妙法蓮華經知音七卷　（明）釋如愚撰　明天
啟四年(1624)釋廣明等刻本　七冊

140000 – 0501 – 0006035　88343 – 53

妙法蓮華經大成九卷首一卷　（清）釋大義集
　妙法蓮華經綸貫一卷教觀綱宗一卷教觀釋
義一卷　（明）釋智旭述　妙法蓮華經擊節一
卷　（明）釋德清述　明刻清印本　十一冊

140000 – 0501 – 0006036　88354 – 56

金剛般若波羅蜜經解注一卷金剛經緒衷一卷
心經淺說一卷無智無得說一卷罪福說一卷原
佛一卷訟過記一卷　（清）王定柱注　清道光
二十七年(1847)襄平嚴氏刻本　三冊

140000 – 0501 – 0006037　88357 – 59

大佛頂如來密因修證了義諸菩薩萬行首楞嚴

經十卷　（唐）釋般刺密諦譯　明刻本　三冊

140000－0501－0006038　88360－62

大佛頂如來密因修證了義諸菩萨萬行首楞嚴
經十卷　（唐）釋般刺密諦譯　明刻本　三冊

140000－0501－0006039　88363－72

楞嚴說通十卷　（清）劉道開纂述　清康熙七
年(1668)刻本　十冊

140000－0501－0006040　88373－82

大佛頂如來密因修證了義諸菩薩萬行首楞嚴
經通議十卷　（明）釋德清撰　明萬曆四十五
年(1617)刻本　十冊

140000－0501－0006041　88383－92

楞嚴經講錄十卷　（明）釋乘旦撰　明天啟二
年(1622)新安汪益源刻本　十冊

140000－0501－0006042　88399－412

大佛頂首楞嚴經疏解蒙鈔十卷首一卷佛頂五
錄八卷　（清）錢謙益抄　清刻本　十四冊

140000－0501－0006043　88418－21

寶通賢首傳燈錄一卷續錄一卷　（清）釋祖旺
撰　清嘉慶刻本　四冊

140000－0501－0006044　88422－25

佛說梵網經菩薩心地品玄義一卷　（明）釋智
旭述　合注七卷　（後秦）釋鳩摩羅什譯
（明）釋智旭注　清嘉慶二年(1797)京都覺生
寺刻本　四冊

140000－0501－0006045　88426－27

大方廣圓覺修多羅了義經直解二卷　（唐）釋
佛陀多羅譯　（明）釋德清解　清光緒十七年
(1891)紅螺山刻本　二冊

140000－0501－0006046　88428－31

佛說阿彌陀經四卷　（後秦）釋鳩摩羅什譯
明萬曆二十五年（1597）刻清乾隆十四年
(1749)重修本　四冊

140000－0501－0006047　88432－36

佛說阿彌陀經疏四卷一卷　（後秦）釋鳩摩羅
什譯　（明）釋袾宏述　明萬曆二十五年
(1597)刻清乾隆十四年(1749)補刻本　五冊

140000－0501－0006048　88437－48

大乘本生心地觀經八卷淺注二卷景示一卷
（唐）釋般若譯　清康熙三十五年(1696)刻本
十二冊

140000－0501－0006049　88449－54

大佛頂如來密因修證了義諸菩薩萬行首楞嚴
經文句十卷佛頂玄義二卷　（唐）釋般刺密諦
譯　（明）釋智旭撰述　清嘉慶、道光刻本
六冊

140000－0501－0006050　88455－74

宗鏡錄一百卷　（宋）釋延壽集　清雍正十二
年(1734)武英殿刻本　二十冊

140000－0501－0006051　88475－94

宗鏡錄一百卷　（宋）釋延壽集　清雍正十二
年(1734)武英殿刻本　二十冊

140000－0501－0006052　88501－02

憨山老人年譜自敘實錄二卷東游集法語三則
一卷曹溪中興憨山肉祖後事因緣一卷　（明）
釋福善錄　（明）釋福徵疏　清光緒十七年
(1891)刻本　二冊

140000－0501－0006053　88503

佛遺教經施行敕不分卷　（唐）太宗李世民撰
佛垂般涅槃略說教誡經　（後秦）釋鳩摩羅
什譯　佛說八大人覺經　（漢）釋安世高譯
清抄本　一冊

140000－0501－0006054　88504－09

天目中峰和尚廣錄三十卷　（元）釋明本撰
佛垂般涅槃略說教誡經一卷　（後秦）釋鳩摩
羅什譯　佛說八大人覺經一卷　（漢）釋安世
高譯　瑜珈皈戒普度成佛儀一卷　（隋）釋灌
頂續　明明覺刻本　六冊

140000－0501－0006055　88510－29

瑜珈師地論一百卷　（唐）釋玄奘譯　明萬曆
二十七年(1599)刻清康熙二十九年(1690)重
印徑山藏本　二十冊

140000－0501－0006056　88530－45

五燈會元二十卷　（宋）釋普濟撰　清光緒三
十二年(1906)黃岡陶子麟刻本　十六冊

140000－0501－0006057　88546－50

大佛頂如來密因修證了義諸菩薩萬行首楞嚴
經集注十卷　（明）釋傳晟注　清道光二十年
(1840)海幢寺刻本　五冊

140000－0501－006058　321862－65

育正堂重訂幼學須知句解四卷　（清）程允升
撰　（清）錢元龍校　清刻本　四冊

140000－0501－0006059　88686－96

御釋七祖　清道光二十九年(1849)刻本　十
一冊

140000－0501－0006060　88744－49

佛說長阿含經二十二卷首一卷　（後秦）釋佛
陀耶舍　（後秦）釋竺佛念譯　清光緒十三年
(1887)姑蘇刻經處刻本　六冊

140000－0501－0006061　88762－65

別譯雜阿含經初誦二十卷雜阿含經一卷長阿
含十報法經二卷　明萬曆四十六年(1618)徑
山化城恆瑞刻徑山藏本　四冊

140000－0501－0006062　88766－67

金光明最勝王經十卷　（唐）釋義淨譯　清同
治十年(1871)常熟刻經處刻本　二冊

140000－0501－0006063　88768－74

首楞嚴義疏注經二十二卷　（宋）釋子璿撰
明萬曆二十九年(1601)刻本　七冊

140000－0501－0006064　88785－90

楞嚴經指掌疏五卷事義十卷　（清）釋達天通
理述　清乾隆四十一年(1776)刻本　六冊

140000－0501－0006065　88796－800

大方廣佛華嚴經普賢行願品別行疏鈔十五卷
　（唐）釋宗密撰　清光緒三十二年(1906)金
陵刻經處刻本　五冊

140000－0501－0006066　88802－06

圓覺經略疏之鈔二十五卷　（唐）釋宗密輯
清刻本　五冊

140000－0501－0006067　88807－08

大方廣圓覺修多羅了義經略疏二卷　（唐）釋
宗密撰　明萬曆二年(1574)刻本　二冊

140000－0501－0006068　88809－13

圓覺經略疏之鈔二十五卷　（唐）釋宗密輯
清刻本　五冊

140000－0501－0006069　88828－29

大方便佛報恩經七卷　清同治十一年(1872)
金陵刻經處刻本　二冊

140000－0501－0006070　88830－31

大方便佛報恩經七卷　清同治十一年(1872)
金陵刻經處刻本　二冊

140000－0501－0006071　88836－45

大般涅槃經玄義等十二種　（隋）釋灌頂撰
明萬曆十年(1582)仁德刻本　十冊

140000－0501－0006072　88846－47

大乘理趣六波羅蜜多經十卷　（唐）釋般若譯
　清光緒十九年(1893)金陵刻經處刻本
二冊

140000－0501－0006073　88862－63

般若波羅蜜多心經一卷金剛經果報錄一卷
(唐)釋玄奘譯　（明）釋宗泐　（明）釋如玘
注　清道光十四年(1834)太谷陽邑賈氏刻本
二冊

140000－0501－0006074　88868－71

地藏菩薩本願經開蒙三卷地藏本願經總釋品
題一卷　（清）釋品玥集　清宣統二年(1910)
刻本　四冊

140000－0501－0006075　88875－78

一切經音義二十五卷　（唐）釋玄應撰　補訂
新譯大方廣佛華嚴經音義二卷　（唐）釋慧苑
述　清同治八年(1869)武林張氏寶晉齋刻本
四冊

140000－0501－0006076　88890－91

唯識二十論述記四卷　（唐）釋窺基撰　唯識
二十論一卷　（唐）釋玄奘譯　清宣統二年
(1910)江西刻經處刻本　二冊

140000－0501－0006077　88892－95

釋摩訶衍論十卷　（印度）釋馬鳴本論　（後
秦）釋筏提摩多譯　清金陵刻經處刻本

四冊

140000 – 0501 – 0006078　88896 – 98

悲華經十卷　（北涼）釋曇無讖譯　清光緒四年(1878)金陵刻經處刻本　三冊

140000 – 0501 – 0006079　88901 – 02

大乘百法明門論解二卷　（唐）釋玄奘譯（唐）釋窺基注　八識規矩補注二卷　（明）釋普泰增修　明萬曆十八年(1590)刻本　二冊

140000 – 0501 – 0006080　88915 – 18

顯揚聖教論二十卷　（唐）釋玄奘譯　清宣統元年(1909)揚州藏經院刻本　四冊

140000 – 0501 – 0006081　88919 – 22

顯揚聖教論二十卷　（唐）釋玄奘譯　清刻本　四冊

140000 – 0501 – 0006082　88927 – 29

慈悲道場懺法十卷　（南朝梁）武帝蕭衍集　清康熙二十八年(1689)刻本　三冊

140000 – 0501 – 0006083　88934 – 35

寶王三昧念佛直指二卷破妄念佛說一卷（明）釋妙葉集　清光緒二十二年(1896)京都通明寺四蓮室刻本　二冊

140000 – 0501 – 0006084　88944 – 47

注心賦四卷　（宋）釋延壽述　清光緒三年(1877)金陵刻經處刻本　四冊

140000 – 0501 – 0006085　88948 – 49

相宗八要直解八卷　（唐）釋玄奘譯　（明）釋智旭述　清同治九年(1870)金陵刻經處刻本　二冊

140000 – 0501 – 0006086　88950 – 52

高僧傳十三卷　（南朝梁）釋慧皎撰　明萬曆三十九年(1611)上元戴氏刻本　三冊

140000 – 0501 – 0006087　88956 – 65

指月錄三十二卷　（明）瞿汝稷撰　明萬曆三十年(1602)遼東比丘通一刻本　十冊

140000 – 0501 – 0006088　88966 – 81

宗鑑法林七十二卷　（清）集雲堂編　清康熙刻民國十八年(1929)黃陂胡氏補刻本　十

六冊

140000 – 0501 – 0006089　88992 – 95

雅俗通用釋門疏式十卷　（清）釋冰雪輯　清光緒四年(1878)橫湖比丘肖巖摹刻本　四冊

140000 – 0501 – 0006090　88996 – 97

異方便淨土傳燈歸元鏡三祖實錄二卷戲劇供通一卷問答因緣一卷客問決疑一卷歸元鏡規約一卷　（清）釋智達述　清光緒十八年(1892)印雲水山人刻本　二冊

140000 – 0501 – 0006091　88998 – 9018

大方廣佛華嚴經著述集要二十種附懸談賢首國師別傳　清光緒二十三年(1897)金陵刻經處刻本　二十一冊

140000 – 0501 – 0006092　89022

金光明經四卷首一卷　（北涼）釋曇無讖譯　清同治十年(1871)金陵刻經處刻本　一冊

140000 – 0501 – 0006093　89023 – 24

大佛頂如來密因修證了義諸菩薩萬行首楞嚴經十卷　（唐）釋般刺密諦譯　清同治八年(1869)金陵刻經處刻本　二冊

140000 – 0501 – 0006094　89025 – 30

大佛頂如來密因修證了義諸菩薩萬行首楞嚴經通議十卷首楞嚴經懸鏡一卷附首楞嚴經懸鏡通議略科題辭一卷補遺一卷　（明）釋德清述　清光緒二十年(1894)金陵刻經處刻本　六冊

140000 – 0501 – 0006095　89031 – 35

大佛頂如來密因修證了義諸菩薩萬行首楞嚴經纂注十卷首一卷末一卷　（唐）釋般刺密諦譯　（明）釋真界注　清光緒三十四年(1908)金陵刻經處刻本　五冊

140000 – 0501 – 0006096　89036 – 40

大佛頂如來密因修證了義諸菩薩萬行首楞嚴經纂注十卷首一卷末一卷　（唐）釋般刺密諦譯　（明）釋真界注　清光緒三十四年(1908)金陵刻經處刻本　五冊

140000 – 0501 – 0006097　89041

三千諸佛名經三卷　（南朝宋）釋畺良耶舍譯
清光緒元年(1875)金陵刻經處刻本　一冊

140000－0501－0006098　89042－43
六度集經八卷　（三國吳）釋康僧會譯　清光
緒五年(1879)金陵刻經處刻本　二冊

140000－0501－0006099　89044－46
悲華經十卷　（北涼）釋曇無讖譯　清光緒四
年(1878)金陵刻經處刻本　三冊

140000－0501－0006100　89047
佛說梵網經二卷　（後秦）釋鳩摩羅什譯　清
光緒十年(1884)金陵刻經處刻本　一冊

140000－0501－0006101　89048
佛說梵網經二卷　（後秦）釋鳩摩羅什譯　清
光緒十年(1884)金陵刻經處刻本　一冊

140000－0501－0006102　89049－53
佛說梵網經菩薩心地品合注七卷附雜集六種
　（後秦）釋鳩摩羅什譯　（明）釋智旭注　佛
說梵網經菩薩心地品玄義一卷　（明）釋智旭
述　清同治十三年(1874)金陵刻經處刻本
五冊

140000－0501－0006103　89054－58
佛說梵網經菩薩心地品合注七卷附雜集六種
　（後秦）釋鳩摩羅什譯　（明）釋智旭注　佛
說梵網經菩薩心地品玄義一卷　（明）釋智旭
述　清同治十三年(1874)金陵刻經處刻本
五冊

140000－0501－0006104　89059－60
觀佛三昧海經十卷　（晉）釋佛陀跋陀羅譯
清光緒十七年(1891)金陵刻經處刻本　二冊

140000－0501－0006105　89061
大方廣圓覺修多羅了義經二卷　（唐）釋佛陀
多羅譯　清同治八年(1869)金陵刻經處刻本
　一冊

140000－0501－0006106　89062
大方廣圓覺修多羅了義經二卷　（唐）釋佛陀
多羅譯　清同治八年(1869)金陵刻經處刻本
　一冊

140000－0501－0006107　89063－66
大方廣圓覺經大疏十六卷首一卷　（唐）釋宗
密述　清宣統元年(1909)金陵刻經處刻本
四冊

140000－0501－0006108　89067－68
大方廣圓覺修多羅了義經近釋六卷　（明）釋
通潤述　清光緒十二年(1886)金陵刻經處刻
本　二冊

140000－0501－0006109　89069－70
大方廣圓覺修多羅了義經近釋六卷　（明）釋
通潤述　清光緒十二年(1886)金陵刻經處刻
本　二冊

140000－0501－0006110　89071－72
大乘入楞伽經七卷　（唐）釋實叉難陀譯　清
光緒三十四年(1908)金陵刻經處刻本　二冊

140000－0501－0006111　89073－74
大方便佛報恩經七卷　清同治十一年(1872)
金陵刻經處刻本　二冊

140000－0501－0006112　89075
解深密經五卷　（唐）釋玄奘譯　清同治十年
(1871)金陵刻經處刻本　一冊

140000－0501－0006113　89076
解深密經五卷　（唐）釋玄奘譯　清同治十年
(1871)金陵刻經處刻本　一冊

140000－0501－0006114　89080－81
楞伽阿跋多羅寶經四卷　（南朝宋）釋求那跋
陀羅譯　清同治九年(1870)金陵刻經處刻本
　二冊

140000－0501－0006115　89082－85
楞伽阿跋多羅寶經會譯四卷　（南朝宋）釋求
那跋陀羅初譯　（北魏）釋菩提留支再譯
（唐）釋實叉難陀後譯　（明）貟珂會譯　清光
緒三十四年(1908)金陵刻經處刻本　四冊

140000－0501－0006116　89086－91
觀楞伽阿跋多羅寶經記十八卷首一卷　（南
朝宋）釋求那跋陀羅譯　（明）釋德清筆記
清光緒三十一年(1905)金陵刻經處刻本

六冊

140000-0501-0006117　89092-97

觀楞伽阿跋多羅寶經記十八卷首一卷補遺一卷　（南朝宋）釋求那跋陀羅譯　（明）釋德清筆記　清光緒三十一年（1905）金陵刻經處刻本　六冊

140000-0501-0006118　89098

藥師琉璃光如來本願功德經一卷　（唐）釋玄奘譯　清同治十一年（1872）如皋刻經處刻本　一冊

140000-0501-0006119　89099

大乘密嚴經三卷　（唐）釋不空譯　清光緒二十三年（1897）金陵刻經處刻本　一冊

140000-0501-0006120　89103

諸佛要集經二卷　（晉）釋竺法護譯　佛說菩薩投身飼餓虎起塔因緣經一卷　（北涼）釋法盛譯　不思議光菩薩所說經一卷　（後秦）釋鳩摩羅什譯　清光緒二十一年（1895）金陵刻經處刻本　一冊

140000-0501-0006121　89104

佛說造像量度經一卷圖樣一卷續補一卷　（清）工布查布譯　清同治十三年（1874）金陵刻經處刻本　一冊

140000-0501-0006122　89105

維摩詰所說經三卷　（後秦）釋鳩摩羅什譯　清同治九年（1870）金陵刻經處刻本　一冊

140000-0501-0006123　89106-07

維摩詰所說經注八卷　（後秦）釋鳩摩羅什譯　清光緒十三年（1887）金陵刻經處刻本　二冊

140000-0501-0006124　89108-10

維摩詰所說經折衷疏六卷　（明）釋大賢述　清光緒金陵刻經處刻本　三冊

140000-0501-0006125　89111

佛說無量清淨平等覺經三卷　（漢）釋支婁迦讖譯　清同治十年（1871）金陵刻經處刻本　一冊

140000-0501-0006126　89112

佛說觀彌勒菩薩上生兜率陀天經一卷　（南朝宋）釋沮渠京聲譯　佛說彌勒下生經一卷　（後秦）釋鳩摩羅什譯　清光緒三年（1877）金陵刻經處刻本　一冊

140000-0501-0006127　89113

入法界體性經一卷　（隋）釋闍那崛多譯　佛說如來智印經一卷　清光緒四年（1878）金陵刻經處刻本　一冊

140000-0501-0006128　89114

勝鬘師子吼一乘大方便方廣經一卷　（南朝宋）釋求那跋陀羅譯　勝鬘夫人會一卷　（唐）釋菩提流志譯　清光緒二十二年（1896）金陵刻經處刻本　一冊

140000-0501-0006129　89116-25

釋氏十三經　清光緒十年（1884）金陵刻經處刻本　十冊

140000-0501-0006130　89126

淨土四經　（南朝宋）釋畺良耶舍譯　清同治五年（1866）金陵書局刻本　一冊

140000-0501-0006131　89127

佛說觀無量壽佛經一卷　（南朝宋）釋畺良耶舍譯　佛說阿彌陀經一卷　（後秦）釋鳩摩羅什譯　稱讚淨土佛攝受經一卷　（唐）釋玄奘譯　拔一切業障根本得生淨土神咒一卷　（南朝宋）釋求那跋陀羅譯　後出阿彌陀佛偈經一卷　（漢）佚名譯　阿彌陀鼓音聲王陀羅尼經一卷　（漢）佚名譯　觀世音菩薩得大勢菩薩受記經一卷　（南朝宋）釋曇無竭譯　無量壽經優波提舍一卷　（北魏）釋菩提留支譯　佛說阿彌陀經疏一卷　（唐）釋元曉述　清光緒七年（1881）金陵刻經處刻本　一冊

140000-0501-0006132　89128

佛說阿彌陀經要解一卷　（後秦）釋鳩摩羅什譯　（明）釋智旭解　清光緒十一年（1885）金陵刻經處刻本　一冊

140000-0501-0006133　89129

佛說阿彌陀經義疏一卷　（宋）釋元照述　清

光緒二十四年(1898)金陵刻經處刻本 一冊

140000－0501－0006134 89131－32

佛說無量壽經義疏六卷 （三國魏）釋康僧鎧譯 （隋）釋慧遠撰疏 清光緒二十年(1894)金陵刻經處刻本 二冊

140000－0501－0006135 89133－34

佛說無量壽經義疏六卷 （三國魏）釋康僧鎧譯 （隋）釋慧遠撰疏 清光緒二十年(1894)金陵刻經處刻本 二冊

140000－0501－0006136 89135－36

無量壽如來會二卷 （唐）釋菩提流志譯 **佛說大乘無量壽莊嚴經一卷** （宋）釋法賢譯 **佛說觀無量壽佛經一卷** （南朝宋）釋畺良耶舍譯 **佛說阿彌陀經一卷** （後秦）釋鳩摩羅什譯 **稱讚淨土佛攝受經一卷** （唐）釋玄奘譯 **拔一切業障根本得生淨土神咒一卷** （南朝宋）釋求那跋陀羅譯 **後出阿彌陀佛偈經一卷** （漢）佚名譯 **阿彌陀鼓音聲王陀羅尼經一卷** （漢）佚名譯 **觀世音菩薩得大勢菩薩受記經一卷** （南朝宋）釋曇無竭譯 **無量壽經優波提舍一卷** （北魏）釋菩提留支譯 **佛說阿彌陀經疏一卷** （唐）釋之堯述 清光緒二十二年(1896)金陵刻經處刻本 二冊

140000－0501－0006137 89138

佛說四諦經一卷 （漢）釋安世高譯 **佛說恒水經一卷佛說瞻婆比丘經一卷** （晉）釋法炬譯 **佛說緣本致經一卷** 佚名譯 **佛說頂生王故事經一卷** （晉）釋法炬譯 **佛說文陀竭王經一卷** （北涼）釋曇無讖譯 **佛說本相倚致經一卷** （漢）釋安世高譯 清光緒六年(1880)金陵刻經處刻本 一冊

140000－0501－0006138 89139

佛說七俱胝佛母準提大明陀羅尼經一卷 （唐）釋金剛智譯 **千手千眼觀世音菩薩廣大圓滿無礙大悲心陀羅尼經一卷** （唐）釋伽梵達摩譯 **佛頂尊勝陀羅尼經一卷** （唐）釋佛陀波利譯 **穢跡金剛說神通大滿陀羅尼法術靈要門經一卷** （唐）釋無能勝譯 清光緒八年(1882)金陵刻經處刻本 一冊

140000－0501－0006139 89140－41

楞伽阿跋多羅寶經四卷 （南朝宋）釋求那跋陀羅譯 清同治九年(1870)金陵刻經處刻本 二冊

140000－0501－0006140 89142

無量義經一卷 （南朝齊）釋伽陀耶舍譯 **佛說觀普賢菩薩行法經一卷** （南朝宋）釋曇摩蜜多譯 清光緒七年(1881)金陵刻經處刻本 一冊

140000－0501－0006141 89143

佛說盂蘭盆經疏一卷 （唐）釋宗密述 （宋）釋淨源注 清光緒三十二年(1906)金陵刻經處刻本 一冊

140000－0501－0006142 89144－47

勝鬘經寶窟十五卷 （隋）釋吉藏撰 清光緒二十六年(1900)金陵刻經處刻本 四冊

140000－0501－0006143 89148－49

大乘理趣六波羅蜜多經十卷 （唐）釋般若譯 清光緒十九年(1893)金陵刻經處刻本 二冊

140000－0501－0006144 89150

仁王護國般若波羅蜜多經二卷 （唐）釋不空譯 清同治九年(1870)金陵刻經處刻本 一冊

140000－0501－0006145 89151

仁王護國般若波羅蜜多經二卷 （唐）釋不空譯 清同治九年(1870)金陵刻經處刻本 一冊

140000－0501－0006146 89152

金剛般若波羅蜜經六譯本 （後秦）釋鳩摩羅什譯 清同治十一年(1872)金陵刻經處刻本 一冊

140000－0501－0006147 89153

金剛般若波羅蜜經六譯本 （後秦）釋鳩摩羅什譯 清同治十一年(1872)金陵刻經處刻本 一冊

140000－0501－0006148 89154

金剛般若波羅蜜經六譯本　（後秦）釋鳩摩羅什譯　清同治十一年（1872）金陵刻經處刻本　一冊

140000－0501－0006149　89155

金剛般若經疏一卷　（隋）釋智顗　般若波羅蜜多心經疏一卷　（唐）釋玄奘譯　（唐）釋靖邁撰疏　清光緒三十三年（1907）金陵刻經處鉛印本　一冊

140000－0501－0006150　89156

金剛般若經疏一卷　（隋）釋智顗　般若波羅蜜多心經疏一卷　（唐）釋玄奘譯　（唐）釋靖邁撰疏　清光緒三十三年（1907）金陵刻經處鉛印本　一冊

140000－0501－0006151　89157

佛說金剛般若波羅蜜經略疏二卷　（唐）釋智儼述　般若波羅蜜多心經略疏一卷　（唐）釋法藏述　清光緒二十六年（1900）金陵刻經處刻本　一冊

140000－0501－0006152　89159

金剛三昧經二卷　清同治十二年（1873）金陵刻經處刻本　一冊

140000－0501－0006153　89160－68

大佛頂如來密因修證了義諸菩薩萬行首楞嚴經文句十卷　（唐）釋般刺密諦譯　（明）釋智旭文句　清同治十三年（1874）金陵刻經處刻本　九冊

140000－0501－0006154　89169－71

妙法蓮華經七卷　（後秦）釋鳩摩羅什譯　清同治十年（1871）金陵刻經處刻本　三冊

140000－0501－0006155　89172－76

妙法蓮華經通義二十卷　（明）釋德清述　清光緒三十四年（1908）金陵刻經處刻本　五冊

140000－0501－0006156　89182

地藏菩薩本願經三卷　（唐）釋實叉難陀譯　清光緒三十年（1904）金陵刻經處刻本　一冊

140000－0501－0006157　89183

地藏菩薩本願經三卷　（唐）釋實叉難陀譯　清光緒三十年（1904）金陵刻經處刻本　一冊

140000－0501－0006158　89184

大般涅槃經玄義二卷　（隋）釋灌頂撰　清光緒八年（1882）金陵刻經處刻本　一冊

140000－0501－0006159　89185

大般涅槃經玄義二卷　（隋）釋灌頂撰　清光緒八年（1882）金陵刻經處刻本　一冊

140000－0501－0006160　89186

佛說四十二章經一卷　（漢）迦葉摩騰譯　佛遺教經施行敕一卷　（唐）太宗李世民撰　八大人覺經一卷　（漢）釋安世高譯　清同治九年（1870）金陵刻經處刻本　一冊

140000－0501－0006161　89187

佛說四十二章經解一卷佛遺教經解一卷　（明）釋智旭解　大人覺經略解一卷　（漢）釋安世高譯　清光緒十一年（1885）金陵刻經處刻本　一冊

140000－0501－0006162　89188

佛說四十二章經解一卷佛遺教經解一卷　（明）釋智旭解　大人覺經略解一卷　（漢）釋安世高譯　清光緒十一年（1885）金陵刻經處刻本　一冊

140000－0501－0006163　89189

佛說四十二章經解一卷佛遺教經解一卷　（明）釋智旭解　大人覺經略解一卷　（漢）釋安世高譯　清光緒十一年（1885）金陵刻經處刻本　一冊

140000－0501－0006164　89190

佛說四十二章經注一卷佛遺教經注一卷　（明）釋了重補注　清光緒十六年（1890）金陵刻經處刻本　一冊

140000－0501－0006165　89191

佛說阿彌陀經二卷　（三國吳）支謙譯　佛說無量壽經二卷　（三國魏）釋康僧鎧譯　清光緒五年（1879）常熟刻經處刻本　一冊

140000－0501－0006166　89192

四分戒本一卷　（後秦）釋佛陀耶舍　（後秦）

釋竺佛念譯　清光緒十八年（1892）金陵刻經處刻本　一冊

140000－0501－0006167　89194－95

梵網經菩薩戒本疏十卷　（唐）釋法藏撰　清光緒二十五年（1899）金陵刻經處刻本　二冊

140000－0501－0006168　89196

毗尼日用切要一卷　（清）釋讀體集　沙彌律儀要略一卷　（明）釋袾宏輯　清光緒十八年（1892）金陵刻經處刻本　一冊

140000－0501－0006169　89197

大乘起信論一卷　（南朝陳）釋真諦譯　清光緒二十四年（1898）金陵刻經處刻本　一冊

140000－0501－0006170　89198

大乘起信論一卷　（南朝陳）釋真諦譯　清光緒二十四年（1898）金陵刻經處刻本　一冊

140000－0501－0006171　89199

大乘起信論一卷　（南朝陳）釋真諦譯　清光緒二十四年（1898）金陵刻經處刻本　一冊

140000－0501－0006172　89200

大乘起信論纂注二卷　（南朝陳）釋真諦譯（明）釋真界注　清光緒十一年（1885）金陵刻經處刻本　一冊

140000－0501－0006173　89201

大乘起信論直解二卷　（南朝陳）釋真諦譯（明）釋德清直解　清光緒十六年（1890）金陵刻經處刻本　一冊

140000－0501－0006174　89203－04

大乘起信論疏記會本六卷　（南朝陳）釋真諦譯　（唐）釋元曉疏　清光緒二十五年（1899）金陵刻經處刻本　二冊

140000－0501－0006175　89205－06

大乘起信論義記七卷別記一卷　（唐）釋法藏撰　清光緒二十三年（1897）金陵刻經處刻本　二冊

140000－0501－0006176　89214－33

成唯識論述記六十卷　（唐）釋窺基撰　清光緒二十七年（1901）金陵刻經處刻本　二十冊

140000－0501－0006177　89234－53

成唯識論述記六十卷　（唐）釋窺基撰　清光緒二十七年（1901）金陵刻經處刻本　二十冊

140000－0501－0006178　89254－57

釋摩訶衍論十卷　（印度）釋馬鳴本論　（後秦）釋筏提摩多譯　清金陵刻經處刻本　四冊

140000－0501－0006179　89261

大乘法界無差別論疏二卷　（唐）釋法藏撰　清光緒二十一年（1895）金陵刻經處刻本　一冊

140000－0501－0006180　89262－63

大乘中觀釋論十卷　（宋）釋惟淨譯　清光緒三十四年（1908）金陵刻經處刻本　二冊

140000－0501－0006181　89270－71

因明入正理論疏八卷　（唐）釋窺基撰　清光緒二十二年（1896）金陵刻經處刻本　二冊

140000－0501－0006182　89272－73

因明入正理論疏八卷　（唐）釋窺基撰　清光緒二十二年（1896）金陵刻經處刻本　二冊

140000－0501－0006183　89274

十二門論一卷　（後秦）釋鳩摩羅什譯　清光緒二十一年（1895）金陵刻經處刻本　一冊

140000－0501－0006184　89275

十二門論一卷　（後秦）釋鳩摩羅什譯　清光緒二十一年（1895）金陵刻經處刻本　一冊

140000－0501－0006185　89276

十二門論宗致義記三卷　（唐）釋法藏述　清光緒二十一年（1895）金陵刻經處刻本　一冊

140000－0501－0006186　89277

十二門論宗致義記三卷　（唐）釋法藏述　清光緒二十一年（1895）金陵刻經處刻本　一冊

140000－0501－0006187　89280－82

般若燈論十五卷　（唐）釋波羅頗迦羅蜜多羅譯　清光緒二十四年（1898）金陵刻經處刻本　三冊

140000－0501－0006188　89283

三論玄義二卷　（隋）釋吉藏撰　清光緒二十五年(1899)金陵刻經處刻本　一冊

140000－0501－0006189　89284

三論玄義二卷　（隋）釋吉藏撰　清光緒二十五年(1899)金陵刻經處刻本　一冊

140000－0501－0006190　89286－87

肇論略注六卷　（明）釋德清注　清光緒十四年(1888)金陵刻經處刻本　二冊

140000－0501－0006191　89303

續原教論二卷　（明）沈士榮撰　清光緒元年(1875)金陵刻經處刻本　一冊

140000－0501－0006192　89304

大宗地玄文本論略注四卷首一卷　（南朝陳）釋真諦譯　（清）楊文會注　清光緒三十二年(1906)金陵刻經處刻本　一冊

140000－0501－0006193　89305

大宗地玄文本論略注四卷首一卷　（南朝陳）釋真諦譯　（清）楊文會注　清光緒三十二年(1906)金陵刻經處刻本　一冊

140000－0501－0006194　89308－10

慈悲道場懺法十卷　（南朝梁）武帝蕭衍集　清光緒十五年(1889)金陵刻經處刻本　三冊

140000－0501－0006195　89314

西歸直指四卷首一卷　（清）周夢顏輯　清光緒十二年(1886)金陵刻經處刻本　一冊

140000－0501－0006196　89316

重訂西方公據二卷　（清）彭際清集　清光緒四年(1878)金陵刻經處刻本　一冊

140000－0501－0006197　89318

龍舒淨土文十卷首一卷末一卷　（宋）王日休撰　清光緒九年(1883)金陵刻經處刻本　一冊

140000－0501－0006198　89320

西方要決釋疑通規一卷　（唐）釋窺基撰　清金陵刻經處刻本　一冊

140000－0501－0006199　89321

西方要決釋疑通規一卷　（唐）釋窺基撰　清

金陵刻經處刻本　一冊

140000－0501－0006200　89322

修西定課一卷　（清）鄭澄德注　清光緒二十四年(1898)金陵刻經處石印本　一冊

140000－0501－0006201　89323

念佛伽陀一卷　（清）釋際醒撰　清金陵刻經處刻本　一冊

140000－0501－0006202　89324

安樂集二卷　（唐）釋道綽撰　清光緒二十三年(1897)金陵刻經處刻本　一冊

140000－0501－0006203　89325－27

宗範八卷首一卷　（清）錢伊庵編輯　清光緒十二年(1886)金陵刻經處刻本　三冊

140000－0501－0006204　89328－31

注心賦四卷　（宋）釋延壽述　清光緒三年(1877)金陵刻經處刻本　四冊

140000－0501－0006205　89332

禪門鍛煉說一卷　（清）釋戒顯撰　清同治十一年(1872)如皋刻經處刻本　一冊

140000－0501－0006206　89333

禪關策進一卷　（明）釋袾宏輯　清光緒二十四年(1898)金陵刻經處刻雲棲法彙本　一冊

140000－0501－0006207　89337

入楞伽心玄義一卷　（唐）釋法藏撰　清光緒十八年(1892)金陵刻經處刻本　一冊

140000－0501－0006208　89339－42

高僧傳十五卷首一卷　（南朝梁）釋慧皎撰　清光緒十年(1884)金陵刻經處刻本　四冊

140000－0501－0006209　89343－44

相宗八要直解八卷　（唐）釋玄奘譯　（明）釋智旭述　清同治九年(1870)金陵刻經處刻本　二冊

140000－0501－0006210　89346

性相通說一卷　（明）釋德清述　清同治十二年(1873)金陵刻經處刻本　一冊

140000－0501－0006211　89347

比丘尼傳四卷 （晉）釋寶唱撰 清光緒十一年（1885）金陵刻經處刻本 一冊

140000－0501－0006212 89348
諸經日誦集要二卷附西方願文解一卷 （明）釋袾宏輯 清光緒二十五年（1899）金陵刻經處刻雲棲法彙本 一冊

140000－0501－0006213 89349－50
禪門日誦一卷 （清）天童寺輯 清金陵刻經處刻本 二冊

140000－0501－0006214 89351－56
續指月錄二十卷首一卷附續指月錄尊宿集 （清）聶先編集 清光緒十二年（1886）金陵刻經處刻本 六冊

140000－0501－0006215 89357－62
翻譯名義集二十卷 （宋）釋法雲編 清光緒四年（1878）金陵刻經處刻本 六冊

140000－0501－0006216 89364
宗教律諸家演派一卷溯查西藏剌麻來源一卷佛祖心燈一卷 （清）釋守一編 清光緒十六年（1890）金陵刻經處刻本 一冊

140000－0501－0006217 89365
顯密圓通成佛心要集二卷 （宋）釋道殿集 清同治十一年（1872）金陵刻經處刻本 一冊

140000－0501－0006218 89366
徹悟禪師語錄二卷附靈峰蕅益大師梵室偶談一卷 （清）釋了亮集 清同治十年（1871）金陵刻經處刻本 一冊

140000－0501－0006219 89367
瑜珈焰口施食要集一卷 （清）釋寶華集 清光緒三年（1877）金陵刻經處刻本 一冊

140000－0501－0006220 89368
蒙山施食略集一卷放生儀一卷 清同治十二年至光緒四年（1873－1878）金陵刻經處刻本 一冊

140000－0501－0006221 89369－70
選佛譜六卷 （明）釋智旭述 清光緒十七年（1891）金陵刻經處刻本 二冊

140000－0501－0006222 89371－74
梵網經心地品菩薩戒義疏發隱五卷 （南朝陳）釋智者口述 （明）釋袾宏發隱 清光緒二十五年（1899）金陵刻經處刻本 四冊

140000－0501－0006223 89375
戒疏發隱事義五卷菩薩戒問辯一卷 （明）釋袾宏撰 清光緒二十四年（1898）金陵刻經處刻本 一冊

140000－0501－0006224 89376
佛遺教經論疏節要一卷 （後秦）釋鳩摩羅什譯 （宋）釋淨源節要 （明）釋袾宏補注 清光緒二十四年（1898）金陵刻經處刻本 一冊

140000－0501－0006225 89377
緇門崇行錄十卷 （明）釋袾宏輯 清光緒二十四年（1898）金陵刻經處刻本 一冊

140000－0501－0006226 89378
自知錄二卷 （明）釋袾宏撰 清光緒二十五年（1899）金陵刻經處刻本 一冊

140000－0501－0006227 89379
往生集三卷 （明）釋袾宏輯 清光緒二十四年（1898）金陵刻經處刻本 一冊

140000－0501－0006228 89380－81
法界聖凡水陸勝會修齋儀軌六卷 （宋）釋志磐撰 （明）釋袾宏重訂 清光緒二十五年（1899）金陵刻經處刻本 二冊

140000－0501－0006229 89382
修設瑜伽集要施食壇儀一卷首一卷 （明）釋袾宏輯 清光緒二十五年（1899）金陵刻經處刻本 一冊

140000－0501－0006230 89383
楞嚴摸象記一卷 （明）釋袾宏述 清光緒二十四年（1898）金陵刻經處刻本 一冊

140000－0501－0006231 89384
楞嚴摸象記一卷 （明）釋袾宏述 清光緒二十四年（1898）金陵刻經處刻本 一冊

140000－0501－0006232 89385
竹窗二筆一卷 （明）釋袾宏著 清光緒二十

四年(1898)金陵刻經處刻雲棲法彙本　一冊

140000－0501－0006233　89386

竹窗二筆一卷　　(明)釋袾宏著　清光緒二十
四年(1898)金陵刻經處刻雲棲法彙本　一冊

140000－0501－0006234　89387－88

雲棲大師山房雜錄二卷　(明)釋袾宏撰　清
光緒二十五年(1899)金陵刻經處刻雲棲法彙
本　二冊

140000－0501－0006235　89389－90

雲棲大師遺稿三卷　　(明)釋袾宏撰　清光緒
二十五年(1899)金陵刻經處刻雲棲法彙本
二冊

140000－0501－0006236　89391

佛說七俱胝佛母準提大明陀羅尼經一卷
(唐)釋金剛智譯　清光緒八年(1882)金陵刻
經處刻本　一冊

140000－0501－0006237　89392

佛教初學課本一卷佛教初學課本注　　(清)楊
文會述　清光緒三十二年(1906)金陵刻經處
刻本　一冊

140000－0501－0006238　89393

佛教初學課本一卷佛教初學課本注　　(清)楊
文會述　清光緒三十二年(1906)金陵刻經處
刻本　一冊

140000－0501－0006239　89395－406

佛本行集經六十卷　　(隋)釋闍那崛多譯　清
光緒三十年(1904)南昌刻經處刻本　十二冊

140000－0501－0006240　89407－08

唯識二十論述記四卷　　(唐)釋窺基撰　唯識
二十論一卷　　(唐)釋玄奘譯　清宣統二年
(1910)江西刻經處刻本　二冊

140000－0501－0006241　89409－10

唯識二十論述記四卷　　(唐)釋窺基撰　唯識
二十論一卷　　(唐)釋玄奘譯　清宣統二年
(1910)江西刻經處刻本　二冊

140000－0501－0006242　89411

慈悲水懺法三卷　　(唐)釋知玄撰　清同治十

二年(1873)江北刻經處刻本　一冊

140000－0501－0006243　89413

翻譯名義集選一卷　清同治十二年(1873)江
北刻經處刻本　一冊

140000－0501－0006244　89414－15

勝天王般若波羅蜜經七卷　(南朝陳)釋月婆
首那譯　清光緒二年(1876)江北刻經處刻本
二冊

140000－0501－0006245　89416

般若波羅蜜多心經一卷　(唐)釋玄奘譯　摩
訶般若波羅蜜大明咒經　(後秦)釋鳩摩羅什
譯　文殊師利所說摩訶般若波羅蜜經一卷
(南朝梁)釋曼陀羅仙譯　實相般若波羅蜜經
一卷　(唐)釋菩提流志譯　清光緒元年
(1875)江北刻經處刻本　一冊

140000－0501－0006246　89417

四念處四卷　(隋)釋灌頂記　清光緒三年
(1877)江北刻經處刻本　一冊

140000－0501－0006247　89418

佛說大淨法門品經一卷　(晉)釋竺法護譯
清光緒元年(1875)江北刻經處刻本　一冊

140000－0501－0006248　89419－21

禪林寶訓筆記三卷　(清)釋智祥述　清光緒
十九年(1893)江北刻經處刻本　三冊

140000－0501－0006249　89422

大方等大集賢護經五卷　(隋)釋闍那崛多譯
清同治十二年(1873)江北刻經處刻本
一冊

140000－0501－0006250　89423

佛說目連問戒律中五百輕重事經二卷　清光
緒二年(1876)江北刻經處刻本　一冊

140000－0501－0006251　89424－25

佛說菩薩念佛三昧經六卷　(南朝宋)釋功德
直等譯　清同治十一年(1872)常熟刻經處刻
本　二冊

140000－0501－0006252　89426

大慧普覺禪師宗門武庫一卷附雪堂行和尚拾

遺錄一卷　（宋）釋道謙編　清光緒七年（1881）常熟刻經處刻本　一冊

140000－0501－0006253　89427－34

大方等大集經三十卷　（北涼）釋曇無讖譯
清光緒八年（1882）常熟刻經處刻本　八冊

140000－0501－0006254　89435－37

大方等大集月藏經十卷　（隋）釋那連提耶舍
譯　清光緒八年（1882）常熟劉氏刻本　三冊

140000－0501－0006255　89438

淨土警語一卷起一心精進念佛七期規式一卷
　（清）釋行策定　清光緒六年（1880）常熟蔡
文藝齋刻本　一冊

140000－0501－0006256　89439

善女人傳二卷　（清）彭際清撰　清同治十一
年（1872）常熟刻本　一冊

140000－0501－0006257　89440－42

禪林僧寶傳三十卷附臨濟宗旨一卷　（宋）釋
惠洪撰　清光緒五年至六年（1879－1880）常
熟刻經處刻本　三冊

140000－0501－0006258　89443

大乘造像功德經等十八種　（唐）釋提曇般若
譯　清同治十一年（1872）常熟刻經處刻本
一冊

140000－0501－0006259　89444

大乘造像功德經等十八種　（唐）釋提曇般若
譯　清同治十一年（1872）常熟刻經處刻本
一冊

140000－0501－0006260　89445－58

大佛頂首楞嚴經正脈疏四十卷　（明）釋真鑑
述　清光緒二十二年（1896）金陵刻經處刻本
十四冊

140000－0501－0006261　89459

大乘起信論纂注二卷　（南朝陳）釋真諦譯
（明）釋真界注　清光緒十一年（1885）金陵刻
經處刻本　一冊

140000－0501－0006262　89460

大乘起信論纂注二卷　（南朝陳）釋真諦譯

（明）釋真界注　清光緒十一年（1885）金陵刻
經處刻本　一冊

140000－0501－0006263　89461－62

大乘本生心地觀經八卷　（唐）釋般若譯　清
刻本　二冊

140000－0501－0006264　89463－64

大方廣圓覺修多羅了義經近釋六卷　（明）釋
通潤述　清光緒十二年（1886）金陵刻經處刻
本　二冊

140000－0501－0006265　89465－66

成唯識論十卷　（唐）釋玄奘譯　清光緒二十
二年（1896）金陵刻經處刻本　二冊

140000－0501－0006266　89467－69

妙法蓮華經七卷　（後秦）釋鳩摩羅什譯　清
同治九年（1870）刻本　三冊

140000－0501－0006267　89470－71

唯識開蒙問答二卷　（元）釋雲峰輯　清宣統
三年（1911）揚州藏經禪院刻本　二冊

140000－0501－0006268　89474

菩薩戒本經箋要一卷　（北涼）釋曇無讖譯
（明）釋智旭箋　清光緒六年（1880）金陵刻經
處刻本　一冊

140000－0501－0006269　89475

菩薩戒本經箋要一卷　（北涼）釋曇無讖譯
（明）釋智旭箋　清光緒六年（1880）金陵刻經
處刻本　一冊

140000－0501－0006270　89476

金剛般若波羅蜜經一卷金剛靈應一卷　（後
秦）釋鳩摩羅什譯　清乾隆五十七年（1792）
北平李逢春刻本　一冊

140000－0501－0006271　89477－78

净土晨鐘十卷　（清）周克復纂　清乾隆五十
七年（1792）刻本　二冊

140000－0501－0006272　89479

晨夕日課　（後秦）釋鳩摩羅什譯　清乾隆五
十七年（1792）刻本　一冊

140000－0501－0006273　89480－83

妙法蓮華經七卷附直音　（後秦）釋鳩摩羅什
譯　清金陵朝天官書局刻本　四冊

140000－0501－0006274　89484－99

妙法蓮華經臺宗會義十六卷　（明）釋智旭述
　清光緒十五年（1889）浙甌思古齋刻本　十
六冊

140000－0501－0006275　89500－09

大佛頂如來密因修證了義諸菩薩萬行首楞嚴
經合轍十卷　（明）釋通潤述　清康熙三十九
年（1700）刻本　十冊

140000－0501－0006276　89510－11

六祖大師法寶壇經一卷　（唐）釋法海集　清
刻本　二冊

140000－0501－0006277　89512－29

大方廣佛華嚴經八十卷　（唐）釋實叉難陀譯
　清順治十五年（1658）刻本　十八冊

140000－0501－0006278　89530

宗鑑語要二卷　（清）釋如紓編　清刻本
一冊

140000－0501－0006279　89531

龍舒淨土文十二卷　（宋）王日休撰　清乾隆
四十九年（1784）刻本　一冊

140000－0501－0006280　89533

四分律藏五卷　（後秦）釋佛陀耶舍譯　明崇
禎八年（1635）刻本　一冊

140000－0501－0006281　89534－41

知本提綱十卷　（清）楊㟽撰　（清）鄭世鐸注
解　清光緒三十年（1904）刻本　八冊

140000－0501－0006282　89542

佛說海龍王經四卷　（晉）釋竺法護譯　清宣
統三年（1911）常州天寧寺刻本　一冊

140000－0501－0006283　89543

佛華嚴入如來德智不思議境界經一卷　（隋）
釋闍那崛多譯　大方廣佛華嚴經修慈分一卷
　（唐）釋提雲般若譯　大方廣如來不思議境
界經一卷　（唐）釋實叉難陀譯　清同治十三
年（1874）雞園刻經處刻本　一冊

140000－0501－0006284　89545

阿難問事佛吉凶經二卷　（漢）釋安世高譯
（宋）釋施護譯　清光緒三年（1877）江北刻經
處刻本　一冊

140000－0501－0006285　89546

諸法無行經二卷　（後秦）釋鳩摩羅什譯　清
宣統元年（1909）常州天寧寺刻本　一冊

140000－0501－0006286　89547

思益梵天所問經四卷　（後秦）釋鳩摩羅什譯
　清光緒五年（1879）金陵刻經處刻本　一冊

140000－0501－0006287　89548

善住意天子所問經三卷　（北魏）釋毗目智仙
譯　清光緒六年（1880）常熟刻經處刻本
一冊

140000－0501－0006288　89549

佛頂光明摩托訶薩恆多般恆羅無上神咒附持
咒方便　（清）釋續法輯　清三峰寺刻本
一冊

140000－0501－0006289　89550

佛頂光明摩托訶薩恆多般恆羅無上神咒附持
咒方便　（清）釋續法輯　清三峰寺刻本
一冊

140000－0501－0006290　89551－52

大乘起信論義記七卷別記一卷　（唐）釋法藏
撰　清光緒二十三年（1897）金陵刻經處刻本
　二冊

140000－0501－0006291　89553

禪門佛事全部牌名　清光緒九年（1883）抄本
一冊

140000－0501－0006292　89554－55

占察善惡業報經玄義　（明）釋智旭述　占察
善惡業報經疏二卷　（隋）釋菩提登譯　（明）
釋智旭疏　占察善惡業報經行法　（明）釋智
旭集　清同治七年（1868）邵陽魏氏刻本
二冊

140000－0501－0006293　89556

無隱禪師略錄　（清）普願居士輯校　清光緒

十六年(1890)金陵刻經處刻本 一冊

140000－0501－0006294 89557
遊心安樂道 （唐）釋元曉撰 清金陵刻經處刻本 一冊

140000－0501－0006295 89559
永嘉真覺大師證道歌 （元）釋法惠注 （元）釋蘭若注 （元）釋德弘編 清光緒三十四年(1908)金陵刻經處刻本 一冊

140000－0501－0006296 89560－61
佛說觀無量壽佛經疏四卷 （唐）釋善導集記 清光緒二十年(1894)金陵刻經處刻本 二冊

140000－0501－0006297 89562
寶藏論 （後秦）釋僧肇撰 清光緒二十三年(1897)金陵刻經處刻本 一冊

140000－0501－0006298 89563
淨葉知津附闢邪 （清）釋悟開述 清同治十三年(1874)金陵刻經處刻本 一冊

140000－0501－0006299 89564
受持佛說阿彌陀經行願儀 （清）釋成時輯 清同治九年(1870)如皋刻經處刻本 一冊

140000－0501－0006300 89575
佛說貝多樹下思惟十二因緣經 （三國吳）支謙譯 佛說緣起聖道經 （唐）釋玄奘譯 佛說稻稈經附東晉錄大乘舍黎娑擔摩經 （宋）釋施護譯 清光緒三年(1877)金陵刻經處刻本 一冊

140000－0501－0006301 89576
佛說巨力長者所問大乘經三卷 （南朝宋）釋智吉祥譯 清光緒元年(1875)江北刻經處刻本 一冊

140000－0501－0006302 89578
壇經 （唐）釋法海錄 清同治十一年(1872)如皋刻經處刻本 一冊

140000－0501－0006303 89579
壇經 （唐）釋法海錄 清同治十一年(1872)如皋刻經處刻本 一冊

140000－0501－0006304 89580
般若波羅蜜多心經疏 （唐）釋玄奘譯 （唐）釋靖邁撰疏 般若波羅蜜多心經略疏 （唐）釋玄奘譯 （唐）釋法藏述 般若波羅蜜多心經注解 （唐）釋玄奘譯 （明）釋宗泐 （明）釋如玘同注 般若波羅蜜多心經直說 （明）釋德清述 般若波羅蜜多心經釋要 （明）釋智旭述 清光緒二十三年(1897)金陵刻經處刻本 一冊

140000－0501－0006305 89581
般若波羅蜜多心經注解 （唐）釋玄奘譯 金剛般若波羅蜜經注解 （後秦）釋鳩摩羅什譯 （明）釋宗泐 （明）釋如玘注 清光緒二年(1876)長沙刻經處刻本 一冊

140000－0501－0006306 89582
般若波羅蜜多心經注解 （唐）釋玄奘譯 金剛般若波羅蜜經注解 （後秦）釋鳩摩羅什譯 （明）釋宗泐 （明）釋如玘注 清光緒二年(1876)長沙刻經處刻本 一冊

140000－0501－0006307 89583
佛說阿彌陀經要解 （後秦）釋鳩摩羅什譯 （明）釋智旭解 清光緒九年(1883)北京刻經處刻本 一冊

140000－0501－0006308 89584－87
釋迦譜十卷 （南朝齊）釋僧祐撰 清光緒三十四年(1908)刻本 四冊

140000－0501－0006309 89592－93
四教義六卷 （隋）釋智顗撰 清刻本 二冊

140000－0501－0006310 89606
無量壽經優婆提舍願生偈 （北魏）釋菩提留支譯 無量壽經優婆提舍願生偈注二卷附略論淨土義一卷贊阿彌陀佛偈一卷 （北魏）釋曇鸞注 清光緒十九年(1893)金陵刻經處刻本 一冊

140000－0501－0006311 89607
無量壽經優婆提舍願生偈 （北魏）釋菩提留支譯 無量壽經優婆提舍願生偈注二卷附略論淨土義一卷贊阿彌陀佛偈一卷 （北魏）釋

曇鸞注 清光緒十九年(1893)金陵刻經處刻本 一冊

140000 – 0501 – 0006312 89608

西方要決科注二卷 (唐)釋窺基撰 清刻本 一冊

140000 – 0501 – 0006313 89609

無量壽經起信論三卷觀無量壽佛經約論阿彌陀經約論 (清)彭際清述 清同治十一年(1872)如皋刻經處刻本 一冊

140000 – 0501 – 0006314 89610

金剛般若波羅蜜經破空論一卷金剛般若波羅蜜經觀心釋一卷般若波羅蜜多心經釋要一卷 (後秦)釋鳩摩羅什譯 (明)釋智旭撰 清同治十年(1871)如皋刻經處刻本 一冊

140000 – 0501 – 0006315 89612

念佛百問 (清)釋悟開撰 清同治五年(1866)正定王氏刻本 一冊

140000 – 0501 – 0006316 89617

唯心集六種 清同治十一年(1872)如皋刻經處刻本 一冊

140000 – 0501 – 0006317 89618 – 53

林子教正宗疏論 (明)林兆恩撰 清刻本 三十六冊

140000 – 0501 – 0006318 89654

大雲輪請雨經二卷 (唐)釋不空譯 清同治十三年(1874)如皋刻經處刻本 一冊

140000 – 0501 – 0006319 89657

佛說阿彌陀經 清光緒十五年(1889)金陵刻經處刻本 一冊

140000 – 0501 – 0006320 89659

大乘三聚懺悔經 (隋)釋闍那崛多等譯 **佛說迦葉禁戒經** (宋)釋沮渠京聲譯 **佛說犯戒罪報輕重經** (漢)釋安世高譯 **佛說戒消災經** (三國吳)支謙譯 **佛說優婆塞五戒相經** (南朝宋)釋求那跋摩譯 清同治十年(1871)常熟刻經處刻本 一冊

140000 – 0501 – 0006321 89660

大佛頂首楞嚴懺悔行法 (清)釋諦閑撰 清宣統元年(1909)刻本 一冊

140000 – 0501 – 0006322 89661

佛學先導一卷 題念念知非子撰 清光緒二十一年(1895)文殊院刻本 一冊

140000 – 0501 – 0006323 89662

佛學先導一卷 題念念知非子撰 清光緒二十一年(1895)文殊院刻本 一冊

140000 – 0501 – 0006324 89664

省庵法師語錄二種 (清)釋實賢撰 清刻本 一冊

140000 – 0501 – 0006325 89665 – 66

觀佛三昧海經十卷 (晉)釋佛陀跋陀羅譯 明刻本 二冊

140000 – 0501 – 0006326 89679

大方廣佛華嚴經入不思議解脫境界普賢行願品一卷 (唐)釋般若譯 清光緒刻本 一冊

140000 – 0501 – 0006327 89688 – 89

佛說觀無量壽佛經疏四卷 (南朝宋)釋畺良耶舍譯 (唐)釋善導集記 清光緒二十年(1894)金陵刻經處刻本 二冊

140000 – 0501 – 0006328 89691

等目菩薩所問三昧經三卷 (晉)釋竺法護譯 **文殊師利問菩薩署經** (漢)釋支婁迦讖譯 明萬曆三十五年(1607)般若堂刻本 一冊

140000 – 0501 – 0006329 89692

佛說緣生初勝分法本經二卷 (隋)釋達摩笈多譯 **純真陀羅所問寶如來三昧經三卷** (漢)釋支婁迦讖譯 明般若堂刻本 一冊

140000 – 0501 – 0006330 89693

佛說羅摩伽經四卷 (晉)釋聖堅譯 明萬曆三十八年(1610)刻本 一冊

140000 – 0501 – 0006331 89694

那先比丘經三卷 明崇禎六年(1633)刻本 一冊

140000 – 0501 – 0006332 89695

十善業道德經節要一卷 (明)釋蕅益編訂

佛說十善業道經　（唐）釋實叉難陀譯　見聞錄　（明）釋智旭撰　清雍正十一年(1733)刻本　一冊

140000－0501－0006333　89696

省庵法師遺書三種　（清）釋實賢撰　清刻本　一冊

140000－0501－0006334　89697

憨山大師夢遊摘要二卷附東遊集法語三則（明）釋福善錄　清光緒十八年(1892)紅螺山刻本　一冊

140000－0501－0006335　89698－705

聖學總論　（清）文緝根編　清文昌宮刻本八冊

140000－0501－0006336　89706－08

相宗八要直解三卷　（唐）釋玄奘譯　清光緒二十八年(1902)金陵刻經處刻本　三冊

140000－0501－0006337　89709

無量壽經宗要一卷　（唐）釋元曉撰　清光緒刻本　一冊

140000－0501－0006338　89710－11

佛說樓炭經六卷　（晉）釋法立　（晉）釋法炬譯　清光緒刻本　二冊

140000－0501－0006339　89715

敕建弘慈廣濟寺新志三卷　（清）釋然叢輯清康熙四十三年(1704)大悲壇刻本　一冊

140000－0501－0006340　89718

徑中徑又徑徵義三卷　（清）張師誠輯　（清）徐槐廷徵義　清同治七年(1868)吳門徐氏刻本　一冊

140000－0501－0006341　89719

徑中徑又徑徵義三卷　（清）張師誠輯　（清）徐槐廷徵義　清同治七年(1868)吳門徐氏刻本　一冊

140000－0501－0006342　89723－28

維摩詰所說經無我疏十二卷　（明）釋傳燈撰清光緒二十三年(1897)天台山真覺寺刻本六冊

140000－0501－0006343　89729－30

佛說樓炭經六卷　（晉）釋法立　（晉）釋法炬譯　清光緒刻本　二冊

140000－0501－0006344　89732

大方等大集賢護經四卷　（隋）釋闍那崛多譯　清同治十二年(1873)江北刻經處刻本一冊

140000－0501－0006345　89733

大悲心咒持誦簡法八種　清光緒刻本　一冊

140000－0501－0006346　89734

般若波羅蜜多心經注解　（唐）釋玄奘譯　金剛般若波羅蜜經注解　（後秦）釋鳩摩羅什譯（明）釋宗泐　（明）釋如玘注　清光緒二年(1876)長沙刻經處刻本　一冊

140000－0501－0006347　89735

勸發菩提心文一卷　（清）釋實賢撰　清刻本一冊

140000－0501－0006348　89738

龐居士語錄三卷　（唐）于頔編　清咸豐元年(1851)刻本　一冊

140000－0501－0006349　89748

教觀綱宗一卷教觀釋義一卷　（明）釋智旭重述　清光緒刻本　一冊

140000－0501－0006350　89751

金剛經旁解　（後秦）釋鳩摩羅什譯　清嘉慶十七年(1812)京都韞寶齋刻本　一冊

140000－0501－0006351　89752

金剛經石注　（清）石成金注　清嘉慶五年(1800)北京賢良寺刻本　一冊

140000－0501－0006352　89757－60

大方廣佛華嚴經普賢行願品別行疏鈔五卷科文一卷　（唐）釋澄觀疏　（唐）釋宗密輯　清刻本　四冊

140000－0501－0006353　89761－62

觀無量壽佛經疏妙宗鈔六卷　（宋）釋知禮述清刻本　二冊

140000－0501－0006354　89763－64

觀無量壽佛經疏妙宗鈔六卷 （宋）釋知禮述
清刻本 二冊

140000－0501－0006355 89769

大乘起信論科注 （南朝陳）釋真諦譯 （清）
桂柏華注 清光緒三十年(1904)武昌盧陵黃
氏刻本 一冊

140000－0501－0006356 89770－71

大乘起信論疏二卷 （唐）釋法藏疏 （唐）釋
宗密注 清光緒三年(1877)長沙刻經處刻本
二冊

140000－0501－0006357 89775－76

中論六卷 （後秦）釋鳩摩羅什譯 清光緒三
十三年(1907)揚州藏經院刻本 二冊

140000－0501－0006358 89777

原人論 （唐）釋宗密述 清同治十三年
(1874)雞園刻經處刻本 一冊

140000－0501－0006359 89778

千手千眼大悲懺法千手千眼大悲心陀羅尼像
解 清金陵刻經處刻本 一冊

140000－0501－0006360 89784－87

等不等觀雜錄八卷 （清）楊文會撰 清刻本
四冊

140000－0501－0006361 89788

教觀綱宗一卷教觀釋義一卷 （明）釋智旭重
述 清光緒刻本 一冊

140000－0501－0006362 89789

釋迦如來成道記 （唐）王勃撰 明萬曆六年
(1578)五臺山房刻本 一冊

140000－0501－0006363 89791

異方便淨土傳燈歸元鏡三祖實錄二卷 （清）
釋智達撰 清光緒二十三年(1897)揚州藏經
院刻本 一冊

140000－0501－0006364 89792－94

肇論新疏三卷 （元）釋文才述 清刻本
三冊

140000－0501－0006365 89795

因明入正理論直解 （明）釋智旭注 清抄本
一冊

140000－0501－0006366 89796－99

月心和尚笑嚴南集二卷北集二卷 （明）釋曇
芝編 清光緒十八年(1892)京都長椿寺經房
刻本 四冊

140000－0501－0006367 89804－05

高峰語錄佛事要略全集二卷 清抄本 二冊

140000－0501－0006368 89806－07

法界安立圖三卷 （明）釋仁潮集錄 清道光
四年(1824)北京忠義廟刻本 二冊

140000－0501－0006369 89808－09

大佛頂如來密因修證了義諸菩薩萬行首楞嚴
經十卷 （唐）釋般剌密諦譯 清刻本 二冊

140000－0501－0006370 89810－15

禪林寶訓筆記三卷 （清）釋智祥撰 清康熙
四十五年(1706)刻本 六冊

140000－0501－0006371 89816－18

肇論新疏遊刃三卷 （元）釋文才述 清刻本
三冊

140000－0501－0006372 89819－20

千手千眼觀世音菩薩大悲心陀羅尼經一卷
（唐）釋不空譯 千手千眼觀世音菩薩廣大圓
滿無礙大悲心陀羅尼經一卷 （唐）釋伽梵達
摩譯 千手千眼大悲心咒行法一卷 （宋）釋
知禮集 清乾隆五十二年(1787)錢塘呂蘭田
刻本 二冊

140000－0501－0006373 89821－25

賢首五教儀開蒙增註五卷 （明）釋通理述
清乾隆五十八年(1793)刻本 五冊

140000－0501－0006374 89835

梵網經菩薩戒 （後秦）釋鳩摩羅什譯 清法
源寺刻本 一冊

140000－0501－0006375 89836

護法論 （宋）張商英述 清光緒二年(1876)
常熟刻經處刻本 一冊

140000－0501－0006376 89837

儒釋道平心論二卷 （清）劉謐撰 清同治二

年(1863)法藏寺經房刻本　一冊

140000－0501－0006377　89840－49

覺世正宗省心經十卷　（清）曹鵬齡校　清光緒七年(1881)山西濬文書局刻本　十冊

140000－0501－0006378　89850－59

覺世正宗省心經十卷　（清）曹鵬齡校　清光緒七年(1881)山西濬文書局刻本　十冊

140000－0501－0006379　89861

坐禪三昧法門經二卷　（後秦）釋鳩摩羅什譯　清刻本　一冊

140000－0501－0006380　89875－77

地藏菩薩本願經三卷　（唐）釋實叉難陀譯清光緒十四年(1888)金陵刻經處刻本　三冊

140000－0501－0006381　89878－80

地藏菩薩本願經三卷　（唐）釋實叉難陀譯清光緒二十年(1894)金陵刻經處刻本　三冊

140000－0501－0006382　89881－83

地藏菩薩本願經三卷　（唐）釋法燈譯　清刻本　三冊

140000－0501－0006383　89884－87

銷釋金剛科儀會要注解四卷　（後秦）釋鳩摩羅什譯　明嘉靖三十年(1551)刻本　四冊

140000－0501－0006384　89888－97

集沙門不應拜俗等事六卷　（唐）釋彥悰纂錄十門辯惑論二卷　（唐）釋復禮撰　破邪論二卷　（唐）釋法琳撰　清康熙十四年(1675)山西陽曲王氏刻本　十冊

140000－0501－0006385　89904－13

神僧傳九卷　（明）成祖朱棣撰　清雍正十三年(1735)刻本　十冊

140000－0501－0006386　89914－16

三劫三千佛名經三卷　（南朝宋）釋畺良耶舍譯　清道光十五年(1835)北京潭柘寺刻本三冊

140000－0501－0006387　89917－19

三劫三千佛名經三卷　（南朝宋）釋畺良耶舍譯　清道光十五年(1835)北京潭柘寺刻本

三冊

140000－0501－0006388　89920－24

銷釋混元無上大道玄妙真經五卷　清刻本五冊

140000－0501－0006389　89925－27

大方廣佛華嚴經行願品懺法三卷　（唐）釋般若譯　清康熙四十一年(1702)刻本　三冊

140000－0501－0006390　89928－30

華嚴寶懺法三卷　（唐）釋般若譯　清嘉慶四年(1799)直隸廣平府威縣鄭河村天仙廟刻本三冊

140000－0501－0006391　89931－33

華嚴寶懺法三卷　（唐）釋般若譯　清嘉慶四年(1799)直隸廣平府威縣鄭河村天仙廟刻本三冊

140000－0501－0006392　89934－36

華嚴寶懺法三卷　（唐）釋般若譯　清嘉慶四年(1799)直隸廣平府威縣鄭河村天仙廟刻本三冊

140000－0501－0006393　89937－39

華嚴寶懺法三卷　（唐）釋般若譯　清嘉慶四年(1799)直隸廣平府威縣鄭河村天仙廟刻本三冊

140000－0501－0006394　89940

大方廣佛華嚴經行願品懺法三卷附大方廣佛華嚴經行願品懺法儀　（唐）釋般若譯　清道光十四年(1834)北京法華寺刻本　一冊

140000－0501－0006395　89941－45

混元弘陽明心寶懺三卷混元弘陽血湖寶懺一卷混元弘陽中華寶懺　清刻本　五冊

140000－0501－0006396　89949－51

慈悲水懺法三卷　（唐）釋知玄撰　清抄本三冊

140000－0501－0006397　89952－54

慈悲水懺法三卷　（唐）釋知玄撰　清光緒十八年(1892)楊淨超刻本　三冊

140000－0501－0006398　89955－57

三昧水懺法三卷　（唐）釋知玄撰　明萬曆十四年(1586)刻本　三冊

140000－0501－0006399　89958－67

慈悲道場懺法十卷　（南朝梁）武帝蕭衍集　清乾隆三年(1738)刻本　十冊

140000－0501－0006400　89968－77

慈悲道場懺法十卷　（南朝梁）武帝蕭衍集　清光緒十八年(1892)藏經院刻本　十冊

140000－0501－0006401　89978

大方廣佛華嚴經行願品懺法三卷附大方廣佛華嚴經行願品懺法儀　（唐）釋般若譯　清道光十四年(1834)北京法華寺刻本　一冊

140000－0501－0006402　89979－88

太上靈寶朝天謝罪懺十卷　清刻本　十冊

140000－0501－0006403　89989－96

妙法蓮華經八卷　清康熙五十三年(1714)刻本　十冊

140000－0501－0006404　89997－90006

大佛頂如來萬行首楞嚴經十卷　（唐）釋般刺密諦譯　清康熙五十三年(1714)刻本　十冊

140000－0501－0006405　90019－23

太上寶筏圖說八卷　（清）黃正元輯注　清光緒二十二年(1896)上海鴻文書局石印本　五冊

140000－0501－0006406　90028－35

一元真宰十卷　（清）慈雲壇撰　清同治六年(1867)盛京東盛齋刻本　八冊

140000－0501－0006407　90055－57

維摩詰所說經十卷大佛頂如來密因修了義諸菩薩萬行首楞嚴經三卷　（後秦）釋鳩摩羅什譯　清乾隆四十三年(1778)拈花寺釋通理刻本　三冊

140000－0501－0006408　90058－61

救劫危言八卷　清宣統元年(1909)山西平陽府廣濟壇鉛印本　四冊

140000－0501－0006409　90062－71

彙纂功過格兼注釋十二卷首一卷末一卷　清

道光八年(1828)衡望堂刻本　十冊

140000－0501－0006410　90072－81

彙纂功過格十二卷首一卷末一卷　清介邑劉世昌刻本　十冊

140000－0501－0006411　90082

神室八法　（清）劉一明撰　清光緒六年(1880)李氏刻本　一冊

140000－0501－0006412　90083

文昌帝君陰騭文詩　清嘉慶十三年(1808)刻本　一冊

140000－0501－0006413　90088

暗室燈注解二卷　（清）深山居士撰　清咸豐七年(1857)姑蘇桐石山房刻本　一冊

140000－0501－0006414　90091

六祖大師法寶壇經一卷　（唐）釋法海編集　清刻本　一冊

140000－0501－0006415　90098－101

救世金丹四卷　清光緒二十年(1894)沁源葛氏印書局刻本　四冊

140000－0501－0006416　90107－10

救生船四卷末一卷　（清）梓潼帝君述　清光緒七年(1881)山西濬文書局刻本　四冊

140000－0501－0006417　90111－14

救生船四卷末一卷　（清）梓潼帝君述　清光緒七年(1881)山西濬文書局刻本　四冊

140000－0501－0006418　90115－18

救生船四卷末一卷　（清）梓潼帝君述　清光緒二年(1876)永盛齋刻本　四冊

140000－0501－0006419　90119－22

妙法蓮華經七卷附直音　（後秦）釋鳩摩羅什譯　清金陵朝天官書局刻本　四冊

140000－0501－0006420　90145

法化老和尚貪嗔癡注　（清）古梅輯　清光緒元年(1875)古杭昭慶寺慧空經房刻本　一冊

140000－0501－0006421　90146－53

太上感應篇圖說　（清）黃正元注　清光緒十

八年（1892）山西濬文書局石印本　八冊

140000－0501－0006422　90154－61

太上感應篇圖説　（清）黄正元注　清光緒十八年（1892）山西濬文書局石印本　八冊

140000－0501－0006423　90164

感應篇注證三卷　清宣統三年（1911）刻本　一冊

140000－0501－0006424　90186－89

陰騭文圖説四卷　（清）黄正元輯　清嘉慶、道光刻本　四冊

140000－0501－0006425　90190－93

陰騭文圖説四卷　（清）黄正元輯　清道光三十年（1850）刻本　四冊

140000－0501－0006426　90197

天目中峰和尚信心銘闢義解三卷　（元）釋慈寂撰　清同治十二年（1873）如皋刻經處刻本　一冊

140000－0501－0006427　90198

大華嚴經策略一卷答順宗心要法門一卷三聖圓融觀門一卷　（唐）釋澄觀述　原人論一卷（唐）釋宗密述　華嚴念佛三昧論一卷（清）彭際清述　清光緒二十一年（1895）金陵刻經處刻本　一冊

140000－0501－0006428　90207

佛昇忉利天為母説法經三卷　（晉）釋竺法護譯　清宣統元年（1909）揚州藏經院刻本　一冊

140000－0501－0006429　90209

妙法蓮華經觀世音菩薩普門品一卷　（後秦）釋鳩摩羅什譯　清刻本　一冊

140000－0501－0006430　90210

法華經安樂行義一卷　（南朝陳）釋慧思述　法華龍女成佛權實義一卷　（宋）釋源清述　清光緒二十三年（1897）刻本　一冊

140000－0501－0006431　90218－19

闡道篇二卷　（清）明善子注　清光緒二十七年（1901）體善堂刻本　二冊

140000－0501－0006432　90221－22

增訂敬信録　（清）周鼎臣輯　清咸豐十年（1860）奉省新民屯老爺廟刻本　二冊

140000－0501－0006433　90223－28

悟真篇三注三卷金丹傳一卷參同契三卷試金石一卷　（宋）張伯端撰　清道光善成堂刻本　六冊

140000－0501－0006434　90239－40

徑中徑又徑四卷　（清）張師誠輯　清光緒二十九年（1903）揚州藏經院刻本　二冊

140000－0501－0006435　90241

徑中徑又徑徵義三卷　（清）張師誠輯　（清）徐槐廷徵義　清同治七年（1868）吳門徐氏刻本　一冊

140000－0501－0006436　90245

大方等如來藏經八種　（晉）釋佛陀跋陀羅譯　清光緒刻本　一冊

140000－0501－0006437　90246

百論二卷　（後秦）釋鳩摩羅什譯　清鉛印本　一冊

140000－0501－0006438　90248－50

大佛頂如來密因修證了義諸菩薩萬行首楞嚴經十卷　（唐）釋般刺密諦譯　清光緒元年（1875）壽安寺刻本　三冊

140000－0501－0006439　90252

佛説阿彌陀經略解　（後秦）釋鳩摩羅什譯　清刻本　一冊

140000－0501－0006440　90277

木郎祈雨呪　（宋）白玉蟾注　清光緒五年（1879）山西濬文書局刻本　一冊

140000－0501－0006441　90278

木郎祈雨呪　（宋）白玉蟾注　清光緒五年（1879）山西濬文書局刻本　一冊

140000－0501－0006442　90283

文昌孝經六卷　（清）邱岳注　清光緒二十七年（1901）古糜觀音閣刻本　一冊

140000－0501－0006443　90293

寶訓集刻一卷　（清）竹鶴亭主人輯　清北京

元會齋刻本　一册

140000－0501－0006444　90308
感應篇韻語一卷　（清）劉鴻典撰　清光緒七年（1881）刻本　一册

140000－0501－0006445　90313
指玄篇上集律詩十六首　（唐）呂純陽撰　（清）本誠子注　清道光十三年（1833）刻本　一册

140000－0501－0006446　90314
删定止觀三卷　（唐）梁肅述　清宣統三年（1911）鉛印本　一册

140000－0501－0006447　90315
删定止觀三卷　（唐）梁肅述　清宣統三年（1911）鉛印本　一册

140000－0501－0006448　90316
太乙金華宗旨一卷　（唐）呂嵒撰　清光緒二十年（1894）鉛印本　一册

140000－0501－0006449　90319
太上老君説常清靜經圖注　題水精子注　清光緒二十八年（1902）毛氏刻本　一册

140000－0501－0006450　90320
太上老君説常清靜經圖注　題水精子注　清光緒二十八年（1902）毛氏刻本　一册

140000－0501－0006451　90321
太上老君説常清靜經圖注　題水精子注　清同治十一年（1872）刻本　一册

140000－0501－0006452　90324
五功釋義一卷　（清）劉智纂述　清嘉慶十五年（1810）上黨清真寺刻本　一册

140000－0501－0006453　90325－26
咧母嗯惕二卷　（清）咋密著　題（清）破納癡尊者譯　清光緒十六年（1890）石印本　二册

140000－0501－0006454　90327
教款捷要　（清）馬伯良撰　清康熙十七年（1678）刻本　一册

140000－0501－0006455　90328－32
正教真銓二卷首一卷　題真回老人撰　清同治十二年（1873）錦城寶真堂刻本　五册

140000－0501－0006456　90341
經漢注解赫廳一卷　（清）余昭文輯　清宣統元年（1909）漢鎮文友石印本　一册

140000－0501－0006457　90344－46
天方詩經　（清）馬安禮輯注　清光緒十六年（1890）提督軍門馬氏刻本　三册

140000－0501－0006458　90351－56
天方典禮擇要解二十卷後編一卷　（清）劉智纂述　清刻本　六册

140000－0501－0006459　90357－62
天方性理五卷首一卷　（清）劉智譯纂　清同治五年（1866）敬畏堂刻本　六册

140000－0501－0006460　90363－68
天方性理五卷首一卷　（清）劉智譯纂　清同治五年（1866）敬畏堂刻本　六册

140000－0501－0006461　90379
三聖經增注圖説一卷　清光緒二十四年（1898）上海文瑞樓石印本　一册

140000－0501－0006462　90380
三聖經靈驗圖説　清光緒三十二年（1906）文新書局石印本　一册

140000－0501－0006463　90381
修道真言一卷　（宋）白玉蟾撰　清同治元年（1862）上海交通路新學會社鉛印本　一册

140000－0501－0006464　90391
創世紀　清宣統三年（1911）鉛印本　一册

140000－0501－0006465　90392
約翰福音　清宣統二年（1910）英漢書館鉛印本　一册

140000－0501－0006466　90394
新約全書二卷　清光緒三十一年（1905）聖書公會鉛印本　一册

140000－0501－0006467　90393
舊箴言三十一卷　清光緒二十二年（1896）聖

書公會鉛印本　一冊

140000－0501－0006468　30395

天道溯源三卷　（美國）丁韙良著　清光緒二
十五年(1899)中國聖教書會鉛印本　一冊

140000－0501－0006469　30396

天道溯源三卷　（美國）丁韙良著　清光緒二
十五年(1899)中國聖教書會鉛印本　一冊

140000－0501－0006470　90397

天道興國淺說一卷　（清）鹿完天撰　清宣統
元年(1909)上海廣學會鉛印本　一冊

140000－0501－0006471　90401

五洲教務問答　（英國）李提摩太撰　清光緒
二十八年(1902)上海美華書館鉛印本　一冊

140000－0501－0006472　90403

基督約言　（英國）韋廉臣撰　清光緒二十五
年(1899)上海廣學會鉛印本　一冊

140000－0501－0006473　90404－06

古教彙參三卷　（英國）韋廉臣撰　清光緒二
十五年(1899)上海廣學會刻本　三冊

140000－0501－0006474　90407－09

古教彙參三卷　（英國）韋廉臣撰　清光緒二
十五年(1899)上海廣學會刻本　三冊

140000－0501－0006475　90410－12

基督實錄三卷　（英國）韋廉臣撰　清光緒二
十四年(1898)美華書館刻本　三冊

140000－0501－0006476　90413－15

基督實錄三卷　（英國）韋廉臣撰　清光緒二
十四年(1898)美華書館刻本　三冊

140000－0501－0006477　90417

高王觀世音經一卷附白衣觀世音菩薩神咒
佛母準提神咒朱格里字　（五代）孫敬德撰
　清嘉慶八年(1803)餘慶堂刻朱墨套印本
　一冊

140000－0501－0006478　90418

關帝明聖經　清光緒二十八年(1902)山西晉
魁齋刻本　一冊

140000－0501－0006479　90419

觀音心經秘解一卷　題玉山老人注　清光緒
二十八年(1902)山東東昌府誠善堂刻本
一冊

140000－0501－0006480　90425

金剛般若波羅蜜詳解全集　（清）姚秉華注
清同治元年(1862)姚氏刻民國十二年(1923)
寧寺重印本　一冊

140000－0501－0006481　90426

金剛般若波羅蜜經詳解全集　（清）姚秉華注
　清同治六年(1867)五臺姚氏刻民國十二年
(1923)壽寧寺修補印本　一冊

140000－0501－0006482　90496

率性闡微西江月調十六首　（清）素陽子撰
（清）自然子注　清光緒三十三年(1907)樂善
堂刻本　一冊

140000－0501－0006483　90513－14

唯識二十論述記四卷　（唐）釋窺基撰　唯識
二十論一卷　（唐）釋玄奘譯　清宣統二年
(1910)江西刻經處刻本　二冊

140000－0501－0006484　90516

佛說阿閦佛國經三卷　（漢）釋支婁迦讖譯
清刻本　一冊

140000－0501－0006485　90517

孝子經　佚名譯　佛說五王經　五母子經
（三國吳）支謙譯　分別經　（晉）釋竺法護譯
　佛說越難經　（晉）聶承遠譯　佛說羅雲忍
辱經　（晉）釋法炬譯　佛說淨意優婆塞所問
經　（宋）釋施護譯　清刻本　一冊

140000－0501－0006486　90518

修西定課一卷　（清）鄭澄德注　清光緒二十
四年(1898)金陵刻經處刻本　一冊

140000－0501－0006487　90519

修設瑜伽集要施食壇儀一卷首一卷　（明）釋
袾宏輯　清光緒二十五年(1899)金陵刻經處
刻本　一冊

140000－0501－0006488　90520

戒殺放生文一卷 （明）釋袾宏撰注 清刻本
一冊

140000－0501－0006489 90524

佛母大孔雀明王經三卷 （唐）釋不空譯 清
宣統二年(1910)常州天寧寺刻本 一冊

140000－0501－0006490 90527

十八空論一卷 （南朝陳）釋真諦譯 百論二
卷 （後秦）釋鳩摩羅什譯 廣百論本一卷
（唐）釋玄奘譯 清宣統三年(1911)常州天寧
寺刻本 一冊

140000－0501－0006491 90531－890

皇清經解一千四百卷續刻十二卷 （清）阮元
輯 清道光九年(1829)廣東學海堂刻咸豐十
一年(1861)補刻本 三百六十冊

140000－0501－0006492 90891－1210

皇清經解續編一千四百三十卷 王先謙輯
清光緒十四年(1888)南菁書院刻本 三百二
十冊

140000－0501－0006493 91211－596

皇清經解一千四百卷續刻十二卷 （清）阮元
輯 清道光九年(1829)廣東學海堂刻咸豐十
一年(1861)補刻本 三百八十六冊

140000－0501－0006494 91597－956

皇清經解續編一千四百三十卷 王先謙輯
清光緒十四年(1888)南菁書院刻本 三百六
十冊

140000－0501－0006495 91957－2436

通志堂經解一百四十四種一千七百九十二卷
（清）納蘭成德編輯 清同治十二年(1873)
廣東粵東書局刻本 四百八十冊

140000－0501－0006496 92437－556

五禮通考二百六十二卷首四卷目錄二卷
（清）秦蕙田輯 （清）方觀承訂 清乾隆十八
年(1753)味經窩刻本 一百二十冊

140000－0501－0006497 92557－96

讀禮通考一百二十卷 （清）徐乾學輯 清乾
隆二十八年(1763)味經窩刻本 四十冊

140000－0501－0006498 92597－728

御纂五經 （清）李光地編 清康熙五十四年
(1715)武英殿刻本 一百三十二冊

140000－0501－0006499 92729－885

重刊宋本十三經注疏附校勘記 （清）阮元校
清嘉慶二十年(1815)江西南昌府學刻本
一百五十七冊

140000－0501－0006500 92886－911

十一經音訓 （清）楊國楨撰 清光緒三年
(1877)湖北崇文書局刻本 二十六冊

140000－0501－0006501 92912－3231

皇清經解一千四百卷續刻十二卷 （清）阮元
輯 清道光九年(1829)廣東學海堂刻咸豐十
一年(1861)補刻本 三百二十冊

140000－0501－0006502 93232－95

欽定禮記義疏八十二卷首一卷 （清）朱軾等
纂 清乾隆十三年(1748)內府刻本 六十
四冊

140000－0501－0006503 93296－327

朱子四書本義彙參不分卷 （清）王步青輯
清乾隆十年(1745)敦復堂刻本 三十二冊

140000－0501－0006504 93328－39

四書考輯要二十卷 （清）陳宏謀輯 清乾隆
三十六年(1771)培遠堂刻本 十二冊

140000－0501－0006505 93340－47

四書考輯要二十卷 （清）陳宏謀輯 清乾隆
三十六年(1771)培遠堂刻本 八冊

140000－0501－0006506 93348－53

四書朱子語類三十八卷 清旌邑劉文開刻本
六冊

140000－0501－0006507 93354－59

四書古人典林十二卷 （清）江永編 清乾隆
三十九年(1774)集道堂刻本 六冊

140000－0501－0006508 93360－75

四書典林三十卷 （清）江永撰 清雍正鋤經
齋刻本 十六冊

140000－0501－0006509 93380－401

四書句讀釋義十九卷　（清）范凝鼎著　清乾隆十八年(1753)箕陽述善堂刻本　二十二冊

140000－0501－0006510　93402－07

如登樓遵注四書揭要　（清）韓毓樞輯　清嘉慶十三年(1808)如登樓刻本　六冊

140000－0501－0006511　93408－567

十三經注疏　明崇禎十二年(1639)毛氏汲古閣刻本　一百六十冊

140000－0501－0006512　93568－71

周易兼義九卷　（三國魏）王弼注　（唐）孔穎達疏　明崇禎毛氏汲古閣刻本　四冊

140000－0501－0006513　93572－79

尚書注疏二十卷　（漢）孔安國注　（唐）孔穎達疏　明崇禎五年(1632)常熟毛氏汲古閣刻本　八冊

140000－0501－0006514　93580－87

尚書注疏二十卷　（漢）孔安國注　（唐）孔穎達疏　明崇禎五年(1632)常熟毛氏汲古閣刻本　八冊

140000－0501－0006515　93588－97

尚書注疏二十卷　（漢）孔安國注　（唐）孔穎達疏　明崇禎五年(1632)毛氏汲古閣刻十三經注疏本　十冊

140000－0501－0006516　93598－613

毛詩注疏二十卷　（漢）鄭玄注　（唐）孔穎達疏　明毛氏汲古閣刻本　十六冊

140000－0501－0006517　93614－27

周禮注疏四十二卷　（漢）鄭玄注　（唐）賈公彥疏　明崇禎元年(1628)毛氏汲古閣刻十三經注疏本　十四冊

140000－0501－0006518　93628－47

春秋左傳注疏六十卷　（晉）杜預注　（唐）孔穎達疏　明崇禎十一年(1638)毛氏汲古閣刻本　二十冊

140000－0501－0006519　93648－67

春秋左傳注疏六十卷　（晉）杜預注　（唐）孔穎達疏　明崇禎十一年(1638)毛氏汲古閣刻本　二十冊

140000－0501－0006520　93668－75

春秋公羊傳注疏二十八卷　（漢）何休注　（唐）徐彥疏　明崇禎七年(1634)毛氏汲古閣刻本　八冊

140000－0501－0006521　93676－81

春秋穀梁傳注疏二十卷　（晉）范甯集解　（唐）楊士勛疏　明崇禎七年(1634)汲古閣刻本　六冊

140000－0501－0006522　93682－89

春秋公羊傳注疏二十八卷　（漢）何休注　（唐）徐彥疏　明崇禎七年(1634)毛氏汲古閣刻本　八冊

140000－0501－0006523　93690－95

春秋穀梁傳注疏二十卷　（晉）范甯集解　（唐）楊士勛疏　明崇禎七年(1634)汲古閣刻本　六冊

140000－0501－0006524　93696－99

論語注疏二十卷　（三國魏）何晏注　（宋）邢昺疏　明崇禎十年(1637)毛氏汲古閣刻十三經注疏本　四冊

140000－0501－0006525　93700

孝經注疏九卷正義一卷　（唐）玄宗李隆基注　明崇禎汲古閣刻本　一冊

140000－0501－0006526　93701－06

孟子注疏解經十四卷　（漢）趙岐注　（宋）孫奭疏　明崇禎六年(1633)毛氏汲古閣刻十三經注疏本　六冊

140000－0501－0006527　93707

洪範傳　（清）崔致遠著　清康熙五十八年(1719)刻本　一冊

140000－0501－0006528　93708

詩序一卷　（漢）衛宏著　清刻本　一冊

140000－0501－0006529　93709－14

周易補注六卷　（清）德沛輯　清同治刻本　六冊

140000－0501－0006530　93715－20

毛鄭詩六種附詩譜 （漢）鄭玄箋 清嘉慶二十一年(1816)木瀆周氏刻本 六冊

140000－0501－0006531 93721－22

毛詩音義三卷 （唐）陸德明撰 清嘉慶二十一年(1816)木瀆周氏刻本 二冊

140000－0501－0006532 93723

大戴禮記十三卷 （漢）戴德撰 （北周）盧辯注 清乾隆二十二年(1757)刻本 一冊

140000－0501－0006533 93724－29

周禮精華六卷 （清）陳龍標編 清咸豐六年(1856)會文堂刻本 六冊

140000－0501－0006534 93730－33

禮記省度四卷 （清）彭頤撰 清康熙十一年(1672)金閶書業堂刻朱墨套印本 四冊

140000－0501－0006535 93734－35

十三經注疏校勘記識語四卷 （清）汪文臺撰 清光緒三年(1877)江西書局刻本 二冊

140000－0501－0006536 93736－37

羣經宮室圖二卷 （清）焦循撰 清光緒十一年(1885)刻焦氏叢書本 二冊

140000－0501－0006537 93738－49

十三經策案二十二卷 （清）王謨彙輯 （清）喻祥麟編 清嘉慶三年(1798)寶田齋刻本 十二冊

140000－0501－0006538 93762－63

周禮節訓六卷 （清）黃叔琳輯注 清刻本 二冊

140000－0501－0006539 93764－65

明堂月令論二卷 （漢）蔡邕著 清道光十四年(1834)王氏刻本 二冊

140000－0501－0006540 93766－70

左傳評林八卷 （清）張文華輯 清雍正七年(1729)刻本 五冊

140000－0501－0006541 93777－78

孝經章句一卷或問一卷 （清）汪紱撰 清光緒二十一年(1895)刻本 二冊

140000－0501－0006542 93779－80

輶軒使者絕代語釋別國方言十三卷首一卷 （漢）揚雄撰 （晉）郭璞注 續方言二卷 （清）杭世駿纂輯 續方言補一卷 （清）程際盛補纂 清光緒十七年(1891)思賢講舍刻本 二冊

140000－0501－0006543 93781－88

易注十二卷 （清）崔致遠注 清乾隆八年(1743)絳雲樓刻本 八冊

140000－0501－0006544 93789－90

詩經不分卷 （宋）朱熹集傳 （清）吳汝綸點勘 清光緒十二年(1886)都門印書局鉛印本 二冊

140000－0501－0006545 93791－94

詩經八卷 （宋）朱熹集傳 清乾隆六十年(1795)金閶函三堂刻本 四冊

140000－0501－0006546 93795－800

周禮六卷 （漢）鄭玄注 （唐）陸德明音義 清光緒六年(1880)山西濬文書局刻本 六冊

140000－0501－0006547 93801－06

周禮六卷 （漢）鄭玄注 （唐）陸德明音義 清光緒六年(1880)山西濬文書局刻本 六冊

140000－0501－0006548 93815－28

春秋三傳十六卷附錄經傳一卷首一卷 （清）萬青銓集 清光緒六年(1880)山西濬文書局刻本 十四冊

140000－0501－0006549 93829－30

易說六卷 （宋）司馬光撰 清光緒解梁書院刻本 二冊

140000－0501－0006550 93831－36

周禮十二卷 （清）姜兆錫輯 清康熙五十七年(1718)寅清樓刻本 六冊

140000－0501－0006551 93837－42

周禮十二卷 （漢）鄭玄注 （唐）陸德明音義 清同治七年(1868)湖北崇文書局刻本 六冊

140000－0501－0006552 93843－46

儀禮十七卷　（漢）鄭玄注　（唐）陸德明音義
清同治七年(1868)湖北崇文書局刻本
四冊

140000－0501－0006553　93848－51
周易集義八卷　（清）強汝諤纂　清光緒十八
年(1892)南林劉氏刻求恕齋叢書本　四冊

140000－0501－0006554　93852
書經音釋三卷　（元）鄒季友撰　清刻本
一冊

140000－0501－0006555　93853－56
詩經叶音辨譌八卷首一卷　（清）劉維謙著
清乾隆三年(1738)壽峰書屋刻本　四冊

140000－0501－0006556　93857－72
春秋左傳詁二十卷　（清）洪亮吉著　清道光
八年(1828)刻本　十六冊

140000－0501－0006557　93873－76
書經六卷　（宋）蔡沈集傳　清書業堂刻本
四冊

140000－0501－0006558　93877－80
四書反身錄八卷　（清）李顒著　清道光十一
年(1831)浙江書局刻本　四冊

140000－0501－0006559　93881－82
論語古訓十卷　（清）陳鱣撰　清光緒九年
(1883)浙江書局刻本　二冊

140000－0501－0006560　93883－88
鄉黨圖考十卷　（清）江永撰　清乾隆五十八
年(1793)金閶書業堂刻本　六冊

140000－0501－0006561　93889－900
四書答問十二卷　（清）秦士顯著　清嘉慶十
八年(1813)英德堂刻本　十二冊

140000－0501－0006562　93901－12
四書述十九卷　（清）陳銑撰　清刻本　十
二冊

140000－0501－0006563　93913－20
集虛齋四書口義十卷　（清）方棟如著　（清）
于光華編　清乾隆五十八年(1793)新安姚氏
刻本　八冊

140000－0501－0006564　93921－28
四書離句正本十九卷　（宋）朱熹集注　清光
緒十年(1884)善成堂刻本　八冊

140000－0501－0006565　93929－34
四書集注正蒙十九卷　（宋）朱熹注　清光緒
十四年(1888)八旗官學刻本　六冊

140000－0501－0006566　93935－54
四書講義大全十九卷　（清）史廷輝輯　清寶
仁堂刻本　二十冊

140000－0501－0006567　93955－70
四書大全三十七卷　（清）陸隴其點定　清嘉
慶十六年(1811)當湖書院刻本　十六冊

140000－0501－0006568　93971－82
四書通二十六卷　（元）胡炳文著　清通志堂
刻本　十二冊

140000－0501－0006569　93983－90
禮記要義三十三卷　（宋）魏了翁著　清光緒
十二年(1886)江蘇書局刻本　八冊

140000－0501－0006570　93991－4002
春秋左傳五十卷　（晉）杜預撰　（宋）林堯叟
注　（唐）陸德明音義　清光緒三十四年
(1908)上海商務印書館石印本　十二冊

140000－0501－0006571　94003－04
大戴禮記十三卷　（漢）戴德撰　（北周）盧辯
注　清光緒二十三年(1897)刻本　二冊

140000－0501－0006572　94005－12
讀詩傳譌三十卷　（清）韓怡撰　清嘉慶二十
年(1815)木存堂刻本　八冊

140000－0501－0006573　94013－17
經學通論五卷　（清）皮錫瑞著　清光緒三十
三年(1907)思賢書局刻本　五冊

140000－0501－0006574　94018－23
四書集注十九卷附校勘記　（宋）朱熹撰　清
光緒五年(1879)山西濬文書局刻本　六冊

140000－0501－0006575　94024－27
書經六卷　（宋）蔡沈集傳　清光緒五年
(1879)山西濬文書局刻本　四冊

140000－0501－0006576　94028－31

詩經八卷　（宋）朱熹集傳　清同治十一年
(1872)湖南尊經閣刻本　四冊

140000－0501－0006577　94032－33

周易四卷附校勘記一卷　（宋）程頤注　清光
緒六年(1880)山西濬文書局刻本　二冊

140000－0501－0006578　94034－35

周易四卷　（宋）程頤注　清光緒五年(1879)
雲南書局刻本　二冊

140000－0501－0006579　94036－41

周禮六卷　（漢）鄭玄注　（唐）陸德明音義
清光緒六年(1880)山西濬文書局刻本　六冊

140000－0501－0006580　94042－45

儀禮十七卷　（漢）鄭玄注　（清）張爾岐句讀
　清同治七年(1868)金陵書局刻本　四冊

140000－0501－0006581　94046－51

儀禮十七卷附監本正誤一卷　（漢）鄭玄注
（清）張爾岐句讀　清光緒六年(1880)山西濬
文書局刻本　六冊

140000－0501－0006582　94052－61

禮記十卷　（元）陳澔集說　清同治七年
(1868)楚北崇文書局刻本　十冊

140000－0501－0006583　94062

春秋公羊經傳解詁十二卷附音本校記一卷
（漢）何休注　清同治二年(1863)揚州汪氏問
禮堂刻本　一冊

140000－0501－0006584　94063－64

春秋公羊經傳解詁十二卷附音本校記一卷
（漢）何休注　清同治二年(1863)揚州汪氏問
禮堂刻本　二冊

140000－0501－0006585　94065－68

春秋公羊傳十一卷　（漢）何休注　（唐）陸德
明音義　清同治七年(1868)湖北崇文書局刻
本　四冊

140000－0501－0006586　94069－72

春秋穀梁傳十二卷　（晉）范甯集解　（唐）陸
德明音義　清同治七年(1868)湖北崇文書局

刻本　四冊

140000－0501－0006587　94073－80

古微書三十六卷　（明）孫瑴著　清嘉慶二十
一年(1816)對山問月樓刻本　八冊

140000－0501－0006588　94083－87

儀禮十七卷儀校一卷　（漢）鄭玄注　清同治
九年(1870)湖北崇文書局刻本　五冊

140000－0501－0006589　94088－91

宋葉文康公禮經會元四卷　（宋）葉時著　清
乾隆五十二年(1787)桐柏山房刻本　四冊

140000－0501－0006590　94092－93

宋葉文康公禮經會元四卷　（宋）葉時著　清
嘉慶六年(1801)玉軸樓刻本　二冊

140000－0501－0006591　94094－97

增補蘇批孟子七卷　（宋）蘇洵批　（清）趙大
浣增補　清嘉慶十七年(1812)刻朱墨套印本
　四冊

140000－0501－0006592　94098－103

半農先生春秋說十五卷　（清）惠士奇撰　清
嘉慶十五年(1810)刻本　六冊

140000－0501－0006593　94104－09

春秋左傳釋人十二卷附錄一卷　（清）范照藜
纂　清嘉慶七年(1802)如不及齋刻本　六冊

140000－0501－0006594　94110－21

六經圖二十四卷　（清）鄭之僑編　清乾隆九
年(1744)述堂刻本　十二冊

140000－0501－0006595　94122－61

讀禮通考一百二十卷　（清）徐乾學編　清光
緒七年(1881)江蘇書局刻本　四十冊

140000－0501－0006596　94162－65

書古微十二卷　（清）魏源著　清光緒四年
(1878)淮南書局刻本　四冊

140000－0501－0006597　94166

寫定尚書一卷　（清）吳汝綸編　清光緒十八
年(1892)桐城吳氏家塾石印本　一冊

140000－0501－0006598　94167－68

尚書一卷　（清）吳汝綸編　清光緒十三年（1887）都門印書局鉛印本　二冊

140000－0501－0006599　94169－72

九正易因不分卷　（明）李贄撰　明常熟毛氏汲古閣刻本　四冊

140000－0501－0006600　94181－85

讀易傳心十二卷附圖說三卷　（清）韓怡撰　清嘉慶十三年（1808）木存堂刻本　五冊

140000－0501－0006601　94216－25

易經揆一十四卷易學啟蒙補二卷　（清）梁錫璵撰　清乾隆十六年（1751）內府刻本　十冊

140000－0501－0006602　94226－45

欽定書經傳說彙纂二十一卷首二卷書序一卷　（清）王頊齡等纂　清雍正八年（1730）內府刻本　二十冊

140000－0501－0006603　94246－69

欽定春秋傳說彙纂三十八卷首二卷　（清）王掞纂　清刻本　二十四冊

140000－0501－0006604　94270－75

四書合講十九卷　（宋）朱熹集注　清光緒五年（1879）四明茹古齋鉛印本　六冊

140000－0501－0006605　94276－95

古經解彙函十六種小學彙函十四種續附十種　（清）鍾謙鈞輯　清光緒十四年（1888）上海蜚英館石印本　二十冊

140000－0501－0006606　94318－23

御纂詩義折中二十卷　（清）傅恆編　清宣統三年（1911）北京自強書局石印本　六冊

140000－0501－0006607　94324－35

御纂詩義折中二十卷　（清）傅恆纂　清乾隆二十年（1755）內府刻本　十二冊

140000－0501－0006608　94336－39

詩經融注大全體要八卷　（清）高朝瓔纂　（清）沈世楷輯　清康熙五十年（1711）大文堂刻本　四冊

140000－0501－0006609　94340－43

書經近指六卷　（清）孫奇逢編　清康熙十五年（1676）孤竹趙氏刻本　四冊

140000－0501－0006610　94344－55

新刻來瞿唐先生易注十五卷首一卷末一卷　（明）來知德注　清朝爽堂刻本　十二冊

140000－0501－0006611　94356－67

尚書後案三十卷後辨一卷　（清）王鳴盛撰　清乾隆四十五年（1780）禮堂刻本　十二冊

140000－0501－0006612　94368－83

春秋經傳集解三十卷首一卷　（晉）杜預（宋）林堯叟注　（唐）陸德明音義　清康熙五十九年（1720）掃葉山房刻本　十六冊

140000－0501－0006613　94384－99

春秋經傳集解三十卷首一卷　（晉）杜預（宋）林堯叟注　（唐）陸德明釋　清元德昌刻本　十六冊

140000－0501－0006614　94400－05

春秋胡傳疏十二卷　（明）單允昌撰　明刻本　六冊

140000－0501－0006615　94406－17

左傳事緯十二卷　（清）馬驌編　清乾隆四十九年（1784）懷澄堂刻本　十二冊

140000－0501－0006616　94418－29

左傳事緯十二卷　（清）馬驌編　清乾隆四十九年（1784）懷澄堂刻本　十二冊

140000－0501－0006617　94430－39

禮記十卷　（元）陳澔集說　清江南李氏刻本　十冊

140000－0501－0006618　94442－47

周禮精華六卷　（清）陳龍標編　清道光六年（1826）光韙堂刻本　六冊

140000－0501－0006619　94448－53

新刻批點四書讀本十九卷　（宋）朱熹注　清道光二十九年（1849）緯文堂刻朱墨套印本　六冊

140000－0501－0006620　94454－77

四書大全學知錄二十三卷　（清）許泰文編　清乾隆七年（1742）三槐堂刻本　二十四冊

140000－0501－0006621　94478－517

四書大全三十七卷　（清）陸隴其點定　清康
熙四十一年(1702)嘉會堂刻本　四十冊

140000－0501－0006622　94518－22

精鐫銅板四書體注十九卷　（宋）朱熹注
（清）范翔訂　清江寧啟盛堂刻本　五冊

140000－0501－0006623　94523

古本大學輯解二卷　（清）楊亶驊輯注　清同
治四年(1865)王氏刻本　一冊

140000－0501－0006624　94526－29

焦氏易林四卷　（漢）焦延壽撰　清光緒元年
(1875)湖北崇文書局刻本　四冊

140000－0501－0006625　94530－39

禮記精義鈔略十卷　（清）陸錫璞撰　清道光
二十一年(1841)平南學署刻本　十冊

140000－0501－0006626　94540－51

書經大全十卷考異一卷　（明）胡廣編　清康
熙五十年(1711)郁郁堂刻本　十二冊

140000－0501－0006627　94552－57

易經精華六卷　（清）薛嘉穎選　清咸豐元年
(1851)蘇州會文堂刻本　六冊

140000－0501－0006628　94558－59

春秋左傳類對賦　（宋）徐晉卿著　（清）高士
奇補注　清康熙三十年(1691)刻本　二冊

140000－0501－0006629　94560－63

大戴禮記補注十三卷　（清）孔廣森撰　清光
緒九年(1883)謙德堂刻本　四冊

140000－0501－0006630　94564－65

中庸時習錄一卷　（清）馬鑾宇撰　清光緒二
十年(1894)冀以龢刻本　二冊

140000－0501－0006631　94568－83

四書經注集證十八卷　（清）吳昌宗輯　清嘉
慶三年(1798)江都汪氏刻本　十六冊

140000－0501－0006632　94584－91

四書約旨十七卷　（清）任啟運著　清乾隆五
年(1740)汾陽耿毓孝刻本　八冊

140000－0501－0006633　94592－97

四書鏡典故附考十七卷　（清）程天霖修訂
清乾隆十年(1745)啟盛堂刻本　六冊

140000－0501－0006634　94598－603

四書古人典林十二卷　（清）江永編　清乾隆
三十九年(1774)集道堂刻本　六冊

140000－0501－0006635　94604－09

鄉黨圖考十卷　（清）江永著　清嘉慶二十一
年(1816)吳郡山淵堂刻本　六冊

140000－0501－0006636　94610－40

仿宋相臺五經附考證　（宋）岳珂輯　清光緒
二年(1876)江南書局刻本　三十一冊

140000－0501－0006637　94641－706

十三經讀本三百三十三卷　清光緒六年
(1880)山西濬文書局刻本　六十六冊

140000－0501－0006638　94707－08

周易四卷　（宋）程頤注　清同治十一年
(1872)山東書局刻本　二冊

140000－0501－0006639　94709－12

書經六卷　（宋）蔡沈集傳　清同治十一年
(1872)山東書局刻本　四冊

140000－0501－0006640　94713－16

詩經八卷　（宋）朱熹集傳　清同治十一年
(1872)山東書局尚志堂刻本　四冊

140000－0501－0006641　94717－22

周禮六卷　（漢）鄭玄注　（唐）陸德明音義
清同治十一年(1872)山東書局尚志堂刻本
六冊

140000－0501－0006642　94723－28

儀禮十七卷附監本正誤一卷石本誤字一卷校
勘記一卷　（漢）鄭玄注　（清）張爾岐句讀
清同治十一年(1872)山東書局尚志堂刻本
六冊

140000－0501－0006643　94729－34

儀禮十七卷附監本正誤一卷石本誤字一卷校
勘記一卷　（漢）鄭玄注　（清）張爾岐句讀
清同治十一年(1872)山東書局尚志堂刻本

六冊

140000 - 0501 - 0006644　94735 - 38
春秋公羊經傳解詁十一卷　（漢）何休注
（唐）陸德明音義　清同治十一年(1872)山東
書局尚志堂刻本　四冊

140000 - 0501 - 0006645　94739 - 42
春秋穀梁傳十二卷附校刊記一卷　（晉）范甯
集解　（唐）陸德明音義　清同治十一年
(1872)山東書局刻本　四冊

140000 - 0501 - 0006646　94743
孝經一卷　（唐）玄宗李隆基注　（唐）陸德明
音義　清同治十一年(1872)山東書局尚志堂
刻本　一冊

140000 - 0501 - 0006647　94744 - 46
爾雅三卷　（晉）郭璞注　（唐）陸德明音釋
清同治十一年(1872)山東書局刻本　三冊

140000 - 0501 - 0006648　94753 - 76
欽定四書文選　（清）方苞輯　清刻本　二十
四冊

140000 - 0501 - 0006649　94777 - 80
春秋指掌三十卷春秋前事一卷春秋後事一卷
（清）儲欣　（清）蔣景祁撰輯　清康熙二十
八年(1689)天黎閣刻本　四冊

140000 - 0501 - 0006650　94781 - 84
春秋繁露義證十七卷首一卷考證一卷　（漢）
董仲舒撰　（清）蘇輿學　清宣統二年(1910)
刻本　四冊

140000 - 0501 - 0006651　94785 - 94
鄭氏禮記箋四十九卷　（清）郝懿行撰　清光
緒八年(1882)東路廳署刻本　十冊

140000 - 0501 - 0006652　94795 - 810
儀禮經傳通解三十七卷續二十九卷　（宋）朱
熹編纂　清呂氏寶誥堂刻本　十六冊

140000 - 0501 - 0006653　94811 - 30
欽定春秋傳說彙纂三十八卷首二卷　（清）王
掞纂　清光緒十四年(1888)江南書局戶部刻
本　二十冊

140000 - 0501 - 0006654　94831 - 50
欽定書經傳說彙纂二十一卷首二卷書序一卷
（清）王頊齡等纂　清雍正八年(1730)內府
刻本　二十冊

140000 - 0501 - 0006655　95290 - 337
鮑刻六經七十九卷　清刻本　四十八冊

140000 - 0501 - 0006656　95338 - 437
五禮通考二百六十二卷　（清）秦蕙田編　清
光緒六年(1880)江蘇書局刻本　一百冊

140000 - 0501 - 0006657　95438 - 69
說文解字義證五十卷　（清）桂馥撰　清同治
九年(1870)湖北崇文書局刻本　三十二冊

140000 - 0501 - 0006658　95478 - 80
說文解字十五卷　（漢）許慎撰　（宋）徐鉉校
定　清同治十三年(1874)東吳趙氏刻本
三冊

140000 - 0501 - 0006659　95481 - 88
說文解字通釋四十卷附繫傳校勘記三卷
（宋）徐鍇撰　清道光十九年(1839)金陵劉漢
洲刻本　八冊

140000 - 0501 - 0006660　95489 - 518
說文解字句讀三十卷　（漢）許慎撰　（清）王
筠撰集　清同治四年(1865)刻本　三十冊

140000 - 0501 - 0006661　95519 - 23
說文解字十五卷　（漢）許慎撰　（宋）徐鉉校
定　清光緒七年(1881)淮南書局刻本　五冊

140000 - 0501 - 0006662　95524 - 31
說文解字通釋四十卷附繫傳校勘記三卷
（宋）徐鍇撰　清道光十九年(1839)金陵劉漢
洲刻本　八冊

140000 - 0501 - 0006663　95532 - 47
說文解字三十二卷　（清）段玉裁注　清嘉慶
十三年(1808)刻本　十六冊

140000 - 0501 - 0006664　95548 - 71
說文解字三十二卷六書音韻表五卷　（清）段
玉裁注　清嘉慶十九年(1814)經韻樓刻本
二十四冊

140000 - 0501 - 0006665　95572 - 87

說文解字注三十二卷　（清）段玉裁注　清同治十一年(1872)蘇州保息局刻本　十六冊

140000 - 0501 - 0006666　95588 - 621

說文解字義證五十卷　（清）桂馥撰　清同治九年(1870)湖北崇文書局刻本　三十四冊

140000 - 0501 - 0006667　95622 - 29

說文解字通釋四十卷附繫傳校勘記三卷　（宋）徐鍇撰　清道光十九年(1839)金陵劉漢洲刻本　八冊

140000 - 0501 - 0006668　95630 - 31

說文通檢十四卷首一卷末一卷　（清）黎永椿編　清光緒五年(1879)祥符常桂潤刻本　二冊

140000 - 0501 - 0006669　95632 - 33

說文通檢十四卷首一卷末一卷　（清）黎永椿編　清光緒五年(1879)祥符常桂潤刻本　二冊

140000 - 0501 - 0006670　95634 - 35

說文釋例二卷　（清）江沅著　清咸豐元年(1851)李氏半畝園刻本　二冊

140000 - 0501 - 0006671　95636 - 37

段氏說文注訂八卷　（清）鈕樹玉著　清同治五年(1866)碧螺山館刻本　二冊

140000 - 0501 - 0006672　95638 - 39

說文新附考六卷說文續考一卷　（清）鈕樹玉編　清同治十三年(1874)湖北崇文書局刻本　二冊

140000 - 0501 - 0006673　95640

說文提要一卷　（清）陳建侯撰　清同治十二年(1873)湖北崇文書局刻本　一冊

140000 - 0501 - 0006674　95641 - 46

說文解字十五卷　（漢）許慎撰　（宋）徐鉉校定　清刻本　六冊

140000 - 0501 - 0006675　95651 - 82

說文解字三十二卷六書音韻表五卷汲古閣說文訂一卷　（清）段玉裁注　清同治十一年

(1872)湖北崇文書局刻本　三十二冊

140000 - 0501 - 0006676　95683 - 96

說文解字十五卷附校錄　（漢）許慎記　（清）鈕樹玉撰　清光緒十五年(1889)江蘇書局刻本　十四冊

140000 - 0501 - 0006677　95705 - 18

說文解字句讀三十卷　（漢）許慎撰　（清）王筠撰集　清同治四年(1865)刻本　十四冊

140000 - 0501 - 0006678　95722 - 23

爾雅三卷　（晉）郭璞注　清嘉慶十一年(1806)顧廣圻思適齋刻本　二冊

140000 - 0501 - 0006679　95724 - 25

爾雅三卷　（晉）郭璞注　清嘉慶十一年(1806)顧廣圻思適齋刻本　二冊

140000 - 0501 - 0006680　95726 - 33

爾雅正義二十卷　（清）邵晉涵撰　**爾雅釋文三卷**　（唐）陸德明撰　清金陵文炳齋劉德文刻本　八冊

140000 - 0501 - 0006681　95734

爾雅三卷　（晉）郭璞注　清嘉慶十一年(1806)顧廣圻思適齋刻本　一冊

140000 - 0501 - 0006682　95735 - 38

爾雅注疏十一卷　（晉）郭璞注　（宋）邢昺疏　清嘉慶八年(1803)刻本　四冊

140000 - 0501 - 0006683　95739 - 41

爾雅三卷　（晉）郭璞注　（唐）陸德明音釋　清光緒十二年(1886)湖北官書處刻本　三冊

140000 - 0501 - 0006684　95742 - 44

爾雅音圖三卷　（晉）郭璞注　清嘉慶六年(1801)藝學軒刻本　三冊

140000 - 0501 - 0006685　95745 - 48

漢溪書法通解八卷　（清）戈守智纂　清乾隆十五年(1750)霽雲閣刻本　四冊

140000 - 0501 - 0006686　95749 - 56

漢溪書法通解八卷　（清）戈守智纂　清乾隆十五年(1750)霽雲閣刻本　八冊

140000－0501－0006687　95757－62

漢溪書法通解八卷　（清）戈守智撰　清乾隆十五年(1750)當湖戈氏刻本　六冊

140000－0501－0006688　95763－76

楷法溯源十四卷目錄一卷　（清）潘存輯　楊守敬編　清光緒三年(1877)宜都楊守敬刻本　十四冊

140000－0501－0006689　95777－84

隸辨八卷　（清）顧藹吉撰　清乾隆五十七年(1792)玉淵堂刻本　八冊

140000－0501－0006690　95785－92

隸辨八卷　（清）顧藹吉編　清乾隆八年(1743)玉淵堂刻本　八冊

140000－0501－0006691　95794

說文引經異字三卷　（清）吳雲蒸著　（清）阮元鑒定　清道光五年(1825)刻本　一冊

140000－0501－0006692　95795－804

說文解字十五卷說文通檢十四卷首一卷末一卷　（漢）許慎撰　（清）黎永椿編　清嘉慶十四年(1809)刻本　十冊

140000－0501－0006693　95805－09

隸釋二十七卷　（宋）洪适撰　清同治十年(1871)皖南晦木齋刻本　五冊

140000－0501－0006694　95810－11

隸續二十一卷　（宋）洪适撰　清同治十年(1871)皖南晦木齋刻本　二冊

140000－0501－0006695　95812

隸釋刊誤　（清）黃丕烈撰　清同治十一年(1872)安徽皖南晦木齋刻本　一冊

140000－0501－0006696　95813－14

小學集解六卷輯說一卷　（清）張伯行撰　清同治四年(1865)晉陽藩署刻本　二冊

140000－0501－0006697　95815－18

小學集解六卷輯說一卷　（清）張伯行撰　清同治四年(1865)晉陽藩署刻本　四冊

140000－0501－0006698　95819－26

十三經集字摹本　（清）彭玉雯撰　清道光三

十年(1850)江右彭氏刻本　八冊

140000－0501－0006699　95827－28

倉頡篇校證三卷　（清）梁章鉅撰　清道光五年(1825)恭辰號刻本　二冊

140000－0501－0006700　95829－30

經書字音辨要九卷　（清）楊名颺輯　清道光十年(1830)式好堂刻本　二冊

140000－0501－0006701　95831－34

六書本義　（明）趙撝謙撰　清刻本　四冊

140000－0501－0006702　95835－66

說文解字十四卷重文檢字篇一卷疑難檢字篇一卷今文檢字篇一卷說文解字篇三卷　（清）段玉裁注　（清）徐灝箋　清光緒徐氏刻民國四年(1915)增刻本　三十二冊

140000－0501－0006703　95867

汲古閣說文訂　（清）段玉裁注　清同治十一年(1872)湖北崇文書局刻本　一冊

140000－0501－0006704　95868－69

六藝綱目二卷附字原一卷劄記一卷　（元）舒天民撰　（元）舒恭注　（明）趙宜中附注　清光緒解梁書院刻本　二冊

140000－0501－0006705　95870－93

六書故三十三卷通釋一卷　（宋）戴侗撰　清乾隆四十九年(1784)李氏刻本　二十四冊

140000－0501－0006706　95894－98

韻辨附文五卷　（清）沈兆霖撰　清道光二十三年(1843)宏道書院刻本　五冊

140000－0501－0006707　95900

姓氏急就篇二卷　（宋）王應麟撰　清刻本　一冊

140000－0501－0006708　95901

文字蒙求四卷　（清）王筠撰　清道光十八年(1838)刻本　一冊

140000－0501－0006709　95903

說文辨疑一卷　（清）顧廣圻撰　清光緒三年(1877)湖北崇文書局刻本　一冊

140000－0501－0006710　95904－07

六書正訛五卷　（元）周伯琦撰　明崇禎七年
(1634)刻清初古香閣印本　四冊

140000－0501－0006711　95908－17

古今韻會舉要三十卷　（元）熊忠撰　明嘉靖
十五年(1536)刻本　十冊

140000－0501－0006712　95918－25

四字鑑引八卷　（清）李正中編　清嘉慶五年
(1800)存守堂刻本　八冊

140000－0501－0006713　95926－27

虛字闡義三卷讀書說約三卷　（清）謝鼎卿撰
　清光緒元年(1875)北京善成堂刻本　二冊

140000－0501－0006714　95928－29

虛字闡義三卷讀書說約三卷　（清）謝鼎卿撰
　清光緒元年(1875)北京善成堂刻本　二冊

140000－0501－0006715　95930－31

臨文便覽二卷　（清）張仰山輯　清光緒二年
(1876)刻本　二冊

140000－0501－0006716　95936－47

顧氏音學五書三十八卷　（清）顧炎武撰　清
刻本　十二冊

140000－0501－0006717　95948

佩文廣韻彙編五卷　（清）李元祺編　清道光
十年(1830)半塔草堂刻本　一冊

140000－0501－0006718　95949

佩文詩韻釋要五卷　（清）周兆基編　清光緒
十八年(1892)浙江書局刻本　一冊

140000－0501－0006719　95950－53

古今韻略五卷　（清）邵長蘅纂　清康熙三十
五年(1696)刻本　四冊

140000－0501－0006720　95954

五方元音二卷　（清）樊騰鳳輯　（清）年希堯
增補　清康熙四十九年(1710)掃葉山房刻本
　一冊

140000－0501－0006721　95955－62

古今通韻十二卷　（清）毛奇齡撰　清康熙二
十四年(1685)刻本　八冊

140000－0501－0006722　95963－66

古韻發明不分卷切字肆考不分卷　（清）張畊
撰　清道光六年(1826)芸心堂刻本　四冊

140000－0501－0006723　95967－6006

康熙字典十二集　（清）張玉書　（清）凌紹雯
纂修　清刻本　四十冊

140000－0501－0006724　96007－46

康熙字典十二集　（清）張玉書　（清）凌紹雯
纂修　清道光七年(1827)刻本　四十冊

140000－0501－0006725　96047－86

康熙字典十二集　（清）張玉書　（清）凌紹雯
纂修　清道光七年(1827)刻本　四十冊

140000－0501－0006726　96087－100

字彙十二集首一卷末一卷　（明）梅膺祚音釋
　清刻本　十四冊

140000－0501－0006727　96101－42

藝文備覽一百二十卷補詳字義十四篇　（清）
沙木注　清嘉慶十一年(1806)阿克當阿刻本
　四十二冊

140000－0501－0006728　96143－270

資治通鑑綱目前編二十五卷　（明）南軒撰
正編五十九卷　（宋）朱熹撰　續編二十七卷
　（明）商輅撰　（明）陳仁錫評　清嘉慶九年
(1804)姑蘇聚文堂刻本　一百二十八冊

140000－0501－0006729　96271－330

資治通鑑綱目五十九卷　（宋）朱熹撰　清康
熙三十七年(1698)刻本　六十冊

140000－0501－0006730　96331－34

陸氏傳家集四種　（清）陸文衡著　清同治十
一年(1872)義經堂刻本　四冊

140000－0501－0006731　96335－414

明史稿三百十卷　（清）王鴻緒撰　清雍正元
年至四年(1723－1726)敬慎堂刻本　八十冊

140000－0501－0006732　96415－78

御批歷代通鑑輯覽一百二十卷　（清）傅恆撰
　清同治十三年(1874)湖南書局刻本　六十
四冊

140000－0501－0006733　96479－536

御批歷代通鑑輯覽一百二十卷　（清）傅恆撰
清光緒五年(1879)天津煮字山房刻朱墨套
印本　五十八冊

140000－0501－0006734　96537－616

通鑑紀事本末二百三十九卷　（宋）袁樞編
（明）張溥論正　清同治十二年(1873)江西書
局刻本　八十冊

140000－0501－0006735　96617－64

通鑑紀事本末二百三十九卷　（宋）袁樞編輯
（明）張溥論正　清光緒十三年(1887)廣東
廣雅書局刻本　四十八冊

140000－0501－0006736　96665－70

大金國志四十卷　（宋）宇文懋昭撰　**契丹國
志二十七卷**　（宋）葉隆禮撰　清嘉慶二年
(1797)上海掃葉山房刻本　六冊

140000－0501－0006737　96671－80

欽定明鑑二十四卷首一卷　（清）托津纂　清
同治九年(1870)湖北崇文書局刻本　十冊

140000－0501－0006738　96681－90

聖武記十四卷　（清）魏源撰　清敧星煌刻本
十冊

140000－0501－0006739　96691－95

戰國策三十三卷　（漢）高誘注　**重校戰國策
序錄一卷重刻剡川姚氏本戰國策劄記三卷**
（清）黃丕烈撰　清同治八年(1869)湖北崇文
書局刻本　五冊

140000－0501－0006740　96696－719

朔方備乘六十八卷首十二卷目錄一卷　（清）
何秋濤纂輯　清光緒七年(1881)刻本　二十
四冊

140000－0501－0006741　96720－39

欽定大清會典一百卷　（清）允祹撰　清乾隆
二十九年(1764)武英殿刻本　二十冊

140000－0501－0006742　96740－59

綱鑑正史約三十六卷　（明）顧錫疇編　（清）
陳宏謀訂　清同治八年(1869)浙江書局刻本
二十冊

140000－0501－0006743　96760－95

史記評林一百三十卷首一卷　（明）凌稚隆輯
清光緒十五年(1889)山西濬文書局刻本
三十六冊

140000－0501－0006744　96796－915

皇朝政典類纂五百卷　（清）席裕福編　清光
緒二十九年(1903)上海圖書集成局鉛印本
一百二十冊

140000－0501－0006745　96916－39

**大清律例增修統纂集成四十卷附督捕則例二
卷**　（清）吳煦輯　（清）陶駿　（清）陶念霖
增輯　清光緒十七年(1891)珍藝書局鉛印本
二十四冊

140000－0501－0006746　96955－7050

滿洲名臣傳四十八卷漢名臣傳三十二卷　清
京都榮錦書房木活字印本　九十六冊

140000－0501－0006747　97051－86

歷代名臣言行錄二十四卷　（清）朱桓編　清
光緒元年(1875)湖北文源堂刻本　三十六冊

140000－0501－0006748　97087－94

元朝秘史十五卷首一卷　（清）李文田注　清
光緒二十九年(1903)石印書局石印本　八冊

140000－0501－0006749　97095－108

歷代陵寢備考五十卷宗廟考八卷　（清）朱孔
陽輯　清光緒三年(1877)申報館鉛印本　十
四冊

140000－0501－0006750　97109－23

欽定協紀辨方書三十六卷　（清）李廷耀等纂
修　清乾隆六年(1741)武英殿刻朱墨套印本
十五冊

140000－0501－0006751　97124－35

關聖帝君聖跡圖志全集五卷　（清）盧湛輯
清嘉慶八年(1803)刻本　十二冊

140000－0501－0006752　97136－75

欽定科場條例六十卷　（清）詹鴻藻　（清）詹
鴻謨纂　清光緒十三年(1887)刻本　四十冊

140000－0501－0006753　97176－211

海國圖志一百卷首一卷　（清）魏源撰　清光緒二年(1876)刻本　三十六冊

140000－0501－0006754　97212－35

海國圖志一百卷　（清）魏源撰　清咸豐二年(1852)古微堂刻本　二十四冊

140000－0501－0006755　97236－55

綱鑑正史約三十六卷　（明）顧錫疇編　（清）陳宏謀訂　清同治八年(1869)浙江書局刻本　二十冊

140000－0501－0006756　97256－303

尺木堂綱鑑易知錄九十二卷附御撰資治通鑑明紀綱目二十卷　（清）吳乘權輯　清道光二年(1822)碧梧齋刻本　四十八冊

140000－0501－0006757　97304－07

萬國公法四卷　（美國）慧頓著　（美國）丁韙良譯　清同治三年(1864)京都崇實館刻本　四冊

140000－0501－0006758　97308－17

萬國通史前編十卷　（英國）李思倫白輯譯　蔡爾康述　清光緒二十六年(1900)上海廣學會鉛印本　十冊

140000－0501－0006759　97318－67

天下郡國利病書一百二十卷　（清）顧炎武輯　清道光三年（1823）敷文閣刻光緒五年(1879)桐花書屋薛氏家塾修本　五十冊

140000－0501－0006760　97368－418

歷朝紀事本末九種　（清）陳如升　（清）朱記榮輯　清光緒二十八年(1902)上海書局石印本　五十一冊　存七十一卷(明史紀事本末十至八十)

140000－0501－0006761　97419－508

讀史方輿紀要一百三十卷輿圖要覽四卷　(清)顧祖禹撰　清嘉慶十七年(1812)敷文閣刻本　九十冊

140000－0501－0006762　97509－66

天下郡國利病書一百二十卷　（清）顧炎武輯　清道光三年(1823)敷文閣刻本　五十八冊

140000－0501－0006763　97567－74

敕修河東鹽法志十二卷　（清）覺羅石麟纂（清）朱一鳳輯　清雍正五年(1727)刻本　八冊

140000－0501－0006764　97575－84

增修河東鹽法備覽八卷首一卷　（清）張元鼎纂　清光緒八年(1882)刻本　十冊

140000－0501－0006765　97585－92

晉政輯要八卷　（清）海寧總輯　（清）鄭源璹等纂輯　清乾隆五十四年(1789)刻本　八冊

140000－0501－0006766　97593－624

晉政輯要四十卷　（清）剛毅纂　清光緒十四年(1888)刻本　三十二冊

140000－0501－0006767　97625－34

萬國通史前編十卷　（英國）李思倫白輯譯　蔡爾康述　清光緒二十六年(1900)上海廣學會鉛印本　十冊

140000－0501－0006768　97635－40

萬國通鑑四卷地圖一卷　（美國）謝衛樓撰（清）趙如光譯　清光緒八年(1882)刻本　六冊

140000－0501－0006769　97641－46

萬國通鑑四卷地圖一卷　（美國）謝衛樓撰（清）趙如光譯　清光緒八年(1882)刻本　六冊

140000－0501－0006770　97647－49

列國陸軍制　（美國）歐潑登撰　（美國）林樂知譯　清光緒刻本　三冊

140000－0501－0006771　97650－65

欽定學政全書八十六卷首一卷　（清）童璜纂　清嘉慶十七年(1812)武英殿刻本　十六冊

140000－0501－0006772　97666－744

通鑑綱目編年錄一百卷　（清）祁瑾撰　清乾隆二十一年(1756)刻本　七十九冊

140000－0501－0006773　97805－28

續後漢書九十卷　（元）郝經撰　清刻本　二

十四册

140000－0501－0006774　97829－40

通商條約章程成案彙編三十卷　（清）李鴻章撰　清光緒十二年（1886）鉛印本　十二册

140000－0501－0006775　97841－55

李文忠公函稿二十八卷　（清）李鴻章撰（清）吳汝綸輯　清光緒二十八年（1902）蓮池書社鉛印本　十五册

140000－0501－0006776　97856－71

讀史兵略四十六卷　（清）胡林翼纂　清咸豐十一年（1861）武昌官府刻本　十六册

140000－0501－0006777　97872－77

臺灣外紀三十卷　（清）江日昇撰　清光緒四年（1878）上海申報館鉛印本　六册

140000－0501－0006778　97878－85

讀通鑑論十卷末一卷　（清）王夫之撰　清光緒二十五年（1899）上海書局鉛印船山遺書本　八册

140000－0501－0006779　97886－93

史通通釋二十卷附新唐書劉知幾本傳　（清）浦起龍撰　清光緒二十年（1894）上海積山書局石印本　八册

140000－0501－0006780　97900－05

泰西十八周史攬要十八卷　（英國）雅各偉德撰　（英國）季理斐成章譯　（清）李鼎星述　清光緒二十八年（1902）廣學會鉛印本　六册

140000－0501－0006781　97906－09

萬國近政考略十六卷　（清）鄒弢編　清光緒二十二年（1896）鉛印本　四册

140000－0501－0006782　97910－25

萬國歷史彙編一百卷　（清）江子雲輯　清光緒二十九年（1903）上海官書局石印本　十六册

140000－0501－0006783　97926－34

沈文肅公政書七卷首一卷　（清）沈葆楨撰　清光緒六年（1880）吳門節署鉛印本　九册

140000－0501－0006784　97935－55

時務通考三十一卷首一卷大東合邦新義一卷　（清）杞廬主人撰　清光緒二十三年（1897）上海點石齋石印本　二十一册

140000－0501－0006785　97956－71

考察日本學校記　（清）李宗棠編　清光緒二十八年（1902）石印本　十六册

140000－0501－0006786　97972－87

萬國新史大事表十八卷　清光緒二十五年（1899）上海圖書集成印書局鉛印本　十六册

140000－0501－0006787　97988－99

西國近事彙編　（美國）金楷理譯　（清）姚棻筆述　清光緒二十三年（1897）慎記書莊石印本　十二册

140000－0501－0006788　98028－32

支那通史四卷　（日本）那珂通世編　清光緒時經官書局鉛印本　五册

140000－0501－0006789　98033－38

奏議初編十二卷　（清）張之洞撰　清光緒二十七年（1901）上海圖書集成印書局鉛印本六册

140000－0501－0006790　98039

中國度支考　（英國）哲美森編　清光緒二十三年（1897）上海圖書集成局鉛印本　一册

140000－0501－0006791　98040

中國度支考　（英國）哲美森編　清光緒二十三年（1897）上海圖書集成局鉛印本　一册

140000－0501－0006792　98041－46

歷代政治類編十二卷　（清）柴紹炳纂　清光緒二十七年（1901）上海自強書局石印本六册

140000－0501－0006793　98047－50

萬國公法四卷　（美國）惠頓撰　清光緒二十七年（1901）鑄記書莊石印本　四册

140000－0501－0006794　98051－58

泰西新史攬要二十三卷附記一卷　（英國）馬懇西撰　（英國）李提摩太譯　蔡爾康述　清光緒二十一年（1895）上海廣學會鉛印本

八冊

140000－0501－0006795　98059－68

普法戰紀二十卷　（清）張忠良口譯　（清）王韜撰輯　清光緒二十一年(1895)弢園鉛印本　十冊

140000－0501－0006796　98069－80

通商條約章程成案彙編三十卷　（清）李鴻章撰　清光緒十二年(1886)鉛印本　十二冊

140000－0501－0006797　98081－82

萬國通史二卷　（日本）天野為之撰　吳啟孫譯　清光緒二十九年(1903)上海文明書局鉛印本　二冊

140000－0501－0006798　98083－88

萬國史記二十卷　（日本）岡本監輔撰　清光緒二十三年(1897)上海六先書局鉛印本　六冊

140000－0501－0006799　98089－94

萬國史記二十卷　（日本）岡本監輔撰　清光緒二十三年(1897)上海六先書局鉛印本　六冊

140000－0501－0006800　98095－98

增修籌餉事例三卷增修現行常例一卷　清同治八年(1869)榮錄堂刻本　四冊

140000－0501－0006801　98099－110

新譯列國歲計政要三篇附貨幣表中外度量衡合數表　（清）傅運森譯　清光緒二十七年(1901)上海譯書社鉛印本　十二冊

140000－0501－0006802　98111－22

經濟實學考八卷　（清）江標撰　清光緒二十六年(1900)上海博濟書局石印本　十二冊

140000－0501－0006803　98123－30

原富五卷　（英國）斯密亞丹撰　嚴復譯　清光緒二十八年(1902)南洋公學譯書院鉛印本　八冊

140000－0501－0006804　98131－55

河渠紀聞三十一卷　（清）康基田撰　清嘉慶九年(1804)霞蔭堂刻本　二十五冊

140000－0501－0006805　98156－215

大清一統志五百卷　（清）和珅編　清光緒二十三年(1897)杭州竹簡齋石印本　六十冊

140000－0501－0006806　98216－513

九通二百卷　（唐）杜佑纂　清光緒二十七年(1901)上海圖書集成局鉛印本　二百九十八冊

140000－0501－0006807　98514－17

繪圖山海經詳注五卷山海經詳注十八卷　（清）吳任臣注　清文光堂刻本　四冊

140000－0501－0006808　98518－37

通鑑會纂三十九卷首一卷　（明）王世貞（明）袁黃編　御撰資治通鑑綱目三編二十卷　（清）張廷玉編　清光緒二十五年(1899)上海掃葉山房鉛印本　二十冊

140000－0501－0006809　98538－97

皇朝經世文編一百二十卷　（清）賀長齡編　清光緒十二年(1886)思補樓石印本　六十冊

140000－0501－0006810　98598－621

皇朝經世文續編一百二十卷　（清）葛士濬輯　清光緒二十四年(1898)上海宏文閣鉛印本　二十四冊

140000－0501－0006811　98622－37

皇朝經世文三編八十卷　（清）陳忠倚輯　清光緒二十四年(1898)寶文書局石印本　十六冊

140000－0501－0006812　98638－49

皇朝經世文四編五十二卷　（清）何良棟輯　清光緒二十八年(1902)鴻寶書局石印本　十二冊

140000－0501－0006813　98650－65

皇朝經世文新編二十一卷首三卷　麥仲華輯　清光緒二十八年(1902)上海煉石書局石印本　十六冊

140000－0501－0006814　98666－711

大清法規大全附大清新法律　清宣統元年(1909)政學社石印本　四十六冊

140000 – 0501 – 0006815　98712 – 31

大清光緒新法令十三類附錄一卷　清宣統元年(1909)上海商務印書館鉛印本　二十册

140000 – 0501 – 0006816　98732 – 63

大清宣統新法令　清宣統元年(1909)上海商務印書館鉛印本　三十二册

140000 – 0501 – 0006817　98764 – 79

袁王綱鑑合編三十九卷　(明)王世貞　(明)袁黃纂　**御撰資治通鑑明紀綱目二十卷**　(清)張廷玉等纂　清光緒三十年(1904)上海商務印書館鉛印本　十六册

140000 – 0501 – 0006818　98796 – 805

桂洲夏文愍公奏議三十一卷補遺一卷附圖　(明)夏言撰　清乾隆二十九年(1764)忠禮書院刻本　十册

140000 – 0501 – 0006819　98806 – 15

江南製造局記十卷　(清)魏允恭輯　清光緒三十一年(1905)上海文寶書局石印本　十册

140000 – 0501 – 0006820　98816 – 23

秋讞輯要六卷　(清)剛毅編　清光緒十二年(1886)山西濬文書局刻本　八册

140000 – 0501 – 0006821　98824 – 31

秋讞輯要六卷　(清)剛毅編　清光緒十二年(1886)山西濬文書局刻本　八册

140000 – 0501 – 0006822　98832 – 35

彭剛直公奏稿八卷　(清)彭玉麟撰　清鉛印本　四册

140000 – 0501 – 0006823　98836 – 41

史通通釋二十卷附新唐書劉知幾本傳　(清)浦起龍撰　**史通通釋舉例一卷**　(清)蔡焯撰　清翰墨園刻本　六册

140000 – 0501 – 0006824　98842 – 47

五洲各國政治考八卷　(清)錢恂輯　清光緒二十七年(1901)石印本　六册

140000 – 0501 – 0006825　98848 – 52

各國約章纂要六卷首一卷附錄一卷　勞乃宣輯　清光緒十八年(1892)上海圖書集成印刷

局鉛印本　五册

140000 – 0501 – 0006826　98853 – 60

各國交涉公法論十六卷　(英國)費利摩羅巴德撰　(清)俞世爵編　清光緒二十二年(1896)小倉山房石印本　八册

140000 – 0501 – 0006827　98861 – 68

各國交涉公法論十六卷　(英國)費利摩羅巴德撰　(清)俞世爵編　清光緒二十二年(1896)小倉山房石印本　八册

140000 – 0501 – 0006828　98869

歐洲史略十三卷　清光緒二十七年(1901)石印本　一册

140000 – 0501 – 0006829　98870

羅馬志略十三卷　清光緒二十四年(1898)石印本　一册

140000 – 0501 – 0006830　98871

英法俄德四國志略　沈敦和編譯　清光緒二十二年(1896)上海圖書集成印書局鉛印本　一册

140000 – 0501 – 0006831　98872 – 73

威廉振興荷蘭紀略四卷　清光緒二十七年(1901)上海美華書館鉛印本　二册

140000 – 0501 – 0006832　98874 – 75

校邠廬抗議二卷　(清)馮桂芬著　清光緒二十四年(1898)上海著易堂石印本　二册

140000 – 0501 – 0006833　98878 – 81

注陸宣公奏議十五卷制誥十卷附錄一卷　(唐)陸贄撰　(宋)郎曄注　清光緒十二年(1886)淮南書局刻本　四册

140000 – 0501 – 0006834　98882 – 962

日本法規大全二十五類　劉崇杰譯　清光緒三十三年(1907)上海商務印書館鉛印本　八十一册

140000 – 0501 – 0006835　98963 – 74

西國近事彙編　(美國)金楷理譯　(清)姚棻筆述　清光緒二十三年(1897)石印本　十二册

140000－0501－0006836　98975－86

西國近事彙編　（美國）金楷理譯　（清）姚棻
筆述　清光緒二十三年（1897）石印本　十
二冊

140000－0501－0006837　98988－95

李氏蒙求八卷　（唐）李瀚撰　（清）楊迦懌注
　清道光十四年（1834）宜壽堂刻本　八冊

140000－0501－0006838　98996－97

莫愁湖志六卷首一卷　（清）馬士圖輯　清光
緒八年（1882）刻本　二冊

140000－0501－0006839　99000－01

歷代職官表六卷　（清）高宗弘曆撰　（清）黃
本驥節錄　清光緒二十四年（1898）柏經正堂
刻本　二冊

140000－0501－0006840　99002－05

司馬溫公稽古錄二十卷　（宋）司馬光撰　清
同治十一年（1872）湖北崇文書局刻本　四冊

140000－0501－0006841　99008－11

三立祠傳二卷　（明）袁繼咸撰　（清）劉梅重
輯　（清）和其衷重編　清乾隆劉贄刻嘉慶、
道光遞修本　四冊

140000－0501－0006842　99012－13

三立閣史鈔二卷　（清）李鎔經輯　清道光十
七年（1837）晉陽書院刻本　二冊

140000－0501－0006843　99014－15

漢口山陝西會館志二卷　（清）侯培峻　（清）
冀麟書編　清光緒二十二年（1896）漢口景慶
義石印本　四冊

140000－0501－0006844　99016－19

孝肅奏議十卷　（宋）包拯撰　（宋）張田輯
清同治二年（1863）合肥李氏刻本　四冊

140000－0501－0006845　99020－27

三國疆域志補注十九卷首一卷　（清）洪亮吉
撰　（清）謝鍾英補注　清光緒二十四年
（1898）刻本　八冊

140000－0501－0006846　99028－29

出使奏疏二卷　（清）薛福成撰　清光緒二十

年（1894）刻本　二冊

140000－0501－0006847　99030－31

大日本中興先覺志二卷　（日本）岡本監輔編
　清光緒二十七年（1901）開導社刻本　二冊

140000－0501－0006848　99032

美國水師考一卷　（英國）巴那比　（美國）克
理撰　（清）鍾天緯譯　清末江南製造總局鉛
印本　一冊

140000－0501－0006849　99033－34

峽江救生船志二卷　清光緒九年（1883）水師
新副中營刻本　二冊

140000－0501－0006850　99035

皇朝一統輿地全圖一卷附五大洲圖說簡明萬
國公法　（清）李兆洛編　清光緒二十四年
（1898）上海順成書局石印本　一冊

140000－0501－0006851　99036

歷代輿地沿革險要圖一卷　楊守敬　饒敦秩
撰　清光緒五年（1879）東湖饒氏刻朱墨套印
本　一冊

140000－0501－0006852　99037－40

印雪軒隨筆四卷　（清）俞鴻漸撰　清光緒二
年（1876）上海申報館鉛印本　四冊

140000－0501－0006853　99041－48

日本變法次第類考初集二十五類　程恩培輯
清光緒二十八年（1902）政學譯社鉛印本　八冊

140000－0501－0006854　99049－80

五洲列國志彙不分卷　（清）閔萃祥編　清光
緒二十八年（1902）麗澤學會石印本　三十
二冊

140000－0501－0006855　99081－83

印度史攬要十六章　（英國）寶星亨德偉良撰
　（清）任廷旭譯　清光緒二十七年（1901）上
海廣學會鉛印本　三冊

140000－0501－0006856　99084－87

四裔編年表不分卷　（美國）林樂知　嚴良勳
譯　（清）李鳳苞彙編　清光緒二十三年
（1897）石印本　四冊

140000 - 0501 - 0006857　99088 - 91

忠武祠墓志七卷首一卷末一卷　（清）李復心輯　清同治五年（1866）沔署刻本　四冊

140000 - 0501 - 0006858　99092 - 95

外國師船圖表十二卷　（清）許景澄編　清光緒十四年（1888）上海蜚英館石印本　四冊

140000 - 0501 - 0006859　99096 - 97

大美國志八卷　（英國）托馬斯米爾撰　（英國）慕維廉譯　清光緒七年（1881）益智書局刻本　二冊

140000 - 0501 - 0006860　99098

土耳基志附新志　清光緒三十三年（1907）鉛印本　一冊

140000 - 0501 - 0006861　99099

比利時政治要覽九編　清光緒三十四年（1908）政治官報局鉛印本　一冊

140000 - 0501 - 0006862　99102

明治小學教育沿革　清光緒三十二年（1906）京師學部官書局鉛印本　一冊

140000 - 0501 - 0006863　99104

明清貢舉考略二卷　（清）黃崇蘭撰　清道光十四年（1834）平河青雲齋刻本　一冊　存一卷（一）

140000 - 0501 - 0006864　99105

古今法制考一卷　清光緒鉛印本　一冊

140000 - 0501 - 0006865　99106

緬甸國志一卷英領緬甸志一卷緬甸新志一卷暹羅國志一卷布哈爾志一卷　清光緒三十三年（1907）鉛印本　一冊

140000 - 0501 - 0006866　99107 - 09

俄羅斯三卷　（法國）波留撰　（日本）林毅陸譯　（日本）中島端重譯　清光緒三十年（1904）商務印書館鉛印本　三冊

140000 - 0501 - 0006867　99111

奏定京内官制全案不分卷　清鉛印本　一冊

140000 - 0501 - 0006868　99114 - 19

皇朝開國方略三十二卷首一卷　（清）阿桂撰

清光緒十五年（1889）上海廣百宋齋鉛印本六冊

140000 - 0501 - 0006869　99120 - 21

俄羅斯史　（日本）山本利喜雄撰　（清）麥鼎華譯　清光緒二十九年（1903）上海廣智書局鉛印本　二冊

140000 - 0501 - 0006870　99122

日本近世豪傑小史四卷　上海商務印書館編輯所編　清光緒二十九年（1903）上海商務印書館鉛印本　一冊

140000 - 0501 - 0006871　99123

東洋史要四卷年表一卷　（日本）小川銀次郎撰　（清）屠長春譯　清光緒二十七年（1901）上海商務印書館鉛印本　一冊

140000 - 0501 - 0006872　99124

新譯英吉利史四卷　（美國）李佳白著　（清）吳清徽編　（清）王振民續纂　清宣統二年（1910）鉛印本　一冊

140000 - 0501 - 0006873　99127

日本育蠶製絲捷法圖說　（日本）巖田次郎口授　（清）黎炳文輯　清光緒三十一年（1905）直隸高等農業學堂石印本　一冊

140000 - 0501 - 0006874　99131

歷朝文學史　（清）竇警凡撰　清光緒三十二年（1906）鉛印本　一冊

140000 - 0501 - 0006875　99134

奏定度量權衡畫一制度圖說總表推行章程一卷　清光緒三十四年（1908）農工商部鉛印本　一冊

140000 - 0501 - 0006876　99141 - 43

左傳紀事本末五十三卷　（清）高士奇輯　清光緒二十八年（1902）上海捷記書局石印本　三冊

140000 - 0501 - 0006877　99144 - 45

西夏紀事本末三十六卷首二卷　（清）張鑑撰　清光緒十四年（1888）上海書業公所崇德堂鉛印本　二冊

140000－0501－0006878　99146－47

元史紀事本末二十七卷　（明）陳邦瞻編輯
清光緒十四年（1888）上洋書業公所崇德堂鉛
印本　二冊

140000－0501－0006879　99148－55

明史紀事本末八十卷　（清）谷應泰編　清光
緒十四年（1888）上海書業公所崇德堂鉛印本
八冊

140000－0501－0006880　99157－64

歷代名臣言行錄二十四卷首一卷　（清）朱桓
編　清光緒三十年（1904）上海商務印書館鉛
印本　八冊

140000－0501－0006881　99185－90

各國通商始末記二十卷　（清）王之春輯　清
光緒二十七年（1901）上海日新社石印本
六冊

140000－0501－0006882　99191－92

談瀛錄六卷　（清）袁祖志撰　清光緒十年
（1884）上海同文書局刻本　二冊

140000－0501－0006883　99193

丁文誠公洋務奏稿二卷　（清）丁寶楨撰　清
光緒二十八年（1902）雲間麗澤學會石印本
一冊

140000－0501－0006884　99194－99

瀛環志略十卷附中外時務經濟統宗三卷
（清）徐繼畬撰　清光緒二十八年（1902）漢讀
樓石印本　六冊

140000－0501－0006885　99200－03

大清縉紳全書　清同治十年（1871）榮錄堂刻
本　四冊

140000－0501－0006886　99216－27

**左文襄公奏疏初編三十八卷續編七十六卷三
編六卷**　（清）左宗棠撰　清光緒二十八年
（1902）上海古香閣石印本　十二冊

140000－0501－0006887　99228－29

［光緒］黑龍江述略六卷　（清）徐宗亮纂　清
光緒十七年（1891）石埭徐氏觀自得齋刻本

二冊

140000－0501－0006888　99230－35

列國歲計政要十三卷　（英國）麥丁富得力編
（美國）林樂知口譯　（清）鄭昌棪筆述　清
光緒元年（1875）刻本　六冊

140000－0501－0006889　99236－39

公法會通十卷　（美國）丁韙良撰　清光緒二
十二年（1896）上海飛鴻閣石印本　四冊

140000－0501－0006890　99240－45

公法會通十卷　（美國）丁韙良撰　清光緒三
年（1877）鉛印本　六冊

140000－0501－0006891　99246－51

中興將帥別傳三十卷　朱孔彰撰　清光緒二
十五年（1899）上海掃葉山房石印本　六冊

140000－0501－0006892　99257

羅馬志略十三卷　清光緒二十四年（1898）石
印本　一冊

140000－0501－0006893　99258

歐洲史略十三卷　清光緒二十二年（1896）上
海著易堂書局鉛印本　一冊

140000－0501－0006894　99259－68

西史綱目二十卷　（清）周維翰撰　清光緒二
十八年（1902）經世文社石印本　十冊

140000－0501－0006895　99269

世界歷史問答四編　（日本）酒井勉撰　清光
緒三十二年（1906）上海商務印書館鉛印本
一冊

140000－0501－0006896　99270－79

法國志略二十四卷　（清）王韜輯　清光緒十
五年（1889）弢園鉛印本　十冊

140000－0501－0006897　99280－314

史記一百三十卷　（漢）司馬遷撰　（明）徐孚
遠　（明）陳子龍測議　清刻本　三十五冊
缺一卷（七）

140000－0501－0006898　99315－30

綱鑑易知錄九十二卷明鑑易知錄十五卷
（清）吳乘權輯　清光緒二十四年（1898）上海

宏文閣鉛印本　十六冊

140000－0501－0006899　99331－32

史鑑節要便讀六卷　（清）鮑東里編　清光緒
十年(1884)並垣毋自欺書室刻本　二冊

140000－0501－0006900　99333－35

列國陸軍制　（美國）歐潑登撰　（美國）林樂
知譯　清光緒刻本　三冊

140000－0501－0006901　99336－38

列國陸軍制　（美國）歐潑登撰　（美國）林樂
知譯　清光緒刻本　三冊

140000－0501－0006902　99343－406

分類時務通纂三百卷　（清）陳昌紳輯　清光
緒二十八年(1902)上海文瀾書局石印本　六
十四冊

140000－0501－0006903　99407－22

時務通考續編三十一卷目錄一卷　（清）王奇
英編　清光緒二十七年(1901)上海點石齋石
印本　十六冊

140000－0501－0006904　99423－38

日本全史二十二卷　（日本）高谷牧夫撰　清
教育世界社刻本　十六冊

140000－0501－0006905　99439－54

智囊補二十八卷　（明）馮夢龍重輯　清乾隆
五十四年(1789)聯經堂刻本　十六冊

140000－0501－0006906　99455－59

俄遊彙編八卷　（清）繆祐孫纂　巴西國地理
兵要一卷政治考一卷　（清）顧厚焜編　清光
緒二十一年(1895)上海書局石印本　五冊

140000－0501－0006907　99460－65

俄遊彙編八卷　（清）繆祐孫纂　巴西國地理
兵要一卷政治考一卷　（清）顧厚焜編　清光
緒二十一年(1895)上海書局石印本　六冊

140000－0501－0006908　99472－75

泰西各國採風記五卷時務論一卷　宋育仁編
　清光緒二十二年(1896)袖海山房石印本
四冊

140000－0501－0006909　99476－87

中外政治類編十五卷　（清）汪鳳藻編　清光
緒二十五年(1899)上海圖書集成印書局鉛印
本　十二冊

140000－0501－0006910　99488－95

海道圖說十六卷附長江圖說　（英國）金約翰
輯　（英國）傅蘭雅口譯　（清）王德均筆述
清光緒二十二年(1896)上海書局石印本
八冊

140000－0501－0006911　99496－503

海道圖說十六卷附長江圖說　（英國）金約翰
輯　（英國）傅蘭雅口譯　（清）王德均筆述
清光緒二十二年(1896)上海書局石印本
八冊

140000－0501－0006912　99504－07

外國師船圖表十二卷　（清）許景澄編　清光
緒十四年(1888)上海蜚英館石印本　四冊

140000－0501－0006913　99508－70

兩淮鹽法志一百六十卷首一卷　（清）王定安
編　清光緒三十一年(1905)金陵刻本　六十
三冊　缺二卷(一百十四至一百十五)

140000－0501－0006914　99571－630

硃批諭旨　（清）世宗胤禛撰　（清）鄂爾泰
（清）張廷玉編　清光緒十三年(1887)上海點
石齋石印朱墨套印本　六十冊

140000－0501－0006915　99631－61

通志略五十一卷　（宋）鄭樵撰　清乾隆十三
年(1748)金匱山房刻本　三十一冊　缺二卷
(氏族典四至五)

140000－0501－0006916　99662－91

約章分類輯要三十八卷首一卷　蔡乃煌纂
清光緒二十六年(1900)湖南商務局刻本　三
十冊

140000－0501－0006917　99692－95

吳越備史四卷　（清）錢儼撰　清道光二年
(1822)掃葉山房刻本　四冊

140000－0501－0006918　99696－97

吳越備史四卷　（清）錢儼撰　清道光二年

(1822)掃葉山房刻本　二冊

140000－0501－0006919　99698－99

校補龍文鞭影四卷　（明）蕭良有纂輯　（清）
李恩綬校補　清光緒十三年（1887）江南掃葉
山房刻本　二冊

140000－0501－0006920　99700－701

訓蒙四字經二集讀本二卷　（清）李暉吉
（清）徐瓚輯　清光緒三年（1877）刻本　二冊

140000－0501－0006921　99702－03

西陲要略四卷　（清）祁韻士輯　清道光十七
年（1837）筠淥山房刻本　二冊

140000－0501－0006922　99704－13

聖武記十四卷　（清）魏源撰　清道光二十四
年（1844）京都琉璃廠刻本　十冊

140000－0501－0006923　99714－19

清秘述聞十六卷　（清）法式善編　清嘉慶四
年（1799）刻本　六冊

140000－0501－0006924　99720－40

牧令書二十三卷保甲書四卷　（清）徐棟輯
清道光二十八年（1848）解虛齋刻本　二十
一冊

140000－0501－0006925　99749－52

漢書菁華錄六卷　清光緒二十七年（1901）上
海鑄記書局石印本　四冊

140000－0501－0006926　99753－64

資治新書十四卷首一卷二集二十卷　（清）李
漁輯　清光緒二十年（1894）上海圖書集成印
書局鉛印本　十二冊

140000－0501－0006927　99765－84

大清現行刑律案語附核訂現行刑律二卷　沈
家本　（清）俞廉三編　清宣統三年（1911）普
政社鉛印本　二十冊

140000－0501－0006928　99785－90

朔方備乘六十八卷首十二卷目錄一卷　（清）
何秋濤纂輯　清光緒七年（1881）鉛印本
六冊

140000－0501－0006929　99795－98

史通削繁四卷　（清）紀昀撰　清道光十三年
（1833）兩廣節署刻朱墨套印本　四冊

140000－0501－0006930　99799－802

蒙古遊牧記十六卷　（清）張穆撰　清同治六
年（1867）壽陽祁氏刻本　四冊

140000－0501－0006931　99803－48

史記一百三十卷　（漢）司馬遷撰　（南朝宋）
裴駰集解　（唐）司馬貞索隱　（唐）張守節正
義　明崇禎元年（1628）聚錦堂刻本　四十
六冊

140000－0501－0006932　99850

西域釋地一卷　（清）祁韻士撰　清道光十六
年（1836）筠淥山房刻本　一冊

140000－0501－0006933　99851

萬里行程記一卷　（清）祁韻士撰　清刻本
一冊

140000－0501－0006934　99852－55

山海經箋疏十八卷附錄三種　（晉）郭璞撰
（清）郝懿行箋疏　清嘉慶十四年（1809）揚州
阮氏刻本　四冊

140000－0501－0006935　99856－57

英國鐵路章程二卷　（清）鄧廷堅譯　（清）楊
葆寅纂輯　清光緒二十二年（1896）上海六先
書局石印本　二冊

140000－0501－0006936　99858－63

教案奏議彙編八卷首一卷　（清）程宗裕編
清光緒二十七年（1901）上海書局石印本
六冊

140000－0501－0006937　99864－65

英興記二卷首一卷末一卷　（英國）鄧理樝
（英國）慕理海著　（美國）林樂知　（清）任
廷旭譯　清光緒二十四年（1898）廣學會鉛印
本　二冊

140000－0501－0006938　99866－69

出使英法意比四國日記六卷　（清）薛福成撰
清光緒十七年（1891）鉛印本　四冊

140000－0501－0006939　99870－79

重訂法國志略二十四卷　（清）王韜撰　清光緒十六年（1890）淞隱廬鉛印本　十冊

140000－0501－0006940　99880－84

公法會通十卷　（美國）丁韙良撰　清光緒二十四年（1898）上海飛鴻閣石印本　五冊

140000－0501－0006941　99885－94

日本國志四十卷首一卷　（清）黃遵憲撰　清光緒二十七年（1901）上海書局石印本　十冊

140000－0501－0006942　99895－902

貳臣傳十二卷逆臣傳四卷　清京都半松居士木活字印本　八冊

140000－0501－0006943　99903－10

籌濟編三十二卷首一卷　（清）楊景仁輯　清光緒十三年（1887）山西濬文書局刻本　八冊

140000－0501－0006944　99911－26

綏寇紀略十二卷補遺三卷　（清）吳偉業纂輯并撰　清嘉慶十一年（1806）照曠閣刻本　十六冊

140000－0501－0006945　99935－36

唐陸宣公奏議讀本四卷首一卷　（唐）陸贄撰　（清）汪銘謙編　清光緒二十六年（1900）會稽馬氏石印本　二冊

140000－0501－0006946　99937－42

史通通釋二十卷附新唐書劉知幾本傳　（清）浦起龍撰　史通通釋舉例一卷　（清）蔡焯撰　清翰墨園刻本　六冊

140000－0501－0006947　99943－44

戰國策注三十三卷　（宋）鮑彪撰　清乾隆二十七年（1762）文盛堂刻本　二冊

140000－0501－0006948　99945－49

國語二十一卷　（三國吳）韋昭注　國語明道本考異四卷　（清）汪遠孫撰　清同治八年（1869）刻本　二冊

140000－0501－0006949　99950－55

國語校注本三種　（清）汪遠孫撰　清道光二十六年（1846）武林汪氏振綺堂刻本　六冊

140000－0501－0006950　99960

埃及慘狀　（美國）濮因約翰撰　清光緒二十九年（1903）上海文明書局鉛印本　一冊

140000－0501－0006951　99961

新史學　（日本）浮田和民撰　（清）侯士綰譯　清光緒二十八年（1902）上海文明書局鉛印本　一冊

140000－0501－0006952　99963

天下五洲各國志要　（英國）李提摩太撰　清光緒二十三年（1897）上海廣學會鉛印本　一冊

140000－0501－0006953　99964－70

日本新史攬要七卷　（日本）石村貞一編　（清）游瀛主人譯　清光緒元年（1875）石印本　七冊

140000－0501－0006954　99972

萬國商業歷史三編九章　（英國）基賓斯撰　（日本）林曾登吉譯　清光緒二十九年（1903）上海商務印書館鉛印本　一冊

140000－0501－0006955　99973

英國度支考六章　（英國）司可得開勒撰　（清）華龍譯　清光緒二十九年（1903）上海商務印書館鉛印本　一冊

140000－0501－0006956　99974

日本明治法制考三編　（清）浦奎吾撰　清光緒二十九年（1903）上海商務印書館鉛印本　一冊

140000－0501－0006957　99975

日本近世教育概況十八章附錄　清光緒石印本　一冊

140000－0501－0006958　99977

皇朝政治學問答三卷　清光緒北洋官報總局鉛印本　一冊

140000－0501－0006959　99978－87

晉略六十六卷　（清）周濟撰　清光緒三年（1877）味雋齋刻本　十冊

140000－0501－0006960　99988－100003

史記一百三十卷　（漢）司馬遷撰　（南朝宋）

裴駰集解　清光緒四年(1878)金陵書局刻本
　十六冊

140000－0501－0006961　100004－19

漢書一百卷　(漢)班固撰　(唐)顏師古注
清光緒二十三年(1897)金陵書局刻本　十
六冊

140000－0501－0006962　100020－35

後漢書一百二十卷　(南朝宋)范曄撰　(唐)
李賢注　(晉)司馬彪續撰　(南朝梁)劉昭補
注　清光緒二十三年(1897)金陵書局刻本
十六冊

140000－0501－0006963　100036－43

三國志六十五卷　(晉)陳壽撰　(南朝宋)裴
松之注　清光緒十三年(1887)江南書局刻湖
北書局彙印二十四史本　八冊

140000－0501－0006964　100044－63

晉書一百三十卷音義三卷　(唐)房玄齡撰
(唐)何超音義　清同治十年(1871)金陵書局
刻本　二十冊

140000－0501－0006965　100064－79

宋書一百卷　(南朝梁)沈約撰　清同治十一
年(1872)金陵書局刻本　十六冊

140000－0501－0006966　100080－85

南齊書五十九卷　(南朝梁)蕭子顯撰　清同
治十三年(1874)刻本　六冊

140000－0501－0006967　100092－95

陳書三十六卷　(唐)姚思廉撰　清同治十一
年(1872)刻本　四冊

140000－0501－0006968　100096－115

魏書一百十四卷　(北齊)魏收撰　清同治十
一年(1872)金陵書局刻光緒五年(1879)彙印
本　二十冊

140000－0501－0006969　100116－19

北齊書五十卷　(唐)李百藥撰　清同治十三
年(1874)金陵書局刻本　四冊

140000－0501－0006970　100120－23

周書五十卷　(唐)令狐德棻撰　清同治十三

年(1874)刻本　四冊

140000－0501－0006971　100124－35

隋書八十五卷附考異　(唐)魏徵撰　清同治
十年(1871)淮南書局刻光緒五年(1879)彙印
本　十二冊

140000－0501－0006972　100136－47

南史八十卷　(唐)李延壽撰　清同治十一年
(1872)金陵書局刻光緒五年(1879)湖北彙印
本　十二冊

140000－0501－0006973　100148－67

北史一百卷　(唐)李延壽撰　清同治十一年
(1872)金陵書局刻光緒五年(1879)湖北書局
彙印本　二十冊

140000－0501－0006974　100168－207

唐書二百二十五卷　(宋)歐陽修撰　清同治
十二年(1873)浙江書局刻光緒五年(1879)湖
北書局彙印本　四十冊

140000－0501－0006975　100208－71

五代史記七十四卷　(宋)歐陽修撰　(宋)徐
無黨原注　(清)彭元瑞注　清嘉慶二十年
(1815)雲牀書屋刻本　六十四冊

140000－0501－0006976　100272－311

舊唐書二百卷　(五代)劉昫撰　清同治十一
年(1872)浙江書局刻光緒五年(1879)彙印二
十四史本　四十冊

140000－0501－0006977　100312－411

宋史四百九十六卷　(元)脫脫撰　清光緒元
年(1875)浙江書局刻五年(1879)湖北書局彙
印二十四史本　一百冊

140000－0501－0006978　100412－51

元史二百十卷目錄二卷附考證　(明)宋濂撰
　元史氏族表三卷元史藝文志四卷　(清)錢
大昕撰　清同治十三年(1874)江蘇書局刻光
緒五年(1879)彙印二十四史本　四十冊

140000－0501－0006979　100452－531

明史三百三十二卷　(清)張廷玉撰　清光緒
三年(1877)湖北崇文書局刻五年(1879)湖北

書局彙印二十四史本　八十冊

140000－0501－0006980　100532－55
漢書一百卷　（漢）班固撰　（唐）顏師古注
明崇禎十五年（1642）毛氏汲古閣刻清順治十
二年（1655）補刻本　二十四冊

140000－0501－0006981　100556－79
後漢書九十卷　（南朝宋）范曄撰　（唐）李賢
注　續志三十卷　（晉）司馬彪撰　（南朝梁）
劉昭注　明崇禎十六年（1643）汲古閣刻清順
治十二年（1655）補刻本　二十四冊

140000－0501－0006982　100580－603
前漢書一百二十卷　（漢）班固撰　（漢）班昭
續撰　（唐）顏師古注　明崇禎十五年（1642）
毛氏汲古閣刻本　二十四冊　存四十七卷
（一至十九、七十三至一百）

140000－0501－0006983　100604－27
後漢書九十卷　（南朝宋）范曄撰　（唐）李賢
注　續漢志三十卷　（晉）司馬彪撰　（南朝
梁）劉昭注　明崇禎十六年（1643）汲古閣刻
清順治十二年（1655）補刻本　二十四冊

140000－0501－0006984　100628－39
三國志六十五卷　（晉）陳壽撰　（南朝宋）裴
松之注　清蘇州趙氏書業堂刻本　十二冊

140000－0501－0006985　100640－45
南齊書五十九卷　（南朝梁）蕭子顯撰　清乾
隆古吳趙氏書業堂刻本　六冊

140000－0501－0006986　100646－51
陳書三十六卷　（唐）姚思廉撰　清乾隆古吳
趙氏書業堂刻本　六冊

140000－0501－0006987　100652－63
南史八十卷　（唐）李延壽撰　清乾隆古吳趙
氏書業堂刻本　十二冊

140000－0501－0006988　100664－73
隋書八十五卷附考異　（唐）魏徵撰　清同治
十年（1871）淮南書局刻光緒五年（1879）彙印
本　十冊

140000－0501－0006989　100674－79

北齊書五十卷　（唐）李百藥撰　清乾隆古吳
趙氏書業堂刻本　六冊

140000－0501－0006990　100680－85
周書五十卷　（唐）令狐德棻撰　清乾隆古吳
趙氏書業堂刻本　六冊

140000－0501－0006991　100686－91
新五代史七十四卷　（宋）歐陽修撰　（宋）徐
無黨注　清乾隆古吳趙氏書業堂刻本　六冊

140000－0501－0006992　100692－709
舊五代史一百五十卷　（宋）薛居正撰　清乾
隆武英殿刻本　十八冊

140000－0501－0006993　100710－17
西學軍政全書十二種　清光緒石印本　八冊

140000－0501－0006994　100718－25
西學軍政全書十二種　清光緒石印本　八冊

140000－0501－0006995　100726－27
南阿新建國史四卷　（美國）福本誠撰　（清）
陳志祥譯　清光緒二十八年（1902）上海文明
書局鉛印本　二冊

140000－0501－0006996　100728
英法俄三國條款　清咸豐十年（1860）北京文
蓋書局刻本　一冊

140000－0501－0006997　100729
華英讞案定章考　（英國）哲美森撰　（英國）
李提摩太譯　清光緒二十三年（1897）上海廣
智學會鉛印本　一冊

140000－0501－0006998　100730
十九世紀歐洲政治史論四章　（日本）酒井雄
三郎撰　（清）華文祺譯　清光緒味經官書局
鉛印本　一冊

140000－0501－0006999　100731
土耳基史　（日本）北村三郎編　趙必振譯
清光緒二十八年（1902）上海廣智書局鉛印本
　一冊

140000－0501－0007000　100732
英皇肥拕唎阿盛德記　（英國）華立熙撰
（清）張文彬編譯　清光緒二十九年（1903）上

海廣學會鉛印本　一冊

140000－0501－0007001　100733
普奧戰史七編附錄一卷　（日本）羽化生撰
（清）趙天驥譯　清光緒二十八年（1902）上海
商務印書館鉛印本　一冊

140000－0501－0007002　100734
義大利獨立戰史六卷　清光緒二十八年
（1902）上海商務印書館鉛印本　一冊

140000－0501－0007003　100735
飛獵濱獨立戰史十四章附錄一卷　清光緒二
十八年（1902）上海商務印書館鉛印戰史叢書
本　一冊

140000－0501－0007004　100736
法國革命戰史八編　（日本）澀江保撰　清光
緒二十九年（1903）上海商務印書館鉛印戰史
叢書本　一冊

140000－0501－0007005　100737
尼羅海戰史　（美國）耶特瓦德斯邊撰　（日
本）越山平三郎譯　清光緒二十九年（1903）
上海商務印書館鉛印戰史叢書本　一冊

140000－0501－0007006　100738
美國獨立戰史　（日本）羽化生撰　清光緒商
務印書館鉛印本　一冊

140000－0501－0007007　100739－40
布匿第二次戰紀五章　（英國）阿納樂德撰
林紓譯　清光緒二十九年（1903）北京大學堂
官書局鉛印本　二冊

140000－0501－0007008　100741－42
英吉利史三卷　（日本）須永金三郎撰　清光
緒二十九年（1903）廣智書局鉛印本　二冊

140000－0501－0007009　100743－45
俄羅斯三卷　（法國）波留撰　（日本）林毅陸
譯　（日本）中島端重譯　清光緒三十年
（1904）商務印書館鉛印本　三冊

140000－0501－0007010　100746
萬國商業歷史三編九章　（英國）基賓斯撰
（日本）林曾登吉譯　清光緒二十九年（1903）

上海商務印書館鉛印本　一冊

140000－0501－0007011　100747
德國工商勃興史五章　（法國）伯羅德爾撰
清光緒二十九年（1903）上海商務印書館鉛印
商業叢書本　一冊

140000－0501－0007012　100748
萬國商務志二卷　陳子祥編譯　清光緒二十
八年（1902）上海廣智書局鉛印萬國通志第五
編本　一冊

140000－0501－0007013　100749
亞拉伯志一卷附新志　清光緒三十三年
（1907）鉛印本　一冊

140000－0501－0007014　100750
小亞細亞志一卷附新志一卷　清光緒三十三
年（1907）學部編譯圖書局鉛印本　一冊

140000－0501－0007015　100759－84
史記一百三十卷　（漢）司馬遷撰　（南朝宋）
裴駰集解　（唐）司馬貞索隱　（唐）張守節正
義　清同治十一年（1872）成都書局刻本　二
十六冊

140000－0501－0007016　100785－810
史記一百三十卷　（漢）司馬遷撰　（南朝宋）
裴駰集解　（唐）司馬貞索隱　（唐）張守節正
義　清同治十一年（1872）成都書局刻本　二
十六冊

140000－0501－0007017　100811－24
三國志六十五卷附考證　（晉）陳壽撰　（南
朝宋）裴松之注　清同治十年（1871）成都書
局刻四史本　十四冊

140000－0501－0007018　100825－48
宋書一百卷　（南朝梁）沈約撰　明刻本　二
十四冊

140000－0501－0007019　100849－58
南齊書五十九卷　（南朝梁）蕭子顯撰　明萬
曆十八年（1590）南京國子監刻明清遞修二十
一史本　十冊

140000－0501－0007020　100859_68

南齊書五十九卷 （南朝梁）蕭子顯撰 明萬曆十六年至十七年（1588－1589）刻清順治十六年（1659）修康熙三十九年（1700）再修本 十冊

140000－0501－0007021 100869－76

梁書五十六卷 （唐）姚思廉撰 明萬曆三年（1575）南京國子監刻明清遞修二十一史本 八冊

140000－0501－0007022 100877－84

梁書五十六卷 （唐）姚思廉撰 明萬曆三年（1575）北京國子監刻二十一史本 八冊

140000－0501－0007023 100885－88

陳書三十六卷 （唐）姚思廉撰 明萬曆十六年（1588）南京國子監刻清順治十六年（1659）重修二十一史本 四冊

140000－0501－0007024 100889－92

陳書三十六卷 （唐）姚思廉撰 明萬曆十六年（1588）南京國子監刻清順治十六年（1659）重修二十一史本 四冊

140000－0501－0007025 100893－916

魏書一百十四卷 （北齊）魏收撰 明萬曆二十四年（1596）南京國子監刻明清遞修二十一史本 二十四冊

140000－0501－0007026 100917－24

北齊書五十卷 （唐）李百藥撰 明萬曆十六年（1588）南京國子監刻清順治、康熙遞修二十一史本 八冊

140000－0501－0007027 100925－32

北齊書五十卷 （唐）李百藥撰 明萬曆十六年（1588）南京國子監刻清順治、康熙遞修二十一史本 八冊

140000－0501－0007028 100933－40

後周書五十卷 （唐）令狐德棻撰 明萬曆十六年（1588）南京國子監刻明清遞修二十一史本 八冊

140000－0501－0007029 100941－52

隋書八十五卷 （唐）魏徵撰 元大德饒州路

儒學刻明正德嘉靖遞修本 十二冊

140000－0501－0007030 100953－72

南史八十卷 （唐）李延壽撰 清刻二十一史本 二十冊

140000－0501－0007031 100973－88

南史八十卷 （唐）李延壽撰 明萬曆南京國子監刻二十一史本 十六冊

140000－0501－0007032 100989－1018

北史一百卷 （唐）李延壽撰 明萬曆十九年至二十一年（1591－1593）南京國子監刻清順治、康熙遞修二十一史本 三十冊

140000－0501－0007033 101019－28

新五代史七十四卷 （宋）歐陽修撰 （宋）徐無黨注 明萬曆四年（1576）南京國子監刻明清遞修二十一史本 十冊

140000－0501－0007034 101029－36

遼史一百十六卷 （元）脫脫撰 明嘉靖八年（1529）刻明清修二十一史本 八冊

140000－0501－0007035 101037－56

金史一百三十五卷 （元）脫脫修 明南京國子監刻清遞修二十一史本 二十冊

140000－0501－0007036 101057－106

明書一百十七卷目錄二卷 （清）傅維鱗纂 清光緒定州王氏刻畿輔叢書本 五十冊

140000－0501－0007037 101107－46

皇朝通典一百卷 （清）嵇璜 （清）曹仁虎纂 清光緒八年（1882）浙江書局刻本 四十冊

140000－0501－0007038 101147－306

皇朝文獻通考三百卷 （清）嵇璜 （清）曹仁虎纂 清光緒八年（1882）浙江書局刻本 一百六十冊

140000－0501－0007039 101311－18

中外紀年通表六卷 （清）齊召南編 清光緒二十三年（1897）上海著易堂石印本 八冊

140000－0501－0007040 101319－20

萬國通史二卷 （日本）天野為之撰 吳啟孫譯 清光緒二十九年（1903）上海文明書局鉛

印本　二册

140000－0501－0007041　101321
普通新歷史十章附歷代帝王總紀一卷　清光
緒二十九年(1903)上海普通學書室鉛印本
一册

140000－0501－0007042　101322
羣經蒙求歌略一卷諸史蒙求歌略一卷　（清）
黃焱編　清光緒二十四年(1898)太原濬文書
局刻本　一册

140000－0501－0007043　101323
羣經蒙求歌略一卷諸史蒙求歌略一卷　（清）
黃焱編　清光緒二十四年(1898)太原濬文書
局刻本　一册

140000－0501－0007044　101325
時事芻議一卷　（清）鍾天緯撰　清光緒二十
七年(1901)刻本　一册

140000－0501－0007045　101326
時事芻議一卷　（清）鍾天緯撰　清光緒二十
七年(1901)刻本　一册

140000－0501－0007046　101327
鄉塾正誤二卷　（清）李江撰　清同治八年
(1869)北京文魁堂書局刻本　一册

140000－0501－0007047　101335－38
歷代文獻論略二十四卷　（清）嚴杏林編　清
光緒二十八年(1902)上海華洋書局鉛印本
四册

140000－0501－0007048　101339－46
文史通義八卷校讎通義三卷　（清）章學誠著
　清光緒十九年(1893)長沙經文書局刻本
八册

140000－0501－0007049　101347－62
宋史紀事本末一百九卷　（明）馮琦編　（明）
陳邦瞻纂　（明）張溥論正　清光緒十三年
(1887)廣州廣雅書局刻本　十六册

140000－0501－0007050　101363－65
元史紀事本末二十七卷　（明）陳邦瞻編
（明）張溥論正　清光緒十四年(1888)廣東廣

雅書局刻紀事本末五種本　三册

140000－0501－0007051　101366－81
明史紀事本末八十卷　（清）谷應泰輯　清光
緒十三年(1887)廣東廣雅書局刻本　十六册

140000－0501－0007052　101382－87
紀效新書十八卷首一卷　（明）戚繼光撰　清
道光十年(1830)張鵬扮刻本　六册

140000－0501－0007053　101388－91
練兵實紀九卷附各國旗號　（明）戚繼光撰
清光緒二十一年(1895)上海醉經樓石印本
四册

140000－0501－0007054　101392－421
駁案新編三十二卷續編七卷　（清）全士潮纂
　清嘉慶二十一年(1816)刑部刻本　三十册

140000－0501－0007055　101422－24
重刊救荒補遺書二卷附捕蝗要訣一卷　（宋）
董煟編　（清）朱熊補遺　清同治八年(1869)
楚北崇文書局刻本　三册

140000－0501－0007056　101426－33
西域水道記五卷漢書西域傳補注二卷新疆賦
一卷　（清）徐松撰　清道光九年(1829)刻本
八册

140000－0501－0007057　101434－43
聖諭像解二十卷　（清）梁延年輯　清康熙二
十年(1681)承宣堂刻本　十册

140000－0501－0007058　101444－49
五代史七十四卷　（宋）歐陽修撰　（宋）徐無
黨注　明崇禎三年(1630)琴川毛氏汲古閣刻
十七史本　六册

140000－0501－0007059　101450－57
周書五十卷　（唐）令狐德棻撰　清乾隆古吳
趙氏書業堂刻本　八册

140000－0501－0007060　101458
西洋史要圖一卷　清光緒金粟齋石印本
一册

140000－0501－0007061　101460
地學歌略一卷　葉瀚　（清）葉瀾撰　清刻本

一冊

140000－0501－0007062　101461－63

財政叢書　（清）昌言報館編　清光緒二十八年（1902）石印本　三冊

140000－0501－0007063　101464

國債論三章　（日本）土子金四郎述　（清）王季點譯　清光緒三十二年（1906）上海商務印書館鉛印財政叢書第一集三編本　一冊

140000－0501－0007064　101465

日本政治地理　（日本）矢津昌永撰　（清）陶鎔譯　清光緒二十八年（1902）上海商務印書館鉛印地理學叢書本　一冊

140000－0501－0007065　101466

日本監獄法　（日本）左藤信安撰　清光緒二十九年（1903）上海商務印書館鉛印政學叢書本　一冊

140000－0501－0007066　101467－68

亞美利加州通史二卷　戴彬譯　清光緒二十八年（1902）上海商務印書館鉛印本　一冊

140000－0501－0007067　101469

希臘史二卷　（日本）桑原啟一撰　清光緒二十九年（1903）上海商務印書館鉛印本　一冊

140000－0501－0007068　101470

法蘭西史四卷　商務印書館編譯　清光緒二十九年（1903）鉛印本　一冊

140000－0501－0007069　101471－72

羅馬史二卷　（日本）占部百太郎撰　清光緒二十九年（1903）上海商務印書館鉛印本　二冊

140000－0501－0007070　101473

日耳曼史二十章　（英國）沙安撰　清光緒二十九年（1903）上海商務印書館鉛印歷史叢書本　一冊

140000－0501－0007071　101474－75

工商理財要術二卷　（德國）那特硜講述　（清）周逵　（清）蒯壽樞譯文　清光緒二十九年（1903）上海廣智書局鉛印本　二冊

140000－0501－0007072　101477－78

政治汎論後編二卷　（美國）域魯威爾遜撰　（清）麥鼎華譯　清光緒二十九年（1903）廣智書局鉛印本　二冊

140000－0501－0007073　101479－80

英國水師考　（英國）巴那比　（美國）克理撰　（清）鍾天緯譯　清光緒十二年（1886）上海江南機器製造局鉛印本　二冊

140000－0501－0007074　101481

法國水師考　（美國）杜默能撰　（清）瞿昂來譯　清光緒江南製造總局鉛印本　一冊

140000－0501－0007075　101482

美國水師考一卷　（英國）巴那比　（美國）克理撰　（清）鍾天緯譯　清光緒江南製造總局鉛印本　一冊

140000－0501－0007076　101483

商學芻言一卷　（清）商隱撰　清光緒三十一年（1905）啟渝印刷公司鉛印本　一冊

140000－0501－0007077　101484－87

韓詩外傳十卷補逸一卷校注拾遺一卷　（漢）韓嬰著　清光緒元年（1875）望三益齋刻本　四冊

140000－0501－0007078　101492－93

王菉友九種　（清）王筠撰　清道光、咸豐刻本　二冊　存四種四卷（夏小正正義一卷、弟子職正音一卷、毛詩重言一卷、毛詩雙聲疊韻說一卷）

140000－0501－0007079　101494－97

禮說十四卷　（清）惠士奇著　清蘇州紅豆齋刻本　四冊

140000－0501－0007080　101500

史目表二卷　（清）洪飴孫編　清光緒四年（1878）宏達堂刻本　一冊

140000－0501－0007081　101508－23

求闕齋弟子記三十二卷　（清）王定安撰　清光緒二年（1876）都門龍文齋刻本　十六冊

140000－0501－0007082　101524－29

槐廳載筆二十卷 （清）法式善輯 清嘉慶十
四年(1809)刻本 六冊

140000－0501－0007083 101530－93

欽定剿平捻匪方略三百二十卷 （清）朱學勤
撰 清同治十一年(1872)鉛印本 六十四冊

140000－0501－0007084 101594－657

欽定平定陝甘新疆回匪方略三百二十卷首一
卷 （清）奕訢撰 清光緒二十二年(1896)鉛
印本 六十四冊

140000－0501－0007085 101668－75

欽定平定貴州苗匪紀略四十卷 （清）奕訢撰
清光緒二十二年(1896)鉛印本 八冊

140000－0501－0007086 101686－96

經史辨體十種 （清）徐與喬撰 清康熙十七
年(1678)敦化堂刻本 十一冊

140000－0501－0007087 101699－714

[乾隆]鳳臺縣志二十卷首一卷 （清）林荔修
（清）姚學甲纂 [光緒]鳳臺縣續志四卷首
一卷 （清）張貽琯修 （清）郭維垣纂 清乾
隆四十九年(1784)刻光緒八年(1882)續修本
十六冊

140000－0501－0007088 101715－18

[乾隆]萬泉縣志八卷 （清）畢宿燾修
（清）張史筆纂 清乾隆二十三年(1758)刻本
四冊

140000－0501－0007089 101719－22

[光緒]五臺新志四卷首一卷 （清）徐繼畬原
輯 （清）孫汝明 （清）王步墀續修 （清）
楊篤續纂 清光緒九年至十年(1883－1884)
刻本 四冊

140000－0501－0007090 101723－30

[順治]招遠縣志十二卷 （清）張作礪修
（清）張鳳羽編輯 [道光]招遠縣續志四卷
（清）陳國器修 （清）李蔭纂 清道光二十六
年(1846)刻本 八冊

140000－0501－0007091 101731

古史探源二卷 （英國）克羅德撰 （清）任廷

旭譯 清光緒二十九年(1903)上海廣學會鉛
印本 一冊

140000－0501－0007092 101732

古史探源二卷 （英國）克羅德撰 （清）任廷
旭譯 清光緒二十九年(1903)上海廣學會鉛
印本 一冊

140000－0501－0007093 101749－64

[雍正]澤州府志五十二卷 （清）朱樟修
（清）田嘉穀纂 清雍正十三年(1735)刻本
十六冊

140000－0501－0007094 101765－72

[光緒]重修和順縣志十卷首一卷末一卷
（清）陳守中 （清）岳宜光修 清光緒十一年
(1885)刻本 八冊

140000－0501－0007095 101773－80

[康熙]靜樂縣志十卷 （清）黃圖昌纂修 清
抄本 八冊

140000－0501－0007096 101805－08

經餘必讀八卷 （清）雷琳 （清）錢樹棠
（清）錢樹立輯 清嘉慶十年(1805)刻本
四冊

140000－0501－0007097 101809－16

鑄經錄八卷 （清）劉柏才編 清道光二十八
年(1848)抄本 八冊

140000－0501－0007098 101817－18

震澤長語二卷震澤紀聞二卷 （明）王鏊輯
續震澤紀聞一卷郢事紀略一卷 （清）王禹聲
輯 附錄一卷 （清）萬振孫輯 清刻本
二冊

140000－0501－0007099 101852－53

寶存四卷 （清）胡式鈺撰 清道光二十一年
(1841)上海胡氏刻本 二冊

140000－0501－0007100 101854

玉井山館筆記一卷 （清）許宗衡撰 清同治
十三年(1874)滂喜齋刻本 一冊

140000－0501－0007101 101855

學治一得編一卷 （清）何耿繩編 清同治十

三年(1874)湖北崇文書局刻本　一冊

140000－0501－0007102　101856

資敬堂家訓二卷　（清）王師晉撰　清光緒六
年(1880)鉛印本　一冊

140000－0501－0007103　101857

見聞瑣錄三卷　（清）宋在詩撰　清乾隆二十
三年(1758)安邑宋氏刻本　一冊

140000－0501－0007104　101858－59

訂譌雜錄十卷　（清）胡鳴玉撰　清嘉慶十八
年(1813)蕭山陳氏湖海樓刻本　二冊

140000－0501－0007105　101860－63

寰宇訪碑錄十二卷　（清）孫星衍　（清）邢澍
撰　清光緒九年(1883)江蘇書局刻本　四冊

140000－0501－0007106　101865－72

海東金石苑八卷補遺六卷附錄二卷　（清）劉
喜海輯　清道光十一年(1831)南林劉氏嘉業
堂刻本　八冊

140000－0501－0007107　101874－78

格致叢書一百五十九種　（明）胡文煥撰　明
萬曆二十一年(1593)刻本　五冊　存一種

140000－0501－0007108　101879－902

隸辨八卷　（清）顧藹吉編　清乾隆八年
(1743)玉淵堂刻本　二十四冊

140000－0501－0007109　101903－10

歷代史表五十九卷首一卷　（清）萬斯同撰
清光緒十九年(1893)上海古香閣石印本
八冊

140000－0501－0007110　101911－14

中興名臣事略八卷　朱孔彰撰　清光緒山東
官印書局鉛印本　四冊

140000－0501－0007111　101915－18

大清搢紳全書　清宣統三年(1911)京都榮寶
齋刻本　四冊

140000－0501－0007112　101919

內閣漢票簽中書舍人題名一卷　（清）鮑康輯
續編一卷　（清）徐士鑾續撰　清同治十三
年(1874)刻本　一冊

140000－0501－0007113　101920－23

[道光]吉林外紀十卷　（清）薩英額纂　清光
緒二十一年(1895)刻本　四冊

140000－0501－0007114　101924－37

皮氏經學叢書九種　（清）皮錫瑞著　清光緒
思賢書局刻本　十四冊

140000－0501－0007115　101938－51

字彙十二集首一卷末一卷韻法直圖一卷韻法
橫圖一卷　（明）梅膺祚音釋并撰　清道光八
年(1828)大文堂刻本　十四冊

140000－0501－0007116　101952－66

格致書院課藝不分卷　（清）王韜編　清光緒
十二年至二十年(1886－1894)弢園鉛印本
十五冊

140000－0501－0007117　101967－72

東萊先生左氏博議二十五卷　（宋）呂祖謙撰
清道光十八年(1838)清吟閣刻本　六冊

140000－0501－0007118　101982

大清重刻龍藏彙記一卷　清同治九年(1870)
金陵刻經處刻本　一冊

140000－0501－0007119　101983－92

閱藏知津四十四卷總目四卷　（明）釋智旭彙
輯　清光緒十八年(1892)金陵刻經處刻本
十冊

140000－0501－0007120　102003－38

歷代名臣言行錄二十四卷　（清）朱桓編輯
清嘉慶十二年(1807)刻本　三十六冊

140000－0501－0007121　102039

止觀輔行傳宏決一卷　（唐）釋湛然述　（清）
胡澍錄　清同治八年(1869)吳門潘氏刻本
一冊

140000－0501－0007122　102040

學治續說一卷說贅一卷臆說一卷　（清）汪輝
祖撰　附增畿輔事宜一卷　（清）托渾布撰
清同治元年(1862)四川團防總局刻本　一冊

140000－0501－0007123　102083－376

國朝耆獻類徵初編七百二十卷　（清）李桓輯

清光緒十年(1884)湘陰李桓刻本　二百九十四冊　存六百九十六卷(一至十六、二十九至四十八、五十九至二百九十、二百九十三至七百二十)

140000－0501－0007124　102377－80

清史攬要四卷　(日本)增田貢撰　清光緒二十八年(1902)香港書局石印本　四冊

140000－0501－0007125　102383

東洋史要四卷年表一卷　(日本)小川銀次郎撰　(清)屠長春譯　清光緒二十七年(1901)上海商務印書館鉛印本　一冊

140000－0501－0007126　102387

[光緒]陽城縣鄉土志　(清)沈繼炎修　(清)楊念光纂　清光緒鉛印本　一冊

140000－0501－0007127　102388－93

[嘉慶]祁陽縣志二十四卷首一卷　(清)萬在衡修　(清)甘慶增纂　清嘉慶十七年(1812)刻本　六冊

140000－0501－0007128　102398－99

重訂合聲簡字譜一卷增訂合聲簡字譜一卷　勞乃宣編　清光緒三十二年(1906)江寧勞氏矩齋所學刻本　二冊

140000－0501－0007129　102400

簡字全譜一卷　勞乃宣撰　清光緒三十三年(1907)金陵刻本　一冊

140000－0501－0007130　102401

京音簡字述略一卷　勞乃宣撰　清光緒三十三年(1907)金陵刻本　一冊

140000－0501－0007131　102411－70

大學衍義四十三卷大學衍義補一百六十卷　(宋)真德秀　(明)丘濬撰　(明)陳仁錫評　清道光十七年(1837)芸香堂刻本　六十冊

140000－0501－0007132　102471－534

大學衍義四十三卷大學衍義補一百六十卷　(宋)真德秀　(明)丘濬撰　(明)陳仁錫評　清同治十三年(1874)雲邑郭氏家塾刻本　六十四冊

140000－0501－0007133　102535－42

大學衍義四十三卷　(宋)真德秀輯　清同治十三年(1874)金陵書局刻本　八冊

140000－0501－0007134　102543－50

大學衍義四十三卷　(宋)真德秀輯　清同治十三年(1874)金陵書局刻本　八冊

140000－0501－0007135　102551－98

大學衍義補一百六十卷首一卷　(明)丘濬撰　(明)陳仁錫評　清刻本(卷一百五十六至一百五十九爲抄補)　四十八冊

140000－0501－0007136　102599－604

石渠閣校刊大學衍義補纂要六卷首一卷　(明)徐栻輯　清梅墅石渠閣寫刻本　六冊

140000－0501－0007137　102605－12

大學衍義輯要六卷大學衍義補輯要十二卷首一卷　(清)陳宏謀輯纂　清乾隆二年(1737)刻本　八冊

140000－0501－0007138　102613－20

大學衍義輯要六卷大學衍義補輯要十二卷首一卷　(清)陳宏謀輯纂　清乾隆二年(1737)刻本　八冊

140000－0501－0007139　102621－80

碑傳集一百六十卷首二卷末二卷　(清)錢儀吉編　清光緒十九年(1893)江蘇書局刻本　六十冊

140000－0501－0007140　102681－704

續碑傳集八十六卷首二卷　繆荃孫編輯　清宣統二年(1910)江楚編譯書局刻本　二十四冊

140000－0501－0007141　102705－06

點勘記二卷省堂筆記一卷　(清)歐陽泉撰　清光緒九年(1883)實硯齋刻本　二冊

140000－0501－0007142　102715－26

藏書紀事詩六卷　葉昌熾著　清光緒二十三年(1897)蘇州江氏刻本　十二冊

140000－0501－0007143　102727－38

藏書紀事詩六卷　葉昌熾著　清光緒二十三

年(1897)蘇州江氏刻本　十二冊

140000－0501－0007144　102739－42

世說新語六卷首一卷　（南朝宋）劉義慶撰
（南朝梁）劉孝標注　清光緒三年(1877)湖北
崇文書局刻本　四冊

140000－0501－0007145　102743－50

儀顧堂題跋十六卷續跋十六卷　（清）陸心源
著　清光緒十六年(1890)刻本　八冊

140000－0501－0007146　102757－64

羣書拾補三十七種　（清）盧文弨撰　清光緒
十三年(1887)上海蜚英館石印本　八冊

140000－0501－0007147　102765－72

郎潛紀聞十四卷燕下鄉脞錄十六卷　（清）陳
康祺撰　清光緒十一年(1885)校經山房刻本
　八冊

140000－0501－0007148　102787－90

山海經箋疏十八卷圖讚一卷　（晉）郭璞撰
（清）郝懿行箋疏　清光緒七年(1881)刻本
四冊

140000－0501－0007149　102803

宋本韓柳二先生年譜　（清）陳景雲輯　清雍
正七年(1729)馮氏小玲瓏山館刻本　一冊

140000－0501－0007150　102804

吳柳堂奏疏　（清）吳可讀撰　清光緒六年
(1880)石印本　一冊

140000－0501－0007151　102807

餘生錄一卷附塘報稿一卷　（清）邊大綬撰
清順治十一年(1654)刻本　一冊

140000－0501－0007152　102808－17

**昭德先生郡齋讀書志二十卷校補一卷考異一
卷**　（宋）晁公武著　（宋）姚應績編　王先謙
重編　清光緒十年(1884)長沙刻本　十冊

140000－0501－0007153　102818－21

古庭祖師語錄輯略四卷　陶石梁輯　清光緒
二十六年(1900)修民國二十三年(1934)滇省
重印本　四冊

140000－0501－0007154　102823

共勉錄　（清）朱福其編　清光緒三年(1877)
山西學署刻本　一冊

140000－0501－0007155　102824－39

四書講義困勉錄　（清）陸隴其輯　清康熙三
十八年(1699)嘉會堂刻本　十六冊

140000－0501－0007156　102840

桐閣性理十三論一卷　（清）李元春撰　清光
緒十七年(1891)福州正誼書院刻本　一冊

140000－0501－0007157　102841

桐閣性理十三論一卷　（清）李元春撰　清光
緒十七年(1891)福州正誼書院刻本　一冊

140000－0501－0007158　102842－47

御纂性理精義十二卷　（清）李光地編　清道
光三十年(1850)刻本　六冊

140000－0501－0007159　102848－53

御纂性理精義十二卷　（清）李光地編修　清
光緒刻本　六冊

140000－0501－0007160　102902－33

明儒學案六十二卷　（清）黃宗羲撰　清乾隆
慈溪鄭氏二老閣刻本　三十二冊

140000－0501－0007161　102934

菰中隨筆一卷　（清）顧炎武撰　清道光十二
年(1832)錦江書院刻本　一冊

140000－0501－0007162　102936－39

語石十卷　葉昌熾撰　清宣統元年(1909)蘇
城徐氏刻本　四冊

140000－0501－0007163　102940－47

讀書拾遺六卷　（清）傅玉書撰　**象數蠡測四
卷**　（清）李顒著　清光緒二十四年(1898)戎
州刻本　八冊

140000－0501－0007164　102948－53

困學紀聞二十卷　（宋）王應麟撰　（清）閻若
璩等箋注　清同治九年(1870)揚州書局刻本
　六冊

140000－0501－0007165　102954－59

遊山日記十二卷花仙小記一卷聯璧詩鈔二卷
　（清）舒夢蘭撰　清嘉慶十二年(1807)蓮根

詩社刻本　六冊

140000－0501－0007166　102964－71

浪跡叢談十一卷續談八卷　（清）梁章鉅撰
清道光二十七年(1847)亦東園刻本　八冊

140000－0501－0007167　102972－75

浪跡叢談十一卷續談八卷　（清）梁章鉅撰
清道光二十七年(1847)亦東園刻本　四冊
存八卷(續談八卷)

140000－0501－0007168　102976－79

青泥蓮花記十三卷　（明）梅鼎祚纂輯　清宣
統二年(1910)北京自強書局石印本　四冊

140000－0501－0007169　102998－3003

金壺七墨十七卷　（清）黄鈞宰撰　清同治十
二年(1873)松江蕭隆盛刻本　六冊

140000－0501－0007170　103004－09

明季稗史彙編十六種二十七卷　（清）留雲居
士輯　清光緒二十二年(1896)上海圖書集成
印書局鉛印本　六冊

140000－0501－0007171　103010－25

義門讀書記五十八卷　（清）何焯編　清光緒
六年(1880)莒溪吳氏重修本　十六冊

140000－0501－0007172　103026－36

去偽齋集十卷　（明）呂坤撰　清道光七年
(1827)刻本　十一冊

140000－0501－0007173　103037－42

呻吟語六卷　（明）呂坤撰　清道光七年
(1827)開封府署刻本　六冊

140000－0501－0007174　103043－90

六藝通考一百卷首一卷　（清）孫璧文著　清
光緒二十七年(1901)兩湖書院刻本　四十
八冊

140000－0501－0007175　103091－138

六藝通考一百卷首一卷　（清）孫璧文著　清
光緒二十七年(1901)兩湖書院刻本　四十
八冊

140000－0501－0007176　103139－46

癸巳類稿十五卷　（清）俞正燮撰　清道光十

三年(1833)求日益齋刻本　八冊

140000－0501－0007177　103147－51

癸巳類稿十五卷　（清）俞正燮撰　清道光十
三年(1833)求日益齋刻本　五冊

140000－0501－0007178　103152－57

癸巳存稿十五卷　（清）俞正燮撰　清光緒十
年(1884)刻本　六冊

140000－0501－0007179　103158－63

癸巳存稿十五卷　（清）俞正燮撰　清光緒十
年(1884)刻本　六冊

140000－0501－0007180　103167－68

河工器具圖說四卷　（清）麟慶輯　清道光十
六年(1836)河南節署刻本　二冊

140000－0501－0007181　103169－70

井礦工程三卷　（英國）白爾捺輯　（英國）傅
蘭雅口譯　（清）王樹善筆述　清光緒三十四
年(1908)山西大學堂西齋刻本　二冊

140000－0501－0007182　103171－74

格物探原六卷　（英國）韋廉臣著　清光緒六
年(1880)木活字印本　四冊

140000－0501－0007183　103175－76

化學源流論四卷　（德國）方尼司輯　（清）王
汝騋譯　清光緒二十七年(1901)鉛印本
二冊

140000－0501－0007184　103177－80

化學鑑原補編六卷附一卷　（英國）傅蘭雅口
譯　（清）徐壽筆述　清光緒二十三年(1897)
小倉山房石印本　四冊

140000－0501－0007185　103181－96

化學指南十卷　（法國）畢利幹著　清同治十
二年(1873)石印本　十六冊

140000－0501－0007186　103197－200

化學衛生論四卷　（英國）真司騰著　（英國）
傅蘭雅譯　清光緒十六年(1890)上海格致書
室刻本　四冊

140000－0501－0007187　103201－02

康熙幾暇格物編三卷　（清）聖祖玄燁編　清

石印本　二冊

140000 – 0501 – 0007188　103203 – 08
汽機必以十二卷首一卷附錄一卷　（英國）蒲而捺撰　（清）徐建寅筆述　（英國）傅蘭雅口譯　清光緒江南製造總局刻本　六冊

140000 – 0501 – 0007189　103211 – 26
西學啟蒙十六種　（英國）艾約瑟譯　清光緒二十四年（1898）上海盈記書莊石印本　十六冊

140000 – 0501 – 0007190　103227 – 42
西學啟蒙十六種　（英國）艾約瑟譯　清光緒二十四年（1898）上海盈記書莊石印本　十六冊

140000 – 0501 – 0007191　103243 – 50
池上草堂筆記八卷　（清）梁恭辰撰　清同治十二年（1873）金陵刻本　八冊

140000 – 0501 – 0007192　103251 – 52
鋤經書舍零墨四卷　（清）黃協塤撰　清光緒四年（1878）上海申報館鉛印本　二冊

140000 – 0501 – 0007193　103254 – 57
春融堂雜記八種　（清）王昶撰　清光緒申報館鉛印本　四冊

140000 – 0501 – 0007194　103260 – 61
薑露庵雜記六卷　（清）施山撰　清光緒上海申報館鉛印本　二冊

140000 – 0501 – 0007195　103262 – 67
小豆棚十六卷　（清）曾衍車撰　清光緒六年（1880）上海申報館鉛印本　六冊

140000 – 0501 – 0007196　103268 – 75
六合内外瑣言二十卷　（清）屠紳編　清光緒二年（1876）上海申報館鉛印本　八冊

140000 – 0501 – 0007197　103276 – 80
妙香室叢話十二卷　（清）張培仁輯　清光緒十年（1884）上海申報館鉛印本　五冊

140000 – 0501 – 0007198　103281 – 96
寄園寄所寄十二卷　（清）趙吉士撰　清刻本　十六冊

140000 – 0501 – 0007199　103297 – 98
大六壬二卷　清抄本　二冊

140000 – 0501 – 0007200　103299
邵夫子先天神數　清抄本　一冊

140000 – 0501 – 0007201　103300 – 05
新鐫神峰張先生通考闢謬命理正宗大全六卷　（明）張楠撰　清光緒十二年（1886）上海掃葉山房刻本　六冊

140000 – 0501 – 0007202　103306 – 11
地理正宗十二卷　（清）蔣國宗撰　清嘉慶十九年（1814）刻本　六冊

140000 – 0501 – 0007203　103314
大清同治十年歲次辛未航海通書　清同治十年（1871）江南製造局刻本　一冊

140000 – 0501 – 0007204　103315
大清同治十一年歲次壬申航海通書　清同治十一年（1872）江南製造局刻本　一冊

140000 – 0501 – 0007205　103316
大清同治十三年歲次申戌航海通書　清同治十三年（1874）江南製造局刻本　一冊

140000 – 0501 – 0007206　103317
大清光緒二十五年歲次己亥航海通書　清光緒二十五年（1899）江南製造局刻本　一冊

140000 – 0501 – 0007207　103318
大清光緒二十六年歲次庚子航海通書　清光緒二十六年（1900）江南製造局刻本　一冊

140000 – 0501 – 0007208　103319
大清光緒二十八年歲次壬寅航海通書　清光緒二十八年（1902）江南製造局刻本　一冊

140000 – 0501 – 0007209　103320
大清光緒二十九年歲次癸卯航海通書　清光緒二十九年（1903）江南製造局刻本　一冊

140000 – 0501 – 0007210　103321
大清光緒三十年歲次甲辰航海通書　清光緒三十年（1904）江南製造局刻本　一冊

140000 – 0501 – 0007211　103322

大清光緒三十一年歲次乙巳航海通書　清光
緒三十一年(1905)江南製造局鉛印本　一冊

140000－0501－0007212　103323

大清光緒三十二年歲次丙午航海通書　清光
緒三十二年(1906)江南製造局鉛印本　一冊

140000－0501－0007213　103324

大清光緒三十四年歲次戊申航海通書　清光
緒三十四年(1908)江南製造局鉛印本　一冊

140000－0501－0007214　103326－27

增定邵康節先生梅花易數四卷　(宋)邵雍撰
　清嘉慶十四年(1809)集錦堂刻本　二冊

140000－0501－0007215　103328－33

卜筮正宗十四卷　(清)王維德輯　清道光十
六年(1836)務本堂刻本　六冊

140000－0501－0007216　103334－39

增刪卜易四卷　(清)野鶴老人撰　清乾隆五
十二年(1787)金相堂刻本　六冊

140000－0501－0007217　103340－41

新刊合併官板音義評注淵海子平五卷　(宋)
徐昇編　清貴文堂刻本　二冊

140000－0501－0007218　103342－45

志學錄八卷讀易筆記二卷讀論孟筆記三卷補
記二卷　(清)方宗誠撰　清光緒三年(1877)
刻本　四冊

140000－0501－0007219　103346－51

十駕齋養新錄二十卷餘錄三卷　(清)錢大昕
撰　清嘉慶刻本　六冊

140000－0501－0007220　103354－57

秘傳花鏡六卷　(清)陳淏子撰　清康熙刻本
　四冊

140000－0501－0007221　103359

聰訓齋語一卷　(清)張英撰　清光緒二年
(1876)解州解梁書院刻本　一冊

140000－0501－0007222　103360

聞見異辭二卷　(清)許秋垞撰　清道光二十
六年(1846)上海進步書局石印本　一冊

140000－0501－0007223　103369

節本天演論　(英國)赫胥黎著　嚴復譯　清
光緒二十四年(1898)商務印書館鉛印本
一冊

140000－0501－0007224　103370－73

談天十八卷首一卷　(英國)侯失勒撰　(英
國)偉烈亞力口譯　(清)李善蘭刪述　(清)
徐建寅續述　清光緒二十二年(1896)上海著
易堂石印本　四冊

140000－0501－0007225　103374

洛學編五卷　(清)湯斌輯　清同治九年
(1870)湯氏刻本　一冊

140000－0501－0007226　103377

施氏家風述略一卷續編一卷　(清)施閏章
(清)施彥恪輯　清康熙四十六年(1707)刻本
　一冊

140000－0501－0007227　103378

忱行錄一卷　(清)邵懿辰撰　清同治五年
(1866)當歸草堂刻本　一冊

140000－0501－0007228　103379

大意尊聞　(清)方東樹撰　清光緒元年
(1875)解州解梁書院刻本　一冊

140000－0501－0007229　103386－94

于清端公政書八卷續集一卷外集一卷　(清)
于成龍撰　(清)蔡方炳編　清康熙四十六年
(1707)刻本　九冊

140000－0501－0007230　103395－98

箴銘輯要類編前錄一卷後錄三卷　(清)寇守
信輯　(清)武文炳校　清光緒七年(1881)刻
本　四冊

140000－0501－0007231　103403－04

無欺錄二卷　(清)朱用純撰　清光緒二十六
年(1900)玉山書院刻本　一冊

140000－0501－0007232　103406－08

普通礦物學二卷附錄一卷　清光緒二十九年
(1903)上海普通學書室鉛印本　三冊

140000－0501－0007233　103409－10

普通新知識讀本二卷　清光緒二十八年(1902)上海文明編譯書局鉛印本　二冊

140000－0501－0007234　103411－12
中西學門經書七種　梁啟超撰　清光緒二十四年(1898)上海大同譯書局石印本　二冊

140000－0501－0007235　103413－18
新學類纂十四卷　(清)廣益書屋主人編　清光緒二十七年(1901)上海廣益書室石印本　六冊

140000－0501－0007236　103419－24
新學類纂十四卷　(清)廣益書屋主人編　清光緒二十七年(1901)上海廣益書室石印本　六冊

140000－0501－0007237　103425
校讎通義三卷　(清)章學誠著　清宣統三年(1911)上海廣益書局鉛印本　一冊

140000－0501－0007238　103428
原李耳載二卷　(明)李中馥撰　清乾隆三十二年(1767)慎思堂刻本　一冊

140000－0501－0007239　103429
肄業要覽　(清)史本守撰　(清)顧永京譯　清光緒二十一年(1895)上海格致書室鉛印本　一冊

140000－0501－0007240　103430
墨顛石書不分卷　(清)胡然刻　清乾隆十二年(1747)刻本　一冊

140000－0501－0007241　103431
古泉叢話三卷　(清)戴熙撰　清同治十一年(1872)滂喜齋刻本　一冊

140000－0501－0007242　103436
仕學初桄雜記一卷　(清)陳錫麟撰　清光緒二十四年(1898)鉛印本　一冊

140000－0501－0007243　103437－42
六壬神課金口訣三卷　(清)楊守一編　清書業堂刻本　六冊

140000－0501－0007244　103455－58
諏吉寶鏡滾盤珠合編　(清)費淳輯　清嘉慶

二年(1797)醉經樓久綺堂刻本　四冊

140000－0501－0007245　103459－62
考工記要十七卷　(英國)瑪體生撰　(清)鍾天緯　(英國)傅蘭雅譯　清光緒二十三年(1897)小倉山房石印富強叢書本　四冊

140000－0501－0007246　103463
勸學篇二卷　(清)張之洞撰　清光緒二十四年(1898)山西濬文書局刻本　一冊

140000－0501－0007247　103464－67
格致精論圖說二卷人與萬物爭戰獲益論一卷天文地理淺說一卷地理淺說問答一卷　清光緒三年(1877)鉛印本　四冊

140000－0501－0007248　103468－73
策學纂要十六卷　(清)戴朋　(清)黃卷輯　清乾隆刻本　六冊

140000－0501－0007249　103474－76
大清刑律草案附律目考一編十七章二編三十六章　沈家本編　清光緒山西濬文書局鉛印本　三冊

140000－0501－0007250　103477－89
化學工藝初集四卷二集四卷三集二卷　(英國)能智撰　(清)汪振聲譯　(英國)傅蘭雅譯　清光緒三十四年(1908)江南製造局鉛印本　十三冊

140000－0501－0007251　103490－91
博物志十卷　(晉)張華撰　博物新編二卷　(英國)哈信撰　清光緒十七年(1891)存樸堂刻本　二冊

140000－0501－0007252　103492
實學指南　(英國)勃樂恒著　(清)徐田譯　清光緒二十八年(1902)上海商務印書館鉛印本　一冊

140000－0501－0007253　103493
農學新法　(英國)貝德禮編　(英國)李提摩太譯　清光緒二十三年(1897)上海美華書館鉛印本　一冊

140000－0501－0007254　103494

增蠶桑雜說附圖說 （清）葉佐清輯 清光緒十三年(1887)松陽葉氏刻本 一冊

140000－0501－0007255 103495
栽桑捷法 （日本）巖田次郎口授 （清）黎炳文譯 清光緒二十九年(1903)直隸提學司排印局石印本 一冊

140000－0501－0007256 103496
果樹栽培全書三卷 （日本）福羽逸人撰 （清）沈紘譯 清光緒石印本 一冊

140000－0501－0007257 103497
西洋倫理學史要二卷 （英國）西額惟克著 清光緒石印本 一冊

140000－0501－0007258 103498
視學提要 （日本）吉村寅太郎纂譯 清光緒石印本 一冊

140000－0501－0007259 103499
歐美教育觀九章 （清）沈紘譯 清光緒石印本 一冊

140000－0501－0007260 103500
日本近世教育概況十八章附錄 清光緒石印本 一冊

140000－0501－0007261 103501
孔門之德育 （日本）亙里章三郎撰 清光緒二十七年(1901)石印本 一冊

140000－0501－0007262 103502
女子教育論 （日本）永江正直撰 （清）錢單譯 清光緒石印本 一冊

140000－0501－0007263 103503
心理的教授原則三編十四章 （日本）杉山富槌編 清光緒二十五年(1899)石印本 一冊

140000－0501－0007264 103504
教授法沿革史 （日本）大瀨基太郎 （日本）中川延治撰 清光緒石印本 一冊

140000－0501－0007265 103505
小學教授法 （日本）東基吉撰 （清）沈紘譯 清光緒石印本 一冊

140000－0501－0007266 103506
學校衛生書 （日本）坪井次郎撰 清光緒石印本 一冊

140000－0501－0007267 103507－12
原本直指算法統宗十二卷 （明）程大位編 明萬曆二十一年(1593)文盛堂刻本 六冊

140000－0501－0007268 103513－16
增刪算法統宗十一卷 （明）程大位編 （清）梅毅成增刪 清光緒三年(1877)江南製造總局刻本 四冊

140000－0501－0007269 103517
周髀算經 （唐）李淳風注 清刻本 一冊

140000－0501－0007270 103518－23
九章算術細草圖說九卷 （三國魏）劉徽注 海島算經細草圖說一卷 （唐）李淳風釋 （清）李潢細草 清嘉慶二十五年(1820)語鴻堂刻本 六冊

140000－0501－0007271 103524－31
九章算術細草圖說九卷 （三國魏）劉徽注 海島算經細草圖說一卷 （唐）李淳風釋 （清）李潢細草 清嘉慶二十五年(1820)語鴻堂刻本 八冊

140000－0501－0007272 103532－41
算經十書 （清）孔繼涵輯 清光緒十六年(1890)上海刻本 十冊

140000－0501－0007273 103542－49
白芙堂算學叢書二十三種 （清）丁取忠輯 清光緒二十二年(1896)石印本 八冊

140000－0501－0007274 103550－55
行素軒算學五種十九卷 （清）華蘅芳撰 清光緒二十二年(1896)上海文瑞樓石印本 六冊

140000－0501－0007275 103556－59
代數通藝錄十六卷 （清）方愷撰 清光緒二十二年(1896)時務報館石印本 四冊

140000－0501－0007276 103560－66
算學報七卷 （清）黃慶澄撰 清光緒二十四

年(1898)東甌黃氏刻本　七冊

140000－0501－0007277　103567－69

代微積拾級十八卷　（美國）羅密士著　（英國）偉烈亞力口譯　（清）李善蘭筆述　清咸豐八年(1858)墨海刻本　三冊

140000－0501－0007278　103570－72

代微積拾級十八卷　（美國）羅密士著　（英國）偉烈亞力口譯　（清）李善蘭筆述　清咸豐八年(1858)墨海刻本　三冊

140000－0501－0007279　103573－80

幾何原本十五卷　（意大利）利瑪竇　（英國）偉烈亞力譯　（明）徐光啟　（清）李善蘭筆述　清同治四年(1865)金陵刻本　八冊

140000－0501－0007280　103581－602

矩齋籌算六種　勞乃宣撰　**衍元小草二卷**　(清)孔慶霨撰　清光緒刻本　二十二冊

140000－0501－0007281　103603－10

御製數理精蘊上編五卷下編四十卷　（清）聖祖玄燁撰　清光緒二十二年(1896)上海博文書局石印本　八冊

140000－0501－0007282　103611－15

最新注解筆算數學全草五卷　（清）郁贊廷撰　清光緒三十二年(1906)書業公司石印本　五冊

140000－0501－0007283　103617

八線對數簡表　（清）賈步緯校述　清光緒上海江南製造局鉛印本　一冊

140000－0501－0007284　103618

弦切對數表　（清）賈步緯譯述　清光緒鉛印本　一冊

140000－0501－0007285　103619

對數表　（美國）路密斯著　（清）朱葆琛述　(美國)赫士譯　清光緒三十四年(1908)上海美華書館鉛印本　四冊

140000－0501－0007286　103620－23

對數表　（美國）路密斯著　（清）朱葆琛述　(美國)赫士譯　清光緒上海江南製造局鉛印

本　四冊

140000－0501－0007287　103624

八線對數簡表　（清）賈步緯校述　清光緒上海江南製造局鉛印本　一冊

140000－0501－0007288　103625

八線對數簡表　（清）賈步緯校述　清光緒上海江南製造局鉛印本　一冊

140000－0501－0007289　103626－33

翻譯弦切對數表　（清）賈步緯譯述　清光緒二十六年(1900)上海江南製造局石印本　八冊

140000－0501－0007290　103634－38

數學精詳十一卷首一卷末一卷　（清）屈曾發輯　清同治十年(1871)學海堂刻本　五冊

140000－0501－0007291　103639－43

數學精詳十一卷首一卷末一卷　（清）屈曾發輯　清同治十年(1871)學海堂刻本　五冊

140000－0501－0007292　103644－47

繪像丹桂籍二篇　（清）黃正元輯　清乾隆三十一年(1766)太谷好善君子刻本　四冊

140000－0501－0007293　103648

御虛階　（清）黃正元注　清乾隆刻本　一冊

140000－0501－0007294　103649

性天真境　（清）黃正元注　清乾隆刻本　一冊

140000－0501－0007295　103650

欲海慈航　（清）黃正元注　清乾隆刻本　一冊

140000－0501－0007296　103651－53

西算新法三卷首一卷附學彊恕齋珠盤考一卷新編算學啟蒙總括一卷　（清）葉鳳藻編輯　清光緒二十二年(1896)天祿書局石印本　三冊

140000－0501－0007297　103654－59

兩湖書院課程二卷附一卷表三卷　清光緒二十八年(1902)上海掃葉山房石印本　六冊

140000－0501－0007298　103660－63

學算筆談十二卷　（清）華蘅芳撰　清光緒二十二年（1896）上海文海書局石印本　四冊

140000－0501－0007299　103664－67

學算筆談十二卷　（清）華蘅芳撰　清光緒二十二年（1896）鉛印本　四冊

140000－0501－0007300　103668

割錐術課本二篇　（英國）威理孫著　（清）陳沚譯　清光緒三十二年（1906）京師學部編譯書局鉛印本　一冊

140000－0501－0007301　103669

割圓術輯要一卷附三角法公式一覽表　盧靖輯　清光緒石印本　一冊

140000－0501－0007302　103670

衍元要義一卷弧田問率一卷直積回求一卷　（清）謝家禾撰　清道光十七年（1837）刻本　一冊

140000－0501－0007303　103671

尺算徵用一卷　（清）馬相伯纂　（清）適可居士增斠　清光緒十七年（1891）上海胡傳墨齋刻本　一冊

140000－0501－0007304　103672

勾股演代五卷　（清）王錫恩輯　清光緒二十九年（1903）上海美華書館鉛印本　一冊

140000－0501－0007305　103673－76

新三角問題正解十一編　（清）薛光錡撰（清）薛光鐸增補　清光緒二十九年（1903）怡怡軒刻怡怡軒叢書本　四冊

140000－0501－0007306　103677－708

皕宋樓藏書志一百二十卷續志四卷　（清）陸心源編　（清）李宗蓮校　清光緒八年（1882）十萬卷樓刻本　三十二冊

140000－0501－0007307　103709－12

皇清經解續編目錄十七卷　清光緒二十二年（1896）上海蜚英書局石印本　四冊

140000－0501－0007308　103713－16

四庫全書表文箋釋四卷　（清）林鶴年纂　清

宣統元年（1909）吳興劉氏求恕齋刻本　三冊

140000－0501－0007309　103727－28

中俄界約斠注七卷首一卷　（清）錢恂著　清光緒二十年（1894）上海醉六堂刻本　二冊

140000－0501－0007310　103731－38

格物測算八卷　（美國）丁韙良撰　清光緒九年（1883）鉛印本　八冊

140000－0501－0007311　103739－41

地學淺釋三十八卷　（英國）雷俠兒撰　（美國）瑪高溫口譯　（清）華蘅芳筆述　**地學指略**　（英國）文教治譯　（清）李慶軒筆述　清光緒二十四年（1898）上海富強齋石印本　三冊

140000－0501－0007312　103742－43

天文揭要二卷　（美國）赫士口譯　（清）周文源筆述　清光緒二十五年（1899）上海美華書館鉛印本　二冊

140000－0501－0007313　103744

地學指略三卷　（英國）文教治譯　（清）李慶軒筆述　清光緒七年（1881）益智書局刻本　一冊

140000－0501－0007314　103745－46

形學備旨十卷　（美國）狄考文選譯　（清）鄒立文筆述　清光緒二十八年（1902）上海美華書館鉛印本　二冊

140000－0501－0007315　103747

格物質學　（美國）史砥爾著　（美國）潘慎文譯　（清）謝洪賚筆述　清光緒二十五年（1899）上海美華書館鉛印本　一冊

140000－0501－0007316　103748

光學揭要二卷　（美國）赫士口譯　（清）朱葆琛筆述　清光緒二十八年（1902）上海美華書館鉛印本　一冊

140000－0501－0007317　103749

聲學揭要　（美國）赫士口譯　（清）朱葆琛筆述　清光緒二十四年（1898）上海美華館鉛印本　一冊

140000－0501－0007318　103750－52

力學理論八卷　（英國）馬格訥斐立著　（清）嚴文炳譯　清光緒二十二年（1896）鉛印本　三冊

140000－0501－0007319　103754－56

全體闡微三卷　（美國）柯為良撰　清光緒二十四年（1898）石印本　三冊

140000－0501－0007320　103764

海門聯譜四卷　（清）丁應鼎纂　清刻本　一冊

140000－0501－0007321　103767

法學通論二卷　（日本）鈴木喜三郎撰　（清）震生譯　清光緒二十八年（1902）上海廣智書局鉛印本　一冊

140000－0501－0007322　103768－69

氣學叢談二卷　（英國）傅蘭雅口譯　（清）華蘅芳筆述　清光緒上海時務報館石印本　二冊

140000－0501－0007323　103771

樹桑廣義一卷　（清）徵廉撰　清刻本　一冊

140000－0501－0007324　103772

續方言二卷　（清）杭世駿輯　**續方言補一卷**　（清）程際盛補纂　清思賢講舍刻本　一冊

140000－0501－0007325　103773

張楊園初學備忘一卷　（清）張履祥撰　清刻本　一冊

140000－0501－0007326　103776

商君書五卷　（清）嚴可均輯校　清光緒二年（1876）浙江書局刻本　一冊

140000－0501－0007327　103778

勸學篇二篇　（清）張之洞撰　清光緒二十四年（1898）襄陽府鹿門書院黃氏刻本　一冊

140000－0501－0007328　103779

居宅衛生論一卷　（英國）傅蘭雅輯　清光緒十六年（1890）上海格致書室刻本　一冊

140000－0501－0007329　103780－85

欣賞齋尺牘六卷　（清）曹仁鏡輯　清光緒十

三年（1887）刻本　六冊

140000－0501－0007330　103786

文昌功過格一卷　清道光二十一年（1841）成文齋刻本　一冊

140000－0501－0007331　103787

黃書一卷　（清）王夫之撰　清光緒二十四年（1898）石印本　一冊

140000－0501－0007332　103788－89

棉陽學準五卷　（清）藍鼎元撰　清雍正七年（1729）閑存堂刻本　二冊

140000－0501－0007333　103793－94

井礦工程三卷　（英國）白爾捺輯　（英國）傅蘭雅口譯　（清）王樹善筆述　清光緒三十四年（1908）山西大學堂西齋刻本　二冊

140000－0501－0007334　103795

哲學論綱四篇　（清）李奇若撰　（清）陳鵬譯　清光緒二十九年（1903）上海廣智書局鉛印本　一冊

140000－0501－0007335　103796

哲學要領　（德國）科培爾撰　（日本）下田次郎述　蔡元培譯　清光緒二十九年（1903）上海商務印書館鉛印本　一冊

140000－0501－0007336　103797

倫理學綱要一卷　（日本）十時彌著　田吳炤譯　清光緒二十九年（1903）上海商務印書館鉛印本　一冊

140000－0501－0007337　103799

議會政黨論　（日本）菊池學而撰　清光緒二十九年（1903）上海商務印書館鉛印本　一冊

140000－0501－0007338　103801－02

近世物理學教科書九卷　（日本）中村清二著　清光緒二十二年（1896）學部編譯圖書局鉛印本　二冊

140000－0501－0007339　103803

性學舉隅　（美國）丁韙良撰　清光緒二十四年（1898）上海廣學會鉛印本　一冊

140000－0501－0007340　103812－15

性命雙修萬神圭旨四卷　（明）尹真人述　清一山房刻本　四冊

140000－0501－0007341　103816

清真釋疑補輯一卷　（清）金天柱輯　清光緒七年至九年（1881－1883）東魯晉徽氏刻本　一冊

140000－0501－0007342　103817

性相通說一卷　（明）釋德清述　清同治十二年（1873）金陵刻經處刻本　一冊

140000－0501－0007343　103818－25

勸戒近錄六卷續錄六卷三錄六卷四錄六卷（清）梁恭辰撰　清同治六年（1867）陸氏刻本　八冊

140000－0501－0007344　103830

文昌孝經增注一卷勸孝集略附一卷　（清）純孝真君增訂　清光緒二十三年（1897）湖北儒林講舍刻本　一冊

140000－0501－0007345　103831－38

廿一史彈詞注十一卷　（明）楊慎撰　**明史彈詞注二卷**　（清）張三異編　（清）張仲璜注　清乾隆五十一年（1786）刻本　八冊

140000－0501－0007346　103839－46

農政全書六十卷　（明）徐光啟撰　清光緒二十六年（1900）文海書局石印本　八冊

140000－0501－0007347　103847－54

農務全書上編十六卷　（美國）施妥縷撰　趙詒琛筆述　舒高第口譯　清光緒三十三年（1907）江南機器製總局刻本　八冊

140000－0501－0007348　103855－62

農務全書中編十六卷　（美國）施妥縷撰　趙詒琛筆述　舒高第口譯　清宣統元年（1909）江南機器製造總局刻本　八冊

140000－0501－0007349　103879

全體圖說二卷　（英國）稻惟德譯　清光緒十年（1884）益智書會刻本　一冊

140000－0501－0007350　103880

礦石圖說　（英國）傅蘭雅著　清光緒十年

（1884）刻本　一冊

140000－0501－0007351　103881

重學圖說二卷　（英國）傅蘭雅譯　清光緒十一年（1885）刻本　一冊

140000－0501－0007352　103882

熱學圖解二卷　（英國）傅蘭雅譯　清光緒十六年（1890）益智書會刻本　一冊

140000－0501－0007353　103883

天文圖說四卷　（英國）柯雅各撰　（美國）摩嘉立　（清）薛承恩譯　清光緒九年（1883）益智書會刻本　一冊

140000－0501－0007354　103884

百鳥圖說一卷附圖　（清）韋門道氏撰　清光緒八年（1882）益智書會刻本　一冊

140000－0501－0007355　103891－96

開礦器法圖說十卷　（美國）俺特累撰　（英國）傅蘭雅口譯　（清）王樹善筆述　清光緒二十五年（1899）江南製造局石印本　六冊

140000－0501－0007356　103897－902

開礦器法圖說十卷　（美國）俺特累撰　（英國）傅蘭雅口譯　（清）王樹善筆述　清光緒二十五年（1899）江南製造局石印本　六冊

140000－0501－0007357　103913－24

東周列國志二十三卷首一卷　（清）蔡界評　清乾隆十七年（1752）崇文堂刻本　十二冊

140000－0501－0007358　103925－34

勸善金科十卷　（清）張照撰　清乾隆內府刻五色套印本　十冊

140000－0501－0007359　103935

燕山外史注釋二卷　（清）陳球撰　（清）若駥子注　清光緒三十四年（1908）漢口中外小說部鉛印本　一冊

140000－0501－0007360　103940

長生殿一卷　（清）洪昇撰　清同治元年（1862）維德氏抄本　一冊

140000－0501－0007361　103947－53

重增格物入門七卷　（美國）丁韙良撰　清光

緒二十五年（1899）上海美華書館鉛印本
七册

140000－0501－0007362　103954

意大利蠶書　（英國）傅蘭雅口譯　清光緒江南製造局譯務農會石印本　一册

140000－0501－0007363　103955－56

精神之教育二卷　（日本）隅谷已三郎編　趙必振譯　清光緒三十一年（1905）上海中西印書局鉛印本　二册

140000－0501－0007364　103957

竹譜節要五卷罌粟源流考一卷藝菊書一卷菊法一卷　（元）李衎撰　**日本竹譜三卷**　（日本）片山道人撰　清光緒刻本　一册

140000－0501－0007365　103958－61

多忠勇公勤勞録四卷　（清）雷正綰纂輯（清）劉寶國編次　清光緒元年（1875）西安桂榮堂刻本　四册

140000－0501－0007366　103962－91

寄園寄所寄十二卷　（清）趙吉士撰　清刻本三十册

140000－0501－0007367　103993－4000

墨林今話十八卷　（清）蔣寶齡撰　**續編一卷**（清）蔣茞生撰　清同治十一年（1872）映雪草廬刻本　八册

140000－0501－0007368　104001－06

圖畫見聞誌六卷　（宋）郭若虛撰　（明）毛晉訂　清光緒上海掃葉山房影印本　六册

140000－0501－0007369　104009

指頭畫説一卷　（清）高秉撰　清光緒十二年（1886）來鶴堂刻本　一册

140000－0501－0007370　104012－17

楚庭稗珠録六卷　（清）檀萃録　（清）黃燾編清乾隆三十八年（1773）刻本　六册

140000－0501－0007371　104019

製火藥法三卷　（英國）華得斯輯　（英國）傅蘭雅譯　（清）丁樹棠述　清光緒刻本　一册

140000－0501－0007372　104020－23

八綫詳草八卷　（清）劉鵬振撰　清光緒三十二年（1906）浙紹墨潤堂石印本　四册

140000－0501－0007373　104025

節本天演論　（英國）赫胥黎著　嚴復譯　清光緒二十四年（1898）鉛印本　一册

140000－0501－0007374　104026－29

干支集錦二十四卷　（清）秦嘉謨輯　清嘉慶二十年（1815）琳瑯僊館刻本　四册

140000－0501－0007375　104030－35

化學求數十五卷　（德國）富里西尼烏司著（英國）傅蘭雅口譯　（清）徐壽筆述　清光緒二十三年（1897）娛萊小築石印本　六册

140000－0501－0007376　104036－42

格物入門七卷　（美國）丁韙良著　清光緒二十一年（1895）杭州竹簡齋石印本　七册

140000－0501－0007377　104043－45

農務土質論三卷　（美國）金福蘭格令希蘭撰（美國）衛理口譯　（清）范熙庸筆述　清光緒二十七年（1901）上海石印本　三册

140000－0501－0007378　104046－53

強學彙編十九卷　（清）馬冠羣輯　清光緒二十四年（1898）上海文瑞樓石印本　八册

140000－0501－0007379　104054

增訂牙牌數一卷　（清）張建勳編　清光緒十八年（1892）刻本　一册

140000－0501－0007380　104055

聲調譜一卷談龍録前譜一卷續譜一卷後譜一卷論例一卷　（清）趙執信撰　清雅雨堂刻本一册

140000－0501－0007381　104056－59

開方釋例四卷　（清）駱騰鳳著　清光緒二十二年（1896）石印本　四册

140000－0501－0007382　104060－63

幾何原本十五卷　（意大利）利瑪竇　（英國）偉烈亞力譯　（明）徐光啟　（清）李善蘭筆述清光緒二十二年（1896）上海積山書局石印本　四册

140000－0501－0007383　104064－71

代數術補式二十六卷　（清）解崇輝撰　清光緒二十六年（1900）上海順成書局石印本　八冊

140000－0501－0007384　104072

端石擬三卷蘗閣十硯銘一卷　（清）陳齡撰　清同治十二年（1873）靜園刻本　一冊

140000－0501－0007385　104073－75

工程致富論略十三卷　（英國）瑪體生撰　（英國）傅蘭雅　（清）鍾天緯同譯　清光緒二十三年（1897）慎記書莊石印西政叢書本　三冊

140000－0501－0007386　104076

初學稍進讀書要略一卷論格致理法綱要一卷讀評書須知一卷　葉瀚撰　清光緒刻本　一冊

140000－0501－0007387　104077

書法正宗　（清）蔣和撰　清道光二十二年（1842）文錦堂刻本　一冊

140000－0501－0007388　104082－83

逸周書十卷　（晉）孔晁注　清乾隆五十一年（1786）抱經堂刻本　二冊

140000－0501－0007389　104084

理財新義三卷　（法國）戈利撰　清光緒三十三年（1907）上海商務印書館鉛印本　一冊

140000－0501－0007390　104088

婦科附圖　（美國）湯麥斯撰　（清）鄭昌棪　舒高第譯　清光緒二十六年（1900）江南機器製造局鉛印本　六冊

140000－0501－0007391　104091

西藥大成藥品中西名目表　（英國）來拉撰　清光緒十三年（1887）江南製造總局石印本　一冊

140000－0501－0007392　104092

孔叢二卷詰墨一卷　（漢）孔鮒撰　**新語二卷**　（漢）陸賈撰　清光緒三年（1877）戎州盧秉鈞刻本　一冊

140000－0501－0007393　104093

五方元音二卷　（清）樊騰鳳輯　（清）年希堯增補　清刻本　一冊

140000－0501－0007394　104094

交食引蒙一卷　（清）賈步緯撰　清光緒二十年（1894）江南製造局刻本　一冊

140000－0501－0007395　104098

形學課本　（英國）威理孫撰　（清）陳澐譯　清光緒三十二年（1906）京都學部編譯書局鉛印本　一冊

140000－0501－0007396　104099－101

力學理論八卷　（英國）馬格訥斐立著　（清）嚴文炳譯　清光緒三十二年（1906）學部編譯局鉛印本　三冊

140000－0501－0007397　14109

最近實驗單級教授法　（日本）朝倉政行著　馬光裕譯　清宣統二年（1910）山西濬文書局鉛印本　一冊

140000－0501－0007398　104103

八星之一總論一卷　（英國）李提摩太著　（清）鑄鐵盦譯　清光緒二十五年（1899）上海廣學會鉛印本　一冊

140000－0501－0007399　104116－17

人範六卷　（清）蔣元輯　清光緒二十六年（1900）金陵使署羅恩壽鉛印本　二冊

140000－0501－0007400　104118

百家姓考略一卷　（清）王相纂　清金閶書業堂刻本　一冊

140000－0501－0007401　104127－28

代數勾股術四卷　（清）張茂滉撰　清光緒二十二年（1896）上海鴻寶齋石印本　二冊

140000－0501－0007402　104133

行軍測繪十卷　（英國）連提撰　（英國）傅蘭雅譯　（清）趙元益述　清光緒二十三年（1897）水倉山房石印中西算學叢書本　一冊

140000－0501－0007403　104146

天津自治局文件錄要一卷　清光緒三十三年

（1907）鉛印本　一册

140000－0501－0007404　104147

法學入門一卷　（清）龔渭琳編譯　清光緒十三年（1887）上海美華書館鉛印本　一册

140000－0501－0007405　104148

增補分部書法正傳　（清）俞壽彭輯　清光緒五年（1879）刻本　一册

140000－0501－0007406　104155

詩品一卷　（唐）司空圖撰　**書品一卷**　（清）黃鉞撰　**畫品一卷**　（清）楊景曾撰　清光緒五年（1879）崇文閣刻本　一册

140000－0501－0007407　104156－59

甌鉢羅室書畫過目考四卷首一卷附一卷（清）李玉棻編　清光緒二十三年（1897）京都興盛齋刻本　四册

140000－0501－0007408　104160－61

臨陣管見九卷　（德國）斯拉弗司撰　（美國）金楷理口述　（清）趙元益筆述　清光緒二十三年（1897）石印本　二册

140000－0501－0007409　104162－63

臨陣管見九卷　（德國）斯拉弗司撰　（美國）金楷理口述　（清）趙元益筆述　清光緒二十三年（1897）石印本　二册

140000－0501－0007410　104168－69

筆算教科書二卷附勘誤表　（清）彭蘭琪輯清光緒天津官報局鉛印本　二册

140000－0501－0007411　104170

家庭談話五卷　清光緒三十三年（1907）學部圖書局鉛印本　一册

140000－0501－0007412　104173

論孟卮言一卷　（清）江翰著　清光緒二十八年（1902）鉛印本　一册

140000－0501－0007413　104209－18

盛世危言六卷　鄭觀應纂著　**續編四卷**（清）杞尤生輯著　清光緒二十二年（1896）上海書局石印本　十册

140000－0501－0007414　104219－34

時務通考續編三十一卷目錄一卷　（清）王奇英編　清光緒二十七年（1901）上海點石齋石印本　十六册

140000－0501－0007415　104235－49

格致書院課藝　（清）王韜編　清光緒十二年至二十年（1886－1894）弢園鉛印本　十五册

140000－0501－0007416　104256－58

西算新法三卷首一卷附學彊恕齋珠盤考一卷新編算學啟蒙總括一卷　（清）葉鳳藻編輯清光緒二十二年（1896）天祿書局石印本三册

140000－0501－0007417　104259

說儲一卷　（清）鮑世臣著　清光緒二十九年（1903）國學保存會鉛印本　一册

140000－0501－0007418　104260

吳赤溟先生文集一卷　（清）吳炎撰　清光緒三十二年（1906）國學保存會鉛印本　一册

140000－0501－0007419　104261

投筆集二卷　（清）錢謙益著　清光緒三十四年（1908）國學保存會鉛印國粹叢書本　一册

140000－0501－0007420　104262－64

戴褐夫集不分卷　（清）戴名世撰　清宣統元年（1909）國學保存會鉛印國粹叢書本　三册

140000－0501－0007421　104265

明季復社紀略四卷　（清）陸世儀撰　**復社紀事一卷**　（清）吳偉業撰　清光緒三十四年（1908）國學保存會鉛印國粹叢書本　一册

140000－0501－0007422　104266

另議中西大學堂改為山西大學堂西學專齋合同一卷　清光緒二十七年（1901）刻本　一册

140000－0501－0007423　104267

令德堂章程一卷　清光緒十七年（1891）刻本一册

140000－0501－0007424　104383

山東圖書館暫行章程一卷附設金石保存所暫行章程一卷　清宣統元年（1909）鉛印本一册

140000－0501－0007425　104428－50

東周列國全志二十三卷一百八回　（清）蔡昇
評　清刻本　二十三冊

140000－0501－0007426　104451－60

驗方新編十六卷　（清）鮑相璈編　（清）張紹
棠增輯　痧症全書三卷　（清）王凱編輯　咽
喉秘集二卷　（清）海山仙館編　清光緒十二
年(1886)刻本　十冊

140000－0501－0007427　104462

四聖心源十卷　（清）黃元御撰　清咸豐十年
(1860)長沙變龢精舍刻本　一冊

140000－0501－0007428　104463

四聖懸樞五卷　（清）黃元御撰　清咸豐十年
(1860)長沙變龢精舍刻黃氏醫書本　一冊

140000－0501－0007429　104464－67

體用十章　（英國）哈士烈著　（清）孔慶高譯
　清光緒十年(1884)羊城博濟醫局刻本
四冊

140000－0501－0007430　104468－69

體用十章　（英國）哈士烈著　（清）孔慶高譯
　清光緒十年(1884)羊城博濟醫局刻本
四冊

140000－0501－0007431　104470－72

體學新編三卷　（美國）惠亨通著　劉功宇譯
　清光緒三十年(1904)福州美部公會鉛印本
三冊

140000－0501－0007432　104473－75

體學新編三卷　（美國）惠亨通著　劉功宇譯
　清光緒三十年(1904)福州美部公會鉛印本
三冊

140000－0501－0007433　104476－87

楞嚴經指掌疏十卷　（清）釋達天通理纂　清
乾隆四十一年(1776)刻本　十二冊

140000－0501－0007434　104490

指玄篇秘注一卷　（唐）呂巖撰　（清）本誠子
注　清同治五年(1866)夢仙堂刻本　一冊

140000－0501－0007435　104491

金剛經句解便蒙一卷心經句解便蒙一卷
（清）曹良弼集　清同治十三年(1874)太谷曹
氏刻本　一冊

140000－0501－0007436　104494

瑜珈焰口施食起止規範不分卷　清乾隆八年
(1743)刻本　一冊

140000－0501－0007437　104495

感應篇直講法一卷纂錄暗室燈附刻小引一卷
　清光緒十九年(1893)刻本　一冊

140000－0501－0007438　104496

金剛般若波羅蜜經一卷附心經一卷　（清）石
成金輯注　清同治三年(1864)遵化州貽穀堂
魯氏刻本　一冊

140000－0501－0007439　104554

地文學問答十一章　邵義譯　清光緒三十二
年(1906)商務印書館鉛印本　一冊

140000－0501－0007440　104555

兒童矯弊論　（日本）大村仁太郎編　清光緒
三十一年(1905)京師學務處官書局鉛印本
一冊

140000－0501－0007441　104557

新刊對聯寶鑑大全四卷　（清）丁應鼎撰　清
嘉慶六年(1801)聚錦堂刻本　一冊

140000－0501－0007442　104558－61

平山堂圖志十卷首一卷　（清）趙之壁編纂
清乾隆三十年(1765)刻本　四冊

140000－0501－0007443　104562－69

楚辭集注八卷　（宋）朱熹集注　（明）楊慎評
　清聽雨齋刻朱墨套印本　八冊

140000－0501－0007444　104570－75

楚辭集注八卷首一卷　（宋）朱熹撰　離騷箋
二卷　（清）龔景瀚撰　離騷集傳一卷　（宋）
錢杲之集傳　離騷草木疏四卷　（宋）吳仁傑
撰　清光緒三年(1877)湖北崇文書局刻本
六冊

140000－0501－0007445　104576－607

唐宋十大家全集錄五十二卷　（清）儲欣錄

清光緒八年（1882）江蘇書局刻本　三十二冊

140000－0501－0007446　104608－43
唐宋十大家全集錄五十二卷　（清）儲欣錄
清松麟堂刻本　三十六冊

140000－0501－0007447　104644－667
學海堂集初集十六卷二集二十二卷三集二十
四卷　（清）阮元　（清）吳蘭珍　（清）張維
屏輯　清道光五年至咸豐九年（1825－1859）
啟秀山房刻本　二十四冊

140000－0501－0007448　104668－75
御製詩初集四十四卷目錄四卷　（清）高宗弘
曆撰　清乾隆刻本　八冊

140000－0501－0007449　104676－81
御製詩文餘集詩十二卷文六卷　（清）宣宗旻
寧撰　清道光內府刻本　六冊

140000－0501－0007450　104682－701
御選唐宋詩醇四十七卷目錄二卷　（清）高宗
弘曆選　清光緒七年（1881）浙江書局刻本
二十冊

140000－0501－0007451　104702－21
御選唐宋文醇五十八卷　（清）高宗弘曆選
(清)允祿監理　清光緒三年（1877）浙江書局
刻本　二十冊

140000－0501－0007452　104722－45
西山先生真文忠公文集五十五卷　（宋）真德
秀撰　明萬曆二十六年（1598）刻金學曾景賢
堂刻本　二十四冊

140000－0501－0007453　104746－55
湖海文傳七十五卷　（清）王昶輯　清道光十
九年（1839）吳門學陽書院朱氏刻本　十冊

140000－0501－0007454　104764－85
經史百家雜鈔二十六卷附簡編二卷　（清）曾
國藩纂　清光緒二年（1876）傳忠書局刻本
二十二冊

140000－0501－0007455　104786－801
張太岳先生詩文集四十七卷目錄一卷　（明）
張居正撰　明萬曆四十年（1612）繡谷唐國達

刻本　十六冊

140000－0501－0007456　104802－25
揅經室集一集十四卷二集八卷三集五卷四集
二卷四集詩十一卷續集十一卷再續集六卷外
集五卷　（清）阮元撰　清道光三年（1823）文
選樓刻本　二十四冊

140000－0501－0007457　104826－31
四憶堂詩集六卷遺稿一卷　（清）侯方域撰
(清)賈開宗注　清刻本　六冊

140000－0501－0007458　104832－43
曝書亭集詩注二十二卷　（清）朱彝尊撰
(清)楊謙注　詞注七卷　（清）李富孫注　朱
竹垞先生年譜一卷　（清）楊謙撰　清嘉慶十
九年（1814）木山閣刻本　十二冊

140000－0501－0007459　104844－53
漁洋山人精華錄箋注十二卷補遺一卷附錄一
卷　（清）王士禛撰　（清）金榮箋注　年譜一
卷　（清）金榮編　清乾隆鳳翔堂刻本　十冊

140000－0501－0007460　104854－63
漁洋山人精華錄箋注十二卷補遺一卷附錄一
卷　（清）王士禛撰　（清）金榮箋注　年譜一
卷　（清）金榮編　清乾隆鳳翔堂刻本　十冊

140000－0501－0007461　104864－73
蠶尾全集文集八卷文續集二十卷詩集二卷
(清)王士禛撰　清康熙程哲七略節堂刻本
十冊

140000－0501－0007462　104874－85
漁洋山人精華錄訓纂十卷訓纂補十卷年譜二
卷目錄二卷　（清）王士禛撰　（清）惠棟編
清光緒十七年（1891）會稽徐氏述史樓刻本
十二冊

140000－0501－0007463　104886－93
漁洋山人古詩選五言詩十七卷七言詩歌行鈔
十五卷　（清）王士禛選　清光緒七年（1881）
山西濬文書局刻本　八冊

140000－0501－0007464　104894－901
漁洋山人古詩選五言詩十七卷七言詩歌行鈔

十五卷 （清）王士禛選 清光緒七年（1881）
山西濬文書局刻本 八冊

140000－0501－0007465 104902－09
感舊集十六卷 （清）王士禛輯 （清）盧見曾
補傳 清乾隆十七年（1752）盧氏刻本 八冊

140000－0501－0007466 104910－17
感舊集十六卷 （清）王士禛輯 （清）盧見曾
補傳 清乾隆十七年（1752）盧氏刻本 八冊

140000－0501－0007467 104918－27
唐詩解五十卷 （清）唐汝詢選釋 清順治十
六年（1659）刻本 十冊

140000－0501－0007468 104928－35
八代詩選八種 王闓運輯 清光緒十六年
（1890）江蘇書局刻本 八冊

140000－0501－0007469 104936－51
百柱堂全集五十三卷 （清）王柏心撰 彤雲
閣遺稿一卷 （清）王家仕撰 清光緒二十四
年（1898）成山唐氏刻本 十六冊

140000－0501－0007470 104952－63
遜學齋文鈔十二卷首一卷末一卷文續鈔五卷
詩鈔十卷詩續鈔五卷 （清）孫衣言撰 清同
治三年至十二年（1864－1873）石印本 十
二冊

140000－0501－0007471 104964－75
遜學齋文鈔十二卷首一卷末一卷文續鈔五卷
詩鈔十卷詩續鈔五卷 （清）孫衣言撰 清同
治三年至十二年（1864－1873）石印本 十
二冊

140000－0501－0007472 104976－81
陳臥子先生安雅堂稿十五卷 （明）陳子龍撰
清宣統元年（1909）上海時中書局鉛印本
六冊

140000－0501－0007473 104982－93
同人集十二卷 （清）冒襄輯 清道光五年
（1825）如皋冒氏刻本 十二冊

140000－0501－0007474 105003－08
詠懷堂詩集四卷外集二卷 （明）阮大鍼撰

明崇禎八年（1635）刻本 六冊

140000－0501－0007475 105009－12
虎谷集賦詩十卷文四卷行錄一卷輯寓別集四
集 （明）王雲鳳撰 清嘉慶二十二年（1817）
刻本 四冊

140000－0501－0007476 105013－16
虎谷集賦詩十卷文四卷行錄一卷輯寓別集四
集 （明）王雲鳳撰 清嘉慶二十二年（1817）
刻本 四冊

140000－0501－0007477 105025－36
詞綜三十卷補遺六卷 （清）朱彝尊輯 （清）
汪森增輯 清康熙十七年（1678）汪氏裘杼樓
刻本 十二冊

140000－0501－0007478 105037－52
重訂文選集評十五卷首一卷末一卷 （清）于
光華編 清乾隆四十三年（1778）刻本 十
六冊

140000－0501－0007479 105061－70
邱海二公合集十六卷首一卷 （清）焦映漢輯
清同治十年（1871）丘氏可繼堂刻本（內有
配本） 十冊

140000－0501－0007480 105071－78
三魚堂文集十二卷外集六卷附錄一卷賸言十
二卷 （清）陸隴其撰 清康熙四十年（1701）
刻本 八冊

140000－0501－0007481 105079－86
三魚堂文集十二卷外集六卷附錄一卷賸言十
二卷 （清）陸隴其撰 清康熙四十年（1701）
刻本 八冊

140000－0501－0007482 105087－94
四忠遺集 清同治十年（1871）楚醴聚奎書閣
刻本 八冊 缺十七卷（文信國公集四至二
十）

140000－0501－0007483 105095－102
感舊集十六卷 （清）王士禛輯 （清）盧見曾
補傳 清乾隆十七年（1752）盧氏刻本 八冊

140000－0501－0007484 105103－16

曝書亭集八十卷 （清）朱彝尊撰　笛漁小稿
十卷 （清）朱昆田撰　清康熙刻本　十四冊

140000－0501－0007485　105117－42

杜詩詳注二十五卷首一卷諸家詠杜論杜附錄
二卷 （唐）杜甫撰 （清）仇兆鰲輯注　清刻
本　二十六冊

140000－0501－0007486　105143－54

樓山堂集二十七卷峰桐詩文集二十卷附錄二
卷年譜二卷　劉世珩編　清光緒二十五年
（1899）貴池劉氏刻貴池二妙集本　十二冊

140000－0501－0007487　105155－83

儲選七種古文四十八卷唐宋八大家文選十四
卷 （清）儲欣輯　清嘉慶十八年（1813）靜遠
堂刻本　二十九冊

140000－0501－0007488　105184－93

李文襄公集奏議二卷奏疏十卷別錄六卷
（清）李之芳撰　年譜一卷 （清）程光矩纂
清康熙四十一年（1702）刻本　十冊

140000－0501－0007489　105194－203

思綺堂文集十卷 （清）章藻功撰　清康熙六
十一年（1722）聚錦堂刻本　十冊

140000－0501－0007490　105204－16

小倉山房文集三十五卷 （清）袁枚撰　清乾
隆三十四年（1769）刻本　十三冊

140000－0501－0007491　105217－20

古文舊書考四卷 （日本）島田翰著　清光緒
二十九年（1903）藻玉堂鉛印本　四冊

140000－0501－0007492　105237－48

王陽明先生文鈔二十卷 （明）王守仁撰　清
康熙二十八年（1689）致和堂刻本　十二冊

140000－0501－0007493　105249－52

人譜類記二卷 （明）劉宗周撰 （清）洪正
治編　清嘉慶十六年（1811）芝香堂刻本
四冊

140000－0501－0007494　105259－64

南天痕全集二十六卷　題西亭凌雪纂修　清
宣統二年（1910）復古社鉛印本　六冊

140000－0501－0007495　105265－66

文心雕龍十卷 （南朝梁）劉勰撰 （清）黃叔
琳輯注　清乾隆三年（1738）刻本　二冊

140000－0501－0007496　105267－77

薛文清公集六種 （明）薛瑄撰　清康熙五十
二年（1713）刻本　十一冊

140000－0501－0007497　105278－89

昌黎全集四十卷外集十卷遺文一卷傳一卷
（唐）韓愈撰 （唐）李漢編　韓文點勘四卷
（清）陳景雲撰　清宣統二年（1910）上海掃葉
山房石印本　十二冊

140000－0501－0007498　105290－313

古文分編集評初集五卷二集五卷三集八卷四
集四卷 （清）于光華編　清乾隆五十二年
（1787）友于堂刻本　二十四冊

140000－0501－0007499　105324－43

施愚山全集八十四卷 （清）施閏章撰　施愚
山先生［閏章］年譜四卷 （清）施念曾撰　隨
村先生遺集六卷 （清）施瑮撰　清宣統二年
（1910）上海國學扶輪社石印本　二十冊

140000－0501－0007500　105344－47

陶淵明集十卷 （晉）陶潛撰　清宣統元年
（1909）上海著易堂書局石印本　四冊

140000－0501－0007501　105348－57

石笥山房文集六卷補遺一卷詩集十二卷詩補
遺二卷詩續補遺二卷 （清）胡天游撰　年譜
紀略一卷 （清）胡元琢撰　清宣統二年
（1910）上海國學扶輪社鉛印本　十冊

140000－0501－0007502　105358－63

袁文箋正十六卷補注一卷 （清）袁枚撰
（清）石韞玉注　清光緒八年（1882）長夏汗青
簃刻本　六冊

140000－0501－0007503　105380－403

杜詩詳注二十五卷首一卷諸家詠杜論杜附錄
二卷 （唐）杜甫撰 （清）仇兆鰲輯注　清刻
本　二十四冊

140000－0501－0007504　105418－29

國朝詞綜四十八卷二集八卷 （清）王昶輯
清嘉慶青浦王氏刻本 十二冊

140000－0501－0007505 105430－37
清詩大雅一百二十一種 （清）汪觀選 清雍
正八年（1730）靜遠堂刻本 八冊

140000－0501－0007506 105438－45
授堂文鈔八卷續集二卷詩鈔八卷金石文字續
跋十四卷附錄二卷 （清）武億撰 讀書山房
文鈔二卷 （清）武穆淳撰 清道光二十三年
（1843）偃師武氏刻本 八冊

140000－0501－0007507 105454－69
唐宋八家文讀本三十卷 （清）沈德潛評點
清乾隆十五年（1750）刻本 十六冊

140000－0501－0007508 105490－513
鮚埼亭集三十八卷首一卷世譜一卷經史問答
十卷外編五十卷 （清）全祖望撰 年譜一卷
（清）董秉純編 清同治十一年（1872）姚江
借樹山房刻本 二十四冊

140000－0501－0007509 105514－19
吟風閣四卷附譜二卷 清刻本 六冊

140000－0501－0007510 105520－25
古唐詩合解十二卷古歌四卷 （清）王士禎選
（清）王堯衢注 清雍正十年（1732）文發堂
刻本 六冊

140000－0501－0007511 105526－33
御選唐宋詩醇四十七卷目錄二卷 （清）高宗
弘曆選 清光緒二十一年（1895）上海鴻文書
局石印本 八冊

140000－0501－0007512 105534－41
堯峰文鈔詩十卷文四十卷 （清）汪琬撰 清
康熙吳郡程氏大來堂刻本 八冊

140000－0501－0007513 105542－57
午亭文編五十卷 （清）陳廷敬撰 清乾隆四
十三年（1778）平陽府學刻本 十六冊

140000－0501－0007514 105558－65
小謨觴館詩集八卷續集二卷詩餘附錄二卷文
集四卷續集二卷 （清）彭兆蓀撰 （清）孫元

培注 清光緒二年（1876）觀自得齋刻本
八冊

140000－0501－0007515 105566－81
元遺山先生全集四十卷首一卷新樂府四卷續
夷堅志四卷 （金）元好問撰 （元）張德輝類
次 附錄一卷 （清）儲瓘輯 補載一卷凌輯
年譜二卷翁輯年譜一卷施輯年譜一卷 （清）
張穆校 清光緒三年（1877）京都刻本 十
六冊

140000－0501－0007516 105582－83
課子隨筆二卷 （清）張師載撰 清同治十年
（1871）山西解梁書院刻本 二冊

140000－0501－0007517 105584－99
東谷全集四種 （清）白胤謙撰 清順治、康
熙刻本 十六冊

140000－0501－0007518 105600－03
詳注分類飲香尺牘四卷 （清）飲香居士輯
（清）慵隱子箋釋 清道光三年（1823）文光堂
刻本 四冊

140000－0501－0007519 105604－07
館課存稿四卷 （清）紀昀撰 清道光英德堂
刻本 四冊

140000－0501－0007520 105608－13
吾學錄初編二十四卷 （清）吳榮光撰 清同
治九年（1870）江蘇書局刻本 六冊

140000－0501－0007521 105614－37
王文成公全書三十八卷 （明）王守仁撰 清
刻本 二十四冊

140000－0501－0007522 105638－43
本事詩十二卷 （清）徐釚輯 清康熙刻本
六冊

140000－0501－0007523 105644－47
本事詩十二卷 （清）徐釚輯 清康熙十一年
（1672）承芳堂刻本 四冊

140000－0501－0007524 105648
資暇集三卷 （清）李匡義撰 南窗紀談一卷
清南林劉氏求恕齋刻朱印本 一冊

140000 – 0501 – 0007525　105649 – 56

曲園雜纂五十卷　(清)俞樾撰　清光緒刻本
　八冊

140000 – 0501 – 0007526　105661 – 66

惺諟齋存稿十卷　(清)喻長霖撰　清宣統鉛
印崧岱山館叢鈔本　六冊

140000 – 0501 – 0007527　105671 – 72

文溪頌言十一卷首一卷文溪廣頌二卷　(清)
葉元堦輯　清道光二十五年(1845)刻本
二冊

140000 – 0501 – 0007528　105683

柳洲遺稿二卷　(清)魏之琇撰　清同治十一
年(1872)錢塘丁氏當歸草堂刻西泠五布衣遺
著本　一冊

140000 – 0501 – 0007529　105684 – 91

制義叢話二十五卷題名一卷　(清)梁章鉅撰
　清咸豐九年(1859)知足知不足齋刻本
八冊

140000 – 0501 – 0007530　105692 – 99

麗濩薈錄十四卷附爽鳩要錄二卷　(清)蔣超
伯撰　清同治五年(1866)刻本　八冊

140000 – 0501 – 0007531　105704 – 05

江南趙氏楹聯叢話二卷附錄一卷　(清)趙曾
望纂　清光緒十八年(1892)石印本　二冊

140000 – 0501 – 0007532　105722 – 23

漁洋詩話三卷　(清)王士禛撰　清雍正刻本
　二冊

140000 – 0501 – 0007533　105889 – 92

古文快筆貫通解四卷　(清)杭永年評解　清
嘉慶十年(1805)崇順堂刻本　四冊

140000 – 0501 – 0007534　105893 – 96

古文筆法百篇二十卷首一卷　(清)李扶九編
輯　(清)黃紱麟補輯　清光緒七年(1881)上
海進步書局石印本　四冊

140000 – 0501 – 0007535　105897

增批古文筆法二十卷　(清)李扶九編輯　清
光緒天寶書局石印本　一冊

140000 – 0501 – 0007536　105940 – 45

唐宋八家文讀本十卷　(清)沈德潛評點　清
光緒二十四年(1898)上海鴻文書局石印本
六冊

140000 – 0501 – 0007537　105954 – 65

歸震川全集三十集別集十卷餘集八卷補集八
卷首一卷附刊一卷　(明)歸有光撰　清宣統
二年(1910)上海國學扶輪社鉛印本　十二冊

140000 – 0501 – 0007538　105972 – 75

江左校士錄六卷　(清)黃體芳輯　清光緒十
二年(1886)上洋鉛印本　四冊

140000 – 0501 – 0007539　105976 – 79

名賢手札　(清)郭慶藩輯　清光緒十一年
(1885)上海同文書局刻本　四冊

140000 – 0501 – 0007540　105985 – 86

文學興國策二卷　(美國)林樂知譯　清光緒
二十二年(1896)上海廣學會鉛印本　二冊

140000 – 0501 – 0007541　105987 – 88

文學興國策二卷　(美國)林樂知譯　清光緒
二十二年(1896)上海廣學會鉛印本　二冊

140000 – 0501 – 0007542　105995 – 98

存素堂詩稿十三卷文稿四卷補遺一卷　(清)
錢寶琛撰　清同治七年(1868)刻本　四冊

140000 – 0501 – 0007543　105999 – 6002

讀書作文譜十二卷父師善誘法二卷　(清)唐
彪撰　清嘉慶十九年(1814)刻本　四冊

140000 – 0501 – 0007544　106003 – 06

讀書作文譜十二卷父師善誘法二卷　(清)唐
彪撰　清嘉慶八年(1803)敦化堂刻本　四冊

140000 – 0501 – 0007545　106007 – 10

雪青閣詩集四卷　(清)謝維藩撰　清光緒九
年(1883)開封官廨刻本　四冊

140000 – 0501 – 0007546　106011 – 12

東萊先生古文關鍵二卷　(宋)呂祖謙評　清
光緒二十四年(1898)江蘇書局刻本　二冊

140000 – 0501 – 0007547　106029 – 38

閱微草堂筆記二十四卷　(清)紀昀撰　清嘉

慶二十一年(1816)北平盛氏刻本　十冊

140000－0501－0007548　106039－49
清初山右四家文集四十八卷　（清）劉霈輯
清咸豐三年(1853)刻本　十一冊

140000－0501－0007549　106066－69
昌黎先生詩集注十一卷本傳一卷　（清）顧嗣
立刪補　清道光二十五年(1845)膺德堂刻朱
墨套印本　四冊

140000－0501－0007550　106070－81
初唐四傑集三十七卷　（清）項家達編　清同
治十二年(1873)星渚項氏叢雅居刻本　十
二冊

140000－0501－0007551　106082－97
皇朝駢文類苑十四卷首一卷目錄一卷　（清）
姚燮輯　清光緒九年(1883)建中林氏刻本
十六冊

140000－0501－0007552　106098
龔安節公野古集三卷　（明）龔詡撰　清光緒
二十八年(1902)新陽趙氏刻本　一冊

140000－0501－0007553　106099－100
避暑錄話二卷　（宋）葉夢得撰　清宣統元年
(1909)葉氏觀古堂刻本　二冊

140000－0501－0007554　106121－28
賦鈔箋略十五卷　（清）雷琳　（清）張杏濱箋
清乾隆三十一年(1766)刻本　八冊

140000－0501－0007555　106132
秋影樓詩集九卷　（清）汪繹撰　清光緒二十
三年(1897)瞿氏鐵琴銅劍樓刻本　一冊

140000－0501－0007556　106133－34
因寄軒文初集十卷　（清）管同撰　清光緒五
年(1879)刻本　二冊

140000－0501－0007557　106135－40
薛文清公讀書錄十一卷續錄十二卷　（明）薛
瑄撰　明末清初刻本　六冊

140000－0501－0007558　106141－52
詩句題解韻編六卷　（清）陳維屏編　清道光
十七年(1837)棠芬書屋刻本　十二冊

140000－0501－0007559　106155
碧螺山館詩鈔八卷補遺一卷　（清）金蘭撰
清咸豐六年(1856)刻民國十年(1921)印本
一冊

140000－0501－0007560　106156
碧螺山館詩鈔八卷補遺一卷　（清）金蘭撰
清咸豐六年(1856)刻民國十年(1921)印本
一冊

140000－0501－0007561　106157－58
西涯先生擬古樂府二卷　（明）李東陽撰　清
康熙三十七年(1698)懷古樓刻本　二冊

140000－0501－0007562　106159－70
陸子全書三十七卷　（清）陸隴其撰　清光緒
二十一年(1895)刻本　十二冊

140000－0501－0007563　106171－74
蓼原山房詩集十二卷　（清）莊楷撰　**虛堅詩
集二卷補遺一卷**　（清）莊秉中撰　清嘉慶十
四年(1809)刻本　四冊

140000－0501－0007564　106175－84
潭陽蔡氏九儒書九卷　（明）蔡發撰　清光緒
十二年(1886)廬峰書院刻本　十冊

140000－0501－0007565　106193－94
春在堂楹聯錄三卷　（清）俞樾撰　清光緒十
年(1884)成都志古堂刻本　二冊

140000－0501－0007566　106195－98
觚賸八卷　（清）鈕琇撰　清宣統三年(1911)
時中書局石印本　四冊

140000－0501－0007567　106203
阮亭詩餘一卷　（清）王士禛撰　**書嚴賸稿一
卷**　（清）楊峒撰　清同治六年(1867)刻本
一冊

140000－0501－0007568　106210－11
對岳樓詩續錄四卷　（清）孔憲彝撰　清咸豐
六年(1856)刻本　二冊

140000－0501－0007569　106216
可之先生文集二卷　（唐）孫樵撰　清宣統二
年(1910)會文堂粹記石印本　一冊

140000－0501－0007570　106220－21

陳檢討四六全集　（清）陳維崧撰　清抄本

二冊

140000－0501－0007571　106226

李烈婦詩一卷　（清）李季昌輯　清道光二十

六年(1846)介邑瑞祥仁刻本　一冊

140000－0501－0007572　106227

觀復堂稿略　（明）朱集璜撰　清光緒六年

(1880)嘉興金氏刻本　一冊

140000－0501－0007573　106228

東洲草堂詩鈔三卷　（清）何紹基撰　清咸豐

五年(1855)刻本　一冊

140000－0501－0007574　106229－30

銘蒼軒詩選二卷　（清）馮晟撰　清同治九年

(1870)刻本　二冊

140000－0501－0007575　106231－38

雨村詩話十六卷補遺四卷　（清）李調元撰

清道光二十六年(1846)萬卷書屋刻本　八冊

140000－0501－0007576　106239－42

醉芸窗試帖詳注四卷　（清）楊昌光撰　（清）

楊延亮注　清嘉慶二十五年(1820)步月樓刻

本　四冊

140000－0501－0007577　106247

船山詩草選六卷附夢境詩虎丘詩　（清）張問

陶撰　清嘉慶二十二年(1817)吳門學耕堂刻

本　一冊

140000－0501－0007578　106252－57

陳檢討四六二十卷　（清）陳維崧撰　清乾隆

三十五年(1770)亦園刻本　六冊

140000－0501－0007579　106264－69

唐詩三百首補注八卷　（清）陳婉俊輯　唐詩

三百首續選　（清）于慶元續編　清光緒十二

年(1886)善成堂刻本　六冊

140000－0501－0007580　106272－73

河間試律矩注釋二卷　（清）紀昀撰　（清）林

昌評注　清嘉慶十一年(1806)書業堂刻本

二冊

140000－0501－0007581　106274－75

應試詩法淺說詳解　（清）葉葆評注　清道光

元年(1821)晉祁書業成刻本　二冊

140000－0501－0007582　106276－81

寄嶽雲齋初稿十卷補遺一卷　（清）聶銑敏撰

清嘉慶十三年(1808)刻本　六冊

140000－0501－0007583　106282－85

杜詩偶評四卷　（清）沈德潛撰　清乾隆十二

年(1747)潘承松賦閑草堂刻本　四冊

140000－0501－0007584　106286－87

呂語集粹四卷　（明）呂坤撰　清嘉慶十三年

(1808)上海文瑞樓石印本　二冊

140000－0501－0007585　106292－95

後山詩注十二卷目錄一卷　（宋）陳師道撰

（宋）任淵注　清乾隆四十一年(1776)印武英

殿聚珍版書本　四冊

140000－0501－0007586　106299－300

楹聯集錦八卷　清光緒五年(1879)刻本

二冊

140000－0501－0007587　106303－18

同館賦鈔三十一卷　（清）法式善輯　清嘉慶

刻本　十六冊

140000－0501－0007588　106319－50

憑山閣增輯留青新集三十卷　（清）陳枚選

（清）陳德裕增輯　清康熙大觀堂刻本　三十

二冊

140000－0501－0007589　106353－56

同館七言長律鈔四卷　（清）汪家相編　清嘉

慶二十年(1815)刻本　四冊

140000－0501－0007590　106357－66

檉華館試帖彙鈔輯注十卷　（清）路德輯注

清道光十四年(1834)來鹿堂刻本　十冊

140000－0501－0007591　106368－69

震澤長語二卷震澤紀聞二卷　（明）王鏊輯

續震澤紀聞一卷郢事紀略一卷　（清）王禹聲

輯　附錄一卷　（清）萬振孫輯　清刻本

二冊

140000－0501－0007592　106371

覺生賦鈔一卷試律鈔一卷進奉文鈔一卷
（清）鮑桂星撰　清嘉慶刻本　一冊

140000－0501－0007593　106372－79

池北偶談二十六卷　（清）王士禛撰　清康熙
三十九年（1700）臨汀郡署刻本　八冊

140000－0501－0007594　106380－84

漁洋山人文略十四卷　（清）王士禛撰　清康
熙三十四年（1695）刻本　五冊

140000－0501－0007595　106385－89

漁洋山人文略十四卷　（清）王士禛撰　清康
熙三十四年（1695）刻本　五冊

140000－0501－0007596　106390－93

漁洋山人詩集二十二卷　（清）王士禛撰　清
康熙八年（1669）吳郡沂詠堂刻本　四冊

140000－0501－0007597　106394－97

漁洋山人詩集二十二卷　（清）王士禛撰　清
康熙八年（1669）吳郡沂詠堂刻本　四冊

140000－0501－0007598　106398－401

漁洋山人詩續集十六卷　（清）王士禛撰　清
康熙二十三年（1684）刻本　四冊

140000－0501－0007599　106402－05

漁洋山人詩續集十六卷　（清）王士禛撰　清
康熙二十三年（1684）刻本　四冊

140000－0501－0007600　106408－13

讀白華草堂詩初集九卷二集十卷　（清）黃鉞
撰　清道光十四年至十五年（1834－1835）刻
本　六冊

140000－0501－0007601　106415

欽頒州縣事宜五種　（清）田文鏡輯　清同治
七年（1868）江蘇書局刻本　一冊

140000－0501－0007602　106416

王氏家授講讀成法　（清）王居正撰　（清）吳
克成等輯　清嘉慶十六年（1811）刻本　一冊

140000－0501－0007603　106422

吉祥錄　（清）鄔寶珍撰　清宣統元年（1909）
刻民國九年（1920）印本　一冊

140000－0501－0007604　106423

方雪齋試帖一卷　（清）何元烺撰　清道光八
年（1828）靈石何氏刻本　一冊

140000－0501－0007605　106424

續尤西堂擬明史樂府一卷附論詩絕句　（清）
張晉撰　清嘉慶十七年（1812）刻本　一冊

140000－0501－0007606　106427

信魁濟梵傳　（英國）鮑康寧譯　清光緒三十
年（1904）上海廣學會鉛印本　一冊

140000－0501－0007607　106428

稍可軒吟草一卷　（清）張其信撰　清光緒二
十九年（1903）京都粹文齋刻本　一冊

140000－0501－0007608　106430

漁洋詩話三卷　（清）王士禛撰　清乾隆十三
年（1748）刻本　一冊

140000－0501－0007609　106431－32

治事文編二卷　湯壽潛輯　清光緒二十四年
（1898）鉛印本　二冊

140000－0501－0007610　106433－34

治事文編二卷　湯壽潛輯　清光緒二十四年
（1898）鉛印本　二冊

140000－0501－0007611　106435－38

青墅詩稿十卷　（清）李燧撰　清道光十三年
（1833）河南府署刻本　四冊

140000－0501－0007612　106439

寸芹草　（清）范鶴年編　清道光三十年
（1850）刻本　一冊

140000－0501－0007613　106450

水流雲在館試帖詩二卷　（清）周天麟撰　清
光緒二十一年（1895）刻本　一冊

140000－0501－0007614　106451－54

類聯集古四卷　（清）劉慶觀輯　清乾隆三十
七年（1772）青黎閣刻本　四冊

140000－0501－0007615　106455－58

東萊先生古文關鍵二卷　（宋）呂祖謙評　清
乾隆十八年（1753）浙西顧氏讀畫齋刻本
四冊

140000 – 0501 – 0007616　106459 – 62

樊榭山房集十卷續集十卷　（清）厲鶚撰　清
乾隆刻本　四冊

140000 – 0501 – 0007617　106463 – 66

試帖扶輪集八卷　（清）吳烺　（清）程夢元輯
注　清乾隆二十五年（1760）同文閣刻本
四冊

140000 – 0501 – 0007618　106467 – 70

龍文鞭影二卷　（明）蕭良有纂輯　（清）楊臣
諍增訂　龍文鞭影二集二卷附訓蒙四字經二
集讀本二卷　（清）李暉吉　（清）徐澗輯　清
同治七年（1868）刻本　四冊　缺一卷（訓蒙
四字經二集讀本上）

140000 – 0501 – 0007619　106471 – 78

隸辨八卷　（清）顧藹吉編　清乾隆八年
（1743）刻本　八冊

140000 – 0501 – 0007620　106479 – 82

國朝論策類編六卷經義附一卷　（清）朱鍾琪
輯　清光緒二十四年（1898）識小社刻本
四冊

140000 – 0501 – 0007621　106491 – 98

杜詩鏡銓二十卷年譜一卷附錄一卷　（清）楊
倫編　清乾隆五十七年（1792）九栢山房刻本
八冊

140000 – 0501 – 0007622　106509

夏小正四卷古魯詩一卷　（清）周夢齡輯　清
乾隆四十一年（1776）刻本　一冊

140000 – 0501 – 0007623　106510 – 15

香草齋詩注六卷　（清）黃任撰　（清）陳應魁
注　清嘉慶十九年（1814）永陽戀窩刻本
六冊

140000 – 0501 – 0007624　106516 – 21

意苕山館詩稿十六卷　（清）陸嵩撰　清光緒
十八年（1892）元和陸氏刻本　六冊

140000 – 0501 – 0007625　106522 – 25

惜抱軒今體詩鈔五言九卷七言九卷　（清）姚
鼐撰　清光緒七年（1881）山西濬文書局刻本

362

四冊

140000 – 0501 – 0007626　106546 – 49

詳注分類飲香尺牘四卷　（清）飲香居士輯
（清）慵隱子箋釋　清乾隆四十年（1775）書業
成刻本　四冊

140000 – 0501 – 0007627　106589 – 92

分類詩腋八卷　（清）李楨編　清道光七年
（1827）金谷園刻適園叢書本　四冊

140000 – 0501 – 0007628　106593 – 94

分類詩腋八卷　（清）李楨編　清嘉慶二十二
年（1817）三餘堂刻本　二冊

140000 – 0501 – 0007629　106595

恥言一卷　（明）徐禎稷撰　荊園小語一卷進
語一卷　（明）申涵光撰　張楊園初學備忘一
卷　（清）張履祥撰　清光緒三十二年（1906）
南扶山房刻本　一冊

140000 – 0501 – 0007630　106596

振綺堂詩存　（清）汪憲撰　清光緒十五年
（1889）刻本　一冊

140000 – 0501 – 0007631　106597

冬日百詠一卷　（清）徐琪撰　清光緒元年
（1875）刻本　一冊

140000 – 0501 – 0007632　106606 – 45

八大家文鈔一百四十四卷　（明）茅坤輯選
清皖省聚義堂刻本　四十冊

140000 – 0501 – 0007633　106646 – 49

東萊博議四卷附增補虛字注釋一卷　（宋）呂
祖謙撰　左傳博議續編二卷　（明）王夫之撰
左傳博議三編二卷　（清）朱元英撰　清光
緒二十四年（1898）上海掃葉山房石印本　四冊

140000 – 0501 – 0007634　106650 – 51

鴻雪軒紀艷四種　（清）藝蘭生輯　清光緒上
海申報館鉛印本　二冊

140000 – 0501 – 0007635　106656 – 63

兩般秋雨盦隨筆八卷　（清）梁紹壬撰　清道
光十七年（1837）錢塘汪氏振綺堂刻本　八冊

140000 – 0501 – 0007636　106664 – 73

宮閨聯名譜二十二卷 （清）董恂編 （清）陸纘補輯 清光緒二年(1876)上海申報館鉛印本 十冊

140000－0501－0007637 106674－77

養一齋詩話十卷李杜詩話三卷 （清）潘德輿撰 清道光十六年(1836)刻本 四冊

140000－0501－0007638 106678－79

陸宣公集二十二卷 （唐）陸贄撰 清光緒二十四年(1898)上海著易堂石印本 二冊

140000－0501－0007639 106680－87

八家四六文鈔 （清）吳鼒輯 清嘉慶三年(1798)大文堂刻本 八冊

140000－0501－0007640 106688－93

八家四六文鈔 （清）吳鼒輯 清嘉慶三年(1798)校經堂刻本 六冊

140000－0501－0007641 106698

楊椒山公家訓 （明）楊繼盛撰 清道光二十六年(1846)京都篆雲齋刻本 一冊

140000－0501－0007642 106699

課子隨筆節鈔六卷續編一卷 （清）張師載撰 （清）徐桐節抄 清光緒六年(1880)刻本 一冊

140000－0501－0007643 106700

山右通志人物詠史詩略四卷 （清）衛濟世輯 清道光十九年(1839)平陽書院刻本 一冊

140000－0501－0007644 106701

六朝文絜四卷 （清）許槤評選 清光緒五年(1879)吳門朱氏刻本 一冊

140000－0501－0007645 106702－09

強學彙編十九卷 （清）馬冠羣輯 清光緒二十四年(1898)上海文瑞樓石印本 八冊

140000－0501－0007646 106710－17

三蘇策論十二卷 （宋）蘇洵等撰 清光緒二十四年(1898)越郡會文堂石印本(卷末缺葉配補) 八冊

140000－0501－0007647 106718－21

增訂臨文便覽 怡雲僊館主人輯 清光緒二年(1876)怡雲僊館刻本 四冊

140000－0501－0007648 106734－35

文房四譜五卷 （宋）蘇易簡集 清光緒三十一年(1905)上海同文書社鉛印本 二冊

140000－0501－0007649 106776－79

玉海摘要二十一卷 （宋）王應麟撰 （清）方維翰編 清道光十五年(1835)古鄣方氏刻本 四冊

140000－0501－0007650 106780

定山堂古文小品二卷 （清）龔鼎孳撰 清光緒四年(1878)上海淞隱閣鉛印本 一冊

140000－0501－0007651 106781

三家宮詞 （明）毛晉輯 清光緒十五年(1889)上海廣百宋齋鉛印本 一冊

140000－0501－0007652 106782－86

蘇黃題跋五卷 （宋）蘇軾 （宋）黃庭堅撰 （清）溫一貞錄 清同治十一年(1872)石印本 五冊

140000－0501－0007653 106787－806

策學淵萃四十六卷目錄二卷 清光緒四年(1878)京都琉璃廠文寶堂刻本 二十冊

140000－0501－0007654 106807－10

玉臺新詠十卷 （南朝陳）徐陵編 清光緒十二年(1886)常熟抱芳閣刻本 四冊

140000－0501－0007655 106812

湖上草堂詩一卷 （清）胡薇元撰 清宣統元年(1909)東湖刻本 一冊

140000－0501－0007656 106813－16

南菁講舍文集七卷 （清）黃以周輯 清光緒十八年(1892)石友山房石印本 四冊

140000－0501－0007657 106817－24

讀通鑑論十卷宋論五卷末一卷 （清）王夫之撰 清光緒二十八年(1902)上海文林書局石印船山遺書本 八冊

140000－0501－0007658 106825－30

雲林別墅新輯酬世錦囊書啟合編初集八卷二集七卷三集二卷四集二卷 （清）鄒景揚輯

清光緒三十二年(1906)春華堂刻本　六冊

140000－0501－0007659　106831－32

鳴原堂論文二卷　(清)曾國藩輯　清光緒四
年(1878)淞隱閣鉛印本　二冊

140000－0501－0007660　106833－37

六書通十卷　(明)閔齊伋篆　(清)畢弘述篆
訂　清光緒二十一年(1895)上海鴻寶齋石印
本　五冊

140000－0501－0007661　106838－53

情史類略二十四卷　(明)馮夢龍撰　(清)詹
詹外史輯　清文興堂刻本　十六冊

140000－0501－0007662　106854－55

庸庵文外編四卷　(清)薛福成撰　清光緒十
九年(1893)石印本　二冊

140000－0501－0007663　106856－61

詩觸不分卷　題芝麓主人編　清乾隆二十九
年(1764)芸經堂刻本　六冊

140000－0501－0007664　106862－63

寄嶽雲齋試體詩選二卷　(清)聶銑敏撰　清
嘉慶十年(1805)彙源堂刻本　二冊

140000－0501－0007665　106864－69

碧城僊館試帖詩品二十四卷　(清)王蕙昭編
　清道光二十三年(1843)文德堂刻本　六冊

140000－0501－0007666　106872－73

歷科狀元殿試策不分卷　清光緒石印本
二冊

140000－0501－0007667　106874－79

分類尺牘備覽三十卷　(清)王虎榜輯　清光
緒十四年(1888)上洋珍藝書局鉛印本　六冊

140000－0501－0007668　106880－83

孫注適軒尺牘八卷　(清)徐菊生撰　(清)孫
震咸注　清光緒二十五年(1899)煥文書局石
印本　四冊

140000－0501－0007669　106884－87

依樣葫蘆四卷　題(清)畏壘山人編　題(清)
香湖居士錄　清道光九年(1829)百尺樓刻本
　四冊

140000－0501－0007670　106888－89

尺牘初桄二卷　題(清)南窗侍者輯　清光緒
十二年(1886)上海吳雲書局鉛印本　二冊

140000－0501－0007671　106890－91

尺牘初桄二卷　題(清)南窗侍者編　清光緒
十二年(1886)海昌莊刻本　二冊

140000－0501－0007672　106892－95

六梅書屋尺牘　(清)凌丹陛撰　清光緒五年
(1879)京都二酉齋刻本　四冊

140000－0501－0007673　106916

讀史紀略四卷　(清)蕭濬輯　清道光二十年
(1840)靈石楊氏澹靜齋刻本　一冊

140000－0501－0007674　106917－18

均藻增刪五卷　(明)楊慎輯　(明)施端教增
刪　清抄本　二冊

140000－0501－0007675　106919－30

試帖三萬選十卷類目一卷韻目一卷　(清)鄧
雲航編　清光緒十六年(1890)上洋袖海山房
書局石印本　十二冊

140000－0501－0007676　106948

夢園吟草一卷　(清)喬守中撰　清道光二十
九年(1849)刻本　一冊

140000－0501－0007677　106950－51

養蒙經二卷　清同治三年(1864)博山積善堂
刻本　二冊

140000－0501－0007678　106952

燕山三老詩集附林敏齋馬季眉詩　(清)高守
貴輯　清道光二十四年(1844)高氏刻本
一冊

140000－0501－0007679　106954－57

藝苑名言八卷　(清)蔣瀾輯　清乾隆四十一
年(1776)文郁堂刻本　四冊

140000－0501－0007680　106958－61

東塾讀書記十五卷　(清)陳澧撰　清光緒二
十七年(1901)煥文書局石印本　四冊

140000－0501－0007681　106962－65

篆文四書一卷　(清)張照校　清光緒六年

(1880)上海點石齋影印本　四冊

140000－0501－0007682　106969
程氏家塾讀書分年日程三卷　（元）程端禮撰
清康熙二十八年(1689)刻本　一冊

140000－0501－0007683　106972
兒童矯弊論　（日本）大村仁太郎編　清光緒
三十一年(1905)京師學務處官書局鉛印本
一冊

140000－0501－0007684　106973
慎疾芻言　（清）徐大椿撰　清光緒二十四年
(1898)山右喬氏石印本　一冊

140000－0501－0007685　106980－85
南天痕全集二十六卷　題西亭凌雪纂修　清
宣統二年(1910)復古社鉛印本　六冊

140000－0501－0007686　106986－91
近思錄集解十四卷　（宋）朱熹撰　（宋）葉采
集解　清吳郡邵仁泓刻本　六冊

140000－0501－0007687　106992－93
簡可編附字體辨偽　（清）馬樹堂編　清道光
十一年(1831)柳堂刻本　二冊

140000－0501－0007688　106994－7001
緯攟十四卷　（清）喬松年輯　清光緒三年
(1877)彊恕堂刻本　八冊

140000－0501－0007689　107004－07
思補齋文集四卷　（清）劉星煒撰　清光緒二
十年(1894)刻本　四冊

140000－0501－0007690　107008－15
漁洋山人古詩選五言詩十七卷七言詩歌行鈔
十五卷　（清）王士禛選　清光緒七年(1881)
山西濬文書局刻本　八冊

140000－0501－0007691　107016
明夷待訪錄一卷　（清）黃宗羲撰　清刻本
一冊

140000－0501－0007692　107017－20
金源紀事詩八卷　（清）湯運泰撰　（清）湯顯
業　（清）湯顯幹注　清同治十二年(1873)淮
南書局刻本　四冊　存六卷(一至六)

140000－0501－0007693　107024
四庫全書敘一卷　（清）紀昀撰　姚房長觀書
例一卷　（清）姚晉圻撰　田隴初觀書後例一
卷　（清）田明昶撰　清刻愼始基齋叢書本
一冊

140000－0501－0007694　107026
李忠愍公集一卷　（宋）李若水撰　清光緒五
年(1879)定州王氏謙德堂刻畿輔叢書本
一冊

140000－0501－0007695　107027
養真集二卷　（清）王士瑞撰　清同治六年
(1867)高平三易氏刻本　一冊

140000－0501－0007696　107029
息養廬詩集四卷　（清）徐錦華撰　清光緒二
十七年(1901)刻本　一冊

140000－0501－0007697　107030－35
壯悔堂文集十卷　（清）侯方域撰　清光緒四
年(1878)舊學山房刻本　六冊

140000－0501－0007698　107040－45
墨香閣文集十三卷首一卷末一卷　（清）彭維
新撰　清道光二年(1822)彭氏刻本　六冊

140000－0501－0007699　107046－47
漁洋感舊集小傳四卷　（清）盧見曾撰　清光
緒四年(1878)上海淞隱閣刻本　二冊

140000－0501－0007700　107048－51
冬心先生集四卷　（清）金農撰　清宣統二年
(1910)京師書業公司影印本　四冊

140000－0501－0007701　107052－55
趙恭毅公賸稿八卷　（清）趙申喬撰　清光緒
十八年(1892)浙江書局刻本　四冊

140000－0501－0007702　107056－61
國初山右四家文鈔十一卷　（清）劉霱輯　清
晉陽書院刻本　六冊

140000－0501－0007703　107062－70
忠雅堂詩集二十七卷附補遺二卷銅弦詞二卷
　（清）蔣士銓撰　清道光二十三年(1843)藏
園刻本　九冊

140000 – 0501 – 0007704　107071 – 76

忠雅堂文集十二卷　（清）蔣士銓撰　清道光
二十三年(1843)藏園蔣氏刻本　六冊

140000 – 0501 – 0007705　107077 – 100

前漢書一百二十卷　（漢）班固撰　（漢）班昭
續撰　（唐）顏師古注　明崇禎毛氏汲古閣刻
本　二十四冊

140000 – 0501 – 0007706　107101 – 24

後漢書一百二十卷　（南朝宋）范曄撰　（唐）
李賢注　（晉）司馬彪續撰　（南朝梁）劉昭補
注　明崇禎毛氏汲古閣刻本　二十四冊

140000 – 0501 – 0007707　107191 – 92

儀禮古今文疏義十七卷　（清）胡承珙注　清
光緒三年(1877)湖北崇文書局刻本　二冊

140000 – 0501 – 0007708　107371 – 94

**欽定四庫全書總目二百卷首一卷欽定四庫全
書簡明目錄二十卷**　（清）紀昀編　**未收書目
提要五卷**　（清）阮元撰　清光緒十四年
(1888)上海漱六山莊石印本　二十四冊

140000 – 0501 – 0007709　107395 – 400

欽定四庫全書附存目錄十卷　（清）胡虔輯
清光緒十年(1884)學海堂刻本　六冊

140000 – 0501 – 0007710　107401 – 16

欽定四庫全書簡明目錄二十卷首一卷　（清）
紀昀纂　清同治七年(1868)廣東書局刻本
十六冊

140000 – 0501 – 0007711　107417 – 35

李笠翁傳奇十種曲二十卷　（清）李漁撰　清
刻本　十九冊

140000 – 0501 – 0007712　107436 – 39

江蘇試牘十四卷　（清）溥良撰　清光緒二十
年(1894)江陰使署刻本　四冊

140000 – 0501 – 0007713　107440 – 46

太上祝由科六卷　清抄本　七冊

140000 – 0501 – 0007714　107447

戊丁詩存　（清）陳霞章撰　清宣統元年
(1909)京都鉛印本　一冊

140000 – 0501 – 0007715　107448 – 53

岷樵山房詩集初編八卷續編四卷　（清）董文
煥著　清同治七年至十年(1868 – 1871)刻本
六冊

140000 – 0501 – 0007716　107463 – 65

唐詩鼓吹十卷　（元）郝天挺注　（明）廖文炳
解　清三畏堂刻本　三冊

140000 – 0501 – 0007717　107471

國朝畫徵錄三卷　（清）張庚著　清同治八年
(1869)三元堂刻本　一冊

140000 – 0501 – 0007718　107473

濟荒必備三卷　（清）陳僅撰　清光緒五年
(1879)慈水董氏春風草廬刻本　一冊

140000 – 0501 – 0007719　107474

宋樂類編一卷南北詞名宮調彙錄二卷　清刻
本　一冊

140000 – 0501 – 0007720　107475

雲峰書院勵學語六篇　（清）惲毓鼎撰　清光
緒二十四年(1898)澄齋刻本　一冊

140000 – 0501 – 0007721　107476

西遊錄一卷　（元）耶律楚材撰　（清）李文田
略　清光緒二十一年(1895)陝西味經售書處
刻本　一冊

140000 – 0501 – 0007722　107478

三才紀要一卷　清光緒江南機器製造總局刻
本　一冊

140000 – 0501 – 0007723　107479

蔣拙存書姜白石書譜　（清）蔣衡書　清宣統
元年(1909)國學保存會影印本　一冊

140000 – 0501 – 0007724　107486 – 97

五經備旨四十五卷　（清）鄒聖脈輯　清光緒
十二年(1886)上海點石齋石印本　十二冊

140000 – 0501 – 0007725　107498 – 523

**文清公薛先生文集二十四卷手稿一卷制義一
卷行實錄五卷讀書錄十一卷續錄十二卷**
（明）薛瑄撰　（明）張鼎輯　清雍正十二年
(1734)薛氏家刻本　二十六冊

140000 – 0501 – 0007726　107524 – 39

欽定學政全書八十六卷首一卷　（清）童璜纂
清嘉慶十七年(1812)武英殿刻本　十六冊

140000 – 0501 – 0007727　107540 – 43

嚴永思先生通鑑補正略三卷　（明）嚴衍撰
（清）張敦仁輯　清道光四年(1824)刻本
四冊

140000 – 0501 – 0007728　107544 – 49

戰略考三十一卷　（明）茅元儀撰　（清）潘鐸
評　清咸豐十年(1860)江寧潘氏刻本　六冊

140000 – 0501 – 0007729　107550 – 61

南北史識小錄二十八卷　（清）沈名蓀　（清）
朱昆田輯　（清）張應昌補正　清同治十年
(1871)武林吳氏清來堂刻本　十二冊

140000 – 0501 – 0007730　107562

白氏諷諫一卷　（唐）白居易撰　清光緒十九
年(1893)吳門徐氏刻本　一冊

140000 – 0501 – 0007731　107563 – 66

六朝事蹟編類十四卷　（宋）張敦頤撰　清光
緒十三年(1887)寶章閣刻本　四冊

140000 – 0501 – 0007732　107581 – 83

周易十卷附考證　（三國魏）王弼注　（晉）韓
康伯補注　清乾隆四十八年(1783)武英殿刻
本　三冊

140000 – 0501 – 0007733　107584 – 88

尚書十三卷　（漢）孔安國注　清乾隆四十八
年(1783)武英殿刻本　五冊

140000 – 0501 – 0007734　107589 – 95

毛詩二十卷附考證　（漢）鄭玄箋　清乾隆四
十八年(1783)武英殿刻本　七冊

140000 – 0501 – 0007735　107596 – 605

禮記二十卷　（漢）鄭玄注　清乾隆四十八年
(1783)武英殿刻本　十冊

140000 – 0501 – 0007736　107606 – 21

**春秋經傳集解三十卷年表一卷名號歸一圖二
卷**　（晉）杜預注　（唐）陸德明音義　清乾隆
五十八年(1793)武英殿刻本　十六冊

140000 – 0501 – 0007737　107628 – 31

六書正訛五卷　（元）周伯琦撰　明崇禎胡正
言十竹齋刻本　四冊

140000 – 0501 – 0007738　107632 – 39

六書正訛五卷　（元）周伯琦撰　明崇禎胡正
言十竹齋刻本　八冊

140000 – 0501 – 0007739　107688 – 93

瀛環志略十卷　（清）徐繼畬撰　清道光二十
八年(1848)徐氏刻本　六冊

140000 – 0501 – 0007740　107694 – 701

唐陸宣公翰苑集注二十四卷　（唐）陸贄撰
（清）張佩芳注釋　清乾隆希音堂刻本　八冊

140000 – 0501 – 0007741　107751 – 52

**增補箋注繪像第六才子西廂記釋解八卷末一
卷**　（元）王實甫撰　（清）金聖歎評　清康熙
八年(1669)刻本　二冊

140000 – 0501 – 0007742　107775 – 82

詳注聊齋志異圖詠十六卷　（清）蒲松齡撰
（清）呂湛恩注　清光緒十二年(1886)上海同
文書局石印本　八冊

140000 – 0501 – 0007743　107783 – 90

晚邨先生八家古文精選不分卷　（清）呂留良
輯　清刻本　八冊

140000 – 0501 – 0007744　107791 – 810

四大奇書第一種十九卷一百二十回首一卷
（明）羅貫中撰　（清）毛宗崗評　清順治善成
堂刻本　二十冊

140000 – 0501 – 0007745　107811 – 14

育正堂重訂幼學須知句解四卷　（清）程允升
撰　（清）錢元龍校　清光緒六年(1880)老掃
葉山房刻本　四冊

140000 – 0501 – 0007746　107815

策論秘訣二卷　（清）吳觀岱輯　清光緒二十
四年(1898)石印本　一冊

140000 – 0501 – 0007747　107816

六朝文絜四卷　（清）許槤評選　清道光五年
(1825)刻朱墨套印本　一冊

140000－0501－0007748　107817

新疆賦一卷　（清）徐松撰　清道光讀有用書
齋刻本　一冊

140000－0501－0007749　107826

司空詩品注釋一卷　（唐）司空圖撰　清光緒
二年(1876)覃懷聚三堂刻本　一冊

140000－0501－0007750　107827

徐氏雜著四種　（清）徐大椿著　清光緒十九
年(1893)上海圖書集成印書局石印本　一冊

140000－0501－0007751　107828－29

薛星使海外文編四卷　（清）薛福成撰　清光
緒二十二年(1896)石印本　二冊

140000－0501－0007752　107831

鐘鼎款識一卷　（清）阮元編　清嘉慶七年
(1802)積古齋刻本　一冊

140000－0501－0007753　107834

蒙師箴言一卷　（清）方瀏生撰　清光緒三十
三年(1907)鉛印本　一冊

140000－0501－0007754　107835

疊山先生注解章泉澗泉二先生選唐詩五卷
（元）謝枋得撰　清光緒二十一年(1895)桂垣
書局刻本　一冊

140000－0501－0007755　107837－38

春暉閣詩鈔選六卷　（清）蔣湘南撰　清同治
八年(1869)馬氏家塾刻本　二冊

140000－0501－0007756　107841

蕭湯二老遺詩合編　（清）黃鉞輯　清刻本
一冊

140000－0501－0007757　107843

研經館詩二卷　（清）胡薇元撰　清宣統二年
(1910)陝西書局鉛印本　一冊

140000－0501－0007758　107844

名山福壽編一卷　（清）徐琪撰　清光緒七年
(1881)刻本　一冊

140000－0501－0007759　107846

皇清誥封武德騎尉例授修職郎候選儒學訓導
貢生伯良先生輓章　清光緒刻本　一冊

140000－0501－0007760　107847

舟行雜詠　（清）許振禕撰　清刻本　一冊

140000－0501－0007761　107850－51

踈菴先生率意稿二卷　（明）王國光撰　明萬
曆三十七年(1609)竹石山房刻清重印本
二冊

140000－0501－0007762　107857

林先生述庵遺詩一卷　（清）林述庵撰　（清）
蘇南輯　清宣統元年(1909)刻本　一冊

140000－0501－0007763　107858－63

述記不分卷　（清）任兆麟述　清乾隆五十三
年(1788)映雪草堂刻本　六冊

140000－0501－0007764　107877

歸省贈言錄一卷　（清）姚子梁輯　清光緒十
四年(1888)刻本　一冊

140000－0501－0007765　107878

綏服紀略圖詩一卷　（清）松筠撰　清嘉慶元
年(1796)刻本　一冊

140000－0501－0007766　107879

魏鶴山先生渠陽詩一卷　（宋）魏子翁撰
（清）王德文注　清光緒二十八年(1902)陶子
麟刻本　一冊

140000－0501－0007767　107884－95

二曲全集二十六卷四書反身錄八卷首一卷
（清）李顒撰　清光緒二十六年(1900)湖南荷
花池刻本　十二冊

140000－0501－0007768　107896－910

二曲集二十六卷埀室錄感一卷司牧寶鑑一卷
四書反身錄六卷反身續編二卷歷年紀略一卷
　（清）李顒撰　清康熙刻本　十五冊

140000－0501－0007769　107911－14

毛詩古音考五卷附屈宋古音義三卷　（明）陳
第輯　清乾隆三十二年(1767)崇本山堂刻本
四冊

140000－0501－0007770　107915－18

周禮約編六卷儀禮約編三卷禮記約編十卷
（清）汪基編　清雍正元年(1723)敬堂刻本

四冊

140000－0501－0007771　107919－22
江漢書院課藝不分卷　（清）俞溥輯　清道光三年(1823)江漢書院刻本　四冊

140000－0501－0007772　107923－34
關中書院課藝不分卷課士詩不分卷　（清）柏景偉輯　清光緒十四年(1888)關中書院刻本　十二冊

140000－0501－0007773　107935－44
霏屑軒尺牘類選十六卷　（清）孫焜輯　（清）陳世熙選　清嘉慶十七年(1812)刻本　十冊

140000－0501－0007774　107945－48
廿一史詩箋集解四卷　（唐）金壇老人撰　清道光七年(1827)萬卷樓刻本　四冊

140000－0501－0007775　107949－52
詩法入門五卷首一卷　（清）游藝撰　清書業堂刻本　四冊

140000－0501－0007776　107953－85
憑山閣增輯留青新集三十卷　（清）陳枚選（清）陳德裕增輯　清康熙愼德堂刻本　三十三冊

140000－0501－0007777　107986－93
國朝六家詩鈔八卷　（清）劉執玉選　清乾隆三十二年(1767)刻本　八冊

140000－0501－0007778　107994－97
更豈有此理四卷　清嘉慶刻本　四冊

140000－0501－0007779　107998－8001
賦學指南十卷　（清）余丙照輯　清道光二十三年(1843)刻本　四冊

140000－0501－0007780　108002－05
少岳賦草四卷　（清）夏思沺撰　清道光十年(1830)桐石山房刻本　四冊

140000－0501－0007781　108006－09
六朝唐賦英華四卷　（清）吳坦輯　清道光元年(1821)抱青閣刻本　四冊

140000－0501－0007782　108010－13

近科經解粹編四卷　（清）陳元圻輯　清嘉慶十六年(1811)刻本　四冊

140000－0501－0007783　108014－17
子史輯要詩賦題解四卷續編四卷　（清）胡本淵輯　清乾隆三十九年(1774)鍾山書院刻本　四冊

140000－0501－0007784　108018－29
古經解鈎沉三十卷　（清）余蕭客輯　清光緒二十一年(1895)杭州竹簡齋石印本　十二冊

140000－0501－0007785　108030－39
策學總纂大成四十六卷目錄四卷　（清）蔡壽祺輯　清光緒二年(1876)愛菊堂刻本　十冊

140000－0501－0007786　108041
百幅梅花圖畫譜一卷　（清）王冶梅繪　清光緒十八年(1892)石印本　一冊

140000－0501－0007787　108042
震澤長語二卷　（明）王鏊撰　清乾隆刻本　一冊

140000－0501－0007788　108043
新訂詩韻必讀二卷　（清）周南什補撰　清康熙周氏刻本　一冊

140000－0501－0007789　108044
西堂得桂詩一卷　（清）徐琪撰　清光緒刻本　一冊

140000－0501－0007790　108045
庭聞憶略二卷竹坡先生遺文附刻一卷　（清）寶廷撰　清光緒二十二年(1896)刻本　一冊

140000－0501－0007791　108046
尚絅堂試帖輯注一卷　（清）劉嗣綰撰　（清）張熙宇評　清道光刻本　一冊

140000－0501－0007792　108047－52
庚辰集五卷附唐人試律說一卷　（清）紀昀輯　清乾隆二十七年(1762)刻本　六冊

140000－0501－0007793　108053－54
蘭臺遺稿一卷續編一卷　（清）彭希涑撰　清刻本　二冊

140000 – 0501 – 0007794　108055 – 64

張介侯太史時文五卷　（清）張澍撰　清道光
二十四年(1844)棗花書屋刻本　十冊

140000 – 0501 – 0007795　108065 – 74

張介侯太史時文五卷　（清）張澍撰　清道光
二十四年(1844)棗花書屋刻本　十冊

140000 – 0501 – 0007796　108075 – 76

又其次齋時文　（清）吳世涵撰　清咸豐元年
(1851)宜園刻本　二冊

140000 – 0501 – 0007797　108077 – 80

韞山堂時文初集一卷二集二卷三集一卷
(清)管世銘撰　清光緒十六年(1890)穀貽山
房刻本　四冊

140000 – 0501 – 0007798　108081 – 84

韞山堂時文初集一卷二集二卷三集一卷
(清)管世銘撰　清光緒十六年(1890)穀貽山
房刻本　四冊

140000 – 0501 – 0007799　108085 – 155

王漁洋遺書三十八種　（清）王士禛撰　清刻
本　七十一冊　存三十三種

140000 – 0501 – 0007800　108156 – 69

靜志居詩話二十四卷　（清）朱彝尊撰　清嘉
慶二十四年(1819)扶荔山房刻本　十四冊

140000 – 0501 – 0007801　108170 – 75

夢溪筆談二十六卷補筆談三卷　（宋）沈括撰
明崇禎四年(1631)嘉定馬元調刻本　六冊

140000 – 0501 – 0007802　108176 – 95

成唯識論述記六十卷　（唐）釋窺基撰　清光
緒二十七年(1901)金陵刻經處刻本　二十冊

140000 – 0501 – 0007803　108196 – 99

[光緒]西藏圖考八卷首一卷　（清）黃沛翹纂
清光緒十七年(1891)讀我書齋刻本　四冊

140000 – 0501 – 0007804　108200 – 15

韓文考異四十卷外集十卷　（唐）韓愈撰
(宋)朱熹注　明萬曆三十三年(1605)刻本
十六冊

140000 – 0501 – 0007805　108216 – 35

升庵全集八十一卷目錄二卷　（明）楊慎撰
清乾隆六十年(1795)周氏刻本　二十冊

140000 – 0501 – 0007806　108236 – 43

海峰文集八卷詩集十一卷　（清）劉大櫆撰
清醒園刻本　八冊

140000 – 0501 – 0007807　108244 – 59

杜工部集二十卷附四卷　（唐）杜甫撰　（清）
錢謙益箋注　清康熙六年(1667)泰興季振宜
靜思堂刻本　十六冊

140000 – 0501 – 0007808　108272 – 75

御錄經海一滴不分卷無量義經一卷妙法蓮華
經一卷解深密經一卷大教五經一卷　清抄本
四冊

140000 – 0501 – 0007809　108276

蘋華館曲譜一卷　清抄本　一冊

140000 – 0501 – 0007810　108277 – 78

嘉祐集十五卷　（宋）蘇洵撰　附錄一卷
(宋)池斐撰　清抄本　二冊

140000 – 0501 – 0007811　108279 – 80

王二彌文集不分卷　（明）王邵撰　清抄本
二冊

140000 – 0501 – 0007812　108281 – 82

高陽太傅孫文正公[承宗]年譜五卷　（清）孫
銓纂修　清抄本　二冊

140000 – 0501 – 0007813　108283

山右校士錄　（清）蔡賡颺輯　清道光七年
(1827)刻本　一冊

140000 – 0501 – 0007814　108284

山右校士錄　（清）蔡賡颺輯　清道光七年
(1827)刻本　一冊

140000 – 0501 – 0007815　108285 – 88

江左校士錄不分卷　（清）李殿林編　清光緒
二十九年(1903)江陰節署刻本　四冊

140000 – 0501 – 0007816　108289 – 93

賀宗師考卷　（清）賀長齡編　清刻本　五冊

140000 – 0501 – 0007817　108294 – 97

退密齋時文　（清）徐繼畬撰　清道光五年
(1825)五臺徐氏刻本　四冊

140000－0501－0007818　108298－301
晉陽書院課藝不分卷　清咸豐九年(1859)刻
本　四冊

140000－0501－0007819　108302－05
折霤山稿一卷　（清）折遇蘭撰　（清）紀昀評
　清乾隆看雲山房刻本　四冊

140000－0501－0007820　108306－09
何氏試藝四卷　題(清)壽萱舍人編　清光緒
刻本　四冊

140000－0501－0007821　108310－13
何氏試藝四卷　題(清)壽萱舍人編　清光緒
刻本　四冊

140000－0501－0007822　108314－23
重廣補注黃帝内經素問二十四卷　（唐）王冰
注　黃帝内經靈樞十二卷附素問遺篇一卷
(宋)史崧音釋　清光緒十年(1884)京口文成
堂刻本　十冊

140000－0501－0007823　108324－31
金匱懸解二十二卷　（清）黃元御解　（清）畢
維新輯　清抄本　八冊

140000－0501－0007824　108332－35
素靈微蘊四卷　（清）黃元御解　（清）畢維新
輯　清抄本　四冊

140000－0501－0007825　108336－43
文選六十卷　（南朝梁）蕭統輯　（唐）李善注
　清乾隆二十五年(1760)珠樹堂刻本　八冊

140000－0501－0007826　108344－67
文選六十卷　（南朝梁）蕭統輯　（唐）李善注
　（清）葉樹藩訂　清乾隆三十七年(1772)長
州葉氏海錄軒刻朱墨套印本　二十四冊

140000－0501－0007827　108368－85
揅經室集一集十四卷二集八卷三集五卷四集
二卷四集詩十一卷續集十一卷再續集六卷外
集五卷　（清）阮元撰　清道光三年(1823)文
選樓刻本　十八冊

140000－0501－0007828　108386－89
伊川擊壤集二十卷　（宋）邵雍撰　清文靖書
院刻本　四冊

140000－0501－0007829　108390－405
榆園叢刻十五種　（清）許增輯　清同治、光
緒刻本　十六冊

140000－0501－0007830　108406－19
平叛記二卷　（清）毛霦撰　清王靖廷抄本
十四冊

140000－0501－0007831　108420－21
大明地理竅訣　（明）王志義述　清抄本
二冊

140000－0501－0007832　108422－27
龍山筆談十二卷　（清）張萰集　清抄本
六冊

140000－0501－0007833　108428
大清一統志略一卷　清徐松龕抄本　一冊

140000－0501－0007834　108430－35
故事捷錄注解二卷帝王統系纂要一卷尚書筆
記一卷周書一卷姓氏彙典二卷　（明）李廷機
等著　清抄本　六冊

140000－0501－0007835　108451－52
杜詩字評□□卷　（清）董文煥輯　清抄本
二冊　存五卷(三至五、十至十一)

140000－0501－0007836　108453
集韻編雅一卷　（清）董文煥輯注　清抄本
一冊

140000－0501－0007837　108454
養一齋詩選一卷　（清）潘德輿著　清董文煥
抄本　一冊

140000－0501－0007838　108455
蛾術錄要不分卷　（清）董文煥輯　清咸豐十
年(1860)董文煥抄本　一冊

140000－0501－0007839　108456
西崑集選錄一卷　（宋）楊億撰　（清）董文煥
選　清咸豐十年(1860)董文煥抄本　一冊

140000－0501－0007840　108457
明七律便鈔一卷五代七律補鈔一卷　（清）董文煥錄　清董文煥抄本　一冊

140000－0501－0007841　108458
玉溪生詩選一卷　（唐）李商隱撰　（清）董文煥選　清咸豐十年(1860)董文煥抄本　一冊

140000－0501－0007842　108459
墨餘便錄不分卷　（清）董文煥輯　清光緒十四年(1888)董文煥抄本　一冊

140000－0501－0007843　108460
宋四六選分類摘句一卷　（清）董文煥抄　清董文煥抄本　一冊

140000－0501－0007844　108465
觀阜山房日記不分卷（清同治三年至四年九月）　（清）董麟撰　清同治稿本　一冊

140000－0501－0007845　108466
忘適適齋日記不分卷（清光緒元年三月至十二月）　（清）董麟撰　清光緒稿本　一冊

140000－0501－0007846　108467－71
蓺龕日記不分卷（清同治二年至十二年）（清）董文燦撰　清同治稿本　五冊　存（同治二年、四年、五年、七年、十二年）

140000－0501－0007847　108472
鄦齋日記不分卷（清光緒元年一至十月）（清）董文燦撰　清光緒稿本　一冊

140000－0501－0007848　108473
鄦齋鐘鼎文字不分卷　（清）董文燦撰　稿本　一冊

140000－0501－0007849　108474
聯語不分卷　（清）董文煥撰　清抄本　一冊

140000－0501－0007850　108475－78
佩芸日記不分卷（清同治六年至八年）　（清）馮琬琳撰　清稿本　四冊

140000－0501－0007851　108479－81
海客詩鈔六卷　（朝鮮）李容肅等撰　清抄本　三冊

140000－0501－0007852　108482－83
代溪囊一卷附太谷雜記一卷　清抄本　二冊

140000－0501－0007853　108484
芸芳僊館記事錄一卷　清道光二十六年(1846)抄本　一冊

140000－0501－0007854　108485
［青雲齋抄本］一卷　清抄本　一冊

140000－0501－0007855　108486－91
三餘清話　（明）吳允成撰　稿本　六冊　存十三卷（五至六、十一至二十、二十二）

140000－0501－0007856　108492－500
賜綺堂集十四卷　（清）蘇於沛撰　清抄本　九冊

140000－0501－0007857　108501－06
詩鈔幻影軒吟草一卷秋吟草一卷雜詩目錄二卷摘錄閱微草堂筆記一卷古書畫題跋姓氏錄一卷　（清）孫長燾著　清光緒抄本　六冊

140000－0501－0007858　108507
海澨鷗吟一卷　（清）孫長煦撰　清抄本　一冊

140000－0501－0007859　108508－12
馮秋涵先生日記不分卷　（清）馮秋涵撰　稿本　五冊

140000－0501－0007860　108513－16
石像山人［馮濟川］年譜　（清）馮秋涵撰　清咸豐九年(1859)稿本　四冊

140000－0501－0007861　108517
馮子和詩一卷　（清）馮廷璧撰　清抄本　一冊

140000－0501－0007862　108518
晉軺吟草四卷　（清）管廷鶚撰　清光緒十八年(1892)薛鳳儀抄本　一冊

140000－0501－0007863　108519－38
石友山房集不分卷　（清）薛鳳詒撰　清抄本　二十冊

140000－0501－0007864　108544－45

滋荃閣文存不分卷　（清）薛鳳儀撰　清抄本
　　三冊

140000－0501－0007865　108546

滋荃閣文編一卷　清抄本　一冊

140000－0501－0007866　108551－66

東華備遺錄十六卷　（清）蔣良騏輯　清抄本
　　十六冊

140000－0501－0007867　108567－72

孫文定公奏疏二卷　（清）孫嘉淦撰　清孫兢
抄本　六冊

140000－0501－0007868　108578－85

來陽伯文集二十卷　（明）來復著　清道光二
十三年(1843)宏道書院刻本　八冊

140000－0501－0007869　108586－91

叢笙齋文集六卷　（明）來臨撰　清惜陰軒刻
本　六冊

140000－0501－0007870　108592－95

叢笙齋詩集十四卷　（明）來臨撰　清道光二
十二年(1842)宏道書院刻本　四冊　殘

140000－0501－0007871　108596－99

逆旅集二十卷附奏議四卷　（明）焦源溥撰
清道光十九年(1839)宏道書院刻本　四冊

140000－0501－0007872　108600－05

黃花集七卷　（明）張原撰　（明）馬理評點
清道光十八年(1838)惜陰軒刻本　六冊

140000－0501－0007873　108606－11

四吟稿六卷南遊稿二卷畿南疏草二卷西臺奏
議一卷　（明）馬逢皋撰　清道光十九年
(1839)宏道書院刻本　六冊

140000－0501－0007874　108612－43

四書朱子本義彙參四十三卷首四卷　（清）王
步青撰　清嘉慶十八年(1813)刻本　三十
二冊

140000－0501－0007875　108644－47

古懽錄八卷　（清）王士禎撰　清康熙三十九
年(1700)快宜堂刻本　四冊

140000－0501－0007876　108648－743

皇朝經世文編一百二十卷首一卷附生存姓名
一卷姓名總目二卷　（清）賀長齡輯　清道光
六年(1826)刻本　九十六冊

140000－0501－0007877　108744－803

皇朝經世文編一百二十卷　（清）賀長齡編
清光緒十二年(1886)思補樓石印本　六十冊

140000－0501－0007878　108804－27

九家集注杜詩三十六卷　（唐）杜甫撰　（宋）
郭知達編　清刻本　二十四冊

140000－0501－0007879　108828－39

文選六十卷　（南朝梁）蕭統輯　（唐）李善注
　清康熙二十五年(1686)錢士謐刻本　十
二冊

140000－0501－0007880　108840－45

鄉園憶舊六卷　（清）王培荀輯　清道光二十
五年(1845)刻本　六冊

140000－0501－0007881　108846－51

漢上易傳十一卷卦圖三卷　（宋）朱震撰　易
璇璣三卷　（宋）吳沆撰　清康熙三年(1664)
刻通志堂經解本　六冊

140000－0501－0007882　108852－55

周易義海撮要十二卷　（宋）李衡著　清康熙
三年(1664)刻通志堂經解本　四冊

140000－0501－0007883　108856－63

春秋集傳釋義大成十二卷　（元）俞皋著　清
康熙十五年(1676)通志堂刻本　八冊

140000－0501－0007884　108864－69

春秋屬辭十五卷附錄二卷春秋師說三卷
（明）趙汸著　清通志堂刻本　六冊

140000－0501－0007885　108870－71

李長吉集四卷外集一卷　（唐）李賀撰　（明）
黃淳耀評　清宣統元年(1909)上海掃葉山房
石印朱墨套印本　二冊

140000－0501－0007886　108890－95

船山詩草二十卷　（清）張問陶撰　清嘉慶二
十年(1815)刻本　六冊

140000 – 0501 – 0007887　108896 – 915
山谷詩内集二十卷外集十七卷別集二卷
(宋)黃庭堅撰　清光緒二十一年至二十五年
(1895 – 1899)刻本　二十冊

140000 – 0501 – 0007888　108916 – 19
四書典裁十卷首一卷　(清)鄧思泗纂輯　清
乾隆五十年(1785)暾堂刻本　四冊

140000 – 0501 – 0007889　108920 – 23
試策珍珠船不分卷　(清)萬載辛選　清嘉慶
十五年(1810)積秀堂刻本　四冊

140000 – 0501 – 0007890　108924 – 27
詩賦駢字類珠八卷　(清)蕭燉編　清嘉慶二
十三年(1818)聚錦堂刻本　四冊

140000 – 0501 – 0007891　108928 – 33
庚辰集五卷附唐人試律說一卷　(清)紀昀輯
清乾隆六十年(1795)書業堂刻本　六冊

140000 – 0501 – 0007892　108934 – 41
海棠華館七家詩補注七卷　(清)申珠　(清)
杜炳南補注　(清)張熙宇輯　清咸豐九年
(1859)二酉堂刻本　八冊

140000 – 0501 – 0007893　108942 – 45
注釋七家詩選七卷　(清)張熙宇評選　(清)
張昶注　清道光十二年(1832)大文堂刻本
四冊

140000 – 0501 – 0007894　108946 – 49
批點七家詩選箋注七卷　(清)張熙宇輯注
清咸豐七年(1857)書業德刻本　四冊

140000 – 0501 – 0007895　108950 – 53
試帖欣賞集五種不分卷　(清)華岳輯注　清
嘉慶二十四年(1819)平江華氏刻本　四冊

140000 – 0501 – 0007896　108954 – 57
有正味齋試帖詳注四卷　(清)吳錫麒撰
(清)吳敬恆　(清)吳揄注　清嘉慶十年
(1805)成錦堂刻本　四冊

140000 – 0501 – 0007897　108959 – 60
六朝唐賦讀本二卷　(清)馬傳庚選注　清光
緒十三年(1887)上海點石齋石印本　二冊

140000 – 0501 – 0007898　108962
蟻術詞選四卷　(元)邵亨貞著　清光緒十七
年(1891)刻本　一冊

140000 – 0501 – 0007899　108963 – 9058
[光緒]山西通志一百八十四卷首一卷
(清)曾國荃　(清)張煦修　(清)王軒
(清)楊篤纂　清光緒十八年(1892)刻本
九十六冊

140000 – 0501 – 0007900　109059 – 154
[光緒]山西通志一百八十四卷首一卷
(清)曾國荃　(清)張煦修　(清)王軒
(清)楊篤纂　清光緒十八年(1892)刻本
九十六冊

140000 – 0501 – 0007901　109155 – 64
[道光]陽曲縣志十六卷　(清)李培謙修
(清)閆士驤　(清)鄭起昌纂　清道光二十三
年(1843)刻本　十冊

140000 – 0501 – 0007902　109165 – 74
[道光]陽曲縣志十六卷　(清)李培謙修
(清)閆士驤　(清)鄭起昌纂　清道光二十三
年(1843)刻本　十冊

140000 – 0501 – 0007903　109175 – 84
[道光]陽曲縣志十六卷　(清)李培謙修
(清)閆士驤　(清)鄭起昌纂　清道光二十三
年(1843)刻本　十冊

140000 – 0501 – 0007904　109185 – 94
[道光]陽曲縣志十六卷　(清)李培謙修
(清)閆士驤　(清)鄭起昌纂　清道光二十三
年(1843)刻本　十冊

140000 – 0501 – 0007905　109205 – 12
[同治]榆次縣志十六卷首一卷　(清)俞世銓
(清)陶良駿修　(清)王平格　(清)王序
賓纂　清同治元年(1862)鳳鳴書院刻本
八冊

140000 – 0501 – 0007906　109213 – 22
[同治]榆次縣志十六卷首一卷　(清)俞世詮
修　(清)王平格纂　[光緒]榆次縣續志四卷
(清)吳師祁等修　清同治元年(1862)鳳鳴

書院刻光緒十一年(1885)續修本　十冊

140000－0501－0007907　109223－32
[同治]榆次縣志十六卷首一卷　(清)俞世詮修　(清)王平格纂　[光緒]榆次縣續志四卷　(清)吳師祁等修　清同治元年(1862)鳳鳴書院刻光緒十一年(1885)續修本　十冊

140000－0501－0007908　109233－42
[同治]榆次縣志十六卷首一卷　(清)俞世詮修　(清)王平格纂　[光緒]榆次縣續志四卷　(清)吳師祁等修　清同治元年(1862)鳳鳴書院刻光緒十一年(1885)續修本　十冊

140000－0501－0007909　109243－52
[同治]榆次縣志十六卷首一卷　(清)俞世詮修　(清)王平格纂　[光緒]榆次縣續志四卷　(清)吳師祁等修　清同治元年(1862)鳳鳴書院刻光緒十一年(1885)續修本　十冊

140000－0501－0007910　109253－62
[同治]榆次縣志十六卷首一卷　(清)俞世詮修　(清)王平格纂　[光緒]榆次縣續志四卷　(清)吳師祁等修　清同治元年(1862)鳳鳴書院刻光緒十一年(1885)續修本　十冊

140000－0501－0007911　109263－72
[同治]榆次縣志十六卷首一卷　(清)俞世詮修　(清)王平格纂　[光緒]榆次縣續志四卷　(清)吳師祁等修　清同治元年(1862)鳳鳴書院刻光緒十一年(1885)續修本　十冊

140000－0501－0007912　109273－80
[光緒]太谷縣志八卷首一卷末一卷　(清)恩浚修　(清)王效尊纂　清光緒十二年(1886)鳳山書院刻本　八冊

140000－0501－0007913　109281－88
[光緒]太谷縣志八卷首一卷末一卷　(清)恩浚修　(清)王效尊纂　清光緒十二年(1886)鳳山書院刻本　八冊

140000－0501－0007914　109289－96
[光緒]太谷縣志八卷首一卷末一卷　(清)恩浚修　(清)王效尊纂　清光緒十二年(1886)鳳山書院刻本　八冊

140000－0501－0007915　109305－12
[光緒]太谷縣志八卷首一卷末一卷　(清)恩浚修　(清)王效尊纂　清光緒十二年(1886)鳳山書院刻本　八冊

140000－0501－0007916　109313－20
[光緒]太谷縣志八卷首一卷末一卷　(清)恩浚修　(清)王效尊纂　清光緒十二年(1886)鳳山書院刻本　八冊

140000－0501－0007917　109321－30
[光緒]祁縣志十六卷　(清)劉發岏修　(清)李芬纂　清光緒八年(1882)刻本　十冊

140000－0501－0007918　109331－40
[光緒]祁縣志十六卷　(清)劉發岏修　(清)李芬纂　清光緒八年(1882)刻本　十冊

140000－0501－0007919　109341－50
[光緒]祁縣志十六卷　(清)劉發岏修　(清)李芬纂　清光緒八年(1882)刻本　十冊

140000－0501－0007920　109351－56
[光緒]補修徐溝縣志六卷　(清)王勳祥修　(清)秦憲纂　清光緒七年(1881)刻朱印本　六冊

140000－0501－0007921　109357－62
[光緒]補修徐溝縣志六卷　(清)王勳祥修　(清)秦憲纂　清光緒七年(1881)刻朱印本　六冊

140000－0501－0007922　109363－68
[光緒]文水縣志十二卷首一卷末一卷　(清)范啟塈　(清)王煒修　(清)陰步霞纂　清光緒九年(1883)刻本　六冊

140000－0501－0007923　109369－74
[光緒]文水縣志十二卷首一卷末一卷　(清)范啟塈　(清)王煒修　(清)陰步霞纂　清光緒九年(1883)刻本　六冊

140000－0501－0007924　109375－80
[光緒]文水縣志十二卷首一卷末一卷　(清)范啟塈　(清)王煒修　(清)陰步霞纂　清光緒九年(1883)刻本　六冊

140000－0501－0007925　109381－86

[光緒]文水縣志十二卷首一卷末一卷　（清）范啟塁　（清）王煒修　（清）陰步霞纂　清光緒九年(1883)刻本　六冊

140000－0501－0007926　109387－92

[光緒]文水縣志十二卷首一卷末一卷　（清）范啟塁　（清）王煒修　（清）陰步霞纂　清光緒九年(1883)刻本　六冊

140000－0501－0007927　109393－98

[光緒]文水縣志十二卷首一卷末一卷　（清）范啟塁　（清）王煒修　（清）陰步霞纂　清光緒九年(1883)刻本　六冊

140000－0501－0007928　109399－406

[光緒]交城縣志十卷首一卷　（清）夏肇庸修　（清）許惺南纂　清光緒八年(1882)刻本　八冊

140000－0501－0007929　109407－14

[光緒]交城縣志十卷首一卷　（清）夏肇庸修　（清）許惺南纂　清光緒八年(1882)刻本　八冊

140000－0501－0007930　109415－30

[乾隆]汾州府志三十四卷首一卷　（清）孫和相修　（清）戴震纂　清乾隆三十六年(1771)刻本　十六冊

140000－0501－0007931　109431－46

[乾隆]汾州府志三十四卷首一卷　（清）孫和相修　（清）戴震纂　清乾隆三十六年(1771)刻本　十六冊

140000－0501－0007932　109447－62

[乾隆]汾州府志三十四卷首一卷　（清）孫和相修　（清）戴震纂　清乾隆三十六年(1771)刻本　十六冊

140000－0501－0007933　109463－72

[光緒]汾陽縣志十四卷首一卷　（清）方家駒　（清）慶文修　（清）王文員纂　清光緒十年(1884)刻本　十冊

140000－0501－0007934　109473－82

[光緒]汾陽縣志十四卷首一卷　（清）方家駒　（清）慶文修　（清）王文員纂　清光緒十年(1884)刻本　十冊

140000－0501－0007935　109483－92

[光緒]汾陽縣志十四卷首一卷　（清）方家駒　（清）慶文修　（清）王文員纂　清光緒十年(1884)刻本　十冊

140000－0501－0007936　109493－500

[光緒]平遙縣志十二卷　（清）恩端修　（清）武達材　（清）王舒萼編輯　清光緒九年(1883)刻本　八冊

140000－0501－0007937　109501－08

[光緒]平遙縣志十二卷　（清）恩端修　（清）武達材　（清）王舒萼編輯　清光緒九年(1883)刻本　八冊

140000－0501－0007938　109509－16

[嘉慶]介休縣志十四卷　（清）徐品山修　（清）熊兆占　（清）陸元鏸纂　清嘉慶二十四年(1819)刻本　八冊

140000－0501－0007939　109517－24

[嘉慶]介休縣志十四卷　（清）徐品山修　（清）熊兆占　（清）陸元鏸纂　清嘉慶二十四年(1819)刻本　八冊

140000－0501－0007940　109525－32

[嘉慶]介休縣志十四卷　（清）徐品山修　（清）熊兆占　（清）陸元鏸纂　清嘉慶二十四年(1819)刻本　八冊

140000－0501－0007941　109533－40

[嘉慶]介休縣志十四卷　（清）徐品山修　（清）熊兆占　（清）陸元鏸纂　清嘉慶二十四年(1819)刻本　八冊

140000－0501－0007942　109541－48

[嘉慶]介休縣志十四卷　（清）徐品山修　（清）熊兆占　（清）陸元鏸纂　清嘉慶二十四年(1819)刻本　八冊

140000－0501－0007943　109549－56

[嘉慶]介休縣志十四卷　（清）徐品山修

（清）熊兆占　（清）陸元鏸纂　清嘉慶二十四年(1819)刻本　八冊

140000－0501－0007944　109557－64
[嘉慶]介休縣志十四卷　（清）徐品山修（清）熊兆占　（清）陸元鏸纂　清嘉慶二十四年(1819)刻本　八冊

140000－0501－0007945　109565－72
[嘉慶]介休縣志十四卷　（清）徐品山修（清）熊兆占　（清）陸元鏸纂　清嘉慶二十四年(1819)刻本　八冊

140000－0501－0007946　109573－88
[光緒]平定州志十六卷首一卷　（清）賴昌期（清）張彬纂修　清光緒八年(1882)刻本十六冊

140000－0501－0007947　109589－604
[光緒]平定州志十六卷首一卷　（清）賴昌期（清）張彬纂修　清光緒八年(1882)刻本十六冊

140000－0501－0007948　109605－10
[光緒]壽陽縣志十三卷首一卷　（清）馬家鼎修　（清）祁世長　（清）張嘉言纂　清光緒八年(1882)受川書院刻本　六冊

140000－0501－0007949　109611－16
[光緒]壽陽縣志十三卷首一卷　（清）馬家鼎修　（清）祁世長　（清）張嘉言纂　清光緒八年(1882)受川書院刻本　六冊

140000－0501－0007950　109617－22
[光緒]壽陽縣志十三卷首一卷　（清）馬家鼎修　（清）祁世長　（清）張嘉言纂　清光緒十六年(1890)受川書院刻本　六冊

140000－0501－0007951　109623－33
[光緒]盂縣志二十二卷首一卷末一卷　（清）張嵐奇　（清）劉鴻達修　（清）武纘緒（清）劉懋功纂　清光緒七年(1881)刻本　十一冊

140000－0501－0007952　109634－44
[光緒]盂縣志二十二卷首一卷末一卷　（清）

張嵐奇　（清）劉鴻達修　（清）武纘緒（清）劉懋功纂　清光緒七年(1881)刻本　十一冊

140000－0501－0007953　109645－54
[光緒]盂縣志二十二卷首一卷末一卷　（清）張嵐奇　（清）劉鴻達修　（清）武纘緒（清）劉懋功纂　清光緒七年(1881)刻本　十一冊

140000－0501－0007954　109655－60
[康熙]交城縣志十八卷首一卷　（清）洪璟纂修　清康熙四十八年(1709)刻本　六冊

140000－0501－0007955　109661－72
[乾隆]太原府志六十卷　（清）沈樹聲纂修清乾隆四十八年(1783)刻本　十二冊　存三十三卷(一至三十三)

140000－0501－0007956　109673－78
[乾隆]孝義縣志二十卷　（清）鄧必安修（清）鄧常纂　清乾隆三十五年(1770)刻本六冊

140000－0501－0007957　109679－94
[乾隆]汾州府志三十四卷首一卷　（清）孫和相修　（清）戴震纂　清乾隆三十六年(1771)刻本　十六冊

140000－0501－0007958　109695－710
[乾隆]汾州府志三十四卷首一卷　（清）孫和相修　（清）戴震纂　清乾隆三十六年(1771)刻本　十六冊

140000－0501－0007959　109711－26
[乾隆]汾州府志三十四卷首一卷　（清）孫和相修　（清）戴震纂　清乾隆三十六年(1771)刻本　十六冊

140000－0501－0007960　109727－42
[乾隆]大同府志三十二卷　（清）吳輔宏修（清）王飛藻纂　清乾隆四十七年(1782)刻本十六冊

140000－0501－0007961　109743－58
[乾隆]大同府志三十二卷　（清）吳輔宏修

（清）王飛藻纂　清乾隆四十七年（1782）刻本
十六册

140000－0501－0007962　109759－66
[道光]大同縣志二十卷首一卷末一卷　（清）
崔允昭修　（清）黎中輔纂　清道光十年
（1830）刻本　八册

140000－0501－0007963　109767－74
[道光]大同縣志二十卷首一卷末一卷　（清）
崔允昭修　（清）黎中輔纂　清道光十年
（1830）刻本　八册

140000－0501－0007964　109775－82
[道光]大同縣志二十卷首一卷末一卷　（清）
崔允昭修　（清）黎中輔纂　清道光十年
（1830）刻本　八册

140000－0501－0007965　109783－87
[乾隆]應州續志十卷首一卷　（清）吳炳纂修
[光緒]應州再續志二卷　（清）湯學治纂修
清乾隆三十四年（1769）修光緒八年（1882）
續修本　五册

140000－0501－0007966　109788－92
[乾隆]渾源州志十卷　（清）桂敬順纂修　清
乾隆二十八年（1763）刻同治九年（1870）孔廣
培補刻本　五册

140000－0501－0007967　109793－97
[乾隆]渾源州志十卷　（清）桂敬順纂修　清
乾隆二十八年（1763）刻同治九年（1870）孔廣
培補刻本　五册

140000－0501－0007968　109798－803
[光緒]渾源州續志十卷附恆山續志一卷
（清）賀澍恩修　（清）程績等纂　清光緒七年
（1881）刻本　六册

140000－0501－0007969　109804－09
[光緒]渾源州續志十卷附恆山續志一卷
（清）賀澍恩修　（清）程績等纂　清光緒七年
（1881）刻本　六册

140000－0501－0007970　109810－15
[乾隆]廣靈縣志十卷首一卷末一卷　（清）郭

磊纂修　[光緒]廣靈縣補志十卷首一卷末一
卷　（清）楊亦銘纂修　清乾隆十九年（1754）
刻光緒七年（1881）續刻本　六册

140000－0501－0007971　109816－21
[乾隆]廣靈縣志十卷首一卷末一卷　（清）郭
磊纂修　[光緒]廣靈縣補志十卷首一卷末一
卷　（清）楊亦銘纂修　清乾隆十九年（1754）
刻光緒七年（1881）續刻本　六册

140000－0501－0007972　109822－27
[乾隆]廣靈縣志十卷首一卷末一卷　（清）郭
磊纂修　[光緒]廣靈縣補志十卷首一卷末一
卷　（清）楊亦銘纂修　清乾隆十九年（1754）
刻光緒七年（1881）續刻本　六册

140000－0501－0007973　109828－33
[乾隆]廣靈縣志十卷首一卷末一卷　（清）郭
磊纂修　[光緒]廣靈縣補志十卷首一卷末一
卷　（清）楊亦銘纂修　清乾隆十九年（1754）
刻光緒七年（1881）續刻本　六册

140000－0501－0007974　109834－39
[乾隆]廣靈縣志十卷首一卷末一卷　（清）郭
磊纂修　[光緒]廣靈縣補志十卷首一卷末一
卷　（清）楊亦銘纂修　清乾隆十九年（1754）
刻光緒七年（1881）續刻本　六册

140000－0501－0007975　109840－45
[乾隆]廣靈縣志十卷首一卷末一卷　（清）郭
磊纂修　[光緒]廣靈縣補志十卷首一卷末一
卷　（清）楊亦銘纂修　清乾隆十九年（1754）
刻光緒七年（1881）續刻本　六册

140000－0501－0007976　109846－49
[雍正]陽高縣志六卷　（清）房裔蘭修
（清）蘇之芬纂　清雍正七年（1729）刻本
四册

140000－0501－0007977　109850－53
[光緒]天鎮縣志四卷首一卷　（清）洪汝霖
（清）魯彥光修　（清）楊篤纂　清光緒十六年
（1890）刻本　四册

140000－0501－0007978　109854－61
[同治]河曲縣志八卷　（清）金福增修

(清)金鍾彦 (清)張兆魁纂 清同治十一年(1872)刻本 八冊

140000－0501－0007979 109862－71
[雍正]朔州志十二卷 (清)汪嗣聖修 (清)王靄纂 清雍正十三年(1735)刻本(卷四補配石印本) 十冊

140000－0501－0007980 109876－82
[乾隆]寧武府志十二卷首一卷 (清)魏元樞 (清)周景柱纂修 [咸豐]續寧武府志不分卷 (清)常文遵纂修 清乾隆十五年(1750)刻咸豐七年(1857)續修本 七冊

140000－0501－0007981 109883－84
[嘉慶]五寨縣志二卷 (清)秦雄褒纂修 (清)朱青選增修 清嘉慶十四年(1809)增刻本 二冊

140000－0501－0007982 109887－88
[康熙]寧鄉縣志十卷首一卷 (清)呂履恆纂修 清康熙四十一年(1702)刻本 二冊

140000－0501－0007983 109889－90
[康熙]寧鄉縣志十卷首一卷 (清)呂履恆纂修 清康熙四十一年(1702)刻本 二冊

140000－0501－0007984 109891－92
[康熙]寧鄉縣志十卷首一卷 (清)呂履恆纂修 清康熙四十一年(1702)刻本 二冊

140000－0501－0007985 109893－94
[康熙]寧鄉縣志十卷首一卷 (清)呂履恆纂修 清康熙四十一年(1702)刻本 二冊

140000－0501－0007986 109901－06
[光緒]代州志十二卷首一卷 (清)俞廉三修纂 (清)楊篤參訂 清光緒八年(1882)代山書院刻本 六冊

140000－0501－0007987 109907－12
[光緒]代州志十二卷首一卷 (清)俞廉三修纂 (清)楊篤參訂 清光緒八年(1882)代山書院刻本 六冊

140000－0501－0007988 109913－18
[光緒]代州志十二卷首一卷 (清)俞廉三修

篡 (清)楊篤參訂 清光緒八年(1882)代山書院刻本 六冊

140000－0501－0007989 109919－24
[光緒]代州志十二卷首一卷 (清)俞廉三修纂 (清)楊篤參訂 清光緒八年(1882)代山書院刻本 六冊

140000－0501－0007990 109925－32
[光緒]忻州志四十二卷 (清)方戊昌修 (清)方淵如纂 清光緒六年(1880)刻本 八冊

140000－0501－0007991 109933－40
[光緒]忻州志四十二卷 (清)方戊昌修 (清)方淵如纂 清光緒六年(1880)刻本 八冊

140000－0501－0007992 109941－44
[雍正]定襄縣志八卷首一卷 (清)王時炯原本 (清)王會隆增修 清雍正五年(1727)增刻本 四冊

140000－0501－0007993 109945－52
[光緒]定襄縣補志十三卷 (清)鄭繼修修 (清)邢澍田纂 清光緒六年(1880)刻本 八冊

140000－0501－0007994 109953－56
[光緒]繁峙縣志四卷首一卷 (清)何才價修 (清)楊篤纂 清光緒七年(1881)刻本 四冊

140000－0501－0007995 109957－64
[光緒]續修崞縣志八卷 (清)趙冠卿 (清)龍朝言修 (清)潘肯堂纂 清光緒八年(1882)刻本 八冊

140000－0501－0007996 109965－68
[光緒]五臺新志四卷首一卷 (清)徐繼畬原輯 (清)孫汝明 (清)王步墀續修 (清)楊篤續纂 清光緒九年至十年(1883－1884)刻本 四冊

140000－0501－0007997 109973－76
清涼山志十卷 (明)釋鎮澄修 (清)史震林

增修　清乾隆二十年(1755)淮陰祁豐元刻本
　四冊

140000－0501－0007998　109977－86
[光緒]長治縣志八卷首一卷　(清)李楨
(清)馬鑒修　(清)楊篤纂　清光緒二十年
(1894)刻本　十冊

140000－0501－0007999　109987－96
[乾隆]長治縣志二十八卷首一卷末一卷
(清)吳九齡修　(清)蔡履豫纂　清乾隆二十
八年(1763)榮暉堂刻本　十冊

140000－0501－0008000　109997－10004
[光緒]長子縣志十二卷首一卷　(清)豫謙修
　(清)楊篤纂　清光緒八年(1882)刻本
八冊

140000－0501－0008001　110005－14
[乾隆]襄垣縣志八卷　(清)李廷芳修
(清)徐珏　(清)陳于廷纂　[光緒]襄垣縣
續志二卷　(清)李汝霖修　清乾隆四十七年
(1782)刻光緒六年(1880)續修本　十冊

140000－0501－0008002　110015－24
[乾隆]襄垣縣志八卷　(清)李廷芳修
(清)徐珏　(清)陳于廷纂　[光緒]襄垣縣
續志二卷　(清)李汝霖修　清乾隆四十七年
(1782)刻光緒六年(1880)續修本　十冊

140000－0501－0008003　110029－36
[光緒]潞城縣志四卷首一卷　(清)崔曉然
(清)曾雲章修　(清)楊篤纂　清光緒十年
(1884)刻本　八冊

140000－0501－0008004　110037－44
[光緒]潞城縣志四卷首一卷　(清)崔曉然
(清)曾雲章修　(清)楊篤纂　清光緒十年
(1884)刻本　八冊

140000－0501－0008005　110045－52
[道光]壺關縣志十卷首一卷　(清)茹金修
(清)申瑤纂　[光緒]壺關縣續志二卷
(清)胡燕昌續修　(清)楊篤續纂　清道光十
四年(1834)刻光緒七年(1881)續修本　八冊

140000－0501－0008006　110053－56
[康熙]黎城縣志四卷　(清)程大夏修
(清)李御　(清)李吉纂　清康熙二十一年
(1682)刻本(卷四抄配)　四冊

140000－0501－0008007　110057－72
[雍正]澤州府志五十二卷　(清)朱樟修
(清)田嘉穀纂　清雍正十三年(1735)刻本
十六冊

140000－0501－0008008　110073－85
[乾隆]鳳臺縣志二十卷首一卷　(清)林荔修
　(清)姚學甲纂　清乾隆四十九年(1784)刻
本　十三冊

140000－0501－0008009　110086－95
[乾隆]鳳臺縣志二十卷首一卷　(清)林荔修
　(清)姚學甲纂　清乾隆四十九年(1784)刻
本　十冊

140000－0501－0008010　110096－105
[乾隆]鳳臺縣志二十卷首一卷　(清)林荔修
　(清)姚學甲纂　清乾隆四十九年(1784)刻
本　十冊

140000－0501－0008011　110106－15
[乾隆]鳳臺縣志二十卷首一卷　(清)林荔修
　(清)姚學甲纂　清乾隆四十九年(1784)刻
本　十冊

140000－0501－0008012　110116－23
[同治]陽城縣志十八卷首一卷　(清)賴昌期
修　(清)譚澐　(清)盧廷菜纂　清同治十三
年(1874)刻本　八冊

140000－0501－0008013　110124－31
[同治]陽城縣志十八卷首一卷　(清)賴昌期
修　(清)譚澐　(清)盧廷菜纂　清同治十三
年(1874)刻本　八冊

140000－0501－0008014　110132－39
[同治]陽城縣志十八卷首一卷　(清)賴昌期
修　(清)譚澐　(清)盧廷菜纂　清同治十三
年(1874)刻本　八冊

140000－0501－0008015　110140－47

[同治]陽城縣志十八卷首一卷 （清）賴昌期修 （清）譚澐 （清）盧廷棻纂 清同治十三年(1874)刻本 八冊

140000－0501－0008016 110148－55
[同治]陽城縣志十八卷首一卷 （清）賴昌期修 （清）譚澐 （清）盧廷棻纂 清同治十三年(1874)刻本 八冊

140000－0501－0008017 110156－63
[同治]陽城縣志十八卷首一卷 （清）賴昌期修 （清）譚澐 （清）盧廷棻纂 清同治十三年(1874)刻本 八冊

140000－0501－0008018 110164－71
[同治]陽城縣志十八卷首一卷 （清）賴昌期修 （清）譚澐 （清）盧廷棻纂 清同治十三年(1874)刻本 八冊

140000－0501－0008019 110172－81
[乾隆]襄垣縣志八卷 （清）李廷芳修 （清）徐珏 （清）陳于廷纂 [光緒]襄垣縣續志二卷 （清）李汝霖修 清乾隆四十七年(1782)刻光緒六年(1880)續修本 十冊

140000－0501－0008020 110182－89
[光緒]潞城縣志四卷首一卷 （清）崔曉然 （清）曾雲章修 （清）楊篤纂 清光緒十年(1884)刻本 八冊

140000－0501－0008021 110190－97
[乾隆]高平縣志二十二卷末一卷 （清）傅德宜修 （清）戴純纂 清乾隆三十九年(1774)刻本 八冊

140000－0501－0008022 110202－09
[光緒]沁水縣志十二卷首一卷 （清）秦丙煃修 （清）李疇纂 清光緒七年(1881)刻本 八冊

140000－0501－0008023 110210－13
[雍正]遼州志八卷 （清）徐三俊修 清雍正十一年(1733)刻本 四冊

140000－0501－0008024 110214－17
[雍正]遼州志八卷 （清）徐三俊修 清雍正十一年(1733)刻本 四冊

140000－0501－0008025 110218－25
[乾隆]沁州志十卷首一卷 （清）姚學瑛續修 （清）姚學甲續纂 清乾隆六年(1741)刻三十六年(1771)續刻本 八冊

140000－0501－0008026 110226－29
[光緒]沁州復續志四卷末一卷 （清）吳承恩纂修 清光緒六年(1880)刻本 四冊

140000－0501－0008027 110230－37
[雍正]沁源縣志十卷首一卷 （清）韓嬰修 （清）王廷倫纂 [光緒]沁源縣續志四卷 （清）董餘三修 （清）郭維誠纂 清雍正八年(1730)刻光緒七年(1881)續修本 八冊

140000－0501－0008028 110238－45
[雍正]沁源縣志十卷首一卷 （清）韓嬰修 （清）王廷倫纂 [光緒]沁源縣續志四卷 （清）董餘三修 （清）郭維誠纂 清雍正八年(1730)刻光緒七年(1881)續修本 八冊

140000－0501－0008029 110246－53
[雍正]沁源縣志十卷首一卷 （清）韓嬰修 （清）王廷倫纂 [光緒]沁源縣續志四卷 （清）董餘三修 （清）郭維誠纂 清雍正八年(1730)刻光緒七年(1881)續修本 八冊

140000－0501－0008030 110254－59
[乾隆]武鄉縣志六卷首一卷 （清）白鶴修 （清）史傳遠纂 [光緒]武鄉縣續志四卷 （清）吳匡修 （清）鈕增垚纂 清乾隆五十五年(1790)刻光緒五年(1879)續修本 六冊

140000－0501－0008031 110260－63
[光緒]武鄉縣續志四卷 （清）吳匡修 （清）鈕增垚纂 清光緒五年(1879)刻本 四冊

140000－0501－0008032 110264－67
[光緒]武鄉縣續志四卷 （清）吳匡修 （清）鈕增垚纂 清光緒五年(1879)刻本 四冊

140000－0501－0008033 110268－71

[光緒]武鄉縣續志四卷　（清）吳匡修　（清）鈕增垚纂　清光緒五年(1879)刻本　四冊

140000－0501－0008034　110276－93

[乾隆]平陽府志三十六卷　（清）章廷珪修　（清）范安治纂　清乾隆元年(1736)刻本　十八冊

140000－0501－0008035　110294－311

[乾隆]平陽府志三十六卷　（清）章廷珪修　（清）范安治纂　清乾隆元年(1736)刻本　十八冊

140000－0501－0008036　110312－31

[乾隆]平陽府志三十六卷　（清）章廷珪修　（清）范安治纂　清乾隆元年(1736)刻本　二十冊

140000－0501－0008037　110332－38

[乾隆]臨汾縣志十卷首一卷末一卷　（清）高塘　（清）吳士淳修　（清）呂淙　（清）吳克元纂　清乾隆四十四年(1779)刻本　七冊

140000－0501－0008038　110339－45

[乾隆]臨汾縣志十卷首一卷末一卷　（清）高塘　（清）吳士淳修　（清）呂淙　（清）吳克元纂　清乾隆四十四年(1779)刻本　七冊

140000－0501－0008039　110346－52

[乾隆]臨汾縣志十卷首一卷末一卷　（清）高塘　（清）吳士淳修　（清）呂淙　（清）吳克元纂　清乾隆四十四年(1779)刻本　七冊

140000－0501－0008040　110394－401

[道光]趙城縣志三十七卷首一卷附圖一幅　(清)楊延亮纂輯　清道光七年(1827)刻本　八冊

140000－0501－0008041　110402－09

[道光]趙城縣志三十七卷首一卷附圖一幅　(清)楊延亮纂輯　清道光七年(1827)刻本　八冊

140000－0501－0008042　110418－25

[光緒]浮山縣志三十四卷　（清）鹿學典修

（清）武克明纂　清光緒六年(1880)刻本　八冊

140000－0501－0008043　110426－31

[光緒]續修曲沃縣志三十二卷　（清）張鴻逵修　（清）韓子泰纂　清光緒六年(1880)刻本　六冊

140000－0501－0008044　110432－37

[光緒]續修曲沃縣志三十二卷　（清）張鴻逵修　（清）韓子泰纂　清光緒六年(1880)刻本　六冊

140000－0501－0008045　110438－43

[光緒]續修曲沃縣志三十二卷　（清）張鴻逵修　（清）韓子泰纂　清光緒六年(1880)刻本　六冊

140000－0501－0008046　110444－49

[光緒]續修曲沃縣志三十二卷　（清）張鴻逵修　（清）韓子泰纂　清光緒六年(1880)刻本　六冊

140000－0501－0008047　110450－57

[道光]太平縣志十六卷首一卷　（清）李炳彥修　（清）梁棲鸞纂　清道光五年(1825)刻本　八冊

140000－0501－0008048　110458－67

[光緒]太平縣志十四卷首一卷　（清）勞文慶　（清）朱光綬修　（清）婁道南纂　清光緒八年(1882)刻本　十冊

140000－0501－0008049　110468－77

[光緒]太平縣志十四卷首一卷　（清）勞文慶　（清）朱光綬修　（清）婁道南纂　清光緒八年(1882)刻本　十冊

140000－0501－0008050　110478－87

[光緒]太平縣志十四卷首一卷　（清）勞文慶　（清）朱光綬修　（清）婁道南纂　清光緒八年(1882)刻本　十冊

140000－0501－0008051　110488－95

[光緒]翼城縣志二十八卷　（清）王耀章（清）龔履坦纂修　清光緒七年(1881)刻本

八冊

140000－0501－0008052　110510－17
［光緒］襄陵縣志二十四卷　（清）錢墉修
（清）郝登雲纂　清光緒七年(1881)刻本
八冊

140000－0501－0008053　110518－25
［光緒］襄陵縣志二十四卷　（清）錢墉修
（清）郝登雲纂　清光緒七年(1881)刻本
八冊

140000－0501－0008054　110526－33
［光緒］襄陵縣志二十四卷　（清）錢墉修
（清）郝登雲纂　清光緒七年(1881)刻本
八冊

140000－0501－0008055　110534－43
［乾隆］蒲州府志二十四卷圖一卷　（清）周景
柱纂修　清乾隆二十年(1755)刻光緒二十九
年(1903)補刻本　十冊

140000－0501－0008056　110544－57
［光緒］永濟縣志二十四卷　（清）李榮和
（清）劉鍾麟修　（清）胡仰廷纂　清光緒十二
年(1886)刻本　十四冊

140000－0501－0008057　110558－71
［光緒］永濟縣志二十四卷　（清）李榮和
（清）劉鍾麟修　（清）胡仰廷纂　清光緒十二
年(1886)刻本　十四冊

140000－0501－0008058　110572－85
［光緒］永濟縣志二十四卷　（清）李榮和
（清）劉鍾麟修　（清）胡仰廷纂　清光緒十二
年(1886)刻本　十四冊

140000－0501－0008059　110586－91
［乾隆］臨晉縣志八卷　（清）王正茂纂修　清
乾隆三十八年(1773)刻本　六冊

140000－0501－0008060　110592－97
［乾隆］臨晉縣志八卷　（清）王正茂纂修　清
乾隆三十八年(1773)刻本　六冊

140000－0501－0008061　110618－25
［雍正］猗氏縣志八卷　（清）潘鉽修　（清）

宋之樹纂　［同治］續修猗氏縣志四卷　（清）
周之楨修　（清）崔曾頤纂　［光緒］續猗氏縣
志二卷　（清）徐浩修　（清）潘夢龍纂　清雍
正七年(1729)刻同治、光緒續修本　八冊

140000－0501－0008062　110626－29
［光緒］虞鄉縣志十二卷首一卷　（清）崔鑄善
修　（清）金謀愷　（清）陳鼎隆纂　清光緒十
二年(1886)刻本　四冊

140000－0501－0008063　110630－33
［光緒］虞鄉縣志十二卷　（清）崔鑄善修
（清）金謀愷　（清）陳鼎隆纂　清光緒十二年
(1886)刻本　四冊

140000－0501－0008064　110634－37
［光緒］虞鄉縣志十二卷　（清）崔鑄善修
（清）金謀愷　（清）陳鼎隆纂　清光緒十二年
(1886)刻本　四冊

140000－0501－0008065　110638－41
［光緒］虞鄉縣志十二卷　（清）崔鑄善修
（清）金謀愷　（清）陳鼎隆纂　清光緒十二年
(1886)刻本　四冊

140000－0501－0008066　110642－47
［光緒］榮河縣志十四卷首一卷　（清）馬鑑
（清）王希濂修　（清）尋鑾煒纂　清光緒七年
(1881)刻本　六冊

140000－0501－0008067　110648－53
［光緒］榮河縣志十四卷首一卷　（清）馬鑑
（清）王希濂修　（清）尋鑾煒纂　清光緒七年
(1881)刻本　六冊

140000－0501－0008068　110678－81
［乾隆］萬泉縣志八卷　（清）畢宿燾修
（清）張史筆纂　清乾隆二十三年(1758)刻本
四冊

140000－0501－0008069　110706－11
［乾隆］解州全志十八卷首一卷　（清）言如泗
修　（清）呂瀶纂　清乾隆二十九年(1764)刻
本　六冊

140000－0501－0008070　110712－17

[乾隆]解州全志十八卷首一卷 （清）言如泗修 （清）呂瀰纂 清乾隆二十九年（1764）刻本 六冊

140000－0501－0008071 110718－23

[乾隆]解州全志十八卷首一卷 （清）言如泗修 （清）呂瀰纂 清乾隆二十九年（1764）刻本 六冊

140000－0501－0008072 110724－29

[乾隆]解州全志十八卷首一卷 （清）言如泗修 （清）呂瀰纂 清乾隆二十九年（1764）刻本 六冊

140000－0501－0008073 110730－35

[乾隆]解州全志十八卷首一卷 （清）言如泗修 （清）呂瀰纂 清乾隆二十九年（1764）刻本 六冊

140000－0501－0008074 110744－47

[乾隆]解州安邑縣運城志十六卷首一卷 （清）言如泗修 （清）呂瀰纂 清乾隆二十九年（1764）刻光緒六年（1880）重印解州全志本 四冊

140000－0501－0008075 110748－51

[乾隆]解州安邑縣志十六卷首一卷 （清）言如泗修 （清）呂瀰 （清）鄭必陽纂 清乾隆二十九年（1764）刻本 四冊

140000－0501－0008076 110752－55

[乾隆]解州安邑縣志十六卷首一卷 （清）言如泗修 （清）呂瀰 （清）鄭必陽纂 [光緒]安邑縣續志六卷首一卷 （清）趙輔堂修 （清）張承熊纂 清乾隆二十九年（1764）刻光緒六年（1880）重修本 四冊

140000－0501－0008077 110756－59

[乾隆]解州芮城縣志十六卷首一卷 （清）言如泗修 （清）莫溥纂 [光緒]芮城縣續志四卷首一卷 （清）馬丕瑤修 （清）萬啟鈞 （清）張承熊纂 清乾隆二十九年（1764）刻光緒六年（1880）補刻本 四冊

140000－0501－0008078 110768－73

[乾隆]解州平陸縣志十六卷首一卷 （清）言

如泗修 （清）韓夔典等纂 [光緒]平陸縣續志二卷首一卷末一卷 （清）劉鴻逵修 （清）沈承恩纂 清乾隆二十九年（1764）修光緒六年（1880）續修本 六冊

140000－0501－0008079 110774－75

[光緒]平陸縣續志二卷首一卷末一卷 （清）劉鴻逵修 （清）沈承恩纂 清光緒六年（1880）刻本 二冊

140000－0501－0008080 110776－79

[光緒]夏縣志十卷首一卷 （清）黃縉榮 （清）萬啟鈞修 （清）張承熊纂 清光緒六年（1880）刻本 四冊

140000－0501－0008081 110780－83

[光緒]夏縣志十卷首一卷 （清）黃縉榮 （清）萬啟鈞修 （清）張承熊纂 清光緒六年（1880）刻本 四冊

140000－0501－0008082 110784－87

[光緒]夏縣志十卷首一卷 （清）黃縉榮 （清）萬啟鈞修 （清）張承熊纂 清光緒六年（1880）刻本 四冊

140000－0501－0008083 110788－91

[光緒]夏縣志十卷首一卷 （清）黃縉榮 （清）萬啟鈞修 （清）張承熊纂 清光緒六年（1880）刻本 四冊

140000－0501－0008084 110792－95

[光緒]夏縣志十卷首一卷 （清）黃縉榮 （清）萬啟鈞修 （清）張承熊纂 清光緒六年（1880）刻本 四冊

140000－0501－0008085 110796－99

[光緒]夏縣志十卷首一卷 （清）黃縉榮 （清）萬啟鈞修 （清）張承熊纂 清光緒六年（1880）刻本 四冊

140000－0501－0008086 110800－03

[光緒]夏縣志十卷首一卷 （清）黃縉榮 （清）萬啟鈞修 （清）張承熊纂 清光緒六年（1880）刻本 四冊

140000－0501－0008087 110804－13

[光緒]直隸絳州志二十卷首一卷 （清）李煥揚修 （清）張于鑄纂 清光緒五年(1879)刻本 十冊

140000－0501－0008088 110814－23
[光緒]直隸絳州志二十卷首一卷 （清）李煥揚修 （清）張于鑄纂 清光緒五年(1879)刻本 十冊

140000－0501－0008089 110824－33
[光緒]直隸絳州志二十卷首一卷 （清）李煥揚修 （清）張于鑄纂 清光緒五年(1879)刻本 十冊

140000－0501－0008090 110834－43
[光緒]直隸絳州志二十卷首一卷 （清）李煥揚修 （清）張于鑄纂 清光緒五年(1879)刻本 十冊

140000－0501－0008091 110844－53
[光緒]直隸絳州志二十卷首一卷 （清）李煥揚修 （清）張于鑄纂 清光緒五年(1879)刻本 十冊

140000－0501－0008092 110874－81
[光緒]垣曲縣志十四卷 （清）薛元釗修 (清）張于鑄纂 清光緒六年(1880)刻本 八冊

140000－0501－0008093 110882－89
[光緒]垣曲縣志十四卷 （清）薛元釗修 (清）張于鑄纂 清光緒六年(1880)刻本 八冊

140000－0501－0008094 110890－97
[光緒]垣曲縣志十四卷 （清）薛元釗修 (清）張于鑄纂 清光緒六年(1880)刻本 八冊

140000－0501－0008095 110898－903
[乾隆]聞喜縣志十二卷圖一卷 （清）李遵唐修 （清）王肇書纂 清乾隆三十一年(1766)刻本 六冊

140000－0501－0008096 110914－23
[乾隆]聞喜縣志十二卷圖一卷 （清）李遵唐

修 （清）王肇書纂 [光緒]聞喜縣志斠三卷首一卷補四卷續四卷 （清）陳作哲修 （清）楊深秀纂 清乾隆三十一年(1766)刻光緒六年(1880)續刻本 十冊

140000－0501－0008097 110924－33
[乾隆]聞喜縣志十二卷圖一卷 （清）李遵唐修 （清）王肇書纂 [光緒]聞喜縣志斠三卷首一卷補四卷續四卷 （清）陳作哲修 （清）楊深秀纂 清乾隆三十一年(1766)刻光緒六年(1880)續刻本 十冊

140000－0501－0008098 110940－43
[光緒]絳縣志二十一卷 （清）胡延纂修 清光緒二十五年(1899)刻本 四冊

140000－0501－0008099 110944－53
[光緒]河津縣志十四卷首一卷 （清）茅丕熙 （清）楊漢章修 （清）韓秉鈞 （清）程象濂纂 清光緒六年(1880)刻本 十冊

140000－0501－0008100 110954－63
[同治]稷山縣志十卷 （清）沈鳳翔修 (清）鄧嘉紳纂 [光緒]續修稷山縣志二卷 (清）馬家鼎修 （清）武光曷纂 清同治四年(1865)刻光緒十一年(1885)續刻本 十冊

140000－0501－0008101 110964－73
[道光]直隸霍州志二十五卷首一卷 （清）崔允昭修 （清）李培謙纂 清道光六年(1826)刻本 十冊

140000－0501－0008102 110974－85
[道光]直隸霍州志二十五卷首一卷 （清）崔允昭修 （清）李培謙纂 [光緒]續刻直隸霍州志二卷 （清）楊立旭修 （清）白天章纂 清道光六年(1826)刻光緒六年(1880)續刻本 十二冊

140000－0501－0008103 110986－97
[道光]直隸霍州志二十五卷首一卷 （清）崔允昭修 （清）李培謙纂 [光緒]續刻直隸霍州志二卷 （清）楊立旭修 （清）白天章纂 清道光六年(1826)刻光緒六年(1880)續刻本 十二冊

140000－0501－0008104　111000－03

[光緒]汾西縣志八卷首一卷　（清）曹憲修
（清）周桐軒纂　清光緒八年(1882)刻本
四冊

140000－0501－0008105　111004－09

[嘉慶]靈石縣志十二卷　（清）王志瀜修
（清）黃憲臣纂　[光緒]續修靈石縣志二卷
（清）謝均修　（清）白星煒纂　清嘉慶二十二
年(1817)刻光緒元年(1875)續修本　六冊

140000－0501－0008106　111010－17

[嘉慶]靈石縣志十二卷圖考一卷　（清）王志
瀜修　（清）黃憲臣纂　[光緒]續修靈石縣志
二卷　（清）謝均修　（清）白星煒纂　清嘉慶
二十二年(1817)刻光緒元年(1875)續修本
八冊

140000－0501－0008107　111018－25

[嘉慶]靈石縣志十二卷圖考一卷　（清）王志
瀜修　（清）黃憲臣纂　[光緒]續修靈石縣志
二卷　（清）謝均修　（清）白星煒纂　清嘉慶
二十二年(1817)刻光緒元年(1875)續修本
八冊

140000－0501－0008108　111032－39

[康熙]隰州志二十四卷　（清）錢以塏纂修
[光緒]續修隰州志四卷　（清）崔澄寰修
（清）王嘉會纂　清康熙四十九年(1710)刻光
緒二十四年(1898)續修本　八冊

140000－0501－0008109　111040－43

[乾隆]蒲縣志十卷首一卷　（清）巫慧修
（清）王居正纂　清乾隆十八年(1753)刻光緒
六年(1880)續修本　四冊

140000－0501－0008110　111044－47

[乾隆]蒲縣志十卷首一卷　（清）巫慧修
（清）王居正纂　清乾隆十八年(1753)刻光緒
六年(1880)續修本　四冊

140000－0501－0008111　111048－50

清凉山志十卷　（明）釋鎮澄修　清乾隆二十
年(1755)淮陰祁豐元刻民國十四年(1925)重
印本　三冊　存八卷(一至八)

140000－0501－0008112　111051－53

清凉山志十卷　（明）釋鎮澄修　清乾隆二十
年(1755)淮陰祁豐元刻民國十四年(1925)重
印本　三冊　存六卷(五至十)

140000－0501－0008113　111054－61

[康熙]陽城縣志八卷　（清）項龍章修
（清）田六善纂　清康熙二十六年(1687)刻本
八冊

140000－0501－0008114　111062－69

[雍正]朔平府志十二卷　（清）劉士銘修
（清）王霨纂　清雍正十一年(1733)刻本　八
冊　缺三卷(八、十至十一)

140000－0501－0008115　111070－79

[雍正]朔州志十二卷　（清）汪嗣聖修
（清）王霨纂　清雍正十三年(1735)刻本(卷
四補配石印本)　十冊

140000－0501－0008116　111145－46

[同治]西寧縣新志十卷首一卷　（清）韓志超
修　（清）楊篤纂　清同治十一年(1872)刻光
緒元年(1875)宏州書院重印本　二冊

140000－0501－0008117　111147－58

[咸豐]直隸定州志二十二卷首一卷　（清）寶
琳　（清）勞沅恩纂修　清咸豐元年(1851)刻
本　十二冊

140000－0501－0008118　111168－75

[道光]輝縣志二十卷首一卷末一卷　（清）周
際華修　（清）戴銘纂　清道光十五年(1835)
百泉書院刻本　八冊

140000－0501－0008119　111176－82

[嘉慶]壽光縣志二十卷　（清）劉翰周纂修
清嘉慶五年(1800)刻本　七冊

140000－0501－0008120　111183－87

[光緒]東鄉縣志十二卷首一卷附典禮備考二
卷　（清）如柏纂修　清光緒二十八年(1902)
刻本　五冊

140000－0501－0008121　111188－95

[同治]麗水縣志十五卷首一卷　（清）彭潤章

纂修　清同治十三年(1874)刻本　　八冊

140000－0501－0008122　111221－23

[光緒]西藏圖考八卷首一卷　　(清)黃沛翹纂
　清光緒二十年(1894)滇南李培榮刻本　　三
冊　存六卷(一至六)

140000－0501－0008123　111224－30

衛藏通志十六卷首一卷　　(清)和琳纂　清光
緒二十一年(1895)漸西村舍彙刻本　　七冊
存十四卷(一至十四)

140000－0501－0008124　111231－38

[同治]樂安縣志十一卷首一卷　　(清)朱奎章
修　(清)胡芳杏纂　清同治十年(1871)刻本
　八冊

140000－0501－0008125　111248－56

廬山志十五卷　　(清)毛德琦撰　清康熙四十
九年(1710)順德堂刻本　　九冊

140000－0501－0008126　111257－59

[光緒]南樂縣志十卷　　(清)施有方等纂
(清)武勳朝等纂　清光緒二十九年(1903)刻
本　　三冊　存八卷(一至二、五至十)

140000－0501－0008127　111267－73

[光緒]吳橋縣志十二卷　　(清)倪昌燮修
(清)馮慶楊纂　清光緒元年(1875)瀾陽書院
刻本　　七冊　存十一卷(一至十一)

140000－0501－0008128　111274－77

[同治]靈壽縣志十卷末一卷　　(清)劉庚年修
　(清)王槐齡纂　清同治十二年(1873)刻本
四冊

140000－0501－0008129　111278－81

[嘉慶]澢縣志二十二卷金石錄二卷　　(清)熊
象階修　(清)武穆淳纂　清嘉慶六年(1801)
刻本　　四冊　存十六卷(一至十二、十九至二
十二)

140000－0501－0008130　111289－97

[乾隆]曲阜縣志一百卷　　(清)潘相纂修　清
乾隆三十九年(1774)聖化堂刻本　　九冊　存
七十卷(一至十四、二十三至七十八)

140000－0501－0008131　111299－304

[光緒]洋縣志八卷　　(清)張鵬翼纂修　清光
緒二十四年(1898)刻本　　六冊　存六卷(二、
四至八)

140000－0501－0008132　111305－09

[光緒]綏德直隸州志八卷首一卷　　(清)孔繁
樸修　高維嶽纂　清光緒三十一年(1905)刻
朱印本　　五冊　存六卷(一至三、六至八)

140000－0501－0008133　111310－16

[道光]武陟縣志三十六卷　　(清)王榮陛修
(清)方履籛纂　清道光九年(1829)刻本　　八
冊　存三十一卷(一至六、十二至三十六)

140000－0501－0008134　111317－22

[同治]會理州志十二卷　　(清)鄧仁垣修
(清)王繼曾等纂　　[光緒]會理州續志二卷
(清)蔣金生修　(清)徐煜纂　清同治十三年
(1874)刻光緒三十一年(1905)續修本　　六冊
　存七卷(一、四至六、九至十一)

140000－0501－0008135　111323－38

綠蘿山莊詩集三十二卷　　(清)胡浚撰　清刻
本　　十六冊

140000－0501－0008136　111339－80

奇門大全秘纂五十卷首一卷　　題(清)湖海居
士撰　清抄本　　四十二冊

140000－0501－0008137　111389－412

有竹石軒經句說二十七卷　　(清)吳英著　清
嘉慶二十三年(1818)有竹石軒刻本　　二十
四冊

140000－0501－0008138　111413－28

唐三家文集二十六卷　　(唐)呂溫撰　(清)秦
恩復輯　清道光七年(1827)秦氏石研齋刻本
　十六冊

140000－0501－0008139　111429－31

禪林寶訓筆說三卷　　(清)釋智祥撰　清乾隆
十五年(1750)諸剎刻本　　三冊

140000－0501－0008140　111432－34

禪林寶訓筆說三卷　　(清)釋智祥撰　清乾隆

十五年(1750)諸刹刻本 三冊

140000－0501－0008141 111435－39
續燈存稿十二卷 （清）釋通問 （清）釋施沛
輯 清康熙十四年(1675)刻本 五冊

140000－0501－0008142 111440－43
鐔津文集十九卷 （宋）釋契嵩撰 明刻本
四冊

140000－0501－0008143 111444
人天眼目六卷 （宋）釋智昭集釋 明刻本
一冊

140000－0501－0008144 111445
中峰三時繫念儀範不分卷 （宋）釋延壽述
明萬曆十九年(1591)刻本 一冊

140000－0501－0008145 111446
鶴山禪師外錄一卷 （清）釋德敷 （清）釋德
梅輯 清康熙五十七年(1718)刻本 一冊

140000－0501－0008146 111447
萬法歸心錄不分卷 （清）釋超溟編 清乾隆
十八年(1753)刻本 一冊

140000－0501－0008147 111448
折疑論集注二卷 （元）釋子成撰 （明）釋師
子注 清道光十年(1830)紅螺山資福寺刻本
一冊

140000－0501－0008148 111450－59
新鐫分類評注文武合編百子金丹十卷 （明）
郭偉注 清經國堂刻本 十冊

140000－0501－0008149 111461－62
小傅我詩集十卷 （清）傅眉著 白測魚詩一
卷 （清）白孕彩著 胡畸人詩一卷 （清）胡
庭著 清咸豐三年(1853)平遙王晉榮刻本
二冊

140000－0501－0008150 111463－68
耳食錄十二卷 （清）樂鈞撰 清同治十年
(1871)敦仁堂刻本 六冊

140000－0501－0008151 111469
茂陵秋雨詞四卷 （清）王錫振撰 清同治三
年(1864)馬平王氏刻本 一冊 存二卷(一

至二)

140000－0501－0008152 111470
亦園七詠詩一卷 （清）黃雲鵠輯 清同治二
年(1863)刻本 一冊

140000－0501－0008153 111471
十八疊山房倡和草一卷 （清）王軒輯 清同
治元年(1862)洪洞王氏刻本 一冊

140000－0501－0008154 111472
秋懷唱和詩一卷 （清）董文煥輯 清咸豐十
一年(1861)峴樵山房刻本 一冊

140000－0501－0008155 111473
金陵收復志喜一百韻一卷 （清）董文煥撰
清同治五年(1866)刻本 一冊 殘

140000－0501－0008156 111474－75
瘦石山館印稿不分卷 （清）伯棠刻 （清）陳
星涵輯 清同治七年(1868)鈐印本 二冊

140000－0501－0008157 111480
寄情草堂詩鈔三卷 （清）熊莪著 清道光十
六年(1836)刻本 一冊

140000－0501－0008158 111481
東溪詩草三卷 （清）曾毓瑜撰 清京師官書
局鉛印本 一冊

140000－0501－0008159 111483
歷代黃河變遷圖考不分卷 （清）劉鶚撰 清
宣統二年(1910)山東河工研究所石印藍印本
一冊

140000－0501－0008160 111484－86
讀白華草堂詩二集十二卷 （清）黃釗撰 清
道光十四年至十五年(1834－1835)刻本
三冊

140000－0501－0008161 111487－88
目錄學九卷 （清）耿文光撰 清光緒二十年
(1894)刻本 二冊

140000－0501－0008162 111489
蘇溪漁隱讀書譜四卷 （清）耿文光編 清光
緒十五年(1889)刻耿氏叢書本 一冊

140000－0501－0008163　111490－94

西雲劄記四卷文鈔二卷詩鈔四卷　（清）李枝青撰　清光緒十年(1884)刻本　五冊

140000－0501－0008164　111499－502

年華錄四卷　（清）全祖望輯　清嘉慶二十年(1815)日新堂刻本　四冊

140000－0501－0008165　111511

科學書目提要初編一卷　（清）王景沂編　清光緒二十九年(1903)北洋官報局鉛印本　一冊

140000－0501－0008166　111513－16

補注洗冤錄集證四卷檢骨圖格一卷　（清）王又槐增輯　（清）阮其新補注　作吏要言一卷　（清）葉玉屏著　清道光二十三年(1843)江都鍾氏刻三色套印本　四冊

140000－0501－0008167　111518－21

說苑二十卷　（漢）劉向撰　（明）鍾惺評　清刻本　四冊

140000－0501－0008168　111522

名原二卷　（清）孫詒讓撰　清光緒三十一年(1905)刻本　一冊

140000－0501－0008169　111527－38

明季稗史彙編十六種二十七卷　（清）留雲居士編　清都城琉璃廠刻本　十二冊

140000－0501－0008170　111539－40

千金裘二十七卷　（清）蔣義彬纂　清嘉慶二十一年(1816)元茂堂刻本　二冊

140000－0501－0008171　111541－42

星土釋三卷　（清）李林松編輯　清刻本　二冊

140000－0501－0008172　111543－46

讀書續錄十二卷　（明）薛瑄撰　清刻本　四冊

140000－0501－0008173　111547－50

蛾述集十六卷　（清）陳庭學纂輯　清嘉慶二十年(1815)六君子齋刻本　四冊

140000－0501－0008174　111557

泛槎圖三集　（清）張寶繪并輯　清點石齋石印本　一冊

140000－0501－0008175　111559

國朝畫徵錄三卷續錄二卷　（清）張庚撰　清乾隆四年(1739)雲朝書屋刻本　一冊

140000－0501－0008176　111562－65

芥子園畫傳四集四卷圖章會纂一卷　（清）丁皋編輯　清嘉慶金陵抱青閣刻本　四冊

140000－0501－0008177　111566－97

欽定剿平粵匪方略四百二十卷首一卷　（清）沈桂芬　（清）朱學勤纂　清同治十一年(1872)刻本　三十二冊　存一百五十五卷（二百六十六至四百二十）

140000－0501－0008178　111598－600

是程堂集十四卷　（清）屠倬撰　清嘉慶十九年(1814)刻本　三冊

140000－0501－0008179　111601－13

元詩選不分卷　（清）顧嗣立輯　清康熙三十三年(1694)秀野草堂刻本　十三冊　存七集（甲至丙、庚至癸）

140000－0501－0008180　111614－27

尚史七十卷首一卷末一卷　（清）李鍇撰　清乾隆三十八年(1773)刻本　十四冊　存三十三卷（六至三十八）

140000－0501－0008181　111675－79

靈樞懸解　（清）黃元御注　清抄本　五冊　存五卷（五至九）

140000－0501－0008182　111680－83

素問懸解十三卷　（清）黃元御注　清抄本　四冊　存四卷（十至十三）

140000－0501－0008183　111684－88

傷寒懸解十四卷首一卷末一卷　（清）黃元御撰　清抄本　五冊　存九卷（七至十四、末一卷）

140000－0501－0008184　111689－97

國朝閨閣詩鈔一百卷　（清）蔡殿齊編　清道光二十四年(1844)嫏嬛別館刻本　九冊　存

八十一卷(一至三十、五十至一百)

140000－0501－0008185　111698－706
今文粹編八卷二編二卷　(清)趙熟典輯　清
乾隆五十一年(1786)刻本　九冊　缺一卷
(六)

140000－0501－0008186　111734－41
弇州山人四部稿一百七十四卷　(明)王世貞
撰　明世經堂刻本　八冊　殘

140000－0501－0008187　111742－95
藝文備覽一百二十卷補詳字義十四篇　(清)
沙木注　(清)吳谷人鑒定　清嘉慶十一年
(1806)阿克當阿刻本　五十四冊　缺十卷
(子集一至十)

140000－0501－0008188　111796－819
味餘書室全集定本四十卷附二卷目錄四卷
(清)仁宗顒琰撰　清嘉慶五年(1800)內府刻
本　二十四冊　存三十卷(一至八、二十一至
四十,附二卷)

140000－0501－0008189　111820－43
味餘書室全集定本四十卷附二卷目錄四卷
(清)仁宗顒琰撰　清嘉慶五年(1800)刻本
二十四冊　存十二卷(一至八、二十一至二十
四)

140000－0501－0008190　111863－79
**施愚山先生學餘文集二十八卷學餘詩集五十
卷**　(清)施閏章撰　**施愚山先生[閏章]年譜
四卷**　(清)施念曾撰　清乾隆施氏家刻本
十七冊

140000－0501－0008191　111880－909
滇繫一卷　(清)師範纂輯　清嘉慶十三年
(1808)刻本　三十冊

140000－0501－0008192　111910－14
東塾讀書記二十五卷　(清)陳澧撰　清光緒
三十四年(1908)山西師範學院鉛印本　五冊
存二十一卷(一至二十一)

140000－0501－0008193　111917－27
康熙政要二十四卷　章梫纂　清宣統二年

(1910)鉛印本　十一冊　存二十二卷(一至
二十二)

140000－0501－0008194　111928
**步天歌一卷經星彙考一卷上元甲子恆星表一
卷**　(清)賈步緯述　清鉛印本　一冊

140000－0501－0008195　111929－34
讀書雜識十二卷　(清)勞格著　清光緒四年
(1878)吳興丁氏刻月河精舍叢鈔本　六冊

140000－0501－0008196　111935－40
風雨樓秘笈留真十種　鄧實輯　清宣統至民
國間順德鄧氏風雨樓影印本　六冊　存六種

140000－0501－0008197　111941
渭西公遺草一卷　(清)孫奭著　**犀紋硯齋稿
一卷**　(清)孫世昌著　**曉雯遺草一卷**　(清)
孫世昀著　**琴溪小稿一卷**　(清)孫世昕著
清抄本　一冊

140000－0501－0008198　111942－48
史類鈔十四卷　清抄本　七冊　存七卷(八
至十四)

140000－0501－0008199　112473－80
**樊學齋詩集一卷清艷堂近稿一卷蔞香軒吟草
一卷棗窗文稿二卷草檐即山集一卷眺松亭賦
鈔一卷**　(清)裕瑞撰　清嘉慶七年至十七年
(1802－1812)刻本　八冊

140000－0501－0008200　112481－84
歷代古印大觀第二集　清鈐印本　四冊

140000－0501－0008201　112485
梧雨山房印譜一卷　清鈐印本　一冊

140000－0501－0008202　112495－98
惜抱軒今體詩鈔五言九卷七言九卷　(清)姚
鼐撰　清光緒七年(1881)山西濬文書局刻本
四冊

140000－0501－0008203　112499－511
工程做法七十四卷附條例一卷　(清)允禮等
輯　清雍正十二年(1734)刻本　十三冊　存
三十七卷(一至三十七)

140000－0501－0008204　112513－14

煙霞萬古樓文集六卷　（清）王曇撰　清道光
二十年（1840）刻本　二冊

140000－0501－0008205　112515－16

松花庵雜稿四卷　（清）吳鎮撰　清乾隆二十
六年（1761）刻本　二冊

140000－0501－0008206　112517

幔坡詩鈔不分卷　（清）田六善撰　清康熙二
十四年（1685）陽城田氏刻本　一冊

140000－0501－0008207　112518

奉使三音諾彥記程草二卷　（清）寶鋆撰　清
咸豐九年（1859）刻本　一冊

140000－0501－0008208　112526－30

大東紀年五卷　清光緒三十一年（1905）上海
美華書館鉛印本　五冊

140000－0501－0008209　112531－49

司馬文正公集八十二卷目錄二卷首一卷
（宋）司馬光撰　清乾隆十年（1745）臨汾劉氏
百祿堂刻本　十九冊

140000－0501－0008210　112553－57

澗南雜記不分卷　清抄本　五冊

140000－0501－0008211　112560－70

疇人傳五十二卷　（清）阮元撰　（清）羅士琳
續補　清光緒八年（1882）海鹽張氏常惺齋刻
本　十一冊　存四十九卷（一至四十九）

140000－0501－0008212　112571－83

御選語錄十九卷　（清）世宗胤禛選　清光緒
四年（1878）金陵刻經處刻本　十三冊　存十
八卷（一至十一、十三至十九）

140000－0501－0008213　112584

採茶雜錄一卷　清抄本　一冊

140000－0501－0008214　112585－96

清文鈔雜錄不分卷　（清）毛奇齡撰　清抄本
十二冊

140000－0501－0008215　112604

應酬古文不分卷　清抄本　一冊

140000－0501－0008216　112606－07

四書講義一卷　（明）高攀龍著　清抄本
二冊

140000－0501－0008217　112609

小學三字經二卷　清抄本　一冊

140000－0501－0008218　112721－43

指月錄三十二卷　（明）瞿汝稷撰　明萬曆二
十九年（1601）靈隱道人弘禮刻本　二十三冊

140000－0501－0008219　112744－82

本草綱目五十二卷圖三卷瀕湖脈學一卷奇經
八脈考一卷　（明）李時珍撰　本草萬方針線
八卷　（清）蔡烈先輯　本草綱目拾遺十卷
（清）趙學敏輯　清光緒十一年（1885）合肥張
氏味古齋刻本　三十九冊　存四十九卷（一
至三十、三十四至五十二）

140000－0501－0008220　112813－16

中興名臣事略八卷　朱孔彰撰　清光緒二十
五年（1899）上海圖書集成局鉛印本　四冊

140000－0501－0008221　112817－52

山西賦役全書不分卷　清嘉慶刻本　三十六
冊　殘

140000－0501－0008222　112853－56

三合劍六卷四十二回　清道光二十八年
（1848）維新書局刻本　四冊

140000－0501－0008223　112857－58

茶餘客話十二卷　（清）阮葵生撰　清乾隆四
十二年（1777）刻本　二冊

140000－0501－0008224　112859－64

品花寶鑑六卷六十回　（清）陳森書撰　清光
緒十五年（1889）石印本　六冊

140000－0501－0008225　112865

淮海倡和詩鈔三卷續集一卷　（清）萬鏞輯
清道光六年（1826）刻本　一冊　殘

140000－0501－0008226　112866

焦氏支談三卷　（明）焦竑輯　清刻本　一冊

140000－0501－0008227　112871－76

事類賦三十卷　（宋）吳淑撰並注　清會成堂
刻本　六冊

140000－0501－0008228　112885

聖諭廣訓一卷　（清）世宗胤禛撰　清光緒十四年(1888)山西撫署刻本　一冊

140000－0501－0008229　112886

聰訓齋語一卷　（清）張英撰　清光緒二年(1876)解州解梁書院刻本　一冊

140000－0501－0008230　112888－89

晚笑堂竹莊畫傳不分卷　（清）上官周撰並繪圖　清乾隆八年(1743)刻本　二冊

140000－0501－0008231　112971－94

石泉書屋全集六種　（清）李左賢撰　清同治、光緒利津李氏刻本　二十四冊　缺二種八十八卷（古泉彙首集四卷、元集十四卷、亨集十四卷、利集十八卷、貞集十四卷，書畫鑑影二十四卷）

140000－0501－0008232　113011

山西通省保甲捕盜章程一卷　清光緒二十八年(1902)刻本　一冊

140000－0501－0008233　113012

山西調查局法制科第一股調查條目　清光緒山西調查局鉛印本　一冊

140000－0501－0008234　113014

交還奉天省南邊地方條約　清光緒二十一年(1895)北京刻本　一冊

140000－0501－0008235　113015

大清大英國續議滇緬界商務條款一卷　清光緒二十三年(1897)刻本　一冊

140000－0501－0008236　113016－21

丙午年交涉要覽四卷　清光緒三十四年(1908)北洋洋務局鉛印本　六冊

140000－0501－0008237　113113－20

隸釋二十七卷　（宋）洪适著　汪本隸釋刊誤一卷　（清）黃丕烈撰　清同治十年(1871)安徽皖南洪氏晦木齋募刻本　八冊

140000－0501－0008238　113176－87

東周列國全志二十三卷　（清）蔡奡評點　清光緒九年(1883)上海築野書屋鉛印本　十二冊

140000－0501－0008239　113197－212

弦雪居重訂遵生八箋十九卷總目一卷　（明）高濂編　清光緒十年(1884)刻本　十六冊

140000－0501－0008240　113216－25

篆文六經四書　（清）李光地校閱　清光緒九年(1883)上海同文書局石印本　十冊

140000－0501－0008241　113226－35

醫林纂要探源十卷附錄一卷　（清）汪紱輯　清光緒二十三年(1897)江蘇書局刻本　十冊

140000－0501－0008242　113236－39

秋蘋印草二卷續二卷詩草一卷詞草一卷　（清）畢文彬篆　清嘉慶二十一年至道光十四年(1816－1834)鈐印本　四冊

140000－0501－0008243　113240－41

詩存四卷　（清）金德瑛撰　清同治五年(1866)如心堂刻本　二冊

140000－0501－0008244　113249－58

臨證指南醫案十卷　（清）葉桂撰　清道光二十四年(1844)蘇州經鉏堂刻朱墨套印本　十冊

140000－0501－0008245　113259－70

歷代畫史彙傳七十二卷附錄二卷　（清）彭蘊璨編　清光緒八年(1882)掃葉山房刻本　十二冊

140000－0501－0008246　113311－58

南雅堂醫書全集　（清）陳念祖撰　清同治九年(1870)同文堂刻本　四十八冊

140000－0501－0008247　113375－86

驗方新編十六卷附眼科異授一卷痧書一卷喉證秘集一卷外科證治全生一卷　（清）鮑相璈編　清光緒五年至九年(1879－1883)山西濬文書局刻本　十二冊

140000－0501－0008248　113387－434

薛氏醫案二十四種　（明）薛己撰　（明）吳琯輯　清嘉慶十四年(1809)書業堂刻本　四十八冊

140000－0501－0008249　113435－506

周氏醫學叢書三集三十二種　（清）周學海輯　清宣統三年(1911)福慧雙修館刻本　七十二冊

140000－0501－0008250　113507－12

石室秘錄六卷　（清）陳士鐸撰　清康熙二十六年(1687)菁華堂刻本　六冊

140000－0501－0008251　113513－44

赤水玄珠三十卷醫旨緒餘二卷醫按五卷（明）孫一奎撰　明刻後印本　三十二冊

140000－0501－0008252　113552－55

清涼山志十卷　（明）釋鎮澄修　清乾隆二十年(1755)刻光緒十三年(1887)重印本　四冊

140000－0501－0008253　113556－71

盧陵宋丞相信國公文忠烈公先生全集十六卷　（宋）文天祥撰　（清）蘇克漢編　清道光榮秩堂刻本　十六冊

140000－0501－0008254　113572－87

聊齋志異新評十六卷　（清）蒲松齡撰　（清）但明倫評　清道光二十二年(1842)廣順但氏刻朱墨套印本　十六冊

140000－0501－0008255　113588－603

醫學十書二十二卷　（清）陳璞重輯　清光緒七年(1881)羊城雲林閣刻本　十六冊

140000－0501－0008256　113604－15

讀史記要十四卷　[（清）鄭杲]輯　清抄本　十二冊　存十二卷(三至十四)

140000－0501－0008257　113616－21

康熙字典十二集　（清）張玉書等纂修　清光緒九年(1883)上海同文書局石印本　六冊

140000－0501－0008258　113634－37

呂氏春秋二十六卷　（秦）呂不韋撰　（明）唐琳　（明）黃甫龍訂　明刻本　四冊

140000－0501－0008259　113664－65

聞見瓣香錄四卷　（清）秦武域撰　清嘉慶八年(1803)郁文堂刻本　二冊

140000－0501－0008260　113667－70

岳忠武王文集八卷首一卷末一卷　（宋）岳飛撰　清同治十一年(1872)張氏會友齋刻本　四冊

140000－0501－0008261　113672

陽曲丈清地糧圖冊　清刻本　一冊　殘

140000－0501－0008262　113676

徐松龕家書真跡二十六卷　（清）徐繼畬撰　清影印本　一冊

140000－0501－0008263　113742－61

彙刻書目二十卷　（清）顧修編　（清）朱學勤增訂　（清）王懿榮重編　清光緒十二年(1886)上海福瀛書局刻本　二十冊

140000－0501－0008264　113772－75

士禮居藏書題跋記六卷　（清）黃丕烈撰　（清）潘祖蔭輯　清光緒十年(1884)吳縣潘氏滂喜齋刻本　四冊

140000－0501－0008265　113802－03

滂喜齋藏書記三卷宋元本書目一卷　（清）潘祖蔭撰　葉昌熾編　清宣統元年(1909)海寧陳氏慎初堂鉛印本　二冊

140000－0501－0008266　113811－34

東書堂重修宣和博古圖錄三十卷　（宋）王黼撰　**亦政堂重修考古圖十卷**　（宋）呂大臨撰　**亦政堂重考古玉圖二卷**　（元）朱德潤撰　清乾隆十七年(1752)亦政堂刻本　二十四冊

140000－0501－0008267　113835－58

本草述三十二卷　（清）劉若金撰　清康熙三十九年(1700)忠救堂刻本　二十四冊

140000－0501－0008268　113859－60

金石圖二卷　（清）褚峻摹圖　（清）牛運震補說　清乾隆八年(1743)刻本　二冊

140000－0501－0008269　113861－77

芥子園畫傳四集　（清）王概輯　清嘉慶刻本　十七冊

140000－0501－0008270　113949－51

新箋決科古今源流至論前集十卷後集十卷續集十卷　（宋）林駉撰　明刻本　三冊　存三

卷（前集一至三）

140000 - 0501 - 0008271　113984 - 88
陋軒詩十二卷續二卷　（清）吳嘉紀撰　（清）
夏荃輯　清道光二十年（1840）泰州夏氏刻本
　五冊

140000 - 0501 - 0008272　114015 - 30
唐人五十家小集五十種六十三卷　（清）江標
輯　清光緒二十一年（1895）元和江標靈鶼閣
影刻本　十六冊

140000 - 0501 - 0008273　114096 - 103
甘泉鄉人稿二十四卷年譜一卷　（清）錢泰吉
撰　**甘泉鄉人餘稿二卷**　（清）錢炳森撰　清
同治十一年（1872）嘉興錢氏刻光緒十一年
（1885）增修本　七冊

140000 - 0501 - 0008274　114124 - 33
陶山詩錄二十八卷前錄二卷露蟬吟詞鈔一卷
　（清）唐仲冕撰　清嘉慶十六年（1811）江南
通州酌民言堂刻本　十冊

140000 - 0501 - 0008275　114144 - 55
高子遺書十二卷　（明）高樊龍撰　（明）陳龍
正編　清康熙二十九年（1690）高氏刻本　十
二冊

140000 - 0501 - 0008276　114156 - 59
溫飛卿詩集箋注九卷　（唐）溫庭筠撰　（明）
曾益注　清康熙三十六年（1697）秀野草堂刻
本　四冊

140000 - 0501 - 0008277　114160 - 65
唐人六名家集不分卷　（明）楊一統校　清刻
本　六冊

140000 - 0501 - 0008278　114174 - 81
十種古逸書　（清）茆泮林輯　清道光十四年
（1834）梅瑞軒刻本　八冊

140000 - 0501 - 0008279　114208 - 09
試晬堂詩集十二卷　（清）王蘇撰　清道光二
年（1822）江陰王氏刻本　二冊

140000 - 0501 - 0008280　114210 - 15
海虞三陶先生集合刻　（清）楊沂孫輯　清光

緒七年（1881）海虞楊同福貴池衙署刻本
六冊

140000 - 0501 - 0008281　114216 - 21
七家後漢書　（清）汪文臺輯　清光緒八年
（1882）太平崔國榜刻本　六冊

140000 - 0501 - 0008282　114225 - 64
兩浙輶軒續錄五十四卷補遺六卷　（清）潘衍
桐編　清光緒十七年（1891）浙江書局刻本
四十冊

140000 - 0501 - 0008283　114327 - 42
吳文節公遺集八十卷　（清）吳養原編　清咸
豐七年（1857）刻本　十六冊

140000 - 0501 - 0008284　114363 - 68
吳山三婦評箋注釋聖歎第六才子書八卷
（元）王實甫撰　（清）金聖歎批點　（清）鄧
汝寧音義　清康熙八年（1669）刻本　六冊

140000 - 0501 - 0008285　114373 - 76
讀書雜釋十四卷　（清）徐鼒撰　清咸豐十一
年（1861）福寧郡齋刻本　四冊

140000 - 0501 - 0008286　114377 - 80
御製圓明園詩二卷　（清）世宗胤禛撰　清乾
隆內府刻朱墨套印本　四冊

140000 - 0501 - 0008287　114388 - 92
廣韻五卷　（宋）陳彭年撰　明內府刻本
五冊

140000 - 0501 - 0008288　114393 - 400
遼史拾遺二十四卷首一卷　（清）厲鶚撰　清
光緒元年（1875）江蘇書局刻本　八冊

140000 - 0501 - 0008289　114401 - 40
竹柏山房十五種附刻四種　（清）林春溥撰
清嘉慶、咸豐間刻本　四十冊

140000 - 0501 - 0008290　114585 - 684
李文忠公全集　（清）李鴻章撰　清光緒三十
一年至三十四年（1905 - 1908）金陵刻本　一
百冊

140000 - 0501 - 0008291　114721 - 50
小檀欒室彙刻閨秀詞十集　徐乃昌輯　清光

緒二十一年至二十二年(1895－1896)南陵徐氏刻本　三十冊

140000－0501－0008292　114769－78

陳忠裕全集三十卷首一卷末一卷年譜三卷
(明)陳子龍撰　(清)王昶輯　清嘉慶八年(1803)簳山草堂刻本　十冊

140000－0501－0008293　114850－56

臨野堂詩集十三卷詩餘二卷　(清)鈕琇撰
清康熙二十九年(1690)刻本　七冊

140000－0501－0008294　114873－92

歷朝詩軌四十卷附古文解等八卷　(清)沈楫選　清嘉慶二十年(1815)停雲館刻本　二十冊

140000－0501－0008295　114893－98

古文審八卷首一卷　(清)劉心源撰　清光緒十七年(1891)嘉魚劉氏龍江樓寫刻本　六冊

140000－0501－0008296　114910－33

海岱史略一百四十卷　(清)王馭超輯編　清光緒二十二年(1896)刻本　二十四冊

140000－0501－0008297　114934－49

泉布統志九卷首一卷末一卷　(清)孟麟編
清道光十三年(1833)刻本　十六冊

140000－0501－0008298　115081－144

[光緒]順天府志一百三十卷首一卷　(清)周家楣修　(清)張之洞　繆荃孫纂　清光緒十二年(1886)刻本　六十四冊

140000－0501－0008299　115168－69

玉茗堂南柯記二卷　(明)湯顯祖撰　清暖紅堂刻本　二冊

140000－0501－0008300　115196－219

桐城吳先生全書　(清)吳汝綸撰　清光緒三十年(1904)王恩紱等刻本　二十四冊

140000－0501－0008301　115266

蜀石經殘字一卷　清道光六年(1826)三山陳氏刻本　一冊

140000－0501－0008302　115312－27

[光緒]常昭合志稿四十八卷首一卷末一卷附

校勘記　(清)鄭鍾祥修　(清)龐鴻文纂　清光緒三十年(1904)常昭縣志局木活字印本十六冊　缺一卷(十一)

140000－0501－0008303　115328－31

還讀齋詩稿續刻五卷　(清)韓對撰　清刻本四冊

140000－0501－0008304　115332－35

樞垣記略十六卷　(清)梁章鉅輯撰　清道光三年(1823)刻本　四冊

140000－0501－0008305　115350－53

廣西按察使任內辦匪紀實　(清)黃仁濟輯
湖南善化黃氏歷事記　清光緒二十八年(1902)刻本　四冊

140000－0501－0008306　115393

程中丞庚子函牘鈔略一卷　(清)程德全撰
(清)李遜輯　清宣統元年(1909)鉛印本一冊

140000－0501－0008307　115410－11

白兔記二卷　清刻彙刻傳奇本　二冊

140000－0501－0008308　115415－22

期不負齋政書九卷文集五卷　(清)周家楣撰
清光緒二十一年(1895)刻本　八冊

140000－0501－0008309　115423－27

問津院志六卷首一卷末一卷　(清)王會厘纂修　清光緒三十一年(1905)刻本　五冊

140000－0501－0008310　115430

遼文萃七卷遼史藝文志補正一卷西夏文綴二卷西夏藝文志一卷　王仁俊輯　清光緒三十年(1904)無冰閣鉛印實學叢書本　一冊

140000－0501－0008311　115435－49

御選唐詩三十二卷目錄三卷　(清)吳廷楨編
清康熙五十二年(1713)武英殿刻朱墨套印本　十五冊

140000－0501－0008312　115462－73

詞學叢書六種二十三卷　(清)秦恩復輯　清嘉慶、道光間江都秦氏享帚精舍刻本　十二冊

140000－0501－0008313　115636－51

古謠諺一百卷　（清）杜文瀾輯　清咸豐十一年(1861)曼陀羅華閣刻本　十六冊

140000－0501－0008314　115658

甌盅燃犀錄一卷　題(清)燃犀道人撰　清光緒十九年(1893)寶鏡山房刻本　一冊

140000－0501－0008315　115667－72

三家醫案合刻三卷　（清）吳金壽編　**醫效秘傳三卷**　（清）葉桂撰　**溫熱贅言一卷**　（清）寄瓢子撰　清道光十一年(1831)吳氏貯春僊館刻本　六冊

140000－0501－0008316　115713－14

按對大元九宮詞譜格正全本還魂記詞調二卷　清夢鳳樓暖紅室刻本　二冊

140000－0501－0008317　115719－42

紅樓夢一百二十回　（清）曹雪芹撰　清乾隆五十六年(1791)善因堂刻本　二十四冊

140000－0501－0008318　115743－50

同治中興京外奏議約編八卷　（清）陳弢輯　清光緒元年(1875)浙江陳氏篋劍囊琴之室刻本　八冊

140000－0501－0008319　115771－80

大清太祖高皇帝實錄十卷　清抄本　十冊

140000－0501－0008320　115781－82

還讀我書室老人手訂年譜二卷　（清）董恂編　清光緒十八年(1892)甘泉董氏刻本　二冊

140000－0501－0008321　115820－43

黃漳浦集五十卷首一卷目錄二卷　（明）黃道周撰　（清）陳壽祺編　**年譜二卷**　（清）莊起儔編　清道光九年(1829)閩刻本　二十四冊

140000－0501－0008322　115860－61

新刊補注銅人腧穴針灸圖經五卷　（宋）王惟一編　清光緒三十三年(1907)貴池劉氏影印本　二冊

140000－0501－0008323　115862

水經注圖一卷漢志釋地略一卷　（清）汪士鐸撰　清咸豐十一年(1861)長沙丁氏刻本　一冊

140000－0501－0008324　115865－76

明季稗史彙編十六種二十七卷　（清）留雲居士編　清都城刻本　十二冊

140000－0501－0008325　115911－34

四書章句不分卷　（宋）朱熹撰　清刻本　二十四冊

140000－0501－0008326　115943－54

禮記二十卷撫本禮記鄭注考異二卷　（漢）鄭玄注　（清）張敦仁考異　清嘉慶十一年(1806)陽城張氏刻本　十二冊

140000－0501－0008327　115955－78

四書大全四十卷　（清）陸隴其注　清康熙三十七年(1698)三魚堂刻本　二十四冊

140000－0501－0008328　115979－82

周禮節訓六卷　（清）黃叔琳注　（清）姚培謙重訂　清雍正九年(1731)刻本　四冊

140000－0501－0008329　115983－94

經義述聞三十二卷　（清）王引之撰　清嘉慶二十二年(1817)阮元刻本　十二冊　存十五卷(一至十五)

140000－0501－0008330　116133－42

朱子四書或問小註三十六卷　（宋）朱熹撰　（清）鄭任鑰校訂　清康熙六十一年(1722)刻本　十冊

140000－0501－0008331　116143－46

詩經傳注八卷　（清）李塨撰　清道光二十四年(1844)蠹吾静穆堂刻本　四冊

140000－0501－0008332　116147－58

春秋左傳杜注三十卷　（晉）杜預注　（清）姚培謙補注　清乾隆元年(1736)姚氏刻本　十二冊

140000－0501－0008333　116159－62

春秋事義合注十二卷　（清）單鐸注　清乾隆八年(1743)研經堂刻本　四冊

140000－0501－0008334　116163－64

大戴禮記十三卷　（漢）戴德撰　（北周）盧辯

注　清乾隆二十三年(1758)刻本　二册

140000－0501－0008335　116165－68
毛詩名物圖說九卷　(清)徐鼎輯　清乾隆三
十六年(1771)刻本　四册

140000－0501－0008336　116169－70
周易通論四卷　(清)李光地撰　清刻本
二册

140000－0501－0008337　116171－75
四書襯不分卷　(清)駱培撰　清乾隆十年
(1745)坦吉堂刻本　五册

140000－0501－0008338　116176－79
周易十卷附考證　(三國魏)王弼注　清乾隆
四十八年(1783)武英殿刻本　四册

140000－0501－0008339　116180－85
御製翻譯四書不分卷　(清)鄂爾泰訂　清光
緒十四年(1888)京都聚珍堂刻本　六册

140000－0501－0008340　116186－93
朱子四書或問三十九卷　(宋)朱熹著　清天
蓋樓刻本　八册

140000－0501－0008341　116194－97
毛詩日箋六卷　(清)秦松齡撰　清康熙三十
九年(1700)挺秀堂刻本　四册

140000－0501－0008342　116198－203
詩經說鈴十二卷　(清)潘克溥撰　清同治元
年(1862)晉祁書業德刻本　六册

140000－0501－0008343　116204－09
大易通變六卷　(漢)焦贛撰　(明)喬中和補
　清順治六年(1649)喬氏刻本　六册

140000－0501－0008344　116210－13
御製翻譯書經六卷　(清)高宗弘曆譯　清乾
隆二十五年(1760)刻本　四册

140000－0501－0008345　116214－17
詩經比義述八卷　(清)王千仞撰　清乾隆五
十五年(1790)刻本　四册

140000－0501－0008346　116218－25
駁呂留良四書講義不分卷　(清)朱軾撰　清

雍正九年(1731)刻本　八册

140000－0501－0008347　116226－30
易經觸義七卷　(清)賀貽孫撰　清咸豐二年
(1852)敕書樓刻本　五册

140000－0501－0008348　116231－36
詩經觸義六卷　(清)賀貽孫撰　清咸豐二年
(1852)敕書樓刻本　六册

140000－0501－0008349　116237－52
史姓韻編六十四卷　(清)汪輝祖撰　清光緒
十年(1884)耕餘樓書局鉛印本　十六册

140000－0501－0008350　116253
石經考文提要十三卷　(清)彭元瑞撰　清嘉
慶六年(1801)刻本　一册　存四卷(一至四)

140000－0501－0008351　116257－60
尚書因文六卷首一卷末一卷　(清)武士選撰
　清約六家塾刻本　四册

140000－0501－0008352　116261－62
檀弓論文二卷　(清)孫濩孫評訂　清康熙天
心閣刻本　二册

140000－0501－0008353　116263－64
詩考異字箋餘十四卷　(清)周邵蓮撰　清嘉
慶六年(1801)德化李氏木犀軒刻本　二册

140000－0501－0008354　116265－66
春秋左傳姓名同異考四卷　(清)高士奇輯注
　清刻本　二册

140000－0501－0008355　116267－74
二十二史紀事提要八卷　(清)吳綏纂　清嘉
慶元年(1796)孫培源刻本　八册

140000－0501－0008356　116275－84
綏寇紀略十二卷補遺三卷　(清)吳偉業纂輯
　清嘉慶九年(1804)照曠閣刻本　十册

140000－0501－0008357　116285－94
[道光]陽曲縣志十六卷　(清)李培謙修
(清)閻士驤纂　清道光二十三年(1843)葛英
繁刻本　十册

140000－0501－0008358　116295－98

太原府陽曲縣丈清地糧圖說　清光緒十八年（1892）陽曲縣署刻本　四冊

140000－0501－0008359　116300－07

［乾隆］曲沃縣志四十卷　（清）張坊纂修　清乾隆二十三年（1758）刻本　八冊

140000－0501－0008360　116308－15

皇朝藩部要略十八卷附世系表四卷　（清）祁韻士纂　清道光二十五年（1845）筠淥山房刻本　八冊

140000－0501－0008361　116316－19

晚邨蕘書不分卷　（清）呂留良撰　清順治十七年（1660）刻本　四冊

140000－0501－0008362　116320－25

湖山便覽十二卷　（清）翟灝　（清）翟瀚輯　清乾隆五十四年（1789）刻本　六冊

140000－0501－0008363　116326－37

嘯亭雜錄八卷續錄二卷　（清）昭槤輯　清光緒六年（1880）九思堂刻本　十二冊

140000－0501－0008364　116338－43

河洛理數七卷　（宋）陳希夷撰　（宋）邵雍述　明崇禎五年（1632）刻清印本　六冊

140000－0501－0008365　116356－59

昭昧詹言十卷續八卷續錄二卷附考一卷附錄一卷　（清）方東樹撰　清宣統元年（1909）安徽官紙印刷局鉛印本　四冊

140000－0501－0008366　116366－67

經書字音辨要九卷　（清）楊名颺輯　清太原令德堂刻本　二冊

140000－0501－0008367　116368－70

說文解字五百四十部目三種　（清）曾紀澤書　清同治刻本　三冊

140000－0501－0008368　116371－449

國朝文錄不分卷附續錄不分卷金元明八家文選不分卷附史論五種　（清）李祖陶選評　清道光十九年（1839）鳳儀書院刻本　七十九冊

140000－0501－0008369　116450－97

歐陽文忠公全集一百五十三卷　（宋）歐陽修

撰　附錄五卷　清乾隆五十七年（1792）惇敘堂刻本　四十八冊

140000－0501－0008370　116498－597

漢魏六朝百三名家集　（明）張溥編　清光緒十八年（1892）善化章經濟堂刻本　一百冊

140000－0501－0008371　116598－613

東谷全集四種　（清）白胤謙撰　清順治、康熙刻本　十六冊

140000－0501－0008372　116614－25

筠石山房詩話鈔六卷　（清）楊霈輯　清道光二十七年（1847）粵東糧道署刻本　十二冊

140000－0501－0008373　116626－31

漁洋山人精華錄十卷　（清）王士禛撰　（清）林佶輯　清康熙三十九年（1700）刻本　六冊

140000－0501－0008374　116632－51

漁洋山人精華錄訓纂十卷年譜二卷　（清）王士禛撰　（清）惠士奇輯錄　清紅豆齋刻本　二十

140000－0501－0008375　116652－55

少陵詩集不分卷　（唐）杜甫撰　清光緒十三年（1887）歷城李兆勛抄本　四冊

140000－0501－0008376　116656－65

白沙子全集十卷首一卷附錄一卷古詩教解二卷　（明）陳獻章撰　清乾隆三十六年（1771）羊城陳世澤碧玉樓刻本　十冊

140000－0501－0008377　116706－09

竹嘯軒詩鈔十八卷　（清）沈德潛撰　清乾隆十六年（1751）刻本　四冊

140000－0501－0008378　116710

仿唐寫本說文解字木部箋異一卷　（清）莫友芝撰　清同治二年（1863）莫氏刻本　一冊

140000－0501－0008379　116711－14

獨善堂文集八卷　（清）王大經著　（清）周右編　清嘉慶二十二年（1817）春暉堂刻本　四冊

140000－0501－0008380　116715－46

宋詩鈔四集九十五卷　（清）呂留良　（清）吳

之振　（清）吳爾堯輯　清康熙九年（1670）鑑古堂刻本（抄配本二冊）　三十二冊

140000－0501－0008381　116747－58

日涉編十二卷　（明）陳堦撰　清康熙二十七年（1688）刻本　十二冊

140000－0501－0008382　116759－72

諸子彙函二十六卷諸子評林一卷姓氏談藪一卷　（明）歸有光輯　明天啓五年（1625）刻本　十四冊

140000－0501－0008383　116773－84

劉子全書遺編二十四卷首一卷　（明）劉宗周撰　（清）沈復粲輯　清光緒十八年（1892）刻本　十二冊

140000－0501－0008384　116785－86

看雲山房詩草二卷　（清）折遇蘭撰　清嘉慶十七年（1812）看雲山房刻本　二冊

140000－0501－0008385　116787－90

山中白雲詞八卷　（宋）張炎撰　清康熙龔氏玉玲瓏閣刻本　四冊

140000－0501－0008386　116791－94

詠歸亭詩鈔八卷　（清）李果撰　清乾隆刻本　四冊

140000－0501－0008387　116811－12

東游紀略二卷　（清）張體乾撰　清乾隆二十六年（1761）刻本　二冊

140000－0501－0008388　116821－24

竈山集四卷清淮集二卷續集二卷帶津詩草二卷　（清）孟淦撰　清乾隆四十九年（1784）刻本　四冊

140000－0501－0008389　116829－34

吹網錄六卷歐陂漁話六卷　（清）葉廷琯撰　清同治八年（1869）刻本　六冊

140000－0501－0008390　116835－36

宋儒大文約不分卷　（清）李毓秀輯　清康熙五十年（1711）敦復齋刻本　二冊

140000－0501－0008391　116837－41

詩韻珠璣五卷　（清）余照輯　清嘉慶五年（1800）鴛湖博古堂刻本　五冊

140000－0501－0008392　116842－45

夏東巖先生文集十四卷首一卷　（明）夏尚樸撰　清康熙三十九年（1700）刻本　四冊

140000－0501－0008393　116846－49

日知堂文集六卷　（清）鄭端撰　清康熙五十八年（1719）刻本　四冊

140000－0501－0008394　116850－57

朱子［熹］年譜綱目十二卷首一卷末一卷　（清）李元祿編　清嘉慶七年（1802）敬修齋刻本　八冊

140000－0501－0008395　116858－69

石笥山房集十卷　（清）胡天游撰　清嘉慶三年（1798）刻本　十二冊

140000－0501－0008396　116870－81

讀雪山房唐詩三十四卷　（清）管世銘選　清光緒十二年（1886）湖北官書處刻本　十二冊

140000－0501－0008397　116882－929

朱子文集大全類編一百十一卷首一卷　（宋）朱熹撰　（清）朱玉輯　清乾隆十五年（1750）考亭書院刻本　四十八冊

140000－0501－0008398　116930－45

國朝山左詩鈔六十卷　（清）盧見曾撰　清乾隆二十三年（1758）雅雨堂刻本　十六冊　缺十五卷（十五至二十九）

140000－0501－0008399　116946－53

仰節堂集十四卷　（明）曹于汴撰　清乾隆二年（1737）弘運書院刻本　八冊

140000－0501－0008400　116954－58

水田居文集五卷　（清）賀貽孫撰　清敕書樓刻本　五冊

140000－0501－0008401　116959－78

曝書亭集八十卷附錄一卷　（清）朱彝尊撰　笛漁小稿十卷　（清）朱昆田撰　清刻本　二十冊

140000－0501－0008402　116979－7002

司馬文正公集八十二卷目錄二卷首一卷

（宋）司馬光撰　清乾隆九年（1744）臨汾劉氏百祿堂刻本　二十四冊

140000－0501－0008403　117003－08

張篲山三種　（清）張貞生撰　清康熙講學山房刻本　六冊

140000－0501－0008404　117009－14

義門鄭氏奕葉文集十卷　（清）鄭爾垣輯　清康熙五十四年（1715）鄭氏家刻本　六冊

140000－0501－0008405　117015－24

五子近思錄發明十四卷　（清）施璜撰　清康熙四十四年（1705）聚錦堂刻本　十冊

140000－0501－0008406　117025－30

柏梘山房文集三十一卷　（清）梅曾亮撰　清咸豐六年（1856）刻本　六冊

140000－0501－0008407　117031－36

潛園集錄九種　（清）屠倬輯　清道光二年（1822）刻本　六冊

140000－0501－0008408　117037－48

文清公薛先生文集二十四卷目錄一卷　（明）薛瑄撰　清雍正十二年（1734）稷山刻本　十二冊

140000－0501－0008409　117049－52

傭吹錄十八卷　（明）嚴文燈撰　題（清）石室老人輯　清嘉慶二十四年（1819）古秋堂刻本　四冊

140000－0501－0008410　117053－62

庸書二十卷　（清）張貞生撰　清康熙二十七年（1688）講學山房刻本　十冊

140000－0501－0008411　117063－65

參同契闡幽七卷　（漢）魏伯陽撰　（清）朱元育口授　清康熙六十年（1721）天德堂刻本　三冊

140000－0501－0008412　117066－71

朱子家禮八卷四禮初稿四卷四禮約言四卷　（宋）朱熹撰　（明）丘濬輯　清康熙四十年（1701）紫陽書院刻本　六冊

140000－0501－0008413　117072－87

湘綺樓文集八卷詩集十四卷箋啟八卷　王闓運撰　清光緒十三年（1887）長沙劉氏刻本　十六冊

140000－0501－0008414　117088－99

吞松閣集四十卷　（清）鄭虎文撰　（清）馮敏昌編　清嘉慶十八年（1813）刻本　十二冊

140000－0501－0008415　117100－03

瓶庵居士詩鈔四卷　（清）孟超然撰　清嘉慶二十年（1815）亦園亭刻本　四冊

140000－0501－0008416　117104－27

鮚埼亭集三十八卷首一卷經史問答十卷　（清）全祖望撰　清刻本　二十四冊

140000－0501－0008417　117128－31

定軒古文豹斑集四卷　（清）楊國泰著　清咸豐二年（1852）離石王象辰刻本　四冊

140000－0501－0008418　117132－33

己庚編二卷　（清）祁韻士纂輯　清道光二十八年（1848）筠淥山房刻本　二冊

140000－0501－0008419　117134－57

王陽明先生全集二十二卷首一卷　（明）王守仁撰　（清）俞嶙輯　清康熙十二年（1673）餘姚敦厚堂刻本　二十四冊

140000－0501－0008420　117158－65

居易堂文集八卷　（清）袁學謨撰　清雍正十二年（1734）本衙刻本　八冊

140000－0501－0008421　117166－89

沈歸愚詩文全集十四種　（清）沈德潛撰　清乾隆教忠堂刻本　二十四冊

140000－0501－0008422　117190－97

獨學廬初稿八卷二稿六卷外集一卷附事狀等一卷　（清）石韞玉撰　清道光寫刻本　八冊

140000－0501－0008423　117198

四聲切韻表　（清）江永編　清刻本　一冊

140000－0501－0008424　117207－10

字林古今正俗異同通考四卷六書辨異二卷附補遺　（清）湯容焴輯　清嘉慶三年（1798）四明滋德堂刻本　四冊

140000 – 0501 – 0008425　117211 – 14

梧笙唱和初集二卷　（清）李星沅編　**湘潭郭氏閨秀集**　（清）郭潤玉撰　清道光十七年（1837）刻本　四冊

140000 – 0501 – 0008426　117215 – 16

皇朝謚法考五卷續編一卷補編一卷　（清）鮑康輯　續補編一卷　（清）徐士鑾輯　清同治三年至十一年（1864 – 1872）刻本　二冊

140000 – 0501 – 0008427　117217 – 20

大義覺迷錄四卷　（清）世宗胤禛撰　清雍正內府刻本　四冊

140000 – 0501 – 0008428　117221

吳氏家乘　清道光十四年（1834）譜系堂刻本　一冊

140000 – 0501 – 0008429　117222 – 25

誠一堂琴譜六卷琴談二卷　（清）程允基撰　清誠一堂刻本　四冊

140000 – 0501 – 0008430　117226 – 33

賴古堂尺牘新鈔二選藏弃集十六卷　（清）周在浚選　清康熙六年（1667）賴古堂刻本　八冊

140000 – 0501 – 0008431　117234 – 35

陸稼書先生［隴其］年譜定本二卷附錄一卷　（清）吳光西重輯　清雍正三年（1725）清風室刻乾隆六年（1741）增訂本　二冊

140000 – 0501 – 0008432　117237

周官大義一卷　段洙編　清宣統元年（1909）太原山西大學堂鉛印本　一冊

140000 – 0501 – 0008433　117238

令德堂肄業章程　清光緒二十二年（1896）刻本　一冊

140000 – 0501 – 0008434　117239 – 46

賦學正鵠十卷　（清）李元度編　清光緒十一年（1885）石渠山房刻本　八冊

140000 – 0501 – 0008435　117247

恩福堂筆記二卷　（清）英和撰　清道光十七年（1837）刻本　一冊

140000 – 0501 – 0008436　117248

蘆南集一卷　（明）鄒頤賢撰　（清）宋弼編　清嘉慶元年（1796）廣川鄒述魯刻本　一冊

140000 – 0501 – 0008437　117249 – 51

止止堂集　（明）戚繼光撰　清刻本　三冊　存二卷（橫槊稿下、愚愚稿上）

140000 – 0501 – 0008438　117253 – 56

六堂詩存四卷　（清）萬經撰　清乾隆三十四年（1769）懷晉堂刻本　四冊

140000 – 0501 – 0008439　117257 – 60

邵亭遺文八卷　（清）莫友芝撰　清刻本　四冊

140000 – 0501 – 0008440　117263 – 64

慕萊毛公遺錄　（清）毛爾杰撰　清道光十五年（1835）刻本　二冊

140000 – 0501 – 0008441　117265 – 68

二希堂文集十一卷　（清）蔡世遠撰　（清）汪由敦輯　清雍正十年（1732）刻本　四冊

140000 – 0501 – 0008442　117269 – 76

精選八大家古文八卷　（清）呂留良輯　清康熙四十三年（1704）呂氏刻本　八冊

140000 – 0501 – 0008443　117277 – 80

醫貫六卷　（清）趙獻可撰　清康熙二十六年（1687）天蓋樓刻本　四冊

140000 – 0501 – 0008444　117281 – 84

黃先生儒行集四卷　（明）黃道周編　（清）李清輯　清初刻本　四冊

140000 – 0501 – 0008445　117285 – 89

莊子旁注五卷　（清）吳承漸輯注　清康熙三十八年（1699）思訓堂刻本　五冊

140000 – 0501 – 0008446　117290

焦里堂先生事略附李翁醫記二卷　（清）焦循撰　（清）焦廷琥輯　詩品一卷　（唐）司空圖撰　清嘉慶刻本　一冊

140000 – 0501 – 0008447　117291

易心存古二卷　（清）張六圖撰　清乾隆二十五年（1760）金陵清瑞軒刻本　一冊

140000－0501－0008448　117292

覆甕集不分卷　（清）侯萬代撰　清康熙五十二年(1713)解梁侯氏刻本　一冊

140000－0501－0008449　117293－98

漁洋山人說部精華十二卷附漁洋書籍跋尾二卷　（清）王士禎撰　（清）劉堅編　說鈴一卷（清）汪琬撰　清刻本　六冊

140000－0501－0008450　117299－30

怡情集四卷　（清）頡煥章撰　清乾隆三十九年(1774)松鶴堂刻本　二冊

140000－0501－0008451　117301

赤臣詩存一卷　（清）張煒撰　清道光二十年(1840)刻本　一冊

140000－0501－0008452　117302

青山書屋詩稿一卷　（清）曹汝愚撰　清同治八年(1869)刻本　一冊

140000－0501－0008453　117303

存焚集不分卷　（清）張恩撰　清康熙五十年(1711)石艾張氏刻本　一冊

140000－0501－0008454　117304

享帚集四卷　（清）楊豫成撰　清同治三年(1864)臥雲書屋刻本　一冊　存一卷(四)

140000－0501－0008455　117305

莊鏡集不分卷　（清）田莊儀撰　清雍正五年(1727)刻本　一冊

140000－0501－0008456　117306

秋庵詩草一卷詞草一卷題跋一卷　（清）黃易撰　清宣統二年(1910)石印本　一冊

140000－0501－0008457　117307－08

文選樓詩存五卷　（清）阮元撰　清嘉慶二十四年(1819)刻本　二冊

140000－0501－0008458　117309

存草二卷　（清）郭九會撰　（清）衛既齊選清康熙三十九年(1700)郇陽郭氏刻本　一冊

140000－0501－0008459　117311－16

四書地理考十五卷　（清）王遙撰　清光緒十七年(1891)習靜齋刻本　六冊

140000－0501－0008460　117317

未信齋詩似二集　（清）吳宗伯撰　清抄本一冊

140000－0501－0008461　117318

勾股備術細草□□卷　（清）王軒撰　清光緒抄本　三冊　存二卷(二至三)

140000－0501－0008462　117319－21

薛仁齋先生遺稿　（清）薛仁齋撰　清抄本三冊

140000－0501－0008463　117322－26

臥雲集四卷臥雲洞文集二編八卷三編八卷八股文集一卷　（清）曹續祖撰　清康熙二十年(1681)刻本(有抄配)　五冊　存四卷(二編七至八、三編一至二)

140000－0501－0008464　117327

巖溪詩草一卷　（清）毛同升撰　清抄本一冊

140000－0501－0008465　117328

弟子規一卷　（清）李毓秀撰　（清）賈存仁重訂　清末山西解梁書院刻本　一冊

140000－0501－0008466　117332

皇朝一統輿地全圖　（清）李兆洛編　清光緒石印本　一冊

140000－0501－0008467　117395－410

欽定國朝詩別裁集三十二卷　（清）沈德潛輯清乾隆二十六年(1761)刻本　十六冊

140000－0501－0008468　117411－14

藝苑名言八卷　（清）蔣瀾輯　清乾隆五十六年(1791)懷谷軒刻本　四冊

140000－0501－0008469　117415－20

角山樓增補類腋六十七卷　（清）姚培謙輯（清）趙克宜增輯　清光緒十二年(1886)上海同文書局石印本　六冊

140000－0501－0008470　117421－24

蘇黃題跋五卷　（宋）蘇軾　（宋）黃庭堅撰（清）溫一貞錄　清乾隆五十年(1785)又賞齋刻本　四冊

140000－0501－0008471　117425－30

剪燈叢話三卷　（明）李禎撰　清乾隆五十六年(1791)刻本　六冊

140000－0501－0008472　117431－36

巴山七種　（清）王侃撰　清同治四年(1865)光裕堂刻本　六冊

140000－0501－0008473　117437－46

蘭茗館外史十卷　（清）許奉恩撰　清光緒五年(1879)常熟抱芳閣刻本　十冊

140000－0501－0008474　117447－54

千金裘二十七卷二集二十六卷　（清）蔣義彬纂　清嘉慶二十一年(1816)三徑山房刻本　八冊

140000－0501－0008475　117455－70

讀書紀數略五十四卷　（清）宮夢仁輯　清康熙刻本　十六冊

140000－0501－0008476　117471－534

金石萃編一百六十卷　（清）王昶撰　清嘉慶十年(1805)經訓堂刻本　六十四冊

140000－0501－0008477　117535－43

重刻天傭子全集十卷首一卷末一卷　（明）艾南英撰　（明）艾為珖編輯　清道光十六年(1836)東鄉艾氏家塾刻本　九冊　存十卷（一至九、首一卷）

140000－0501－0008478　117658

九成宮醴泉銘　（清）王光覬臨　清臨摹本　一冊

140000－0501－0008479　117829

水流雲在館詩詞一卷　（清）周天麟撰　清光緒石印本　一冊

140000－0501－0008480　117833

化度寺碑墨跡　（清）翁方綱手鉤　清光緒有正書局石印本　一冊

140000－0501－0008481　117883

歐陽文忠公瀧岡阡表　（宋）歐陽修書　清宣統三年(1911)江西開智書局影印墨拓本　一冊

140000－0501－0008482　117951

河南河岸村莊州縣路徑圖一卷　清繪本　一冊

140000－0501－0008483　118334－37

四書典故辨正二十卷附錄一卷　（清）周柄中撰　清嘉慶刻本　四冊

140000－0501－0008484　118338－39

經傳考證八卷　（清）朱彬撰　清道光十六年(1836)宜祿堂刻本　二冊

140000－0501－0008485　118340－43

九經古義十六卷　（清）惠棟撰　清常熟蔣氏省吾堂刻本　四冊

140000－0501－0008486　118344－51

茶香室經說十六卷　（清）俞樾撰　清光緒十四年(1888)刻本　八冊

140000－0501－0008487　118358－61

周易虞氏義九卷虞氏消息二卷　（清）張惠言撰　清嘉慶八年(1803)揚州阮氏琅嬛仙館刻本　四冊

140000－0501－0008488　118362－65

周易姚氏學十六卷　（清）姚配中撰　清光緒元年(1875)湖北崇文書局刻本　四冊

140000－0501－0008489　118370－77

尚書原疑二卷尚書異讀考六卷詩細十卷首一卷續一卷　（清）趙佑撰　清乾隆二十九年(1764)刻本　八冊

140000－0501－0008490　118378－83

今文尚書考證三十卷　（清）皮錫瑞撰　清光緒二十三年(1897)師伏堂刻本　六冊

140000－0501－0008491　118384－91

詩春秋存稿四卷春秋三傳雜案十卷毛詩草木疏校正二卷　（清）趙佑撰　清乾隆四十六年(1781)刻本　八冊

140000－0501－0008492　118392－423

禮書通故五十卷　（清）黃以周撰　清光緒十九年(1893)黃氏試館刻本　三十二冊

140000－0501－0008493　118424－31

禮說十四卷大學說一卷 （清）惠士奇撰 清嘉慶三年(1798)蘭陔書屋刻本 八冊

140000－0501－0008494 118432－37

月令廣義二十四卷附錄一卷附圖 （明）馮應京輯 （明）戴任增釋 （明）李登參訂 明萬曆三十年(1602)梅墅石渠閣刻本 六冊

140000－0501－0008495 118438－39

儀禮聯句二卷 （清）張雲瑞輯 清道光二十四年(1844)醉經堂刻本 二冊

140000－0501－0008496 118440－42

儀禮圖六卷 （清）張惠言撰 清嘉慶十年(1805)刻本 三冊

140000－0501－0008497 118443－52

左傳事緯十二卷 （清）馬驌編 清乾隆四十九年(1784)懷澄堂刻本 十冊

140000－0501－0008498 118453－60

廣雅疏證十卷博雅音十卷附上廣雅表一卷 （清）王念孫撰 清光緒五年(1879)淮南書局刻本 八冊

140000－0501－0008499 118461－596

紀事本末五種 清同治十二年(1873)江西書局刻本 一百三十六冊

140000－0501－0008500 118597－608

明朝紀事本末八十卷 （清）谷應泰編 清順治十五年(1658)郁岡山房刻本 十二冊

140000－0501－0008501 118609－12

周季編略九卷 （清）黃式三纂 清同治十二年(1873)浙江書局刻本 四冊

140000－0501－0008502 118613－32

史姓韻編六十四卷 （清）汪輝祖編 清乾隆五十五年(1790)湖南寧遠官舍刻本 二十冊

140000－0501－0008503 118633－56

史記論文一百三十卷 （清）吳見思評點 清康熙二十五年(1686)吳氏尺木堂刻本 二十四冊

140000－0501－0008504 118657－80

尚史七十卷首一卷末一卷 （清）李鍇撰 清乾隆三十八年(1773)刻本 二十四冊

140000－0501－0008505 118681－88

陸馬南唐書合刻四十八卷 （宋）陸游 （宋）馬令撰 清襄平蔣國祥刻本 八冊

140000－0501－0008506 118689－704

日下舊聞四十二卷 （清）朱彝尊輯 清康熙二十七年(1688)秀水朱氏刻本 十六冊

140000－0501－0008507 118705－28

南疆繹史勘本五十六卷首二卷 （清）溫睿臨撰 （清）李瑤勘定 清道光十年(1830)都城琉璃廠半松居士刻本 二十四冊

140000－0501－0008508 118729－33

列女傳補注八卷敘錄一卷校正一卷 （清）王照圓撰 列仙傳校正本二卷仙讚一卷 （漢）劉向撰 夢書一卷 （清）王照圓輯 清嘉慶、光緒刻本 五冊

140000－0501－0008509 118734－37

東觀漢紀二十四卷 （漢）劉珍撰 清道光十年(1830)刻本 四冊

140000－0501－0008510 118738－41

元豐九域志十卷 （宋）王存撰 清光緒八年(1882)金陵書局刻本 四冊

140000－0501－0008511 118742－51

小腆紀年附考二十卷 （清）徐鼒撰 清光緒四年(1878)京都龍威閣書坊刻本 十冊

140000－0501－0008512 118752－57

靖康要錄十六卷 清刻本 六冊

140000－0501－0008513 118758

野記四卷 （明）祝允明纂 清同治十三年(1874)元和祝氏刻本 一冊

140000－0501－0008514 118759－62

大金國志四十卷 （宋）宇文懋昭撰 契丹國志二十七卷 （宋）葉隆禮撰 清嘉慶二年(1797)上海掃葉山房刻本 四冊

140000－0501－0008515 118763－70

懿齋奏疏十二卷 （清）孫嘉淦撰 清乾隆敦和堂刻本 八冊

140000－0501－0008516　118771－74

史餘萃覽四卷勝國文徵四卷　（清）楊家麟輯
清光緒二十七年(1901)上海申報館鉛印本
四冊

140000－0501－0008517　118775－82

中西紀事二十四卷　（清）夏燮撰　清光緒十
三年(1887)鉛印申報館叢書本　八冊

140000－0501－0008518　118783－88

大清搢紳全書不分卷　清乾隆六十年(1795)
三益堂刻本　六冊

140000－0501－0008519　118789－90

湘軍水陸戰記十六卷　（清）曾國藩撰　清光
緒十一年(1885)京都同文堂石印本　二冊

140000－0501－0008520　118791－830

朱子語類一百四十卷　（宋）黎靖德編　清同
治十一年(1872)應元書院刻本　四十冊

140000－0501－0008521　118831－41

桐城吳先生點勘諸子七種　（清）吳汝綸注
清宣統二年(1910)衍星社鉛印本　十一冊

140000－0501－0008522　118844－47

新纂門目五臣音注揚子法言十卷　（漢）揚雄
撰　（唐）柳宗元注　（宋）司馬光重添注　清
嘉慶九年(1804)姑蘇聚文堂刻本　四冊

140000－0501－0008523　118848－51

墨子七十一篇　（戰國）墨翟撰　王闓運注
清光緒三十年(1904)江西官書局刻本　四冊

140000－0501－0008524　118852－53

經史問答十卷　（清）全祖望撰　清乾隆三十
年(1765)刻本　二冊

140000－0501－0008525　118854－58

衍石齋記事續稿十卷　（清）錢儀吉撰　清咸
豐四年(1854)海昌蔣光焴刻本　五冊

140000－0501－0008526　118863－72

廣東新語二十八卷　（清）屈大均撰　清康熙
三十九年(1700)番禺屈氏刻本　十冊

140000－0501－0008527　118873－78

讀書雜識十二卷　（清）勞格著　清光緒四年

(1878)吳興丁氏刻月河精舍叢鈔本　六冊

140000－0501－0008528　118879

程氏家塾讀書分年日程二卷綱領一卷　（元）
程端禮撰　清同治八年(1869)江蘇書局刻本
一冊

140000－0501－0008529　118882－83

遊藝錄三卷　（清）蔣子瀟撰　清咸豐二年
(1852)刻本　二冊

140000－0501－0008530　118884－85

說緯一卷樂山集一卷　（清）王崧著　清嘉慶
二十三年(1818)刻本　二冊

140000－0501－0008531　118886－93

學案小識十四卷末一卷　（清）唐鑑撰　清道
光二十六年(1846)四砭齋刻本　八冊

140000－0501－0008532　118894

小學答問一卷　（清）章炳麟撰　清宣統元年
(1909)石印本　一冊

140000－0501－0008533　118895－96

二初齋讀書記十卷　（清）倪思寬撰　清嘉慶
八年(1803)函和堂刻本　二冊

140000－0501－0008534　118897－908

讀書紀數略五十四卷　（清）宮夢仁輯　清光
緒六年(1880)宋澤元惜花庵刻本　十二冊

140000－0501－0008535　118909－14

羣書疑辨十二卷　（清）萬斯同纂　清嘉慶二
十一年(1816)供石亭刻本　六冊

140000－0501－0008536　118915－20

薛文清公讀書錄十一卷續錄十二卷　（明）薛
瑄撰　明嘉靖四年(1525)刻本　六冊

140000－0501－0008537　118921－24

寫禮廎遺著五卷　（清）王頌蔚撰　清咸豐五
年(1855)刻本　四冊

140000－0501－0008538　118925－26

得一齋雜著四種七卷　（清）黃懋材撰　清光
緒十二年(1886)夢花軒刻本　二冊

140000－0501－0008539　118930－41

見聞續筆二十四卷 （清）齊學裘撰 清光緒二年(1876)婺源張氏天空海闊之居刻本 十二冊

140000－0501－0008540 118942－49
惺邨雜草二十三卷 （清）李奇觀撰 清乾隆三十年(1765)李印濂抄本 八冊

140000－0501－0008541 118950－51
五行大義五卷 （隋）蕭吉撰 清嘉慶九年(1804)刻本 二冊

140000－0501－0008542 118952－53
晦明軒稿不分卷 楊守敬撰 清光緒二十七年(1901)鄰蘇園刻本 二冊

140000－0501－0008543 118954－55
雷塘庵主弟子記八卷 （清）張鑒錄 清刻本 二冊

140000－0501－0008544 118956－59
漢學商兌三卷 （清）方東樹撰 清光緒八年(1882)聽花雨樓刻本 四冊

140000－0501－0008545 118960－65
洹詞十二卷 （明）崔銑撰 清乾隆三十六年(1771)二如堂刻本 六冊

140000－0501－0008546 118966－69
約書十二卷 （清）謝階樹撰 清道光二十四年(1844)宜黃謝氏刻本 四冊

140000－0501－0008547 118970－71
金壺精粹不分卷 （清）郝在田撰 清光緒元年(1875)刻本 二冊

140000－0501－0008548 118972－75
顏氏學記十卷 （清）戴望撰 清光緒二十年(1894)龍山白巖書院刻本 四冊

140000－0501－0008549 118976－79
士禮居藏書題跋記六卷 （清）黃丕烈撰 （清）潘祖蔭輯 清光緒十年(1884)吳縣潘氏滂喜齋刻本 四冊

140000－0501－0008550 118980－86
履園叢話二十四卷 （清）錢泳輯 清同治九年(1870)刻本 七冊

140000－0501－0008551 118987－92
說文校議十五卷 （清）姚文田 （清）嚴可均撰 清同治十三年(1874)歸安姚氏刻本 六冊

140000－0501－0008552 118993－96
小學鉤沈十九卷 （清）任大椿撰 清光緒十年(1884)龍氏刻本 四冊

140000－0501－0008553 118997
人物志三卷 （三國魏）劉邵撰 （北魏）劉昞注 清乾隆十二年(1747)中州彭氏寶機樓刻本 一冊

140000－0501－0008554 119000
歸田尺牘不分卷 （清）朱之俊撰 清刻本 一冊

140000－0501－0008555 119011－18
十駕齋養新錄二十卷餘錄三卷 （清）錢大昕撰 錢辛楣先生年譜一卷竹汀居士年譜續編一卷 （清）錢慶曾校注 清光緒二年(1876)浙江書局刻本 八冊

140000－0501－0008556 119052－59
臨川四夢 （明）湯顯祖撰 清刻本 八冊

140000－0501－0008557 119060－83
醒世姻緣傳一百回 （清）西周生輯著 （清）然黎子校定 清刻本 二十四冊

140000－0501－0008558 119084－95
詞律二十卷目錄一卷 （清）萬樹編 清康熙二十六年(1687)尺木堂刻本 十二冊

140000－0501－0008559 119096－103
制義叢話二十四卷題名一卷 （清）梁章鉅撰 清咸豐九年(1859)羊城江氏刻本 八冊

140000－0501－0008560 119106－09
博物志十卷 （晉）張華撰 續博物志十卷 （宋）李石撰 清刻本 四冊

140000－0501－0008561 119110－25
儒林外史五十六回 （清）吳敬梓撰 清嘉慶刻本 十六冊

140000－0501－0008562 119126－61

唐宋八大家文鈔一百四十四卷 （明）茅坤編
明崇禎元年(1628)刻本 三十六冊

140000－0501－0008563 119162－209
韓柳全集一百四卷 （清）蔣之翹編 明崇禎
六年(1633)豹變齋刻本 四十八冊

140000－0501－0008564 119210－15
王右丞集二十八卷首一卷末一卷 （唐）王維
撰 （清）趙殿成注 清乾隆二年(1737)刻本
六冊

140000－0501－0008565 119216－25
古文辭類纂七十五卷 （清）姚鼐輯 清道光
五年(1825)金陵吳啟昌刻本 十冊

140000－0501－0008566 119226－31
續古文辭類纂三十四卷 王先謙纂 清光緒
十年(1884)行素草堂刻本 六冊

140000－0501－0008567 119232－43
讀雪山房唐詩三十四卷 （清）管世銘選 清
光緒十二年(1886)湖北官書處刻本 十二冊

140000－0501－0008568 119244－83
攻媿集一百十二卷 （宋）樓鑰撰 清刻本
四十冊

140000－0501－0008569 119284－89
高季迪全集十八卷 （明）高啟撰 清康熙三
十四年(1695)許氏竹素園刻本 六冊

140000－0501－0008570 119292－97
鑑止水齋集二十卷 （清）許宗彥撰 清道光
三年(1823)刻本 六冊

140000－0501－0008571 119298－301
越縵堂駢體文四卷散體文一卷 （清）李慈銘
撰 （清）曾之編次 清光緒刻虛霩居叢書本
四冊

140000－0501－0008572 119302－07
芳茂山人文集五種十二卷 （清）孫星衍撰
清光緒十一年(1885)吳縣朱記榮槐廬家塾刻
槐廬叢書本 六冊

140000－0501－0008573 119308－15
求益齋全集 （清）強汝詢著 清光緒二十四
年(1898)江蘇書局刻本 八冊

140000－0501－0008574 119316－19
求是堂文集六卷首一卷駢體文二卷 （清）胡
承珙撰 清道光十七年(1837)刻本 四冊

140000－0501－0008575 119320－23
靖節先生集十卷首一卷末一卷諸本評陶彙集
一卷 （晉）陶潛撰 年譜考異二卷 （清）陶
澍撰 清光緒九年(1883)江蘇書局刻本
四冊

140000－0501－0008576 119340－51
公是集五十四卷 （宋）劉敞撰 清光緒三年
(1877)吉安劉氏刻本 十二冊

140000－0501－0008577 119352－57
義門先生集十二卷附錄一卷姓氏錄一卷家書
四卷 （清）何焯撰 （清）韓崇輯 清宣統元
年(1909)平江吳氏刻本 六冊

140000－0501－0008578 119358－60
嶺南三大家詩選四十八卷 （清）王隼選輯
清刻本 三冊

140000－0501－0008579 119361－72
愛日精廬藏書志三十六卷續志四卷 （清）張
金吾編 清光緒十三年(1887)吳縣靈芬閣徐
氏木活字印本 十二冊

140000－0501－0008580 119373
桂之華軒文集九卷 （清）朱銘盤著 清光緒
三十二年(1906)南盤州翰墨林書局鉛印本
一冊

140000－0501－0008581 119374－77
詠樓盍戠集十一卷 （清）沈秉成輯 清同治
十年(1871)歸安沈氏刻本 四冊

140000－0501－0008582 119378－83
國朝六家詩鈔八卷 （清）劉執玉選 清乾隆
三十二年(1767)詒燕樓刻本 六冊

140000－0501－0008583 119384－85
文選音義八卷 （清）余蕭客輯撰 清乾隆二
十三年(1758)靜勝堂刻本 二冊

140000－0501－0008584 119388－91

切問齋集十二卷　（清）陸燿著　清光緒十八年(1892)刻本　四冊

140000－0501－0008585　119392－97

思益堂詩鈔六卷詞鈔一卷古文二卷日札十卷　（清）周壽昌撰　清光緒十四年(1888)刻本　六冊

140000－0501－0008586　119398－99

板橋集六編　（清）鄭燮著　清乾隆清暉書屋刻本　二冊

140000－0501－0008587　119400－07

復初齋文集三十五卷　（清）翁方綱撰　清光緒三年(1877)李彥章刻本　八冊

140000－0501－0008588　119408－13

元遺山詩集箋注十四卷首一卷末一卷　（金）元好問撰　（清）施國祁箋注　清道光七年(1827)苕溪吳氏醉六堂刻本　六冊

140000－0501－0008589　119414－21

漁洋山人古詩選五言詩十七卷七言詩歌行鈔十五卷　（清）王士禛選　清光緒七年(1881)山西濬文書局刻本　八冊

140000－0501－0008590　119422－25

一山文存十二卷　章梫撰　清宣統二年(1910)嘉業堂刻本　四冊

140000－0501－0008591　119426－27

香草齋詩注六卷　（清）黃任著　清嘉慶十九年(1814)刻本　二冊

140000－0501－0008592　119432－35

西青散記四卷　（清）史震林著　清刻本　四冊

140000－0501－0008593　119436－39

鐵橋漫稿八卷　（清）嚴可均撰　清光緒十一年(1885)長洲蔣氏刻本　四冊

140000－0501－0008594　119440－43

林嚴文鈔四卷　林紓　嚴復撰　清宣統元年(1909)上海國學扶輪社鉛印本　四冊

140000－0501－0008595　119444－66

初學集一百十卷目錄二卷　（清）錢謙益撰

（清）錢曾箋注　清宣統二年(1910)吳江鳳昌氏邃漢齋鉛印本　二十三冊

140000－0501－0008596　119467－68

周忠介公燼餘集三卷　（明）周順昌撰　忠介遺事一卷周吏部年譜一卷　（明）殷獻臣輯　清光緒二十九年(1903)太倉唐氏刻本　二冊

140000－0501－0008597　119469－72

江左三大家詩鈔不分卷　（清）顧有孝　（清）趙澐輯　清康熙七年(1668)刻本　四冊

140000－0501－0008598　119473－78

十種唐詩選不分卷　（清）王士禛刪纂　清康熙三十二年(1693)南芝堂刻本　六冊

140000－0501－0008599　119479－84

拾雅二十卷　（清）夏味堂撰　清嘉慶二十四年(1819)刻本　六冊

140000－0501－0008600　119485－92

海虞三陶先生集合刻　（清）楊沂孫輯　清光緒七年(1881)海虞楊同福貴池衙署刻本　八冊

140000－0501－0008601　119493－98

八家四六文鈔　（清）吳鼒輯　清校經堂刻本　六冊

140000－0501－0008602　119499－502

新雕徂徠石先生文集二十卷末一卷　（宋）石介撰　清光緒九年(1883)濰縣張氏尚志堂刻本　四冊

140000－0501－0008603　119503－08

變雅堂詩文集八卷詩集十卷附錄二卷　（清）杜濬編　清光緒二十年(1894)刻本　六冊

140000－0501－0008604　119509－10

西廬文集四卷　（清）張雋著　清宣統二年(1910)上海國學扶輪社鉛印本　二冊

140000－0501－0008605　119518－23

三十家詩鈔六卷　（清）曾國藩纂　（清）王定安輯　清同治十三年(1874)都門刻本　六冊

140000－0501－0008606　119524－25

宋金元詩選六卷　（清）吳翌鳳輯　清乾隆五

十八年(1793)古歡堂吳氏刻本　二冊

140000－0501－0008607　119526－29

藝風堂文集七卷外篇一卷　繆荃孫撰　清光緒二十六年(1900)刻本　四冊

140000－0501－0008608　119530－31

溫飛卿詩集九卷　(唐)溫庭筠撰　(明)曾益注　(清)顧予咸補注　清康熙三十六年(1697)秀野草堂刻本　二冊

140000－0501－0008609　119532－36

文史通義八卷校讎通義三卷　(清)章學誠著　清道光十二年(1832)刻本　五冊

140000－0501－0008610　119537－40

石桐先生詩鈔不分卷　(清)李懷民著　**少鶴內集十卷**　(清)李憲喬著　清乾隆、嘉慶刻本　四冊

140000－0501－0008611　119541－44

後山先生集二十四卷首一卷　(宋)陳師道撰　清光緒十一年(1885)番禺陶福祥刻本　四冊

140000－0501－0008612　119545

白香亭詩存一卷　(清)鄧輔綸著　清咸豐七年(1857)滿洲東湖行館刻本　一冊

140000－0501－0008613　119546－47

錢南園先生遺集五卷　(清)錢灃撰　清光緒十九年(1893)浙江書局刻本　二冊

140000－0501－0008614　119548－49

東京夢華錄十卷　(宋)孟元老撰　(明)胡震亨　(明)毛晉訂　明崇禎毛氏汲古閣刻津逮秘書本　二冊

140000－0501－0008615　119550－53

樹廬文鈔十卷　(清)彭士望著　清道光四年(1824)刻本　四冊

140000－0501－0008616　119554－59

東塾集六卷　(清)陳澧撰　清光緒十八年(1892)菊坡精舍刻本　六冊

140000－0501－0008617　119560－71

四六叢話三十三卷選詩叢話一卷　(清)孫梅輯　清嘉慶三年(1798)吳興日言堂刻本　十二冊

140000－0501－0008618　119572－77

柏梘山房文集十六卷駢體文二卷詩集十卷詩續集二卷　(清)梅曾亮著　清光緒二十七年(1901)刻本　六冊

140000－0501－0008619　119578－83

栖雲閣詩十六卷　(清)高珩撰　(清)趙執信選定　清乾隆淄川高氏刻本　六冊

140000－0501－0008620　119584－91

大雲山房文稿初集四卷二集四卷　(清)惲敬撰　清光緒十四年(1888)官書處刻本　八冊

140000－0501－0008621　119592－94

圍爐詩話六卷西崑發微三卷　(清)吳喬撰　**談龍錄一卷**　(清)趙執信撰　清刻本　四冊

140000－0501－0008622　119596－97

六硯草堂詩前集二卷後集二卷　(清)延君壽著　清道光六年(1826)刻本　二冊　缺二卷(前集上、後集下)

140000－0501－0008623　119599－600

廣陵詩事十卷　(清)阮元撰　清光緒十六年(1890)京師揚州會館刻本　二冊

140000－0501－0008624　119601－02

茗柯文初編一卷二編二卷三編一卷四編一卷　(清)張惠言撰　清光緒七年(1881)刻本　二冊

140000－0501－0008625　119609－10

炳燭齋文集初刻一卷續刻一卷　(明)顧大韶撰　清宣統元年(1909)上海國學扶輪社鉛印本　二冊

140000－0501－0008626　119611－18

新刊權載之文集五十卷補刻一卷　(唐)權德輿撰　清嘉慶十一年(1806)刻本　八冊

140000－0501－0008627　119619－20

陳一齋先生文集六卷詩集一卷　(清)陳梓撰　清宣統三年(1911)上海國學扶輪社鉛印張氏適園叢書本　二冊

140000－0501－0008628　119621－24

古微堂內集三卷外集七卷　（清）魏源著　清光緒四年(1878)淮南書局刻本　四冊

140000－0501－0008629　119632－34

後山詩注十二卷目錄一卷　（宋）陳師道撰（宋）任淵注　清乾隆四十一年(1776)印武英殿聚珍版書本　三冊

140000－0501－0008630　119635－39

五子近思錄發明十四卷　（清）施璜輯注　清康熙四十四年(1705)世榮堂刻本　五冊

140000－0501－0008631　119640－47

毛翰林集不分卷　（清）毛奇齡撰　清康熙三十年(1691)刻本　八冊

140000－0501－0008632　119648－55

海峰文集八卷古體詩五卷今體詩六卷　（清）劉大櫆著　清光緒元年(1875)刻本　八冊

140000－0501－0008633　119656－63

陋軒詩十二卷續二卷　（清）吳嘉紀著　清道光二十年(1840)刻本　八冊

140000－0501－0008634　119672－79

養一齋集二十六卷首一卷　（清）潘德輿撰　清同治二年(1863)刻本　八冊

140000－0501－0008635　119680－89

閱微草堂筆記二十四卷　（清）紀昀撰　清道光廣州刻本　十冊

140000－0501－0008636　119728－31

湘綺樓箋啟八卷　王闓運著　清光緒三十三年(1907)長沙墨莊劉氏刻本　四冊

140000－0501－0008637　119736－37

藍山詩集六卷　（明）藍仁撰　清末刻本　二冊

140000－0501－0008638　119738－39

王石和文九卷　（清）王瑂撰　清刻本　二冊

140000－0501－0008639　119740

合肥三家詩錄二卷　（清）譚獻選　待堂文一卷　（清）吳懷珍著　池上小集一卷　（清）閻煒等著　清光緒十二年(1886)安慶刻本

一冊

140000－0501－0008640　119741

考功集選四卷　（清）王士祿撰　清刻本　一冊

140000－0501－0008641　119745－46

南宋雜事詩七卷　（清）沈嘉轍撰　清同治十一年(1872)淮南書局刻本　二冊

140000－0501－0008642　119747－52

徧行堂集十六卷　（明）釋澹歸撰　清宣統三年(1911)上海國學扶輪社鉛印本　六冊

140000－0501－0008643　119757－60

樓邨詩集二十五卷　（清）王式丹著　清雍正四年(1726)寶應王氏刻本　四冊

140000－0501－0008644　119761－64

玉臺新詠十卷　（南朝陳）徐陵編　（清）吳兆宜原注　（清）程琰刪補　清光緒五年(1879)宏達堂刻本　四冊

140000－0501－0008645　119819

宋少保岳鄂王行實編年二卷　（宋）岳珂編　清同治二年(1863)古潭余氏明辨齋刻本　一冊

140000－0501－0008646　119824－25

帝女花二卷　（清）黃燮清撰　清道光十三年(1833)馴雲閣刻韻珊外集本　二冊

140000－0501－0008647　119833

暾社學譚第七期　暾社學譚社編輯　清宣統三年(1911)鉛印本　一冊

140000－0501－0008648　120012－31

元書一百二卷首一卷　曾廉撰　清宣統三年(1911)層漪堂刻本　二十冊

140000－0501－0008649　120037－48

[道光]泰州志三十六卷首一卷　（清）王有慶修　（清）陳世鎔纂　清道光七年(1827)刻本　十二冊

140000－0501－0008650　120049－54

七家後漢書附失氏名後漢書一卷　（清）汪文臺輯　清光緒八年(1882)太平崔國榜刻本

六冊

140000－0501－0008651　120135

東藩紀要十二卷補錄一卷　（清）薛培榕編
清光緒八年(1882)上海申報館鉛印本　一冊

140000－0501－0008652　120311－16

秋坪新語六卷　題(清)浮槎散人編　清咸豐
七年(1857)刻本　六冊

140000－0501－0008653　120339－50

果報錄十二卷一百回　清木活字印本　十二冊

140000－0501－0008654　120368－72、120383－87

春秋大事表五十卷首一卷附錄一卷春秋輿圖
一卷　（清）顧棟高纂　清同治十二年(1873)
山東尚志堂刻本　十冊　存三十卷(一至五、
二十六至五十)

140000－0501－0008655　120391－97

江上草堂前稿四卷代耕堂中稿二十三卷
(清)李嘉績撰　清光緒二十六年(1900)李氏
少華山堂刻本　七冊　缺三卷(代耕堂中稿
十九至二十一)

140000－0501－0008656　120398－409

[同治]上江兩縣志二十九卷首一卷　（清）莫
祥芝　（清）甘紹盤修　（清）汪士鐸纂　清同
治十三年(1874)刻本　十二冊

140000－0501－0008657　120413－15

爾雅三卷　（晉）郭璞注　清道光二十四年
(1844)刻本　三冊

140000－0501－0008658　120444－47

江泠閣詩集十二卷首一卷末一卷文集四卷續
編二卷補遺一卷　（清）冷士嵋著　清咸豐十
年(1860)丹徒冷氏橫山草堂刻本　四冊

140000－0501－0008659　120452－57

明齋小識十二卷　（清）諸聯輯　清刻本
六冊

140000－0501－0008660　120511－22

平播全書十五卷　（明）李化龍著　清光緒十
三年(1887)王灝刻本　十二冊

140000－0501－0008661　120540－45

測繪海圖全法八卷　（英國）華爾敦著　（英
國）傅蘭雅口譯　（清）趙元益筆述　清光緒
二十五年(1899)江南製造局刻本　六冊

140000－0501－0008662　120551

虎門炮臺圖說一卷　（清）陳坤編　油印本
一冊

140000－0501－0008663　120552－62

衎石齋記事稿十卷續稿十卷旅逸小稿二卷刻
楮集四卷續良吏述一卷　（清）錢儀吉撰　清
光緒六年(1880)嘉興錢氏刻本　十一冊

140000－0501－0008664　120591－92

[稟潘撫憲等]不分卷　清抄本　二冊

140000－0501－0008665　120901－12

捷錄法原旁注十二卷　（明）鍾惺輯　（清）錢
炅重輯　清康熙五年(1666)刻本　十二冊

140000－0501－0008666　120913

目蓮寶卷三卷　清光緒十二年(1886)刻本
一冊

140000－0501－0008667　120934－37

酉陽雜俎二十卷　（唐）段成式撰　清刻本
四冊

140000－0501－0008668　120938－43

掃葉山房重校醫宗必讀十卷　（明）李中梓著
清光緒十四年(1888)刻本　六冊

140000－0501－0008669　120944－47

吳醫彙講十一卷　（清）唐大烈輯　清乾隆五
十七年(1792)唐氏問心草堂刻本　四冊

140000－0501－0008670　120948－56

濟陰綱目十四卷　（明）武之望輯　（清）汪淇
箋釋　保生碎事一卷　（清）汪淇定　清天德
堂刻本　九冊

140000－0501－0008671　121005－28

西遊真詮二十卷一百回　（清）金人瑞評
(清)陳士斌詮解　清三元堂刻本　二十
四冊

140000－0501－0008672　121051－67

繪圖官場現形記六十卷　（清）李寶嘉撰

（清）歐陽巨元增注　清光緒二十九年（1903）崇本堂石印本　十七冊

140000－0501－0008673　121079－158

漢魏六朝百三家集　（明）張溥輯　明金閶徐參微刻本　八十冊

140000－0501－0008674　121159－66

退菴隨筆二十二卷　（清）梁章鉅編　清同治十一年（1872）補刻本　八冊

140000－0501－0008675　121167－78

明季稗史彙編十六種二十七卷　（清）留雲居士編　清都城琉璃廠刻本　十二冊

140000－0501－0008676　121179－82

月齋文集八卷詩集四卷　（清）張穆撰　（清）吳履敬編　清咸豐八年（1858）刻本　四冊

140000－0501－0008677　121183－98

夷堅志甲志二十卷乙志二十卷丙志二十卷丁志二十卷　（宋）洪邁撰　清光緒五年（1879）吳興陸心源十萬卷樓刻本　十六冊

140000－0501－0008678　121201－32

宋文鑑一百五十卷　（宋）呂祖謙輯　明刻本　三十二冊

140000－0501－0008679　121233－48

粟香隨筆八卷二筆八卷三筆八卷四筆八卷五筆八卷　金武祥撰　清光緒二十四年（1898）上海掃葉山房石印本　十六冊

140000－0501－0008680　121249－58

日本國志四十卷首一卷　（清）黃遵憲編　清光緒二十四年（1898）上海圖書集成印書局鉛印本　十冊

140000－0501－0008681　121259－62

定香亭筆談四卷　（清）阮元記　（清）吳文溥錄　清嘉慶五年（1800）揚州阮氏琅嬛仙館刻本　四冊

140000－0501－0008682　121263－70

世說新語補二十卷　（南朝宋）劉義慶撰（明）何良俊補　清乾隆二十七年（1762）茂清書屋刻本　八冊

140000－0501－0008683　121271－76

棗林雜俎智集一卷仁集一卷聖集一卷義集一卷中集一卷和集一卷　（明）談遷撰　清宣統三年（1911）上海國學扶輪社鉛印本　六冊

140000－0501－0008684　121286－91

白虎通疏證十二卷　（漢）班固撰　（清）陳立疏證　清光緒元年（1875）淮南書局刻本　六冊

140000－0501－0008685　121292－95

庸閒齋筆記十二卷　（清）陳其元撰　清宣統三年（1911）上海掃葉山房石印本　四冊

140000－0501－0008686　121296－99

甲申傳信錄十卷　（明）錢𫓧著　清光緒三年（1877）申報館鉛印本　四冊

140000－0501－0008687　121301－12

本草述鈎元三十二卷　（清）劉若金撰　（清）楊時泰輯　清道光二十二年（1842）毘陵涵雅堂刻本　十二冊

140000－0501－0008688　121313

醫宗備要三卷　（清）曾鼎輯　清同治八年（1869）崇文書局刻本　一冊

140000－0501－0008689　121317－22

嬰童百問十卷　（明）魯伯嗣撰　明刻本　六冊　存六卷（一至六）

140000－0501－0008690　121323－26

九域志十卷　（宋）王存纂　清刻本　四冊

140000－0501－0008691　121341

增訂治療彙要三卷附近診醫案一卷　（清）過鑄撰　清光緒二十二年（1896）刻本　一冊

140000－0501－0008692　121342－44

紅爐點雪四卷　（明）龔居中輯　清道光二十年（1840）平遠樓刻本　三冊

140000－0501－0008693　121345

產寶奇書二卷　清刻本　一冊

140000－0501－0008694　121347－52

輿地廣記三十八卷　（宋）歐陽忞撰　清印武英殿聚珍版書本　六冊

140000 - 0501 - 0008695　121355 - 58

元和姓纂十卷　（唐）林寶撰　清光緒六年
(1880)金陵書局刻本　四冊

140000 - 0501 - 0008696　121359 - 66

增補萬病回春原本八卷　（明）龔廷賢編　清
抄本　八冊

140000 - 0501 - 0008697　121371

傷寒標本心法類萃二卷　（金）劉完素撰　河
間傷寒心要一卷　（金）鎦洪編　張子和心鏡
別集一卷　（金）常德編　清刻本　一冊

140000 - 0501 - 0008698　121379

衛生要術一卷　（清）潘霨輯　清抄本　一冊

140000 - 0501 - 0008699　121407

菰中隨筆一卷　（清）顧炎武撰　清道光二十
五年(1845)刻海山仙館叢書本　一冊

140000 - 0501 - 0008700　121408 - 11

耐冷譚十六卷　（清）宋咸熙撰　清道光九年
(1829)刻本　四冊

140000 - 0501 - 0008701　121460 - 69

古今醫鑑十六卷　（明）龔信撰　（明）王肯堂
補　明萬曆十七年(1589)刻本　十冊

140000 - 0501 - 0008702　121490 - 95

俄遊彙編八卷　（清）繆祐孫纂　清光緒二十
四年(1898)上海書局石印本　六冊

140000 - 0501 - 0008703　121677 - 80

英軺日記十二卷　載振撰　清光緒二十九年
(1903)上海文明譯書局鉛印本　四冊

140000 - 0501 - 0008704　121685 - 704

憨山老人夢遊集五十五卷　（明）釋德清撰
清光緒五年(1879)江北刻經處刻雲棲法彙本
二十冊

140000 - 0501 - 0008705　121705 - 08

高僧傳十五卷首一卷　（南朝梁）釋慧皎撰
清光緒十年(1884)金陵刻經處刻本　四冊

140000 - 0501 - 0008706　121779

[道光乙酉科]山西全省選拔同年齒錄一卷
（清）福綿　（清）鄒植行輯　清刻本　一冊

140000 - 0501 - 0008707　121780 - 81

新鍥雲林神彀四卷　（明）龔廷賢撰　明書林
遺德堂刻本　二冊

140000 - 0501 - 0008708　121782 - 83

華氏中藏經三卷素女方一卷秘授清寧丸方一
卷附華佗先生內照圖訣一卷　（漢）華佗撰
（清）孫星衍校　清光緒十一年(1885)朱記榮
刻本(華佗先生內照圖訣一卷爲抄配)　二冊

140000 - 0501 - 0008709　121784 - 88

恆山志不分卷　（清）桂敬順纂修　清嘉慶二
十四年(1819)刻本　五冊

140000 - 0501 - 0008710　121789 - 94

申斗垣校正外科啟玄十二卷　（明）申拱宸撰
明萬曆三十二年(1604)聚錦堂刻本　六冊

140000 - 0501 - 0008711　121795 - 99

大清搢紳全書不分卷附增補最新職官全錄一
卷　清宣統元年(1909)榮寶齋刻本　五冊

140000 - 0501 - 0008712　121820 - 31

石經彙函　（清）王秉恩輯　清光緒十六年
(1890)四川尊經書局刻本　十二冊

140000 - 0501 - 0008713　121832 - 40

桐城吳先生全書　（清）吳汝綸撰　清光緒三
十年(1904)王恩紱等刻本　九冊　存六卷
(易說二卷、尚書故三卷、詩集一卷)

140000 - 0501 - 0008714　121841 - 60

春秋大事表五十卷首一卷附錄一卷春秋輿圖
一卷　（清）顧棟高纂輯並著　清同治十二年
(1873)山東尚志堂刻本　二十冊

140000 - 0501 - 0008715　121916 - 17

劉氏遺書八卷　（清）劉台拱撰　劉端臨先生
行狀一卷　（清）朱彬撰　劉端臨先生墓表一
卷　（清）阮元撰　清光緒十五年(1889)廣雅
書局刻本　二冊

140000 - 0501 - 0008716　122099 - 114

五經繹十五卷　（明）鄧元錫撰　明崇禎二年
(1629)焦宗渭刻本　十六冊

140000 - 0501 - 0008717　122115 - 26

六經圖二十四卷　（清）鄭之僑編　清乾隆九年(1744)述堂刻本　十二冊

140000－0501－0008718　122143－48

傷寒瘟疫條辨六卷　（清）楊璿撰　清光緒十五年(1889)刻本　六冊

140000－0501－0008719　122153－57

醫學五則　（清）廖雲溪撰　清光緒十三年(1887)興發堂刻本　五冊

140000－0501－0008720　122218－20

四庫未收書目提要五卷　（清）阮元撰　清道光二年(1822)雙流黃氏濟忠堂刻本　三冊

140000－0501－0008721　122221－30

詩經補箋二十卷　王闓運撰　清光緒十九年(1893)東洲刻本　十冊

140000－0501－0008722　122231－38

[道光]重修平度州志二十七卷　（清）保忠修　（清）李圖纂　清道光二十九年(1849)刻本　八冊

140000－0501－0008723　122255－58

四庫全書表文箋釋四卷　（清）林鶴年纂　清宣統元年(1909)吳興劉氏求恕齋刻本　三冊

140000－0501－0008724　122259－62

拜經樓藏書題跋記五卷附錄一卷經籍跋文一卷　（清）吳壽暘纂　清道光二十七年(1847)刻本　四冊

140000－0501－0008725　122276－79

寒疫合編歌括四卷　（清）王光甸輯　清同治二年(1863)樂善公所刻本　四冊

140000－0501－0008726　122280

元耶律楚材西游錄一卷和林詩一卷朔方備乘劄記一卷　（清）李文田注並撰　清光緒二十三年(1897)會稽施世杰刻本　一冊

140000－0501－0008727　122281

元秘史山川地名考十二卷　（清）施世杰撰　清光緒二十三年(1897)會稽施氏刻本　一冊

140000－0501－0008728　122284－95

昭代詞選三十四卷　（清）蔣重光選輯　清乾

隆三十二年(1767)刻本　十二冊

140000－0501－0008729　122324－83

古今說部叢書十集二百六十六種　清宣統、民國上海國學扶輪社鉛印本　六十冊

140000－0501－0008730　122388－93

開有益齋讀書志六卷續志一卷金石文字記一卷　（清）朱緒曾撰　清光緒六年(1880)金陵翁氏茹古閣刻本　六冊

140000－0501－0008731　122394－409

元史類編四十二卷　（清）邵遠平撰　清乾隆六十年(1795)南沙席氏掃葉山房刻本　十六冊

140000－0501－0008732　122422－31

西漢年紀三十卷　（宋）王益之撰　清同治十二年(1873)退補齋刻本　十冊

140000－0501－0008733　122432－34

湛然居士文集十四卷　（元）耶律楚材撰　清光緒二十一年(1895)漸西村舍刻本　三冊

140000－0501－0008734　122455－86

滂喜齋叢書五十種　（清）潘祖蔭輯　清同治、光緒京師吳縣潘氏刻本　三十二冊　殘

140000－0501－0008735　122487－506

元書一百二卷首一卷　曾廉撰　清宣統三年(1911)層漪堂刻本　二十冊

140000－0501－0008736　122511

元耶律楚材西游錄一卷和林詩一卷朔方備乘劄記一卷　（清）李文田注並撰　清光緒二十三年(1897)會稽施世杰刻本　一冊

140000－0501－0008737　122512

元秘史山川地名考十二卷　（清）施世杰撰　清光緒二十三年(1897)會稽施氏刻本　一冊

140000－0501－0008738　122549－80

中外地輿圖說集成一百三十卷首三卷　（清）同康廬主編　清光緒二十年(1894)上海積山書局石印本　三十二冊

140000－0501－0008739　122593－608

十三經客難　（清）龔元玠撰　清道光二十六

年(1846)縣學文昌祠考棚公局刻本　十六冊

140000－0501－0008740　122609－16

證治彙補八卷　（清）李用粹撰　清光緒九年
(1883)萬卷樓刻本　八冊

140000－0501－0008741　122617－22

公餘六種　（清）陳念祖撰　清嘉慶八年
(1803)綏定達縣明德善堂刻本　六冊

140000－0501－0008742　122623－34

周易姚氏學十六卷首一卷　（清）姚配中撰
清道光二十五年(1845)經廬木活字印本　十
二冊

140000－0501－0008743　122635－46

本草求真九卷脈理求真三卷　（清）黃宮繡撰
清乾隆三十八年(1773)刻本　十二冊

140000－0501－0008744　122647－52

儀顧堂集十六卷　（清）陸心源撰　清同治十
三年(1874)福州刻本　六冊

140000－0501－0008745　321849

摩訶般若波羅蜜多心經注一卷　（清）無垢子
注　清乾隆五十三年(1788)陳氏刻本　一冊

140000－0501－0008746　122667－72

傅氏眼科審視瑤函六卷首一卷　（明）傅仁宇
輯　清文德堂刻本　六冊

140000－0501－0008747　122673－76

經驗廣集四卷　（清）李文炳纂　清乾隆四十
三年(1778)李氏家刻本　四冊

140000－0501－0008748　122677－86

西夏經義　（清）何志高撰　清光緒十四年
(1888)刻本　十冊

140000－0501－0008749　122695－98

[同治]黃縣志十四卷首一卷末一卷　（清）尹
繼美纂修　清同治十年(1871)刻本　四冊

140000－0501－0008750　122703－08

[乾隆]濰縣志六卷首一卷末一卷　（清）張耀
璧修　（清）王誦芬等纂　清乾隆二十五年
(1760)刻本　六冊

140000－0501－0008751　122715－26

韓園醫學六種　（清）潘霨輯　清光緒九年
(1883)江西書局刻本　十二冊

140000－0501－0008752　122735－65

痛史二十一種　樂天居士輯　清宣統三年
(1911)商務印書館鉛印本　三十一冊　缺二
卷(崇禎長編二卷)

140000－0501－0008753　122766－71

杭州藝文志十卷　（清）吳慶坻纂　清光緒三
十四年(1908)長沙刻本　六冊

140000－0501－0008754　122772－77

醫學心悟六卷　（清）程國彭撰　清光緒二十
八年(1902)學庫山房刻本　六冊

140000－0501－0008755　122778－81

金石存十五卷　（清）吳玉搢纂　清嘉慶二十
四年(1819)山陽李氏聞妙香室石印本　四冊

140000－0501－0008756　122782－87

聖朝名公奏議八卷　（清）陳弢編　清光緒元
年(1875)上海中西書局石印本　六冊

140000－0501－0008757　122788－93

古經解鉤沉十八卷　（清）余蕭客輯　清刻本
六冊

140000－0501－0008758　122794－99

周易索詁十二卷首一卷　（清）倪象占撰　清
嘉慶六年(1801)順受堂刻本　六冊

140000－0501－0008759　122800

蜀方言二卷　（清）張慎儀撰　清刻本　一冊

140000－0501－0008760　122801－02

[道光]吉林外紀十卷　（清）薩英額纂　甯古
塔紀略一卷　（清）吳桭臣著　清光緒二十一
年(1895)漸西村舍彙刻本　二冊

140000－0501－0008761　122803－10

[道光]長清縣志十六卷首四卷末二卷　（清）
舒化民修　（清）徐德城纂　清道光十五年
(1835)刻本　八冊

140000－0501－0008762　122811－18

水經注四十卷首一卷　（北魏）酈道元撰　清

乾隆三十九年(1774)印武英殿聚珍版書本
八冊

140000－0501－0008763　122827－32
醫案五卷　(明)孫一奎撰　明萬曆二十四年
(1596)孫泰來、孫明來刻本　六冊

140000－0501－0008764　122833－38
嵩厓尊生全書十五卷　(清)景日昣撰　清乾
隆五十五年(1790)古吳致和堂刻本　六冊

140000－0501－0008765　122839－42
周禮疑義舉要七卷　(清)江永撰　清乾隆二
十五年(1760)書業堂刻本　四冊

140000－0501－0008766　122843－46
傷寒恆論十卷　(清)鄭欽安注　清光緒二十
三年(1897)刻本　四冊

140000－0501－0008767　122855－974
五禮通考二百六十二卷首四卷目錄二卷
(清)秦蕙田輯　(清)方觀承訂　清乾隆十八
年(1753)味經窩刻本　一百二十冊

140000－0501－0008768　123007－61
宋本十三經注疏并經典釋文校勘記二百四十
五卷　(清)阮元撰　清光緒二十四年(1898)
蘇州官書坊刻本　五十五冊

140000－0501－0008769　123062－81
戊申全年畫報不分卷　時事報館編輯　清宣
統元年(1909)上海時事報館石印本　二十冊

140000－0501－0008770　123102－04
秦漢瓦當文字一卷續一卷　(清)程敦撰　清
乾隆五十二年(1787)橫渠書院刻本　三冊

140000－0501－0008771　123120－21
堅正堂摺稿二卷附錄一卷　(清)褚成博撰
清光緒三十一年(1905)刻本　二冊

140000－0501－0008772　123122
豐順丁氏持靜齋書目一卷　(清)丁日昌編
清光緒二十一年(1895)元和江氏刻本　一冊

140000－0501－0008773　123127－28
春秋繁露十七卷　(漢)董仲舒撰　(清)凌曙
注　清嘉慶二十年(1815)蜚雲閣刻本　二冊

存七卷(一至七)

140000－0501－0008774　123129
宋元舊本書經眼錄三卷附錄二卷　(清)莫友
芝著　清同治十二年(1873)獨山莫氏刻本
一冊

140000－0501－0008775　123130
漢書藝文志方技補注二卷附義生堂書目題要
一卷　(漢)班固撰　(唐)顏師古注　(清)
張驥補注　清光緒元年(1875)成都義生堂刻
本　一冊

140000－0501－0008776　123132－33
內經知要二卷　(明)李念莪輯　清光緒九年
(1883)河東薛生白刻本　二冊

140000－0501－0008777　123134
欽定四庫全書提要醫家類一卷　清宣統三年
(1911)上海文明書局鉛印本　一冊

140000－0501－0008778　123139
中藏經三卷附方一卷內照法一卷　(漢)華佗
撰　清光緒十七年(1891)池陽周氏刻本
一冊

140000－0501－0008779　123140－41
繡谷亭薰習錄　(清)吳焯輯　清同治八年
(1869)仁和雙照樓刻本　二冊　存二卷(經
部一卷、集部一卷)

140000－0501－0008780　123144
[正德]朝邑縣志二卷　(明)王道修　(明)
韓邦靖纂　清同義文會刻本　一冊

140000－0501－0008781　123145－224
資治通鑑二百九十四卷　(宋)司馬光編
(明)嚴衍補　清光緒元年(1875)思補樓刻本
八十冊

140000－0501－0008782　123228
補三國藝文志四卷　(清)侯康撰　清光緒十
三年(1887)廣雅書局刻本　一冊

140000－0501－0008783　123229
補後漢書藝文志四卷　(清)侯康撰　清光緒
十三年(1887)廣雅書局刻本　一冊

140000－0501－0008784　123247－49

傷寒論淺注六卷　（漢）張機撰　（清）陳念祖
淺注　清光緒三十四年（1908）寶慶富記書局
刻本　三冊

140000－0501－0008785　123250－55

絳雪園古方選注二卷　（清）王子接注　清雍
正九年（1731）行素堂刻本　六冊

140000－0501－0008786　123307－15

張仲景傷寒論原文淺注六卷長沙方歌括六卷
　（清）陳念祖注　清同治八年（1869）羊城緯
文堂刻本　九冊

140000－0501－0008787　123321－35

紹興醫藥學報十五期　（清）紹興醫藥研究社
編　清光緒三十四年至宣統元年（1908－
1909）紹興醫藥學研究社鉛印本　十五冊

140000－0501－0008788　123340－55

**粟香隨筆八卷二筆八卷三筆八卷四筆八卷五
筆八卷**　金武祥撰　清光緒二十四年（1898）
上海掃葉山房石印本　十六冊

140000－0501－0008789　123356－63

遁盦古泉存　（清）吳隱輯　清宣統元年
（1909）西泠印社石印本　八冊

140000－0501－0008790　123377－86

**補注黃帝內經素問二十四卷素問遺篇一卷靈
樞十二卷**　（唐）王冰撰　清光緒三年（1877）
浙江書局刻本　十冊

140000－0501－0008791　123387－88

圖注脈訣辨真四卷　（晉）王叔和撰　（明）張
世賢注　清書業德刻本　二冊

140000－0501－0008792　123393－400

兩般秋雨盦隨筆八卷　（清）梁紹壬撰　清光
緒十年（1884）錢塘許氏吉華堂刻本　八冊

140000－0501－0008793　123401－16

海國圖志一百卷首一卷　（清）魏源撰　**續集**
二十五卷　（英國）麥高爾撰　（美國）林樂知
　（清）瞿來昂注　清光緒二十一年（1895）上
海書局石印本　十六冊

140000－0501－0008794　123417－20

外科證治全生集四卷　（清）王維德纂輯
（清）馬培之評　清光緒九年（1883）成都六益
文化會刻本　四冊

140000－0501－0008795　123421－24

醫學從眾錄八卷　（清）陳念祖撰　清道光二
十五年（1845）陳氏刻本　四冊

140000－0501－0008796　123426

鐫京板賈公圖像黃牛經合併大全二卷　（明）
喻本元　（明）喻本亨撰　清道光十六年
（1836）大德堂刻本　一冊

140000－0501－0008797　123427－30

元亨療馬集四卷　（明）喻本元　（明）喻本亨
撰　清大德堂刻本　四冊

140000－0501－0008798　123431－34

傷寒論直解六卷　（清）張錫駒注解　清康熙
五十一年（1712）三餘堂刻本　四冊

140000－0501－0008799　123435

幼科鐵鏡六卷　（清）夏鼎撰　清光緒八年
（1882）都門刻本　一冊

140000－0501－0008800　123449－54

新刊良朋彙集六卷補遺一卷　（清）孫偉輯
清乾隆三年（1738）吳氏善成堂刻本　六冊

140000－0501－0008801　123455－60

醫經原旨六卷　（清）薛雪撰　清乾隆十九年
（1754）楊採青刻本　六冊

140000－0501－0008802　123461－62

鈔補瘟疫合璧論二卷　（清）吳有性撰　（清）
王嘉謨輯　清光緒十三年（1887）尊古堂刻本
　二冊

140000－0501－0008803　123463

良方　清刻本　一冊

140000－0501－0008804　123464

時疫白喉捷要合編　（清）黃炳乾撰　清光緒
十三年（1887）湘南梟刻本　一冊

140000－0501－0008805　123465

外科正宗四卷　（明）陳實功撰　清抄本

一册

140000－0501－0008806　123466－69

醫宗說約六卷　（清）蔣示吉纂　清嘉慶二十五年(1820)致盛堂刻本　四册

140000－0501－0008807　123470－73

醫學實在易八卷　（清）陳念祖撰　清光緒三十四年(1908)寶慶富記書局刻本　四册

140000－0501－0008808　123474－77

傷寒論淺注六卷　（漢）張機撰　（清）陳念祖淺注　清光緒三十四年(1908)寶慶富記書局刻本　四册

140000－0501－0008809　123478－81

本草三家合注六卷　（清）郭汝聰集注　清兩儀堂刻本　四册

140000－0501－0008810　123482－83

傅青主男科二卷附女科補遺　（清）傅山撰　清光緒九年(1883)上海掃葉山房刻本　二册

140000－0501－0008811　123484－85

傅青主女科二卷　（清）傅山撰　清光緒十八年(1892)掃葉山房刻本　二册

140000－0501－0008812　123486－91

重刊補注洗冤錄集證六卷　（宋）宋慈撰（清）王又槐輯　（清）李觀瀾補輯　清同治十一年(1872)刻三色套印本　六册

140000－0501－0008813　123492－93

三家醫案合刻三卷　（清）葉桂　（清）薛雪（清）繆遵義撰　（清）吳金壽編　清掃葉山房刻本　二册

140000－0501－0008814　123494－96

醫效秘傳三卷　（清）葉桂撰　清道光十一年(1831)吳氏貯春僊館刻本　三册

140000－0501－0008815　123497

溫熱贅言一卷　題（清）寄瓢子述　清道光吳氏靈鶴山房刻本　一册

140000－0501－0008816　123498

傷寒論類方　（清）徐大椿編　清刻本　一册

140000－0501－0008817　123499－502

傷寒懸解十四卷首一卷末一卷　（清）黃元御撰　清咸豐十一年(1861)七曲會刻本　四册

140000－0501－0008818　123503－08

金索六卷　（清）馮雲鵬　（清）馮雲鵷輯　清道光十五年(1835)邃古齋石印本　六册

140000－0501－0008819　123533－34

鈔補瘟疫合璧論二卷　（清）吳有性撰　（清）王嘉謨輯　清光緒十三年(1887)尊古堂刻本　二册

140000－0501－0008820　123535－36

鈔補瘟疫合璧論二卷　（清）吳有性撰　（清）王嘉謨輯　清光緒十三年(1887)尊古堂刻本　二册

140000－0501－0008821　123537－38

醫方論四卷　（清）費伯雄撰　清光緒三年(1877)刻本　二册

140000－0501－0008822　123539－41

金匱方歌括六卷　（清）陳念祖撰　清光緒三十四年(1908)寶慶經元書局刻本　三册

140000－0501－0008823　123542－53

名醫類案十二卷　（明）江瓘編　清同治十年(1871)藏修堂刻本　十二册

140000－0501－0008824　123554－69

類方準繩八卷　（明）王肯堂輯　明萬曆三十年(1602)九恩堂刻本　十六册

140000－0501－0008825　123570

外科證治全生集四卷　（清）王維德輯　清掃葉山房刻本　一册

140000－0501－0008826　123571－74

醫方簡易新編六卷　（清）龔自璋編　清咸豐元年(1851)黃統刻本　四册

140000－0501－0008827　123575－80

本草從新六卷　（清）吳儀洛輯　清善成堂刻本　六册

140000－0501－0008828　123591－96

尚論篇四卷首一卷後篇四卷　（清）喻昌撰

清乾隆六十年(1795)博古堂刻本　六冊

140000－0501－0008829　123597－602

新刊纂圖元亨療馬集六卷圖像水黃牛經合併大全二卷　（明）喻本元　（明）喻本亨撰　清光緒二十二年(1896)湖南刻本　六冊

140000－0501－0008830　123603－08

類證普濟本事方十卷　（宋）許叔微撰　（清）葉桂釋義　清嘉慶十九年(1814)刻本　六冊

140000－0501－0008831　123615－18

本草綱目拾遺十卷首一卷　（清）趙學敏輯　清同治十年(1871)張氏吉心堂刻本　四冊

140000－0501－0008832　123619－20

幼科鐵鏡六卷　（清）夏鼎撰　清刻本　二冊

140000－0501－0008833　123621－22

瘟疫論二卷　（清）吳有性撰　清篤慶堂刻本　二冊

140000－0501－0008834　123624－25

刪註脈訣規正二卷　（清）沈鏡註　清聚盛堂刻本　二冊

140000－0501－0008835　123626－27

圖注八十一難經辨真四卷附難經彙考　（明）張世賢注　清瀛津沈氏刻本　二冊

140000－0501－0008836　123628－32

黃帝針灸甲乙經十二卷　（晉）皇甫謐撰　清刻本　五冊

140000－0501－0008837　123633－38

幼幼集成六卷　（清）陳復正輯　清聚奎堂刻本　六冊

140000－0501－0008838　123639－46

新刻古本劉成美忠節全傳二十五卷　清刻本　八冊

140000－0501－0008839　123657－60

脈經十卷　（晉）王叔和撰　清光緒十九年(1893)宜都楊氏景蘇園影宋刻本　四冊

140000－0501－0008840　123661－78

重修政和經史證類備用本草三十卷　（宋）唐慎微撰　明富春堂刻本　十八冊　存十九卷（一至三、五至八、十至十五、十七至十八、二十二、二十四至二十五、三十）

140000－0501－0008841　123681－82

陶齋吉金續錄二卷　（清）端方撰　清宣統元年(1909)金陵石印本　二冊

140000－0501－0008842　123683－90

陶齋吉金錄八卷　（清）端方輯　清光緒三十四年(1908)金陵石印本　八冊

140000－0501－0008843　123698－730

千金方衍義三十卷目錄一卷　（清）張璐撰　清嘉慶五年(1800)掃葉山房刻本　三十三冊

140000－0501－0008844　123731－32

新刊小兒推拿方脈活嬰秘旨全書三卷　（清）龔廷賢　（清）姚國禎撰　清書林經國堂刻本　二冊

140000－0501－0008845　123733－34

醫學源流論二卷　（清）徐大椿撰　清乾隆二十二年(1757)刻本　二冊

140000－0501－0008846　123735

傷寒論類方一卷　（清）徐大椿輯　清乾隆二十四年(1759)刻本　一冊

140000－0501－0008847　123736

醫貫砭二卷　（清）徐大椿撰　清乾隆六年(1741)刻本　一冊

140000－0501－0008848　123737

難經經釋二卷　（清）徐大椿撰　清同治十二年(1873)刻徐氏醫書六種本　一冊

140000－0501－0008849　123739

神農本草經百種錄不分卷　（清）徐大椿撰　清乾隆刻本　一冊

140000－0501－0008850　123740－44

蘭臺軌範八卷　（清）徐大椿撰　清乾隆二十九年(1764)刻本　五冊

140000－0501－0008851　123750－57

南巡盛典一百二十卷　（清）高晉纂輯　清光緒八年(1882)上海點石齋石印本　八冊

140000 – 0501 – 0008852　123792 – 95

銀海精微四卷　（唐）孫思邈輯　清道光八年(1828)文淵堂刻本　四冊

140000 – 0501 – 0008853　123813 – 14

古玉圖考　（清）吳大澂撰　清光緒十五年(1889)上海同文書局石印本　二冊

140000 – 0501 – 0008854　124647 – 54

新刊刪補萬病回春十卷　（明）龔廷賢編　清咸豐八年(1858)金陵周如皋刻本　八冊

140000 – 0501 – 0008855　124657 – 64

聖武記十四卷武事記餘四卷　（清）魏源撰　清光緒二十七年(1901)夢坡室石印本　八冊

140000 – 0501 – 0008856　124665 – 78

繡像節義緣六十回　清抄本　十四冊

140000 – 0501 – 0008857　124679 – 718

重訂唐王燾先生外臺秘要方四十卷目錄一卷　（唐）王燾撰　（明）程衍道重訂　清同治十三年(1874)廣東翰墨園刻本　四十冊

140000 – 0501 – 0008858　124719 – 22

傷寒論淺注補正七卷首一卷　（漢）張機撰　（清）陳念祖注　唐宗海補正　清光緒上海千頃堂書局石印本　四冊

140000 – 0501 – 0008859　124723 – 25

金匱要略淺注補正九卷　（清）陳念祖淺注　唐宗海補正　清光緒三十四年(1908)上海千頃堂書局石印本　三冊

140000 – 0501 – 0008860　124726 – 27

血證論八卷　唐宗海撰　清光緒三十四年(1908)上海千頃堂書局石印本　二冊

140000 – 0501 – 0008861　124728 – 29

中西彙通醫經精義二卷　唐宗海撰　清光緒二十四年(1898)上海千頃堂書局石印本　二冊

140000 – 0501 – 0008862　124730

本草問答二卷　唐宗海撰　清光緒三十四年(1908)上海千頃堂書局石印本　一冊

140000 – 0501 – 0008863　124735 – 40

重訂外科正宗十二卷　（明）陳實功撰　清道光元年(1821)綠陰堂刻本　六冊

140000 – 0501 – 0008864　124773 – 74

武進李申耆先生[兆洛]年譜三卷附小德錄一卷　（清）蔣彤編　清光緒十三年(1887)嘉興金吳瀾刻本　二冊

140000 – 0501 – 0008865　124775 – 77

三續疑年錄十卷補遺一卷　（清）陸心源編　清光緒五年(1879)刻潛園總集本　三冊

140000 – 0501 – 0008866　124778

補疑年錄四卷　（清）錢椒撰　清同治、光緒刻潛園總集本　一冊

140000 – 0501 – 0008867　124780

黃忠端公[尊素]年譜二卷　（清）黃炳垕撰
忠端公[尊素]年譜舊本一卷　（清）黃璋編　清光緒元年(1875)留書種閣自刻本　一冊

140000 – 0501 – 0008868　124781

廣西存書目錄一卷　清光緒十六年(1890)桂恆書局刻本　一冊

140000 – 0501 – 0008869　124784

歷代年號紀略一卷附刻五卷　清同治十年(1871)亦園刻本　一冊

140000 – 0501 – 0008870　124786

潘文勤公[祖蔭]年譜　（清）潘祖年編　清光緒家刻本　一冊

140000 – 0501 – 0008871　124787

屛守齋所編年譜五種　（清）錢大昕編　清嘉慶刻本　一冊

140000 – 0501 – 0008872　124789

王蘭史先生自訂年譜一卷　（清）王錫九編　清同治六年(1867)王宗濂刻本　一冊

140000 – 0501 – 0008873　124792

說文字原韻表　（清）胡重編　（清）金孝柏訂　清嘉慶十六年(1811)刻本　一冊

140000 – 0501 – 0008874　124793

春秋世族譜二卷　（清）陳厚耀編　清光緒二十四年(1898)湯荊恒刻本　一冊

140000－0501－0008875　124794

洪北江先生[亮吉]年譜一卷附錄一卷　（清）
呂培編　清光緒十五年(1889)湖北官書處刻
本　一冊

140000－0501－0008876　124795

丹魁堂自訂年譜一卷　（清）季芝昌編　清同
治三年(1864)江陰季念詒刻本　一冊

140000－0501－0008877　124894－95

小兒推拿廣義二卷　（清）熊應雄輯　（清）陳
世凱重訂　清掃葉山房刻本　二冊

140000－0501－0008878　124935

姓氏急就篇二卷　（宋）王應麟撰　清光緒十
年(1884)成都志古堂刻本　一冊

140000－0501－0008879　124937

咸豐象山粵氛紀實一卷　（清）王蒔蕙撰　清
光緒四年(1878)抄本　一冊

140000－0501－0008880　124938

庚子天津一月記一卷　（清）茅少笙撰　清抄
本　一冊

140000－0501－0008881　124939

錫金團練始末記一卷　（清）華翼綸撰　清抄
本　一冊

140000－0501－0008882　124979－82

征剿紀略四卷　（清）尹嘉賓著　清光緒二十
六年(1900)抄本　四冊

140000－0501－0008883　124983－86

金川紀略四卷　（清）程穆衡撰　清抄本
四冊

140000－0501－0008884　124987

福州潮新開篇一卷　清抄本　一冊

140000－0501－0008885　124988－91

漢畫軒十七種　清抄本　四冊

140000－0501－0008886　125266

理瀹駢文　（清）吳尚先撰　清光緒元年
(1875)刻本　一冊

140000－0501－0008887　125346－49

簡莊綴文六卷　（清）陳鱣撰　清嘉慶十二年
(1807)吳中蔣氏心矩齋刻民國十五年(1926)
杭州抱經堂書局補刻本　四冊

140000－0501－0008888　125352－91

行素草堂金石叢書二十一種　（清）朱記榮輯
清光緒十四年(1888)行素草堂刻本(配本)
四十冊

140000－0501－0008889　125392－431

牧齋全集初學集一百十卷目錄二卷有學集五
十卷補遺二卷　（清）錢謙益撰　清宣統二年
(1910)吳江鳳昌氏邃漢齋鉛印本　四十冊

140000－0501－0008890　125595－600

文公家禮儀節八卷　（明）丘濬輯　（明）楊廷
筠訂　明萬曆三十六年(1608)錢時刻本
六冊

140000－0501－0008891　125601－02

玉燭寶典十二卷　（隋）杜臺卿撰　清光緒遵
義黎氏影刻古逸叢書本　二冊

140000－0501－0008892　125619

親屬記二卷　（清）鄭珍撰　清光緒十八年
(1892)廣雅書局刻本　一冊

140000－0501－0008893　125624－33

西泠五布衣遺著　（清）丁丙輯　清光緒六年
(1880)錢塘丁氏當歸草堂刻本　十冊

140000－0501－0008894　125635－36

宋元舊本書經眼錄三卷附錄二卷　（清）莫友
芝著　清同治十二年(1873)獨山莫氏刻本
二冊

140000－0501－0008895　125645－64

青邱高季迪先生詩集十八卷鳧藻集五卷遺詩
一卷扣舷集一卷　（明）高啟撰　附錄一卷
（清）金檀編　清雍正六年(1728)桐鄉文瑞樓
金氏刻本　二十冊

140000－0501－0008896　125665－76

人壽金鑑二十二卷　（清）程得齡輯　清嘉慶
二十五年(1820)安東程氏刻本　十二冊

140000－0501－0008897　125683

太常公［錢薇］年譜　（清）錢泰吉編　清光緒
三十年(1904)海鹽錢志澄刻本　一冊

140000－0501－0008898　125686－91

問奇典注六卷　（清）唐英輯　清乾隆十三年
(1748)古柏堂刻本　六冊

140000－0501－0008899　125693－700

新纂氏族箋釋八卷　（清）熊峻運撰　清雍正
二年(1724)英德堂刻本　八冊

140000－0501－0008900　125707

吳興沈夢麟先生花谿集三卷　（元）沈夢麟撰
（明）陸玠編　清抄本　一冊

140000－0501－0008901　125708－11

李義山詩集十六卷　（唐）李商隱撰　（清）姚
培謙箋注　清乾隆四年(1739)姚氏讀書堂刻
本　四冊

140000－0501－0008902　125712－15

禮記二十卷　（漢）鄭玄注　清嘉慶十一年
(1806)陽城張氏刻本　四冊

140000－0501－0008903　125716

山海經十八卷　（晉）郭璞撰　明刻本　一冊

140000－0501－0008904　125717－18

六朝文絜四卷　（清）許槤評選　清道光五年
(1825)刻朱墨套印本　二冊

140000－0501－0008905　125727－42

鐵網珊瑚書品十卷畫品六卷　（明）朱存理輯
清刻本　十六冊

140000－0501－0008906　125760－75

小石山房叢書四十一種五十八卷　（清）顧湘
編輯　清同治十三年(1874)虞山顧氏刻本
十六冊

140000－0501－0008907　125776

乾嘉詩壇點將錄一卷附考一卷　（清）舒位撰
東林點將錄一卷　（明）王紹徽撰　秦雲擷
英小譜一卷　（清）嚴長明撰　清光緒三十三
年(1907)長沙葉氏刻本　一冊

140000－0501－0008908　125777

燕蘭小譜五卷海鷗小譜一卷　（清）安樂山樵

撰　清宣統三年(1911)長沙葉氏刻本　一冊

140000－0501－0008909　125778

板橋雜記三卷　（清）余懷撰　吳門畫舫錄一
卷　題西溪山人編　清光緒三十四年(1908)
長沙葉氏刻本　一冊

140000－0501－0008910　125779

觀劇絕句三卷　（清）金德瑛著　木皮散人鼓
詞附萬古愁曲　（清）賈鳧西著　清光緒三十
四年(1908)葉氏觀古堂刻本　一冊

140000－0501－0008911　125783－85

家禮集說不分卷　（明）馮善輯　明萬曆十七
年(1589)刻本　三冊

140000－0501－0008912　125786－87

蛻庵詩五卷　（元）張翥撰　清道光琴川張氏
琅嬛清閟抄本　二冊

140000－0501－0008913　125803－08

史記菁華錄六卷　（清）姚祖恩輯　清道光四
年(1824)姚氏扶荔山房刻本　六冊

140000－0501－0008914　125809－12

重刊無垢先生橫浦心傳錄三卷附橫浦日新一
卷　（宋）于恕編　（清）方士騏校刊　清抄本
四冊

140000－0501－0008915　125813－42

六臣注文選六十卷　（南朝梁）蕭統輯　（唐）
李善等注　明嘉靖十二年至二十八年(1533－
1549)袁氏嘉趣堂刻本　三十冊

140000－0501－0008916　125873

上海格致書院藏書樓書目六卷　清光緒三十
三年(1907)鉛印本　一冊

140000－0501－0008917　125896－97

禮部遺集九卷　（清）黃富民撰　清同治九年
(1870)當塗黃氏刻本　二冊

140000－0501－0008918　125898－17

邵武徐氏叢書初刻十四種八十三卷　（清）徐
榦輯　清邵武徐氏刻本　二十冊

140000－0501－0008919　125918－23

畿輔水利初案一卷二案一卷三案一卷四案一

卷四案補一卷附錄一卷 （清）潘錫恩輯 清道光三年（1823）清史館刻本 六冊

140000－0501－0008920 125924－47

景岳全書六十四卷 （明）張介賓撰 明崇禎刻本（卷一至三爲抄配） 二十四冊

140000－0501－0008921 125948－52

長安志二十卷附圖三卷 （宋）宋敏求撰（元）李好文編圖 清光緒十七年（1891）思賢講舍刻本 五冊

140000－0501－0008922 125953－84

六臣注文選六十卷 （南朝梁）蕭統輯 （唐）李善等注 明嘉靖刻本 三十二冊

140000－0501－0008923 125985－88

劉中壘集不分卷 （漢）劉向撰 清抄本四冊

140000－0501－0008924 126023－66

點石齋畫報二十二集 清光緒十年（1884）石印本 四十四冊

140000－0501－0008925 126127－50

御定歷代題畫詩類一百二十卷 （清）陳邦彥輯 清康熙四十六年（1707）内府刻本 二十四冊

140000－0501－0008926 126151－54

買愁集四卷 （清）錢尚濠輯 清刻本 四冊

140000－0501－0008927 126155－74

［道光］遵義府志四十八卷首一卷 （清）平翰修 （清）鄭珍纂 清道光二十一年（1841）遵義府刻本 二十冊

140000－0501－0008928 126179－84

小方壺齋輿地叢鈔十二帙 王錫祺輯 清光緒六年（1880）南清河王氏刻本 六冊

140000－0501－0008929 126185－89

東方兵事紀略六卷 （清）姚錫光撰 清光緒二十三年（1897）武昌丹徒姚氏刻本 五冊

140000－0501－0008930 126214－28

國朝歷科題名碑錄初集不分卷附明洪武至崇禎各科題名錄不分卷 （清）李周望輯 （清）

德沛校補 清乾隆刻咸豐重修本 十五冊

140000－0501－0008931 126229－36

［光緒］寶山縣志十四卷首一卷 （清）梁蒲貴修 （清）朱延射纂 清光緒八年（1882）寶山縣學海書院刻本 八冊

140000－0501－0008932 126245－50

三賢集十二卷 （清）張裴然輯 清光緒二十四年（1898）臨安俞廷獻刻本 六冊

140000－0501－0008933 126251－63

三賢集十二卷 （清）張裴然輯 清光緒二十四年（1898）臨安俞廷獻刻本 十三冊

140000－0501－0008934 126274－77

花間集四卷 （五代）趙崇祚輯 （明）湯顯祖評 明萬曆刻朱墨套印本 四冊

140000－0501－0008935 126278－97

歷代畫史彙傳七十二卷首一卷附錄二卷 （清）彭蘊璨編 清長沙彭氏木活字印本 二十冊

140000－0501－0008936 126298－306

鐵崖樂府注十卷鐵崖詠史注八卷 （元）楊維楨撰 （明）樓卜瀍注 清乾隆三十九年（1774）聯桂堂刻本 九冊

140000－0501－0008937 126307－12

類選箋釋草堂詩餘六卷 （明）顧從敬輯 明萬曆四十二年（1614）刻本 六冊

140000－0501－0008938 126317－28

廬陵宋丞相信國公文忠烈先生全集十六卷 （宋）文天祥撰 清光緒十三年（1887）刻本十二冊

140000－0501－0008939 126329－31

山海經釋義十八卷 （晉）郭璞撰 （明）王崇慶釋義 明萬曆二十五年（1597）晉陵蔣一葵刻後印本 三冊

140000－0501－0008940 126332－35

管子二十四卷 （春秋）管仲撰 （唐）房玄齡注 明萬曆十年（1582）趙用賢刻本 四冊

140000－0501－0008941 126342－49

文選錦字錄二十一卷　（明）凌迪知輯　明萬曆五年(1577)吳興凌氏桂芝館刻本　八冊

140000－0501－0008942　126350－73

歷代地理沿革表四十七卷　（清）陳芳績撰　清光緒二十一年(1895)廣雅書局刻本　二十四冊

140000－0501－0008943　126374

聖宋九僧詩一卷補遺一卷　（宋）釋希晝等撰　清道光十五年(1835)宜秋館刻本　一冊

140000－0501－0008944　126387－486

普通百科學書　（清）范迪哲譯　（清）黃朝鑒（清）李思慎等編輯　清光緒二十九年(1903)上海會文學社石印本　一百冊

140000－0501－0008945　126487－510

別下齋叢書二十七種　（清）蔣光煦輯　清道光十七年(1837)海昌蔣氏刻本　二十四冊

140000－0501－0008946　126511－34

涉聞梓舊二十五種　（清）蔣光煦輯　清咸豐元年(1851)海昌蔣氏宜年堂刻本　二十四冊

140000－0501－0008947　126535－38

弢園尺牘八卷　（清）王韜撰　清光緒二年(1876)王氏天南遯窟鉛印本　四冊

140000－0501－0008948　126539－40

蘅華館詩錄五卷　（清）王韜撰　清光緒六年(1880)長洲王氏天南遯窟鉛印本　二冊

140000－0501－0008949　126541－42

華陽散稿二卷　（清）史震林撰　清光緒九年(1883)長洲王氏天南遁窟鉛印本　二冊

140000－0501－0008950　126543－47

弢園文錄外編十卷　（清）王韜撰　清光緒九年(1883)長洲王氏鉛印本　五冊

140000－0501－0008951　126594－95

音釋坐花誌果八卷　（清）汪道鼎撰　（清）鷲峰樵者音釋　清光緒十四年(1888)廣百宋齋鉛印本　二冊

140000－0501－0008952　126618－21

平仄江考五卷　（清）張拱辰撰　清道光元年(1821)位思齋刻本　四冊

140000－0501－0008953　126622－23

四聲切韻表補正五卷首一卷　（清）江永編（清）汪曰楨補正　清光緒三年(1877)刻本二冊

140000－0501－0008954　126637－38

皇朝謚法表　（清）楊澍編　清光緒三十年(1904)刻本　二冊

140000－0501－0008955　126658－61

初學檢韻十二集　（清）姚文登輯　（清）錢辛楣鑒定　清光緒上海掃葉山房刻本　四冊

140000－0501－0008956　126662－66

校補詩韻合璧五卷　（清）湯文潞校輯　清咸豐七年(1857)刻本　五冊

140000－0501－0008957　126673－80

李氏五種合刊　（清）李兆洛輯　清光緒二十四年(1898)掃葉山房刻本　八冊

140000－0501－0008958　126697

司空圖詩品注釋一卷　（唐）司空圖撰　（清）李光明注　清同治金陵李光明莊刻本　一冊

140000－0501－0008959　126698

支那疆域沿革略說　（日本）重野安繹著（日本）河田羆撰　清末輿地學會刻本　一冊

140000－0501－0008960　126699－700

大日本中興先覺志二卷　（日本）岡本監輔編　清光緒二十七年(1901)開導社刻本　二冊

140000－0501－0008961　126706

蘭馨堂詩存二卷　（清）楊希鈺撰　清常熟楊氏刻本　一冊

140000－0501－0008962　126707－71

陸放翁全集六種　（宋）陸游撰　明海虞毛氏汲古閣刻本　六十五冊

140000－0501－0008963　126773－76

東萊先生詩集二十卷　（宋）呂本中撰　清咸豐九年(1859)呂氏刻本　四冊

140000－0501－0008964　126778－79

湘潭郭氏閨秀集一卷　（清）郭步韞撰　（清）郭潤玉編輯　清道光十七年（1837）湘潭郭氏刻本　二冊

140000－0501－0008965　126780－81

鶴礀詩龕集八卷霽波詞一卷　（清）萬釗撰　清光緒十九年（1893）南昌萬氏刻本　二冊

140000－0501－0008966　126790

微尚齋文集　（清）馮志沂撰　清同治十三年（1874）營城李翰華刻本　一冊

140000－0501－0008967　126792－93

水屋賸稿二卷　（清）張道渥撰　清同治十一年（1872）長白慶鍾刻本　二冊

140000－0501－0008968　126794－801

繡像落金扇全傳八卷　題（清）吹竽先生訂　清同治十二年（1873）刻本　八冊

140000－0501－0008969　126802－05

韻字鑑四卷　（清）翟雲升編　清道光二十二年（1842）刻本　四冊

140000－0501－0008970　126806－11

拳匪紀略八卷前編二卷後編二卷　（清）僑析生　（清）白絳雲撰　清光緒二十九年（1903）上海書局石印本　六冊

140000－0501－0008971　126812－19

海國名人類韻編二十四卷首二卷　（清）阮丙炎輯　清光緒二十九年（1903）文來書局石印本　八冊

140000－0501－0008972　126844－47

周此山先生詩集四卷　（元）周權撰　清抄本　四冊

140000－0501－0008973　126848－59

日下舊聞四十二卷　（清）朱彝尊編　清康熙十三年（1674）刻本　十二冊

140000－0501－0008974　126864－75

普天忠憤集十四卷首一卷　（清）孔廣德輯　清光緒二十一年（1895）曲阜孔氏石印本　十二冊

140000－0501－0008975　126876－79

邵亭知見傳本書目十六卷　（清）莫友芝編　清同治十二年（1873）鉛印本　四冊

140000－0501－0008976　126894－909

今文粹編八卷　（清）趙熟典輯　清刻本　十六冊

140000－0501－0008977　126910－13

宋元本行格表二卷附錄一卷補遺一卷　（清）江標輯　清光緒二十三年（1897）湘潭劉肇隅刻本　四冊

140000－0501－0008978　126914－17

經心書院集四卷　（清）左紹佐輯　清光緒十四年（1888）湖北官書處刻本　四冊

140000－0501－0008979　126918－23

經心書院續集十二卷　（清）譚獻輯　清光緒二十一年（1895）湖北官書處刻本　六冊

140000－0501－0008980　126924

歷代輿地沿革險要圖說　楊守敬　饒敦秩撰　王尚德繪　清光緒二十四年（1898）江南王氏石印本　一冊

140000－0501－0008981　126926

萬善花室詩集四卷詞稿一卷　（清）方履籛撰　（清）陸我嵩輯　清道光十二年（1832）青浦陸氏刻本　一冊

140000－0501－0008982　126927

龔定庵集外未刻詩一卷詞一卷　（清）龔自珍撰　（清）天笑抄錄　清宣統三年（1911）上海秋星社石印本　一冊

140000－0501－0008983　126928

癸酉消夏詩一卷南苑唱和詩一卷　（清）潘祖蔭輯　清同治十三年（1874）吳縣潘氏刻本　一冊

140000－0501－0008984　126930

史年彙要二種　（清）馬泰松輯　清光緒九年（1883）崇明馮氏刻本　一冊

140000－0501－0008985　126931－32

文心雕龍十卷　（南朝梁）劉勰撰　（清）黃叔琳注　（清）紀昀評　清道光十三年（1833）兩

廣節署刻朱墨套印本　二冊

140000－0501－0008986　126935－38

長調五卷小令六卷中調二卷　清抄本　四冊

140000－0501－0008987　126979－88

行素草堂目睹書錄十集　（清）朱記榮輯　清光緒十年（1884）孫谿槐廬刻本　十冊

140000－0501－0008988　127021－24

銅官感舊集四卷　（清）章壽麟輯　清宣統二年（1910）長沙章氏蓋山舊館石印本　四冊

140000－0501－0008989　127027－31

草韻辨體五卷　（明）郭湛輯　明崇禎六年（1633）閔齊伋刻本　五冊

140000－0501－0008990　127033－34

兩漢書刊誤補遺十卷　（宋）吳仁傑撰　清同治七年（1868）金陵書局木活字印本　二冊

140000－0501－0008991　127035

萬承志堂丸散膏丹全集　題（清）萬承志堂主人輯　清光緒十一年（1885）萬承志堂刻本　一冊

140000－0501－0008992　127039－40

陽湖錢氏家集五種　錢振鍠撰　清光緒元年（1875）陽湖錢氏刻本　二冊

140000－0501－0008993　127041－72

五車韻瑞一百六十卷洪武正韻一卷　（明）凌稚隆纂輯　清金閶葉瑤池刻本　三十二冊

140000－0501－0008994　127073－78

關聖帝君聖跡圖志全集五卷首一卷　（清）盧湛輯　清光緒二年（1876）刻本　六冊

140000－0501－0008995　127079－80

漢儒通義七卷　（清）陳澧撰　清咸豐六年（1856）番禺陳氏刻本　二冊

140000－0501－0008996　127081－82

聲律通考十卷　（清）陳澧撰　清咸豐八年（1858）番禺陳氏刻鍾山別業叢書本　二冊

140000－0501－0008997　127083－84

切韻考五卷　（清）陳澧撰　清道光二十二年

（1842）番禺陳氏刻鍾山別業叢書本　二冊

140000－0501－0008998　127085－86

漢書地理志水道圖說五卷　（清）陳澧撰　考正德清胡氏禹貢圖　（清）陳宗誼撰　清道光二十八年（1848）番禺陳氏刻本　二冊

140000－0501－0008999　127087

水經注西南諸水考三卷三統術詳說四卷（清）陳澧撰　清道光二十七年（1847）刻本一冊

140000－0501－0009000　127088

弧三角平視法一卷摹印述一卷　（清）陳澧撰　清咸豐七年（1857）刻本　一冊

140000－0501－0009001　127089－92

若水齋古今算學書錄七卷附錄一卷　（清）劉鐸輯　清光緒二十四年（1898）上海算學書局石印本　四冊

140000－0501－0009002　127093

中國四十年來大事記一卷　梁啟超撰　清光緒二十七年（1901）石印本　一冊

140000－0501－0009003　127125－28

讀畫齋題畫詩十九卷　（清）顧修輯　清嘉慶十四年（1809）東山草堂刻本　四冊

140000－0501－0009004　127129－38

柳亭詩話三十卷　（清）宋長白纂　清光緒八年（1882）山陰宋澤元懺花庵刻本　十冊

140000－0501－0009005　127139－50

十種唐詩選二十卷　（清）王士禛刪纂　清嘉慶十七年（1812）刻本　十二冊

140000－0501－0009006　127151－70

錦繡萬花谷前集四十卷後集四十卷續集四十卷　明刻本　二十冊

140000－0501－0009007　127171－86

授堂遺書八種附錄一卷　（清）武億撰　清道光二十三年（1843）偃師武氏刻本　十六冊

140000－0501－0009008　127191－95

陸氏傳家集四卷先德錄一卷先德錄續一卷（清）陸乃普輯　清同治十一年（1872）蘇州陸

氏義經堂刻本　　五冊

140000 – 0501 – 0009009　127202 – 05
羅豫章先生集十二卷末一卷　（宋）羅從彥撰
　　清乾隆十一年（1746）本衙刻本　　四冊

140000 – 0501 – 0009010　127206
羅昭諫集八卷　（唐）羅隱撰　清道光四年
（1824）刻本　　一冊

140000 – 0501 – 0009011　127207 – 10
麗則遺音四卷荊山璞賦一卷　　（元）楊維楨撰
　　明汲古閣刻本　　四冊

140000 – 0501 – 0009012　127213 – 14
羅鄂州小集六卷　（宋）羅願撰　**羅鄂州遺文
一卷**　（宋）羅頌撰　清光緒十九年（1893）黟
縣李氏刻本　　二冊

140000 – 0501 – 0009013　127215 – 18
羅豫章先生集十二卷首一卷末一卷　（宋）羅
從彥撰　**年譜一卷本傳一卷**　（清）張國正校
刊　清古燕張國正刻本　　四冊

140000 – 0501 – 0009014　127219 – 22
歷代帝王年表附帝王廟諡年諱譜　（清）齊召
南編　清同治二年（1863）武林葉敦怡堂刻本
　　四冊

140000 – 0501 – 0009015　127223 – 24
十華小築詩鈔四卷　（清）余本愚撰　　清光緒
十二年（1886）休寧余氏刻本　　二冊

140000 – 0501 – 0009016　127244
宋元本行格表二卷附錄一卷補遺一卷　（清）
江標輯　清光緒二十三年（1897）湘潭劉肇隅
刻本　　一冊

140000 – 0501 – 0009017　127275 – 86
文獻徵存錄十卷　（清）錢林輯　（清）王藻編
　清咸豐八年（1858）王氏有嘉樹軒刻本　　十
二冊

140000 – 0501 – 0009018　127289 – 90
四字不二字音釋一卷　（清）楊昕撰　清光緒
十年（1884）蘇州綠愼堂刻本　　二冊

140000 – 0501 – 0009019　127291 – 92

韻歧五卷　（清）江昱輯　清光緒七年（1881）
刻本　　二冊

140000 – 0501 – 0009020　127293 – 94
韻府鉤沉五卷　（清）雷浚撰　清光緒十三年
（1887）刻本　　二冊

140000 – 0501 – 0009021　127295 – 96
莆陽知稼翁集二卷　（宋）黃公度撰　清道光
九年（1829）刻本　　二冊

140000 – 0501 – 0009022　127300 – 305
證俗文十九卷　（清）郝懿行撰　清光緒十年
（1884）東路廳署刻本　　六冊

140000 – 0501 – 0009023　127306 – 07
字學七種二卷補遺一卷　（清）李祕園撰　清
光緒十二年（1886）京師松竹齋刻本　　二冊

140000 – 0501 – 0009024　127326 – 31
重鐫本草醫方合編　（清）汪昂輯　清乾隆五
年（1740）繡谷胡學峰芸生堂刻本　　六冊

140000 – 0501 – 0009025　127337 – 38
臨文便覽二卷　（清）張仰山輯　清光緒二年
（1876）刻本　　二冊

140000 – 0501 – 0009026　127351 – 56
漢隸字源六卷碑目一卷附字一卷　（宋）婁機
撰　明汲古閣刻本　　六冊

140000 – 0501 – 0009027　127357 – 80
繡像蕩寇志七十卷末一卷　（清）俞萬春撰
（清）俞蓉庵繪像　清同治十年（1871）刻本
二十四冊

140000 – 0501 – 0009028　127386 – 97
韓文四十卷外集十卷遺文一卷　（唐）韓愈撰
　（宋）宋祁　（宋）蘇軾集傳　明嘉靖三十五
年（1556）莫如士刻本　　十二冊

140000 – 0501 – 0009029　127398 – 420
本草述三十二卷首一卷　（清）劉若金撰　清
嘉慶十五年（1810）武進還讀山房刻本　　二十
三冊

140000 – 0501 – 0009030　127439 – 42
教務紀略四卷首一卷末一卷　　（清）李剛己編

輯　清光緒三十一年（1905）南洋官報局刻本
四冊

140000－0501－0009031　127443
富山先生遺稿五卷　（宋）方一夔撰　清抄本
一冊

140000－0501－0009032　127444－46
王勃集二卷　（唐）王勃撰　楊炯集二卷
（唐）楊炯撰　盧照鄰集二卷　（唐）盧照鄰撰
駱賓王集二卷　（唐）駱賓王撰　陳伯玉集
二卷　（唐）陳子昂撰　宋之問集二卷　（唐）
宋之問撰　明嘉靖刻本　二冊

140000－0501－0009033　127456－57
白虎通德論十卷　（漢）班固撰　清南陵徐乃
昌刻本　二冊

140000－0501－0009034　127555
增訂驗方新編十八卷　（清）李夢九輯　清光
緒三十一年（1905）上海廣肇會館鉛印本
一冊

140000－0501－0009035　127556
胡慶餘堂丸散膏丹全集　清光緒三年（1877）
浙杭胡慶餘堂雪記刻本　一冊

140000－0501－0009036　127565－68
昌黎先生詩集注十一卷　（清）顧嗣立刪補
清光緒九年（1883）廣州翰墨園刻三色套印本
四冊

140000－0501－0009037　127569－92
蘇文忠公詩編注集成四十六卷首一卷本傳一
卷諸家雜綴酌存一卷蘇海識餘四卷　（宋）蘇
軾撰　（清）王文治注　清嘉慶二十四年
（1819）武林韻山堂刻本　二十四冊

140000－0501－0009038　127593－612
亦政堂重修宣和博古圖錄三十卷　（宋）王黼
撰　亦政堂重修考古圖十卷　（宋）呂大臨撰
亦政堂重考古玉圖二卷　（元）朱德潤撰
明萬曆三十一年（1603）刻本　二十冊

140000－0501－0009039　127613－732
漢魏六朝百三名家集　（明）張溥輯　清光緒

三年（1877）滇南唐氏壽考堂刻本　一百二
十冊

140000－0501－0009040　127741－52
梅村詩集箋注十八卷　（清）吳偉業撰　（清）
吳翌鳳注　清光緒二十二年（1896）新化三味
堂刻本　十二冊

140000－0501－0009041　127753－55
梅村詩鈔三卷　（清）吳偉業撰　（清）顧有孝
（清）趙澐輯　清刻本　三冊

140000－0501－0009042　127756－59
杜韓詩句集韻三卷　（清）汪文柏輯　清光緒
八年（1882）姑蘇來青閣刻本　四冊

140000－0501－0009043　127760－71
庚子山集十六卷總釋一卷本傳一卷　（北周）
庾信撰　（清）倪璠編　庚子山年譜一卷
（清）倪璠注　清金閶書業堂刻本　十二冊

140000－0501－0009044　127772－85
杜詩詳注二十五卷首一卷附編二卷　（唐）杜
甫撰　（清）仇兆鰲輯注　清康熙三十二年
（1693）刻本　十四冊

140000－0501－0009045　127786－89
御製皇考聖德神功全韻詩四卷　（清）仁宗顒
琰撰　清嘉慶武英殿刻本　四冊

140000－0501－0009046　127790－837
御製詩初集四十四卷目錄四卷二集九十卷目
錄十卷　（清）高宗弘曆撰　清乾隆十四年
（1749）武英殿刻本　四十八冊

140000－0501－0009047　127838－927
古今合璧事類備要前集六十九卷後集八十一
卷續集五十六卷別集九十四卷外集六十六卷
（宋）謝維新撰　明嘉靖三十六年（1557）三
衢夏相刻本　九十冊

140000－0501－0009048　127946－53
朝市叢載八卷　（清）李虹若編　清光緒十二
年（1886）大梁李氏刻本　八冊

140000－0501－0009049　127954－55
驗方新編十八卷　（清）鮑相璈編　（清）蔡鈞

增廣　清光緒二十三年(1897)江南蘇松太觀察使者滬署鉛印本　二冊

140000－0501－0009050　127958－63

校正增廣驗方新編二十四卷　（清）鮑相璈編　（清）梅啟照增輯　清光緒十九年(1893)上海同文書局石印本　六冊

140000－0501－0009051　127964－75

二十四史分類輯要十二卷　（清）沈桐生輯　清光緒二十八年(1902)會文學社石印本　十二冊

140000－0501－0009052　127976－91

二十二史文鈔一百九卷　（清）納蘭常安選評　清光緒二十九年(1903)上海文來書局石印本　十六冊

140000－0501－0009053　127992

增補痘疹玉髓金鏡錄四卷　（清）翁仲仁輯撰　清刻本　一冊

140000－0501－0009054　127993

洞主仙師白喉治法忌表抉微一卷　（清）耐修子錄注　清光緒二十四年(1898)江南書局刻本　一冊

140000－0501－0009055　127994

仙傳白喉治法忌表抉微一卷　（清）耐修子錄注　清蘇城積善局刻本　一冊

140000－0501－0009056　127996

保赤要言五卷首一卷　（清）王德森輯　清宣統二年(1910)刻本　一冊

140000－0501－0009057　127998

急救痧癥全集三卷　（清）費山壽輯　清光緒九年(1883)笠澤三省書屋刻本　一冊

140000－0501－0009058　127999－8000

韓詩外傳十卷　（漢）韓嬰著　（清）楊不震注　清刻本　二冊

140000－0501－0009059　128001－02

本草分經審治　（清）姚瀾輯　清光緒十四年(1888)刻本　二冊

140000－0501－0009060　128003

歷代帝王年表一卷紀元同異考略一卷　（清）黃大華撰　清光緒二十六年(1900)浙江官書局刻本　一冊

140000－0501－0009061　128007

歸田瑣記八卷　（清）梁章鉅撰　清道光二十五年(1845)仁和許氏北東園刻本　一冊　存四卷(一至四)

140000－0501－0009062　128008

吳門銷夏記三卷　（清）江翰撰　清光緒二十年(1894)刻本　一冊

140000－0501－0009063　128009－10

圖注王叔和脈訣辨真四卷圖注八十一難經辨真四卷　（明）張世賢注　清刻本　二冊　存四卷(脈訣一至二、八十一難經三至四)

140000－0501－0009064　128011－12

圖注八十一難經辨真四卷　（明）張世賢注　清金閶桐石山房刻本　二冊

140000－0501－0009065　128013

產後至寶二卷　（清）倪枝維撰　（清）許槤訂正　清抄本　一冊

140000－0501－0009066　128014

新訂衛生學問答九章　丁福保纂　清光緒二十七年(1901)無錫疇隱廬石印疇隱廬叢書本　一冊

140000－0501－0009067　128015

養生經驗合集　（清）毛世洪輯　清道光刻本　一冊

140000－0501－0009068　128016

幼科鐵鏡六卷　（清）夏鼎撰　清光緒二十一年(1895)新寧劉氏刻本　一冊

140000－0501－0009069　128017－18

痘疹定論四卷　（清）朱純嘏輯　清咸豐四年(1854)丹徒角山樓趙氏刻本　二冊

140000－0501－0009070　128019

痧喉證治彙言一卷　（清）施猷輯　清同治十一年(1872)學仁術齋刻本　一冊

140000－0501－0009071　128020

遂生編一卷福幼編一卷　（清）莊一夔撰　清
同治五年(1866)南通州好生堂刻本　一冊

140000－0501－0009072　128021－24
推拿廣意三卷　（清）熊應雄輯　清刻本
四冊

140000－0501－0009073　128025
鹿蘋袖珍　清抄本　一冊

140000－0501－0009074　128026
太白丹方一卷　（清）王耕心撰　清光緒三十
三年(1907)刻本　一冊

140000－0501－0009075　128027－28
痧脹玉衡書三卷後一卷　（清）郭志遂撰　清
康熙十四年(1675)刻本　二冊

140000－0501－0009076　128029
胡慶餘堂丸散膏丹全集　清光緒三年(1877)
浙杭胡慶餘堂雪記刻本　一冊

140000－0501－0009077　128030－32
金匱心典三卷　（漢）張仲景撰　（清）尤怡注
清雍正十年(1732)松陵徐大椿刻本　三冊

140000－0501－0009078　128034－35
圖注八十一難經辨真四卷彙考一卷　（明）張
世賢圖注　（清）沈鏡刪撰　清兩儀堂刻本
二冊

140000－0501－0009079　128036
大生要旨五卷　（清）唐千頃撰　清乾隆三十
七年(1772)善鑒堂刻本　一冊

140000－0501－0009080　128037
霍亂新論　（清）姚訓恭撰　清光緒三十四年
(1908)上海著易堂鉛印本　一冊

140000－0501－0009081　128038
隨息居重訂霍亂論四卷　（清）王士雄纂　清
光緒十三年(1887)四明汲綆書莊刻本　一冊
存二卷(一至二)

140000－0501－0009082　128039
產科心法二集　（清）汪喆編　清道光十四年
(1834)上洋王氏曙海樓刻本　一冊

140000－0501－0009083　128040
福幼編一卷　（清）莊一夔著　清光緒二十年
(1894)宜興史氏刻本　一冊

140000－0501－0009084　128041－42
瀕湖脈學一卷奇經八脈考一卷脈訣考證一卷
（明）李時珍撰　清刻本　二冊

140000－0501－0009085　128043－44
師學淵源初編二卷　清抄本　二冊

140000－0501－0009086　128045－60
驗方新編二十四卷　（清）鮑相璈編　清光緒
四年(1878)浙江東璧齋刻本　十六冊

140000－0501－0009087　128062－76
杜詩詳注二十五卷首一卷附編二卷　（唐）杜
甫撰　（清）仇兆鰲輯注　清刻本　十五冊

140000－0501－0009088　128077－84
集千家注杜工部詩集二十卷文集二卷　（唐）
杜甫撰　（元）高楚芳輯　明萬曆二十四年
(1596)許自昌刻本　八冊

140000－0501－0009089　128120－21
驗方新編十八卷　（清）鮑相璈編　（清）蔡鈞
增廣　清光緒二十三年(1897)江南蘇松太觀
察使者滬署鉛印本　二冊

140000－0501－0009090　128122
驗方新編十八卷　（清）鮑相璈編　（清）蔡鈞
增廣　清光緒二十三年(1897)江南蘇松太觀
察使者滬署鉛印本　一冊

140000－0501－0009091　128123－24
史論彙選甲編八卷乙編八卷　（清）翁同龢編
（清）俞蔭甫鑒定　清光緒二十七年(1901)
上海書局石印本　二冊

140000－0501－0009092　128125
各省府州廳縣異名錄一卷　（清）管斯駿錄
清光緒十二年(1886)吳縣管可壽齋刻本
一冊

140000－0501－0009093　128126－27
考古質疑六卷　（宋）葉大慶撰　清光緒四年
(1878)上洋縣目耕齋刻本　二冊

140000－0501－0009094　128128－31

胎產心法三卷　（清）閻純璽撰　清道光二十六年(1846)營陵陳汝霑刻產科四種本　四冊

140000－0501－0009095　128134－37

鐘鼎字源五卷　（清）汪立名輯　清乾隆五十五年(1790)一隅草堂刻本　四冊

140000－0501－0009096　128190－93

增注類證活人書二十二卷釋音一卷傷寒藥性一卷　（宋）朱肱撰　（明）王作肅編　清光緒十二年(1886)刻本　四冊

140000－0501－0009097　128194－95

幼科鐵鏡六卷　（清）夏鼎撰　清道光十年(1830)掃葉山房刻本　二冊

140000－0501－0009098　128196－97

增補痘疹玉髓金鏡錄四卷圖像一卷　（清）翁仲仁撰　清道光二十年(1840)掃葉山房刻本　二冊

140000－0501－0009099　128198－201

儒門醫學三卷附一卷　（英國）海得蘭撰　（清）趙元益筆述　（英國）傅蘭雅口譯　清光緒江南製造總局刻本　四冊

140000－0501－0009100　128202－07

醫方集解三卷勿藥元詮一卷急救良方一卷　（清）汪昂撰　清道光二十八年(1848)刻本　六冊

140000－0501－0009101　128208－09

串雅內編四卷　（清）趙學敏纂輯　（清）吳庚生補注　清光緒十六年(1890)榆園刻本　二冊

140000－0501－0009102　128210－12

素問靈樞類纂約注三卷　（清）汪昂纂輯　清光緒六年(1880)江左書林刻本　三冊

140000－0501－0009103　128213－15

全體闡微三卷　（美國）柯為良譯　清光緒二十四年(1898)福州聖教醫館石印本　三冊

140000－0501－0009104　128216

素問靈樞類纂約注三卷　（清）汪昂纂輯　清

嘉慶二十二年(1817)宏德堂刻本　一冊

140000－0501－0009105　128217－20

王氏醫案二卷續編八卷　（清）王士雄著　（清）張鴻輯　清光緒十八年(1892)上海醉六堂刻本　四冊

140000－0501－0009106　128221－23

素問靈樞類纂約注三卷　（清）汪昂纂輯　清光緒六年(1880)江左書林刻本　三冊

140000－0501－0009107　128224－31

種痘新書十二卷　（清）張琰輯　清刻本　八冊

140000－0501－0009108　128232－35

杜工部集二十卷首一卷諸家詩話一卷附錄一卷酬唱一卷　（唐）杜甫撰　（清）錢謙益箋注　清康熙六年(1667)季氏靜思堂刻本　四冊

140000－0501－0009109　128236－43

醫學從眾錄八卷　（清）陳念祖撰　清光緒二十六年(1900)陳心典南雅堂刻本　八冊

140000－0501－0009110　128244

乘查筆記一卷　（清）斌椿撰　清同治八年(1869)斌氏刻本　一冊

140000－0501－0009111　128245

乘查筆記一卷　（清）斌椿撰　清同治八年(1869)斌氏刻本　一冊

140000－0501－0009112　128250－55

宋詩略十八卷　（清）汪景龍　（清）姚壎輯　清乾隆三十五年(1770)竹雨山房刻本　六冊

140000－0501－0009113　128256－61

吳氏醫學述第三種本草從新六卷總義一卷　（清）吳儀洛輯　清道光九年(1829)三讓堂刻本　六冊

140000－0501－0009114　128262－69

醫門法律二十四卷　（清）喻昌撰　清乾隆三十年(1765)黎川陳氏集思堂刻本　八冊

140000－0501－0009115　128270－81

臨證指南醫案十卷續醫案四卷　（清）葉桂撰　（清）徐大椿批點　清光緒十年(1884)古吳

掃葉山房刻朱墨套印本　十二冊

140000－0501－0009116　128282－89

新刊纂圖元亨療馬集四卷附牛經一卷駝經一
卷　（明）喻本元　（明）喻本亨撰　清蘇州綠
潤堂刻本　八冊

140000－0501－0009117　128290－93

珍珠囊指掌補遺藥性賦四卷　（金）李杲編
雷公炮製藥性解六卷　（明）李中梓編　（清）
王晉三重訂　清嘉慶九年（1804）蘇州古講堂
刻本　四冊

140000－0501－0009118　128354－57

歷代四裔紀年統表　（美國）林樂知著　嚴良
勳　（清）李鳳苞譯　清光緒二十三年（1897）
上海刻本　四冊

140000－0501－0009119　128402－17

西堂文集二十四卷詩集三十八卷　（清）尤侗
撰　清善成堂刻本　十六冊

140000－0501－0009120　128426－30

醫宗必讀十卷　（明）李中梓撰　清光緒二十
三年（1897）上海古香閣石印本　五冊

140000－0501－0009121　128431－34

蘭臺軌範八卷　（清）徐大椿撰　清刻本
四冊

140000－0501－0009122　128435－47

徐氏醫書八種　（清）徐大椿編　清光緒十五
年（1889）上海江左書林朱記榮刻本　十三冊

140000－0501－0009123　128448－51

化學衛生論四卷　（英國）真司騰著　（英國）
傅蘭雅譯　清光緒十六年（1890）上海格致書
室刻本　四冊

140000－0501－0009124　128464－79

湖海詩傳四十六卷　（清）王昶輯　清同治四
年（1865）綠蔭堂刻本　十六冊

140000－0501－0009125　128480－95

湖海文傳七十五卷　（清）王昶輯　清同治五
年（1866）經訓堂刻本　十六冊

140000－0501－0009126　128496－507

李太白詩集分類補注二十五卷年譜一卷
（唐）李白撰　（宋）楊齊賢集注　（元）蕭士
贇刪補　明萬曆三十年（1602）許自昌刻李杜
全集本　十二冊

140000－0501－0009127　128508－17

合諸名家評注三蘇文選十八卷　（明）楊愼選
（清）李維楨評注　（明）袁宏道參閱　清康
熙二十七年（1688）製錦堂刻本　十冊

140000－0501－0009128　128518－537

三蘇文範十八卷　（宋）蘇洵　（宋）蘇軾
（宋）蘇轍撰　（明）楊愼評　明天啟二年
（1622）吳郡嘉樂齋刻本　二十冊

140000－0501－0009129　128538－57

山谷詩內集二十卷外集十七卷別集二卷
（宋）黃庭堅撰　清光緒二十一年（1895）義寧
陳氏刻本　二十冊

140000－0501－0009130　128714－21

宛陵詩集六十卷拾遺一卷首一卷續金針詩格
一卷附錄三卷　（宋）梅堯臣撰　宛陵先生
譜一卷　（元）張師曾編　清道光十年（1830）
宣城縣刻本　八冊

140000－0501－0009131　128722－37

李太白詩集分類補注二十五卷年譜一卷
（唐）李白撰　（宋）楊齊賢集注　（元）蕭士
贇刪補　明萬曆三十年（1602）許自昌刻李杜
全集本　十六冊

140000－0501－0009132　128738－761

西山先生真文忠公文章正宗二十四卷續二十
卷　（宋）真德秀輯　明嘉靖四十三年（1564）
蔣氏刻本　二十四冊

140000－0501－0009133　128776

達生編二卷　（清）亟齋居士撰　清同治十年
（1871）渭陽姜恆泰刻本　一冊

140000－0501－0009134　128777－80

溫熱經緯五卷　（清）王士雄纂　清同治二年
（1863）刻潛齋醫書五種本　四冊

140000－0501－0009135　128781－86

[康熙]常州府志三十八卷首一卷 （清）于琨修 （清）陳玉璂纂 清康熙三十四年（1695）常州刻本 六冊 存十二卷（五至十四、三十六，首一卷）

140000－0501－0009136 128787－94

李太白詩集分類補注二十五卷年譜一卷 （唐）李白撰 （宋）楊齊賢集注 （元）蕭士贇刪補 明萬曆三十年（1602）許自昌刻李杜全集本 八冊

140000－0501－0009137 128795－98

甌鉢羅室書畫過目考四卷首一卷附一卷 （清）李玉棻編 清光緒二十三年（1897）上海江南圖書館石印本 四冊

140000－0501－0009138 128800

菰中隨筆一卷 （清）顧炎武撰 清道光十二年（1832）長白鄂山刻本 一冊

140000－0501－0009139 128801－24

蘇文忠詩合注五十卷首一卷目錄一卷 （宋）蘇軾撰 （清）馮應榴輯注 清光緒九年（1883）眉山三蘇祠刻本 二十四冊

140000－0501－0009140 128825－34

漁洋山人古詩選五言詩十七卷七言詩歌行鈔十五卷 （清）王士禛選 惜抱軒今體詩鈔五言九卷七言九卷 （清）姚鼐選 清同治五年（1866）金陵書局刻本 十冊

140000－0501－0009141 128835－40

遺山詩集二十卷 （金）元好問撰 明汲古閣刻本 六冊

140000－0501－0009142 128841－44

玉溪生詩集詳注三卷舊唐書文苑傳一卷年譜一卷 （清）馮浩輯注 清德聚堂刻本 四冊

140000－0501－0009143 128845－56

唐宋文醇五十八卷 （清）高宗弘曆選 清乾隆三年（1738）刻本 十二冊

140000－0501－0009144 128858－97

三朝北盟會編二百五十卷附校勘記 （宋）徐

夢莘編 清光緒四年（1878）木活字印本 四十冊

140000－0501－0009145 128904－07

景岳全書發揮四卷 （清）葉桂撰 清道光二十四年（1844）眉壽堂刻本 四冊

140000－0501－0009146 128916－25

柳文四十三卷別集二卷外集二卷附錄一卷 （唐）柳宗元撰 （唐）劉禹錫編 （清）宋穆修訂 清同治六年（1867）永州刻本 十冊

140000－0501－0009147 128926

雜證歌訣不分卷 （清）何竺山撰 清光緒二十三年（1897）陳晉泰抄本 一冊

140000－0501－0009148 128927－932

王氏脈經十卷 （晉）王叔和撰 明萬曆二十九年（1601）新安映旭齋吳氏刻本 六冊

140000－0501－0009149 128933－36

絳雪園古方選注不分卷 （清）王子接注 清上海掃葉山房刻本 四冊

140000－0501－0009150 128939－44

本草三家合注六卷 （清）郭汝聰集注 清兩儀堂刻本 六冊

140000－0501－0009151 128945－49

本草備要四卷附湯頭歌訣經絡歌訣 （清）汪昂撰 清刻本 五冊

140000－0501－0009152 128950－55

醫方易簡新編六卷 （清）龔自璋輯 清同治十二年（1873）浙江溫處道署刻本 六冊

140000－0501－0009153 128956

資治通鑑地理今釋十六卷 （清）吳熙載撰 清光緒八年（1882）江蘇書局刻本 一冊

140000－0501－0009154 128961－66

明州阿育王山志十卷 （明）郭子章撰 續六卷 （清）釋畹荃撰 明刻清乾隆續修本 六冊

140000－0501－0009155 128967－70

重修南海普陀山志二十卷首一卷 （清）王鼎勳參定 （清）秦耀曾編輯 清道光刻民國四

年(1915)佛經流通處補刻本　四冊

140000－0501－0009156　128984－93

杜工部集二十卷首一卷　（唐）杜甫撰　清光
緒二年(1876)粵東翰墨園刻本　十冊

140000－0501－0009157　128994－95

嚴太僕先生集十二卷　（清）嚴虞惇撰　清乾
隆元年(1736)刻本　二冊

140000－0501－0009158　129002－03

乙未亭詩集六卷附畏壘詩集四卷畏壘筆記四
卷　（清）徐昂發撰　清康熙桂風堂刻本
二冊

140000－0501－0009159　129004－08

御定律呂正義五卷　（清）聖祖玄燁定　清康
熙內府刻本　五冊

140000－0501－0009160　129009－14

稽古錄二十卷　（宋）司馬光撰　明嘉靖刻本
六冊

140000－0501－0009161　129015

葉氏存古叢書目錄一卷　（清）葉銘編　清宣
統二年(1910)杭州西泠印社鉛印本　一冊

140000－0501－0009162　129016－17

詩經叶音辨謌八卷首一卷　（清）劉維謙著
清乾隆三年(1738)壽峰書屋刻本　二冊

140000－0501－0009163　129018－33

四知堂文集三十六卷　（清）楊錫紱撰　清嘉
慶十二年(1807)楊氏刻本　十六冊

140000－0501－0009164　129040－139

李文忠公奏稿八十卷　（清）吳汝綸編錄　清
光緒三十一年至三十四年(1905－1908)金陵
刻本　一百冊

140000－0501－0009165　129140－145

二十家子書　（明）謝汝韶輯　明萬曆六年
(1578)吉藩崇德書院刻本　六冊　存十子

140000－0501－0009166　129176－85

古逸書三十卷　（明）鍾惺輯　明萬曆刻本
十冊

140000－0501－0009167　129186－95

四元玉鑑細草三卷　（元）朱世傑編述　附一
卷　（清）羅士琳補　釋例二卷　（清）易之瀚
撰　清道光十六年(1836)揚州宋敦五刻本
十冊

140000－0501－0009168　129198

韓崶年譜一卷　（清）韓崶編　清道光十四年
(1834)元和韓氏刻本　一冊

140000－0501－0009169　129214－23

儀顧堂題跋十六卷續跋十六卷　（清）陸心源
著　清光緒十六年(1890)刻本　十冊

140000－0501－0009170　129224－25

陸清獻公[隴其]年譜定本二卷附錄一卷
（清）吳光西編　清光緒八年(1882)津河廣仁
堂刻本　二冊

140000－0501－0009171　129226－31

茅山志十四卷附道秩考　（清）笪蟾光編　清
光緒三年(1877)懶雲草堂刻本　六冊

140000－0501－0009172　129232－43

義門讀書記五十八卷　（清）何焯編　清光緒
六年(1880)苕溪吳氏重修本　十二冊

140000－0501－0009173　129244－47

朱子[熹]年譜四卷考異四卷附錄二卷　（清）
王懋竑編　清乾隆十七年(1752)白田草堂刻
本　四冊

140000－0501－0009174　129248－59

太湖備考十六卷首一卷附湖程紀略　（清）金
友理纂　太湖備考續編四卷　（清）鄭言紹纂
清光緒二十九年(1903)藝蘭圃刻本　十
二冊

140000－0501－0009175　129260－65

淳化秘閣法帖考證十卷釋文二卷附二卷
（清）王澍撰　（明）毛晉訂　清乾隆三十三年
(1768)冰壺閣刻本　六冊

140000－0501－0009176　129275－78

清涼山志十卷　（明）釋鎮澄修　（清）史震林
增修　清乾隆二十年(1755)淮陰祁豐元刻本

四册

140000 - 0501 - 0009177　129279 - 80

中州金石考八卷　（清）黃叔璥撰　清乾隆六年(1741)刻本　二册

140000 - 0501 - 0009178　129296 - 307

匋齋藏石記四十四卷藏甎記二卷　（清）端方撰　清宣統元年(1909)石印本　十二册

140000 - 0501 - 0009179　129312

弇山畢公[沅]年譜一卷　（清）史善長撰　清同治十一年(1872)鎮洋畢氏刻本　一册

140000 - 0501 - 0009180　129313 - 36

東華續錄六十九卷(咸豐朝)　（清）潘頤福編　清同治刻本　二十四册

140000 - 0501 - 0009181　129337 - 59

御製曆象考成上編十六卷下編十卷　（清）允祿等纂修　清雍正、乾隆內府刻本　二十三册

140000 - 0501 - 0009182　129381 - 82

[同治九年庚午科並補行壬戌恩科]江南鄉試同年齒錄　清同治刻本　二册

140000 - 0501 - 0009183　129689 - 96

古越藏書樓書目二十卷首一卷　（清）徐樹蘭編　清光緒三十年(1904)崇實書局石印本　八册

140000 - 0501 - 0009184　129721 - 28

刪定二奇合傳十六卷四十回　（清）芝香館居士選　清光緒四年(1878)重慶二勝會坊刻本　八册

140000 - 0501 - 0009185　129729 - 32

繡像施公案傳八卷九十七回　清道光十九年(1839)刻本　四册

140000 - 0501 - 0009186　129746 - 48

琴川三志補記十卷續八卷　（清）黃廷鑑纂　清光緒二十四年(1898)木活字印本　三册

140000 - 0501 - 0009187　129749

曝書雜記三卷　（清）錢泰吉撰　清同治七年(1868)刻本　一册

140000 - 0501 - 0009188　129793 - 94

獨笑齋金石考略四卷　（清）鄭業斆撰　清光緒十三年(1887)長沙鄭氏刻本　二册

140000 - 0501 - 0009189　129829 - 38

聖諭像解二十卷　（清）梁延年輯　清光緒二十九年(1903)安徽撫署刻本　十册

140000 - 0501 - 0009190　129849 - 68

[光緒]無錫金匱縣志四十卷首一卷附編二卷列女姓氏錄一卷殉難紳民表一卷　（清）裴大中修　（清）秦緗業纂　清光緒七年(1881)無錫縣志局刻本　二十册

140000 - 0501 - 0009191　129869 - 80

中興將帥別傳三十卷續編六卷　朱孔彰撰　清光緒二十三年至三十二年(1897 - 1906)江寧刻本　十二册

140000 - 0501 - 0009192　129881

孫氏祠堂書目內編四卷外編三卷　（清）孫星衍撰　清光緒九年(1883)李氏木犀軒刻本　一册

140000 - 0501 - 0009193　129882

漢書音義三卷補遺一卷　（隋）蕭該　（清）臧庸撰　清光緒十四年(1888)李氏木犀軒刻本　一册

140000 - 0501 - 0009194　129883 - 98

出使英法意比四國日記六卷續刻十卷　（清）薛福成撰　清光緒十八年至二十四年(1892 - 1898)傳經樓刻本　十六册

140000 - 0501 - 0009195　129899 - 900

士禮居藏書題跋記續二卷　（清）黃丕烈撰　清光緒二十二年(1896)元和江氏刻本　二册

140000 - 0501 - 0009196　129914 - 19

何義門先生集十二卷家書四卷附錄一卷　（清）何焯撰　吳蔭培編輯　清宣統元年(1909)平江吳氏刻本　六册

140000 - 0501 - 0009197　129920 - 23

羣碧樓書目初編九卷附書衣雜識一卷　（清）鄧邦述編　清宣統三年(1911)江寧鄧氏鉛印

本　四冊

140000－0501－0009198　129924－29

南天痕全集二十六卷　題西亭淩雪纂修　清宣統二年(1910)復古社鉛印本　六冊

140000－0501－0009199　129930－37

曾惠敏公文集五卷詩集四卷奏疏六卷日記二卷　(清)曾紀澤撰　清光緒十九年(1893)江南製造總局鉛印本　八冊

140000－0501－0009200　129938－41

景德鎮陶錄十卷　(清)藍浦撰　(清)鄭廷桂輯補　清同治九年(1870)南昌鄭氏刻本　四冊

140000－0501－0009201　129942－47

淮軍平捻記十二卷　(清)周世澄撰　清光緒刻本　六冊

140000－0501－0009202　129968－72

敦艮齋遺書十七卷　(清)徐潤第撰　清道光二十八年(1848)徐繼畬刻本　五冊

140000－0501－0009203　129973－80

歷代奸庸殷鑑錄三十二卷首一卷　(清)開智書局編　清光緒三十年(1904)傅文書局鉛印本　八冊

140000－0501－0009204　129981－88

瀛環志略十卷續集四卷末一卷續補一卷　(清)徐繼畬撰　清光緒二十八年(1902)上海掃葉山房鉛印本　八冊

140000－0501－0009205　130000－01

逆臣傳四卷　(清)國史館編　清刻本　二冊

140000－0501－0009206　130002－15

昭代名人尺牘二十四卷附小傳二十四卷　(清)吳修輯　清光緒三十四年(1908)上海集古齋石印本　十四冊

140000－0501－0009207　130025－44

虛齋名畫錄十六卷續錄四卷補遺一卷　龐元濟撰　清宣統元年至民國十四年(1909－1925)吳興龐氏刻本　二十冊

140000－0501－0009208　130045－58

[乾隆]常昭合志十二卷首一卷校勘記一卷　(清)王錦修　(清)楊繼熊　(清)言如泗纂　清光緒二十四年(1898)丁祖蔭木活字印本　十四冊

140000－0501－0009209　130063－68

南嶽志八卷　(清)高自位　(清)曠敏本纂修　清乾隆十八年(1753)開雲樓刻本　六冊

140000－0501－0009210　130069－80

清河書畫舫十二卷補遺一卷　(明)張丑撰　清乾隆二十八年(1763)仁和吳長元池北草堂刻本　十二冊

140000－0501－0009211　130081－92

關中金石文字存逸考十二卷首一卷石刻書法源流考一卷　(清)毛鳳枝撰　清光緒二十七年(1901)會稽顧氏刻本　十二冊

140000－0501－0009212　130093－96

士禮居藏書題跋記六卷　(清)黃丕烈撰　清光緒八年(1882)刻本　四冊

140000－0501－0009213　130097－100

篋衍集十二卷　(清)陳維崧輯　清康熙三十六年(1697)吳門蔣氏刻本　四冊

140000－0501－0009214　130143－46

[光緒三十三年丁未科]直省舉貢考職齒錄不分卷　清光緒三十三年(1907)京都文奎齋元會齋龍光齋翰藻齋精華齋龍雲齋刻本　四冊

140000－0501－0009215　130147－52

畿輔人物考二十卷　(清)孫奇逢輯　清同治八年(1869)孫氏兼山堂刻本　六冊

140000－0501－0009216　130319－28

本草綱目拾遺十卷首一卷　(清)趙學敏輯　清同治十年(1871)張氏吉心堂刻本　十冊

140000－0501－0009217　130329－40

藏書紀事詩六卷　葉昌熾著　清光緒二十三年(1897)蘇州江氏刻本　十二冊

140000－0501－0009218　130343－50

東林書院志二十二卷　(清)高廷珍纂　清光緒七年(1881)刻本　八冊

140000－0501－0009219　130351－60

重訂路史全本前紀九卷後紀十四卷國名紀八卷發揮六卷餘論十卷　（宋）羅泌撰　（明）吳弘基重訂　明崇禎武林化玉齋吳弘基刻本　十冊

140000－0501－0009220　130369－84

[光緒]餘姚縣志二十七卷首一卷末一卷　（清）周炳麟修　（清）邵友濂纂　清光緒二十五年(1899)餘姚縣志局刻本　十六冊

140000－0501－0009221　130391－94

寒松堂奏疏四卷　（清）魏象樞撰　清康熙四十七年(1708)内府刻本　四冊

140000－0501－0009222　130395－96

練川名人畫像四卷附二卷續編三卷　（清）程祖慶編　清道光三十年(1850)嘉定程氏刻本　二冊

140000－0501－0009223　130397－412

全體通考十八卷　（英國）德貞著　清光緒十二年(1886)鉛印本　十六冊

140000－0501－0009224　130414－18

廣輿記二十四卷　（明）陸應陽輯　清刻本　五冊

140000－0501－0009225　130423－25

談天十八卷　（英國）侯失勒撰　（英國）偉烈亞力口譯　（清）李善蘭筆述　清同治十三年(1874)上海墨海印書館鉛印本　三冊

140000－0501－0009226　130429－30

宋元舊本書經眼錄三卷附錄二卷　（清）莫友芝著　清同治十二年(1873)獨山莫氏刻本　二冊

140000－0501－0009227　130431

國朝未刊遺書志略一卷　（清）朱記榮編　清光緒十八年(1892)徐氏觀自得齋刻本　一冊

140000－0501－0009228　130460－76

[光緒]常昭合志稿四十八卷首一卷末一卷附校勘記　（清）鄭鍾祥修　（清）龐鴻文纂　清光緒三十年(1904)常昭縣志局木活字印本　十七冊

140000－0501－0009229　130477－502

沈氏尊生書七種　（清）沈金鰲撰　清乾隆四十九年(1784)安徽錫山奇氏刻本　二十六冊　存五種

140000－0501－0009230　130503－08

救偏瑣言十卷附瑣言備用良方一卷　（清）費啟泰撰　清順治十六年(1659)惠迪堂刻本　六冊

140000－0501－0009231　130511－20

[康熙]磁州志十八卷　（清）蔣擢修　（清）樂玉聲纂　清康熙四十二年(1703)刻本　十冊

140000－0501－0009232　130521－32

遼史一百十五卷附考證　（元）脫脫撰　清同治十二年(1873)江蘇書局刻本　十二冊

140000－0501－0009233　130533－52

金史一百三十五卷　（元）脫脫撰　欽定國語解一卷　清同治十三年(1874)江蘇書局刻光緒五年(1879)湖北書局彙印二十四史本　二十冊

140000－0501－0009234　130553－92

元史二百十卷目錄二卷附考證　（明）宋濂撰　元史氏族表三卷元史藝文志四卷　（清）錢大昕撰　清同治十三年(1874)江蘇書局刻光緒五年(1879)彙印二十四史本　四十冊

140000－0501－0009235　130639－41

江蘇全省輿圖　（清）諸可寶纂　清光緒二十一年(1895)江蘇書局刻本　三冊

140000－0501－0009236　130654－61

陶齋吉金錄八卷　（清）端方輯　清光緒三十四年(1908)金陵石印本　八冊

140000－0501－0009237　130662－71

昭德先生郡齋讀書志二十卷校補一卷考異一卷　（宋）晁公武著　（宋）姚應績編　王先謙重編　清光緒十年(1884)長沙刻本　十冊

140000－0501－0009238　130672－87

野獲編三十卷補遺四卷　（明）沈德符撰　清

道光七年(1827)錢塘姚氏扶荔山房刻本　十六冊

140000－0501－0009239　130688－95
闕里述聞十四卷　(清)鄭曉如述　清同治七年(1868)廣州華文堂刻本　八冊

140000－0501－0009240　130740－759
紅雪樓九種曲　(清)蔣士銓撰　清乾隆紅雪樓刻本　二十冊

140000－0501－0009241　130773－75
晚笑堂畫傳明太祖功臣圖　(清)上官周繪撰　清刻本　三冊

140000－0501－0009242　130780－87
東都事略一百三十卷　(宋)王偁撰　清光緒九年(1883)淮南書局刻本　八冊

140000－0501－0009243　130895－902
平妖傳八卷四十回　(明)羅貫中編　(明)馮夢龍補　清嘉慶十七年(1812)講德齋刻本　八冊

140000－0501－0009244　130903－06
小石山房印譜四卷　(清)顧湘刻　(清)顧浩編輯　清道光十二年(1832)虞山顧氏刻本　四冊

140000－0501－0009245　130918－23
澄蘭室古緣萃錄十八卷　邵松年撰　清光緒三十年(1904)上海鴻文書局石印本　六冊

140000－0501－0009246　130936
明鑑前紀二卷　(清)齊召南編　清光緒十五年(1889)四明郭氏金峩山館刻本　一冊

140000－0501－0009247　130937－38
讀書雜述十卷　(清)李鎧撰　清康熙四十年(1701)恪素堂刻本　二冊

140000－0501－0009248　130939－40
遊宦紀聞十卷　(宋)張世南撰　明商濬稗海本　二冊

140000－0501－0009249　130941－42
書林揚觶二卷　(清)方東樹撰　清同治十年(1871)望三益齋刻本　二冊

140000－0501－0009250　130943－46
庚子銷夏記八卷　(清)孫承澤撰　清乾隆二十六年(1761)鮑氏知不足齋刻本　四冊

140000－0501－0009251　130952－55
吉金志存四卷　(清)李光庭輯　清咸豐九年(1859)寶坻李氏刻本　四冊

140000－0501－0009252　130956－57
秦淮八艷圖詠　(清)葉衍蘭繪輯　清光緒十八年(1892)羊城越華講院石印本　二冊

140000－0501－0009253　130958－59
續考古圖五卷釋文一卷　(宋)□□編　(清)趙九成釋　清光緒十三年(1887)刻本　二冊

140000－0501－0009254　130962－65
切問齋集十二卷首一卷　(清)陸燿著　清光緒十八年(1892)江蘇書局刻本　四冊

140000－0501－0009255　130966－67
我法集二卷　(清)紀昀撰　(清)紀樹馨編錄　清嘉慶元年(1796)河間紀氏閱微草堂刻本　二冊

140000－0501－0009256　130968－71
禁書總目全燬書目一卷抽燬書目一卷　清抄本　四冊

140000－0501－0009257　130972－81
佛祖統紀五十四卷　(宋)釋志磐撰　清光緒三十四年(1908)浙江慈邑西方寺刻本　十冊

140000－0501－0009258　130982－91
郎潛紀聞十四卷二筆十六卷三筆十二卷　(清)陳康祺撰　清光緒六年至十一年(1880－1885)暨陽吳下鄞縣陳氏琴川刻本　十冊

140000－0501－0009259　130992－93
天祿識餘十卷　(清)高士奇輯　清康熙二十九年(1690)刻本　二冊

140000－0501－0009260　131004－27
大學衍義續七十卷　(清)強汝洵輯　清光緒十二年(1886)刻本　二十四冊

140000－0501－0009261　131028－29
姜西溟先生文鈔四卷　(明)姜宸英撰　(明)

趙侗敩輯　清乾隆四年（1739）趙侗敩刻本
二冊

140000－0501－0009262　131030－31
紅茗山房詩存十卷附詩餘一卷　（清）嚴烺撰
　清嘉慶二十年（1815）宜良嚴氏刻本　二冊

140000－0501－0009263　131056－59
餘園詩鈔六卷　（清）繆沅撰　（清）沈德潛
（清）金志章輯　清乾隆十年（1745）葆素堂刻
本　四冊

140000－0501－0009264　131060－69
五燈會元二十卷　（宋）釋普濟撰　清光緒三
十二年（1906）貴池劉氏玉海堂刻玉海堂叢書
本　十冊

140000－0501－0009265　131070
萬氏墨表四卷　（清）萬壽祺輯　清光緒二十
六年（1900）蕭山陳大昀刻本　一冊

140000－0501－0009266　131071－74
札迻十二卷　（清）孫詒讓撰　清光緒二十一
年（1895）籀廎刻本　四冊

140000－0501－0009267　131079－80
讀書餘錄二卷　（清）俞樾撰　清咸豐九年
（1859）觀覽廬刻本　二冊

140000－0501－0009268　131081－86
漢溪書法通解八卷　（清）戈守智撰　清乾隆
十五年（1750）當湖戈氏刻本　六冊

140000－0501－0009269　131087－94
高僧傳三集三十卷首一卷　（宋）釋贊寧撰
清光緒十三年（1887）江北刻經處刻本　八冊

140000－0501－0009270　131095－97
江村銷夏錄三卷　（清）高士奇輯　清康熙三
十二年（1693）寶芸堂刻本　三冊

140000－0501－0009271　131123－26
釋迦如來應化事蹟四卷　（清）永珊輯　清嘉
慶十三年（1808）和碩豫亲王裕豐刻本　四冊

140000－0501－0009272　131130－35
括蒼金石志十二卷續志四卷　（清）李遇孫輯
（清）鄒柏森補　清光緒元年（1875）浙江處

州府署刻本　六冊

140000－0501－0009273　131138－39
張文襄公手劄　（清）張之洞撰并書　清宣統
二年（1910）學藝廬影印本　二冊

140000－0501－0009274　131140－41
茅亭客話十卷　（宋）黃休復輯　（明）毛晉訂
明末汲古閣刻本　二冊

140000－0501－0009275　131142－45
嶺上白雲集十二卷癭翁文鈔四卷　（清）陸懋
修撰　清光緒二十三年（1897）刻本　四冊

140000－0501－0009276　131149－51
桐城吳先生尺牘五卷補遺一卷諭兒書一卷
（清）吳汝綸撰　清光緒二十九年（1903）桐城
吳氏家刻本　三冊

140000－0501－0009277　131152－55
第八才子書白圭志四卷十六回首一卷　（清）
崔象川輯　清刻本　四冊

140000－0501－0009278　131156－65
耳食錄十二卷二編八卷　（清）樂鈞撰　清同
治七年（1868）藏修堂刻本　十冊

140000－0501－0009279　131190－91
歷朝名媛尺牘二卷　（清）陳迣輯　清陳氏水
鏡山房刻本　二冊

140000－0501－0009280　131192－97
閨秀正始集二十卷附錄一卷補遺一卷　（清）
完顏惲珠輯　清道光十一年（1831）紅香館刻
本　六冊

140000－0501－0009281　131204－13
國朝閨閣詩鈔一百卷　（清）蔡殿齊編　清道
光二十四年（1844）嫏嬛別館刻本　十冊

140000－0501－0009282　131214－21
香屑集十八卷首一卷末一卷　（清）黃之雋撰
　清雍正十二年（1734）遂初園刻本　八冊

140000－0501－0009283　131235－70
正覺樓叢刻　清光緒元年（1875）崇文書局刻
本　三十六冊

140000－0501－0009284　131275－80

憑山閣新輯尺牘寫心二集六卷 （清）陳枚選輯　清光緒二十年(1894)汪邦墉抄本　六冊

140000－0501－0009285　131281－86

聽秋山館印譜 （清）張雲篆刻　清咸豐二年(1852)浙江張氏鈐印本　六冊

140000－0501－0009286　131295－300

永平詩存二十四卷 （清）史夢蘭輯　清同治十年(1871)史氏刻本　六冊

140000－0501－0009287　131301－08

雲林書屋詩集八卷 （清）雲林居士撰　清宣統刻本　八冊

140000－0501－0009288　131315－18

掃葉亭詠史詩四卷 （清）來秀撰　清同治十二年(1873)河南來氏刻本　四冊

140000－0501－0009289　131332－35

兩山墨談十八卷 （明）陳霆撰　清道光十九年(1839)刻惜陰軒叢書本　四冊

140000－0501－0009290　131336

端石擬三卷 （清）陳齡撰　清同治十二年(1873)海鹽陳氏家刻本　一冊

140000－0501－0009291　131337－42

小謨觴館詩集八卷文集四卷詩餘附錄一卷詩續集二卷文續集二卷 （清）彭兆蓀撰　清嘉慶十一年(1806)彭氏刻本　六冊

140000－0501－0009292　131345－46

歐陂漁活六卷 （清）葉廷琯撰　清同治九年(1870)蘇州刻本　二冊

140000－0501－0009293　131347－50

定鄉小識十六卷 （清）張道撰　清光緒八年(1882)錢塘丁氏刻本　四冊

140000－0501－0009294　131355－60

海上青樓圖記六卷首一卷 （清）蕙蘭沅主輯　（清）四明沁園主人繪圖　清光緒二十一年(1895)上海華雨小築木居石印本　六冊

140000－0501－0009295　131361－64

遺珠貫索八卷 （清）張純照撰　清同治三年(1864)滬城琳琅閣刻本　四冊

140000－0501－0009296　131365－68

庸閑齋筆記八卷 （清）陳其元撰　清同治十三年(1874)海昌陳氏刻本　四冊

140000－0501－0009297　131369－76

見聞隨筆二十六卷 （清）齊學裘撰　清同治十年(1871)婺源張氏天空海闊之居刻本　八冊

140000－0501－0009298　131377－82

里乘十卷 （清）許奉恩撰　清光緒五年(1879)揚州桐城許氏刻本　六冊

140000－0501－0009299　131383－88

說部精華 （清）王士禎撰　（清）劉堅編　清光緒五年(1879)葛氏嘯園仁和刻本　六冊

140000－0501－0009300　131399－408

封神演義二十卷 （明）許仲琳撰　（明）鍾惺評　清刻本　十冊　缺十卷(一至十)

140000－0501－0009301　131409－32

繡像漢宋奇書三十七卷 （明）施耐庵　（明）羅貫中撰　清英德堂刻本　二十四冊

140000－0501－0009302　131433－36

種榆仙館印譜 （清）陳鴻壽刻　（清）郭麐輯　清道光元年(1821)鈐印本　四冊

140000－0501－0009303　131533－38

粵西金石略十五卷 （清）謝啟昆撰　清嘉慶六年(1801)銅鼓亭刻本　六冊

140000－0501－0009304　131549－52

中州金石目四卷補遺一卷 （清）姚晏撰　清光緒九年(1883)歸安姚氏刻咫進齋叢書本　四冊

140000－0501－0009305　131553－56

安陽縣金石錄十二卷 （清）武億纂　清嘉慶四年(1799)刻本　四冊

140000－0501－0009306　131559－60

定香亭筆談四卷 （清）阮元記　（清）吳文溥錄　清嘉慶五年(1800)揚州阮氏瑯嬛仙館刻本　二冊

140000－0501－0009307　131561－68

煙嶼樓讀書志十六卷筆記八卷　（清）徐時棟撰　清光緒元年(1875)鉛印本　八冊

140000－0501－0009308　131644－47

國朝歷科館選錄　（清）沈廷芳輯　（清）陸費墀　（清）沈興煒重訂　清乾隆刻光緒重修本　四冊

140000－0501－0009309　131654

中州金石記五卷　（清）畢沅撰　清光緒八年(1882)蛟川望三益齋邵氏刻本　一冊

140000－0501－0009310　131670－71

嗇庵隨筆六卷末一卷　（清）陸文衡撰　清光緒二十二年(1896)德清俞樾署刻本　二冊

140000－0501－0009311　131672－73

交翠軒筆記四卷　（清）沈濤撰　清道光十八年(1838)刻本　二冊

140000－0501－0009312　131674－75

幽夢影二卷　（清）張潮撰　清同治十三年(1874)雲溪吳氏遲雲樓刻本　二冊

140000－0501－0009313　131676－83

山谷老人刀筆二十卷　（宋）黃庭堅撰　清嘉慶十年(1805)萬承風古瓦山房刻本　八冊

140000－0501－0009314　131692－95

九九消夏錄十四卷　（清）俞樾撰　清光緒十八年(1892)刻本　四冊

140000－0501－0009315　131700

先正讀書訣一卷　（清）周永年輯　清光緒四年(1878)刻本　一冊

140000－0501－0009316　131713－18

求闕齋讀書錄十卷　（清）曾國藩撰　（清）王定安編　清光緒二年(1876)京都龍文齋刻本　六冊

140000－0501－0009317　131719－26

重訂述記八卷　（清）任兆麟輯　清嘉慶十一年(1806)釣臺家塾刻本　八冊

140000－0501－0009318　131727－30

明賢遺翰二卷　（清）謝若農輯　清光緒十三

年(1887)漢皋文淵書局刻本　四冊

140000－0501－0009319　131731－38

黔詩紀略三十三卷　（清）黎兆勳采詩　（清）莫友芝傳證　（清）唐樹義審例　清同治十二年(1873)金陵遵義唐氏夢研齋刻本　八冊

140000－0501－0009320　131743－46

養拙齋集十四卷　（清）王必達撰　**桂隱詩存一卷**　（清）王必蕃撰　清光緒十九年(1893)臨桂王氏刻本　四冊

140000－0501－0009321　131776－79

鑑止水齋集二十卷　（清）許宗彥撰　清道光德清許氏刻本　四冊

140000－0501－0009322　131782－85

無邪堂答問四卷　（清）朱一新撰　清葆真堂刻本　四冊

140000－0501－0009323　131788－91

格致古微六卷　王仁俊述　清光緒二十二年(1896)吳縣王氏刻本　四冊

140000－0501－0009324　131792－94

明本釋三卷　（宋）劉荀撰　清乾隆三十八年(1773)印武英殿聚珍版書本　三冊

140000－0501－0009325　131795

小滄浪筆談四卷　（清）阮元記　清嘉慶七年(1802)浙江節院刻本　一冊

140000－0501－0009326　131809－12

蒻唐詩集八卷　（清）王瑋慶著　**滄浪詩話補注一卷**　（宋）嚴羽著　（清）王瑋慶注　**碧香閣遺稿一卷**　（清）單茞樓著　清嘉慶二十五年(1820)瑯琊王氏蕉葉山刻本　四冊

140000－0501－0009327　131817－18

墨蘭譜不分卷　（清）陳逵繪　清嘉慶三年(1798)石門顧氏讀畫齋刻本　二冊

140000－0501－0009328　131829－44

大明三藏法數五十卷　（明）釋一如集注　清光緒六年(1880)刻本　十六冊

140000－0501－0009329　131846－53

藝苑名言八卷　（清）蔣瀾輯　清乾隆四十八

年(1783)懷谷軒刻本　八冊

140000－0501－0009330　131854－63

紅樓夢補四十八回　（清）歸鋤子撰　清光緒二年(1876)上海申報館鉛印申報館叢書本　十冊

140000－0501－0009331　131888－99

續紅樓夢三十卷　（清）秦子忱撰　清光緒八年(1882)抱甕軒刻本　十二冊

140000－0501－0009332　131900－19

弦雪居重訂遵生八箋十九卷總目一卷　（明）高濂編　清光緒十年(1884)刻本　二十冊

140000－0501－0009333　131920－25

如是山房增訂金批西廂四卷首一卷末一卷　（元）王實甫撰　（清）金聖歎批　（清）少霞增訂　清如是山房刻朱墨套印本　六冊

140000－0501－0009334　131926－57

紅樓復夢一百回首一卷　（清）小和山樵編輯　清嘉慶十年(1805)刻本　三十二冊

140000－0501－0009335　131958－65

粟香隨筆八卷二筆八卷　金武祥撰　清光緒七年(1881)羊城刻本　八冊

140000－0501－0009336　131990－93

賴古堂名賢尺牘新鈔十二卷　（清）高阜（清）羅燿選　清賴古堂刻本　四冊

140000－0501－0009337　132000－05

茶香室續鈔二十五卷目錄一卷　（清）俞樾撰　清光緒十二年(1886)德清俞氏刻春在堂全書本　六冊

140000－0501－0009338　132006－07

對床夜語五卷　（宋）范希文撰　清光緒二十二年(1896)錢塘丁氏八千卷樓刻本　二冊

140000－0501－0009339　132008－13

懷小編二十卷　（清）沈濂撰　清刻本　六冊

140000－0501－0009340　132014－15

老老恒言五卷　（清）曹庭棟撰　清同治九年(1870)刻本　二冊

140000－0501－0009341　132021－32

蕉軒隨錄十二卷　（清）方浚師撰　清同治十二年(1873)退一步齋刻本　十二冊

140000－0501－0009342　132033－36

清儀閣題跋不分卷　（清）張廷濟撰　清光緒十七年(1891)錢塘丁氏刻本　四冊

140000－0501－0009343　132039－44

人事通正續集不分卷　（清）石成金輯撰　清刻本　六冊

140000－0501－0009344　132051－84

玉芝堂談薈三十六卷　（清）徐應秋輯　清刻本　三十四冊

140000－0501－0009345　132085－88

思適齋集十八卷　（清）顧廣圻撰　清道光二十九年(1849)上海徐氏刻本　四冊

140000－0501－0009346　132118

甕牖閒評八卷　（宋）袁文撰　清刻本　一冊

140000－0501－0009347　132119－21

柏葉庵印存　（清）俞廉三輯　（清）戈履徵刻　清宣統二年(1910)山陰俞氏石印本　三冊

140000－0501－0009348　132122－23

聞見一隅錄三卷　（清）夏炘撰　清同治六年(1867)當塗夏氏景紫堂刻本　二冊

140000－0501－0009349　132124－29

讀書說四卷附錄一卷　（清）胡承諾撰　清刻朱印本　六冊

140000－0501－0009350　132130－31

悔翁筆記六卷　（清）汪士鐸撰　清刻本二冊

140000－0501－0009351　132134－35

病榻夢痕錄二卷錄餘一卷　（清）汪輝祖撰　清嘉慶元年(1796)刻本　二冊

140000－0501－0009352　132136－41

耐安類稿五種　（清）陳偉撰　清光緒二十二年(1896)刻本　六冊

140000－0501－0009353　132146－47

舒藝室隨筆六卷　（清）張文虎撰　清同治十三年(1874)金陵冶城賓館刻本　二冊

140000－0501－0009354　132148－49

萬言肄雅不分卷　（清）屈曾發撰　清乾隆三十七年(1772)近文齋穆氏刻本　二冊

140000－0501－0009355　132150－53

萬世玉衡錄四卷　（清）蔣伊輯　清康熙十二年(1673)刻本　四冊

140000－0501－0009356　132154－55

下學堂劄記三卷　（清）熊賜履輯　清康熙二十四年(1685)熊賜履刻本　二冊

140000－0501－0009357　132156－59

揮塵前錄四卷後錄十一卷　（宋）王明清輯　明毛氏汲古閣刻本　四冊

140000－0501－0009358　132160－61

讀書脞錄七卷　（清）孫志祖撰　清嘉慶四年(1799)刻本　二冊

140000－0501－0009359　132162

西京雜記六卷　（晉）葛洪撰　（明）毛晉訂　明汲古閣刻本　一冊

140000－0501－0009360　132163

淳熙玉堂記三卷　（宋）周必大撰　（明）毛晉訂　明汲古閣刻本　一冊

140000－0501－0009361　132164－67

廣陽雜記五卷　（清）劉獻廷撰　清刻本　四冊

140000－0501－0009362　132168－71

熊襄愍公尺牘四卷　（明）熊廷弼撰　清光緒三十四年(1908)湖北武昌璞園刻本　四冊

140000－0501－0009363　132173－76

宋孫仲益內簡尺牘十卷　（宋）孫覿撰　（宋）李祖堯注　清乾隆十二年(1747)刻本　四冊

140000－0501－0009364　132178－79

潛園友朋書問十二卷　（清）陸心源輯　清光緒石印本　二冊

140000－0501－0009365　132180－84

墨林今話十八卷續編一卷　（清）蔣寶齡撰　清咸豐二年(1852)昭文蔣氏刻本　五冊

140000－0501－0009366　132185－90

書法正傳十卷　（清）馮武編輯　清乾隆五十年(1785)世多堂刻本　六冊

140000－0501－0009367　132191－206

虛齋名畫錄十六卷　龐元濟編　清宣統元年(1909)申江烏程龐氏刻本　十六冊

140000－0501－0009368　132238

湘江恭餞圖序詠一卷　王闓運撰　清光緒二十九年(1903)湖南刻本　一冊

140000－0501－0009369　132239－54

國朝歷科題名碑錄初集不分卷附明洪武至崇禎各科題名錄不分卷　（清）李周望輯　（清）德沛校補　清乾隆刻咸豐重修本　十六冊

140000－0501－0009370　132255－56

借閒生詩三卷詞一卷　（清）汪遠孫撰　清道光二十年(1840)錢塘汪氏振綺堂刻本　二冊　缺二葉(詞一至二)

140000－0501－0009371　132261－64

歸震川先生尺牘五卷　（明）歸有光撰　清康熙三十八年(1699)刻本　四冊

140000－0501－0009372　132269－80

崇百藥齋文集二十卷續集四卷三集十二卷（清）陸繼輅撰　五真閣吟稿一卷　（清）錢惠尊撰　清嘉慶、道光陽湖陸氏刻本　十二冊

140000－0501－0009373　132338－47

津逮秘書十五集　（明）毛晉輯　明崇禎虞山毛氏汲古閣刻本　十冊　存一集(十二)

140000－0501－0009374　132348－71

西湖集覽　（清）丁丙輯　清光緒九年(1883)錢塘丁氏嘉惠堂刻本　二十四冊

140000－0501－0009375　132383－94

靜廉齋詩集二十四卷　（清）金甡撰　清嘉慶二十五年(1820)姚氏扶荔山房刻本　十二冊

140000－0501－0009376　132395－98

景德鎮陶錄十卷　（清）藍浦撰　（清）鄭廷桂

輯補　清光緒十七年(1891)京都書業堂刻本
四冊

140000－0501－0009377　132400－03

明人尺牘選四卷　(清)王元勳　(清)程化驊
輯　清康熙三十四年(1695)刻本　四冊

140000－0501－0009378　132404－08

陋軒詩十二卷詩續二卷　(清)吳嘉紀撰
(清)夏荃輯　清道光二十三年(1843)泰州夏
氏刻本　五冊

140000－0501－0009379　132410－17

楚庭耆舊遺詩前集二十一卷後集二十一卷
(清)伍崇曜輯　清道光二十三年(1843)南海
伍氏刻本　八冊

140000－0501－0009380　132418－77

大清搢紳全書　清光緒、宣統京都榮錄堂來
鹿堂榮寶齋刻本　六十冊

140000－0501－0009381　132478

新編醉翁談錄八卷　(宋)金盈之撰　清刻適
園叢書本　一冊

140000－0501－0009382　132479－84

成裕堂繪像第七才子書六卷　(元)高明撰
(清)毛綸評　清嘉慶十二年(1807)金閶書業
堂刻本　六冊

140000－0501－0009383　132485－90

東西晉演義全傳西晉四卷東晉八卷　(清)陳
氏尺蠖齋注釋　清刻本　六冊

140000－0501－0009384　132491－516

戊申全年畫報不分卷　清宣統元年(1909)上
海時事報館石印本　二十六冊

140000－0501－0009385　132517－18

寫韻樓詩集五卷首一卷末一卷　(清)吳瓊仙
撰　清嘉慶吳江徐氏刻本　二冊

140000－0501－0009386　132521－26

五知齋琴譜附鐫書八要八卷　(清)周魯封彙
纂　清乾隆十一年(1746)成都葉氏刻本
六冊

140000－0501－0009387　132533－40

敏求軒述記十六卷　(清)陳世箴輯　清道光
二十八年(1848)丹徒陳氏刻本　八冊

140000－0501－0009388　132541－51

憶往日記不分卷　謝雁臣撰　清宣統浙江紹
興謝氏稿本　十一冊

140000－0501－0009389　132573－76

**有不為齋詩八卷汪香谷詩一卷小娜嬛吟稿一
卷**　(清)王倩撰　(清)趙曰佩輯　**吾家詩草
一卷**　(清)林模撰　清道光五年(1825)錢塘
趙氏刻本　四冊

140000－0501－0009390　132603－16

澗于日記不分卷　(清)張佩綸撰　清光緒豐
潤張氏澗于草堂石印本　十四冊

140000－0501－0009391　132628－29

曹李尺牘合選二卷　(清)曹溶　(清)李良年
撰　(清)茅渡輯　清慎餘堂刻本　二冊

140000－0501－009392　321856－61

鄉黨圖考十卷　(清)江永撰　清乾隆五十八
年(1793)金閶書業堂刻本　六冊

140000－0501－0009393　132631

周文忠公尺牘二卷雜文附錄一卷　(清)周天
爵著　清同治七年(1868)蘇松太道署刻本
一冊

140000－0501－0009394　132632－34

國朝名人書劄三卷　清宣統三年(1911)上海
文明書局鉛印本　三冊

140000－0501－0009395　132986－89

千一疏二十二卷　(明)程涓撰　明萬曆三十
七年(1609)新都范檞刻本　四冊

140000－0501－0009396　132990－93

選集漢印分韻二卷續集二卷　(清)袁日省撰
(清)謝景卿　(清)謝雲生摹錄　清嘉慶二
年至八年(1797－1803)粵東謝氏漱藝堂刻本
四冊

140000－0501－0009397　132994－3009

十竹齋書畫譜　(明)胡正言編　清嘉慶二十
二年(1817)刻本　十六冊

140000－0501－0009398　133010－13

雍錄十卷　（宋）程大昌撰　明萬曆新安吳琯
刻本　四冊

140000－0501－0009399　133014－19

亦政堂重修考古圖十卷　（宋）呂大臨撰　亦
政堂重考古玉圖二卷　（元）朱德潤撰　清乾
隆十七年(1752)刻本　六冊

140000－0501－0009400　133021－22

爾雅三卷　（晉）郭璞注　（唐）陸德明音釋
清同治十一年(1872)山東書局刻本　二冊
缺一卷(中)

140000－0501－0009401　133037－38

傅徵君真草墨跡　（清）傅山書　清寫本
二冊

140000－0501－0009402　133046－47

廣輿圖二卷　（元）朱思本原圖　（明）羅洪光
增纂　（明）胡松刊補　清嘉慶四年(1799)南
城章學濂刻本　二冊

140000－0501－0009403　133064

傅青主先生尺牘一卷　（清）傅山書　傅眉手
劄　（清）傅眉書　清稿本　一冊

140000－0501－0009404　133081－82

牛雪樵臨帖　（清）牛鑒臨　清嘉慶二十四年
(1819)寫本　二冊

140000－0501－0009405　133096

詹東圖草書　（明）詹景鳳書　明寫本　一冊

140000－0501－0009406　133097

劉文清公墨跡　（清）劉墉書　清寫本　一冊

140000－0501－0009407　133100

王覺斯墨跡　（清）王鐸書　清寫本　一冊

140000－0501－0009408　133104

裘編修楷書　（清）裘曰修書　清咸豐六年
(1856)寫本　一冊

140000－0501－0009409　133108

樂毅論　（清）夏侯泰書　清同治六年(1867)
寫本　一冊

140000－0501－0009410　133112

王虛舟篆書岣嶁碑　（清）王澍書　清寫本
一冊

140000－0501－0009411　133189－96

因宜堂法帖八卷　清乾隆五十年(1785)寫本
八冊

140000－0501－0009412　133197－202

陶淵明集十卷　（晉）陶潛撰　清嘉慶十二年
(1807)魯氏刻本　六冊

140000－0501－0009413　133264

牛雪樵臨帖　（清）牛鑒臨　清嘉慶二十四年
(1819)寫本　一冊

140000－0501－0009414　133312

王文端公書唐李解鳳凰來儀賦　（清）王傑書
清寫本　一冊

140000－0501－0009415　133331－33

山谷題跋三卷　（宋）黃庭堅撰　（清）溫一貞
擇錄　清乾隆五十年(1785)吳興又賞齋刻本
三冊

140000－0501－0009416　133334－35

東坡題跋二卷　（宋）蘇軾撰　（清）溫一貞擇
錄　清乾隆五十年(1785)吳興又賞齋刻本
二冊

140000－0501－0009417　133336

吳門畫舫續錄三卷　（清）箇中生輯　清同治
十三年(1874)鉛印本　一冊

140000－0501－0009418　133337

理虛元鑑二卷附保胎良方一卷　（明）汪綺石
著　清光緒二年(1876)葛氏嘯園刻嘯園叢書
本　一冊

140000－0501－0009419　133338－41

大清搢紳全書（清光緒元年、二十二年）不分
卷　清光緒元年(1875)、二十二年(1896)京
都松竹齋榮寶齋刻本　四冊

140000－0501－0009420　133343

切韻指掌圖一卷　（宋）司馬光撰　清光緒九
年(1883)上海同文書局石印本　一冊

140000－0501－0009421　133344

大學解一卷中庸解一卷　（清）覺一子撰　清光緒二十一年(1895)石印本　一冊

140000－0501－0009422　133345

增訂敬信錄圖說一卷　（清）許嘯亭輯　清嘉慶四年(1799)太原永興齋刻本　一冊

140000－0501－0009423　133346

筱雲詩集二卷　（清）陸應宿撰　**湄君詩集二卷**　（清）陸建著　清光緒十八年(1892)上海圖書集成印書局鉛印本　一冊

140000－0501－0009424　133347

袁太史稿一卷　（清）袁枚撰　（清）秦大士編　清光緒十八年(1892)上海圖書集成印書局鉛印本　一冊

140000－0501－0009425　133348－49

返性圖輯要寶錄二卷　清光緒二年(1876)北京勵學堂刻本　二冊

140000－0501－0009426　133350－53

詩經八卷　（宋）朱熹集傳　清同治八年(1869)蘇閶亦西齋刻本　四冊

140000－0501－0009427　133354

注釋高王觀世音經一卷　（清）楊三江輯　清光緒二十七年(1901)山左王氏刻本　一冊

140000－0501－0009428　133355

注釋高王觀世音經一卷　（清）楊三江輯　清光緒二十七年(1901)山左王氏刻本　一冊

140000－0501－0009429　133356

注釋高王觀世音經一卷　（清）楊三江輯　清光緒二十七年(1901)山左王氏刻本　一冊

140000－0501－0009430　133357

注釋高王觀世音經一卷　（清）楊三江輯　清光緒二十七年(1901)山左王氏刻本　一冊

140000－0501－0009431　133358

高王觀世音經　清同治十三年(1874)上湘蔣氏刻本　一冊

140000－0501－0009432　133359

文昌帝君孝經一卷附勸善文　清石印本一冊

140000－0501－0009433　133360

文昌帝君孝經一卷附勸善文　清石印本一冊

140000－0501－0009434　133361

文昌帝君孝經一卷附勸善文　清石印本一冊

140000－0501－0009435　133362－63

經義約選一卷　（清）王錫蕃編　清光緒二十年(1894)聚三堂刻本　二冊

140000－0501－0009436　133364

解救未劫寶經一卷　清咸豐九年(1859)蘇州會文堂刻本　一冊

140000－0501－0009437　133365

解救未劫寶經　清咸豐九年(1859)蘇州會文堂刻本　一冊

140000－0501－0009438　133367

天戒錄　題（清）蓮池大師注　清光緒十二年(1886)刻本　一冊

140000－0501－0009439　133368

廣元宰必讀書三卷　（清）彭定求輯　清道光二十二年(1842)山東楊自德堂刻本　一冊

140000－0501－0009440　133369

三聖救劫靈方　清光緒三十四年(1908)刻本一冊

140000－0501－0009441　133373

芸齋拙作　（清）王啟恩撰　清抄本　一冊

140000－0501－0009442　133374

太上感應篇集注　清咸豐七年(1857)太原合永興齋刻本　一冊

140000－0501－0009443　133377－82

唐詩三百首注疏六卷　（清）孫洙編　（清）章燮注　清道光二十一年(1841)姑蘇會文堂刻本　六冊

140000－0501－0009444　133383－86

論語淺解四卷　（清）喬松年撰　清光緒三年

（1877）徐溝喬氏強恕堂刻本　　四冊

140000－0501－0009445　133387－88
金剛經談本注解二卷　　（後秦）釋鳩摩羅什譯　（清）蛻黯居士輯注　（清）王浩沐繪圖像　清咸豐十一年（1861）河南省宋聚文齋刻本　二冊

140000－0501－0009446　133404－06
子史輯要詩賦題解四卷續編四卷　（清）胡本淵編　清嘉慶十七年（1812）山淵堂刻本　三冊

140000－0501－0009447　133418
蘭亭序　（清）馬位臨　清雍正八年（1730）臨本　一冊

140000－0501－0009448　133432－35
金石圖二卷　（清）褚峻摹圖　（清）牛運震補說　清乾隆八年（1743）刻本　四冊

140000－0501－0009449　133436
金石圖四卷　（清）褚峻摹圖　（清）牛運震輯　清乾隆十年（1745）刻本　一冊　存一卷（一）

140000－0501－0009450　133437－38
秦漢瓦當文字一卷續一卷　（清）程敦撰　清乾隆五十二年（1787）橫渠書院刻本　二冊

140000－0501－0009451　133442－554
玉函山房輯佚書五百九十四種　（清）馬國翰輯　清光緒九年（1883）長沙娜嬛館刻本　一百十三冊

140000－0501－0009452　133555－725
正誼堂全書總目一卷　（清）張伯行輯　（清）楊浚重輯　清同治七年（1868）福州正誼堂刻本　一百七十一冊

140000－0501－0009453　133726－49
讀書雜志八十二卷餘編二卷　（清）王念孫撰　清嘉慶刻本　二十四冊

140000－0501－0009454　133750－73
唐宋詩醇四十七卷目錄二卷　（清）高宗弘曆選　清乾隆十五年（1750）武英殿刻四色套印本　二十四冊

140000－0501－0009455　133793－808
驗方新編二十四卷　（清）鮑相璈編　**續編痧症全書三卷**　（清）王凱輯　**咽喉秘集**　（清）吳張氏原本　清光緒九年（1883）合肥味古齋刻本　十六冊

140000－0501－0009456　133809－32
吳友如畫寶二集　（清）吳猷繪　清宣統元年（1909）上海壁園會社石印本　二十四冊

140000－0501－0009457　133865－70
唐詩三百首注疏六卷　（清）孫洙編　（清）章燮注　清道光十五年（1835）永言堂刻本　六冊

140000－0501－0009458　134788
天下地理全圖　清抄本　一冊

140000－0501－0009459　134790－95
薛文清公文集二十四卷　（明）薛瑄撰　（明）張鼎輯　明弘治二年（1489）鎮陽張氏刻本　六冊

140000－0501－0009460　134806－13
鏡香園毛綸評第七才子書十二卷首一卷　（元）高明撰　（清）毛綸評　清金陵三益堂刻本　八冊

140000－0501－0009461　134814－16
爾雅三卷　（晉）郭璞注　清嘉慶六年（1801）刻本　三冊

140000－0501－0009462　134817－22
隸韻十卷碑目一卷考證一卷　（宋）劉球纂　**隸韻考證二卷**　（清）翁方綱撰　清嘉慶十五年（1810）秦恩復刻本　六冊

140000－0501－0009463　134823－36
六書分類十二卷　（清）傅世垚撰　清康熙四十四年（1705）汝南周氏聽松閣刻本　十四冊

140000－0501－0009464　134837
江南圖書館善本書目　清光緒江南圖書館鉛印本　一冊

140000－0501－0009465　134838－39

武林藏書錄三卷首一卷　（清）丁申撰　清光
緒二十六年（1900）嘉惠堂刻本　二冊

140000－0501－0009466　134870－73
［嘉慶］蜀典十二卷　（清）張澍撰　清光緒二
年（1876）成都尊經書院刻本　四冊

140000－0501－0009467　134935
禹貢全圖考正　（清）趙庭策撰並繪　清嘉慶
二十五年（1820）祁陽趙氏刻本　一冊

140000－0501－0009468　134937－38
丙午日記　（清）佚名撰　清光緒稿本　二冊

140000－0501－0009469　134939－40
古歡堂雜著六卷　（清）田雯撰　清刻本
二冊

140000－0501－0009470　135001
五種記　清刻本　一冊

140000－0501－0009471　135002
沙陀國搬兵劇本　清抄本　一冊

140000－0501－0009472　135003
娛目醒心編　（清）杜綱撰　（清）許寶善評
清抄本　一冊　存四回（一至四）

140000－0501－0009473　135039
光緒二十年夏季京報　清光緒二十年（1894）
上海新聞報館石印本　一冊

140000－0501－0009474　135040－41
風角書八卷　（清）張爾岐輯撰　清道光十四
年（1834）來鹿堂刻本　二冊

140000－0501－0009475　135042－49
晚邨精選八大家古文不分卷　（清）呂留良輯
　清康熙四十三年（1704）呂氏家塾刻本
八冊

140000－0501－0009476　135050－52
談天十八卷　（英國）侯失勒撰　（英國）偉烈
亞力口譯　（清）李善蘭筆述　清同治十三年
（1874）上海墨海印書館鉛印本　三冊

140000－0501－0009477　135053
說聊齋　（清）尹箴明撰　清宣統北京新報鉛

印本　一冊

140000－0501－0009478　135055－56
地學二卷　（清）沈鎬撰　清康熙五十二年
（1713）刻本　二冊

140000－0501－0009479　135132－39
蘇東坡先生尺牘八卷　（宋）蘇軾撰　黃山谷
先生尺牘十卷　（宋）黃庭堅撰　清光緒三十
四年（1908）上海掃葉山房石印本　八冊

140000－0501－0009480　135146－49
亭林詩文集詩集五卷文集六卷　（清）顧炎武
撰　清宣統元年（1909）上海掃葉山房石印本
　四冊

140000－0501－0009481　135152
大乘起信論直解二卷　（南朝陳）釋真諦譯
（明）釋德清直解　清光緒十六年（1890）金陵
刻經處刻本　一冊

140000－0501－0009482　135153
大乘起信論一卷　（南朝陳）釋真諦譯　清光
緒二十四年（1898）金陵刻經處刻本　一冊

140000－0501－0009483　135166－67
肇論略注六卷　（明）釋德清注　清光緒十四
年（1888）金陵刻經處刻本　二冊

140000－0501－0009484　135185－86
明人尺牘選四卷　（清）王元勳　（清）程化錄
輯　清康熙四十四年（1705）碧雲樓刻本
二冊

140000－0501－0009485　135187
心燈錄摘鈔　清抄本　一冊

140000－0501－0009486　135190－93
六朝文絜箋注十二卷　（清）許槤評選　（清）
黎經誥注　清光緒十五年（1889）上海朝記書
莊刻本　四冊

140000－0501－0009487　135210－16
魏文帝集六卷　（三國魏）曹丕撰　嵇叔夜集
七卷　（三國魏）嵇康撰　陶潛集八卷　（晉）
陶潛撰　謝康樂集五卷　（南朝宋）謝靈運撰
梁武帝集八卷　（南朝梁）武帝蕭衍撰　梁

昭明太子集　（南朝梁）蕭統撰　**沈休文集九卷**　（南朝梁）沈約撰　清宣統三年(1911)上海文明書局鉛印本　七冊

140000－0501－0009488　135285－360

舊唐書校勘記六十六卷　（清）羅士琳　（清）劉文淇撰　清同治十一年(1872)定遠方氏刻本　七十六冊

140000－0501－0009489　135398－409

匋齋臧石記四十四卷首一卷臧甎記二卷　（清）端方撰　清宣統元年(1909)石印本　十二冊

140000－0501－0009490　135412

水雲集一卷　（宋）汪元量撰　清知不足齋刻本　一冊

140000－0501－0009491　135449－52

江西考古錄十卷　（清）王謨著　清光緒十七年(1891)刻本　四冊

140000－0501－0009492　135453－54

挹翠樓詩話四卷　（清）潘清撰　清同治二年(1863)刻本　二冊

140000－0501－0009493　135455－58

養自然齋詩話十卷　（清）鍾駿聲輯　清同治十三年(1874)仁和鍾氏刻本　四冊

140000－0501－009494　321866－68

[雍正]太平縣志八卷　（清）劉崇元修（清）張枚纂　清雍正三年(1725)刻本　三冊　存六卷(一至三、六至八)

140000－0501－0009495　135584－91

續泉彙十四卷補遺二卷　（清）鮑康　（清）李佐賢編　清光緒元年(1875)歙縣鮑氏刻本　八冊

140000－0501－0009496　135621－22

硯小史四卷　（清）朱棟編　清嘉慶五年(1800)刻民國二十四年(1935)寒隱草堂補刻本　二冊

140000－0501－0009497　135623－26

鍾伯敬先生合集文集十一卷詩集五卷　（明）鍾惺撰　明崇禎九年(1636)錢塘翠娛閣陸氏刻本　四冊　存四卷(文集一至四)

140000－0501－0009498　135628－31

國朝金陵詞鈔八卷附閨秀一卷　（清）秦際唐編輯　清光緒二十八年(1902)上元秦氏刻本　四冊

140000－0501－0009499　135644－57

楷法溯源十四卷目錄一卷　（清）潘存輯　楊守敬編　清光緒三年(1877)刻本　十四冊

140000－0501－0009500　135658－61

隨軒金石文字不分卷　（清）徐渭仁輯　清道光二十三年(1843)上海徐氏刻本　四冊

140000－0501－0009501　135662－63

北湖集五卷　（宋）吳則禮撰　清抄本　二冊

140000－0501－0009502　136239－46

王文恪公集三十六卷白社詩草一卷名公筆記一卷　（明）王鏊　（明）王禹聲撰　明萬曆震澤王氏三槐堂刻清補刻本　八冊

140000－0501－0009503　136247－52

袁中郎全集四十卷　（明）袁宏道撰　（明）鍾惺輯　明崇禎二年(1629)武林佩蘭居陸氏刻本　六冊

140000－0501－0009504　136318－77

欽定古今圖書集成醫部全錄五百二十卷（清）陳夢雷輯　清光緒二十年至二十三年(1894－1897)上海影印本　六十冊

140000－0501－0009505　136378－83

瘍醫準繩六卷　（明）王肯堂輯　明萬曆三十六年(1608)刻本　六冊

140000－0501－0009506　136384－405

馮氏錦囊秘錄雜症大小合參二十卷痘疹全集十五卷藥性主治合參十二卷　（清）馮兆張輯　清康熙四十一年(1702)刻本　二十二冊

140000－0501－0009507　136406

大生要旨五卷　（清）唐千頃撰　清道光二十七年(1847)刻本　一冊

140000－0501－0009508　136407－08

四科簡效方四集　（清）王士雄選　清光緒十一年(1885)越州徐氏刻本　二冊

140000－0501－0009509　136409－12
藥方不分卷　清抄本　四冊

140000－0501－0009510　136413－16
寒疫合編歌括四卷　（清）王光甸編輯　清同治元年(1862)王氏刻本　四冊

140000－0501－0009511　136417
時疫白喉證論一卷　（清）黃炳乾撰　清光緒元年(1875)刻本　一冊

140000－0501－0009512　136418
休寧縣汪廣期先生胎產方一卷　（清）汪廣期撰　清刻本　一冊

140000－0501－0009513　136419
孫真人海上方一卷附痎疾三方一卷痢疾三方一卷經驗良方保命延生種子戒期一卷　（唐）孫思邈撰　清道光二年(1822)陸成本刻本　一冊

140000－0501－0009514　136420
易筋經義一卷　（清）岫雲山人抄　清抄本　一冊

140000－0501－0009515　136421－24
蘇沈內翰良方十卷　（宋）蘇軾　（宋）沈括集　清光緒二十三年(1897)武強賀氏刻本　四冊

140000－0501－0009516　136425
鄭氏遺書四卷末一卷　（清）鄭奠一撰　清抄本　一冊

140000－0501－0009517　136426
痘疹折衷二卷　（明）秦昌遇撰　清抄本　一冊

140000－0501－0009518　136427－34
增補本草原始十二卷　（清）李中立輯　清刻本　八冊

140000－0501－0009519　136443－46
痘疹正宗二卷　（清）宋麟祥撰　清乾隆四十六年(1781)文盛堂刻本　四冊

140000－0501－0009520　136435－38
傷寒補天石二卷續二卷　（清）戈維城著　清嘉慶十六年(1811)吳縣朱氏汲綆齋木活字印本　四冊

140000－0501－0009521　136447－52
絳雪園古方選注二卷　（清）王子接注　清雍正九年(1731)行素堂刻本　六冊

140000－0501－0009522　136453－58
劉河間傷寒三書　（金）劉完素撰　明萬曆十三年(1585)同德堂吳氏刻本　六冊

140000－0501－0009523　136459－64
柳選四家醫案　（清）柳寶詒輯　清光緒三十年(1904)江陰柳氏刻醫學叢書本　六冊

140000－0501－0009524　136465－72
證治彙補八卷　（清）李用粹撰　清光緒十八年(1892)簡玉山房刻本　八冊

140000－0501－0009525　136473－74
四診抉微八卷管窺附餘一卷　（清）林之翰撰　清玉映堂刻本　二冊

140000－0501－0009526　136475－86
本經疏證十二卷本經續疏六卷本經序疏要八卷　（清）鄒澍編　清咸豐八年(1858)日升山房刻本　十二冊

140000－0501－0009527　136487－99
當歸草堂醫學叢書初編十種　（清）丁丙輯　清光緒四年(1878)錢塘丁氏當歸草堂刻本　十三冊

140000－0501－0009528　136500－07
成方切用十四卷　（清）吳儀洛輯　清乾隆二十六年(1761)硤川利濟堂刻本　八冊

140000－0501－0009529　136512－17
祝由科六卷　清抄本　六冊

140000－0501－0009530　136518－27
醫林指月十二種　（清）王琦輯　清乾隆三十二年(1767)寶笏樓刻本　十冊

140000－0501－0009531　136536－45
內科理法前編六卷後編十卷附一卷　（英國）

虎伯撰　舒高第口譯　(清)趙元益筆述　清刻本　十冊

140000－0501－0009532　136546－47

新刊補注銅人腧穴針灸圖經五卷　(宋)王惟一撰　清光緒二十三年至宣統元年(1897－1909)貴池劉氏影刻本　二冊

140000－0501－0009533　136555－602

證治準繩八卷類方準繩八卷傷寒準繩八卷女科準繩五卷外科準繩六卷幼科準繩九卷(明)王肯堂輯　清光緒十八年(1892)上海圖書集成印書局刻本　四十八冊

140000－0501－0009534　136603－08

三刻太醫院補注婦人良方大全二十四卷首一卷　(宋)陳自明輯　(明)薛己補注　清竹林堂刻本　六冊

140000－0501－0009535　136609－10

雷公炮製藥性解六卷　(明)李中梓編　清會文堂刻本　二冊

140000－0501－0009536　136611

經絡歌訣一卷醫方湯頭歌括一卷　(清)汪昂輯　清刻本　一冊

140000－0501－0009537　136612－17

傷寒論直解六卷　(清)張錫駒注解　清光緒十一年(1885)福州醉經閣刻本　六冊

140000－0501－0009538　136618－22

釐正按摩要術四卷痧喉正義一卷　(清)張振鋆纂輯　清光緒十八年(1892)思求闓齋刻本　五冊

140000－0501－0009539　136623－32

臨證指南醫案十卷　(清)葉桂撰　清乾隆三十一年(1766)錫山華南田氏刻本　十冊

140000－0501－0009540　136633－40

瘍科選粹八卷　(明)陳文治輯　清乾隆二十六年(1761)潯溪達尊堂刻本　八冊

140000－0501－0009541　136641－50

醫林纂要探源十卷附錄一卷　(清)汪紱輯　清光緒二十三年(1897)江蘇書局刻本　十冊

140000－0501－0009542　136651－57

割症全書七卷　(美國)嘉約翰撰　清光緒十六年(1890)羊城博濟醫局刻本　七冊

140000－0501－0009543　136658－61

痢證彙參十卷　(清)吳道源輯　清光緒十七年(1891)富記莊刻本　四冊

140000－0501－0009544　136662－71

辨證奇聞十卷　(清)錢松撰　清道光三年(1823)太醫院院使錢松刻本　十冊

140000－0501－0009545　136672－83

中西彙通醫書五種　唐宗海撰　清光緒三十四年(1908)千頃堂書局石印本　十二冊

140000－0501－0009546　136684－95

中西彙通醫書五種　唐宗海撰　清光緒三十四年(1908)千頃堂書局石印本　十二冊

140000－0501－0009547　136696－703

病理撮要一卷醫理略述二卷西藥略釋四卷　(清)尹端模譯　(清)孔繼良譯　清光緒十八年(1892)羊城博濟醫局刻本　八冊

140000－0501－0009548　136764－67

述學内篇三卷外篇一卷補遺一卷別錄一卷(清)汪中撰　清同治八年(1869)揚州書局刻本　四冊

140000－0501－0009549　136768－69

鄭志三卷附錄一卷　(漢)鄭玄撰　(三國魏)鄭小同編　清嘉慶三年(1798)刻汗筠齋叢書本　二冊

140000－0501－0009550　136770－85

畜德錄二十卷　(清)席啟圖輯　清康熙二十二年(1683)吳江震澤席氏紀武堂刻本　十六冊

140000－0501－0009551　136786－89

芥子園畫傳二集不分卷首一卷　(清)王概輯　清嘉慶五年(1800)金陵芥子園刻本　四冊

140000－0501－0009552　136790－91

泉志十五卷譜雙五卷　(宋)洪遵撰　清光緒元年(1875)金陵隸釋齋摹刻本　二冊

140000－0501－0009553　136792

螢雪叢說二卷　（宋）俞成撰　**孫公談圃三卷**
（宋）孫升撰　清刻本　一冊

140000－0501－0009554　136793

州縣提綱四卷　（宋）陳襄撰　**捕蝗考一卷**
（清）陳芳生撰　清新昌莊肇麟刻本　一冊

140000－0501－0009555　136794－96

積古齋鐘鼎彝器款識稿本十卷附錄一卷
（清）阮元編　清光緒三十二年（1906）影印本
三冊

140000－0501－0009556　136797－828

醒世姻緣傳一百回　（清）西周生輯著　（清）
然黎子校定　清同治九年（1870）刻本　三十
二冊

140000－0501－0009557　136829－36

獨旦集三卷歸田集十四卷　（清）高士奇撰
清康熙刻本　八冊

140000－0501－0009558　136849－54

閩都記三十三卷　（明）王應山纂　（明）王毓
德編次　清道光十一年（1831）求放心齋刻本
六冊

140000－0501－0009559　136863－68

鹽鐵論十二卷　（漢）桓寬撰　（明）張之象注
清刻本　六冊

140000－0501－0009560　136869

句餘土音三卷　（清）全祖望撰　清刻本
一冊

140000－0501－0009561　136870－73

筠心書屋詩鈔十二卷　（清）褚廷璋著　清嘉
慶十一年（1806）晉江張氏鑑湖亭刻本　四冊

140000－0501－0009562　136874－77

柳崖外編八卷　（清）徐昆撰　清山東聊城任
氏刻本　四冊　存六卷（一至六）

140000－0501－0009563　136884－89

浙西六家詩鈔六卷　（清）吳應和選　清道光
七年（1827）海鹽紫微山館刻本　六冊

140000－0501－0009564　136890－92

勺園詩鈔三卷續鈔一卷　（清）李遐齡撰　**松
溪遺草一卷**　（清）李藹元撰　清嘉慶十九年
（1814）李贊辰刻光緒三十四年（1908）補刻本
三冊

140000－0501－0009565　136897－902

增補箋注繪像第六才子西廂釋解八卷　（清）
金聖歎外書　（清）吳吳山三婦合箋　清致和
堂刻本　六冊

140000－0501－0009566　136903－10

鏡香園毛綸評第七才子書十二卷首一卷
（元）高明撰　（清）毛綸評　清金陵三益堂刻
本　八冊

140000－0501－0009567　136919－38

太史升庵全集八十一卷目錄二卷　（明）楊慎
撰　（明）張士佩輯　清吳陵宮氏刻本　二
十冊

140000－0501－0009568　136939－40

山門新語二卷　（清）周贇著　清光緒十九年
（1893）刻本　二冊　存（周氏琴律切音）

140000－0501－0009569　136941－44

春在堂隨筆八卷　（清）俞樾撰　清刻本
四冊

140000－0501－0009570　136947－82

經訓堂叢書二十一種　（清）畢沅輯　清乾隆
刻本　三十六冊

140000－0501－0009571　136985－7002

**春秋集傳大全七十卷序論一卷春秋二十國年
表一卷諸國興廢說一卷**　（明）胡廣輯　明内
府刻本　十八冊

140000－0501－0009572　137003－08

想當然耳八卷　（清）鄒鐘撰　清同治十年
（1871）聚興堂刻本　六冊

140000－0501－0009573　137009－13

繡像綠牡丹全傳六卷六十四回　清道光二十
七年（1847）寶翰樓刻本　五冊

140000－0501－0009574　137014－21

繡像落金扇全傳八卷　題（清）吹竽先生訂

清同治十二年(1873)刻本　八册

140000－0501－0009575　137022－37

藏園九種曲　(清)蔣士銓輯　清乾隆經綸堂刻本　十六册

140000－0501－0009576　137038－41

三國郡縣表八卷　(清)吳增僅撰　清光緒二十二年(1896)盱眙吳氏刻本　四册

140000－0501－0009577　137042

九僧詩一卷　(宋)釋希晝等撰　(清)石韞玉輯　清道光十五年(1835)刻本　一册

140000－0501－0009578　137043－46

宋元本行格表二卷附錄一卷補遺一卷　(清)江標輯　清光緒二十三年(1897)湘潭劉肇隅刻本　四册

140000－0501－0009579　137047－51

論語十卷　(宋)朱熹注　明内府刻本　五册

140000－0501－0009580　137052－59

翼駉稗編八卷　(清)湯用中著　清道光二十九年(1849)刻本　八册

140000－0501－0009581　137060－63

諧鐸十二卷　(清)沈起鳳著　清同治五年(1866)刻本　四册

140000－0501－0009582　137064

隨園瑣記二卷　(清)袁祖志撰　清光緒五年(1879)錢塘葛氏嘯園刻本　一册

140000－0501－0009583　137069－72

嘯亭雜錄八卷續錄二卷　(清)昭槤輯　清光緒二十七年(1901)掃葉山房石印本　四册

140000－0501－0009584　137077－84

國朝書人輯略十一卷首一卷　震鈞輯　清光緒三十四年(1908)金陵刻本　八册

140000－0501－0009585　137086－97

新刻真本唱口雙珠球全傳四十九卷　(清)黃子貞撰　清光緒三年(1877)清和月刻本　十二册

140000－0501－0009586　137098－101

新刻天花藏批評平山冷燕四卷二十回　(清)荻岸散人編　清經綸堂刻本　四册

140000－0501－0009587　137118－25

隨園隨筆二十八卷　(清)袁枚撰　清刻本　八册

140000－0501－0009588　137167－68

推拿廣意三卷　(清)熊應雄輯　(清)陳世凱重訂　清蘇州同文堂刻本　二册

140000－0501－0009589　137169－80

婦人良方二十四卷　(宋)陳自明編　(明)薛己補注　清漁古山房刻薛氏醫案全集本　十二册

140000－0501－0009590　137185－96

[道光]泰州志三十六卷首一卷　(清)王有慶修　(清)陳世鎔纂　清光緒三十四年(1908)補刻本　十二册

140000－0501－0009591　137197－98

歷代紀元部表二卷　(清)江永編　清乾隆二十年(1755)潛德堂刻本　二册

140000－0501－0009592　137200－03

同壽錄四卷　(清)項天瑞輯　清乾隆二十七年(1762)項氏刻本　四册

140000－0501－0009593　137204

延令宋版書目一卷　(清)季振宜撰　清抄本　一册

140000－0501－0009594　137230－31

凝香室鴻雪因緣圖記二集　(清)麟慶撰　清道光十八年(1838)雲蔭堂刻本　二册

140000－0501－0009595　137232－43

[光緒]南匯縣志二十二卷首一卷末一卷　(清)金福曾修　(清)張文虎纂　清光緒五年(1879)刻民國十六年(1927)南江縣志局重印本　十二册

140000－0501－0009596　137246

天元病機九章一卷　(清)藍蕊焱撰　清光緒二十二年(1896)北京文采齋刻本　一册

140000－0501－0009597　137247－55

蘭亭考十二卷附一卷續考一卷　（宋）桑世昌集　石刻鋪敘二卷　（宋）曾宏父纂　金石史二卷　（清）郭宗昌著　石墨鐫華八卷碑目一卷　（明）趙崡著　清同治十一年（1872）金陵甘炳抄本　九冊

140000－0501－0009598　137261－70

闕里志二十四卷　（明）陳鎬纂　（明）孔允植重纂　清雍正山東孔氏家刻本　十冊

140000－0501－0009599　137271

良方續錄一卷補遺一卷　（清）俞大文輯　清同治七年（1868）仁和金肖農刻本　一冊

140000－0501－0009600　137272－74

楚省八旗奉直同官錄不分卷附會館章程一卷　（清）湖北八奉直會館編　清光緒刻本　三冊

140000－0501－0009601　137299

[乾道]臨安志十五卷　（宋）周淙纂　清光緒二十年（1894）孫氏壽松堂刻本　一冊　存三卷（一至三）

140000－0501－0009602　137300－03

[道光]華嶽志八卷首一卷　（清）李榕纂輯　清道光十一年（1831）刻光緒九年（1883）湘鄉楊氏增修本　四冊

140000－0501－0009603　137304－09

傷寒論條辨八卷附錄二卷　（明）方有執撰　清康熙五十八年（1719）桐川陳氏浩然樓刻本　六冊

140000－0501－0009604　137310－11

聊齋先生文集二卷　（清）蒲松齡撰　（清）耿士偉編　清宣統三年（1911）成都清白堂刻本　二冊

140000－0501－0009605　137312－20

[光緒]泰興縣志二十六卷首一卷末一卷（清）楊激雲　（清）顧曾烜纂修　清光緒十二年（1886）刻本　九冊　缺一卷（首一卷）

140000－0501－0009606　137321－27

全體新論三十九卷　（英國）合信氏著　（清）

管茂材同撰　西醫略論三卷内科新說二卷（清）陳修堂撰　清咸豐元年至八年（1851－1858）上海墨海書館同仁濟書館刻本　七冊

140000－0501－0009607　137328－32

崇文總目五卷補遺一卷附錄一卷　（宋）王堯臣等編　（清）錢侗輯釋　清光緒八年（1882）常熟後知不足齋刻本　五冊

140000－0501－0009608　137333－40

深州風土記二十二卷附表五卷　（清）吳汝綸纂　清光緒二十六年（1900）天津文瑞書院刻本　八冊

140000－0501－0009609　137341－45

醫學五則　（清）廖雲溪撰　清光緒十三年（1887）興發堂刻本　五冊

140000－0501－0009610　137378－81

甕牖餘談八卷　（清）王韜撰　清光緒元年（1875）上海申報館鉛印本　四冊

140000－0501－0009611　137382－423

痛史二十一種　樂天居士輯　清宣統三年（1911）商務印書館鉛印本　四十二冊

140000－0501－0009612　137424－29

傷寒論三注十六卷　（清）周揚俊撰　清光緒十三年（1887）漁古山房刻本　六冊

140000－0501－0009613　137430－33

醫法圓通四卷　（清）鄭壽全輯　清光緒十三年（1887）五福堂刻本　四冊

140000－0501－0009614　137440－43

歸田瑣記八卷　（清）梁章鉅撰　清道光二十五年（1845）仁和許氏北東園刻本　四冊

140000－0501－0009615　137445

[正德]朝邑縣志二卷　（明）王道修　（明）韓邦靖纂　清刻本　一冊

140000－0501－0009616　137468－83

[光緒]富陽縣志二十四卷首一卷　（清）汪文炳修　蔣敬時　（清）何鎔纂　清光緒二十五年（1899）修三十二年（1906）刻本　十六冊

140000－0501－0009617　137484－503

輿論時事報圖畫不分卷　清宣統二年(1910)石印本　二十冊

140000－0501－0009618　137509

確山駢體文四卷　（清）宋世犖撰　清嘉慶二十五年(1820)臨海宋氏刻本　一冊

140000－0501－0009619　137510－15

宋艷十二卷　（清）徐士鑾輯　清光緒十九年(1893)天津徐氏蝶園刻本　六冊

140000－0501－0009620　137522－31

[光緒]蘭溪縣志八卷首一卷補遺一卷　（清）秦簧　（清）邵秉經修　（清）唐壬森纂　清光緒七年(1881)修十五年(1889)續刻本　十冊　缺一卷(補遺一卷)

140000－0501－0009621　137532－33

梅花夢二卷　（清）張道填詞　清光緒二十年(1894)錢塘張氏刻本　二冊

140000－0501－0009622　137542－49

寶刻叢編二十卷　（宋）陳思纂　清光緒十四年(1888)吳興陸氏十萬卷樓刻本　八冊

140000－0501－0009623　137550

巖泉山人詞稿一卷附補遺一卷　（清）嚴廷中撰　清刻本　一冊

140000－0501－0009624　137551

華山遊草一卷　（清）林壽圖　（清）謝章鋌撰　清同治八年(1869)黃鵠山人歐齋刻本　一冊

140000－0501－0009625　137552

紀年稿一卷　（清）李贊元著　清康熙三十二年(1693)刻本　一冊

140000－0501－0009626　137553－54

笛漁小稿十卷　（清）朱昆田撰　清刻本　二冊

140000－0501－0009627　137561－64

娛親雅言六卷　（清）嚴元照著　清光緒十一年(1885)芟園王氏刻本　四冊

140000－0501－0009628　137565－66

瀛壖雜志六卷　（清）王韜撰　清光緒元年(1875)刻本　二冊

140000－0501－0009629　137569－78

寶真齋法書贊二十八卷　（宋）岳珂撰　清刻本　十冊

140000－0501－0009630　137579－80

海虞藝文志六卷　（清）姚福均輯　清光緒二十三年(1897)常熟姚氏慕程齋刻本　二冊

140000－0501－0009631　137592－95

皇朝輿地略不分卷　（清）六承如繪　清同治二年(1863)廣州寶華坊刻本　四冊

140000－0501－0009632　137596－99

南州詩略十六卷　（清）朱滋年輯　清乾隆三十八年(1773)刻本　四冊

140000－0501－0009633　137601－05

教務紀略四卷首一卷　（清）李剛己輯　清光緒三十年(1904)山東印書局鉛印本　五冊

140000－0501－0009634　137609－12

上虞詩選四卷　（清）徐幹編　清光緒八年(1882)邵武徐氏刻本　四冊

140000－0501－0009635　137684－89

汪龍莊遺書　（清）汪輝祖撰　清同治十年(1871)慎間堂刻本　六冊

140000－0501－0009636　137690－713

慈溪黃氏日鈔分類九十七卷　（宋）黃震編著　清刻本　二十四冊

140000－0501－0009637　137750－52

陶淵明文集十卷　（晉）陶潛撰　清光緒五年(1879)番禺陶氏愛廬刻本　三冊

140000－0501－0009638　137753－58

國朝書畫家筆錄四卷　寶鎮輯　清宣統三年(1911)木活字印本　六冊

140000－0501－0009639　137841

石鼓集聯　呂壽祺雙鉤　清光緒二十六年(1900)石印本　一冊

140000－0501－0009640　137844－47

古文審八卷首一卷　（清）劉心源撰　清光緒

十七年(1891)嘉魚劉氏龍江樓寫刻本　四冊

140000－0501－0009641　137850－55

望堂金石文字初集　楊守敬輯　清光緒二年(1876)楊氏飛青閣雙鉤摹刻本　六冊

140000－0501－0009642　137860－61

敬吾心室彝器款識　(清)朱善旂輯　清光緒三十四年(1908)影印本　二冊

140000－0501－0009643　137862－971

五禮通考二百六十二卷首四卷目錄二卷　(清)秦蕙田輯　(清)方觀承訂　清乾隆十八年(1753)味經窩刻本　一百十冊

140000－0501－0009644　137972－73

陸桴亭先生文鈔六卷　(清)陸世儀撰　(清)葉裕仁編　清同治九年(1870)合肥蒯氏刻本　二冊

140000－0501－0009645　137974－89

[光緒]重修嘉善縣志三十六卷首一卷　(清)江峯青修　(清)顧福仁纂　清光緒二十年(1894)嘉善縣志局刻本　十六冊

140000－0501－0009646　137993－96

陸陳二先生詩文鈔二十八卷　(清)葉裕仁編　清同治九年(1870)合肥蒯德模刻本　四冊

140000－0501－0009647　138004－06

秣陵集六卷圖考一卷表一卷　(清)陳文述編　清光緒十年(1884)淮南書局刻本　三冊

140000－0501－0009648　138010－13

玉曆金方合編四集　(清)覺非氏編　清同治五年(1866)浙江乍浦葛張氏刻本　四冊　缺一冊(四)

140000－0501－0009649　138014

四庫未收書目提要五卷　(清)阮元撰　清光緒四年(1878)上海淞隱閣鉛印本　一冊

140000－0501－0009650　138015－18

鄭氏爻辰補六卷　(清)戴棠著　清道光二十九年(1849)燕山書屋刻本　四冊

140000－0501－0009651　138019－24

坐隱齋棋譜　(明)汪廷訥纂　明書林王公行

刻本　六冊

140000－0501－0009652　138041－42

樵川二家詩六卷　(清)徐幹輯　清光緒七年(1881)刻本　二冊

140000－0501－0009653　138047－62

古今錢略三十二卷首一卷末一卷　(清)倪模述　清光緒三年(1877)大雷岸經鋤堂刻本　十六冊

140000－0501－0009654　138063－68

秦刻子書三種　(清)秦恩復輯　清嘉慶八年至二十三年(1803－1818)江都秦氏刻本　六冊

140000－0501－0009655　138086

貨布文字考四卷　(清)馬昂考釋　清道光十二年(1832)刻本　一冊

140000－0501－0009656　138087－90

官子譜不分卷　(清)陶式玉輯　清康熙三十三年(1694)惠直堂刻本　四冊

140000－0501－0009657　138099－102

眉綠樓詞八卷　(清)顧文彬撰　清光緒十年(1884)元和顧氏刻本　四冊

140000－0501－0009658　138103－06

[淳熙]新安志十卷　(宋)羅願纂　清光緒十四年(1888)刻本　四冊

140000－0501－0009659　138120－23

湖州詞徵二十四卷　朱祖謀輯　清宣統三年(1911)歸安朱氏刻本　四冊

140000－0501－0009660　138124－39

[光緒]鎮海縣志四十卷　(清)于萬川修　(清)俞樾等纂　清光緒五年(1879)鯤池書院刻本　十六冊

140000－0501－0009661　138140－43

金石屑四卷　(清)鮑昌熙摹　清光緒二年(1876)刻本　四冊

140000－0501－0009662　138144－55

竹雲題跋四卷虛舟題跋十三卷　(清)王澍撰　(清)溫純訂　清刻本　十二冊

140000－0501－0009663　138168－69

大英國志八卷　（英國）慕維廉編譯　清光緒
七年(1881)上海益智書局刻本　二冊

140000－0501－0009664　138175－76

恆軒所見所藏吉金錄　（清）吳大澂撰　清光
緒十一年(1885)刻本　二冊

140000－0501－0009665　138179－80

補晉書藝文志四卷　（清）丁國鈞撰　清光緒
常熟丁氏刻丁氏叢書本　二冊

140000－0501－0009666　138184

藝芸書舍宋元本書目一卷　（清）汪士鐘輯
清同治十二年(1873)蘇州文學山房木活字印
本　一冊

140000－0501－0009667　138186－91

藝風堂金石文字目十八卷　繆荃孫撰　清光
緒三十二年(1906)刻本　六冊

140000－0501－0009668　138192－207

兩漢金石記二十二卷　（清）翁方綱撰　清乾
隆五十四年(1789)南昌使院刻本　十六冊

140000－0501－0009669　138208－11

兩罍軒彝器圖釋十二卷　（清）吳雲著　清同
治十一年(1872)刻本　四冊

140000－0501－0009670　138212－13

前塵夢影錄二卷　（清）徐康撰　清光緒二十
三年(1897)元和江氏刻本　二冊

140000－0501－0009671　138254－57

吉金所見錄十六卷首一卷末一卷　（清）初尚
齡輯　清道光七年(1827)古香書舍刻本
四冊

140000－0501－0009672　138258－63

樓邨詩集二十五卷　（清）王式丹撰　**小樓詩
集八卷**　（清）王嵩高撰　清道光十六年
(1836)寶應王氏刻本　六冊

140000－0501－0009673　138264－67

金山姚程二氏三先生遺集十一卷　（清）程國
嘉輯　清光緒十九年(1893)金山程氏補讀書
齋刻本　四冊

140000－0501－0009674　138268－323

項城袁氏家集　丁振鐸輯　清宣統三年
(1911)清芬閣鉛印本　五十六冊

140000－0501－0009675　138324－57

[同治]鄞縣志七十五卷　（清）戴枚修
（清）張恕　（清）董沛纂　清光緒三年
(1877)楊氏刻本　三十四冊

140000－0501－0009676　138358－61

[嘉慶]黎里志十六卷首一卷　（清）徐達源撰
　清嘉慶十年(1805)吳江徐氏孚遠堂刻本
四冊

140000－0501－0009677　138376－87

[光緒]永康縣志十六卷首一卷　（清）李汝為
修　（清）潘樹棠纂　清光緒十八年(1892)刻
本　十二冊

140000－0501－0009678　138388－91

岳廟志略十卷首一卷　（清）馮培輯　清光緒
五年(1879)浙江書局刻本　四冊

140000－0501－0009679　138392－99

[光緒]彭縣志十三卷首一卷末一卷　（清）張
龍甲修　（清）呂調陽纂　清光緒四年(1878)
刻本　八冊

140000－0501－0009680　138400－09

安陽集五十卷別錄三卷遺事一卷家傳十卷
(宋)韓琦撰　清刻本　十冊

140000－0501－0009681　138438－49

自遠堂琴譜十二卷　（清）吳灯彙輯　清嘉慶
六年(1801)廣陵吳氏自遠堂刻本　十二冊

140000－0501－0009682　138454－69

寄青霞館弈選八卷續編八卷　（清）王存善輯
　清光緒二十一年(1895)南豐譚氏刻本　十
六冊

140000－0501－0009683　138470－655

圖畫日報　清宣統元年至二年(1909－1910)
上海環球社石印本　一百八十六冊

140000－0501－0009684　138826－30

金陵瑣志五種　陳作霖撰　**續金陵瑣志二種**

陳詒紱撰　清光緒江寧陳氏刻本　五冊

140000－0501－0009685　138863

三統術衍三卷附三統術鈐一卷　（清）錢大昕撰　清嘉慶六年（1801）浙江撫署刻本　一冊

140000－0501－0009686　138867－73

本朝甬上耆舊詩集十八卷　（清）全祖望輯　清抄本　七冊

140000－0501－0009687　138874－89

道古堂文集四十八卷詩集二十六卷集外詩一卷集外文一卷軼事一卷　（清）杭世駿撰　清光緒十四年（1888）錢塘汪氏振綺堂刻本　十六冊　缺五卷（文集二十九至三十三）

140000－0501－0009688　138925－26

漢官七種　（漢）應劭著　（清）孫星衍輯　清光緒九年（1883）虞山後知不足齋刻本　二冊

140000－0501－0009689　138927－38

梅里詩輯二十八卷續梅里詩輯十二卷　（清）許燦編　**補遺一卷**　（清）沈愛蓮輯　清道光三十年（1850）嘉興縣齋刻本　十二冊

140000－0501－0009690　138939－48

儒門事親十五卷　（金）張從正撰　明步有樓刻古今醫統正脈全書本　十冊

140000－0501－0009691　138949－51

練江詩鈔四卷　（清）程之鵕撰　清乾隆十八年（1753）刻本　三冊

140000－0501－0009692　138975－87

亦政堂重修宣和博古圖錄三十卷　（宋）王黼撰　**亦政堂重修考古圖十卷**　（宋）呂大臨撰　**亦政堂重考古玉圖二卷**　（元）朱德潤撰　清乾隆十七年（1752）亦政堂刻本　十三冊

140000－0501－0009693　138988－9007

［光緒］上虞縣志四十八卷首一卷末一卷　（清）唐煦春修　（清）朱士黻纂　清光緒十七年（1891）刻本　二十冊

140000－0501－0009694　139008－33

［弘治］興化府志五十四卷　（明）陳效修　（明）周瑛纂　清同治十年（1871）刻本　二十

六冊

140000－0501－0009695　139056－57

方山志二卷　（唐）釋慧安編輯　清乾隆四十五年（1780）雲峰藏經樓刻本　二冊

140000－0501－0009696　139058－65

新安先集二十卷　（清）朱昌周等撰　（清）朱子榛輯　清同治十三年（1874）新安朱氏刻本　八冊

140000－0501－0009697　139141－60

十五家年譜叢書十五種　（清）楊希閔編　（清）陳履恆彙集　清光緒揚州陳氏刻本　二十冊

140000－0501－0009698　139161－70

合肥李勤恪公政書十卷　（清）李瀚章撰　清光緒合肥李氏石印本　十冊

140000－0501－0009699　139173

江楚會奏變法摺三卷　（清）劉坤一　（清）張之洞撰　清光緒二十七年（1901）兩湖書院刻本　一冊

140000－0501－0009700　139188－215

［光緒］永嘉縣志三十八卷首一卷　（清）張寶琳修　（清）王棻纂　清光緒八年（1882）溫州維新書局古書流通處刻本　二十八冊

140000－0501－0009701　139220－25

考古圖十卷附考玉圖二卷　（清）黃曉峰撰　清乾隆十七年（1752）刻亦政堂藏本　六冊

140000－0501－0009702　139226

漢石經考異補正二卷　（清）瞿中溶著　清道光五年（1825）刻適園叢書本　一冊

140000－0501－0009703　139227－28

重鐫清河六先生詩選十卷　（清）朱為弼　（清）徐申錫輯　清光緒二年（1876）平湖張氏刻本　二冊

140000－0501－0009704　139239－41

［康熙］無錫開化鄉志三卷　（清）王抱承輯　清康熙三十四年（1695）刻本　三冊

140000－0501－0009705　139242－45

京口山水志十八卷首一卷末一卷　（清）楊棨
撰　清宣統三年(1911)鉛印本　四冊

140000－0501－0009706　139246－53

[光緒]宜興荊溪縣新志十卷首一卷末一卷
（清）施惠修　（清）吳景牆等纂　清光緒八年
(1882)刻本　八冊

140000－0501－0009707　139261－66

桐城耆舊傳十二卷　馬其昶撰　清刻本
六冊

140000－0501－0009708　139267－76

天真閣集五十四卷　（清）孫原湘撰　清嘉慶
五年(1800)江蘇常熟孫氏刻本　十冊

140000－0501－0009709　139333－34

問奇典注六卷　（清）唐英撰　清嘉慶二十三
年(1818)武昌雄楚樓刻本　二冊

140000－0501－0009710　139335－42

武夷山志二十四卷首一卷　（清）董天工編
清道光二十六年(1846)福建羅良嵩五夫尺木
軒刻本　八冊

140000－0501－0009711　139343－52

樊山政書二十卷　樊增祥著　清宣統二年
(1910)金陵鉛印本　十冊

140000－0501－0009712　139355－66

篆學瑣著三十種　（清）顧湘輯　清道光二十
年(1840)海虞顧氏刻本　十二冊

140000－0501－0009713　139421－40

史記評林一百三十卷　（明）凌稚隆輯　明崇
禎元年(1628)刻本　二十冊

140000－0501－0009714　139441－56

海虞文徵三十卷目錄二卷　邵松年輯　清光
緒三十一年(1905)上海鴻文書局石印本　十
六冊

140000－0501－0009715　139538－53

二銘草堂金石聚十六卷　（清）張德容著錄
清同治十一年(1872)聚秀堂刻本　十六冊

140000－0501－0009716　139584－95

清河書畫舫十二卷　（明）張丑撰　清光緒二

年(1876)澧陽此君軒竹父刻本　十二冊

140000－0501－0009717　139596－99

四印齋彙刻宋元三十一家詞　（清）王鵬運輯
清光緒十九年(1893)臨桂王氏刻本　四冊

140000－0501－0009718　139662－709

管窺輯要八十卷　（清）黃鼎輯　清順治九年
(1652)刻本　四十八冊

140000－0501－0009719　139710－15

得心集醫案六卷首一卷　（清）謝星煥撰　清
咸豐十一年(1861)舊學山房刻本　六冊

140000－0501－0009720　139716－21

行素軒算稿　（清）華蘅芳撰　清光緒八年
(1882)梁谿華氏刻本　八冊

140000－0501－0009721　139722－23

天文揭要二卷　（美國）赫士口譯　（清）周文
源筆述　清光緒二十二年(1896)上海美華書
館鉛印本　二冊

140000－0501－0009722　139729

傷寒舌鑑一卷　（清）張登撰　清抄本　一冊

140000－0501－0009723　139730

蔡同德堂丸散膏丹全錄　（清）蔡鴻儀輯　清
光緒八年(1882)上海四明蔡同德堂刻本
一冊

140000－0501－0009724　139732

趙翰香居丸散膏丹全錄　清光緒十五年
(1889)四明趙氏石印本　一冊

140000－0501－0009725　139734－41

傷寒分經十卷　（漢）張機撰　（清）吳儀洛訂
清乾隆三十一年(1766)硤川利濟堂刻本
八冊

140000－0501－0009726　139742－44

割圓密率捷法四卷　（清）明安圖撰　清道光
十九年至二十年(1839－1840)石梁岑氏刻本
三冊

140000－0501－0009727　139752

醫話偶錄　清抄本　一冊

140000－0501－0009728　139754

吊腳痧方論一卷附論　（清）徐子默撰　清同治六年(1867)玄玄子刻本　一冊

140000－0501－0009729　139765－72

幾何原本十五卷　（意大利）利瑪竇　（英國）偉烈亞力譯　（明）徐光啟　（清）李善蘭筆述　清同治四年(1865)海寧李壬叔刻本　八冊

140000－0501－0009730　139777－80

象數一原七卷　（清）項名達撰　（清）戴煦校補　清光緒十四年(1888)金匱華蘅芳刻本　四冊

140000－0501－0009731　139781

秦氏醫書　清抄本　一冊

140000－0501－0009732　139788－825

化學鑑原六卷續編十四卷補編六卷附一卷化學分原八卷　（英國）韋而司撰　（英國）傅蘭雅口譯　（清）徐壽筆述　清江南製造局刻本　三十八冊

140000－0501－0009733　139827－34

傷寒來蘇集論注四卷論翼二卷附翼二卷　（漢）張機撰　（清）柯琴編注　清乾隆二十年(1755)崑山馬中驊刻本　八冊

140000－0501－0009734　139835－36

折肱漫錄七卷　（明）黃承昊撰　清乾隆五十九年(1794)古吳程永培刻本　二冊

140000－0501－0009735　139837－38

傷寒論翼二卷　（清）柯琴撰　清刻本　二冊

140000－0501－0009736　139842－49

十駕齋養新錄二十卷餘錄三卷　（清）錢大昕撰　**錢辛楣先生年譜一卷竹汀居士年譜續編一卷**　（清）錢慶曾校注　清光緒二年(1876)浙江書局刻本　八冊

140000－0501－0009737　139850－51

疹脹玉衡書三卷後一卷　（清）郭志遂撰　清康熙十四年(1675)揚州有義堂刻本　二冊

140000－0501－0009738　139852

奇經八脈考一卷瀕湖脈學一卷　（明）李時珍撰　清光緒五年(1879)掃葉山房刻本　一冊

140000－0501－0009739　139853

殺車槌法一卷　（明）陶華撰　清錫山張惠臣刻本　一冊

140000－0501－0009740　139856－61

重學二十卷附圓錐曲綫說三卷　（英國）胡威立撰　（英國）艾約瑟口譯　（清）李善蘭筆述　清同治五年(1866)金陵刻本　六冊

140000－0501－0009741　139879

五緯捷算四卷　（清）黃炳垕撰　清光緒四年(1878)餘姚留書種閣刻本　一冊

140000－0501－0009742　139880－83

器象顯真四卷附勾股六術　（英國）白力蓋輯　（英國）傅蘭雅譯　（清）徐建寅刪述　**勾股六術**　（清）項名達撰　清江南製造局刻本　四冊

140000－0501－0009743　139884

輪輿私箋二卷附圖一卷　（清）鄭珍撰　清同治七年(1868)金陵獨山莫氏刻本　一冊

140000－0501－0009744　139885－89

九數通考十一卷首一卷末一卷　（清）屈曾發輯　清同治十一年(1872)虞山屈承幹刻本　五冊

140000－0501－0009745　139890－911

西藥大成十卷首一卷　（英國）海得蘭　（英國）來拉撰　（清）趙元益筆述　（英國）傅蘭雅口譯　清光緒十年(1884)上海機器製造局刻本　二十二冊

140000－0501－0009746　139912－15

汽機發軔九卷附表　（英國）白勞那　（英國）美以納撰　（英國）偉烈亞力口譯　（清）徐壽筆述　清同治江南機器製造局刻本　四冊

140000－0501－0009747　139916－20

電學十卷首一卷　（英國）瑙挨德撰　（清）徐建寅筆述　（英國）傅蘭雅口譯　清同治江南機器製造局刻本　五冊

140000－0501－0009748　139921－26

重學二十卷附圓錐曲綫說三卷　（英國）胡威
立撰　（英國）艾約瑟口譯　（清）李善蘭筆述
　清同治五年(1866)刻本　六冊

140000 – 0501 – 0009749　140077 – 92
國朝杭郡詩輯三十二卷　（清）吳振棫編　清
嘉慶五年(1800)刻本　十六冊

140000 – 0501 – 0009750　140093 – 116
國朝杭郡詩輯三十二卷續輯四十六卷　（清）
吳振棫編　清道光刻本　二十四冊

140000 – 0501 – 0009751　140117 – 18
[嘉慶]宜興縣志四卷首一卷　（清）阮昇基修
　（清）寧楷纂　清嘉慶二年(1797)刻本
二冊

140000 – 0501 – 0009752　140122 – 34
[光緒]平湖縣志二十五卷首一卷末一卷平湖
殉難錄一卷　（清）彭潤章修　（清）葉廉鍔纂
　清光緒十二年(1886)刻本　十三冊

140000 – 0501 – 0009753　140146 – 51
鼓山志十四卷　（清）黃任修輯　清乾隆二十
六年(1761)刻本　六冊

140000 – 0501 – 0009754　140155 – 66
兩浙金石志十八卷補遺一卷　（清）阮元纂輯
　清光緒十六年(1890)浙江書局刻本　十
二冊

140000 – 0501 – 0009755　140167 – 68
廣陵詩事十卷　（清）阮元撰　清光緒十六年
(1890)京師揚州會館刻本　二冊

140000 – 0501 – 0009756　140185 – 94
類林新詠三十六卷　（清）姚之駰編　清康熙
四十七年(1708)文暎書屋刻本　十冊

140000 – 0501 – 0009757　140195 – 201
三國志六十五卷　（晉）陳壽撰　（南朝宋）裴
松之注　明崇禎十七年(1644)毛氏汲古閣刻
本　七冊

140000 – 0501 – 0009758　140202 – 07
愛日吟廬書畫錄四卷補錄一卷續錄八卷別錄
四卷　（清）葛金烺編　（清）葛嗣浵續編　清

宣統二年(1910)刻民國二年(1913)當湖葛氏
增刻本　六冊

140000 – 0501 – 0009759　140240 – 43
與古齋琴譜四卷　（清）祝鳳喈述錄　清光緒
二十二年(1896)淞北陸退耕抄本　四冊

140000 – 0501 – 0009760　140250 – 69
沈寄簃先生遺書　沈家本撰　清刻本　二
十冊

140000 – 0501 – 0009761　140282 – 95
天聞閣琴譜集成十六卷首三卷又十卷　（清）
唐彝銘纂集　清光緒二年(1876)成都葉宗禔
校刻本　十四冊

140000 – 0501 – 0009762　140300 – 07
畫學心印八卷　（清）秦祖永撰　清光緒四年
(1878)刻本　八冊

140000 – 0501 – 0009763　140308 – 21
玉獅堂十種曲附悲鳳曲　（清）陳烺撰　清光
緒十七年(1891)徐光鑒刻本　十四冊

140000 – 0501 – 0009764　140342 – 53
當湖文系初編二十八卷　（清）朱壬林纂輯
清光緒十五年(1889)當湖志局刻本　十二冊

140000 – 0501 – 0009765　140378 – 85
[康熙]臨海縣志十五卷首一卷　（清）洪若皋
纂　清康熙二十二年(1683)刻本　八冊

140000 – 0501 – 0009766　140394
紅樓夢後敘　（清）蔡保東撰　清光緒六年
(1880)刻本　一冊

140000 – 0501 – 0009767　140413 – 18
[光緒]黎里續志十六卷首一卷　（清）蔡丙圻
纂　清光緒二十五年(1899)禊湖書院刻本
六冊

140000 – 0501 – 0009768　140419 – 22
錢錄十二卷　（清）張端木撰　清抄本　四冊

140000 – 0501 – 0009769　140423 – 24
嘯堂集古錄二卷　（清）王俅撰　嘯堂集古錄
考異二卷　（清）張蓉鏡編　清嘉慶十六年
(1811)嘉興醉經堂張氏刻本　二冊

140000－0501－0009770　140425－28

泉史十六卷　（清）盛大士撰　清道光十四年
(1834)金陵鄧氏刻本　四冊

140000－0501－0009771　140429－30

欽定錢錄十六卷　（清）梁詩正撰　清乾隆五
十二年(1787)刻本　二冊

140000－0501－0009772　140435－40

金石文字記六卷　（清）顧炎武撰　清刻本
六冊

140000－0501－0009773　140444－61

[光緒]諸暨縣志六十卷首一卷　（清）陳遹聲
修　（清）蔣鴻藻纂　清宣統二年(1910)刻本
十八冊

140000－0501－0009774　140462－63

武林藏書錄三卷首一卷　（清）丁申撰　清光
緒二十六年(1900)嘉惠堂刻本　二冊

140000－0501－0009775　140472－75

國朝天台詩存十四卷　（清）金文田輯　清光
緒三十四年(1908)木活字印本　四冊

140000－0501－0009776　140476－93

四忠遺集　清光緒二十三年(1897)湘南書局
刻本　十八冊

140000－0501－0009777　140555

輶軒語　（清）張之洞撰　清光緒二年(1876)
退補齋刻本　一冊

140000－0501－0009778　140557

山左北朝石存目　（清）尹彭壽纂　（清）法偉
堂訂　清光緒十八年(1892)諸城斟經室尹氏
刻本　一冊

140000－0501－0009779　140559－60

再續寰宇訪碑錄二卷　羅振玉撰　清光緒十
九年(1893)上虞羅振玉面城精舍刻本　二冊

140000－0501－0009780　140562

楓江漁父圖題跋不分卷　（清）徐釚撰　（清）
菊莊編次　清康熙三十四年(1695)刻本
一冊

140000－0501－0009781　140563－66

海虞詩苑十八卷　（清）王應奎編　清乾隆三
十四年(1769)王氏刻本　四冊

140000－0501－0009782　140573－76

隱居通議三十一卷　（元）劉壎撰　清嘉慶六
年(1801)刻本　四冊

140000－0501－0009783　140577－80

農候雜占四卷　（清）梁章鉅撰　清同治十二
年(1873)浙江書局刻本　四冊

140000－0501－0009784　140597－601

續泉彙十四卷首一卷補遺二卷　（清）鮑康
（清）李佐賢編　清光緒元年(1875)歙縣鮑氏
刻本　五冊

140000－0501－0009785　140602－04

海錯百一錄五卷　（清）郭柏蒼撰　清光緒十
二年(1886)福建石印本　三冊

140000－0501－0009786　140609－10

果堂集十二卷　（清）沈彤撰　清乾隆十九年
(1754)沈氏家刻本　二冊

140000－0501－0009787　140611－14

吳山城隍廟志八卷首一卷　（清）盧崧修　清
光緒四年(1878)錢塘丁氏刻本　四冊

140000－0501－0009788　140615－19

潛研堂金石文字目錄八卷跋尾六卷續七卷又
續六卷三續六卷　（清）錢大昕撰　清嘉慶刻
本　五冊

140000－0501－0009789　140777－84

天咫偶聞十卷　震鈞輯　清光緒三十三年
(1907)甘棠轉舍刻本　八冊

140000－0501－0009790　140791－806

二如亭羣芳譜二十九卷　（明）王象晉輯　明
刻本　十六冊

140000－0501－0009791　140807－12

西湖志纂十五卷首一卷　（清）梁詩正纂
（清）沈德潛　（清）傅王露輯　清乾隆二十七
年(1762)刻本　六冊

140000－0501－0009792　140841－44

湛園未定稿六卷　（清）姜宸英撰　清二老閣

刻本　四冊

140000－0501－0009793　140863－64

史忠正公集四卷首一卷末一卷　（明）史可法撰　清咸豐六年（1856）史氏道遠堂刻本　二冊

140000－0501－0009794　140871－78

［光緒］盱眙縣志稿十七卷　（清）王錫元纂　清光緒二十九年（1903）盱眙縣志局刻本　八冊

140000－0501－0009795　140879－83

古今韻略五卷　（清）邵長蘅纂　清康熙三十五年（1696）刻本　五冊

140000－0501－0009796　140884－87

班馬字類五卷　（宋）婁機撰　清刻本　四冊

140000－0501－0009797　140892－97

解文毅公集十六卷　（明）解縉撰　清乾隆三十一年（1766）敦仁堂解氏刻本　六冊

140000－0501－0009798　140898－913

東坡先生編年詩五十卷首一卷　（宋）蘇軾撰　蘇詞補注五十卷　（清）查慎行補注　清乾隆二十六年（1761）廣陵查氏香雨齋刻本　十六冊

140000－0501－0009799　140914－29

皖雅初集四十卷　（清）陳詩撰　清上海美藝圖書公司刻本　十六冊

140000－0501－0009800　140938－39

慧力寺志六卷首一卷　（清）趙汝明纂　（清）李欽盤　（清）蕭守性編　清光緒二十一年（1895）慧力寺刻本　二冊

140000－0501－0009801　140944－51

廣雁蕩山志二十八卷首一卷末一卷　（清）曾唯纂　清同治八年（1869）刻本　八冊

140000－0501－0009802　140952－71

來生福彈詞三十六回　橘中逸叟撰　清刻本　二十冊

140000－0501－0009803　140972－1007

約章分類輯要三十八卷首一卷　蔡乃煌編纂　清光緒二十七年（1901）上海絳文閣石印本　三十六冊

140000－0501－0009804　141008－23

續廣事類賦三十卷　（清）王鳳喈撰注　清嘉慶五年（1800）聽竹軒刻本　十六冊

140000－0501－0009805　141024－33

廣東考古輯要四十六卷　（清）周廣　（清）鄭業煌輯　清光緒十九年（1893）還讀書屋刻本　十冊

140000－0501－0009806　141157－58

蜀輶日記四卷　（清）陶澍撰　清光緒七年（1881）刻本　二冊

140000－0501－0009807　141159－60

分甘餘話四卷　（清）王士禎撰　清刻本　二冊

140000－0501－0009808　141161－76

諸子平議三十五卷補錄二十卷　（清）俞樾撰　清刻本　十六冊

140000－0501－0009809　141177

鑑古齋墨藪不分卷　（清）汪近聖輯　清乾隆六十年（1795）新安汪氏刻本　一冊

140000－0501－0009810　141182－89

札樸十卷　（清）桂馥撰　清光緒九年（1883）長洲蔣氏心矩齋刻本　八冊

140000－0501－0009811　141190－91

松禪老人遺墨　（清）翁同龢書　清光緒三十一年（1905）石印本　二冊

140000－0501－0009812　141193－98

物理小識十二卷　（清）方以智撰　清康熙三年（1664）江西宛平于藻刻本　六冊

140000－0501－0009813　141199－204

增補注釋故事白眉十卷　（明）鄧志謨撰　（清）許以忠注釋　清雍正十三年（1735）刻本　六冊

140000－0501－0009814　141205－10

精選黃眉故事十卷　（明）鄧志謨撰　清刻本　六冊

140000－0501－0009815　141211－26

紀文達公遺集文十六卷詩十六卷　（清）紀昀撰　清嘉慶十七年(1812)紀樹馨刻本　十六冊

140000－0501－0009816　141227－36

李氏五種合刊　（清）李兆洛輯　清同治九年(1870)合肥李氏刻本　十冊

140000－0501－0009817　141237－52

遜志齋集二十四卷首一卷外紀一卷　（明）方孝孺撰　（明）盧演編輯　明崇禎十六年(1643)張氏刻清印本　十六冊

140000－0501－0009818　141253－58

合肥相國七十賜壽圖附壽言　盛宣懷　（清）楊宗濂　（清）羅豐祿編　清光緒十八年(1892)松竹齋石印本　六冊

140000－0501－0009819　141273－88

新刻張太岳先生詩文集四十七卷　（明）張居正撰　明萬曆三十八年(1610)繡谷唐國達刻本　十六冊

140000－0501－0009820　141289－92

人表考九卷　（清）梁玉繩撰　人表考附錄一卷　（清）梁學昌輯　清光緒十三年(1887)廣雅書局刻本　四冊

140000－0501－0009821　141293－308

國朝金陵文鈔十六卷首一卷末一卷　（清）秦際唐輯　清光緒二十三年(1897)江寧刻本　十六冊

140000－0501－0009822　141309－10

玉環記二卷　明末刻本　二冊

140000－0501－0009823　141311－12

殺狗記二卷　（明）龍子猶訂定　明刻本　二冊

140000－0501－0009824　141313－22

詩韻集成題考合刻十卷附聖諭廣訓　（清）余照　（清）王文淵編　清光緒十四年(1888)古香閣魏氏刻本　十冊

140000－0501－0009825　141323－46

樊山集十二卷續集十八卷公牘三卷批判十四卷樊山時文一卷二家詠古詩一卷二家試帖一卷二家詞鈔五卷　樊增祥撰　清光緒十九年至二十八年(1893-1902)陝西渭南縣署刻本　二十四冊

140000－0501－0009826　141347－94

行水金鑑一百七十五卷首一卷　（清）傅澤洪撰　清雍正三年(1725)淮揚道署刻本　四十八冊

140000－0501－0009827　141395－98

蕩平髮逆圖記二十二卷首一卷　（清）杜文瀾輯　清光緒十四年(1888)上海漱六山莊石印本　四冊

140000－0501－0009828　141399－404

見聞隨筆二十六卷　（清）齊學裘撰　清同治十年(1871)婺源張氏天空海闊之居刻本　六冊

140000－0501－0009829　141413－16

鐵橋漫稿八卷　（清）嚴可均撰　清光緒吳門蔣氏心矩齋刻本　四冊

140000－0501－0009830　141417－20

是程堂集十四卷　（清）屠倬撰　清嘉慶十九年(1814)真州官舍刻本　四冊

140000－0501－0009831　141421－24

紅粟山莊詩六卷詩續六卷詩餘一卷補遺一卷　（清）朱賓善撰　清同治九年(1870)福州刻民國十四年(1925)續刻本　四冊

140000－0501－0009832　141425

小紅袍黃光豹全歌四卷　清潮州李萬利刻本　一冊

140000－0501－0009833　141426－27

新刻金狗精八卷　清潮州李氏友芝堂刻本　二冊

140000－0501－0009834　141428－37

通俗編三十八卷　（清）翟灝編　清乾隆十六年(1751)無不宜齋刻本　十冊

140000－0501－0009835　141438－41

訂譌雜錄十卷　（清）胡鳴玉編輯　清乾隆二十三年(1758)戩藏書屋刻本　四冊

140000－0501－0009836　141443－62
白茅堂集四十六卷　（清）顧景星撰　**行略一卷耳提錄一卷**　（清）顧昌謹述　清初刻光緒重印本　二十冊

140000－0501－0009837　141463－78
讀書紀數略五十四卷　（清）宮夢仁輯　清康熙刻本　十六冊

140000－0501－0009838　141487－94
東坡事類二十二卷　（清）梁廷枏撰　清光緒五年(1879)馮兆年刻本　八冊

140000－0501－0009839　141509－10
遁圃詹言十卷　（清）郭則澐輯　清刻本　二冊

140000－0501－0009840　141514－29
天岳山館文鈔四十卷　（清）李元度撰　清光緒四年(1878)爽谿精舍刻本　十六冊

140000－0501－0009841　141530－31
枝山文集四卷　（明）祝允明撰　清同治十三年(1874)長州祝氏刻本　二冊

140000－0501－0009842　141552－67
嚴侯官先生全集十四卷　嚴復撰　清光緒上海石印本　十六冊

140000－0501－0009843　141601－16
黃漳浦集五十卷首一卷目錄二卷年譜二卷（明）黃道周撰　清光緒鉛印本　十六冊

140000－0501－0009844　141617－20
重訂西青散記八卷　（清）史震林著　清乾隆四十四年(1779)刻本　四冊

140000－0501－0009845　141621－40
韻府拾遺一百六卷　（清）張廷玉編　清刻本　二十冊

140000－0501－0009846　141649－56
七家試帖輯注彙鈔　（清）張熙宇輯評　（清）王植桂輯注　清光緒十一年(1885)京都大成堂刻本　八冊

140000－0501－0009847　141657－62
汪龍莊先生遺書　（清）汪輝祖撰　清同治元年(1862)江蘇書局刻本　六冊

140000－0501－0009848　141663－64
藤陰雜記十二卷　（清）戴璐撰　清光緒三年(1877)北京吳興會館刻本　二冊

140000－0501－0009849　141665－66
燕下鄉脞錄十六卷　（清）陳康祺撰　清光緒七年(1881)暨陽刻本　二冊

140000－0501－0009850　141667－76
履園叢話二十四卷　（清）錢泳撰　清道光三年(1823)虞山錢氏刻本　十冊

140000－0501－0009851　141686－88
却掃編三卷　（宋）徐度撰　（明）毛晉訂　明毛氏汲古閣刻本　三冊

140000－0501－0009852　141689－712
陸桴亭先生遺書二十二種　（清）陸世儀撰（清）唐受祺編　清光緒二十六年(1900)京師刻本　二十四冊

140000－0501－0009853　141713－840
武英殿聚珍版書五十五種　清同治十三年(1874)江西書局刻本　一百二十八冊

140000－0501－0009854　141841－50
白沙子全集十卷首一卷末一卷　（明）陳獻章撰　清乾隆三十四年(1769)刻本　十冊

140000－0501－0009855　141851
詩品三卷　（南朝梁）鍾嶸著　清乾隆三十五年(1770)刻本　一冊

140000－0501－0009856　141861－70
楚國文憲公雪樓程先生文集三十卷　（元）程文海撰　（元）程大本輯錄　清宣統二年(1910)陽湖陶氏涉園刻本　十冊

140000－0501－0009857　141871－77
甘泉鄉人稿二十四卷年譜一卷　（清）錢泰吉撰　**甘泉鄉人餘稿二卷**　（清）錢炳森撰　清同治十一年(1872)嘉興錢氏刻光緒十一年(1885)增修本　七冊

140000 – 0501 – 0009858　141878 – 95

恩餘堂經進初稿十二卷續稿二十二卷三稿十一卷策問存課二卷知聖道齋讀書跋尾二卷　(清)彭元瑞撰　清嘉慶四年(1799)刻本　十八冊

140000 – 0501 – 0009859　141896 – 911

樂府詩集一百卷　(宋)郭茂倩輯　明毛氏汲古閣刻本　十六冊

140000 – 0501 – 0009860　141912 – 15

金粟山房詩鈔十卷　(清)朱寯瀛撰　清光緒二十八年(1902)大興朱氏刻本　四冊

140000 – 0501 – 0009861　141916 – 55

孫夏峰全集　(清)孫奇逢撰　清乾隆元年(1736)刻本　四十冊

140000 – 0501 – 0009862　141956 – 79

帶經堂集九十二卷　(清)王士禛撰　清乾隆刻本　二十四冊

140000 – 0501 – 0009863　141980 – 83

板橋集　(清)鄭燮著　清清暉書屋刻本　四冊

140000 – 0501 – 0009864　141984 – 93

大雲山房文稿初集四卷二集四卷言事二卷　(清)惲敬撰　清嘉慶二十年(1815)武寗盧旬宣刻二十一年(1816)長州宋揚光續刻本　十冊

140000 – 0501 – 0009865　141994 – 2005

樓山堂集二十七卷峰桐詩文集二十卷附錄二卷年譜二卷　劉世珩編　清光緒二十五年(1899)貴池劉氏刻貴池二妙集本　十二冊

140000 – 0501 – 0009866　142037 – 50

石遺室詩集十卷補遺一卷朱絲詞二卷詩續二卷文集十二卷文續集一卷三集一卷四集一卷年譜七卷　陳衍撰　清光緒、民國陳氏刻本　十四冊

140000 – 0501 – 0009867　142053 – 64

隨庵徐氏叢書十種　徐乃昌輯　清光緒三十

四年(1908)刻本　十二冊

140000 – 0501 – 0009868　142065

藏書記要一卷　(清)孫從添撰　清光緒九年(1883)佞宋齋刻本　一冊

140000 – 0501 – 0009869　142067 – 71

十六國疆域志十六卷　(清)洪亮吉撰　補晉兵志一卷　(清)錢儀吉撰　清光緒十七年(1891)廣雅書局刻本　五冊

140000 – 0501 – 0009870　142078 – 81

西湖佳話十六卷　題(清)古吳墨浪子輯　清乾隆五十一年(1786)荷香小榭刻本　四冊

140000 – 0501 – 0009871　142082 – 85

宣和遺事四卷　(宋)佚名撰　清吳郡修綆山房刻本　四冊

140000 – 0501 – 0009872　142086 – 89

事物紀原二十卷　(宋)高承撰　清刻本　四冊

140000 – 0501 – 0009873　142090 – 97

夢陔堂詩集三十四卷　(清)黃承吉撰　清道光十二年(1832)江都黃氏刻本　八冊

140000 – 0501 – 0009874　142098 – 105

汪氏遺書八種　(清)汪紱撰　清光緒二十一年(1895)刻本　八冊

140000 – 0501 – 0009875　142106 – 37

融經館叢書十一種　(清)徐友蘭輯　清光緒會稽徐氏八杉齋刻本　三十二冊

140000 – 0501 – 0009876　142138 – 43

梅氏叢書輯要六十二卷　(清)梅文鼎撰　清光緒十四年(1888)上海龍文書局石印本　六冊

140000 – 0501 – 0009877　142144 – 53

重訂廣事類賦四十卷　(清)華希閔撰　清道光元年(1821)刻本　十冊

140000 – 0501 – 0009878　142170 – 81

趙蕃詩稿三種二十七卷　(宋)趙蕃撰　清刻本　十二冊

140000－0501－0009879　142182－89

孝義真蹟珍珠塔全傳二十四回　(清)周殊士
增編　清刻本　八冊

140000－0501－0009880　142190－209

繡像漢宋奇書四十卷　(明)施耐庵　(明)羅
貫中撰　清英德堂刻本　二十冊

140000－0501－0009881　142210－21

繡像金臺全傳十二卷六十回　清光緒七年
(1881)墨海堂刻本　十二冊

140000－0501－0009882　142226－37

四書人物類典串珠四十卷　(清)臧志仁編輯
清嘉慶四年(1799)善成堂刻本　十二冊

140000－0501－0009883　142238－53

聊齋志異十六卷　(清)蒲松齡撰　清紀元堂
刻本　十六冊

140000－0501－0009884　142254－69

角山樓增補類腋四部六十七卷　(清)姚培謙
輯　(清)趙克宜增輯　清咸豐十年(1860)角
山樓刻本　十六冊

140000－0501－0009885　142270－71

夢園叢說内篇八卷　(清)方濬頤撰　清光緒
元年(1875)鉛印本　二冊

140000－0501－0009886　142272－86

正續小五義全傳十五卷六十回　清刻本　十
五冊

140000－0501－0009887　142287－302

飛龍全傳六十四回　(清)吳璿刪定　清嘉慶
二年(1797)刻本　十六冊

140000－0501－0009888　142303－08

庸庵筆記六卷　(清)薛福成撰　清光緒二十
三年(1897)刻本　六冊

140000－0501－0009889　142309－40

史學叢書四十三種　清光緒二十八年(1902)
上海文瀾書局石印本　三十二冊

140000－0501－0009890　142341－44

隱居通議三十一卷　(元)劉壎撰　清嘉慶六
年(1801)霞餘堂刻本　四冊

140000－0501－0009891　142345－48

從野堂存稿八卷首一卷末一卷外集一卷
(明)繆昌期撰　清同治十三年(1874)江陰繆
氏海陵別業刻本　四冊

140000－0501－0009892　142349－60

呂書四種合刻去偽齋集十卷附錄一卷　(明)
呂坤撰　清道光七年(1827)渾源粟毓美刻本
十二冊

140000－0501－0009893　142361－90

呂新吾先生遺集　(明)呂坤撰　清刻本　三
十冊

140000－0501－0009894　142416－47

茅鹿門全集三十六卷　(明)茅坤撰　明萬曆
刻本　三十二冊

140000－0501－0009895　142448－55

王文恪公集三十六卷首一卷　(明)王鏊撰

鶡音一卷白社詩草一卷　(明)王禹聲撰　明
萬曆二十七年(1599)三槐堂刻清印本　八冊

140000－0501－0009896　142770－71

禮記易讀二卷　志遠堂主人撰　清光緒二年
(1876)書業德刻本　二冊

140000－0501－0009897　142772－77

四書會要錄　(清)黃瑞訂　清刻本　六冊
存八卷(孟子八卷)

140000－0501－0009898　142778－83

福壽全書六卷　(明)陳繼儒輯　明刻本
六冊

140000－0501－0009899　142784－87

嶻山集四卷　(清)田從典撰　清雍正九年
(1731)陽城賜書樓刻本　四冊

140000－0501－0009900　142788

吳越春秋十卷　(漢)趙曄撰　(元)徐天祐注
明萬曆十四年(1586)武林馮念祖臥龍山房
刻二十九年(1601)楊爾曾重修本　一冊

140000－0501－0009901　142789－92

庸行編八卷　(清)史典輯　(清)牟允中補
清康熙三十一年(1692)澹寧堂刻本　四冊

140000－0501－0009902　142793－804

增定智囊補二十八卷　（明）馮夢龍輯　清刻本　十二冊

140000－0501－0009903　142805－08

經世奇謀八卷　（明）俞琳輯　明刻本　四冊

140000－0501－0009904　142809－12

詮敘管子成書十五卷　（唐）房玄齡注　（明）梅士享詮敘　明天啟五年(1625)刻本　四冊

140000－0501－0009905　142813

翰墨因緣　（清）陳瑄孚等書　清寫本　一冊

140000－0501－0009906　142814

百家姓考略一卷　（清）王相纂　清歙西徐士業刻本　一冊

140000－0501－0009907　142815

千字文釋義一卷　（清）汪嘯尹纂輯　清歙西徐士業刻本　一冊

140000－0501－0009908　142859

懷望千秋不分卷　（清）汪本直撰　清乾隆五十九年(1794)刻本　一冊

140000－0501－0009909　142865－66

[順治]清源縣志二卷　（清）和羹修　（清）王灝儒纂　清順治十八年(1661)刻本　二冊

140000－0501－0009910　142867－70

紅樓夢傳奇八卷　（清）陳鍾麟填詞　（清）俞思謙評點　清刻本　四冊

140000－0501－0009911　142909－12

嘯雲軒文集六卷附錄一卷避寇記略一卷詩集五卷　（清）程畹撰　清光緒十三年(1887)刻本　四冊

140000－0501－0009912　142913－16

玉獅堂傳奇十種　（清）陳烺撰　清光緒十一年(1885)武林刻本　四冊

140000－0501－0009913　142917－24

道咸同光四朝詩史乙集八卷　（清）孫雄輯　清宣統三年(1911)刻本　八冊

140000－0501－0009914　142925－26

聊齋詞　（清）蒲松齡撰　齊太史移居倡酬集四卷首一卷　（清）齊毓川輯　清宣統上海國學扶輪社鉛印本　二冊

140000－0501－0009915　142928－29

揅經室詩錄五卷　（清）阮元撰　清道光十三年(1833)琅嬛仙館刻本　二冊

140000－0501－0009916　142930－37

斯未信齋文編十五卷雜錄六卷語錄三卷　（清）徐宗幹撰　清咸豐五年(1855)刻本　八冊

140000－0501－0009917　142938－43

三國志鈔二十卷　（晉）陳壽撰　（明）戴義摘抄　明崇禎刻本　六冊

140000－0501－0009918　142944－51

李文定公貽安堂集十卷　（明）李春芳撰　明萬曆十七年(1589)李戴刻本　八冊

140000－0501－0009919　142952－55

魯公文集十五卷　（唐）顏真卿撰　明萬曆二十四年(1596)顏胤祚刻本　四冊

140000－0501－0009920　142982－89、91

新鐫玉茗堂批點按鑑參補楊家將傳十卷五十回　（明）秦淮墨客編輯　（清）研石山樵訂正　清小酉山房刻本　九冊　存九卷(一至八、十)

140000－0501－0009921　142994－3013

繡像蕩寇志七十回附結子一回　（清）俞萬春撰　清同治七年(1868)刻本　二十冊

140000－0501－0009922　143014－53

再生緣全傳二十卷　（清）陳端生撰　（清）香葉閣主人改編　清道光十七年(1837)學庫山房刻本　四十冊

140000－0501－0009923　143054－57

[康熙]荔浦縣志四卷　（清）許之豫纂修　清抄本　四冊

140000－0501－0009924　143085

八指頭陀詩集十卷雜文一卷補遺一卷　（清）釋敬安撰　清光緒二十四年(1898)葉德輝刻

本 一册

140000－0501－0009925　143086－87

晉王右軍集二卷　（晉）王羲之撰　（明）張溥
閱　明刻本　二册

140000－0501－0009926　143113－20

南江文鈔十二卷　（清）邵晉涵撰　清嘉慶九
年（1804）刻本　八册

140000－0501－0009927　143133－37

玉川子詩集五卷　（唐）盧仝撰　（清）孫之騄
注　清刻本　五册

140000－0501－0009928　143167－80

當歸草堂醫學叢書初編十種　（清）丁丙輯
清光緒四年（1878）錢塘丁氏當歸草堂刻本
十四册

140000－0501－0009929　143191－222

西山先生真文忠公讀書記四十卷衛生歌一卷
　（宋）真德秀撰　清乾隆四年（1739）蒲城真
氏祠堂家刻本　三十二册

140000－0501－0009930　143223－366

續資治通鑑長編五百二十卷目錄二卷　（宋）
李燾撰　續資治通鑑長編拾補六十卷　（清）
黃以周等輯　清光緒七年（1881）浙江書局刻
本　一百四十四册

140000－0501－0009931　143375－90

養素堂文集三十五卷首一卷　（清）張澍撰
清道光十五年（1835）棗華書屋刻本　十六册

140000－0501－0009932　143391－410

備急千金要方三十卷　（唐）孫思邈撰　清光緒
四年（1878）蘇州崇德書業公所刻本　二十册

140000－0501－0009933　143610－19

世說新語補二十卷附釋名一卷　（南朝宋）劉
義慶撰　（明）何良俊補　明萬曆十四年
（1586）刻本　十册

140000－0501－0009934　143620－51

明詩綜一百卷目錄一卷　（清）朱彝尊編
（清）汪森輯評　清西泠清來堂吳氏刻本　三
十二册

140000－0501－0009935　143654－55

聖賢正諦九卷首一卷　（清）馮如京撰　清康
熙五年（1666）刻本　二册

140000－0501－0009936　143656－60

新鐫文法反約四卷首一卷　（清）郝鍾秀纂輯
清同治三年（1864）太原郝氏耕心書屋刻本
五册

140000－0501－0009937　143661

清光緒三十三年時憲書　清刻朱墨套印本
一册

140000－0501－0009938　143662

大清光緒三十四年時憲書　清光緒三十三年
（1907）刻本　一册

140000－0501－0009939　143663

大清光緒三十五年時憲書　清光緒三十四年
（1908）刻本　一册

140000－0501－0009940　143664

大清宣統二年時憲書　清宣統元年（1909）刻
本　一册

140000－0501－0009941　143665

大清宣統三年時憲書　清宣統二年（1910）刻
本　一册

140000－0501－0009942　143666

大清宣統四年時憲書　清宣統三年（1911）刻
朱墨套印本　一册

140000－0501－0009943　143692－94

春秋大成三十一卷　（清）馮如京撰　清刻本
　三册　存十二卷（一至五、十至十二、十六
至十九）

140000－0501－0009944　143753－56

劉屏山先生文集二十卷首一卷　（宋）劉子翬
撰　（宋）朱熹校正　清光緒十二年（1886）毗
陵新安佩三堂刻本　四册

140000－0501－0009945　143763－67

夢樓詩集二十二卷　（清）王文治撰　清乾隆
六十年（1795）食舊堂刻本　五册

140000－0501－0009946　143768－79

事類賦三十卷　（宋）吳淑撰並注　廣事類賦四十卷　（清）華希閔撰　清乾隆三十五年（1770）華氏劍光閣刻本　十二冊

140000－0501－0009947　143811－14

寒松堂奏疏四卷　（清）魏象樞撰　清光緒二十五年（1899）浙江書局刻本　四冊

140000－0501－0009948　143815－16

曹集銓評十卷附錄一卷年譜一卷逸文一卷　（三國魏）曹植撰　（清）丁晏銓評　清同治十一年（1872）金陵書局刻本　二冊

140000－0501－0009949　143818

弇山畢公[沅]年譜一卷　（清）史善長撰　清同治十一年（1872）鎮洋畢氏刻本　一冊

140000－0501－0009950　143819－26

武夷山志二十四卷首一卷　（清）董天工編　清道光二十六年（1846）福建羅良嵩五夫尺木軒刻本　八冊

140000－0501－0009951　143827－30

管子二十四卷　（唐）房玄齡注　清光緒五年（1879）刻本　四冊

140000－0501－0009952　143832－33

張倉水集二卷　（明）張煌言撰　清光緒二十七年（1901）鉛印本　二冊

140000－0501－0009953　143834

扶桑兩月記一卷　羅振玉撰　清光緒二十八年（1902）教育世界社石印本　一冊

140000－0501－0009954　143836－37

人譜類記二卷　（明）劉宗周撰　（清）洪正治校編　清光緒九年（1883）教忠堂刻本　二冊

140000－0501－0009955　143838－47

焦山志二十六卷首一卷　（清）吳雲輯　焦山續志八卷　（清）陳任暘輯　清同治十三年（1874）刻光緒三十一年（1905）續刻本　十冊

140000－0501－0009956　143848－53

京口山水志十八卷首一卷末一卷　（清）楊棨撰　清道光二十四年（1844）刻本　六冊

140000－0501－0009957　143854－55

陳少陽集十卷首一卷　（宋）陳東撰　（清）劉德麟編輯　清光緒十六年（1890）丹陽縣署刻本　二冊

140000－0501－0009958　143883－90

翰海十二卷　（清）沈佳允輯　清光緒二年（1876）上海申報館鉛印申報館叢書本　八冊

140000－0501－0009959　143891－98

廣雁蕩山志二十八卷首一卷末一卷　（清）曾唯纂　清乾隆五十五年（1790）刻同治八年（1869）重修本　八冊

140000－0501－0009960　143913

春秋大成　（清）馮如京彙纂　清順治十一年（1654）代縣馮氏刻本　一冊　存十三卷（一至五、十至十二、十六至十九，首一卷）

140000－0501－0009961　143974－77

寄園寄所寄十二卷　（清）趙吉士撰　清三益堂刻本　四冊　存十卷（一至四、七至十二）

140000－0501－0009962　144040－45

繡像風箏誤八卷　（清）李漁撰　清嘉慶十五年（1810）刻本　六冊

140000－0501－0009963　144046－49

音釋坐花誌果八卷　（清）汪道鼎撰　清光緒四年（1878）上海昌文書局石印本　四冊

140000－0501－0009964　144050

南溪草初集一卷　（清）胡紹著　清宣統元年（1909）文水縣鉛印本　一冊

140000－0501－0009965　144552－59

新刻劍嘯閣批評西漢演義八卷　（明）甄偉撰　清善成堂刻本　八冊

140000－0501－0009966　144585－96

分類韻錦十二卷　（清）郭化霖編　清道光二十六年（1846）書業德刻本　十二冊

140000－0501－0009967　144603－10

秋讞輯要六卷　（清）剛毅編　清光緒十二年（1886）山西濬文書局刻本　八冊

140000－0501－0009968　144611－16

重刊補注洗冤錄集證五卷附刊檢骨圖格一卷

寶鑑編一卷急救方一卷石香秘錄一卷 （宋）
宋慈撰 （清）阮其新補注 **洗冤錄辨正一卷**
（清）瞿中溶撰 附刊檢驗合參一卷 （清）
郎錦麟輯 附刊洗冤錄解一卷 （清）姚德豫
著 清光緒十七年(1891)京都刻五色套印本
六冊

140000－0501－0009969　144617－24

唐陸宣公翰苑集注二十四卷 （唐）陸贄撰
（清）張佩芳注釋 清光緒三年(1877)平潭師
竹堂刻本 八冊

140000－0501－0009970　144629－36

[道光]大同縣志二十卷首一卷末一卷 （清）
崔允昭修 （清）黎中輔纂 清道光十年
(1830)刻本 八冊

140000－0501－0009971　144656－63

段氏說文解字注三十二卷 （清）段玉裁注
清宣統二年(1910)上海江左書林石印本
八冊

140000－0501－0009972　144682－709

大清律例彙輯便覽四十卷 （清）刑部制訂
清光緒四年(1878)京都宏道堂刻本 二十
八冊

140000－0501－0009973　144710－25

五經類編二十八卷 （清）周世樟編 清乾隆
三十八年(1773)友益齋刻本 十六冊

140000－0501－0009974　144726－29

詩經體注大全八卷 （清）范翔撰 清敦化堂
刻本 四冊

140000－0501－0009975　144730－61

宋詩紀事一百卷 （清）厲鶚輯 清乾隆刻本
三十二冊

140000－0501－0009976　144762－85

宋詩紀事補遺一百卷 （清）陸心源輯 清光
緒十九年(1893)刻本 二十四冊

140000－0501－0009977　144803－12

鈐山堂集四十卷 （明）嚴嵩撰 清嘉慶十一
年(1806)嚴氏刻本 十冊

140000－0501－0009978　144851－54

浙西水利備考不分卷 （清）王鳳生撰 清光
緒四年(1878)浙江書局刻本 四冊

140000－0501－0009979　144855－58

滄趣樓詩集十卷聽水齋詞一卷 陳寶琛著
清舊京文楷齋寫刻本 四冊

140000－0501－0009980　144859－62

白華山人詩集十二卷附詩說二卷 （清）厲志
撰 清光緒九年(1883)刻本 四冊

140000－0501－0009981　144863－66

睫巢集六卷後集一卷 （清）李鍇著 清吳興
劉氏嘉業堂刻本 四冊

140000－0501－0009982　144867－72

南畇文稿十二卷 （清）彭定求著 清光緒七
年(1881)刻本 六冊

140000－0501－0009983　144873－78

南畇詩稿二十五卷年譜一卷 （清）彭定求著
清刻本 六冊

140000－0501－0009984　144879－82

三李詩鈔 （清）李憲噩 （清）李憲喬
（清）李憲喬著 清光緒十二年(1886)西安郡
齋刻本 四冊

140000－0501－0009985　144891－92

廣雅堂詩集四卷 （清）張之洞撰 （清）紀鉅
維編校 清順德龍氏刻本 二冊

140000－0501－0009986　144895－98

陋軒詩十二卷 （清）吳嘉紀著 清道光二十
年(1840)泰州夏氏刻本 四冊

140000－0501－0009987　144912－21

二知軒詩鈔十四卷附續鈔八卷 （清）方濬頤
撰 清同治五年(1866)廣州刻本 十冊

140000－0501－0009988　144922－25

味塵軒詩集十四卷 （清）李文瀚撰 清咸豐
六年(1856)味塵軒木活字印本 四冊

140000－0501－0009989　144926－29

范忠貞公文集五卷 （清）范承謨撰 清康熙
四十七年(1708)刻本 四冊

140000 – 0501 – 0009990 144930 – 33

澄懷園詩選十二卷 （清）張廷玉撰 清光緒
十八年(1892)金陵刻本 四冊

140000 – 0501 – 0009991 144934

抱潤軒文集十卷 馬其昶撰 清宣統元年
(1909)安徽官紙局石印本 一冊

140000 – 0501 – 0009992 144949 – 58

裴文達公文集六卷補遺一卷詩集十八卷奏議
不分卷 （清）裴曰修撰 清刻本 十冊

140000 – 0501 – 0009993 144959 – 66

澄懷園文存十五卷 （清）張廷玉撰 清光緒
十七年(1891)刻本 八冊

140000 – 0501 – 0009994 144967 – 70

柈湖文集十二卷首一卷 （清）吳敏樹撰 清
光緒十九年(1893)思賢講舍刻本 四冊

140000 – 0501 – 0009995 144971 – 86

養一齋集二十六卷首一卷詩話十卷李杜詩話
三卷詞三卷劄記九卷 （清）潘德輿撰 清道
光、同治刻本 十六冊

140000 – 0501 – 0009996 144987 – 90

范伯子詩集十九卷 （清）范當世撰 蘊素軒
詩四卷 （清）姚倚雲撰 清光緒鉛印本
四冊

140000 – 0501 – 0009997 144991 – 98

陳學士文集十八卷 （清）陳儀撰 清乾隆十
八年(1753)刻本 八冊

140000 – 0501 – 0009998 145015 – 37

邃懷堂文集四卷詩集前編六卷後編六卷附袁
氏家集八種 （清）袁翼撰 清光緒十四年
(1888)刻本 二十三冊

140000 – 0501 – 0009999 145038 – 43

寒松閣集五種 （清）張鳴珂撰 清光緒嘉興
張氏刻本 六冊

140000 – 0501 – 0010000 145048 – 71

陶文毅公集六十四卷首一卷末一卷 （清）陶
澍撰 清道光兩淮淮北士民刻本 二十四冊

140000 – 0501 – 0010001 145072 – 75

錢南園先生遺集四卷 （清）錢灃著 清光緒
二十六年(1900)刻本 四冊

140000 – 0501 – 0010002 145076 – 79

松花庵詩草八卷 （清）吳鎮撰 清嘉慶十六
年(1811)刻本 四冊

140000 – 0501 – 0010003 145080 – 87

養默山房詩稿三十二卷 （清）謝元淮撰 清
光緒元年(1875)養默山房刻本 八冊

140000 – 0501 – 0010004 145094 – 97

寓真軒詩鈔十二卷 （清）蔡希邠撰 清光緒
二十年(1894)刻本 四冊

140000 – 0501 – 0010005 145103 – 08

漱六山房全集十一卷 （清）吳昆田撰 清光
緒二十一年(1895)刻本 六冊

140000 – 0501 – 0010006 145109 – 12

伏敔堂詩錄十五卷續錄四卷首一卷 （清）江
湜撰 清同治五年(1866)刻本 四冊

140000 – 0501 – 0010007 145119 – 22

梅崖居士文集三十八卷外集二卷 （清）朱仕
琇撰 清乾隆二十四年(1759)刻本 四冊

140000 – 0501 – 0010008 145123 – 38

西漚全集十卷外八卷 （清）李惺撰 清同治
七年(1868)李氏刻本 十六冊

140000 – 0501 – 0010009 145145 – 48

小石帆亭著錄六卷 （清）翁方綱撰 清乾隆
五十七年(1792)刻本 四冊

140000 – 0501 – 0010010 145149 – 57

有恆心齋集前集一卷文十一卷駢體文六卷詩
七卷 （清）程鴻詔編 清同治刻本 九冊

140000 – 0501 – 0010011 145158 – 63

雪門詩草十四卷 （清）許瑤光撰 清同治十
三年(1874)刻本 六冊

140000 – 0501 – 0010012 145164 – 69

香樹齋詩集十八卷 （清）錢陳羣撰 清乾隆
十六年(1751)嘉興錢氏刻本 六冊

140000 – 0501 – 0010013 145170 – 79

天真閣集三十二卷　（清）孫原湘撰　　長真閣
集七卷詩餘一卷　（清）席佩蘭撰　清光緒十
七年(1891)強氏南皋草廬刻本　十冊

140000－0501－0010014　145180－85

史記志疑三十六卷　（清）梁玉繩撰　清光緒
二十五年(1899)上海文瀾書局石印史學叢書
本　六冊

140000－0501－0010015　145187

石刻鋪敘二卷附錄一卷　（宋）曾宏父纂　清
刻本　一冊

140000－0501－0010016　145188－91

格致精華錄四卷　（清）江標編次　　德國議員
章程一卷合盟紀事本末一卷　（清）徐建寅述
　清光緒二十二年(1896)石印本　四冊

140000－0501－0010017　145199

東海漁歌三卷補遺一卷　（清）顧春著　清竹
西館刻本　一冊

140000－0501－0010018　145203－04

胡敬齋先生居業錄八卷　（明）胡敬齋撰　清
同治五年(1866)福州正誼書局刻本　二冊

140000－0501－0010019　145205－06

焦山續志八卷　（清）陳任暘輯　清光緒三十
一年(1905)刻本　二冊

140000－0501－0010020　145207－08

詩績　（清）尹嘉銓撰　清乾隆三十四年
(1769)呂真堂刻本　二冊

140000－0501－0010021　145213－14

天童寺志十卷首一卷　（清）釋嘯堂輯　清嘉
慶十六年(1811)刻本　二冊

140000－0501－0010022　145215－17

篋中詞今集五卷類集一卷今集續四卷　（清）
譚獻纂錄　清光緒八年(1882)仁和譚氏刻本
　三冊

140000－0501－0010023　145224－43

山谷詩內集二十卷外集十七卷別集二卷
(宋)黃庭堅撰　清光緒二十一年(1895)義寧
陳氏刻本　二十冊

140000－0501－0010024　145321－28

[嘉慶]介休縣志十四卷　（清）徐品山
(清)陸元鏴修　（清）熊兆占纂　清嘉慶二十
四年(1819)刻本　八冊

140000－0501－0010025　145329－36

[光緒]續修崞縣志八卷　（清）趙冠卿
(清)龍朝言修　（清）潘肯堂纂　清光緒八年
(1882)刻本　八冊

140000－0501－0010026　145337－40

東觀漢紀二十四卷　（漢）劉珍撰　清道光十
年(1830)刻本　四冊

140000－0501－0010027　145351－56

[光緒]代州志十二卷首一卷　（清）俞廉三修
纂　（清）楊篤參訂　清光緒八年(1882)代山
書院刻本　六冊

140000－0501－0010028　145364

五臺徐氏本支敘傳不分卷　（清）徐繼畬修
清咸豐十年(1860)刻本　一冊

140000－0501－0010029　145365

大清光緒五年歲次己卯時憲書　（清）欽天監
輯　清光緒四年(1878)刻本　一冊

140000－0501－0010030　145366

大清光緒六年歲次庚辰時憲書　（清）欽天監
輯　清光緒五年(1879)刻本　一冊

140000－0501－0010031　145367

大清光緒七年歲次辛巳時憲書　（清）欽天監
輯　清光緒六年(1880)刻本　一冊

140000－0501－0010032　145368

大清光緒八年歲次壬午時憲書　（清）欽天監
輯　清光緒七年(1881)刻本　一冊

140000－0501－0010033　145369

大清光緒九年歲次癸未時憲書　（清）欽天監
輯　清光緒八年(1882)刻本　一冊

140000－0501－0010034　145370

大清光緒十年歲次甲申時憲書　（清）欽天監
輯　清光緒九年(1883)刻本　一冊

140000－0501－0010035　145371

大清光緒十一年歲次乙酉時憲書　（清）欽天
監輯　清光緒十年（1884）刻本　一冊

140000－0501－0010036　145372

大清光緒十二年歲次丙戌時憲書　（清）欽天
監輯　清光緒十一年（1885）刻本　一冊

140000－0501－0010037　145373

大清光緒十三年歲次丁亥時憲書　（清）欽天
監輯　清光緒十二年（1886）刻本　一冊

140000－0501－0010038　145374

大清光緒十五年歲次己丑時憲書　（清）欽天
監輯　清光緒十四年（1888）刻本　一冊

140000－0501－0010039　145375

大清光緒十六年歲次庚寅時憲書　（清）欽天
監輯　清光緒十五年（1889）刻本　一冊

140000－0501－0010040　145376

大清光緒十七年歲次辛卯時憲書　（清）欽天
監輯　清光緒十六年（1890）刻本　一冊

140000－0501－0010041　145377

大清光緒十八年歲次壬辰時憲書　（清）欽天
監輯　清光緒十七年（1891）刻本　一冊

140000－0501－0010042　145378

大清光緒十九年歲次癸巳時憲書　（清）欽天
監輯　清光緒十八年（1892）刻本　一冊

140000－0501－0010043　145379

大清光緒二十年歲次甲午時憲書　（清）欽天
監輯　清光緒十九年（1893）刻本　一冊

140000－0501－0010044　145380

大清光緒二十一年歲次乙未時憲書　（清）欽
天監輯　清光緒二十年（1894）刻本　一冊

140000－0501－0010045　145381

大清光緒二十二年歲次丙申時憲書　（清）欽
天監輯　清光緒二十一年（1895）刻本　一冊

140000－0501－0010046　145382

大清光緒二十三年歲次丁酉時憲書　（清）欽
天監輯　清光緒二十二年（1896）刻本　一冊

140000－0501－0010047　145383

大清光緒二十四年歲次戊戌時憲書　（清）欽
天監輯　清光緒二十三年（1897）刻本　一冊

140000－0501－0010048　145384

大清光緒二十五年歲次己亥時憲書　（清）欽
天監輯　清光緒二十四年（1898）刻本　一冊

140000－0501－0010049　145385

大清光緒二十六年歲次庚子時憲書　（清）欽
天監輯　清光緒二十五年（1899）刻本　一冊

140000－0501－0010050　145386

大清光緒二十七年歲次辛丑時憲書　（清）欽
天監輯　清光緒二十六年（1900）刻本　一冊

140000－0501－0010051　145387

大清光緒二十八年歲次壬寅時憲書　（清）欽
天監輯　清光緒二十七年（1901）刻本　一冊

140000－0501－0010052　145388

大清光緒二十九年歲次癸卯時憲書　（清）欽
天監輯　清光緒二十八年（1902）刻朱墨套印
本　一冊

140000－0501－0010053　145389

大清光緒三十年歲次甲辰時憲書　（清）欽天
監輯　清光緒二十九年（1903）刻本　一冊

140000－0501－0010054　145390

大清光緒三十一年歲次乙巳時憲書　（清）欽
天監輯　清光緒三十年（1904）刻本　一冊

140000－0501－0010055　145395－424

十子全書　（清）王子興輯　清嘉慶九年
（1804）姑蘇王氏聚文堂刻本　三十冊

140000－0501－0010056　145425－28

先正讀書訣不分卷　（清）周永年輯　清抄本
　四冊

140000－0501－0010057　145469－78

針灸大成十卷　（明）楊繼洲著　（清）章廷珪
重修　清光緒十二年（1886）上洋江左書林刻
本　十冊

140000－0501－0010058　145642－43

耳郵四卷　（清）俞樾撰　清光緒四年（1878）
上海申報館鉛印本　二冊

140000－0501－0010059　145644－55

夜譚隨錄十二卷　（清）和邦額撰　清乾隆四
十四年(1779)聖經堂刻本　十二冊

140000－0501－0010060　145727－42

雞跖賦續刻二十八卷擬古二卷　（清）應泰泉
編　清光緒十一年(1885)文英堂刻本　十
六冊

140000－0501－0010061　145743－44

雲樣集八卷　（清）高陳謨編　清嘉慶二年
(1797)刻本　二冊

140000－0501－0010062　145799－828

太原家譜二十八卷首一卷末一卷　（清）王熙
桂撰　清宣統刻本　三十冊

140000－0501－0010063　145829－32

東洋史要二卷　（日本）桑原隲藏撰　樊炳清
譯　清光緒二十五年(1899)東文學社石印本
　四冊

140000－0501－0010064　146721

冬暄草堂遺詩一卷　（清）陳豪撰　清咸豐、
同治石印本　一冊

140000－0501－0010065　146748

憐香伴傳奇二卷　（清）李漁撰　清書聯屋刻
笠翁傳奇十種本　一冊

140000－0501－0010066　146749

風箏誤傳奇二卷　（清）李漁撰　清書聯屋刻
笠翁傳奇十種本　一冊

140000－0501－0010067　146750

意中緣傳奇二卷　（清）李漁撰　清書聯屋刻
笠翁傳奇十種本　一冊

140000－0501－0010068　146751

蜃中樓傳奇二卷　（清）李漁撰　清書聯屋刻
笠翁傳奇十種本　一冊

140000－0501－0010069　146752

鳳求鳳傳奇二卷　（清）李漁撰　清書聯屋刻
笠翁傳奇十種本　一冊

140000－0501－0010070　146753－64

金史一百三十五卷　（元）脫脫撰　明萬曆三

十四年(1606)北京國子監刻二十一史本　十
二冊　存六十一卷(一至六十一)

140000－0501－0010071　146765－68

敷潤堂詳校醫宗必讀十卷　（明）李中梓撰
清嘉慶二十年(1815)敷潤堂刻本　四冊

140000－0501－0010072　146769－72

蘇文忠公詩集五十卷　（宋）蘇軾著　清刻朱
墨套印本　四冊　存十四卷(三十七至五十)

140000－0501－0010073　146773－78

大清一統輿圖中一卷南五卷北十卷　（清）胡
林翼編　清光緒石印本　六冊

140000－0501－0010074　146779－84

俄遊彙編八卷　（清）繆祐孫纂　清光緒二十
四年(1898)上海書局石印本　六冊

140000－0501－0010075　146827－46

紅樓夢一百二十回　（清）曹雪芹著　清三讓
堂刻本　二十冊

140000－0501－0010076　146847－66

第一才子書六十卷一百二十回　（明）羅貫中
著　（清）毛宗崗評　清光緒十六年(1890)汝
東資善堂刻本　二十冊

140000－0501－0010077　146867－68

愛日軒稿不分卷　（清）周葆元著　清抄本
二冊

140000－0501－0010078　146869－908

隨園三十八種　（清）袁枚撰　清刻本　四十
冊　存二十一種

140000－0501－0010079　146923－26

泰西名人傳六卷　（清）徐心鏡增訂　清光緒
二十九年(1903)上海鴻寶齋石印本　四冊

140000－0501－0010080　146927－34

歐洲列國變法史二十一卷　（法國）賽那布原
著　（美國）麥克范原譯　清光緒二十九年
(1903)文明書局鉛印本　八冊

140000－0501－0010081　146935－38

學算筆談十二卷　（清）華蘅芳撰　清光緒二
十二年(1896)鉛印行素軒算稿本　四冊

140000 – 0501 – 0010082　146978 – 79

說文解字篆韻譜五卷附錄一卷　（宋）徐鍇撰
　清刻本　二冊

140000 – 0501 – 0010083　146980 – 85

華氏中西算學全書　（清）華蘅芳撰　清光緒
二十三年（1897）上海慎記書莊石印本　六冊

140000 – 0501 – 0010084　146986 – 92

道援堂詩集十三卷　（清）屈大均著　清刻本
七冊　存二卷（十二至十三）

140000 – 0501 – 0010085　146994 – 95

維摩詰所說經注八卷　（後秦）釋鳩摩羅什譯
清光緒十三年（1887）金陵刻經處刻本
二冊

140000 – 0501 – 0010086　146996 – 7007

坦園文錄十四卷詩錄二十卷詞錄七卷詞餘一
卷　（清）楊恩壽撰　清光緒長沙楊氏刻坦園
全集本　十二冊

140000 – 0501 – 0010087　147008 – 11

四書順義解十九卷　（清）劉琴撰　清刻本
四冊　存七卷（孟子七卷）

140000 – 0501 – 0010088　147012 – 18

四書自刻錄不分卷　（清）任時懋撰　清乾隆
四十年（1775）璜川書屋刻本　七冊　存七卷
（孟子一至七）

140000 – 0501 – 0010089　147037 – 40

增訂刑錢指掌四卷　（清）沈辛田　（清）董公
振編輯　清乾隆九年（1744）京都榮錦堂刻本
四冊

140000 – 0501 – 0010090　147041 – 43

地學淺釋三十八卷　（英國）雷俠兒撰　（美
國）瑪高溫口譯　（清）華蘅芳筆述　清光緒
二十四年（1898）上海富強齋石印本　三冊

140000 – 0501 – 0010091　147044

地學指略三卷　（英國）文教治口譯　（清）李
慶軒筆述　清光緒二十四年（1898）上海小倉
山房石印本　一冊

140000 – 0501 – 0010092　147047 – 49

歷代帝王年表三卷　（清）齊召南編　清光緒
十二年（1886）蘇州掃葉山房刻本　三冊

140000 – 0501 – 0010093　147050 – 52

曾惠敏公奏疏六卷文集五卷歸樸齋詩戊集二
卷己集二卷　（清）曾紀澤著　清光緒二十年
（1894）上海石印曾惠敏公全集本　三冊

140000 – 0501 – 0010094　147053 – 58

御撰資治通鑑綱目三編二十卷　（清）張廷玉
纂　清道光二十一年（1841）刻本　六冊

140000 – 0501 – 0010095　147059 – 64

御撰資治通鑑綱目三編二十卷　（清）張廷玉
纂　清道光二十一年（1841）刻本　六冊

140000 – 0501 – 0010096　147065 – 67

注釋八銘塾鈔初集不分卷　（清）吳懋政編
清咸豐七年（1857）奎光堂刻本　三冊

140000 – 0501 – 0010097　147075 – 77

三合聖諭廣訓不分卷　（清）世宗胤禛撰　清
刻本　三冊

140000 – 0501 – 0010098　147081

尚書講義一卷　（清）黃家辰　（清）黃家岱撰
清光緒二十一年（1895）江蘇南菁講舍刻本
一冊

140000 – 0501 – 0010099　147082

嫏藝軒襍箸二卷　（清）黃家岱撰　清光緒二
十一年（1895）江蘇南菁講舍刻本　一冊

140000 – 0501 – 0010100　147102 – 07

五洲述略四卷　（清）蕭應椿撰　清光緒二十
八年（1902）紫藤華館刻本　六冊

140000 – 0501 – 0010101　147108 – 10

大清刑律草案　清光緒山西濬文書局鉛印本
三冊

140000 – 0501 – 0010102　147112

中西四大政　（英國）李提摩太撰　清光緒二
十四年（1898）上海商務印書館鉛印本　一冊

140000 – 0501 – 0010103　147118 – 21

方輿全圖總說五卷　（清）顧祖禹輯　清光緒
二十七年（1901）石印本　四冊

140000－0501－0010104　147122－28

大般涅槃經疏三十三卷　（隋）釋灌頂撰
（唐）釋湛然再治　清康熙三十九年(1700)包
趙氏重印日本刻本　七冊

140000－0501－0010105　147129－33

關聖帝君聖跡圖志全集五卷　（清）盧湛撰
清康熙三十一年(1692)刻本　五冊

140000－0501－0010106　147134－39

附釋音禮記注疏六十三卷附校勘記　（漢）鄭
玄注　（唐）孔穎達疏　（唐）陸德明音釋　清
嘉慶二十年(1815)江西南昌府學刻本　六冊
　存十卷(一至十)

140000－0501－0010107　147140－41

龍文鞭影二卷　（明）蕭良有著　清同治七年
(1868)刻本　二冊

140000－0501－0010108　147142－45

格致啟蒙四種　（美國）林樂知　（清）鄭昌棪
譯　清光緒江南製造局石印本　四冊

140000－0501－0010109　147146－49

周易集解十七卷　（唐）李鼎祚撰　清光緒十
七年(1891)四川犍為縣府刻本　四冊

140000－0501－0010110　147150－53

周季編略九卷　（清）黃式三纂　清同治十二
年(1873)浙江書局刻本　四冊

140000－0501－0010111　147154－57

通鑑釋文辯誤十二卷　（元）胡三省撰　清嘉
慶二十一年(1816)刻本　四冊

140000－0501－0010112　147158

毛詩綱領一卷　（清）薛敦城編　清道光二十
二年(1842)秀山堂刻本　一冊

140000－0501－0010113　147160

明史論四卷　（清）谷應泰撰　清刻本　一冊

140000－0501－0010114　147161

世界近世史五編　（日本）松平康國撰　清光
緒二十八年(1902)上海商務印書館鉛印史學
叢書本　一冊

140000－0501－0010115　147163－64

史鑑節要便讀六卷　（清）鮑東里編　清光緒
十年(1884)並垣毋自欺書室刻本　二冊

140000－0501－0010116　147165－71

交通官報七期　清宣統元年(1909)北京商務
印書館鉛印本　七冊

140000－0501－0010117　147172

光緒通商綜覈表一卷　（清）錢學嘉撰　清光
緒十七年(1891)刻本　一冊

140000－0501－0010118　147173－76

尚書今古文集解三十卷　（清）劉逢祿著　清
光緒十四年(1888)南菁書院刻皇清經解續編
本　四冊

140000－0501－0010119　147182－85

礦務五種十二卷　（英國）士密德輯　（英國）
傅蘭雅譯　清光緒二十三年(1897)上海緯文
閣石印本　四冊

140000－0501－0010120　147186

南洋勸業會雜詠　（清）王葆楨撰　清宣統二
年(1910)鉛印本　一冊

140000－0501－0010121　147187

南洋勸業會雜詠　（清）王葆楨撰　清宣統二
年(1910)鉛印本　一冊

140000－0501－0010122　147194－98

前漢紀三十卷　（漢）荀悅撰　清光緒二年
(1876)嶺南學海堂刻本　五冊　存二十五卷
(一至二十五)

140000－0501－0010123　147201

彌陀寶懺法三卷　清刻本　一冊

140000－0501－0010124　147202

彌陀寶懺法三卷　清刻本　一冊

140000－0501－0010125　147203－09

閱微草堂筆記二十四卷首一卷　（清）紀昀撰
　清道光二十七年(1847)小蓬萊山館刻本
七冊　缺三卷(槐西雜誌三至四、灤陽續錄
六)

140000－0501－0010126　147211－16

雪月梅傳六卷五十回　（清）陳朗編輯　（清）

董孟汾評釋　清石印本　六冊

140000－0501－0010127　147217
詩經古譜二卷　（清）陳蘭甫編　清光緒三十
四年(1908)學部圖書局石印本　一冊

140000－0501－0010128　147218－30
格致須知　（英國）傅蘭雅撰　清光緒十三年
(1887)刻本　十三冊

140000－0501－0010129　147231－41
水師章程十四卷　（美國）林樂知口譯　清光
緒江南製造總局刻本　十一冊　存十三卷
(一至十三)

140000－0501－0010130　147243
理財學精義　（日本）田尻稻次郎撰　清光緒
三十二年(1906)商務印書館鉛印本　一冊

140000－0501－0010131　147246－47
詩經精義四卷首一卷末一卷　（清）黃淦纂
清嘉慶七年(1802)掃葉山房刻本　二冊

140000－0501－0010132　147248
捕蝗要說二十則　（清）錢炘和著　清咸豐刻
本　一冊

140000－0501－0010133　147249
雙壺痛心記一卷　（清）朱浩撰　清道光刻本
　一冊

140000－0501－0010134　147250
奏定度量權衡畫一制度圖說總表推行章程一
卷　清光緒三十四年(1908)農工商部鉛印本
　一冊

140000－0501－0010135　147251
奏定度量權衡畫一制度圖說總表推行章程一
卷　清光緒三十四年(1908)農工商部鉛印本
　一冊

140000－0501－0010136　147252
醫效秘傳三卷　（清）葉桂撰　清道光十三年
(1833)吳金壽刻本　一冊　存一卷(一)

140000－0501－0010137　147259
醫法心傳一卷　（清）程芝田著　清光緒十三
年(1887)養鶴山房刻本　一冊

140000－0501－0010138　147286－94
幼科準繩九卷　（明）王肯堂輯　清光緒十八
年(1892)上海圖書集成印書局鉛印六科準繩
本　九冊

140000－0501－0010139　147295－300
證治準繩八卷　（明）王肯堂輯　清光緒十八
年(1892)上海圖書集成印書局鉛印六科準繩
本　六冊

140000－0501－0010140　147301－04
傷寒論淺注補正七卷首一卷　（漢）張機撰
（清）陳念祖淺注　唐宗海補正　清光緒三十
四年(1908)上海千頃堂書局石印本　四冊

140000－0501－0010141　147305－08
傷寒論淺注補正七卷首一卷　（漢）張機撰
（清）陳念祖淺注　唐宗海補正　清光緒三十
四年(1908)上海千頃堂書局石印本　四冊

140000－0501－0010142　147309－10
隨息居飲食譜七卷　（清）王士雄纂　清光緒
十八年(1892)上海醉六堂刻本　二冊

140000－0501－0010143　147311－12
隨息居重訂霍亂論四卷　（清）王士雄撰　霍
亂括要一卷　（清）岳晉昌撰　清光緒十八年
(1892)上海醉六堂刻本　二冊

140000－0501－0010144　147314－15
缶廬印存初集不分卷　（清）吳昌碩刻　清西
泠印社鈐印本　二冊

140000－0501－0010145　147316
次公詩鈔一卷　（清）田溥著　清道光十二年
(1832)刻本　一冊

140000－0501－0010146　147327－28
申報館書目一卷　尊聞閣主輯　續集一卷
(清)縷馨仙史輯　清光緒三年至五年(1877－
1879)上海申報館鉛印本　二冊

140000－0501－0010147　147329－34
白香山詩長慶集二十卷後集十七卷別集一卷
補遺二卷年譜一卷年譜舊本一卷　（唐）白居
易撰　（清）汪立名編　清康熙四十二年

（1703）一隅草堂刻本　六冊　存二十一卷
（長慶集二十卷、年譜一卷）

140000－0501－0010148　147349－442
子書百家　清光緒元年（1875）湖北崇文書局
刻本　九十四冊

140000－0501－0010149　147443－48
說文釋例二十卷　（清）王筠撰　清光緒十二
年（1886）上海積山書局石印本　六冊

140000－0501－0010150　147449－60
中西政治經緯較五種　（清）天南隱叟輯　清
光緒二十七年（1901）可壽齋石印本　十二冊

140000－0501－0010151　147461－64
春秋穀梁傳十二卷附校刊記　（晉）范甯集解
　（唐）陸德明音義　清刻本　四冊

140000－0501－0010152　147465－93
約章分類輯要三十八卷首一卷　蔡乃煌纂
清光緒二十六年（1900）湖南商務局刻本　二
十九冊

140000－0501－0010153　147499
湘潭郭氏閨秀集一卷　（清）郭步韞撰　（清）
郭潤玉編輯　清道光十七年（1837）湘潭郭氏
刻本　一冊

140000－0501－0010154　147500－01
心算初學六卷　清末民國間天津北洋官報局
鉛印本　二冊

140000－0501－0010155　147503－04
果齋日記五卷　（清）劉爾炘撰　清光緒二十
一年（1895）拙修山房刻本　二冊

140000－0501－0010156　147507－08
藤陰雜記十二卷　（清）戴璐撰　清光緒三年
（1877）北京吳興會館刻本　二冊

140000－0501－0010157　147509
黃書一卷　（清）王夫之撰　清光緒二十四年
（1898）石印本　一冊

140000－0501－0010158　147511
驗礦砂要法　（清）施德明譯　清光緒二十六
年（1900）上海廣學會鉛印本　一冊

140000－0501－0010159　147512
農學新法　（美國）貝德禮撰　（英國）李提摩
太譯　清光緒二十三年（1897）上海美華書館
鉛印本　一冊

140000－0501－0010160　147516－17
數學啟蒙二卷　（英國）偉烈亞力撰　清光緒
二十二年（1896）上海格致書室鉛印本　二冊
　存一卷（下）

140000－0501－0010161　147521－23
求己錄三卷　（清）蘆涇遁士（陶葆廉）編　清
光緒二十七年（1901）志強書舍石印本　三冊

140000－0501－0010162　147524－27
萬國公法會通十卷　（瑞士）步倫撰　清光緒
二十二年（1896）上海飛鴻閣石印本　四冊

140000－0501－0010163　147528－29
洋務實學新編二卷　（清）傅雲龍編　清光緒
二十二年（1896）上海書局石印本　二冊

140000－0501－0010164　147530－31
洋務實學新編二卷　（清）傅雲龍編　清光緒
二十二年（1896）上海書局石印本　二冊

140000－0501－0010165　147532－33
重學二十卷附圓錐曲綫說三卷　（英國）胡威
立撰　（英國）艾約瑟口譯　（清）李善蘭筆述
　清光緒二十二年（1896）積山書局石印本
二冊

140000－0501－0010166　147534－35
重學二十卷附圓錐曲綫說三卷　（英國）胡威
立撰　（英國）艾約瑟口譯　（清）李善蘭筆述
　清光緒二十二年（1896）積山書局石印本
二冊

140000－0501－0010167　147538
漢武帝內傳一卷附校勘記一卷附錄一卷
（漢）班固撰　**大方廣佛華嚴經音義四卷**
（唐）釋慧苑撰　清石印本　一冊

140000－0501－0010168　147539－40
洋務實學新編二卷　（清）傅雲龍編　清光緒
二十二年（1896）上海書局石印本　二冊

140000－0501－0010169　147541－42

小倉山房往還書劄全集十八卷　（清）袁枚撰
（清）朱士俊編　清光緒十三年(1887)點石
齋石印本　二冊

140000－0501－0010170　147547－77

約章分類輯要三十八卷首一卷　蔡乃煌編纂
清光緒二十七年(1901)上海緯文閣石印本
三十一冊

140000－0501－0010171　147578－97

萬國時務策學大全四十八卷首一卷　漱石山
館主人輯　清光緒二十三年(1897)積山書局
石印本　二十冊

140000－0501－0010172　147598－99

東西學書錄總敘二卷　（清）沈桐生述　（清）
繆紹瑜　（清）張之梁校　清光緒二十三年
(1897)讀有用書齋石印本　二冊

140000－0501－0010173　147600－05

新學正規六卷　（清）陳鷗民編　清光緒二十
七年(1901)上海書局石印本　六冊

140000－0501－0010174　147606－09

各國通商始末記二十卷　（清）王之春撰
（清）彭玉麟定　清光緒二十七年(1901)上海
中昌社石印本　四冊　存十六卷(一至十六)

140000－0501－0010175　147610－14

胭脂牡丹六卷　（清）韓鄂撰　清咸豐十一年
(1861)文義堂刻本　五冊　缺一卷(三)

140000－0501－0010176　147615－18

史策備要六卷　（清）急先務齋主人輯　清光
緒二十四年(1898)上海煥文書局石印本
四冊

140000－0501－0010177　147619－20

近世社會主義　（日本）福井準造撰　清光緒
二十九年(1903)廣智書局鉛印本　二冊

140000－0501－0010178　147621－42

陳修園醫書四十種　（清）陳念祖撰　清光緒
三十一年(1905)上海商務印書館鉛印本　二
十二冊

140000－0501－0010179　147643－72

御纂醫宗金鑑九十卷　（清）吳謙等撰　清光
緒九年(1883)掃葉山房刻本　三十冊

140000－0501－0010180　147673－85

康熙字典　（清）張玉書纂　清道光七年
(1827)刻本　十三冊　缺(總目、檢字、辨似)

140000－0501－0010181　147686－725

康熙字典　（清）張玉書纂　清道光七年
(1827)刻本　四十冊

140000－0501－0010182　147726－761

康熙字典　（清）張玉書纂　清道光七年
(1827)刻本　三十六冊　缺(總目、檢字、辨
似、等韻、備考、補遺)

140000－0501－0010183　147762

希臘志略七卷　佚名撰　清光緒二十二年
(1896)上海著易堂刻本　一冊

140000－0501－0010184　147765－78

字彙十二集首一卷末一卷　（明）梅膺祚音釋
清刻本　十四冊

140000－0501－0010185　147780－81

慕翟先生行述二卷　（美國）惠廉撰　（英國）
季里裴鑒定　（清）王臻善譯　清光緒二十九
年(1903)上海華美書局鉛印本　二冊

140000－0501－0010186　147784－85

小學六卷附朱子[熹]年譜一卷　（清）高愈編
纂　清書業堂刻本　二冊

140000－0501－0010187　147786－89

比例彙通四卷　（清）羅士琳撰　清光緒二十
二年(1896)三魚書屋石印本　四冊

140000－0501－0010188　147795－800

萬國史記二十卷　（日本）岡本監輔撰　清光
緒二十七年(1901)上海書局石印本　六冊

140000－0501－0010189　147801－10

萬國史記二十卷　（日本）岡本監輔撰　清光
緒上海申報館鉛印本　十冊

140000－0501－0010190　147813

五更鐘二卷　（清）陳春生編輯　清宣統元年

（1909）上海美華書館鉛印本　一冊　存一卷
（一）

140000－0501－0010191　147815－19
婦科　（美國）湯麥斯撰　（清）鄭昌棪　舒高
第譯　清光緒二十六年（1900）江南機器製造
局鉛印本　五冊

140000－0501－0010192　147824－29
實政錄七卷　（明）呂坤著　清道光七年
（1827）開封府署刻本　六冊

140000－0501－0010193　147830－31
小學集解六卷　（清）張伯行集解　清康熙三
十六年（1697）平湖陸氏三魚堂刻本　二冊

140000－0501－0010194　147832
五洲總圖　清光緒二十九年（1903）輿地學會
石印本　一冊

140000－0501－0010195　147833－40
南雅堂醫書全集十六種　（清）陳念祖撰　清
同治四年（1865）刻本　八冊　存六種

140000－0501－0010196　147841－48
陳修園六種　（清）陳念祖撰　清光緒十五年
（1889）上海江左書林刻本　八冊

140000－0501－0010197　147849－51
印度史攬要三卷　（英國）寶星亨德偉良撰
清光緒二十七年（1901）上海廣學會鉛印本
三冊

140000－0501－0010198　147852－75
全五代詩一百卷附補遺一卷　（清）李調元編
　清道光李氏刻本　二十四冊

140000－0501－0010199　147876－78
賦話十卷詩話二卷詞話四卷曲話二卷六書分
毫三卷古音合二卷　（清）李調元撰　清道光
刻本　三冊

140000－0501－0010200　147879－82
萬善堂集（李石亭詩集）十卷李石亭文集六卷
　（清）李化楠撰　清刻本　四冊

140000－0501－0010201　147883－85
尾蕉叢談四卷奇字名十二卷樂府侍兒小名一

卷通詁二卷剿說四卷　（清）李調元撰　清刻
寧都三魏全集本　三冊

140000－0501－0010202　147886
醒園錄一卷　（清）李化楠撰　清羅江李氏刻
函海本　一冊

140000－0501－0010203　147887－88
注陸宣公奏議十五卷　（唐）陸贄撰　（宋）郎
曄注　清光緒四年（1878）吳興陸氏十萬卷樓
刻本　二冊

140000－0501－0010204　147889
東萊呂紫微師友雜誌一卷雜說一卷　（宋）呂
本中撰　清光緒二年至三年（1876－1877）吳
興陸氏十萬卷樓刻本　一冊

140000－0501－0010205　147890
可書一卷　（宋）張知甫撰　東原錄一卷
（宋）龔鼎臣撰　清光緒三年（1877）吳興陸氏
十萬卷樓刻本　一冊

140000－0501－0010206　147891
地理葬書集注一卷　（清）吳澂刪定　（清）鄭
謐注釋　葬書問對一卷　（清）趙汸撰　醫經
正本書一卷　（清）程迥撰　清光緒五年
（1879）吳興陸氏萬卷樓刻本　一冊

140000－0501－0010207　147892
人倫大統賦二卷　（金）張行簡撰　（元）薛延
年注　清光緒三年（1877）吳興陸氏十萬卷樓
刻本　一冊

140000－0501－0010208　147893－96
乙巳占十卷　（唐）李淳風撰　清光緒三年
（1877）吳興陸氏十萬卷樓刻本　四冊

140000－0501－0010209　147897－910
夷堅志甲志二十卷乙志二十卷丙志二十卷丁
志二十卷　（宋）洪邁撰　清光緒五年（1879）
吳興陸心源十萬卷樓刻本　十四冊

140000－0501－0010210　147923
郎園論學書劄一卷　葉德輝撰　清光緒二十
四年（1898）刻本　一冊

140000－0501－0010211　147925

小跋翁紀年一卷　清刻本　一冊

140000－0501－0010212　147926－35

渭南文集五十卷　（宋）陸游撰　明汲古閣刻本　十冊

140000－0501－0010213　147936

說文解字繫傳校勘記三卷　（清）祁寯藻撰　清道光十九年（1839）刻本　一冊

140000－0501－0010214　147937－52

增補左繡彙參三十卷首一卷　（清）周正思纂　清乾隆十四年（1749）嵩山書屋刻本　十六冊

140000－0501－0010215　147953

韓集點勘四卷　（清）陳景雲撰　清同治九年（1870）江蘇書局刻本　一冊

140000－0501－0010216　147954－8063

漢魏六朝百三名家集一百十八卷　（明）張溥編　清光緒十八年（1892）善化章經濟堂刻本　一百十冊

140000－0501－0010217　148064－143

漢魏六朝百三名家集　（明）張溥輯　明婁東張氏刻本　八十冊　存六十五家

140000－0501－0010218　148145

梁松齋墨蹟一卷　（清）梁巘書　清寫本　一冊

140000－0501－0010219　148146

手臨篆書　佚名臨　寫本　一冊

140000－0501－0010220　148148

雙鉤法書　寫本　一冊

140000－0501－0010221　148153

王文石先生書　王甲書　寫本　一冊

140000－0501－0010222　148154

一畝園雜詠　（清）茹綸常撰並書　清寫本　一冊

140000－0501－0010223　148159

米元章致爽軒書　（清）沈荃臨　清寫本　一冊

140000－0501－0010224　148161

郝步蟾墨蹟　（清）郝步蟾書　清咸豐六年（1856）寫本　一冊

140000－0501－0010225　148167

東方先生畫贊　（唐）顏真卿書　左治國摹鉤　清宣統元年（1909）寫本　一冊

140000－0501－0010226　148222

拍案驚奇三十六卷　（明）淩濛初撰　清萬元樓刻本　一冊

140000－0501－0010227　148223－32

第五才子書水滸傳七十五卷　（明）施耐庵撰　清芥子園刻本　十冊

140000－0501－0010228　148233

經驗急救良方　（清）朱鳳聲輯　清刻本　一冊

140000－0501－0010229　148238－152817

古今圖書集成一萬卷目錄四十卷考證二十四卷　（清）陳夢雷　（清）蔣廷錫編纂　清光緒十六年（1890）上海同文書局影印本　四千五百八十冊

140000－0501－0010230　152818－23

水經注圖　（清）汪士鐸繪　清光緒三十一年（1905）觀梅堂刻朱墨套印本　六冊

140000－0501－0010231　152830－37

孫忠靖公遺集八卷首一卷末一卷　（明）孫傳庭撰　清咸豐六年（1856）刻本　八冊

140000－0501－0010232　152838－45

敕修河東鹽法志十二卷　（清）覺羅石麟纂　（清）朱一鳳輯　清雍正五年（1727）刻本　八冊

140000－0501－0010233　152846－77

晉政輯要四十卷　（清）剛毅纂　清光緒十四年（1888）刻本　三十二冊

140000－0501－0010234　152883－88

[乾隆]廣靈縣志十卷首一卷末一卷　（清）郭磊纂修　[光緒]廣靈縣補志十卷首一卷末一卷　（清）楊亦銘纂修　清乾隆十九年（1754）

刻光緒七年(1881)續刻本　六冊

140000－0501－0010235　152891－92

圖注八十一難經辨真四卷圖注脈訣辨真四卷
瀕湖脈學一卷奇經八脈考一卷　(明)張世賢
注　(明)李時珍撰　清江左書林刻本　二冊

140000－0501－0010236　152894

關帝年譜　(清)柯汝霖輯　清鉛印本　一冊

140000－0501－0010237　152921

王月潭先生小傳　(清)徐潤第撰並書　清道
光二年(1822)稿本　一冊

140000－0501－0010238　152922－25

司馬溫公[光]年譜六卷　(明)馬巒輯　明萬
曆四十六年(1618)家刻本　四冊

140000－0501－0010239　152948－51

銅鞮吳氏藏書　稿本　四冊

140000－0501－0010240　152956

竹翠軒遺稿　(清)康介眉撰　清光緒十八年
(1892)古歙棠樾鮑氏刻本　一冊

140000－0501－0010241　152957

藭香書屋詩草　(清)董文燦撰　清光緒十三
年(1887)刻本　一冊

140000－0501－0010242　152958－59

家範十卷　(宋)司馬光撰　清光緒六年
(1880)解州解梁書院刻本　二冊

140000－0501－0010243　152960－63

[雍正]襄陵縣志二十四卷　(清)盧秉純纂修
　清雍正十年(1732)刻本　四冊

140000－0501－0010244　153003－3004

揚州東園題詠不分卷　(清)賀君召輯　清乾
隆刻本　二冊

140000－0501－0010245　153005

[徐繼畬書挽豫荂辭]　(清)徐繼畬書　清寫
本　一冊

140000－0501－0010246　153038－43

成均課士錄　(清)法式善輯　清嘉慶三年
(1798)刻本　六冊

140000－0501－0010247　153046－55

歷代名人年譜十卷附存疑及生卒年月無考一
卷　(清)吳榮光編　清光緒二年(1876)京都
寶經書坊刻本　十冊

140000－0501－0010248　153059－60

書目答問一卷　(清)張之洞編　清光緒元年
(1875)刻本　二冊

140000－0501－0010249　153065

[道光]太原縣志十八卷圖一卷　(清)員佩蘭
修　(清)楊國泰纂　清道光六年(1826)刻本
　一冊　存五卷(五至九)

140000－0501－0010250　153068

張晉著作三種　(清)張晉撰　清抄本　一冊

140000－0501－0010251　153069－74

洪洞劉氏宗譜二十卷首二卷後一卷像贊一卷
祖訓一卷末一卷　(清)劉殿鳳　(清)劉勝蓮
編　清光緒二十七年(1901)洪洞劉氏刻本
六冊　存六卷(一至六)

140000－0501－0010252　153085

翠柏山房詩草一卷醉芙詩餘續編一卷　(清)
王汝純撰　清光緒十九年至二十年(1893－
1894)刻本　一冊

140000－0501－0010253　153092－99

綱目兵機擇要　(清)劉鍾撰　清同治元年
(1862)抄本　八冊

140000－0501－0010254　153451

元遺山詩鈔　(金)元好問撰　清嘉慶樊榭抄
本　一冊

140000－0501－0010255　153923－24

益圃詩草二卷　(清)張居壽撰　清光緒二年
(1876)榆台山房刻本　二冊

140000－0501－0010256　153925－4004

[同治]蘇州府志一百五十卷首三卷　(清)李
銘皖　(清)譚鈞培修　(清)馮桂芬纂　清光
緒九年(1883)江蘇書局刻本　八十冊

140000－0501－0010257　154005－44

[嘉慶]松江府志八十四卷首一卷　(清)宋如

林修 （清）孫星衍纂 清嘉慶二十三年(1818)松江府學刻本 四十冊

140000－0501－0010258 154045－68

[光緒]松江府續志四十卷首一卷 （清）博潤修 （清）姚光發纂 清光緒十年(1884)松江府刻本 二十四冊

140000－0501－0010259 154537－40

關中金石記八卷目錄一卷 （清）畢沅輯 清光緒三十四年(1908)嚴嶽蓮刻本 四冊

140000－0501－0010260 154541

隋唐石刻拾遺二卷 （清）黃本驥編 清道光二年(1822)刻本 一冊

140000－0501－0010261 154547－49

國朝駢體正宗十二卷 （清）曾燠輯 清光緒二十三年(1897)石印本 三冊

140000－0501－0010262 154550－57

皇朝古學類編十四卷首一卷 （清）姚燮選 清光緒二十一年(1895)上海玉軸山房石印本 八冊

140000－0501－0010263 154559－66

新刻出像點板時尚崑腔雜曲醉怡情四十四種 題(清)菰蘆釣叟輯 清古吳致和堂刻本 八冊

140000－0501－0010264 154567－72

增補箋注第六才子西廂釋解八卷 （元）王實甫撰 （清）金聖歎批點 清善美堂刻本 六冊

140000－0501－0010265 154573－674

春在堂全書十九種 （清）俞樾撰 清光緒九年(1883)刻本 一百二冊

140000－0501－0010266 154679－718

康熙字典十二集補遺一卷備考一卷 （清）張玉書編纂 清刻本 四十冊

140000－0501－0010267 154719－24

英語集全六卷 （清）唐廷樞撰 清同治元年(1862)緯經堂刻本 六冊

140000－0501－0010268 154766－801

史記評林一百三十卷首一卷 （明）凌稚隆輯 清光緒十五年(1889)山西濬文書局刻本 三十六冊

140000－0501－0010269 154802－17

漢書一百二十卷 （漢）班固撰 （唐）顏師古注 清同治八年(1869)金陵書局刻本 十六冊

140000－0501－0010270 154818－33

舊五代史一百五十卷目錄二卷附考證 （宋）薛居正撰 清同治十一年(1872)湖北崇文書局彙印二十四史本 十六冊

140000－0501－0010271 154834－41

五代史七十四卷 （宋）歐陽修撰 （宋）徐無黨注 清同治十一年(1872)湖北崇文書局刻本 八冊

140000－0501－0010272 154842－51

御纂周易折中二十二卷首一卷 （清）李光地纂 清康熙五十四年(1715)武英殿刻御纂五經本 十冊

140000－0501－0010273 154934－38

新鐫玉茗堂批點按鑑參補出像北宋志傳十卷五十回 題(清)研石山樵訂正 （清）織里畸人校閱 明刻清重修本 五冊

140000－0501－0010274 154981－87

古文翼八卷 （清）唐德宜輯 清乾隆六年(1741)刻本 七冊

140000－0501－0010275 154988－95

傷寒論後條辨十五卷首一卷 （清）程應旄注 清康熙美錦堂刻本 八冊

140000－0501－0010276 154996

身世準繩二卷 （清）李迪光纂輯 （清）王海文鑒定 清道光十年(1830)刻本 一冊

140000－0501－0010277 154997－98

易經體注會解合參不分卷 （清）來爾繩纂輯 清道光二年(1822)晉祁書業堂刻本 二冊

140000－0501－0010278 154999－5002

書經體注圖經大全六卷 （清）范翔重訂 清

乾隆五十九年(1794)刻本　四冊

140000－0501－0010279　155003－10
詩經喈鳳詳解不分卷　（清）陳抒孝輯解
（清）汪基增訂　清乾隆三十五年(1770)三多
齋刻本　八冊

140000－0501－0010280　155011
引痘略　（清）王仲坦輯　清同治九年(1870)
刻本　一冊

140000－0501－0010281　155012
喉科得一錄一卷　（清）董慶安輯　清光緒十
七年(1891)晉省刻本　一冊

140000－0501－0010282　155316－19
春秋繁露十七卷　（漢）董仲舒撰　（清）凌曙
注　清嘉慶二十年(1815)蜚雲閣刻本　四冊

140000－0501－0010283　155804－27
兩浙鹽法志三十卷　（清）延豐纂　清同治十
三年(1874)刻本　二十四冊

140000－0501－0010284　155828－39
兩浙鹽法續纂備考十二卷　（清）楊昌濬纂
（清）季綸全輯　清同治十三年(1874)刻本
十二冊

140000－0501－0010285　155913－22
淵鑑類函四百五十卷　（清）張英撰　清光緒
九年(1883)上海點石齋石印本　十冊

140000－0501－0010286　155928－35
東周列國志一百八回首一卷　（明）馮夢龍撰
（清）蔡昪評點　清光緒三十一年(1905)上
海順成書局石印聖歎外書本　八冊

140000－0501－0010287　156079－84
增像第六才子書五卷首一卷　（元）王實甫撰
清光緒二十二年(1896)上海賞奇軒鉛印本
六冊

140000－0501－0010288　156088－95
補注洗冤錄集證四卷檢骨圖格一卷　（清）王
又槐增輯　（清）阮其新補注　作吏要言一卷
（清）葉玉屏著　清道光二十三年(1843)江
都鍾氏刻三色套印本　八冊

140000－0501－0010289　156096
述學內篇三卷外篇一卷補遺一卷別錄一卷
（清）汪中撰　清同治八年(1869)揚州書局刻
本　一冊

140000－0501－0010290　156113－24
讀杜心解六卷首一卷　（唐）杜甫撰　（清）浦
起龍解　清雍正二年(1724)浦氏寧我齋刻本
十二冊

140000－0501－0010291　156150－59
國朝先正事略六十卷首一卷　（清）李元度纂
清光緒十二年(1886)鉛印本　十冊

140000－0501－0010292　156160－61
中興名臣事略八卷　朱孔彰撰　清光緒二十
五年(1899)上海圖書集成局鉛印本　二冊

140000－0501－0010293　156196－218
鹿洲全集七種　（清）藍鼎元撰　清雍正十年
(1732)閑存堂刻本　二十三冊

140000－0501－0010294　156219－28
海國春秋四十卷　清光緒三十年(1904)上海
書局石印本　十冊

140000－0501－0010295　156229－32
唐鑑二十四卷考異一卷　（宋）范祖禹撰
（宋）呂祖謙音注　（清）胡鳳丹考異　清同治
十年(1871)胡氏退補齋刻本　四冊

140000－0501－0010296　156298－301
杭州藝文志十卷　（清）吳慶坻纂　清光緒三
十四年(1908)長沙刻本　四冊

140000－0501－0010297　156304－05
海虞藝文志六卷　（清）姚福均輯　清光緒二
十三年(1897)常熟姚氏慕程齋刻本　二冊

140000－0501－0010298　156344
續溪金紫胡氏所著書目二卷　（清）胡培系編
清光緒十年(1884)世澤樓刻本　一冊

140000－0501－0010299　156365－74
昭德先生郡齋讀書志二十卷校補一卷考異一
卷　（宋）晁公武著　（宋）姚應績編　王先謙
重編　清光緒十年(1884)長沙刻本　十冊

140000－0501－0010300　156409－10

武林藏書錄三卷首一卷　（清）丁申撰　清光緒二十六年（1900）嘉惠堂刻本　二冊

140000－0501－0010301　156422－25

金山錢氏家刻書目十卷　（清）錢培蓀輯　清光緒四年（1878）沈銛署刻本　四冊

140000－0501－0010302　156451－60

楹書隅錄五卷續編四卷　（清）楊紹和撰　清光緒二十年（1894）海源閣刻民國元年（1912）武進董氏補刻本　十冊

140000－0501－0010303　156461－70

鐵琴銅劍樓藏書目錄二十四卷　（清）瞿鏞編　清光緒二十四年（1898）常熟瞿氏家塾刻本　十冊

140000－0501－0010304　156473－77

揚州吳氏測海樓藏書目錄十二卷　（清）吳引孫撰　清宣統二年（1910）揚州吳氏刻本　五冊

140000－0501－0010305　156483

聊城楊氏海源閣藏書目　（清）楊紹和編　清光緒十四年（1888）元和江氏師鄭室刻本　一冊

140000－0501－0010306　156502－15

千頃堂書目三十二卷　（清）黃虞稷輯撰　清刻本　十四冊　缺二卷（五至六）

140000－0501－0010307　156902－09

雁門集十四卷詩餘一卷倡和錄一卷別錄一卷　（元）薩都剌撰　（清）薩龍光輯　清嘉慶十二年（1807）刻本　八冊

140000－0501－0010308　156910－13

莊靖先生遺集十卷　（金）李俊民撰　清光緒十六年（1890）刻本　四冊

140000－0501－0010309　156914－17

蒙古遊牧記十六卷　（清）張穆撰　清同治六年（1867）壽陽祁氏刻本　四冊

140000－0501－0010310　156918－25

螢窗草集八卷　（清）朱瑤撰　清乾隆五十三年（1788）玉衡堂刻本　八冊

140000－0501－0010311　156926－27

河汾諸老詩集八卷　（元）房祺輯　清乾隆四十三年（1778）敬翼堂刻道光十五年（1835）增刻本　二冊

140000－0501－0010312　156928

閻潛丘先生[若璩]年譜一卷　（清）張穆編　清道光二十七年（1847）壽陽祁氏刻本　一冊

140000－0501－0010313　156929

閻潛丘先生[若璩]年譜一卷　（清）張穆編　清道光二十七年（1847）壽陽祁氏刻本　一冊

140000－0501－0010314　156930－35

蓮洋集十二卷補遺一卷　（清）吳雯撰　清乾隆十七年（1752）黃氏刻本　六冊

140000－0501－0010315　156936－43

蓮洋集二十卷附錄一卷年譜一卷　（清）吳雯撰　（清）翁方綱撰　清乾隆三十九年（1774）浮山荊圃草堂刻本　八冊

140000－0501－0010316　156944－47

蓮洋詩鈔不分卷　（清）吳雯撰　清乾隆三十二年（1767）刻本　四冊

140000－0501－0010317　156951－66

午亭文編五十卷　（清）陳廷敬撰　清康熙四十七年（1708）林佶寫刻本　十六冊

140000－0501－0010318　156967－72

馝䶄亭集三十二卷　（清）祁寯藻撰　清咸豐七年（1857）刻本　六冊

140000－0501－0010319　156973－82

于清端公政書八卷首編一卷外集一卷　（清）于成龍撰　（清）蔡方炳　（清）諸匡鼎編次　續集一卷　（清）金岳撰　（清）于大椿輯　清康熙四十六年（1707）江蘇撫署刻乾隆二十六年（1761）于準補刻彙印本　十冊

140000－0501－0010320　156983－88

瀛環志略十卷首一卷　（清）徐繼畬撰　清光緒六年（1880）楚南周鯤刻本　六冊

140000－0501－0010321　156989－90

溫飛卿詩集箋注九卷 （唐）溫庭筠撰 （明）曾益注 （清）顧嗣立重校 （清）顧予咸補注 清光緒十三年(1887)鴻文書局刻本 二冊

140000 – 0501 – 0010322 157001 – 04
月齋文集八卷詩集四卷 （清）張穆撰 （清）吳履敬編 清咸豐八年(1858)刻本 四冊

140000 – 0501 – 0010323 157006
旭華堂詩集二卷 （清）王奐曾撰 清乾隆四十年(1775)趙熟典依竹軒刻本 一冊

140000 – 0501 – 0010324 157007
樂律心得二卷 （清）安清翹撰 清嘉慶刻本 一冊

140000 – 0501 – 0010325 157008
山右金石錄一卷 （清）夏寶晉撰 清光緒八年(1882)歸安石氏刻本 一冊

140000 – 0501 – 0010326 157010
王無功集三卷補遺二卷 （唐）王績撰 東皋子集校勘記一卷 羅振玉撰 清光緒三十二年(1906)羅氏唐風樓刻本 一冊

140000 – 0501 – 0010327 157016 – 18
莊子獨見三卷 （清）胡文英評釋 清乾隆十七年(1752)三多齋刻本 三冊

140000 – 0501 – 0010328 157019
姑射山人吟稿二卷 （明）王體復撰 清乾隆四十年(1775)刻本 一冊

140000 – 0501 – 0010329 157020
霞蔭堂詩集二卷茂園自撰年譜二卷 （清）康基田撰 清道光七年(1827)刻本 一冊

140000 – 0501 – 0010330 157021 – 24
竹溪詩草四卷 （清）裴謙撰 清嘉慶二十五年(1820)澹明堂刻本 四冊

140000 – 0501 – 0010331 157025 – 28
六硯草堂詩集四卷 （清）延君壽撰 清道光六年(1826)刻本 四冊

140000 – 0501 – 0010332 157035 – 36
澹粹軒詩草二卷 （清）王志瀜撰 清嘉慶二十五年(1820)絳州守居刻本 二冊

140000 – 0501 – 0010333 157037 – 38
微尚齋詩集初編四卷續集一卷 （清）馮志沂撰 清同治三年(1864)廬州刻本 二冊

140000 – 0501 – 0010334 157039
率性篇二卷首一卷 （清）李慎修撰 清宣統三年(1911)鉛印本 一冊

140000 – 0501 – 0010335 157041
祁大夫字說 （清）祁寯藻編 清道光二十七年(1847)饅頭亭刻本 一冊

140000 – 0501 – 0010336 157042
饅頭亭詩草一卷 （清）祁寯藻撰 清道光祁寯藻稿本 一冊

140000 – 0501 – 0010337 157043
于役吟草一卷 （清）姚秉哲撰 清乾隆五十四年(1789)碧雲樓刻本 一冊

140000 – 0501 – 0010338 157044
蕓香書屋詩草二卷 （清）董文燦撰 清光緒十三年(1887)馮婉琳刻本 一冊

140000 – 0501 – 0010339 157045
白谷山人詩鈔二卷 （明）孫傳庭撰 清順治十七年(1660)刻本 一冊

140000 – 0501 – 0010340 157046
青雲洞遺書 （清）謝丕振撰 清乾隆二十一年(1756)刻本 一冊 存(初刻二種)

140000 – 0501 – 0010341 157047
嶺南存草五卷 （清）姚秉哲撰 清乾隆五十九年(1794)碧雲樓刻本 一冊

140000 – 0501 – 0010342 157048
南遊記一卷 （清）孫嘉淦撰 清光緒二十二年(1896)張邁刻本 一冊

140000 – 0501 – 0010343 157050 – 55
[光緒]文水縣志十二卷首一卷末一卷 （清）范啟塏 （清）王煒修 （清）陰步霞纂 清光緒九年(1883)刻本 六冊

140000 – 0501 – 0010344 157073
傅山真跡 （清）傅山書 清寫本 一冊

140000－0501－0010345　157075

張月齋先生書冊　（清）張穆書　清道光五年
(1825)寫本　一冊

140000－0501－0010346　157098

[奉亦山先生囑所書題記]　（清）蕭際韶等書
清寫本　一冊

140000－0501－0010347　157289

重修古關帝廟記不分卷　（清）高士鈺撰
（清）古斌書　清乾隆十二年(1747)稿本
一冊

140000－0501－0010348　157302－05

[乾隆]崞縣志八卷　（清）邵豐鍭　（清）顧
弼修　（清）賈瀜纂　清乾隆二十二年(1757)
刻本　四冊

140000－0501－0010349　157307－08

浣花集十卷　（唐）韋莊撰　清谷園胡介祉刻
本　二冊

140000－0501－0010350　157309－10

白香詞譜箋四卷　（清）舒夢蘭輯　（清）謝朝
徵箋　清光緒十二年(1886)刻本　二冊

140000－0501－0010351　157311－14

靖節先生集十卷首一卷末一卷年譜考異二卷
（晉）陶潛　（清）陶澍撰　清光緒九年
(1883)江蘇書局刻本　四冊

140000－0501－0010352　157328－33

書經集傳音釋六卷　（宋）蔡沈集傳　（元）鄒
季友音釋　清光緒十五年(1889)江南書局刻
本　六冊

140000－0501－0010353　157334－35

陶淵明集十卷　（晉）陶潛撰　清光緒二年
(1876)獨山莫氏刻本　二冊

140000－0501－0010354　157336－39

第九才子書平鬼傳四卷　（清）樵雲山人編次
清康熙五十九年(1720)經國堂刻本　四冊

140000－0501－0010355　157340－43

第九才子書斬鬼傳四卷　（清）樵雲山人編次
清康熙五十九年(1720)莞爾堂刻本　四冊

140000－0501－0010356　157344－47

第九才子書斬鬼傳四卷　（清）樵雲山人編次
清康熙五十九年(1720)莞爾堂刻本　四冊

140000－0501－0010357　157348

元遺山志四卷　（清）樊煥章纂輯　清光緒三
年(1877)晉省晉魁齋刻本　一冊

140000－0501－0010358　157352

我詩集十一卷　（清）傅眉撰　清咸豐四年
(1854)壽陽王氏刻本　一冊　存九卷(一至
二、四至八、十至十一)

140000－0501－0010359　157353

內翰府君行述　（清）張方泳述　清咸豐刻本
一冊

140000－0501－0010360　157354

讐林冗筆四卷　（清）李調元撰　清刻本
一冊

140000－0501－0010361　157355

王顧齋先生行狀一卷　（清）楊篤撰　清刻本
一冊

140000－0501－0010362　157356

介山自定年譜不分卷　（清）王又樸撰　清乾
隆二十六年(1761)刻本　一冊

140000－0501－0010363　157370－71

列子沖虛至德真經二卷　（戰國）列禦寇撰
明萬曆二十三年(1595)董氏秋聲閣刻本
二冊

140000－0501－0010364　157372－73

商子五卷　（戰國）商鞅撰　明萬曆程氏刻本
二冊

140000－0501－0010365　157374－81

論衡三十卷　（漢）王充撰　明刻本　八冊

140000－0501－0010366　157402

顧亭林先生[炎武]年譜一卷　（清）張穆編
清道光二十四年(1844)壽陽祁氏刻本　一冊

140000－0501－0010367　157403

閻潛丘先生[若璩]年譜一卷　（清）張穆編
清道光二十七年(1847)壽陽祁氏刻本　一冊

140000 – 0501 – 0010368　157404

王雪堂文集一卷　（清）王椅撰　清光緒六年
(1880)抄本　一冊

140000 – 0501 – 0010369　157405

［敦艮齋蓋盨文附解］　（清）徐潤第撰
（清）王廙榮解　清光緒十五年(1889)刻本
一冊

140000 – 0501 – 0010370　157408 – 09

常語尋源二卷　（清）鄭志鴻撰　清光緒二年
(1876)刻本　二冊

140000 – 0501 – 0010371　157411

五萬卷閣書目記四卷　（清）李嘉績撰　清光
緒三十年(1904)刻本　一冊

140000 – 0501 – 0010372　157412

古籀餘論三卷　（清）孫詒讓撰　清光緒二十
九年(1903)籀經樓刻本　一冊

140000 – 0501 – 0010373　157414

敬修堂釣業一卷　（清）查繼佐撰　張忠烈公［煌
言］年譜一卷　（清）趙之謙輯　清刻本　一冊

140000 – 0501 – 0010374　157416

殊亭詩集不分卷　（清）戴廷栻撰　清抄本
一冊

140000 – 0501 – 0010375　157417

陽曲張映宿行述　（清）張廷鑒述　清末刻本
一冊

140000 – 0501 – 0010376　157418

王雪堂集一卷　（清）王椅撰　清抄本　一冊

140000 – 0501 – 0010377　157419 – 20

百宋一廛書錄不分卷　（清）黃丕烈撰　清嘉
慶八年(1803)適園叢書刻本　二冊

140000 – 0501 – 0010378　157424

孟子字義疏證三卷　（清）戴震撰　清乾隆四
十四年(1779)孔氏微波榭戴氏遺書刻本
一冊

140000 – 0501 – 0010379　157425

考工記圖二卷　（清）戴震撰　清乾隆四十四
年(1779)孔氏微波榭戴氏遺書刻本　一冊

140000 – 0501 – 0010380　157426 – 29

銅鼓書堂遺稿三十二卷　（清）查禮撰　清乾
隆五十七年(1792)刻本　四冊

140000 – 0501 – 0010381　157430 – 41

𩜨飥亭集三十二卷　（清）祁寯藻撰　清咸豐
七年(1857)刻本　十二冊

140000 – 0501 – 0010382　157442 – 45

聽雨齋詩集二十四卷別集一卷補編一卷
（清）吳照撰　清嘉慶九年(1804)刻本　四冊

140000 – 0501 – 0010383　157446 – 49

鐵橋漫稿八卷　（清）嚴可均撰　清光緒十一
年(1885)長洲蔣氏刻本　四冊

140000 – 0501 – 0010384　157450 – 65

道古堂文集四十八卷詩集二十六卷集外詩一
卷集外文一卷軼事一卷　（清）杭世駿撰　清
光緒十四年(1888)錢塘汪氏振綺堂增刻本
十六冊

140000 – 0501 – 0010385　157466 – 69

宋陳修撰文集五卷附錄五卷　（宋）陳東撰
（明）孫雲翼編　清道光十九年(1839)刻本
四冊

140000 – 0501 – 0010386　157470 – 75

是程堂集十四卷　（清）屠倬撰　清嘉慶十九
年(1814)真州官舍刻本　六冊

140000 – 0501 – 0010387　157476 – 78

知足齋文集六卷　（清）朱珪撰　清嘉慶刻本
三冊

140000 – 0501 – 0010388　157479 – 83

雙佩齋文集四卷駢體文集一卷詩集八卷補梅
書屋遺詩一卷金陵雜詠一卷　（清）王友亮撰
清嘉慶十五年(1810)刻本　五冊

140000 – 0501 – 0010389　157484 – 85

晴雪詩鈔二卷　（清）董治安撰　清道光十三
年(1833)頤正堂刻本　二冊

140000 – 0501 – 0010390　157487 – 92

籜石齋詩集四十九卷　（清）錢載撰　清乾隆
刻本　六冊

140000 – 0501 – 0010391　157493 – 504

紫竹山房詩集十二卷文集二十卷　（清）陳兆崙撰　**年譜一卷**　（清）陳玉繩編　清乾隆四十八年（1783）刻本　十二冊

140000 – 0501 – 0010392　157507 – 16

蘭韻堂詩集十二卷御覽集六卷經進文稿二卷文集五卷　（清）沈初撰　清乾隆五十九年（1794）刻本　十冊

140000 – 0501 – 0010393　157517 – 24

道榮堂文集六卷首一卷　（清）陳鵬年撰　清乾隆二十七年（1762）刻本　八冊

140000 – 0501 – 0010394　157525 – 38

養素堂詩集三十六卷　（清）張澍撰　清道光二十三年（1843）棗華書屋刻本　十四冊

140000 – 0501 – 0010395　157539

午亭山人第二集三卷　（清）陳廷敬撰　清乾隆四十三年（1778）于大椣寫刻本　一冊

140000 – 0501 – 0010396　157576 – 81

鑑止水齋集二十卷　（清）許宗彥撰　清刻本　六冊

140000 – 0501 – 0010397　157582 – 93

尚書古文疏證八卷　（清）閻若璩撰　清乾隆十年（1745）閻氏眷西堂刻本　十二冊

140000 – 0501 – 0010398　157594 – 99

潛邱劄記六卷　（清）閻若璩撰　**左汾近稿一卷**　（清）閻詠撰　清乾隆十年（1745）眷西堂刻本　六冊

140000 – 0501 – 0010399　157600 – 03

霜紅龕集十二卷　（清）傅山撰　**我詩集六卷**　（清）傅眉撰　**附錄一卷**　（清）袁繼咸撰　清乾隆十二年（1747）張耀先刻本　四冊

140000 – 0501 – 0010400　157609 – 10

賜書樓嵲山集四卷詩集一卷補刻一卷　（清）田從典撰　清雍正九年（1731）賜書樓刻本　二冊

140000 – 0501 – 0010401　157611 – 12

賜書樓嵲山集六卷　（清）田從典撰　清康熙

六十一年（1722）賜書樓刻本　二冊

140000 – 0501 – 0010402　157613 – 16

孫子三卷　（春秋）孫武撰　**吳子二卷**　（戰國）吳起撰　**司馬法一卷**　（春秋）司馬穰苴撰　（清）王晫注　清康熙五十四年（1715）友琴居刻本　四冊

140000 – 0501 – 0010403　157617 – 18

旭華堂詩集二卷　（清）王奐曾撰　清乾隆四十年（1775）趙熟典依竹軒刻本　二冊

140000 – 0501 – 0010404　157619 – 22

張玄九詩集四卷　（清）張維初撰　清雍正九年（1731）榮壽堂刻本　四冊

140000 – 0501 – 0010405　157623 – 38

日知錄三十二卷　（清）顧炎武撰　清康熙三十四年（1695）潘耒遂初堂刻本　十六冊

140000 – 0501 – 0010406　157639 – 44

蓮洋集十二卷補遺一卷　（清）吳雯撰　清乾隆十七年（1752）臨汾劉組曾夢雀岼堂刻本　六冊

140000 – 0501 – 0010407　157645 – 52

王右丞集二十卷　（唐）王維撰　（清）趙殿成箋注　清乾隆二年（1737）刻本　八冊

140000 – 0501 – 0010408　157653 – 60

蓮洋集二十卷附錄一卷　（清）吳雯撰　**年譜一卷**　（清）翁方綱撰　清乾隆三十九年（1774）浮山荊圃草堂刻本　八冊

140000 – 0501 – 0010409　157661 – 64

韓江雅集不分卷　（清）馬曰琯　（清）全祖望編　清乾隆十二年（1747）刻本　四冊

140000 – 0501 – 0010410　157665 – 68

涑水司馬氏源流集略八卷　（明）司馬晰輯　明萬曆十五年（1587）司馬祉刻三十五年（1607）司馬露增補本　四冊

140000 – 0501 – 0010411　157669 – 76

仰節堂集十四卷　（明）曹于汴撰　清乾隆二年（1737）弘運書院刻本　八冊

140000 – 0501 – 0010412　157677 – 86

郝文忠公陵川文集三十九卷首一卷 （元）郝
經撰 （清）王繆輯 附錄一卷 （明）宋濂撰
　清乾隆三年(1738)王繆刻本　十冊

140000－0501－0010413　157687－88
續學堂詩鈔四卷 （清）梅文鼎撰　清乾隆刻
本　二冊

140000－0501－0010414　157689－92
詞綜三十卷補遺六卷 （清）朱彝尊輯 （清）
汪森增輯　清康熙十七年(1678)汪氏裘杼樓
刻本　四冊　缺六卷(補遺六卷)

140000－0501－0010415　157693－96
楚辭集注八卷後語六卷辯證二卷 （宋）朱熹
集注　明萬曆刻本　四冊

140000－0501－0010416　157697－702
正修齊治錄六卷 （清）于準輯　清康熙四十
七年(1708)刻本　六冊

140000－0501－0010417　157703－06
漁洋山人精華錄文集四十卷詩集十卷 （清）
王士禎撰　清康熙林佶寫刻本　四冊　存
十卷

140000－0501－0010418　157707－08
白虎通德論二卷 （漢）班固撰　明刻本
二冊

140000－0501－0010419　157709－10
斜川集六卷附錄二卷 （宋）蘇過撰　清乾隆
五十三年(1788)刻本　二冊

140000－0501－0010420　157711－19
鄭侯升集四十卷 （明）鄭明選撰　明萬曆三
十一年(1603)刻本　十五冊　存二十一卷
(一至六、二十至三十、三十五至三十八)

140000－0501－0010421　157720
衡門芹不分卷 （明）辛全撰　明刻本　一冊

140000－0501－0010422　157721－30
裴氏世譜十二卷 （清）翟鳳翥 （清）裴律度
撰　清嘉慶十年(1805)家刻本　十冊

140000－0501－0010423　157731－46
唐柳河東集四十五卷外集五卷遺文一卷附錄

一卷 （唐）柳宗元撰 （清）蔣之翹輯注　明
崇禎蔣氏三徑草堂刻本　十六冊

140000－0501－0010424　157747－51
王槐溪先生文集五卷 （明）王三接撰　清雍
正八年(1730)洪洞王氏家刻本　五冊

140000－0501－0010425　157752－67
條麓堂集三十四卷 （明）張四維撰　明萬曆
二十四年(1596)刻本　十六冊

140000－0501－0010426　157768－71
司馬溫公稽古錄二十卷 （宋）司馬光撰　清
乾隆五十二年(1787)靈石梁元燾奉思堂刻本
　四冊

140000－0501－0010427　157772－77
蒼谷全集十二卷附錄一卷 （明）王尚絅撰
清乾隆二十三年(1758)密止堂刻本　六冊

140000－0501－0010428　157778－81
唐大家柳柳州文鈔十二卷 （唐）柳宗元撰
明茅氏刻本　四冊

140000－0501－0010429　157782－83
璿璣碎錦二卷 （清）萬樹撰　清乾隆五年
(1740)揚州江昱柏香堂刻本　二冊

140000－0501－0010430　157784－87
春秋纂四卷提要一卷 （清）朱之俊輯　清順
治十七年(1660)刻本　四冊

140000－0501－0010431　157788－92
朱文公校昌黎先生文集四十卷外集十卷集傳
一卷遺文一卷 （唐）韓愈撰 （宋）朱熹考異
　（宋）王伯大音釋　明嘉靖十三年(1534)建
陽安正書堂刻本　五冊　存二十四卷(文集
一至二十二、集傳一卷、遺文一卷)

140000－0501－0010432　157793－95
書敘指南二十卷 （宋）任廣編　明嘉靖六年
(1527)山西刻本　三冊　存十五卷

140000－0501－0010433　157796－815
新刊宋學士全集三十三卷 （明）宋濂撰
（明）韓叔陽集　明嘉靖三十年(1551)刻本
二十冊

140000－0501－0010434　157816－21

旭華堂文集十四卷補遺一卷續編一卷　（清）
王奐曾撰　（清）何百可輯　清乾隆十六年
(1751)趙熟典刻本　六冊

140000－0501－0010435　157822－25

霜紅龕集十二卷　（清）傅山撰　**我詩集六卷**
　（清）傅眉撰　（清）張耀先輯　清乾隆十二
年(1747)張氏生生堂刻本　四冊

140000－0501－0010436　157826－27

呂衡州文集十卷考證一卷　（唐）呂溫撰
（清）顧廣圻考證　清道光七年(1827)秦氏石
研齋刻本　二冊

140000－0501－0010437　157828－49

笠翁一家言全集　（清）李漁撰　清雍正八年
(1730)芥子園刻本　二十二冊

140000－0501－0010438　157850－54

紫巖文集四十八卷　（明）劉龍撰　明嘉靖十
一年(1532)韓山精舍刻本　五冊　存二十七
卷(十一至二十六、三十八至四十八)

140000－0501－0010439　157855－56

盛明百家詩三百二十卷　（明）俞憲編　明刻
本　二冊　殘

140000－0501－0010440　157857－58

傅徵君霜紅龕詩鈔一卷附錄一卷　（清）傅山
撰　（清）蘇爾治　（清）劉贄訂　清乾隆三十
二年(1767)仰止軒蘇氏刻本　二冊

140000－0501－0010441　157859－60

傅徵君霜紅龕詩鈔一卷附錄一卷　（清）傅山
撰　（清）蘇爾治　（清）劉贄訂　清乾隆三十
二年(1767)仰止軒蘇氏刻本　二冊

140000－0501－0010442　157861－62

河汾諸老詩集八卷　（元）房祺輯　清乾隆四
十三年(1778)敬翼堂刻本　二冊

140000－0501－0010443　157863－66

晉四人詩四卷　（清）戴廷栻輯　清刻本
四冊

140000－0501－0010444　157867－68

李長吉歌詩四卷　（唐）李賀撰　清乾隆二十
五年(1760)刻本　二冊

140000－0501－0010445　157869－80

容城文靖劉先生文集四卷　（元）劉因撰　清
刻本　十二冊

140000－0501－0010446　157881－90

郝文忠公陵川文集三十九卷首一卷　（元）郝
經撰　（清）王繆輯　**附錄一卷**　（明）宋濂撰
　清乾隆三年(1738)王繆刻本　十冊

140000－0501－0010447　157891－98

說文解字通釋四十卷附繫傳校勘記三卷
（宋）徐鍇撰　清道光十九年(1839)金陵劉漢
洲刻本　八冊

140000－0501－0010448　157899－02

五公山人集十六卷　（清）王餘佑撰　清康熙
三十四年(1695)刻本　四冊

140000－0501－0010449　157903－04

顏氏家訓七卷考證一卷　（北齊）顏之推撰
清刻本　二冊

140000－0501－0010450　157905－10

戰國策三十三卷　（漢）高誘注　清乾隆二十
一年(1756)雅雨堂刻本　六冊

140000－0501－0010451　157911

封氏聞見記十卷　（唐）封演撰　清乾隆二十
一年(1756)雅雨堂刻本　一冊

140000－0501－0010452　157912

匡謬正俗八卷　（唐）顏師古撰　清乾隆二十
一年(1756)雅雨堂刻本　一冊

140000－0501－0010453　157913－20

論衡三十卷　（漢）王充撰　明萬曆坊刻本
八冊

140000－0501－0010454　157921－8044

文獻通考三百四十八卷　（元）馬端臨撰　明
嘉靖三年(1524)司禮監刻本　一百二十四冊

140000－0501－0010455　158045－54

**白香山詩長慶集二十卷後集十七卷別集一卷
補遺二卷年譜一卷年譜舊本一卷**　（唐）白居

易撰 （清）汪立名編 清康熙四十二年
（1703）一隅草堂刻本 十冊

140000－0501－0010456 158055－58
盧戶部詩集十卷 （唐）盧綸撰 清康熙四十
一年（1702）刻本 四冊

140000－0501－0010457 158059－60
宋少陽公文集十卷 （宋）陳東撰 清雍正十
一年（1733）木活字印本 二冊

140000－0501－0010458 158061－62
丹鉛總錄二十七卷 （明）楊慎撰 明嘉靖三
十三年（1554）滇南梁佐刻本 二冊 存十一
卷（一至七、十一至十四）

140000－0501－0010459 158063－70
世說新語八卷 （南朝宋）劉義慶撰 （南朝
梁）劉孝標注 明萬曆九年（1581）凌氏刻四
色套印本 八冊

140000－0501－0010460 158071－80
古今說海 （明）陸楫輯 明嘉靖二十三年
（1544）陸氏儼山書院刻本 十冊

140000－0501－0010461 158081－110
資治通鑑綱目五十九卷 （宋）朱熹撰 明成
化九年（1473）內府刻本 三十冊

140000－0501－0010462 158111－21
續資治通鑑綱目二十七卷 （明）商輅撰 明
成化十二年（1476）內府刻本 十一冊 缺六
卷（七至十二）

140000－0501－0010463 158122－29
三國志六十五卷 （晉）陳壽撰 （南朝宋）裴
松之注 明崇禎十七年（1644）毛氏汲古閣刻
本 八冊

140000－0501－0010464 158130－49
文選六十卷 （南朝梁）蕭統輯 明嘉靖晉藩
刻本 二十冊

140000－0501－0010465 158150－57
御批資治通鑑綱目前編十八卷首一卷前編舉
要三卷 （元）金履祥撰 清康熙四十六年
（1707）刻本 八冊

140000－0501－0010466 158158－99
御批資治通鑑綱目五十九卷 （宋）朱熹撰
御批資治通鑑綱目續編二十七卷 （明）商輅
撰 清康熙四十六年（1707）刻本 四十二冊

140000－0501－0010467 158200－13
王文恪公集三十六卷名公筆記一卷鶴音一卷
白社詩草一卷 （明）王鏊 （明）王禹聲撰
明萬曆刻本 十四冊

140000－0501－0010468 158214
白石道人詩集一卷歌曲四卷 （宋）姜夔撰
清乾隆八年（1743）鮑氏知不足齋刻本 一冊

140000－0501－0010469 158215－21
辛復元先生集 （明）辛全撰 明崇禎四年
（1631）刻本 七冊

140000－0501－0010470 158222－23
國語九卷 （三國吳）韋昭注 明萬曆四十七
年（1619）閔氏刻本 二冊

140000－0501－0010471 158224－323
玉海二百卷辭學指南四卷 （宋）王應麟撰
元明遞修清印本 一百冊

140000－0501－0010472 158324
竹坡老人詩話三卷 （宋）周紫芝撰 海嶽名
言一卷 （宋）米芾撰 明百川學海刻本
一冊

140000－0501－0010473 158325－50
連筠簃叢書十五種 （清）楊尚文輯 清道光
二十八年（1848）靈石楊氏刻本 二十六冊

140000－0501－0010474 158351－82
東坡先生全集七十五卷 （宋）蘇軾撰 明崇
禎文盛堂刻本 三十二冊

140000－0501－0010475 158383－406
午亭文編五十卷 （清）陳廷敬撰 清康熙四
十七年（1708）林佶寫刻乾隆四十三年（1778）
重印本 二十四冊

140000－0501－0010476 158407
南華通七卷 （清）孫嘉淦撰 清刻本 一冊

140000－0501－0010477 158408－31

欽定詩經傳說彙纂二十一卷首二卷詩序二卷
（清）王鴻緒輯　清雍正五年（1727）內府刻
本　二十四冊

140000－0501－0010478　158432－37

四史鴻裁四十卷　（明）穆文熙編　明萬曆十
八年（1590）刻本　六冊　存十二卷（史記一
至十二）

140000－0501－0010479　158438－575

淵鑑類函四百五十卷目錄四卷　（清）張英撰
　清康熙四十九年（1710）清吟堂刻本　一百
三十八冊

140000－0501－0010480　158576－95

史記一百三十卷　（漢）司馬遷撰　（南朝宋）
裴駰集解　（唐）司馬貞索隱　（唐）張守節正
義　明萬曆二十四年（1596）南京國子監刻本
　二十冊

140000－0501－0010481　158596－05

南齊書五十九卷　（南朝梁）蕭子顯撰　明萬
曆十八年（1590）南京國子監刻明清遞修二十
一史本　十冊

140000－0501－0010482　158606－25

金史一百三十五卷　（元）脫脫修　明南京國
子監刻清遞修二十一史本　二十冊

140000－0501－0010483　158626－35

南齊書五十九卷　（南朝梁）蕭子顯撰　明萬
曆三十三年（1605）北京國子監刻二十一史本
　十冊

140000－0501－0010484　158636－43

北齊書五十卷　（唐）李百藥撰　明萬曆三十
四年（1606）北京國子監刻二十一史本　八冊

140000－0501－0010485　158644－63

晉書一百三十卷音義三卷　（唐）房玄齡撰
明萬曆二十四年（1596）北京國子監刻二十一
史本　二十冊　存八十四卷（一至三十六、八
十三至一百三十）

140000－0501－0010486　158664－81

前漢書一百卷　（漢）班固撰　（唐）顏師古注

明萬曆二十五年（1597）北京國子監刻二十
一史本　十八冊

140000－0501－0010487　158682－91

後漢書九十卷　（南朝宋）范曄撰　（唐）李賢
注　續漢志三十卷　（晉）司馬彪撰　（南朝
梁）劉昭注　明萬曆二十四年（1596）北京國
子監刻二十一史本　十冊　存四十一卷（四
十五至八十五）

140000－0501－0010488　158692－98

史記一百三十卷　（漢）司馬遷撰　（南朝宋）
裴駰集解　（唐）司馬貞索隱　（唐）張守節正
義　明萬曆二十六年（1598）北京國子監刻二
十一史本　七冊

140000－0501－0010489　158699－708

魏書一百十四卷　（北齊）魏收撰　明萬曆二
十四年（1596）北京國子監刻二十一史本
十冊

140000－0501－0010490　158709－18

南史八十卷　（唐）李延壽撰　明萬曆三十一
年（1603）北京國子監刻二十一史本　十冊

140000－0501－0010491　158719－28

隋書八十五卷　（唐）魏徵撰　明萬曆二十六
年（1598）北京國子監刻二十一史本　十冊

140000－0501－0010492　158729－68

唐書二百二十五卷　（宋）歐陽修　（宋）宋
祁撰　釋音二十五卷　（宋）董衝撰　明萬
曆二十三年（1595）北京國子監刻二十一史
本　四十冊　存一百八十卷（四十六至二百
二十五）

140000－0501－0010493　158769－816

宋史四百九十六卷目錄三卷附考證　（元）脫
脫撰　明萬曆二十七年（1599）北京國子監刻
本　四十八冊　存三百八十卷（一至五十三、
一百七至一百五十七、二百至二百二十八、二
百三十一至三百八十八、三百九十六至四百
四十四、四百五十至四百八十二、四百九十至
四百九十六）

140000－0501－0010494　158817－20

度曲須知二卷　（明）沈寵綏撰　明崇禎十二年(1639)刻本　四冊

140000－0501－0010495　158821

蜀道驛程記二卷　（清）王士禎撰　清康熙三十年(1691)刻本　一冊

140000－0501－0010496　158822－25

戰國策三十三卷　（漢）高誘注　清乾隆二十一年(1756)雅雨堂刻本　四冊

140000－0501－0010497　158826－33

范文正公集二十卷別集四卷尺牘三卷政府奏議二卷　（宋）范仲淹撰　清康熙范氏歲寒堂刻本　八冊

140000－0501－0010498　158834－39

范忠宣公集二十卷奏議二卷遺文一卷附錄一卷補編一卷　（宋）范純仁撰　清康熙四十六年(1707)歲寒堂刻本　六冊

140000－0501－0010499　158840

印苑八卷印說一卷　（明）徐而化輯　明天啟元年(1621)刻朱藍套印本　一冊

140000－0501－0010500　158841－45

鼎鍥葉太史彙纂官板鑑綱七十二卷　（明）葉向高彙纂　明建陽熊成冶刻本　五冊　存四十卷(三十三至七十二)

140000－0501－0010501　158846－57

諸史品節四十卷　（明）陳深輯　明萬曆刻本　十二冊　存二十一卷(二十至四十)

140000－0501－0010502　158858－60

金詩選四卷　（清）顧奎光選　清乾隆十六年(1751)刻本　三冊

140000－0501－0010503　158861－68

輟耕錄三十卷　（明）陶宗儀撰　明刻本　八冊

140000－0501－0010504　158869－70

文選六十卷　（南朝梁）蕭統輯　（唐）李善注　明成化二十三年(1487)張氏刻本　二冊　存五卷(二至三、十四至十六)

140000－0501－0010505　158871－80

十種曲二十卷　（清）李漁撰　清康熙五十七年(1718)刻本　十冊

140000－0501－0010506　158881－84

松園印譜不分卷　（清）賈永摹印　清乾隆四十八年(1783)福壽堂鈐印本　四冊

140000－0501－0010507　158885

宣統三年歲出入預算總冊表一卷　清宣統抄本　一冊

140000－0501－0010508　158886－95

春秋集傳大全三十七卷序論一卷春秋二十國年表一卷諸國興廢說一卷春秋列國東坡圖說一卷東坡指掌春秋列國圖一卷　（明）胡廣輯　明永樂十三年(1415)內府刻本　十冊

140000－0501－0010509　158896－903

禮記集說大全三十卷　（明）胡廣撰　明永樂十三年(1415)內府刻本　八冊

140000－0501－0010510　158904－08

周易傳義大全二十四卷首一卷　（明）胡廣撰　明永樂十三年(1415)內府刻本　五冊　存二十二卷(一至二十一、首一卷)

140000－0501－0010511　158909－15

何大復先生集三十八卷附錄一卷　（明）何景明撰　清乾隆十五年(1750)刻本　七冊

140000－0501－0010512　158916－19

詩傳大全二十卷　（明）胡廣輯　明刻本　四冊

140000－0501－0010513　158920－21

疑獄集十卷附錄一卷　（五代）和凝撰　附錄疑獄三十則　（清）金鳳清輯　清咸豐元年(1851)桐城金氏刻本　二冊

140000－0501－0010514　158922－27

揚州畫舫錄十八卷　（清）李斗撰　清嘉慶二年(1797)自然盦刻道光十九年(1839)刻本　六冊

140000－0501－0010515　158928－29

周書集訓校釋十卷逸文一卷　（清）朱右曾撰　清道光二十六年(1846)歸硯齋刻本　二冊

140000 – 0501 – 0010516　158936

西域釋地一卷　（清）祁韻士撰　清道光十六年(1836)筠淥山房刻本　一冊

140000 – 0501 – 0010517　158937

般若波羅蜜多心經　（唐）釋玄奘譯　（明）釋如玘注　明嘉靖三十四年(1555)刻本　一冊

140000 – 0501 – 0010518　158938 – 39

鹽鐵論十卷　（漢）桓寬撰　明弘治十四年(1501)刻本　二冊

140000 – 0501 – 0010519　158940 – 43

句注山房集二十卷　（明）張鳳翼撰　明刻本　四冊

140000 – 0501 – 0010520　158944 – 59

十竹齋書畫譜　（明）胡正言編　明崇禎刻彩色套印本　十六冊

140000 – 0501 – 0010521　158960 – 67

笠翁全集十六卷　（清）李漁撰　清雍正八年(1730)芥子園刻本　八冊

140000 – 0501 – 0010522　158968 – 79

資治通鑑目錄三十卷　（宋）司馬光撰　明崇禎二年(1629)陳仁錫豹變齋刻本　十二冊
存十八卷(一至十八)

140000 – 0501 – 0010523　158980 – 83

歷代循吏傳八卷　（清）朱軾　（清）蔡世遠輯　清雍正七年(1729)刻本　四冊

140000 – 0501 – 0010524　158984 – 9019

通鑑紀事本末四十二卷　（宋）袁樞撰　明萬曆三十五年(1607)鬱岡山房刻本　三十六冊
存二十二卷(一至二十二)

140000 – 0501 – 0010525　159020 – 43

鮚埼亭集三十八卷經史問答十卷外編五十卷　（清）全祖望撰　年譜一卷世譜一卷　（清）董秉純輯　清嘉慶九年至十六年(1804 – 1811)姚江借樹山房刻同治十一年(1872)重印本　二十四冊

140000 – 0501 – 0010526　159044 – 53

朱子文集十八卷　（宋）朱熹撰　（清）張伯行

輯　清康熙四十七年(1708)福州正誼書院正誼全書刻本　十冊

140000 – 0501 – 0010527　159054 – 65

欽定明鑑二十四卷　（清）托津撰　清嘉慶二十三年(1818)刻本　十二冊

140000 – 0501 – 0010528　159066

釋迦如來成道記　（唐）王勃撰　清乾隆五十六年(1791)岫雲寺刻本　一冊

140000 – 0501 – 0010529　159067

因明入正理論集解一卷　（明）釋真貴撰　明萬曆二十年(1592)刻本　一冊

140000 – 0501 – 0010530　159068

濟宗世譜不分卷　（清）釋行潀輯　清康熙十七年(1678)邗江建隆寺刻本　一冊

140000 – 0501 – 0010531　159069

正信論二卷　（明）釋鎮澄撰　明萬曆十三年(1585)刻本　一冊

140000 – 0501 – 0010532　159070

黑白半月兩乘布薩正範不分卷　（清）釋讀體輯　清順治十年(1653)刻本　一冊

140000 – 0501 – 0010533　159071

授居家二眾三皈五戒八戒正範一卷附幽冥戒一卷　（清）釋讀體集　清順治金陵華山律堂刻本　一冊

140000 – 0501 – 0010534　159080

禪林寶訓合注四卷　（宋）釋淨善重集　清刻本　一冊

140000 – 0501 – 0010535　159081

曇無德部四分律刪補隨機羯磨二卷　（唐）釋道宣撰　清順治七年(1650)釋讀體刻本　一冊

140000 – 0501 – 0010536　159082 – 100

元遺山先生全集四十卷首一卷末一卷樂府四卷續夷堅志四卷　（金）元好問撰　考證三卷　（清）趙培因撰　淩輯年譜二卷翁輯年譜一卷施輯年譜一卷　（清）張穆訂　廣年譜二卷　（清）李光廷編　清光緒七年(1881)忻州讀

書山房刻本　十九冊

140000 – 0501 – 0010537　159112

竹書紀年二卷　（清）張宗泰校補　清光緒聚學軒叢書刻本　一冊

140000 – 0501 – 0010538　159113

讀史紀略四卷　（清）蕭瀋輯　清道光二十一年(1841)靈石楊氏澹靜齋刻本　一冊

140000 – 0501 – 0010539　159114

退學詩齋詩集五卷　（清）何耿繩著　清同治十二年(1873)刻本　一冊

140000 – 0501 – 0010540　159116

欝華閣遺集四卷　（清）盛昱撰　清光緒三十一年(1905)刻本　一冊

140000 – 0501 – 0010541　159119 – 21

莊子集解八卷　王先謙撰　清宣統元年(1909)刻本　三冊

140000 – 0501 – 0010542　159125 – 26

傅氏男科二卷　（清）傅山撰　清光緒五年(1879)刻本　二冊

140000 – 0501 – 0010543　159141

蘇溪漁隱讀書譜四卷　（清）耿文光編　清光緒十五年(1889)耿氏叢書刻本　一冊

140000 – 0501 – 0010544　159145

目錄學九卷　（清）耿文光撰　清光緒二十年(1894)刻本　一冊

140000 – 0501 – 0010545　159146 – 47

易章句十二卷　（清）焦循撰　清光緒焦氏遺書刻本　二冊

140000 – 0501 – 0010546　159148

易圖略八卷　（清）焦循撰　清道光八年(1828)受古書店焦氏遺書刻本　一冊

140000 – 0501 – 0010547　159149 – 56

易通釋二十卷　（清）焦循撰　清道光八年(1828)受古書店焦氏遺書刻本　八冊

140000 – 0501 – 0010548　159157

易話二卷易廣記三卷　（清）焦循撰　清道光

八年(1828)受古書店焦氏遺書刻本　一冊

140000 – 0501 – 0010549　159158 – 62

六經補疏二十卷　（清）焦循撰　清道光八年(1828)刻民國焦氏遺書後印本　五冊

140000 – 0501 – 0010550　159163 – 64

羣經宮室圖二卷　（清）焦循撰　清光緒十一年(1885)焦氏遺書刻本　二冊

140000 – 0501 – 0010551　159165

禹貢鄭注釋二卷　（清）焦循撰　清道光八年(1828)受古書店焦氏遺書刻本　一冊

140000 – 0501 – 0010552　159166 – 75

事物紀原十卷　（宋）高承撰　（明）李果訂　清惜陰軒刻本　十冊

140000 – 0501 – 0010553　159176 – 83

唐陸宣公翰苑集二十四卷　（唐）陸贄撰　（清）張佩芳注　清光緒九年(1883)刻本　八冊

140000 – 0501 – 0010554　159184 – 88

西𣲗山房集八卷　（清）馮志沂撰　清同治八年(1869)洪洞董氏刻本　五冊

140000 – 0501 – 0010555　159189 – 92

漢學商兌三卷　（清）方東樹撰　清光緒二十六年(1900)浙江書局刻本　四冊

140000 – 0501 – 0010556　159193 – 94

楊仲宏集八卷　（元）楊載撰　清李氏留香室影印本　二冊

140000 – 0501 – 0010557　159195 – 96

梅花書屋詩一卷文一卷　（清）宋其沅著　清咸豐二年(1852)刻本　二冊

140000 – 0501 – 0010558　159200 – 03

豔雪堂詩集四卷　（清）張晉撰　清道光十八年(1838)香雪庵刻本　四冊

140000 – 0501 – 0010559　159204

頤志齋四譜　（清）丁晏編　清道光二十三年(1843)刻本　一冊

140000 – 0501 – 0010560　159205

西山遊草一卷　（清）王軒著　清同治八年（1869）洪洞王氏刻本　一冊

140000－0501－0010561　159206－07

周書集訓校釋十卷逸文一卷　（清）朱右曾撰　清光緒三年（1877）湖北崇文書局刻本　二冊

140000－0501－0010562　159208

司馬文正公［光］年譜一卷　（清）陳宏謀撰　清光緒解州解梁書院刻本　一冊

140000－0501－0010563　159218

雪虛聲堂詩鈔三卷　（清）楊深秀撰　清光緒八年（1882）刻本　一冊

140000－0501－0010564　159227－30

書經體注大全合參不分卷　（清）錢希祥纂輯　清嘉慶十九年（1814）崇文堂刻本　四冊

140000－0501－0010565　159236

徐氏本支敘傳一卷　（清）徐繼畬編　清咸豐十年（1860）刻本　一冊

140000－0501－0010566　159237

徐氏本支敘傳一卷　（清）徐繼畬編　清咸豐十年（1860）刻本　一冊

140000－0501－0010567　159238

邵亭詩鈔六卷　（清）莫友芝著　清咸豐二年（1852）遵義湘川講舍刻同治五年（1866）江寧三山客舍修補印本　二冊

140000－0501－0010568　159239－40

茗柯文初編一卷二編二卷三編一卷四編一卷　（清）張惠言撰　清光緒七年（1881）刻本　二冊

140000－0501－0010569　159241－44

亭林文集六卷餘集一卷　（清）顧炎武撰　清山隱居刻本　四冊

140000－0501－0010570　159245

古詩十九首說一卷　（清）朱筠口授　（清）徐昆筆述　清光緒四年（1878）葛氏嘯園刻本　一冊

140000－0501－0010571　159250－53

萊根軒詩鈔十四卷續集一卷　（清）王省山著　清咸豐四年（1854）吳門刻本　四冊

140000－0501－0010572　159259－66

爾雅郭注義疏二十卷　（清）郝懿行撰　清光緒七年（1881）刻本　八冊

140000－0501－0010573　159267－70

經圖彙考三卷　（清）毛應觀撰　清道光十九年（1839）小園刻本　四冊

140000－0501－0010574　159271－74

桐陰論畫二卷首一卷附錄一卷續論畫一卷畫訣一卷　（清）秦祖永撰　清同治三年（1864）刻朱墨套印本　四冊

140000－0501－0010575　159277－92

國朝山右詩存二十四卷附集八卷　（清）李錫麟輯　清嘉慶六年（1801）刻本　十六冊

140000－0501－0010576　159298－99

溫飛卿詩集七卷別集一卷集外詩一卷　（唐）溫庭筠撰　（明）曾益注　（清）顧予咸補注　清光緒八年（1882）刻本　二冊

140000－0501－0010577　159302

建炎筆錄三卷　（宋）趙鼎撰　（清）李調元校定　清刻本　一冊

140000－0501－0010578　159303－04

兩當軒詩鈔十四卷悔存詞鈔二卷　（清）黃景仁撰　清嘉慶二十二年（1817）南河高堰廳署刻本　二冊

140000－0501－0010579　159305－06

陶淵明詩不分卷　（晉）陶潛撰　清光緒元年（1875）影印本　二冊

140000－0501－0010580　159307

峴樵山房詩集初編八卷　（清）董文煥著　清刻本　一冊　存六卷（三至八）

140000－0501－0010581　159308

容甫先生遺詩五卷補遺一卷　（清）汪中撰　清同治八年（1869）揚州刻本　一冊

140000－0501－0010582　159309－10

述學內篇三卷外篇一卷補遺一卷別錄一卷

（清）汪中撰　清同治八年（1869）揚州書局刻
本　二冊

140000－0501－0010583　159311－14
蘿藦亭劄記八卷　（清）喬松年撰　清同治十
二年（1873）刻本　四冊

140000－0501－0010584　159315－22
敬孚類稿十六卷　（清）蕭穆撰　清光緒十年
（1884）刻本　八冊

140000－0501－0010585　159323
顧亭林先生［炎武］年譜一卷　（清）張穆編
清道光二十四年（1844）壽陽祁氏刻本　一冊

140000－0501－0010586　159324
閻潛丘先生［若璩］年譜一卷　（清）張穆編
清道光二十七年（1847）壽陽祁氏刻本　一冊

140000－0501－0010587　159325－30
月齋文集八卷詩集四卷　（清）張穆撰　（清）
吳履敬編　清咸豐八年（1858）刻本　六冊

140000－0501－0010588　159333－34
陶淵明集八卷首一卷末一卷　（晉）陶潛撰
清光緒五年（1879）廣州翰墨園刻朱墨套印本
二冊

140000－0501－0010589　159335－38
諸葛忠武侯文集四卷　（三國蜀）諸葛亮撰
年譜一卷附錄二卷故事五卷　（清）張澍編輯
清嘉慶十七年（1812）刻本　四冊

140000－0501－0010590　159339－42
［光緒］五臺新志四卷首一卷　（清）徐繼畬原
輯　（清）孫汝明　（清）王步墀續修　（清）
楊篤續纂　清光緒九年至十年（1883－1884）
刻本　四冊

140000－0501－0010591　159343－46
夢溪筆談二十六卷補筆談三卷續筆談一卷
（宋）沈括撰　清光緒三十二年（1906）番禺陶
氏刻本　四冊

140000－0501－0010592　159347－58
小峴山人詩集二十八卷文集六卷續文集二卷
續文集補編一卷　（清）秦瀛撰　清嘉慶二十

二年（1817）城西草堂刻道光元年（1821）補刻
本　十二冊

140000－0501－0010593　159365－74
潛研堂金石文字目錄八卷跋尾二十卷　（清）
錢大昕撰　清長沙龍氏刻本　十冊

140000－0501－0010594　159375－94
潛研堂文集五十卷詩集十卷詩續集十卷
（清）錢大昕撰　清嘉慶十一年（1806）刻本
二十冊

140000－0501－0010595　159395－410
元遺山先生全集四十卷首一卷新樂府四卷續
夷堅志四卷　（金）元好問撰　（元）張德輝類
次　附錄一卷　（清）儲瓘輯　補載一卷淩輯
年譜二卷翁輯年譜一卷施輯年譜一卷　（清）
張穆校　清道光三十年（1850）陽泉山莊刻本
十六冊

140000－0501－0010596　159411－16
元遺山詩集箋注十四卷首一卷末一卷　（金）
元好問撰　（清）施國祁箋注　清道光二年
（1822）南潯蔣氏瑞松堂刻本　六冊

140000－0501－0010597　159421－44
山右石刻叢編四十卷　（清）胡聘之撰　清光
緒二十五年至二十七年（1899－1901）刻本
二十四冊

140000－0501－0010598　159445
雨村曲話二卷　（清）李調元撰　清刻本
一冊

140000－0501－0010599　159446－51
戴東原集十二卷年譜一卷劄記一卷　（清）戴
震撰　清宣統二年（1910）渭南嚴氏孝義堂家
塾刻本　六冊

140000－0501－0010600　159452－57
黃葉樓初集四卷首一卷末一卷　（清）喬煌撰
清嘉慶二年（1797）刻十七年（1812）補刻本
六冊

140000－0501－0010601　159458－65
十駕齋養新錄二十卷餘錄三卷　（清）錢大昕

撰　錢辛楣先生年譜一卷竹汀居士年譜續編一卷　（清）錢慶曾校注　清光緒二年（1876）浙江書局刻本　八冊

140000 – 0501 – 0010602　159466 – 69

說文古籀疏證六卷　（清）莊述祖撰　清光緒二十年（1894）津郡明文堂刻本　四冊

140000 – 0501 – 0010603　159470 – 71

賈子次詁十六卷　（清）王耕心撰　清光緒二十九年（1903）刻本　二冊

140000 – 0501 – 0010604　159472 – 73

家語疏證六卷　（清）孫志祖撰　清嘉慶刻本　二冊

140000 – 0501 – 0010605　159474 – 75

仙儒外紀十卷　（清）劉霱輯　清刻本　二冊

140000 – 0501 – 0010606　159476 – 77

溫飛卿詩集七卷別集一卷集外詩一卷　（唐）溫庭筠撰　（明）曾益注　（明）顧予咸補注　清光緒八年（1882）刻本　二冊

140000 – 0501 – 0010607　159478 – 79

半可集四卷　（清）戴廷栻著　清刻本（民國本補配）　二冊

140000 – 0501 – 0010608　159488 – 99

霜紅龕集四十卷附錄三卷年譜一卷　（清）傅山撰　清宣統三年（1911）丁氏刻本　十二冊

140000 – 0501 – 0010609　159500 – 03

文心雕龍十卷　（南朝梁）劉勰撰　（清）黃叔琳注　（清）紀昀評　清道光十三年（1833）兩廣節署刻朱墨套印本　四冊

140000 – 0501 – 0010610　159504 – 15

傅青主集十九種　（清）傅山撰　（清）王晉榮注　清光緒三十三年至宣統二年（1907 – 1910）平遙王氏呼思古齋刻本　十二冊

140000 – 0501 – 0010611　159536 – 37

陶齋吉金續錄二卷　（清）端方撰　清宣統元年（1909）有正書局石印本　二冊

140000 – 0501 – 0010612　159538 – 42

養一齋文集二十卷　（清）李兆洛著　清光緒

四年（1878）刻本　五冊

140000 – 0501 – 0010613　159543

養一齋詩集四卷附一卷　（清）李兆洛著　清光緒八年（1882）江陰刻本　一冊

140000 – 0501 – 0010614　159544 – 53

樊榭山房集十卷續集十卷文集八卷集外詩三卷集外詞四卷集外曲二卷　（清）厲鶚撰　清光緒十年（1884）汪氏振綺堂刻本　十冊

140000 – 0501 – 0010615　159554

振綺堂詩存一卷　（清）汪憲撰　清光緒十五年（1889）刻本　一冊

140000 – 0501 – 0010616　159555

松聲池館詩存四卷　（清）汪璐撰　清光緒十五年（1889）振綺堂刻本　一冊

140000 – 0501 – 0010617　159556 – 66

中州集十卷首一卷中州樂府一卷　（金）元好問撰　清光緒七年（1881）讀書山房刻本　十一冊

140000 – 0501 – 0010618　159567 – 70

文史通義八卷校讎通義三卷　（清）章學誠著　清道光十三年（1833）刻本　四冊

140000 – 0501 – 0010619　159571 – 76

四書釋地補一卷續補一卷又續補二卷三續補二卷　（清）閻若璩撰　清嘉慶二十一年（1816）刻本　六冊

140000 – 0501 – 0010620　159577

文史通義八卷校讎通義三卷　（清）章學誠著　清道光十三年（1833）刻本　一冊

140000 – 0501 – 0010621　159578 – 85

變雅堂文集四卷詩集十卷附錄一卷　（清）杜濬著　清同治九年（1870）鄂垣劉維楨刻本　八冊

140000 – 0501 – 0010622　159586 – 87

西陲要略四卷　（清）祁韻士輯　清道光十七年（1837）筠淥山房刻本　二冊

140000 – 0501 – 0010623　159588 – 91

東萊博議四卷虛字注釋備考六卷　（宋）呂祖

謙撰　(清)張文炳評點　清乾隆三年(1738)
致和堂刻本　四冊

140000－0501－0010624　159597－600

[雍正]遼州志八卷　(清)徐三俊修　清雍正
十一年(1733)刻本　四冊

140000－0501－0010625　159605－08

且亭詩不分卷　(清)楊思聖撰　清康熙七年
(1668)刻本　四冊

140000－0501－0010626　159609－12

桐溪文集十卷　(清)李徽撰　清同治九年
(1870)崞縣公美堂刻本　四冊

140000－0501－0010627　159613

介山記二卷　(清)宋廷魁撰　清乾隆十五年
(1750)刻本　一冊

140000－0501－0010628　159614－16

山海漫談五卷　(明)任環撰　清乾隆二十二
年(1757)庾氏樂天園刻本　三冊

140000－0501－0010629　159617

南華通七卷　(清)孫嘉淦撰　清刻本　一冊
存四卷(四至七)

140000－0501－0010630　159618

西北文集三卷　(清)畢振姬撰　清刻本　一
冊　存二卷(二至三)

140000－0501－0010631　159619－24

聞見瓣香錄十卷　(清)秦武域撰　清乾隆五
十八年(1793)秦氏笑竹屋刻本　六冊

140000－0501－0010632　159625－29

秋水集十六卷　(清)馮如京撰　清乾隆五年
(1740)清暉堂刻本　五冊

140000－0501－0010633　159630

翠滴樓詩集六卷　(清)馮雲驌撰　清乾隆五
年(1740)清暉堂刻本　一冊

140000－0501－0010634　159631－36

雙雲堂文稿六卷詩稿六卷　(清)范光陽撰
清康熙四十六年(1707)刻本　六冊

140000－0501－0010635　159639

漁洋書籍跋尾二卷　(清)王士禛撰　清光緒
四年(1878)嘯園刻本　一冊

140000－0501－0010636　159640

河汾旅話四卷　(清)朱維魚撰　清宣統二年
(1910)沈家本刻本　一冊

140000－0501－0010637　159645

山右金石錄一卷　(清)夏寶晉撰　清光緒八
年(1882)歸安石氏刻本　一冊

140000－0501－0010638　159646－48

離騷彙訂六卷　(戰國)屈原撰　(漢)王逸注
　(宋)洪興祖補注　(宋)朱熹集注　(清)
徐煥龍洗髓　(清)朱翼辯　(清)王邦采輯
清光緒廣雅書局刻本　三冊

140000－0501－0010639　159649－52

楊忠愍公全集四卷　(明)楊繼盛著　清道光
二十三年(1843)容城思補堂刻本　四冊

140000－0501－0010640　159653－57

文史通義内篇五卷外篇三卷校讎通義三卷
(清)章學誠著　清光緒三年(1877)貴陽章氏
遺書刻本　五冊

140000－0501－0010641　159658－61

堅白石齋詩集十六卷　(清)李鑾宣撰　清嘉
慶二十四年(1819)廉讓堂刻本　四冊

140000－0501－0010642　159662－65

緯攟十四卷　(清)喬松年輯　清光緒三年
(1877)強恕堂刻本　四冊

140000－0501－0010643　159666－73

經籍訪古志六卷補遺二卷　(日本)澀江全善
　(日本)森立之撰　清光緒十一年(1885)木
活字印本　八冊

140000－0501－0010644　159674

小園古文草一卷詩草一卷　(清)毛應觀撰
清刻本　一冊

140000－0501－0010645　159675－76

蕙香書屋詩草二卷　(清)董文燦撰　清光緒
十三年(1887)馮婉琳刻本　二冊

140000－0501－0010646　159677－88

霜紅龕集四十卷附錄三卷年譜一卷　（清）傅山撰　清宣統三年(1911)丁氏刻本　十二冊

140000－0501－0010647　159693－96

夏節湣全集十卷首一卷末一卷補遺一卷　（明）夏完淳撰　（清）莊師洛輯　清光緒二十九年(1903)成都刻本　四冊

140000－0501－0010648　159697－702

月齋文集八卷詩集四卷　（清）張穆撰　（清）吳履敬編　清咸豐八年(1858)刻本　六冊

140000－0501－0010649　159703－04

韓詩外傳十卷補逸一卷校注拾遺一卷　（漢）韓嬰著　清光緒元年(1875)望三益齋刻本　四冊

140000－0501－0010650　159705－14

閱微草堂筆記二十四卷　（清）紀昀撰　清嘉慶二十一年(1816)北平盛氏刻本　十冊

140000－0501－0010651　159715－19

敦艮齋遺書十七卷　（清）徐潤第撰　清道光二十八年(1848)徐繼畬刻本　五冊

140000－0501－0010652　159720－23

小學鉤沈十九卷　（清）任大椿撰　清光緒十年(1884)龍氏刻本　四冊

140000－0501－0010653　159724－27

桦湖文集十二卷首一卷　（清）吳敏樹撰　清光緒十九年(1893)思賢講舍刻本　四冊

140000－0501－0010654　159728－33

二林居集二十四卷　（清）彭紹升著　清光緒七年(1881)長洲彭氏家刻本　六冊

140000－0501－0010655　159734－45

左通補釋三十二卷　（清）梁履繩撰　清道光九年(1829)振綺堂刻光緒元年(1875)補刻本　十二冊

140000－0501－0010656　159746－49

原善三卷緒言三卷　（清）戴震撰　清刻本　四冊

140000－0501－0010657　159750－53

東洲草堂詩鈔三十卷附詞一卷　（清）何紹基撰　清同治六年(1867)長沙無園刻本　四冊

140000－0501－0010658　159754－63

潞安詩鈔前編四卷後編十二卷　（清）程之玿輯　（清）常煜纂訂　清道光十九年(1839)寡過未能齋刻本　十冊

140000－0501－0010659　159772

論衡三十卷　（漢）王充撰　清上海掃葉山房石印本　一冊

140000－0501－0010660　159773－74

賜綺堂詩集二卷　（清）蘇於沛撰　清刻本　二冊

140000－0501－0010661　159775－78

鐵瓶詩鈔九卷雜存二卷　（清）張岳齡撰　清光緒八年(1882)刻本　四冊

140000－0501－0010662　159779－82

巢經巢詩鈔九卷　（清）鄭珍撰　清咸豐四年(1854)刻本　四冊

140000－0501－0010663　159783－88

三晉語錄十卷二集五卷　（清）范鄗鼎評選　清康熙二十一年(1682)五經堂刻本　六冊

140000－0501－0010664　159789－93

三晉詩選十四卷　（清）范鄗鼎評選　清康熙十七年(1678)五經堂刻本　五冊

140000－0501－0010665　159794

汾郡優行庠生肯構郭公墓誌銘一卷　（清）錢大昕撰　誄詩一卷　（清）德保撰　清刻本　一冊

140000－0501－0010666　159795－800

容齋詩集　（清）茹綸常撰　清嘉慶十三年(1808)刻本　六冊

140000－0501－0010667　159801－08

世說新語補二十卷　（南朝宋）劉義慶撰　（明）何良俊補　清乾隆二十七年(1762)茂清書屋刻本　八冊

140000－0501－0010668　159809－16

顧亭林先生遺書十種　（清）顧炎武撰　清蓬瀛閣刻本　八冊

140000－0501－0010669　159817－26

文選六十卷　（南朝梁）蕭統編　（唐）李善注
清同治八年(1869)金陵書局刻本　十冊

140000－0501－0010670　159845－52

雁門集十四卷　（元）薩都剌撰　倡和錄一卷
（清）薩龍光輯　清嘉慶十二年(1807)刻本
八冊

140000－0501－0010671　159857

南遊記一卷　（清）孫嘉淦撰　清嘉慶十年
(1805)敦和堂刻本　一冊

140000－0501－0010672　159858－70

孫文定公奏疏十卷制義一卷行述一卷南遊記
一卷　（清）孫嘉淦撰　清嘉慶十年(1805)敦
和堂刻本　十三冊

140000－0501－0010673　159871－902

藝文類聚一百卷　（唐）歐陽詢編　清光緒五
年(1879)宏達堂刻本　三十二冊

140000－0501－0010674　159905－06

黃惺齋良友手箋不分卷　（清）鄧顯鶴書　清
咸豐二年(1852)稿本　二冊

140000－0501－0010675　159907－10

書目答問一卷國朝著述諸家姓名略一卷
（清）張之洞撰　清光緒四年(1878)上海淞隱
閣刻本　四冊

140000－0501－0010676　159915－16

共讀樓書目十卷首一卷　（清）國英編輯　清
光緒六年(1880)索綽絡氏刻本　二冊

140000－0501－0010677　159925

祁大夫字說一卷　（清）祁寯藻編　清道光二
十七年(1847)饅飣亭刻本　一冊

140000－0501－0010678　159926－35

孟子正義三十卷　（清）焦循撰　清刻本
十冊

140000－0501－0010679　159938－41

韓詩外傳十卷補逸一卷校注拾遺一卷　（漢）
韓嬰著　清光緒元年(1875)望三益齋刻本
四冊

140000－0501－0010680　159942－49

莊子集釋十卷　（清）郭慶藩輯　清光緒二十
年(1894)湘陰郭氏思賢講舍刻本　八冊

140000－0501－0010681　159950

古今偽書考一卷　（清）姚際恆撰　清光緒十
五年(1889)長沙經濟書堂刻本　一冊

140000－0501－0010682　159951－56

荀子集解二十卷首一卷　（唐）楊倞注　王先
謙集解　清光緒十七年(1891)思賢講舍刻本
六冊

140000－0501－0010683　159957－62

韓非子集解二十卷首一卷　（清）王先慎撰
清光緒二十二年(1896)刻本　六冊

140000－0501－0010684　159985－88

楊忠湣公全集四卷　（明）楊繼盛撰　清康熙
三十七年(1698)刻本　四冊

140000－0501－0010685　160002－13

山西志輯要十卷首一卷清涼山志輯要二卷
（清）雅德修　（清）汪本直纂　清乾隆四十五
年(1780)晉撫署刻本　十二冊

140000－0501－0010686　160116－19

[乾隆]廣靈縣志十卷　（清）郭磊修　清乾隆
十九年(1754)刻本　四冊

140000－0501－0010687　160185－90

[光緒]重修德平縣志十二卷　（清）凌錫祺纂
輯　（清）李敬熙編次　清光緒十九年(1893)
鉛印本　六冊

140000－0501－0010688　160280－85

[乾隆]濰縣志六卷　（清）張耀璧修　（清）
王誦芬等纂　清乾隆二十五年(1760)刻本
六冊

140000－0501－0010689　160286－93

[同治]即墨縣志十二卷　（清）林溥纂　清同
治十二年(1873)刻本　八冊

140000－0501－0010690　160294－301

[光緒]蔚州志二十卷首一卷　（清）慶之金
（清）楊篤纂　清光緒三年(1877)蔚州州署刻

本　八冊

140000－0501－0010691　160326－29

東萊博議四卷附增補虛字注釋一卷　（宋）呂祖謙撰　清光緒二十九年（1903）晉祁書業德刻本　四冊

140000－0501－0010692　160335

雪心賦正解四卷辯論一卷　（唐）卜應天撰　（清）孟浩注　清康熙十九年（1680）文德堂刻本　一冊　存二卷（正解一、辯論一卷）

140000－0501－0010693　160337

青囊心印續編不分卷　（清）王宗臣纂　清康熙三十六年（1697）刻本　一冊

140000－0501－0010694　160339

雪心賦直解七卷　（唐）卜應天撰　清刻本　一冊

140000－0501－0010695　160342－44

新刻黃石公秘傳陽宅必用四卷　（漢）黃石公　（清）袁滄孺撰　（清）熊文選增訂　清光緒十二年（1886）刻本　三冊

140000－0501－0010696　160349－54

［光緒］文水縣志十二卷首一卷末一卷　（清）范啟堃　（清）王煒修　（清）陰步霞纂　清光緒九年（1883）刻本　六冊

140000－0501－0010697　160362－64

易經附義二卷韻法入門一卷　（清）劉崎正著　清道光二十九年（1849）程汝鴻抄本　三冊

140000－0501－0010698　160365－67

易經附義二卷韻法入門一卷　（清）劉崎正著　清道光二十九年（1849）程汝鴻抄本　三冊

140000－0501－0010699　160501－05

敦艮齋遺書十七卷　（清）徐潤第撰　清道光二十八年（1848）徐繼畬刻本　五冊

140000－0501－0010700　160506－22

元遺山先生全集四十卷首一卷末一卷樂府四卷續夷堅志四卷　（金）元好問撰　**考證三卷**　（清）趙培因撰　**淩輯年譜二卷翁輯年譜一卷施輯年譜一卷**　（清）張穆訂　**廣年譜二卷**　（清）李光廷編　清光緒七年（1881）忻州讀書山房刻本　十七冊

140000－0501－0010701　160523－28

讀書錄全集十七卷　（明）薛瑄撰　（清）范鄗鼎箋　清康熙二十五年（1686）五經堂刻本　六冊

140000－0501－0010702　160537

林泉隨筆一卷　（明）張綸撰　清刻本　一冊

140000－0501－0010703　160548－51

三立祠傳二卷　（明）袁繼咸撰　（清）劉梅重輯　（清）和其衷重編　清刻本　四冊

140000－0501－0010704　160563－66

詩經八卷　（宋）朱熹集傳　清嘉慶十六年（1811）刻本　四冊

140000－0501－0010705　160567－70

詩經八卷　（宋）朱熹集傳　清嘉慶十四年（1809）貴文堂刻本　四冊

140000－0501－0010706　160571－78

廣輿記二十四卷　（明）陸應陽撰　（清）蔡方炳增輯　清康熙二十五年（1686）刻本　八冊

140000－0501－0010707　160579

蠶尾集十四卷　（清）王士禛撰　清康熙三十五年（1696）刻本　一冊　存七卷（一至七）

140000－0501－0010708　160582

明夷待訪錄一卷　（清）黃宗羲撰　清光緒三十二年（1906）河東中學堂刻本　一冊

140000－0501－0010709　160583

鐵網珊瑚集課藝一卷　（清）周鴻藻撰　清道光二十五年（1845）刻本　一冊

140000－0501－0010710　160585－694

子書百家　清光緒元年（1875）湖北崇文書局刻本　一百十冊

140000－0501－0010711　160698

家範十卷　（宋）司馬光撰　清光緒六年（1880）解州解梁書院刻本　一冊

140000－0501－0010712　160699

陸清獻公宰嘉訓俗一卷　（清）陸隴其撰　清光緒六年(1880)刻本　一冊

140000－0501－0010713　160703－06

司馬溫公稽古錄二十卷　（宋）司馬光撰　清同治十一年(1872)湖北崇文書局刻本　四冊

140000－0501－0010714　160707－26

明史紀事本末八十卷　（清）谷應泰撰　清同治十三年(1874)江西書局刻本　二十冊

140000－0501－0010715　160729－32

幼學須知句解四卷　（清）程允升撰　清乾隆二十二年(1757)刻本　四冊

140000－0501－0010716　160733－34

江文通文集十卷　（南朝梁）江淹撰　（明）汪士賢校　明萬曆、天啟間新安汪氏漢魏諸名家集刻本　二冊

140000－0501－0010717　160745－46

庾開府集十二卷　（北周）庾信撰　（明）汪士賢輯　明萬曆、天啟間新安汪氏漢魏諸名家集刻本　二冊　存九卷(一至九)

140000－0501－0010718　160755－78

司馬溫公文集八十卷　（宋）司馬光撰　清同治九年(1870)夏縣刻本　二十四冊

140000－0501－0010719　160779－84

史通通釋二十卷附新唐書劉知幾本傳一卷　（清）浦起龍撰　史通通釋舉例一卷　（清）蔡焯撰　清翰墨園刻本　六冊

140000－0501－0010720　160785－91

四書讀本不分卷　（宋）朱熹章句　清天津煮字山房刻本　七冊

140000－0501－0010721　160792

梁昭明集五卷　（南朝梁）蕭統撰　明嘉靖三十四年(1555)遼國寶訓堂刻本　一冊

140000－0501－0010722　160793－97

戰國策三十三卷　（漢）高誘注　重刻剡川姚氏本戰國策劄記三卷　（清）黃丕烈撰　清同治八年(1869)湖北崇文書局刻本　五冊

140000－0501－0010723　160798－821

山右石刻叢編四十卷　（清）胡聘之撰　清光緒二十五年至二十七年(1899－1901)刻本　二十四冊

140000－0501－0010724　160823－24

三立閣史鈔二卷　（清）李鎔經輯　清道光十七年(1837)晉陽書院刻本　二冊

140000－0501－0010725　160834－57

二如亭羣芳譜二十九卷　（明）王象晉輯　清古講堂書業堂刻本　二十四冊

140000－0501－0010726　160859－67

得月簃叢書十種　（清）榮譽編　清道光得月簃刻本　九冊

140000－0501－0010727　160868－73

文史通義內篇五卷外篇三卷校讎通義三卷　（清）章學誠著　清光緒三年(1877)貴陽章氏遺書刻本　六冊

140000－0501－0010728　160874－85

閱微草堂筆記二十四卷　（清）紀昀撰　清道光十五年(1835)廣州財政司刻本　十二冊

140000－0501－0010729　160886

孝經一卷　（唐）玄宗李隆基注　（唐）陸德明音義　清光緒六年(1880)山西濬文書局刻本　一冊

140000－0501－0010730　160887－89

爾雅三卷　（晉）郭璞注　（唐）陸德明音義　清光緒六年(1880)山西濬文書局刻本　三冊

140000－0501－0010731　160890－93

宋宗忠簡公文集四卷首一卷補遺一卷遺事二卷　（宋）宗澤撰　清同治十二年(1873)述荊堂刻本　四冊

140000－0501－0010732　160894－97

齊民要術十卷　（北魏）賈思勰撰　清光緒元年(1875)湖北崇文書局刻本　四冊

140000－0501－0010733　160898－99

家塾蒙求五卷　（清）康基淵纂輯　清嘉慶七年(1802)霞蔭堂刻本　二冊

140000－0501－0010734　160900－03

史通削繁四卷　（清）紀昀撰　清道光十三年(1833)兩廣節署刻朱墨套印本　四冊

140000－0501－0010735　160904－11

重訂唐詩別裁集二十卷　（清）沈德潛選　清乾隆二十八年(1763)務本堂刻本　八冊

140000－0501－0010736　160913

山西學務彙編一卷　清光緒二十七年(1901)刻本　一冊

140000－0501－0010737　160916－20

公羊傳選一卷戰國策選四卷國語選四卷（清）儲欣評　清乾隆尺木堂刻本　五冊

140000－0501－0010738　160921

紀元編三卷末一卷　（清）李兆洛撰　（清）六承如集錄　清道光十一年(1831)輩學齋刻本　一冊

140000－0501－0010739　160923

進修堂詩集十四卷　（清）白恩佑撰　清光緒六年(1880)刻本　一冊　存二卷(一至二)

140000－0501－0010740　160924

龍文鞭影二卷　（明）蕭良有著　（明）楊臣諍增訂　明崇禎十五年(1642)聚學堂刻本　一冊

140000－0501－0010741　160930

顧亭林先生［炎武］年譜一卷　（清）張穆編　清道光二十四年(1844)壽陽祁氏刻本　一冊

140000－0501－0010742　160933－34

楊椒山先生集四卷　（明）楊繼盛撰　清道光二十一年(1841)京都松筠庵刻本　二冊

140000－0501－0010743　160935

疑年賡錄二卷　（清）張鳴珂編　清光緒二十四年(1898)寒松閣刻本　一冊

140000－0501－0010744　160936

補疑年錄四卷　（清）錢椒撰　清道光十八年(1838)刻本　一冊

140000－0501－0010745　160937

三續疑年錄十卷補遺一卷　（清）陸心源編　清光緒五年(1879)刻本　一冊　缺一卷(補遺一卷)

140000－0501－0010746　160942－45

歷代鐘鼎彝器款識法帖二十卷　（宋）薛尚功撰　清嘉慶二年(1797)儀徵阮氏刻本　四冊

140000－0501－0010747　160946－49

書經體注大全合參不分卷　（清）錢希祥纂輯　清光緒三十二年(1906)湖南文星書局刻本　四冊

140000－0501－0010748　160950－61

聖武記十四卷　（清）魏源撰　清道光二十六年(1846)古微堂刻本　十二冊

140000－0501－0010749　160962－65

史通削繁四卷　（清）紀昀撰　清道光十三年(1833)刻本　四冊

140000－0501－0010750　160966－68

周易四卷附校勘記一卷　（宋）程頤注　清光緒六年(1880)山西濬文書局刻本　三冊

140000－0501－0010751　160970－73

寄傲山房塾課新增幼學故事瓊林四卷　（清）程允升編　（清）鄒聖脈增補　清嘉慶元年(1796)文成堂刻本　四冊

140000－0501－0010752　160975－79

自西徂東不分卷　（德國）花之安著　清光緒二十五年(1899)上海廣學會鉛印本　五冊

140000－0501－0010753　160980

楊椒山先生集四卷　（明）楊繼盛撰　清康熙三十七年(1698)刻本　一冊

140000－0501－0010754　160982－1021

康熙字典不分卷　（清）張玉書　（清）凌紹雯纂修　清康熙五十五年(1716)刻本　四十冊

140000－0501－0010755　161022－25

竹書紀年統箋十二卷前編一卷雜述一卷（清）徐文靖撰　清光緒三年(1877)浙江書局刻本　四冊

140000－0501－0010756　161026

竹書紀年二卷　（南朝梁）沈約注　明吳氏古今逸史刻本　一冊

140000 – 0501 – 0010757   161027 – 34

校訂困學紀聞三箋二十卷　（宋）王應麟撰
（清）閻若璩　（清）全祖望箋　清嘉慶七年
(1802)刻本　八冊

140000 – 0501 – 0010758   161035 – 38

稽古錄二十卷　（宋）司馬光撰　清光緒九年
(1883)解州解梁書院刻本　四冊

140000 – 0501 – 0010759   161039 – 41

重訂徐氏三種　（宋）王應麟纂　（清）王相注
　清康熙五年(1666)聚奎堂刻本　三冊

140000 – 0501 – 0010760   161048

率性篇二卷首一卷　（清）李慎修撰　清宣統
三年(1911)鉛印本　一冊

140000 – 0501 – 0010761   161049

明夷待訪錄一卷　（清）黃宗羲撰　清山西大
學堂印書局鉛印本　一冊

140000 – 0501 – 0010762   161060 – 61

文法反約四卷首一卷　（清）郝鍾秀纂　清同
治三年(1864)晉省文興齋刻本　二冊

140000 – 0501 – 0010763   161062 – 65

格致精華錄四卷德國議員章程一卷合盟紀事
本末一卷　（清）江標編次　王仁俊述　清光
緒二十二年(1896)石印本　四冊

140000 – 0501 – 0010764   161066 – 80

欽定書經圖說五十卷　（清）孫家鼐纂修　清
光緒三十一年(1905)石印本　十五冊

140000 – 0501 – 0010765   161082 – 92

欽定書經圖說五十卷　（清）孫家鼐纂修　清
光緒三十一年(1905)石印本　十一冊　存三
十六卷(一至六、十四至三十二、四十至五十)

140000 – 0501 – 0010766   161097

朱柏廬先生治家格言一卷附正氣歌一卷
（清）朱用純撰　（清）黃自元書　清光緒九年
(1883)石印朱印本　一冊

140000 – 0501 – 0010767   161104 – 11

漁洋山人古詩選五言詩十七卷七言詩歌行鈔
十五卷　（清）王士禛選　清光緒七年(1881)

山西濬文書局刻本　八冊

140000 – 0501 – 0010768   161112 – 17

南華全經分章句解四卷　（明）陳榮撰　清乾
隆三年(1738)饒青軒刻本　六冊

140000 – 0501 – 0010769   161118 – 19

女四書二卷　（清）王相箋注　清光緒三十四
年(1908)江陰源德堂刻本　二冊

140000 – 0501 – 0010770   161135 – 36

疎菴先生率意稿二卷　（明）王國光撰　明竹
石山房刻本　二冊

140000 – 0501 – 0010771   161138 – 41

月齋文集八卷詩集四卷　（清）張穆撰　（清）
吳履敬編　清咸豐八年(1858)刻本　四冊

140000 – 0501 – 0010772   161147

重校正訓女兒經　（明）趙南星撰　清刻本　一冊

140000 – 0501 – 0010773   161154 – 61

如蘭集二十卷　（清）董柴輯　清乾隆二十五
年(1760)半壁山房刻本　八冊

140000 – 0501 – 0010774   161170

化學材料中西名目表　清光緒十年(1884)上
海製造局圖書處鉛印本　一冊

140000 – 0501 – 0010775   161172

旅京晉學堂章程　狄樓海撰　清宣統元年
(1909)鉛印本　一冊

140000 – 0501 – 0010776   161196 – 211

後漢書九十卷　（南朝宋）范曄撰　（唐）李賢注
　續志三十卷　（晉）司馬彪撰　（南朝梁）劉昭
注　清同治八年(1869)金陵書局刻本　十六冊

140000 – 0501 – 0010777   161212 – 43

春在堂全書　（清）俞樾撰　清光緒二十五年
(1899)刻本　三十二冊

140000 – 0501 – 0010778   161244

[光緒庚子辛丑恩正併科]山西鄉試同年齒錄
一卷　清光緒二十八年(1902)刻本　一冊

140000 – 0501 – 0010779   161245 – 48

三立祠傳二卷附一卷　（明）袁繼咸撰　（清）

劉梅重輯　（清）和其衷重編　清乾隆三十年
(1765)刻本　四冊

140000－0501－0010780　161249－52
三立祠傳二卷附一卷　（明）袁繼咸撰　（清）
劉梅重輯　（清）和其衷重編　清乾隆三十年
(1765)刻本　四冊

140000－0501－0010781　161253
博物志十卷　（晉）張華撰　清康熙七年
(1668)刻本　一冊

140000－0501－0010782　161254－371
校刊資治通鑑全書　（清）胡元常撰　清光緒
十七年(1891)長沙楊氏刻本　一百十八冊
缺五卷(九十三至九十七)

140000－0501－0010783　161380－403
明史三百三十二卷　（清）張廷玉撰　清武英
殿刻本　二十四冊

140000－0501－0010784　161428－35
明史三百三十二卷　（清）張廷玉撰　清武英
殿刻本　八冊　殘

140000－0501－0010785　161476－79
甲子會紀五卷　（明）薛應旂撰　明崇禎陳仁
錫刻本　四冊

140000－0501－0010786　161469－1622
資治通鑑不分卷　（宋）司馬光撰　（元）胡三
省注　明崇禎二年(1629)金閶刻本　一百五
十四冊

140000－0501－0010787　161625－96
通典二百卷　（唐）杜佑撰　清同治十年
(1871)學海堂刻本　七十二冊

140000－0501－0010788　161709－40
北史一百卷　（唐）李延壽撰　明崇禎十二年
(1639)毛氏汲古閣刻本　三十二冊

140000－0501－0010789　161741－43
紀元編三卷末一卷　（清）李兆洛撰　（清）六
承如集錄　清道光十一年(1831)萏學齋刻本
三冊

140000－0501－0010790　161744－46

忠孝小學集注六卷　（清）高愈纂注　清道光
十六年(1836)晉祁書業堂刻本　三冊

140000－0501－0010791　161750
正字略定本一卷　（清）王筠撰　清道光二十
六年(1846)曲沃刻本　一冊

140000－0501－0010792　161752－63
御撰資治通鑑綱目三編四十卷　（清）朱珪
（清）翁方綱纂　清同治十一年(1872)江西書
局刻本　十二冊

140000－0501－0010793　161764－75
春秋左傳三十卷首一卷　（晉）杜預注　（唐）
陸德明音釋　（清）馮李驊集解　清同治七年
(1868)楚北崇文書局刻本　十二冊

140000－0501－0010794　161784－91
[道光]大同縣志二十卷首一卷末一卷　（清）
崔允昭修　（清）黎中輔纂　清道光十年
(1830)刻本　八冊

140000－0501－0010795　161792－97
吾學錄初編二十四卷　（清）吳榮光撰　清同
治九年(1870)江蘇書局刻本　六冊

140000－0501－0010796　161800－07
[光緒]太谷縣志八卷首一卷末一卷　（清）恩
浚修　（清）王效尊纂　清光緒十二年(1886)
鳳山書院刻本　八冊

140000－0501－0010797　161816－23
[咸豐]汾陽縣志十四卷首一卷　（清）周貽纓
修　（清）曹樹穀纂　清咸豐元年(1851)刻本
八冊

140000－0501－0010798　161834－39
[乾隆]忻州志六卷　（清）周人龍原本
（清）竇容邃纂修　清乾隆十二年(1747)刻本
六冊

140000－0501－0010799　161846－81
胡文忠公遺集八十六卷首一卷　（清）胡林翼
撰　（清）鄭敦謹　（清）曾國荃輯　清同治六
年(1867)刻本　三十六冊

140000－0501－0010800　161891－98

[嘉慶]介休縣志十四卷　（清）徐品山修
（清）熊兆占　（清）陸元鏸纂　清嘉慶二十四
年(1819)刻本　八冊

140000－0501－0010801　161901－06
[道光]太原縣志十八卷圖一卷　（清）員佩蘭
修　（清）楊國泰纂　清道光六年(1826)刻本
六冊

140000－0501－0010802　161907－08
[光緒]續太原縣志二卷　（清）薛元釗修
（清）王效尊纂　清光緒八年(1882)刻本
二冊

140000－0501－0010803　161909－18
法國志略二十四卷　（清）王韜輯　清光緒十
五年(1889)弢園鉛印本　十冊

140000－0501－0010804　161919－26
[光緒]西藏圖考八卷首一卷　（清）黃沛翹纂
清光緒十二年(1886)滇南李培榮刻本
八冊

140000－0501－0010805　161947－50
東萊博議四卷附虛字注釋一卷　（宋）呂祖謙
撰　清光緒八年(1882)馮泰松刻本　四冊

140000－0501－0010806　161951
刊謬正俗八卷　（唐）顏師古撰　清光緒三年
(1877)湖北崇文書局刻本　一冊

140000－0501－0010807　161952
尚書大傳四卷考異一卷補遺一卷續補遺一卷
（漢）鄭玄注　（清）盧文弨補注　清光緒三
年(1877)湖北崇文書局刻本　一冊

140000－0501－0010808　161953－54
春秋繁露十七卷　（漢）董仲舒撰　清光緒三
年(1877)湖北崇文書局刻本　二冊

140000－0501－0010809　161955－56
韓詩外傳十卷　（漢）韓嬰撰　清光緒三年
(1877)湖北崇文書局刻本　二冊

140000－0501－0010810　161971
詩韻含英不分卷　（清）劉文蔚輯　清乾隆二
十二年(1757)和寧堂刻本　一冊

140000－0501－0010811　161974
欲自得齋詩草一卷　（清）楊履晉撰　清宣統
二年(1910)石印本　一冊

140000－0501－0010812　161975
山西學務彙編一卷　清太原木活字印本
一冊

140000－0501－0010813　161993－96
春秋穀梁傳十二卷　（晉）范甯集解　（唐）陸
德明音義　清光緒二十四年(1898)淮南書局
刻本　四冊

140000－0501－0010814　161997－2000
春秋穀梁傳十二卷附校刊記一卷　（晉）范甯
集解　（唐）陸德明音義　清同治十一年
(1872)山東書局刻本　四冊

140000－0501－0010815　162015
留侯村文獻錄一卷　（清）趙吉士輯　清宣統
二年(1910)文蔚閣鉛印本　一冊

140000－0501－0010816　162018
山西學務彙編一卷　清太原木活字印本
一冊

140000－0501－0010817　162019
山西學務彙編一卷　清太原木活字印本
一冊

140000－0501－0010818　162029－60
晉政輯要四十卷　（清）剛毅纂　清光緒十四
年(1888)刻本　三十二冊

140000－0501－0010819　162079－84
九通提要十二卷　（清）柴紹炳纂　清光緒二
十八年(1902)鴻寶齋石印本　六冊

140000－0501－0010820　162093－108
日知錄集釋三十卷刊誤二卷續刊誤二卷
（清）顧炎武撰　（清）黃汝成集釋　清刻本
十六冊

140000－0501－0010821　162124－29
毛詩二十卷　（漢）毛亨傳　（漢）鄭玄箋　清
乾隆四十八年(1783)武英殿刻本　六冊

140000－0501－0010822　162130－87

御批歷代通鑑輯覽一百二十卷　（清）傅恆撰
清光緒十一年（1885）天津煮字山房刻本
五十八冊

140000－0501－0010823　162204－09

瀛環志略十卷續集四卷末一卷三集補遺一卷
　（清）徐繼畬撰　清光緒二十九年（1903）京
都博文齋石印本　六冊

140000－0501－0010824　162218－20

爾雅音圖三卷　（晉）郭璞注　清嘉慶六年
（1801）藝學軒刻本　三冊

140000－0501－0010825　162575－79

小學句讀記六卷　（清）王建常撰　清同治七
年（1868）傳經堂刻本　五冊

140000－0501－0010826　162820－33

笠翁餘集八卷詩集七卷偶集六卷文集四卷
（清）李漁撰　清康熙芥子園刻本　十四冊

140000－0501－0010827　162847－74

本草綱目五十二卷圖三卷瀕湖脈學一卷奇經
八脈考一卷脈訣考證一卷　（明）李時珍撰
萬方針線八卷　（清）蔡烈先輯　清順治十二
年（1655）吳毓昌刻本　二十八冊

140000－0501－0010828　162897－914

欽定治化四書文六卷欽定正嘉四書文六卷欽
定隆萬四書文六卷欽定啟禎四書文六卷欽定
本朝四書文六卷　（清）方苞輯　清乾隆五年
（1740）武英殿刻本　十八冊

140000－0501－0010829　162915－21

東醫寶鑑二十三卷　（朝鮮）許浚撰　明刻本
七冊

140000－0501－0010830　162934－49

昌黎先生集四十卷遺文一卷外集十卷集傳一
卷　（唐）韓愈撰　（唐）李漢　（宋）廖瑩中
注　明崇禎十一年（1638）東吳徐氏東雅堂刻
本　十六冊

140000－0501－0010831　162950－89

重訂唐王燾先生外臺秘要方四十卷　（唐）王
燾撰　（明）程衍道重訂　清同治十三年

(1874)廣東翰墨園刻本　四十冊

140000－0501－0010832　162990－91

梁昭明太子文集五卷　（南朝梁）蕭統撰　明
寶訓堂刻本　二冊

140000－0501－0010833　162992－99

荀子二十卷　（戰國）荀況撰　（唐）楊倞注
明刻本　八冊

140000－0501－0010834　163000－15

世說新語補十六卷　（南朝宋）劉義慶撰
（明）何良俊補　明萬曆十三年（1585）刻本
十六冊

140000－0501－0010835　163016－24

史記一百三十卷　（漢）司馬遷撰　（南朝宋）
裴駰集解　清順治十三年（1656）毛氏汲古閣
刻本　九冊　存一百二十二卷（一至八、十七
至一百三十）

140000－0501－0010836　163025－58

唐書二百二十五卷　（宋）歐陽修　（宋）宋祁
撰　明崇禎二年（1629）毛氏汲古閣十七史刻
本　三十四冊

140000－0501－0010837　163059－68

荀子二十卷　（戰國）荀況撰　（唐）楊倞注
明嘉靖十二年（1533）吳興世德堂刻本　十冊

140000－0501－0010838　163071－74

痧脹玉衡書三卷後一卷　（清）郭志遂撰　清
康熙十四年（1675）揚州有義堂刻本　四冊

140000－0501－0010839　163075－78

國朝漢學師承記八卷國朝宋學淵源記二記附
記一卷　（清）江藩撰　清光緒十三年（1887）
京都書華閣刻本　四冊

140000－0501－0010840　163079－81

周易十卷　（三國魏）王弼注　清乾隆四十八
年（1783）武英殿刻本　三冊

140000－0501－0010841　163099－130

北堂書鈔一百六十卷　（唐）虞世南輯　明萬
曆二十八年（1600）陳禹謨刻本　三十二冊

140000－0501－0010842　163131－34

近思錄集解十四卷　（宋）朱熹撰　（宋）葉采集解　清吳郡邵仁泓刻本　四冊

140000 - 0501 - 0010843　163135 - 38

王石和文九卷　（清）王玿撰　清乾隆六年(1741)刻本　四冊

140000 - 0501 - 0010844　163149 - 52

清綺軒詞選十三卷　（清）夏秉衡選　清光緒二十一年(1895)刻本　四冊

140000 - 0501 - 0010845　163153 - 58

周官精義十二卷　（清）連斗山編　清嘉慶二十三年(1818)山淵堂刻本　六冊

140000 - 0501 - 0010846　163159

奇經八脈考一卷　（明）李時珍撰　明萬曆五年(1577)刻本　一冊

140000 - 0501 - 0010847　163160 - 65

庚辰集五卷附唐人試律說一卷　（清）紀昀輯　清乾隆二十七年(1762)積秀堂刻本　六冊

140000 - 0501 - 0010848　163171 - 76

王先生十七史蒙求十六卷　（宋）王令撰　李氏蒙求補注六卷　（清）金三俊輯　清光緒五年(1879)粵東文雅齋刻本　六冊

140000 - 0501 - 0010849　163177 - 80

誠一堂琴譜六卷琴談二卷　（清）程允基撰　清誠一堂刻本　四冊

140000 - 0501 - 0010850　163185 - 88

文心雕龍十卷　（南朝梁）劉勰撰　（清）黃叔琳注　清乾隆三年(1738)養素堂刻本　四冊

140000 - 0501 - 0010851　163189 - 96

劍南詩鈔不分卷　（宋）陸游撰　（清）楊大鶴選　清康熙二十四年(1685)武進楊氏刻本　八冊

140000 - 0501 - 0010852　163197 - 201

退密齋時文四卷補編一卷　（清）徐繼畬撰　清道光二十九年(1849)徐氏刻本　五冊

140000 - 0501 - 0010853　163202 - 07

楚辭章句十七卷附錄一卷　（漢）王逸撰　明萬曆武林馮紹祖觀妙齋刻本　六冊

140000 - 0501 - 0010854　163208 - 19

楚辭集注八卷　（宋）朱熹撰　（明）楊慎評　清聽雨齋刻本　十二冊

140000 - 0501 - 0010855　163220 - 331

明史三百三十二卷目錄四卷　（清）張廷玉撰　清乾隆四年(1739)武英殿刻本　一百十二冊

140000 - 0501 - 0010856　163332 - 37

外科正宗十二卷　（明）陳實功撰　（清）許楣訂　（清）徐大椿評　清咸豐十年(1860)刻本　六冊

140000 - 0501 - 0010857　163338 - 43

劉河間傷寒三書　（金）劉完素撰　明萬曆十三年(1585)同德堂吳氏刻本　六冊

140000 - 0501 - 0010858　163344 - 51

驗方新編十六卷　（清）鮑相璈編　清光緒五年至九年(1879 - 1883)山西濬文書局刻本　八冊

140000 - 0501 - 0010859　163353

漱玉詞一卷　（宋）李清照撰　斷腸詞一卷　（宋）朱淑真撰　清光緒四印齋刻本　一冊

140000 - 0501 - 0010860　163354

聰訓齋語一卷　（清）張英撰　清光緒二年(1876)解州解梁書院刻本　一冊

140000 - 0501 - 0010861　163356 - 59

衛生家寶產科備要八卷　（宋）朱端章撰　清光緒十三年(1887)刻本　四冊

140000 - 0501 - 0010862　163360

求闕家語摘錄一卷　（清）曾國藩撰　清解梁書院刻本　一冊

140000 - 0501 - 0010863　163362

勸學篇二卷　（清）張之洞撰　清光緒二十四年(1898)山西濬文書局刻本　一冊

140000 - 0501 - 0010864　163363

癸巳類稿十五卷　（清）俞正燮撰　清道光十三年(1833)求日益齋刻本　一冊　存三卷(四至六)

140000－0501－0010865　163365

易經初學讀本一卷　清光緒二年(1876)刻本
　一冊

140000－0501－0010866　163367－72

楚辭集注八卷　(宋)朱熹撰　(明)楊慎評
清聽雨齋刻本　六冊　存五卷(四至八)

140000－0501－0010867　163373－80

朱文公校昌黎先生文集四十卷　(唐)韓愈撰
　(宋)朱熹考異　(明)朱吾弼編　明萬曆三
十三年(1605)天德堂刻本　八冊　存十七卷
(一至十七)

140000－0501－0010868　163381－86

宋四六選二十四卷　(清)彭元瑞輯　清乾隆
四十二年(1777)刻本　六冊　存十二卷(一
至十二)

140000－0501－0010869　163387－94

陽明先生全集二十卷　(明)王守仁撰　(清)
俞嶙輯　清康熙刻本　八冊　存十七卷(一
至十七)

140000－0501－0010870　163398－415

蘇文忠公詩集五十卷目錄二卷　(宋)蘇軾撰
　(清)紀昀點評　清道光十四年(1834)兩廣
節署刻朱墨套印本　十八冊　存四十三卷
(八至五十)

140000－0501－0010871　163416－23

格致鏡原一百卷　(清)陳元龍撰　清光緒二
十二年(1896)積山書局石印本　八冊　存五
十四卷(一至五十四)

140000－0501－0010872　163424－33

前漢書一百二十卷　(漢)班固撰　(漢)班昭
續撰　(唐)顏師古注　明崇禎十五年(1642)
汲古閣刻本　十冊　存四十五卷(一至四十
五)

140000－0501－0010873　163434－63

太平御覽一千卷目錄十五卷　(宋)李昉纂
清嘉慶十一年(1806)汪氏木活字印本　三十
冊　存二百一卷(一至二百一)

140000－0501－0010874　163464－539

太平御覽一千卷目錄十五卷　(宋)李昉纂
清光緒十八年(1892)南海李氏刻本　七十六
冊　缺六卷(目錄一至六)

140000－0501－0010875　163540－79

玉海二百卷　(宋)王應麟撰　清嘉慶藩署刻
本　四十冊　存十三卷(一百七十至一百八
十二)

140000－0501－0010876　163580

桐城吳氏文法教科書二編　吳闓生撰　清光
緒三十年(1904)鉛印本　一冊

140000－0501－0010877　163588

書目答問一卷　(清)張之洞編　清光緒刻本
　一冊

140000－0501－0010878　163589

漢官舊儀二卷補遺一卷　(漢)衛宏撰　清乾
隆三十九年(1774)蘇州胡氏刻本　一冊

140000－0501－0010879　163592

新編張仲景注解發微論二卷傷寒百證歌五卷
　(宋)許叔微撰　清抄本　一冊

140000－0501－0010880　163593－600

十八家詩鈔二十八卷　(清)曾國藩纂　清
光緒十四年(1888)上海鴻文書局石印本
八冊

140000－0501－0010881　163601－08

史姓韻編二十四卷　(清)汪輝祖撰　清光緒
二十九年(1903)上海文瀾書局石印本　八冊

140000－0501－0010882　163609

傅子一卷　(晉)傅玄撰　清乾隆三十九年
(1774)蘇州胡氏刻本　一冊

140000－0501－0010883　163610

增補詳注秋水軒尺牘四卷首一卷　(清)許思
湄撰　(清)婁世瑞注　清宣統二年(1910)上
海天機書局石印本　一冊

140000－0501－0010884　163614

讀說文筆記　稿本　一冊

140000－0501－0010885　163716－17

過伯齡先生四子譜不分卷 （清）過文年撰
清乾隆五十一年(1786)金閶書業堂刻本
二冊

140000－0501－0010886　163988

龍山志四卷 （清）德睿撰　清抄本　一冊

140000－0501－0010887　164002

三藩紀事本末二十二卷 （清）楊陸榮撰　清
光緒十四年(1888)上洋書業公所崇德堂鉛印
本　一冊

140000－0501－0010888　164140－42

[康熙]靈邱縣志四卷 （清）宋起鳳纂修
（清）岳宏譽增修　清康熙二十三年(1684)刻
本　三冊　存三卷(一至二、四)

140000－0501－0010889　164143－45

[光緒]靈邱縣補志十卷 （清）雷棟榮修
（清）陸泰元纂　清光緒七年(1881)刻本　三
冊　存八卷(一至八)

140000－0501－0010890　164146－49

[康熙]黎城縣志四卷 （清）程大夏修
（清）李御 （清）李吉纂　清康熙二十一年
(1682)刻本　四冊

140000－0501－0010891　164153－54

元史紀事本末二十七卷 （明）陳邦瞻編輯
清光緒十四年(1888)上洋書業公所崇德堂鉛
印本　二冊

140000－0501－0010892　164293－300

熙朝新語十六卷 （清）余金輯　清同治六年
(1867)茂選樓刻本　八冊

140000－0501－0010893　164301－05

西醫五種十卷 （清）管茂材 （英國）合信氏
撰　清咸豐八年(1858)鉛印本　五冊

140000－0501－0010894　164648－63

[乾隆]大同府志三十二卷 （清）吳輔宏修
（清）王飛藻纂　清乾隆四十七年(1782)刻本
十六冊

140000－0501－0010895　165620－29

國朝先正事略六十卷首一卷 （清）李元度纂

清光緒十二年(1886)鉛印本　十冊

140000－0501－0010896　165630－35

明季稗史彙編十六種二十七卷 （清）留雲居
士輯　清光緒二十二年(1896)上海圖書集成
印書局鉛印本　六冊

140000－0501－0010897　165636－37

留影龕餘草二卷 （清）閭南圖撰　清太谷孫
豫昌刻本　二冊

140000－0501－0010898　165639－42

香祖筆記十二卷 （清）王士禛撰　清宣統三
年(1911)上海掃葉山房石印本　四冊

140000－0501－0010899　165645－84

欽定明史三百三十二卷目錄四卷 （清）張廷
玉等修 （清）孫嘉淦等纂　清光緒十四年
(1888)上海圖書集成書局鉛印本　四十冊

140000－0501－0010900　168359－478

讀畫齋叢書四十六種 （清）顧修輯　清嘉慶
四年(1799)桐川顧氏刻本　一百二十冊

140000－0501－0010901　168479－794

粵雅堂叢書三十集一百八十四種 （清）伍崇
曜輯　清道光、光緒刻本　三百十六冊

140000－0501－0010902　168887－918

前漢書一百二十卷附考證 （漢）班固撰
（漢）班昭續撰 （唐）顏師古注　清光緒二十
年(1894)上海同文書局石印本　三十二冊

140000－0501－0010903　168919－46

後漢書九十卷附考證 （南朝宋）范曄撰
（唐）李賢注　續志三十卷 （晉）司馬彪撰
（南朝梁）劉昭注　清光緒二十年(1894)上海
同文書局石印本　二十八冊

140000－0501－0010904　168947－69

大清律例統纂集成四十卷附二卷 （清）姚雨
薌纂 （清）章畏之增輯　清道光二十八年
(1848)刻本　二十三冊

140000－0501－0010905　168970－9081

資治通鑑綱目前編二十五卷 （明）南軒撰
正編五十九卷 （宋）朱熹撰　續編二十七卷

（明）商輅撰　清康熙四十年（1701）王公行
郁郁堂刻本　一百十二冊

140000－0501－0010906　169082－85
詩經八卷　（宋）朱熹集傳　清康熙十一年
（1672）崇道堂刻本　四冊

140000－0501－0010907　169086－90
新刊性理大全八卷　（明）胡廣等輯　清乾隆
元年（1736）刻本　五冊

140000－0501－0010908　169091－100
樨華館試帖彙鈔輯注十卷　（清）路德撰　清
道光十四年（1834）刻本　十冊

140000－0501－0010909　169101－30
四書朱子本義匯參四十三卷首四卷　（清）王
步青輯　清乾隆十年（1745）敦復堂刻本　三
十冊

140000－0501－0010910　169131－50
西遊真詮一百回　（明）吳承恩撰　（清）陳士
斌詮解　清康熙三十五年（1696）世德堂刻本
二十冊

140000－0501－0010911　169151－69
元遺山先生全集四十卷首一卷末一卷樂府四
卷續夷堅志四卷　（金）元好問撰　考證三卷
（清）趙培因撰　淩輯年譜二卷翁輯年譜一
卷施輯年譜一卷　（清）張穆訂　廣年譜二卷
（清）李光廷編　清光緒七年（1881）忻州讀
書山房刻本　十九冊

140000－0501－0010912　169170－71
小學集解六卷輯說一卷　（清）張伯行撰　清
同治四年（1865）晉陽藩署刻本　二冊

140000－0501－0010913　169179
秋審條款一卷　沈家本輯　清吉林司法官報
局鉛印本　一冊

140000－0501－0010914　169180－83
大清現行刑律四卷　沈家本編　清吉林司法
官報局鉛印本　四冊

140000－0501－0010915　169185－86
易經大全會解　（清）來爾繩纂輯　清乾隆五

十四年（1789）三多齋刻本　二冊

140000－0501－0010916　169187－96
禮記集說十卷　（元）陳澔撰　清嘉慶十七年
（1812）學源堂刻本　十冊

140000－0501－0010917　169197－208
春秋左傳杜注補輯三十卷首一卷　（清）姚培
謙撰　清光緒十五年（1889）解州解梁書院刻
本　十二冊

140000－0501－0010918　169209－18
變法自強奏議彙編二十卷　（清）毛佩之彙纂
清光緒二十七年（1901）上海書局石印本
十冊

140000－0501－0010919　169219－24
周官精義十二卷　（清）連斗山編　清嘉慶二
年（1797）致和堂刻本　六冊

140000－0501－0010920　169277－307
夷堅志十集二十卷　（宋）洪邁撰　清乾隆四
十三年（1778）耕煙草堂刻本　三十一冊　缺
一卷（壬集下）

140000－0501－0010921　169344－57
說文解字句讀三十卷　（漢）許慎撰　（清）王
筠撰集　清上海涵芬樓刻本　十四冊

140000－0501－0010922　169362－77
綱鑑易知錄一百卷　（清）吳乘權輯　清光緒
十四年（1888）鉛印本　十六冊

140000－0501－0010923　169378－79
周易四卷附校勘記一卷　（宋）程頤注　清光
緒六年（1880）山西濬文書局刻本　二冊

140000－0501－0010924　169380
周易四卷附校勘記一卷　（宋）程頤注　清光
緒六年（1880）山西濬文書局刻本　一冊

140000－0501－0010925　169381－82
周易四卷　（宋）程頤注　清咸豐十年（1860）
興德堂刻本　二冊

140000－0501－0010926　169383－94
寄園寄所寄十二卷　（清）趙吉士輯　清康熙
二十四年（1685）刻本　十二冊

140000－0501－0010927　169395

四庫全書敘一卷　（清）紀昀撰　姚房長觀書例一卷　（清）姚晉圻撰　田隴初觀書後例一卷　（清）田明昶撰　清愼始基齋叢書本　一冊

140000－0501－0010928　169397－402

莊子雪三卷　（清）陸樹芝輯注　清嘉慶四年（1799）儒雅堂刻本　六冊

140000－0501－0010929　169403－10

春秋經傳集解三十卷　（晉）杜預注　（清）馮李驊增訂　左繡　（清）馮李驊　（清）陸浩評輯　清乾隆四十四年（1779）華川書屋刻本　八冊

140000－0501－0010930　169411

率性闡微一卷　（清）素陽子著　（清）自然子注　清同治三年（1864）釣魚臺刻本　一冊

140000－0501－0010931　169416－17

附釋音尚書注疏四卷　（唐）孔穎達疏　清光緒二十九年（1903）上海點石齋石印本　二冊

140000－0501－0010932　169418

小學六卷　（宋）朱熹集注　清同治三年（1864）猗氏方麓書院刻本　一冊

140000－0501－0010933　169419－22

小學集註六卷　（宋）朱熹撰　（明）陳選注　清光緒二十三年（1897）解州居易堂刻本　四冊

140000－0501－0010934　169423

字學正宗一卷　清抄本　一冊

140000－0501－0010935　169424－29

禮記揭要六卷　（元）陳澔撰　清乾隆五十四年（1789）自怡軒刻本　六冊

140000－0501－0010936　169430－33

書經體注大全合參六卷　（清）錢希祥纂輯　清道光十四年（1834）崇文堂刻本　四冊

140000－0501－0010937　169434－49

四書味根錄四十卷　（清）金澂撰　清光緒七年（1881）姑蘇問竹山房刻本　十六冊

140000－0501－0010938　169450－54

數學精詳十一卷首一卷末一卷　（清）屈增發輯　清光緒二十四年（1898）復古書齋石印本　五冊

140000－0501－0010939　169455－59

漱芳軒合纂四書體注　（清）范翔參訂　清嘉慶十八年（1813）金閶書業堂刻本　五冊

140000－0501－0010940　169460－63

初刻黃維章先生詩經娜環體注不分卷　（清）黃維章纂輯　（清）范翔重訂　清乾隆四十六年（1781）積秀堂刻本　四冊

140000－0501－0010941　169464－69

禮記增訂旁訓六卷　（清）徐立綱撰　清匠門書屋刻本　六冊

140000－0501－0010942　169470－73

採真彙稿四卷　（清）檀萃撰　清乾隆四十二年（1777）致和堂刻本　四冊

140000－0501－0010943　169474－79

增補春秋左傳易讀六卷　（清）司徒修選定　清咸豐六年（1856）宏道堂刻本　六冊

140000－0501－0010944　169480－85

評點春秋綱目左傳句解彙雋六卷　（清）韓菼重訂　清刻本　六冊

140000－0501－0010945　169486－89

事類賦三十卷　（宋）吳淑撰並注　清乾隆二十九年（1764）劍光閣刻本　四冊

140000－0501－0010946　169490

松陽鈔存二卷　（清）陸隴其撰　（清）楊開基編　清同治九年（1870）傳經堂刻本　一冊

140000－0501－0010947　169491

豫養編六卷　（清）薛于瑛編　清光緒七年（1881）刻本　一冊

140000－0501－0010948　169492－93

巧搭啟秀集不分卷　（清）徐瑄編　清乾隆三十二年（1767）金谷園刻本　二冊

140000－0501－0010949　169494－95

鄶冰壑先生全書十三種附行狀　（清）鄶成撰

清光緒十一年(1885)東雍書院刻本　二冊

140000－0501－0010950　169497－502

四書述要　(清)楊玉緒著　清光緒十四年
(1888)刻本　六冊

140000－0501－0010951　169503－16

**字彙十二卷首一卷末一卷韻法橫圖一卷直圖
一卷**　(明)梅膺祚音釋並撰　清道光八年
(1828)大文堂刻本　十四冊

140000－0501－0010952　169517－22

周官精義十二卷　(清)連斗山編　清嘉慶二
十二年(1817)三益堂刻本　六冊

140000－0501－0010953　169523－28

爾雅注疏十一卷　(晉)郭璞注　(宋)邢昺疏
清三樂齋刻本　六冊

140000－0501－0010954　169529－32

詩經融注大全體要八卷　(清)高朝瓔纂輯
清刻本　四冊

140000－0501－0010955　169534

陸清獻公宰嘉訓俗一卷　(清)陸隴其撰　清
光緒六年(1880)刻本　一冊

140000－0501－0010956　169535－50

欽定魏書一百十四卷　(北齊)魏收撰　清光
緒十四年(1888)上海圖書集成印書局鉛印本
十六冊

140000－0501－0010957　169551－82

御批歷代通鑑輯覽一百二十卷　(清)傅恆撰
清光緒三十年(1904)上海圖書集成書局鉛
印本　三十二冊

140000－0501－0010958　169583－92

曾文正公書劄三十三卷　(清)曾國藩撰　清
宣統元年(1909)上海二金罍堂石印本　十冊

140000－0501－0010959　169596－99

書經體注大全合參不分卷　(清)錢希祥纂輯
清雍正三年(1725)經正堂刻本　四冊

140000－0501－0010960　169600－03

詩經融注大全體要八卷　(清)高朝瓔纂輯
清刻本　四冊

140000－0501－0010961　169604

暗室燈二卷　(清)深山居士撰　清咸豐七年
(1857)西安福壽堂刻本　一冊

140000－0501－0010962　169615－16

西夏紀事本末三十六卷首二卷　(清)張鑑撰
清光緒十四年(1888)上海書業公所崇德堂
鉛印本　二冊

140000－0501－0010963　169669－82

**字彙十二集首一卷末一卷韻法直圖一卷韻法
橫圖一卷**　(明)梅膺祚編　明萬曆四十三年
(1615)刻本　十四冊

140000－0501－0010964　169683－85

詩經增訂旁訓四卷　(清)徐立綱撰　清乾隆
五十四年(1789)吳郡張氏三多齋刻本　三冊

140000－0501－0010965　169686－87

書經增訂旁訓四卷　(宋)蔡沈撰　清乾隆五
十四年(1789)吳郡張氏三多齋刻本　二冊

140000－0501－0010966　169688－89

春秋增訂旁訓四卷　(清)徐立綱撰　清乾隆
五十六年(1791)文會堂刻本　二冊

140000－0501－0010967　169690－91

春秋增訂旁訓四卷　(清)徐立綱撰　清乾隆
五十四年(1789)吳郡張氏三多齋刻本　二冊

140000－0501－0010968　169692－93

周易揭要三卷　(宋)朱熹撰　清乾隆五十三
年(1788)自怡軒刻本　二冊

140000－0501－0010969　169695

詩經增訂旁訓三卷　(清)徐立綱撰　清乾隆
五十六年(1791)吳郡張氏文會堂刻本　一冊

140000－0501－0010970　169696－705

禮記十卷　(元)陳澔注　清乾隆三十六年
(1771)友益齋刻本　十冊

140000－0501－0010971　169728－47

十六國春秋一百卷　(北魏)崔鴻撰　(清)汪
日桂重訂　清乾隆四十六年(1781)仁和汪氏
欣託山房刻本　二十冊

140000－0501－0010972　169748－87

欽定明史三百三十二卷目錄四卷 （清）張廷
玉等修 （清）孫嘉淦等纂 清光緒十四年
(1888)上海圖書集成書局鉛印本 四十冊

140000－0501－0010973 169800－11

前漢紀三十卷 （漢）荀悅撰 後漢紀三十卷
（晉）袁宏撰 清光緒二年(1876)嶺南述古
堂刻本 十二冊

140000－0501－0010974 169812－31

欽定大清會典一百卷 （清）允祹撰 清刻本
二十冊

140000－0501－0010975 169832－43

欽定四庫全書簡明目錄二十卷 （清）紀昀纂
清刻本 十二冊

140000－0501－0010976 169844－63

中西算學大成一百卷 （清）陳維祺纂 清
光緒二十七年(1901)辮貞亮室石印本 二
十冊

140000－0501－0010977 169864－68

左傳紀事本末五十三卷 （清）高士奇編輯
清光緒十四年(1888)上海書業公所崇德堂鉛
印本 五冊

140000－0501－0010978 169869

化書六卷 （南唐）譚峭撰 清光緒六年
(1880)刻本 一冊

140000－0501－0010979 169870

指南後錄三卷附鄧中齋悼亡詩一卷 （宋）文
天祥撰 清光緒六年(1880)刻本 一冊

140000－0501－0010980 169871－72

二林居集二卷 （清）彭紹升撰 清光緒六年
(1880)刻本 二冊

140000－0501－0010981 169873

臨安旬制紀三卷全浙詩話刊誤一卷 （清）張
道撰 清光緒六年(1880)刻本 一冊

140000－0501－0010982 169874

三國紀年表一卷五代紀年表一卷 （清）周嘉
猷撰 清光緒六年(1880)刻本 一冊

140000－0501－0010983 169875－76

南渡錄四卷 （宋）辛棄疾撰 清光緒六年
(1880)刻本 二冊

140000－0501－0010984 169905－08

彙纂詩法度鍼十卷 （清）徐文弼編 清乾隆
三十六年(1771)謙牧堂刻本 四冊

140000－0501－0010985 169909－10

古詩約選二卷 （清）曹錫寶選 清乾隆三十
八年(1773)刻本 二冊

140000－0501－0010986 169911－14

唐詩約選八卷 （清）曹錫寶選 清乾隆三十
八年(1773)刻本 四冊

140000－0501－0010987 169915－16

[光緒]黑龍江外紀八卷 （清）西清撰 清光
緒二十年(1894)漸西村舍刻本 二冊

140000－0501－0010988 169926－27

律賦荸新集不分卷 （清）顧鵷輯 清道光九
年(1829)掃葉山房刻本 二冊

140000－0501－0010989 169928－59

繹史一百六十卷世系圖一卷年表一卷 （清）
馬驌撰 清光緒十五年(1889)金匱浦氏刻本
三十二冊

140000－0501－0010990 169978－70003

歷代畫史彙傳七十二卷目錄三卷首一卷附錄
二卷 （清）彭蘊璨撰 （清）邱步洲輯 清同
治十三年(1874)耕餘堂邱氏刻本 二十六冊

140000－0501－0010991 170015－24

山西志輯要十卷首一卷 （清）雅德修 （清）
汪本直纂 清乾隆四十五年(1780)刻本
十冊

140000－0501－0010992 170025－26

春秋三傳揭要六卷 （清）周蕙田輯錄 清乾
隆五十九年(1794)自怡軒刻本 二冊

140000－0501－0010993 170134－57

文選六十卷 （南朝梁）蕭統撰 （唐）李善注
文選考異十卷 （清）胡克家撰 清同治八
年(1869)湖北崇文書局刻本 二十四冊

140000－0501－0010994 170158－62

文史通義内篇五卷外篇三卷校讎通義三卷
(清)章學誠著　清道光十三年(1833)大樑刻
本　五冊

140000－0501－0010995　170163－86

說文通訓定聲十八卷柬韻一卷行狀一卷說雅
一卷古今韻準一卷　(清)朱駿聲撰　(清)朱
鏡蓉參訂　清同治九年(1870)臨嘯閣刻本
二十四冊

140000－0501－0010996　170188

輶軒語七卷　(清)張之洞撰　清光緒元年
(1875)解州解梁書院刻本　一冊

140000－0501－0010997　170189－200

校訂困學紀聞集證二十卷　(宋)王應麟撰
(清)閻若璩等箋　(清)萬希槐集證　清嘉慶
十八年(1813)上海掃葉山房刻本　十二冊

140000－0501－0010998　170201－204

北夢瑣言二十卷逸文四卷附錄一卷　(宋)孫
光憲纂集　繆荃孫校刊　清光緒二十五年
(1899)雲自在龕刻本　四冊

140000－0501－0010999　170205

唐人萬首絕句選七卷　(宋)洪邁元本　(清)
王士禎選編　清光緒六年(1880)山西濬文書
局刻本　一冊

140000－0501－0011000　170206

三水小牘二卷逸文一卷　(唐)皇甫枚撰　繆
荃孫校補　清光緒十七年(1891)雲自在龕刻
本　一冊

140000－0501－0011001　170207－08

東晉疆域志四卷　(清)洪亮吉撰　清光緒四
年(1878)授經堂刻本　二冊

140000－0501－0011002　170209－14

金石錄三十卷　(宋)趙明誠撰　劄記一卷今
存碑目一卷　繆荃孫輯　清光緒三十一年
(1905)仁和朱氏刻結一廬朱氏賸餘叢書本
六冊

140000－0501－0011003　170215－17

集古錄目十卷　(宋)歐陽棐撰　繆荃孫輯

清光緒十年(1884)雲自在龕刻本　三冊

140000－0501－0011004　170218－27

[光緒]汾陽縣志十四卷首一卷　(清)方家駒
（清)慶文修　(清)王文員纂　清光緒十年
(1884)刻本　十冊

140000－0501－0011005　170228－43

經義述聞三十二卷　(清)王引之撰　清道光
七年(1827)京師西江米巷壽藤書屋刻本　十
六冊

140000－0501－0011006　170244－49

楹聯叢話十二卷楹聯續話四卷　(清)梁章鉅
輯　清道光二十年(1840)桂林署齋刻本
六冊

140000－0501－0011007　170250－53

讀易大旨五卷　(清)孫奇逢撰　清康熙六十
年(1721)刻本　四冊

140000－0501－0011008　170258－61

山西疆域沿革圖譜五卷　(清)曾國藩修
(清)王軒　(清)楊篤纂　清光緒十八年
(1892)刻本　四冊

140000－0501－0011009　170833

伽藍記五卷　(北魏)楊衒之著　清乾隆五十
六年(1791)金谿王氏刻增訂漢魏叢書本
一冊

140000－0501－0011010　170834

孔叢子二卷　(漢)孔鮒撰　清乾隆五十六年
(1791)金谿王氏刻增訂漢魏叢書本　一冊

140000－0501－0011011　170835－38

說苑二十卷　(漢)劉向撰　清乾隆五十六年
(1791)金谿王氏刻增訂漢魏叢書本　四冊

140000－0501－0011012　170839－40

潛夫論十卷　(漢)王符撰　(清)邵孟逢校
清乾隆五十六年(1791)金谿王氏刻增訂漢魏
叢書本　二冊

140000－0501－0011013　170841

中論二卷　(漢)徐幹撰　(清)蔡祖拔校　清
乾隆五十六年(1791)金谿王氏刻增訂漢魏叢

書本　一冊

140000－0501－0011014　170842

中說二卷　（隋）王通撰　清乾隆五十六年
(1791)王氏刻增訂漢魏叢書本　一冊

140000－0501－0011015　170843－44

述學內篇三卷外篇一卷補遺一卷別錄一卷附
校刊記一卷附錄一卷　（清）汪中撰　清同治
八年(1869)揚州書局刻本　二冊

140000－0501－0011016　170845

醫門法律四卷　（清）喻昌撰　清光緒二十六
年(1900)上海掃葉山房石印本　一冊

140000－0501－0011017　170846

文字蒙求四卷　（清）王筠撰　清道光十八年
(1838)刻本　一冊

140000－0501－0011018　170847

平津館鑒藏書籍記三卷續編一卷補遺一卷
（清）孫星衍撰　清光緒十一年(1885)李氏木
犀軒刻本　一冊

140000－0501－0011019　170848

漢官儀三卷　（宋）劉攽撰　清刻本　一冊

140000－0501－0011020　170849

廉石居藏書記內編一卷外編一卷　（清）孫星
衍撰　清光緒十二年(1886)刻本　一冊

140000－0501－0011021　170850－51

孫氏祠堂書目內編四卷外編三卷　（清）孫星
衍撰　清光緒九年(1883)李氏木犀軒刻本
二冊

140000－0501－0011022　170852－57

荀子二十卷校勘補遺一卷　（戰國）荀況撰
（唐）楊倞注　清光緒二年(1876)浙江書局刻
本　六冊

140000－0501－0011023　170858－61

文中子中說十卷　（隋）王通撰　（宋）阮逸注
清道光二年(1822)并州閻士驤力恕堂刻本
四冊

140000－0501－0011024　170862－64

鹽鐵論十二卷　（漢）桓寬撰　（明）張之象注

清乾隆五十六年(1791)王氏刻增訂漢魏叢
書本　三冊

140000－0501－0011025　170865

新語二卷　（漢）陸賈撰　清乾隆五十六年
(1791)王氏刻增訂漢魏叢書本　一冊

140000－0501－0011026　170866

新書十卷　（漢）賈誼撰　清乾隆五十六年
(1791)王氏刻增訂漢魏叢書本　一冊

140000－0501－0011027　170867－74

三國志六十五卷　（晉）陳壽撰　（南朝宋）裴
松之注　明崇禎十七年(1644)毛氏汲古閣刻
本　八冊

140000－0501－0011028　170875

尚論篇四卷首一卷後篇四卷　（清）喻昌著
清光緒二十六年(1900)老掃葉山房石印本
一冊

140000－0501－0011029　170877

新論十卷　（北齊）劉晝撰　清乾隆五十六年
(1791)王氏刻增訂漢魏叢書本　一冊

140000－0501－0011030　170879－84

劉賓客文集三十卷外集十卷　（唐）劉禹錫撰
清光緒三十一年(1905)仁和朱氏刻結一廬
朱氏賸餘叢書本　六冊

140000－0501－0011031　170885－90

張說之文集二十五卷補遺五卷　（唐）張說撰
清光緒三十一年(1905)仁和朱氏刻結一廬
朱氏賸餘叢書本　六冊

140000－0501－0011032　170895

揚子法言十卷　（漢）揚雄撰　（宋）宋咸注
清乾隆刻本　一冊

140000－0501－0011033　170896－97

小學內篇四卷外篇二卷　（明）吳訥集解　清
同治八年(1869)江蘇書局刻本　二冊

140000－0501－0011034　170899

醫學集要　清抄本　一冊　存一卷(一)

140000－0501－0011035　170903

後漢書蒙拾二卷　（清）杭世駿纂　清刻本

519

一册

140000－0501－0011036　170904

曾文正公批牘六卷　（清）曾國藩撰　清光緒
十四年（1888）鴻文書局鉛印本　一册

140000－0501－0011037　170905－06

司空表聖文集十卷　（唐）司空圖撰　清光緒
三十一年（1905）仁和朱氏刻結一廬朱氏賸餘
叢書本　二册

140000－0501－0011038　170907－08

司空表聖詩集三卷　（唐）司空圖撰　清吳興
劉氏嘉業堂刻本　二册

140000－0501－0011039　170909－10

東塾讀書記十五卷　（清）陳澧撰　清光緒二
十七年（1901）煥文書局刻本　二册　存八卷
（一至五、十至十二）

140000－0501－0011040　170913－16

道德經二卷　（清）顧如華輯　清康熙四年
（1665）刻本　四册

140000－0501－0011041　170917－18

原善三卷緒言三卷　（清）戴震撰　清刻本
二册

140000－0501－0011042　170919－20

海峰先生精選八家文鈔不分卷　（清）劉大櫆
著　清光緒二年（1876）桐城劉氏刻本　二册

140000－0501－0011043　170921

周秦刻石釋音一卷　（元）吾衍撰　**切韻指掌
圖一卷**　（宋）司馬光撰　清刻本　一册

140000－0501－0011044　170922

周易本義通釋十卷　（元）胡炳文撰　清康熙
十九年（1680）刻通志堂經解本　一册

140000－0501－0011045　170933－34

小倉山房往還書劄全集十八卷　（清）袁枚著
　清光緒十八年（1892）鉛印本　二册

140000－0501－0011046　170935－36

經餘必讀二卷　（清）雷琳輯　清光緒二十二
年（1896）上海寶善書局石印本　二册

140000－0501－0011047　170937－46

六書通十卷　（明）閔齊伋撰　（清）畢弘述篆
訂　清乾隆六十年（1795）刻本　十册

140000－0501－0011048　170947－76

後知不足齋叢書七十卷　（清）鮑廷爵輯　清
光緒常熟鮑氏刻本　三十册

140000－0501－0011049　170977－78

續方言疏證二卷　（清）沈齡撰　清光緒十二
年（1886）刻本　二册

140000－0501－0011050　170981－82

道德經二卷　（春秋）李耳撰　（清）徐永祐集
注　清嘉慶八年（1803）致和堂刻本　二册

140000－0501－0011051　170986

吳徵君蓮洋詩鈔一卷　（清）吳雯撰　清刻本
　一册

140000－0501－0011052　170990

大意尊聞不分卷　（清）方東樹著　清光緒元
年（1875）刻本　一册

140000－0501－0011053　170991

雙節堂庸訓六卷　（清）汪輝祖纂　清解州解
梁書院刻本　一册

140000－0501－0011054　170992－99

國朝六家詩鈔八卷　（清）劉執玉選　清嘉慶
八年（1803）刻本　八册

140000－0501－0011055　171001－03

榕村講授三編　（清）李光地輯　清刻本
三册

140000－0501－0011056　171007－08

尚書因文六卷首一卷末一卷　（清）武士選撰
　清約六家塾刻本　二册

140000－0501－0011057　171098

經籍舉要一卷　（清）龍啟瑞撰　（清）袁昶增
訂　清光緒二十四年（1898）山西使署刻本
一册

140000－0501－0011058　171106

何博士備論二卷　（宋）何去非撰　**宋丞相李
忠定公輔政本末一卷**　（宋）佚名撰　清光緒

元年(1875)湖北崇文書局刻子書百家本
一冊

140000－0501－0011059　171107

聲隅子歔欷瑣微論二卷　（宋）黃晞撰　嫩真
子五卷　（宋）馬永卿撰　廣成子解一卷
（宋）蘇軾撰　清光緒元年(1875)湖北崇文書
局刻子書百家本　一冊

140000－0501－0011060　171108

鶡子一卷　（周）鶡熊撰　計倪子一卷　（春
秋)計然撰　於陵子一卷　（戰國）田仲撰
子華子二卷　（春秋）程本撰　清光緒元年
(1875)湖北崇文書局刻子書百家本　一冊

140000－0501－0011061　171109

申鑒五卷　（漢）荀悅撰　中論二卷　（漢）徐
幹撰　清光緒元年(1875)湖北崇文書局刻子
書百家本　一冊

140000－0501－0011062　171110

劉子二卷　（北齊）劉晝撰　清光緒元年
(1875)湖北崇文書局刻子書百家本　一冊

140000－0501－0011063　171111

葬經內篇一卷黃帝宅經二卷　（晉）郭璞撰
清光緒三年(1877)湖北崇文書局刻本　一冊

140000－0501－0011064　171113－14

叔苴子內篇六卷外編二卷　（明）莊元臣撰
清光緒元年(1875)湖北崇文書局刻子書百家
本　二冊

140000－0501－0011065　171115

莊子闕誤一卷　（明）楊慎撰　清光緒元年
(1875)湖北崇文書局刻子書百家本　一冊

140000－0501－0011066　171122－23

茗柯文初編一卷二編二卷三編一卷四編一卷
（清）張惠言撰　清光緒七年(1881)刻本
二冊

140000－0501－0011067　171124

增補分部書法正傳不分卷　（清）俞壽彭輯
清光緒五年(1879)刻本　一冊

140000－0501－0011068　171126－27

新序十卷　（漢）劉向撰　清乾隆五十六年
(1791)王氏刻增訂漢魏叢書本　二冊

140000－0501－0011069　171128－29

吳越春秋六卷　（漢）趙曄撰　西京雜記六卷
（晉）葛洪撰　清乾隆五十六年(1791)王氏
刻增訂漢魏叢書本　二冊

140000－0501－0011070　171130－34

淮南鴻烈解二十一卷　（漢）劉安撰　清乾隆
五十六年(1791)王氏刻增訂漢魏叢書本
五冊

140000－0501－0011071　171135

顏氏家訓二卷　（北齊）顏之推撰　（清）余寅
止校　清乾隆五十六年(1791)王氏刻增訂漢
魏叢書本　一冊

140000－0501－0011072　171136

風后握奇經一卷　（漢）公孫弘解　握奇經續
圖一卷　佚名撰　八陣總述一卷　（晉）馬隆
述　參同契不分卷　（漢）魏伯陽撰　陰符經
不分卷　（漢）張良注　清乾隆五十六年
(1791)王氏刻增訂漢魏叢書本　一冊

140000－0501－0011073　171137

素書一卷　（漢）黃石公撰　心書一卷　（三
國蜀）諸葛亮撰　古今注三卷　（晉）崔豹撰
清乾隆五十六年(1791)王氏刻增訂漢魏叢
書本　一冊

140000－0501－0011074　171138

博物志十卷　（晉）張華撰　清乾隆五十六年
(1791)王氏刻增訂漢魏叢書本　一冊

140000－0501－0011075　171139－42

焦氏易林四卷　（漢）焦贛撰　清乾隆五十六
年(1791)王氏刻增訂漢魏叢書本　四冊

140000－0501－0011076　171143

易傳三卷　（漢）京房撰　關氏易傳一卷
(北魏)關朗撰　古三墳一卷　（晉）阮咸注
周易略例一卷　（三國魏）王弼撰　清乾隆五
十六年(1791)王氏刻增訂漢魏叢書本　一冊

140000－0501－0011077　171144

汲塚周書十卷　（晉）孔晁注　（清）嚴作哲校
清乾隆五十六年(1791)王氏刻增訂漢魏叢
書本　一冊

140000－0501－0011078　171145

詩傳孔氏傳不分卷　（春秋）端木賜撰　清乾
隆五十六年(1791)王氏刻增訂漢魏叢書本
一冊

140000－0501－0011079　171146－47

韓詩外傳十卷　（漢）韓嬰撰　清乾隆五十六
年(1791)王氏刻增訂漢魏叢書本　二冊

140000－0501－0011080　171148

毛詩草木鳥獸蟲魚疏二卷　（三國吳）陸璣撰
　大戴禮記十三卷　（漢）戴德撰　清乾隆五
十六年(1791)王氏刻增訂漢魏叢書本　一冊

140000－0501－0011081　171149

佛國記不分卷　（晉）釋法顯撰　海內十洲記
一卷　（漢）東方朔撰　還冤記一卷　（北齊）
顏之推撰　別國洞冥記四卷　（漢）郭憲撰
神異經一卷　（漢）東方朔撰　枕中書一卷
（晉）葛洪撰　清乾隆五十六年(1791)王氏刻
增訂漢魏叢書本　一冊

140000－0501－0011082　171150

搜神記八卷　（晉）干寶撰　搜神後記二卷
（晉）陶潛撰　續齊諧記一卷　（南朝梁）吳均
撰　清乾隆五十六年(1791)王氏刻增訂漢魏
叢書本　一冊

140000－0501－0011083　171151

三輔黃圖六卷　（漢）佚名撰　清乾隆五十六
年(1791)王氏刻增訂漢魏叢書本　一冊

140000－0501－0011084　171152

水經二卷　（漢）桑欽撰　清乾隆五十六年
(1791)王氏刻增訂漢魏叢書本　一冊

140000－0501－0011085　171153

禽經一卷　（春秋）師曠撰　（晉）張華注　竹
譜一卷　（晉）戴凱之撰　南方草木狀三卷
（晉）嵇含撰　古今刀劍錄一卷　（南朝梁）陶
弘景撰　鼎錄一卷　（南朝梁）虞荔纂　荊楚
歲時記一卷　（南朝梁）宗懍撰　清乾隆五十

六年(1791)王氏刻增訂漢魏叢書本　一冊

140000－0501－0011086　171154－55

天祿閣外史八卷　（漢）黃憲撰　清乾隆五十
六年(1791)王氏刻增訂漢魏叢書本　二冊

140000－0501－0011087　171156－79

杜詩詳注二十五卷首一卷附編二卷　（清）仇
兆鰲撰　清康熙三十二年(1693)刻本　二十
四冊

140000－0501－0011088　171180－85

韓非子集解二十卷首一卷　（清）王先慎撰
清光緒二十二年(1896)刻本　六冊

140000－0501－0011089　171186

詞選二卷茗柯詞一卷　（清）張惠言輯　清嘉
慶二年(1797)刻本　一冊

140000－0501－0011090　171187

心得要旨　（明）金星橋撰　清光緒德化李氏
木樨軒刻本　一冊

140000－0501－0011091　171188－89

史目表二卷　（清）洪飴孫撰　清光緒四年
(1878)啟秀山房刻本　二冊

140000－0501－0011092　171190－201

墨池編二十卷　（宋）朱長文纂　清雍正十一
年(1733)刻本　十二冊

140000－0501－0011093　171203－04

山海經十八卷　（晉）郭璞撰　清光緒元年
(1875)湖北崇文書局刻本　二冊

140000－0501－0011094　171205－06

括地志八卷　（唐）李泰撰　（清）孫星衍輯
清嘉慶二年(1797)刻岱南閣叢書本　二冊

140000－0501－0011095　171207－09

三國職官表三卷　（清）洪飴孫撰　清光緒湖
北崇文書局刻正覺樓叢刻本　三冊

140000－0501－0011096　171210

化書六卷　（南唐）譚峭撰　清光緒湖北崇文
書局刻正覺樓叢刻本　一冊

140000－0501－0011097　171211

龍經疑龍三卷撼龍統説一卷　（唐）楊益撰
清光緒湖北崇文書局刻正覺樓叢刻本　一冊

140000－0501－0011098　171212

臨安旬制紀三卷全浙詩話刊誤一卷　（清）張
道撰　清光緒湖北崇文書局刻正覺樓叢刻本
　一冊

140000－0501－0011099　171213

重訂擬瑟譜一卷　（清）邵嗣堯撰　（清）段仔
文　（清）張懋賞輯　清光緒七年（1881）崇文
書局刻正覺樓叢刻本　一冊

140000－0501－0011100　171214－15

風角書八卷　（清）張爾岐撰　清光緒湖北崇
文書局刻正覺樓叢刻本　二冊

140000－0501－0011101　171216

紀事約言二卷　（清）夏勤塽撰　清光緒湖北
崇文書局刻正覺樓叢刻本　一冊

140000－0501－0011102　171217－40

御批歷代通鑑輯覽一百二十卷　（清）傅恆撰
　清光緒二十四年（1898）上洋圖書集成局鉛
印本　二十四冊

140000－0501－0011103　171241－44

國朝先正事略六十卷　（清）李元度撰　清光
緒二十一年（1895）上海點石齋石印本　四冊

140000－0501－0011104　171245－52

古文未曾有集八卷　（清）王甫白選　清康熙
十九年（1680）留真書室刻本　八冊

140000－0501－0011105　171253－62

西漢會要七十卷　（宋）徐天麟撰　清光緒五
年（1879）嶺南學海堂刻本　十冊

140000－0501－0011106　171263－68

困學紀聞注二十卷　（宋）王應麟撰　（清）翁
元圻輯注　清咸豐元年（1851）小嫏嬛山館刻
本　六冊

140000－0501－0011107　171269－73

無邪堂答問五卷　（清）朱一新撰　清光緒二
十二年（1896）上海鴻寶齋石印本　五冊

140000－0501－0011108　171277

投筆集箋注二卷　（清）錢曾撰　清宣統二年
（1910）上海國光印刷所鉛印本　一冊

140000－0501－0011109　171278

讀杜小箋三卷讀杜二箋二卷　（清）錢謙益撰
　清宣統三年（1911）上海國學扶輪社鉛印本
　一冊

140000－0501－0011110　171279－82

御纂醫宗金鑑內科七十四卷外科十六卷
（清）吳謙撰　清宣統元年（1909）簡青齋書局
石印本　四冊

140000－0501－0011111　171294－301

史論正鵠初集四卷二集四卷　（清）王樹敏輯
　清光緒二十四年（1898）石印本　八冊

140000－0501－0011112　171302－06

積古齋鐘鼎彝器款識十卷　（清）阮元編　清
光緒五年（1879）上海鴻文書局石印本　五冊

140000－0501－0011113　171313－18

敦艮齋時文不分卷　（清）徐潤第撰　（清）徐
繼畬　（清）徐繼穀輯　清道光三十年（1850）
徐氏家塾刻本　六冊

140000－0501－0011114　171319－23

國語二十一卷　（三國吳）韋昭注　清嘉慶十
一年（1806）姑蘇書業堂刻本　五冊

140000－0501－0011115　171324－25

史鑑節要便讀六卷　（清）鮑東里編　清光緒
十年（1884）並垣毋自欺書室刻本　二冊

140000－0501－0011116　171326－35

學強恕齋筆算十卷　（清）梅啟照輯　清光緒
二十四年（1898）文盛書局石印本　十冊

140000－0501－0011117　171336－39

廣廣事類賦三十二卷　（清）吳世㼇撰　清嘉
慶元年（1796）刻本　四冊

140000－0501－0011118　171340－45

原本直指算法統宗十二卷　（明）程大位編
清致和堂刻本　六冊

140000－0501－0011119　171346－53

左傳選　（清）儲欣評　清嘉慶十八年（1813）

靜遠堂刻本　八冊

140000－0501－0011120　171354－59

讀書雜識十二卷　（清）勞格著　清光緒四年
(1878)吳興丁氏刻月河精舍叢鈔本　六冊

140000－0501－0011121　171360－69

晉略六十六卷　（清）周濟撰　清光緒二年
(1876)味雋齋刻本　十冊

140000－0501－0011122　171370－409

御批歷代通鑑輯覽一百二十卷　（清）傅恆撰
　清光緒三十年(1904)上海商務印書館鉛印
本　四十冊

140000－0501－0011123　171410－33

史記論文一百三十卷　（清）吳見思評點　清
康熙二十五年(1686)吳氏尺木堂刻本　二十
四冊

140000－0501－0011124　171434－37

古今列女傳四卷　（明）解縉撰　清嘉慶七年
(1802)掃葉山房刻本　四冊

140000－0501－0011125　171448－55

澄衷蒙學堂字課圖說四卷　（清）劉樹屏撰
（清）吳子城繪圖　清光緒二十九年(1903)澄
衷學堂印書處石印本　八冊

140000－0501－0011126　171456－57

周易四卷附校勘記　（宋）程頤注　清光緒六
年(1880)山西濬文書局刻本　二冊

140000－0501－0011127　171458－73

欽定春秋左傳讀本三十卷　（清）英和撰　清
光緒八年(1882)山西濬文書局刻本　十六冊

140000－0501－0011128　171480－575

[光緒]山西通志一百八十四卷首一卷　（清）
曾國荃　（清）張煦修　（清）王軒　（清）楊
篤纂　清光緒十八年(1892)刻本　九十六冊

140000－0501－0011129　171941

辨證奇聞十卷　（清）錢松撰　清宣統元年
(1909)上海廣益書局石印本　一冊　存九卷
(一至九)

140000－0501－0011130　171942－46

張氏醫通十六卷　（清）張璐纂　清光緒二十
年(1894)上海圖書集成印書局鉛印本　五冊

140000－0501－0011131　171947－48

絕妙好詞箋七卷　（宋）周密輯　（清）查為仁
　（清）厲鶚箋　絕妙好詞續鈔一卷　（宋）周
密撰　（清）余集抄　清刻本　二冊

140000－0501－0011132　171949－56

墨子閒詁十五卷附錄一卷後語二卷　（清）孫
詒讓撰　清宣統二年(1910)刻本　八冊

140000－0501－0011133　171962－93

春在堂全書　（清）俞樾撰　清光緒二十三年
(1897)石印本　三十二冊

140000－0501－0011134　172006－13

象山先生全集三十六卷　（宋）陸九淵撰　少
湖徐先生學則辨一卷　（清）徐階著　清江左
書林石印本　八冊

140000－0501－0011135　172031－32

古韻標準四卷詩韻舉例一卷　（清）江永編
清咸豐二年(1852)刻粵雅堂叢書本　二冊

140000－0501－0011136　172033－48

明儒學案六十二卷　（清）黃宗羲撰　清光緒
八年(1882)上海文瑞樓石印本　十六冊

140000－0501－0011137　172050

歷代帝王年表三卷　（清）齊召南撰　（清）阮
福續編　清光緒十二年(1886)蘇州掃葉山房
刻本　一冊

140000－0501－0011138　172075－82

歷代史表五十九卷首一卷　（清）萬斯同撰
清光緒十九年(1893)上海古香閣石印本
八冊

140000－0501－0011139　172083

書目答問一卷國朝著述諸家姓名略一卷
（清）張之洞編　清光緒四年(1878)刻本
一冊

140000－0501－0011140　172084－91

李氏五種合刊　（清）李兆洛輯　清光緒二十
四年(1898)掃葉山房刻本　八冊

140000－0501－0011141　172095－98

史通削繁四卷　（清）紀昀撰　清光緒元年(1875)湖北崇文書局刻本　四冊

140000－0501－0011142　172099－102

清涼山志十卷　（明）釋鎮澄撰　清光緒十三年(1887)淮陰刻本　四冊

140000－0501－0011143　172109－14

易宗十二卷首一卷　（清）孫宗彝撰　清康熙二十九年(1690)天心閣刻本　六冊

140000－0501－0011144　172115－37

水經注釋四十卷首一卷附錄二卷水經注箋刊誤十二卷　（清）趙一清撰　清光緒六年(1880)蛟川花雨樓張氏刻本　二十三冊　缺一卷(刊誤十二)

140000－0501－0011145　172138－41

[光緒]繁峙縣志四卷首一卷　（清）何才價修　（清）楊篤纂　清光緒七年(1881)刻本　四冊

140000－0501－0011146　172142－57

唐詩別裁集引典備注二十卷　（清）沈德潛選　（清）俞汝昌增注　清道光十八年(1838)富春堂刻本　十六冊

140000－0501－0011147　172158－63

池北偶談二十六卷　（清）王士禛撰　清光緒二十二年(1896)上海慎記書莊石印本　六冊

140000－0501－0011148　172164－70

爾雅郭注義疏二十卷　（清）郝懿行撰　清光緒十三年(1887)湖北官書局刻本　七冊

140000－0501－0011149　172191－94

箋注陶淵明集十卷　（宋）李公煥撰　清宣統三年(1911)貴池劉氏玉海堂影印本　四冊

140000－0501－0011150　172239－50

欽定四庫全書簡明目錄二十卷　（清）紀昀纂　清刻本　十二冊

140000－0501－0011151　172251－52

韓文類譜七卷　（宋）魏仲舉輯　柳先生年譜一卷　（宋）文安禮撰　清咸豐五年(1855)刻

粵雅堂叢書本　二冊

140000－0501－0011152　172258－64

論衡三十卷　（漢）王充撰　清乾隆五十六年(1791)王氏刻增訂漢魏叢書本　七冊

140000－0501－0011153　172267－72

爾雅注疏十一卷　（晉）郭璞注　（宋）邢昺疏　清寶旭齋刻本　六冊

140000－0501－0011154　172273－74

周易集解十七卷　（唐）李鼎祚集解　清嘉慶二十三年(1818)枕經樓刻本　二冊

140000－0501－0011155　172275－300

經史百家雜鈔二十六卷附簡編二卷　（清）曾國藩纂　清光緒二年(1876)傳忠書局刻本　二十六冊

140000－0501－0011156　172301－08

尚書古文疏證八卷　（清）閻若璩撰　**朱子古文書疑一卷**　（清）閻詠輯　清嘉慶元年(1796)天津吳人驥刻本　八冊　缺一卷(尚書古文疏證三)

140000－0501－0011157　172309－13

敦艮齋遺書十七卷　（清）徐潤第撰　清道光二十八年(1848)徐繼畬刻本　五冊

140000－0501－0011158　172316－23

漁洋山人古詩選五言詩十七卷七言詩歌行鈔十五卷　（清）王士禛選　清光緒七年(1881)山西濬文書局刻本　八冊

140000－0501－0011159　172330－37

[同治]靈壽縣志十卷末一卷　（清）劉贇年修　（清）王槐齡纂　清同治十二年(1873)刻本　八冊

140000－0501－0011160　172338－49

十六國春秋一百卷　（北魏）崔鴻撰　清光緒元年(1875)湖北崇文書局刻本　十二冊

140000－0501－0011161　172364

晉陽明備錄　清刻本　一冊

140000－0501－0011162　172441

大清重刻龍藏彙記一卷　清同治九年(1870)

金陵刻經處刻本　一冊

140000－0501－0011163　172492－95
高僧傳初集十五卷　（南朝梁）釋慧皎撰　清光緒十年(1884)金陵刻經處刻本　四冊

140000－0501－0011164　172516
三曆撮要一卷　清光緒十四年(1888)刻本一冊

140000－0501－0011165　172518－23
漢溪書法通解八卷　（清）戈守智撰　清乾隆十五年(1750)當湖戈氏刻本　六冊

140000－0501－0011166　172524－43
笠翁十種曲　（清）李漁撰　清康熙金相堂刻本　二十冊

140000－0501－0011167　172548
傅青主先生稿本　（清）傅山書　清稿本一冊

140000－0501－0011168　172551
儀禮選要一卷　（清）孔傳性選編　清道光十年(1830)陽邑近思堂刻本　一冊

140000－0501－0011169　173790－809
繡像第一才子書五十卷一百二十回　（明）羅貫中撰　（清）毛宗崗評　清京都文成堂刻本　二十冊

140000－0501－0011170　173826－41
洪洞劉氏宗譜二十卷首二卷　（清）劉殿鳳（清）劉勝蓮編　清光緒二十七年(1901)洪洞劉氏刻本　十六冊

140000－0501－0011171　173842－65
新刻九我李太史校正大方性理全書七十卷（明）胡廣等撰　（明）李廷機校正　明永樂十三年(1415)金陵李洪宇刻本　二十四冊

140000－0501－0011172　173985－90
增訂本草備要四卷醫方集解三卷　（清）汪昂撰　清乾隆五年(1740)蓮溪書屋刻本　六冊

140000－0501－0011173　174011－17
寰宇訪碑錄十二卷　（清）孫星衍　（清）邢澍撰　清嘉慶七年(1802)刻本　七冊

140000－0501－0011174　174026－35
新五代史七十四卷附考證　（宋）歐陽修撰清光緒元年(1875)成都書局刻本　十冊

140000－0501－0011175　174049－58
歷代名人年譜十卷附存疑及生卒年月無考一卷　（清）吳榮光撰　清北京晉華書局刻本十冊

140000－0501－0011176　174059－62
唐語林八卷附校勘記一卷　（宋）王讜撰　清光緒十九年(1893)湖北官書局刻本　四冊

140000－0501－0011177　174063－68
藏書紀事詩七卷　葉昌熾撰　清宣統二年(1910)葉氏刻本　六冊

140000－0501－0011178　174069－72
朱子[熹]年譜四卷朱子論學切要語二卷（清）王懋竑纂　清乾隆白田草堂刻本　四冊

140000－0501－0011179　174082－83
小爾雅疏八卷　（清）王煦撰　清光緒十一年(1885)邵武徐幹刻本　二冊

140000－0501－0011180　174084－87
書經六卷校刊記一卷　（宋）蔡沈集傳　清光緒五年(1879)山西濬文書局刻本　四冊

140000－0501－0011181　174088－95
說文解字十五卷說文通檢十四卷首一卷末一卷　（漢）許慎撰　（清）黎永椿編　清光緒九年(1883)山西書局刻本　八冊　存十一卷（說文解字十一卷）

140000－0501－0011182　174096－105
針灸大成十卷　（明）楊繼洲撰　清京都善成堂刻本　十冊

140000－0501－0011183　174106－16
五經旁訓讀本二十一卷　（清）徐立綱輯　清嘉慶二年(1797)吳郡張氏文苑堂刻本　十一冊

140000－0501－0011184　174118－23
御纂春秋直解十二卷　（清）梁錫璵廣義　清刻本　六冊

140000－0501－0011185　174124－27

陰騭文像注四卷　（清）趙如升輯　清康熙五十八年(1719)刻雍正十三年(1735)重印本　四冊

140000－0501－0011186　174128－31

惜抱軒今體詩鈔五言九卷七言九卷　（清）姚鼐撰　清光緒七年(1881)山西濬文書局刻本　四冊

140000－0501－0011187　174133

小學韻語一卷　（清）羅澤南撰　清山西解州書院刻本　一冊

140000－0501－0011188　174134－37

札迻十二卷　（清）孫詒讓撰　清光緒二十年(1894)籀廎刻本　四冊

140000－0501－0011189　174140－43

莊子十卷　（晉）郭象注　（唐）陸德明音義　清光緒二年(1876)浙江書局刻本　四冊

140000－0501－0011190　174145－52

十駕齋養新錄二十卷餘錄三卷　（清）錢大昕撰　錢辛楣先生年譜一卷竹汀居士年譜續編一卷　（清）錢慶曾校注　清光緒二年(1876)浙江書局刻本　八冊

140000－0501－0011191　174153

新刻萬氏家傳婦人秘科三卷　（明）萬全撰　清刻本　一冊

140000－0501－0011192　174154－55

萬氏秘傳片玉心書五卷　（明）萬全撰　清刻本　二冊

140000－0501－0011193　174156－57

應酬集不分卷　（清）陸九如纂　清乾隆三十六年(1771)尺木堂刻本　二冊

140000－0501－0011194　174159

東維子文集三十一卷　（元）楊維楨撰　清抄本　一冊　存八卷(一至八)

140000－0501－0011195　174169－84

二程全書七種　（宋）程顥　（宋）程頤撰　（宋）朱熹輯　清刻本　十六冊

140000－0501－0011196　174197

南遊記一卷　（清）孫嘉淦撰　清嘉慶十年(1805)守意龕刻朱墨套印本　一冊

140000－0501－0011197　174198

南遊記一卷　（清）孫嘉淦撰　清嘉慶十年(1805)守意龕刻朱墨套印本　一冊

140000－0501－0011198　174465－74

佩文韻府一百六卷　（清）張玉書編纂　韻府拾遺一百六卷　（清）張廷玉編纂　清光緒八年(1882)上海點石齋石印本　十冊

140000－0501－0011199　174477－88

東萊先生音注唐鑑二十四卷　（宋）范祖禹撰　（宋）呂祖謙音注　清刻本　十二冊

140000－0501－0011200　174598－601

涑水記聞十六卷補遺一卷　（宋）司馬光撰　清光緒元年(1875)湖北崇文書局刻本　四冊

140000－0501－0011201　174688－89

外科精義二卷　（明）齊德之纂　清刻本　二冊

140000－0501－0011202　174974

范石湖詩集注三卷　（清）沈欽韓撰　半氈齋題跋二卷　（清）江藩撰　清光緒吳縣潘氏刻功順堂叢書本　一冊

140000－0501－0011203　174975

冬青館古宮詞三卷　（清）張鑑撰　（清）桂榮注　清光緒吳縣潘氏刻功順堂叢書本　一冊

140000－0501－0011204　174976－79

瑤華閣詩草一卷詞一卷詞補遺一卷閩南雜詠一卷　（清）袁綬撰　清同治六年(1867)金陵吳氏刻本　四冊

140000－0501－0011205　174980

理學防塞錄一卷　（清）高習容撰　清同治十二年(1873)刻本　一冊

140000－0501－0011206　174983

如諫果室叢刻四種　（清）王延釗撰　清宣統二年(1910)京師益森書館鉛印本　一冊

140000－0501－0011207　174984

如諫果室叢刻四種　（清）王延釗撰　清宣統二年(1910)京師益森書館鉛印本　一冊

140000－0501－0011208　174987－90

儀禮鄭注句讀十七卷附監本正誤一卷　（清）張爾岐撰　清同治七年(1868)金陵書局刻本　四冊

140000－0501－0011209　174991－94

考卷雋快新編不分卷　（清）季成鈕編　（清）翁心存鑒定　清道光二十三年(1843)書業德刻本　四冊

140000－0501－0011210　175007－30

皇朝經世文編一百二十卷　（清）賀長齡編　清光緒十四年(1888)上海廣百宋齋鉛印本　二十四冊

140000－0501－0011211　175031－38

文獻徵存錄十卷　（清）錢林輯　（清）王藻編　清咸豐八年(1858)王氏有嘉樹軒刻本　八冊

140000－0501－0011212　175047

學仕遺規補編四卷　（清）陳宏謀撰　（清）陳鍾珂編校　清刻本　一冊

140000－0501－0011213　175048－51

新刊性理大全八卷　（明）胡廣等輯　性理體注訓解標題　（清）張道升　（清）仇廷桂纂輯　清咸豐二年(1852)文錦堂刻本　四冊

140000－0501－0011214　175058

感應篇直講一卷　清重慶通國堂書坊刻本　一冊

140000－0501－0011215　175059

潄經齋座右銘類編一卷續編一卷　（清）汪汲撰　清刻本　一冊

140000－0501－0011216　175060－69

教育叢書初集　佚名輯　清光緒二十七年(1901)教育世界出版所刻本　十冊

140000－0501－0011217　175070－83

新刻五經揭要題解十九卷　（清）許寶善撰　清怡怡軒主人刻本　十四冊

140000－0501－0011218　175087－92

右台仙館筆記十六卷　題（清）俞樾撰　清刻本　六冊

140000－0501－0011219　175093－102

國史經籍志五卷附錄一卷　（明）焦竑輯　清咸豐南海伍氏刻本　十冊

140000－0501－0011220　175108－09

聖諭廣訓直解不分卷　（清）世宗胤禛撰　清道光三十年(1850)詹培材刻本　二冊

140000－0501－0011221　175110

國朝經師經義目錄一卷國朝宋學淵源記二卷　（清）江藩纂　清咸豐刻本　一冊

140000－0501－0011222　175113

續春秋左氏傳博議二卷　（清）王夫之撰　清同治四年(1865)金陵湘鄉曾國荃刻船山遺書本　一冊

140000－0501－0011223　175114

春秋稗疏二卷　（清）王夫之撰　清同治四年(1865)金陵湘鄉曾國荃刻船山遺書本　一冊

140000－0501－0011224　175115－17

春秋家說三卷　（清）王夫之撰　清同治四年(1865)金陵湘鄉曾國荃刻船山遺書本　三冊

140000－0501－0011225　175119

曾文正公詩集四卷　（清）曾國藩撰　清同治十三年(1874)傳忠書局刻本　一冊

140000－0501－0011226　175126－31

評點春秋綱目左傳句解彙雋六卷　（清）韓菼輯　清宣統元年(1909)刻本　六冊

140000－0501－0011227　175132－36

五科鄉會墨卷不分卷　（清）葉葆評選　清道光二年(1822)聚錦堂刻本　五冊

140000－0501－0011228　175137－42

思睿齋小題存稿　（清）周由厚著　（清）魏彭年編　清道光三年(1823)武林周氏刻本　六冊

140000－0501－0011229　175143－44

默齋公牘二卷　（清）俞德淵撰　清道光二十

年(1840)平羅留餘堂刻本　二冊

140000－0501－0011230　175172－77

易經本意四卷首一卷末一卷　（清）何蘇著
清道光十六年(1836)刻本　六冊

140000－0501－0011231　175178－83

曾文正公雜著四卷附楹聯一卷挽聯一卷
（清）曾國藩撰　**曾文正公事略四卷**　（清）王
定安撰　清光緒四年(1878)上海醉六堂刻本
六冊

140000－0501－0011232　175191－98

明文小題與巧集不分卷　（清）李沛霖評選
清康熙五十一年(1712)文林堂刻本　八冊

140000－0501－0011233　175199－202

萬國公法會通十卷　（美國）丁韙良譯　清光
緒二十二年(1896)上海飛鴻閣石印本　四冊

140000－0501－0011234　175203－14

十三經策案二十二卷　（清）王謨彙輯　（清）
喻祥麟編　**三通集要策母三卷**　（唐）杜佑纂
清道光二十四年(1844)桂香齋刻本　十
二冊

140000－0501－0011235　175215－18

廿四史論新編二十三卷　（清）鮑雍手錄　清
光緒二十八年(1902)志懷主人石印本　四冊

140000－0501－0011236　175219

謝光祿集一卷　（南朝宋）謝莊著　（明）張溥
閱　清光緒十八年(1892)善化章經濟堂刻漢
魏六朝百三名家集本　一冊

140000－0501－0011237　175220

宋袁陽源集一卷　（南朝宋）袁淑著　**謝法曹
集一卷**　（南朝宋）謝惠連著　（明）張溥閱
清光緒十八年(1892)善化章經濟堂刻漢魏六
朝百三名家集本　一冊

140000－0501－0011238　175224－29

懋齋時藝不分卷　（清）來宗敏撰　清嘉慶二
十一年(1816)刻本　六冊

140000－0501－0011239　175230－37

唐宋八大家類選十四卷　（清）儲欣評　清嘉

慶十八年(1813)靜遠堂刻本　八冊

140000－0501－0011240　175238－41

皇清經解縮本編目十六卷　（清）凌忠照編輯
（清）張紹銘分輯　清光緒十三年(1887)上
海書局石印本　四冊

140000－0501－0011241　175245－49

詩韻合璧五卷附分韻文選題解擇要　（清）湯
文潞輯　清光緒三年(1877)寄螺齋刻本
五冊

140000－0501－0011242　175250－54

茶香室叢鈔二十三卷　（清）俞樾撰　清刻本
五冊　存二十一卷(三至二十三)

140000－0501－0011243　175255－60

茶香室續鈔二十五卷　（清）俞樾撰　清刻本
六冊

140000－0501－0011244　175263－66

**佩弦齋雜存二卷駢文存一卷詩存一卷律賦存
一卷**　（清）朱一新撰　清葆真堂刻本　四冊

140000－0501－0011245　175268－69

物體遇熱改易記四卷　（英國）瓦特斯輯
(英國)傅蘭雅口譯　（清）徐壽筆述　清光緒
二十五年(1899)江南製造局刻本　二冊

140000－0501－0011246　175270

行船免撞章程一卷　（英國）傅蘭雅　（清）鍾
天緯譯　清光緒二十一年(1895)鉛印本
一冊

140000－0501－0011247　175271

雙藤書屋試帖二卷　（清）何道生撰　清嘉慶
十二年(1807)刻本　一冊

140000－0501－0011248　175272－73

海塘輯要十卷首一卷　（英國）韋更斯撰
(英國)傅蘭雅口譯　（清）趙元益筆述　清光
緒刻本　二冊

140000－0501－0011249　175274－79

槐廬叢書五編四十六種　（清）朱記榮輯　清
光緒十二年(1886)吳縣朱氏槐廬家塾刻本
六冊

140000－0501－0011250　175280－99

皇朝經世文續編一百二十卷　（清）葛士濬輯
　清光緒二十四年（1898）上海書局石印本
二十冊

140000－0501－0011251　175300－04

大題文府　清光緒十二年（1886）上海同文書
局石印本　五冊

140000－0501－0011252　175320－29

十三經策案二十二卷　（清）王謨彙輯　（清）
喻祥麟編　清刻本　十冊

140000－0501－0011253　175330

西學輯存六種　（英國）偉烈亞力口譯　（清）
王韜輯　清光緒十六年（1890）淞隱廬鉛印本
一冊　殘

140000－0501－0011254　175331

湛淵靜語二卷　（元）白珽撰　清乾隆刻知不
足齋叢書本　一冊

140000－0501－0011255　175332－37

閩妙香室律賦選注三卷　（清）李芝齡撰
（清）胡光塋選評　閩妙香室試帖三卷　（清）
李芝齡撰　（清）徐寶善選評　清道光二十九
年（1849）京都文秀堂刻本　六冊

140000－0501－0011256　175338－40

地學淺釋三十八卷　（英國）雷俠兒撰　（美
國）瑪高溫口譯　（清）華蘅芳筆述　清光緒
二十四年（1898）上海富強齋石印本　三冊

140000－0501－0011257　175344－45

文選李注補正四卷　（清）孫志祖輯　清嘉慶
三年（1798）刻讀畫齋叢書本　二冊

140000－0501－0011258　175346

欽定學堂章程一卷　清鉛印本　一冊

140000－0501－0011259　175347

晉陽文鈔一卷　清刻本　一冊

140000－0501－0011260　175348

王茂遠先生傳稿一卷　（明）王自超撰　（清）
龔維新訂　清刻本　一冊

140000－0501－0011261　175352

[吳柳堂先生遺書奏摺]　（清）吳可讀撰　清
刻本　一冊

140000－0501－0011262　175353－60

皇朝藩屬輿地叢書二十八種　（清）浦□輯
清光緒二十九年（1903）金匱浦氏靜寄東軒石
印本　八冊　殘

140000－0501－0011263　175361－64

詩韻集成十卷　（清）余照輯　清同治六年
（1867）經餘厚刻銅版印本　四冊

140000－0501－0011264　175365－68

試律智慧海後編三十編　（清）慕維德輯　清
道光三年（1823）步月樓刻本　四冊

140000－0501－0011265　175369

列國變通興盛記　（英國）李提摩太著　清光
緒二十四年（1898）上海廣學會鉛印本　一冊

140000－0501－0011266　175370－73

礦務五種　（英國）士密德輯　（英國）傅蘭雅
口譯　（清）王德均筆述　清光緒二十三年
（1897）上海緯文閣石印本　四冊

140000－0501－0011267　175374

七國新學備要　（英國）李提摩太著　清光緒
二十四年（1898）上海商務印書館鉛印本
一冊

140000－0501－0011268　175381

醫經正本書二卷　（宋）程迥撰　清光緒三年
（1877）歸安陸氏刻十萬卷樓叢書本　一冊

140000－0501－0011269　175383－86

雲璈初集二集三集　（清）邵涵初編　清道光
元年（1821）無錫三秀堂書房刻本　四冊

140000－0501－0011270　175387

金竹集二卷　（英國）楊姬著　（美國）柏爾根
譯　于樹榮述　清宣統二年（1910）上海華美
書局鉛印本　一冊

140000－0501－0011271　175392

退遂齋詩續集二卷附雜錄一卷　（清）倪鴻撰
清光緒十年（1884）濟南刻本　一冊

140000－0501－0011272　175394

尚書離句六卷 （清）錢在培輯解 （清）劉梅
垞鑒定 清經餘堂刻本 一冊

140000－0501－0011273 175395

余文煥傳一卷附行述一卷 清光緒刻本
一冊

140000－0501－0011274 175396

行船免撞章程一卷 （英國）傅蘭雅 （清）鍾
天緯譯 清光緒二十一年(1895)鉛印本
一冊

140000－0501－0011275 175398－400

漢魏六朝百三名家集 （明）張溥輯 清光緒
十八年(1892)善化章經濟堂刻本 三冊 存
五家

140000－0501－0011276 175401－03

西北文集三卷 （清）畢振姬著 （清）牛兆捷
評述 清刻本 三冊

140000－0501－0011277 175421

書信稿 清稿本 一冊

140000－0501－0011278 175426－29

詩學含英十四卷 （清）劉文蔚輯 （清）向焄
增 清道光十一年(1831)福建靈蘭堂刻本
四冊

140000－0501－0011279 175430－41

詩韻類錦十二卷 （清）郭化霖編 清咸豐二
年(1852)福省靈蘭堂刻本 十二冊

140000－0501－0011280 175442

開方提要一卷 （清）黃慶澄撰 清光緒二十
三年(1897)刻本 一冊

140000－0501－0011281 175443

開方提要一卷 （清）黃慶澄撰 清光緒二十
三年(1897)刻本 一冊

140000－0501－0011282 175444

開方提要一卷 （清）黃慶澄撰 清光緒二十
三年(1897)刻本 一冊

140000－0501－0011283 175445－48

書經六卷 （宋）蔡沈集傳 清道光元年
(1821)晉祁書業堂刻本 四冊

140000－0501－0011284 175463－65

雙桂堂易說二種 （清）紀大奎撰 清嘉慶十
三年(1808)刻紀慎齋先生全集本 三冊

140000－0501－0011285 175466－67

古律經傳附考五卷 （清）紀大奎撰 清嘉慶
十三年(1808)刻紀慎齋先生全集本 二冊

140000－0501－0011286 175468

甋峰先生遺稿二卷 （清）何輝寧撰 清嘉慶
十三年(1808)刻紀慎齋先生全集本 一冊

140000－0501－0011287 175469

書紳錄一卷 （清）紀大奎撰 清嘉慶十三年
(1808)刻紀慎齋先生全集本 一冊

140000－0501－0011288 175470－77

綏寇紀略十二卷補遺三卷 （清）吳偉業纂輯
清照曠閣刻本 八冊

140000－0501－0011289 175495

吉林官報第十五期 清宣統元年(1909)鉛印
本 一冊

140000－0501－0011290 175497

暗室燈二卷附遠色編一卷 （清）深山居士輯
清同治八年(1869)項爾康刻本 一冊

140000－0501－0011291 175498

山西學務彙編一卷 清末山西木活字印本
一冊

140000－0501－0011292 175499

天津自治局文件錄要一卷 清光緒三十三年
(1907)鉛印本 一冊

140000－0501－0011293 175500

天津自治局文件錄要一卷 清光緒三十三年
(1907)鉛印本 一冊

140000－0501－0011294 175501

天津自治局文件錄要一卷 清光緒三十三年
(1907)鉛印本 一冊

140000－0501－0011295 175502

天津自治局文件錄要一卷 清光緒三十三年
(1907)鉛印本 一冊

140000－0501－0011296　175503－04

唐兩京城坊考五卷　（清）徐松撰　清道光二
十八年(1848)靈石楊氏刻連筠簃叢書本
二冊

140000－0501－0011297　175505－06

韻補五卷附錄一卷　（宋）吳棫撰　**韻補正一
卷**　（清）顧炎武撰　清道光二十八年(1848)
靈石楊氏刻連筠簃叢書本　二冊

140000－0501－0011298　175507－14

分類文腋八卷　（清）李楨選　（清）李煒批注
清太原令德堂刻本　八冊

140000－0501－0011299　175515－20

聽雨軒讀本前集今集　（清）陳鍾麟選　清道
光二年(1822)刻本　六冊

140000－0501－0011300　175525

梁昭明太子集一卷　（南朝梁）蕭統著　（明）
張溥閱　清光緒十八年(1892)善化章經濟堂
刻本　一冊

140000－0501－0011301　175526－27

梁簡文帝御製集二卷　（南朝梁）簡文帝蕭綱
著　（明）張溥閱　清光緒十八年(1892)善化
章經濟堂刻本　二冊

140000－0501－0011302　175528－75

新增廣廣策府統宗四卷　（清）頌芬室主人輯
清光緒二十年(1894)上海鴻文書局石印本
四十八冊

140000－0501－0011303　175576－91

漢魏六朝名家集初刻　丁福保輯　清宣統三
年(1911)無錫丁氏鉛印本　十六冊

140000－0501－0011304　175592－93

音韻集註不分卷　（清）高明直集　清嘉慶四
年(1799)竹園刻本　二冊

140000－0501－0011305　175607

比雅十卷　（清）洪亮吉著　清光緒五年
(1879)授經堂刻本　一冊

140000－0501－0011306　175608－09

傳經表二卷通經表二卷　（清）洪亮吉著　清

光緒五年(1879)授經堂刻本　二冊

140000－0501－0011307　175610－13

六書轉注錄十卷　（清）洪亮吉著　清光緒五
年(1879)授經堂刻本　四冊

140000－0501－0011308　175620－21

輪船布陣十二卷首一卷附圖一卷　（英國）賈
密倫撰　（英國）傅蘭雅口譯　（清）徐建寅筆
述　清末江南機器製造總局刻本　二冊

140000－0501－0011309　175622－23

開煤要法十二卷　（英國）士密德輯　（英國）
傅蘭雅口譯　（清）王德均筆述　清末江南製
造總局刻本　二冊

140000－0501－0011310　175628

虛字說一卷　（清）袁仁林著　清刻本　一冊

140000－0501－0011311　175629－30

洋務用軍必讀三卷　（清）朱克敬著　清光緒
十年(1884)栀秀山房刻本　二冊

140000－0501－0011312　175632

牧民忠告二卷　（元）張養浩著　清同治七年
(1868)蘇州姑蘇書局刻本　一冊

140000－0501－0011313　175633

立體形學課本一卷　（英國）威理孫著　（清）
陳泚譯　清光緒三十二年(1906)京師官書局
鉛印本　一冊

140000－0501－0011314　175634－37

日本陸軍學校章程彙編不分卷　孟森譯　清
光緒南洋公學譯書局鉛印本　四冊

140000－0501－0011315　175638

工藝新論二卷　清光緒二十四年(1898)石印
本　一冊

140000－0501－0011316　175639

列國變通興盛記　（英國）李提摩太著　清光
緒二十四年(1898)上海廣學會鉛印本　一冊

140000－0501－0011317　175640

入道初學一卷　清光緒二十九年(1903)上海
美華書館鉛印本　一冊

140000－0501－0011318　175641－44

壯悔堂文集　（清）侯方域著　清宣統元年
(1909)上海掃葉山房石印本　四冊

140000－0501－0011319　175645

西學輯存六種　（英國）偉烈亞力口譯　（清）
王韜輯　清光緒十六年(1890)淞隱廬鉛印本
一冊　存三種三卷(西國天學源流一卷、重
學淺說一卷、西學圖說一卷)

140000－0501－0011320　175646

金剛經註解一卷　清同治六年(1867)刻本
一冊

140000－0501－0011321　175647－48

養雲山館試帖四卷　（清）許球著　（清）王榮
紱注釋　清道光二十七年(1847)刻本　二冊

140000－0501－0011322　175650

剡錄十卷　（宋）高似孫撰　清光緒邵武徐氏
刻本　一冊

140000－0501－0011323　175651

惠庵詩稿一卷　（清）潘敬著　清宣統三年
(1911)鉛印本　一冊

140000－0501－0011324　175652

庭聞憶略二卷附一卷　（清）寶廷著　清光緒
二十二年(1896)刻本　一冊

140000－0501－0011325　175653

悔言六卷　夏震武撰　清光緒刻本　一冊

140000－0501－0011326　175655－56

通鑑釋文辯誤十二卷　（元）胡三省撰　清刻
本　二冊

140000－0501－0011327　175657－58

通鑑外紀目錄五卷　（宋）劉恕撰　清刻本
二冊

140000－0501－0011328　175659－60

通鑑外紀十卷　（宋）劉恕撰　清刻本　二冊
存七卷(一至三、七至十)

140000－0501－0011329　175663

論語十卷　清光緒五年(1879)山西濬文書局
刻本　一冊　存五卷(一至五)

140000－0501－0011330　175666

日本議會史第三期　（日本）工藤武重著　汪
有齡譯　清光緒三十一年(1905)翰墨林編譯
印書局鉛印本　一冊

140000－0501－0011331　175667

日本議會史第四期　（日本）工藤武重著　汪
有齡譯　清光緒三十一年(1905)翰墨林編譯
印書局鉛印本　一冊

140000－0501－0011332　175669

五經小學述二卷　（清）莊述祖著　清光緒九
年(1883)刻本　一冊

140000－0501－0011333　175670

小爾雅一卷　（漢）孔鮒著　**吳越春秋十卷**
(漢)趙曄撰　清刻本　一冊　缺四卷(吳越
春秋七至十)

140000－0501－0011334　175671－72

尚書大傳三卷序錄一卷辨偽一卷　（漢）伏勝
撰　（漢）鄭玄注　（清）陳壽祺輯　清刻本
二冊

140000－0501－0011335　175673－78

塾課小題正鵠初集一卷二集一卷三集一卷
(清)李傳敏鑒定　清光緒十二年(1886)山西
濬文書局刻本　六冊

140000－0501－0011336　175679

繪圖孝義真珠塔緣四卷二十四回　（清）馬如
飛著　清光緒十九年(1893)石印本　一冊

140000－0501－0011337　175680

雲煙過眼錄四卷續錄一卷　（宋）周密撰　**學
古編一卷**　（元）吾衍撰　清石印本　一冊

140000－0501－0011338　175687

九通序不分卷　清光緒二十八年(1902)景幡
山房鉛印本　一冊

140000－0501－0011339　175688

張文節公遺集二卷　（清）張洵著　清同治十
一年(1872)湪喜齋刻本　一冊

140000－0501－0011340　175689－712

皇朝經世文編一百二十卷　（清）賀長齡編

清光緒二十二年(1896)上海掃葉山房石印本
　二十四冊　殘

140000－0501－0011341　175713

米海嶽[芾]年譜一卷元遺山先生[好問]年譜
三卷附錄一卷　（清）翁方綱編　清咸豐刻本
　一冊

140000－0501－0011342　175714－19

熙朝紀政六卷　（清）王慶雲述　清光緒二十
四年(1898)許葉芬影印本　六冊

140000－0501－0011343　175720－33

海國圖志一百卷　（清）魏源撰　清光緒二十
八年(1902)文賢閣石印本　十四冊

140000－0501－0011344　175745

南澗文集二卷　（清）李文藻撰　清刻本
一冊

140000－0501－0011345　175748

擬兩晉南北史樂府二卷唐宋小樂府一卷
(清)洪亮吉輯　清光緒四年(1878)授經堂刻
本　一冊

140000－0501－0011346　175758

奏定北洋練兵營制餉章　袁世凱撰　清光緒
二十八年(1902)鉛印本　一冊

140000－0501－0011347　175759

仙佛合宗語錄一卷　（明）伍守陽撰　清書業
堂刻本　一冊

140000－0501－0011348　175762

五洲教務問答一卷　（英國）李提摩太著　清
光緒二十五年(1899)美華書館鉛印本　一冊

140000－0501－0011349　175763－72

儆季雜著五種附兩種　（清）黃以周撰　清光
緒二年(1876)江蘇南菁講舍刻本　十冊

140000－0501－0011350　175779－82

七十家賦鈔六卷　（清）張惠言輯　清光緒八
年(1882)廣東載文堂刻本　四冊

140000－0501－0011351　175786

浮瓜沈李賦一卷　（清）劉步元撰　清刻本
一冊

140000－0501－0011352　175788－94

曨社學譚一至七期　曨社學譚社編輯　清宣
統三年(1911)鉛印本　七冊

140000－0501－0011353　175796－801

天崇名家文欣賞集不分卷　（清）朱芬選訂
(清)吳懋政注釋　清道光十七年(1837)貴文
堂刻本　六冊

140000－0501－0011354　175803

衛生學一卷　（日本）小山田謙編　邴仲共譯
　清鉛印本　一冊

140000－0501－0011355　175805－06

仙儒外紀十卷　（清）劉霱輯　清道光十七年
(1837)壽陽刻本　二冊

140000－0501－0011356　175810－11

易例大全　（清）榕園書屋主人識　清咸豐十
一年(1861)刻本　二冊

140000－0501－0011357　175812－19

五種遺規十六卷　（清）陳宏謀編　清掃葉山
房石印本　八冊

140000－0501－0011358　175821

桐城先生點勘太玄讀本十卷　（漢）揚雄撰
(清)吳汝綸點勘　清宣統二年(1910)衍星社
鉛印本　一冊

140000－0501－0011359　175826

留餘草堂詩課初編一卷　（清）蔡振堅撰　清
鉛印本　一冊

140000－0501－0011360　175827－29

石林燕語十卷辨一卷　（宋）葉夢得撰　清光
緒長沙葉氏郎園刻本　三冊

140000－0501－0011361　175832

學算存略三卷　（清）安清翹撰　清刻本
一冊

140000－0501－0011362　175834－37

十三經集字音韻訓詁一卷　（清）周昂夫編輯
　清咸豐元年(1851)刻本　四冊

140000－0501－0011363　175838

國語明道本考異四卷　（清）汪遠孫撰　清刻

本　一册

140000－0501－0011364　175840－43

[道光癸酉科]墨卷大醇三編附試帖　（清）夏
子齡　（清）高銑鑒定　清道光刻本　四册

140000－0501－0011365　175844－49

洞天奧旨十六卷附經絡圖　（清）陳士鐸撰
（清）陶式玉評　清成文齋石印本　六册

140000－0501－0011366　175850－53

書經六卷　（宋）蔡沈集傳　清綠蔭堂刻本
四册

140000－0501－0011367　175854－57

書經六卷　（宋）蔡沈集傳　清嘉慶十四年
(1809)聚文堂刻本　四册

140000－0501－0011368　175858－61

前敵須知四卷　（英國）克利賴著　舒高第
（清）鄭昌棪譯　清光緒江南製造總局鉛印本
四册

140000－0501－0011369　175862－67

河洛精蘊九卷　（清）江永撰　清乾隆三十九
年(1774)刻本　六册

140000－0501－0011370　175872－73

光緒壬寅補行庚子辛丑恩正併科各省鄉試同
年全錄不分卷　清光緒刻本　二册

140000－0501－0011371　175879－82

焦氏筆乘續集八卷　（明）焦竑撰　清道光三
十年(1850)刻本　四册

140000－0501－0011372　175898

拳教析疑說一卷　勞乃宣撰　義和拳教門源
流考一卷　（清）桂嵩慶撰　清光緒刻本
一册

140000－0501－0011373　175899

三略兵法解證三卷　（清）杜蘅撰　素書一卷
（漢）黃石公撰　史記留侯世家一卷　（漢）
司馬遷撰　清末河南官書局鉛印本　一册

140000－0501－0011374　175900－01

渚宮舊事五卷補遺一卷　（唐）余知古撰　清
嘉慶十九年(1814)刻本　二册

140000－0501－0011375　175902

牛奇章集一卷　（隋）牛弘著　（明）張溥閱
清光緒十八年(1892)善化章經濟堂刻漢魏六
朝百三名家集本　一册

140000－0501－0011376　175903

盧武陽集一卷　（隋）盧思道著　（明）張溥閱
清光緒十八年(1892)善化章經濟堂刻漢魏
六朝百三名家集本　一册

140000－0501－0011377　175904

李懷州集一卷　（隋）李德林著　（明）張溥閱
清光緒十八年(1892)善化章經濟堂刻漢魏
六朝百三名家集本　一册

140000－0501－0011378　175905

沈侍中集一卷　（南朝陳）沈炯著　（明）張溥
閱　清光緒十八年(1892)善化章經濟堂刻漢
魏六朝百三名家集本　一册

140000－0501－0011379　175906

王文憲集一卷　（南朝齊）王儉著　（明）張溥
閱　清光緒十八年(1892)善化章經濟堂刻漢
魏六朝百三名家集本　一册

140000－0501－0011380　175907

顏光祿集一卷　（南朝宋）顏延之著　（明）張
溥閱　清光緒十八年(1892)善化章經濟堂刻
漢魏六朝百三名家集本　一册

140000－0501－0011381　175908

南齊竟陵王集二卷　（南朝齊）蕭子良著
（明）張溥閱　清光緒十八年(1892)善化章經
濟堂刻漢魏六朝百三名家集本　一册

140000－0501－0011382　175909

聲調前譜一卷後譜一卷續譜一卷　（清）趙執
信撰　清光緒四年(1878)太原文淵書社石印
本　一册

140000－0501－0011383　175910－15

諸葛忠武侯故事五卷　（清）張澍纂輯　清同
治元年(1862)聚珍齋木活字印本　六册

140000－0501－0011384　175948－53

吳越所見書畫錄六卷　（清）陸時化撰　清宣

統二年(1910)順德鄧氏鉛印本　六冊

140000－0501－0011385　175955－60

輶軒使者絕代語釋別國方言箋疏十三卷
(晉)郭璞注　(清)錢繹輯　清光緒十六年
(1890)紅蝠山房刻本　六冊

140000－0501－0011386　175961－64

重修名法指掌圖四卷　(清)沈稼叟撰　清同
治十年(1871)山西文興書局刻本　四冊

140000－0501－0011387　175965

寅谷先生遺稿一卷　(清)蔣泰來撰　清刻本
　一冊

140000－0501－0011388　175967

脈診便讀一卷　(清)張秉成撰　清光緒二十
九年(1903)刻本　一冊

140000－0501－0011389　175968

奏定京內官制全案一卷　清太原濬文書局鉛
印本　一冊

140000－0501－0011390　175969

魏三體石經遺字考一卷　(清)孫星衍撰　清
嘉慶十一年(1806)金陵刻本　一冊

140000－0501－0011391　175970

內省錄箋釋一卷　(清)趙嗣晉撰　清康熙四
十六年(1707)刻本　一冊

140000－0501－0011392　175971

勾股截積和較算術二卷　(清)羅士琳撰　清
道光二十八年(1848)靈石楊氏刻本　一冊

140000－0501－0011393　175975

牟子一卷　(漢)牟融撰　(清)孫星衍校　**黃
帝龍首經二卷**　(清)孫星衍校　清嘉慶十二
年(1807)蘭陵孫氏刻本　一冊

140000－0501－0011394　175976

聖諭廣訓一卷附聖訓從俗講話　(清)世宗胤
禛撰　清光緒十四年(1888)山西撫署刻本
一冊

140000－0501－0011395　175977

文字蒙求四卷　(清)王筠撰　清道光十八年
(1838)刻本　一冊

140000－0501－0011396　175978

策算一卷　(清)戴震編　清微波榭刻本
一冊

140000－0501－0011397　175979－88

郝文忠公陵川文集三十九卷附錄一卷　(元)
郝經撰　(清)王繆編訂　清嘉慶三年(1798)
刻本　十冊

140000－0501－0011398　175989－94

左傳易讀六卷　(清)司徒修輯　清道光十六
年(1836)書業德刻本　六冊

140000－0501－0011399　175995－6005

詩句題解韻編六卷　(清)陳維屏纂輯　清道
光二十八年(1848)棠芬書屋刻本　十一冊

140000－0501－0011400　176006－10

四書典制類聯音注三十三卷　(清)閻其淵編
輯　清光緒二年(1876)鳧山草堂刻本　五冊
存十八卷(一至十八)

140000－0501－0011401　176011

音注小倉山房尺牘八卷　(清)袁枚撰　(清)
胡光斗箋　清光緒二十七年(1901)申昌書局
石印本　一冊

140000－0501－0011402　176012

最新醒世歌謠一卷　題(清)痛國遺民編　清
上海羣益書局鉛印本　一冊

140000－0501－0011403　176015

帖經舉隅四卷　(清)翁方綱撰　清刻本
一冊

140000－0501－0011404　176016－17

天文大象賦二編　(隋)李播撰　清咸豐六年
(1856)刻本　二冊

140000－0501－0011405　176018－23

增訂吟花課藝不分卷　(清)茹棻鑒定　清道
光三年(1823)刻本　六冊

140000－0501－0011406　176025

理化學大意一卷　(清)杜就田編譯　清光緒
三十三年(1907)上海商務印書館鉛印本
一冊

140000－0501－0011407　176026

五洲教務問答一卷　（英國）李提摩太著　清光緒二十五年(1899)美華書館鉛印本　一冊

140000－0501－0011408　176035

南海集二卷　（清）王士禛撰　清刻本　一冊

140000－0501－0011409　176046－47

太上感應篇二卷　（清）惠棟箋注　清光緒二十年(1894)上海文林書局石印本　二冊

140000－0501－0011410　176048－59

羣經平議三十五卷　（清）俞樾撰　清光緒十五年(1889)刻本　十二冊

140000－0501－0011411　176061－72

各國新政輯覽十二卷　清光緒二十八年(1902)上海商務書館石印本　十二冊

140000－0501－0011412　176088－90

輶軒使者絕代語釋方言十二卷　（漢）揚雄撰　（晉）郭璞注　**續二卷**　（清）杭世駿撰　**續補一卷**　（清）程際盛撰　清光緒十七年(1891)思賢講舍刻本　二冊

140000－0501－0011413　176091－93

爾雅一切注音十卷　（清）嚴可均纂輯　清光緒十三年(1887)刻本　三冊

140000－0501－0011414　176094

監本附音春秋穀梁傳注疏三卷校勘記一卷　(晉)范甯集解　（唐）楊士勛疏　（唐）陸德明釋文　清嘉慶二十四年(1819)南昌府刻本　一冊

140000－0501－0011415　176095

四川尊經書院記　（清）張之洞撰　清光緒十九年(1893)刻本　一冊

140000－0501－0011416　176096

斯賓塞爾勸學篇　清光緒二十七年(1901)南昌讀有用書之齋刻本(序言爲抄配)　一冊

140000－0501－0011417　176097

續詞選二卷附錄一卷　（清）董毅錄　清道光十年(1830)刻本　一冊

140000－0501－0011418　176098－99

踈菴先生率意稿二卷　（明）王國光撰　清影印本　二冊

140000－0501－0011419　176100

地球一百名人傳　（英國）李提摩太譯　（清）林朝圻達旨　清光緒二十七年(1901)上海圖書集成局鉛印本　一冊

140000－0501－0011420　176101

地球一百名人傳　（英國）李提摩太譯　（清）林朝圻達旨　清光緒二十七年(1901)上海圖書集成局鉛印本　一冊

140000－0501－0011421　176102－08

大清律例總類不分卷　清光緒十三年(1887)山西濬文書局刻本　七冊

140000－0501－0011422　176110

韻補五卷韻補正一卷　（宋）吳棫撰　（清）顧炎武補正　清光緒九年(1883)邵武徐氏刻本　一冊

140000－0501－0011423　176111－12

魚雷學四種　（清）唐惠民撰　清光緒三十一年(1905)石印本　二冊

140000－0501－0011424　176113－18

韻詁不分卷　（清）方濬頤輯　清光緒四年(1878)淮南書局刻本　六冊

140000－0501－0011425　176119－23

桐城吳先生文集四卷詩集一卷　（清）吳汝綸撰　清光緒三十年(1904)王恩綬等刻本　五冊

140000－0501－0011426　176125

魏武帝集一卷　（三國魏）武帝曹操撰　（明）張溥評閱　清光緒十八年(1892)善化章經濟堂刻漢魏六朝百三名家集本　一冊

140000－0501－0011427　176126－37

左繡三十卷首一卷　（清）馮李驊　（清）陸浩評輯　清學原堂刻本　十二冊

140000－0501－0011428　176138

查閱沿江炮台復稟一卷　（德國）來春石泰撰　（清）鄭宗蔭等譯　**揚子江籌防芻議並序一**

卷　(德國)雷諾撰　(清)張永熼譯　奧斯馬
加國商辦鐵路條例一卷　(清)黃致堯譯　倫
敦鐵路公司章程一卷　(清)鄧廷鏗譯　法國
印花稅章程一卷　(清)黃致堯譯　盛世元音
一卷　(清)沈學撰　富國策三卷　(清)通正
齋生譯　時務報館文編一卷　清光緒石印本
　一冊

140000 – 0501 – 0011429　176139 – 40
越三子集三種　(清)潘祖蔭輯　清同治十一
年(1872)京師潘氏滂喜齋刻本　二冊

140000 – 0501 – 0011430　176141 – 42
瀛環志略十卷　(清)徐繼畬撰　清光緒二十
八年(1902)善成堂刻本　二冊

140000 – 0501 – 0011431　176143 – 46
養雲山館試帖注釋四卷　(清)許球著　(清)
王榮紱注釋　清同治三年(1864)書業德刻本
　四冊

140000 – 0501 – 0011432　176154
呂氏童蒙訓三卷　(宋)呂本中撰　程氏家塾
讀書分年日程　(元)程端禮述　清同治二年
(1863)錢塘丁氏刻本　一冊

140000 – 0501 – 0011433　176155
怵行錄一卷　(清)邵懿辰撰　清同治五年
(1866)當歸草堂刻本　一冊

140000 – 0501 – 0011434　176158 – 59
經訓書院課藝四卷　清刻本　二冊

140000 – 0501 – 0011435　176163
王叔師集一卷　(漢)王逸著　孔少府集一卷
　(漢)孔融著　清光緒十八年(1892)善化章
經濟堂刻本　一冊

140000 – 0501 – 0011436　176167 – 69
兵船礮法六卷　(美國)金楷理口譯　(清)朱
恩錫筆述　清江南機器制造局刻本　三冊

140000 – 0501 – 0011437　176170
泰西事物起原二十三章　(日本)澁江保編纂
　(清)廣智書局譯　清光緒二十八年(1902)
上海廣智書局石印本　一冊

140000 – 0501 – 0011438　176171
地志啟蒙四卷　清光緒二十四年(1898)石印
本　一冊

140000 – 0501 – 0011439　176179
辦學啟蒙一卷　(英國)艾約瑟譯　清光緒二
十四年(1898)石印本　一冊

140000 – 0501 – 0011440　176180
辦學啟蒙一卷　(英國)艾約瑟譯　清光緒二
十四年(1898)石印本　一冊

140000 – 0501 – 0011441　176181
辦學啟蒙一卷　(英國)艾約瑟譯　清光緒二
十四年(1898)石印本　一冊

140000 – 0501 – 0011442　176183
公民必讀初編一卷　(清)孟昭常編　清光緒
三十三年(1907)上海中新書局鉛印本　一冊

140000 – 0501 – 0011443　176184
公民必讀初編一卷　(清)孟昭常編　清光緒
三十三年(1907)上海中新書局鉛印本　一冊

140000 – 0501 – 0011444　176185
公民必讀初編一卷　(清)孟昭常編　清光緒
三十三年(1907)上海中新書局鉛印本　一冊

140000 – 0501 – 0011445　176186
公民必讀初編一卷　(清)孟昭常編　清光緒
三十三年(1907)上海中新書局鉛印本　一冊

140000 – 0501 – 0011446　176187
公民必讀初編一卷　(清)孟昭常編　清光緒
三十三年(1907)上海中新書局鉛印本　一冊

140000 – 0501 – 0011447　176188
中藏經三卷　(漢)華佗撰　清嘉慶十三年
(1808)蘭陵孫氏刻本　一冊

140000 – 0501 – 0011448　176189
檀几叢書餘集二卷　(清)王晫　(清)張潮輯
　清康熙三十四年(1695)新安張氏霞舉堂刻
本　一冊　存一卷(上)

140000 – 0501 – 0011449　176190
飛香圖文集目錄四卷　清抄本　一冊

140000－0501－0011450　176194

經解入門八卷　（清）江藩纂　清光緒十九年
(1893)上海書局石印本　一冊

140000－0501－0011451　176195－97

曲園論策新編不分卷　（清）俞樾著　清光緒
文林山房石印本　三冊

140000－0501－0011452　176198－202

古今史論大觀後編十七卷　（清）雷瑨編輯
清光緒二十七年(1901)硯耕山莊石印本
五冊

140000－0501－0011453　176203－04

危言四卷　（清）湯震撰　清光緒二十一年
(1895)石印本　二冊

140000－0501－0011454　176205

說文答問疏證六卷　（清）錢大昕著　（清）薛
傳均注　清道光十七年(1837)京都會經堂刻
本　一冊

140000－0501－0011455　176206－13

荀子二十卷首一卷　（唐）楊倞注　王先謙集
解　清光緒十七年(1891)思賢講舍刻本
八冊

140000－0501－0011456　176214－17

洋務新論六卷中西關係輯要一卷泰西製造無
煙火藥秘法一卷　（英國）李提摩太著　（清）
仲英輯　清光緒二十四年(1898)上海書局石
印本　四冊

140000－0501－0011457　176218－19

說文古籀補六卷附錄一卷　（清）吳大澂撰
清光緒十二年(1886)點石齋石印本　二冊

140000－0501－0011458　176222

湖海詩傳小傳一卷　（清）王昶撰　清光緒四
年(1878)上海淞隱閣鉛印本　一冊

140000－0501－0011459　176237

公民必讀初編一卷　（清）孟昭常編　清光緒
三十三年(1907)上海中新書局鉛印本　一冊

140000－0501－0011460　176239－42

六壬類聚四卷　（清）紀大奎輯　清咸豐二年

(1852)刻本　四冊

140000－0501－0011461　176243－50

經心書院輿地學課程不分卷　清光緒二十七
年(1901)經心書院刻本　八冊

140000－0501－0011462　176251－52

青箱堂時文不分卷　（清）俞陸式　（清）張枚
校訂　清道光二年(1822)刻本　二冊

140000－0501－0011463　176253

文廟祀位一卷　（清）劉廷琛編　清光緒二十
五年(1899)山西濬文書局刻本　一冊

140000－0501－0011464　176255－61

勅建淨慈寺志三十卷首一卷　（清）釋際祥纂
輯　清光緒十四年(1888)錢塘丁氏嘉惠堂刻
武林掌故叢編本　七冊　存二十七卷(一至
十、十四至三十)

140000－0501－0011465　176262

杭府仁錢三學灑掃職一卷　（清）杭郡紳士公
呈稿　武林第宅考一卷　（清）柯汝霖輯　湖
山懷古集一卷　（清）陳時撰　清光緒錢塘丁
氏嘉惠堂刻武林掌故叢編本　一冊

140000－0501－0011466　176263

紫陽庵集一卷　（清）丁午輯　清光緒八年
(1882)錢塘丁氏嘉惠堂刻武林掌故叢編本
一冊

140000－0501－0011467　176264－67

增修雲林寺志八卷　（清）厲鶚撰　續志八卷
　（清）沈鑅彪撰　清光緒十四年(1888)錢塘
丁氏嘉惠堂刻武林掌故叢編本　四冊　缺三
卷(續志六至八)

140000－0501－0011468　176268－70

靈隱寺志八卷　（清）孫治輯　（清）徐增重修
　清光緒十四年(1888)錢塘丁氏嘉惠堂刻武
林掌故叢編本　三冊

140000－0501－0011469　176271－72

錢塘遺事十卷　（元）劉一清撰　清光緒十三
年(1887)錢塘丁氏嘉惠堂刻武林掌故叢編本
　二冊

140000 – 0501 – 0011470　176273 – 75

龍井見聞錄十卷宋僧元淨外傳二卷　（清）汪孟鋗撰　清光緒十年(1884)錢塘丁氏嘉惠堂刻武林掌故叢編本　三冊

140000 – 0501 – 0011471　176276

西湖百詠一卷　（清）柴杰撰　**春草園小記一卷**　（清）趙昱撰　清光緒七年(1881)錢塘丁氏嘉惠堂刻武林掌故叢編本　一冊

140000 – 0501 – 0011472　176277

武林新年雜詠一卷　（清）舒紹言撰　清光緒七年(1881)錢塘丁氏嘉惠堂刻武林掌故叢編本　一冊

140000 – 0501 – 0011473　176278

江鄉節物詩一卷　（清）吳存楷撰　**復園紅板橋詩一卷**　（清）吳修輯　**蘭因集二卷**　（清）頤道居士輯　**東郊土物詩一卷**　（清）朱點輯　清光緒錢塘丁氏嘉惠堂刻武林掌故叢編本　一冊

140000 – 0501 – 0011474　176279 – 93

施注蘇詩四十二卷補遺二卷總目二卷　（清）宋犖輯　清刻本　十五冊　缺二卷(總目二卷)

140000 – 0501 – 0011475　176294 – 305

古文辭類纂七十四卷　（清）姚鼐輯　清光緒八年(1882)山西濬文書局刻本　十二冊

140000 – 0501 – 0011476　176314 – 19

文公家禮儀節八卷　（明）丘濬輯　明成化十年(1474)刻本　六冊

140000 – 0501 – 0011477　176335 – 47

普通百科新大詞典　清宣統三年(1911)鉛印本　十三冊

140000 – 0501 – 0011478　176349

有真意齋文集一卷　（清）錢栻撰　清刻本　一冊

140000 – 0501 – 0011479　176354 – 58

俞樓集纂五十卷　（清）俞樾撰　清光緒二十五年(1899)刻本　五冊

140000 – 0501 – 0011480　176359 – 60

史鑑節要便讀六卷　（清）鮑東里編　清光緒十年(1884)並垣毋自欺書室刻本　二冊

140000 – 0501 – 0011481　176361 – 62

史鑑節要便讀六卷　（清）鮑東里編　清光緒十年(1884)並垣毋自欺書室刻本　二冊

140000 – 0501 – 0011482　176363 – 68

儀禮十七卷附監本正誤一卷　（漢）鄭玄注　（清）張爾岐句讀　清光緒六年(1880)山西濬文書局刻本　六冊

140000 – 0501 – 0011483　176378 – 79

蕭亭詩選六卷　（清）張實居撰　（清）王士禎批點　清刻本　二冊

140000 – 0501 – 0011484　176380

山海經圖贊一卷　（晉）郭璞撰　**山海經補注一卷**　（清）楊愼撰　清光緒元年(1875)湖北崇文書局刻本　一冊

140000 – 0501 – 0011485　176381

孝經存解析疑二卷讀孝經刊誤問答一卷　(清)趙長庚撰　清刻本　一冊

140000 – 0501 – 0011486　176382 – 89

唐陸宣公翰苑集注二十四卷　（唐）陸贄撰　(清)張佩芳注釋　清光緒三年(1877)平潭師竹堂刻本　八冊

140000 – 0501 – 0011487　176394 – 401

春在堂集文二卷詩二卷詞二卷隨筆六卷　(清)俞樾撰　清同治十年(1871)江清驥署刻本　八冊

140000 – 0501 – 0011488　176402 – 03

說文新附考六卷說文續考一卷　（清）鈕樹玉撰　清同治十三年(1874)湖北崇文書局刻本　二冊

140000 – 0501 – 0011489　176404

劉豫章集一卷　（南朝梁）劉潛著　清光緒十八年(1892)善化章經濟堂刻本　一冊

140000 – 0501 – 0011490　176405

庾度支集一卷　（南朝梁）庾肩吾著　清光緒

十八年(1892)善化章經濟堂刻本　一冊

140000－0501－0011491　176406

吳朝請集一卷　（南朝梁）吳均著　（明）張溥
閱　清光緒十八年(1892)善化章經濟堂刻本
　一冊

140000－0501－0011492　176407

陳後主集一卷　（南朝陳）後主叔寶撰　（明）
張溥閱　清光緒十八年(1892)善化章經濟堂
刻本　一冊

140000－0501－0011493　176414

格致總學啟蒙三卷　佚名著　清光緒二十四
年(1898)石印本　一冊

140000－0501－0011494　176416－17

雙峰先生內外服制通釋七卷行狀一卷祭文一
卷墓表一卷　（宋）車垓撰　清宣統三年
(1911)刻本　二冊

140000－0501－0011495　176419

春秋啖趙集傳纂例十卷　（唐）陸淳撰　清光
緒十四年(1888)上海蜚英館石印本　一冊

140000－0501－0011496　176420－29

四書或問三十九卷　（宋）朱熹著　清尊樂堂
刻本　十冊

140000－0501－0011497　176430－45

音學五書三十八卷　（清）顧炎武撰　清光緒
十一年(1885)湘陰郭氏岵瞻堂刻本　十六冊

140000－0501－0011498　176446－61

續增刑案匯覽十六卷　（清）祝慶祺輯　清道
光二十年(1840)棠樾慎思堂刻本　十六冊

140000－0501－0011499　176462－66

新訂四書補注備旨　（明）鄧林著　（清）杜定
基增訂　清光緒十三年(1887)聚盛堂刻本
五冊

140000－0501－0011500　176468－69

牧令須知四卷　（清）剛毅撰　清光緒十一年
(1885)刻本　二冊

140000－0501－0011501　176470－71

經史百家簡編二卷　（清）曾國藩纂　（清）曾

國荃審訂　清同治十三年(1874)傳忠書局刻
本　二冊

140000－0501－0011502　176472

檀山道德經頌一卷附評論　（清）王泰輯釋
清燕在閣刻本　一冊

140000－0501－0011503　176473－76

閱微草堂筆記二十四卷　（清）紀昀撰　清
光緒十七年(1891)上海廣百宋齋刻本
四冊

140000－0501－0011504　176477－84

塾課小題正鵠初集一卷二集一卷三集一卷養
正草一卷　（清）李元度輯　（清）李傳敏鑒定
　訓蒙草一卷　（清）路德撰　清光緒十八年
(1892)上海掃葉山房刻本　八冊

140000－0501－0011505　176485－90

孟子文楲七卷　（清）求古齋主人輯　清同治
九年(1870)求古齋主人刻本　六冊

140000－0501－0011506　176492－95

杭大宗七種叢書　（清）杭世駿撰　清咸豐元
年(1851)長沙小嫏嬛山館刻本　四冊

140000－0501－0011507　176496

中州音韻　（清）張漢重校　清末石印本
一冊

140000－0501－0011508　176498－99

歷代玄學精義二卷　（清）劉一明撰　清末民
國間鉛印本　二冊

140000－0501－0011509　176500

開方提要一卷　（清）黃慶澄撰　清光緒二十
三年(1897)刻本　一冊

140000－0501－0011510　176502

聖諭十六條附律易解　清同治十年(1871)崇
正書屋刻本　一冊

140000－0501－0011511　176503

啟蒙問答蒙學堂課本二卷　（清）陸基雨撰
清光緒二十六年(1900)三百堂陳氏刻本
一冊

140000－0501－0011512　176514

私塾改良會章程附學校管理法及學校經濟普及教育節省經濟條議　清光緒三十四年(1908)上海南洋官書局石印本　一冊

140000－0501－0011513　176516

四書不二字不分卷　清刻本　一冊

140000－0501－0011514　176517

白虎通義考一卷附目錄一卷闕文一卷　(清)莊述祖撰並輯　清道光七年(1827)刻本　一冊

140000－0501－0011515　176518

衍元要義一卷弧田問率一卷直積回求一卷(清)謝家禾撰　清道光十七年(1837)刻本　一冊

140000－0501－0011516　176520－31

經濟實學考八卷　(清)江標撰　清光緒二十六年(1900)上海博濟書局西法石印本　十二冊

140000－0501－0011517　176533－36

覺顛冥齋内言四卷　(清)唐才常撰　清光緒二十四年(1898)長沙刻本　四冊

140000－0501－0011518　176537－53

學報彙編　清光緒三十年(1904)鉛印本　十七冊　存(乙巳年第九冊至二十四冊、第四十冊)

140000－0501－0011519　176554－55

江醴陵集二卷　(南朝梁)江淹撰　清光緒十八年(1892)善化章經濟堂刻本　二冊

140000－0501－0011520　176556

陳張散騎集一卷　(南朝陳)張正見撰　清光緒十八年(1892)善化章經濟堂刻本　一冊

140000－0501－0011521　176557

梁簡文帝御製集二卷　(南朝梁)簡文帝蕭綱著　(明)張溥閱　清光緒十八年(1892)善化章經濟堂刻本　一冊

140000－0501－0011522　176558

陶隱居集一卷　(南朝梁)陶弘景撰　清光緒十八年(1892)善化章經濟堂刻本　一冊

140000－0501－0011523　176559

梁丘司空集一卷　(南朝梁)丘遲撰　清光緒十八年(1892)善化章經濟堂刻本　一冊

140000－0501－0011524　176560－63

沈隱侯集二卷　(南朝梁)沈約撰　清光緒十八年(1892)善化章經濟堂刻本　四冊

140000－0501－0011525　176564－69

代數難題解法十六卷　(英國)倫德編　(英國)傅蘭雅口譯　(清)華蘅芳筆述　清江南製造總局刻本　六冊

140000－0501－0011526　176570－71

繪事津梁不分卷　(清)秦祖永編　清光緒十二年(1886)石印本　二冊

140000－0501－0011527　176574－81

昭代叢書甲集五十卷乙集四十卷　(清)張潮輯　清康熙三十六年至三十九年(1697－1700)刻本　八冊　存四十卷(甲集二十一至二十九、三十八至四十三,乙集一至十四、二十至二十四、三十五至四十)

140000－0501－0011528　176582－605

國朝先正事略六十卷　(清)李元度纂　清同治五年(1866)循陔草堂刻本　二十四冊

140000－0501－0011529　176626－33

增廣四書題鏡味根錄不分卷　清光緒二十一年(1895)上海寶文書局石印本　八冊

140000－0501－0011530　176634－35

漁洋感舊集小傳四卷補遺一卷　(清)盧見曾輯　清光緒四年(1878)上海淞隱閣鉛印本二冊

140000－0501－0011531　176647－52

卷施閣文甲集十卷乙集八卷年譜一卷附行狀表傳墓志銘遺事述九篇　(清)洪亮吉撰(清)呂培編　清光緒三年(1877)鄂垣授經堂刻本　六冊

140000－0501－0011532　176657－60

古文詞略讀本二十四卷　(清)梅曾亮編　清光緒京師宏道學舍鉛印本　四冊

140000 – 0501 – 0011533　176661 – 66

駢體文鈔三十一卷　（清）李兆洛輯　清同治六年(1867)婁江徐氏刻本　六冊

140000 – 0501 – 0011534　176667 – 74

札樸十卷　（清）桂馥撰　清嘉慶十八年(1813)會稽小李山房徐氏補刻本　八冊

140000 – 0501 – 0011535　176680 – 83

直省釋奠禮樂記六卷首一卷末一卷　（清）應寶時纂輯　清同治十二年(1873)刻本　四冊

140000 – 0501 – 0011536　176687

宋元名家詞不分卷　（清）江標輯　清光緒二十一年(1895)湖南思賢書局刻本　一冊　殘

140000 – 0501 – 0011537　176693

擬兩晉南北史樂府二卷唐宋小樂府一卷　(清)洪亮吉輯　清光緒四年(1878)授經堂刻本　一冊

140000 – 0501 – 0011538　176694

弟子職箋釋一卷　（清）洪亮吉撰　史目表二卷　（清）洪飴孫撰　清光緒三年(1877)授經堂刻本　一冊

140000 – 0501 – 0011539　176695

壬午科十八省鄉試同年錄一卷　清光緒鉛印本　一冊

140000 – 0501 – 0011540　176696 – 99

醫方易簡新編六卷　（清）龔自璋輯　清咸豐四年(1854)刻本　四冊

140000 – 0501 – 0011541　176700 – 01

東漢崔亭伯集一卷　（漢）崔駰著　張河間集二卷　（漢）張衡著　清光緒十八年(1892)善化章經濟堂刻本　二冊

140000 – 0501 – 0011542　176702

班蘭臺集一卷　（漢）班固著　清光緒十八年(1892)善化章經濟堂刻本　一冊

140000 – 0501 – 0011543　176703

漢劉子駿集一卷　（漢）劉歆著　清光緒十八年(1892)善化章經濟堂刻本　一冊

140000 – 0501 – 0011544　176704

揚侍郎集一卷　（漢）揚雄著　清光緒十八年(1892)善化章經濟堂刻本　一冊

140000 – 0501 – 0011545　176705 – 06

王諫議集一卷　（漢）王褒著　漢劉子政集一卷　（漢）劉向著　清光緒十八年(1892)善化章經濟堂刻本　二冊

140000 – 0501 – 0011546　176707

東漢李蘭臺集一卷　（漢）李尤著　東漢馬季長集一卷　（漢）馬融著　清光緒十八年(1892)善化章經濟堂刻本　一冊

140000 – 0501 – 0011547　176708

漢褚先生集一卷　（漢）褚少孫著　清光緒十八年(1892)善化章經濟堂刻本　一冊

140000 – 0501 – 0011548　176709

董膠西集一卷　（漢）董仲舒著　清光緒十八年(1892)善化章經濟堂刻本　一冊

140000 – 0501 – 0011549　176710 – 11

庾開府集二卷　（北周）庾信著　清光緒十八年(1892)善化章經濟堂刻本　二冊

140000 – 0501 – 0011550　176712

王司空集一卷　（北周）王褒著　清光緒十八年(1892)善化章經濟堂刻本　一冊

140000 – 0501 – 0011551　176713

隋煬帝集一卷　（隋）煬帝楊廣撰　清光緒十八年(1892)善化章經濟堂刻本　一冊

140000 – 0501 – 0011552　176714

邢特進集一卷　（北齊）邢邵著　魏特進集一卷　（北齊）魏收著　清光緒十八年(1892)善化章經濟堂刻本　一冊

140000 – 0501 – 0011553　176715 – 18

羣學肄言十六章　（英國）斯賓塞爾撰　嚴復譯　清光緒二十九年(1903)上海文明編譯書局鉛印本　四冊

140000 – 0501 – 0011554　176719 – 34

儀禮疏五十卷附校勘記　（唐）賈公彥撰　清同治江西書局刻本　十六冊

140000 – 0501 – 0011555　176735 – 43

闓本四子書十九卷附四書圖一卷四書句辨一卷四書字辨一卷　（宋）朱熹集注　清道光四年(1824)勉行堂刻本　九冊

140000 – 0501 – 0011556　176744

日本議會史第五期　汪有齡譯　清光緒三十一年(1905)通山翰墨林書局鉛印本　一冊

140000 – 0501 – 0011557　176745

日本議會史第六期　汪有齡譯　清光緒三十二年(1906)通山翰墨林書局鉛印本　一冊

140000 – 0501 – 0011558　176764

元空法鑑一卷　（清）曾懷玉撰　清道光十九年(1839)刻本　一冊

140000 – 0501 – 0011559　176772

增蠶桑雜說附圖說　（清）葉佐清輯　清光緒十三年(1887)松陽葉氏刻本　一冊

140000 – 0501 – 0011560　176773 – 74

周禮會參六卷　（清）高紫超原本　（清）鄧愷纂訂　清咸豐七年(1857)刻本　二冊

140000 – 0501 – 0011561　176776

浩然齋雅談三卷　（宋）周密撰　清光緒山陰宋氏刻本　一冊

140000 – 0501 – 0011562　176777 – 78

茶山集八卷　（宋）曾幾撰　清刻本　二冊

140000 – 0501 – 0011563　176781 – 88

中州集十卷首一卷中州樂府一卷　（金）元好問撰　清光緒七年(1881)讀書山房刻本　八冊　存八卷(二至九)

140000 – 0501 – 0011564　176789

中州樂府　（金）元好問編　清光緒九年(1883)讀書山房刻本　一冊

140000 – 0501 – 0011565　176791 – 96

南天痕全集二十六卷　題西亭凌雪纂修　清宣統二年(1910)復古社鉛印本　六冊

140000 – 0501 – 0011566　176800

尺算徵用　（清）馬相伯纂　（清）適可居士增斠　清光緒十七年(1891)刻本　一冊

140000 – 0501 – 0011567　176801

福省重刻武英殿聚珍版書目　（清）潘霨輯　清同治十年(1871)福建刻本　一冊

140000 – 0501 – 0011568　176802

金剛般若波羅蜜經　（清）劉沅注　清刻本　一冊

140000 – 0501 – 0011569　176803

歐羅巴通史一卷　（日本）箕作元八　（日本）峰岸米造纂　（清）徐有成譯　清光緒二十六年(1900)鉛印本　一冊

140000 – 0501 – 0011570　176804

歐羅巴通史一卷　（日本）箕作元八　（日本）峰岸米造纂　（清）徐有成譯　清光緒二十六年(1900)鉛印本　一冊

140000 – 0501 – 0011571　176805

西洋史要圖一卷　清光緒金粟齋石印本　一冊

140000 – 0501 – 0011572　176806

西洋史要圖一卷　清光緒金粟齋石印本　一冊

140000 – 0501 – 0011573　176807

西洋史要圖一卷　清光緒金粟齋石印本　一冊

140000 – 0501 – 0011574　176808

東方大中集一卷　（漢）東方朔著　清光緒十八年(1892)善化章經濟堂刻本　一冊

140000 – 0501 – 0011575　176809

司馬文園集一卷　（漢）司馬相如著　清光緒十八年(1892)善化章經濟堂刻本　一冊

140000 – 0501 – 0011576　176810

賈長沙集一卷　（漢）賈誼著　清光緒十八年(1892)善化章經濟堂刻本　一冊

140000 – 0501 – 0011577　176811

魏武帝集一卷　（三國魏）曹操著　清光緒十八年(1892)善化章經濟堂刻本　一冊

140000 – 0501 – 0011578　176812

東漢王叔師集一卷　（漢）王逸著　**孔少府集**

一卷　（漢）孔融著　清光緒十八年（1892）善化章經濟堂刻本　一冊

140000－0501－0011579　176813

諸葛丞相集一卷　（三國蜀）諸葛亮著　清光緒十八年（1892）善化章經濟堂刻本　一冊

140000－0501－0011580　176814－16

蔡中郎集二卷　（漢）蔡邕著　清光緒十八年（1892）善化章經濟堂刻本　三冊

140000－0501－0011581　176817

東漢荀侍中集一卷　（漢）荀悅著　清光緒十八年（1892）善化章經濟堂刻本　一冊

140000－0501－0011582　176818

河嶽英靈集選一卷　（唐）殷璠撰　（清）王士禛刪纂　中興閒氣集選一卷　（唐）高仲武著　（清）王士禛刪纂　清刻本　一冊

140000－0501－0011583　176819

增訂鑑略妥注一卷　（明）李廷機著　清石印本　一冊

140000－0501－0011584　176821－24

安定書院課藝不分卷　（清）吳谷人鑒定　清嘉慶八年（1803）刻本　四冊

140000－0501－0011585　176825－29

附釋音尚書注疏十卷附校勘記　（唐）孔穎達撰　清道光六年（1826）刻本　六冊

140000－0501－0011586　176830

蠶桑簡易法一卷　清光緒三十三年（1907）解州解梁書院刻河東道署重印本　一冊

140000－0501－0011587　176832－39

唐陸宣公翰苑集注二十四卷　（唐）陸贄撰　（清）張佩芳注釋　清光緒三年（1877）平潭師竹堂刻民國二十三年（1934）山西書局印本　八冊

140000－0501－0011588　176840－51

鮚埼亭集三十八卷首一卷全謝山先生經史問答十卷　（清）全祖望撰　清刻本　十二冊

140000－0501－0011589　176852

宜秋館詩話　（清）李之鼎撰　清末民國間鉛印本　一冊

140000－0501－0011590　176853－56

松圓浪淘集十八卷目錄三卷　（明）程嘉燧著　清末風雨樓鉛印本　四冊

140000－0501－0011591　176857－60

吳梅村文集二十卷　（清）吳偉業著　清宣統二年（1910）上海國光印刷所鉛印本　四冊

140000－0501－0011592　176861－64

審看擬式四卷首一卷末一卷　（清）剛毅輯　清光緒十三年（1887）晉陽課吏館刻本　四冊

140000－0501－0011593　176865－66

營城揭要二卷　（英國）傅蘭雅口譯　（清）徐壽筆述　清末江南製造總局刻本　二冊

140000－0501－0011594　176875

爾雅注疏旁訓四卷釋名一卷　（清）周樽輯（清）馬俊良增訂　清經正堂刻本　一冊

140000－0501－0011595　176876－83

書業德重訂古文釋義新編八卷　（清）余誠評注　清光緒二十九年（1903）書業德刻本　八冊

140000－0501－0011596　176887－90

訓俗遺規五卷　（清）陳宏謀輯　清培遠堂刻本　四冊

140000－0501－0011597　176891－98

內則衍義十六卷　（清）世祖福臨撰　清刻本　八冊

140000－0501－0011598　176899－910

詩序廣義二十四卷　（清）姜炳璋輯　清嘉慶二十年（1815）刻本　十二冊

140000－0501－0011599　176916

孝經一卷　（唐）玄宗李隆基注　（唐）陸德明音義　清光緒六年（1880）刻本　一冊

140000－0501－0011600　176917

二語摘讀四言　清解州解梁書院刻本　一冊

140000－0501－0011601　176918－21

章實齋先生遺書六卷附錄一卷　（清）章學誠

撰　清宣統二年(1910)鉛印本　四冊

140000－0501－0011602　176922－31

觀象廬叢書二十七種　(清)呂調陽撰　清光
緒十四年(1888)葉長高刻本　十冊　存五種

140000－0501－0011603　176932－37

注釋八銘塾鈔二集　(清)吳懋政編　清刻本
六冊

140000－0501－0011604　176938－39

留茹庵尺牘叢殘四卷　(清)嚴籠存稿　清咸
豐八年(1858)東郡寶書堂刻本　二冊　殘

140000－0501－0011605　176940－41

新刻天花藏批評平山冷燕四卷　(清)荻岸散
人編　清刻本　二冊

140000－0501－0011606　176942－43

外交辯難四卷　(清)蔡鈞著　清光緒三十一
年(1905)鉛印本　二冊

140000－0501－0011607　176945－48

史事論四卷　(清)雷瑨編輯　清石印本
四冊

140000－0501－0011608　176949－56

四六類腋　題東邨先生著　清道光十七年
(1837)刻本　八冊

140000－0501－0011609　176957－58

從政遺規二卷　(清)陳宏謀編輯　清刻本
二冊

140000－0501－0011610　176959－60

從政遺規二卷　(清)陳宏謀編輯　清刻本
二冊

140000－0501－0011611　176970

呂氏春秋二十六卷　(秦)呂不韋撰　(漢)高
誘注　清刻本　一冊　存七卷(九至十五)

140000－0501－0011612　176971

約章分類輯要三十八卷首一卷　蔡乃煌編
清刻本　一冊　殘

140000－0501－0011613　176984－90

廣增四書典腋二十卷　(清)松軒主人輯　清

同治元年(1862)成文堂刻本　七冊

140000－0501－0011614　177056－69

五燈會元二十卷　(宋)釋普濟撰　清光緒三
十二年(1906)影刻本　十四冊

140000－0501－0011615　177344

道光己酉科山西鄉試硃卷　(清)田立德撰
清道光二十九年(1849)刻本　一冊

140000－0501－0011616　177345

光緒丙子科山西鄉試硃卷　(清)李知人撰
清光緒二年(1876)刻本　一冊

140000－0501－0011617　177368

達生編二卷　(清)亟齋居士撰　清光緒元年
(1875)刻本　一冊

140000－0501－0011618　177372－75

新輯纂圖元亨療馬集六卷　(明)喻本元
(明)喻本亨撰　清上海江東書局石印本
四冊

140000－0501－0011619　177379

漁家女投江夏縣內事俱明　清抄本　一冊
殘

140000－0501－0011620　177383－84

奇門遁甲秘笈大全三十卷　(明)劉伯溫著
清省思堂刻本　二冊　存七卷(一至七)

140000－0501－0011621　177385

朝市叢載八卷　(清)李虹若編　清刻本　一
冊　存一卷(三)

140000－0501－0011622　177387－88

紫陽易經四卷　清道光二十二年(1842)書業
德刻本　二冊

140000－0501－0011623　177391－96

寄園寄所寄十二卷　(清)趙吉士輯　清石印
本　六冊　存十卷(三至十二)

140000－0501－0011624　177397－402

瀛環志略十卷　(清)徐繼畬撰　清同治五年
(1866)總理衙門刻本　六冊

140000－0501－0011625　177404－09

新編直指算法統宗十二卷　（明）程大位編
清刻本　六冊

140000－0501－0011626　177410－17

[光緒]交城縣志十卷首一卷　（清）夏肇庸修
　（清）許悝南纂　清光緒八年(1882)刻本
八冊

140000－0501－0011627　177420－27

十三經集字摹本　（清）彭玉雯撰　清道光三
十年(1850)江右彭氏刻本　八冊

140000－0501－0011628　177428

救劫金章寶錄一卷延生寶章一卷延洞經一卷
　清光緒七年(1881)廣勸堂刻本　一冊

140000－0501－0011629　177430

咸豐己未恩科山西鄉試硃卷　（清）梁豫撰
清刻本　一冊

140000－0501－0011630　177432

[清道光十八年金國均殿試卷]　（清）金國均
撰　清末民國石印本　一冊

140000－0501－0011631　177435－42

新訂四書補注備旨不分卷　（明）鄧林著
（清）鄧煜編　（清）杜定基增訂　清咸豐二年
(1852)經餘堂刻本　八冊

140000－0501－0011632　177443－48

繡像後西遊記六卷四十回　清光緒三十二年
(1906)上海章福記書局石印本　六冊

140000－0501－0011633　177449－52

繡像南宋飛龍傳四卷　研石山樵訂正　清末
民國間石印本　四冊

140000－0501－0011634　177462

算草叢存四卷　（清）華蘅芳撰　清光緒二十
二年(1896)文海書局石印本　一冊　殘

140000－0501－0011635　177595

萊根軒詩鈔十四卷續集一卷　（清）王省山著
　清咸豐四年(1854)吳門刻本　一冊　存三
卷(一至三)

140000－0501－0011636　177597

增訂經籍舉要一卷　（清）龍啟瑞撰　（清）袁

昶增訂　清光緒二十四年(1898)山西使署刻
本　一冊

140000－0501－0011637　177601－04

近思錄集注十四卷　（宋）朱熹撰　（清）江永
集注　清光緒十四年(1888)山西濬文書局刻
本　四冊

140000－0501－0011638　177605－08

元遺山先生文選七卷首一卷　（金）元好問撰
　（清）李祖陶評點　清道光二十五年(1845)
泰和孫明刻本　四冊

140000－0501－0011639　177613

救荒六十策一卷　（清）寄湘漁父輯　清光緒
六年(1880)山西濬文書局刻本　一冊

140000－0501－0011640　177616

河東先生龍城錄二卷　（唐）柳宗元撰　**耕祿
稿一卷**　（宋）胡琦撰　清刻本　一冊

140000－0501－0011641　177635

方雪齋試帖一卷　（清）何元烺撰　清道光八
年(1828)靈石何氏刻本　一冊

140000－0501－0011642　177636

文中子中說十卷　（隋）王通撰　（宋）阮逸注
　清光緒二年(1876)浙江書局刻本　一冊
存五卷(一至五)

140000－0501－0011643　177637－40

文中子中說十卷　（隋）王通撰　（宋）阮逸注
　清道光二年(1822)并州閬士驤力恕堂刻本
四冊

140000－0501－0011644　177644

皇朝直省地名韻語一卷　清光緒二十八年
(1902)海陵學社主人抄本　一冊

140000－0501－0011645　177646

小學集解六卷　（清）張伯行纂輯　清刻本
一冊　存二卷(五至六)

140000－0501－0011646　177647

和倪齋時文不分卷　（清）劉貢西撰　清同治
九年(1870)劉氏家塾刻本　一冊

140000－0501－0011647　177648

敦艮齋時文不分卷 （清）徐潤第撰 （清）徐繼疇 （清）徐繼毅輯 清道光三十年（1850）徐氏家塾刻本 一冊

140000－0501－0011648 177649

和倪齋時文不分卷 （清）劉貢西撰 清同治九年（1870）劉氏家塾刻本 一冊

140000－0501－0011649 177650－53

雁門集六卷補遺一卷 （元）薩都剌著 清宣統二年（1910）刻本 四冊

140000－0501－0011650 177660

問紅軒詞一卷 （清）王鑒撰 清道光十七年（1837）刻本 一冊

140000－0501－0011651 177662－65

帝王世紀纂要四卷目錄一卷 （清）遊昌灼輯 清嘉慶十七年（1812）刻本 四冊

140000－0501－0011652 177666－70

讀書錄十一卷續錄十二卷 （明）薛瑄撰 清刻本 五冊

140000－0501－0011653 177671－78

唐陸宣公翰苑集注二十四卷 （唐）陸贄撰 （清）張佩芳注釋 清光緒三年（1877）平潭李氏師竹堂刻本 八冊

140000－0501－0011654 177704

微尚齋詩集初編四卷續集一卷 （清）馮志沂撰 清同治三年（1864）廬州郡齋刻本 一冊

140000－0501－0011655 177705－06

薛子條貫篇十三卷 （明）薛瑄撰 （清）戴楫輯 清道光二十八年（1848）刻本 二冊

140000－0501－0011656 177707－10

讀書錄十一卷續錄十二卷 （明）薛瑄撰 清刻本 四冊

140000－0501－0011657 177711－14

竹溪詩草四卷 （清）裴謙撰 清嘉慶二十五年（1820）刻本 四冊

140000－0501－0011658 177715－18

退密齋時文不分卷補編不分卷 清咸豐七年（1857）刻本 四冊

140000－0501－0011659 177719

退密齋文鈔一卷 （清）徐繼畬撰 清道光二十九年（1849）刻本 一冊

140000－0501－0011660 177720

倚雲堂文稿初集 （清）孔傳性著 （清）武蔚文編 清咸豐二年（1852）大名府署刻本 一冊 殘

140000－0501－0011661 177721－26

續後漢書九十卷 （元）郝經撰 清道光二十一年（1841）上海郁氏刻本 六冊 存三十卷（一至三十）

140000－0501－0011662 177738

關聖帝君明聖經一卷 清刻本 一冊

140000－0501－0011663 177747－51

蘭山堂詩集十五卷 （清）黃璟撰 清道光六年（1826）刻本 五冊 存九卷（一至九）

140000－0501－0011664 177753－57

敦艮齋遺書十七卷 （清）徐潤第撰 清道光二十八年（1848）徐繼畬刻本 五冊

140000－0501－0011665 177758－62

關聖帝君聖跡圖志全集五卷 （清）盧湛輯 清道光十二年（1832）刻本 五冊

140000－0501－0011666 177766

［光緒壬午科］山西鄉試硃卷一卷附同門姓氏 （清）韓昌年輯 ［庚子恩科］鄉試硃卷一卷 清刻本 一冊

140000－0501－0011667 177769

初定山西中小學堂應用書目一卷 清光緒三十二年（1906）山西大學堂鉛印本 一冊

140000－0501－0011668 177770

行政法各論講義 （清）梁秦仁編 清石印本 一冊

140000－0501－0011669 177774

山西調查局法制科第一股調查條目 清光緒 山西調查局鉛印本 一冊

140000－0501－0011670 177779－86

河東鹽法志十二卷 （清）朱一鳳纂輯 （清）

王又樸編　清雍正五年（1727）刻後印本
八冊

140000－0501－0011671　177793

補注傅氏女科全集四卷　（清）傅山撰　清光
緒十七年（1891）三義堂刻本　一冊

140000－0501－0011672　177795

新鐫韓祖成仙寶傳二十四回　清光緒十九年
（1893）壺關縣東南鄉羅東掌村楊廣積堂刻本
一冊　存十四回（一至十四）

140000－0501－0011673　177798

餘生錄一卷附塘報稿一卷塘報再稿一卷
（清）邊大綬撰　清順治元年（1644）刻本
一冊

140000－0501－0011674　177801

適適齋文集二卷　（清）馮志沂撰　清同治八
年（1869）洪洞董麟顯刻本　一冊

140000－0501－0011675　177802

微尚齋文集二卷別集一卷　（清）馮志沂撰
清同治八年（1869）安慶郡城刻本　一冊

140000－0501－0011676　177803

超山書院課程　清退密齋刻本　一冊　殘

140000－0501－0011677　177804

退密齋時文四卷補編一卷　（清）徐繼畬撰
清道光二十九年（1849）徐氏刻本　一冊　存
一卷（一）

140000－0501－0011678　177806－13

河東鹽法備覽十二卷　（清）蔣兆奎編輯　清
乾隆五十五年（1790）刻本　八冊

140000－0501－0011679　177831

綠雲仙館詩稿十二卷　（清）溫啟封撰　清同
治九年（1870）長沙刻本　一冊　存七卷（六
至十二）

140000－0501－0011680　177832

司馬氏書儀十卷　（宋）司馬光撰　清同治七
年（1868）江蘇書局影刻本　一冊

140000－0501－0011681　177835－38

三立祠傳二卷　（明）袁繼咸撰　（清）劉梅重

輯　（清）和其衷重編　清嘉慶二十三年
（1818）武鄉李企英補刻本　四冊

140000－0501－0011682　177839

味義根軒詩存不分卷　（清）丁文剡撰　清光
緒三十年（1904）丁嘉琳抄本　一冊

140000－0501－0011683　177840－41

戰國策去毒二卷附編年一卷　（清）陸隴其評
選　清同治九年（1870）六安求我齋刻本
二冊

140000－0501－0011684　177842－46

醉花窗遺稿四卷　（清）王堉著　清同治三年
（1864）刻本　五冊

140000－0501－0011685　177847－56

國朝山右詩存二十四卷附錄八卷補遺一卷
（清）李錫麟輯錄　（清）王攀　（清）李素輯
清嘉慶八年（1803）刻本　十冊

140000－0501－0011686　177859－64

關聖帝君聖蹟圖志全集五卷　（清）盧湛輯
清嘉慶七年（1802）刻本　六冊

140000－0501－0011687　177865－912

資治通鑑補正二百九十四卷首一卷　（宋）司
馬光編　（元）胡三省注　（明）嚴衍補正　清
光緒二十八年（1902）上海益智書局石印本
四十八冊

140000－0501－0011688　177913－16

豔雪堂詩集四卷　（清）張晉撰　清道光十八
年（1838）刻本　四冊

140000－0501－0011689　177929－33

南園詩鈔九卷　（清）田時雨撰　清光緒十四
年（1888）抄本　五冊

140000－0501－0011690　177934－37

自怡軒雜志四卷補遺一卷偶筆一卷　（清）田
時雨撰　清光緒十四年（1888）抄本　四冊

140000－0501－0011691　177942

檢身錄一卷　（清）令狐亦岱訂　清刻本
一冊

140000－0501－0011692　177943

退學詩齋詩集五卷　（清）何耿繩著　清同治
十二年(1873)刻本　一冊

140000 – 0501 – 0011693　177944

雙藤書屋試帖二卷　（清）何道生撰　清嘉慶
十二年(1807)刻本　一冊

140000 – 0501 – 0011694　177947 – 52

納書楹曲譜正集四卷續集四卷外集二卷補遺
四卷牡丹亭全譜二卷紫釵記全譜二卷南柯記
全譜二卷邯鄲記全譜二卷　（清）葉堂撰　清
道光二十八年(1848)文德堂刻本　六冊　存
六卷(正集三至四、續集一至三、南柯記全譜
下)

140000 – 0501 – 0011695　178051 – 58

國朝麗體金膏八卷　（清）馬俊良輯　清乾隆
五十九年(1794)石門馬氏大酉山房刻本
八冊

140000 – 0501 – 0011696　178065 – 68

山右校士錄不分卷　（清）錢駿祥輯　清光緒
二十五年(1899)晉省書業昌石印本　四冊

140000 – 0501 – 0011697　178069 – 74

山海經十四卷圖五卷圖贊一卷訂譌一卷敘錄
一卷　（晉）郭璞撰　（清）郝懿行箋疏　清光
緒十二年(1886)善成堂刻本　六冊

140000 – 0501 – 0011698　178083

放翁題跋六卷　（宋）陸游撰　清光緒四年
(1878)仁和葛氏刻嘯園叢書本　一冊

140000 – 0501 – 0011699　178084

漁洋書籍跋尾二卷　（清）王士禎撰　清光緒
四年(1878)仁和葛氏刻嘯園叢書本　一冊

140000 – 0501 – 0011700　178085

賜硯齋題畫偶錄一卷　（清）戴熙撰　說詩晬
語二卷　（清）沈德潛撰　清光緒三年(1877)
仁和葛氏刻嘯園叢書本　一冊

140000 – 0501 – 0011701　178086

顏氏家藏尺牘姓氏考一卷　（清）顏光敏輯
清道光二十七年(1847)番禺潘氏刻海山仙館
叢書本　一冊

140000 – 0501 – 0011702　178087 – 88

敬齋古今黈八卷　（元）李冶撰　清道光二十
九年(1849)番禺潘氏刻海山仙館叢書本
二冊

140000 – 0501 – 0011703　178089

晁具茨詩集十五卷　（宋）晁冲之著　清道光
二十七年(1847)番禺潘氏刻海山仙館叢書本
一冊

140000 – 0501 – 0011704　178090

揭曼碩詩三卷　（元）揭傒斯撰　清道光二十
七年(1847)番禺潘氏刻海山仙館叢書本
一冊

140000 – 0501 – 0011705　178091 – 94

怡軒試帖續刻四卷　（清）胡鑑淵輯　清道光
十八年(1838)刻本　四冊

140000 – 0501 – 0011706　178095 – 100

句東試帖注釋八卷　（清）周世緒輯　清道光
五年(1825)刻本　六冊

140000 – 0501 – 0011707　178101 – 06

增訂明文分類小題貫不分卷　（清）樓溰評選
清道光十四年(1834)寶仁堂刻本　六冊

140000 – 0501 – 0011708　178109 – 10

說文解字韻譜十卷　（宋）徐鉉撰　清同治三
年(1864)吳縣馮桂芬縮摹篆文刻本　二冊

140000 – 0501 – 0011709　178111

欽頒州縣事宜一卷　（清）田文鏡撰　清同治
七年(1868)江蘇書局刻本　一冊

140000 – 0501 – 0011710　178112

欽頒州縣事宜一卷　（清）田文鏡撰　清蘭州
官書局鉛印本　一冊

140000 – 0501 – 0011711　178113 – 14

試帖春華集二卷　（清）邵堂選　清嘉慶十七
年(1812)刻本　二冊

140000 – 0501 – 0011712　178116 – 17

明詞綜十二卷　（清）朱彝尊　（清）王昶輯
清光緒二十八年(1902)金匱浦氏刻本　二冊

140000 – 0501 – 0011713　178119 – 26

夢厂雜著十卷　（清）夢厂居士撰　清道光八年(1828)刻本　八冊

140000－0501－0011714　178127
宦游紀略二卷　（清）高廷瑤撰　家傳一卷（清）唐樹義撰　清光緒二十六年(1900)刻朱印本　一冊

140000－0501－0011715　178140－45
增訂張太史稿不分卷　（清）張江撰　（清）王步青評選　清乾隆十四年(1749)刻本　六冊

140000－0501－0011716　178146－51
監本附音春秋穀梁注疏二十卷附校勘記一卷　（晉）范甯集解　（唐）楊士勳疏　清同治十二年(1873)江西書局刻本　六冊

140000－0501－0011717　178152－74
皇朝經世文編一百二十卷　（清）賀長齡輯　清光緒二十四年(1898)上海宏文閣鉛印本　二十三冊　存一百十五卷(一至一百十五)

140000－0501－0011718　178175－80
國朝常州駢體文錄三十一卷附結一宦駢體文一卷　屠寄撰　清光緒十六年(1890)石印本　六冊

140000－0501－0011719　178185－88
測地繪圖十一卷附一卷　（英國）富路瑪撰　（英國）傅蘭雅口譯　（清）徐壽筆述　清光緒江南製造總局刻本　四冊

140000－0501－0011720　179204－09
皇朝經濟文新編六十一卷　（清）宜今室主人編輯　清光緒二十七年(1901)上海宜今室石印本　六冊　存二十卷(通論二卷、變法二卷、君德二卷、吏治八卷、法律二卷、學校四卷)

140000－0501－0011721　179221－26
四書備旨遵注詳解七卷　清同治十年(1871)刻本　六冊

140000－0501－0011722　179227－30
小倉山房尺牘八卷　（清）袁枚撰　清刻本　四冊

140000－0501－0011723　179231－34
大清搢紳全書不分卷　清道光二十三年(1843)京都李華榮堂刻本　四冊

140000－0501－0011724　179244－59
春秋左傳五十卷　（晉）杜預　（宋）林堯叟注釋　（唐）陸元朗音義　（明）鍾惺評點　清書業堂刻本　十六冊

140000－0501－0011725　179268
增補詩韻連珠五卷　（清）傅西齋編　清寶旭齋刻本　一冊

140000－0501－0011726　179269－72
試律青雲集四卷　（清）楊逢春輯　清道光十二年(1832)刻本　四冊

140000－0501－0011727　179273
文昌孝經一卷文昌帝君陰騭文詩一卷　清嘉慶二十一年(1816)京都輻文齋甘姓刻字鋪刻本　一冊

140000－0501－0011728　179293－316
御批歷代通鑑輯覽一百二十卷　（清）傅恆撰　清光緒二十八年(1902)山西書業德石印本　二十四冊

140000－0501－0011729　179330
芮城縣公立陌南高等小學堂章程一卷　（清）景耀月撰　清光緒三十二年(1906)鉛印本　一冊

140000－0501－0011730　179332
[山西壽陽]祁氏世譜一卷　（清）祁韻士撰　清抄本　一冊

140000－0501－0011731　179333
[山西聞喜]劉氏家譜一卷　（清）劉輔重修　清康熙六年(1667)抄本　一冊

140000－0501－0011732　179344
[山西交城]房氏宗譜一卷　（清）房灝修　清抄本　一冊

140000－0501－0011733　179345－52
[山西代州]楊氏族譜十二卷　（清）楊茂林修　清道光二十七年(1847)刻本　八冊

140000－0501－0011734　179359

[山西解州]李氏家乘　(清)李應奎修　清抄本　一冊

140000－0501－0011735　179368－71

笑竹集十卷　(清)秦武域撰　清乾隆三十六年(1771)四樂草堂刻本　四冊

140000－0501－0011736　179403

山西學務彙編一卷　清太原木活字印本　一冊

140000－0501－0011737　179405－11

山西教育官報　清光緒三十四年至宣統元年(1908－1909)晉陽公報社鉛印本　七冊　存七冊(一至三、六、八至十)

140000－0501－0011738　179412

會試硃卷一卷　清刻本　一冊

140000－0501－0011739　179413

乾隆丁酉科山西選拔履歷全書一卷　(清)覺羅巴延三纂修　清刻本　一冊

140000－0501－0011740　179419

午陰清舍詩草續編　(清)何福堃撰　清光緒鉛印本　一冊　存四卷(五至八)

140000－0501－0011741　179497－500

黃葉村莊詩集八卷前集一卷續集一卷　(清)吳之振撰　清康熙三十三年(1694)刻本　四冊

140000－0501－0011742　179501－04

高厚蒙求四集　(清)徐朝俊纂　清嘉慶十二年(1807)雲間徐氏刻本　四冊

140000－0501－0011743　179505－12

儆居集二十二卷　(清)黃式三撰　清光緒十四年(1888)刻本　八冊　缺二卷(雜著五至六)

140000－0501－0011744　179527－28

脊令原二卷　(清)黃爕清撰　清道光十四年(1834)刻本　二冊

140000－0501－0011745　179529－34

重纂三遷志十卷首一卷　(清)孟廣均　(清)陳錦纂　清光緒十三年(1887)山東書局刻本　六冊

140000－0501－0011746　179535－36

問奇一覽二卷　(清)李書雲輯　清康熙二十九年(1690)秘園刻本　二冊

140000－0501－0011747　179537－38

陽宅都天發用全書二卷　(清)瞿天貢校　清同治刻本　二冊

140000－0501－0011748　179539－44

落落齋遺集十卷　(明)李應昇撰　清光緒二年(1876)武進盛氏思惠齋刻朱印本　六冊

140000－0501－0011749　179545

[光緒戊子科]山西鄉試硃卷一卷　(清)王汝楨撰　清光緒刻本　一冊

140000－0501－0011750　179546

大清光緒三十四年時憲書　清光緒三十三年(1907)刻本　一冊

140000－0501－0011751　179547－49

袁柳莊先生神相全編三卷　(明)袁忠復撰　明刻本　三冊

140000－0501－0011752　179550－55

歷朝賦楷八卷　(清)王修玉輯　清康熙二十五年(1686)尚德堂刻本　六冊

140000－0501－0011753　179556－67

庚子山集十六卷總釋一卷本傳一卷　(北周)庾信撰　(清)倪璠注　庚子山年譜一卷(清)倪璠編　清光緒十六年(1890)廣州經史閣刻本　十二冊

140000－0501－0011754　179568－72

商賈便覽八卷　(清)吳中孚輯纂　清乾隆五十七年(1792)刻本　五冊

140000－0501－0011755　179609－18

學案初模續編不分卷　(清)伊里布輯　清光緒七年(1881)甘肅臬署刻本　十冊

140000－0501－0011756　179719－24

新刊纂圖元亨療馬集六卷　(明)喻本元(明)喻本亨撰　清光緒三十二年(1906)刻本

六冊

140000－0501－0011757　179725－26
元亨療牛集二卷　（明）喻本元　（明）喻本亨撰　清光緒三十二年(1906)刻本　二冊

140000－0501－0011758　179727
菊花吟四編　（清）張錦撰　清刻本　一冊　殘

140000－0501－0011759　179745－48
關帝志四卷　（清）張鎮輯　清乾隆二十一年(1756)刻本　四冊

140000－0501－0011760　179752－91
康熙字典十二集　（清）張玉書纂　清道光七年(1827)刻本　四十冊

140000－0501－0011761　179867－68
王氏家乘一卷　（清）王烛撰　（清）王佐續撰　清抄本　二冊

140000－0501－0011762　179869
太原郡王氏家譜　（清）王殿宰修　清抄本　一冊

140000－0501－0011763　179870－72
[山西臨汾]孟氏家譜不分卷　清抄本　三冊

140000－0501－0011764　179873
高平祁氏帶經山房詩稿本不分卷　（清）祁汝燊撰　求放心齋詩稿本不分卷　（清）祁填撰　清光緒十八年(1892)刻本　一冊

140000－0501－0011765　179874－77
[康熙]交城縣志十八卷首一卷　（清）洪璟纂修　清康熙四十八年(1709)刻本　四冊

140000－0501－0011766　179878－81
[乾隆]五臺縣志八卷　（清）王秉韜纂修　清乾隆四十五年(1780)刻本　四冊

140000－0501－0011767　179882－87
禮記增訂旁訓六卷　（清）徐立綱撰　清匠門書屋刻本　六冊

140000－0501－0011768　179888－92
古詩約選二卷唐詩約選八卷　（清）曹錫寶選

清乾隆三十八年(1773)刻本　五冊　存五卷(古詩約選一、唐詩約選一至四)

140000－0501－0011769　179893
朱氏宗派本枝譜系一卷　清末抄本　一冊

140000－0501－0011770　179894
劉大人私訪穆納山全記　（清）郜繼文抄　清光緒十二年(1886)抄本　一冊

140000－0501－0011771　179895－958
御纂醫宗金鑑九十卷首一卷　（清）吳謙輯　清文光堂刻本　六十四冊

140000－0501－0011772　179975
尼羯磨三卷　（唐）釋懷素集　清刻本　一冊　存一卷(中)

140000－0501－0011773　179976
根本說一切有部毗奈耶尼陀那目得迦攝頌　(唐)釋義淨譯　清刻本　一冊

140000－0501－0011774　179977
佛說大愛道比丘尼經二卷　（北涼）釋□□譯　清刻本　一冊　存一卷(上)

140000－0501－0011775　179978
王澤書札　（清）王澤書　清道光八年(1828)墨迹本　一冊

140000－0501－0011776　179997－80002
五經漢學精華　（清）吳錫麒輯　清嘉慶二十二年(1817)刻本　六冊

140000－0501－0011777　180003－10
說文解字通釋四十卷附繫傳校勘記三卷　(宋)徐鍇傳釋　（宋）朱翱反切　清道光十九年(1839)金陵劉漢洲刻本　八冊

140000－0501－0011778　180026－31
康熙字典十二集　（清）張玉書纂　清光緒十九年(1893)上海同文書局石印本　六冊

140000－0501－0011779　180080
大清同治六年歲次丁卯時憲書　（清）欽天監編　清同治五年(1866)刻朱墨套印本　一冊

140000－0501－0011780　180081

大清同治十年歲次辛未時憲書　（清）欽天監
編　清同治九年(1870)刻朱墨套印本　一冊

140000－0501－0011781　180082

大清光緒四年歲次戊寅時憲書　（清）欽天監
編　清光緒三年(1877)刻朱墨套印本　一冊

140000－0501－0011782　180083－86

說文辨字正俗八卷　（清）李富孫撰　清嘉慶
二十一年(1816)刻本　四冊

140000－0501－0011783　180087－90

[梅溪里]黃氏族譜六卷　（清）黃大溥撰　清
道光十九年(1839)杭西梅溪里黃氏刻本
四冊

140000－0501－0011784　180270－89

高氏宗譜二十卷　清抄本　二十冊　存五卷
（十一至十五）

140000－0501－0011785　180353

諸葛武侯文集一卷　（三國蜀）諸葛亮撰　清
刻本　一冊

140000－0501－0011786　180354－57

問梅堂詩文存合刻詩二卷文一卷附遺墨一卷
　（清）錢灃撰　清光緒七年(1881)昆明錢氏
刻本　四冊　缺一卷（遺墨一卷）

140000－0501－0011787　180358－61

楚辭章句十七卷　（漢）王逸撰　（宋）洪興祖
補注　清同治十一年(1872)金陵書局刻本
四冊

140000－0501－0011788　180362－65

元史紀事本末二十七卷　（明）陳邦瞻撰
(明)張溥論正　清同治十三年(1874)江西書
局刻本　四冊

140000－0501－0011789　180370

百家姓考略一卷　（清）王相纂　清歙西徐士
業刻本　一冊

140000－0501－0011790　180371－78

三禮約編三種十九卷　（清）汪基撰　清刻本
　八冊

140000－0501－0011791　180379－82

蘿藦亭札記八卷　（清）喬松年撰　清同治十
二年(1873)刻本　四冊

140000－0501－0011792　180383

試畯堂文鈔　（清）王蘇著　清道光二十六年
(1846)太平院署刻本　一冊

140000－0501－0011793　180384－91

周易爻徵廣義七卷首一卷　（清）閆汝弼輯
清光緒元年(1875)山西刻本　八冊

140000－0501－0011794　180392－93

漱芳閣集十卷　（清）徐士芬撰　清同治十一
年(1872)刻本　二冊

140000－0501－0011795　180394

太上感應篇　清咸豐八年(1858)大同鼓樓東
街李刻字鋪刻本　一冊

140000－0501－0011796　180395

恩福堂詩鈔一卷　（清）英和撰　清刻本
一冊

140000－0501－0011797　180396

昭文邵氏聯珠集一卷　（清）邵齊烈撰　清咸
豐七年(1857)刻本　一冊

140000－0501－0011798　180398

玉歷鈔傳警世一卷　清同治六年(1867)德盛
刻字鋪孫記刻本　一冊

140000－0501－0011799　180399－403

敦艮齋遺書十七卷　（清）徐潤第撰　清道光
二十八年(1848)刻本　五冊

140000－0501－0011800　180404－08

新刻黃掌綸先生評訂神仙鑑首集　（清）徐道
撰　清同治十三年(1874)新安朱氏刻本　五
冊　存五卷（歷代神仙通鑑一至五）

140000－0501－0011801　180409－14

四書讀本不分卷　（宋）朱熹章句　清天津煮
字山房刻本　六冊

140000－0501－0011802　180415－19

林阜間集六卷　（清）潘諮著　清道光十六年
(1836)京師廠肆刻本　五冊

140000 – 0501 – 0011803　180420 – 25

明題名碑錄不分卷　清刻本　六冊　缺（明嘉靖丁未至隆慶辛未科）

140000 – 0501 – 0011804　180426 – 34

顧亭林先生遺書十種　（清）顧炎武撰　清蓬瀛閣刻本　九冊

140000 – 0501 – 0011805　180435 – 38

國語二十一卷附校刊明道本韋氏解國語劄記一卷　（三國吳）韋昭解　清光緒二年（1876）刻本　四冊

140000 – 0501 – 0011806　180439 – 40

惜抱軒今體詩鈔五言九卷七言九卷　（清）姚鼐選　清同治五年（1866）金陵書局刻本　二冊

140000 – 0501 – 0011807　180441 – 48

彭文敬公集四種　（清）彭蘊章撰　清同治七年（1868）刻本　八冊　存一種二十六卷（松風閣詩抄二十六卷）

140000 – 0501 – 0011808　180449 – 52

元豐九域志十卷　（宋）王存纂　清刻本　四冊

140000 – 0501 – 0011809　180453

雙藤書屋試帖二卷　（清）何道生撰　清道光八年（1828）刻本　一冊

140000 – 0501 – 0011810　180454 – 56

雙藤書屋詩集十二卷　（清）何道生撰　**月波舫遺稿二卷**　（清）何熙績撰　清道光元年（1821）雕藻齋吳耀宗刻本　三冊　缺一卷（月波舫遺稿二）

140000 – 0501 – 0011811　180467 – 70

銅熨斗齋隨筆六卷　（清）沈濤撰　清刻本　四冊

140000 – 0501 – 0011812　180471 – 78

［光緒］交城縣志十卷首一卷　（清）夏肇庸修　（清）許惺南纂　清光緒八年（1882）刻本　八冊

140000 – 0501 – 0011813　180479 – 80

秋士先生遺集六卷　（清）彭績撰　清光緒七年（1881）蘇州瑪瑙經房刻本　二冊

140000 – 0501 – 0011814　180481 – 83

琴學入門二卷　（清）張鶴撰　清同治六年（1867）嘉平刻本　三冊

140000 – 0501 – 0011815　180484 – 91

瀛環志略十卷續集四卷末一卷續補一卷　（清）徐繼畬撰　清光緒二十四年（1898）老掃葉山房石印本　八冊

140000 – 0501 – 0011816　180509 – 16

重訂文選集評十五卷末一卷　（清）于光華編　清光緒十五年（1889）善成堂刻本　八冊　存七卷（一至四、六、八、十）

140000 – 0501 – 0011817　180517 – 20

類腋人部十五卷　（清）姚培謙輯　清刻本　四冊

140000 – 0501 – 0011818　180521 – 24

寄嶽雲齋試帖詳註四卷　（清）聶銑敏撰　（清）張學蘇注　清道光二十二年（1842）刻本　四冊

140000 – 0501 – 0011819　180525 – 28

鹽鐵論四卷　（漢）桓寬撰　明刻本　四冊

140000 – 0501 – 0011820　180529 – 33

狀元四書　（宋）朱熹章句　清咸豐三年（1853）刻本　五冊

140000 – 0501 – 0011821　180534 – 37

檟經廬詩集初編八卷　（清）王軒著　清同治十三年（1874）洪洞董氏刻本　四冊

140000 – 0501 – 0011822　180538 – 47

石笥山房文集六卷補遺一卷詩集十一卷詩餘一卷詩補遺二卷詩續補遺二卷　（清）胡天游撰　**年譜紀略一卷**　（清）胡元琢撰　清宣統二年（1910）上海國學扶輪社鉛印本　十冊

140000 – 0501 – 0011823　180548 – 59

靈鶼閣叢書六集五十六種　（清）江標輯　清光緒元和江氏湖南使院刻本　十二冊　存二

十種(漢事會最人物志三卷、德國議院章程一卷、英軺私記一卷、新嘉坡風土記一卷、中西度量權衡表一卷、光論一卷、人參攷一卷、積古齋藏器目一卷、平安館藏器目一卷、清儀閣藏器目一卷、懷米山房藏器目一卷、兩罍軒藏器目一卷、木庵藏器目一卷、梅花草盦藏器目一卷、簠齋藏器目一卷、窓齋藏器目一卷、天壤閣雜記一卷、簠齋藏器目第二本一卷、選青閣藏器目一卷、藏書紀事詩六卷)

140000 - 0501 - 0011824　180560 - 65

四書人物類典串珠四十卷　(清)臧志仁編輯
清嘉慶四年(1799)刻本　六冊　存十七卷(一至十七)

140000 - 0501 - 0011825　180566 - 69

圖注八十一難經辨真四卷刪注脈訣規正二卷
(戰國)秦越人撰　(明)張世賢注　清嘉慶十年(1805)大文堂刻本　四冊

140000 - 0501 - 0011826　180573 - 78

四書補注附考備旨十卷　(明)鄧林撰　清嘉慶二十五年(1820)刻本　六冊　缺三卷(論語一至三)

140000 - 0501 - 0011827　180579 - 80

四書補注附考備旨十卷　(明)鄧林撰　清刻本　二冊　存四卷(大學一卷、中庸一卷、論語一至二)

140000 - 0501 - 0011828　180581 - 85

傅青主全集　(清)傅山撰　清光緒刻本　五冊　存七卷(女科一至二、產後編三至四、男科二至三、小兒科四)

140000 - 0501 - 0011829　180586

千字文釋義一卷　(清)汪嘯尹纂輯　(清)孫謙益注　清徐士業刻本　一冊

140000 - 0501 - 0011830　180617 - 28

皇朝經世文編一百二十卷　(清)賀長齡輯　清光緒上海點石齋石印本　十二冊

140000 - 0501 - 0011831　180641 - 48

柳崖外編十六卷　(清)徐昆撰　清乾隆五十八年(1793)刻本(有抄配)　八冊

140000 - 0501 - 0011832　180650 - 51

四書體注合講　(宋)朱熹集注　清刻本　二冊　存四卷(孟子四至七)

140000 - 0501 - 0011833　180652 - 63

傅氏眼科審視瑤函六卷　(明)傅仁宇輯　清彙源堂刻本　十二冊

140000 - 0501 - 0011834　180664 - 69

新刊繡像全圖永慶昇平後傳二十五卷一百回　(清)貪夢道人著　清光緒三十四年(1908)石印本　六冊　存二十三卷(三至二十五)

140000 - 0501 - 0011835　180670 - 73

繪圖監本書經六卷　(宋)蔡沈集傳　清宣統三年(1911)上海會文堂書局石印本　四冊

140000 - 0501 - 0011836　180686 - 91

洞天奧旨十六卷附經絡圖　(清)陳士鐸撰　(清)陶式玉評　清成文齋石印本　六冊

140000 - 0501 - 0011837　180697 - 815

資治通鑑綱目正編五十九卷　(宋)朱熹撰　(明)陳仁錫評閱　**續編二十七卷**　(明)商輅撰　(明)陳仁錫評閱　**前編二十五卷**　(明)南軒撰　(明)陳仁錫評閱　**三編二十卷**　(清)張廷玉等撰　明崇禎三年(1630)陳仁錫刻清乾隆十一年(1746)續刻本　一百十九冊　缺八卷(續資治通鑑綱目九至十六)

140000 - 0501 - 0011838　180886 - 93

御案詩經備旨八卷　(清)鄒聖脈纂輯　清乾隆二十八年(1763)文聚堂刻本　八冊

140000 - 0501 - 0011839　180894 - 99

庚辰集五卷附唐人試律說一卷　(清)紀昀編　清刻本　六冊

140000 - 0501 - 0011840　180900 - 903

詩經八卷　(宋)朱熹集傳　清道光二十七年(1847)刻本　四冊

140000 - 0501 - 0011841　180904 - 909

山海經釋義十八卷　(晉)郭璞撰　(明)王崇慶釋義　明萬曆二十五年(1597)常州蔣一葵堯山堂刻後印本　六冊

140000－0501－0011842　180926

張景陽集一卷　（晉）張協撰　（明）張溥編　清光緒十八年（1892）善化章經濟堂刻本　一冊

140000－0501－0011843　180927－30

書經六卷　（宋）蔡沈集傳　清嘉慶十四年（1809）聚文堂刻本　四冊

140000－0501－0011844　180931－46

御纂周易折中二十二卷首一卷　（清）李光地等纂　清康熙五十四年（1715）武英殿刻本　十六冊

140000－0501－0011845　180947－52

四書左國彙纂四卷　（清）高其名輯　清乾隆三十六年（1771）本立堂刻本　六冊

140000－0501－0011846　180953

西學略述十卷　（英國）艾約瑟譯　清光緒二十四年（1898）上海盈記書莊石印本　一冊

140000－0501－0011847　180954－55

聖諭廣訓直解一卷　（清）聖祖玄燁撰　清光緒十二年（1886）四川藩署刻本　二冊

140000－0501－0011848　180959－60

水屋賸稿二卷　（清）張道渥撰　清道光八年（1828）張氏夢覺草堂刻本　二冊

140000－0501－0011849　180961－66

書經六卷　（宋）蔡沈集傳　清光緒三十四年（1908）學部圖書局影印本　六冊

140000－0501－0011850　180967－73

日本新史攬要七卷　（日本）石村貞一編　（清）游瀛主人譯　清光緒元年（1875）石印本　七冊

140000－0501－0011851　180974－77

周書五十卷　（唐）令狐德棻撰　清光緒三十四年（1908）上海集成圖書公司石印本　四冊

140000－0501－0011852　180978－80

錦字箋四卷　（清）黃溓輯　清康熙二十八年（1689）聚錦堂刻本　三冊

140000－0501－0011853　180981－82

唐詩三百首不分卷　（清）孫洙編　清道光二十五年（1845）大文堂刻本　二冊

140000－0501－0011854　180983－89

應試新賦備要初集六卷二集六卷　（清）謝稼思評選　清乾隆四十八年（1783）味經堂刻本　七冊　缺一卷（二集六，每卷皆殘）

140000－0501－0011855　180991

慵巖詩稿四卷　（清）梁繪章撰　清嘉慶十六年（1811）梁中興刻本　一冊　存二卷（三至四）

140000－0501－0011856　180992－97

唐詩三百首注疏六卷　（清）孫洙編　（清）章爕注　清道光二十一年（1841）姑蘇會文堂刻本　六冊

140000－0501－0011857　180998

隴蜀餘聞一卷　（清）王士禛輯　清康熙刻本　一冊

140000－0501－0011858　180999－1000

二如亭羣芳譜　（明）王象晉纂輯　明刻本　二冊　存二卷（歲部三至四）

140000－0501－0011859　181001－02

絕妙好詞箋七卷　（宋）周密輯　（清）查為仁　（清）厲鶚箋　清乾隆十五年（1750）刻本　二冊　存二卷（六至七）

140000－0501－0011860　181003－04

唐人萬首絕句選七卷　（宋）洪邁元本　（清）王士禛選編　清康熙刻本　二冊　存四卷（一至四）

140000－0501－0011861　181005－07

本事詩十二卷　（清）徐釚輯　清乾隆刻本　三冊　存六卷（五至六、九至十二）

140000－0501－0011862　181037

陳眉公重訂野客叢書十二卷　（宋）王楙著　明萬曆三十一年（1603）刻本　一冊　存三卷（一至三）

140000－0501－0011863　181265

汾城李氏家譜　清抄本　一冊

140000－0501－0011864　181266－67

乾坤大略十卷補遺一卷　（明）王餘佑撰　清抄本　二冊

140000－0501－0011865　181320－25

原本直指算法統宗十二卷首篇一卷　（明）程大位編　清刻本　六冊

140000－0501－0011866　181326－39

字彙十二集首一卷末一卷韻法直圖一卷韻法橫圖一卷　（明）梅膺祚編　清同文會刻本　十四冊

140000－0501－0011867　181355－67

字彙十二集首一卷　（明）梅膺祚音釋　清康熙十九年(1680)聚文堂張心所刻本　十三冊

140000－0501－0011868　181368

簡學齋試帖輯注一卷　（清）陳沆著　（清）王植桂輯注　清刻本　一冊

140000－0501－0011869　181369

陝甘試牘一卷　清刻本　一冊

140000－0501－0011870　181371－73

新訂四書補注備旨十卷　（明）鄧林著　（清）杜定基增訂　清光緒六年(1880)刻本　三冊　存六卷(大學一卷、中庸一卷、下論三至四、下孟三至四)

140000－0501－0011871　181374－77

最新地理教科書四卷　（清）徐仁鏡　張元濟校訂　清光緒三十三年(1907)上海商務印書館鉛印本　四冊

140000－0501－0011872　181378

丁子青課幼草一卷　（清）李春陽評　清光緒七年(1881)刻本　一冊

140000－0501－0011873　181380

小題易讀二卷　（清）史鑑輯　清刻本　一冊　存一卷(下)

140000－0501－0011874　181382

大學章句一卷中庸章句一卷　（宋）朱熹撰　清刻本　一冊

140000－0501－0011875　181383

詩韻題解十卷　（清）甘蘭友輯　清刻本　一冊　存六卷(五至十)

140000－0501－0011876　181384

暗室燈二卷　（清）深山居士撰　清刻本　一冊　存一卷(下)

140000－0501－0011877　181388－91

金石圖說四卷　（清）牛運震集　（清）褚峻圖　劉世珩補　清光緒十九年至二十二年(1893－1896)揚州李儒懋補刻本　四冊

140000－0501－0011878　181406－10

馬駘畫寶四種　（清）馬駘繪　清石印本　五冊

140000－0501－0011879　181425－26

考卷脫穎二集　（清）李錫瓚編　清道光七年(1827)文萃堂刻本　二冊

140000－0501－0011880　181429－41

上湘歐陽氏續修族譜二十四卷首一卷末一卷　（清）歐陽主索　（清）歐陽文存纂修　清咸豐十年(1860)篤親堂刻本　十三冊　存二十卷(一至四、八至十三、十五至二十四)

140000－0501－0011881　181442－44

戰國策選不分卷國語選不分卷　（清）儲欣評　清嘉慶十八年(1813)刻本　三冊

140000－0501－0011882　181463－66

四書集注十九卷　（宋）朱熹撰　清光緒三十四年(1908)上海點石齋石印本　四冊　存十二卷(論語六至十、孟子一至七)

140000－0501－0011883　181474－81

兒女英雄傳評話八卷首一卷　題（清）還讀我書室主人評　清光緒二十二年(1896)上海凌雲閣石印本　八冊

140000－0501－0011884　181484－89

增釋麻衣相法全編六卷　（宋）麻衣道人撰　清同治十二年(1873)刻本　六冊

140000－0501－0011885　181555

守節艱苦年例一卷　清抄本　一冊

140000－0501－0011886　181556－58

古文約選不分卷　（清）允禮選　清刻本　三冊　存（大蘇文約選、小蘇文約選、曾子固文約選）

140000－0501－0011887　181563－66

經韻集字析解二卷　（清）彭良敞集注　清道光十四年（1834）張鵬㧑刻本　四冊

140000－0501－0011888　181569－74

本朝十二家精選不分卷　清刻本　六冊　存六家（王廬東稿、方望溪稿、方淳安稿、儲中子稿、王巳山稿、張南城稿）

140000－0501－0011889　181580

小說全集一卷　清光緒二十五年（1899）雙善氏刻本　一冊

140000－0501－0011890　181581

韻史二卷　（清）許邁翁撰　清咸豐十一年（1861）刻本　一冊

140000－0501－0011891　181583－84

萬國通史前編十卷　（英國）李思倫白輯譯　蔡爾康述　清光緒二十六年（1900）上海廣學會鉛印本　二冊　存四卷（一至二、九至十）

140000－0501－0011892　181585

太上寶筏圖說八卷　（清）黃正元輯注　清石印本　一冊　存一卷（七）

140000－0501－0011893　181586

地球一百名人傳三卷　（英國）李提摩太譯　清光緒二十九年（1903）上海廣學會鉛印本　一冊

140000－0501－0011894　181588

學文正法一卷　（清）楊永康著　清乾隆四年（1739）藏拙齋刻本　一冊

140000－0501－0011895　181590

梅嶺畫譜一卷　（日本）幸野梅嶺繪　清光緒七年（1881）石印本　一冊

140000－0501－0011896　181592

養正俚吟七種　（清）薛子瑛撰　清光緒十四年（1888）刻本　一冊

140000－0501－0011897　181600

新鐫鑑略四字書一卷　（清）王望如撰　清康熙五年（1666）刻本　一冊

140000－0501－0011898　181601

館課我法詩箋四卷　（清）紀昀撰　（清）郭斌注　清嘉慶九年（1804）匯源堂刻本　一冊

140000－0501－0011899　181602

新編姚氏族譜一卷　（清）姚重華修　清咸豐三年（1853）抄本　一冊

140000－0501－0011900　181603

解郡南賈村席氏家譜一卷　（清）王際泰修　清宣統三年（1911）續抄本　一冊

140000－0501－0011901　181605

古文觀止十二卷　（清）吳楚材　（清）吳調侯輯　清康熙三十四年（1695）敦化堂刻本　一冊　存四卷（一至四）

140000－0501－0011902　181609

欽定詩經傳說彙纂二十一卷首二卷詩序二卷　（清）王鴻緒編　清同治十年（1871）湖北崇文書局刻本　一冊　存二卷（一至二）

140000－0501－0011903　181644－50

雲林別墅新輯酬世錦囊書啟合編初集八卷二集七卷三集二卷四集二卷　（清）鄒景揚輯　清刻本　七冊　存十卷（二集七卷、三集一、四集二卷）

140000－0501－0011904　181655

新鐫五言千家詩箋注二卷　（清）王相著　清道光十三年（1833）鄭濯之刻本　一冊

140000－0501－0011905　181656

初學小題采芹二卷　（清）周德秀評選　清乾隆四十八年（1783）刻本　一冊

140000－0501－0011906　181698

唐詩三百首補注八卷　（清）孫洙編　（清）陳婉俊輯　清光緒十一年（1885）鉛印本　一冊

140000－0501－0011907　181699

新選啓蒙算法一卷　（清）呂廷雲彙選　清刻本　一冊

140000－0501－0011908　181701

傷寒醫訣串解六卷　（清）陳念祖撰　清上海錦章書局石印本　一冊

140000－0501－0011909　181702

如來寶號引路經一卷　清抄本　一冊

140000－0501－0011910　181705－08

詩經八卷　（宋）朱熹集傳　清宣統三年（1911）上海章福記石印本　四冊

140000－0501－0011911　181724

居官寡過錄四卷　題（清）盤嶠野人輯　清乾隆三十九年（1774）刻本　一冊　缺三卷（二至四,卷一、序不全）

140000－0501－0011912　181914－15

篆字彙十二卷　（清）佟世男編　清刻本　二冊　存二集（酉、亥）

140000－0501－0011913　181921－22

圖像三國演義第一才子書一百二十回　（明）羅貫中撰　清文盛堂石印本　二冊　存二十八回（二十三至三十六、五十一至六十四）

140000－0501－0011914　181923

分類字錦六十四卷　（清）張廷玉編　清刻本　一冊　存二卷（十九至二十）

140000－0501－0011915　181924

大六壬指南五卷　（明）陳良謨增注　（清）程起鸞刪訂　清刻本　一冊

140000－0501－0011916　181925

詩經八卷　（宋）朱熹集傳　清刻本　一冊缺五卷（一至五）

140000－0501－0011917　181926－27

孟子七卷　（宋）朱熹集注　清解州吉慶堂刻本　二冊　缺三卷（一至三）

140000－0501－0011918　181940

增補重訂千家詩注解二卷　（清）謝枋得選輯（清）王相注　清蘇州掃葉山房石印本一冊

140000－0501－0011919　181941－45

唐詩三百首注疏六卷　（清）孫洙編　（清）章燮注　清刻本　五冊　缺一卷（一）

140000－0501－0011920　181946

七言雜字一卷　清光緒二十年（1894）崇文堂刻本　一冊

140000－0501－0011921　181947

新刻日用雜字一卷　清道光十四年（1834）刻本　一冊

140000－0501－0011922　181948

杜塾九訂方言插注雜字一卷　（清）杜明仁注清道光二十六年（1846）刻本　一冊

140000－0501－0011923　181955－56

周易訓義□□卷　（清）喻遜纂輯　清刻本二冊　存二卷（二至三）

140000－0501－0011924　181957－58

傅青主男科二卷附女科產後編　（清）傅山撰清光緒二十四年（1898）書業德刻本　二冊

140000－0501－0011925　181959

改良六言雜字一卷　清末民國石印本　一冊

140000－0501－0011926　182001

增訂七言三字經一卷　清光緒四年（1878）刻本　一冊

140000－0501－0011927　182003

繪圖韻對千家詩注釋　清宣統元年（1909）上海章福記石印本　一冊　存七卷（新鐫千家詩五言絕句二卷、笠翁對韻二卷、鍾伯敬先生補訂千家詩圖二卷、唐司空圖詩品詳注一卷）

140000－0501－0011928　182007

杜塾九訂方言插注雜字一卷　（清）杜明仁注清恒興堂刻本　一冊

140000－0501－0011929　182019

算法撮要四卷　清同治五年（1866）刻本一冊

140000－0501－0011930　182020

見龍樓新較算法全書四卷　清道光二十三年（1843）崇德堂刻本　一冊　存二卷（一至二）

140000－0501－0011931　182021

大清光緒二十九年歲次癸卯時憲書　（清）欽天監編　清光緒二十九年（1903）刻朱墨套印

本 一冊

140000－0501－0011932 182059－62

書經體注大全合參六卷 （清）錢希祥纂輯
清道光十四年(1834)崇文堂刻本 四冊

140000－0501－0011933 182063－69

古文釋義新編八卷 （清）余誠評注 清刻本
七冊 缺一卷(六)

140000－0501－0011934 182070

古文楷鳳新編 （清）汪基鈔輯 清刻本 一
冊 存一卷(六)

140000－0501－0011935 182071－78

繪圖評點兒女英雄傳八卷四十四回 （清）文
康撰 （清）還讀我書室主人評 清光緒三十
二年(1906)石印本 八冊

140000－0501－0011936 182081－86

左傳易讀六卷 （清）司徒修輯 清光緒七年
(1881)書業德刻本 六冊

140000－0501－0011937 182087

評改先入言一卷 （清）慕天乙著 （清）路闇
生評改 清同治十三年(1874)臨潼呂氏刻本
一冊

140000－0501－0011938 182088

太上老君說常清靜經圖注 題水精子注 清
光緒二十八年(1902)毛氏刻本 一冊

140000－0501－0011939 182089

分類詳注飲香尺牘四卷首一卷 （清）飲香居
士輯 （清）慵隱子箋釋 清嘉慶二年(1797)
刻本 一冊 存一卷(一)

140000－0501－0011940 182105－08

[光緒]靈邱縣補志十卷 （清）雷棣榮修
（清）陸泰元纂 清光緒七年(1881)京都吉潤
齋刻本 二冊

140000－0501－0011941 182109

[康熙]寧鄉縣志十卷首一卷 （清）呂履恆纂
修 清康熙四十一年(1702)刻本 一冊 存
五卷(一至五)

140000－0501－0011942 182110－13

[咸豐]太谷縣志八卷首一卷末一卷 （清）章
青選 （清）汪和修 （清）章嗣衡纂 清咸豐
五年(1855)刻本 四冊 存四卷(五至八)

140000－0501－0011943 182472－82

山右石刻叢編四十卷 （清）胡聘之撰 清光
緒二十五年至二十七年(1899－1901)刻本
十一冊 存十八卷(一至四、七至二十)

140000－0501－0011944 182483

**評注才子古文十二大家十七卷歷朝名文九卷
附遺一卷** （清）王之績評注 清刻本 一冊
存一卷(十二大家一)

140000－0501－0011945 182485

千字文一卷 清光緒三年(1877)賈岱抄本
一冊

140000－0501－0011946 182486

通鑑紀事本末四十二卷 （宋）袁樞撰 明刻
本 一冊 存一卷(三十)

140000－0501－0011947 182487－88

文獻通考纂二十四卷 （元）馬端臨著 清刻
本 二冊 存六卷(四至九)

140000－0501－0011948 182489

[畫譜一卷] 清刻本 一冊 殘

140000－0501－0011949 182490

書業堂重訂古文釋義新編八卷 （清）余誠評
注 清乾隆八年(1743)書業堂刻本 一冊
存一卷(一)

140000－0501－0011950 182491－94

五方元音二卷 （清）樊騰鳳撰 （清）年希堯
增補 清同治八年(1869)刻本 四冊

140000－0501－0011951 182499－503

如酉所刻諸名家評點春秋綱目左傳句解六卷
（明）鍾惺 （明）張溥評 （清）韓菼重訂
清刻本 五冊 缺一卷(二)

140000－0501－0011952 182504

批點春秋左傳綱目句解彙雋 （清）韓菼重訂
清刻本 一冊 存一卷(二)

140000－0501－0011953 182506

塾課小題正鵠二集一卷　（清）李元度編輯
清刻本　一冊

140000－0501－0011954　182507－14
憑山閣彙輯留青新集三十卷　（清）陳枚選
清康熙大觀堂刻本　八冊　存八卷（十五至
二十二）

140000－0501－0011955　182515－22
文成堂重訂古文釋義新編八卷　（清）余誠
評注　清光緒十七年（1891）文成堂刻本
八冊

140000－0501－0011956　182531
宣講拾遺六卷首一卷　（清）蔣岸登撰　清光
緒三十一年（1905）三蓮堂刻本　一冊　存一
卷（一）

140000－0501－0011957　182539－41
國朝歷科發蒙小品不分卷　（清）唐惟戀評選
　清乾隆四十四年（1779）刻本　三冊　缺
（下孟）

140000－0501－0011958　182542
禮記十卷　（元）陳澔集傳　清初刻本　一冊
　存一卷（五）

140000－0501－0011959　182543
詳注分編指掌二集不分卷　（清）郝正崶評注
清乾隆二十三年（1758）世德堂刻本　一冊
殘

140000－0501－0011960　182553
仁在堂時藝引階合編一卷　（清）路德撰　清
同治十二年（1873）刻本　一冊

140000－0501－0011961　182555
時文小題萃一卷　清咸豐五年（1855）刻本
一冊

140000－0501－0011962　182556
冬青館古宮詞三卷　（清）張鑑撰　（清）桂榮
注　清光緒刻本　一冊

140000－0501－0011963　182561
松花庵雜稿　（清）吳鎮撰　清乾隆刻本　一
冊　存三卷（四書六韻一卷、沅州雜詠一卷、

瀟湘八景集句一卷）

140000－0501－0011964　182562－63
香祖筆記十二卷　（清）王士禛撰　清康熙四
十四年（1705）刻本　二冊　存六卷（一至三、
十至十二）

140000－0501－0011965　182564
注男總訣一卷　清光緒十五年（1889）于湛抄
本　一冊

140000－0501－0011966　182569
寄嶽雲齋試帖詳註四卷　（清）聶銑敏撰　清
道光二十六年（1846）誠意堂刻本　一冊　存
二卷（一至二）

140000－0501－0011967　182692
剔弊廣增分韻五方元音二卷　（清）樊騰鳳著
　清刻本　一冊

140000－0501－0011968　182696
行書字法一卷隸書字法一卷篆書字法一卷
（清）陳紀書　（清）鄭漢音釋　清刻本　一冊

140000－0501－0011969　182749
種子方剖一卷精訂攝生種子秘剖二卷　（明）
洪基撰　清刻本　一冊　缺一卷（秘剖下）

140000－0501－0011970　182750
卜歲恆言不分卷　（清）吳鵠撰　清抄本
一冊

140000－0501－0011971　182752－67
漢書一百卷　（漢）班固撰　（唐）顏師古注
清金陵書局刻本　十六冊

140000－0501－0011972　182768－83
後漢書九十卷　（南朝宋）范曄撰　（唐）李賢
注　續志三十卷　（晉）司馬彪撰　（南朝梁）
劉昭注　清金陵書局刻本　十六冊

140000－0501－0011973　250001－32
校經山房叢書二十六種　（清）朱記榮輯　清
光緒三十年（1904）孫溪朱氏槐廬家塾刻本
三十二冊

140000－0501－0011974　250033－80
靈鶼閣叢書六集五十六種　（清）江標輯　清

光緒湖南元和江氏湖南使院刻本　四十八冊

140000－0501－0011975　250081－204

武英殿聚珍版書　清同治十三年(1874)江西
書局刻本　一百二十四冊

140000－0501－0011976　250209－308

玉函山房輯佚書五百九十四種　（清）馬國翰
輯　清光緒九年(1883)長沙嫏嬛館刻本　一
百冊

140000－0501－0011977　250309－56

靈鶼閣叢書六集五十六種　（清）江標輯　清
光緒元和江氏湖南使院刻本　四十八冊

140000－0501－0011978　250357－76

小石山房叢書四十一種五十八卷　（清）顧湘
編輯　清同治十三年(1874)虞山顧氏刻本
二十冊

140000－0501－0011979　250377－96

半厂叢書初編十種　（清）譚獻輯　清光緒十
五年(1889)刻本　二十冊　缺一卷(非見齋
審定六朝正書碑目一卷)

140000－0501－0011980　250397－432

連筠簃叢書十五種　（清）楊尚文輯　清道光
二十八年(1848)靈石楊氏刻本　三十六冊

140000－0501－0011981　250433－60

雅雨堂藏書　（清）盧見曾輯　清乾隆二十一
年(1756)德州盧氏刻本　二十八冊

140000－0501－0011982　250461－509

平津館叢書十集四十三種　（清）孫星衍輯
清光緒十一年(1885)吳縣朱氏槐廬家塾刻本
　四十九冊　缺二卷(寰字訪碑錄十至十一)

140000－0501－0011983　250510－69

古今說部叢書十集二百六十六種　國學扶輪
社輯　清宣統、民國上海國學扶輪社鉛印本
　六十冊

140000－0501－0011984　250650－59

鄭氏佚書二十三種　（漢）鄭玄著　（清）袁鈞
輯　清光緒十四年(1888)浙江書局刻本
十冊

140000－0501－0011985　250660－69

鄭氏佚書二十三種　（漢）鄭玄著　（清）袁鈞
輯　清光緒十四年(1888)浙江書局刻本
十冊

140000－0501－0011986　250670－81

式訓堂叢書初集十五種　（清）章壽康輯　清
光緒八年(1882)會稽章氏刻本　十二冊

140000－0501－0011987　250682－91

番禺陳氏東塾叢書五種　（清）陳澧撰　清咸
豐、光緒刻本　十冊

140000－0501－0011988　250692－707

積學齋叢書二十種　徐乃昌編　清光緒南陵
徐氏刻本　十六冊

140000－0501－0011989　250732－838

槐軒全書　（清）劉沅撰　清光緒三十一年
(1905)劉桂文刻本　一百七冊

140000－0501－0011990　250839－78

南菁書院叢書四十一種　王先謙　繆荃孫輯
　清光緒十四年(1888)江陰南菁書院刻本
四十冊

140000－0501－0011991　250911－18

重刊拜經樓叢書七種　（清）吳騫輯　清光緒
十一年(1885)會稽章氏鄂渚刻本　八冊

140000－0501－0011992　250943－58

晨風閣叢書二十二種　沈宗畸編　清宣統元
年(1909)刻本　十六冊

140000－0501－0011993　250959－82

咫進齋叢書三集三十七種　（清）姚覲元輯
清光緒九年(1883)歸安姚氏刻本　二十四冊

140000－0501－0011994　250983－1030

平津館叢書十集四十三種　（清）孫星衍輯
清光緒十一年(1885)吳縣朱氏槐廬家塾刻本
　四十八冊

140000－0501－0011995　251031－42

二酉堂叢書二十一種　（清）張澍輯　清道光
元年(1821)武威張氏二酉堂刻本　十二冊

140000－0501－0011996　251065－88

咫進齋叢書三集三十七種　（清）姚覲元輯
清光緒九年(1883)歸安姚氏刻本　二十四冊

140000－0501－0011997　251089－112

咫進齋叢書三集三十七種　（清）姚覲元輯
清光緒九年(1883)歸安姚氏刻本　二十四冊

140000－0501－0011998　251113－139

竇靜庵先生遺書　（清）竇克勤撰　清康熙朱
陽竇氏刻本　二十七冊

140000－0501－0011999　251140－263

惜陰軒叢書三十四種續編一種　（清）李錫齡
輯　清道光二十六年(1846)宏道書院刻咸豐
八年(1858)續刻本　一百二十四冊

140000－0501－0012000　251505－24

峭帆樓叢書十八種五十二卷　趙詒琛編　嚴
永思先生通鑑補正略三卷　（明）嚴衍撰　清
宣統、民國刻本　二十冊

140000－0501－0012001　251525－44

宣城梅氏叢書輯要六十二卷首一卷　（清）梅
文鼎撰　（清）梅瑴成校輯　清同治十三年
(1874)梅瑴成頤園刻本　二十冊

140000－0501－0012002　251545－60

晨風閣叢書二十二種　沈宗畸編　清宣統元
年(1909)刻本　十六冊

140000－0501－0012003　251561－66

雙楳景闇叢書十二種　葉德輝編　清光緒二
十九年(1903)長沙葉氏刻本　六冊

140000－0501－0012004　251567－72

鐵華館叢書六種　（清）蔣鳳藻輯　清光緒十
年(1884)長洲蔣氏影刻本　六冊

140000－0501－0012005　251573－731

海山仙館叢書五十六種　（清）潘仕成輯　清
道光、咸豐番禺潘氏刻本　一百五十九冊

140000－0501－0012006　251764－83

學古齋金石叢書十種　（清）葛元煦輯　清光
緒崇川葛氏學古齋刻敦懷書屋重印本　二
十

140000－0501－0012007　251784－803

經訓堂叢書二十一種　（清）畢沅輯　清光緒
十三年(1887)大同書局影印本　二十冊

140000－0501－0012008　251804－05

鄂宰四稿　（清）王筠撰　清咸豐二年(1852)
刻本　二冊

140000－0501－0012009　251810－21

心矩齋叢書八種　（清）蔣鳳藻輯　清光緒長
洲蔣氏刻本　十二冊　存五種

140000－0501－0012010　251822－46

石遺室叢書十八種　陳衍輯　清光緒、民國
刻本　二十五冊

140000－0501－0012011　251855－72

有諸己齋格言十七種　（清）閻敬銘撰　清光
緒十四年(1888)山西解州書院刻本　十八冊

140000－0501－0012012　251873－92

頤志齋叢書二十種　（清）丁晏撰　清咸豐、
同治山陽丁氏六藝堂刻同治元年(1862)彙印
本　二十冊

140000－0501－0012013　251893－916

湖州叢書十二種　（清）陸心源輯　清光緒湖
城義塾刻本　二十四冊

140000－0501－0012014　251981－2004

漢魏遺書鈔　（清）王謨輯　清嘉慶三年
(1798)金谿王氏刻本　二十四冊

140000－0501－0012015　252047－58

春暉堂叢書十二種　（清）徐渭仁輯　清道
光、咸豐上海徐氏刻同治中補刻本　十二冊

140000－0501－0012016　252071－80

二酉堂叢書二十一種　（清）張澍輯　清道光
元年(1821)武威張氏二酉堂刻本　十冊

140000－0501－0012017　252081－82

笠澤叢書四卷補遺一卷　（唐）陸龜蒙撰　清
石印本　二冊

140000－0501－0012018　252083－94

少室山房筆叢十二種四十八卷　（明）胡應麟
撰　清光緒二十二年(1896)廣雅書局刻本
十二冊

140000－0501－0012019　252105－08

夢園叢說內篇八卷　（清）方濬頤撰　清光緒
元年（1875）刻本　四冊

140000－0501－0012020　252109－32

仰視千七百二十九鶴齋叢書　（清）趙之謙輯
　清光緒會稽趙氏刻本　二十四冊

140000－0501－0012021　252133－56

隨庵徐氏叢書初集十種續集十種　徐乃昌編
　清光緒、民國南陵徐氏刻本　二十四冊

140000－0501－0012022　252229－308

玉函山房輯佚書　（清）馬國翰輯　清光緒九
年（1883）長沙嫏嬛館刻本　八十冊

140000－0501－0012023　252319－36

有諸己齋格言十七種　（清）閻敬銘撰　清光
緒十四年（1888）山西解州書院刻本　十八冊

140000－0501－0012024　252337－52

李氏五種合刊　（清）李兆洛輯　清光緒十四
年（1888）上海掃葉山房刻本　十六冊

140000－0501－0012025　252373－79

教學五書五種　清道光二十七年（1847）北平
文英堂刻本　七冊

140000－0501－0012026　252380－87

說詩樂趣類編二十卷　（清）伍涵芬編　（清）
汪正鈞參訂　清康熙四十年（1701）伍氏華日
堂刻本　八冊

140000－0501－0012027　252388－413

雲自在龕叢書五集三十五種　繆荃孫輯　清
光緒江陰繆氏刻本　二十六冊

140000－0501－0012028　252414－49

正覺樓叢刻二十九種　清光緒元年（1875）崇
文書局刻本　三十六冊

140000－0501－0012029　252450－69

目耕帖三十一卷　（清）馬國翰撰　清光緒九
年（1883）長沙嫏嬛館刻本　二十冊

140000－0501－0012030　252470－93

如皋冒氏叢書二十七種　（清）冒廣生輯　清
光緒、民國如皋冒氏刻本　二十四冊　存二

十五種

140000－0501－0012031　252494－513

墨池編二十卷　（宋）朱長文著　印典八卷
（清）朱象賢編　清雍正十一年（1733）就閒堂
刻本　二十冊

140000－0501－0012032　252514－73

玉海二百卷　（宋）王應麟編　明嘉靖刻萬
曆、崇禎遞修清乾隆印本　六十冊

140000－0501－0012033　252574－713

玉海二百卷辭學指南四卷附刻十三種　（宋）
王應麟編　清光緒十年（1884）成都志古堂刻
本　一百四十冊

140000－0501－0012034　252714－833

玉海二百卷辭學指南四卷附刻十三種　（宋）
王應麟編　清嘉慶十一年（1806）康基田刻本
　一百二十冊

140000－0501－0012035　252894－925

滂喜齋叢書五十種　（清）潘祖蔭輯　清同
治、光緒京師吳縣潘氏刻本　三十二冊

140000－0501－0012036　252942－64

焦氏遺書　（清）焦循撰　清光緒二年（1876）
衡陽魏氏刻本　二十三冊　存五種

140000－0501－0012037　252965－3004

粟香室叢書五十八種　金武祥輯　清光緒、
民國江陰金氏刻本　四十冊

140000－0501－0012038　253005－84

槐廬叢書五編四十六種　（清）朱記榮輯　清
光緒十二年（1886）吳縣朱氏槐廬家塾刻本
八十冊

140000－0501－0012039　253085－114

士禮居黃氏叢書十九種　（清）黃丕烈輯　清
光緒十三年（1887）上海蜚英館石印本　三
十冊

140000－0501－0012040　253535－634

總纂升庵合集二百四十卷　（明）楊慎撰　清
光緒八年（1882）刻本　一百冊

140000－0501－0012041　253647－49

翼教叢編六卷附一卷　（清）蘇輿編　清光緒
二十四年（1898）刻本　三冊

140000－0501－0012042　253650－65

安吳四種三十六卷首一卷　（清）包世臣撰
清光緒十四年（1888）刻本　十六冊

140000－0501－0012043　253750

如諫果室叢刻四種　（清）王延釗撰　清宣統
二年（1910）京師益森書館鉛印本　一冊　存
三種

140000－0501－0012044　253763－64

檀几叢書錄要　（清）何思鈞輯　清嘉慶二年
（1797）方雪齋刻本　二冊

140000－0501－0012045　253765－70

南菁劄記十四種二十一卷　（清）溥良編　清
光緒二十年（1894）江陰使署刻本　六冊

140000－0501－0012046　253771－73

國朝漢學師承記八卷國朝宋學淵源記二卷國
朝經師經義目錄一卷　（清）江藩纂并輯　清
光緒九年（1883）山西書局刻本　三冊　殘

140000－0501－0012047　253802－07

酉陽雜俎二十卷續集十卷　（唐）段成式撰
清刻本　六冊

140000－0501－0012048　253808－4044

粵雅堂叢書三十集一百八十四種　（清）伍崇
曜輯　清咸豐三年（1853）南海伍氏刻本　二
百三十七冊　殘

140000－0501－0012049　254045－283

粵雅堂叢書三十集一百八十四種　（清）伍崇
曜輯　清咸豐三年（1853）南海伍氏刻本　二
百三十九冊

140000－0501－0012050　254296－303

羣書拾補三十七種　（清）盧文弨撰　清光緒
十三年（1887）上海蜚英館石印本　八冊

140000－0501－0012051　254304－11

羣書拾補三十七種　（清）盧文弨撰　清光緒
十三年（1887）上海蜚英館石印本　八冊

140000－0501－0012052　254312－43

後知不足齋叢書初編七十卷　（清）鮑廷爵輯
清光緒常熟鮑氏刻本　三十二冊

140000－0501－0012053　254440－55

類腋五十五卷　（清）姚培謙編　補遺一卷
（清）張隆孫撰　清寶寧堂刻本　十六冊

140000－0501－0012054　254472－88

青照堂叢書四十三種　（清）李元春輯　清道
光十五年（1835）朝邑劉際清刻本　十七冊
殘

140000－0501－0012055　254509－648

淵鑑類函四百五十卷目錄四卷　（清）張英撰
清康熙四十九年（1710）清吟堂刻本　一百
四十冊

140000－0501－0012056　254649－808

古香齋新刻袖珍淵鑑類函四百五十卷目錄四
卷　（清）張英撰　清光緒六年（1880）南海孔
氏刻本　一百六十冊

140000－0501－0012057　255049－288

知不足齋叢書三十集二百七種　（清）鮑廷博
輯　（清）鮑志祖續輯　清乾隆三十七年至道
光三年（1772－1823）長塘鮑氏家塾刻本　二
百四十冊

140000－0501－0012058　255529－678

正誼堂全書六十三種四百七十九卷續刻五種
四十六卷　（清）張伯行輯　（清）楊浚重輯
清同治五年（1866）福州正誼書院刻同治八年
至九年（1869－1870）續刻本　一百五十冊

140000－0501－0012059　255679－723

郝氏遺書三十三種　（清）郝懿行撰　清嘉
慶、光緒間刻本　四十五冊

140000－0501－0012060　255740－45

天壤閣叢書二十六種　（清）王懿榮編　清同
治、光緒福山王氏刻本　六冊　存四種

140000－0501－0012061　255958－963

蛾術堂集　（清）沈豫撰　清道光十八年
（1838）蕭山沈氏漢讀齋刻本　六冊

140000－0501－0012062　255964－66

文史通義八卷校讎通義三卷　（清）章學誠著
清宣統三年(1911)上海廣益書局鉛印本
三冊

140000－0501－0012063　255967

洨民叢稿一卷　（清）孫傳鳳撰　清光緒二十
二年(1896)味經廬刻本　一冊

140000－0501－0012064　255968－69

點勘記二卷附省堂筆記一卷　（清）歐陽泉撰
清光緒四年(1878)江蘇書局刻本　二冊

140000－0501－0012065　255970

禮記盧注佚文疏一卷附後漢侍中尚書涿郡盧
君年表　（清）蔣元慶輯述　清光緒三十四年
(1908)鉛印本　一冊

140000－0501－0012066　255971

洨民叢稿一卷　（清）孫傳鳳撰　清光緒二十
二年(1896)味經廬刻本　一冊

140000－0501－0012067　255972－73

陣紀四卷　（明）何良臣撰　清道光刻本
二冊

140000－0501－0012068　255974－75

北溪字義二卷補遺一卷嚴陵講義一卷　（宋）
陳淳撰　清道光二十年(1840)刻本　二冊

140000－0501－0012069　255977－6000

峭帆樓叢書十八種五十二卷　趙詒琛編　清
宣統、民國新陽趙氏刻本　二十四冊

140000－0501－0012070　256001－10

鄭氏佚書二十三種　（漢）鄭玄著　（清）袁鈞
輯　清光緒十四年(1888)浙江書局刻本
十冊

140000－0501－0012071　256011－58

朱子全書六十六卷　（宋）朱熹撰　（清）李光
地等編　清康熙五十三年(1714)內府刻本
四十八冊

140000－0501－0012072　256077－96

峭帆樓叢書十八種五十二卷　趙詒琛編　嚴
永思先生通鑑補正略三卷　（明）嚴衍撰　清
宣統、民國刻本　二十冊

140000－0501－0012073　256097－123

祥符劉氏叢書十一種　（清）劉遵海　（清）劉
曾騄撰　清光緒至民國刻本　二十七冊　存
五種

140000－0501－0012074　256124－45

朱子遺書重刻合編　（宋）朱熹撰　（清）賀瑞
麟輯　清光緒十二年(1886)傳經堂刻本　二
十二冊

140000－0501－0012075　256146－209

宣稼堂叢書七種　（清）郁松年輯　清道光上
海郁氏刻本　六十四冊

140000－0501－0012076　256210－73

藝海珠塵　（清）吳省蘭輯　清嘉慶南匯吳氏
聽彝堂刻本　六十四冊

140000－0501－0012077　256494－509

顧亭林先生遺書十種　（清）顧炎武撰　清蓬
瀛閣刻吳縣朱記榮增刻光緒三十二年(1906)
彙印本　十六冊

140000－0501－0012078　256510－41

滂喜齋叢書五十種　（清）潘祖蔭輯　清同
治、光緒京師吳縣潘氏刻本　三十二冊

140000－0501－0012079　256542－81

竹柏山房十五種附刻四種　（清）林春溥撰
清嘉慶、咸豐間刻本　四十冊

140000－0501－0012080　256582－629

廣漢魏叢書八十種　（明）何允中輯　明萬曆
二十年(1592)刻本　四十八冊　殘

140000－0501－0012081　256630－39

問影樓輿地叢書第一集十五種　胡思敬輯
清光緒三十四年(1908)新昌胡氏鉛印本
十冊

140000－0501－0012082　256640－63

功順堂叢書十八種　（清）潘祖蔭輯　清光緒
吳縣潘氏刻本　二十四冊

140000－0501－0012083　256664－75

修本堂叢書十種　（清）林伯桐撰　清道光二
十四年(1844)番禺林世懋刻本　十二冊

140000－0501－0012084　256676－87

貸園叢書初集十二種　（清）周永年輯　清乾隆五十四年(1789)歷城周氏竹西書屋據益都李文藻刻版重編印本　十二冊

140000－0501－0012085　256688－759

漢學堂叢書二百十五種　（清）黃奭輯　清道光甘泉黃氏刻光緒印本　七十二冊

140000－0501－0012086　256764－827

讀畫齋叢書四十六種　（清）顧修編　清嘉慶四年(1799)桐川顧氏刻本　六十四冊

140000－0501－0012087　256877－7116

廣雅書局叢書一百五十八種　（清）廣雅書局輯　清光緒廣雅書局刻民國九年(1920)番禺徐紹棨彙編重印本　二百四十冊　存三十八種

140000－0501－0012088　257117－52

粟香室叢書五十八種　金武祥輯　清光緒、民國江陰金氏刻本　三十六冊

140000－0501－0012089　257153－76

式訓堂叢書初集十五種　（清）章壽康輯　清光緒十一年(1885)會稽章氏刻本　二十四冊　存二集

140000－0501－0012090　257177－376

函海　（清）李調元輯　清乾隆綿州李氏萬卷樓刻道光五年(1825)李朝夔補刻本　二百冊

140000－0501－0012091　257377－400

觀自得齋叢書二十四種別集六種　（清）徐士愷編　清光緒石埭徐氏刻本　二十四冊

140000－0501－0012092　257401－72

潛研堂全書　（清）錢大昕撰　清光緒十年(1884)長沙龍氏家塾刻本　七十二冊

140000－0501－0012093　257473－80

詞苑叢談十二卷　（清）徐釚輯　清康熙二十七年(1688)刻本　八冊

140000－0501－0012094　257481－90

番禺陳氏東塾叢書五種　（清）陳澧撰　清咸豐、光緒刻本　十冊

140000－0501－0012095　257491－510

積學齋叢書二十種　徐乃昌編　清光緒南陵徐氏刻本　二十冊

140000－0501－0012096　257511－42

後知不足齋叢書七十卷　（清）鮑廷爵輯　清光緒常熟鮑氏刻本　三十二冊

140000－0501－0012097　257543－49

當歸草堂叢書八種　（清）丁丙輯　清同治錢塘丁氏刻本　七冊

140000－0501－0012098　257550－58

西泠五布衣遺著十四種　（清）丁丙輯　清同治、光緒錢塘丁氏當歸草堂刻本　九冊

140000－0501－0012099　257559－70

陔餘叢考四十三卷　（清）趙翼撰　清乾隆五十六年(1791)湛貽堂刻本　十二冊

140000－0501－0012100　257571－78

養吉齋叢錄二十六卷餘錄十卷　（清）吳振棫纂　清光緒二十二年(1896)刻本　八冊

140000－0501－0012101　257579－602

淩氏叢書九種　（清）淩曙著　清嘉慶十三年(1808)蜚雲閣刻本　二十四冊

140000－0501－0012102　257603－698

稗海　（明）商濬輯　明萬曆商氏刻本　九十六冊

140000－0501－0012103　257699－728

士禮居黃氏叢書十九種　（清）黃丕烈輯　清光緒十三年(1887)上海蜚英館石印本　三十冊

140000－0501－0012104　257729－60

史學叢書四十三種　清光緒二十八年(1902)上海文瀾書局石印本　三十二冊

140000－0501－0012105　257761－66

蟄廬叢書　（清）陳虬撰　清光緒十九年(1893)刻本　六冊

140000－0501－0012106　257767－72

蟄廬叢書　（清）陳虬撰　清光緒十九年(1893)刻本　六冊

140000－0501－0012107　257773－96

經史百家雜鈔二十六卷　（清）曾國藩編　清光緒二十年(1894)金城刻本　二十四冊

140000－0501－0012108　257797－806

新陽趙氏叢刊九種　（清）趙元益輯　清光緒新陽趙氏刻本　十冊　存七種

140000－0501－0012109　257807－26

邵武徐氏叢書十四種　（清）徐榦輯　清光緒十二年(1886)邵武徐氏刻本　二十冊

140000－0501－0012110　257827－46

峭帆樓叢書十八種五十二卷　趙詒琛編　嚴永思先生通鑑補正略三卷　（明）嚴衍撰　清宣統、民國刻本　二十冊

140000－0501－0012111　257847－52

當歸草堂叢書八種　（清）丁丙輯　清光緒二十二年(1896)錢塘丁氏刻本　六冊

140000－0501－0012112　257853－64

檀几叢書一百五十七種　（清）王晫　（清）張潮輯　清康熙三十四年(1695)新安張氏霞舉堂刻本　十二冊　存五十種

140000－0501－0012113　257865－89

函海十三種　（清）李調元輯　清乾隆綿州李氏萬卷樓刻嘉慶十四年(1809)李鼎元刻本　二十五冊　殘

140000－0501－0012114　257890－901

春暉堂叢書十二種　（清）徐渭仁輯　清道光、咸豐上海徐氏刻同治中補刻本　十二冊

140000－0501－0012115　257902－17

鄦齋叢書二十種　徐乃昌編　清光緒二十六年(1900)南陵徐氏刻本　十六冊

140000－0501－0012116　257922－29

慎始基齋叢書十一種　盧靖輯　清光緒至民國十二年(1923)沔陽盧氏刻本　八冊

140000－0501－0012117　257930－37

雲自在龕叢書五集三十五種　繆荃孫輯　清光緒江陰繆氏刻本　八冊　殘

140000－0501－0012118　257945－54

問影樓輿地叢書第一集十五種　胡思敬輯　清光緒三十四年(1908)新昌胡氏鉛印本　十冊

140000－0501－0012119　257955－8050

廣漢魏叢書八十種　（明）何允中輯　明萬曆二十年(1592)刻本　九十六冊

140000－0501－0012120　258051－174

惜陰軒叢書三十四種續編一種　（清）李錫齡輯　清道光二十六年(1846)宏道書院刻咸豐八年(1858)續刻本　一百二十四冊

140000－0501－0012121　258179－86

娛園叢刻　（清）許增輯　清光緒十五年(1889)刻本　八冊

140000－0501－0012122　258187－210

台州叢書九種　（清）宋世犖輯　清嘉慶、道光臨海宋氏刻本　二十四冊　存七種

140000－0501－0012123　258211－90

崇文書局彙刻書三十三種　清光緒三年(1877)湖北崇文書局刻本　八十冊

140000－0501－0012124　258383－414

藕香零拾三十九種　繆荃孫編　清光緒二十二年至宣統二年(1896－1910)江陰繆氏刻本　三十二冊

140000－0501－0012125　258463－502

唐宋十大家全集錄五十二卷　（清）儲欣編　清康熙四十四年(1705)居易堂刻本　四十冊

140000－0501－0012126　258503－08

當歸草堂叢書八種　（清）丁丙輯　清光緒二十二年(1896)錢塘丁氏刻本　六冊

140000－0501－0012127　258509－18

五經歲徧齋校書三種　（清）翟雲升輯　清道光東萊翟氏刻本　十冊

140000－0501－0012128　258519－24

唐詩觀瀾集二十四卷　（清）李因培選評（清）凌應曾編注　清乾隆二十四年(1759)刻本　六冊

140000－0501－0012129　258525－74

平津館叢書十集四十三種　（清）孫星衍輯
清光緒十一年(1885)吳縣朱氏槐廬家塾刻本
　五十冊

140000－0501－0012130　258575－79

敦艮齋遺書十七卷　（清）徐潤第撰　清道光
二十八年(1848)徐繼畬刻本　五冊

140000－0501－0012131　258580－84

敦艮齋遺書十七卷　（清）徐潤第撰　清道光
二十八年(1848)徐繼畬刻本　五冊

140000－0501－0012132　258595－713

海山仙館叢書五十六種　（清）潘仕成輯　清
道光、咸豐番禺潘氏刻光緒補刻本　一百十
九冊　缺二冊(六至七)

140000－0501－0012133　258714－19

讀書雜識十二卷　（清）勞格著　清光緒四年
(1878)吳興丁氏刻本　六冊

140000－0501－0012134　258768－884

太平御覽一千卷目錄十五卷　（宋）李昉編
（清）鮑崇城校　清嘉慶十七年(1812)歙鮑氏
刻本　一百十七冊

140000－0501－0012135　258885－915

咫進齋叢書三集三十七種　（清）姚覲元輯
清光緒九年(1883)歸安姚氏刻本　三十一冊

140000－0501－0012136　258916－75

西學自強叢書　（清）張之洞輯　清光緒二十
四年(1898)上海測海山房主人石印本　六
十冊

140000－0501－0012137　258976－81

羣書劄記十六卷　（清）朱亦棟撰　清光緒四
年(1878)武林竹簡齋刻本　六冊

140000－0501－0012138　258982－85

浪跡叢談十一卷　（清）梁章鉅撰　清道光二
十七年(1847)亦東園刻本　四冊

140000－0501－0012139　258986－89

開知錄十四卷　（清）張秉直撰　清光緒元年
(1875)三原劉氏刻本　四冊

140000－0501－0012140　258990－93

復齋錄六卷　（清）王建常撰　清光緒元年
(1875)述荊堂刻本　四冊

140000－0501－0012141　259018－133

文選樓叢書三十二種　（清）阮亨輯　清嘉
慶、道光儀徵阮氏刻本　一百十六冊

140000－0501－0012142　259134－229

廣漢魏叢書八十種　（明）何允中輯　明萬曆
二十年(1592)刻本　九十六冊

140000－0501－0012143　259270－85

增訂漢魏叢書九十六種　（清）王謨輯　清光
緒二十一年(1895)石印本　十六冊

140000－0501－0012144　259366－413

漢魏叢書三十八種二百五十卷　（明）程榮輯
　清刻本　四十八冊

140000－0501－0012145　259514－626

惜陰軒叢書三十四種　（清）李錫齡輯　清光
緒十四年(1888)長沙惜陰書局刻本　一百十
三冊

140000－0501－0012146　259627－38

顧亭林先生遺書二十五種　（清）顧炎武撰
清光緒十一年(1885)上海文瑞樓石印本　十
二冊

140000－0501－0012147　259639－42

翼教叢編六卷附一卷　（清）蘇輿編　清光緒
二十四年(1898)刻本　四冊

140000－0501－0012148　259643－46

羣書備考四卷　（明）袁黃撰　明崇禎五年
(1632)刻本　四冊

140000－0501－0012149　259647－52

讀書叢錄二十四卷　（清）洪頤煊撰　清道光
元年(1821)刻本　六冊

140000－0501－0012150　259653－56

讀書雜釋十四卷　（清）徐鼒撰　清咸豐十一
年(1861)福寧郡齋刻本　四冊

140000－0501－0012151　259657－64

履園叢話二十四卷　（清）錢泳輯　清蘇州振
新書社石印本　八冊

140000 – 0501 – 0012152　259671 – 94

羣書校補一百卷　（清）陸心源編　清光緒陸
氏刻本　二十四冊

140000 – 0501 – 0012153　259769 – 868

船山遺書　（清）王夫之撰　清同治四年
(1865)湘鄉曾國荃刻本　一百冊

140000 – 0501 – 0012154　259901 – 64

常州先哲遺書第一集　盛宣懷輯　清光緒武
進盛氏刻本　六十四冊

140000 – 0501 – 0012155　259965 – 73

隨庵徐氏叢書初集十種續集十種　徐乃昌編
清光緒、民國南陵徐氏刻本　九冊

140000 – 0501 – 0012156　259974 – 81

倭文端公遺書十一卷首二卷　（清）倭仁撰
清光緒二十年(1894)山東書局刻本　八冊

140000 – 0501 – 0012157　259987 – 98

少室山房筆叢十二種四十八卷　（明）胡應麟
撰　清光緒二十二年(1896)廣雅書局刻本
十二冊

140000 – 0501 – 0012158　259999 – 260004

鐵華館叢書六種　（清）蔣鳳藻輯　清光緒十
年(1884)長洲蔣氏影刻本　六冊

140000 – 0501 – 0012159　260005 – 36

子史精華一百六十卷　（清）吳襄纂修　清刻
本　三十二冊

140000 – 0501 – 0012160　260037 – 40

宗月鋤先生遺著八種　（清）宗廷輔撰　清光
緒刻民國六年(1917)徐兆瑋重印本　四冊

140000 – 0501 – 0012161　260041 – 48

大鶴山房全書　鄭文焯撰　清光緒、民國刻
民國九年(1920)彙印本　八冊

140000 – 0501 – 0012162　260049 – 66

有諸己齋格言十七種　（清）閻敬銘撰　清光
緒十四年(1888)山西解州書院刻本　十八冊

140000 – 0501 – 0012163　260081 – 88

止齋遺書十六卷　（清）黃俊苑撰　清光緒元
年(1875)福州刻本　八冊

140000 – 0501 – 0012164　260105 – 52

微波樹叢書十五種　（清）孔繼涵輯　清刻本
四十八冊

140000 – 0501 – 0012165　260239 – 62

亭林遺書十種　（清）顧炎武撰　清蓬瀛閣刻
本　二十四冊

140000 – 0501 – 0012166　260263 – 70

亭林遺書十種　（清）顧炎武撰　清遂初堂刻
本　八冊

140000 – 0501 – 0012167　260392 – 2020

欽定古今圖書集成一萬卷　（清）陳夢雷輯
清光緒十年(1884)上海同文書局石印本　一
千六百二十九冊

140000 – 0501 – 0012168　262021 – 56

湖海樓叢書十二種　（清）陳春撰　清嘉慶二
十四年(1819)蕭山陳氏湖海樓刻本　三十
六冊

140000 – 0501 – 0012169　262083 – 86

**洋務新論六卷中西關係輯要一卷泰西製造無
煙火藥秘法一卷**　（英國）李提摩太著　（清）
仲英輯　清光緒二十四年(1898)上海書局石
印本　四冊

140000 – 0501 – 0012170　262087 – 90

**洋務新論六卷中西關係輯要一卷泰西製造無
煙火藥秘法一卷**　（英國）李提摩太著　（清）
仲英輯　清光緒二十四年(1898)上海書局石
印本　四冊

140000 – 0501 – 0012171　262213 – 96

洪北江全集　（清）洪亮吉撰　清光緒洪同懃
授經堂刻本　八十四冊

140000 – 0501 – 0012172　262297 – 407

子書百家　清光緒元年(1875)湖北崇文書局
刻本　一百十一冊

140000 – 0501 – 0012173　262408 – 09

鏡鏡詅癡五卷　（清）鄭復光撰　清道光二十
七年(1847)靈石楊氏刻本　二冊

140000 – 0501 – 0012174　262410 – 21

古香齋鑒賞袖珍初學記三十卷　（唐）徐堅等編　清刻本　十二冊

140000－0501－0012175　262422－29

事物原會四十卷　（清）汪汲撰　清嘉慶元年（1796）二銘草堂刻本　八冊

140000－0501－0012176　262431

括地志八卷　（唐）李泰撰　（清）孫星衍輯　清嘉慶二年（1797）孫星衍岱南閣叢書刻本　一冊

140000－0501－0012177　262433

湖船錄一卷　（清）厲鶚輯　清同治十二年（1873）退補齋刻本　一冊

140000－0501－0012178　262434－35

張河間集二卷本傳一卷　（漢）張衡撰　清光緒十八年（1892）善化章經濟堂刻本　二冊

140000－0501－0012179　262436

惜道味齋集一卷　（清）姚大榮撰　清宣統三年（1911）刻本　一冊

140000－0501－0012180　262437－550

惜陰軒叢書三十四種　（清）李錫齡輯　清道光二十六年（1846）宏道書院刻咸豐八年（1858）續刻本　一百十四冊

140000－0501－0012181　262551－630

槐廬叢書五編四十六種　（清）朱記榮輯　清光緒吳縣朱氏槐廬家塾刻本　八十冊

140000－0501－0012182　262631－42

經學叢書初編十三種　（清）朱記榮編　清光緒十三年（1887）行素草堂刻本　十二冊

140000－0501－0012183　262643－82

紹興先正遺書　（清）徐友蘭輯　清光緒會稽徐氏鑄學齋刻本　四十冊　缺一種一卷（江右紀變一卷）

140000－0501－0012184　262683－730

永嘉叢書十三種　（清）孫衣言輯　清同治、光緒瑞安孫氏詒善祠塾刻本　四十八冊　缺三十卷（水心文集二十九卷、補遺一卷）

140000－0501－0012185　262731－890

正誼堂全書六十三種　（清）張伯行輯　清同治五年（1866）正誼書院刻本　一百六十冊　存四十九種

140000－0501－0012186　262891－93

耿氏叢書　（清）耿文光撰　清光緒靈石耿氏刻本　三冊

140000－0501－0012187　262898－921

藤花亭十七種　（清）梁廷枏撰　清道光刻本　二十四冊　存十五種

140000－0501－0012188　262922－3161

知不足齋叢書三十集二百七種　（清）鮑廷博輯　（清）鮑志祖續輯　清乾隆三十七年至道光三年（1772－1823）長塘鮑氏家塾刻本　二百四十冊

140000－0501－0012189　263162－221

佩文韻府一百六卷　（清）張玉書編纂　韻府拾遺一百六卷　（清）張廷玉編纂　清光緒十二年（1886）上海同文書局石印本　六十冊

140000－0501－0012190　263222－664

畿輔叢書一百二十六種　（清）王灝輯　清光緒五年（1879）定州王氏謙德堂刻民國二年（1913）重印本　四百四十三冊

140000－0501－0012191　263697－760

西學富強叢書　（清）富強齋主人輯　清光緒二十七年（1901）上海寶善齋石印本　六十四冊

140000－0501－0012192　263810－57

靈鶼閣叢書六集五十六種　（清）江標輯　清光緒元和江氏湖南使院刻本　四十八冊

140000－0501－0012193　263858－77

秘書二十一種　（清）汪士漢輯　清嘉慶九年（1804）新安汪氏刻本　二十冊

140000－0501－0012194　263878－925

平津館叢書十集四十三種　（清）孫星衍輯　清光緒十一年（1885）吳縣朱氏槐廬家塾刻本　四十八冊

140000－0501－0012195　263926－41

榆園叢刻三十種　（清）許增輯　清光緒十九年(1893)榆園刻本　十六冊

140000－0501－0012196　263942－4079
佩文韻府一百六卷　（清）張玉書編　**韻府拾遺一百六卷**　（清）張廷玉編　清嶺南潘氏海山仙館刻本　一百三十八冊

140000－0501－0012197　264080－198
佩文韻府一百六卷　（清）張玉書編　**韻府拾遺一百六卷**　（清）張廷玉編　清嶺南潘氏海山仙館刻本　一百十九冊

140000－0501－0012198　264199－317
佩文韻府一百六卷　（清）張玉書編　**韻府拾遺一百六卷**　（清）張廷玉編　清嶺南潘氏海山仙館刻本　一百十九冊

140000－0501－0012199　264318－436
佩文韻府一百六卷　（清）張玉書編　**韻府拾遺一百六卷**　（清）張廷玉編　清嶺南潘氏海山仙館刻本　一百十九冊

140000－0501－0012200　264437－56
韻府拾遺一百六卷　（清）張廷玉編　清嶺南潘氏海山仙館刻本　二十冊

140000－0501－0012201　264457－556
佩文韻府一百六卷　（清）張玉書編　清武英殿刻本　一百冊

140000－0501－0012202　264557－616
佩文韻府一百六卷　（清）張玉書編纂　**韻府拾遺一百六卷**　（清）張廷玉編纂　清光緒十二年(1886)上海同文書局石印本　六十冊

140000－0501－0012203　264617－710
佩文韻府一百六卷　（清）張玉書纂　清刻本　九十四冊

140000－0501－0012204　264711－30
秘書二十一種　（清）汪士漢編　清嘉慶九年(1804)姑蘇聚文堂刻本　二十冊

140000－0501－0012205　264731－42
二酉堂叢書二十一種　（清）張澍輯　清道光元年(1821)武威張氏二酉堂刻本　十二冊

140000－0501－0012206　264743－872
西河合集　（清）毛奇齡撰　清康熙李塨刻乾隆三十五年(1770)重印本　一百三十冊

140000－0501－0012207　264873－84
昭代叢書甲集五十卷乙集四十卷　（清）張潮輯　清康熙刻本　十二冊

140000－0501－0012208　264885－964
崇文書局彙刻書三十三種　清光緒三年(1877)湖北崇文書局刻本　八十冊

140000－0501－0012209　264965－90
雲自在龕叢書五集三十五種　繆荃孫輯　清光緒江陰繆氏刻本　二十六冊

140000－0501－0012210　264991－5002
隨庵徐氏叢書初集十種續集十種　徐乃昌編　清光緒至民國間南陵徐氏刻本　十二冊

140000－0501－0012211　265003－08
秋浦雙忠錄四十卷　劉世珩編　清光緒二十九年(1903)貴池劉氏唐石簃依文淵閣本刻本　六冊

140000－0501－0012212　265009－20
二酉堂叢書二十一種　（清）張澍輯　清道光元年(1821)武威張氏二酉堂刻本　十二冊

140000－0501－0012213　265021－32
二酉堂叢書二十一種　（清）張澍輯　清道光元年(1821)武威張氏二酉堂刻本　十二冊

140000－0501－0012214　265051－222
昭代叢書甲集五十卷乙集四十卷　（清）張潮　（清）張漸輯　（清）楊復吉　（清）沈茂道續輯　清道光吳江沈氏世楷堂刻本　一百七十二冊

140000－0501－0012215　265243－58
小方壺齋輿地叢鈔再補編十二帙　王錫祺輯　清光緒上海著易堂鉛印本　十六冊

140000－0501－0012216　265259－62
小方壺齋輿地叢鈔補編十二帙　王錫祺輯　清光緒上海著易堂鉛印本　四冊

140000－0501－0012217　265263－342

玉函山房輯佚書　（清）馬國翰輯　清光緒九年（1883）長沙嫏嬛館刻本　八十冊

140000－0501－0012218　269567

鄉兵管見三卷　（清）李棠撰　清木活字印本　一冊

140000－0501－0012219　269568－75

子史精華一百六十卷　（清）吳襄纂　清光緒二十二年（1896）上海寶文書局石印本　八冊

140000－0501－0012220　269576－635

佩文韻府一百六卷　（清）張玉書編纂　韻府拾遺一百六卷　（清）張廷玉編纂　清光緒十二年（1886）上海同文書局石印本　六十冊

140000－0501－0012221　269636－784

曾文正公全集附年譜　（清）曾國藩撰　清光緒二年（1876）傳忠書局刻本　一百四十九冊

140000－0501－0012222　269785－804

顧亭林先生遺書　（清）顧炎武撰　清蓬瀛閣刻吳縣朱記榮增刻光緒三十二年（1906）彙印本　二十冊　殘

140000－0501－0012223　269805－15

顧亭林先生遺書十卷　（清）顧炎武撰　清蓬瀛閣刻本　十一

140000－0501－0012224　269817－936

船山遺書　（清）王夫之撰　清同治四年（1865）湘鄉曾國荃刻本　一百二十冊

140000－0501－0012225　269937－44

子史精華一百六十卷　（清）吳襄纂　清中華圖書館影印本　八冊

140000－0501－0012226　269945－76

格致叢書一百五十九種　（清）徐建寅輯　清光緒二十四年（1898）上海中西譯書會鉛印本　三十二冊

140000－0501－0012227　269977－70024

子史精華一百六十卷　（清）吳襄纂　清刻本　四十八冊

140000－0501－0012228　270066－160

正誼堂全書　（清）張伯行輯　清同治五年（1866）正誼書院刻本　九十五冊　存前四十九種

140000－0501－0012229　270179－93

顧亭林先生遺書　（清）顧炎武撰　清蓬瀛閣刻吳縣朱記榮增刻光緒三十二年（1906）彙印本　十五冊

140000－0501－0012230　270194－320

曾文正公全集附年譜　（清）曾國藩撰　清光緒二年（1876）傳忠書局刻本　一百二十七冊

140000－0501－0012231　270321－448

曾文正公全集附年譜　（清）曾國藩撰　清光緒二年（1876）傳忠書局刻本　一百二十八冊

140000－0501－0012232　270449－72

山右石刻叢編四十卷　（清）胡聘之撰　清光緒二十五年至二十七年（1899－1901）刻本　二十四冊

140000－0501－0012233　270473－552

香艷叢書二十集三百四十四種　清宣統上海國學扶輪社鉛印本　八十冊

140000－0501－0012234　270553－600

子史精華一百六十卷　（清）吳襄纂　清文會堂刻本　四十八冊

140000－0501－0012235　270601－60

西學自強叢書　（清）張之洞輯　清光緒二十四年（1898）上海測海山房主人石印本　六十冊

140000－0501－0012236　270661－92

西政叢書　梁啟超著　清光緒二十三年（1897）石印本　三十二冊

140000－0501－0012237　270693－724

西政叢書　梁啟超著　清光緒二十三年（1897）石印本　三十二冊

140000－0501－0012238　273217－64

紹興先正遺書　（清）徐友蘭輯　清光緒會稽徐氏鑄學齋刻本　四十八冊　缺一種一卷（江右紀變一卷）

140000－0501－0012239　273265－84

自強軍西法類編十八卷　沈敦和纂輯　清光緒二十四年(1898)上海順成書局石印本　二十冊

140000－0501－0012240　273285－316

格致叢書一百五十九種　(清)徐建寅輯　清光緒二十六年(1900)上海中西譯書會石印本　三十二冊

140000－0501－0012241　273317－80

甌北全集七種　(清)趙翼撰　清乾隆、嘉慶湛貽堂刻本　六十四冊

140000－0501－0012242　273381－404

泰西藝學通考十六卷　(清)何良棟編　清光緒二十七年(1901)鴻寶書局石印本　二十四冊

140000－0501－0012243　273405－84

潛研堂全書　(清)錢大昕撰　清光緒十年(1884)長沙龍氏家塾刻本　八十冊

140000－0501－0012244　273485－564

潛研堂全書　(清)錢大昕撰　清光緒十年(1884)長沙龍氏家塾刻本　八十冊

140000－0501－0012245　273665－72

數學五書　(清)安清翹編　清嘉慶樹人堂刻本　八冊

140000－0501－0012246　273673－80

數學五書　(清)安清翹編　清嘉慶樹人堂刻本　八冊

140000－0501－0012247　273681－96

重訂楊園先生全集　(明)張履祥撰　清同治十年(1871)江蘇書局刻本　十六冊

140000－0501－0012248　273697－708

唐代叢書六集一百六十五種　(清)陳世熙輯　(清)王文誥重輯　清光緒二十二年(1896)上海賜書堂石印本　十二冊

140000－0501－0012249　273709－808

漢魏六朝百三名家集一百十八卷　(明)張溥編　清光緒十八年(1892)長沙翰墨山房刻本　一百冊

140000－0501－0012250　273809－23

小石山房叢書四十一種五十八卷　(清)顧湘編輯　清同治十三年(1874)虞山顧氏刻本　十五冊

140000－0501－0012251　273824－27

綠溪全集　(清)靳榮藩撰　清乾隆四十二年(1777)刻本　四冊

140000－0501－0012252　273828－39

洪刻五種　(清)阮亨輯　清道光二十七年(1847)刻本　十二冊

140000－0501－0012253　273840－44

五種遺規　(清)陳宏謀撰　清石印本　五冊

140000－0501－0012254　273845－908

常州先哲遺書　盛宣懷輯　清光緒武進盛氏刻本　六十四冊

140000－0501－0012255　281268－363

洪北江全集　(清)洪亮吉撰　清光緒洪同懃授經堂刻本　九十六冊

140000－0501－0012256　281364－79

授堂遺書八種　(清)武億撰　清道光二十三年(1843)偃師武氏刻本　十六冊

140000－0501－0012257　281380－99

陸桴亭先生遺書二十二種　(清)陸世儀撰　清光緒二十五年(1899)京師太倉唐受祺刻本　二十冊

140000－0501－0012258　281478－98

鹿洲全集　(清)藍鼎元撰　清雍正十年(1732)刻本　二十一冊

140000－0501－0012259　281499－530

廣博物志五十卷　(明)董斯張撰　清乾隆二十六年(1761)高暉堂刻本　三十二冊

140000－0501－0012260　281531－86

甌北全集　(清)趙翼撰　清光緒三年(1877)滇南唐氏刻本　五十六冊

140000－0501－0012261　281587－602

甌北集五十卷續增詩集三卷　(清)趙翼撰　清乾隆五十五年(1790)刻嘉慶十七年(1812)

增刻本 十六冊

140000－0501－0012262 281603－26

惜抱軒全集十四種 （清）姚鼐撰 清嘉慶十
三年(1808)桐城姚氏刻本 二十四冊

140000－0501－0012263 281627－42

惜抱軒全集十四種 （清）姚鼐撰 清同治五
年(1866)省心閣刻本 十六冊

140000－0501－0012264 281643－58

惜抱軒全集十四種 （清）姚鼐撰 清光緒三
十三年(1907)上海校經山房刻本 十六冊

140000－0501－0012265 281659－706

子史精華一百六十卷 （清）吳襄纂 清道光
十八年(1838)刻本 四十八冊

140000－0501－0012266 281722－801

潛確居類書一百二十卷 （明）陳仁錫輯 明
崇禎刻本 八十冊

140000－0501－0012267 281802－07

古事比五十二卷 （清）方中德著 清光緒十
三年(1887)上海點石齋石印本 六冊

140000－0501－0012268 281866－929

抗希堂十六種 （清）方苞撰 清康熙、嘉慶
間桐城方氏抗希堂刻本 六十四冊

140000－0501－0012269 281930－49

北堂書鈔一百六十卷首一卷 （唐）虞世南撰
（清）孔廣陶校注 清光緒十四年(1888)南
海孔氏刻本 二十冊

140000－0501－0012270 281950－97

淵鑑類函四百五十卷目錄四卷 （清）張英撰
清光緒十三年(1887)上海同文書局石印本
四十八冊

140000－0501－0012271 281998－2007

重訂廣事類賦四十卷 （宋）吳淑編 （清）華
希閔重訂 清光緒十四年(1888)上海掃葉山
房刻本 十冊

140000－0501－0012272 282008－13

重訂事類賦三十卷 （宋）吳淑撰 清光緒十
四年(1888)上海掃葉山房刻本 六冊 存六

卷(一至六)

140000－0501－0012273 282063－90

劉武慎公遺書五種 （清）劉長佑撰 清光緒
二十六年(1900)鉛印本 二十八冊

140000－0501－0012274 282091－94

任釣臺先生遺書 （清）任啟運撰 清嘉慶十
五年(1810)敬修堂寫刻本 四冊

140000－0501－0012275 282095－118

王文成公全書三十八卷 （明）王守仁撰 清
刻本 二十四冊

140000－0501－0012276 282119－50

太平御覽一千卷目錄十五卷 （宋）李昉撰
（清）鮑崇城校 清光緒二十年(1894)上海積
山書局石印本 三十二冊

140000－0501－0012277 282159－74

**古歡堂集二十二卷序四卷黔書二卷長河志籍
考十卷年譜一卷續年譜一卷** （清）田雯撰
清康熙刻本 十六冊

140000－0501－0012278 282175－90

清白士集 （清）梁玉繩撰 清嘉慶、道光刻
本 十六冊

140000－0501－0012279 282199－294

西河合集 （清）毛奇齡撰 清康熙李塨刻本
九十六冊

140000－0501－0012280 282301－16

安吳四種三十六卷首一卷 （清）包世臣撰
清光緒十四年(1888)刻本 十六冊

140000－0501－0012281 282317－32

類林新詠三十六卷 （清）姚之駰編 清康熙
四十六年(1707)錢塘姚氏刻本 十六冊

140000－0501－0012282 282341－60

小石山房叢書四十一種五十八卷 （清）顧湘
編輯 清同治十三年(1874)虞山顧氏刻本
二十冊

140000－0501－0012283 282361－62

任釣臺先生遺書 （清）任啟運撰 清嘉慶十
五年(1810)敬修堂寫刻本 二冊

140000－0501－0012284　282363－78

頤志齋叢書二十種　（清）丁晏撰　清道光、同治山陽丁氏六蓺堂刻同治元年（1862）彙印本　十六冊

140000－0501－0012285　282379－82

顧端文公遺書　（明）顧憲成撰　清刻本　四冊　存四種

140000－0501－0012286　282383－98

抗希堂十六種　（清）方苞撰　清康熙、嘉慶間桐城方氏抗希堂刻本　十六冊　殘

140000－0501－0012287　282407－14

抗希堂十六種　（清）方苞撰　清康熙、嘉慶間桐城方氏抗希堂刻本　八冊　殘

140000－0501－0012288　282415－20

振綺堂叢書初集十種　（清）汪康年輯　清宣統二年（1910）泉唐汪氏鉛印本　六冊

140000－0501－0012289　282421－36

惜抱軒全集十四種　（清）姚鼐撰　清同治五年（1866）省心閣刻本　十六冊

140000－0501－0012290　282437－516

龍威秘書　（清）馬俊良輯　清乾隆五十九年（1794）石門馬氏大酉山房刻本　八十冊

140000－0501－0012291　282517－98

農學叢書九十一種　清上海農學會石印本　八十二冊

140000－0501－0012292　282599－680

農學叢書九十一種　清上海農學會石印本　八十二冊

140000－0501－0012293　282681－91

教育世界十八卷　羅振玉編　清光緒二十九年（1903）教育世界出版所刻本　十一冊

140000－0501－0012294　282692－721

教育叢書三集三十七種　清光緒二十七年（1901）教育世界出版所石印本　三十冊

140000－0501－0012295　282722－51

教育叢書三集三十七種　清光緒二十七年（1901）教育世界出版所石印本　三十冊

140000－0501－0012296　282752－75

湖北武學二十二種　（清）湖北武備學堂編　清光緒二十六年（1900）湖北官書處刻本　二十四冊

140000－0501－0012297　282776－3062

廣雅堂叢書續刻七十四種　清光緒十九年（1893）廣東廣雅書局刻本　二百八十七冊

140000－0501－0012298　283263－88

文清公薛先生文集二十四卷目錄一卷讀書錄十一卷續錄十二卷行實錄五卷薛刑部詩集一卷薛文清公從政名言一卷理學粹言一卷策問一卷手稿一卷　（明）薛瑄撰　薛文清公年譜一卷　（明）楊鶴編　清雍正十二年（1734）薛氏刻本　二十六冊

140000－0501－0012299　283289－377

嶺南遺書　（清）伍元薇　（清）伍崇曜輯　清道光、同治南海伍氏粵雅堂文字歡娛室刻本　八十九冊

140000－0501－0012300　283378－3843

江南機器製造總局所刻書一百十八種　清光緒江南機器製造總局刻本　四百六十六冊

140000－0501－0012301　283844－4090

江南機器製造總局所刻書一百十八種　清光緒江南機器製造總局刻本　二百四十七冊

140000－0501－0012302　284091－121

策學備纂三十二卷　（清）吳穎炎輯　清光緒二十年（1894）袖海山房石印本　三十一冊

140000－0501－0012303　284122－45

類腋五十五卷　（清）姚培謙　（清）張卿雲輯　清乾隆綠蔭堂刻本　二十四冊

140000－0501－0012304　284146－235

嶺南遺書　（清）伍元薇　（清）伍崇曜輯　清道光、同治南海伍氏粵雅堂文字歡娛室刻本　九十冊

140000－0501－0012305　284236－48

清容居士集五十卷目錄二卷　（元）袁桷撰　清道光二十年（1840）上海郁氏刻本　十三冊

140000－0501－0012306　284249－72

古香齋鑒賞袖珍初學記三十卷　（唐）徐堅等編　清刻本　二十四冊

140000－0501－0012307　284273－80

初學記三十卷　（唐）徐堅撰　明嘉靖刻清補刻本　八冊

140000－0501－0012308　284329－48

北堂書鈔一百六十卷首一卷　（唐）虞世南撰　（清）孔廣陶校注　清光緒十四年（1888）南海孔氏刻本　二十冊

140000－0501－0012309　284349－68

北堂書鈔一百六十卷首一卷　（唐）虞世南撰　（清）孔廣陶校注　清光緒十四年（1888）南海孔氏刻本　二十冊

140000－0501－0012310　284369－97

金石三例續編　（清）朱記榮輯　清光緒十三年（1887）朱氏槐廬刻本　二十九冊

140000－0501－0012311　284398－403

麗句集六卷　（清）許之吉輯　清刻本　六冊

140000－0501－0012312　284408－13

國朝名人著述叢編　清光緒五年（1879）上海淞隱閣鉛印本　六冊

140000－0501－0012313　284422－52

連筠簃叢書十五種　（清）楊尚文輯　清道光二十八年（1848）靈石楊氏刻本　三十一冊

140000－0501－0012314　284453－606

船山遺書　（清）王夫之撰　清同治四年（1865）湘鄉曾國荃刻本　一百五十四冊

140000－0501－0012315　284607－18

皇朝經世實用編二十八卷　（明）馮應京纂輯　明萬曆三十二年（1604）刻本　十二冊

140000－0501－0012316　284619－34

李氏五種合刊　（清）李兆洛輯　清光緒十四年（1888）上海掃葉山房刻本　十六冊

140000－0501－0012317　284663－79

觀古堂彙刻書　葉德輝輯　清光緒二十一年至三十四年（1895－1908）長沙葉氏刻本　十

七冊　存二十一種

140000－0501－0012318　284680－87

重訂廣事類賦四十卷　（宋）吳淑編　（清）華希閔重訂　清敬文堂刻本　八冊

140000－0501－0012319　284688－95

事類賦補遺十四卷　（清）張均編　清嘉慶十六年（1811）射陽張均刻本　八冊

140000－0501－0012320　284711－20

愛梅樓雜著　（清）林慶炳撰　清同治四年（1865）刻本　十冊

140000－0501－0012321　284727－31

張溥山先生所著五種　（清）張庚著　清刻本　五冊

140000－0501－0012322　284744－49

杭氏七種　（清）杭世駿撰　清乾隆羊城杭賓仁刻本　六冊

140000－0501－0012323　284750－59

張氏適園叢書初集七種　張鈞衡輯　清宣統三年（1911）上海國學扶輪社鉛印本　十冊

140000－0501－0012324　284760－69

重刊拜經樓叢書七種　（清）吳騫輯　清光緒十一年（1885）會稽章氏鄂渚刻本　十冊

140000－0501－0012325　284770－888

玉海二百卷辭學指南四卷附刻十三種　（宋）王應麟編　清嘉慶十一年（1806）康基田刻本　一百十九冊

140000－0501－0012326　284889－92

所願學齋書鈔　（清）沈夢蘭撰　清光緒八年（1882）刻本　四冊

140000－0501－0012327　284893－972

龍威秘書　（清）馬俊良輯　清乾隆五十九年（1794）石門馬氏大酉山房刻本　八十冊

140000－0501－0012328　284973－96

咫進齋叢書三集三十七種　（清）姚覲元輯　清光緒九年（1883）歸安姚氏刻本　二十四冊

140000－0501－0012329　284997－5122

曾文正公全集附年譜 （清）曾國藩撰 清光
緒二年（1876）傳忠書局刻本 一百二十六冊

140000－0501－0012330 285123－202

漢學堂叢書二百十五種 （清）黃奭輯 清道
光甘泉黃氏刻光緒印本 八十冊

140000－0501－0012331 285203－14

古今說海一百三十五種 （明）陸楫輯 清宣
統元年（1909）集成圖書公司鉛印本 十二冊

140000－0501－0012332 285516－27

石林遺書十三種 （宋）葉夢得撰 清光緒、
宣統長沙葉德輝觀古堂刻本 十二冊

140000－0501－0012333 285528－57

士禮居黃氏叢書十九種 （清）黃丕烈輯 清
光緒十三年（1887）上海蜚英館石印本 三
十冊

140000－0501－0012334 285587－611

說鈴 （清）吳震方輯 清康熙四十一年
（1702）刻五十一年（1712）續刻本 二十五冊

140000－0501－0012335 285612－7109

古今圖書集成一萬卷 （清）蔣廷錫重輯 清
光緒十年（1884）上海圖書集成印書局鉛印本
一千四百九十八冊

140000－0501－0012336 287190－220

格致叢書一百五十九種 （清）徐建寅輯
（清）袁俊德校 清光緒二十六年（1900）上海
中西譯書會石印本 三十一冊

140000－0501－0012337 287221－31

秘書二十一種 （清）汪士漢編 清嘉慶九年
（1804）新安汪氏刻本 十一冊

140000－0501－0012338 287232－47

秘書二十一種 （清）汪士漢編 清康熙七年
（1668）新安汪氏刻本 十六冊

140000－0501－0012339 287248－61

唐人百家小說 （明）□□輯 清初心遠堂刻
本 十四冊

140000－0501－0012340 287262－81

結一廬朱氏賸餘叢書四種 （清）朱澂輯 清

光緒三十一年（1905）仁和朱氏刻本 二十冊

140000－0501－0012341 287599－634

焦氏叢書十種 （清）焦循撰 清嘉慶、道光
江都焦氏雕菰樓刻本 三十六冊

140000－0501－0012342 287635－58

顏李遺書 （清）顏元 （清）李塨撰 清光緒
五年（1879）定州王氏謙德堂刻本 二十四冊

140000－0501－0012343 287745－985

粵雅堂叢書三十集一百八十四種 （清）伍崇
曜輯 清咸豐三年（1853）南海伍氏刻本 二
百四十一冊

140000－0501－0012344 288297－401

說郛 （明）陶宗儀輯 清順治三年（1646）宛
委山堂刻本 一百五冊

140000－0501－0012345 288402－47

說郛續 （明）陶珽輯 清順治三年（1646）宛
委山堂刻本 四十六冊

140000－0501－0012346 288773－80

子史精華一百六十卷 （清）吳襄纂 清光緒
十五年（1889）上海蜚英館石印本 八冊

140000－0501－0012347 288805－924

太平御覽一千卷目錄十五卷 （宋）李昉編
清嘉慶十七年（1812）歙鮑氏刻本 一百二
十冊

140000－0501－0012348 288925－38

黃梨洲遺書 （清）黃宗羲撰 清光緒三十一
年（1905）杭州羣學社石印本 十四冊

140000－0501－0012349 288939－44

董方立遺書 （清）董祐誠撰 清同治八年
（1869）成都董貽清刻本 六冊

140000－0501－0012350 288969－9011

陶廬叢刻 王樹枏撰 清光緒、民國刻本
四十三冊

140000－0501－0012351 289012－21

子史精華一百六十卷 （清）吳襄纂 清光緒
十三年（1887）上海積山書局石印本 十冊

140000－0501－0012352　289022－25

子史輯要題解合編四卷　（清）胡本淵撰　清
道光二十二年(1842)刻本　四冊

140000－0501－0012353　289026－41

西學啟蒙　（英國）艾約瑟譯　清光緒二十四
年(1898)上海盈記書莊石印本　十六冊

140000－0501－0012354　289080－92

通藝錄十八種附錄二種　（清）程瑤田著　清
嘉慶刻本　十三冊

140000－0501－0012355　289230－53

韻府約編二十四卷　（清）鄧愷輯　清乾隆二
十四年(1759)聚學堂刻本　二十四冊

140000－0501－0012356　289284－363

隨園三十種　（清）袁枚撰　清刻本　八十冊
　存二十一種

140000－0501－0012357　289364－412

隨園三十六種　（清）袁枚撰　清光緒三十四
年(1908)上海集成圖書公司石印本　四十
九冊

140000－0501－0012358　290047－56

談徵　（清）外方山人編　清道光三年(1823)
上苑堂刻本　十冊

140000－0501－0012359　290057－76

邵武徐氏叢書初刻十四種　（清）徐榦輯　清
光緒刻本　二十冊

140000－0501－0012360　290077－92

邵武徐氏叢書二集八種　（清）徐榦輯　清光
緒刻本　十六冊

140000－0501－0012361　290093－106

小萬卷樓叢書十八種　（清）錢培名輯　清光
緒四年(1878)金山錢氏刻本　十四冊

140000－0501－0012362　290293－367

國粹學報　清光緒三十二年至宣統二年
(1906－1910)國粹學報館鉛印本　七十五冊

140000－0501－0012363　290368－78

晨風閣叢書第一集五十二種　沈宗畸輯　清
光緒三十四年至宣統三年(1908－1911)國學

萃編社鉛印本　十一冊　存三十八種

140000－0501－0012364　290379－88

國粹叢書三集三十八種　（清）國學保存會輯
　清光緒三十二年(1906)國學保存會鉛印本
　十冊

140000－0501－0012365　290429－64

陸子全書　（清）陸隴其撰　清光緒十六年
(1890)宗培等刻本　三十六冊

140000－0501－0012366　290465－68

晞髮遺集二卷補一卷天地間集一卷登西臺慟
哭記注一卷冬青樹引注一卷　（宋）謝翱撰
　清刻本　四冊

140000－0501－0012367　290469－80

困學紀聞二十卷　（宋）王應麟撰　清刻本
　十二冊

140000－0501－0012368　290481－500

亭林遺書十種　（清）顧炎武撰　清遂初堂刻
本　二十冊

140000－0501－0012369　290501－08

武陵山人遺書　（清）顧觀光撰　清光緒九年
(1883)上海獨山莫祥芝刻本　八冊

140000－0501－0012370　290509－40

龍眠叢書十八種　（清）光聰諧輯　清桐城光
氏刻本　三十二冊

140000－0501－0012371　290541－55

木犀軒叢刊十八種　（清）李盛鐸輯　清光緒
德化李氏木犀軒刻本　十五冊

140000－0501－0012372　290556－60

菱湖沈氏叢書四種附水北家訓　（清）沈夢蘭
著　清光緒十七年(1891)祁縣刻本　五冊

140000－0501－0012373　290561－721

說郛　（明）陶宗儀輯　清順治三年(1646)宛
委山堂刻本　一百六十一冊

140000－0501－0012374　290965－1041

崇文書局彙刻書三十三種　清光緒元年
(1875)湖北崇文書局刻本　七十七冊　存三
十二種

140000 – 0501 – 0012375　291164 – 79

十五家年譜叢書十五種　（清）楊希閔編
（清）陳履恆彙集　清光緒揚州陳氏刻本　十
六冊

140000 – 0501 – 0012376　291282 – 1401

海山仙館叢書五十六種　（清）潘仕成輯　清
道光、咸豐番禺潘氏刻光緒補刻本　一百二
十冊

140000 – 0501 – 0012377　291716 – 31

觀古堂彙刻書　葉德輝輯　清光緒二十八年
(1902)長沙葉氏刻民國八年(1919)重印本
十六冊　殘

140000 – 0501 – 0012378　291751 – 990

知不足齋叢書三十集二百七種　（清）鮑廷博
輯　（清）鮑志祖續輯　清乾隆三十七年至道
光三年(1772 – 1823)長塘鮑氏家塾刻本　二
百四十冊

140000 – 0501 – 0012379　300001 – 60

經義考三百卷　（清）朱彝尊撰　清乾隆二十
年(1755)德州盧氏刻本　六十冊

140000 – 0501 – 0012380　300061 – 66

九經白文　（清）秦鑨訂正　明崇禎十三年
(1640)錫山秦鑨求古齋刻本　六冊　存四種
二十四卷

140000 – 0501 – 0012381　300067 – 77

[古香齋袖珍版五經四書]二十七卷　清乾隆
十三年(1748)古香齋刻本　十一冊　存十
七卷

140000 – 0501 – 0012382　300078 – 237

十三經注疏　明崇禎毛氏汲古閣刻本　一百
六十冊

140000 – 0501 – 0012383　300238 – 397

十三經注疏　明崇禎毛氏汲古閣刻本　一百
六十冊

140000 – 0501 – 0012384　300398 – 403

梓溪文鈔內集八卷外集十卷　（明）舒芬撰
明萬曆四十八年(1620)舒瓅刻本　六冊　存

八卷(內集八卷)

140000 – 0501 – 0012385　300404 – 878

通志堂經解　（清）納蘭成德編　清康熙十九
年(1680)通志堂刻本　四百七十五冊　存一
百二十九種一千六百七十七卷

140000 – 0501 – 0012386　300879 – 88

經典釋文三十卷　（唐）陸德明撰　清康熙十
九年(1680)通志堂刻本　十冊

140000 – 0501 – 0012387　300889 – 93

五經圖不分卷　（清）牟欽元編　清雍正元年
(1723)汜南常定遠刻本　五冊

140000 – 0501 – 0012388　300894 – 98

周易注疏十三卷周易略例一卷考證一卷
(三國魏)王弼注　（唐）孔穎達疏　清乾隆四
年(1739)武英殿刻本　五冊

140000 – 0501 – 0012389　300899 – 910

易傳八卷易考一卷　（宋）蘇軾撰　蘇文忠公
本傳一卷王輔嗣總論一卷　（三國魏）王弼撰
明閔齊伋刻朱墨套印本　十二冊

140000 – 0501 – 0012390　300911 – 920

**周易傳義十卷上下篇義一卷易五贊一卷筮儀
一卷易說綱領一卷易圖一卷**　（宋）程頤傳
（宋）朱熹本義　明正統十二年(1447)司禮監
刻本　十冊

140000 – 0501 – 0012391　300921 – 25

御纂周易折中二十二卷首一卷　（清）李光地
纂　清康熙五十四年(1715)武英殿刻本　五
冊　存二卷(十一至十二)

140000 – 0501 – 0012392　300926 – 931

尚書注疏十九卷附考證　（漢）孔安國傳
（唐）孔穎達疏　清乾隆四年(1739)武英殿刻
本　六冊

140000 – 0501 – 0012393　300932 – 39

東坡書傳二十卷　（宋）蘇軾撰　明吳興淩氏
刻朱墨套印本　八冊

140000 – 0501 – 0012394　300940 – 41

禹貢指南四卷　（宋）毛晃撰　**禹貢說斷四卷**

（宋）傅寅撰　清印武英殿聚珍版書本
二冊

140000－0501－0012395　300942－45
書集傳六卷　（宋）蔡沈撰　明刻本（禹貢總
論爲抄配）　四冊

140000－0501－0012396　300946－55
尚書古文疏證八卷　（清）閻若璩撰　清乾隆
十年(1745)閻氏眷西堂刻本　十冊

140000－0501－0012397　300956－61
**尚書集注音疏十二卷末一卷外編一卷經師系
表一卷**　（清）江聲撰　清乾隆五十八年
(1793)近市居刻本　六冊

140000－0501－0012398　300962－64
書經六卷　（宋）蔡沈集傳　清光緒五年
(1879)山西濬文書局刻本　三冊　存五卷
（一至五）

140000－0501－0012399　300965－68
詩經不分卷　（宋）朱熹集傳　（明）鍾惺批點
明烏程凌濛初刻朱墨藍三色套印本　四冊

140000－0501－0012400　300969－72
毛詩注疏二十卷　（漢）鄭玄注　（唐）孔穎達
疏　明萬曆十七年(1589)國子監刻本　四冊
存四卷（三至五、七）

140000－0501－0012401　300973－90
毛詩注疏二十卷　（漢）鄭玄注　（唐）孔穎
達疏　明刻本　十八冊　存十八卷（一至十八）

140000－0501－0012402　300991－96
毛詩注疏三十卷詩譜一卷原目一卷　（漢）鄭
玄注　（唐）孔穎達疏　清乾隆四年(1739)武
英殿刻本　六冊　存十六卷（一至十六）

140000－0501－0012403　300997－1002
**詩集傳二十卷詩序辨說一卷詩傳綱領一卷詩
圖一卷**　（宋）朱熹撰　明正統司禮監刻本
六冊

140000－0501－0012404　301003
讀風臆評一卷　（明）戴君恩撰　明萬曆四十
八年(1620)閔齊伋刻雙色套印本　一冊

140000－0501－0012405　301004－15
欽定詩經傳說彙纂二十一卷首二卷詩序二卷
（清）王鴻緒輯　清雍正五年(1727)内府刻
本　十二冊　存十二卷（一至八、首二卷、詩
序二卷）

140000－0501－0012406　301016－19
詩經叶音辨譌八卷首一卷　（清）劉維謙著
清乾隆三年(1738)壽峰書屋刻本　四冊

140000－0501－0012407　301020－25
周禮注十二卷　（漢）鄭玄注　明刻本　六冊

140000－0501－0012408　301026－39
周禮注疏四十二卷附考證　（漢）鄭玄注
（唐）賈公彥疏　清乾隆四年(1739)武英殿刻
本　十四冊

140000－0501－0012409　301040－49
儀禮注疏十七卷　（漢）鄭玄注　（唐）賈公彥
疏　明萬曆二十一年(1593)國子監刻本
十冊

140000－0501－0012410　301050
禮記注疏六十三卷　（漢）鄭玄注　（唐）孔穎
達疏　明萬曆十六年(1588)國子監刻本　一
冊　存二卷（一至二）

140000－0501－0012411　301051－65
禮記注疏六十三卷附考證　（漢）鄭玄注
（唐）孔穎達疏　（唐）陸德明音義　清乾隆四
年(1739)武英殿刻十三經注疏本　十五冊

140000－0501－0012412　301066－67
春秋左傳注疏六十卷　（晉）杜預注　（唐）孔
穎達疏　明萬曆十九年(1591)國子監刻本
二冊　存三卷（十五至十六、十九）

140000－0501－0012413　301068－87
春秋左傳注疏六十卷附考證　（晉）杜預注
（唐）孔穎達疏　清乾隆四年(1739)武英殿刻
本　二十冊

140000－0501－0012414　301088－93
春秋左傳十五卷　（明）孫鑛批點　明萬曆四
十四年(1616)烏程閔齊伋刻朱墨套印本　六

冊　存九卷（一至九）

140000－0501－0012415　301094－95

春秋公羊傳十二卷　明天啟元年（1621）烏程
閔氏刻本　二冊

140000－0501－0012416　301096－101

春秋穀梁傳注疏二十卷附考證　（晉）范甯集
解　清乾隆四年（1739）武英殿刻本　六冊

140000－0501－0012417　301102－103

春秋穀梁傳十二卷　（明）閔齊伋注　明天啟
元年（1621）刻本　二冊

140000－0501－0012418　301104－113

**春秋四傳三十八卷春秋集注綱領一卷春秋提
要一卷春秋列國東坡圖說一卷春秋指掌春秋
列國圖一卷春秋二十國年表一卷春秋諸國興
廢說一卷**　明刻本　十冊

140000－0501－0012419　301114－17

論語注疏二十卷附考證　（三國魏）何晏集解
（宋）邢昺疏　清乾隆四年（1739）武英殿刻
本　四冊

140000－0501－0012420　301118－23

孟子注疏十四卷附考證　（漢）趙岐注　（宋）
孫奭疏　清乾隆四年（1739）武英殿刻本
六冊

140000－0501－0012421　301124－28

朱子論孟或問錄要三十四卷　（清）孫承澤編
清康熙六年（1667）城南書舍刻本　五冊

140000－0501－0012422　301129－68

絳山髯夫四書答問六十卷　（清）衛蒿撰　清
康熙五十四年（1715）絳山書院刻本　四十冊

140000－0501－0012423　301169－74

四書正體十九卷校定字音一卷　（清）呂世鏞
校定　清康熙五十八年（1719）豐溪呂氏懷永
堂刻本　六冊

140000－0501－0012424　301175－80

朱註發明十九卷　（清）王掞撰　清康熙五十
八年（1719）潮濟堂刻本　六冊

140000－0501－0012425　301181

四書正解二十卷　（清）劉引之撰　清抄本
一冊　存十卷（十一至二十）

140000－0501－0012426　301182－201

史記一百三十卷　（漢）司馬遷撰　（南朝宋）
裴駰集解　（唐）司馬貞索隱　（唐）張守節正
義　明萬曆二十四年（1596）南京國子監刻明
清遞修本　二十冊

140000－0501－0012427　301202－33

前漢書一百卷　（漢）班固撰　（唐）顏師古注
明嘉靖九年（1530）南京國子監刻明清遞修
本　三十二冊

140000－0501－0012428　301234－53

後漢書九十卷　（南朝宋）范曄撰　（唐）李賢
注　續志三十卷　（晉）司馬彪撰　（南朝梁）
劉昭注　明萬曆十年（1582）南京國子監刻明
清遞修本　二十冊

140000－0501－0012429　301254－65

三國志六十五卷　（晉）陳壽撰　（南朝宋）裴
松之注　明萬曆二十四年（1596）南京國子監
刻明清遞修本　十二冊

140000－0501－0012430　301266－303

晉書一百三十卷　（唐）房玄齡撰　明嘉靖十
七年（1538）南京國子監刻明清遞修本　三十
八冊

140000－0501－0012431　301304－27

宋書一百卷　（南朝梁）沈約撰　明萬曆二十
二年（1594）南京國子監刻明清遞修本　二十
四冊

140000－0501－0012432　301328－37

南齊書五十九卷　（南朝梁）蕭子顯撰　明萬
曆十七年（1589）南京國子監刻明清遞修本
十冊

140000－0501－0012433　301338－45

梁書五十六卷　（唐）姚思廉撰　明萬曆三年
（1575）南京國子監刻明清遞修二十一史本
八冊

140000－0501－0012434　301346－49

583

陳書三十六卷 （唐）姚思廉撰 明萬曆十六年（1588）南京國子監刻清順治十六年（1659）遞修本 四冊

140000－0501－0012435 301350－73

魏書一百一十四卷 （北齊）魏收撰 明萬曆二十四年（1596）南京國子監刻明清遞修本 二十四冊

140000－0501－0012436 301374－81

北齊書五十卷 （唐）李百藥撰 明萬曆十六年（1588）南京國子監刻清順治、康熙遞修本 八冊

140000－0501－0012437 301382－89

後周書五十卷 （唐）令狐德棻撰 明萬曆十六年（1588）南京國子監刻明清遞修本 八冊

140000－0501－0012438 301390－409

隋書八十五卷 （唐）魏徵撰 明萬曆二十二年（1594）南京國子監刻明清遞修本 二十冊

140000－0501－0012439 301410－29

南史八十卷 （唐）李延壽撰 明萬曆十九年（1591）南京國子監刻明清遞修刻本 二十冊

140000－0501－0012440 301430－59

北史一百卷 （唐）李延壽撰 明萬曆十九年至二十一年（1591－1593）南京國子監刻清順治、康熙遞修本 三十冊

140000－0501－0012441 301460－500

新唐書二百二十五卷 （宋）歐陽修 （宋）宋祁撰 唐書釋音二十五卷 （宋）董衝撰 明萬曆十六年（1588）南京國子監刻明清遞修本 四十一冊 缺十二卷（表一至十二）

140000－0501－0012442 301501－08

新五代史七十四卷 （宋）歐陽修撰 （宋）徐無黨注 明萬曆四年（1576）南京國子監刻明清遞修本 八冊

140000－0501－0012443 301509－608

宋史四百九十六卷 （元）脫脫撰 明嘉靖三十五年（1556）南京國子監刻明清遞修本 一

584

百冊

140000－0501－0012444 301609－16

遼史一百十六卷 （元）脫脫撰 明嘉靖八年（1529）南京國子監刻明清遞修本 八冊

140000－0501－0012445 301617－36

金史一百三十五卷目錄二卷 （元）脫脫撰 明嘉靖八年（1529）南京國子監刻明清遞修本 二十冊

140000－0501－0012446 301637－86

元史二百十卷目錄二卷 （明）宋濂撰 明萬曆二十七年（1599）南京國子監刻明清遞修刻本 五十冊

140000－0501－0012447 301687－2114

二十一史 明萬曆二十三年至三十四年（1595－1606）北京國子監刻本 四百二十八冊

140000－0501－0012448 302115－354

十七史 明崇禎至清順治間毛氏汲古閣刻本 二百四十冊

140000－0501－0012449 302355－3063

二十四史 清乾隆四年（1739）武英殿刻本 七百九冊

140000－0501－0012450 303064－65、303070－88

史記一百三十卷 （漢）司馬遷撰 （南朝宋）裴駰集解 （唐）司馬貞索隱 （唐）張守節正義 清乾隆四年（1739）武英殿刻本 二十一冊 缺四卷（二十七至三十）

140000－0501－0012451 303089－119

前漢書一百二十卷 （漢）班固撰 （漢）班昭續撰 （唐）顏師古注 清乾隆四年（1739）武英殿刻本 三十一冊

140000－0501－0012452 303120－47

後漢書九十卷 （南朝宋）范曄撰 （唐）李賢注 續漢志三十卷 （晉）司馬彪撰 （南朝梁）劉昭注 清乾隆四年（1739）武英殿刻本 二十八冊

140000－0501－0012453 303148－77

晉書一百三十卷音義三卷　（唐）房玄齡撰
（唐）何超音義　清乾隆四年（1739）武英殿刻
本　三十冊

140000－0501－0012454　303178－201

宋書一百卷　（南朝梁）沈約撰　清乾隆四年
（1739）武英殿刻本　二十四冊

140000－0501－0012455　303202－09

南齊書五十九卷　（南朝梁）蕭子顯撰　清乾
隆四年（1739）武英殿刻本　八冊

140000－0501－0012456　303210－29

南史八十卷　（唐）李延壽撰　清乾隆四年
（1739）武英殿刻本　二十冊

140000－0501－0012457　303230－53

北史一百卷　（唐）李延壽撰　清乾隆四年
（1739）武英殿刻本　二十四冊

140000－0501－0012458　303254－63

宋史四百九十六卷目錄三卷附考證　（元）脫
脫撰　清乾隆四年（1739）武英殿刻本　十冊
　存五十八卷（四百三十九至四百九十六）

140000－0501－0012459　303264－71

遼史一百十六卷　（元）脫脫撰　清乾隆四年
（1739）武英殿刻本　八冊

140000－0501－0012460　303272－95

金史一百三十五卷附考證　（元）脫脫撰　清
乾隆四年（1739）武英殿刻本　二十四冊

140000－0501－0012461　303296－345

元史二百十卷目錄二卷　（明）宋濂撰　清乾
隆四年（1739）武英殿刻本　五十冊

140000－0501－0012462　303346－65

明史三百三十二卷目錄四卷　（清）張廷玉撰
　清乾隆四年（1739）武英殿刻本　二十冊
　殘

140000－0501－0012463　303366－77

史記一百三十卷　（漢）司馬遷撰　（明）鍾鳴
陛校　明萬曆刻本　十二冊

140000－0501－0012464　303378－93

史記一百三十卷　（漢）司馬遷撰　（南朝宋）

裴駰集解　明崇禎十四年（1641）毛氏汲古閣
刻本　十六冊

140000－0501－0012465　303394－413

史記一百三十卷　（漢）司馬遷撰　（南朝宋）
裴駰集解　（唐）司馬貞索隱　（唐）張守節正
節　（明）馮夢禎校閱　明萬曆二十四年
（1596）南京國子監刻明清遞修本　二十冊

140000－0501－0012466　303414－33

史記一百三十卷　（漢）司馬遷撰　（南朝宋）
裴駰集解　（唐）司馬貞索隱　（唐）張守節正
義　明嘉靖九年（1530）南京國子監刻本　二
十冊

140000－0501－0012467　303434－57

史記一百三十卷　（漢）司馬遷撰　（南朝宋）
裴駰集解　（唐）司馬貞索隱　（唐）張守節正
節　明萬曆二年至三年（1574－1575）南京國
子監刻本　二十四冊

140000－0501－0012468　303458－99

史記評林一百三十卷　（明）凌稚隆輯　明刻
本　四十二冊　存十九卷（八至二十六）

140000－0501－0012469　303500－31

史記一百三十卷難字直音一卷　（漢）司馬遷
撰　（南朝宋）裴駰集解　（唐）司馬貞索隱
（唐）張守節正義　（明）陳仁錫評　明崇禎元
年（1628）刻本　三十二冊

140000－0501－0012470　303532－55

史記一百三十卷　（漢）司馬遷撰　（南朝宋）
裴駰集解　（唐）司馬貞索隱　（唐）張守節正
義　（明）陳仁錫評　明崇禎元年（1628）刻本
　二十四冊

140000－0501－0012471　303556－87

史記一百三十卷　（漢）司馬遷撰　（明）徐孚
遠　（明）陳子龍測議　史記補一卷　（唐）司
馬貞撰　明崇禎刻本　三十二冊

140000－0501－0012472　303588－707

通志二百卷　（宋）鄭樵撰　元至治二年
（1322）刻明成化十年（1474）、萬曆十七年
（1589）、萬曆二十四年（1596）遞修本　一百

二十冊

140000－0501－0012473　303708－825

通志二百卷　（宋）鄭樵撰　清乾隆十二年
(1747)武英殿刻本　一百十八冊

140000－0501－0012474　303826－901

函史上編八十一卷下編二十一卷　（明）鄧元
錫撰　明崇禎七年(1634)刻本　七十六冊

140000－0501－0012475　303902－29

尚史七十卷兵圖一卷律呂圖一卷天文圖一卷
地理圖一卷　（清）李鍇撰　清乾隆三十八年
(1773)刻本　二十八冊

140000－0501－0012476　303930－4006

資治通鑑二百九十四卷　（宋）司馬光撰　明
天啟五年(1625)刻本　七十七冊　存二百十
四卷(一至二十三、六十八至一百七十五、二
百十二至二百九十四)

140000－0501－0012477　304007－64

資治通鑑二百九十四卷　（宋）司馬光撰
（元）胡三省注　明崇禎十年(1637)刻本　五
十八冊

140000－0501－0012478　304065－112

陸狀元增節音注精義資治通鑑一百二十卷目
錄二卷首一卷　（宋）陸唐老注　明汲古閣刻
本　四十八冊

140000－0501－0012479　304113－14

少微通鑑節要五十卷　（宋）江贄編　明正德
九年(1514)司禮監刻本　二冊　存七卷(二
十九至三十五)

140000－0501－0012480　304115－98

資治通鑑綱目五十九卷　（宋）朱熹撰　續編
二十七卷　（明）商輅撰　明成化十二年
(1476)內府刻本　八十四冊

140000－0501－0012481　304199－213

大事記續編七十七卷　（明）王禕纂　明刻本
(卷四至七爲抄配)　十五冊　存四十五卷
(四至七、十一至二十二、二十六至四十、四十
二至四十三、五十九至六十三、七十一至七十

七)

140000－0501－0012482　304214－21

通鑑綱目前編十八卷首一卷舉要二卷附歷代
輿地圖歷代帝王歷數圖古今官制沿革圖
（元）金履祥撰　明崇禎十年(1637)路進刻本
(卷首爲抄配)　八冊

140000－0501－0012483　304222－31

宋元資治通鑑六十四卷　（明）王宗沐撰　明
崇禎十年(1637)路進刻本　十冊

140000－0501－0012484　304232

通鑑直解二十八卷　（明）張居正纂　明刻清
補刻本　一冊　存四卷(二十五至二十八)

140000－0501－0012485　304233－36

通紀直解十六卷　（清）張嘉和撰　明刻清補
刻本　四冊

140000－0501－0012486　304237－43

新鐫獻蓋喬先生綱鑑彙編九十一卷總論一卷
目錄十卷　（明）喬承詔編著　明天啟刻本
七冊　存十四卷(五至十八)

140000－0501－0012487　304244－93

御批資治通鑑綱目正編五十九卷　（宋）朱熹
撰　前編外紀一卷　（元）陳桱撰　續編二十
七卷　（明）商輅撰　前編十八卷舉要三卷
（元）金履祥撰　清康熙四十七年(1708)武英
殿刻本　五十冊

140000－0501－0012488　304294－325

繹史一百六十卷　（清）馬驌撰　清康熙九年
(1670)刻本　三十二冊

140000－0501－0012489　304326－61

繹史一百六十卷　（清）馬驌撰　清康熙九年
(1670)刻本　三十六冊

140000－0501－0012490　304362－65

國語鈔評八卷　（明）穆文熙輯　明萬曆十二
年(1584)刻本　四冊

140000－0501－0012491　304366－74

戰國策十二卷　（明）閔齊伋注　明萬曆四十
七年(1619)烏程閔氏刻三色套印本　九冊

140000－0501－0012492　304375－98

前漢書一百卷 （漢）班固撰　（唐）顏師古注
明德藩最樂軒刻本　二十四冊

140000－0501－0012493　304399－422

前漢書一百二十卷 （漢）班固撰　（漢）班昭
續撰　（唐）顏師古注　明崇禎十五年(1642)
毛氏汲古閣刻本　二十四冊　存四十七卷
(紀一至十二、年表一至七、列傳四十三至七
十)

140000－0501－0012494　304423－34

前漢書一百二十卷 （漢）班固撰　（漢）班昭
續撰　（唐）顏師古注　明崇禎十五年(1642)
汲古閣刻本　十二冊　存三十五卷(年表一
至七、列傳四十三至七十)

140000－0501－0012495　304435－50

漢書批評一百卷 （明）顧起元撰　明萬曆四
十七年(1619)錢塘鍾氏刻本　十六冊

140000－0501－0012496　304451－60

漢書評林 （明）凌稚隆撰　明刻本　十冊
存十卷(二十一至三十)

140000－0501－0012497　304461－73

後漢書九十卷 （南朝宋）范曄撰　（唐）李賢
注　**續志三十卷** （晉）司馬彪撰　（南朝梁）
劉昭注　明嘉靖八年(1529)南京國子監刻本
十三冊

140000－0501－0012498　304474－84

後漢書九十卷 （南朝宋）范曄撰　（唐）李賢
注　**續志三十卷** （晉）司馬彪撰　（南朝梁）
劉昭注　明嘉靖八年(1529)南京國子監刻本
十一冊　存七十六卷(志一至十,帝紀一至
十,列傳一至二十七、三十八至六十六)

140000－0501－0012499　304485－96

後漢書九十卷 （南朝宋）范曄撰　（唐）李賢
注　**續志三十卷** （晉）司馬彪撰　（南朝梁）
劉昭注　明崇禎十六年(1643)汲古閣刻本
十二冊　存七十六卷(帝紀十卷、志三十卷、
列傳一至三十六)

140000－0501－0012500　304497－520

後漢書九十卷 （南朝宋）范曄撰　（唐）李賢
注　**續志三十卷** （晉）司馬彪撰　（南朝梁）
劉昭注　明崇禎十六年(1643)汲古閣刻清順
治十二年(1655)補刻本　二十四冊

140000－0501－0012501　304521－28

後漢紀三十卷 （晉）袁宏撰　明嘉靖刻本
八冊　存二十四卷(一至二十四)

140000－0501－0012502　304529－40

三國志六十五卷 （晉）陳壽撰　（南朝宋）裴
松之注　明萬曆二十四年(1596)南京國子監
刻明清遞修本　十二冊

140000－0501－0012503　304541－52

三國志六十五卷 （晉）陳壽撰　（南朝宋）裴
松之注　明萬曆二十四年(1596)南京國子監
刻本　十二冊

140000－0501－0012504　304553－74

晉書一百三十卷 （唐）房玄齡撰　明錢塘鍾
人傑刻本　二十二冊　存一百四卷(志十七
至二十、列傳七十卷、載記三十卷)

140000－0501－0012505　304575－90

兩晉南北史合纂四十卷 （明）錢岱撰　明萬
曆刻本　十六冊

140000－0501－0012506　304591－614

十六國春秋一百卷 （北魏）崔鴻撰　（清）汪
日桂重訂　清乾隆四十六年(1781)仁和汪氏
欣託山房刻本　二十四冊

140000－0501－0012507　304615－26

宋書一百卷 （南朝梁）沈約撰　明萬曆二十
二年(1594)南京國子監刻本　十二冊　存四
十卷(一至四十)

140000－0501－0012508　304627－31

南北史年表五卷帝王世系表一卷 （清）周嘉
猷撰　清乾隆四十八年(1783)刻本　五冊

140000－0501－0012509　304632－44

新唐書二百二十五卷 （宋）歐陽修　（宋）宋
祁撰　元刻明修本　十三冊

140000－0501－0012510　304645－52

舊唐書二百卷 （五代）劉昫撰 明嘉靖十七年(1538)聞人銓刻本 八冊 存二十六卷（志十一至三十、列傳一至六）

140000－0501－0012511 304653－60

五代史記七十四卷 （宋）歐陽修撰 （宋）徐無黨注 明萬曆四年(1576)南京國子監刻本 八冊

140000－0501－0012512 304661－68

五代史七十四卷 （宋）歐陽修撰 （宋）徐無黨注 明崇禎三年(1630)琴川毛氏汲古閣刻本 八冊

140000－0501－0012513 304669－78

五代史七十四卷 （宋）歐陽修撰 （宋）徐無黨注 明崇禎三年(1630)琴川毛氏汲古閣刻本 十冊

140000－0501－0012514 304679－703

弇州史料前集三十卷後集七十卷 （明）王世貞撰 明萬曆四十二年(1614)楊氏刻本 二十五冊 缺十七卷（後集五十四至七十）

140000－0501－0012515 304704－17

皇明史竊一百五卷 （明）尹守衡撰 清康熙四十五年(1706)敦好齋刻本 十四冊

140000－0501－0012516 304718－81

明史稿三百十卷例議二卷 （清）王鴻緒撰 清雍正、乾隆敬慎堂刻本 六十四冊

140000－0501－0012517 304782－89

綏寇紀略十二卷補遺一卷 （清）吳偉業撰 清嘉慶十一年(1806)照曠閣刻本 八冊

140000－0501－0012518 304790－801

欽定明鑑二十四卷 （清）托津撰 清嘉慶二十三年(1818)刻本 十二冊

140000－0501－0012519 304802－950

歷代名臣奏議三百五十卷 （明）楊士奇（明）黃淮編 明永樂刻本 一百四十九冊 缺四卷（二百九十至二百九十三）

140000－0501－0012520 304951－5030

歷代名臣奏議三百五十卷 （明）楊士奇

（明）黃淮編 （明）張溥刪定 明崇禎八年(1635)刻本 八十冊

140000－0501－0012521 305031－40

柴菴疏集二十卷 （明）吳甡著 明刻本 十冊

140000－0501－0012522 305041－50

于清端公政書八卷外集一卷首編一卷 （清）于成龍撰 清刻本 十冊

140000－0501－0012523 305051－61

于清端公政書八卷首編一卷外集一卷 （清）于成龍撰 （清）蔡方炳 （清）諸匡鼎編次 續集一卷 （清）金岳撰 （清）于大梃輯 清康熙四十六年(1707)江蘇撫署刻乾隆二十六年(1761)于準補刻彙印本 十一冊

140000－0501－0012524 305062－73

兩漢雋言前集十卷後集六卷 （宋）林鉞輯 明萬曆四年(1576)吳郡淩氏刻本 十二冊

140000－0501－0012525 305074－79

讀史快編六十卷 （明）趙維寰輯 明天啟六年(1626)刻本 六冊 存三十三卷（一至三十三）

140000－0501－0012526 305080－103

史記鈔九十一卷 （明）茅坤選評 （明）閔振業補輯 明泰昌元年(1620)閔振業刻朱墨套印本 二十四冊

140000－0501－0012527 305104－21

史記鈔九十一卷 （明）茅坤選評 （明）閔振業補輯 明泰昌元年(1620)閔振業刻朱墨套印本 十八冊 存六十四卷（一至六十四）

140000－0501－0012528 305122－26

歐陽文忠公五代史鈔二十卷 （宋）歐陽修撰 （明）茅坤編 明刻朱墨套印本 五冊 存十卷（十一至二十）

140000－0501－0012529 305127－34

廿一史識餘三十七卷 （明）張墉撰 清順治元年(1644)刻本 八冊

140000－0501－0012530 305135－50

讀史管見三十卷目錄二卷　（宋）胡寅撰　明崇禎八年(1635)刻本　十六冊

140000－0501－0012531　305151－66
讀史管見三十卷　（宋）胡寅撰　清康熙五十三年(1714)刻本　十六冊

140000－0501－0012532　305167－82
讀史管見三十卷　（宋）胡寅撰　清康熙五十三年(1714)刻本　十六冊

140000－0501－0012533　305183－90
讀史管見三十卷　（宋）胡寅撰　清康熙五十三年(1714)刻本　八冊　存十四卷(一至十四)

140000－0501－0012534　305191－96
讀史漫錄十四卷　（明）于慎行撰　明萬曆刻本　六冊

140000－0501－0012535　305197－99
史談補五卷　（明）楊一奇輯　（明）陳簡補　明萬曆二十五年(1597)刻本　三冊　存四卷(一至二、四至五)

140000－0501－0012536　305200－07
古今人物論三十六卷　（明）鄭賢輯　明萬曆三十六年(1608)余彰德刻本　八冊

140000－0501－0012537　305208－15
史懷十七卷　（明）鍾惺撰　（明）陶珽評點　明刻本　八冊

140000－0501－0012538　305216－31
十七史商榷一百卷　（清）王鳴盛撰　清乾隆五十二年(1787)洞涇草堂刻本　十六冊

140000－0501－0012539　305232－71
大明一統志九十卷　（明）李賢纂修　明天順五年(1461)刻本　四十冊

140000－0501－0012540　305272－303
天下一統志九十卷附輿圖十六張　（明）李賢纂修　明萬壽堂刻本　三十二冊

140000－0501－0012541　305304－33
天下一統志九十卷附輿圖十六張　（明）李賢纂修　明萬壽堂刻本　三十冊　存七十六卷(一至二十七、四十二至九十)

140000－0501－0012542　305334－37
地圖綜要三卷附圖三卷　（明）吳學儼　（明）朱紹本編輯　明刻本　四冊

140000－0501－0012543　305338－61
皇輿表十六卷　（清）喇沙里纂修　（清）揆叙增修　清康熙四十三年(1704)內府刻本　二十四冊

140000－0501－0012544　305362－73
皇輿表十六卷　（清）喇沙里纂修　（清）揆叙增修　清康熙四十三年(1704)內府刻本　十二冊　存八卷(九至十六)

140000－0501－0012545　305374－98
歷代地圖五種　清張氏刻朱印本　二十五冊

140000－0501－0012546　305399－434
[康熙]山西通志三十二卷　（清）穆爾賽修　（清）劉梅　（清）溫敞纂　清康熙二十一年(1682)刻本　三十六冊

140000－0501－0012547　305435－46
[萬曆]太原府志二十六卷　（明）關廷訪修　（明）張慎言纂　[順治]太原府志四卷　（清）佚名纂　明萬曆四十年(1612)刻清順治續修本　十二冊

140000－0501－0012548　305447－52
[萬曆]汾州府志十六卷　（明）王道一修　（明）王景符纂　明萬曆三十七年(1609)刻本　六冊

140000－0501－0012549　305453－56
[康熙]介休縣志八卷　（清）王埴　（清）王之舟纂修　清康熙三十五年(1696)刻本　四冊

140000－0501－0012550　305457－66
[雍正]朔平府志十二卷　（清）劉士銘修　（清）王霨纂　清雍正十一年(1733)刻本　十冊

140000－0501－0012551　305467－76
[雍正]朔州志十二卷　（清）汪嗣聖修

（清）王霱纂　清雍正十三年（1735）刻本
十冊

140000－0501－0012552　305477－92

水經注四十卷　（北魏）酈道元撰　清乾隆十
八年（1753）黃氏槐蔭堂刻本　十六冊

140000－0501－0012553　305493－502

河防一覽十四卷　（明）潘季馴撰　明萬曆十
八年（1590）刻本　十冊

140000－0501－0012554　305503－42

名山勝概記四十六卷圖一卷　（明）何鏜輯
明崇禎六年（1633）墨繪齋刻本（卷首有抄配
葉，卷末缺葉）　四十冊

140000－0501－0012555　305543－48

史外三十二卷　（清）汪有典撰　清乾隆十三
年（1748）刻本　六冊

140000－0501－0012556　305549－52

晏子春秋六卷　（春秋）晏嬰撰　明閔齊伋刻
本　四冊

140000－0501－0012557　305553－58

鄂國金佗粹編二十八卷　（宋）岳珂撰　明嘉
靖刻本　六冊　存十三卷（一至十三）

140000－0501－0012558　305559－76

峴樵山房日記不分卷（清同治元年至光緒元
年十一月三十日）　（清）董文煥撰　清同治、
光緒稿本　十八冊

140000－0501－0012559　305577－91

至大重修宣和博古圖錄三十卷　（宋）王黼撰
明嘉靖七年（1528）東安蔣暘刻本　十五冊

140000－0501－0012560　305592－603

漢隸字源六卷　（宋）婁機撰　明汲古閣刻本
十二冊

140000－0501－0012561　305604－15

兩漢策要十二卷　（宋）陶叔獻編　清乾隆五
十三年（1788）張竹軒刻本（原缺卷三）　十
二冊

140000－0501－0012562　305616－51

通典二百卷　（唐）杜佑撰　清乾隆十二年

（1747）武英殿刻本　三十六冊

140000－0501－0012563　305652－722

文獻通考三百四十八卷　（元）馬端臨撰　明
嘉靖三年（1524）司禮監刻本　七十一冊　存
二百四十卷（一至二十七、六十一至一百十
九、一百五十六至一百九十六、二百二十八至
二百三十二、二百三十七至二百八十、二百八
十五至三百四十八）

140000－0501－0012564　305723－842

文獻通考三百四十八卷　（元）馬端臨撰　明
嘉靖三年（1524）映旭堂刻本　一百二十冊

140000－0501－0012565　305843－922

文獻通考三百四十八卷　（元）馬端臨撰　明
嘉靖三年（1524）映旭堂刻本　八十冊

140000－0501－0012566　305923－6025

文獻通考三百四十八卷　（元）馬端臨撰　明
嘉靖三年（1524）映旭堂刻本　一百三冊

140000－0501－0012567　306026－113

文獻通考三百四十八卷　（元）馬端臨撰　清
乾隆十二年（1747）武英殿刻本　八十八冊
缺一卷（一百九十五）

140000－0501－0012568　306114－28

律例臨民寶鏡十卷首三卷末三卷　（明）蘇茂
相輯　（明）郭萬春注　明崇禎五年（1632）積
秀堂刻本　十五冊

140000－0501－0012569　306129－40

唐荊川先生纂輯武編前集六卷後集六卷
（明）唐順之輯　明萬曆曼山館刻本　十二冊

140000－0501－0012570　306141－44

兵垣四編　（明）閔聲　（明）閔映張輯　明天
啟元年（1621）閔氏刻朱墨套印本　四冊

140000－0501－0012571　306145－48

兵垣四編　（明）閔聲　（明）閔映張輯　明天
啟元年（1621）閔氏刻朱墨套印本　四冊

140000－0501－0012572　306149－88

守圍全書八卷末一卷　（明）韓霖輯　明崇禎
刻本　四十冊

140000－0501－0012573　306189－201

二十子全書　（明）吳勉學輯　明萬曆新安吳
氏刻本　十三冊　存九子

140000－0501－0012574　306202

老子道德經二卷　（漢）河上公注　明刻本
一冊

140000－0501－0012575　306203－04

老子道德經二卷　（漢）河上公注　明刻本
二冊

140000－0501－0012576　306205－12

列子沖虛真經八卷　（戰國）列禦寇撰　（晉）
張湛注　明刻本　八冊

140000－0501－0012577　306213－15

沖虛至德真經八卷　（戰國）列禦寇撰　（晉）
張湛注　明世德堂刻本　三冊

140000－0501－0012578　306216－37

南華真經十卷　（戰國）莊周撰　（晉）郭象注
明刻本　二十二冊

140000－0501－0012579　306238

南華真經十卷　（戰國）莊周撰　明刻本　一
冊　存四卷（一至四）

140000－0501－0012580　306239－50

南華真經副墨八卷　（明）陸西星撰　明萬曆
刻本　十二冊　存五卷（四至八）

140000－0501－0012581　306251－66

管子補注二十四卷　（唐）房玄齡注　（唐）劉
績增注　（明）沈鼎新評　（明）朱養純評　明
天啟五年（1625）花齋刻本　十六冊

140000－0501－0012582　306267－74

韓非子二十卷　（戰國）韓非撰　明新安吳勉
學刻本　八冊

140000－0501－0012583　306275－79

呂氏春秋二十六卷　（秦）呂不韋撰　（明）陳
世寶訂正　明刻本　五冊

140000－0501－0012584　306280－85

呂氏春秋二十六卷　（秦）呂不韋撰　（漢）高
誘注　明萬曆七年（1579）刻本　六冊

140000－0501－0012585　306286－87

淮南子二十一卷　（漢）劉安撰　明萬曆新安
吳勉學刻本　二冊　存十二卷

140000－0501－0012586　306288－91

秘傳天祿閣寓言外史八卷　（漢）黃憲撰
（宋）韓洎贊　明隆慶六年（1572）金陵王近
山、龔龍川刻本　四冊

140000－0501－0012587　306292－331

邵子全書二十四卷　（宋）邵雍撰　明萬曆三
十四年（1606）嘉興徐氏刻本　四十冊

140000－0501－0012588　306332－36

魯齋遺書十四卷魯齋心法一卷　（元）許衡撰
明萬曆二十四年（1596）涇陽怡愉刻本
五冊

140000－0501－0012589　306337－40

魯齋遺書十四卷魯齋心法一卷　（元）許衡撰
明萬曆二十四年（1596）涇陽怡愉刻本
四冊

140000－0501－0012590　306341－70

性理大全七十卷　（明）胡廣等輯　明永樂十
三年（1415）北京內府刻本　三十冊

140000－0501－0012591　306371－80

性理大全七十卷　（明）胡廣等輯　明刻本
十冊　存二十七卷（二至四、二十二至二十
三、二十六至二十八、三十二至三十九、四十
六至五十六）

140000－0501－0012592　306381－404

性理大全七十卷　（明）胡廣等輯　清康熙內
府刻本　二十四冊

140000－0501－0012593　306405－10

曹月川先生遺書八種　（明）曹端撰　清順治
刻本　六冊

140000－0501－0012594　306411－18

讀書錄十一卷　（明）薛瑄撰　明萬曆四十二
年（1614）張銓刻本　八冊

140000－0501－0012595　306419－38

大學衍義補一百六十卷首一卷　（明）丘濬撰

（明）陳仁錫評閱　明萬曆三十三年（1605）喬應甲刻本　二十冊

140000－0501－0012596　306439－77

大學衍義補一百六十卷首一卷　（明）丘濬撰　（明）陳仁錫評　明刻本　三十九冊　缺一卷（首一卷）

140000－0501－0012597　306478－83

湯子遺書十卷附錄一卷　（清）湯斌撰　清康熙刻本　六冊

140000－0501－0012598　306484－85

靜用堂偶編十卷續編十卷　（清）涂天相撰　清雍正二年（1724）刻本　二冊

140000－0501－0012599　306486－89

日知薈說四卷　（清）高宗弘曆撰　清乾隆元年（1736）內府刻本　四冊

140000－0501－0012600　306490－509

宗鏡錄一百卷　（宋）釋延壽集　清雍正十二年（1734）武英殿刻本　二十冊

140000－0501－0012601　306510－13

御錄宗鏡大綱不分卷　（清）世宗胤禛編　清雍正十二年（1734）內府刻本　四冊

140000－0501－0012602　306514－18

大明仁孝皇后勸善書二十卷　（明）仁孝皇后徐氏撰　明永樂五年（1407）內府刻本　五冊

140000－0501－0012603　306519－23

欽定選擇曆書十卷　（清）安泰等撰修　清康熙內府刻本　五冊　存五卷（一至五）

140000－0501－0012604　306524－25

大明天元玉曆祥異圖說七卷　清抄本　二冊

140000－0501－0012605　306526－45

天文大成管窺輯要八十卷　（清）黃鼎輯　清刻本　二十冊

140000－0501－0012606　306546－57

澤存堂五種五十卷　（清）張士俊編　清康熙吳郡張氏刻本　十二冊

140000－0501－0012607　306558－74

說文長箋一百十二卷　（明）趙宧光撰　明崇禎四年（1631）刻本　十七冊

140000－0501－0012608　306575－80

說文解字斠詮十四卷　（清）錢坫撰　清嘉慶十二年（1807）錢氏刻本　六冊

140000－0501－0012609　306581－85

六書正訛五卷說文字源一卷　（元）周伯琦撰　明崇禎七年（1634）胡正言十竹齋刻本　五冊

140000－0501－0012610　306588－93

大明成化丁亥重刊改併五音類聚四聲篇十五卷　（金）韓道昭撰　新編經史正音切韻指南一卷新編篇韻拾遺并藏經字義一卷　（元）劉鑑撰　明成化七年（1471）刻本　六冊

140000－0501－0012611　306594－98

改併五音類聚四聲篇十五卷　（金）韓道昭撰　明正德十年（1515）刻本　五冊

140000－0501－0012612　306599－603

大明正德乙亥重刊改併五音類聚四聲篇十五卷　（金）韓道昭撰　明正德十年（1515）刻明萬曆補印本　五冊

140000－0501－0012613　306604－08

大明正德乙亥重刊改併五音類聚四聲篇十五卷　（金）韓道昭撰　明正德十年（1515）刻明萬曆補印本　五冊

140000－0501－0012614　306609－14

重刻改併五音類聚四聲篇十五卷　（金）韓道昭撰　明萬曆十七年（1589）刻本　六冊　存六卷（一至六）

140000－0501－0012615　306615－19

大明成化庚寅重刊改併五音集韻十五卷　（金）韓道昭撰　明成化六年（1470）刻本　五冊

140000－0501－0012616　306620－26

大明正德乙亥重刊改併五音集韻十五卷　（金）韓道昭撰　新編經史正音切韻指南一卷　（元）劉鑑撰　新編篇韻貫珠集八卷　（明）

釋真空撰　明正德十年(1515)刻本　七冊

140000－0501－0012617　306627－33

大明正德乙亥重刊改併五音集韻十五卷
(金)韓道昭撰　**新編經史正音切韻指南一卷**
（元)劉鑑撰　**新編篇韻貫珠集八卷**　(明)
釋真空撰　明正德十年(1515)刻本　七冊

140000－0501－0012618　306634－41

洪武正韻十六卷　（明)宋濂撰　明刻本
八冊

140000－0501－0012619　306642

新刊篇韻貫珠集八卷　（明)釋真空撰　明弘
治十一年(1498)刻本　一冊

140000－0501－0012620　306643－44

屈宋古音義三卷　（明)陳第撰　**古韻標準四
卷**　（清)江永撰　清抄本　二冊

140000－0501－0012621　306645－54

唐韻正二十卷古音表二卷　（清)顧炎武撰
清康熙六年(1667)符山堂刻本　十冊

140000－0501－0012622　306655－60

古音集成不分卷　清抄本　六冊

140000－0501－0012623　306661－759

文苑英華一千卷　（宋)李昉編　明隆慶元年
(1567)胡維新刻本　九十九冊　存九百六十
二卷(十一至七十、八十至九十、一百十至一
千)

140000－0501－0012624　306760－824

文苑英華一千卷　（宋)李昉編　明隆慶元年
(1567)胡維新刻本　六十五冊　存六百五十
六卷(一百四十一至二百二十、二百二十五至
六百四十、六百七十一至七百、七百九十一至
八百九十、九百一至九百三十)

140000－0501－0012625　306825－30

文選十二卷附音注　（南朝梁)蕭統輯　明萬
曆二十三年(1595)何敬塘刻本　六冊　存三
卷(一至三)

140000－0501－0012626　306831－72

文選六十卷　（南朝梁)蕭統選　（唐)李善注

明成化二十三年（1487)唐府刻本　四十
二冊

140000－0501－0012627　306873－88

六臣注文選六十卷　（南朝梁)蕭統輯　（唐)
李善等注　清乾隆十一年(1746)懷德堂刻本
十六冊

140000－0501－0012628　306889－915

廣文選六十卷　（明)劉節編　明刻本　二十
七冊　存五十一卷(十至六十)

140000－0501－0012629　306916－17

楚辭二卷　（戰國)屈原撰　明萬曆四十八年
(1620)烏程閔齊伋刻三色套印本　二冊

140000－0501－0012630　306918－23

楚辭集注八卷後語六卷辯證二卷　（宋)朱熹
集注　明萬曆刻本　六冊

140000－0501－0012631　306924－27

**山帶閣注楚辭六卷楚辭餘論二卷楚辭說韻一
卷**　（清)蔣驥注　清雍正五年(1727)刻本
四冊

140000－0501－0012632　306928－35

賦苑八卷　（明)李鴻輯　明刻本　八冊

140000－0501－0012633　306936－84

**御定歷代賦彙一百四十卷外集二十卷逸句二
卷補遺二十二卷目錄二卷**　（清)陳元龍輯
清康熙內府刻本　四十九冊　缺二十三卷
(補遺二十二卷、目錄上)

140000－0501－0012634　306985－88

才調集十卷　（五代)韋縠集　清康熙四十三
年(1704)垂雲樓刻本　四冊

140000－0501－0012635　306989－91

詩紀前集十卷附錄一卷　（明)馮惟訥編　明
刻本　三冊

140000－0501－0012636　306992－7030

**列朝詩集乾集二卷甲集前編十一卷甲集二十
二卷乙集八卷丙集十六卷丁集十六卷閏集六
卷**　（清)錢謙益輯　清順治絳雲樓刻本　三
十九冊

140000－0501－0012637　307031－34

阮亭古詩選三十二卷　（清）王士禛輯　清康熙三十六年(1697)刻本　四冊

140000－0501－0012638　307035－37

歷朝閨雅十二卷　（清）揆敘輯　清內府刻本　三冊　存九卷(一至六、十至十二)

140000－0501－0012639　307038－73

萬首唐人絕句一百一卷　（宋）洪邁編　明嘉靖十九年(1540)陳敬學德星堂刻本　三十六冊　缺二十四卷(七言二十三至四十六)

140000－0501－0012640　307074－77

唐詩鼓吹十卷　（元）郝天挺注　（明）廖文炳解　清刻本　四冊

140000－0501－0012641　307078－97

唐詩品彙九十卷拾遺十卷　（明）高棅編　明嘉靖十六年(1537)刻本　二十冊

140000－0501－0012642　307098－121

唐詩歸三十六卷　（明）鍾惺　（明）譚元春編　明刻三色套印本　二十四冊　存二十四卷(一至二十四)

140000－0501－0012643　307122－241

全唐詩九百卷　（清）曹寅輯　清康熙四十六年(1707)內府刻本　一百二十冊

140000－0501－0012644　307242－361

全唐詩九百卷　（清）曹寅輯　清康熙四十六年(1707)內府刻本　一百二十冊

140000－0501－0012645　307362－77

宋詩鈔初集　（清）呂留良　（清）吳之振（清）吳爾堯輯　清康熙十年(1671)鑑古堂刻本　十六冊

140000－0501－0012646　307378－89

中州集十卷中州樂府一卷　（金）元好問輯明汲古閣刻本　十二冊

140000－0501－0012647　307390－401

中州集十卷中州樂府一卷　（金）元好問輯明汲古閣刻本　十二冊

140000－0501－0012648　307402－39

元詩選一百五卷　（清）顧嗣立輯　清康熙三十三年(1694)秀野草堂刻本　三十八冊

140000－0501－0012649　307440－59

元詩選一百五卷　（清）顧嗣立輯　清康熙三十三年(1694)秀野草堂刻本　二十冊　殘

140000－0501－0012650　307460－555

盛明百家詩三百二十卷　（明）俞憲編　明隆慶五年(1571)刻本　九十六冊

140000－0501－0012651　307556－71

國朝詩別裁集三十二卷　（清）沈德潛纂評（清）翁照　（清）周準輯　清乾隆二十五年(1760)沈氏教忠堂刻本　十六冊

140000－0501－0012652　307572－84

唐詩善鳴集十二卷　（清）陸次雲輯　清康熙蓉江褱古堂刻本　十三冊

140000－0501－0012653　307585－89

二家詩鈔二十卷　（清）邵長蘅輯　清康熙三十四年(1695)刻本　五冊

140000－0501－0012654　307590－91

峴樵山房倡和詩存二卷　（清）董文煥　（清）翁同龢等撰　清稿本　二冊

140000－0501－0012655　307592－97

集錄真西山文章正宗三十卷　（宋）真德秀輯明刻本　六冊　存十卷(十六至二十五)

140000－0501－0012656　307598－624

書記洞詮一百二十卷目錄十卷　（明）梅鼎祚輯　明萬曆二十五年(1597)刻本　二十七冊存八十四卷(一至四十八、八十一至一百十六)

140000－0501－0012657　307625－32

正續名世文宗十六卷　（明）王世貞編　明萬曆刻本　八冊

140000－0501－0012658　307633－40

名世文宗三十卷　（明）胡時化輯　明崇禎元年(1628)刻本　八冊　存十四卷(一至十四)

140000－0501－0012659　307641－48

名世文宗三十卷　（明）胡時化輯　明崇禎元

年(1628)刻本　八冊　存十四卷(一至十四)

140000－0501－0012660　307649－54

御製古文淵鑒六十四卷　(清)聖祖玄燁選
(清)徐乾學輯注　清康熙二十年(1681)刻五
色套印本　六冊　存十九卷(一至十九)

140000－0501－0012661　307655－62

周文歸二十卷　(明)鍾惺編　明崇禎刻本
八冊　存十六卷(三至十八)

140000－0501－0012662　307663－74

先秦鴻文五卷兩漢鴻文二十卷　(明)顧錫疇
評選　明崇禎六年(1633)刻本　十二冊

140000－0501－0012663　307675－82

秦漢文四卷　(明)胡纘宗輯　明瀛海趙一中
刻本　八冊

140000－0501－0012664　307683－86

唐文呂選十三卷　(清)呂留良輯　(清)董采
評點　清康熙四十三年(1704)困學閣刻本
四冊

140000－0501－0012665　307687－722

唐宋八大家文鈔一百四十四卷　(明)茅坤編
　明崇禎元年(1628)刻本　三十六冊

140000－0501－0012666　307723－30

晚邨精選八大家古文不分卷　(清)呂留良輯
　清康熙四十三年(1704)呂氏家塾刻本
八冊

140000－0501－0012667　307731－50

御選唐宋文醇五十八卷　(清)高宗弘曆選
清乾隆三年(1738)內府刻四色套印本　二
十冊

140000－0501－0012668　307751－85

翠娛閣評選明文歸初集三十四卷　(明)陸雲
龍　(明)陳嘉兆輯　明崇禎七年(1634)崢霄
館刻本　三十五冊

140000－0501－0012669　307786－97

六家文略十二卷　(明)唐順之輯　明萬曆二
十九年(1601)蔡望卿刻本　十二冊

140000－0501－0012670　307798－807

國朝三家文鈔三十二卷　(清)宋犖編　清康
熙三十三年(1694)刻本　十冊

140000－0501－0012671　307808－15

丘海二公文集合編　(清)焦映漢輯　清康熙
四十七年(1708)關中焦氏刻本　八冊

140000－0501－0012672　307816－20

畿輔明詩十二卷　(清)王崇簡輯　清順治十
七年(1660)刻本　五冊　存十卷(一至十)

140000－0501－0012673　307821－28

毗陵六逸詩鈔二十三卷詩話一卷　(清)孫讜
輯　清康熙五十六年(1717)敬義堂刻本
八冊

140000－0501－0012674　307829－32

蔡中郎文集十卷外傳一卷　(漢)蔡邕撰　清
順治十一年(1654)刻本　四冊

140000－0501－0012675　307833－36

庾開府集十二卷　(北周)庾信撰　明天啟六
年(1626)新安汪士賢刻本　四冊

140000－0501－0012676　307837－60

**集千家注杜工部詩集二十卷文集二卷附錄一
卷**　(唐)杜甫撰　(元)高楚芳輯注　明刻本
　二十四冊

140000－0501－0012677　307861－65

杜工部集二十卷　(唐)杜甫撰　(清)錢謙益
箋注　**李陵年譜一卷諸家詩話一卷**　(清)錢
謙益撰　清康熙六年(1667)季振宜靜思堂刻
本　五冊

140000－0501－0012678　307866－81

杜詩詳注二十五卷首一卷附編二卷　(唐)杜
甫撰　(清)仇兆鰲輯注　清康熙三十二年
(1693)仇氏刻本　十六冊　存十三卷(一至
九、二十二至二十五)

140000－0501－0012679　307882－83

魯公文集十五卷　(唐)顏真卿撰　明萬曆二
十四年(1596)顏胤祚刻本　二冊

140000－0501－0012680　307884－93

唐陸宣公集二十二卷　(唐)陸贄撰　(清)年

羹堯重訂　清雍正元年(1723)年羹堯積雪齋
刻本　十冊

140000－0501－0012681　307894－903
韓文四十卷外集十卷集傳一卷遺集一卷
(唐)韓愈撰　(唐)李漢輯　明嘉靖十六年
(1537)南平游氏刻本　十冊

140000－0501－0012682　307904－09
韓文四十卷外集十卷集傳一卷遺集一卷
(唐)韓愈撰　(唐)李漢輯　明嘉靖十六年
(1537)南平游氏刻本　五冊

140000－0501－0012683　307910－25
昌黎先生集四十卷外集十卷遺文一卷朱子校
昌黎先生集傳一卷　(唐)韓愈撰　(宋)廖瑩
中輯　明隆慶長沙徐氏東雅堂刻本　十六冊

140000－0501－0012684　307926－31
昌黎先生詩集注十一卷目錄一卷　(唐)韓愈
撰　(清)顧嗣立注　清康熙三十八年(1699)
顧氏秀野草堂刻本　六冊

140000－0501－0012685　307932－41
柳文四十三卷別集二卷外集二卷附錄一卷
(唐)柳宗元撰　明嘉靖十六年(1537)南平游
氏刻本　十冊

140000－0501－0012686　307942－65
唐柳先生集四十五卷龍城錄二卷外集二卷
(唐)柳宗元撰　集傳一卷附錄二卷　明萬曆
二十九年(1601)刻本　二十四冊

140000－0501－0012687　307966－77
唐柳河東集四十五卷外集五卷遺文一卷敍說
一卷附錄一卷　(唐)柳宗元撰　(清)蔣之翹
輯注　明崇禎六年(1633)蔣之翹三徑草堂刻
本　十二冊

140000－0501－0012688　307978－80
元氏長慶集六十卷補遺六卷　(唐)元稹撰
明萬曆松江馬元調刻本　三冊

140000－0501－0012689　307981－89
白氏長慶集七十一卷目錄二卷　(唐)白居易
撰　明萬曆松江馬元調刻本　九冊

140000－0501－0012690　307990－8003
元氏長慶集六十卷補遺六卷　(唐)元稹撰
(明)馬元調校　明萬曆松江馬元調刻本　十
四冊

140000－0501－0012691　308004－13
白氏文集七十一卷　(唐)白居易撰　明刻本
十冊

140000－0501－0012692　308014－49
白氏長慶集七十一卷目錄二卷　(唐)白居易
撰　明萬曆松江馬元調刻本　三十六冊

140000－0501－0012693　308050－51
溫飛卿詩集九卷　(唐)溫庭筠撰　(明)曾益
注　(清)顧予咸補注　清康熙三十六年
(1697)秀野草堂刻本　二冊

140000－0501－0012694　308052－53
溫飛卿詩集九卷　(唐)溫庭筠撰　(明)曾益
注　(清)顧予咸補注　清康熙三十六年
(1697)秀野草堂刻本　二冊

140000－0501－0012695　308054－57
韓致堯翰林集一卷香奩集一卷　(唐)韓偓撰
(清)吳兆宜注　清抄本　四冊

140000－0501－0012696　308058－65
范文正公集二十卷別集四卷政府奏議二卷尺
牘三卷　(宋)范仲淹撰　**遺文一卷**　(宋)范
純仁　(宋)范純粹撰　**年譜一卷**　(宋)樓鑰
撰　**范忠宣公集二十卷**　(宋)范純仁撰　**年**
譜補遺一卷祭文一卷褒賢集一卷褒賢祠記二
卷諸賢贊頌論疏一卷論頌一卷詩頌一卷遺跡
一卷言行拾遺事錄四卷鄱陽遺事錄一卷義莊
規矩一卷　明嘉靖范惟元刻本　八冊

140000－0501－0012697　308066－69
蔡忠惠詩集全編二卷　(宋)蔡襄撰　明天啟
二年(1622)龍溪顏繼祖刻本　四冊

140000－0501－0012698　308070－117
司馬文正公傳家集八十卷目錄二卷附錄一卷
(宋)司馬光撰　**年譜一卷**　(清)陳宏謀撰
清乾隆六年(1741)桂林陳宏謀刻本　四十
八冊

140000－0501－0012699　308118－25

曾文定公全集二十卷末一卷　（宋）曾鞏撰
（清）彭期編　清康熙三十二年(1693)七業堂
刻本　八冊

140000－0501－0012700　308126－30

歐陽文忠公文鈔十卷　（宋）歐陽修撰　明刻
朱墨套印本　五冊

140000－0501－0012701　308131－42

范忠宣公集十卷　（宋）范純仁撰　明萬曆三
十六年(1608)刻本　十二冊

140000－0501－0012702　308143－48

范忠宣公集二十卷奏議二卷遺文一卷附錄一
卷補編一卷　（宋）范純仁撰　清康熙四十六
年(1707)歲寒堂刻本　六冊

140000－0501－0012703　308149－72

新刻臨川王介甫先生詩文集一百卷目錄二卷
　（宋）王安石撰　明萬曆四十年(1612)金陵
王鳳翔光啟堂刻本　二十四冊

140000－0501－0012704　308173－96

東坡全集一百十五卷目錄七卷　（宋）蘇軾撰
　　東坡先生年譜一卷　（宋）王宗稷撰　明萬
曆刻本　二十四冊

140000－0501－0012705　308197－220

東坡先生全集七十五卷　（宋）蘇軾撰　明萬
曆三十四年(1606)吳興茅維刻本　二十四冊

140000－0501－0012706　308221－54

東坡先生全集七十五卷　（宋）蘇軾撰　清刻
本　三十四冊

140000－0501－0012707　308255－64

東坡文選二十卷　（宋）蘇軾撰　（明）鍾惺輯
評　明萬曆四十八年(1620)閔氏刻朱墨套印
本　十冊

140000－0501－0012708　308265－72

蘇長公合作八卷補二卷附錄三卷　（宋）蘇軾
撰　（明）鄭孔肩輯　明泰昌元年(1620)凌氏
刻三色套印本　八冊　存七卷(七至八、補二
卷、附錄三卷)

140000－0501－0012709　308273

後山詩注十二卷　（宋）陳師道撰　（宋）任淵
注　清乾隆印武英殿聚珍版書本　一冊

140000－0501－0012710　308274－89

宋李忠定公奏議選十五卷文集選二十九卷首
四卷　（宋）李綱撰　（明）李嗣玄輯　清康熙
刻本　十六冊

140000－0501－0012711　308290－337

晦庵先生朱文公文集一百卷續集十一卷別集
十卷　（宋）朱熹撰　明嘉靖十一年(1532)刻
本　四十八冊

140000－0501－0012712　308338－97

陸放翁全集六種　（宋）陸游撰　明海虞毛氏
汲古閣刻本　六十冊　殘

140000－0501－0012713　308398－413

渭南文集五十卷　（宋）陸游撰　明崇禎毛氏
汲古閣刻本　十六冊

140000－0501－0012714　308414－29

渭南文集五十卷　（宋）陸游撰　明崇禎毛氏
汲古閣刻本　十六冊

140000－0501－0012715　308430－65

劍南詩稿八十五卷南唐書十八卷家世舊聞一
卷齋居紀事一卷逸稿二卷　（宋）陸游撰　明
汲古閣刻本　三十六冊

140000－0501－0012716　308466－514

劍南詩稿八十五卷南唐書十八卷家世舊聞一
卷齋居紀事一卷　（宋）陸游撰　明汲古閣刻
本　四十九冊

140000－0501－0012717　308515－23

文山先生全集二十八卷　（宋）文天祥撰
（明）鄢懋卿編　明嘉靖三十一年(1552)刻本
　九冊　存二十五卷(一至十四、十八至二十
八)

140000－0501－0012718　308524－35

遺山詩集二十卷　（金）元好問撰　明汲古閣
刻本　十二冊

140000－0501－0012719　308536－47

遺山詩集二十卷 （金）元好問撰　明汲古閣
刻本　十二冊

140000－0501－0012720　308548－59

遺山詩集二十卷 （金）元好問撰　明汲古閣
刻本　十二冊

140000－0501－0012721　308560－71

遺山詩集二十卷 （金）元好問撰　明汲古閣
刻本　十二冊

140000－0501－0012722　308572－81

遺山先生文集四十卷 （金）元好問撰　**附錄
一卷** （元）郝經撰　清康熙四十六年(1707)
華希閔刻本　十冊

140000－0501－0012723　308582－85

趙文敏公松雪齋全集十卷外集一卷續集一卷
（元）趙孟頫撰 （元）趙仲穆編　清康熙五
十二年(1713)上海曹培廉城書室刻本　四冊

140000－0501－0012724　308586－91

趙文敏公松雪齋全集十卷外集一卷續集一卷
（元）趙孟頫撰 （元）趙仲穆編　清康熙五
十二年(1713)上海曹培廉城書室刻本　六冊

140000－0501－0012725　308592－601

郝文忠公陵川文集三十九卷首一卷 （元）郝
經撰 （清）王繆輯　**附錄一卷** （明）宋濂撰
清乾隆三年(1738)王繆刻本　十冊

140000－0501－0012726　308602－17

新刊宋學士全集三十三卷 （明）宋濂撰
(明)韓叔陽輯　明嘉靖三十年(1551)刻本
十六冊

140000－0501－0012727　308618－22

宋學士文粹十卷補遺一卷 （明）宋濂撰
(明)劉基輯　明刻本　五冊

140000－0501－0012728　308623－32

青邱高季迪先生詩集十八卷鳧藻集五卷遺詩
一卷扣舷集一卷 （明）高啟撰 （清）金檀注
　附錄一卷 （清）金檀編　清雍正六年
(1728)桐鄉文瑞樓金氏刻本　十冊　殘

140000－0501－0012729　308633－38

文清公薛先生文集二十四卷 （明）薛瑄撰
(明)張鼎編　明萬曆四十二年(1614)薛士弘
省職堂刻本　六冊

140000－0501－0012730　308639－50

薛文清公文集二十四卷手稿一卷制義一卷行
實錄五卷讀書錄十一卷續錄十二卷 （明）薛
瑄撰 （明）張鼎輯　清雍正十二年(1734)薛
氏家刻本　十二冊　殘

140000－0501－0012731　308651－60

白沙子全集九卷目錄一卷附錄一卷 （明）陳
獻章撰 （明）湛若水輯　明萬曆四十年
(1612)何熊祥刻本　十冊

140000－0501－0012732　308661－70

白沙子全集九卷目錄一卷附錄一卷 （明）陳
獻章撰 （明）湛若水輯　明萬曆四十年
(1612)何熊祥刻本　十冊

140000－0501－0012733　308671－74

商文毅公集十卷 （明）商輅撰 （明）劉體元
編　明萬曆三十年(1602)刻本　四冊

140000－0501－0012734　308675－86

翰林羅圭峰先生文集十八卷續集十五卷
(明)羅玘撰　明嘉靖五年(1526)余載仕刻本
十二冊

140000－0501－0012735　308687－710

空同子集六十六卷附錄二卷目錄三卷 （明）
李夢陽撰　明萬曆刻本　二十四冊

140000－0501－0012736　308711

空同詩選不分卷 （明）李夢陽撰 （明）楊慎
評注　明萬曆閔齊伋刻朱墨套印本　一冊

140000－0501－0012737　308712－27

渼陂先生集十六卷續集三卷碧山樂府四卷詩
餘一卷南曲次韻一卷遊春紀一卷中山狼院本
一卷 （明）王九思撰　明崇禎十三年(1640)
張宗孟思補堂刻清初補刻本　十六冊

140000－0501－0012738　308728－47

王陽明先生全集十六卷 （明）王守仁撰　清
康熙二十四年(1685)刻本　二十冊

140000－0501－0012739　308748－56

莊渠先生遺書前十六卷後十卷　（明）魏校撰
明嘉靖四十年(1561)王道行刻本　九冊

140000－0501－0012740　308757－80

涇野先生文集三十六卷　（明）呂柟撰　（明）
徐紳輯　明真定刻本　二十四冊　存二十九
卷(八至三十六)

140000－0501－0012741　308781－86

崔東洲集二十卷　（明）崔桐撰　明嘉靖二十
九年(1550)刻本　六冊　存十五卷(三至十
七)

140000－0501－0012742　308787－88

林東城文集二卷　（明）林春撰　明嘉靖三十
一年(1552)刻本　二冊

140000－0501－0012743　308789－800

荊川文集十八卷　（明）唐順之撰　清康熙五
十一年(1712)二南堂刻本　十二冊

140000－0501－0012744　308801－08

靳兩城先生集二十卷　（明）靳學顏撰　明萬
曆十三年(1585)刻本　八冊

140000－0501－0012745　308809－24

新刻張太岳先生詩文集四十七卷　（明）張居
正撰　明萬曆四十年(1612)繡谷唐國達刻本
十六冊

140000－0501－0012746　308825－40

新刻張太岳先生詩文集四十七卷　（明）張居
正撰　明萬曆四十年(1612)繡谷唐國達刻本
(卷二十九至三十爲抄配)　十六冊

140000－0501－0012747　308841－44

楊忠愍公全集四卷附錄一卷　（明）楊繼盛撰
清康熙十二年(1673)刻本　四冊

140000－0501－0012748　308845－909

弇州山人四部稿一百七十四卷　（明）王世貞
撰　明世經堂刻本　六十五冊

140000－0501－0012749　308910－20

弇州山人續稿二百七卷　（明）王世貞撰　明
崇禎刻本　十一冊　存三十二卷(四十至五

十五、九十至一百、一百三十六至一百四十,
卷四十、九十缺葉)

140000－0501－0012750　308921－28

歸先生文集三十二卷附錄一卷　（明）歸有光
撰　明崇禎八年(1635)刻本　八冊

140000－0501－0012751　308929－40

歸先生文集三十二卷附錄一卷　（明）歸有光
撰　明崇禎八年(1635)刻本　十二冊

140000－0501－0012752　308941－45

蟲蠰集五卷　（明）盧柟撰　明萬曆三十年
(1602)長青張其忠刻本　五冊

140000－0501－0012753　308946－69

玉茗堂全集　（明）湯顯祖撰　清康熙三十三
年(1694)書林竹林堂刻本　二十四冊

140000－0501－0012754　308970－79

玉茗堂全集　（明）湯顯祖撰　清康熙三十三
年(1694)書林竹林堂刻本　十冊　缺十四卷
(詩集十七至十八、賦集六卷、尺牘六卷)

140000－0501－0012755　308980－85

吳歈小草十卷　（明）婁堅撰　明崇禎三年
(1630)刻本　六冊

140000－0501－0012756　308986－89

黃石齋先生大滌函書五卷　（明）黃道周撰
明刻本　四冊

140000－0501－0012757　308990－93

七錄齋集六卷論略一卷　（明）張溥撰　明刻
本　四冊

140000－0501－0012758　308994－99

蒼雪軒全集二十卷　（明）趙用光撰　明崇禎
七年(1634)刻本　六冊

140000－0501－0012759　309000－09

歐陽南野先生文集三十卷　（明）歐陽德撰
明嘉靖三十七年(1558)梁汝魁、張應時刻本
十冊

140000－0501－0012760　309010－21

高陽集詩十卷文八卷　（明）孫承宗撰　清順
治十二年(1655)刻本　十二冊

140000 – 0501 – 0012761　309022 – 27

貫華堂第六才子書西廂記　（元）王實甫撰
（清）金聖歎評　清刻本　六冊

140000 – 0501 – 0012762　309028 – 45

牧齋有學集五十一卷目錄一卷　（清）錢謙益
撰　清康熙三年(1664)金匱山房刻本　十八
冊　存三十八卷(一至三十八)

140000 – 0501 – 0012763　309046 – 55

讀史亭文集二十二卷詩集十六卷　（清）彭而
述撰　清康熙四十八年(1709)刻本　十冊

140000 – 0501 – 0012764　309056 – 58

霜紅龕集十二卷　（清）傅山撰　我詩集六卷
　（清）傅眉撰　附錄一卷　（清）袁繼咸撰
清乾隆十二年(1747)刻本　四冊

140000 – 0501 – 0012765　309059 – 62

傅徵君霜紅龕詩鈔不分卷　（清）傅山撰
（清）蘇爾治　（清）劉贄輯　清抄本　四冊

140000 – 0501 – 0012766　309063 – 74

溉堂前集九卷續集六卷文集五卷詩集二卷
（清）孫枝蔚撰　清康熙二十三年(1684)刻本
十二冊

140000 – 0501 – 0012767　309075 – 80

寒松堂全集十二卷　（清）魏象樞撰　清康熙
四十七年(1708)刻本　六冊　存六卷(七至
十二)

140000 – 0501 – 0012768　309081 – 120

帶經堂集七編九十二卷　（清）王士禎撰
清康熙五十一年(1712)歙縣程哲七略書堂
刻乾隆十二年(1747)歙縣黃晟補刻本　四
十冊

140000 – 0501 – 0012769　309121 – 36

帶經堂集七編九十二卷　（清）王士禎撰
清康熙五十一年(1712)歙縣程哲七略書堂
刻乾隆十二年(1747)歙縣黃晟補刻本　十
六冊

140000 – 0501 – 0012770　309137 – 56

鈍翁全集　（清）汪琬撰　清康熙二十四年

(1685)長州汪氏刻本　二十冊

140000 – 0501 – 0012771　309157 – 61

汪鈍翁文鈔十二卷　（清）汪琬撰　（清）宋犖
（清）許汝霖輯　清康熙刻本　五冊

140000 – 0501 – 0012772　309162 – 71

午亭文編五十卷　（清）陳廷敬撰　清康熙四
十七年(1708)林佶寫刻本　十冊

140000 – 0501 – 0012773　309172 – 76

尚志館文述九卷　（清）盧錫晉撰　清康熙刻
本　五冊

140000 – 0501 – 0012774　309177 – 88

遂初堂詩集十六卷文集二十卷別集四卷
（清）潘耒撰　清康熙四十九年(1710)刻本
十二冊

140000 – 0501 – 0012775　309189 – 92

紅雪軒稿六卷　（清）高景芳撰　清康熙五十
八年(1719)刻本　四冊

140000 – 0501 – 0012776　309193 – 208

西陂類稿五十卷　（清）宋犖撰　清康熙五十
年(1711)常熟毛扆刻本　十六冊

140000 – 0501 – 0012777　309209 – 16

鳳池園詩集八卷文集八卷　（清）顧汧撰　清
康熙刻本　八冊

140000 – 0501 – 0012778　309217 – 22

樸村文集二十四卷詩集十一卷　（清）張雲章
撰　清康熙五十三年(1714)刻本　六冊

140000 – 0501 – 0012779　309223 – 28

榕村詩選八卷首一卷　（清）李光地輯　清乾
隆元年(1736)李清植刻本　六冊

140000 – 0501 – 0012780　309229 – 34

夢月巖詩集二十卷詩餘一卷　（清）呂履恆撰
　（清）周稚廉　（清）沈德潛編　清雍正三年
(1725)刻本　六冊

140000 – 0501 – 0012781　309235 – 38

餘園詩鈔六卷　（清）繆沅撰　（清）沈德潛
（清）金志章輯　清乾隆十年(1745)葆素堂刻
本　四冊

140000－0501－0012782　309239－54

敬業堂詩集五十卷　（清）查慎行撰　清康熙
五十八年(1719)刻本　十六冊

140000－0501－0012783　309255－74

敬業堂詩集五十卷　（清）查慎行撰　清康熙
刻本　二十冊

140000－0501－0012784　309275－78

蔗塘未定稿九卷外集八卷　（清）查為仁撰
清乾隆八年(1743)刻本　四冊

140000－0501－0012785　309279－82

蔗塘未定稿九卷外集八卷　（清）查為仁撰
清乾隆八年(1743)刻本　四冊

140000－0501－0012786　309283－92

豐川全集續集二十二卷外集三卷　（清）王心
敬撰　清二曲書院刻本　十冊　存二十二卷
(續集卷四至二十二、外集三卷)

140000－0501－0012787　309293－94

崔伯亨詠史樂府三卷　（清）崔曾震撰　清嘉
慶抄本　二冊

140000－0501－0012788　309295－301

峴樵山房詩集初編八卷續編七卷峴樵山房詩
草一卷　（清）董文煥撰　清咸豐二年至同治
十一年(1852－1872)稿本　七冊

140000－0501－0012789　309302－03

藐姑射山房詩集三卷　（清）董文煥撰　清稿
本　二冊

140000－0501－0012790　309304－05

睡庵湯太史輯皇明大方家讀書譜五卷　（明）
湯賓尹撰　清抄本　二冊

140000－0501－0012791　309306－09

唐詩成法十二卷　（清）屈復輯　清抄本
四冊

140000－0501－0012792　309310－11

記紅集四卷　（清）吳綺　（清）程洪輯　清康
熙二十五年(1686)刻本　二冊

140000－0501－0012793　309312－427

六十種曲一百二十卷　（明）毛晉輯　明毛氏
汲古閣刻本　一百十六冊　缺一卷(西廂記
上)

140000－0501－0012794　309431

四聲猿不分卷　（明）徐渭撰　明刻本　一冊

140000－0501－0012795　309432－37

玉茗堂四種　（明）湯顯祖撰　清康熙三十三
年(1694)刻本　六冊

140000－0501－0012796　309438－57

雍熙樂府二十卷　（明）郭勳輯　明嘉靖刻本
二十冊

140000－0501－0012797　309458－69

新鐫古今大雅南宮詞紀六卷北宮詞紀六卷
（明）陳所聞　（明）陳邦泰撰　明萬曆三十三
年(1605)刻本　十二冊

140000－0501－0012798　309470－77

詞林逸響四卷　（明）許宇校點　明天啟金閶
書業堂趙氏刻本　八冊

140000－0501－0012799　309478－99

納書楹曲譜正集四卷續集四卷外集二卷補遺
四卷牡丹亭全譜二卷紫釵記全譜二卷南柯記
全譜二卷邯鄲記全譜二卷　（清）葉堂撰　清
乾隆五十七年(1792)納書楹刻本　二十二冊

140000－0501－0012800　309500－05

世說新語三卷　（南朝宋）劉義慶撰　（南朝
梁）劉孝標注　明刻本　六冊

140000－0501－0012801　309506－17

世說新語八卷　（南朝宋）劉義慶撰　（南朝
梁）劉孝標注　明刻本　十二冊

140000－0501－0012802　309518－613

太平廣記五百卷目錄十卷　（宋）李昉等編
明嘉靖四十五年(1566)談愷刻本　九十六冊

140000－0501－0012803　309614－43

太平廣記鈔八十卷　（明）馮夢龍輯　明天啟
刻本　三十冊　存五十六卷(一至十九、四十
四至八十)

140000－0501－0012804　309644－53

輟耕錄三十卷　（明）陶宗儀撰　明刻本

十冊

140000－0501－0012805　309654－59

輟耕錄三十卷　（明）陶宗儀撰　明刻本
六冊

140000－0501－0012806　309660－65

虞初志八卷　（明）陸采輯　（明）湯顯祖評
明刻朱墨套印本　六冊　殘

140000－0501－0012807　309666－73

池北偶談二十六卷　（清）王士禛撰　清康熙
四十年(1701)刻本　八冊　殘

140000－0501－0012808　309674－89

天蓋樓四書語錄四十六卷　（清）呂留良撰
清康熙二十三年(1684)金陵日留堂刻本　十
六冊

140000－0501－0012809　309692－707

鐵網珊瑚書品十卷畫品六卷　（明）朱存理輯
清雍正六年(1728)年氏刻本　十八冊

140000－0501－0012810　309708－23

墨池編二十卷　（宋）朱長文著　印典八卷
（清）朱象賢編　清雍正十一年(1733)就閒堂
刻本　十六冊

140000－0501－0012811　309724－29

鶴山題跋七卷　（宋）魏了翁撰　明汲古閣刻
本　六冊

140000－0501－0012812　309730－46

樂律全書三十八卷曆書十卷　（明）朱載堉撰
明萬曆十二年(1584)刻本　十七冊　殘

140000－0501－0012813　309747－56

針灸大成十卷　（明）楊繼洲撰　明萬曆二十
九年(1601)平陽府署刻本　十冊

140000－0501－0012814　309757－66

重修政和經史證類備用本草三十卷　（宋）唐
慎微撰　明刻本　十冊　存十四卷(八至二
十一)

140000－0501－0012815　309767

活人心法二卷　（明）涵虛子編　明嘉靖二十
九年(1550)萬守禮刻本　一冊　存一卷(上)

140000－0501－0012816　309768－91

欽定授時通考七十八卷　（清）張廷玉等纂
清乾隆七年(1742)武英殿刻本　二十四冊

140000－0501－0012817　309792－801

營造法式三十四卷　（宋）李誠撰　清抄本
十冊　存二十九卷(一至二十五、三十一至三
十四)

140000－0501－0012818　309802－13

初學記三十卷　（唐）徐堅等編　明嘉靖十年
(1531)錫山安國桂坡館刻本　十二冊　存十
五卷(十至二十四)

140000－0501－0012819　309814－19

事類賦三十卷　（宋）吳淑撰並注　明嘉靖十
一年(1532)華麟祥劍光閣刻本　六冊

140000－0501－0012820　309820－10139

冊府元龜一千卷　（宋）王欽若撰　清康熙十
六年(1677)五繡堂刻本　三百二十冊

140000－0501－0012821　310140－45

錦繡萬花谷續集四十卷　明嘉靖十五年
(1536)刻本　六冊

140000－0501－0012822　310146－245

新編古今事文類聚前集六十卷後集五十卷續
集二十八卷別集三十二卷　（宋）祝穆撰　新
集三十六卷外集十五卷　（元）富大用輯　遺
集十五卷　（元）祝淵輯　明刻本　一百冊
存一百六十四卷(前集一至三十五、四十至四
十一、四十四至四十六、四十九至五十、五十
四至六十，後集一至十九、二十二至二十六、
三十至三十一、三十四至三十七、四十至五
十，續集一至六、九至十五、十八至二十八，別
集一至四、十三、十七至三十二，新集一至七、
十至十八、二十，外集一至四、七至十四)

140000－0501－0012823　310246－73

新刊唐荊川先生稗編一百二十卷目錄三卷
（明）唐順之撰　明萬曆九年(1581)東海茅氏
刻本　二十八冊　存五十七卷(一至五十五、
目錄一至二)

140000－0501－0012824　310274－339

三才圖會一百六卷 （明）王圻輯 明萬曆三
十七年（1609）刻本 六十六冊 缺二十三卷

140000－0501－0012825 310340－57

喻林八十卷 （明）徐元太輯 明萬曆十七年
（1589）刻本 十八冊 存五十九卷（一至十、
十四至三十一、三十五至四十九、五十八至六
十、六十四至七十三、七十八至八十）

140000－0501－0012826 310358－67

新纂事詞類奇三十卷 （明）徐常吉撰 （明）
陸伯元注釋 明萬曆周曰校刻本 十冊

140000－0501－0012827 310368－97

詩雋類函一百五十卷 （明）俞安期編 （明）
梅鼎祚增訂 明萬曆十三年（1585）刻本 三
十冊 存一百十一卷（一至七十五、一百十五
至一百五十）

140000－0501－0012828 310398－413

卓氏藻林八卷 （明）卓明卿撰 明萬曆九年
（1581）妙香室刻本 十六冊

140000－0501－0012829 310414－553

淵鑑類函四百五十卷目錄四卷 （清）張英撰
清康熙四十九年（1710）武英殿刻本 一百
四十冊

140000－0501－0012830 310554－617

子史精華一百六十卷 （清）吳襄纂 清雍正
五年（1727）內府刻本 六十四冊

140000－0501－0012831 310618－29

困學紀聞二十卷 （宋）王應麟撰 （清）閻若
璩等箋注 清乾隆三年（1738）祁門馬氏刻本
十二冊

140000－0501－0012832 310630－37

夢溪筆談二十六卷補筆談三卷續筆談一卷
（宋）沈括撰 明崇禎四年（1631）嘉定馬元調
刻本 八冊

140000－0501－0012833 310638－737

經世八編類纂二百八十五卷圖二卷 （明）陳
仁錫編 明刻本 一百冊

140000－0501－0012834 310738－42

廣快書五十種五十卷 （明）何偉然編 清抄
本 五冊 存二十卷（一至十、十四、十八、二
十四、二十六至二十七、三十二至三十三、三
十五至三十六、三十八）

140000－0501－0012835 310743－54

明人百家一百八卷 （明）沈廷松輯 明崇禎
七年（1634）刻本 十二冊

140000－0501－0012836 310755－62

郭氏傳家易說十一卷 （宋）郭雍撰 清乾隆
印武英殿聚珍版書本 八冊

140000－0501－0012837 310763－64

春秋辨疑四卷 （宋）蕭楚撰 清乾隆印武英
殿聚珍版書本 二冊

140000－0501－0012838 310765－66

續呂氏家塾讀詩記三卷 （宋）戴溪撰 清乾
隆印武英殿聚珍版書本 二冊

140000－0501－0012839 310767

絜齋毛詩經筵講義四卷 （宋）袁燮撰 清乾
隆印武英殿聚珍版書本 一冊

140000－0501－0012840 310768

儀禮釋宮不分卷 （宋）李如圭撰 清乾隆印
武英殿聚珍版書本 一冊

140000－0501－0012841 310769－72

融堂書解二十卷 （宋）錢時撰 清乾隆印武
英殿聚珍版書本 四冊

140000－0501－0012842 310773－78

宋朝事實二十卷 （宋）李攸撰 清乾隆印武
英殿聚珍版書本 六冊

140000－0501－0012843 310779－80

兩漢書刊誤補遺十卷 （宋）吳仁傑撰 清乾
隆四十三年（1778）印武英殿聚珍版書本
二冊

140000－0501－0012844 310781－84

涑水記聞十六卷補遺一卷 （宋）司馬光撰
清乾隆印武英殿聚珍版書本 四冊

140000－0501－0012845 310785

五代史纂誤三卷 （宋）吳縝撰 清乾隆印武

英殿聚珍版書本　一冊

140000－0501－0012846　310786

麟臺故事五卷　（宋）程俱撰　清乾隆印武英
殿聚珍版書本　一冊

140000－0501－0012847　310787

鄴中記不分卷　（晉）陸翽撰　清乾隆印武英
殿聚珍版書本　一冊

140000－0501－0012848　310788

嶺表錄異三卷　（唐）劉恂撰　清乾隆印武英
殿聚珍版書本　一冊

140000－0501－0012849　310789

南陽集六卷　（宋）趙湘撰　清乾隆印武英殿
聚珍版書本　一冊

140000－0501－0012850　310790－99

文恭集四十卷　（宋）胡宿撰　清乾隆印武英
殿聚珍版書本　十冊

140000－0501－0012851　310800－03

後山詩注十二卷　（宋）陳師道撰　（宋）任淵
注　清乾隆印武英殿聚珍版書本　四冊

140000－0501－0012852　310804

公是弟子記四卷　（宋）劉敞撰　清乾隆印武
英殿聚珍版書本　一冊

140000－0501－0012853　310805－06

敬齋古今黈八卷　（元）李冶撰　清乾隆印武
英殿聚珍版書本　二冊

140000－0501－0012854　310807－08

金淵集六卷　（元）仇遠撰　清乾隆印武英殿
聚珍版書本　二冊

140000－0501－0012855　310809

魏鄭公諫續錄二卷　（元）翟思忠輯　清乾隆
印武英殿聚珍版書本　六冊

140000－0501－0012856　310810

墨法集要不分卷　（明）沈繼孫撰　清乾隆印
武英殿聚珍版書本　一冊

140000－0501－0012857　310811－12

甕牖閒評八卷　（宋）袁文撰　清乾隆印武英

殿聚珍版書本　二冊

140000－0501－0012858　310813－14

茶山集八卷　（宋）曾幾撰　清乾隆印武英殿
聚珍版書本　二冊

140000－0501－0012859　310815－17

明本釋三卷　（宋）劉荀撰　清乾隆三十八年
（1773）印武英殿聚珍版書本　三冊

140000－0501－0012860　310818

文苑英華辨證十卷　（宋）彭叔夏撰　清乾隆
印武英殿聚珍版書本　一冊

140000－0501－0012861　310819

春秋傳說例一卷　（宋）劉敞撰　清乾隆印武
英殿聚珍版書本　一冊

140000－0501－0012862　310820

碧溪詩話十卷　（宋）黃徹撰　清乾隆印武英
殿聚珍版書本　一冊

140000－0501－0012863　310821

考古質疑六卷　（宋）葉大慶撰　清乾隆印武
英殿聚珍版書本　一冊

140000－0501－0012864　310822

雲谷雜記四卷首一卷　（宋）張淏撰　清乾隆
印武英殿聚珍版書本　一冊

140000－0501－0012865　310823

歲寒堂詩話二卷　（宋）張戒撰　清乾隆印武
英殿聚珍版書本　一冊

140000－0501－0012866　310824

浩然齋雅談三卷　（宋）周密撰　清乾隆印武
英殿聚珍版書本　一冊

140000－0501－0012867　310825－26

拙軒集六卷　（金）王寂撰　清乾隆印武英殿
聚珍版書本　二冊

140000－0501－0012868　310827－36

絜齋集二十四卷末一卷　（宋）袁燮撰　清乾
隆印武英殿聚珍版書本　十冊

140000－0501－0012869　310837－41

蒙齋集二十卷末一卷　（宋）袁甫撰　清乾隆

印武英殿聚珍版書本　　五冊

140000－0501－0012870　310842－45

陶山集十六卷　（宋）陸佃撰　清乾隆印武英殿聚珍版書本　　四冊

140000－0501－0012871　310846－47

學易集八卷　（宋）劉跂撰　清乾隆印武英殿聚珍版書本　　二冊

140000－0501－0012872　310848－54

唱經堂才子書彙稿八種　（清）金人瑞撰　清乾隆九年（1744）傳萬堂刻本　七冊

140000－0501－0012873　310855－66

讀書小記三十一卷　（清）范爾梅撰　清雍正七年（1729）敬恕堂刻本　十二冊

140000－0501－0012874　310867－998

王漁洋遺書三十八種　（清）王士禛撰　清康熙八年（1669）刻本　一百三十二冊　存三十六種

140000－0501－0012875　310999－1006

果堂全集六種　（清）沈彤撰　清乾隆吳江沈氏果堂刻本　八冊

140000－0501－0012876　311007－24

壯悔堂文集十卷遺稿一卷四憶堂詩集六卷　（清）侯方域撰　清康熙刻本　十八冊

140000－0501－0012877　311025－5256

正統道藏　（明）張守初編　明正統十年（1445）刻本　四千二百三十二冊

140000－0501－0012878　315257－60

春秋公羊傳十二卷　（戰國）公羊高撰　春秋穀梁傳十一卷　（戰國）穀梁赤撰　明天啟元年（1621）烏程閔齊伋刻本　四冊

140000－0501－0012879　315261

菰中隨筆三卷附詩律蒙告一卷亭林藏書目一卷　（清）顧炎武撰　清乾隆五十九年（1794）黃丕烈家抄本　一冊

140000－0501－0012880　315262－67

說文校議十五卷　（清）姚文田　（清）嚴可均撰　清嘉慶二十三年（1818）冶城山館刻本

六冊

140000－0501－0012881　315268－79

尚書古文疏證八卷　（清）閻若璩撰　清乾隆十年（1745）閻氏眷西堂刻本　十二冊

140000－0501－0012882　315280－98

少微通鑑節要五十卷外紀四卷　（宋）江贄撰　明正德九年（1514）刻本　十九冊　存四十九卷

140000－0501－0012883　315299

明代輿地圖　明刻本　一冊

140000－0501－0012884　315300－07

日知錄三十二卷　（清）顧炎武撰　清康熙三十四年（1695）遂初堂刻本　八冊

140000－0501－0012885　315308－23

南北九宮詞譜十二卷　（明）陳所聞輯　明萬曆三十二年（1604）刻本　十六冊

140000－0501－0012886　315324－29

漢雋十卷　（宋）林鉞撰　明隆慶四年（1570）新安刻本　六冊

140000－0501－0012887　315330－31

梅邊笛譜二卷附篷窗剪燭集二卷　（清）李堂撰　清抄本　二冊

140000－0501－0012888　315332－43

名媛詩歸三十六卷　（明）鍾惺輯　明刻本　十二冊

140000－0501－0012889　315344－63

全史論贊八十二卷　（明）項篤壽撰　明嘉靖四十五年（1566）嘉禾項氏萬卷堂刻本　二十冊

140000－0501－0012890　315520－23

歷代帝王曆祚考八卷音釋一卷　（明）吳繼安輯　明抄本　四冊

140000－0501－0012891　315524－47

唐詩紀事八十一卷　（宋）計有功撰　明嘉靖二十四年（1545）刻本　二十四冊

140000－0501－0012892　315548－59

淮海集四十卷後集六卷長短句三卷　（宋）秦
觀撰　明萬曆四十六年(1618)刻本　十二冊

140000－0501－0012893　315560－91
六子書六十卷　（明）顧春編　明嘉靖十二年
(1533)蘇州顧氏刻本　三十二冊

140000－0501－0012894　315592－607
古史六十卷　（宋）蘇轍撰　明萬曆三十九年
(1611)南京國子監刻本(有抄配)　十六冊

140000－0501－0012895　315608－23
觀妙齋藏金石文考略十六卷　（清）李光暎撰
　清道光十七年(1837)刻本　十六冊

140000－0501－0012896　315624－31
春秋屬辭十五卷　（明）趙汸撰　元至正二十
年至二十四年(1360－1364)休寧商山義塾刻
明弘治六年(1493)高忠重修本(有抄配)
八冊

140000－0501－0012897　315632－39
六子拔奇　（明）郭子章輯　明萬曆十四年
(1586)金陵周氏刻本　八冊

140000－0501－0012898　315640－55
南豐先生元豐類稿五十一卷　（宋）曾鞏撰
明萬曆刻本　十六冊

140000－0501－0012899　315656－77
四書纂疏不分卷　（宋）趙順孫纂疏　清康熙
通志堂刻本　二十二冊

140000－0501－0012900　315678－717
經義考三百卷　（清）朱彝尊撰　清乾隆二十
年(1755)刻本　四十冊

140000－0501－0012901　315718－29
儀禮節解十七卷　（明）郝敬撰　明刻本　十
二冊

140000－0501－0012902　315730－41
三國志六十五卷　（晉）陳壽撰　明萬曆二十
四年(1596)南京國子監刻本　十二冊

140000－0501－0012903　315742－47
讀史漫錄十四卷　（明）于愼行撰　明萬曆三
十七年(1609)刻本　六冊

140000－0501－0012904　315748－67
天蓋樓四書語錄四十六卷　（清）呂留良撰
清康熙二十三年(1684)刻本　二十冊

140000－0501－0012905　315768－81
呂子評語正編四十二卷附刻一卷首一卷餘編
八卷　（清）呂留良評　清康熙五十五年
(1716)晚聞軒刻本　十四冊

140000－0501－0012906　315782－85
呂晚村先生家訓真跡五卷　（清）呂留良撰並
書　清雍正刻本　四冊

140000－0501－0012907　315786－97
呂晚村先生四書講義四十三卷　（清）陳鏦編
　清康熙二十五年(1686)刻本　十二冊

140000－0501－0012908　315798－806
朱子遺書二刻七種　（宋）朱熹撰　清呂氏寶
誥堂刻本　九冊　存六種

140000－0501－0012909　315807－16
四書朱子語類三十八卷　（清）張履祥　（清）
呂留良輯　清康熙四十年(1701)南陽講習堂
刻本　十冊

140000－0501－0012910　315817－24
呂晚村先生文集八卷續集四卷　（清）呂留良
撰　清康熙二十八年(1689)刻本　八冊

140000－0501－0012911　315825－40
文選六十卷　（南朝梁）蕭統輯　明刻本　十
六冊

140000－0501－0012912　315841－68
西陂類稿五十卷　（清）宋犖撰　清康熙五十
年(1711)常熟毛扆刻本　二十八冊

140000－0501－0012913　315869－92
新刻臨川王介甫先生詩文集一百卷目錄二卷
　（宋）王安石撰　明萬曆四十年(1612)金陵
王鳳翔光啟堂刻本　二十四冊

140000－0501－0012914　315893－904
寒松堂全集十二卷　（清）魏象樞撰　清康熙
四十七年(1708)刻本　十二冊

140000－0501－0012915　315905－34

漢魏叢書三十八種二百五十卷　（明）程榮輯
明萬曆新安程氏刻本　三十冊

140000－0501－0012916　315935－60
雅雨堂藏書　（清）盧見曾輯　清乾隆二十一
年（1756）德州盧氏刻本　二十六冊　殘

140000－0501－0012917　315961－68
列朝詩集小傳不分卷　（清）錢謙益編　清康
熙三十七年（1698）誦芬堂刻本　八冊　存八
冊（總目一冊、甲前集一冊、甲集二冊、乙集一
冊、丙集二冊、丁集一冊）

140000－0501－0012918　315969－86
濟北晁先生雞肋集七十卷　（宋）晁補之撰
明崇禎八年（1635）顧凝遠詩瘦閣刻本　十八
冊　缺七卷（五十一至五十七）

140000－0501－0012919　315987－96
茅鹿門先生文集三十六卷　（明）茅坤撰　明
萬曆刻本　十冊　存二十三卷（一至六、二十
至三十六）

140000－0501－0012920　315997－6009
增廣注釋音辨唐柳先生集四十三卷外集二卷
　（唐）柳宗元撰　（宋）張敦頤音辨　（宋）
童宗說注釋　（宋）潘緯音義　明正統十三年
（1448）善敬堂刻本　十三冊

140000－0501－0012921　316010－33
藏書六十卷續藏書二十七卷　（明）李贄輯
明廣陵汪氏刻本　二十四冊

140000－0501－0012922　316034－48
藝文類聚一百卷　（唐）歐陽詢撰　明嘉靖六
年（1527）胡纘宗、陸采刻本　十五冊　存九
十三卷（一至三十九、四十七至一百）

140000－0501－0012923　316049－68
堯山堂外紀一百卷偶雋七卷　（明）蔣一葵撰
　明萬曆三十三年（1605）刻本　二十冊　存
六十八卷（外紀一至四十一、四十五至四十
七、五十一至七十一，偶雋一、六至七）

140000－0501－0012924　316069－71
茅鹿門先生文集三十六卷　（明）茅坤撰　明

萬曆刻本　三冊　存六卷（一至六）

140000－0501－0012925　316072－73
歐陽南野先生文集三十卷　（明）歐陽德撰
明嘉靖三十六年（1557）刻本　二冊　存五卷
（一至二、二十二至二十四）

140000－0501－0012926　316078－79
寄園藏稿不分卷　（清）衛周胤撰　清稿本
二冊　殘

140000－0501－0012927　316087－326
全唐文一千卷總目三卷　（清）仁宗顒琰編
清嘉慶十九年（1814）揚州刻本　二百四十冊

140000－0501－0012928　316327－36
李卓吾批點世說新語補二十卷釋名一卷
（南朝宋）劉義慶撰　（南朝梁）劉孝標注
（明）何良俊補　（明）李贄批點　明萬曆刻本
十冊

140000－0501－0012929　316337－48
晉祠志四十二卷首一卷　劉大鵬纂修　清光
緒三十二年（1906）稿本　十二冊

140000－0501－0012930　316365－416
喬獻藎綱鑑彙編二十八卷　（明）喬承詔撰
明天啟四年（1624）刻本　五十二冊

140000－0501－0012931　316417－437
中州集十卷中州樂府一卷　（金）元好問編
明汲古閣刻本　二十一冊

140000－0501－0012932　316438－47
［萬曆］安邑縣志十卷　（明）耿啟修　（明）
曹于汴纂　明萬曆四十六年（1618）刻崇禎增
刻本　十冊　存八卷（一至八）

140000－0501－0012933　316448－63
增廣注釋音辨唐柳先生集四十三卷別集二卷
外集二卷附錄一卷　（唐）柳宗元撰　（宋）童
宗說注釋　（宋）張敦頤音辨　（宋）潘緯音義
明刻本　十六冊

140000－0501－0012934　316464－75
［嘉靖］山西通志三十二卷　（明）楊宗氣修
（明）周斯盛纂　明嘉靖四十三年（1564）刻本

十二册

140000 – 0501 – 0012935　316476
帝都仁聲　（明）曹于汴等書　明寫本　一冊

140000 – 0501 – 0012936　316477
仙掖貤封　（明）喬應甲書　明寫本　一冊

140000 – 0501 – 0012937　316478
五思集題詞　（清）張茂生題　清寫本　一冊

140000 – 0501 – 0012938　316479 – 9697
永樂南藏六千三百三十一卷　明永樂十年至
十五年(1412 – 1417)刻宣德五年(1430)印本
三千二百十九冊　殘

140000 – 0501 – 0012939　319698 – 705
醫壘元戎十二卷　（元）王好古撰　明嘉靖二
十二年(1543)顧氏刻本　八冊

140000 – 0501 – 0012940　319707 – 12
[康熙]五臺縣志八卷首一卷　（清）周三進纂
修　清康熙二十六年(1687)刻本　六冊

140000 – 0501 – 0012941　319713 – 16
重刊嘉祐集十五卷　（宋）蘇洵撰　明嘉靖十
一年(1532)太原張鎧刻本　四冊

140000 – 0501 – 0012942　319717 – 28
朱文公校昌黎先生文集四十卷外集十卷遺文
一卷　（唐）韓愈撰　（宋）朱熹考異　（宋）
王伯大音釋　明正統十三年(1448)書林王宗
玉刻本　十二冊

140000 – 0501 – 0012943　319729 – 48
古今韻會舉要三十卷附禮部韻略七音三十六
母通考一卷　（元）黃公紹撰　（元）熊忠舉要
元刻本(卷三至二十八配另一元刻本)　二
十冊

140000 – 0501 – 0012944　319749 – 51
今古輿地圖三卷　（明）吳國輔　（明）沈定之
撰　明崇禎十六年(1643)刻朱墨套印本
三冊

140000 – 0501 – 0012945　319752 – 54
王摩詰詩集七卷　（唐）王維撰　（宋）劉辰翁
評　明萬曆凌濛初刻朱墨套印本　三冊

140000 – 0501 – 0012946　319755
河壖雜志不分卷　清抄本　一冊

140000 – 0501 – 0012947　319756
維摩詰所說經三卷　（後秦）釋鳩摩羅什譯
唐敦煌寫本　一軸　存一卷(下)

140000 – 0501 – 0012948　319757
妙法蓮華經化城喻品第七　唐寫本　一軸

140000 – 0501 – 0012949　319759 – 74
復宿山房集四十卷　（明）王家屏撰　明萬曆
刻本　十六冊　缺九卷(十七至十八、二十三
至二十九)

140000 – 0501 – 0012950　319775 – 804
六臣注文選六十卷　（南朝梁）蕭統輯　（唐）
李善等注　明吳勉學刻本　三十冊

140000 – 0501 – 0012951　319805 – 06
欽取朝考卷不分卷　清咸豐至光緒間刻本
二冊

140000 – 0501 – 0012952　319807 – 810
白虎通疏證十二卷　（清）陳立撰　清道光刻
本　四冊

140000 – 0501 – 0012953　319811 – 22
四書題鏡不分卷　（清）汪鯉翔撰　清乾隆九
年(1744)書業堂刻本　十二冊

140000 – 0501 – 0012954　319823
古文釋義新編二卷　（清）余誠評注　清乾隆
八年(1743)步月樓刻本　一冊

140000 – 0501 – 0012955　319824 – 32
四書題鏡不分卷　（清）汪鯉翔撰　清乾隆九
年(1744)崇文堂刻本　九冊

140000 – 0501 – 0012956　319933
書經增訂旁訓四卷　（宋）蔡沈撰　清乾隆五
十六年(1791)文會堂刻本　一冊

140000 – 0501 – 0012957　319934 – 37
史記文鈔六卷　（清）納蘭常安輯　清乾隆十
二年(1747)受宜堂刻二十二史本　四冊

140000 – 0501 – 0012958　319938 – 45

御定歷代題畫詩類一百二十卷　（清）陳邦彥
輯　清康熙四十六年（1707）內府刻本　八冊
　存三十四卷（八十七至一百二十）

140000－0501－0012959　319946－69
十七史商榷一百卷　（清）王鳴盛撰　清乾隆
五十二年（1787）洞涇草堂刻本　二十四冊

140000－0501－0012960　319970－74
春秋胡傳三十卷　（宋）胡安國撰　清文樞堂
刻毛氏汲古閣本　五冊

140000－0501－0012961　319975－78
分類代言十六類不分卷　題爾爾埜人撰　清
乾隆三十年（1765）鑒堂刻本　四冊

140000－0501－0012962　319979－86
春秋穀梁傳二十卷　（晉）范甯集解　（唐）陸
德明音義　清乾隆四年（1739）刻本　八冊

140000－0501－0012963　319987－92
御纂詩義折中二十卷　（清）傅恆纂　清東昌
書業德刻本　六冊

140000－0501－0012964　319993－20000
戰國策注三十三卷　（宋）鮑彪撰　清乾隆二
十七年（1762）文盛堂刻本　八冊

140000－0501－0012965　320001－07
四書備旨十三卷　（明）鄧林撰　清乾隆二十
七年（1762）刻本　七冊

140000－0501－0012966　320008－09
孔子家語十卷　（三國魏）王肅註　清乾隆四
十六年（1781）書業堂刻本　二冊

140000－0501－0012967　320010－19
左繡三十卷　（清）馮李驊輯　（清）陸浩評輯
　春秋經傳集解　清康熙五十九年（1720）華
川書屋刻本　十冊

140000－0501－0012968　320020－28
笠翁偶集六卷別集四卷　（清）李漁撰　清康
熙十年（1671）芥子園刻本　九冊　存七卷

140000－0501－0012969　320029
古文發蒙初編六卷　（清）邢淳參訂　（清）王
相重訂　清乾隆三十五年（1770）光霽堂刻本

一冊　存三卷（一至三）

140000－0501－0012970　320030－31
重訂增補陶朱公致富全書四卷　（明）陳繼儒
輯　（清）石逸叟增訂　清乾隆四十四年
（1779）致和堂刻本　二冊

140000－0501－0012971　320032
學韻紀要二卷　（清）劉紹攽撰　清乾隆五年
（1740）傳經堂刻本　一冊

140000－0501－0012972　320033－127
［光緒］山西通志一百八十四卷　（清）曾國荃
　（清）張煦修　（清）王軒　（清）楊篤纂
清光緒十八年（1892）刻本　九十五冊　缺二
卷（一百三十八至一百三十九）

140000－0501－0012973　320130－37
御纂周易折中二十二卷首一卷　（清）李光地
纂　清康熙五十四年（1715）武英殿刻本　八
冊　存十卷（一至十）

140000－0501－0012974　320140－59
資治通鑑綱目五十九卷　（宋）朱熹撰　前編
二十五卷　（明）南軒撰　（明）陳仁錫評　清
乾隆內府刻本　二十冊　存十五卷（六至二
十）

140000－0501－0012975　320160－84
二十二史文鈔一百九卷　（清）納蘭常安輯
清乾隆十二年（1747）受宜堂刻本　二十五冊

140000－0501－0012976　320186－87
五言排律依永集八卷　（清）張九鉞箋釋　清
乾隆二十五年（1760）刻本　二冊

140000－0501－0012977　320195
續垂棘編　（清）范鄗鼎輯　清康熙二十三年
（1684）刻本　一冊　存六卷（第三集一至二、
七至八，第四集三至四）

140000－0501－0012978　320196
春秋公羊傳　明天啟元年（1621）刻本　一冊
　存六卷（一至六）

140000－0501－0012979　320197
遯翁苦口不分卷　（宋）朱熹撰　清道光四年

（1824）太原晉陽書院刻本　一冊

140000－0501－0012980　320198－99
歷代名儒傳八卷　（清）朱軾　（清）蔡世遠輯
　清雍正四年（1726）刻本　二冊　存四卷
（一至四）

140000－0501－0012981　320200－01
觀物篇醫說四卷　（清）張介石撰　（清）徐繼
畬抄　（清）朱應龍臨　清抄本　二冊

140000－0501－0012982　320203
小學六卷　（清）世宗胤禛選　清雍正五年
（1727）刻本　一冊

140000－0501－0012983　320204
三國志二十三卷一百二十回首一卷　（晉）陳
壽撰　清順治槐蔭堂刻本　一冊　存二卷
（圖像一卷、首一卷）

140000－0501－0012984　320205－08
詩韻含英題解四卷　（清）甘蘭友輯　清乾隆
四十年（1775）晉祁書業德刻本　四冊

140000－0501－0012985　320209
二十一史文鈔五十八卷　（明）沈國元撰　明
崇禎十二年（1639）沈氏大來堂刻本　一冊

140000－0501－0012986　320210
楊忠愍公全集四卷　（明）楊繼盛撰　清康熙
三十三年（1694）刻本　一冊　存二卷（三至
四）

140000－0501－0012987　320211－15
讀書續錄十二卷　（明）薛瑄撰　薛文清公年
譜一卷　（明）楊鶴編　清康熙五十二年
（1713）薛氏刻本　五冊　缺一卷（八）

140000－0501－0012988　320216－18
庚辰集五卷附唐人試律說一卷　（清）紀昀輯
　清乾隆二十七年（1762）聚秀堂刻本　三冊

140000－0501－0012989　320219－23
全本禮記體注十卷　（清）范翔定　（清）徐瑄
輯　清乾隆三十一年（1766）百尺樓刻本
五冊

140000－0501－0012990　320224－29

鄭侯升集四十卷　（明）鄭明選撰　明萬曆三
十一年（1603）刻本　六冊　存十一卷（二十
八至三十八）

140000－0501－0012991　320230－35
宋詩別裁八卷　（清）姚培謙輯　清令德堂刻
本　六冊

140000－0501－0012992　320236－47
古文辭類纂七十四卷　（清）姚鼐輯　清道光
元年（1821）合河康氏家塾刻本　十二冊

140000－0501－0012993　320248
本事詩不分卷　（唐）孟啟傳　（明）毛晉訂
明汲古閣刻本　一冊

140000－0501－0012994　320249
唐詩類苑目錄一卷　（明）張之象編　明萬曆
二十九年（1601）刻本　一冊

140000－0501－0012995　320250－59
易經揆一十四卷易學啟蒙補二卷　（清）梁錫
璵撰　清乾隆十六年（1751）內府刻本　十冊

140000－0501－0012996　320260－79
御纂五經　（清）李光地編　清雍正八年
（1730）刻本　二十冊

140000－0501－0012997　320280－83
訓俗遺規五卷　（清）陳宏謀輯　清乾隆五十
五年（1790）刻本　四冊

140000－0501－0012998　320284－307
弘簡錄二百五十四卷　（明）邵經邦撰　清康
熙二十七年（1688）邵遠平刻本　二十四冊
存六十卷（一百二十五至一百五十四、一百九
十至二百十九）

140000－0501－0012999　320308
重訂七種文選不分卷　（清）儲欣評　清乾隆
五十年（1785）二甫堂刻本　一冊　殘

140000－0501－0013000　320309
四書大全統義不分卷　（清）萬人望纂輯　清
康熙五十七年（1718）本立堂刻本　一冊　存
一卷（大學一卷）

140000－0501－0013001　320312－13

續垂棘編　（清）范鄗鼎選　清刻本　二冊
存四卷(三集七至八、四集三至四)

140000－0501－0013002　320314
[康熙]靈壽縣志十卷　（清）陸隴其修　清康
熙二十五年(1686)刻本　一冊　存三卷(四
至六)

140000－0501－0013003　320315－20
蓼懷堂琴譜不分卷　（清）雲志高輯　清刻本
六冊

140000－0501－0013004　320321
金詩選四卷　（清）顧嗣立選　清刻本　一冊
存二卷(一至二)

140000－0501－0013005　320322－23
朱子禮纂五卷　（清）李光地編　清刻本
二冊

140000－0501－0013006　320324－25
二程子遺書二卷　（清）李光地輯　清刻本
二冊

140000－0501－0013007　320326－27
正蒙二卷　（宋）張載撰　清康熙刻本　二冊

140000－0501－0013008　320328
太極圖解不分卷　（宋）周敦頤撰　清刻本
一冊

140000－0501－0013009　320329
朱子語類四纂不分卷　（宋）朱熹撰　（清）李
光地輯　清刻本　一冊

140000－0501－0013010　320330－53
弘簡錄二百五十四卷　（明）邵經邦撰　清康
熙二十七年(1688)邵遠平刻本　二十四冊
存九十四卷(三十一至一百二十四)

140000－0501－0013011　320354－69
山堂肆考釋四十八卷　（明）彭大翼撰　（明）
張幼學輯　清刻本　十六冊

140000－0501－0013012　320370－79
爾雅正義二十卷　（清）邵晉涵撰　清乾隆五
十三年(1788)餘姚邵氏家塾刻本　十冊

140000－0501－0013013　320380
岳忠武王集不分卷　（宋）岳飛撰　清刻本
一冊

140000－0501－0013014　320384－403
資治通鑑綱目正編五十九卷　（宋）朱熹撰
前編二十五卷　（明）南軒撰　（明）陳仁錫評
清康熙四十年(1701)郁郁堂刻本　二十冊

140000－0501－0013015　320404－08
六書通不分卷　（明）閔齊伋纂　（清）畢弘述
篆訂　清康熙五十九年(1720)刻本　五冊

140000－0501－0013016　320409
華泉先生集四卷　（明）邊貢撰　睡足軒詩選
一卷　（清）王士禛選　清康熙三十九年
(1700)王士禛刻本　一冊

140000－0501－0013017　320410－13
香祖筆記十二卷　（清）王士禛撰　清康熙四
十四年(1705)刻本　四冊

140000－0501－0013018　320414－23
十三經策案二十二卷　（清）王謨彙輯　（清）
喻祥麟編　清乾隆四十二年(1777)寶田齋刻
本　十冊

140000－0501－0013019　320424－27
漁洋山人詩集二十二卷　（清）王士禛撰　清
康熙八年(1669)吳郡沂詠堂刻本　四冊

140000－0501－0013020　320428－31
東巖草堂評定唐詩鼓吹十卷　（元）郝天挺注
清康熙二十七年(1688)刻本　四冊

140000－0501－0013021　320432－35
漁洋山人詩續集十六卷　（清）王士禛撰　清
康熙二十三年(1684)刻本　四冊

140000－0501－0013022　320436－43
左繡三十卷　（清）馮李驊輯　（清）陸浩評輯
清康熙五十九年(1720)刻本　八冊

140000－0501－0013023　320444－49
御撰資治通鑑綱目三編二十卷　（清）張廷玉
撰　清乾隆十一年(1746)武英殿刻本　六冊

140000－0501－0013024　320450－56

青萊續史十八卷 （清）朱里撰 清順治十四年(1657)刻本 七冊

140000－0501－0013025 320457－62
陳檢討四六二十卷 （清）陳維崧撰 清乾隆三十五年(1770)刻本 六冊

140000－0501－0013026 320463－68
晚邨天蓋樓偶評不分卷 （清）呂留良輯 清康熙十二年(1673)刻本 六冊 存(上論,下論殘)

140000－0501－0013027 320469－70
楊忠愍公全集四卷 （明）楊繼盛撰 清康熙二十三年(1684)刻本 二冊

140000－0501－0013028 320471－74
正義先生言行略八卷 （清）呂文櫨撰 清乾隆二十三年(1758)延義堂刻本 四冊

140000－0501－0013029 320475－80
松陽講義十二卷 （清）陸隴其撰 清康熙二十九年(1690)西昌裘氏刻本 六冊

140000－0501－0013030 320481－84
漁洋山人詩集二十二卷 （清）王士禎撰 清康熙八年(1669)吳郡沂詠堂刻本 四冊

140000－0501－0013031 320485－86
附鮚軒詩八卷 （清）洪亮吉撰 清乾隆六十年(1795)刻本(卷八爲補配) 二冊

140000－0501－0013032 320487－92
世說新語三卷 （南朝宋）劉義慶撰 （南朝梁）劉孝標注 清道光刻惜陰軒叢書本 六冊

140000－0501－0013033 320493－524
朱子四書本義彙參不分卷 （清）王步青輯 清乾隆十年(1745)敦復堂刻本 三十二冊

140000－0501－0013034 320525－34
重訂唐詩別裁集二十卷 （清）沈德潛輯 清乾隆二十八年(1763)教忠堂刻本 十冊

140000－0501－0013035 320535－42
二十一史約編八卷首一卷 （清）鄭元慶輯 清刻本 八冊

140000－0501－0013036 320543－48
南華發覆八卷 （明）釋性通注 清乾隆十四年(1749)雲林懷德堂刻本 六冊

140000－0501－0013037 320549
賴古堂名賢尺牘新鈔十二卷 （清）高阜（清）羅燿選輯 清刻本 一冊 存一卷(一)

140000－0501－0013038 320550－53
李義山文集箋注十卷 （清）徐樹穀修 （清）徐炯注 清康熙四十七年(1708)徐氏刻本 四冊

140000－0501－0013039 320554
延平李先生師弟子答問一卷後錄一卷雜學辨一卷附錄一卷 （宋）朱熹輯 清刻本 一冊

140000－0501－0013040 320555－56
春秋通論六卷 （清）劉紹攽撰 清乾隆八年(1743)劉傳經堂刻本 二冊

140000－0501－0013041 320557－72
春秋左傳五十卷 （晉）杜預集解 （唐）陸德明音義 （宋）林堯叟注釋 清乾隆四十三年(1778)三餘堂刻本 十六冊

140000－0501－0013042 320573－74
楊忠愍公全集四卷 （明）楊繼盛撰 清康熙三十七年(1698)刻本 二冊

140000－0501－0013043 320575－94
古文淵鑒六十四卷 （清）聖祖玄燁選 （清）徐乾學輯注 清康熙淵鑑齋刻本 二十冊

140000－0501－0013044 320595
急就篇四卷 （漢）史游撰 （唐）顏師古注（宋）王應麟補注 清光緒刻本 一冊 存二卷(一至二)

140000－0501－0013045 320596
夏小正四卷尸子三卷附錄一卷 （清）任兆麟注 清乾隆五十三年(1788)刻本 一冊

140000－0501－0013046 320597－60
薛文清公行實錄五卷 （明）王鴻輯 明萬曆十六年(1588)吳氏正學書院刻本 四冊

140000－0501－0013047 320601－04

讀書錄十一卷　（明)薛瑄撰　清乾隆十一年
(1746)刻本　四冊

140000－0501－0013048　320605－08
讀書續錄十二卷　（明)薛瑄撰　清乾隆十一
年(1746)刻本　四冊

140000－0501－0013049　320609－18
易經揆一十四卷易學啟蒙補二卷　（清)梁錫
璵撰　清乾隆十六年(1751)內府刻本　十冊

140000－0501－0013050　320619
草堂詩餘二卷　（明)顧從敬輯　清刻本　一
冊　殘

140000－0501－0013051　320620－29
毛詩二十卷附考證　（漢)鄭玄箋注　清乾隆
四十八年(1783)刻本　十冊

140000－0501－0013052　320630－37
薛文清公讀書全錄類編二十卷　（明)侯鶴齡
輯　明萬曆二十四年(1596)刻本　八冊

140000－0501－0013053　320638－58
稗海　（明)商濬輯　明萬曆商氏刻本　二十
一冊　殘

140000－0501－0013054　320659－69
稗海　（明)商濬輯　清刻本　十一冊　存
八種

140000－0501－0013055　320670－89
古文淵鑒六十四卷　（清)聖祖玄燁選　（清)
徐乾學輯注　清康熙淵鑑齋刻本　二十冊
存二十九卷(三十六至六十四)

140000－0501－0013056　320690－95
四書釋地一卷續一卷又續一卷三續一卷附孟
子生卒年月考一卷　（清)閻若璩撰　清乾隆
五十三年(1788)南城吳照刻本　六冊

140000－0501－0013057　320696
春秋國語十卷　（三國吳)韋昭注　清道光二
十六年(1846)抄本　一冊

140000－0501－0013058　320697－702
左傳注疏鈔不分卷　（明)鍾伯敬訂　明天啟
二年(1622)玉津園刻本　六冊

140000－0501－0013059　320703
尚書注疏鈔不分卷　（漢)孔安國注　（宋)蔡
沈疏　（明)鍾伯敬訂　明天啟二年(1622)玉
津園刻本　一冊

140000－0501－0013060　320704－05
詩經注疏鈔不分卷　（宋)朱熹集傳　（明)鍾
伯敬訂　明天啟二年(1622)玉津園刻本
二冊

140000－0501－0013061　320706
周易注疏鈔不分卷　（宋)程頤傳　（宋)朱熹
本義　（明)鍾伯敬訂　明天啟二年(1622)玉
津園刻本　一冊

140000－0501－0013062　320707－08
周禮注疏鈔不分卷　（明)鍾伯敬訂　明天啟
二年(1622)玉津園刻本　二冊

140000－0501－0013063　320709－10
儀禮注疏鈔不分卷　（明)鍾伯敬訂　明天啟
二年(1622)玉津園刻本　二冊

140000－0501－0013064　320711－14
禮記注疏鈔不分卷　（明)鍾伯敬訂　明天啟
二年(1622)玉津園刻本　四冊

140000－0501－0013065　320715－21
宸垣識略十六卷　（清)吳長元輯　清乾隆五
十三年(1788)池北草堂刻本　七冊

140000－0501－0013066　320722－25
詳注分類飲香尺牘四卷　（清)飲香居士輯
清乾隆四十年(1775)刻本　四冊

140000－0501－0013067　320726－29
漁洋山人詩集二十二卷　（清)王士禛撰　清
康熙八年(1669)吳郡沂詠堂刻本　四冊

140000－0501－0013068　320730－37
河東鹽法備覽十二卷　（清)蔣兆奎編輯　清
乾隆五十五年(1790)刻本　八冊

140000－0501－0013069　320738－53
左繡三十卷　（晉)杜預原本　（清)馮李驊輯
清山淵堂刻本　十六冊

140000－0501－0013070　320754

三藩紀事本末四卷 （清）楊陸榮編 清康熙
五十六年(1717)刻本 一冊

140000－0501－0013071 320755－56

分甘餘話四卷 （清）王士禛撰 清康熙四十
八年(1709)刻本 二冊

140000－0501－0013072 320757

分甘餘話四卷 （清）王士禛撰 清寫刻本
一冊

140000－0501－0013073 320758

唐賢三昧集三卷 （清）王士禛輯 清康熙二
十七年(1688)刻本 一冊

140000－0501－0013074 320759

唐賢三昧集三卷 （清）王士禛輯 清康熙二
十七年(1688)刻本 一冊

140000－0501－0013075 320760

國朝謚法考不分卷 （清）王士禛輯 清刻本
一冊

140000－0501－0013076 320761－62

隴首集不分卷 （明）王與胤撰 清刻本
二冊

140000－0501－0013077 320763

長白山錄一卷 （清）王士禛撰 清康熙刻本
一冊

140000－0501－0013078 320764

浯溪考二卷 （清）王士禛撰 清康熙四十年
(1701)刻本 一冊

140000－0501－0013079 320765－66

粵行三志不分卷 （清）王士禛撰 清康熙刻
後印本 二冊

140000－0501－0013080 320767

蠶尾集十卷 （清）王士禛撰 清康熙三十五
年(1696)刻後印本 一冊 存二卷(一至二)

140000－0501－0013081 320768

載書圖詩一卷 （清）王士禛撰 清康熙刻本
一冊

140000－0501－0013082 320769

蜀道驛程記二卷 （清）王士禛撰 清康熙三
十年(1691)刻本 一冊

140000－0501－0013083 320770

唐賢三昧集三卷 （清）王士禛輯 清康熙二
十七年(1688)刻本 一冊

140000－0501－0013084 320771

蠶尾後集二卷 （清）王士禛撰 清康熙刻本
一冊

140000－0501－0013085 320772－75

寄傲山房塾課新增幼學故事瓊林四卷 （清）
程允升撰 （清）鄒聖脈增補 清乾隆二十五
年(1760)三讓堂刻本 四冊

140000－0501－0013086 320776－83

增訂四書注補註備旨附考 （明）鄧林著
（清）杜定基增補 清乾隆五十七年(1792)集
義堂刻本 八冊

140000－0501－0013087 320784－87

五言排律依永集八卷 （清）張九鉞釋 清乾
隆二十六年(1761)刻本 四冊

140000－0501－0013088 320788－91

小學近思錄六卷近思續錄十四卷 （宋）呂祖
謙輯 清康熙二十八年(1689)天蓋樓刻本
四冊

140000－0501－0013089 320792－95

寄傲山房塾課纂輯書經備旨蔡注捷錄七卷
（清）鄒聖脈輯 清善成堂刻本 四冊

140000－0501－0013090 320796－99

漱芳軒合纂禮記四卷 （清）曹庭玉 （清）程
元功纂 （清）范翔訂 清康熙五十二年
(1713)四美堂刻本 四冊

140000－0501－0013091 320800－05

爾雅正義二十卷 （清）邵晉涵撰 爾雅釋文
三卷 （唐）陸德明撰 清乾隆五十三年
(1788)餘姚邵氏家塾刻本 六冊

140000－0501－0013092 320806－09

詩經體注大全體要八卷 （清）高朝瓔定
（清）沈世楷輯 清康熙五十年(1711)光霽堂

刻本　四冊

140000－0501－0013093　320810－25

左繡三十卷　（清）馮李驊輯　清乾隆四十三年(1778)文光堂刻本　十六冊

140000－0501－0013094　320826－57

重訂七種文選不分卷　（清）儲欣評選　清乾隆四十九年(1784)金閶書業堂刻本　三十二冊

140000－0501－0013095　320858－61

大學衍義輯要六卷大學衍義補輯要十二卷（宋）真德秀撰　（清）陳宏謀輯纂　清乾隆元年(1736)培遠堂刻本　四冊

140000－0501－0013096　320962－63

古懽錄八卷　（清）王士禛撰　清康熙三十九年(1700)快宜堂刻本　二冊

140000－0501－0013097　320964－69

禮記析疑四十六卷　（清）方苞著　清刻本六冊

140000－0501－0013098　320970－89

欽定大清會典一百卷　（清）允祹撰　清乾隆二十九年(1764)武英殿刻本　二十冊

140000－0501－0013099　320990－95

周易洗心十卷　（清）任啟運著　清乾隆四十七年(1782)襲芳軒刻本　六冊

140000－0501－0013100　320996－1011

左繡三十卷　（清）馮李驊輯　（清）陸浩評輯　清康熙五十九年(1720)華川書屋刻本　十六冊

140000－0501－0013101　321012－23

左傳事緯十二卷　（清）馬驌編　清乾隆四十九年(1784)懷澄堂刻本　十二冊

140000－0501－0013102　321024－31

河東鹽法備覽十二卷　（清）蔣兆奎編輯　清乾隆五十五年(1790)刻本　八冊

140000－0501－0013103　321032－35

西齋語錄四卷　（清）郭元鎬撰　清乾隆二十四年(1759)介休嗃嗃堂刻本　四冊

140000－0501－0013104　321036－43

嘉懿集初鈔四卷續鈔四卷　（清）高梅亭輯　清乾隆五十四年(1789)刻本　八冊

140000－0501－0013105　321044－51

嘉懿集初鈔四卷續鈔四卷　（清）高梅亭輯　清乾隆五十四年(1789)刻本　八冊

140000－0501－0013106　321052－63

榕村全集四十卷別集四卷　（清）李光地撰　清乾隆元年(1736)刻本　十二冊

140000－0501－0013107　321064－121

御批歷代通鑑輯覽一百二十卷　（清）傅恆纂　清乾隆三十二年(1767)武英殿刻本　五十八冊

140000－0501－0013108　321122

讀易私言不分卷　（元）許衡撰　清康熙十五年(1676)通志堂刻本　一冊

140000－0501－0013109　321123－26

胡敬齋先生居業錄八卷　（明）胡居仁撰　清康熙四十七年(1708)正誼堂刻本　四冊

140000－0501－0013110　321127－34

二曲集二十六卷　（清）李顒撰　清康熙三十三年(1694)刻本　八冊

140000－0501－0013111　321135－40

春秋筆削微旨二十六卷　（清）劉紹攽撰　清乾隆十九年(1754)劉傳經堂刻本　六冊

140000－0501－0013112　321141－48

直齋書錄解題二十二卷　（宋）陳振孫撰　清印武英殿聚珍版書本　八冊　存十卷(一至十)

140000－0501－0013113　321149－54

六經圖十二卷　（清）鄭之僑編　清乾隆八年(1743)述堂刻本　六冊

140000－0501－0013114　321155－64

斯文精萃不分卷　（清）尹繼善輯　清乾隆七年(1742)刻本　十冊

140000－0501－0013115　321165－68

趙文敏公松雪齋全集十卷外集一卷續集一卷

（元）趙孟頫撰　（元）趙仲穆編　清康熙五十二年(1713)上海曹培廉城書室刻本　四冊

140000－0501－0013116　321169－84

左繡三十卷　（清）馮李驊輯　清上洋江左書林刻本　十六冊

140000－0501－0013117　321185－92

嘉懿集初鈔四卷續鈔四卷　（清）高梅亭輯　清乾隆五十四年(1789)刻本　八冊

140000－0501－0013118　321193－204

二程粹言二卷伊川易傳四卷附錄二卷伊川經說八卷　（宋）程顥　（宋）程頤撰　（宋）朱熹輯　清刻本　十二冊

140000－0501－0013119　321205－10

呻吟語六卷　（明）呂坤撰　清同治七年(1868)刻本　六冊

140000－0501－0013120　321211－14

[康熙]絳州志四卷　（清）劉顯第修　（清）陶用曙纂　清康熙九年(1670)刻本　四冊

140000－0501－0013121　321215－24

三國演義十九卷一百二十回　（明）羅貫中撰　清東昌善成堂刻本　十冊

140000－0501－0013122　321225－32

戰國策注三十三卷　（宋）鮑彪撰　清乾隆二十七年(1762)文盛堂刻本　八冊

140000－0501－0013123　321233－48

日知錄三十二卷　（清）顧炎武撰　清康熙三十四年(1695)潘耒遂初堂刻本　十六冊

140000－0501－0013124　321249－52

墨子十五卷目錄一卷　（戰國）墨翟撰　（清）畢沅校注　清乾隆四十九年(1784)靈巖山館刻本　四冊

140000－0501－0013125　321253－64

集虛齋四書口義不分卷　（清）方楘如著　(清)于光華編　清乾隆五十八年(1793)集虛齋刻本　十二冊

140000－0501－0013126　321265

佛說北斗七星經　宋雍熙三年(986)絳州趙

616

寓刻本　一卷　殘

140000－0501－0013127　321266

成唯識論了義燈鈔科文三卷　大齊阜昌八年(1137)醴州乾明院刻本　一幅　存一卷(中)

140000－0501－0013128　321267

大方廣圓覺修多羅了義經　（唐）釋陀多羅譯　宋絳州曲沃縣許日新寫本　一軸

140000－0501－0013129　321268－75

[乾隆]介休縣志十四卷　（清）王謀文纂修　清乾隆三十五年(1770)刻本　八冊

140000－0501－0013130　321276－89

四書正韻十九卷　（清）何始昇輯　清乾隆九年(1744)亦樂堂刻本　十四冊

140000－0501－0013131　321290－95

白香山詩長慶集二十卷後集十七卷別集一卷補遺二卷年譜一卷年譜舊本一卷　（唐）白居易撰　（清）汪立名輯　清康熙四十二年(1703)一隅草堂刻本　六冊　存二十卷(白香山詩長慶集二十卷)

140000－0501－0013132　321296－98

泊水齋文鈔三卷　（明）張慎言撰　清康熙三十九年(1700)刻本　三冊

140000－0501－0013133　321299－314

研樵日記不分卷　（清）董文煥撰　清抄本　十六冊

140000－0501－0013134　321315－20

蓮洋集選十二卷　（清）吳雯撰　清抄本　六冊

140000－0501－0013135　321321－22

新纂門目五臣音注揚子法言十卷　（漢）揚雄撰　（晉）李軌　（唐）柳宗元　（宋）宋咸　(宋)吳祕　（宋）司馬光注　明萬曆十一年(1583)刻本　二冊

140000－0501－0013136　321323

鈍吟老人雜錄十卷　（清）馮班撰　清康熙刻本　一冊

140000－0501－0013137　321324－25

柳河東先生詩集三卷 （唐）柳宗元撰 明刻本 二冊

140000－0501－0013138 321326－31

阮亭古詩選十五卷 （清）王士禛輯 清刻本 六冊

140000－0501－0013139 321332－35

大學衍義四十三卷 （宋）真德秀撰 （明）陳仁錫評 明崇禎五年(1632)刻本 四冊 存三十六卷(一至三十六)

140000－0501－0013140 321336

午亭山人第二集三卷 （清）陳廷敬撰 清乾隆四十三年(1778)于大梃寫刻本 一冊

140000－0501－0013141 321337－40

中說十卷 （隋）王通撰 （宋）阮逸注 明嘉靖敬忍居刻本 四冊

140000－0501－0013142 321341－52

蓮洋集選十二卷補遺一卷 （清）吳雯撰 清乾隆十五年(1750)刻本 十二冊

140000－0501－0013143 321353

午亭山人第二集三卷 （清）陳廷敬撰 清乾隆四十三年(1778)于大梃寫刻本 一冊

140000－0501－0013144 321354－56

荀子二十卷 （戰國）荀況撰 （唐）楊倞注 明刻本 三冊

140000－0501－0013145 321357－60

怡情集四卷 （清）頡煥章撰 清乾隆三十九年(1774)松鶴堂刻本 四冊

140000－0501－0013146 321361－70

郝文忠公陵川文集三十九卷首一卷 （元）郝經撰 （清）王繆輯 附錄一卷 （明）宋濂撰 清道光八年(1828)王繆刻本 十冊

140000－0501－0013147 321371－78

薛文清公讀書錄十一卷續錄十二卷 （明）薛瑄撰 清乾隆十一年(1746)刻本 八冊

140000－0501－0013148 321379－94

樂府詩集一百卷目錄二卷 （宋）郭茂倩輯 明汲古閣刻本 十六冊

140000－0501－0013149 321395－404

摹古法帖 （清）陳焯摹 清乾隆寫本 十冊

140000－0501－0013150 321405－12

薛文清公讀書全錄類編二十卷 （明）侯鶴齡輯 明萬曆二十七年(1599)河津薛氏刻本 八冊

140000－0501－0013151 321413－24

薛文清公文集二十四卷目錄一卷 （明）薛瑄撰 明萬曆四十二年(1614)薛氏刻本 十二冊

140000－0501－0013152 321425

靖逆記六卷 （清）盛大士纂 清刻本 一冊

140000－0501－0013153 321426－30

虛舟題跋十卷虛舟題跋原三卷竹雲題跋四卷 （清）王澍撰 清乾隆三十六年(1771)刻本 五冊

140000－0501－0013154 321431－36

春秋義十五卷 （清）孫嘉淦著 （清）俞燾編訂 清雍正三年(1725)刻本 六冊

140000－0501－0013155 321437－54

孫真人備急千金要方九十三卷 （唐）孫思邈撰 清康熙三十年(1691)刻本 十八冊 缺七卷(一至二、四十至四十四)

140000－0501－0013156 321455－66

新刊古本大字合并綱鑑大成四十六卷 （宋）司馬光撰 （宋）朱熹 （宋）江贄注 明隆慶四年(1570)刻本 十二冊

140000－0501－0013157 321467－78

大佛頂首楞嚴經正脈疏 （明）釋交光述 明萬曆二十八年(1600)刻本 十二冊

140000－0501－0013158 321479

松園印譜不分卷 （清）賈永摹印 清乾隆四十八年(1783)福壽堂鈐印本 一冊

140000－0501－0013159 321480－85

合河紀聞十四卷 （清）康基田撰 清嘉慶三年(1798)霞蔭堂刻本 六冊

140000－0501－0013160 321486－87

閻潛丘先生[若璩]年譜一卷　（清）張穆纂
清道光二十七年（1847）壽陽祁氏刻本
二冊

140000－0501－0013161　321488－91

清涼山新志十卷　（清）丹巴纂修　清康熙四
十年（1701）刻本　四冊

140000－0501－0013162　321492－94

新纂門目五臣音注揚子法言十卷　（漢）揚雄
撰　（晉）李軌　（唐）柳宗元　（宋）宋咸
（宋）吳祕　（宋）司馬光音注　明嘉靖刻本
三冊

140000－0501－0013163　321495－96

[順治]渾源州志二卷　（清）張崇德纂修　清
順治十八年（1661）刻本　二冊

140000－0501－0013164　321497－502

[雍正]猗氏縣志八卷　（清）潘鉽修　（清）
宋之樹纂　[同治]續修猗氏縣志四卷　（清）
周之楨修　（清）崔曾頤纂　清雍正七年
（1729）刻同治六年（1867）續修本　六冊

140000－0501－0013165　321503－14

[乾隆]平定州志十卷　（清）陶易　（清）姚
學瑛修　（清）龔敬身　（清）沈榮勳纂　清乾
隆三十四年（1769）刻本　十二冊

140000－0501－0013166　321515－24

[順治]潞安府志二十卷　（清）周晙修
（清）李中白　（清）周再勳纂　清順治十六年
（1659）刻本　十冊

140000－0501－0013167　321525－26

樾山大雲寺志二卷　（清）張鉿輯　清康熙六
年（1667）刻本　二冊

140000－0501－0013168　321527

[魏象樞先生祝壽辭]　（清）萬大同書　清寫
本　一冊

140000－0501－0013169　321529

遊綿山記二卷　劉大鵬撰　清光緒三十四年
（1908）太原赤橋村稿本　一冊

140000－0501－0013170　321530－31

梓橋公車日記四卷（清光緒二十九年三月二
十五日至四月十一日）　劉大鵬撰　清光緒
稿本　二冊

140000－0501－0013171　321532－33

乙未公車日記四卷（清光緒二十一年一月二
十二日至五月初六日）　劉大鵬撰　清光緒
稿本　二冊

140000－0501－0013172　321545－87

退想齋日記不分卷（清光緒十七年十二月三
十一日至民國三十一年八月二十五日）　劉
大鵬撰　清光緒至民國稿本　四十三冊　缺
（光緒二十五年至二十六年，宣統元年至三
年，民國元年、九年、十三年至十四年、二十四
年）

140000－0501－0013173　321588

高先生草書真跡　（清）高桂書　清同治寫本
一冊

140000－0501－0013174　321596－97

春秋尊王發微十二卷　（宋）孫復撰　清康熙
十五年（1676）通志堂刻本　二冊

140000－0501－0013175　321598

[興縣孫嘉淦墨蹟]一卷　清寫本　一冊

140000－0501－0013176　321599

非水舟遺集二卷附梁府君小傳　（清）梁錫珩
撰　（清）梁潗編　清乾隆梁潗劍虹齋刻本
一冊

140000－0501－0013177　321600

我詩集六卷　（清）傅眉撰　清乾隆十二年
（1747）張耀先刻本　一冊

140000－0501－0013178　321601

金光明經　（隋）釋寶貴合入　宋靖康元年
（1126）開元寺刻宋咸淳四年（1268）補刻本
一冊　殘

140000－0501－0013179　321602

[西夏文大藏經扉畫斷片]　元刻本　一葉
（二折）

140000－0501－0013180　321603

大方廣佛華嚴經 （唐）釋實叉難陀譯 北宋
靖康元年(1126)六月福州開元寺刻毘盧大藏
經本 一冊 存一卷(二)

140000－0501－0013181 321604

解脫道論 （南朝梁）釋僧伽婆羅譯 元普寧
寺刻本 一冊 存一卷(一)

140000－0501－0013182 321605

大方廣佛華嚴經 （唐）釋實叉難陀譯 元延
祐二年(1315)報恩萬壽堂陳覺琳刻本 一冊
存一卷(二十八)

140000－0501－0013183 321606

[龍龕法寶大藏殘葉] （元）釋完吉祥譯 元
大德二年(1298)刻本 一葉(二折) 殘

140000－0501－0013184 321607

大方廣佛華嚴經合論一百二十卷 （唐）釋李
通玄造論 （唐）釋志寧合論 金皇統九年
(1149)榆次縣仁義鄉小郭村郭旺等刻本 一
冊 存一卷(六)

140000－0501－0013185 321608

大方廣佛華嚴經合論 （唐）釋李通玄造論
宋元豐七年(1084)新羅院僧法新刻本 一冊
存一卷(四十一)

140000－0501－0013186 321610

佛說伅真陀羅所問如來三昧經三卷 （漢）釋
支婁迦讖譯 宋靖康元年至南宋紹興二年
(1126－1132)刻本 一冊 存一卷(上)

140000－0501－0013187 321611－12

詩集未定稿不分卷 （明）孫傳庭撰 明稿本
二冊

140000－0501－0013188 321613－16

添品妙法蓮華經八卷 明刻本 四冊

140000－0501－0013189 321617－20

王荆公唐百家詩選二十卷 （宋）王安石輯
清康熙四十三年(1704)宋犖、丘迥刻本
四冊

140000－0501－0013190 321621－29

古詩歸十五卷唐詩歸三十六卷 （明）鍾惺

（明）譚元春輯 明萬曆四十五年(1617)刻本
九冊 存四十卷(古詩歸十五卷,唐詩歸一
至十五、二十七至三十六)

140000－0501－0013191 321630－38

通雅五十二卷首三卷 （清）方以智輯 清康
熙五年(1666)浮山此藏軒刻本 九冊 存二
十七卷(一、七至九、十三至十九、三十一至三
十九、四十二至四十四、四十七至四十九,首
一卷)

140000－0501－0013192 321639－44

錢氏宗譜十六卷 （清）錢渭川修 （清）錢士
繻纂 清光緒六年(1880)錦樹堂刻本 六冊
缺三卷(三、十、十四)

140000－0501－0013193 321645－76

欽定春秋傳說彙纂三十八卷首二卷 （清）王
掞等撰 清康熙六十年(1721)內府刻本 三
十二冊

140000－0501－0013194 321677－708

宋詩鈔一百六卷 （清）吳之振輯 清康熙十
年(1671)刻本 三十二冊

140000－0501－0013195 321709－40

御定全唐詩錄一百卷 （清）徐倬 （清）徐元
正輯 清康熙四十五年(1706)內府刻本 三
十二冊

140000－0501－0013196 321741－46

御纂性理精義十二卷 （清）李光地輯 清康
熙五十六年(1717)武英殿刻本 六冊

140000－0501－0013197 321747－54

宋大家曾文定公文鈔十卷 （宋）曾鞏撰
（明）茅坤評定 明崇禎四年(1631)茅著刻本
八冊

140000－0501－0013198 321755－60

六經圖六卷 （宋）楊甲撰 （宋）毛邦翰補
明刻本 六冊

140000－0501－0013199 321761

李裕承書札 寫本 一冊

140000－0501－0013200 321762－68

金匱要略直解三卷　（漢）張仲景　（五代）杜光庭撰　玉函經二卷　（清）程林　（宋）崔嘉彥注　清康熙十二年(1673)刻本　七冊

140000－0501－0013201　321769－78

針灸大成十卷　（明）楊繼洲撰　清順治十四年(1657)山西刻本　十冊

140000－0501－0013202　321779－80

觚賸續編四卷　（清）鈕琇撰　清康熙四十一年(1702)臨野堂刻本(卷末有抄配)　二冊

140000－0501－0013203　321781

華泉先生集四卷一卷　（明）邊貢撰　睡足軒詩選　（清）王士禎選　清康熙三十九年(1700)王士禎刻本　一冊

140000－0501－0013204　321782－83

羅昭諫集八卷　（唐）羅隱著　清康熙九年(1670)張瓚瑞榴堂刻本　二冊

140000－0501－0013205　321784－87

泉志十五卷　（宋）洪遵撰　明萬曆三十一年(1603)刻本　四冊

140000－0501－0013206　321788－93

選擇天鏡三卷　（清）任端書輯　清乾隆十三年(1748)刻本　六冊

140000－0501－0013207　321794－807

字彙十二卷首一卷末一卷　（明）梅膺祚撰　清康熙二十七年(1688)刻本　十四冊

140000－0501－0013208　321808－11

[康熙]重修平遙縣志八卷　（清）王綬修（清）康乃心纂　清康熙四十六年(1707)刻本　四冊

140000－0501－0013209　321812－23

增訂注釋塾課分編八集　（清）于惺介撰（清）王步青評　清乾隆五十一年(1786)崇文堂刻本　十二冊　存四集(初集、二集、六集、

七集)

140000－0501－0013210　321824－28

映雪四書二十六卷　（宋）朱熹章句　清乾隆五十四年(1789)金閶書業堂刻本　五冊　存十六卷(大學一卷、中庸一卷、論語十卷、孟子卷四至七)

140000－0501－0013211　321829

解郡南賈村席氏家譜一卷　（清）王潤生修清乾隆二十四年(1759)抄本　一冊

140000－0501－0013212　321830

梁氏宗譜一卷　（清）梁浩纂　（清）梁學孔校　清乾隆十八年(1753)抄本　一冊

140000－0501－0013213　321831

杜氏北支譜牒一卷　（清）杜世禧纂　清乾隆三十五年(1770)抄本　一冊

140000－0501－0013214　321832－35

許文正公遺書十二卷首一卷末一卷　（元）許衡撰　清乾隆五十五年(1790)刻本　四冊缺三卷(一至三)

140000－0501－0013215　321836－39

百圖醫解不分卷　清初刻本　四冊

140000－0501－0013216　321840

增補五方元音二卷　（清）樊騰鳳撰　清乾隆五十四年(1789)刻本　一冊

140000－0501－0013217　321841

原本直指算法統宗十二卷　（明）程大位編明萬曆二十一年(1593)文盛堂刻本　一冊存三卷(六至八)

140000－0501－0013218　321843－48

[乾隆]翼城縣志二十八卷　（清）許崇楷纂清乾隆三十六年(1771)刻本　六冊　存五卷(二十四至二十八)